# CÓDIGO TRIBUTÁRIO NACIONAL

O GEN | Grupo Editorial Nacional – maior plataforma editorial brasileira no segmento científico, técnico e profissional – publica conteúdos nas áreas de concursos, ciências jurídicas, humanas, exatas, da saúde e sociais aplicadas, além de prover serviços direcionados à educação continuada.

As editoras que integram o GEN, das mais respeitadas no mercado editorial, construíram catálogos inigualáveis, com obras decisivas para a formação acadêmica e o aperfeiçoamento de várias gerações de profissionais e estudantes, tendo se tornado sinônimo de qualidade e seriedade.

A missão do GEN e dos núcleos de conteúdo que o compõem é prover a melhor informação científica e distribuí-la de maneira flexível e conveniente, a preços justos, gerando benefícios e servindo a autores, docentes, livreiros, funcionários, colaboradores e acionistas.

Nosso comportamento ético incondicional e nossa responsabilidade social e ambiental são reforçados pela natureza educacional de nossa atividade e dão sustentabilidade ao crescimento contínuo e à rentabilidade do grupo.

HUGO DE BRITO
**MACHADO SEGUNDO**

# CÓDIGO TRIBUTÁRIO NACIONAL

**7ª edição** | revista e atualizada

■ A EDITORA ATLAS se responsabiliza pelos vícios do produto no que concerne à sua edição (impressão e apresentação a fim de possibilitar ao consumidor bem manuseá-lo e lê-lo). Nem a editora nem o autor assumem qualquer responsabilidade por eventuais danos ou perdas a pessoa ou bens, decorrentes do uso da presente obra.

Todos os direitos reservados. Nos termos da Lei que resguarda os direitos autorais, é proibida a reprodução total ou parcial de qualquer forma ou por qualquer meio, eletrônico ou mecânico, inclusive através de processos xerográficos, fotocópia e gravação, sem permissão por escrito do autor e do editor.

Impresso no Brasil – *Printed in Brazil*

■ Direitos exclusivos para o Brasil na língua portuguesa
*Copyright* © 2018 by
EDITORA ATLAS LTDA.
Uma editora integrante do GEN | Grupo Editorial Nacional
Rua Conselheiro Nébias, 1384 – Campos Elíseos – 01203-904 – São Paulo – SP
Tel.: (11) 5080-0770 / (21) 3543-0770
faleconosco@grupogen.com.br / www.grupogen.com.br

■ O titular cuja obra seja fraudulentamente reproduzida, divulgada ou de qualquer forma utilizada poderá requerer a apreensão dos exemplares reproduzidos ou a suspensão da divulgação, sem prejuízo da indenização cabível (art. 102 da Lei n. 9.610, de 19.02.1998).

Quem vender, expuser à venda, ocultar, adquirir, distribuir, tiver em depósito ou utilizar obra ou fonograma reproduzidos com fraude, com a finalidade de vender, obter ganho, vantagem, proveito, lucro direto ou indireto, para si ou para outrem, será solidariamente responsável com o contrafator, nos termos dos artigos precedentes, respondendo como contrafatores o importador e o distribuidor em caso de reprodução no exterior (art. 104 da Lei n. 9.610/98).

■ Capa: Danilo de Oliveira

■ Data de fechamento: 26.01.2018

■ DADOS INTERNACIONAIS DE CATALOGAÇÃO NA PUBLICAÇÃO (CIP)
(CÂMARA BRASILEIRA DO LIVRO, SP, BRASIL)

S459c

Segundo, Hugo de Brito Machado

    Código tributário nacional / Hugo de Brito Machado. – 7. ed. rev. e atual. – São Paulo: Atlas, 2018.

ISBN 978-85-97-01566-9

1. Brasil. [Código Tributário Nacional]. 2. Direito tributário - Brasil. 3. Impostos - Legislação - Brasil. 4. Obrigação tributária - Brasil. I. Título.

18-47327                                                   CDU: 34:351.713(094)(81)

À Raquel, com a qual conto sempre, para tudo.

À Lara, que, com maturidade e inteligência, ensina-me, todos os dias, a ver muito mais longe.

E aos pequenos Hugo e Paulo, cujos sorrisos lembram ao seu pai do que é verdadeiramente importante nessa vida.

# Nota à 7ª edição

Nesta edição, são feitas remissões às alterações veiculadas pela LC 157/2016, em especial àquelas decorrentes do fato de o veto do Presidente da República haver sido derrubado pelo Congresso Nacional. Os reflexos das disposições inicialmente vetadas, mas posteriormente ratificadas pelo Congresso, são os mais diversos, notadamente no que tange à "guerra fiscal" entre Municípios e à definição do local da ocorrência do fato gerador do ISS, tudo aqui devidamente referido.

Aproveitou-se o ensejo para pôr o texto do livro em dia com a jurisprudência produzida no período, e com alterações legislativas outras.

Quanto à jurisprudência eventualmente transcrita, e às remissões assim feitas ao Código de Processo Civil, reitera-se aqui o que se disse em nota à edição anterior: aquelas feitas no corpo das decisões citadas, quando anteriores a 2016 e alusivas, portanto, ao CPC de 1973, foram mantidas inalteradas, seja porque não seria adequado modificar o texto das transcrições dos julgados, seja porque, por razões óbvias, a partir da data do julgado o leitor saberá a qual dos Códigos se estará fazendo referência. Quando parecer necessário, sobretudo se no novo diploma o regramento processual for substancialmente diferente (não consistindo apenas em outro número para artigo com idêntica disposição), isso será mencionado na própria nota.

Aproveito o ensejo para agradecer, uma vez mais, a todos da equipe da Editora Atlas, pelo cuidado e pelo zelo que têm para com seus livros e seus autores.

Fortaleza, 26 de janeiro de 2018,

*Hugo de Brito Machado Segundo*

# Nota à 6ª edição

O esgotamento da 5ª edição deste livro mostrou a sua aceitação pelo exigente mercado brasileiro, ao qual sou grato, permitindo ainda o lançamento desta nova edição, atualizada com o Código de Processo Civil de 2015 e com a produção normativa e jurisprudencial ocorridas no período.

No que tange às remissões ao CPC, aquelas feitas no corpo das decisões citadas, quando anteriores a 2016 e alusivas, portanto, ao CPC de 1973, foram mantidas inalteradas, seja porque não seria adequado modificar o texto das transcrições dos julgados, seja porque, por razões óbvias, a partir da data do julgado o leitor saberá a qual dos códigos se estará fazendo referência. Quando parecer necessário, sobretudo se no novo diploma o regramento processual for substancialmente diferente (não consistindo apenas em outro número para artigo com idêntica disposição), isso será mencionado na própria nota. As demais referências à legislação processual civil, feitas por mim, foram evidentemente todas atualizadas à luz do novo CPC.

Aproveito o ensejo para agradecer a todos da equipe da Editora Atlas, pelo cuidado e zelo que têm para com seus livros e seus autores.

Fortaleza, 12 de janeiro de 2017,

*Hugo de Brito Machado Segundo*

# Sumário

CONSTITUIÇÃO DA REPÚBLICA FEDERATIVA DO BRASIL ...................... 1

**Título VI – Da Tributação e do Orçamento** ................................................ 1

  Capítulo I – Do Sistema Tributário Nacional ......................................... 1

    Seção I – Dos Princípios Gerais ............................................................... 1

    Seção II – Das Limitações do Poder de Tributar .................................. 32

    Seção III – Dos Impostos da União ........................................................ 75

    Seção IV – Dos Impostos dos Estados e do Distrito Federal ............... 93

    Seção V – Dos Impostos dos Municípios ............................................. 115

**Título VII – Da Ordem Econômica e Financeira** ...................................... 122

  Capítulo I – Dos Princípios Gerais da Atividade Econômica.................... 122

    Seção I – Dos Princípios Gerais............................................................. 122

**Título VIII – Da Ordem Social**..................................................................... 126

  Capítulo II – Da Seguridade Social.............................................................. 126

    Seção I – Disposições Gerais ................................................................. 126

**Lei nº 5.172, de 25 de outubro de 1966** ..................................................... 143

**LIVRO PRIMEIRO – SISTEMA TRIBUTÁRIO NACIONAL** ...................... 145

**TÍTULO I – Disposições Gerais** ................................................................... 145

**TÍTULO II – Competência Tributária**.......................................................... 151

  Capítulo I – Disposições Gerais.................................................................. 151

  Capítulo II – Limitações da Competência Tributária................................. 153

    Seção I – Disposições Gerais ................................................................. 153

    Seção II – Disposições Especiais............................................................ 155

**TÍTULO III – Impostos**................................................................................. 159

  Capítulo I – Disposições Gerais.................................................................. 159

  Capítulo II – Impostos sobre o Comércio Exterior .................................. 160

    Seção I – Impostos sobre a Importação................................................. 160

XII | CÓDIGO TRIBUTÁRIO NACIONAL – *Hugo de Brito Machado Segundo*

Seção II – Imposto sobre a Exportação ................................................. 164

Capítulo III – Impostos sobre o Patrimônio e a Renda ........................... 166

Seção I – Imposto sobre a Propriedade Territorial Rural...................... 166

Seção II – Imposto sobre a Propriedade Predial e Territorial Urbana... 169

Seção III – Imposto sobre a Transmissão de Bens Imóveis e de Direitos a eles Relativos ......................................................................... 173

Seção IV – Imposto sobre a Renda e Proventos de Qualquer Natureza 179

Capítulo IV – Impostos sobre a Produção e a Circulação ......................... 192

Seção I – Imposto sobre Produtos Industrializados............................. 192

Seção II – Imposto Estadual sobre Operações Relativas à Circulação de Mercadorias ....................................................................... 203

Seção III – Imposto Municipal sobre Operações Relativas à Circulação de Mercadorias ....................................................................... 203

Seção IV – Imposto sobre Operações de Crédito, Câmbio e Seguro, e sobre Operações Relativas a Títulos e Valores Mobiliários .............. 204

Seção V – Imposto sobre Serviços de Transportes e Comunicações ..... 207

Seção VI – Imposto sobre Serviços de Qualquer Natureza .................. 208

Capítulo V – Impostos Especiais .......................................................... 208

Seção I – Imposto sobre Operações Reativas a Combustíveis, Lubrificantes, Energia Elétrica e Minerais do País ................................. 208

Seção II – Impostos Extraordinários ..................................................... 209

## TÍTULO IV – Taxas .................................................................................. 209

## TÍTULO V – Contribuição de Melhoria ..................................................... 213

## TÍTULO VI – Distribuições de Receitas Tributárias ................................... 216

Capítulo I – Disposições Gerais............................................................. 216

Capítulo II – Imposto sobre a Propriedade Territorial Rural e sobre a Renda e Proventos de qualquer natureza ......................................... 216

Capítulo III – Fundos de Participação dos Estados e dos Municípios ........ 216

Capítulo IV – Imposto sobre Operações Relativas a Combustíveis, Lubrificantes, Energia Elétrica e Minerais do País............................... 216

## LIVRO SEGUNDO – NORMAS GERAIS DE DIREITO TRIBUTÁRIO ........... 217

## TÍTULO I – Legislação Tributária............................................................. 217

Capítulo I – Disposições Gerais............................................................. 217

Seção I – Disposição Preliminar............................................................ 217

Seção II – Leis, Tratados e Convenções Internacionais e Decretos ....... 218

Seção III – Normas Complementares ................................................. 224

Capítulo II – Vigência da Legislação Tributária................................. 227

Capítulo III – Aplicação da Legislação Tributária............................. 230

Capítulo IV – Interpretação e Integração da Legislação Tributária .......... 237

## TÍTULO II – Obrigação Tributária............................................. 246

Capítulo I – Disposições Gerais....................................................... 246

Capítulo II – Fato Gerador.............................................................. 248

Capítulo III – Sujeito Ativo............................................................. 256

Capítulo IV – Sujeito Passivo ......................................................... 258

Seção I – Disposições Gerais.......................................................... 258

Seção II – Solidariedade ................................................................ 261

Seção III – Capacidade Tributária.................................................... 266

Seção IV – Domicílio Tributário...................................................... 267

Capítulo V – Responsabilidade Tributária......................................... 268

Seção I – Disposição Geral............................................................. 268

Seção II – Responsabilidade dos Sucessores ..................................... 274

Seção III – Responsabilidade de Terceiros ........................................ 284

Seção IV – Responsabilidade por Infrações....................................... 294

## TÍTULO III – Crédito Tributário.............................................. 302

Capítulo I – Disposições Gerais....................................................... 302

Capítulo II – Constituição de Crédito Tributário................................. 304

Seção I – Lançamento.................................................................... 304

Seção II – Modalidades de Lançamento............................................ 317

Capítulo III – Suspensão do Crédito Tributário .................................. 335

Seção I – Disposições Gerais.......................................................... 335

Seção II – Moratória ..................................................................... 347

Capítulo IV – Extinção do Crédito Tributário..................................... 353

Seção I – Modalidades de Extinção.................................................. 353

Seção II – Pagamento .................................................................... 356

Seção III – Pagamento Indevido...................................................... 367

Seção IV – Demais Modalidades de Extinção..................................... 383

Capítulo V – Exclusão de Crédito Tributário...................................... 402

Seção I – Disposições Gerais.......................................................... 402

| | |
|---|---|
| Seção II – Isenção | 403 |
| Seção III – Anistia | 409 |
| Capítulo VI – Garantias e Privilégios do Crédito Tributário | 411 |
| Seção I – Disposições Gerais | 411 |
| Seção II – Preferências | 420 |

**TÍTULO IV – Administração Tributária** ..... 428

Capítulo I – Fiscalização ..... 428

Capítulo II – Dívida Ativa ..... 439

Capítulo III – Certidões Negativas ..... 443

**DISPOSIÇÕES FINAIS E TRANSITÓRIAS** ..... 453

**Lei Complementar nº 87, de 13 de setembro de 1996** ..... 459

**Decreto-lei nº 195, de 24 de fevereiro de 1967** ..... 519

**Lei Complementar nº 116, de 31 de julho de 2003** ..... 527

**Lista de serviços anexa à Lei Complementar nº 116, de 31 de julho de 2003** ..... 549

# Siglas utilizadas

*CARF* – Conselho Administrativo de Recursos Fiscais

*CC* – Conselho de Contribuintes (Ministério da Fazenda)

*CSRF* – Câmara Superior de Recursos Fiscais (Ministério da Fazenda)

*DJ* – Diário da Justiça

*DOU* – Diário Oficial da União

*m. v.* – maioria de votos

*RDDT* – Revista Dialética de Direito Tributário

*RET* – Revista de Estudos Tributários

*STF* – Supremo Tribunal Federal

*STJ* – Superior Tribunal de Justiça

*TFR* – Tribunal Federal de Recursos

*TRF* – Tribunal Regional Federal

*v. u.* – votação unânime

# Constituição da República Federativa do Brasil

## TÍTULO VI
Da Tributação e do Orçamento

### Capítulo I
Do Sistema Tributário Nacional

### Seção I
Dos Princípios Gerais

**Art. 145.** A União, os Estados, o Distrito Federal e os Municípios poderão instituir os seguintes tributos:[1]

I – impostos;[2,3]

II – taxas,[4] em razão do exercício do poder de polícia[5,6] ou pela utilização, efetiva ou potencial, de serviços públicos específicos e divisíveis,[7,8,9,10,11] prestados ao contribuinte ou postos a sua disposição;

III – contribuição de melhoria, decorrente de obras públicas.

§ 1º Sempre que possível, os impostos[12] terão caráter pessoal e serão graduados segundo a capacidade econômica do contribuinte, facultado à administração tributária, especialmente para conferir efetividade a esses objetivos,[13] identificar, respeitados os direitos individuais[14] e nos termos da lei,[15] o patrimônio, os rendimentos e as atividades econômicas do contribuinte.

§ 2º As taxas não poderão ter base de cálculo própria de impostos.[16,17,18,19,20]

## ANOTAÇÕES

**1. Enumeração não exaustiva das espécies de tributos** – Como o art. 145 somente enumera impostos, taxas e contribuições de melhoria, há quem diga que os empréstimos compulsórios e as contribuições não têm natureza tributária (Cf. Valdir de Oliveira Rocha, *Determinação do Montante do Tributo*, São Paulo: Dialética, 1995, p. 96). Os empréstimos compulsórios não se enquadrariam no conceito de *receita pública*, o que afastaria sua natureza tributária. Já as contribuições seriam fundadas não na soberania estatal, mas em um dever de "solidariedade", razão pela qual não se submetem a todas as normas de direito tributário, mas só a algumas. Seu regime seria, por isso, "parcialmente tributário", tendo natureza *sui generis* (Cf. Marco Aurélio Greco, *Contribuições*: uma figura "sui generis", São Paulo: Dialética, 2000, p. 80 ss).

Não nos parece que seja assim. A natureza jurídica de um instituto não é colhida apenas a partir do *local* onde este é mencionado no texto constitucional, ou da referência explícita a esse respeito por parte do legislador. Quanto às contribuições, elas se encaixam perfeitamente no conceito de tributo implícito na CF/88 e explicitado no art. 3º do CTN. Além disso, o fato de não se submeterem a algumas normas tributárias não significa que não sejam tributos. Há impostos sobre os quais não incidem determinadas limitações constitucionais ao poder de tributar (*v. g.*, imposto de importação não se submete à anterioridade), mas que não são, por isso, tidos como "figuras *sui generis*" parcialmente tributárias, valendo lembrar que o dever de solidariedade empresta fundamento de legitimidade, no Estado de Direito contemporâneo, à cobrança de qualquer tributo, não só de contribuições. Relativamente aos empréstimos compulsórios, o fato de eles não configurarem receita faz com que não sejam tributos sob um prisma econômico-financeiro, mas não impede o Direito de *equipará-los* aos tributos, para fins de submissão ao regime jurídico tributário. Foi o que fez a CF/88, razão pela qual nos parece adequado classificar também os empréstimos compulsórios como tributos. Trata-se de algo semelhante ao que a Constituição faz em relação aos filhos adotivos, os quais, embora não sejam filhos sob um prisma biológico, o são para todos os efeitos jurídicos (art. 227, § 6º).

Na verdade, o art. 145 da CF/88 enumerou apenas impostos, taxas e contribuições de melhoria pela simples razão de que apenas essas três espécies de tributos podem ser instituídas pela União, pelos Estados-membros, pelo Distrito Federal e pelos Municípios. Empréstimos compulsórios e contribuições, como são de instituição privativa da União Federal (ressalvadas apenas as hipóteses dos arts. 149, § 1º, e 149-A), foram tratados em artigos separados, por questão de técnica legislativa, sendo certo que o art. 150, § 1º reporta-se expressamente "aos tributos previstos no art. 148, I...". Convém lembrar, ainda, se se quer privilegiar o argumento "topográfico", que tais artigos estão igualmente inseridos no Título da Constituição que trata da *Tributação e do Orçamento*, e no Capítulo destinado ao *Sistema Tributário Nacional*.

Mas, pondo de lado o embate doutrinário, para o Supremo Tribunal Federal, *contribuições* e *empréstimos compulsórios* são tributos? Ao julgar o RE 146.733 (Pleno, j. em 29/6/1992, v. u., *DJ* de 6/11/1992, p. 20110, *RTJ* 143-2/684), o STF consignou, sob a relatoria do Min. Moreira Alves: "Perante a Constituição de 1988, não tenho dúvida em manifestar-me afirmativamente. De efeito, a par das três modalidades de tributos (os impostos, as taxas e as contribuições de melhoria) a que se refere o artigo 145 para declarar que são competentes para instituí-los a União, os Estados, o Distrito Federal e os Municípios, os artigos 148 e 149 aludem a duas outras modalidades tributárias, para cuja instituição só a União é competente: o empréstimo compulsório e as contribuições sociais, inclusive as de intervenção no domínio econômico e de interesse das categorias profissionais e econômicas."

**2. Definição jurídica de imposto** – Imposto é tributo não vinculado, vale dizer, devido em função da prática de um fato, pelo contribuinte, não relacionado com qualquer

# Art. 145

atividade estatal específica (*v. g.*, auferir renda, importar mercadorias etc.). Confira-se o art. 16 do CTN.

**3. Distinção entre impostos, fatos geradores e federalismo** – Precisamente por terem como fato gerador uma realidade inerente à vida do contribuinte, não relacionada a uma atividade estatal específica, a ele relacionada, os impostos, nas federações, têm de ser divididos de modo específico entre os entes tributantes. E essa divisão tem de ser feita pela Constituição. No caso do Brasil, cuidam do assunto os artigos 153, 154, 155 e 156 da Constituição. Mas é importante atentar para o fato de que os impostos se diferenciam, uns dos outros, a partir de seu fato gerador (CTN, art. 4º), de sorte que é a partir dele (e da correspondente base de cálculo, que deve corresponder à sua quantificação econômica, ou ao seu aspecto dimensível) que se deve verificar se não está havendo *invasão* de um ente na competência de outro. Como aponta Amílcar de Araújo Falcão, "haverá invasão de competência quando uma unidade federada (aí incluídos *brevitatis causa* os Municípios) decretar imposto (qualquer que seja o seu *nomen juris*) que, pela natureza do seu fato gerador, se defina como de competência privativa de unidades de grau ou escalão diferente na nossa organização federativa" (*Fato gerador da obrigação tributária,* 7. ed., Rio de Janeiro: Forense, 2002, p. 78). Essa invasão eventualmente ocorre também por meio de impostos mascarados de taxas, artifício que, como se explicita no art. 145, § 1º, da CF/88, também não é possível. Atualmente, porém, a maior burla que se conhece à divisão de rendas tributárias na federação é feita – com a complacência do STF – pela União Federal, através de "contribuições". Confira-se, a propósito, o que escrevemos em *Contribuições e federalismo,* São Paulo: Dialética, 2005, passim.

**4. Distinção entre taxas e preços públicos** – "Preços de serviços públicos e taxas não se confundem, porque estas, diferentemente daqueles, são compulsórias e têm sua cobrança condicionada à prévia autorização orçamentária, em relação à lei que as instituiu" (Súmula 545/STF). Tendo em vista que não mais vigora, em nosso sistema jurídico, o princípio da *anualidade,* não é mais necessário que as taxas contem com prévia autorização orçamentária, como exigia a citada súmula. Subsiste, naturalmente, a sua natureza compulsória como elemento diferenciador, em relação às tarifas (que têm fundamento contratual). Exatamente por não serem compulsórios, os preços públicos não podem ser cobrados em função de serviços essenciais, de utilização inafastável (*v. g.*, coleta de lixo, esgoto etc.), em relação aos quais a ordem jurídica não autorize ao cidadão outra forma de suprir suas necessidades, os quais somente podem dar ensejo à cobrança de taxas.

Merece referência, a esse respeito, o entendimento do STJ, segundo o qual "não tem amparo jurídico a tese de que a diferença entre taxa e preço público decorre da natureza da relação estabelecida entre o consumidor ou usuário e a entidade prestadora ou fornecedora do bem ou do serviço, pelo que, se a entidade que presta o serviço é de direito público, o valor cobrado caracterizar-se-ia como taxa, por ser a relação entre ambos de direito público; ao contrário, sendo o prestador do serviço público pessoa jurídica de direito privado, o valor cobrado é preço público/tarifa. [...] 'Se a ordem jurídica obriga a utilização de determinado serviço, não permitindo o atendimento da respectiva necessidade por outro meio, então é justo que a remuneração correspondente, cobrada pelo Poder Público, sofra as limitações próprias de tributo' (Hugo de Brito Machado, in 'Regime Tributário da Venda de Água', Rev. Juríd. da Procuradoria-Geral da Fazenda Estadual/Minas Gerais, nº 05, p. 11)." Por essas razões, entende o STJ que o valor cobrado, em função da coleta de esgoto, tem natureza de taxa (STJ, 1ª T., REsp 665.738/SC, Rel. Min. José Delgado, j. em

**4** | CÓDIGO TRIBUTÁRIO NACIONAL – *Hugo de Brito Machado Segundo*                    **Art. 145**

4/11/2004, v. u., *DJ* de 21/2/2005, p. 114). O STF, contudo, tem considerado tratar-se de tarifa a cobrança a título de água e esgoto, a nosso ver sem razão. (RE-ED 447.536/SC, *DJ* de 26/8/2005, p. 65)

**5. Definição legal de poder de polícia** – Confira-se o art. 78 do CTN.

**6. Taxa de Controle e Fiscalização Ambiental** – De acordo com o STF, a Lei nº 10.165/2004, que instituiu a taxa de controle de fiscalização ambiental – TCFA, ao alterar a redação dos artigos 17-B, 17-C, 17-D, 17-F, 17-G, 17-H e 17-I da Lei nº 6.938/81 – inseridos pela Lei nº 9.960/2000 e impugnados na ADI 2178/DF (*DJ* de 21/2/2001), a qual fora julgada prejudicada –, corrigiu as inconstitucionalidades antes apontadas no julgamento da medida cautelar na citada ação direta. Segundo o STF, trata-se de taxa exigida em função do poder de polícia exercido pelo IBAMA, e que tem por hipótese de incidência a fiscalização de atividades poluidoras e utilizadoras de recursos ambientais, sendo dela sujeitos passivos todos os que exerçam referidas atividades, as quais estão elencadas no anexo VIII da lei. Além disso, a base de cálculo da taxa varia em razão do potencial de poluição e do grau de utilização de recursos naturais, tendo em conta o tamanho do estabelecimento a ser fiscalizado, em observância aos princípios da proporcionalidade e da retributividade" (STF, Pleno, RE 416601/DF, Rel. Min. Carlos Velloso, j. em 10/8/2005, v. u., *DJ* de 30/9/2005, p. 5 – Noticiado nos *Informativos STF* 396 e 397).

A propósito de taxas ambientais, é importante destacar que a competência para a instituição de taxas não está detalhadamente discriminada no capítulo dedicado ao Sistema Tributário, justamente pelo fato de elas terem como fato gerador uma atividade estatal específica, relativa ao contribuinte (serviço público específico e divisível ou efetivo exercício do poder de polícia). Assim, a competência para a sua instituição cabe a quem tiver competência, naturalmente, para prestar o serviço, ou exercer o poder de polícia, estando disciplinada em outros artigos da Constituição.

Mas não se diga, por isso, que a competência para a instituição de taxas é "comum". Tudo dependerá de como estiver dividida a competência para prestar o serviço, ou exercer o poder de polícia. Taxa para a expedição de passaportes, por exemplo, só a União pode instituir. Mas a fiscalização ambiental, como compete a todos os entes federativos (União, Estados e Municípios), pode dar azo à cobrança de taxas por mais de um deles, desde que tenha havido o efetivo exercício do poder de polícia por mais de um deles. Confira-se: "[...] É condição constitucional para a cobrança de taxa pelo exercício de poder de polícia a competência do ente tributante para exercer a fiscalização da atividade específica do contribuinte (art. 145, II da Constituição). Por não serem mutuamente exclusivas, as atividades de fiscalização ambiental exercidas pela União e pelo estado não se sobrepõem e, portanto, não ocorre bitributação" (STF, AgRg no RE 602.089-MG, Rel. Min. Joaquim Barbosa).

**7. Definição legal de serviço público específico e divisível** – Confira-se o art. 79 do CTN.

**8. Custas judiciais. Natureza jurídica de taxa** – Segundo o STF, as custas judiciais têm natureza de taxa, mas isso não impede que sejam calculadas em face do valor da causa ou da condenação, desde que se observe o princípio da razoabilidade. Elas não se transformam em impostos por conta disso. O importante é que a sua alíquota não seja excessiva, e que se estabeleça um *teto* ao valor das mesmas. Do contrário, o valor da taxa se torna exorbitante, desproporcional ao custo do serviço que remunera, em ofensa à garantia constitucional de acesso à jurisdição, consagrada no art. 5º, XXXV, da CF/88 (*v. g.*, *RTJ* 112/34; *RTJ*

# Art. 145
CONSTITUIÇÃO DA REPÚBLICA FEDERATIVA DO BRASIL | 5

112/499). Como não estão submetidas à limitação do art. 167, IV, da CF/88, aplicável aos impostos, as taxas judiciárias podem ter o produto de sua arrecadação alocado ao Poder Judiciário, "cuja atividade remunera; e nada impede a afetação dos recursos correspondentes a determinado tipo de despesas – no caso, as de capital, investimento e treinamento de pessoal da Justiça – cuja finalidade tem inequívoco liame instrumental com o serviço judiciário" (STF, Pleno, ADI 1.926-MC, Rel. Min. Sepúlveda Pertence, j. em 19/4/1999, v. u., *DJ* de 10/9/1999, p. 2). Por isso mesmo, elas se submetem ao princípio da anterioridade (STF, ADI 3.694/AM).

**9. Taxa judiciária e destinação dos recursos arrecadados** – É juridicamente possível que as taxas cobradas pelo serviço judiciário (custas judiciais) sejam destinadas ao Poder Judiciário, para investimento na compra de materiais e contratação e treinamento de pessoal (STF, Pleno, ADI 1.926-MC, Rel. Min. Sepúlveda Pertence, j. em 19/4/1999, v. u., *DJ* de 10/9/1999, p. 2). Não é válida, entretanto, a destinação de tais recursos a entidades privadas, como associações de magistrados, de membros do Ministério Público, ou de advogados (STF, Pleno, ADI 2.982/CE, Rel. Min. Gilmar Mendes, j. em 6/6/2004, v. u., *DJ* de 12/11/2004, p. 5).

**10. Taxa Judiciária e a imunidade tributária relativa ao direito de petição** – A imunidade tributária concedida pelo art. 5º, XXXIV, *a*, da CF/88, que veda a cobrança de taxas quando do exercício do direito de petição, não abarca as taxas cobradas quando do exercício do direito de ação. Do contrário, não faria sentido a imunidade concedida pela Constituição, relativamente a estas últimas, quanto ao *habeas corpus* e à ação popular, por exemplo. A imunidade relativa ao direito de petição diz respeito a requerimentos dirigidos administrativamente aos órgãos públicos, e não àqueles que envolvem o exercício da jurisdição.

**11. Taxas e o serviço de iluminação pública** – "O serviço de iluminação pública não pode ser remunerado mediante taxa" (Súmula 670/STF). Com efeito, citado serviço nem é específico, nem divisível. A taxa, por essa razão, termina sendo exigida em função de um fato que nenhuma vinculação tem com esse serviço (consumo de energia), tendo, pela mesma razão, base de cálculo própria de imposto (no caso, do ICMS incidente sobre o fornecimento de energia elétrica). O mesmo pode ser dito do serviço de segurança pública (STF, Pleno, ADIn 2.424/CE, Rel. Min. Gilmar Mendes, j. em 1º/4/2004, v. u., *DJ* de 18/6/2004, p. 44).

**12. Capacidade contributiva. Observância "sempre que possível"** – O "sempre que possível" a que se refere o § 1º do art. 145 da CF/88 não significa que o atendimento aos citados princípios (pessoalidade e capacidade contributiva) dependa da vontade ou da simpatia do legislador ou do intérprete, ou das "circunstâncias" econômicas, mas sim que os mesmos são metas, ou diretrizes, que devem ser prestigiadas com máxima efetividade possível à luz das demais regras e princípios do ordenamento jurídico. Os limites à sua aplicação são fornecidos pelo próprio direito, e não pela boa vontade do legislador ou do aplicador da lei. Nesse sentido, pode-se mesmo dizer que a expressão é desnecessária, pois toda e qualquer determinação contida em uma norma jurídica somente poderá ser exigida se seu cumprimento for *possível*.

Um exemplo poderá esclarecer a questão. Nem sempre, em face das próprias peculiaridades do imposto, é possível aferir de modo claro e preciso a capacidade econômica do contribuinte. Em relação ao Imposto de Renda das pessoas físicas, por sua própria natureza, é possível dar-lhe caráter pessoal, e graduá-lo considerando bastante a capacidade contributiva. Tais princípios deverão, então, em relação a esse imposto, ser prestigiados com maior

**6** | CÓDIGO TRIBUTÁRIO NACIONAL – *Hugo de Brito Machado Segundo*                                    **Art. 145**

amplitude, eis que isso é plenamente possível. Já o Imposto sobre Produtos Industrializados (IPI), que é calculado em face de um produto industrializado, e não propriamente de quem o industrializa ou consome, possibilita a aferição da capacidade contributiva de modo apenas indireto, ou reflexo, com a tributação mais gravosa de produtos supérfluos ou luxuosos.

Outro exemplo de situação na qual não é possível graduar o tributo conforme a capacidade contributiva é aquele no qual o contribuinte revela essa capacidade, praticando um determinado fato, mas não existe *lei* prevendo a cobrança de tributos sobre o mesmo. Nessa situação, por conta do princípio da legalidade, não será *possível* ao intérprete aplicar o princípio da capacidade contributiva, para cobrar o tributo não previsto em lei. Deverá o legislador primeiro editar lei criando o tributo, para que depois a tal manifestação de capacidade contributiva possa ser validamente alcançada.

Se alguns impostos podem não ser pessoais em absoluto, em face de sua própria natureza, note-se que isso não ocorre com o princípio da capacidade contributiva, de observância sempre possível pelo legislador. O que poderá ser diferente, em cada caso, a depender das possibilidades (p. ex., tipo de imposto), é o grau, ou a intensidade, com que o princípio é observado. Além disso, a capacidade contributiva não é o único critério de discriminação válido a ser utilizado pelo legislador. Contribuintes podem receber tratamento diferenciado em decorrência do uso de outros critérios: proteção ao meio ambiente, redução das desigualdades regionais etc. Confiram-se as notas aos arts. 150, II e 151, I e II, da CF/88, *infra*.

**13. Princípio da capacidade contributiva e o poder-dever de fiscalizar** – Os "poderes de fiscalização" têm apoio no princípio da capacidade contributiva e na pessoalidade que devem ter os impostos. A fiscalização destina-se, em tese, a permitir ao Estado que observe tais princípios-objetivo (mandamentos de otimização) no ato de aplicação da norma tributária. Mas não se pode esquecer que os poderes de fiscalização devem respeito aos direitos individuais, e têm de ser exercidos nos termos em que autorizados por lei, conforme ressalva o dispositivo.

**14. Respeito aos direitos individuais pela fiscalização tributária** – A fiscalização não pode apreender, sem ordem judicial, livros e documentos fiscais (STJ, 1ª T., REsp 300.065/MG, Rel. Min. José Delgado, *DJ* de 18/6/2001, p. 117). Também não pode invadir, sem prévia autorização judicial, o domicílio do contribuinte (STF, Pleno, HC 79.512, Rel. Min. Sepúlveda Pertence, *DJ* de 16/5/2003, p. 92), conceito no qual se inclui a parte reservada de seu estabelecimento comercial, não aberta ao público (Pontes de Miranda, *Comentários à Constituição de 1967*, 2. ed., São Paulo: RT., 1971, t. IV, p. 185). **Nesse sentido:** "Conforme o art. 5º, XI, da Constituição – afora as exceções nele taxativamente previstas ('em caso de flagrante delito ou desastre, ou para prestar socorro') só a 'determinação judicial' autoriza, e durante o dia, a entrada de alguém – autoridade ou não – no domicílio de outrem, sem o consentimento do morador. [...] Em consequência, o poder fiscalizador da administração tributária perdeu, em favor do reforço da garantia constitucional do domicílio, a prerrogativa da auto-executoriedade, condicionado, pois, o ingresso dos agentes fiscais em dependência domiciliar do contribuinte, sempre que necessário vencer a oposição do morador, passou a depender de autorização judicial prévia" (STF, 1ª T., RE 331303 AgR/PR, Rel. Min. Sepúlveda Pertence, j. em 10/2/2004, v. u., *DJ* de 12/3/2004, p. 42). Discutiu-se se o mesmo poderia ser dito do sigilo bancário, que só por meio de ordem judicial poderia ser validamente afastado, sendo inconstitucionais as disposições em sentido diverso que constam da LC 105/2001, conforme chegou a decidir o Supremo Tribunal Federal: "SIGILO DE DADOS – AFASTAMENTO. Conforme disposto no inciso XII do artigo 5º da Constituição Federal, a

**Art. 145**  CONSTITUIÇÃO DA REPÚBLICA FEDERATIVA DO BRASIL | **7**

regra é a privacidade quanto à correspondência, às comunicações telegráficas, aos dados e às comunicações, ficando a exceção – a quebra do sigilo – submetida ao crivo de órgão equidistante – o Judiciário – e, mesmo assim, para efeito de investigação criminal ou instrução processual penal. SIGILO DE DADOS BANCÁRIOS – RECEITA FEDERAL. Conflita com a Carta da República norma legal atribuindo à Receita Federal – parte na relação jurídico-tributária – o afastamento do sigilo de dados relativos ao contribuinte" (STF, Pleno, RE 389.808, Rel. Min. Marco Aurélio, j. em 15/12/2010, *DJe*-086, de 10/05/2011). O fato de esse julgado do STF ter sido proferido por maioria apertada de votos fez com que a questão relativa à possibilidade de quebra do sigilo bancário sem prévia autorização judicial continuasse sendo considerada como "não resolvida" pela jurisprudência, como se nota do seguinte acórdão do Tribunal Regional Federal da 4ª Região: "[...] Não se desconhece a decisão do eg. STF proferida no julgamento do RE nº 389.808/PR, Rel. Min. MARCO AURÉLIO. Todavia, enquanto não houver o exame definitivo acerca da constitucionalidade da quebra de sigilo bancário por todos os Ministros do STF, especialmente nas ADIs nºs 2.386-1, 2.397-7, 2.406-0 e 2.446-9, Rel. Min. DIAS TOFFOLI, a LC 105/2001 goza da presunção de constitucionalidade, não subsistindo motivo para declarar nulo o lançamento. 2. Ademais, este Regional já se posicionou sobre o tema no julgamento da arguição de inconstitucionalidade na AMS nº 2005.72.01.000181-9/SC que, consoante o disposto nos arts. 97 da CF/88 e 480/482 do CPC, vincula os componentes deste Colegiado até decisão definitiva da Suprema Corte. 3. Legítima a apuração dos tributos com base nos valores creditados em conta bancária, na forma do art. 42 da Lei 9.430/96, se, oportunizada a comprovação da origem dos recursos, não houve atendimento. Registre-se, por oportuno, que vem sendo admitida a presunção *juris tantum* da omissão de receitas, com fundamento no art. 42 da Lei nº 9.430/96, quando o titular da conta bancária creditada não apresenta elementos suficientes para justificar a natureza e origem dos recursos, não sendo óbice ao lançamento o disposto na súmula 182 do TFR. 4. Agravo provido" (TRF 4, AGTR 0001375-96.2014.404.0000/SC, Rel. Des. Fed. Otávio Roberto Pamplona).

Muito se questionou, desde a edição da LC 105/2001, a respeito da possibilidade de quebra do sigilo bancário pela própria Administração, o que foi feito de forma equivocada e com o uso de argumentos impertinentes. Na defesa dessa possibilidade de quebra, diz-se que o direito ao sigilo não seria absoluto, que não poderia ser usado como instrumento para proteção de sonegadores etc., quando não é isso o que está em discussão. O problema não é saber que o direito é relativo, algo talvez já fora de dúvida razoável na literatura jurídica nacional, e sim saber quem deve ser o juiz de sua relativização, se um terceiro em tese imparcial, o Judiciário, ou se a própria Administração Pública interessada na quebra. Também deveria ser discutida a necessidade de a Administração ter esse acesso aos dados, prévio ao controle jurisdicional, visto que não haveria prejuízo, em princípio, caso os dados fossem acessados depois de um juiz considerar possível a quebra. A irreversibilidade talvez seja maior no caso de acessos indevidos passíveis de um controle jurisdicional feito apenas posteriormente. Enfrentando o tema em momento mais recente, porém, o Supremo Tribunal Federal reputou válida a aludida lei (ADIs 2.386, 2.397, 2.859 e RE 601.314), considerando que a Administração pode validamente acessar dados bancários do contribuinte, independentemente de prévia autorização judicial.

**15. Poderes de fiscalização e reserva de lei** – Tendo em vista a natureza plenamente vinculada da atividade administrativa tributária, e especialmente a exigência de respeito à legalidade (CF/88, arts. 5º, II, 37, *caput*, e 150, I), os "poderes de fiscalização" que se extraem dos princípios da pessoalidade e da capacidade contributiva devem ser exercidos nos estritos termos da lei. Não é correto invocar diretamente pessoalidade e capacidade contributiva para dar à fiscalização poderes não amparados por lei, sob pena de supressão do princípio da legalidade.

**16. "Desnaturação" da taxa, quando sua base de cálculo é própria de imposto** – A *base de cálculo* nada mais é que o aspecto dimensível da hipótese de incidência do tributo (a rigor, da norma de tributação), ou, em outros termos, o elemento nuclear da hipótese de incidência transformado em cifra. Se o tributo tem por hipótese de incidência a propriedade de um veículo, sua base de cálculo deve ser o valor desse veículo. Se a hipótese de incidência é a propriedade de um imóvel, a base de cálculo deve ser o valor do imóvel. E assim por diante. Nesse contexto, uma taxa com base de cálculo própria de imposto teria, também, fato gerador próprio de imposto. Seria um *imposto disfarçado,* travestido de taxa para burlar limitações constitucionais à competência tributária. O § 2º do art. 145 da CF/88, portanto, veicula lição importante, mas *meramente didática*: a vedação nele contida teria de ser entendida ainda que não estivesse positivada, pois decorre da própria natureza das taxas, e dos impostos. Era o caso das "taxas de iluminação pública" instituídas pelos Municípios, e já consideradas inconstitucionais pelo STF, que tinham base de cálculo idêntica à do ICMS incidente sobre o fornecimento de energia elétrica.

Note-se que o dispositivo constitucional tem redação aperfeiçoada, relativamente ao art. 77 do CTN, pois não se refere a "imposto", sugerindo apenas os existentes, aludindo na verdade a "base de cálculo própria de impostos", conceito no qual se incluem não apenas as bases impositivas existentes, mas também todas aquelas que sejam inerentes a um imposto, ainda que este não exista atualmente no sistema.

A esse respeito, é preciso ter muito cuidado com o disposto na Súmula Vinculante 29/STF, segundo a qual "É constitucional a adoção no cálculo do valor de taxa de um ou mais elementos da base de cálculo própria de determinado imposto, desde que não haja integral identidade entre uma base e outra."

Pelo teor da Súmula, pode parecer que toda a doutrina construída em torno da distinção entre impostos e taxas e a própria norma contida no art. 145, § 2º, da CF/88 teriam perdido o sentido. Não é bem assim, contudo. Na verdade, tem-se, na Súmula Vinculante em exame, apenas e tão somente, a consagração da tese subjacente à Súmula Vinculante 19/STF, segundo a qual "A taxa cobrada exclusivamente em razão dos serviços públicos de coleta, remoção e tratamento ou destinação de lixo ou resíduos provenientes de imóveis, não viola o art. 145, II, da CF."

Não se pode negar, porém, que a redação da Súmula Vinculante 29, que dá a ela alcance aparentemente amplo e genérico, é bastante inadequada. De rigor, existem incontáveis situações que poderão se subsumir ao que nela se acha disposto, e outras tantas, bastante semelhantes, que não ensejarão a sua incidência. Uma Súmula Vinculante deve ser editada em relação a teses pertinentes a situações concretas específicas e repetitivas. Não para tratar de um assunto com tamanha generalidade e abrangência. Na verdade, nem sempre uma taxa poderá adotar "um ou mais elementos" da base de cálculo de um imposto, sendo válida somente por conta da ausência de "integral identidade". Seria absurdo dar tamanho elastério à Súmula, bastando para demonstrá-lo, como exemplo, imaginar que o imposto de renda tem, como um dos elementos de sua base de cálculo, a receita. Mas não é por isso que alguém poderá defender, razoavelmente, que uma "taxa sobre a receita" seja constitucional apenas porque não há "total identidade" com a base imponível do imposto de renda.

# Art. 145

CONSTITUIÇÃO DA REPÚBLICA FEDERATIVA DO BRASIL | 9

A Súmula Vinculante 29 deve ser entendida, nesse contexto, como a indicar que não necessariamente a adoção de um ou mais elementos da base de cálculo própria de determinado imposto, no cálculo do valor de uma taxa, conduzirá à sua inconstitucionalidade. Poderá conduzir, ou não, dependendo das circunstâncias. Sua redação, para guardar maior adequação com o sentido que através dela se pretendeu veicular, deveria ser a seguinte: "Não necessariamente será inconstitucional a adoção no cálculo do valor de taxa de um ou mais elementos da base de cálculo própria de determinado imposto, desde que não haja integral identidade entre uma base e outra."

**17. Taxa de expediente e base de cálculo do imposto de importação** – "A taxa de expediente, instituída pela Lei nº 2.145/53, com redação dada pela Lei nº 7.690/88, é flagrantemente inconstitucional, eis que possui base de cálculo própria do imposto de importação" (STJ, 1ª T., REsp 205.685/ES, Rel. Min. Garcia Vieira, j. em 20/5/1999, *DJ* de 1º/7/1999, p. 147). "A base de cálculo da taxa, consistindo em remuneração ou contraprestação de serviço público, deve guardar pertinência com a natureza do seu fato gerador, não podendo ser diversa do seu pressuposto. O seu valor só pode ser fixado com base no custo do serviço, sob pena de ficar desnaturada. Os precedentes jurisprudenciais, com o sonido da doutrina, evidenciam que a taxa de importação não pode ter como base de cálculo o valor da guia de importação, que espelha a própria expressão do Imposto de Importação devido (Decreto-lei nº 37, de 1996, art. 2º)" (STJ, 1ª T., REsp 61.086-9-ES, Rel. Min. Milton Pereira, j. em 27/9/1995, v. u., *DJ* de 23/10/1995, p. 35.623).

**18. Taxa municipal de conservação de estradas e base de cálculo do ITR** – "É inconstitucional a taxa municipal de conservação de estradas de rodagem cuja base de cálculo seja idêntica a do imposto territorial rural" (Súmula 595/STF). Aliás, o serviço de conservação de estradas – assim como o serviço de iluminação pública (Súmula 670/STF), não é específico, nem divisível, nem beneficia apenas os proprietários de imóveis situados nas adjacências da estrada. Não há como, por isso, servir de fato gerador para a cobrança de taxas.

**19. Taxas judiciárias e base de cálculo própria de impostos** – Em princípio, segundo a jurisprudência do STF, a taxa judiciária pode ser calculada de acordo com o valor atribuído à causa, sem por isso se desnaturar e converter-se em imposto (STF, Pleno, ADI 2.040-4/PR, Rel. Min. Maurício Corrêa, j. em 15/12/1999, *DJ* de 25/2/2000). Parte-se do pressuposto de que não é possível uma equivalência rigorosa e absoluta entre o custo do serviço prestado e o valor arrecadado com a taxa, sendo razoável usar-se o valor atribuído à causa como parâmetro para tanto. Mas é preciso que as alíquotas sejam razoáveis, e haja um teto máximo, sob pena de haver violação ao direito de livre acesso ao Judiciário (STF, Pleno, ADI 2653/MT – Rel. Min. Carlos Velloso, j. em 8/10/2003, *DJ* de 31/10/2003, p. 14). Apesar disso, há acórdãos nos quais o STF não admite que as taxas judiciárias, no caso de inventário, tenham por base de cálculo o valor dos bens a serem herdados, pois nesse caso sua base de cálculo confundir-se-ia com a do ITCD. O mesmo raciocínio é aplicado aos emolumentos extrajudiciais (que também têm natureza de taxa), que não podem ser calculados sobre o valor do imóvel a ser transferido, sob pena de a sua base imponível confundir-se com a do ITBI. "Mostra-se contrária à Constituição Federal norma que imponha como base de cálculo de custas o valor do imóvel envolvido na espécie" (STF, Pleno, ADI 1530-MC/BA – Rel. Min. Marco Aurélio, j. em 28/4/1997, *DJ* de 17/4/1998, p. 1, *RTJ* 169-1/32). *Data venia,* tais decisões parecem ser um tanto incoerentes, até porque o § 2º do art. 145 da CF/88 não veda apenas a instituição de taxas com base de cálculo própria de impostos *existentes,* mas sim de taxas que tenham base de cálculo própria de "impostos", em tese. Além disso, quando um servidor público

# 10 | CÓDIGO TRIBUTÁRIO NACIONAL – *Hugo de Brito Machado Segundo* **Art. 146**

discute o recebimento de determinados vencimentos, o valor da causa termina sendo o valor de tais vencimentos, que, quando recebidos, hão de compor a base de cálculo do imposto de renda. Quando se discute em juízo o pagamento de um contrato de prestação de serviços, o valor da causa será o valor do serviço e, por conseguinte, base de cálculo do ISS, e assim por diante. Isso significa que o valor atribuído às causas, invariavelmente, coincide com a base de cálculo de algum imposto... Talvez o raciocínio seguido pelos Ministros do STF tenha sido o de que não é admissível, na verdade, apenas a disposição legal que remeta diretamente à base de cálculo de imposto (determinando a incidência da taxa, por exemplo, sobre o valor de um imóvel, independentemente do valor atribuído à causa), sendo por sua vez válida a norma que simplesmente usa o valor atribuído à causa como base imponível (sendo para ela irrelevante como tal valor vem a ser determinado em cada caso).

**20. Princípio da capacidade contributiva e a fixação do valor das taxas** – Julgando a validade da taxa de fiscalização da CVM (Lei nº 7.940/89, art. 2º), que é variável conforme o patrimônio líquido da empresa fiscalizada, o STF entendeu – mantendo entendimento construído no âmbito do TRF da 5a Região pelo então juiz Hugo de Brito Machado – que não há ofensa ao art. 145, § 2º, da CF/88, pois seu fato gerador é "o exercício do poder de polícia atribuído à Comissão de Valores Mobiliários – CVM". Quanto à sua variação em função do patrimônio líquido da empresa, entendeu a Corte que isso "não significa seja dito patrimônio a sua base de cálculo, mesmo porque tem-se, no caso, um tributo fixo" (STF, Pleno, RE 177.835/PE, Rel. Min. Carlos Velloso, j. em 22/4/1999, m. v., *DJ* de 25/5/2001, p. 18). Restou vencido apenas o Ministro Marco Aurélio, que entendia, fundado em expressiva doutrina, que a variação da taxa conforme o patrimônio líquido da empresa a desnaturava, transformando-a em imposto, pois o patrimônio líquido não guarda qualquer relação com o custo da fiscalização a ser, em cada caso, realizada. **No mesmo sentido:** "A taxa de fiscalização da CVM, instituída pela Lei nº 7.940/89, qualifica-se como espécie tributária cujo fato gerador reside no exercício do Poder de polícia legalmente atribuído à Comissão de Valores Mobiliários. A base de cálculo dessa típica taxa de polícia não se identifica com o patrimônio líquido das empresas, inocorrendo, em consequência, qualquer situação de ofensa à cláusula vedatória inscrita no art. 145, § 2º, da Constituição da República. O critério adotado pelo legislador para a cobrança dessa taxa de polícia busca realizar o princípio constitucional da capacidade contributiva, também aplicável a essa modalidade de tributo, notadamente quando a taxa tem, como fato gerador, o exercício do poder de polícia" (STF, 2ª T., RE 216.259/CE-AgR, Rel. Min. Celso de Mello, j. em 9/5/2000, v. u., *DJ* de 19/5/2000, p. 18, *RTJ* 174-3/911).

**Art. 146.** Cabe à lei complementar:[1, 2]

I – dispor sobre conflitos de competência, em matéria tributária, entre a União, os Estados, o Distrito Federal e os Municípios;[3]

II – regular as limitações constitucionais ao poder de tributar;[4]

III – estabelecer normas gerais em matéria de legislação tributária, especialmente sobre:

a) definição de tributos e de suas espécies, bem como, em relação aos impostos discriminados nesta Constituição, a dos respectivos fatos geradores, bases de cálculo e contribuintes;[5, 6]

**Art. 146**  CONSTITUIÇÃO DA REPÚBLICA FEDERATIVA DO BRASIL | **11**

b) obrigação, lançamento, crédito, prescrição[7] e decadência[8] tributários;

c) adequado tratamento tributário ao ato cooperativo praticado pelas sociedades cooperativas;[9, 10, 11, 12]

d) definição de tratamento diferenciado e favorecido para as microempresas e para as empresas de pequeno porte, inclusive regimes especiais ou simplificados no caso do imposto previsto no art. 155, II, das contribuições previstas no art. 195, I e §§ 12 e 13, e da contribuição a que se refere o art. 239. *(Incluída pela Emenda Constitucional n° 42, de 19.12.2003)*

Parágrafo único. A lei complementar de que trata o inciso III, *d*, também poderá instituir um regime único de arrecadação dos impostos e contribuições da União, dos Estados, do Distrito Federal e dos Municípios, observado que: *(Incluído pela Emenda Constitucional n° 42, de 19.12.2003)*

I – será opcional[13] para o contribuinte; *(Incluído pela Emenda Constitucional n° 42, de 19.12.2003)*

II – poderão ser estabelecidas condições de enquadramento diferenciadas por Estado; *(Incluído pela Emenda Constitucional n° 42, de 19.12.2003)*

III – o recolhimento será unificado e centralizado e a distribuição da parcela de recursos pertencentes aos respectivos entes federados será imediata, vedada qualquer retenção ou condicionamento; *(Incluído pela Emenda Constitucional n° 42, de 19.12.2003)*

IV – a arrecadação, a fiscalização e a cobrança poderão ser compartilhadas pelos entes federados, adotado cadastro nacional único de contribuintes. *(Incluído pela Emenda Constitucional n° 42, de 19.12.2003)*

## Anotações

**1. Natureza "nacional" da lei complementar de que cuida o art. 146 da CF/88** – "A lei complementar a que se refere o preceito inscrito no art. 146 da Carta Política tem o caráter de lei nacional, projetando-se e impondo-se, na esfera jurídico-normativa, e no que concerne aos estritos limites materiais de sua incidência, à compulsória observância das pessoas estatais investidas, pelo ordenamento constitucional, de competência impositiva. Nessa condição formal, a lei complementar, que veicula regras disciplinadoras do conflito de competências tributárias e que dispõe sobre normas gerais de direito tributário, evidencia-se como espécie tributária que, embora necessariamente obediente às diretrizes traçadas pela Carta da República, constitui manifestação superior da vontade jurídica do próprio Estado Federal. A autoridade dessa lei complementar – cuja gênese reside no próprio texto da Constituição – vincula, em sua formulação normativa, as pessoas políticas que integram, no plano da Federação brasileira, a comunidade jurídica total" (STF, Pleno, RE 136.215-4/RJ, Rel. Min. Octávio Gallotti, j. em 18/2/1993, v. u., ementa publicada no *DJ* de 16/4/1993, p. 6438. O trecho transcrito é parte do voto do Min. Celso de Mello).

**2. Natureza jurídica do Código Tributário Nacional** – O Código Tributário Nacional – CTN (Lei n° 5.172/66) foi editado como lei ordinária, eis que a Constituição vigente à

# 12 | CÓDIGO TRIBUTÁRIO NACIONAL – *Hugo de Brito Machado Segundo*                    **Art. 146**

época não exigia a edição de lei complementar (CF/46). Entretanto, diz-se que o CTN tem *status* de lei complementar, pois foi recepcionado pela CF/88, e seu conteúdo, hoje, por força do art. 146 da CF/88, somente pode ser alterado por lei complementar. Esse é o entendimento da doutrina (Hugo de Brito Machado, *Curso de Direito Tributário,* 21. ed., São Paulo: Malheiros, 2002, p. 73), e da jurisprudência (STJ, 1ª T., REsp 625.193/RO, Rel. Min. Luiz Fux, j. em 15/2/2005, v. u., *DJ* de 21/3/2005, p. 250).

**3. Conflitos de Competência e Lei Complementar** – As áreas de penumbra situadas entre as competências impositivas federais, estaduais e municipais devem ser delimitadas por lei complementar, o que ressalta, nesse caso, sua natureza nacional (norma abrangente de todo o Estado Federal, e não só do círculo central da União). Evidentemente não seria viável deixar que os próprios entes tributantes, por meio de sua legislação interna, resolvessem tais conflitos. À Lei Complementar cabe tanto resolver conflitos entre entes federados distintos, como é o caso das prestações de serviços acompanhadas do fornecimento de mercadorias, nas quais surge a questão de saber se é devido o ISS, o ICMS, ou ambos (cf. LC 116/2003, art. 1°, § 2° e LC 87/96, art. 2°, IV e V), como também conflitos entre entes federados da mesma natureza, pelo mesmo tributo, a exemplo do ICMS incidente em operações ou prestações interestaduais, hipótese na qual surge o problema de saber se é devido na origem, no destino etc. (cf., *v. g.*, LC 87/96, art. 12); e do ISS quando relativo a serviços prestados em Municípios diversos daquele em que o contribuinte tem estabelecimento (cf., *v. g.*, LC 116/2003, art. 3°). Em se tratando de imposto no qual tais conflitos possam efetivamente ser suscitados, a falta de lei complementar inviabiliza a sua criação por lei local. Foi o que ocorreu com o extinto adicional estadual do imposto de renda, e com o ICMS relativo ao transporte aéreo de passageiros (STF, Pleno, ADI 627/PA, Rel. Min. Sydney Sanches, *DJ* de 19/11/1993, p. 24.658 e STF, Pleno, ADI 1.600/DF, Rel. p. acórdão: Min. Nélson Jobim, j. em 26/11/2001, m. v., *DJ* de 20/6/2003, p. 56, respectivamente) merecendo destaque o fato de que, paradoxalmente, o STF decidiu de forma diferente no que tange ao transporte terrestre de passageiros, criando incongruência contrária à isonomia e à capacidade contributiva, visto que não há justificativa para que as normas gerais existentes sejam válidas e suficientes no caso de transporte terrestre, e não no caso de transporte aéreo (ADI 2.669/DF), o que cria distinção entre dois grupos de contribuintes que desempenham atividade semelhante, em detrimento daquele grupo dotado de menor capacidade contributiva (tanto no que tange ao prestador do serviço como, em regra, ao usuário). A indicação, feita pelo texto constitucional, de que a lei complementar deverá dirimir tais conflitos é uma indicação clara de que as competências impositivas previstas nos arts. 153 a 156 são privativas e rigidamente delimitadas, não comportando, em regra, sobreposições. Mas é, por igual, uma indicação de que, a partir apenas do texto constitucional, não é possível determinar com absoluta e definitiva precisão os limites de cada competência. Do contrário, a lei complementar não teria função a exercer, sendo meramente redundantes as suas disposições, o que se sabe não ser o caso.

**4. Lei complementar e imunidade tributária** – Em função do art. 146, II, da CF/88, sempre que o gozo de uma imunidade tributária depender do atendimento de requisitos a serem estabelecidos em lei, tais requisitos devem ser veiculados em *lei complementar,* e não em lei ordinária. Tal conclusão é pertinente inclusive quando a Constituição, impropriamente, diz estar concedendo *isenção,* quando é de imunidade que se trata (*v. g.*, CF/88, art. 195, § 7º). Assim também tem decidido o Superior Tribunal de Justiça: "As limitações constitucionais ao poder de tributar podem ser reguladas apenas por meio de lei complementar, *ex vi* do art. 146, inc. II, da Lei Maior, que assim dispõe, de forma expressa." Por conta disso, o art. 55 da Lei 8.212/91, uma lei ordinária, não tem "poder normativo para operar restrições no tocante à

# Art. 146 — CONSTITUIÇÃO DA REPÚBLICA FEDERATIVA DO BRASIL | 13

imunidade concedida pela Carta da República, exercitando papel meramente procedimental, quanto ao reconhecimento de um direito preexistente. A instituição de assistência social, para fins do alcançar do direito oferecido pelo art. 195, § 7º, da Constituição Federal, tem de observar os pressupostos elencados no art. 14 da Norma Complementar Tributária. Nada mais. Ou, sob ótica distinta, tem direito à imunidade tributária, no momento em que perfaz o caminho das exigências previstas no Código Tributário Nacional" (STJ, 2ª T., REsp 413.728/RS, Rel. Min. Paulo Medina, j. em 8/10/2002, *DJ* 2/12/2002, p. 283). **No mesmo sentido:** (STJ, 1ª T., REsp 495.975/RS, Rel. Min. José Delgado, j. em 4/9/2003, *DJ* de 20/10/2003, p. 198).

Apreciando a questão, o Supremo Tribunal Federal decidiu, na sistemática da "repercussão geral", quanto à imunidade prevista no art. 195, § 7º, da CF/88, que: "A Suprema Corte, guardiã da Constituição Federal, indicia que somente se exige lei complementar para a definição dos seus limites objetivos (materiais), e não para a fixação das normas de constituição e de funcionamento das entidades imunes (aspectos formais ou subjetivos), os quais podem ser veiculados por lei ordinária, como sois ocorrer com o art. 55, da Lei nº 8.212/91, que pode estabelecer requisitos formais para o gozo da imunidade sem caracterizar ofensa ao art. 146, II, da Constituição Federal, *ex vi* dos incisos I e II, *verbis*: Art. 55. Fica isenta das contribuições de que tratam os arts. 22 e 23 desta Lei a entidade beneficente de assistência social que atenda aos seguintes requisitos cumulativamente: (Revogado pela Lei nº 12.101, de 2009) I – seja reconhecida como de utilidade pública federal e estadual ou do Distrito Federal ou municipal; (Revogado pela Lei nº 12.101, de 2009); II – seja portadora do Certificado e do Registro de Entidade de Fins Filantrópicos, fornecido pelo Conselho Nacional de Assistência Social, renovado a cada três anos; (Redação dada pela Lei nº 9.429, de 26.12.1996).... 16. Os limites objetivos ou materiais e a definição quanto aos aspectos subjetivos ou formais atende aos princípios da proporcionalidade e razoabilidade, não implicando significativa restrição do alcance do dispositivo interpretado, ou seja, o conceito de imunidade, e de redução das garantias dos contribuintes. 17. As entidades que promovem a assistência social beneficente, inclusive educacional ou de saúde, somente fazem jus à concessão do benefício imunizante se preencherem cumulativamente os requisitos de que trata o art. 55, da Lei nº 8.212/91, na sua redação original, e aqueles prescritos nos artigos 9º e 14, do CTN. [...]" (STF, Pleno, RE 636941, j. em 13/2/2014) Vale observar que o art. 55 da Lei 8.212/91 foi revogado pela Lei 12.101/2009, mas ainda assim os precedentes a ele relacionados são mantidos, aqui, pois refletem o posicionamento dos Tribunais sobre o papel da lei complementar, e o papel da lei ordinária no disciplinamento da imunidade tributária, o qual permanece atual.

**5. Instituição de impostos e a prévia edição de "normas gerais"** – Em regra, para que sejam instituídos os impostos previstos na Constituição (através, geralmente, de lei ordinária do ente tributante respectivo), é necessária a prévia edição de uma lei complementar federal (ou, se se preferir, *nacional*) traçando "normas gerais" a respeito dos seus correspondentes fatos geradores, bases de cálculo e contribuintes. Em relação a diversos impostos, tais "normas gerais" já constam do CTN, diploma recepcionado com *status* de lei complementar (*v. g.,* II, IE, IR, IPI, IOF, ITR, IPTU...). Alguns deles têm normas gerais fixadas em leis complementares posteriores (*v. g.,* ICMS, na LC nº 87/96, e ISS, na LC nº 116/2003). Mas e se tal lei complementar não for editada? O IPVA, por exemplo, não tem normas gerais a seu respeito traçadas no CTN (pois foi criado posteriormente ao Código), nem foi editada lei complementar posteriormente, a seu respeito. O STF entendeu que a omissão, nesse caso, não invalida o disciplinamento do imposto por lei estadual e a respectiva cobrança: "Mostra-se constitucional a disciplina do Imposto sobre Propriedade

14 | CÓDIGO TRIBUTÁRIO NACIONAL – *Hugo de Brito Machado Segundo*                    **Art. 146**

de Veículos Automotores mediante norma local. Deixando a União de editar normas gerais, exerce a unidade da federação a competência legislativa plena – § 3º do artigo 24, do corpo permanente da Carta de 1988 –, sendo que, com a entrada em vigor do sistema tributário nacional, abriu-se à União, aos Estados, ao Distrito Federal e aos Municípios, a via da edição de leis necessárias à respectiva aplicação – § 3º do artigo 34 do Ato das Disposições Constitucionais Transitórias da Carta de 1988" (STF – 2ª T. – AI 167777 AgR/SP – Rel. Min. Marco Aurélio – j. em 4/3/1997 – *DJ* de 9/5/1997, p. 18134). **Conferir ainda:** (STF, 1ª T., AI 279645/MG (AgR), Rel. Min. Moreira Alves, j. em 5/12/2000, *DJ* de 2/3/2001, p. 4).

**6. Inexistência de "normas gerais" e impossibilidade de instituição válida do imposto** – Diversamente do que restou decidido no caso do IPVA, existem precedentes do STF nos quais se considerou que a falta da lei complementar de "normas gerais" torna *juridicamente impossível* a cobrança de imposto, que não pode ser feita com fundamento apenas em normas locais. Foi o que ocorreu com o ICMS incidente sobre o serviço de transporte aéreo (STF – Pleno – ADI 1600/UF – Rel. p. acórdão: Min. Nélson Jobim – j. em 26/11/2001 – *DJ* de 20/6/2003, p. 56), e com o Adicional de Imposto de Renda Estadual – AIRE (*v. g.,* STF – Pleno – ADI 627/PA – Rel. Min. Sydney Sanches – *DJ* de 19/11/1993, p. 24658).

Há aparente incoerência entre tais posicionamentos, mas a peculiaridade que parece haver motivado o entendimento diverso do STF, quanto ao ICMS e ao AIRE, foi a de que a falta da lei complementar *tornava inviável a cobrança do imposto, por permitir o surgimento de insolúveis conflitos de competência entre os entes da federação,* dado que não estaria presente no caso do IPVA (ver nota anterior).

No que diz respeito ao Adicional de Imposto de Renda Estadual – AIRE (extinto pela EC 3 – ver notas ao art. 155 da CF/88), entendeu o STF que "a ausência de lei complementar nacional, a ser editada pela União com fundamento no art. 146, I e III, *a*, da Carta Política, inibe o exercício, pelos Estados-membros, de sua competência impositiva para a instituição do tributo a que se refere o art. 155, II, da Lei Fundamental (Adicional ao Imposto de Renda)." Isso porque essa lei complementar seria "requisito subordinante da atividade impositiva do Poder Público" (STF – transcrição de trecho do voto do Min. Celso de Mello). Como dito, o dado que parece haver feito a diferença – relativamente ao que decidiu o STF em relação ao IPVA – foi a efetiva *necessidade* de tais normas gerais, tendo em vista que o fato "renda" não raro ocorre de forma "interestadual", gerando conflito de competência entre os Estados. No dizer do Min. Velloso, "não se pode emprestar à matéria caráter local, para o fim de permitir, na linha do § 3º do art. 24 da Constituição, que o Estado-membro exerça competência legislativa plena. E por quê? Porque a matéria, por não ter caráter local, por ser eminentemente nacional, não é daquelas que cabem na cláusula inscrita na parte final do § 3º do art. 24 da Constituição – 'para atender a suas peculiaridades' – vale dizer, para atender a peculiaridades locais. É que o Estado-membro somente exercerá competência legislativa plena, na falta da lei federal, para atender a suas peculiaridades (§ 3º do art. 24 da Constituição). Ora, definir fato gerador de imposto, conforme vimos, interessa a mais de uma unidade política que compõe a Federação, diz respeito a diversas entidades políticas, a mais de um Estado-membro, interessa e diz respeito à própria União" (STF – RE 136.215-4/RJ – citação de trecho do voto do Min. Carlos Velloso). O mesmo ocorreu com o ICMS incidente sobre a prestação de serviço de transporte aéreo, tendo o STF entendido haver na LC nº 87/96 "ausência de normas de solução de conflitos de competência entre as unidades federadas" (STF – Pleno – ADI 1600/UF – Rel. p. acórdão: Min. Nélson Jobim – j. em 26/11/2001 – m. v. – *DJ* de 20/6/2003, p. 56).

**Art. 146**  CONSTITUIÇÃO DA REPÚBLICA FEDERATIVA DO BRASIL | **15**

**7. Prescrição, lei complementar e a distinção entre norma de direito material e norma de direito processual** – É preciso diferenciar, no que concerne à reserva de lei complementar para o trato de prescrição em matéria tributária, as disposições de direito material, relativas a como a pretensão se extingue pelo decurso do tempo (*v. g.*, suas condições interruptivas, o próprio tamanho do prazo etc.), das disposições de direito processual, relativas, por exemplo, à competência do juiz para reconhecer a sua consumação. As primeiras exigem lei complementar. As segundas, evidentemente, não.

Não têm razão, portanto, os que afirmam que a Lei nº 11.051/2004, ao inserir um § 4º no art. 40 da Lei nº 6.830/80, seria inconstitucional por malferimento ao art. 146, III, *b*, da CF/88.

Tal artigo, não é demais lembrar, dispõe que "se da decisão que ordenar o arquivamento tiver decorrido o prazo prescricional, o juiz, depois de ouvida a Fazenda Pública, poderá, de ofício, reconhecer a prescrição intercorrente e decretá-la de imediato".

Ora, não se trata, na disposição em comento, de prazo prescricional. Não se alterou a forma de contá-lo, seus termos inicial e final, nem o número de anos ao cabo do qual está consumado. Não. A disposição limitou-se a dispor sobre direito processual civil, veiculando norma relativa aos poderes do juiz de declarar uma situação preexistente. A prescrição consuma-se por conta da incidência do art. 174 do CTN, tendo a alteração legislativa apenas dado ao juiz o poder de reconhecer isso *ex officio*, não sendo, para tanto, exigível lei complementar.

**8. Decadência é matéria privativa de Lei complementar** – Diante do que preconiza o art. 146, III, *b*, da CF/88, o estabelecimento de prazos de decadência é matéria privativa de lei complementar. Tais prazos, como se sabe, encontram-se hoje nos arts. 150, § 4º (em relação aos tributos submetidos a lançamento por homologação) e no 173 do CTN (relativamente às demais modalidades de lançamento), e não podem ser modificados por leis ordinárias, sejam elas de Estados-membros, de Municípios, do Distrito Federal ou da União, como se pretendeu, por exemplo, com o art. 45 da Lei nº 8.212/91, que pretendia atribuir prazo de dez anos para o exercício do direito de lançar contribuições previdenciárias.

A propósito do prazo de decadência fixado em lei ordinária, a Corte Especial do Superior Tribunal de Justiça já decidiu que "as contribuições sociais, inclusive as destinadas a financiar a seguridade social (CF, art. 195), têm, no regime da Constituição de 1988, natureza tributária. Por isso mesmo, aplica-se também a elas o disposto no art. 146, III, *b*, da Constituição, segundo o qual cabe à lei complementar dispor sobre normas gerais em matéria de prescrição e decadência tributárias, compreendida nessa cláusula inclusive a fixação dos respectivos prazos. Consequentemente, padece de inconstitucionalidade formal o art. 45 da Lei nº 8.212, de 1991, que fixou em dez anos o prazo de decadência para o lançamento das contribuições sociais devidas à Previdência Social" (STJ, Corte Especial, Arguição de Inconstitucionalidade no REsp nº 616348/MG).

Posteriormente, partindo das premissas anteriormente apontadas, o STF considerou inconstitucionais o parágrafo único do artigo 5º do Decreto-lei 1.569/77 e os artigos 45 e 46 da Lei 8.212/91, que tratam de prescrição e decadência do crédito tributário, editando a súmula vinculante nº 8. Foi digna de censura, contudo, na ocasião, a "modulação de efeitos" efetuada pela Corte Maior, que apenas considerou aplicável a declaração de inconstitucionalidade de forma *ex nunc* (para o futuro), impedindo a administração tributária de aplicar, de agora em diante, as disposições consideradas inválidas, mas convalidando os recolhimentos até então efetuados com amparo em quantias lançadas ou executadas com fundamento nas mesmas.

O primeiro problema, no caso, reside no "critério de descrímen" usado pelo STF. Quem pagou a contribuição será prejudicado, enquanto quem sofreu a cobrança e protelou o pagamento será beneficiado.

Por outro lado, a prevalecer a ideia que inspirou tal modulação – de que os cofres públicos sofrerão "rombos" se leis absurdas tiverem sua inconstitucionalidade decretada –, o STF sempre modulará os efeitos de suas decisões em matéria tributária. Se bem observarmos, os fundamentos da decisão de que se cuida serviriam para modular os efeitos de qualquer decisão favorável ao cidadão, em matéria de controle de constitucionalidade.

Além disso, o STF, com todo o respeito, incorreu em uma leve inconsistência lógica na argumentação usada para justificar a modulação (Cf., *v. g.*, RREE 556664, 559882 e 560626).

Primeiro, invocou precedentes nos quais a modulação tinha sido feita, mas que são totalmente diversos do presente.

Em seguida, sem explicar qual similutude existiria entre os casos invocados e o presente, partiu da premissa de que a modulação seria possível para introduzir uma longa argumentação destinada não a legitimá-la, mas sim a legitimar por que a modulação não ensejaria a atribuição de efeitos inteiramente *ex nunc*, como queria a Fazenda, mas sim com a preservação dos direitos de quem já houvesse questionado administrativa ou judicialmente os tais dispositivos declarados inconstitucionais.

Na verdade, a modulação só é possível naquelas situações em que a declaração da inconstitucionalidade da lei cria uma situação ainda mais inconstitucional. É o que ocorre quando a declaração de inconstitucionalidade – e o efeito repristinatório dela decorrente, com a "ressurreição retroativa" da lei revogada pela lei inconstitucional – fulminam lei mais favorável a cidadão que nela acreditou e de boa-fé observou seus preceitos.

Imagine-se, por exemplo, que a "Lei A", de 2002, institui tributo com alíquota de 10%.

Em seguida, a "Lei B", de 2003, determina que esse tributo, para os contribuintes do setor "x", será de 5%.

Em 2008, o STF declara, em ADI, a inconstitucionalidade da "Lei B".

Isso significa que a "Lei A" "volta a vigorar" para todos os contribuintes. Inclusive para aqueles do setor "x", que ficaram de 2003 a 2008 submetidos a uma tributação menos gravosa por conta da lei inconstitucional...

Poderia o poder público locupletar-se da própria torpeza e exigir, dos contribuintes do setor "x", a diferença de tributo decorrente da aplicação retro-operante da "Lei A" sobre todos eles? Parece-me evidente que não. E é a casos assim que a modulação se destina.

Ou então a casos como o de uma lei que autoriza a criação de Município, que se for considerada inconstitucional de forma *ex tunc* depois de criados alguns Municípios sob a sua vigência poderia trazer maiores transtornos e insegurança – "situação ainda mais inconstitucional" – que aqueles decorrentes da aplicação da lei viciada, que, por isso, deve ser afastada de forma *ex nunc*.

**9. Inexistência de "normas gerais" sobre o tratamento tributário do ato cooperativo e lei estadual** – À míngua de previsão em lei complementar, os Estados-membros têm competência legislativa plena, a teor do art. 24, § 3º, da CF/88. Segundo o STF, "a falta

# Art. 146
CONSTITUIÇÃO DA REPÚBLICA FEDERATIVA DO BRASIL | **17**

de Lei Complementar da União que regulamente o adequado tratamento tributário do ato cooperativo praticado pelas sociedades cooperativas, (CF, art. 146, III, *c*), o regramento da matéria pelo legislador constituinte estadual não excede os lindes da competência tributária concorrente que lhe é atribuída pela Lei Maior (CF, art. 24, § 3°)" (STF, Pleno, ADI 429-MC, Rel. Min. Célio Borja, j. em 4/4/1991, *DJ* de 19/2/1993, p. 2031).

**10. Inexistência de "normas gerais" sobre tratamento tributário do ato cooperativo e mandado de injunção** – Considerando que existem algumas normas, no âmbito da legislação federal, conferindo tratamento diferenciado às cooperativas, o STF considerou inviável o manejo de mandado de injunção em face da inexistência das "normas gerais" reclamadas pelo art. 146, III, *c*, da CF/88. Se as normas existentes não abrangem todas as espécies de sociedades cooperativas, se não dizem respeito a todos os tributos (inclusive estaduais, e municipais), ou se não foram veiculadas em lei complementar (em sua maioria constam de medidas provisórias), então seria o caso de questionar-se a sua inconstitucionalidade, mas não combater uma omissão que, a rigor, não houve (STF, Pleno, MI 702/DF, Rel. Min. Marco Aurélio, j. em 29/8/2004, v. u., *DJ* de 4/2/2005, p. 8).

**11. Cooperativas e aplicações financeiras** – "Incide o imposto de renda sobre o resultado das aplicações financeiras realizadas pelas cooperativas" (Súmula 262/STJ).

**12. Cooperativas de crédito e incidência tributária** – O STJ tem diferenciado, na análise de questões ligadas à incidência de tributos sobre cooperativas, os atos cooperativos e os atos que não têm essa natureza. "No campo da exação tributária com relação às cooperativas, a aferição da incidência do tributo impõe distinguir os atos cooperativos através dos quais a entidade atinge os seus fins e os atos não cooperativos; estes extrapolantes das finalidades institucionais e geradores de tributação; diferentemente do que ocorre com os primeiros. [...] A Lei n° 5.764/71, ao regular a Política Nacional do Cooperativismo, e instituir o regime jurídico das sociedades cooperativas, prescreve, em seu art. 79, que constituem "atos cooperativos os praticados entre as cooperativas e seus associados, entre estes e aquelas e pelas cooperativas entre si quando associados, para a consecução dos objetivos sociais", ressalva, todavia, em seu art. 111, as operações descritas nos arts. 85, 86 e 88, do mesmo diploma, como aquelas atividades denominadas "não cooperativas" que visam ao lucro. Dispõe a lei das cooperativas, ainda, que os resultados dessas operações com terceiros "serão contabilizados em separado, de molde a permitir o cálculo para incidência de tributos (art. 87)."

Assim, a "cooperativa prestando serviços a seus associados, sem interesse negocial, ou fim lucrativo, goza de completa isenção, porquanto o fim da mesma não é obter lucro, mas, sim, servir aos associados". A rigor, não se trata de isenção, mas de hipótese de não incidência. Tanto que o STJ, no mesmo aresto que estamos a transcrever, admite que "não implicando o ato cooperativo em operação de mercado, nem contrato de compra e venda de produto ou mercadoria, a revogação do inciso I, do art. 6°, da LC 70/91, em nada altera a não incidência da COFINS sobre os atos cooperativos". Em face dessas premissas foi que "a Primeira Seção, no julgamento do REsp 591298/MG, Relator para o acórdão o Ministro Castro Meira, sessão de 27 de outubro de 2004, firmou o entendimento de que os atos praticados pelas cooperativas de crédito não são passíveis de incidência tributária, uma vez que a captação de recursos e a realização de aplicações no mercado financeiro, com o intuito de oferecer assistência de crédito aos associados, constituem atos cooperativos. (...)" (STJ, 1ª T., AgRg no AgRg no REsp 795.257/MG, Rel. Min. Luiz Fux, j. em 14/11/2006, *DJ* 27/11/2006, p. 251).

**13. Natureza opcional dos "Regimes Especiais" ou "Simplificados" de Tributação** – Não é possível a instituição de um "regime especial" ou "simplificado" de forma obrigatória. Não só porque o art. 146, parágrafo único, I, assim determina (de modo meramente didático), mas porque tais regimes não raro implicam, em nome da simplificação, a desnaturação dos impostos a que dizem respeito, com alterações substanciais no perfil dos mesmos e com a supressão de diversos direitos do contribuinte inerentes à quantificação do montante devido. No caso do imposto de renda, não se consideram as despesas e se presume uma margem de lucro, com o que o imposto termina onerando a receita, e não a renda. No caso do ICMS, ignoram-se os créditos das operações anteriores em troca de uma redução de alíquotas ou da base imponível, abolindo-se a não cumulatividade. Em tais circunstâncias, o contribuinte – que tem direito a ser tributado conforme seu lucro real pelo IRPJ, e de forma não cumulativa pelo ICMS, é quem deve escolher se abre mão de tal forma de tributação, para se submeter a uma outra sistemática, mais simples. Para fazer essa escolha, naturalmente, pondera os custos relativos ao cumprimento das obrigações acessórias necessárias à sistemática normal, bem como a carga tributária duma e d'outra modalidade de tributação. Confira-se, a propósito, a LC nº 123/2006.

**Art. 146-A.** A lei complementar poderá estabelecer critérios especiais de tributação, com o objetivo de prevenir desequilíbrios da concorrência,[1] sem prejuízo da competência de a União, por lei,[2] estabelecer normas de igual objetivo. *(Incluído pela Emenda Constitucional nº 42, de 19.12.2003)*

## Anotações

**1. Critérios especiais de tributação. Conceito** – Critérios especiais de tributação são fórmulas que a Constituição está autorizando a lei a adotar, para, em suma, reduzir as possibilidades de evasão fiscal em determinados setores da economia (*v. g.*, combustíveis, bebidas, cigarros) e, com isso, reduzir os desequilíbrios existentes entre os que pagam e os que ilicitamente não pagam seus tributos. A lei deve considerar as especificidades de cada setor, e a efetiva existência de desequilíbrios gerados pela evasão fiscal, para então estipular tais critérios especiais. Não se cuida, porém, de autorização para a ilimitada instituição de ficções, antecipações, nivelamentos, analogias etc., sendo certo que não foram revogados, e nem poderiam ter sido, os dispositivos que cuidam do âmbito constitucional dos impostos, do perfil de cada tributo, da legalidade e da tipicidade etc., os quais evidentemente devem ser respeitados por tais "critérios especiais".

**2. Lei ordinária federal e critérios especiais** – A lei ordinária da União que vier a dispor sobre critérios especiais de tributação, para prevenir desequilíbrios na concorrência, naturalmente só poderá fazê-lo em relação aos tributos federais. Para o disciplinamento de critérios especiais aplicáveis a todos os tributos (federais, estaduais e municipais), no âmbito das chamadas "normas gerais", é indispensável que o veículo normativo utilizado seja a lei complementar, o qual, segundo entendemos, também não dispensa a edição específica, pelo respectivo ente federado.

**Art. 147.** Competem à União, em Território Federal, os impostos estaduais e, se o Território não for dividido em Municípios, cumulativamente, os impostos municipais;[1] ao Distrito Federal cabem os impostos municipais.[2]

**Art. 148**  CONSTITUIÇÃO DA REPÚBLICA FEDERATIVA DO BRASIL | **19**

ANOTAÇÕES ─────────────────────────────────────

**1. Competência federal e Territórios Federais** – Os Territórios Federais – que atualmente não existem no Brasil, mas que podem vir a ser criados – não têm autonomia política ou econômica, nem têm representação no Senado Federal. São, a rigor, dependências administrativas da União Federal. É por essa razão que os Territórios *não têm competência tributária,* vale dizer, os impostos estaduais e municipais relativos aos fatos que ocorram em seu âmbito poderão ser instituídos e cobrados pela União. Caso o Território seja dividido em Municípios, nos termos do art. 33, § 1º, da CF/88, a União será competente apenas para instituir e cobrar os impostos estaduais, competindo aos Municípios existentes a instituição dos impostos municipais.

**2. Competência tributária e o Distrito Federal** – O Distrito Federal tem natureza jurídica híbrida. Sobre certos aspectos é *menos* que um Estado-membro, pois possui menor autonomia política (alguns de seus órgãos, como o Poder Judiciário, são organizados pela União). Sobre outros, porém, é *mais* que um Estado-membro, pois reúne competências estaduais *e* municipais. É o caso da competência tributária: como é vedada a sua divisão em Municípios (CF/88, art. 32), cabe-lhe a instituição de impostos estaduais (ICMS, IPVA, ITCD) e também municipais (IPTU, ITBI, ISS).

**Art. 148.** A União, mediante lei complementar,[1] poderá instituir empréstimos compulsórios:[2, 3, 4]

I – para atender a despesas extraordinárias, decorrentes de calamidade pública, de guerra externa ou sua iminência;

II – no caso de investimento público de caráter urgente e de relevante interesse nacional, observado o disposto no art. 150, III, *b*.

Parágrafo único. A aplicação dos recursos provenientes de empréstimo compulsório será vinculada à despesa que fundamentou sua instituição.

ANOTAÇÕES ─────────────────────────────────────

**1. Empréstimos Compulsórios e Medidas Provisórias** – Não é possível a criação de empréstimo compulsório através de medida provisória, a teor do art. 62, § 1º, III, da CF/88.

**2. Natureza Tributária dos Empréstimos compulsórios** – Como, sob um prisma econômico-financeiro, não representam *receita pública,* os empréstimos compulsórios podem ter sua natureza tributária posta em dúvida. Hugo de Brito Machado, por exemplo, doutrina que não são tributos (*Comentários ao Código Tributário Nacional,* São Paulo: Atlas, 2003, v. 1, p. 126). Entretanto, como a Constituição incluiu os empréstimos compulsórios no *Sistema Tributário Nacional,* determinando a sua submissão a normas jurídicas pertinentes aos *tributos* (*v. g.,* CF/88, art. 150, III, *b*), preferimos dizer que, para fins de aplicação do regime jurídico, o ordenamento jurídico brasileiro equiparou, para todos os fins, os empréstimos compulsórios aos tributos, não fazendo sentido, numa abordagem jurídica, afirmar ser outra a sua natureza *jurídica*. O STF, embora os tenha inicialmente classificado como "contratos coativos" (Súmula 418/STF), terminou admitindo a sua natureza tributária (RE 138.284, voto do Rel. Min. Carlos Velloso, *DJ* de 28/8/92). Tal posição é hoje assente em sua jurisprudência, que se baseia, para tanto, em dois argumentos fundamentais: *i)* os empréstimos compulsórios estão situados no Título IV da Constituição (Da Tributação e do Orçamento), e na Seção I (Do Sistema Tributário Nacional); e *ii)* o art. 148 remete o intérprete, expressamente, à regra da anterioridade da lei *tributária*. Confira-se, nesse sentido, o RE 146.615, Rel. p/ o ac. Min. Maurício Corrêa, *DJ* de 30/6/1995, no qual tanto os votos vencidos como os vencedores (a tese central posta em discussão era outra) afirmaram a natureza tributária da exação. Pode-se dizer, ainda, como reforço a essa tese, que o próprio art. 150, § 1º, da CF/88 reporta-se textualmente aos empréstimos compulsórios como tributos, quando se refere aos "tributos previstos no art. 148, I...".

A rigor, ambas as correntes têm parcela de razão. Na verdade, *do ponto de vista jurídico*, os empréstimos compulsórios têm natureza tributária, embora do ponto de vista econômico não o sejam. Para deixar clara essa ideia, pode ser tomado como exemplo a questão, neste ponto análoga, da filiação. De fato, para efeito de aplicação do ordenamento jurídico brasileiro, não pode ser estabelecida qualquer distinção entre filhos biológicos e filhos adotivos (CF/88, art. 227, § 6º). Para resolução de um problema jurídico (*v. g.*, determinação do direito de participação em uma herança), não deve ser estabelecida qualquer diferença entre o filho adotivo e o filho biológico. Entretanto, para o deslinde de problema médico, ligado, por exemplo, ao tratamento de doença hereditária, não será possível ignorar que o filho adotivo não foi gerado a partir do material genético daqueles que juridicamente são seus pais.

**3. Empréstimos compulsórios "Disfarçados"** – Depois da vigência da nova ordem constitucional, não foi instituído qualquer empréstimo compulsório. Pelo menos não declaradamente. Em diversas ocasiões, entretanto, o Poder Público institui exações que implicam, na prática, a instituição de empréstimos compulsórios disfarçados. Em tais casos, leva-se ao Poder Judiciário a questão de saber se não está sendo violado o art. 148 da CF/88, na medida em que se tem a instituição de empréstimo compulsório sem o atendimento dos requisitos nele previstos.

Tal argumento foi utilizado por contribuintes, e refutado pelo STF, em relação à exigência de retenção de 11% sobre o valor bruto das notas fiscais ou faturas de prestação de serviços, a título de "antecipação" da contribuição previdenciária correspondente (RE 393.946, Rel. Min. Carlos Velloso, *DJ* de 1º/4/2005). Foi também empregado, e igualmente rejeitado pelo STF, em relação à vedação do saque do saldo do FGTS na hipótese de conversão do regime, veiculada pelo § 1º do art. 6º da Lei nº 8.162/91 (Pleno, ADI 613, Rel. Min. Celso de Mello, *DJ* de 29/6/2001). Nesse último caso, entendeu-se que, além de se haver mantido as hipóteses legais de disponibilidade dos depósitos existentes, não houve "transferência coativa, para o Poder Público, do saldo das contas titularizadas por aqueles cujo emprego foi transformado em cargo público."

**4. Empréstimo compulsório em favor da Eletrobrás. Recepção pela CF/88** – Entende o STF que o empréstimo compulsório em favor das centrais elétricas brasileiras S/A – Eletrobrás, instituído pela Lei nº 4.156/62, não é incompatível com o sistema constitucional introduzido pela Constituição Federal de 1988, tendo sido recepcionado em virtude do art. 34, § 12, do ADCT (STF, Pleno, RE 146.615, Rel. p/ o ac. Min. Maurício Corrêa, *DJ* de 30/6/1995). No mesmo julgamento, o STF ratificou a natureza tributária dos empréstimos

**Art. 149**                    CONSTITUIÇÃO DA REPÚBLICA FEDERATIVA DO BRASIL | **21**

compulsórios, à luz da CF/88. E, a propósito, o art. 34, § 12, do ADCT., dispõe que "a urgência prevista no art. 148, II, não prejudica a cobrança do empréstimo compulsório instituído, em benefício das Centrais Elétricas Brasileiras S.A. (Eletrobrás), pela Lei 4.156, de 28 de novembro de 1962, com as alterações posteriores".

**Art. 149.** Compete exclusivamente à União instituir contribuições sociais,[1, 2, 3, 4] de intervenção no domínio econômico[5, 6] e de interesse das categorias profissionais[7, 8] ou econômicas, como instrumento de sua atuação nas respectivas áreas,[9] observado o disposto nos arts. 146, III,[10] e 150, I e III, e sem prejuízo do previsto no art. 195, § 6º,[11] relativamente às contribuições a que alude o dispositivo.

§ 1º Os Estados, o Distrito Federal e os Municípios instituirão contribuição, cobrada de seus servidores, para o custeio, em benefício destes, do regime previdenciário de que trata o art. 40, cuja alíquota não será inferior à da contribuição dos servidores titulares de cargos efetivos da União. *(Redação dada pela Emenda Constitucional nº 41, 19.12.2003)*

§ 2º As contribuições sociais e de intervenção no domínio econômico de que trata o *caput* deste artigo: *(Incluído pela Emenda Constitucional nº 33, de 11.12.2001)*

I – não incidirão sobre as receitas decorrentes de exportação; *(Incluído pela Emenda Constitucional nº 33, de 2001)*

II – incidirão também sobre a importação de produtos estrangeiros ou serviços; *(Redação dada*[12] *pela Emenda Constitucional nº 42, de 19.12.2003)*

III – poderão ter alíquotas: *(Incluído pela Emenda Constitucional nº 33, de 2001)*

a) *ad valorem*, tendo por base o faturamento, a receita bruta ou o valor da operação[13] e, no caso de importação, o valor aduaneiro; *(Incluída pela Emenda Constitucional nº 33, de 2001)*

b) específica, tendo por base a unidade de medida adotada. *(Incluída pela Emenda Constitucional nº 33, de 2001)*

§ 3º A pessoa natural destinatária das operações de importação poderá ser equiparada a pessoa jurídica, na forma da lei. *(Incluído pela Emenda Constitucional nº 33, de 2001)*

§ 4º A lei definirá as hipóteses em que as contribuições incidirão uma única vez. *(Incluído pela Emenda Constitucional nº 33, de 11.12.2001)*

## Anotações

**1. Rol das contribuições** – "As diversas espécies tributárias, determinadas pela hipótese de incidência ou pelo fato gerador da respectiva obrigação (CTN, art. 4º) são as seguintes:

a) os impostos (CF arts. 145, I, 153, 154, 155 e 156); b) as taxas (CF, art. 145, II); c) as contribuições, que podem ser assim classificadas: c.1. de melhoria (CF, art. 145, III); c.2. parafiscais (CF, art. 149), que são: c.2.1. sociais, c.2.1.1. de seguridade social (CF art. 195, I, II, III), c.2.1.2. outras de seguridade social (CF, art. 195, § 4º), c.2.1.3. sociais gerais (o FGTS, o salário-educação, CF, art. 212, § 5º, contribuições para o SESI, SENAI, SENAC, CF art. 240); c.3. especiais; c.3.1. de intervenção no domínio econômico (CF, art. 149) e c.3.2. corporativas (CF, art. 149). Constituem, ainda, espécie tributária: d) os empréstimos compulsórios (CF, art. 148)" (STF, Pleno, RE 138.284/CE, j. em 1º/7/1992, v. u., *DJ* de 28/8/1992, p. 13456, *RTJ* 143-1/313, a transcrição é de trecho do voto do Min. Carlos Velloso, relator). Referida decisão, além de classificar as várias espécies de contribuições, reafirma a natureza tributária destas, o que de resto já é ponto pacífico na jurisprudência do Supremo Tribunal Federal. Quanto à classificação das contribuições, *data venia*, a jurisprudência do próprio STF talvez recomende alguns reparos ao entendimento expresso pelo Min. Velloso, a exemplo da contribuição para o FGTS, que não tem natureza tributária (STF, RE 116.762/SP, Rel. Min. Néri da Silveira, j. em 13/11/2001, *DJ* de 5/4/2002, p. 109). Tal aspecto, naturalmente, não estava em discussão quando da prolação do tal precedente, e a classificação foi feita como *obiter dictum*.

**2. Contribuições sociais gerais** – Seria possível a criação, pela União, de contribuições sociais "gerais" distintas daquelas já previstas no texto constitucional? Em outros termos, além das contribuições sociais já existentes, e que não se destinam ao custeio da seguridade (*v. g.*, salário-educação), poderia a União criar outras, baseada apenas na alusão genérica contida no art. 149 da CF/88? Parece-nos que não ("Contribuições Sociais Gerais e a Integridade do Sistema Tributário Nacional", em *Grandes Questões Atuais do Direito Tributário* – 6º vol., coord. Valdir de Oliveira Rocha, São Paulo: Dialética, 2002, p. 171). No mesmo sentido: Humberto Ávila, *Sistema Constitucional Tributário,* São Paulo: Saraiva, 2004, p. 258. O Supremo Tribunal Federal, entretanto, manifestou-se diversamente, pelo menos em sede de medida cautelar, quando do julgamento das contribuições criadas pela LC nº 110/2001 (STF, Pleno, ADI 2.556-MC, Rel. Min. Moreira Alves, j. em 9/10/2003, m. v., *DJ* de 8/8/2003, p. 87). Para uma crítica a esse posicionamento, que abre válvula de escape sem igual no sistema tributário brasileiro, transformando em letra morta os arts. 154, I, e 195, § 4º, da CF/88, e, com eles, o princípio federativo, confiram-se: Hugo de Brito Machado Segundo, *Contribuições e Federalismo,* São Paulo: Dialética, 2005, passim; Humberto Ávila, *Sistema Constitucional Tributário,* São Paulo: Saraiva, 2004, p. 258.

**3. A Contribuição social geral criada pela LC nº 110/2001 e o FGTS** – Cumpre não confundir a contribuição ao FGTS, paga pelo empregador, com as contribuições criadas pela LC nº 110/2001, classificadas pelo STF como "sociais gerais". A primeira é direito do empregador, e integra o seu patrimônio (ainda que não lhe esteja disponível senão em algumas hipóteses), sendo apenas administrada ou tutelada pelo Poder Público, não configurando receita pública. A segunda é tributo, instituída para gerar receitas suficientes a que a União arcasse com os ônus inerentes à correção das contas do FGTS, corroídas pela inflação em face da aplicação de índices irreais de atualização, distorção que o Judiciário condenou o Poder Público a reparar. Como tem entendido o STJ, "doutrinariamente, não se identifica a contribuição social instituída pela LC nº 110/2001, destinada a cobrir o déficit das contas do FGTS, como espécie do mesmo gênero das contribuições para o Fundo, ou mera majoração do FGTS" (STJ, 2ª T., REsp 593.814/RS, Rel. Min. Eliana Calmon, j. em 24/8/2005, *DJ* de 19/9/2005, p. 263). Apesar disso, em seu voto, na ADI 2.556-MC, o Min.

**Art. 149**  CONSTITUIÇÃO DA REPÚBLICA FEDERATIVA DO BRASIL | **23**

Moreira Alves consignou que as contribuições instituídas pela LC nº 110 não são receita pública, pois destinam-se ao fundo mantido pela Caixa Econômica. Equiparou-as às contribuições ao FGTS, pagas ordinariamente pelos empregadores (STF, Pleno, ADI 2.556 MC/ DF, Rel. Min. Moreira Alves, j. em 9/10/2002, m. v., *DJ* de 8/8/2003, p. 87). *Data venia,* parece mais adequado considerar que tais contribuições, de fato, têm natureza distinta, até porque as contribuições instituídas pela LC nº 110 não serão pagas necessariamente pelos empregadores de pessoas beneficiadas com o expurgo. Não se trata, nas exações instituídas pela LC nº 110, de uma espécie de adicional do próprio salário, destinado a formar uma "poupança compulsória", como ocorre na contribuição ao FGTS propriamente dita. Aliás, se prevalecer o entendimento de que a contribuição ao FGTS tem natureza tributária (o que não nos parece correto), isso terá importantes repercussões na determinação de seu regime jurídico, especialmente no que diz respeito aos prazos de prescrição e decadência.

Ainda quanto às contribuições criadas pela LC 110/2001, é importante lembrar que foram duas. Uma criada pelo art. 1.º, incide sobre a despedida sem justa causa, pela alíquota de dez por cento sobre o montante de todos os depósitos devidos, referentes ao Fundo de Garantia do Tempo de Serviço – FGTS, durante a vigência do contrato de trabalho, acrescido das remunerações aplicáveis às contas vinculadas. A outra, prevista no art. 2.º, incidia sobre a remuneração mensal devida ao trabalhador, pela alíquota de cinco décimos por cento. A vigência desta última foi limitada, pelo próprio parágrafo segundo, a um período de sessenta meses, o qual há muito se encontra expirado. Já a norma que criou a primeira não teve sua vigência previamente limitada no tempo, pelo que a exação continua sendo imposta aos contribuintes até os dias de hoje. Coloca-se, porém, a questão de saber se essa contribuição ainda poderia ser cobrada, visto que sua finalidade já teria sido atendida e ter-se-ia exaurido. Afinal, o saldo das contas do FGTS encontra-se equilibrado, e as condenações decorrentes da decisão do STF que impôs a correção de tais contas – cujo cumprimento motivou a criação da contribuição – foram já todas adimplidas. Essa questão – do exaurimento da contribuição pelo atendimento de sua finalidade – teve sua repercussão geral reconhecida pelo STF (RE 878.313/SC), além de ser discutida em ADI pendente de julgamento (ADI 5.050/DF). É importante fazer o registro de que o Supremo Tribunal Federal, ao apreciar a validade da exação, nos termos em que originalmente criada, quando do julgamento da ADI 2.556, batizou-a, logo na abertura da ementa do julgado, de "contribuição destinada a custear dispêndios da União acarretados por decisão judicial". Foi o STF quem lhe deu esse nome, na ADI na qual decidiu originalmente pela sua validade, pelo que não há espaço para tergiversar, agora, inventando finalidades outras, mais amplas, apenas porque esta já foi atendida e não justifica mais a cobrança. Durante os anos 1990, e o início dos anos 2000, assistiu-se a uma impressionante proliferação de contribuições. A jurisprudência foi assaz complacente com essa nova figura, afrouxando muitas das amarras estabelecidas na Constituição sob o argumento de que elas só se aplicariam a impostos. Tudo por conta da "finalidade". Nesse quadro, e com o benefício adicional de poder utilizar virtualmente qualquer base de cálculo, invadindo inclusive competências impositivas estaduais, e não tendo que dividir com Estados e Municípios o produto da arrecadação, a União usou e abusou dessa nova figura. Tudo em prol de sua "finalidade". Tudo, repita-se, deu-se sob o pretexto de que elas, as contribuições, seriam figura *sui generis* caracterizada pela finalidade. Essa palavra, "finalidade", virou um verdadeiro mantra, a justificar toda sorte de exação. É incoerente, portanto, que, diante de uma contribuição que esgotou a sua finalidade, se afirme que ela pode continuar sendo cobrada, tudo porque a lei que a institui teria vigência indeterminada, ou porque a finalidade poderia, agora, ser "qualquer uma".

**4. Constitucionalidade da contribuição para o salário-educação** – A contribuição para o salário-educação fora impugnada judicialmente. Contribuintes argumentavam que a mesma não havia sido instituída validamente, perante a Constituição anterior, e não poderia ter sido recepcionada pela CF/88. O STF, porém, considerou constitucional "a cobrança da contribuição do salário-educação, seja sob a carta de 1969, seja sob a Constituição Federal de 1988, e no regime da Lei nº 9.424/1996" (Súmula nº 732/STF). Segundo o STF, a contribuição ao salário-educação é uma "contribuição social geral", tem natureza tributária, e teria sido expressamente recepcionada em função do disposto no art. 212, § 5º, da CF/88 (STF, Pleno, RE 272.872, Rel. Min. Ilmar Galvão, j. em 4/4/2001, v. u., *DJ* de 10/10/2003, p. 21 – *RTJ* 191-01/271).

**5. Perfil da Contribuição de Intervenção no Domínio Econômico** – Segundo entendemos, a figura da "contribuição de intervenção no domínio econômico" deve ser vista em seus devidos termos, sob pena de, juntamente com a "contribuição social geral", tornar inócuas as demais normas do sistema tributário, notadamente as que limitam a competência tributária da União e determinam a repartição da receita tributária. Isso porque, considerando-se que toda ação do Estado ou tem algum propósito social ou então, de alguma forma, interfere na economia, todo e qualquer tributo poderá ser, doravante, criado sob o largo e confortável rótulo de "contribuição".

Por tais razões, sustentamos que a CIDE é espécie de tributo de uso excepcional e temporário, que se caracteriza por sua finalidade, qual seja, a de servir como instrumento da intervenção da União Federal em setores descompassados ou desregulados do mercado, nos quais referido descompasso esteja inviabilizando a livre iniciativa ou outros princípios com os quais esta deva conviver equilibradamente. A intervenção realizada pela CIDE deve ocorrer tanto através de sua incidência, de forma extrafiscal, como através do custeio de órgão estatal incumbido dessa intervenção. Finalmente, referida contribuição não se pode prestar como instrumento arrecadatório, nem representar invasão direta ou indireta na competência tributária de outros entes federados.

Entretanto, e com a devida vênia, o STF vem dando a essa espécie tributária elastério sem precedentes. Além de admitir as mais variadas exações criadas com esse nome, ainda tem validado outras, para as quais não se encontra fundamento constitucional e o rótulo de CIDE cai como uma "tábua de salvação" capaz de "constitucionalizar" qualquer tributo.

A contribuição para o SEBRAE, por exemplo, foi "validada" sob a consideração de que é uma contribuição "de intervenção no domínio econômico". Note-se que se trata de exação paga não por um "grupo", mas pela generalidade de contribuintes da Seguridade Social. A finalidade por ele atendida diz respeito à ordem econômica de maneira geral (proteção à microempresa). Não é cobrada de um grupo para atender a uma finalidade voltada ou causada por esse grupo. E, o que é pior, seu fato gerador é o pagamento da folha de salários, algo completamente desvinculado da "finalidade interventiva". Mesmo assim, foi considerada uma CIDE, para cuja criação, no caso, nem mesmo a prévia edição de lei complementar traçando normas gerais seria exigível, a despeito da remissão expressa que o art. 149 faz ao art. 146, III, da CF. "A contribuição do SEBRAE – Lei nº 8.029/90, art. 8º, § 3º, redação das Leis nᵒˢ 8.154/90 e 10.668/2003 – é contribuição de intervenção no domínio econômico, não obstante a lei a ela se referir como adicional às alíquotas das contribuições sociais gerais relativas às entidades de que trata o art. 1º do DL 2.318/86, SESI, SENAI, SESC, SENAC. Não se inclui, portanto, a contribuição do SEBRAE, no rol do art. 240, CF.

# Art. 149                    CONSTITUIÇÃO DA REPÚBLICA FEDERATIVA DO BRASIL | 25

Constitucionalidade da contribuição do SEBRAE" (STF, Pleno, RE 396.266/SC, Rel. Min. Carlos Velloso, j. em 26/11/2003, m. v., *DJ* de 27/2/2004, p. 22). Já o "Adicional de Tarifa Portuária – ATP", exação de natureza completamente distinta do SEBRAE, também foi considerado "CIDE". É cobrado como um "adicional" à tarifa portuária, de um grupo específico (que se utiliza dos serviços portuários), para custear a ampliação e manutenção desses mesmos serviços. Trata-se, porém, de atividade desempenhada pela própria União, direta ou indiretamente, e já submetida ao seu rígido controle. O contrário, portanto, do SEBRAE, cobrado de contribuintes que exercem atividades no âmbito de um regime de livre iniciativa. Mesmo assim, entendeu-se que se trata de CIDE, válida e fundamentada no art. 149 da CF/88. (STF, Pleno, RE 209.365/SP, Rel. Min. Carlos Velloso, j. em 4/3/1999, m. v., *DJ* de 7/12/2000, p. 50, *RTJ* 176-1/421). O STF também considerou como tendo validamente natureza de CIDE: A contribuição para o Instituto do Açúcar e do Álcool – IAA (STF, Pleno, RE 158.208/RN, Rel. Min. Marco Aurélio, Rel. p. o acórdão Min. Maurício Corrêa, j. em 27/11/1996, m. v., *DJ* de 24/8/2001, p. 61) e o Adicional ao Frete para Renovação da Marinha mercante – AFRMM (STF, Pleno, RE 177.137/RS, Rel. Min. Carlos Velloso, j. em 24/5/1995, v. u., *DJ* de 18/4/1997, p. 13788).

Sobre o demasiado elastério dado à competência da União para instituir contribuições, e o prejuízo que isso trouxe, e continua trazendo, à integridade do Sistema Tributário, aos direitos dos contribuintes, e sobretudo à divisão das rendas tributárias com Estados--membros, Distrito Federal e Municípios, confira-se: Hugo de Brito Machado Segundo, *Contribuições e Federalismo,* São Paulo: Dialética, 2005, passim. Confiram-se, ainda, os pronunciamentos (vencidos) do Min. Marco Aurélio, no julgamento da ADI 2.556 MC/DF, STF, Pleno, Rel. Min. Moreira Alves, j. em 9/10/2002, m. v., *DJ* de 8/8/2003, p. 87, e do RE nº 209.365-3/SP, STF, Pleno, Rel. Min. Carlos Velloso, j. em 4/3/1999, m. v., *DJ* de 7/12/2000, p. 50, *RTJ* 176-1/421. Também o Ministro Sepúlveda Pertence, com notável lucidez, consignou: "sigo convencido da necessidade de mais detida reflexão sobre o tema, a evitar que a definição extremamente flexível da contribuição de intervenção no domínio econômico, da qual se partiu, se converta em desaguadouro cômodo às derramas imaginadas pela voracidade fiscal da União, à custa da dinamitação do sistema tributário da federação" (Voto proferido no julgamento do RE nº 265.721-2/SP, STF, 1ª T., Rel. Min. Sepúlveda Pertence – *DJ* de 9/6/2000).

Ressalte-se que, com o advento da EC 33/2001, as bases imponíveis das contribuições de intervenção no domínio econômico passaram a ser definidas no texto constitucional, não havendo mais a aparente liberdade que o texto constitucional originário conferia à União. Essa delimitação pode, inclusive, ter reflexos sobre CIDEs e contribuições sociais "gerais" criadas anteriormente à sua edição, as quais podem não ter sido recepcionadas pelo texto constitucional com a redação dada pela EC 33/2001. Voltar-se-á ao tema em nota posterior.

**6. CIDE e o setor de combustíveis** – Com o advento da EC 33/2001, a Constituição passou a prever a possibilidade de criação de uma contribuição de intervenção no domínio econômico sobre atividades de importação ou comercialização de petróleo e seus derivados, gás natural e seus derivados e álcool combustível (CF/88, art. 177, § 4º). A intenção era a de substituir a PPE (parcela de preço específico), exação cobrada das refinarias de petróleo sem qualquer amparo legal (fundava-se em Portaria Interministerial), a qual certamente seria questionada por refinarias e importadores, em função do término do monopólio da União Federal no desempenho de tais atividades. Trata-se de caso raro de contribuição cuja receita é partilhada com os entes periféricos da federação, o que certamente lhes foi concedido para conter a irresignação destes diante de grosseira invasão à sua competência impositiva.

**7. Contribuições corporativas e as exações exigidas por Conselhos Profissionais** – São exemplos de contribuição cobrada no interesse de categorias profissionais aquelas exigidas pelos Conselhos relativos a profissões legalmente regulamentadas (CRM, CRO, CREA etc.). "Por expressa previsão do art. 149 da Carta Magna, as contribuições de interesse das categorias profissionais destinadas aos Conselhos Profissionais têm natureza tributária, devendo, portanto, submeter-se aos princípios do Sistema Tributário Nacional, precipuamente ao disposto nos arts. 146, III, e 150, I e III da Constituição Federal de 1988. 3. Os Conselhos Profissionais não têm poder para fixar suas anuidades, devendo esta fixação obedecer aos critérios estabelecidos em lei" (TRF da 4ª R., 1ª T., AC nº 2001.72.04.004870-5/SC, Rel. Des. Fed. Maria Lúcia Luz Leiria, j. em 30/4/2003, v. u., *DJ* de 21/5/2003, p. 439, *RDDT* 95/214). No mesmo sentido é o entendimento do Supremo Tribunal Federal: "Natureza autárquica do Conselho Federal e dos Conselhos Regionais de Odontologia. Obrigatoriedade de prestar contas ao Tribunal de Contas da União. [...] As contribuições cobradas pelas autarquias responsáveis pela fiscalização do exercício profissional são contribuições parafiscais, contribuições corporativas, com caráter tributário. CF, art. 149. [...]" (STF, Pleno, MS 21.797, Rel. Min. Carlos Velloso, *DJ* de 18/5/2001).

**8. Contribuições e imunidade** – "A imunidade do art. 19, III, da CF/67, (CF/88, art. 150, VI) diz respeito apenas a impostos. A contribuição é espécie tributária distinta, que não se confunde com o imposto. É o caso da contribuição sindical, instituída no interesse de categoria profissional (CF/67, art. 21, § 2º, I; CF/88, art. 149), assim não abrangida pela imunidade do art. 19, III, CF/67, ou art. 150, VI, CF/88" (STF, RE 129.930, Rel. Min. Carlos Velloso, *DJ* de 16/8/1991). Trata-se de entendimento perigoso, sobretudo se se considerar a amplitude que a União Federal vem obtendo, do Poder constituinte derivado e do Poder Judiciário, em sua competência para instituir "contribuições". **Diversamente**, em sede de *tutela antecipada,* o STF já reconheceu aplicável a *imunidade recíproca* à CPMF, relativamente à movimentação bancária de entidade da administração direta de Estado-membro (Escola Superior da Magistratura do Tribunal de Justiça). (STF, Pleno, AO AgRg nº 602-RN, Rel. Min. Sepúlveda Pertence, j. em 25/4/2001, v. u., *DJ* de 10/8/2001, p. 4). Confiram-se as notas ao art. 150, VI, da CF/88.

**9. Contribuição ao PASEP e entes federados periféricos** – Estados-membros e Municípios questionaram, junto ao STF, a obrigatoriedade de recolherem, aos cofres da União Federal, a contribuição ao PASEP. Alegaram que a adesão ao "programa de formação do servidor público" era voluntária, e que não poderiam ser compelidos a recolher tal exação, se assim não desejassem. O STF, contudo, entendeu que, após a CF/88, tal exação teve sua finalidade alterada, passando a financiar programa de seguro desemprego de que trata o § 3º do art. 239 da CF/88. Assumiu, outrossim, natureza tributária, deixando de ser facultativa a adesão ao programa e passando a ser compulsório o seu recolhimento por parte dos Estados-membros e Municípios. Considerou a Corte Maior que o PASEP fora "constitucionalizado" pela CF/88 com essa sua nova roupagem, determinando-se à União, aos Estados e aos Municípios que contribuam para com programa nacional de combate ao desemprego (STF, Pleno, ACO 580/MG, Rel. Min. Maurício Corrêa, j. em 15/8/2002, v. u., *DJ* de 25/10/2002, p. 23.)

**10. Contribuições e lei complementar** – Questão de grande relevância é a de saber qual o papel da lei complementar, na instituição de contribuições. Quanto aos impostos, é pacífico

**Art. 149**  CONSTITUIÇÃO DA REPÚBLICA FEDERATIVA DO BRASIL | **27**

que, salvo os casos em que a CF/88 exige lei complementar (*v. g.*, impostos residuais), sua instituição pode ocorrer por meio de lei ordinária do ente tributante correspondente. A lei complementar federal deve apenas estabelecer normas gerais (CF/88, art. 146, III). Mas, e em relação às contribuições, qual o papel da lei complementar, considerando-se que o art. 149 faz expressa remissão ao art. 146, III, da CF? Conforme já consignou o Ministro Carlos Velloso, "todas as contribuições, sem exceção, sujeitam-se à lei complementar de normas gerais, assim ao CTN (art. 146, III, *ex vi* do disposto no art. 149). Isto não quer dizer que a instituição dessas contribuições exige lei complementar: porque não são impostos, não há a exigência no sentido de que os seus fatos geradores, bases de cálculo e contribuintes estejam definidos na lei complementar (art. 146, III, *a*). A questão da prescrição e da decadência, entretanto, parece-me pacificada. É que tais institutos são próprios da lei complementar de normas gerais (art. 146, III, *b*). Quer dizer, os prazos de decadência e de prescrição inscritos na lei complementar de normas gerais (CTN) são aplicáveis, agora, por expressa previsão constitucional, às contribuições parafiscais (CF, art. 146, III, *b*; art. 149)" (Voto do Min. Carlos Velloso, proferido no RE 138.284/CE, e transcrito no voto, do mesmo ministro, no julgamento da ADI 2.556-2/DF, STF, Pleno, ADI 2.556 MC/DF, Rel. Min. Moreira Alves, j. em 9/10/2002, m. v., *DJ* de 8/8/2003, p. 87).

Quanto à necessidade de serem observadas as disposições do CTN, é interessante referir que a Lei 8.212/91 estabelece prazos de decadência diferentes para as contribuições destinadas ao custeio da seguridade social (10 anos, em vez dos 5 anos estabelecidos no CTN). Embora haja alguns posicionamentos divergentes na doutrina, pensamos que esse prazo mais elástico da legislação previdenciária é inconstitucional, por ofensa ao art. 146, III, *b*, da CF/88. Nesse sentido orienta-se a jurisprudência do STJ (EDiv no REsp 146.213/SP, *DJ* de 28/2/2000, p. 33), e, também, do STF, conforme se depreende dos seus arestos que cuidam da questão do papel da lei complementar no trato das contribuições, um dos quais se transcreveu anteriormente.

É verdade que o CTN traça tais normas gerais, mas, em relação às contribuições, atende apenas a exigência feita pelo art. 146, III, *b*, da CF, ou seja, cuida de lançamento, obrigação, crédito, decadência etc. Não trata das matérias referidas no art. 146, III, *a*, eis que se reporta apenas aos impostos, às taxas e às contribuições de melhoria. Nesse contexto, até se pode entender, em relação às *contribuições de seguridade social já previstas nos incisos do art. 195 da CF* (COFINS, CSLL etc.), não é necessária a prévia edição de lei complementar traçando as normas gerais de que cuida o art. 146, III, *a*, da CF, não só porque tais normas gerais já estão explicitadas no próprio texto constitucional, mas também porque o art. 195, § 4º, da CF é expresso ao exigir lei complementar apenas para a instituição de *novas* contribuições (Cf. STF, 1ª T., RE 157482/ES, Rel. Min. Celso de Mello, j. em 17/8/1993, *DJ* de 3/9/1993, p. 17.753). Entretanto, no que tange às demais espécies de contribuição (*v. g.*, outras contribuições sociais, contribuições de intervenção no domínio econômico...), a discussão sobre o papel da lei complementar não é de tão fácil solução. Em relação àquelas criadas *antes* da CF/88, e recepcionadas pela atual ordem constitucional, a exigência de lei complementar é dispensada, pois a CF/69 não a exigia. Mas e em relação àquelas criadas após a CF/88? O STF, ao apreciar a constitucionalidade da contribuição ao SEBRAE, já decidiu pela desnecessidade de lei complementar (RE 396.266/SC, *DJ* de 27/2/2004, p. 22). Mas não parece estar pacificado, ainda, seu posicionamento nesse sentido. Com efeito, no julgamento das contribuições instituídas pela LC nº 110, o Min. Moreira Alves parece haver entendido pela necessidade de prévia edição de lei complementar traçando normas gerais,

# 28 | CÓDIGO TRIBUTÁRIO NACIONAL – *Hugo de Brito Machado Segundo* Art. 149

a qual somente foi dispensada porque a própria contribuição fora criada por meio desse veículo normativo. Confira-se: "[...] no caso da COFINS, apesar de tratar-se de uma contribuição para a seguridade social – não havia necessidade de lei complementar de normas gerais, tendo em vista a circunstância de que o *caput* do art. 195 já estabelece as linhas capitais para a instituição das contribuições nele previstas. O Tribunal sempre entendeu que, com relação às contribuições de que trata o *caput* do art. 195, não há necessidade de lei complementar de normas gerais – que é aquela a que se refere o art. 146, III – definindo base de cálculo, contribuinte e fato gerador, pois esses elementos já estão devidamente expressos no próprio art. 195. Já no caso da contribuição para o fundo de garantia, não se tratando de contribuição para a seguridade social – e, portanto, sendo exigível lei complementar de normas gerais – o Tribunal considerou que, por ter sido instituída por lei complementar (LC nº 110) prevendo todos os elementos que deveriam vir disciplinados na lei complementar de que trata o art. 146, III, da deficiência estava suprida" (José Carlos Moreira Alves, "Conferência Inaugural – XXVII Simpósio Nacional de Direito Tributário", em *Cadernos de Pesquisas Tributárias – Nova Série – v. 9 – Direito Tributário e Reforma do Sistema,* coord. Ives Gandra da Silva Martins, São Paulo: RT., 2003, p. 18 e 19).

Dessa forma, pode-se dizer, em suma, que: *i)* contribuições podem ser instituídas por lei ordinária, ressalvadas as referidas no art. 195, § 4º, da CF/88, que devem ser instituídas por lei complementar; *ii)* contribuições devem observância a normas gerais fixadas em lei complementar; *iii)* tais normas gerais encontram-se no CTN, no que diz respeito à matéria referida no art. 146, III, *b*, da CF/88; *iv)* quanto à matéria exigida pelo art. 146, III, *a*, da CF/88, não existe lei complementar, o que é irrelevante para a instituição de contribuições de seguridade social, pois as normas gerais exigidas pelo art. 146, III, *a* da CF/88, em relação às mesmas, já estão no texto constitucional; *v)* subsiste polêmica a questão relativa à falta da lei complementar de que cuida o art. 146, III, *a*, da CF/88, relativamente às contribuições que buscam fundamento apenas no art. 149 da CF (CIDEs e "sociais gerais"), havendo, contudo, precedentes do STF que dão pela sua desnecessidade.

**11. Contribuições e anterioridade** – As contribuições de custeio da seguridade social, que têm fundamento não só no art. 149, mas também no art. 195 da CF/88, não se submetem ao chamado princípio da anterioridade da lei ao exercício financeiro (CF/88, art. 150, III, *b*), mas apenas à anterioridade nonagesimal (CF/88, art. 195, § 6º). Entretanto, as contribuições instituídas com amparo apenas no art. 149 (*v. g.,* CIDEs e "sociais gerais") submetem-se também à anterioridade do exercício. Foi o que decidiu o STF, no julgamento das contribuições instituídas pela LC nº 110: "tendo sido fixado, para o exame da liminar, que as duas contribuições em causa não são contribuições para a seguridade social, mas, sim, contribuições sociais gerais, a elas não se aplica o disposto no artigo 195, § 6º, da Constituição, o que implica dizer que devem respeito ao princípio da anterioridade a que alude o artigo 150, III, *b*, da Carta Magna, a vedar a cobrança dessas contribuições no mesmo exercício financeiro em que haja sido publicada a lei que as institui" (Trecho do voto do Min. Moreira Alves, no julgamento da ADI 2556 MC/DF, de sua relatoria, em 9/10/2002, m. v., *DJ* de 8/8/2003, p. 87).

**12. Imunidade abrange apenas contribuições incidentes sobre a receita?** – Em face do disposto no art. 149, § 2º, I, pode ser suscitada a questão de saber se a imunidade nele referida, concedida às receitas decorrentes de exportação, aplica-se somente àquelas contribuições que têm na receita especificamente o seu fato gerador (*v.g.,* COFINS), ou se se aplica também àquelas contribuições que têm na receita *um dos elementos* de sua base imponível (*v. g.,* CSLL).

**Art. 149**  CONSTITUIÇÃO DA REPÚBLICA FEDERATIVA DO BRASIL | **29**

O posicionamento oficial da Receita Federal, naturalmente, é pela interpretação restritiva, vale dizer, pela abrangência da imunidade apenas sobre as exações que têm a receita como fato gerador. O Plenário do STF, porém, já decidiu em sentido contrário, apreciando medida cautelar incidental a recurso extraordinário movido pela Embraer (STF, Pleno, AC-MC 1.738/SP, Rel. Min. Cezar Peluso, j. em 17/9/2007, *DJ* de 19/10/2007, p. 27). Em seu voto, o Ministro relator consignou que "se se não pode tributar o mais (as receitas), *a fortiori* não se pode gravar o menos (o lucro)".

Tal entendimento, que reconhece a abrangência da imunidade também em relação à CSLL, nos parece mais adequado. Primeiro, porque a receita proveniente da exportação é o principal elemento formador da base imponível da CSLL. Aliás, se o contribuinte for optante da tributação pelo "lucro presumido", a receita é não só um dos elementos, mas a própria base imponível da contribuição, submetida à aplicação do percentual de lucro presumido e, em seguida, à alíquota propriamente dita. Segundo, porque o estímulo às exportações, através da diminuição dos ônus fiscais, é valor que permeia todo o texto constitucional. Por outro lado, os benefícios obtidos com o aumento das exportações concorreriam igualmente para a realização de outros valores constitucionais (redução do desemprego, valorização do trabalho etc.). O mesmo poderia ser dito da CPMF que incidisse sobre a operação financeira por meio da qual a exportadora receberia o pagamento relativo à exportação efetuada. O STF, porém, por uma maioria apertada, acolheu a tese fazendária de que a imunidade em questão apenas abrange as contribuições que incidam diretamente sobre a receita, tendo o recebimento desta como "fato gerador". Confira-se, a propósito, o RE 556.259-RS, no qual se consignou que "em se tratando de imunidade tributária a interpretação há de ser restritiva, atentando sempre para o escopo pretendido pelo legislador. III – A CPMF não foi contemplada pela referida imunidade, porquanto a sua hipótese de incidência – movimentações financeiras – não se confunde com as receitas. IV – Recurso extraordinário desprovido". Com todo o respeito, não é correto que a interpretação das regras concessivas de imunidades deva ser sempre restritiva. É preciso atentar para o valor subjacente à imunidade, o que pode conduzir, eventualmente, a uma interpretação ampliativa, como a que o próprio STF faz em relação à imunidade dos livros e sua abrangência ao papel fotográfico, ou à imunidade das igrejas e sua abrangência aos imóveis alugados a terceiros. Embora pacificada no STF, não se pode deixar de dizer que a CSLL tem sua base de cálculo formada pela receita (e até se identifica com ela no caso de tributação pelo lucro presumido), e a CPMF incidia sobre movimentações financeiras por meio das quais a *receita* da exportação era paga. Em tais casos, é evidente que a contribuição termina por incidir sobre a receita oriunda da exportação, o que, mesmo visto de forma restritiva, o texto constitucional não permite.

**13. Incidência de contribuições na importação** – Em sua redação anterior, introduzida na CF/88 pela EC 33/2001, o dispositivo admitia a incidência de contribuições na importação de combustíveis: "II – poderão incidir sobre a importação de petróleo e seus derivados, gás natural e seus derivados e álcool combustível;". A ampliação desse leque, em virtude da EC 42/2004, prestou-se para viabilizar a incidência de contribuições, notadamente de custeio da seguridade social (que têm fundamento não apenas no art. 195, mas também no art. 149 da CF/88), sobre a importação de produtos e serviços em geral (COFINS-Importação e PIS-Importação), com o que tais contribuições se aproximam, cada vez mais, da figura de um imposto, verdadeiro IVA Federal. Note-se, a propósito, que a base de cálculo da contribuição incidente na importação há de ser o valor aduaneiro, expressão que não pode ser livremente definida pelo legislador infraconstitucional (confira-se a nota seguinte). Com base nessa

# Art. 149

premissa, o Supremo Tribunal Federal considerou inconstitucional a definição da base de cálculo, feita pela Lei 10.865/2004, de modo a nela incluir o valor do ICMS também incidente na mesma importação. Veja-se: "Ao dizer que a contribuição ao PIS/PASEP- Importação e a COFINS-Importação poderão ter alíquotas ad valorem e base de cálculo o valor aduaneiro, o constituinte derivado circunscreveu a tal base a respectiva competência. 5. A referência ao valor aduaneiro no art. 149, § 2º, III, a, da CF implicou utilização de expressão com sentido técnico inequívoco, porquanto já era utilizada pela legislação tributária para indicar a base de cálculo do Imposto sobre a Importação. 6. A Lei 10.865/04, ao instituir o PIS/PASEP -Importação e a COFINS -Importação, não alargou propriamente o conceito de valor aduaneiro, de modo que passasse a abranger, para fins de apuração de tais contribuições, outras grandezas nele não contidas. O que fez foi desconsiderar a imposição constitucional de que as contribuições sociais sobre a importação que tenham alíquota ad valorem sejam calculadas com base no valor aduaneiro, extrapolando a norma do art. 149, § 2º, III, a, da Constituição Federal. 7. Não há como equiparar, de modo absoluto, a tributação da importação com a tributação das operações internas. O PIS/PASEP -Importação e a COFINS -Importação incidem sobre operação na qual o contribuinte efetuou despesas com a aquisição do produto importado, enquanto a PIS e a COFINS internas incidem sobre o faturamento ou a receita, conforme o regime. São tributos distintos. 8. O gravame das operações de importação se dá não como concretização do princípio da isonomia, mas como medida de política tributária tendente a evitar que a entrada de produtos desonerados tenha efeitos predatórios relativamente às empresas sediadas no País, visando, assim, ao equilíbrio da balança comercial. 9. Inconstitucionalidade da seguinte parte do art. 7º, inciso I, da Lei 10.865/04: acrescido do valor do Imposto sobre Operações Relativas à Circulação de Mercadorias e sobre Prestação de Serviços de Transporte Interestadual e Intermunicipal e de Comunicação – ICMS incidente no desembaraço aduaneiro e do valor das próprias contribuições, por violação do art. 149, § 2º, III, a, da CF, acrescido pela EC 33/01. 10. (...)" (STF, Pleno, RE 559937, Repercussão Geral, j. em 20/03/2013, DJe-206, publicado em 17/10/2013)

**14. Delimitação constitucional de bases imponíveis** – Com o acréscimo feito pela EC 33/2001 ao art. 149 da CF/88, pode-se dizer que as contribuições – todas elas, e não só as de seguridade social, mencionadas no art. 195 – têm âmbitos de incidência previamente delimitados pela Constituição. O legislador não tem mais a faculdade de, desde que presente alguma pertinência e atendidos outros requisitos, instituir contribuições sobre fatos diversos do faturamento, da receita bruta ou do valor da operação e, no caso das importações, do valor aduaneiro. Isso põe em xeque a validade de exações como a CIDE-Royalties, por exemplo. Nesse sentido, confira-se: Andrei Pitten Velloso e Leandro Paulsen, "Controle das contribuições interventivas e sociais pela sua base econômica: a descurada especificação do seu objeto pela EC 33/2001 e os seus reflexos tributários". In: *RDDT* 149, p. 16 ss. Em razão disso, o Supremo Tribunal Federal já reconheceu a repercussão geral da questão de saber se seguem constitucionais, no período posterior à EC 33/2001, exações que ele já havia tido por válidas à luz do texto originário do art. 149 da CF/88. É o caso da contribuição ao INCRA (630.898/RS – RG) e da contribuição ao SEBRAE (RE 603.624/SC – RG), ambas enquadradas como CIDE pelo STF, mas que têm bases de cálculo diversas das permitidas pelo art. 149, § 2º, III, da CF/88. O mesmo pode ser dito da contribuição "social geral" criada pelo art. 1º da LC 110/2001. Tais exações não foram recepcionadas pelo texto constitucional vigente, com a redação que lhe deu a EC 33/2001.

**Art. 149-A** CONSTITUIÇÃO DA REPÚBLICA FEDERATIVA DO BRASIL | **31**

**Art. 149-A** Os Municípios e o Distrito Federal poderão instituir contribuição,[1] na forma das respectivas leis,[2, 3] para o custeio do serviço de iluminação pública,[4] observado o disposto no art. 150, I e III. *(Incluído pela Emenda Constitucional nº 9, de 2002)*

Parágrafo único. É facultada a cobrança da contribuição a que se refere o *caput*, na fatura de consumo de energia elétrica.[5] *(Incluído pela Emenda Constitucional nº 39, de 19-12-2002)*

Anotações ———————————————————————————————————

**1. Iluminação pública e a impossibilidade de incidência de taxa** – Julgando a "taxa" de iluminação pública, exação que diferia apenas no nome em relação à contribuição de iluminação pública – CIP prevista no art. 149-A da CF/88, o STF consignou que se trata de "tributo de exação inviável, posto ter por fato gerador serviço inespecífico, não mensurável, indivisível e insuscetível de ser referido a determinado contribuinte, a ser custeado por meio do produto da arrecadação dos impostos gerais" (STF – Pleno – RE 233.332/RJ – Rel. Min. Ilmar Galvão – j. em 10/3/1999 – v. u. – *DJ* de 14/05/1999, p. 24). Tal orientação ensejou a edição da Súmula 670/STF, segundo a qual "o serviço de iluminação pública não pode ser remunerado mediante taxa". Será que esse entendimento poderia ser validamente contornado com a simples mudança do nome da exação?

**2. Contribuição de Iluminação Pública e normas gerais em lei complementar nacional** – Com alusão às "respectivas leis", o dispositivo sugere que, para a criação da CIP (contribuição de iluminação pública), basta a edição de lei ordinária municipal, não sendo necessário atender ao disposto no art. 146, III, *a*, da CF/88, vale dizer, não seria necessária a edição de lei complementar nacional que trace *normas gerais* sobre a exação. Não obstante, doutrinadores de respeito entendem diversamente, tendo a lei complementar nacional por indispensável à instituição válida da CIP pelos Municípios (cf. Ives Gandra da Silva Martins, "Contribuição de iluminação – ainda a E.C. nº 39/2002", *RDDT* nº 92, p. 23 a 25).

**3. Contribuição de Iluminação Pública e o "aproveitamento" da legislação inerente à taxa de iluminação pública** – Diversos Municípios, diante da competência que lhes foi atribuída pelo art. 149-A da CF/88, editaram leis que simplesmente mudaram o nome da taxa de iluminação pública previamente existente (e já declarada inconstitucional pelo STF). O Município de Fortaleza, por exemplo, editou Lei (8.678/2002) que se limita a estabelecer o seguinte: "Art. 1º Fica instituída a Contribuição de Iluminação Pública para o custeio do serviço de iluminação no âmbito do Município de Fortaleza; Art. 2º A Contribuição de Iluminação Pública será cobrada na fatura do consumo de energia elétrica. Art. 3º A Contribuição de Iluminação Pública a que se refere o art. 1º desta Lei substituirá a Taxa de Iluminação Pública de que trata a Lei nº 5365 de 22 de dezembro de 1980, com suas alterações posteriores, adotando o mesmo fato gerador, sujeito passivo, hipótese de incidência, base de cálculo e alíquota definidos na supracitada Lei. [...]; Art. 4º Esta lei entrará em vigor na data de sua publicação oficial, revogadas as disposições em contrário." Ora, mesmo sem entrar na discussão a respeito da validade do art. 149-A da CF/88, seria possível "instituir" a CIP dessa maneira, considerando-se que legislação da taxa de iluminação pública, por ela integralmente "aproveitada", era inconstitucional desde o seu nascedouro? Parece-nos que não.

**4. Possível inconstitucionalidade do art. 149-A da CF/88** – Parcela da doutrina considera que tal "contribuição", mesmo tendo sua instituição autorizada por emenda constitucional, é inconstitucional. Essa inconstitucionalidade decorreria, em suma, dos seguintes aspectos: *(i)* quebra a racionalidade do sistema tributário, tornando-o sem sentido, e gerando bitributação entre ICMS e CIP sobre energia, pois a CIP não têm natureza de "contribuição", sendo verdadeiro imposto com outro nome; *(ii)* fraude à jurisprudência firmada pelo STF a respeito da "taxa" de iluminação pública, o que torna sem sentido a distinção entre as espécies tributárias e a divisão de competências tributárias; *(iii)* ofensa à tripartição de poderes, pois, com a contribuição, o legislativo determina ao Executivo onde aplicar os recursos arrecadados; *(iv)* ofensa ao pacto federativo, pois a contribuição representa invasão dos Municípios no âmbito do ICMS, que é Estadual. Por essas razões, a EC 39, que autoriza a cobrança da CIP, é inconstitucional, por violar o art. 60, § 4º, I, III e IV, da CF/88. Nesse sentido: Aurélio Pitanga Seixas Filho, "Contribuição para Iluminação Pública – EC 39/2002", em *Grandes Questões Atuais do Direito Tributário* – 7º vol., coord. Valdir de Oliveira Rocha, São Paulo: Dialética, 2003, p. 53; Hugo de Brito Machado, "Contribuição de Iluminação Pública", em *Grandes Questões Atuais do Direito Tributário* – 7º vol., coord. Valdir de Oliveira Rocha, São Paulo: Dialética, 2003, p. 187. O Supremo Tribunal Federal, porém, rejeitou tais argumentos, e considerou válida a contribuição em comento (STF, RE 573.675, Rel. Min. Ricardo Lewandowski, Repercussão geral – mérito *DJe* 94, de 22/5/2009, *RDDT* 167, p. 144-157).

**5. Contribuição de iluminação e cobrança na fatura de energia** – O dispositivo autoriza a cobrança por meio da fatura de consumo de energia elétrica, mas será que autoriza, também, que o pagamento da CIP seja condição para que se possa pagar a energia consumida? Não seria o caso de simplesmente usar a fatura de energia como forma de notificação de lançamento, sem condicionar a quitação do tributo à quitação da energia consumida e vice--versa? Na maior parte dos Municípios, a cobrança da fatura de energia é feita de modo "casado" com a cobrança da CIP, sendo impossível quitar uma sem pagar, também, a outra. Tal procedimento, porém, viola o art. 39, I, do Código de Defesa do Consumidor, e especialmente os incisos LIV e LV do art. 5º da CF/88, pois abre ao Poder Público Municipal um poderoso instrumento de cobrança, em face do qual o contribuinte não se pode defender diante de valores de CIP eventualmente lançado a maior. Embora se possa dizer que a EC 39/2002 prevalece sobre o Código de Defesa do Consumidor, o mesmo não pode ser dito em face dos incisos LIV e LV do art. 5º da CF/88, em face do art. 60, § 4º, da mesma CF. Nesse sentido: Hugo de Brito Machado, "Contribuição de Iluminação Pública", em *Grandes Questões Atuais do Direito Tributário* – 7º vol., coord. Valdir de Oliveira Rocha, São Paulo: Dialética, 2003, p. 189.

## Seção II
### Das Limitações do Poder de Tributar

**Art. 150.** Sem prejuízo de outras garantias asseguradas ao contribuinte,[1, 2] é vedado à União, aos Estados, ao Distrito Federal e aos Municípios:

I – exigir[3] ou aumentar[4] tributo[5] sem lei[6, 7] que o estabeleça;[8]

II – instituir tratamento desigual entre contribuintes que se encontrem em situação equivalente,[9, 10] proibida qualquer distinção[11] em razão de ocupação

**Art. 150**  CONSTITUIÇÃO DA REPÚBLICA FEDERATIVA DO BRASIL | **33**

profissional ou função por eles exercida,[12] independentemente da denominação jurídica dos rendimentos, títulos ou direitos;

III – cobrar tributos:[13]

a) em relação a fatos geradores ocorridos[14, 15] antes do início da vigência[16] da lei que os houver instituído ou aumentado;[17, 18, 19]

b) no mesmo exercício financeiro[20, 21] em que haja sido publicada a lei[22] que os instituiu[23] ou aumentou;[24, 25]

c) antes de decorridos noventa dias da data em que haja sido publicada a lei que os instituiu ou aumentou, observado o disposto na alínea *b*; *(Incluída pela Emenda Constitucional n° 42, de 19.12.2003)*

IV – utilizar tributo[26] com efeito de confisco;[27, 28]

V – estabelecer limitações ao tráfego de pessoas ou bens, por meio de tributos interestaduais[29] ou intermunicipais, ressalvada a cobrança de pedágio[30] pela utilização de vias conservadas pelo Poder Público;

VI – instituir impostos[31, 32] sobre:

a) patrimônio,[33] renda ou serviços, uns dos outros;[34, 35, 36]

b) templos de qualquer culto;[37, 38]

c) patrimônio,[39] renda ou serviços[40] dos partidos políticos, inclusive suas fundações, das entidades sindicais dos trabalhadores, das instituições de educação e de assistência social,[41, 42, 43, 44] sem fins lucrativos, atendidos os requisitos da lei;[45]

d) livros,[46, 47] jornais,[48] periódicos e o papel[49] destinado a sua impressão.[50, 51]

e) fonogramas e videofonogramas musicais produzidos no Brasil contendo obras musicais ou literomusicais de autores brasileiros e/ou obras em geral interpretadas por artistas brasileiros, bem como os suportes materiais ou arquivos digitais que os contenham, salvo na etapa de replicação industrial de mídias ópticas de leitura a *laser*[52] (Incluída pela EC n° 75, de 15/10/2013).

§ 1° A vedação do inciso III, *b*, não se aplica aos tributos previstos nos arts. 148, I, 153, I, II,[53] IV e V; e 154, II; e a vedação do inciso III, *c*, não se aplica aos tributos previstos nos arts. 148, I, 153, I, II, III e V; e 154, II, nem à fixação da base de cálculo dos impostos previstos nos arts. 155, III, e 156, I. *(Redação dada[54] pela Emenda Constitucional n° 42, de 19.12.2003)*

§ 2° A vedação do inciso VI, *a*, é extensiva às autarquias[55] e às fundações instituídas e mantidas pelo Poder Público, no que se refere ao patrimônio, à renda e aos serviços, vinculados a suas finalidades essenciais ou às delas decorrentes.

§ 3° As vedações do inciso VI, *a*, e do parágrafo anterior não se aplicam ao patrimônio, à renda e aos serviços, relacionados com exploração de atividades econômicas[56] regidas pelas normas aplicáveis a empreendimentos privados, ou em que haja contraprestação ou pagamento de preços ou tarifas pelo usuário, nem exonera o promitente comprador da obrigação de pagar imposto relativamente ao bem imóvel.[57]

§ 4º As vedações expressas no inciso VI, alíneas *b* e *c*, compreendem somente o patrimônio, a renda e os serviços, relacionados com as finalidades essenciais das entidades nelas mencionadas.[58]

§ 5º A lei determinará medidas para que os consumidores sejam esclarecidos acerca dos impostos que incidam sobre mercadorias e serviços.[59]

§ 6º Qualquer subsídio ou isenção, redução de base de cálculo, concessão de crédito presumido, anistia ou remissão, relativos a impostos, taxas ou contribuições, só poderá ser concedido mediante lei específica,[60,61] federal, estadual ou municipal,[62] que regule exclusivamente as matérias acima enumeradas ou o correspondente tributo ou contribuição, sem prejuízo do disposto no art. 155, § 2º, XII, *g*.[63,64] *(Redação dada[65] pela Emenda Constitucional nº 3, de 17.3.1993)*

§ 7º A lei[66] poderá atribuir a sujeito passivo de obrigação tributária a condição de responsável[67] pelo pagamento de imposto ou contribuição, cujo fato gerador deva ocorrer posteriormente,[68] assegurada a imediata e preferencial restituição da quantia paga, caso não se realize o fato gerador presumido.[69] *(Incluído pela Emenda Constitucional nº 3, de 17.3.1993)*

## Anotações

**1. Natureza não exaustiva das limitações** – A expressão *sem prejuízo de outras garantias* deixa claro que as limitações constitucionais ao poder de tributar não se exaurem no art. 150 da CF/88. Estão ainda contidas em outras partes do texto constitucional, ou implícitas em seu âmbito. É o caso, por exemplo, da exigência de que os atos do Poder Público, inclusive em matéria tributária, sejam *proporcionais,* vale dizer, além de visarem a uma finalidade legítima, sejam *adequados, necessários* e *proporcionais em sentido estrito* para atender a essa finalidade. Sobre a aplicação do princípio da proporcionalidade em matéria tributária, confira-se, entre muitos outros arestos do STF, o RE 413.782/SC, Pleno, Rel. Min. Marco Aurélio, j. em 17/3/2005, m. v. (vencido apenas o Min. Eros Grau), *DJ* de 3/6/2005, p. 4, especialmente o voto do Min. Celso de Mello.

**2. Limitações oponíveis pelo cidadão em face do Poder Público** – As limitações contidas no art. 150 da CF/88 são regras que protegem o cidadão em face do Poder Público, devendo sob esse enfoque ser interpretadas e aplicadas. A irretroatividade, por exemplo, não impede que uma lei retroaja em prejuízo do Poder Público (e em benefício do cidadão), conforme resta hoje cristalizado na Súmula 654 do STF ("A garantia da irretroatividade da lei, prevista no art. 5º, XXXVI, da Constituição da República, não é invocável pela entidade estatal que a tenha editado"). Tal Súmula originou-se do entendimento segundo o qual "o princípio da irretroatividade da lei tributária deve ser visto e interpretado, desse modo, como garantia constitucional instituída em favor dos sujeitos passivos da atividade estatal no campo da tributação. Trata-se, na realidade, à semelhança dos demais postulados

**Art. 150**

CONSTITUIÇÃO DA REPÚBLICA FEDERATIVA DO BRASIL | **35**

inscritos no art. 150 da Carta Política, de princípio que – por traduzir limitação ao poder de tributar – é tão somente oponível pelo contribuinte à ação do Estado" (STF, Pleno, ADI 712-MC, Rel. Min. Celso de Mello, j. em 7/10/1992, m. v., *DJ* de 19/2/1993, p. 265, *RTJ* 144-2/435).

**3. Reserva de lei e fixação do prazo para pagamento do tributo** – A norma constitucional impõe a edição de lei para a instituição ou majoração do tributo, o que significa dizer que todos os aspectos da hipótese de incidência da norma que institui ou majora o tributo devem ser veiculados em lei: fato gerador, base de cálculo, alíquotas (observadas as exceções constitucionais), contribuintes, responsáveis, etc. Mas não está nesse rol a fixação do prazo para o recolhimento do tributo, que pode ser estabelecido em normas infralegais (STF, Pleno, RE 195.218/MG, Rel. Min. Ilmar Galvão, j. em 28/5/2002, v. u., *DJ* de 2/8/2002, p. 84). "Não se compreendendo no campo reservado à lei a definição de vencimento das obrigações tributárias, legítimo o Decreto nº 34.677/92, que modificou a data de vencimento do ICMS. Improcedência da alegação no sentido de infringência ao princípio da anterioridade e da vedação de delegação legislativa" (STF, 1ª T., RE 203.684/SP, Rel. Min. Ilmar Galvão, j. em 20/5/1997, *DJ* de 12/9/1997, p. 43740). Ressalte-se que a lei pode delegar ao ato infralegal a fixação do prazo, seja fazendo-o expressamente, seja omitindo-se de cuidar do assunto. Entretanto, caso a lei fixe um determinado prazo para o vencimento, só uma outra lei poderá alterá-la. Confiram-se as notas ao art. 160 do CTN.

**4. Legalidade e correção de tabela de valores** – "A correção da tabela de valores no ano da cobrança do tributo não implica violência aos princípios insculpidos na Constituição Federal. Prevalecem o fato gerador, a base de cálculo e as alíquotas previstas na legislação estadual editada com observância àqueles princípios. A simples correção da tabela não modifica quer o fato gerador, quer a base de cálculo, no que se revelam como sendo a propriedade do veículo e o valor deste" (STF, 2ª T., AI 169.370 AgR/SP, Rel. Min. Marco Aurélio, j. em 27/10/1995, v. u., *DJ* de 2/2/1996, p. 861). Realmente, tais tabelas contêm apenas uma estimativa (não absoluta, que por isso pode ser discutida pelo contribuinte nos termos do art. 148 do CTN) do valor do bem a ser utilizado como base de cálculo. Daí por que sua correção não depende de lei, nem se submete ao princípio da anterioridade, desde que tenha havido mera atualização monetária dos respectivos valores. Subsiste, contudo, a questão de saber se tal entendimento – exarado em 1995 – será mantido à luz da EC 42/2004, em virtude da qual a fixação da base de cálculo do IPTU e do IPVA foi excepcionada apenas da anterioridade nonagesimal, e não da anterioridade do exercício. Entendemos, porém, que tais tabelas não "fixam a base de cálculo", mas apenas sugerem valores a serem utilizados, concretamente, em sua quantificação, razão pela qual o entendimento do STF continua pertinente e aplicável.

O mesmo entendimento, relativo ao IPVA, tem sido manifestado pelo STF quanto ao IPTU. Entende a Corte que o Município não pode editar decretos com "plantas genéricas de valores", nas quais estabelece todos os critérios para determinação do valor dos imóveis tributáveis (base de cálculo do IPTU); mas não está o Município proibido de, diante dos critérios objetivamente previstos em lei, corrigir o valor atribuído aos imóveis pela Administração Pública, editando decreto com as conclusões dessa reavaliação. No dizer do Ministro Néri da Silveira, "não será de exigir, por exemplo, que o órgão legislativo e não o executivo, estabeleça aritmeticamente o preço do metro quadrado da construção, se são estabelecidas, na lei, referências precisas para tanto, sendo a estimativa concreta um típico procedimento avaliatório, de índole administrativa" (Pleno, RE 109292/MG Rel. Min. Rafael Mayer, j. em 25/2/1988, m. v., *DJ* de 25/5/1990, p. 4606).

Posteriormente, e de modo mais incisivo, o STF consignou que, salvo a mera atualização monetária do valor do imóvel, a qual teria amparo no art. 97, § 2º, do CTN, "somente por meio de lei, editada com observância ao princípio da anterioridade, poderá o Poder Público alterar a base de cálculo do tributo em bases superiores aos revelados pelos índices oficiais de correção monetária, mediante a publicação das chamadas 'plantas de valores', de ordinário, como se sabe, ditadas sem qualquer atenção aos mencionados índices" (Trecho do voto do Min. Ilmar Galvão, relator do RE 234605/RJ, 1ª T., j. em 8/8/2000, v. u., *DJ* de 1º/12/2000, p. 98).

**5. Natureza Tributária das Custas Judiciais e Legalidade** – "O Plenário do Supremo Tribunal Federal firmou entendimento no sentido de que 'as custas e os emolumentos judiciais ou extrajudiciais', por não serem preços públicos, 'mas, sim, taxas, não podem ter seus valores fixados por decreto, sujeitos que estão ao princípio constitucional da legalidade (parágrafo 29 do artigo 153 da Emenda Constitucional nº 1/69), garantia essa que não pode ser ladeada mediante delegação legislativa' (*RTJ* 141/430, julgamento ocorrido a 08/08/1984). 2. Orientação que reiterou, a 20/4/1990, no julgamento do RE nº 116.208-MG. 3. Esse entendimento persiste, sob a vigência da Constituição atual (de 1988), cujo art. 24 estabelece a competência concorrente da União, dos Estados e do Distrito Federal, para legislar sobre custas dos serviços forenses (inciso IV) e cujo art. 150, no inciso I, veda à União, aos Estados, ao Distrito Federal e aos municípios, a exigência ou aumento de tributo, sem lei que o estabeleça" (STF, Pleno, ADI 1444/PR, Rel. Min. Sydney Sanches, j. em 12/2/2003, v. u., *DJ* de 11/4/2003, p. 25).

**6. Legalidade e lei estadual que atrela alíquotas de ITCD à Resolução do Senado Federal** – Não podem os Estados-membros, na elaboração da lei local a respeito de ITCD, estabelecer que a alíquota do imposto "será a máxima que vier a ser fixada pelo Senado Federal", para, com isso, pretender que sempre que o Senado aumentar o limite máximo para a alíquota desse imposto estadual, o aumento ocorra "automaticamente". Como tem decidido, reiteradamente, o STF, "não se coaduna com o sistema constitucional norma reveladora de automaticidade quanto à alíquota do imposto de transmissão *causa mortis*, a evidenciar a correspondência com o limite máximo fixado em resolução do Senado Federal" (Pleno, RE 213.266, Rel. Min. Marco Aurélio, j. em 20/10/1999, v. u., *DJ* de 17/12/1999, p. 30). Desse modo, caso um Estado-membro edite lei na qual se estabeleça a alíquota do ITCD como sendo "a máxima fixada pelo Senado", tal disposição deve ser entendida como se dela constasse, explicitamente, a alíquota máxima vigente à época da edição da lei, sendo irrelevantes as posteriores modificações nesse teto. Caso, à luz de uma majoração do limite máximo por parte do Senado, o Estado-membro queira majorar sua alíquota internamente, terá de editar nova lei para esse fim. Como consignou o Min. Marco Aurélio, no aresto já referido, "o caso não é de declaração de inconstitucionalidade da norma. Esta, na origem, quanto ao efeito imediato e, portanto, direto, surgiu válida. Implicou a adoção da alíquota tendo em vista a percentagem 'teto', a alíquota-teto resultante da Resolução do Senado em vigor. O que não se mostra válida é a polivalência, a ponto de apanhar a alíquota teto superveniente". Em outra oportunidade, o STF consignou que não se nega que o Estado-membro tenha competência para instituir impostos estaduais, nem que o Senado seja competente para fixar a alíquota máxima para os impostos de transmissão *mortis causa* e a doação, mas, sim que, por força do artigo 150, I, da Carta Magna, o Estado só pode aumentar tributo por lei estadual específica e não por meio de lei que se atrele genericamente a essa alíquota máxima fixada pelo Senado e varie posteriormente com ela, até porque o princípio

# Art. 150                    CONSTITUIÇÃO DA REPÚBLICA FEDERATIVA DO BRASIL | 37

da anterioridade, a que está sujeita essa lei estadual de aumento, diz respeito ao exercício financeiro em que ela haja sido publicada e não, *per relationem*, à resolução do Senado que aumentou o limite máximo da alíquota" (1ª T., RE 218.182/PE, Rel. Min. Moreira Alves, j. em 23/3/1999, v. u., *DJ* de 4/6/1999, p. 20).

**7. Princípio da legalidade e lei em sentido estrito** – Lei, para fins de aplicação da limitação de que se cuida, é lei em sentido estrito, vale dizer, aquela que é lei em sentido formal (ato editado pelo Poder Legislativo seguindo processo específico, determinado pela Constituição), e também em sentido material (veicula atos normativos, hipotéticos, ou, se se prefere, "gerais e abstratos"). Confira-se, nesse sentido, Hugo de Brito Machado, *Curso de Direito Tributário*, 25. ed., São Paulo: Malheiros, 2004, p. 87. Por conta disso, tributo não pode ser criado por portaria. Com base nessas premissas, ao julgar a ADI MC 1.823/DF, o STF consignou que a taxa para registro de pessoas físicas e jurídicas no Cadastro Técnico Federal de Atividades Potencialmente Poluidoras ou Utilizadoras de Recursos Ambientais, porque instituída por Portarias do IBAMA, é inconstitucional (STF, Pleno, ADI MC 1.823/ DF, Rel. Min. Ilmar Galvão, j. em 30/4/1998, v. u., *DJ* de 16/10/1998, p. 6).

**8. Princípio da legalidade e delegação legislativa** – Dizer que o tributo deve ser instituído por lei significa que esta deve veicular todos os elementos da hipótese de incidência da norma tributária (fato gerador, base imponível, sujeito ativo, sujeito passivo, alíquota etc.). Não se admite, portanto, *delegação* da lei ao ato normativo infralegal (*v. g.*, regulamento), para que este último defina aspectos essenciais da obrigação tributária e de sua gênese. O mesmo se aplica ao ato que reduz ou extingue isenções ou outros benefícios fiscais. A reserva de lei é uma garantia que "não pode ser ladeada mediante delegação legislativa". (*RTJ* 141/430). Por conta disso, o STF já decidiu que a *delegação* contida no art. 1º do Decreto--lei nº 1.724/79, que autorizava o Ministro da Fazenda a suspender, reduzir ou extinguir o incentivo fiscal previsto nos arts. 1º e 5º do Decreto-lei nº 491/69, é inconstitucional por ofensa ao princípio da legalidade. Entendeu que, além de a delegação ser proibida, "matérias reservadas à lei não podem ser revogadas por ato normativo secundário" (STF – Pleno – RE 180.828/RS – Rel. Min. Carlos Velloso – j. em 14/3/2002 – *DJ* de 14/3/2003, p. 28). **No mesmo sentido:** "tanto a Carta em vigor, quanto – na feliz expressão do ministro Sepúlveda Pertence – a decaída encerram homenagem ao princípio da legalidade tributária estrita. Mostra-se inconstitucional, porque conflitante com o artigo 6º da Constituição Federal de 1969, o artigo 1º do Decreto-lei nº 1.724, de 7 de dezembro de 1979, no que implicou a esdrúxula delegação ao Ministro de Estado da Fazenda de suspender – no que possível até mesmo a extinção – 'estímulos fiscais de que tratam os artigos 1º e 5º do Decreto-lei nº 491, de 5 de março de 1969'" (STF, Pleno, RE 250.288/SP, Rel. Min. Marco Aurélio, j. em 12/12/2001, v. u., *DJ* de 19/4/2002, p. 61).

Nem sempre é fácil, porém, delinear os limites da delegação legislativa. Quanto deve estar contido na própria lei, e quanto pode ser preenchido (ou explicitado) pelo regulamento? Em relação à contribuição ao SAT (Seguro de Acidentes de Trabalho), o STF considerou válida a delegação, da lei ao ato normativo infralegal, para que sejam determinadas quais atividades são de risco leve, médio ou grave, a fim de se submeterem à alíquota de 1%, 2% ou 3%. "As Leis nos 7.787/89, art. 3º, II, e 8.212/91, art. 22, II, definem, satisfatoriamente, todos os elementos capazes de fazer nascer a obrigação tributária válida. O fato de a lei deixar para o regulamento a complementação dos conceitos de 'atividade preponderante' e 'grau de risco leve, médio e grave', não implica ofensa ao princípio da legalidade genérica, CF, art. 5º, II, e da legalidade tributária, CF, art. 150, I" (Pleno, RE 343.446/SC, Rel. Min.

**38** | CÓDIGO TRIBUTÁRIO NACIONAL – *Hugo de Brito Machado Segundo*                    **Art. 150**

Carlos Velloso, j. em 20/3/2003, v. u., *DJ* de 4/4/2003, p. 40). Também o prazo para o recolhimento do tributo (vencimento) foi considerado pelo STF como matéria situada fora da zona reservada à lei. Se for fixado em lei, naturalmente tal prazo somente por uma outra lei pode ser alterado. Entretanto, se a lei expressamente delegar essa fixação ao regulamento, não haverá violação ao princípio da legalidade (STF, Pleno, RE 140669/PE, Rel. Min. Ilmar Galvão, j. em 2/12/1998, m. v., *DJ* de 18/5/2001, p. 86).

**9. Isonomia e capacidade contributiva** – Há quem diga que, em matéria tributária, isonomia e capacidade contributiva são a mesma coisa, pois o critério para aferir se dois contribuintes estão ou não estão em situação equivalente (tratar desigualmente os desiguais *na medida* em que se desigualam) seria exatamente a capacidade contributiva. Não é bem assim, contudo. Em algumas situações, nas quais se estiver utilizando o tributo para atingir finalidades extrafiscais, outras medidas de desigualdade podem ser consideradas (*v. g.,* tributos mais altos para o cigarro, não por conta da maior capacidade contributiva de quem fuma, mas em face da nocividade desse produto)

**10. Isonomia. Isenções e critério razoável para distinção entre contribuintes** – A isonomia não veda a concessão de isenções, de maneira geral, mas impede que estas sejam instituídas de maneira discriminatória, a partir de critérios não razoáveis. Afinal, não se pode tratar desigualmente contribuintes que estejam em situação equivalente, o que significa precisamente a igualdade material: tratar desigualmente os desiguais, na medida em que se desigualam. O problema está em saber qual "medida" de desigualdade pode ser tomada como parâmetro.

Em relação ao IPVA, por exemplo, é possível conceder isenções em função do tipo ou do uso dado ao veículo (*v. g.*, táxi, transporte escolar, ambulância etc.), mas não em razão de ser ele vinculado, ou não, a uma cooperativa municipal. Isso porque "a Constituição Federal outorga aos Estados e ao Distrito Federal a competência para instituir o Imposto sobre Propriedade de Veículos Automotores e para conceder isenção, mas, ao mesmo tempo, proíbe o tratamento desigual entre contribuintes que se encontrem na mesma situação econômica". Em tais circunstâncias, admitir que uma isenção de IPVA possa ser condicionada à associação do contribuinte a uma cooperativa municipal implicaria ofensa "aos princípios da igualdade, da isonomia e da liberdade de associação" (STF, Pleno, ADI 1.655/AP, Rel. Min. Maurício Corrêa, j. em 3/3/2004, v. u., *DJ* de 2/4/2004, p. 8). Também agride a isonomia a isenção de IPTU concedida simplesmente em virtude de o contribuinte ser "servidor público" (STF, 1ª T., AI 157.871-AgR/RJ, Rel. Min. Octavio Gallotti, j. em 15/9/1995, v. u., *DJ* de 9/2/1996, p. 2081), bem como a norma que estabelece bases de cálculo diferenciadas para incidência da contribuição previdenciária, instituindo tratamento discriminatório entre servidores e pensionistas da União, de um lado, e servidores e pensionistas dos Estados, do Distrito Federal e dos Municípios, de outro. Tal norma, mesmo veiculada em emenda constitucional (EC nº 41/2003, art. 4º, parágrafo único, I e II), é inconstitucional por ofensa "ao princípio constitucional da isonomia tributária, que é particularização do princípio fundamental da igualdade" (STF, Pleno, ADI 3.105/DF, Rel. Min. Ellen Gracie, Rel. p/ ac Min. Cezar Peluso, j. em 18/8/2004, m. v. em relação à constitucionalidade da "contribuição dos inativos", mas v. u. quanto à inconstitucionalidade da discriminação apontada entre as bases de cálculo, *DJ* de 18/2/2005, p. 4).

Em outras palavras, as diferenciações feitas pelo legislador, para a concessão de isenções, devem prestigiar de modo proporcional os valores constitucionalmente consagrados, em vez

**Art. 150**  CONSTITUIÇÃO DA REPÚBLICA FEDERATIVA DO BRASIL | **39**

de os malferir. A distinção legal deve ser feita tendo em conta, sempre, uma justa ponderação dos valores constitucionais envolvidos, sendo razoável em função da finalidade que com a norma se quer chegar. Nesse contexto, entende o STF que não ofende a isonomia a norma que:

- "por motivos extrafiscais, imprime tratamento desigual a microempresas e empresas de pequeno porte de capacidade contributiva distinta, afastando do regime do simples aquelas cujos sócios têm condição de disputar o mercado de trabalho sem assistência do Estado" (Pleno, ADI 1.643, Rel. Min. Maurício Corrêa, j. em 5/12/2002, m. v., *DJ* de 14/3/2003, p. 27);
- concede tratamento tributário favorecido às empresas que contratam empregados com mais de quarenta anos (Pleno, ADI 1.276/SP, Rel. Min. Ellen Gracie, j. em 29/8/2002, v. u., *DJ* de 29/11/2002, p. 17);
- "reduz o imposto predial urbano sobre imóvel ocupado pela residência do proprietário, que não possua outro" (Súmula 539/STF);
- concede isenção da "taxa florestal" à empresa que promova o reflorestamento, "por razões óbvias, diante do incentivo fiscal, em forma de redução do tributo, previsto para as indústrias que comprovarem a realização de reflorestamento proporcional ao seu consumo de carvão vegetal" (STF, 1ª T., RE 239.397/MG, Rel. Min. Ilmar Galvão, j. em 21/3/2000, v. u., *DJ* de 28/4/2000, p. 98);
- concede tratamento tributário diferenciado para sociedades de profissionais liberais, "especificamente dos que trabalham sob a responsabilidade pessoal do executante do trabalho e não da pessoa jurídica, seja qual for a profissão das enumeradas na lista que têm, todas, essas características", pois devem-se levar em conta as especificidades de tais entidades, nas quais a organização em sociedade "não autoriza presumir maior capacidade contributiva" (STF, Pleno, RE 236.604/PR, Rel. Min. Carlos Velloso, j. em 26/5/1999, v. u., *DJ* de 6/8/1999, p. 52, a transcrição é de trecho do voto do Min. Sepúlveda Pertence.

**11. Isenção, isonomia e vedação ao alargamento das hipóteses legais** – Caso ocorra violação ao princípio da isonomia, em função de norma legal que, sem justificativa aceitável, confere benefícios apenas a determinados contribuintes, pode o Judiciário estender tais benefícios aos demais? O problema não é de fácil solução, já tendo o STF se pronunciado no sentido de que "não é possível ao Poder Judiciário estender isenção a contribuintes não contemplados pela lei, a título de isonomia (RE 159.026)" (STF, 1ª T., RE 344.331/PR, Rel. Min. Ellen Gracie, j. em 11/2/2003, *DJ* de 14/3/2003, p. 40). Essa questão, porém, não é de resolução simples. Tudo dependerá de como for elaborada a lei isentiva. Caso a mesma afirme, por exemplo, que a isenção é concedida a todos os brasileiros, e em um parágrafo determine que no conceito de brasileiro, para fins de incidência, não se incluem os brasileiros naturalizados, ou os nascidos em determinados Estados-membros? Não poderá o STF declarar a inconstitucionalidade da restrição? Ao declarar a inconstitucionalidade, não estará a Corte Suprema estendendo a isenção àqueles excluídos de sua abrangência pela própria lei? Qual seria a solução, então? Declarar a inconstitucionalidade da isenção como um todo? O correto, em nossa ótica, seria afirmar a inconstitucionalidade da norma restritiva, ainda que isso amplie o alcance da norma mais geral.

**12. Função exercida como critério de discriminação** – O art. 150, II, da CF/88 proíbe que a função exercida pelo contribuinte seja colhida como critério de discrímen para a instituição de critérios diferenciados de tributação. Com base nisso, o STF considerou

**40** | CÓDIGO TRIBUTÁRIO NACIONAL – *Hugo de Brito Machado Segundo*  **Art. 150**

inconstitucional, conforme apontado em nota anterior, a concessão de isenção a contribuintes simplesmente por serem servidores públicos (STF, 1ª T., AI 157.871-AgR/RJ, Rel. Min. Octavio Gallotti, j. em 15/9/1995, v. u., *DJ* de 9/2/1996, p. 2081), ou a instituição de tratamento diferenciado entre servidores públicos da União, de um lado, e servidores dos Estados-membros, do Distrito Federal, e dos Municípios, de outro (STF, Pleno, ADI 3.105/DF, Rel. Min. Ellen Gracie, Rel. p/ ac Min. Cezar Peluso, j. em 18/8/2004, m. v. em relação à constitucionalidade da "contribuição dos inativos", mas v. u. quanto à inconstitucionalidade da discriminação apontada entre as bases de cálculo, *DJ* de 18/2/2005, p. 4).

**13. Índice de correção monetária e majoração do tributo** – "Índices de correção monetária não se confundem com tributo, pelo que não se lhes aplicam os princípios da irretroatividade e da anterioridade" (STF, 2ª T., RE 234.002 AgR/MG, Rel. Min. Carlos Velloso, j. em 4/2/2003, v. u., *DJ* de 21/2/2003, p. 50).

**14. Irretroatividade e Importação** – Segundo o STF, o que o princípio da irretroatividade proíbe é que a lei institua ou aumente tributos em relação a fatos *consumados*, completamente, *antes* do início de sua vigência. Fatos "complexos", que estejam *pendentes* (iniciados mas não concluídos) quando da publicação da lei, podem ser por ela alcançados imediatamente, conforme dispõe o art. 105 do CTN, sem ofensa aos princípios da anterioridade e da irretroatividade das leis. A importação, por exemplo, foi assim considerada. Embora seja fato que se inicia quando da negociação com o fornecedor no exterior, apenas se consuma com o registro da DI (declaração de importação) junto à repartição alfandegária, para fins de desembaraço aduaneiro dos bens importados. Por conta disso, caso entre em vigor uma norma nova, majorando a alíquota do imposto de importação, *durante* a viagem do navio, ou mesmo após a sua chegada, mas *antes* do desembaraço aduaneiro (antes da conclusão do fato complexo), o aumento já será exigível em face dessa importação, sem que isso configure ofensa ao princípio da irretroatividade da lei tributária (*RTJ* 178-01/428). Embora alguns Tribunais Regionais tenham entendido que "o Registro da DI (Declaração de Importação) de mercadoria despachada não é determinante à ocorrência do fato gerador do imposto de importação, que se perfaz com a entrada da mercadoria no território nacional (CTN, art. 19)" (TRF 5ª R. – AMS nº 66.332/PE, Rel. Juiz Ubaldo Ataíde Cavalcante, j. em 21/10/1999, *DJ* de 3/3/2000), o STF pacificou sua jurisprudência no sentido de que "o que a Constituição exige, no art. 150, III, *a*, é que a lei que institua ou majore tributos seja anterior ao fato gerador. No caso, o decreto que alterou as alíquotas é anterior ao fato gerador do imposto de importação" (Pleno, RE 225.602/CE, Rel. Min. Carlos Velloso, j. em 25/11/1998, v. u., *DJ* de 6/4/2001, p. 101, *RTJ* 178-1, p. 428). Isso porque "o fato gerador do imposto de importação considera-se ocorrido na data do registro da declaração apresentada pelo importador à repartição alfandegária competente, não havendo que se falar em aplicação retroativa dos efeitos da majoração se ocorreu ela antes do referido ato" (STF, 1ª T., RE 237.986 – 1/CE, Rel. Min. Ilmar Galvão, j. em 6/4/1999, *DJ* de 3/9/1999, p. 43, *RDDT* nº 50, p. 226). **No mesmo sentido:** STF, 2ª T., AI 420.993 AgR/PR, j. em 31/5/2005, v. u., *DJ* de 1º/6/2005, p. 57.

*Data venia,* tal posicionamento põe o importador em situação de total insegurança, pois a importação, conquanto não esteja consumada "formalmente" antes do registro da declaração de importação (DI) na repartição alfandegária, já é *irreversível* se a mercadoria já está no território nacional aguardando apenas o desembaraço aduaneiro, tendo sido realizada à luz da carga tributária existente à época em que contratada. Seja como for, essa é a posição adotada pacificamente pelo STF, que pelo menos tem sido *coerente,* nesse ponto, coibindo a lamentável postura da Fazenda Nacional de somente adotar esse posicionamento quando lhe parece conveniente. De fato, em caso no qual o *imposto de exportação* havia sido majorado

# Art. 150 CONSTITUIÇÃO DA REPÚBLICA FEDERATIVA DO BRASIL | 41

depois de o contribuinte registrar a exportação, mas antes de as mercadorias efetivamente saírem fisicamente do País, a Fazenda Nacional pretendia exigir o imposto já majorado, sob o argumento – aqui contrário ao por ela defendida no caso do imposto de importação – de que o fato gerador não seria o "registro" formal, mas o embarque das mercadorias. O STF, entretanto, decidiu que, tendo a exportação sido registrada "antes da edição das resoluções 2.112/94 e 2.136/94, que majoraram a alíquota do referido tributo", afigura-se "impossível a retroatividade dessas normas para atingir as operações de exportação já registradas, sob pena de ofensa ao princípio do direito adquirido (art. 5º, XXXVI, da Constituição)" (STF, 1ª T., RE 223.796-0/PE, Rel. Min. Ellen Gracie, j. em 16/10/2001, v. u., *DJ* de 14/12/2001, p. 85).

**15. Irretroatividade e Imposto de Renda** – Fundado na mesma ideia explicada na nota anterior, segundo a qual a irretroatividade não veda a aplicação imediata da lei a fatos "pendentes", e considerando que o fato gerador do imposto de renda também é "complexo", iniciando-se em 1º de janeiro e consumando-se à meia-noite do dia 31 de dezembro, o STF tem precedentes nos quais considera que leis que majoram o *imposto de renda,* ainda que publicadas no final de dezembro, podem alcançar todo o ano que se encerra, pois o fato gerador iniciado em 1º de janeiro ainda estaria "pendente". Como essa aplicação imediata também encontra obstáculo no princípio da anterioridade, o STF o afasta interpretando literalmente o art. 150, III, *b*, da CF/88. Considera que o termo *exercício financeiro*, na legislação do imposto de renda, é aquele no qual ocorre a "cobrança" do imposto, de sorte que, desde que publicada *antes* do ano da cobrança (exercício financeiro), ainda que nas últimas horas do ano no qual os rendimentos foram auferidos (ano-base), a lei poderia ser aplicada a todo esse ano. É o entendimento cristalizado na vetusta Súmula 584/STF, segundo a qual "ao Imposto de Renda calculado sobre os rendimentos do ano-base, aplica-se a lei vigente no exercício financeiro em que deve ser apresentada a declaração".

Tal posicionamento é duramente criticado por abalizada doutrina (*v. g.*, Luciano Amaro, *Direito Tributário Brasileiro,* 4. ed., São Paulo: Saraiva, 1999, p. 125 ss e Misabel Abreu Machado Derzi, em notas de atualização ao *Direito Tributário Brasileiro,* de Aliomar Baleeiro, 11. ed., Rio de Janeiro: Forense, 1999, p. 668). Interpretando o art. 150, III, *b*, da CF/88, essa doutrina afirma que a lei publicada durante um exercício financeiro somente *entra em vigor* no início do exercício subsequente, não podendo ser aplicada àquele dentro do qual fora apenas publicada, pois este já estará encerrado quando do início de sua vigência. Está corretíssimo o entendimento, eis que a anterioridade nada mais estabelece que uma *vacatio legis* obrigatória, porquanto imposta por norma de hierarquia superior. Assim, exemplificando, se uma lei for publicada em agosto de 2004, alterando os critérios de cálculo do IR, entrará em vigor apenas em janeiro de 2005, somente podendo alcançar os fatos (rendimentos) auferidos a partir dessa data. O ano de 2004 não poderá ser por ela alcançado, sob pena de ofensa não apenas à anterioridade, mas também à própria irretroatividade.

Mas, não obstante a crítica – irretocável – da quase unanimidade da doutrina brasileira, que se ampara nos princípios da irretroatividade, da anterioridade, da segurança jurídica, da confiança e da não surpresa, o entendimento cristalizado na Súmula 584 foi reiterado pelo STF em algumas oportunidades recentes:

> – "Medida Provisória publicada em 31.12.94, a tempo, pois, de incidir sobre o resultado do exercício financeiro encerrado: não ocorrência, quanto ao imposto de renda, de ofensa aos princípios da anterioridade e da irretroatividade. Precedentes do STF. II – Voto vencido do Ministro Carlos Velloso: ofensa ao princípio da

irretroatividade, conforme exposto no julgamento dos RE 181.664/RS e 197.790/MG, Plenário, 19.02.97" (STF, 2ª T., RE 433.878 AgR/MG, Rel. Min. Carlos Velloso, j. em 1º/2/2005, v. u., *DJ* de 25/2/2005, p. 34).

– "Se o fato gerador da obrigação tributária relativa ao imposto de renda reputa-se ocorrido em 31 de dezembro, conforme a orientação do STF, a lei que esteja em vigor nessa data é aplicável imediatamente, sem contrariedade ao art. 5º, XXXVI, da Constituição" (STF, 1ª T., AI 333.209 AgR/PR, Rel. Min. Sepúlveda Pertence, j. em 22/6/2004, v. u., *DJ* de 6/8/2004, p. 23). "O fato gerador do imposto de renda é aquele apurado no balanço que se encerra em 31 de dezembro de cada ano. O Decreto-lei nº 2.462 foi publicado em 31 de agosto de 1988. Foi respeitado o princípio da anterioridade da lei tributária" (STF, 2ª T., RE 199.352/PR, Rel. Min. Marco Aurélio, Rel. p. o acórdão: Min. Nélson Jobim, j. em 6/2/2001, m .v., *DJ* de 9/8/2002, p. 89, discutia-se, nesse último aresto, se o Decreto-lei 2.462, conquanto publicado em 31 de agosto de 1988, poderia alcançar os rendimentos relativos àquele mesmo ano, inclusive em relação aos meses de janeiro a agosto. O STF entendeu que sim, pois o fato somente poderia se considerar "ocorrido" em 31 de dezembro).

– A Lei 7.968, de 28/12/1989, majorou o imposto de renda, e essa majoração foi exigida pela União Federal relativamente àquele mesmo ano de 1989. Inconformado, um contribuinte impetrou mandado de segurança, alegando violação ao art. 150, I, *a*, da CF/88. A segurança foi concedida pelo juiz singular, e mantida pelo Tribunal de Apelação. O STF, porém, deu provimento a Recurso Extraordinário interposto pela Fazenda Nacional, afirmando: "O acórdão recorrido manteve o deferimento do Mandado de Segurança. Mas está em desacordo com o entendimento desta Corte, firmado em vários julgados e consolidado na Súmula 584, que diz: 'Ao Imposto de Renda calculado sobre os rendimentos do ano-base, aplica-se a lei vigente no exercício financeiro em que deve ser apresentada a declaração.' Reiterou-se essa orientação no julgamento, do RE nº 104.259-RJ (*RTJ* 115/1336). 5. Tratava-se, nesse precedente, como nos da Súmula, de Lei editada no final do ano-base, que atingiu a renda apurada durante todo o ano, já que o fato gerador somente se completa e se caracteriza, ao final do respectivo período, ou seja, a 31 de dezembro. Estava, por conseguinte, em vigor, antes do exercício financeiro, que se inicia a 1º de janeiro do ano subsequente, o da declaração. 6. Em questão assemelhada, assim também decidiu o Plenário do Supremo Tribunal Federal, no julgamento do RE nº 197.790-6-MG, em data de 19 de fevereiro de 1997. 7. RE conhecido e provido, para o indeferimento do Mandado de Segurança" (STF, 1ª T., RE 194.612/SC, Rel. Min. Sydney Sanches, j. em 24/3/1998, v. u., *DJ* de 8/5/1998, p. 15).

O Superior Tribunal de Justiça faz algumas ressalvas à Súmula 584 do STF: "a lei vigente após o fato gerador, para a imposição do tributo, não pode incidir sobre o mesmo, sob pena de malferir os princípios da anterioridade e irretroatividade", sendo inaplicável a Súmula 584/STF, porque "construída à luz de legislação anterior ao CTN" (STJ, 1ª T., REsp 179.966/RS, Rel. Min. Milton Luiz Pereira, j. em 21/6/2001, *DJ* de 25/2/2002, p. 208). **No mesmo sentido:** STJ, REsp nº 184.213/RS, Rel. Min. Garcia Vieira, *DJ* de 22/2/1999. Nas situações à luz das quais foram proferidas tais decisões, porém, havia ocorrido a publicação de norma majorando o tributo *depois* do encerramento do ano, mas antes do momento da cobrança do imposto. Nelas não se discutia o caso em que a lei é publicada ainda dentro do ano-base, mas em seus últimos dias.

# Art. 150 CONSTITUIÇÃO DA REPÚBLICA FEDERATIVA DO BRASIL | **43**

No âmbito do próprio STF, aliás, há acórdão, notabilíssimo, no qual se considerou que a Lei nº 8.134/90, editada em 27/12/1990, não poderia incidir sobre o ano-base de 1990, que então se encerrava. Consta da ementa: "O parágrafo único, art. 11, da Lei nº 8.134/90 institui coeficiente de aumento do imposto de renda e, não, índice neutro de atualização da moeda. Por isso, ele não pode incidir em fatos ocorridos antes de sua vigência, nem no mesmo exercício em que editado, sob pena de afrontar as cláusulas vedatórias do art. 150, inciso III, alíneas *a* e *b*, da Constituição Federal. Assim é, porque a obrigação tributária regula-se pela lei anterior ao fato que a gerou, mesmo no sistema de bases correntes da Lei nº 7.713/88 (imposto devido mensalmente, a medida em que percebidos rendimentos e ganhos de capital, não no último dia do ano) em vigor quando da norma impugnada [...]" (Pleno, ADI 513, Rel. Min. Célio Borja, j. em 14/6/1991, v. u., *DJ* de 30/10/1992, p. 19514). Merece leitura o precioso voto do Min. Célio Borja, verdadeira lição de Teoria do Direito, de Direito Constitucional e de Direito Tributário, que afasta a tese segundo a qual bastaria à lei nova estar em vigor no exercício financeiro seguinte, momento no qual o pagamento do imposto será exigido. Em suas palavras, "ainda que seja possível projetar, no tempo, o cumprimento da obrigação, ou desdobrá-la, ela regular-se-á pela lei anterior ao fato que a gerou. Desenganadamente, não há como modificar a obrigação por lei posterior ao seu surgimento" (Inteiro teor em *RTJ* 141-3/739).

Diante dessas premissas, o STF reconheceu a repercussão geral do assunto e revisitou o tema, *(Repercussão Geral no RE 592.396-7), tendo,* por unanimidade, declarado inconstitucional, de forma incidental, com os efeitos da repercussão geral, o art. 1º, I, da Lei 7.988/89. Em seguida, o Tribunal, por unanimidade, fixou tese nos seguintes termos: "É inconstitucional a aplicação retroativa de lei que majora a alíquota incidente sobre o lucro proveniente de operações incentivadas ocorridas no passado, ainda que no mesmo ano-base, tendo em vista que o fato gerador se consolida no momento em que ocorre cada operação de exportação, à luz da extrafiscalidade da tributação na espécie". A decisão é elogiável, embora nos pareça, com todo o respeito, que a questão não está ligada apenas à extrafiscalidade, mas à segurança jurídica aplicável tanto em situações de tributação fiscal como extrafiscal, devendo a conclusão a que chegou a Corte ser aplicada à generalidade das situações, com o completo afastamento da Súmula 584/STF.

**16. Irretroatividade, direito adquirido e contribuição de inativos** – Grande parte da doutrina considerou que uma contribuição previdenciária, a ser paga por servidores públicos já aposentados, seria inconstitucional, dentre outras razões, por ofensa aos direitos adquiridos. Isso porque a mesma estaria a incidir sobre fatos (o recebimento de proventos), que, a rigor, são meras decorrências de eventos todos situados no passado, em período anterior à existência da contribuição. O STF, porém, por maioria de votos, entendeu não haver a citada inconstitucionalidade. Entendeu a Corte Suprema que a regra não é retroativa porque incide apenas sobre fatos (recebimento de proventos) ocorridos após sua vigência. "No ordenamento jurídico vigente, não há norma, expressa nem sistemática, que atribua à condição jurídico subjetiva da aposentadoria de servidor público o efeito de lhe gerar direito subjetivo como poder se subtrair *ad aeternum* à percepção dos respectivos proventos e pensões à incidência de lei tributária que, anterior ou ulterior, os submeta à incidência de contribuição previdencial" (ADI 3.105, Rel. Min. Cezar Peluso, *DJ* de 18/2/2005). Com a devida vênia, não nos parece ser o caso de "subtrair *ad eternum*" o recebimento de proventos ao alcance da lei tributária. Uma majoração do IRPF, por exemplo, pode alcançar tais proventos, pois seu pressuposto de fato não é o recebimento *de proventos de aposentadoria,* mas sim de renda ou proventos de qualquer natureza (conceito no qual estão incluídos os proventos de aposentadoria). O problema da contribuição em comento é que seu pressuposto essencial é o recebimento de proventos de aposentadoria, e nada mais. Não se trata, pois, de simples alteração na lei tributária, à qual o recebimento de proventos está submetido, mas de uma alteração que visa a atingir específica e exclusivamente os tais proventos. Tal discussão, porém, perdeu sua importância prática, pois o STF, como dito, pacificou seu entendimento no sentido de que a contribuição previdenciária instituída sobre servidores públicos aposentados, e seus pensionistas, é constitucional (STF, Pleno, ADI 3.105/DF, Rel. Min. Ellen Gracie, Rel. p/ ac Min. Cezar Peluso, j. em 18/8/2004, m. v., *DJ* de 18/2/2005, p. 4).

**17. Irretroatividade e "efeitos repristinatórios" decorrentes de julgamento de ADI** – Declarada a inconstitucionalidade de uma lei, afirma-se que a mesma "nunca existiu", e que por isso deve ser retirada do ordenamento jurídico de modo *ex tunc*. Quando isso ocorre no âmbito do controle concentrado de constitucionalidade, afirma-se que a legislação anterior, que havia sido revogada pela lei cuja inconstitucionalidade se está declarando, é restabelecida (Lei nº 9.868/99, art. 11, § 2º). Daí falar-se em "efeito repristinatório". A questão que se coloca, então, é a seguinte: pode-se restabelecer, na data do julgamento da ADI, mas com efeitos *ex tunc*, uma lei eventualmente *mais gravosa* ao cidadão?

Foi o que se suscitou em relação às empresas agroindustriais, relativamente à contribuição previdenciária prevista no art. 25, § 2º, da Lei nº 8.870/94. Tal artigo tratava de contribuição previdenciária calculada de forma distinta, devida por empresas agroindustriais em substituição à contribuição sobre a folha de salários. Essa forma diferenciada, além de não ser autorizada pelo art. 195 da CF/88, era mais onerosa para empresas agroindustriais com reduzida mão de obra (*v. g.*, granjas), o que fez com que a Confederação Nacional das Indústrias movesse ADI contra o dispositivo (ADIn 1.103/DF), que foi considerado inconstitucional. A partir de então, tais empresas, em princípio, passaram a se submeter à contribuição calculada sobre a folha de salários, e puderam obter a restituição da diferença paga a maior em função do dispositivo inconstitucional. Entretanto, para outras agroindústrias, que usam mais intensamente a mão de obra (*v. g.*, fabricantes de álcool, açúcar, castanha de caju), a tributação diferenciada, embora não autorizada pela Constituição, ensejava ônus *menor*. Em outras palavras, com o julgamento da ADI, e o restabelecimento da tributação sobre a folha de salários, o ônus tributário de tais empresas que usam de modo mais intenso a mão de obra passaria a ser maior. Quanto ao futuro, o aumento, embora indesejado, não seria intolerável, pois poderia ser contornado com majoração de preços, redução de outros custos, demissão de pessoal, ou mesmo com o encerramento da atividade. O problema surgiu quando tais empresas foram obrigadas pelo INSS a se submeter a esse tratamento mais gravoso não apenas a partir da decisão do STF, mas também de modo retroativo, relativamente a todo o período anterior à declaração de inconstitucionalidade. Foram obrigadas a recolher a diferença entre o que haviam pago, com base na norma tida por inconstitucional, e o que supostamente deveriam ter recolhido, com base na folha de salários. Tudo acrescido de multa, e juros, como se o dispositivo de lei em face do qual os recolhimentos foram feitos realmente nunca tivesse existido.

Trata-se, porém, de evidente absurdo jurídico. Não se pode admitir tal retroatividade em prejuízo do cidadão, ainda que em função do julgamento da ADI, sob pena de a declaração de inconstitucionalidade criar, para usar as palavras de Paulo Bonavides, uma situação ainda mais inconstitucional (*Curso de Direito Constitucional,* 12. ed., São Paulo: Malheiros, 2002, p. 308). É preciso respeitar a boa-fé do cidadão que se submeteu à lei, confiando em sua constitucionalidade. Considerando que a irretroatividade das leis e a própria supremacia constitucional são garantias do cidadão em face do Estado, este último pode ser

**Art. 150**

prejudicado com a declaração de inconstitucionalidade de uma lei por ele editada, em face da qual seja "restabelecida" norma anterior que lhe seja menos favorável; o cidadão, não. Nesse sentido tem se posicionado a doutrina (Reinaldo Chaves Rivera, "Ação Direta de Inconstitucionalidade – Efeitos – A Cobrança de Contribuições Previdenciárias das Agroindústrias", em *RDDT 32/61;* Hugo de Brito Machado, "Contribuição Previdenciária das agroindústrias – declaração de inconstitucionalidade do § 2º do art. 25 da Lei nº 8.870/94 – Seu Alcance. Inexistência de Efeitos Retroativos em Prejuízo do Contribuinte", em *RDDT* 56/89; Eduardo Rocha Dias, "Alterações no Processo de Controle Abstrato de Constitucionalidade e a Extensão do Efeito Vinculante à Ação Direta de Inconstitucionalidade e à Arguição de Descumprimento de Preceito Fundamental", em *RDDT* 55/60; Sergio André R. G. da Silva, "Comentários acerca dos efeitos da decisão proferida no âmbito do controle abstrato de constitucionalidade das normas tributárias", em *RDDT* 83/166). E também a jurisprudência: o TRF da 5a Região decidiu que, embora os efeitos da declaração de inconstitucionalidade, pelo Supremo Tribunal Federal, em sede de ação direta de inconstitucionalidade, sejam *erga omnes* e *ex tunc,* e embora a contribuição de seguridade social das empresas cuja atividade seja agroindustrial deva ser regida pelo art. 22 da Lei nº 8.212/91, em virtude do controle concentrado de constitucionalidade exercido pela Suprema Corte sobre o § 2º do art. 25 da Lei nº 8.870/94, "persiste o direito da impetrante em ter suas contribuições reguladas pela norma eivada de vício inconstitucional, até o seu reconhecimento através de ADIn, pelos princípios da razoabilidade, boa-fé e segurança das relações jurídicas" (TRF da 5ª R., AMS nº 63.206/AL, Rel. Des. Fed. Carlos Rebêlo Júnior [convocado], j. em 10/9/2002, v. u., *Boletim de Jurisprudência do TRF da 5ª R.* nº 160/2003, p. 97).

**No mesmo sentido:** "Com a declaração de inconstitucionalidade do par. 2º do art. 25 da Lei nº 8.870/94 (ADIn nº 1.103-1), verificou-se em relação às agroindústrias situações distintas. Enquanto algumas delas, em razão dos efeitos 'ex tunc' da ADIn, foram beneficiadas pela decisão do Plenário do STF, outras tiveram sua situação agravada pelo lançamento das diferenças apuradas pelo INSS referentes ao período de vigência do dispositivo declarado inconstitucional. [...] Na hipótese em que a aplicação dos efeitos 'ex tunc' da ADIn implique gravame às agroindústrias, consistente no lançamento de diferenças pelo Fisco, faz-se necessário mitigar o efeito retroativo decorrente da procedência da citada ação constitucional, a fim de que as relações jurídicas constituídas durante a vigência do par. 2º do art. 25 da Lei nº 8.870/94, quando favoráveis ao contribuintes, não sejam afetadas, em homenagem ao princípio da segurança jurídica, e também porquanto no intervalo em que vigeu o dispositivo declarado inconstitucional presumia-se sua constitucionalidade. [...] As agroindústrias devem voltar a efetuar os recolhimentos da contribuição previdenciária de acordo com os parâmetros do art. 22 da Lei nº 8.212/91 somente a partir da publicação da decisão proferida na ADIn nº 1.103-1, e não de forma retroativa" (TRF 4ª R., 2ª T., AC 2002.04.01.043991-0/SC, Rel. Des. Fed. Dirceu de Almeida Soares, j. em 3/12/2002, m. v., *DJ* de 26/2/2003, p. 708). Conferir ainda: TRF da 1ª R., 3ª T., Rel. Des. Fed. Olindo Menezes, AGTR 1998.01.00.043888-1/BA, j. em 18/5/1999, v. u., *DJ* de 30/9/1999, p. 113).

Especificamente em relação à Lei 8.870/94, e à ADI 1.103-1/DF, foi editada a Lei 10.736, de 15/9/2003, que reconheceu e coibiu o abuso que seria impor um aumento retroativo de tributos fundado no julgamento da ADI.

**18. Irretroatividade e nova interpretação** – A irretroatividade não diz respeito apenas à lei, em tese, mas a um novo entendimento, ou a uma nova interpretação, de norma preexistente. Confira-se, a esse respeito, o art. 146 do CTN.

**19. Irretroatividade como garantia do cidadão contra o Estado** – O princípio da irretroatividade é limitação ao poder estatal de elaborar e aplicar leis e outros atos normativos, instituído em proteção do cidadão. Tanto é assim que o art. 150, III, da CF/88, se refere à lei que *instituir* ou *majorar* tributos. A *redução* de tributos ou de penalidades, ou a sua *extinção* ou *dispensa,* estas podem ocorrer retroativamente (*v. g.,* remissão, anistia etc.). Nesse sentido é o entendimento do STF, hoje cristalizado na Súmula 654, que dispõe: "A garantia da irretroatividade da lei, prevista no art. 5º, XXXVI, da Constituição da República, não é invocável pela entidade estatal que a tenha editado."

**20. Anterioridade e anualidade** – Trata-se, aqui, do princípio da anterioridade, e não da "anualidade", com o qual não deve ser confundido. Segundo a "anualidade", prevista na Constituição de 1946 *e não consagrada pela CF/88,* o tributo, para ser cobrado, precisava constar anualmente na lei orçamentária. Àquela época, tributo instituído em data posterior à sanção do orçamento não poderia ser cobrado (STF, Pleno, RE 42.703, Rel. Min. Lafayette de Andrada, j. em 22/1/1962, *Ementário STF* v. 448, p. 256). A anterioridade pode ser vista, aliás, como um fruto da mitigação que a jurisprudência do STF fez, ainda sob a vigência da Constituição de 1946, ao princípio da anualidade, por meio da Súmula 66/STF – "É legítima a cobrança do tributo que houver sido aumentado após o orçamento, mas antes do início do respectivo exercício financeiro." Essa mitigação foi incorporada aos textos constitucionais posteriores, que passaram a prever – como prevê a CF/88 – a anterioridade, e não mais a anualidade.

A anterioridade (que, diga-se de passagem, adotado o critério de classificação de Robert Alexy é uma *regra* e não um princípio) configura, diversamente da anualidade (que exigia previsão orçamentária anual como condição de vigência da lei em cada exercício), apenas a imposição constitucional de uma *vacatio legis* à lei que institui ou aumenta tributo. Como se sabe, o início da vigência de uma lei é matéria que, em regra, é tratada livremente pelo legislador. Este apenas não pode situar como termo inicial período *anterior* à publicação da lei (irretroatividade). Nessa ordem de ideias, desde que *posterior* à publicação da lei, o termo inicial de sua vigência é, em regra (em relação às leis em geral, dos mais diversos ramos do Direito), de livre escolha do legislador, sendo certo que as normas da Lei de Introdução às normas do Direito Brasileiro, a esse respeito, são meramente dispositivas. Pois bem. O que a Constituição faz, nos seus arts. 150, III, "b" e "c" e 195, § 6º, é estabelecer uma *vacatio legis* obrigatória (porquanto imposta por norma hierarquicamente superior, que não pode ser afastada por disposição da própria lei de cuja *vacatio* se cogita) para as leis que instituem ou aumentam tributos, como forma de prestigiar o princípio da segurança jurídica.

**21. Anterioridade e cláusulas pétreas** – Tendo em vista o disposto no art. 60, § 4º, IV, da CF/88, que veda a edição de emendas constitucionais tendentes a abolir direitos e garantias individuais, e considerando que o rol dos direitos e garantias individuais não se exaure no art. 5º da CF/88, o STF tem arestos nos quais considera o princípio da anterioridade da lei tributária como integrante do chamado núcleo imodificável da CF/88. "O princípio da anterioridade da lei tributária – imune, até mesmo, ao próprio poder de reforma constitucional titularizado pelo Congresso Nacional (*RTJ* 151/755-756) – representa um dos direitos fundamentais mais relevantes outorgados ao universo dos contribuintes pela Carta da República, além de traduzir, na concreção do seu alcance, uma expressiva limitação ao poder impositivo do Estado. Por tal motivo, não constitui demasia insistir na asserção de que o princípio da anterioridade das leis tributárias – que se aplica, por inteiro, ao IPTU (*RT* 278/556) – reflete, em seus aspectos essenciais, uma das expressões fundamentais em que se apoiam os direitos básicos proclamados em favor dos contribuintes" (Pet. 1.466, Rel. Min. Celso de Mello, j. em 25/8/1998, *DJ* de 2/9/1998, p. 33). A propósito, o entendimento de que emendas não

**Art. 150**　　　　　CONSTITUIÇÃO DA REPÚBLICA FEDERATIVA DO BRASIL | **47**

podem afastar a aplicação do princípio da anterioridade foi manifestado pelo STF no julgamento da validade do IPMF, instituído com autorização na EC 3/93 (Pleno, ADI 939/DF, Rel. Min. Sydney Sanches, j. 15/12/1993, m. v., *DJ* de 18/3/1994, p. 5165, *RTJ* 151-3/755).

**22. Anterioridade, atos normativos diversos da lei em sentido estrito e espécies tributárias diversas do imposto** – Conquanto o texto constitucional se reporte à expressão "lei", "o princípio da anterioridade da lei tributária aplica-se às normas em sentido amplo, incluindo as instruções normativas, que são normas complementares à legislação tributária, a teor do que preceitua o artigo 100, I, do CTN" (STJ, 1ª S., EDiv no REsp 327.683/RJ, Rel. Min. Castro Meira, j. em 24/8/2004, *DJ* de 27/9/2004). Pode parecer estranho que uma instrução normativa se sujeite à anterioridade, não por não ser uma lei em sentido estrito, mas porque por meio dela não se pode instituir ou aumentar tributo. No caso de que se cuida, porém, tratava-se de IN que, de acordo com o STJ, teria amparo na lei (a qual estaria apenas sendo regulamentada), mas que, de qualquer modo, deveria observar a anterioridade. Seja como for, a ideia permanece válida para outros atos, diversos da lei, que eventualmente podem conduzir à majoração (validamente) de um tributo, a exemplo de resoluções do Senado (quando a certas alíquotas do ICMS).

Do mesmo modo, como se trata de regra referente à instituição ou à majoração de tributos (e não só de impostos), ela se aplica, respeitadas as exceções previstas na própria Constituição, a todas as espécies tributárias. Com base nisso, o STF já reconheceu a necessidade de norma que majorou custas judiciais observar a anterioridade (ADI 3.694/AM).

**23. Anterioridade e lei revogadora de isenção** – Partindo da premissa (equivocada, *data venia*) segundo a qual a isenção é uma "dispensa legal de tributo devido", o STF considerou que "revogada a isenção, o tributo torna-se imediatamente exigível. Em caso assim, não há que se observar o princípio da anterioridade, dado que o tributo já é existente" (2ª T., RE 204.062/ES, Rel. Min. Carlos Velloso, j. em 27/9/1996, v. u., *DJ* de 19/12/1996). **No mesmo sentido:** STF, 1ª T., RE 97.482/RS, Rel. Min. Soares Muñoz, j. em 26/10/1982, v. u., *DJ* de 17/2/1982, p. 13211). Com todo o respeito, tal entendimento é equivocado, pois, em relação aos fatos abrangidos pela lei isentiva, o tributo não existia. A lei que suprime a isenção instituiu ou aumentou o tributo, relativamente aos fatos antes tidos como isentos. Confiram-se as notas ao art. 104, III, do CTN, *infra*.

**24. Anterioridade e Contribuições** – As contribuições de custeio da seguridade social, que têm fundamento não só no art. 149, mas também no art. 195 da CF/88, não se submetem ao chamado princípio da anterioridade da lei ao exercício financeiro (CF/88, art. 150, III, *b*, mas apenas à anterioridade nonagesimal (CF/88, art. 195, § 6º). Entretanto, as contribuições instituídas com amparo apenas no art. 149 (*v. g.*, CIDEs e "sociais gerais") submetem-se também à anterioridade do exercício. Foi o que decidiu o STF, no julgamento das contribuições instituídas pela LC 110: "tendo sido fixado, para o exame da liminar, que as duas contribuições em causa não são contribuições para a seguridade social, mas, sim, contribuições sociais gerais, a elas não se aplica o disposto no artigo 195, § 6º, da Constituição, o que implica dizer que devem respeito ao princípio da anterioridade a que alude o artigo 150, III, *b*, da Carta Magna, a vedar a cobrança dessas contribuições no mesmo exercício financeiro em que haja sido publicada a lei que as institui" (Trecho do voto do Min. Moreira Alves, no julgamento da ADI 2556 MC/DF, de sua relatoria, em 9/10/2002, m. v., *DJ* de 8/8/2003, p. 87).

**25. Fixação de prazo para o pagamento do tributo e anterioridade** – Pela mesma razão que a mera fixação do prazo para pagamento do tributo não se submete ao princípio da legalidade, entende o STF que também não há exigência de que se observe o princípio da

**48** | CÓDIGO TRIBUTÁRIO NACIONAL – *Hugo de Brito Machado Segundo*          **Art. 150**

anterioridade. "Norma legal que altera o prazo de recolhimento da obrigação tributária não se sujeita ao princípio da anterioridade" (Súmula 669/STF).

**26. Vedação ao confisco e penalidades** – Considerando que o art. 150, IV, da CF/88, literalmente, proíbe que *tributos* tenham caráter confiscatório, essa vedação não seria aplicável às penalidades? Para parte da doutrina, não. Para os partidários de tal corrente, o verdadeiro limite ao poder de aplicar multas é a *proporcionalidade* que deve haver entre o montante da multa e a gravidade da infração praticada. Infrações leves, havidas no âmbito de operações não tributadas, que não causam prejuízos ao Erário, por exemplo, não devem ser punidas com multas pesadas em função da desproporção entre a infração e a multa, e não por conta do suposto caráter "confiscatório" destas. Para outros autores, porém, as multas também estão abrangidas pelo princípio, e não podem ser confiscatórias. Ambos estão corretos, em certo sentido, se admitirmos que as multas realmente não podem ser confiscatórias, e que o confisco acontece não quando se desrespeita a "capacidade contributiva" do infrator, mas sim quando a multa é desproporcionalmente elevada diante da pequena gravidade do ilícito correspondente. Esse, aliás, foi o posicionamento do STF. No julgamento da ADI 551/RJ, por exemplo, quando da concessão da medida cautelar, o STF simplesmente afirmou que as multas também não podem ser confiscatórias (j. em 20/9/1991, *DJ* de 18/10/1991, p. 14548, *RTJ* 138-1/55). Ao se pronunciar de modo definitivo, porém, o Tribunal consignou que "a desproporção entre o desrespeito à norma tributária e sua consequência jurídica, a multa, evidencia o caráter confiscatório desta, atentando contra o patrimônio do contribuinte, em contrariedade ao mencionado dispositivo do texto constitucional federal" (STF, Pleno, ADI 551/RJ, Rel. Min. Ilmar Galvão, j. em 24/10/2002, v. u., *DJ* de 14/2/2003, p. 58). Em seu voto, o Min. Ilmar Galvão consignou que "o eventual caráter de confisco de tais multas não pode ser dissociado da proporcionalidade que deve existir entre a violação da norma jurídica tributária e sua consequência jurídica, a própria multa". As penalidades pecuniárias (multas tributárias), portanto, não podem ser confiscatórias, assim entendidas não propriamente aquelas que se afigurarem "elevadas", mas sim as que forem desproporcionais ao ilícito que visam a combater. Mais recentemente, o Supremo Tribunal Federal reconheceu a repercussão geral da questão de saber se as multas podem ser proporcionais ao valor do tributo, ou da operação, quando esse tributo foi pago, ou não é devido em razão de imunidade, isenção etc. (RE 640.452). Por outras palavras, diante de infração meramente formal, é possível exigir uma "multa isolada" proporcional ao valor da operação? Parece evidente o caráter desproporcional de uma multa assim, pois não há qualquer relação entre a gravidade do ilícito – parâmetro que deve dosar a aplicação de uma pena – e o valor da operação, quando da infração não decorre falta de pagamento de tributo.

Registre-se que a proporcionalidade que deve haver entre a gravidade do ilícito e a penalidade imposta ao contribuinte impede que se estabeleçam limites abstratos e gerais a serem impostos à fixação de tais penas, não sendo adequado dizer-se que penalidades não poderiam jamais ultrapassar o "percentual x", em qualquer caso. Confira-se, a propósito: Marciano Seabra de Godoi; Misabel Abreu Machado Derzi, Decisões judiciais que limitam de forma genérica multa de ofício a 100% do valor do tributo: desvio e deturpação da jurisprudência do STF, in: Valdir de Oliveira Rocha (Org.), *Grandes Questões Atuais do Direito Tributário*, São Paulo: Dialética, 2015, v. 1, p. 288-318.

**27. Confisco e carga tributária total** – O efeito confiscatório do tributo não deve ser avaliado através de um exame da carga tributária representada por cada tributo, isoladamente, mas pelo somatório de todos os tributos que oneram uma mesma realidade. Forte nesse

**Art. 150**    CONSTITUIÇÃO DA REPÚBLICA FEDERATIVA DO BRASIL | **49**

argumento, o STF declarou a inconstitucionalidade da contribuição dos inativos instituída pela Lei nº 9.783/99. Esclareça-se que não se tratava, na ocasião, da contribuição que ora está em vigor, autorizada pela EC 41/2004 e considerada válida pelo STF, mas de contribuição análoga, instituída em 1999, durante o governo FHC, cuja alíquota era não de 11%, mas de 20%. Considerou-se que tal percentual, *somado ao do IRPF*, representaria confisco. O precedente é importante, dentre outras razões, por haver consignado que "a identificação do efeito confiscatório deve ser feita em função da totalidade da carga tributária, mediante verificação da capacidade de que dispõe o contribuinte – considerado o montante de sua riqueza (renda e capital) – para suportar e sofrer a incidência de todos os tributos que ele deverá pagar, dentro de determinado período, à mesma pessoa política que os houver instituído (a União Federal, no caso), condicionando-se, ainda, a aferição do grau de insuportabilidade econômico-financeira, à observância, pelo legislador, de padrões de razoabilidade destinados a neutralizar excessos de ordem fiscal eventualmente praticados pelo Poder Público. Resulta configurado o caráter confiscatório de determinado tributo, sempre que o efeito cumulativo – resultante das múltiplas incidências tributárias estabelecidas pela mesma entidade estatal – afetar, substancialmente, de maneira irrazoável, o patrimônio e/ou os rendimentos do contribuinte" (STF, Pleno, ADInMC 2010/DF, Rel. Min. Celso de Mello, j. em 30/9/1999, v. u., *DJ* de 12/4/2002, p. 51).

No mesmo sentido, e esclarecendo que tal análise (da natureza confiscatória) pode ser feita no âmbito do controle concentrado de constitucionalidade, e que igualmente se aplica às contribuições: "A jurisprudência do Supremo Tribunal Federal entende cabível, em sede de controle normativo abstrato, a possibilidade de a Corte examinar se determinado tributo ofende, ou não, o princípio constitucional da não confiscatoriedade, consagrado no art. 150, IV, da Constituição. Precedente: ADI 2.010-MC/DF, Rel. Min. Celso de Mello. A proibição constitucional do confisco em matéria tributária nada mais representa senão a interdição, pela Carta Política, de qualquer pretensão governamental que possa conduzir, no campo da fiscalidade, à injusta apropriação estatal, no todo ou em parte, do patrimônio ou dos rendimentos dos contribuintes, comprometendo-lhes, pela insuportabilidade da carga tributária, o exercício do direito a uma existência digna, ou a prática de atividade profissional lícita ou, ainda, a regular satisfação de suas necessidades vitais (educação, saúde e habitação, por exemplo). A identificação do efeito confiscatório deve ser feita em função da totalidade da carga tributária, mediante verificação da capacidade de que dispõe o contribuinte considerado o montante de sua riqueza (renda e capital) – para suportar e sofrer a incidência de todos os tributos que ele deverá pagar, dentro de determinado período, à mesma pessoa política que os houver instituído (a União Federal, no caso), condicionando-se, ainda, a aferição do grau de insuportabilidade econômico-financeira, à observância, pelo legislador, de padrões de razoabilidade destinados a neutralizar excessos de ordem fiscal eventualmente praticados pelo Poder Público. Resulta configurado o caráter confiscatório de determinado tributo, sempre que o efeito cumulativo – resultante das múltiplas incidências tributárias estabelecidas pela mesma entidade estatal – afetar, substancialmente, de maneira irrazoável, o patrimônio e/ou os rendimentos do contribuinte. O Poder Público, especialmente em sede de tributação (as contribuições de seguridade social revestem-se de caráter tributário), não pode agir imoderadamente, pois a atividade estatal acha-se essencialmente condicionada pelo princípio da razoabilidade" (STF, Pleno, ADC 8-MC, Rel. Min. Celso de Mello, j. em 13/10/1999, v. u., *DJ* de 4/4/2003, p. 38).

**28. Quando se pode afirmar a ocorrência de confisco?** – Certamente é problemática a determinação, em cada caso concreto, de quando está, e de quando não está, ocorrendo uma tributação confiscatória. A depender do fato tributado, da natureza do tributo (*v. g.*, incidente sobre o patrimônio e a renda ou sobre o consumo), da forma de incidência etc., os percentuais considerados "confiscatórios" podem mudar. Isso não significa, porém, que a vedação não possa ser invocada. Caberá ao Judiciário, em cada caso, avaliar a sua pertinência. Como consignou o Min. Sepúlveda Pertence, "esse problema da vedação de tributos confiscatórios que a jurisprudência do Tribunal estende às multas gera, às vezes, uma certa dificuldade de identificação do ponto a partir de quando passa a ser confiscatório. Recorda-me, no caso, o célebre acórdão do Ministro Aliomar Baleeiro, o primeiro no qual o Tribunal declarou a inconstitucionalidade de um decreto-lei, por não se compreender no âmbito da segurança nacional. Dizia o notável Juiz desta Corte que ele não sabia o que era segurança nacional; certamente sabia o que não era: assim, batom de mulher ou, o que era o caso, locação comercial. Também não sei a que altura um tributo ou uma multa se torna confiscatório; mas uma multa de duas vezes o valor do tributo, por mero retardamento de sua satisfação, ou de cinco vezes, em caso de sonegação, certamente sei que é confiscatório e desproporcional" (Voto proferido no julgamento da ADI 551/RJ, Rel. Min. Ilmar Galvão, j. em 24/10/2002, v. u., *DJ* de 14/2/2003, p. 58). O STF já considerou que:

- é confiscatória a contribuição previdenciária no percentual de 20%, notadamente quando considerado em conjunto com o IRPF, que igualmente onera o recebimento de proventos (Pleno, ADInMC 2010/DF, Rel. Min. Celso de Mello, j. em 30/9/1999, v. u., *DJ* de 12/4/2002, p. 51);
- não é confiscatória a multa moratória de 20% do valor do imposto devido (1ª T., RE 239.964/RS, Rel. Min. Ellen Gracie, j. em 15/4/2003, v. u., *DJ* de 9/5/2003, p. 61).

**29. Liberdade de tráfego e exigência antecipada de ICMS** – Como decorrência do princípio federativo, União, Distrito Federal, Estados-membros e Municípios não podem estabelecer restrições tributárias ao tráfego de pessoas ou bens dentro da federação. Vale dizer, o tributo não pode representar barreira ao trânsito de pessoas ou bens no âmbito do Estado Federal. Isso não quer dizer que as operações interestaduais ou intermunicipais não possam ser tributadas. Podem, mas não com uma carga *maior* que aquela aplicada às operações internas. Em outras palavras, o simples fato de se estar transpondo as fronteiras de um Estado-membro não pode ser motivo para um *agravamento* da exigência.

Com base nisso, consideramos inconstitucional a exigência, feita por muitos Estados-membros, do ICMS "antecipado", na fronteira, quando um comerciante adquire mercadorias em outros Estados, para revenda. Imagine-se que um contribuinte, comerciante varejista, situado no Ceará, compra mercadorias de um distribuidor também situado no Ceará: o ICMS devido por tal varejista somente será exigido no momento em que as mercadorias forem revendidas ao consumidor final. Entretanto, caso as mesmas mercadorias sejam adquiridas de distribuidor situado em outro Estado, o ICMS relativo à venda ao consumidor final será "antecipado" quando as mercadorias passarem pela fronteira. Há, enfim, uma limitação ao tráfego de bens, por meio de um tributo interestadual, em total afronta ao art. 150, V, da CF/88. E, note-se, tal questão nada tem a ver com a sistemática da substituição tributária para frente, com sua validade etc., pois se trata aqui de uma "antecipação" exigida de um mesmo contribuinte (ninguém está sendo "substituído"), pura e simplesmente pelo fato de haver sido transposta a fronteira interestadual.

Entretanto, o STF possui precedente no qual assevera que "a antecipação de pagamento do imposto, quando a mercadoria se destina a outro Estado, não configura a adoção de

# Art. 150

CONSTITUIÇÃO DA REPÚBLICA FEDERATIVA DO BRASIL | **51**

diferença tributária, em razão do destino e procedência dos bens" (2ª T., RE 167.034/RS AgR, Rel. Min. Néri da Silveira, j. em 14/12/1999, v. u., *DJ* de 25/2/2000, p. 70, transcrição de trecho do voto do Min. Néri da Silveira). Não se trata exatamente de quando a mercadoria é procedente de outro Estado, e o precedente, de apenas uma das turmas, não indica o posicionamento firme do tribunal. Espera-se, *data venia*, que a questão seja objeto de mais demorada reflexão pela Corte Maior.

**30. Liberdade de tráfego e pedágio** – A Constituição ressalva, da abrangência da norma inerente à liberdade de tráfego, a possibilidade de cobrança de pedágio pela utilização de vias conservadas pelo Poder Público. O dispositivo não adentra na discussão a respeito da natureza jurídica do pedágio, a qual, segundo entendemos, poderá ser de taxa, ou de preço público, a depender das circunstâncias e da maneira como seja exigida. O STF já decidiu que o pedágio tem natureza jurídica de taxa, pois, além de ser devido em função da prestação de um serviço público específico e divisível, está inserido no Capítulo da Constituição dedicado ao Sistema Tributário Nacional, e especificamente entre as limitações ao Poder de Tributar (STF, 2ª T., RE 181.475/RS, Rel. Min. Carlos Velloso, j. em 4/5/1999, v. u., *DJ* de 25/6/1999, p. 28). Há, contudo, decisão mais recente, na qual a Corte reconhece a natureza de tarifa a pedágio instituído no Estado do Rio Grande do Sul: "**O pedágio cobrado pela efetiva utilização de rodovias conservadas pelo Poder Público, cuja cobrança está autorizada pelo inciso V, parte final, do art. 150 da Constituição de 1988, não tem natureza jurídica de taxa, mas sim de preço público, não estando a sua instituição, consequentemente, sujeita ao princípio da legalidade estrita. 2. Ação direta de inconstitucionalidade julgada improcedente**" (STF, Pleno, ADI 800/RS, Rel. Min. Teori Zavascki, j. em 11/06/2014, DJ publicado em 1/7/2014).

Embora o teor das decisões pareça fazer alusão geral a todo e qualquer tipo de pedágio, cumpre lembrar que não é o nome dado à exação ("pedágio") que lhe define a natureza jurídica, a teor do que didaticamente lembra o art. 4.º do CTN. Assim, é possível, a depender das circunstâncias em que o serviço de manutenção de uma via pública venha a ser disciplinado, prestado e cobrado, que se trate de taxa, ou de tarifa, sendo a remissão constante do texto constitucional destinada a que, *independentemente* dessa natureza, não se invoque o princípio da liberdade de tráfego em oposição à sua cobrança.

**31. As imunidades do art. 150, VI, e outras espécies tributárias** – O art. 150, VI, da CF/88 faz alusão, literalmente, a *impostos*. Diante disso, as imunidades nele previstas não se aplicam às contribuições? Expressiva parte da doutrina, e da jurisprudência, afirma que não, vale dizer, que "a imunidade tributária diz respeito aos impostos, não alcançando as contribuições" (STF – 1ª T. – RE 378.144-AgR/PR – Rel. Min. Eros Grau – j. em 30/11/2004 – *DJ* de 22/4/2005, p. 14). Em outros termos, a imunidade tributária prevista no artigo 150, VI, da Constituição Federal, "refere-se exclusivamente a impostos e não a contribuição social sobre o faturamento. [...] Espécie contributiva filiada ao art. 195, I, da CF/88, inconfundível com o gênero dos impostos e das taxas" (STF, 2ª T., RE 211.782/PR, Rel. Min. Néri da Silveira, j. em 28/8/1998, v. u., *DJ* de 24/3/2000, p. 66). No mesmo sentido: STF, 2ª T., RE 211.388-ED/PR, Rel. Min. Maurício Corrêa, j. em 10/2/1998, v. u., *DJ* de 8/5/1998, p. 12. Tal afirmação, contudo, é perigosa, sobretudo se se considerar que a União Federal vem fazendo uso deturpado das contribuições, que, em face do tratamento orçamentário que recebem (em violação ao art. 165, § 5º, III, da CF/88), não passam, em regra, de impostos com outro nome (Cf. Hugo de Brito Machado Segundo, *Contribuições e Federalismo,* São Paulo: Dialética, 2005, p. 152). Em sede de *tutela antecipada,* o STF já reconheceu aplicável a *imunidade recíproca* à CPMF, relativamente à movimentação bancária de entidade da administração direta de Estado-membro (Escola Superior da Magistratura do Tribunal de Justiça)" (STF – Pleno – AO AgRg nº 602-RN – Rel. Min. Sepúlveda Pertence – j. em 25/4/2001 – v. u. – *DJ* de 10/8/2001, p. 4).

**32. Imunidade recíproca e cláusulas pétreas** – Julgando a ADI 926-MC/DF, relativa a dispositivos da EC 3/93 que dispunham sobre o IPMF e a "não aplicabilidade" do art. 150, VI, *a*, da CF/88 ao indigitado imposto, o Supremo Tribunal Federal consignou que a imunidade recíproca faz parte do núcleo imodificável da Constituição, a teor do art. 60, § 4º, I, da CF/88, declarando assim a inconstitucionalidade da EC 3/93, nesse ponto (STF, Pleno, ADI 926-MC/DF, Rel. Min. Sydney Sanches, j. em 1º/9/1993, v. u., *DJ* de 6/5/1994, p. 10484. No mesmo sentido: STF, Pleno, ADI 939/DF, Rel. Min. Sydney Sanches, j. em 15/12/1993, *DJ* de 18/3/1994, p. 5165, *RTJ* 151-3/755). E com razão, pois a supressão ou o afastamento da imunidade recíproca, a fim de que a União Federal possa instituir imposto a ser pago por Estados-membros, Municípios e Distrito Federal, é nitidamente tendente a abolir a forma federativa de Estado. Quanto às demais imunidades consagradas nas alíneas subsequentes do art. 150, VI, da CF/88, o STF também as considerou "cláusulas pétreas", quando do julgamento da citada ADI 939/DF, por reputá-las a *garantia* de direitos individuais (liberdade de culto, liberdade política, liberdade sindical etc.), abrangidas portanto pela vedação do art. 60, § 4º, IV, da CF/88.

**33. Imunidade recíproca e bens utilizados na prestação de serviços públicos** – A imunidade recíproca abrange imóveis pertencentes à pessoa jurídica de direito público, mas que estejam sendo utilizados por pessoa jurídica de direito privado, concessionária de serviço público? Julgando questão na qual o Município de Santos pretendia o IPTU relativo aos imóveis que compõem o acervo patrimonial do Porto de Santos, integrantes do domínio da União, o STF entendeu pela "impossibilidade de tributação pela municipalidade, independentemente de encontrarem-se tais bens ocupados pela empresa delegatária dos serviços portuários, em face da imunidade prevista no art. 150, VI, *a*, da Constituição Federal" (1ª T., RE 253.394/SP, Rel. Min. Ilmar Galvão, j. em 26/11/2002, v. u., *DJ* de 11/4/2003, p. 37). Entendeu o STF que os imóveis são do domínio público da pessoa jurídica de direito público (no caso, a União), "encontrando-se ocupados pela recorrente em caráter precário, na qualidade de delegatária dos serviços de exploração do porto e tão somente enquanto durar a delegação" (Trecho do voto do Min. Ilmar Galvão).

**34. Imunidade recíproca. Fundamento** – Um dos fundamentos da imunidade recíproca é o de que "o ente público não se sujeita ao princípio da solidariedade no pagamento do imposto, porque já pertence à coletividade" (Aliomar Baleeiro, *Limitações Constitucionais ao Poder de Tributar,* 7. ed., Rio de Janeiro: Forense, 1998, p. 301). Assim, mesmo para os que sustentam que as contribuições devem se submeter a limitações menos rígidas do que os impostos, porque fundadas no princípio da solidariedade, a imunidade recíproca deveria aplicar-se também às contribuições. Aliás, o *federalismo* não é antagônico aos ideais de solidariedade, de justiça social e de redistribuição de riqueza. Muito pelo contrário (Cf. Hugo de Brito Machado Segundo, *Contribuições e Federalismo,* São Paulo: Dialética, 2005, p. 150). A imunidade recíproca, especificamente para vedar a tributação dos Estados e dos Municípios pela União Federal, é ainda "uma decorrência pronta e imediata do postulado da isonomia dos entes constitucionais, sustentado pela estrutura federativa do Estado brasileiro e pela autonomia dos Municípios" (STF, AI 174.808-AgR, Rel. Min. Maurício Corrêa, *DJ* de 1º/7/1996).

**35. Imunidade recíproca e o IOF** – A aplicação de recursos do Município no mercado financeiro está protegida pela imunidade recíproca (CF/88, art. 150, VI, *a*), não podendo sofrer a incidência do IOF. Nesse sentido: STF, 1ª T., RE nº 256.035/PR, Rel. Min. Ilmar Galvão, j. em 14/12/1999, v. u., *DJ* de 3/3/2000, *RTJ* 172/1001.

**Art. 150**  CONSTITUIÇÃO DA REPÚBLICA FEDERATIVA DO BRASIL | **53**

**36. Imunidade recíproca e tributos "indiretos"** – A jurisprudência incorre, não raro, em inadmissível contradição no julgamento de questões relativas às imunidades subjetivas (como é o caso da imunidade recíproca) e aos tributos considerados "indiretos" (*v. g.*, ICMS). Quando a imunidade é reclamada pelo chamado "contribuinte de direito", afirma-se que o mesmo "repassa" o ônus do tributo para o consumidor final, "contribuinte de fato", não tendo portanto direito à imunidade (*v. g.*, STF, 1ª T., RE 191.067/SP, Rel. Min. Moreira Alves, j. em 26/10/1999, v. u., *DJ* de 3/12/1999). **Contraditoriamente**, quando o respeito à imunidade é pleiteado pelo "contribuinte de fato", afirma-se que este "não tem relação com o fisco", ou que não é o seu patrimônio que está sendo tributado, para com isso negar-lhe o direito à imunidade. Julgando questão na qual um Município invocava a imunidade para não se submeter ao ICMS cobrado na fatura de energia elétrica, o STF entendeu, apreciando medida cautelar, que "o fornecedor da iluminação pública não é o Município, mas a Cia. Força e Luz Cataguases, que paga o ICMS à Fazenda Estadual e o inclui no preço do serviço disponibilizado ao usuário. A imunidade tributária, no entanto, pressupõe a instituição de imposto incidente sobre serviço, patrimônio ou renda do próprio Município" (STF, 1ª T., AC 457-MC, Rel. Min. Carlos Britto, j. em 26/10/2004, v. u., *DJ* de 11/2/2005, p. 5). No mesmo sentido, a Segunda Turma do STJ denegou mandado de segurança impetrado por entidade filantrópica, que se insurgia contra a cobrança do ICMS nas faturas de energia elétrica, afirmando que a imunidade não alcança "o método de formação de preços de serviços que lhes sejam prestados por terceiros, no caso, as concessionárias de serviços públicos de fornecimento de energia elétrica e de telefonia" (STJ, 2ª T., RMS 19671/RJ, Rel. Min. João Otávio de Noronha, j. em 13/9/2005).

Especificamente quanto a esse ponto, mais recentemente o STF decidiu, com repercussão geral, que a imunidade subjetiva do contribuinte dito "de fato" não pode ser invocada para afastar a cobrança do ICMS em operação de compra e venda, visto que o contribuinte "de direito" não seria imune: "Vide que o ente beneficiário de imunidade tributária subjetiva ocupante da posição de simples contribuinte de fato – como ocorre no presente caso –, embora possa arcar com os ônus financeiros dos impostos envolvidos nas compras de mercadorias (a exemplo do IPI e do ICMS), caso tenham sido transladados pelo vendedor contribuinte de direito, desembolsa importe que juridicamente não é tributo, mas sim preço, decorrente de uma relação contratual. Note-se, ademais, que a existência ou não dessa translação econômica e sua intensidade dependem de diversos fatores externos à natureza da exação, como o momento da pactuação do preço (se antes ou depois da criação ou da majoração do tributo), a elasticidade da oferta e a elasticidade da demanda. Sobre o tema, destaco as lições de Hugo de Brito Machado: 'O argumento de que o imposto sobre produtos industrializados (IPI), assim como o imposto sobre operações relativas à circulação de mercadorias (ICMS), não incide na saída de mercadorias que o particular (industrial, comerciante ou produtor) vende ao Poder Público, porque o ônus financeiro respectivo recai sobre este, não tem qualquer fundamento jurídico. Pode ser válido no âmbito da Ciência das Finanças. Não no Direito Tributário. A relação tributária instaura-se entre o industrial, ou comerciante, que vende, e por isto assume a condição de contribuinte, e a Fazenda Pública, ou fisco, credor do tributo. Entre o Estado comprador da mercadoria e o industrial, ou comerciante, que a fornece, instaura-se uma relação jurídica inteiramente diversa, de natureza contratual. O Estado comprador paga simplesmente o preço da mercadoria adquirida. Não o tributo. Este pode estar incluído no preço, mas neste também está incluído o salário dos empregados do industrial, ou comerciante, nem por isto se pode dizer que há no caso pagamento de salários. Tal inclusão pode ocorrer, ou não. É circunstancial e independe de qualquer norma jurídica. Em última análise, no preço de um produto poderão estar incluídos todos os seus custos, mas isto não tem relevância para o Direito, no pertinente à questão de saber quem paga tais custos' (MACHADO, Hugo de Brito. *Curso de direito tributário*. 30 ed. São Paulo: Malheiros, 2009, p. 286-287). Desenvolvendo o assunto, o professor aponta a impossibilidade de, no contexto do exercício de atividades econômicas, ter-se a certeza de que houve a transferência do encargo financeiro dos tributos, em razão de o lucro não ser tabelado. Quanto ao art. 150, § 5º, da Constituição Federal, leciona não haver a transformação dos consumidores finais em contribuintes de direito dos impostos incidentes sobre mercadorias e serviços que repercutem economicamente, mas sim existir o reconhecimento de que 'o consumidor ou usuário não é o contribuinte, tanto assim que precisa ser informado a respeito dos tributos que oneram as mercadorias e serviços' (MACHADO, Hugo de Brito. *Tributação indireta no direito brasileiro*. In: MACHADO, Hugo de Brito (coord.). Tributação indireta no direito brasileiro. São Paulo: Malheiros, 2013. p. 208). Na mesma toada, Hugo de Brito Machado Segundo ensina que a repercussão econômica tributária ocorre por força de uma 'oportunidade de transferência': se o mercado permitir, será possível repassar todo o encargo financeiro da exação. Igualmente afirma que 'em qualquer caso, o terceiro para o qual é transferido esse ônus estará pagando, juridicamente, preço, regido pelas normas contratuais correspondentes' (MACHADO SEGUNDO, Hugo de Brito. *Tributação indireta no direito brasileiro*. In: MACHADO, Hugo de Brito (coord.). Tributação indireta no direito brasileiro. São Paulo: Malheiros, 2013, p. 218). Para Geraldo Ataliba, a classificação dos tributos em direto e indireto, segundo o critério da translação econômica, não é jurídica, mas simplesmente econômica. O professor ainda afirma que a exação pode ter sua classe alterada pela conjuntura econômica, mesmo inexistindo mudança no sistema jurídico (ATALIBA, Geraldo. *Hipótese de incidência tributária*. 6. ed. São Paulo: Malheiros, 2010. p. 143)" (voto proferido pelo Min. Dias Toffoli, no RE 608.872/MG, com repercussão geral).

Em nosso entendimento, em regra, a imunidade deve ser respeitada quando detida pelo "contribuinte de direito". Não importa se o "ônus financeiro" é repassado a terceiros. Entretanto, em alguns casos, como ocorre no consumo de energia elétrica (cujas tarifas são fixadas independentemente do ICMS, que lhes é adicionado e não representa receita da concessionária), a imunidade passa a ser invocável quando detida pelo consumidor final (aqui impropriamente chamado "contribuinte de fato", mas verdadeiro contribuinte "de direito", *substituído tributário* em relação à concessionária). Sem razão, *data venia*, o STJ, quando do julgamento do RMS 19.671/RJ (2ª T., Rel. Min. João Otávio de Noronha, j. em 13/9/2005).

Seja como for, *data maxima venia*, mesmo sem entrar na polêmica discussão a respeito dos tributos "indiretos" (a respeito da qual merece leitura Alfredo Augusto Becker, *Teoria Geral do Direito Tributário*, 3. ed., São Paulo: Lejus, 1998, p. 414), o que não é razoável é adotar-se de modo contraditório ora uma tese, ora a tese oposta, para a qualquer custo negar eficácia à norma constitucional imunizante. *O STF, porém, parece estar evoluindo em seu posicionamento, para, v. g., assegurar o respeito à imunidade subjetiva mesmo quando seu titular vende produtos submetidos ao ICMS* (STF, Pleno, RE 210.251/SP (EDiv), Rel. Min. Ellen Gracie, Rel. p/ ac. Min. Gilmar Mendes, j. em 26/2/2003, m. v., *DJ* de 28/11/2003, p. 11). Confiram-se as notas ao art. 150, VI, *c*, e § 4º, da CF/88.

Quanto aos argumentos usados para negar ao contribuinte de fato o direito de invocar sua imunidade para afastar o ICMS incidente sobre as aquisições de mercadorias que realiza, seria imperioso que fossem utilizados, com coerência, nos casos em que o contribuinte de direito pleiteia a devolução do ICMS pago indevidamente e vê sua pretensão obstaculizada por uma equivocada interpretação do art. 166 do CTN, para cujas notas se remete o leitor interessado em aprofundar o tema.

**Art. 150**                    CONSTITUIÇÃO DA REPÚBLICA FEDERATIVA DO BRASIL | **55**

**37. Imunidade de templos e imóveis alugados** – A imunidade concedida aos templos de qualquer culto abrange inclusive os imóveis de instituição religiosa que se encontrem alugados, desde que o produto obtido com os aluguéis seja aplicado no atendimento de suas finalidades institucionais. "O § 4º do dispositivo constitucional serve de vetor interpretativo das alíneas *b* e *c* do inciso VI do art. 150 da Constituição Federal. Equiparação entre as hipóteses das alíneas referidas" (STF, Pleno, RE 325.822-SP, Rel. p/o Acórdão Min. Gilmar Mendes, j. em 18/12/2002, m. v., *DJ* de 14/5/2004, p. 33).

**38. Imunidade de templos e a maçonaria** – Entendeu o STF que a imunidade de templos de qualquer culto, prevista no art. 150, VI, *b*, da CF/88, não se aplica às chamadas lojas maçônicas: – "A imunidade tributária conferida pelo art. 150, VI, *b*, é restrita aos templos de qualquer culto religioso, não se aplicando à maçonaria, em cujas lojas não se professa qualquer religião" (STF, 1ª T., RE 562.351, Rel. Min. Ricardo Lewandowski, *DJe-245* divulgado em 13/12/2012).

**39. Imunidade de instituições assistenciais e imóveis alugados** – Assim como a imunidade concedida aos templos, também a concedida às instituições de educação ou de assistência social, sem fins lucrativos, abrange seus imóveis, ainda que alugados a terceiros, desde que a receita obtida seja aplicada no atendimento de suas finalidades institucionais (STF, 1ª T., RE 390.451/MG-AgR, Rel. Min. Sepúlveda Pertence, j. em 23/11/2004, v. u., *DJ* de 10/12/2004, p. 36). No mesmo sentido: STF, 2ª T., RE 261.335/MG-AgR, Rel. Min. Gilmar Mendes, j. em 20/8/2002, v. u., *DJ* de 13/9/2002, p. 92. A matéria, hoje, encontra-se sumulada: "Ainda quando alugado a terceiros, permanece imune ao IPTU o imóvel pertencente a qualquer das entidades referidas pelo art. 150, VI, *c*, da Constituição, desde que o valor dos aluguéis seja aplicado nas atividades essenciais de tais entidades" (Súmula 724/STF). Contrariando o disposto nessa Súmula, sem uma fundamentação detalhada – aliás, sem mesmo referir a Súmula ou possíveis razões para superar ou excepcionar o entendimento nela previsto, no Agravo Regimental no Agravo de Instrumento 661.713-SP, o STF, vencido o Min. Dias Toffoli (que seguia a jurisprudência da Corte), o STF decidiu que a imunidade em questão não abrangeria imóveis locados e lotes não edificados.

**40. Imunidade não abrange apenas os impostos que incidem sobre "patrimônio" e "renda"** – Como a CF/88 refere-se à imunidade do "patrimônio, renda ou serviços", a União Federal invoca, para excluir o imposto de importação e o IPI da abrangência da imunidade em exame, a classificação dos impostos pelos capítulos do CTN (impostos sobre comércio exterior; impostos sobre patrimônio e renda; impostos sobre produção e circulação etc.). Segundo a União, tal imunidade diria respeito apenas aos impostos sobre "patrimônio e renda" (IPTU, IPVA, IRPJ...), e aos impostos sobre "serviços" (ISS), e somente a eles. O imposto de importação não estaria alcançado, pois é imposto "sobre o comércio exterior". O STF rechaçou essa tese, afirmando que não se pode invocar, "para o fim de ser restringida a imunidade, critérios de classificação dos impostos adotados por normas infraconstitucionais, mesmo porque não é adequado distinguir entre bens e patrimônio, dado que este se constitui do conjunto daqueles. O que cumpre perquirir, portanto, é se o bem adquirido, no mercado interno ou externo, integra o patrimônio da entidade abrangida pela imunidade" (STF, 2ª T., RE 193.969-9, Rel. Min. Carlos Velloso, v. u., *DJ* de 6/12/1996, p. 48.733). No mesmo sentido: "A imunidade prevista no art. 150, VI, *c*, da Constituição Federal, em favor das instituições de assistência social, abrange o Imposto de Importação e o Imposto sobre Produtos Industrializados, que incidem sobre bens a serem utilizados na prestação de seus serviços específicos" (STF, 1ª T., RE 243807/SP – Rel. Min. Ilmar Galvão,

**56** | CÓDIGO TRIBUTÁRIO NACIONAL – *Hugo de Brito Machado Segundo*                    **Art. 150**

j. em 15/2/2000, v. u., *DJ* de 28/4/2000, p. 98). Essa também tem sido a orientação da Câmara Superior de Recursos Fiscais, órgão de julgamento de última instância no plano do processo administrativo fiscal federal: "A imunidade do artigo 150, inciso VI, letra 'a' e § 2º da Constituição Federal, alcança os Impostos de Importação e sobre Produtos Industrializados, vez que a significação do termo 'patrimônio', não é o contido na classificação dos impostos adotada pelo CTN, mas sim a do art. 57 do Código Civil, que congrega o conjunto de todos os bens e direitos, à guisa do comando normativo do art. 110 do próprio CTN" (CSRF, Proc. 10814.007231/94-03, Ac. CSRF/03-02.898, Rel. Cons. Nilton Luiz Bártoli, *DOU* de 31/3/1999, p. 15 – *RDDT* nº 45/99, p. 220).

**41. Imunidade tributária de entidades de assistência social e as entidades de previdência fechada** – "A imunidade tributária conferida a instituições de assistência social sem fins lucrativos pelo art. 150, VI, *c*, da Constituição, somente alcança as entidades fechadas de previdência social privada se não houver contribuição dos beneficiários" (Súmula 730/ STF). Com a devida vênia, conquanto se trate de entendimento pacífico, e sumulado, do STF, não podemos deixar de consignar que não nos parece acertado. Não é correta a diferenciação traçada pela Corte Maior, entre a assistência e a previdência prestadas por entidades privadas, fundada na distinção traçada entre a assistência e a previdência prestadas pelo Estado. Não se pode exigir de um particular, que não têm poder de império para cobrar tributos, que preste serviço de previdência (*v. g.*, complementação de aposentadorias) gratuitamente, sem qualquer retribuição, para só assim fazer jus à imunidade. Aliás, o próprio STF possui precedentes nos quais afirma que a gratuidade não é requisito para o gozo da imunidade por parte de entidades assistenciais. E o próprio Estado, mesmo cobrando tributos em geral, e mesmo em um regime previdenciário "contributivo", não consegue prestar satisfatoriamente o serviço de previdência social. Como pretender que um particular o faça gratuitamente? Confira-se, a esse respeito, Alberto Xavier, "As entidades fechadas de previdência privada como instituições de assistência social", artigo publicado em *RDDT* 52/19. Insistimos, contudo, para fins pragmáticos mais imediatos, que, na visão do STF, as entidades de previdência fechada que cobrem contribuições de seus associados não têm direito à imunidade de que cuida o art. 150, VI, *c*, da CF/88.

**42. Investimento no Mercado Financeiro por entidades imunes e o IOF** – A aplicação e o investimento de recursos das entidades sem fins lucrativos a que alude o art. 150, VI, *c*, da CF/88, no mercado financeiro, estão abrangidos pela imunidade tributária em comento, não podendo sofrer a incidência do IOF. Como já decidiu o TRF da 2ª Região, "rendimentos e ganhos de capital auferidos em aplicações financeiras, pelas entidades da espécie, destinados exclusivamente aos fins e objetivos da sociedade, são alcançados pela imunidade constitucional" (TRF da 2ª R., 2ª T., AMS 98.02.42896-5/RJ, Rel. Juiz Castro Aguiar, v. u., *DJ* de 27/1/2000).

**43. Imunidade de entidades assistenciais e imóveis alugados** – Em relação às entidades de assistência social, assim como ocorre com os "templos de qualquer culto", a imunidade, quanto ao IPTU, abrange não apenas o imóvel onde funciona a sua sede, mas a todos os demais imóveis de sua propriedade, ainda que alugados a terceiros, desde que a receita obtida com o aluguel seja revertida no atendimento de suas finalidades institucionais (STF, 1ª T., RE 257.700-6/MG, Rel. Min. Ilmar Galvão, j. em 13/6/2000, v. u., *DJ* de 29/9/2000, p. 98, *RDDT* 63/236; STF, 1ª T., RE 286.692-0/SP – Rel. Min. Ilmar Galvão, j. em 12/12/2000, v. u., *DJ* de 16/3/2001, p. 102). "Imunidade tributária do patrimônio das instituições de assistência social (CF, art. 150, VI, *c*): sua aplicabilidade de modo a pré-excluir a incidência do IPTU sobre imóvel de propriedade da entidade imune, ainda quando alugado a terceiros, sempre

# Art. 150
CONSTITUIÇÃO DA REPÚBLICA FEDERATIVA DO BRASIL | **57**

que a renda dos aluguéis seja aplicada em suas finalidades institucionais" (STF, Pleno, RE 237.718-6/SP, Rel. Min. Sepúlveda Pertence, j. em 29/3/2001, m. v., *DJ* de 6/9/2001, *RDDT* 74/236). Tais precedentes originaram a Súmula 724 do STF, que dispõe: "Ainda quando alugado a terceiros, permanece imune ao IPTU o imóvel pertencente a qualquer das entidades referidas pelo art. 150, VI, *c*, da Constituição, desde que o valor dos aluguéis seja aplicado nas atividades essenciais de tais entidades." E, da mesma forma como a imunidade afasta a incidência do IPTU, por identidade de razões afasta também a incidência do ITBI (STF, 1ª T., RE 235.737-3/SP, Rel. Min. Moreira Alves, j. em 13/11/2001, v. u., *DJ* de 17/5/2002).

**44. Imunidades subjetivas e tributos "indiretos"** – A jurisprudência do STF incorre, não raro, em inadmissível contradição no julgamento de questões relativas às imunidades subjetivas e aos tributos considerados "indiretos" (*v. g.*, ICMS). Quando a imunidade é reclamada pelo chamado "contribuinte de direito", afirma-se que o mesmo "repassa" o ônus do tributo para o consumidor final, "contribuinte de fato", não tendo portanto direito à imunidade: "esta corte, quer com relação à Emenda Constitucional nº 1/69 quer com referência à Constituição de 1988 (assim, nos RREE 115.096, 134.573 e 164.162), tem entendido que a entidade de assistência social não é imune à incidência do ICM ou do ICMS na venda de bens fabricados por ela, porque esse tributo, por repercutir economicamente no consumidor e não no contribuinte de direito, não atinge o patrimônio, nem desfalca as rendas, nem reduz a eficácia dos serviços dessas entidades" (STF, 1ª T., RE 191.067/SP, Rel. Min. Moreira Alves, j. em 26/10/1999, v. u., *DJ* de 3/12/1999). No mesmo sentido: "A imunidade prevista no art. 150, VI, *c*, da Constituição Federal, em favor das instituições de assistência social, não se estende ao ICMS incidente sobre os bens por elas fabricados, que é pago pelo consumidor, posto que embutido no preço" (STF, 1ª T., RE 189.912/SP, Rel. Min. Ilmar Galvão, j. em 23/3/1999, v. u., *DJ* de 25/6/1999). Ver ainda: STF, 1ª T., RE 164.162, Rel. Min. Ilmar Galvão, j. em 14/5/1996, v. u., *DJ* de 13/9/1996, p. 33239. **Contraditoriamente**, quando o respeito à imunidade é pleiteado pelo "contribuinte de fato", afirma-se que este "não tem relação com o fisco", ou que não é o seu patrimônio que está sendo tributado, não sendo a mesma aplicável. Em caso que Município invocava a imunidade para não se submeter ao ICMS cobrado na fatura de energia elétrica, o STF entendeu que "o fornecedor da iluminação pública não é o Município, mas a Cia. Força e Luz Cataguases, que paga o ICMS à Fazenda Estadual e o inclui no preço do serviço disponibilizado ao usuário. A imunidade tributária, no entanto, pressupõe a instituição de imposto incidente sobre serviço, patrimônio ou renda do próprio Município" (STF, 1ª T., AC 457-MC, Rel. Min. Carlos Britto, j. em 26/10/2004, v. u., *DJ* de 11/2/2005, p. 5). Veja-se, a propósito, o RE 608.872/MG – RG, referido na nota 36, *supra*.

Ora, sem entrar aqui na polêmica discussão relativa aos tributos indiretos e à repercussão do seu ônus financeiro, o que importa é que se deve admitir a invocação da imunidade ou pelo contribuinte de fato, ou pelo contribuinte de direito, ou pelos dois. O que não se pode admitir é o emprego de teses contraditórias, ora num sentido, ora noutro, para negar vigência ao dispositivo constitucional imunizante.

Modernamente, parece estar sendo consolidado, no âmbito do STF, entendimento segundo o qual a imunidade pode ser invocada quando detida pelo chamado "contribuinte de direito", mesmo diante da possibilidade de o ônus do tributo ser repassado ao consumidor final, não imune. Tal entendimento é extraído, como decorrência, de duas teses já acolhidas pelo Plenário do STF: *i*) a imunidade subjetiva (*v. g.*, de templos ou entidades sem fins lucrativos), abrange também o IPTU incidente sobre seus imóveis, ainda que estes estejam alugados a terceiros (o que naturalmente viabiliza o repasse do ônus do imposto aos inquilinos) e *ii*) não é pertinente a invocação de critérios de classificação de tributos, colhidos a partir da

**58** | CÓDIGO TRIBUTÁRIO NACIONAL – *Hugo de Brito Machado Segundo*          **Art. 150**

legislação ordinária, para restringir a abrangência da imunidade. Com base nessas premissas, a Segunda Turma do STF entendeu que a imunidade abrange até mesmo o ICMS incidente sobre produtos vendidos pela entidade imune, desde que a receita respectiva seja revertida no atendimento de suas finalidades institucionais (2ª T., RE 141.670 AgR/SP, Rel. Min. Nelson Jobim, j. em 10/10/2000, v. u., *DJ* de 2/2/2001, p. 105). No julgamento do RE 210.251 Edv/SP, o Plenário do STF discutiu mais uma vez a questão, e consignou que o "contribuinte de direito", em sendo imune (*v. g.,* entidade assistencial sem fins lucrativos), não deve ser onerado pelo ICMS, *ainda que possa eventualmente transferir o ônus do imposto aos consumidores.* Entenderam as vozes majoritárias, com inteiro acerto, que, se o "contribuinte de direito", imune, "repassa" o valor do ICMS ao consumidor final, e não o paga ao Estado (por conta da imunidade), se está atingindo exatamente a finalidade da imunidade, desonerando uma atividade assistencial não lucrativa, que deve ser incentivada pelo Estado; por outro lado, se o produto vendido pela entidade assistencial não tem o ICMS "embutido" em seu preço, sendo assim vendido por quantia inferior à de mercado, isso será melhor para os consumidores, e para a própria entidade assistencial, que terá maior aceitação por parte de seus produtos. Não haverá, finalmente, desequilíbrio na concorrência, considerando a pequeníssima extensão dos negócios da entidade filantrópica (STF, Pleno, RE 210.251 EDv/SP, Rel. Min. Ellen Gracie, j. em 26/2/2003, m. v., *DJ* de 28/11/2003, p. 11).

**45. Natureza da lei exigida para regulamentar imunidades** – Embora o art. 150, VI, *c*, da CF/88 faça alusão apenas à "lei", sem qualificativos, os requisitos necessários ao gozo da imunidade, por parte de instituições educacionais ou de assistência social, sem fins lucrativos, devem ser estabelecidos em *lei complementar,* por conta do disposto no art. 146, II, da CF/88. Atualmente, tais requisitos encontram-se no art. 14 do CTN.

Aliás, os requisitos do art. 14 do CTN aplicam-se por igual às demais entidades referidas na alínea *c* do art. 150, VI, da CF/88, e ainda aos templos mencionados na alínea *b*, o que ficou claro com o posicionamento do Supremo Tribunal Federal pela extensão da imunidade tributária mesmo a imóveis alugados a terceiros, desde que a receita proveniente do aluguel seja utilizada no custeio das atividades institucionais da entidade proprietária (*v.g.*, igreja), algo que somente tem como ser aferido se atendidos os aludidos requisitos.

Quanto aos partidos políticos, releva notar, como consequência da necessidade de se cumprirem os requisitos do art. 14 do CTN, que a identificação de "caixa 2" no âmbito de seu patrimônio e de sua escrita fiscal, porque contrária ao exigido pelo art. 14, II, do CTN, é fato capaz de conduzir à perda da imunidade.

**46. Imunidade de livros e extensão a outras publicações como "álbuns de figurinhas"** – A imunidade em questão abrange inclusive os chamados "álbuns de figurinhas", vale dizer, "álbuns a serem completados por cromos adesivos considerados tecnicamente ilustrações para crianças" (RE 339.124). Isso porque sua finalidade é a de "evitar embaraços ao exercício da liberdade de expressão intelectual, artística, científica e de comunicação, bem como facilitar o acesso da população à cultura, à informação e à educação", não tendo a CF/88 feito quaisquer ressalvas "quanto ao valor artístico ou didático, à relevância das informações divulgadas ou à qualidade cultural de uma publicação". Por isso, "não cabe ao aplicador da norma constitucional em tela afastar este benefício fiscal instituído para proteger direito tão importante ao exercício da democracia, por força de um juízo subjetivo acerca da qualidade cultural ou do valor pedagógico de uma publicação destinada ao público infanto-juvenil" (STF, 1ª T., RE nº 221.239-6/SP, Rel. Min. Ellen Gracie, j. em 25/5/2004, *DJ* de 6/8/2004, *RDDT* 109/165). E, por igual razão, a imunidade abrange também o papel

# Art. 150

CONSTITUIÇÃO DA REPÚBLICA FEDERATIVA DO BRASIL | **59**

destinado à impressão dos álbuns de figurinhas (RE 339.124 AgR/RJ, Rel. Min. Carlos Velloso, j. em 19/4/2005, v. u., *DJ* de 20/5/2005, p. 26). Correto o entendimento do STF, pois, caso fosse admitida a aplicação da imunidade apenas a livros "valorosos", considerados subjetivamente pelo intérprete como sendo "úteis" ou "positivos", estabelecer-se-ia, por via indireta, precisamente o que a imunidade visa a evitar: a censura através do tributo.

Além dos álbuns de figurinhas, a imunidade do art. 150, VI, *d*, da CF/88 abrange também, segundo o STF:

– importação de encartes e capas para livros didáticos a serem distribuídos em fascículos semanais aos leitores do jornal (RE 225.955-RS – Rel. Min. Maurício Corrêa – noticiado no *informativo STF* nº 139);

– apostilas (RE 183.403-0/SP, Rel. Min. Marco Aurélio, j. em 7/11/2000, v. u., *DJ* de 4/5/2001, p. 35, *RDDT* 70/199);

– listas telefônicas (RE 134.071/SP, Rel. Min. Ilmar Galvão, j. em 15/9/1992, *DJ* de 30/10/1992, p. 19516). No mesmo sentido, *v. g.*: RE 116.510/RS, *DJ* de 8/3/1991, p. 2204, *RTJ* 133-03/1307; RE 130.012/RS, *DJ* de 8/3/1991, p. 2206.

**47. Imunidade de Livros e contribuições sobre a receita de quem os comercializa** – Em relação ao Finsocial, o STF considerou que a mesma não está abrangida pela imunidade de que trata o art. 150, VI, *d*, da CF/88. Em alguns arestos, afirma que se trata de "imunidade objetiva, que não protege a receita bruta da empresa, a qual, embora produto de sua comercialização, não se confunde com a circulação das publicações – esta, sim, imune" (STF, 1ª T., RE 170.717/PR, Rel. Min. Sepúlveda Pertence, j. em 24/3/1998, v. u., *DJ* de 8/5/1998, p. 14). Com a devida vênia, trata-se de um sofisma, pois o ICMS e o IPI também não incidem sobre o "livro", mas sim sobre a "receita" do livreiro, da editora ou da gráfica... Em outros arestos, o STF afirma a não abrangência do Finsocial pela imunidade porque tratar-se-ia, na ordem constitucional vigente, de uma "contribuição", e não de um "imposto" (2ª T., RE 278.636 AgR/SP, j. em 27/3/2001, v. u., *DJ* de 1º/6/2001, p. 82).

**48. Imunidade de livros, jornais e periódicos limita-se à informação escrita** – A imunidade a que alude o art. 150, VI, *d*, da CF/88, "contempla, exclusivamente, veículos de comunicação e informação escrita, e o papel destinado à sua impressão, sendo, portanto, de natureza objetiva, razão pela qual não se estende às editoras, autores, empresas jornalísticas ou de publicidade – que permanecem sujeitas à tributação pelas receitas e pelos lucros auferidos" (STF, 1ª T., RE 228.680-AgR/CE, Rel. Min. Ilmar Galvão, j. em 7/5/2002, v. u., *DJ* de 2/8/2002, p. 80).

**49. Extensão da imunidade, concedida ao papel, a insumos que sejam a ele assimiláveis** – "Além do próprio papel de impressão, a imunidade tributária conferida aos livros, jornais e periódicos somente alcança o chamado papel fotográfico – filmes não impressionados" (STF, Pleno, RE 203.859-8/SP, Rel. p/ acórdão Min. Maurício Corrêa, j. em 11/12/1996, m. v., *DJ* de 24/8/2001, p. 49). Na verdade, atualmente o STF tem estendido a imunidade tributária em questão aos insumos utilizados na feitura de livros, jornais e periódicos, desde que *sejam assimiláveis ao papel,* como é o caso do papel fotográfico, da película destinada a dar resistência à capa de livros, do papel telefoto, dos filmes fotográficos, sensibilizados, não impressionados, para imagens monocromáticas, e do papel fotográfico para fotocomposição por *laser,* de imediato consumo no processo industrial da impressão (STF, 1ª T., RE 174.897-4/SP, Rel. Min. Sydney Sanches, j. em 1º/9/1998, v. u.,

# 60 | CÓDIGO TRIBUTÁRIO NACIONAL – *Hugo de Brito Machado Segundo* — **Art. 150**

*DJ* de 16/10/1998, p. 16). No mesmo sentido: RE 204.234/RS, *DJ* de 10/10/1997; RE 174.476/SP, *DJ* de 12/12/1997; RE 225.960/RS, *DJ* de 2/6/2000 e RE 203.859/SP, *DJ* de 24/8/2001; RE 392.221/SP, *DJ* de 11/6/2004, p. 16. Tais arestos deram origem à Súmula 657 do STF, que dispõe: "A imunidade prevista no art. 150, VI, *d*, da CF abrange os filmes e papéis fotográficos necessários à publicação de jornais e periódicos."

Tal imunidade, porém, não é estendida a outros insumos que, embora utilizados na fabricação de livros, jornais ou periódicos, não compreendidos no significado da expressão "papel destinado à sua impressão", como é o caso da tinta (STF, 1ª T., RE 324.600-AgR/SP, j. em 3/9/2002, v. u., *DJ* de 25/10/2002, p. 47), ou de tiras plásticas para amarração de jornais (STF, 1ª T., RE 208.638 AgR/RS, Rel. Min. Sepúlveda Pertence, j. em 2/3/1999, v. u., *DJ* de 30/4/1999, p. 19). Há julgado do STF no qual se consignou que a imunidade de que se cuida também não abrange os "serviços de composição gráfica necessários à confecção do produto final" (STF, 1ª T., RE 230.782/SP, Rel. Min. Ilmar Galvão, j. em 13/6/2000, v. u., *DJ* de 10/11/2000, p. 104), nem os "serviços prestados por empresa que transporta jornais para a sua distribuição, a qual, com referência a esse serviço, está sujeita ao I.S.S. [...]" (STF, 1ª T., RE 116.607/SP, Rel. Min. Moreira Alves, j. em 19/10/1999, *DJ* de 26/11/1999, p. 132).

**50. Imunidade tributária e censura** – A finalidade da regra imunizante não é apenas "difundir a cultura", mas especialmente evitar que o tributo seja utilizado como forma de censura (não se deve esquecer que o poder de tributar envolve o poder de destruir...). Por conta disso foi que se incluiu, a partir da Constituição de 1946, a referência também ao papel destinado à impressão de livros, jornais e periódicos. Como observa Aliomar Baleeiro, à época "estava muito recente a manobra ditatorial de subjugar o jornalismo por meio de contingenciamento do papel importado" (Aliomar Baleeiro, *Limitações Constitucionais ao Poder de Tributar,* 7. ed., Rio de Janeiro: Forense, 1998, p. 339).

**51. Imunidade tributária e suportes diversos do papel** – A imunidade abrange apenas os livros, jornais e periódicos impressos *em papel*, ou os alcança também quando veiculados em outros suportes físicos (livro em *braille,* de plástico), ou mesmo eletrônicos (CDs, DVDs, pela *internet* ou por qualquer outro meio digital)?

Quanto ao livro eletrônico, confira-se, na doutrina: Hugo de Brito Machado (coord.), vários autores, *Imunidade Tributária do Livro Eletrônico,* 2. ed., São Paulo: Atlas, 2003. Na jurisprudência: a favor da imunidade do livro eletrônico: "o CD-ROM, o disquete, assim como o papel, que me apresentam um livro, um jornal, um periódico, acabado, sem dúvida alguma, é alcançado pelo referido dispositivo constitucional. Um livro gravado em um disquete não deixa de ser um livro só por esta circunstância. Um periódico gravado em CD--ROM não perde a sua condição de periódico, pelo só fato da gravação em CD. O jornal que leio, via Internet, jornal é" (TRF da 2ª R. – 4ª T. – REO em MS 98.02.02873-8 – Rel. Des. Fed. Rogério Vieira de Carvalho – j. 18/3/1998 – v. u. – *DJ* de 18/3/1999, p. 124 – *Repertório IOB de Jurisprudência 1* – nº 10/99 – p. 285).

Em sentido contrário, havia despacho monocrático do Min. Eros Grau, *que entretanto analisava a questão como se se tratasse da mera incidência de impostos sobre programas de computador, sem apreciar o detalhe presente quando tais programas veiculam "livros"* (RE 285.870-6, j. em 3/12/2004, *DJ* de 3/2/2005, *RDDT* 116/189). Nem é preciso dizer, porém, que se estava pacificada no STF a questão relativa à tributação do *software;* isso não era verdade em se tratando de livros eletrônicos, tema que jamais havia sido discutido na Corte àquela altura. O equívoco desse julgado, portanto, iniciou-se com a aplicação do art. 557,

# Art. 150

CONSTITUIÇÃO DA REPÚBLICA FEDERATIVA DO BRASIL | **61**

§ 1º, do CPC de 1973 (hoje, o art. 932, V, *a*, do CPC/2015), e prosseguiu em toda a discussão posterior, alimentada por CTRL+C, CTRL+V, em torno da qual nada se disse a respeito da imunidade do livro eletrônico.

Em outra oportunidade o tema foi novamente julgado de forma monocrática, mas dessa vez com o uso de outros fundamentos. Na visão do Min. Toffoli, a quem coube a relatoria, o STF já teria decidido que a imunidade não se estende para insumos diversos do papel, fundamento que utilizou para, sozinho, em poucas linhas, reformar acórdão do TJ/RJ que havia confirmado sentença concessiva de segurança com ampla discussão a respeito da imunidade dos livros eletrônicos (STF, RE 330.817/RJ, Rel. Min. Dias Toffoli, j. em 4/2/2010, *DJe*-040, de 4/3/2010) Nesse caso, porém, a parte recorrida, que defende a tese da imunidade tributária do livro eletrônico, interpôs recurso contra a decisão monocrática, para submeter a questão ao colegiado. Isso deu ao Min. Toffoli a oportunidade de perceber que o tema realmente não havia sido ainda apreciado pelo STF. E não havia sido mesmo. Uma coisa é afirmar que a imunidade não abrange máquinas, tinta e outros insumos usados na fabricação de livros de papel; outra, completamente diferente, é afirmar a abrangência, ou não, da imunidade sobre os livros veiculados, eles próprios, em suportes físicos diversos do papel. O Min. Relator reconheceu isso apreciando os declaratórios interpostos, percebendo, inclusive, que a repercussão geral da matéria já fora reconhecida quando da apreciação de outro recurso (RE nº 595.676/RJ), de relatoria do Min. Marco Aurélio e ainda pendente de apreciação pelo Plenário daquela Corte.

Algum tempo depois, apreciando precisamente o RE 330.817, com repercussão geral, o Supremo Tribunal Federal pôde enfrentar explicitamente a questão, firmando o seguinte entendimento: "a imunidade tributária constante do artigo 150, VI, 'd', da Constituição Federal, aplica-se ao livro eletrônico (*e-book*), inclusive aos suportes exclusivamente utilizados para fixá-lo".

**52. Imunidade de fonogramas e videogramas** – A Emenda Constitucional n.º 75, de outubro de 2013, incluiu imunidade a fonogramas e videogramas musicais produzidos no Brasil contendo obras de autores brasileiros, ou interpretadas por artistas brasileiros, ressalvando apenas a etapa de replicação industrial de mídias ópticas. A disposição, que tem por finalidade clara incentivar a produção nacional de música e cinema, talvez incorra em violação ao princípio da igualdade, por se restringir ao que for produzido no Brasil e em torno de artistas brasileiros. Ainda que se entenda que, no plano constitucional, haveria justificativa para a discriminação, ela esbarra em tratados internacionais firmados pelo Brasil, em face dos quais se garante a não discriminação entre o produto nacional e o estrangeiro, no que tange aos tributos incidentes no mercado interno (a diferenciação poderia ser feita, apenas, pelo imposto de importação, se fosse o caso).

**53. Exportação, irretroatividade, anterioridade e segurança jurídica. Caso excepcional** – O imposto de exportação é um dos que não se submete ao princípio da anterioridade. E, quanto à irretroatividade (que não comporta exceções senão quando a favor do cidadão), o STF já admitiu que o fato gerador é o registro da declaração, e não a efetiva saída das mercadorias (ou a efetiva entrada, em se tratando de importação) do território nacional. Mesmo assim, em situação excepcional, o STJ já reconheceu a um contribuinte o direito de não se submeter a um aumento de alíquotas havido *antes* das exportações realizadas, mas *depois* da contratação das mesmas. Por maioria, a Primeira Seção do STJ decidiu: "[...] Não se nega ao Executivo o direito, e até o dever, por motivos conjunturais, de alterar a alíquota do imposto de exportação (CF, art. 153, II, § 1º). No caso concreto, porém, a impetrante já havia

**62** | CÓDIGO TRIBUTÁRIO NACIONAL – *Hugo de Brito Machado Segundo* **Art. 150**

obtido autorização para exportar 400.000 toneladas métricas de açúcar para o exterior pelos períodos de 95/96 e 96/97. Assim, dentro das condições da época (alíquota de 2%), firmou contratos para atingir seu objetivo. A nova alíquota (40%), ainda que legalmente alterada, se mostrou desarrazoada e altamente ruinosa para a empresa. Violação do devido processo, em seu aspecto substantivo. III – Segurança concedida" (STJ, 1ª S., MS 4.772-DF, Rel. Min. Adhemar Maciel, j. em 12/11/1997, m. v., *DJ* de 6/4/1998, p. 4, *RDDT* 34/159).

**54. Alteração para incluir exceções à anterioridade nonagesimal** – A redação primitiva era: "§ 1º A vedação do inciso III, 'b', não se aplica aos impostos previstos nos arts. 153, I, II, IV e V, e 154, II." A alteração, promovida pela EC 42/2003, teve por propósito inserir as exceções à aplicação da nova exigência de anterioridade nonagesimal contida na alínea *c* do art. 150, III, da CF/88. Note-se que as exceções não são as mesmas. O IPI, por exemplo, é excepcionado da anterioridade ao exercício, mas não o é relativamente à anterioridade de noventa dias. Já o imposto de renda, e a alteração da base de cálculo do IPTU e do IPVA são excepcionados da anterioridade de noventa dias, mas não da anterioridade ao exercício.

**55. Imunidades e autarquias** – A imunidade do art. 150, VI, *a*, da CF/88 é extensiva às Universidades instituídas pelo Poder Público, organizadas sob a forma de *autarquia*. Foi o que reconheceu o STF, em situação na qual se discutia a imunidade da USP, relativamente aos seus investimentos e aplicações no mercado financeiro, ao IOF: "Não cabe a cobrança do IOF sobre os investimentos e aplicações dos entes políticos (CF, art. 150, VI, *a*), por estarem eles protegidos pela imunidade tributária recíproca, extensiva às autarquias na forma do art. 150, § 2º, da Carta Magna" (STF, 1ª T., RE 209.842-6/SP, Rel. Min. Ilmar Galvão, j. em 4/5/1999, v. u., Recte.: União Federal; Recda.: Universidade de São Paulo-USP, *DJ* de 13/8/1999, p. 18).

**56. Imunidade, serviço público e atividade econômica desempenhada pelo Poder Público** – O Supremo Tribunal Federal tem diferenciado, em sua jurisprudência, *atividade econômica* e *serviço público*. Empresas públicas que exerçam atividade econômica, em regime de livre iniciativa e livre concorrência, não estão abrangidas pela imunidade recíproca, até mesmo em função do disposto no art. 173, § 2º, da CF/88; entretanto, as empresas públicas prestadoras de serviços públicos estão abrangidas pela imunidade. "As empresas públicas prestadoras de serviços públicos distinguem-se das que exercem atividade econômica. A Empresa Brasileira de Correios e Telégrafos é prestadora de serviço público de prestação obrigatória e exclusiva do Estado, motivo por que está abrangida pela imunidade tributária recíproca" (STF, 2ª T., RE 428.821-4/SP, Rel. Min. Carlos Velloso, j. em 21/9/2004, *DJ* de 8/10/2004, p. 22). No mesmo sentido: STF, 2ª T., RE 424.227/SC, *DJ* de 10/9/2004, p. 67; 2ª T., RE 354.897/RS – *DJ* de 03/09/2004, p. 34. O mesmo se decidiu a respeito da Infraero (RE 363.412 AgR/BA, rel. Min. Celso de Mello, j. em 7/8/2007, *Informativo STF 475*), o que torna ainda mais evidente a natureza *tributária* das "pseudo-tarifas" que essa empresa pública exige das companhias aéreas e dos passageiros usuários de seus serviços.

**57. Imunidade Recíproca, promessa de compra e venda e tributação imobiliária** – Aquele que firma contrato de promessa de compra e venda com o Poder Público, e desde logo assume a posse do imóvel, com *animus domini,* é contribuinte dos impostos imobiliários (IPTU ou ITR, conforme o caso). A norma imunizante sofre expressa exceção, no caso, pela parte final do § 3º do art. 150 da CF/88, que segue posicionamento já firmado na jurisprudência. Com efeito, dispõe a Súmula 583 do STF que "promitente comprador de imóvel residencial transcrito em nome de autarquia é contribuinte do imposto predial territorial urbano".

**Art. 150**                CONSTITUIÇÃO DA REPÚBLICA FEDERATIVA DO BRASIL | **63**

**58. Patrimônio, renda ou serviços relacionados com as atividades essenciais das entidades imunes** – O Supremo Tribunal Federal tem considerado "relacionado com as atividades essenciais das entidades imunes", para fins de aplicação do art. 150, VI, *b*, *c* e § 4º da CF/88:

- imóvel de propriedade da entidade imune, destinado a estacionamento gratuito de estudantes (1ª T., RE 308.449/DF, Rel. Min. Sepúlveda Pertence, j. em 27/8/2002, v. u., *DJ* de 20/9/2002, p. 104);

- ativos financeiros de entidade imune. "No tocante às entidades de assistência social, que atendam aos requisitos atendidos pela ora recorrida, esta Corte tem reconhecido em favor delas a imunidade tributária prevista no artigo 150, VI, *c*, sendo que, especificamente quanto ao IOF, a Segunda Turma, no RE 232.080-AgR, relator o eminente Ministro Nelson Jobim, reconheceu a aplicação dessa imunidade, citando, inclusive, a decisão tomada nos RE 183.216-AgR-ED, onde se salientou que 'o fato de a entidade proceder à aplicação de recursos não significa atuação fora do que previsto no ato de sua constituição'" (1ª T., RE 241.090/SP, Rel. Min. Moreira Alves, j. em 26/2/2002, v. u., *DJ* de 26/4/2002, p. 79). No mesmo sentido: 1ª T., RE 249.980-AgR, Rel. Min. Ilmar Galvão, j. em 23/4/2002, v. u., *DJ* de 14/6/2002, p. 142;

- renda obtida pela instituição de assistência social mediante cobrança de estacionamento de veículos em área interna da entidade, destinada ao custeio das atividades desta (1ª T., RE 144.900/SP, Rel. Min. Ilmar Galvão, j. em 22/4/1997, v. u., *DJ* de 26/9/1997, p. 47494);

- renda obtida pelo SESC na prestação de serviços de diversão pública, mediante a venda de ingressos de cinema ao público em geral, e aproveitada em suas finalidades assistenciais (1ª T., RE 116.188/SP, Rel. Min. Octávio Gallotti, j. em 20/2/1990, m. v., *DJ* de 16/3/1990, p. 1869). No mesmo sentido: 1ª T., AI 155.822 AgR/SP, Rel. Min. Ilmar Galvão, j. em 20/9/1994, p. 16238;

- imóveis de instituições de educação e assistência social sem fins lucrativos, ainda que sirvam de escritório e residência para seus membros. "O fato de os imóveis estarem sendo utilizados como escritório e residência de membros da entidade não afasta a imunidade prevista no artigo 150, inciso VI, alínea *c*, § 4º da Constituição Federal" (2ª T., RE 221.395/SP, Rel. Min. Marco Aurélio, j. em 8/2/2000, v. u., *DJ* de 12/5/2000, p. 28);

- "A imunidade prevista no art. 150, VI, *c*, da Constituição Federal, em favor das instituições de assistência social, abrange o Imposto de Importação e o Imposto sobre Produtos Industrializados, que incidem sobre bens a serem utilizados na prestação de seus serviços específicos." No caso, tratava-se da importação de bolsas apropriadas para a coleta de sangue (1ª T., RE 243.807/SP, Rel. Min. Ilmar Galvão, j. em 15/2/2000, v. u., *DJ* de 28/4/2000, p. 98);

- imóveis alugados a terceiros, desde que a receita assim obtida seja aplicada no atendimento das finalidades institucionais do templo de qualquer culto ou da entidade de educação ou de assistência social, sem fins lucrativos (*v. g.*, RE 325.822-SP, *DJ* de 14/5/2004; RE 237.718-6/SP, *DJ* de 6/9/2001, *RDDT* 74/236). Não é pertinente perquirir se o ônus financeiro representado pelo IPTU, em tais casos, é repassado ao inquilino (1ª T., RE 257.700-6/MG, Rel. Min. Ilmar Galvão, j. em 13/6/2000, v. u., *DJ* de 29/9/2000, p. 98, *RDDT* 63/236). A imunidade abrange também o ITBI relativo aos mesmos imóveis (1ª T., RE 235.737/SP, Rel. Min. Moreira Alves, j. em 13/11/2001, v. u., *DJ* de 17/5/2002, p. 67). No Agravo Regimental no Agravo de

Instrumento 661.713/SP, porém, o STF excepcionou esse entendimento, afirmando a incidência do imposto em caso de imóvel não utilizado (lotes vazios), bem como locados a terceiros. Não houve fundamentação clara, porém, a respeito das razões pelas quais se estaria excepcionando o entendimento já pacífico, e até sumulado, em sentido contrário, tendo restado vencido o Min. Toffoli, que votara em respeito ao entendimento até então pacífico no Tribunal;

– livraria em imóvel de sua propriedade, desde que a renda auferida seja destinada às suas atividades institucionais (1ª T., RE 345.830/MG, Rel. Min. Ellen Gracie, j. em 8/10/2002, v. u., *DJ* de 8/11/2002, p. 42).

**59. Dispositivo carente de regulamentação** – Durante mais de vinte anos não foi editada a lei de que cuida o § 5º do art. 150 da CF/88, que seria bastante salutar para esclarecer o consumidor a respeito dos tributos que oneram os bens e serviços por ele adquiridos. Em face de tal esclarecimento, a *consciência* da população a respeito do *peso* da carga tributária seria bem maior, e, com ela, incrementar-se-ia a participação da sociedade como um todo na discussão de temas tributários, notadamente relativos à instituição de novos tributos ou ao aumento dos existentes. Com o advento da Lei 12.741/2012, essa regulamentação foi finalmente levada a efeito, embora ainda haja muitas incertezas quanto à sua eficácia. A disposição, que tem sido tratada mais como norma de Direito do Consumidor do que de Direito Tributário, impõe deveres que podem ser complexos e onerosos para os contribuintes, notadamente os de menor porte. É, de qualquer forma, importantíssima para que se desperte no cidadão brasileiro a *consciência fiscal*.

**60. Isenção. Necessidade de lei específica. Fundamento** – Conforme o art. 150, § 6º, da CF/88, a isenção deve ser concedida por lei especificamente editada para esse fim, ou então pela lei que consolide o disciplinamento do tributo. Não é válida a norma, relativa à isenção (deferimento, revogação etc.) que venha inserida como um "rabilongo" no meio de outras matérias completamente diferentes.

A finalidade dessa restrição foi muito bem explicada pelo Ministro Nelson Jobim, no voto proferido quando do julgamento do RE 350.446/PR (Pleno, Rel. Min. Nelson Jobim, j. em 18/12/2002, m. v., *DJ* de 6/6/2003, p. 32). Em suas palavras, a finalidade da norma é...

"evitar – no processo legislativo – barganhas parlamentares quanto a benefícios tributários.

Era relativamente ocorrente que, em projeto sobre assunto qualquer, do interesse do governo ou de uma maioria, parlamentares apresentassem emendas que beneficiavam categorias, regiões ou situações específicas.

Todas com 'fotografia'.

A partir daí esse grupo condicionava o seu voto ou, mesmo, a desobstrução da sessão da Casa Legislativa, à aprovação de sua emenda.

A experiência legislativa, anterior a 1988/1993, é riquíssima de exemplos.

Daí a exigência de '... lei específica, ..., que regule exclusivamente as matérias acima enumeradas ou o correspondente tributo ou contribuição, ...'

É uma regra limitadora indireta do direito parlamentar de oferecer emendas.

Está na mesma linha daquelas que disciplinam as emendas aos projetos orçamentários (CF, art. 166, § 3º)".

# Art. 150

CONSTITUIÇÃO DA REPÚBLICA FEDERATIVA DO BRASIL | **65**

**61. Isenção, anistia etc. Reserva de lei e delegação** – Sendo matéria reservada à lei formal, não pode esta delegar ao Poder Executivo a concessão de isenções, anistias ou remissões. Ainda quando se tratar de isenção ou anistia individuais, a depender do preenchimento de requisitos específicos, a serem verificados pela autoridade administrativa em cada caso, a lei deve descrever todos os citados requisitos, limitando-se a autoridade a declarar seu atendimento por parte do contribuinte, se for o caso. Não pode a lei *delegar* a própria fixação desses requisitos, ou mesmo a concessão em si mesma do benefício, ao ato normativo infralegal. Forte nesses argumentos, o STF declarou, em sede cautelar, a inconstitucionalidade do art. 25 da Lei nº 6.489/2002, do Estado do Pará, que autoriza o Governador a conceder, por regulamento, remissão, anistia, transação, moratória e dação em pagamento de bem imóvel. Ocorre, em caso assim, "atuação *ultra vires* do Poder Legislativo, consubstanciada na abdicação de sua competência institucional em favor do Poder Executivo, facultando a este, mediante ato próprio, a prerrogativa de inovar na ordem jurídica em assunto (liberalidade estatal em matéria tributária) na qual a Constituição Federal impõe reserva absoluta de lei em sentido formal" (STF, Pleno, ADI 3462 MC/PA, Rel. Min. Ellen Gracie, j. em 8/9/2005, v. u., *DJ* de 21/10/2005, p. 5). No mesmo sentido: STF, Pleno, ADI 1247 MC/PA, Rel. Min. Celso de Mello, j. em 17/8/1995, v. u., *DJ* de 8/9/1995, p. 28354.

**62. Isenções e benefícios e normas gerais em nível nacional** – A teor do art. 150, § 6º, da CF/88, isenções e outros benefícios somente podem ser concedidos por lei específica do ente tributante correspondente, excepcionado apenas o ICMS, cujo procedimento para concessão de isenções é objeto de maiores entraves e controles, como será adiante comentado. Trata-se de decorrência do princípio federativo. Nesse contexto, coloca-se a questão de saber se são válidas as normas, traçadas na legislação federal (ou, se preferirem, nacional), a respeito de impostos estaduais e municipais, e que estabelecem formas distintas de tributação, eventualmente mais benéficas ao contribuinte. É o caso dos §§ 1º e 3º do art. 9º do DL 406/68, que concedem tratamento diferenciado, no âmbito do ISS, para profissionais autônomos e para as sociedades de profissionais – legalmente regulamentadas – por eles constituídas. Provocado por Municípios que consideravam inválida a norma do DL 406, não recepcionada pelo art. 150, § 6º, da CF/88, o STF entendeu que "as normas inscritas nos §§ 1º e 3º, do art. 9º, do DL 406, de 1968, não implicam redução da base de cálculo do ISS. Elas simplesmente disciplinam base de cálculo de serviços distintos, no rumo do estabelecido no *caput* do art. 9º. Inocorrência de revogação pelo art. 150, § 6º, da CF, com a redação da EC nº 3, de 1993" (STF, Pleno, RE 220.323/MG, Rel. Min. Carlos Velloso, j. em 26/5/1999, v. u., *DJ* de 18/5/2001, p. 449). Ver ainda as notas ao art. 151, III, da CF/88.

**63. Isenções de ICMS por Lei Estadual e a "Guerra Fiscal"** – A ressalva feita pelo art. 150, § 6º, da CF/88 à regra de que isenções e benefícios fiscais são matéria de competência privativa de cada ente federado diz respeito ao ICMS. Esse é o sentido da remissão ao art. 155, § 2º, XII, *g*, da CF/88, segundo o qual cabe à lei complementar (federal) "regular a forma como, mediante deliberação dos Estados e do Distrito Federal, isenções, incentivos e benefícios fiscais serão concedidos e revogados".

Essa lei complementar, recepcionada ainda da ordem constitucional pretérita, é a LC 24/75, segundo a qual Estados-membros e Distrito Federal somente podem conceder isenções ou outros benefícios fiscais mediante aprovação unânime dos demais, através de convênio. Essa exigência – de unanimidade – torna difícil, senão impossível, a concessão de incentivos fiscais, no âmbito do ICMS, notadamente aqueles que visam a reduzir as desigualdades regionais. Os Estados-membros das regiões mais pobres, então, passam a

# 66 | CÓDIGO TRIBUTÁRIO NACIONAL – *Hugo de Brito Machado Segundo*                    **Art. 150**

conceder tais incentivos à margem da Lei, não raro através de expedientes oblíquos, ense-jando a chamada "guerra fiscal". Em nosso entendimento, os Estados-membros deveriam questionar a exigência de unanimidade, feita pela LC 24/75, como condição para aprovação do incentivo, pois a mesma torna inviável a concessão do mesmo. Há restrição *despropor-cional* à autonomia do Estado-membro, a qual a CF/88 não autoriza. Falar em deliberação dos Estados, no art. 155, § 2º, XII, *g*, não significa falar em unanimidade. O STF, entretanto, não tem abordado a questão por esse prisma. Quando provocado sobre a validade de tais benefícios, tem decidido que "a concessão, mediante ato do poder público local, de isen-ções, incentivos e benefícios fiscais, em tema de ICMS, depende, para efeito de sua válida outorga, da prévia e necessária deliberação consensual adotada pelos Estados-membros e pelo Distrito Federal, observada, quanto à celebração desse convênio intergovernamental, a forma estipulada em lei complementar nacional editada com fundamento no art. 155, § 2º, XII, *g*, da Carta Política. Este preceito constitucional, que permite à União Federal fixar padrões normativos uniformes em tema de exoneração tributária pertinente ao ICMS, acha-se teleologicamente vinculado a um objetivo de nítido caráter político-jurídico: im-pedir a 'guerra tributária' entre os Estados-membros e o Distrito Federal" (STF, Pleno, ADI 930 MC/MA, Rel. Min. Celso de Mello, j. em 17/8/1995, v. u., *DJ* de 8/9/1995, p. 28354).

**No mesmo sentido:** "O legislador constituinte republicano, com o propósito de impedir a 'guerra tributária' entre os Estados-membros, enunciou postulados e prescreveu diretrizes gerais de caráter subordinante destinados a compor o estatuto constitucional do ICMS. Os princípios fundamentais consagrados pela Constituição da República, em tema de ICMS, (a) realçam o perfil nacional de que se reveste esse tributo, (b) legitimam a instituição, pelo poder central, de regramento normativo unitário destinado a disciplinar, de modo uniforme, essa espécie tributária, notadamente em face de seu caráter não cumulativo, (c) justificam a edi-ção de lei complementar nacional vocacionada a regular o modo e a forma como os Estados--membros e o Distrito Federal, sempre após deliberação conjunta, poderão, por ato próprio, conceder e/ou revogar isenções, incentivos e benefícios fiscais. [...] A celebração dos convênios interestaduais constitui pressuposto essencial a válida concessão, pelos Estados-membros ou Distrito Federal, de isenções, incentivos ou benefícios fiscais em tema de ICMS. Esses convê-nios – enquanto instrumentos de exteriorização formal do prévio consenso institucional entre as unidades federadas investidas de competência tributária em matéria de ICMS – destinam--se a compor os conflitos de interesses que necessariamente resultariam, uma vez ausente essa deliberação intergovernamental, da concessão, pelos Estados-membros ou Distrito Fede-ral, de isenções, incentivos e benefícios fiscais pertinentes ao imposto em questão. O pacto federativo, sustentando-se na harmonia que deve presidir as relações institucionais entre as comunidades políticas que compõem o Estado Federal, legitima as restrições de ordem cons-titucional que afetam o exercício, pelos Estados-membros e Distrito Federal, de sua compe-tência normativa em tema de exoneração tributária pertinente ao ICMS" (STF, Pleno, ADI 1247 MC/PA, Rel. Min. Celso de Mello, j. em 17/8/1995, v. u., *DJ* de 8/9/1995, p. 28.354).

Não obstante, registre-se que a exigência de unanimidade feita pela LC 24/75 pode, sim, ser questionada, do ponto de vista constitucional, por malferir o próprio princípio majoritá-rio, na medida em que coloca a opinião de um Estado-membro em situação de primazia em relação a de todos os demais integrantes da Federação. Nem para se emendar a Constituição, nem para se declarar a inconstitucionalidade de emendas à Constituição, se exige a unanimi-dade, não fazendo sentido exigi-la para que Estados-membros concedam isenção da ICMS. Confira-se, a esse respeito: SILVA, Evaldo de Souza da. O conflito entre a Lei Complementar

**Art. 150**  CONSTITUIÇÃO DA REPÚBLICA FEDERATIVA DO BRASIL | **67**

nº 24/1975 e o princípio da democracia. *Revista IOB de Direito Público*, São Paulo, nº 29, p. 16-33, set./out. 2000. E, no âmbito do STF, motivada pela tese defendida no aludido estudo doutrinário, merece registro a ADPF 198/DF (ainda não apreciada pela Corte), na qual se questiona a constitucionalidade da exigência da unanimidade veiculada na LC 24/75.

Em agosto de 2017 foi publicada a LC 160/2017, que disciplina o assunto com a tentativa de solucionar o problema da "guerra fiscal". Além de estabelecer requisitos menos exigentes para a concessão de incentivos (não se exige mais unanimidade, mas a aprovação por 2/3 das Unidades Federadas e 1/3 das Unidades de cada região), a referida lei permite que se "convalidem" benefícios concedidos em violação à LC 24/75, além de impor sanções à concessão de benefícios que não cumpram os requisitos agora estabelecidos. Essas sanções consistem na proibição de que os entes federativos infratores recebam transferências voluntárias ou contraiam empréstimos. Resta saber se os Estados, que não cumpriam as disposições da legislação anterior, cumprirão estas, e se a proibição de, por conta de incentivos ilegais, receberem transferências voluntárias (aquelas que decorrem de convênios ou contratos, e não de disposições constitucionais que cuidam v.g., da repartição constitucional de receitas tributárias – CF/88, arts. 157 a 162) e contraírem empréstimos será efetivamente aplicada e terá, nesse caso, força suficiente para coibir a prática em questão. Dada a relevância de tais transferências voluntárias, e especialmente da contração de empréstimos, considera-se que tais sanções podem, efetivamente, ter o condão de conter a prática em comento.

**64. Guerra Fiscal e ISS** – Para evitar a chamada "guerra fiscal" também no âmbito do Imposto Municipal sobre Serviços de Qualquer Natureza – ISS, a Emenda Constitucional 37/2002 inseriu no ADCT disposição segundo a qual as alíquotas desse imposto não podem ser inferiores a 2%, sendo vedada a concessão de isenções ou outras modalidades de redução que impliquem a cobrança do imposto por alíquota real inferior a esse piso. Com amparo nessas premissas, o Supremo Tribunal Federal, apreciando a ADPF 190, entendeu serem inconstitucionais leis municipais que concedem "reduções de base de cálculo" que implicam, na prática, redução da alíquota para percentual inferior a 2%. Na compreensão da Corte, "é inconstitucional lei municipal que veicule exclusão de valores da base de cálculo do ISSQN fora das hipóteses previstas em lei complementar nacional. Também é incompatível com o texto constitucional medida fiscal que resulte indiretamente na redução da alíquota mínima estabelecida pelo artigo 88 do ADCT, a partir da redução da carga tributária incidente sobre a prestação de serviço na territorialidade do ente tributante".

Atualmente, as disposições relativas à fixação da citada alíquota mínima (em 2%), e as sanções decorrentes de sua inobservância pelos Municípios, constam da LC 116/2003, com as alterações nela levadas a efeito pela LC 156/2016.

**65. Alteração no texto constitucional e isenções de ICMS** – No texto originário constava: "§ 6º Qualquer anistia ou remissão, que envolva matéria tributária ou previdenciária, só poderá ser concedida através de lei específica, federal, estadual ou municipal." Com a nova redação, objetivou-se dar maior abrangência ao dispositivo (que passou a mencionar outras espécies de "benefícios"), e especialmente frisar que, em relação ao ICMS, não basta a edição de lei estadual, sendo necessária a aprovação dos demais Estados-membros, através de deliberação, nos termos do art. 155, § 2º, XII, *g*, da CF/88, conforme explicado na nota anterior.

**66. Substituição tributária "para frente" e reserva de lei** – Por conta não apenas da literalidade do dispositivo, mas sobretudo em função do princípio da legalidade (CF/88, arts. 5º, II, e 150, I), apenas a *lei* pode instituir a sistemática de que cuida o dispositivo constitucional em comento ("substituição tributária para frente"). E nem poderia ser diferente,

**68** | CÓDIGO TRIBUTÁRIO NACIONAL – *Hugo de Brito Machado Segundo*                    **Art. 150**

pois essa sistemática implica alteração de elementos essenciais da relação obrigacional tributária (sujeito passivo, critérios de determinação da base de cálculo "presumida" etc.). Por isso, mesmo tendo a sistemática de substituição tributária sido considerada válida, em si mesma, pela jurisprudência, isso não significa que a mesma possa ser implementada por decretos, regulamentos, portarias etc. A edição de *lei* que detalhadamente a discipline é indispensável. No caso do ICMS, aliás, a matéria deve ser tratada em *lei complementar nacional* (CF/88, art. 155, § 2º, XII, *b*). Confira-se, a esse respeito, Hugo de Brito Machado, *Comentários ao Código Tributário Nacional,* São Paulo: Atlas, 2003, v. 1, p. 550 ss.

A propósito, o STJ já decidiu que, a teor do princípio da legalidade, e do art. 97, inciso III, do Código Tributário Nacional, a cujo teor "somente a lei pode estabelecer [...] a definição do fato gerador da obrigação tributária principal, ressalvado o disposto no inciso I do § 3º do artigo 52, e do seu sujeito passivo", é inválida a Lei Estadual que, a pretexto de "dispor" sobre substituição tributária, nada determina especificamente, relegando a atos infralegais a tarefa de definir o sujeito passivo da relação tributária (STJ, 2ª T., REsp 101.774/SP, Rel. Min. Ari Pargendler, *DJ* de 9/12/1997, p. 64.661, *RDDT* 30/214). Tal posicionamento foi esclarecido, em sede de embargos de declaração, a saber: "A substituição tributária está regulada no próprio CTN – art. 121, parágrafo único, inc. II –, mas sua implementação depende de lei específica que descreva as operações a ela sujeitas. O art. 8º, inc. XIII, da Lei 6.374/89, do Estado de São Paulo, dizendo que são sujeitos passivos por substituição o industrial, o comerciante ou o prestador de serviço, deixou de observar o art. 97, inc. III, *in fine*, do CTN, na medida em que, pela sua generalidade, atribui, de fato, à administração a fixação dos casos sujeitos a esse regime" (STJ, 2ª T., REsp 101.774/SP (EDcl), Rel. Min. Ari Pargendler, *DJ* de 2/3/1998).

**No mesmo sentido:** "Não atende ao princípio da reserva legal, o dispositivo da Lei estadual capixaba 5.298/96, que transfere ao Poder Executivo a competência para atribuir responsabilidade tributária a quem comercia, 'toda e qualquer mercadoria classificada na Nomenclatura Brasileira de Mercadorias/Sistema Harmonizado – NBM/SH'. A NBM/SH é uma relação que abarca todos os bens suscetíveis de comércio lícito no Brasil, não podendo ser colocado no comércio, qualquer bem que nela não esteja relacionado. Com efeito, se a relação envolve 'toda e qualquer mercadoria', a Lei transferiu ao Executivo a competência para impor responsabilidade substitutiva em relação a todos os ramos de comércio, indistintamente. [...] Quando o Legislador, no Art. 6º da Lei Complementar 87/96 concedeu à lei estadual o condão de atribuir o encargo de substituto tributário, ele quis que o Poder Legislativo Estadual determinasse os casos e as pessoas em que o encargo deve recair. Dizer que o encargo pode incidir, a critério do Poder Executivo, sobre quem comercia qualquer objeto suscetível de mercancia lícita é fraudar o princípio da reserva legal. Em assim fazendo, o Legislador está generalizando – jamais, determinando. [...]" (STJ, 1ª T., RMS 11.600/ES, Rel. Min. Humberto Gomes de Barros, j. em 14/8/2001, v. u., *DJ* de 1º/10/2001, p. 162). **Posteriormente**, o STJ passou a decidir que esta questão, relativa à determinação dos termos da substituição tributária por ato infralegal, é *constitucional,* devendo ser apreciada pelo STF, tendo em vista que "a nova redação dada ao art. 102 da CF/88, pela Emenda Constitucional 45/2004, inclui na competência do Supremo Tribunal Federal o julgamento, mediante recurso extraordinário, das causas decididas em única ou última instância, quando a decisão recorrida julgar válida lei local contestada em face de lei federal" (STJ, 1ª T., AgRg no Ag 654.990/ES, Rel. Min. Denise Arruda, j. em 3/11/2005, v. u., *DJ* de 21/11/2005, p. 133).

**67. Cobrança antecipada e substituição** – Diversos Estados-membros se utilizam da chamada "cobrança antecipada" do ICMS, exigindo o imposto em suas fronteiras, quando da entrada de mercadorias em seu território. Poder-se-ia suscitar a inconstitucionalidade dessa

**Art. 150**  CONSTITUIÇÃO DA REPÚBLICA FEDERATIVA DO BRASIL | **69**

prática, ainda quando prevista em lei (em alguns Estados está prevista apenas em Decretos, o que por si só já a invalida), sob o fundamento de que o art. 150, § 7º, da CF/88 autoriza a instituição da substituição tributária, e não de uma cobrança antecipada sem substituição (sem a eleição de um terceiro responsável – o substituto – para pagar o tributo em nome do contribuinte substituído). O STJ, entretanto, tem decisões afirmando a validade da cobrança antecipada. 'A eg. Primeira Turma, quando do julgamento do RMS nº 17511/SE, in *DJ* de 22/8/2005, decidiu que "O artigo 150, § 7º, acrescido pela Emenda Constitucional nº 03/93, legitima a cobrança antecipada do ICMS através do regime normal de tributação, ou seja, sem substituição tributária, na forma determinada pela Lei Estadual 3.796/96, do Estado de Sergipe, e regulamentada pelo Decreto 17.037/97, com alterações procedidas pelos Decretos nºˢ 18.536/99 e 20.471/02.' [...] Demais precedentes citados: RMS nº 17.303/SE, Segunda Turma, Rel. Min. Eliana Calmon, in *DJ* de 13/09/2004; RMS nº 15.095/SE, Segunda Turma, Rel. Min. Castro Meira, in *DJ* de 1º/9/2003" (STJ, 1ª T., AgRg no RMS 17.376/SE, Rel. Min. Francisco Falcão, j. em 25/10/2005, v. u., *DJ* de 19/12/2005, p. 209).

**68. Validade da sistemática da substituição tributária "para frente"** – Trata-se, aqui, da chamada substituição tributária "para frente", misto de substituição tributária e cobrança antecipada do tributo. Diz-se "para frente" porque o substituto tributário é responsável pelo recolhimento de um tributo cujo fato gerador somente ocorrerá em momento posterior, e cujo contribuinte situa-se à frente na cadeia produtiva. Mesmo prevista em Emenda Constitucional, a figura da substituição tributária "para frente" teve sua constitucionalidade contestada, sob o fundamento de que o direito de somente se submeter aos efeitos de normas que *incidiram,* à luz de fatos jurídicos que *já aconteceram,* é fundamental (CF/88, art. 60, § 4º, IV). Nesse sentido: Ives Gandra da Silva Martins, "Substituição Tributária sem Fato Gerador Real", em *RDDT* nº 22, p. 77 ss.

Não obstante, o Supremo Tribunal Federal considerou *válida* a figura da substituição tributária "para frente", e, por conseguinte, da norma veiculada pelo art. 150, § 7º, da CF/88 (STF, Pleno, RE 213.396/SP, j. em 2/8/1999, m. v., *DJ* de 1º/12/2000, p. 97). No mesmo sentido: STF, 2ª T., AgRg no AI 240.057/2, Rel. Min. Néri da Silveira, j. em 2/5/2000, v. u., *DJ* de 26/5/2000, p. 28, *RDDT* 58/206; STF, 1ª T., RE 206.988/SP, Rel. Min. Moreira Alves, j. em 24/8/1999, v. u., *DJ* de 8/10/1999, p. 57, *RDDT* 51/217.

**69. Preço final diverso do previsto na antecipação e a impossibilidade de restituição** – Contraditoriamente com sua jurisprudência sobre a validade da sistemática da substituição tributária "para frente", que a considerou compatível com a Constituição por se tratar de "mera antecipação" de uma cobrança futura (como ocorre em outros casos com o imposto de renda, por exemplo), o Supremo Tribunal Federal entendeu, por muito tempo, que a "restituição assegurada pelo § 7º do art. 150 da C.F./88, restringe-se apenas à hipótese de não ocorrer o fato gerador presumido, não havendo que se falar em tributo pago a maior ou a menor por parte do contribuinte substituído. [...] Precedente: ADIn 1.851/AL" (STF, 2ª T., RE 309.405 ED/MT., Rel. Min. Carlos Velloso, j. em 10/12/2002, *DJ* de 14/2/2003, p. 79). Se se tratava de sistemática válida por consistir em antecipação, era evidente que o ajuste, quando conhecido o preço final efetivo, impunha-se como consequência do próprio âmbito constitucional do imposto. Para uma análise crítica, detalhada e profunda dos fundamentos adotados pelo STF no julgamento da ADIn 1.851/AL (não devolução do excesso arrecadado, no caso de preço final diverso do previsto na antecipação), confira-se: Hugo de Brito Machado, *Comentários ao Código Tributário Nacional,* São Paulo: Atlas, 2003, v. 1, p. 558 ss.

**70** | CÓDIGO TRIBUTÁRIO NACIONAL – *Hugo de Brito Machado Segundo* **Art. 151**

Como dito, prevaleceu por muito tempo, na jurisprudência do Supremo Tribunal Federal, esse entendimento, vale dizer, a compreensão de que, no caso de preço final diverso do previsto na antecipação, não se poderia cogitar de ajuste, notadamente para que o contribuinte pudesse pleitear a restituição da diferença paga a maior. Essa jurisprudência, contudo, foi posteriormente (outubro de 2016) objeto de revisão, quando do julgamento do Recurso Extraordinário 593.849, com repercussão geral, tendo o STF firmado a tese segundo a qual "é devida a restituição da diferença do Imposto sobre Circulação de Mercadorias e Serviços (ICMS) pago a mais no regime de substituição tributária para a frente se a base de cálculo efetiva da operação for inferior à presumida." Com isso, a Corte reconheceu ser relativa uma presunção que vinha sendo tratada como "absoluta", que era a do preço final previsto para fins de cobrança do imposto frente ao substituto tributário. Considerando-se que a nova orientação terá efeitos significativos sobre as Fazendas dos Estados-membros, e, especialmente, que se trata da mudança na orientação pacificamente firmada pelo próprio STF em momento anterior, os efeitos do novo posicionamento foram modulados, de sorte a que sejam aplicados apenas a fatos ocorridos posteriormente à sua adoção, ressalvados apenas aqueles casos já judicializados quando da prolação do acórdão.

Na mesma oportunidade, foram concluídos os julgamentos das ADIs 2675 e 2777, nas quais se impugnavam leis dos Estados de Pernambuco e São Paulo, as quais determinavam expressa a restituição do imposto em caso de preço final inferior ao previsto na antecipação. A rigor, mesmo que não tivesse havido a mudança no entendimento do STF, tais leis não poderiam ser consideradas inválidas, pois o fato de a Constituição não determinar a restituição em tais situações não significava que as leis dos Estados fossem proibidas de fazê-lo. De qualquer modo, com a mudança na orientação da Corte, a fortiori, tais leis passaram não apenas a ser consideradas constitucionais, mas tidas como explicitação de uma determinação que já se acha contida no próprio texto constitucional.

### Art. 151. É vedado à União:

I – instituir tributo que não seja uniforme em todo o território nacional ou que implique distinção ou preferência em relação a Estado, ao Distrito Federal ou a Município, em detrimento de outro, admitida a concessão de incentivos fiscais destinados a promover o equilíbrio do desenvolvimento sócio-econômico entre as diferentes regiões do País;[1]

II – tributar a renda das obrigações da dívida pública dos Estados, do Distrito Federal e dos Municípios, bem como a remuneração e os proventos dos respectivos agentes públicos, em níveis superiores aos que fixar para suas obrigações e para seus agentes;

III – instituir isenções[2] de tributos da competência dos Estados, do Distrito Federal ou dos Municípios.[3, 4, 5]

Anotações ───────────────────────────────────────────────

**1. Limitações dirigidas especificamente à União** – O art. 150 da CF/88 cuida de limitações constitucionais ao poder de tributar dirigidas à União, aos Estados, ao Distrito Federal

# Art. 151

CONSTITUIÇÃO DA REPÚBLICA FEDERATIVA DO BRASIL | **71**

e aos Municípios, vale dizer, a todos os entes tributantes. Existem, contudo, limitações direcionadas apenas à União, as quais, por razão de técnica legislativa, foram elencadas no art. 151, que veicula, como se observa de seus incisos, três limitações que somente poderiam ser dirigidas à União, na condição de ente tributante central. Com a primeira delas, objetiva-se a uniformidade da tributação no território nacional, a fim de que não se estabeleçam distinções entre Estados. Observe-se, porém, que, sendo a redução das desigualdades regionais um dos objetivos fundamentais da República (CF/88, art. 3°, III), é expressamente admitida a concessão de incentivos fiscais que visem a realizar esse objetivo. A segunda das limitações, também decorrente da isonomia e do federalismo, visa a evitar que, com o imposto de renda, a União estabeleça distinções entre os que se relacionam com ela e os que se relacionam com Estados e Municípios, seja na condição de agente público, seja na condição de credor. Finalmente, a terceira das limitações, segundo a qual a União não pode conceder isenções de tributos estaduais e municipais, é decorrência evidente do princípio federativo. Pudesse a União conceder isenção de tributos estaduais e municipais, teria instrumento fortíssimo de invasão nas competências destes, com o qual poderia suprimir-lhes inteiramente a autonomia financeira, abusos incompatíveis com a figura de um estado federado.

**2. Uniformidade de tratamento e alíquotas de IPI regionalizadas** – Por conta da ressalva contida na parte final do art. 151, I, da CF/88, o STF tem considerado válida a fixação de alíquotas regionalizadas para o IPI (Lei 8.393/91 e Decreto 2.501/98) (1ª T., RE 344.331/PR, Rel. Min. Ellen Gracie, j. em 11/2/2003, *DJ* de 14/3/2003, p. 40).

**3. Vedação à concessão de isenções heterônomas e regimes diferenciados previstos em lei complementar** – A forma diferenciada de cálculo do ISS devido por profissionais liberais (médicos, advogados, contadores, dentistas etc.) e pelas sociedades por eles constituídas, veiculada pelo art. 9°, §§ 1° e 3° do Decreto-Lei 406/68, foi recepcionada pela CF/88, visto que não se trata de "isenção heterônoma" (isenção concedida por pessoa política diversa daquela competente para instituir o tributo), não encontrando óbice, portanto, no art. 151, III, da CF/88 (STF, 2ª T., RE 301.508 AgR/MG, Rel. Min. Néri da Silveira, j. em 5/3/2002, v. u., *DJ* de 5/4/2002, p. 42). O mesmo foi decidido em relação à autorização, contida no art. 9°, § 2°, do mesmo DL 406/68, para que sejam deduzidas as "subempreitadas" da base de cálculo do ISS devido pelo prestador do serviço de construção civil. Entendeu o STF que tais dispositivos "cuidam da base de cálculo do ISS e não configuram isenção", razão pela qual não há "ofensa ao art. 151, III, art. 34, ADCT/88, art. 150, II e 145, § 1°, CF/88" (STF, 2ª T., RE 214.414 AgR./MG, Rel. Min. Carlos Velloso, j. em 5/11/2002, *DJ* de 29/11/2002, p. 38). No mesmo sentido: RE 220.323/MG, *DJ* de 18/5/2001, e RE 236.604/PR, *DJ* de 6/8/1999, *RTJ* 170/1001.

**4. Isenção de tributos estaduais e municipais concedida em função de tratados internacionais** – É polêmica a questão de saber se a República Federativa do Brasil, *representada* no plano internacional pela União Federal, pode celebrar tratados que cuidem de isenção de tributos estaduais e municipais.

Há posicionamentos contrários a essa possibilidade, baseados em uma interpretação literal do art. 151, III, da CF/88: "Não pode a União firmar tratados internacionais isentando o ICMS de determinados fatos geradores, se inexiste lei estadual. 3 – A amplitude da competência outorgada à União para celebrar tratados sofre os limites impostos pela própria Carta Magna. 4 – O art. 98, do CTN, há de ser interpretado com base no panorama jurídico imposto pelo novo Sistema Tributário Nacional" (STJ – REsp 90.871-PE – Rel. Min.

José Delgado – *DJ* de 20/10/1997, p. 52.977 – *RDDT* 28, p. 157). Como se percebe, o STJ entende que o tratado internacional concessivo da isenção de tributo estadual é válido, mas depende de *lei estadual* concessiva da isenção, para que produza efeitos internamente. "Quem tributa ou isenta do ICMS são os Estados, mas a União pode, por acordo internacional, garantir que a tributação, quando adotada, não discrimine os produtos nacionais e os estrangeiros, em detrimento destes" (STJ, 2ª T., EDcl no REsp 147236/RJ, Rel. Min. Ari Pargendler, j. em 11/12/1997, v. u., *DJ* de 2/2/1998, p. 96). No mesmo sentido: "Embora o ICMS seja tributo de competência dos Estados e do Distrito Federal, é lícito à União, por tratado ou convenção internacional, garantir que o produto estrangeiro tenha a mesma tributação do similar nacional" (STJ, 2ª T., AgRg no Ag 438.449/RJ, Rel. Min. Franciulli Netto, j. em 5/9/2002, v. u., *DJ* de 7/4/2003, p. 264). Confira-se, ainda: "Muito embora seja assente que a União não possa conceder isenção heterônoma, é certo também que esta impossibilidade pode ser contornada em relação ao ICMS, desde que exista lei estadual prevendo a isenção." Partindo dessa premissa, o STJ entendeu que, se há lei estadual concedendo isenção a determinado produto ou operação (no caso, leite), e há tratado internacional no qual se preconiza igualdade de tratamento entre os produtos nacionais e aqueles importados dos países signatários, a isenção pode ser validamente aplicada ao produto estrangeiro, por força do tratado (STJ, 1ª T., REsp 480.563/RS, Rel. Ministro Luiz Fux, j. em 6/9/2005, *DJ* de 3/10/2005, p. 121). Neste último aresto, porém, a Ministra Denise Arruda pareceu dar – a nosso ver, corretamente – maior amplitude ao papel dos tratados internacionais, relativamente à concessão de isenção de tributos estaduais e municipais. Diferenciando a União, entidade à qual o art. 151, III, da CF/88 se reporta, da República Federativa do Brasil, pessoa signatária dos tratados e integrada também pelos Estados-membros, a Ministra afirmou, quanto à suposta impossibilidade de o tratado conceder tais isenções, que "tal postura mostra-se equivocada, sob pena de descrédito para com um Tratado (Mercosul) do qual o país é signatário, que foi firmado pela República Federativa do Brasil, da qual faz parte o Estado do Rio Grande do Sul".

A propósito, há igualmente quem afirme que sim, vale dizer, que tratados internacionais podem veicular isenção de tributos estaduais e municipais. O fundamento, para tanto, é precisamente aquele mencionado pela Ministra Denise Arruda, no julgamento do REsp 480.563/RS: não seria a União quem as estaria outorgando (o que o art. 151, III, proíbe), mas sim a República Federativa do Brasil, vale dizer, o Estado Federal do qual Estados-membros e Municípios também fazem parte. Para a defesa desse posicionamento, no plano doutrinário, confiram-se: Hugo de Brito Machado, *Comentários ao Código Tributário Nacional,* São Paulo: Atlas, 2004, v. 2, p. 78 ss; Sacha Calmon Navarro Coelho, *Curso de Direito Tributário Brasileiro,* 9. ed., Rio de Janeiro: Forense, 2006, p. 630 ss; Valdir de Oliveira Rocha, "Tratados Internacionais e vigência das isenções por eles concedidas, em face da Constituição de 1988", em *Repertório IOB de Jurisprudência* nº 5/91, texto nº 1/3964. Esse foi o entendimento que, mais recentemente, prevaleceu no âmbito do Supremo Tribunal Federal, que, julgando o RE 229.096, consignou que "a norma inscrita no art. 151, III, da CF (...), limita-se a impedir que a União institua, no âmbito de sua competência interna federal, isenções de tributos estaduais, distritais ou municipais, não se aplicando, portanto, às hipóteses em que a União atua como sujeito de direito na ordem internacional." (RE 229.096, Rel. p/ o ac. Min. Cármen Lúcia, j. em 16/8/2007, Informativo 476)

**5. Isenções heterônomas permitidas pela Constituição de 1969 e direito transitório** – A Constituição de 1967, com a Emenda nº 1, de 1969, possuía artigo (19, § 2º) dispondo

# Art. 152    CONSTITUIÇÃO DA REPÚBLICA FEDERATIVA DO BRASIL | 73

exatamente o contrário do que consta no art. 151, III, da CF/88, vale dizer, autorizando a União a conceder, desde que por lei complementar, isenções de tributos estaduais e municipais. Nesse contexto, o que deve ocorrer com tais isenções, concedidas validamente sob o regime constitucional pretérito, à luz da nova ordem constitucional, que as proíbe? A solução para essa questão *intertemporal* deve ser buscada no art. 41 do ADCT., segundo o qual tais isenções deveriam ser ratificadas por lei estadual ou municipal, conforme o caso, sob pena de desaparecerem em dois anos contados da promulgação da CF/88. "A teor do artigo 41 do Ato das Disposições Constitucionais Transitórias da Carta de 1988, as isenções e incentivos previstos em legislação federal e relativos a tributos estaduais, do Distrito Federal e dos municípios vigoraram por dois anos ou até a vigência de legislação local em contrário" (STF, 2ª T., RE 211.728/RS, Rel. Min. Marco Aurélio, j. em 28/11/2000, v. u., *DJ* de 4/5/2001, p. 36).

O mesmo art. 41 do ADCT ressalvou, porém, o direito adquirido daqueles que estivessem no gozo de tais isenções em virtude do atendimento de *condições específicas*, e por *prazo determinado*, hipótese na qual a isenção deve ser reconhecida até o término do prazo pelo qual fora originalmente concedida. "É certo que a atual Constituição, no artigo 151, III, vedou à União instituir isenções de tributos da competência dos Estados, do Distrito Federal ou dos Municípios. No artigo 41 do ADCT., porém, estabeleceu, em seu 'caput', que os Poderes Executivos da União, dos Estados, do Distrito Federal e dos Municípios reavaliariam todos os incentivos fiscais de natureza setorial em vigor, propondo aos Poderes Legislativos respectivos as medidas cabíveis, e, complementando essa disposição, declarou que se considerariam revogados após dois anos, a partir da data da promulgação da Constituição, os incentivos que não fossem confirmados por lei (§ 1°), estabelecendo, entretanto, no 2°, que essa revogação não prejudicaria os direitos que já tiverem sido adquiridos, àquela data, em relação a incentivos concedidos sob condição e com prazo certo. Por outro lado, se havia legislação federal e a matéria passou pela nova Constituição ao âmbito de competência estadual ou municipal, a legislação federal é recebida como estadual ou municipal" (STF, 1ª T., RE 218.160/SP, Rel. Min. Moreira Alves, j. em 2/12/1997, *DJ* de 6/3/1998, p. 28). **No mesmo sentido:** "Isenção do ICM, hoje ICMS, em razão do Programa de Exportação – BEFIEX, com prazo certo de dez anos e mediante condições. A sua revogação, em face da proibição de concessão, por parte da União, de isenção de tributos estaduais e municipais – CF, art. 151, III – há de observar a sistemática do art. 41, §§ 1° e 2° do ADCT. Em princípio, ela somente ocorreria dois anos após a promulgação da CF/88, dado que não confirmada pelo Estado membro. Todavia, porque concedida por prazo certo e mediante condições, corre em favor do contribuinte o instituto do direito adquirido (CTN, art. 178; CF, art. 5°, XXXVI; ADCT., art. 41, § 2°; Súmula 544-STF). Quer dizer, a revogação ocorrerá após o transcurso do prazo da isenção" (STF – 2ª T. – RE 169880/SP – Rel. Min. Carlos Velloso – j. em 29/10/1996 – v. u. – *DJ* de 19/12/1996, p. 51790). Mas, como dito, quando a isenção não é concedida a prazo certo nem sob condições onerosas não existe direito adquirido ao seu gozo, ocorrendo a sua revogação no prazo de dois anos contados da promulgação da CF/88 (STF – 2ª T. – RE 191.748/SP – Rel. Min. Carlos Velloso – j. em 1°/4/1997 – v. u. – *DJ* de 30/5/1997, p. 23195).

**Art. 152.** É vedado aos Estados, ao Distrito Federal e aos Municípios estabelecer diferença tributária entre bens e serviços, de qualquer natureza, em razão de sua procedência[1, 2, 3] ou destino.

# 74 | CÓDIGO TRIBUTÁRIO NACIONAL – *Hugo de Brito Machado Segundo*                     **Art. 152**

## Anotações

**1. Limitações dirigidas especificamente aos entes federados periféricos** – Encerrando a seção das limitações ao poder de tributar, o art. 152, dirigido a Estados, Distrito Federal e Municípios, assevera ser-lhes vedado estabelecer diferença tributária entre bens e serviços, de qualquer natureza, em razão de sua procedência ou destino. O objetivo da proibição é o de evitar que estes estabeleçam, dentro do território nacional, pequenas "aduanas" ou "alfândegas", dando tratamento mais gravoso a produtos que tenham origem *x*, e menos gravoso àqueles que tenham origem *y*. Essa diferenciação, quando cabível, somente pode ser feita pela União.

**2. IPVA e tributação mais gravosa para veículos procedentes do exterior** – "Se o artigo 152 da Constituição Federal estabelece a isonomia tributária, impedindo tratamento diferenciado dos contribuintes em razão da procedência e destino de bens e serviços, vinculando Estados e Municípios, não se pode conceber que a alíquota do IPVA seja uma para os veículos de procedência nacional e outra, maior, para os importados. Na verdade, o tratamento desigual apenas significa uma nova tributação pelo fato gerador do imposto de importação, já que nenhuma diferença se pode admitir em relação aos atos de conservação de vias entre veículos de nacionalidades distintas" (STF, Agravo 203.845, Rel. Min. Néri da Silveira, decisão monocrática publicada no *DJ* de 7/12/1998, mantida por acórdão publicado no *DJ* de 3/12/1999). No mesmo sentido: STF, AI 340.688/RJ, Rel. Min. Sepúlveda Pertence, *DJ* de 2/5/2002; RE 293.957/RJ, Rel. Min. Carlos Velloso, *DJ* de 27/6/2003, p. 85).

**3. Alíquotas interestaduais de ICMS diferentes para produtos importados** – O Senado Federal editou, em abril de 2012, com vigência a partir de janeiro de 2013, a Resolução nº 13, segundo a qual "A alíquota do Imposto sobre Operações Relativas à Circulação de Mercadorias e sobre Prestação de Serviços de Transporte Interestadual e Intermunicipal e de Comunicação (ICMS), nas operações interestaduais com bens e mercadorias importados do exterior, será de 4% (quatro por cento)" (art. 1º). A Resolução excepciona da aplicação dessa alíquota, sujeitando-os às alíquotas ordinárias de 12% ou 7%, conforme o caso, produtos importados que tenham se submetido a industrialização, ou a qualquer outro tipo de transformação, beneficiamento, montagem etc., da qual resultem mercadorias com "conteúdo de importação" inferior a 40%.

Assim, se um contribuinte estabelecido no Ceará fabrica mercadorias e as vende para contribuinte estabelecido no Piauí, a operação sofrerá o ônus de 12%. Entretanto, se esse mesmo contribuinte importar mercadorias do exterior, e em seguida as vender a contribuinte estabelecido no Piauí, a operação será gravada com alíquota de 4%. A finalidade parece ser a de evitar que contribuintes importadores se instalem em Estados que lhes ofereçam benefícios, pois em tais situações, de contribuintes meramente importadores, a parcela que caberá ao Estado de origem da mercadoria, em uma posterior operação interestadual, será menor. Sem entrar no mérito relativo à chamada "guerra fiscal" ou à "guerra dos portos" e aos modos de resolvê-la (se é que ela precisa ser resolvida), parece claro que, de uma forma ou de outra, a Resolução de que se cuida é flagrantemente inconstitucional, contrária ao art. 152 da CF/88. Afinal, ela estabelece um tratamento diferenciado, em relação ao ICMS, tomando como parâmetro justamente a origem e o destino do bem. Se o bem é importado, mas revendido dentro do próprio Estado importador, o tratamento é normal. Se é nacional, e vendido a contribuinte em outro Estado, o tratamento também é normal. Mas se é importado (origem como critério) e vendido a contribuinte em outro Estado (destino como critério), o tratamento é diferenciado.

# Seção III
## Dos Impostos da União

**Art. 153.** Compete à União instituir impostos sobre:

I – importação de produtos estrangeiros;[1, 2, 3]

II – exportação, para o exterior, de produtos nacionais ou nacionalizados;[4]

III – renda e proventos de qualquer natureza;[5, 6]

IV – produtos industrializados;[7]

V – operações de crédito, câmbio e seguro, ou relativas a títulos ou valores mobiliários;[8, 9, 10]

VI – propriedade territorial rural;[11]

VII – grandes fortunas, nos termos de lei complementar.[12]

§ 1º É facultado ao Poder Executivo, atendidas as condições[13] e os limites estabelecidos em lei,[14] alterar as alíquotas dos impostos enumerados nos incisos I, II, IV e V.

§ 2º O imposto previsto no inciso III:

I – será informado pelos critérios da generalidade[15], da universalidade[16] e da progressividade[17], na forma da lei;

II – (...) *(Revogado pela Emenda Constitucional nº 20, de 15.12.1998)*[18]

§ 3º O imposto previsto no inciso IV:

I – será seletivo,[19, 20] em função da essencialidade[21] do produto;

II – será não-cumulativo, compensando-se o que for devido em cada operação[22] com o montante cobrado[23] nas anteriores;[24]

III – não incidirá sobre produtos industrializados destinados ao exterior;[25, 26, 27, 28]

IV – terá reduzido seu impacto sobre a aquisição de bens de capital pelo contribuinte do imposto, na forma da lei. *(Incluído pela Emenda Constitucional nº 42, de 19.12.2003)*

§ 4º O imposto previsto no inciso VI do *caput*: *(Redação dada*[29] *pela Emenda Constitucional nº 42, de 19.12.2003)*

I – será progressivo e terá suas alíquotas fixadas de forma a desestimular a manutenção de propriedades improdutivas;[30] *(Incluído pela Emenda Constitucional nº 42, de 19.12.2003)*

II – não incidirá sobre pequenas glebas rurais, definidas em lei, quando as explore o proprietário que não possua outro imóvel;[31] *(Incluído pela Emenda Constitucional nº 42, de 19.12.2003)*

III – será fiscalizado e cobrado pelos Municípios que assim optarem, na forma da lei, desde que não implique redução do imposto ou qualquer outra forma de renúncia fiscal. *(Incluído pela Emenda Constitucional n° 42, de 19.12.2003)*

§ 5° O ouro, quando definido em lei como ativo financeiro[32] ou instrumento cambial, sujeita-se exclusivamente à incidência do imposto de que trata o inciso V do *caput* deste artigo, devido na operação de origem;[33] a alíquota mínima será de um por cento, assegurada a transferência do montante da arrecadação nos seguintes termos:

I – trinta por cento para o Estado, o Distrito Federal ou o Território, conforme a origem;

II – setenta por cento para o Município de origem.

## Anotações

**1. Imposto de importação na legislação infraconstitucional** – Quanto ao disciplinamento infraconstitucional do imposto de importação, no plano das "normas gerais", confiram-se as notas aos arts. 19 a 22 do CTN.

**2. Âmbito constitucional e a reimportação de produto brasileiro** – O âmbito constitucional do imposto de importação envolve apenas a importação de produtos *estrangeiros,* vale dizer, não abrange produtos brasileiros que estejam no exterior e sejam simplesmente reimportados. Dispositivo análogo havia na Constituição de 1969, e na de 1946, em face do que o STF considerou inconstitucional o art. 93 do Decreto-lei n° 37, de 1966, que equiparava aos produtos estrangeiros os produtos nacionais ou nacionalizados que, tendo sido exportados, viessem a ser reimportados. Ao proferir voto no julgamento do RE 104.306/SP, no qual se discutia o direito de um contribuinte que levara produtos simplesmente para *expor em uma feira no exterior,* e os trazia de volta para o Brasil, o Min. Octávio Gallotti esclareceu que toda a questão "consiste em saber se a legislação ordinária poderia, mediante uma ficção, inserir, na órbita da incidência do imposto aduaneiro, a operação de entrada de mercadoria de fabricação nacional retirada do País, em caráter temporário e depois reintroduzida. [...] No tocante à prevenção de excessos do uso das ficções jurídicas pelo legislador, recordo a advertência de meu saudoso pai, Ministro LUIZ GALLOTTI, ao pronunciar-se no julgamento do Recurso Extraordinário n° 71.758, considerando que 'se a lei pudesse chamar de compra o que não é compra, de importação o que não é importação, de exportação o que não é exportação, de renda o que não é renda, ruiria todo o sistema tributário inscrito na Constituição' (*RTJ* 66/165) [...] A Constituição deve ser entendida no seu sentido comum, salvo se o texto indicar para determinada expressão, um significado estritamente técnico. De um ou de outro modo, ao individualizar o ingresso de produtos estrangeiros como fato gerador do imposto de importação tencionou decerto, o constituinte, pelas próprias razões determinantes da criação do tributo, entre as quais sobreleva a política de proteção do mercado interno, onerar bens que, produzidos em outros países, fossem trazidos ao território nacional, para consumo" (Trecho do voto proferido no julgamento do RE 104.306/SP, STF, Tribunal Pleno, Rel. Min. Octávio Gallotti, j. em 6/3/1986, v. u., *DJ* de 18/4/1986, p. 5993).

O Poder Público pode, é certo, *proibir* a reimportação de produtos brasileiros que tenham sido exportados (*v. g.,* cigarros), assim como pode proibir a importação de veículos

# Art. 153                    CONSTITUIÇÃO DA REPÚBLICA FEDERATIVA DO BRASIL | **77**

automotores usados (STF, Pleno, RE 203.954/CE, j. em 20/11/1996, v. u., *DJ* de 7/2/1997, p. 1365). Mas isso é uma outra questão.

**3. Momento da ocorrência do fato gerador do imposto de importação** – Entende o STF que "o fato gerador do imposto de importação considera-se ocorrido na data do registro da declaração apresentada pelo importador à repartição alfandegária competente, não havendo que se falar em aplicação retroativa dos efeitos da majoração se ocorreu ela antes do referido ato" (STF, 1ª T., RE 237.986-1/CE, Rel. Min. Ilmar Galvão, j. em 6/4/1999, *DJ* de 3/9/1999, p. 43, *RDDT* nº 50, p. 226). Confiram-se as notas ao art. 150, III, *a*, da CF/88.

**4. Imposto de exportação e legislação infraconstitucional** – Para o disciplinamento legal do imposto de exportação, no plano das normas gerais, observem-se as notas aos arts. 23 a 28 do CTN.

**5. Conceito constitucional de renda** – A teor do art. 146, III, *a*, da CF/88, desdobrando conceito já implícito no texto constitucional, o art. 43 do CTN define renda como *acréscimo patrimonial*. Não se confunde, pois, com *receita*, pois somente pode ser considerado renda o ingresso de riqueza nova que, à luz das despesas e custos havidos dentro do período, implique *acréscimo* do patrimônio. O legislador infraconstitucional, embora tenha de explicitar o que se deve entender por renda, definindo o conceito com maior precisão, não é absolutamente livre nessa tarefa. "Admitir o contrário implica conferir ao legislador infraconstitucional a aptidão de manipular o âmbito das próprias competências tributárias impositivas constitucionalmente estabelecidas, o que é – para quem aceita o pressuposto básico do escalonamento hierárquico da ordem jurídica – impossível. A própria Constituição fornecerá, portanto, ainda que de forma implícita, haurível de sua compreensão sistemática, o conteúdo do conceito de renda por ela – Constituição – pressuposto" (José Artur Lima Gonçalves, "Verbas Indenizatórias e a Incidência do Imposto de Renda", em *Tributo – Revista do Instituto Cearense de Estudos Tributários,* ano 2, nº 2, jan./jul. 2001, p. 191). Há quem se oponha a isso, afirmando que na Constituição não está definido, claramente, o que venha a ser renda. Ora, na Constituição também não está definido o que se deva entender por vida, patrimônio, liberdade, domicílio, soberania, mercadoria, e tantos outros conceitos que ninguém afirmaria serem de livre definição pelo legislador infraconstitucional. Do contrário, a lei poderia reescrever a Constituição, numa inaceitável subversão da hierarquia normativa. Sobre a *relativa* liberdade do legislador complementar para definir conceitos necessários ao exercício da competência tributária, e os limites a serem observados nessa definição, confira-se: MACHADO, Raquel Cavalcanti Ramos. *Competência Tributária*: entre a rigidez do sistema e a atualização interpretativa. São Paulo: Malheiros, 2014, *passim*.

O STF, entretanto, por sua maioria plenária, já se manifestou no sentido de que "o conceito de LUCRO REAL TRIBUTÁVEL é puramente legal e decorre exclusivamente da lei, que adota a técnica da enumeração taxativa" (STF, Pleno, RE 201.465/MG, Rel. Min. Marco Aurélio, Rel. p. o acórdão Min. Nelson Jobim, j. em 2/5/2002, m. v., *DJ* de 17/10/2003, p. 14, a transcrição é de trecho do voto do Min. Nélson Jobim). Tratava-se, no caso, do exame da constitucionalidade do art. 3º, I, da Lei nº 8.200/91, na parte em que, conquanto tenha admitido que os índices de correção monetária anteriores eram irreais, e ensejaram tributação de um "lucro fictício", decorrente apenas da inflação, parcelou e postergou no tempo os efeitos desse reconhecimento, vale dizer, do desfazimento de tais distorções. **Consideramos, com todo o respeito, tal entendimento inteiramente equivocado**, pelas razões muito bem lançadas nos votos (vencidos) dos Ministros Marco Aurélio e Sepúlveda Pertence, os quais, fundados

# 78 | CÓDIGO TRIBUTÁRIO NACIONAL – *Hugo de Brito Machado Segundo* — **Art. 153**

na existência, implícita, de um conceito constitucional de renda, não admitiram conferir ao legislador ordinário liberdade absoluta – como fazia o Ministro Jobim – para definir renda, para fins de incidência do Imposto de Renda. Em seu voto, o Min. Pertence consignou: "o voto do eminente Ministro Nelson Jobim, como sempre muito esclarecedor da complicada mecânica financeira do problema, peca, no entanto, com todas as vênias, quando S. Exa., enfática, literal e repetidamente, reduz a discussão em torno do conceito de renda a uma pura questão de lei ordinária. Lembra-me o voto do velho Ministro Luiz Gallotti, dizendo, com elegância ímpar, o que muitos têm dito: o dia em que for dado chamar de renda o que renda não é, de propriedade imóvel o que não o é, e assim por diante, estará dinamitada toda a rígida discriminação de competências tributárias, o que é o próprio âmago do federalismo tributário brasileiro, o qual, nesse campo, é de discriminação exaustiva de competências exclusivas e, portanto, necessariamente postula um conceito determinado dos campos de incidência possível da lei instituidora de cada tributo nele previsto. Não se pode, é claro, reclamar da Constituição uma exaustão da regulação da incidência de cada tributo, mas há um mínimo inafastável, sob pena – repito – de dinamitação de todo o sistema constitucional de discriminação de competências tributárias" (voto proferido no julgamento do já citado RE 201.465-6/MG). Na jurisprudência do próprio STF, aliás, há precedentes em sentido contrário, vale dizer, reconhecendo que "não pode a Lei infraconstitucional definir como renda o que insitamente não o seja" (STF, 1ª T., RE 195.059/SP, Rel. Min. Moreira Alves, j. em 2/5/2000, v. u., *DJ* de 16/6/2000, p. 38). **No mesmo sentido:** RE 188.684/SP, Rel. Min. Moreira Alves, j. em 16/4/2002, v. u., *DJ* de 7/6/2002, p. 95).

**6. Renda como acréscimo patrimonial e a correção das tabelas do IR** – Considerando o âmbito constitucional de incidência do imposto de renda (que somente pode incidir sobre o *acréscimo patrimonial*), e considerando também o princípio da capacidade contributiva, a lei estabelece alíquotas distintas para faixas de rendimentos também diferentes, além de tratar de parcelas dedutíveis, seus montantes etc.

Com o passar do tempo, e em virtude da inflação, por menor que seja, tais valores se vão defasando. O montante de rendimentos considerado *isento,* por ser reputado como sendo o *mínimo existencial,* abaixo do qual não há capacidade contributiva que justifique o pagamento do tributo, a cada dia se vai achatando, por conta da inflação. Isso faz com que a mera correção do salário, sem que haja qualquer ganho real para o trabalhador, o insira na faixa de contribuintes do imposto, ou faça com que sua faixa de alíquotas seja alterada (*v. g.,* de 15% para 27,5%).

A omissão legislativa em corrigir as tabelas do imposto de renda, portanto, causa malferimento ao âmbito constitucional do imposto de renda, e ao conceito de renda implícito na CF/88 e explicitado no art. 43 do CTN. O STF, porém, considera que, à míngua de lei, nada se pode fazer a respeito. "Ausente previsão legal, é vedado ao Poder Judiciário impor a correção monetária" (STF, 1ª T., RE 415.322 AgR/RS, Rel. Min. Sepúlveda Pertence, j. em 26/4/2005, v. u., *DJ* de 13/5/2005, p. 16). No mesmo sentido: STF, 2ª T., RE 388.471 AgR/MG, Rel. Min. Carlos Velloso, j. em 14/6/2005, v. u., *DJ* de 1º/7/2005, p. 74. Segundo restou consignado em voto da Ministra Cármen Lúcia, não caberia ao Judiciário substituir-se ao Legislativo e ao Executivo "na análise do momento econômico e do índice de correção adequados para a retomada, ou mera aproximação, do quadro estabelecido entre os contribuintes e a lei, quando de sua edição, devendo essa omissão ficar sujeita apenas ao princípio da responsabilidade política, traduzido principalmente na aprovação ou rejeição dos atos de governo nos julgamentos ulteriores do eleitorado" (RE 388.312/MG, rel. orig. Min. Marco Aurélio, red. p/ o acórdão Min. Cármen Lúcia, 1º/8/2011, *Informativo STF* nº 634).

**Art. 153**  CONSTITUIÇÃO DA REPÚBLICA FEDERATIVA DO BRASIL | **79**

**7. IPI incidente na importação e imunidades subjetivas** – "A imunidade prevista no artigo 150, VI, 'c' da Constituição Federal, em favor das instituições de assistência social, abrange o Imposto de Importação e o Imposto sobre Produtos Industrializados, que incidem sobre bens a serem utilizados na prestação de seus serviços específicos" (STF, 2ª T., AI 378454 AgR/SP, Rel. Min. Maurício Corrêa, j. em 15/10/2002, v. u., *DJ* de 29/11/2002, p. 31). Ver notas ao art. 150, VI, *a*, *b* e *c*, da CF/88.

**8. IOF e legislação infraconstitucional** – O Imposto sobre operações de crédito, câmbio e seguro, e sobre operações relativas a títulos e valores mobiliários, conhecido, abreviadamente, como "imposto sobre operações financeiras", ou simplesmente IOF, encontra disciplinamento nos arts. 63 a 67 do CTN, para cujas notas remetemos o leitor interessado nas especificidades desse imposto.

**9. IOF e Imunidades subjetivas** – O IOF não pode incidir sobre operações financeiras realizadas por Municípios, por conta da imunidade recíproca de que trata o art. 150, VI, *a*, da CF/88 (STF, 1ª T., RE 256.035/PR, Rel. Min. Ilmar Galvão, j. em 14/12/1999, v. u., *DJ* de 3/3/2000, *RTJ* 172/1001). Também não pode onerar os rendimentos e ganhos de capital auferidos em aplicações financeiras, por entidades assistenciais, sem fins lucrativos, à luz da imunidade de que cuida o art. 150, VI, *c*, da CF/88 (TRF – 2ª R. – 2ª T. – AMS 98.02.42896-5/RJ – COAD/ADV nº 16/2000, p. 241). Conferir notas ao art. 150 da CF/88.

**10. Âmbito constitucional do IOF, saques de cadernetas de poupança e transmissão de ações** – O conjunto de fatos representados pela expressão "operações de crédito, câmbio e seguros, ou relativas a títulos ou valores mobiliários", constitui o *âmbito constitucional de incidência* do imposto em comento, vulgarmente conhecido como "IOF". A legislação infraconstitucional não pode, ao veicular as normas de tributação relativas a esse imposto, incluir entre suas hipóteses de incidência fatos que não estejam compreendidos nesse âmbito. Por conta disso, o STF já considerou "inconstitucional o inciso V, do art. 1º, da Lei 8.033/90, que institui a incidência do imposto sobre operações de crédito, câmbio e seguros – IOF sobre saques efetuados em caderneta de poupança" (Súmula 664/STF). Considerou-se que o saque em caderneta de poupança não consubstancia operação de crédito, câmbio ou seguro, nem operação relativa a títulos ou valores mobiliários, não se enquadrando, portanto, em nenhuma das hipóteses de incidência do IOF autorizadas pela CF/88. Já a transmissão de ações e bonificações de companhias abertas foi considerada como passível de incidência pelo imposto, por unanimidade, pelo Plenário do STF, visto que configuraria operação de transmissão de títulos ou valores relativos a ditas companhias (RE 583.712).

**11. Imposto sobre propriedade territorial rural. Normas gerais** – Para o regramento do ITR no plano das "normas gerais", confiram-se os arts. 29 a 31 do CTN, e ainda o Decreto-lei nº 57/66. No plano da legislação ordinária, confira-se a Lei nº 9.393/96.

**12. Imposto sobre grandes fortunas. Competência não exercida** – Exemplo raro de competência tributária não exercida, motivado por razões exclusivamente políticas (Hugo de Brito Machado, *Curso de Direito Tributário*, 26. ed., São Paulo: Malheiros, 2005, p. 348). A União Federal nunca editou a Lei Complementar de que cuida o art. 153, VII, da CF/88, definindo "grandes fortunas" para fins de criação do imposto sobre grandes fortunas. Existe projeto de lei complementar, de autoria do então Senador Fernando Henrique Cardoso, até hoje não definitivamente apreciado pelo Congresso Nacional. Em razão de um apontado aumento na desigualdade social e econômica verificado no mundo, o uso da tributação como forma de limitar o acúmulo de grandes fortunas, e de angariar recursos para a promoção de políticas públicas destinadas a incrementar uma igualdade de oportunidades, tem sido defendido por diversos autores, no plano internacional, ressurgindo a discussão a respeito da necessidade de se instituir um imposto sobre grandes fortunas. Veja-se, a respeito, Anthony Atkinson, Inequality. What can be done?, New York: Harvard University Press, 2015; Thomas Piketty, O capital no século XXI, Trad. Mônica Baumgarten de Bolle, Intrínseca, 2014; OECD (2015), *In It Together: Why Less Inequality Benefits All*, OECD Publishing, Paris. DOI: http://dx.doi.org/10.1787/9789264235120-en.

Registre-se que o Governador do Estado do Maranhão moveu ação direta de inconstitucionalidade por omissão (ADO 31), questionando a inconstitucionalidade representada pelo não exercício da competência tributária em questão. O Supremo Tribunal Federal, porém, extinguiu a mencionada ação, por *falta de pertinência temática*, visto que os Estados-membros não participam da arrecadação tributária que eventualmente seria auferida com a instituição do imposto.

**13. Impostos flexíveis e a fundamentação dos atos administrativos** – Tendo a Constituição Federal afirmado que o Poder Executivo poderá estabelecer as alíquotas dos impostos sobre importação, exportação, produtos industrializados e operações financeiras, *desde que atendidas as condições e os limites estabelecidos em lei,* coloca-se a questão de saber se o ato que fixa tais alíquotas deve ser explicitamente fundamentado, vale dizer, se deve conter as razões pelas quais reduziu ou aumentou as alíquotas dos impostos, para permitir uma avaliação de sua legalidade. Nesse sentido, confira-se Hugo de Brito Machado, *Comentários ao Código Tributário Nacional,* São Paulo: Atlas, 2003, v. 1, p. 321.

Entendeu o TRF da 5ª Região, apreciando a questão, que a motivação é indispensável. "A Constituição Federal, em seu art. 153, § 1º, admite a modificação da alíquota do imposto de importação em face de sua natureza extrafiscal, por ato do Poder Executivo, sem a necessidade de observância ao princípio da legalidade estrita. 2. O Decreto-lei nº 1.578/77, fixando a alíquota do imposto de importação em 10%, permite a sua redução ou a sua majoração, até 40%, para atender aos objetivos da política cambial e do comércio exterior. 3. No entanto, a Resolução que preconizar a dita majoração (como aliás todo e qualquer ato administrativo) deve ser motivada, a fim de que seja possível avaliar se, de fato, as circunstâncias reclamavam a modificação em tela, em face, até, de suas repercussões quanto ao patrimônio e aos interesses de terceiros. 4. Como a resolução nº 2.163/95, do Bacen, não apresenta tal motivação, não indicando, com precisão, qual o contexto que justifica a drástica modificação da alíquota do tributo em análise, trata-se de um ato administrativo nitidamente viciado, a ser repelido, tanto por vulnerar o dispositivo constitucional que restringe a dita modificação, como porque se cuida de ato vinculado, a exigir a demonstração cabal das referidas circunstâncias. 5. Apelação e remessa oficial tida como interposta improvidas" (TRF da 5ª R., 2ª T., AMS 950529152-3, rel. Élio Wanderley de Siqueira Filho, v. u., *DJ* de 19/9/1997, p. 76.401, *RDDT* 26/218).

O STF, porém, considerou que a falta de motivação explícita no decreto que altera as alíquotas de impostos flexíveis não é motivo para a sua invalidade. Isso porque a motivação encontrar-se-ia no procedimento administrativo formação do decreto (STF, Pleno, RE 224.285/CE, Rel. Min. Maurício Corrêa, j. em 17/3/1999, v. u., *DJ* de 28/5/1999, p. 26), "mesmo porque os motivos do decreto não vêm nele próprio" (STF, Pleno, RE 225.602/CE, Rel. Min. Carlos Velloso, j. em 25/11/1998, v. u., *DJ* de 6/4/2001, p. 101, *RTJ* 178-1/428). Resta saber se, encontrado o procedimento administrativo de "formação" do decreto

**Art. 153**

CONSTITUIÇÃO DA REPÚBLICA FEDERATIVA DO BRASIL | **81**

modificador das alíquotas de um imposto flexível, e constatada a carência em sua fundamentação, o STF afirmaria ser a motivação "desnecessária". Segundo entendemos, com todo o respeito, tal motivação é indispensável a que se verifique se as condições estabelecidas em lei foram efetivamente observadas, conforme preceitua o art. 153, § 1º, da CF/88.

**14. Natureza da lei exigida para a fixação dos limites e condições para modificação de alíquotas** – Como o art. 153, § 1º, da CF/88 refere-se à lei, sem qualificativo, quando trata da fixação dos requisitos para fixação das alíquotas dos impostos "flexíveis" (II, IE, IPI e IOF), poderia estar se referindo tanto à lei complementar, como à lei ordinária. Contribuintes defenderam a tese de que, como se trata de limitação constitucional ao poder de tributar, trata-se de matéria reservada à lei complementar (CF/88, art. 146, II). O STF, porém, entendeu que a referência apenas à "lei", e não à "lei complementar", estaria a indicar que não se faz necessária a edição de lei complementar, podendo a matéria ser tratada por lei ordinária. "A lei de condições e de limites é lei ordinária, dado que a lei complementar somente será exigida se a Constituição, expressamente, assim determinar. No ponto, a Constituição excepcionou a regra inscrita no art. 146, II" (STF, Pleno, RE 225.602/CE, Rel. Min. Carlos Velloso, j. em 25/11/1998, v. u., *DJ* de 6/4/2001, p. 101, *RTJ* 178-1/428). Com todo o respeito, a conclusão pode estar correta, mas o fundamento não. Na verdade, o estabelecimento de condições e limites para a alteração de alíquotas pelo Executivo pode não ser considerado "limitação constitucional ao poder de tributar", pois não se trata do estabelecimento de fronteiras para o exercício da competência tributária, como seria o caso, por exemplo, da fixação de requisitos para o gozo de uma imunidade. Por essa razão, sim, é que a matéria pode ser tratada por lei ordinária. Não simplesmente porque não está escrito no art. 153, § 1º, a expressão *lei complementar*. Aliás, o próprio STF, ao avaliar a natureza da lei exigida pelo art. 195, § 7º, da CF/88, consignou inúmeras vezes que, à luz de uma interpretação sistêmica, é de lei complementar que se trata ali.

**15. Imposto de renda e generalidade** – O princípio da generalidade, em relação ao imposto de renda, relaciona-se com os sujeitos submetidos ao imposto, determinando que todos, sem exceção, sejam por ele alcançados.

**16. Imposto de renda e universalidade** – Diversamente do princípio da generalidade, segundo o qual o imposto sobre a renda deve alcançar a todos os sujeitos, o princípio da universalidade relaciona-se ao objeto a ser tributado, vale dizer, a renda, preconizando que todo acréscimo patrimonial seja alcançado pelo imposto.

Em função do princípio da universalidade adotou-se, no Brasil, a sistemática de tributação por "bases mundiais", também conhecida como *world wide income taxation*. Não importa onde os rendimentos foram auferidos: sendo o beneficiário residente ou estabelecido no Brasil, o imposto será devido ao Estado brasileiro. É por isso que o § 1º do art. 43 do CTN afirma que "a incidência do imposto independe da denominação da receita ou do rendimento, da localização, condição jurídica ou nacionalidade da fonte, da origem e da forma de percepção". Deve ser feita a ressalva, apenas, de que o imposto não incide sobre a *receita,* mas sobre a *renda,* vale dizer, as receitas depois de subtraídas as despesas.

Por universalidade entende-se, no caso, a ideia de que o patrimônio é uma universalidade de bens, e de que, nessa condição, o *acréscimo* dessa universalidade (renda) deve ser tributado no Brasil, bastando, para tanto, que o seu titular esteja aqui estabelecido ou domiciliado. Mas é preciso adotar a ideia com coerência: o patrimônio não pode ser considerado uma universalidade apenas em relação aos seus acréscimos, ignorando-se essa sua característica

**82** | CÓDIGO TRIBUTÁRIO NACIONAL – *Hugo de Brito Machado Segundo* **Art. 153**

quando da verificação de perdas ou diminuições. É, contudo, o que faz a legislação brasileira, em diversas situações, a exemplo da vedação de que prejuízos e perdas experimentados por filiais de empresas brasileiras no exterior sejam considerados para efeito de cálculo do imposto de renda no Brasil (sendo certo que os lucros, quando verificados em tais filiais, são aqui tributados). Confira-se, a propósito, o art. 25 da Lei nº 9.429/95, e ainda: SEGUNDO, Hugo de Brito; MACHADO, Raquel Cavalcanti Ramos. O imposto de renda das pessoas jurídicas e os resultados verificados no exterior. In: ROCHA, Valdir de Oliveira (Org.). *Grandes questões atuais do direito tributário*. São Paulo: Dialética, 2003, v. 7, p. 191-214.

**17. Imposto de renda e progressividade** – Considera-se progressivo o tributo cujo ônus é tanto maior quanto maior for a grandeza econômica tributável (sendo possível, excepcionalmente, que o critério para o aumento do ônus não seja o aumento da riqueza, mas outra variável, como se dá em relação ao IPTU progressivo no tempo e ao ITR). Isso faz com o que o seu montante não seja apenas proporcionalmente maior, mas progressivamente maior. Quem tem mais paga sensivelmente mais, considerando-se a chamada utilidade marginal da riqueza. *"Se entiende por progresividad aquella característica de un sistema tributario según la cual a medida que aumenta la riqueza de cada sujeto, aumenta la contribución en proporción superior al incremento de riqueza. Los que tienen más contribuyen en proporción superior a los que tienen menos"* (ROYO, Fernando Perez. *Derecho financiero y tributario – parte general*. 7.ed. Madrid: Civitas, 1997, p. 39).

Ao onerar com uma alíquota de 10% salário de R$ 500,00 mensais, por exemplo, retira-se do patrimônio do contribuinte quantia que lhe fará seguramente muita falta no atendimento de suas necessidades básicas. O mesmo percentual de 10%, incidente sobre um salário de R$ 5.000,00, faria também falta ao empregado, mas, embora a proporção seja a mesma, essa falta seria menor. Em se tratando de um salário de R$ 100.000,00, 10% já não fariam praticamente falta nenhuma. É essa utilidade, cada vez menor, que a riqueza tem para quem a acumula que justifica, por imposição dos princípios da isonomia e da capacidade contributiva, uma tributação progressiva. Daí por que Sousa Franco destaca, com razão, que essa forma de tributação apareceu ligada a intenções sociais de maior igualdade e que, "apesar de se encontrar hoje perfeitamente enquadrada em sistemas econômicos capitalistas, convirá recordar a ênfase que lhe é dada no 'Manifesto do Partido Comunista' de Karl Marx e Friedrich Engels" (FRANCO, Sousa. *Finanças públicas e direito financeiro*. Lisboa: Associação Acadêmica da Faculdade de Direito de Lisboa, 1980, p. 196).

Ainda sobre a relação entre progressividade e isonomia, Paul Hugon registra que "a progressividade tem por fundamento o desejo de tornar o sacrifício fiscal igual para todos os contribuintes: repousa na observação, lembrada acima, e que é a base da teoria moderna da utilidade, a saber, que o valor de um bem diminui à medida que a quantidade deste bem aumenta, uma vez que cada nova unidade do mesmo bem permite satisfazer necessidades cada vez menores" (HUGON, Paul. *O imposto*. 2. ed. Rio de Janeiro: Edições Financeiras, 1951, p. 74).

Com o crescimento da desigualdade no mundo, e os efeitos daí decorrentes (não só morais, mas também relativos ao próprio crescimento econômico), a questão da progressividade passou a ser largamente discutida (e defendida) na literatura tributária (jurídica e econômica) no mundo todo, podendo ser citado como exemplo: Anthony Atkinson, Inequality. What can be done?, New York: Harvard University Press, 2015; e Thomas Piketty, *O capital no século XXI*, Trad. Mônica Baumgarten de Bolle, Intrínseca, 2014. No Brasil, a discussão filosófica ou econômica sobre a questão de saber se o imposto de renda deveria ser progressivo ou não

**Art. 153**  CONSTITUIÇÃO DA REPÚBLICA FEDERATIVA DO BRASIL | **83**

precisa dar-se de forma tão longa, visto que o texto constitucional o determina expressamente. Especificamente sobre a adoção da progressividade no que tange ao imposto de renda, confira-se: Ramon Tomazela Santos, A progressividade do imposto de renda e os desafios de política fiscal, *Direito Tributário Atual, n. 33*, São Paulo: Dialética/IBDT, 2015, p .327-358.

**18. Imunidade concedida aos proventos de maiores de 65 anos** – O dispositivo revogado (CF/88, art. 153, § 2º, II) consagrava imunidade tributária, relativamente ao imposto de renda, aos aposentados e pensionistas maiores de 65 anos, nos seguintes termos: "II – não incidirá, nos termos e limites fixados em lei, sobre rendimentos provenientes de aposentadoria e pensão, pagos pela previdência social da União, dos Estados, do Distrito Federal e dos Municípios, a pessoa com idade superior a sessenta e cinco anos, cuja renda total seja constituída, exclusivamente, de rendimentos do trabalho." Essa imunidade, porém, já tinha sido em grande parte amesquinhada pela jurisprudência do STF: "Na dicção da ilustrada maioria, entendimento em relação à qual guardo reservas, o inciso II do § 2º do artigo 153 da Constituição Federal não é auto-aplicável, ou seja, enquanto não editada a lei específica sobre o tema, fixando os limites de que cogita o dispositivo, o direito à não incidência não é passível de ser exercido. Precedente: Mandado de Segurança nº 22.584-0/MG, redator Ministro Nelson Jobim, julgado em 17 de abril de 1997" (STF, 2ª T., RE 198.408/MG, Rel. Min. Marco Aurélio, j. em 26/10/1998, v. u., *DJ* de 5/2/1999, p. 29).

**19. Seletividade. Conceito** – "Seletivo é o imposto que tem alíquota diferente para cada tipo de objeto de sua incidência, seja renda, uma operação ou um produto. Com ele, busca-se, além da arrecadação, uma alteração na atividade econômica, estimulando, ou desestimulando, seja a atividade produtiva, seja o consumo" (Hugo de Brito Machado, *Comentários ao Código Tributário Nacional,* São Paulo: Atlas, 2003, v. 1, p. 262). Não se deve confundir, portanto, *seletividade* com *essencialidade*. A primeira diz respeito à diferenciação no gravame, de modo a "selecionar" produtos, rendimentos, atividades ou serviços. A segunda, por sua vez, é um dos *critérios* dessa seleção, adotado, no caso, para o IPI. Mas a seletividade, em tese, pode ocorrer à luz de outros critérios, como acontece em relação ao IPTU.

**20. Seletividade. Cogência** – Diversamente do que ocorre com o ICMS, que, nos termos da Constituição, *poderá ser* seletivo, o IPI *será* seletivo. Isso significa que o legislador ordinário federal não tem a opção, que os Estados-membros aparentemente têm, de instituir o imposto com alíquota única. Confiram-se as notas ao art. 155, § 2º, III, da CF/88 (seletividade no ICMS).

**21. Essencialidade como critério da seletividade** – Nos termos da Constituição, o critério a ser adotado para a fixação das alíquotas seletivas do IPI há de ser a *essencialidade* do produto de cuja tributação se cogita. A questão que se coloca, então, é a seguinte: pode a União Federal adotar *outro critério* para estabelecer alíquotas diferenciadas para o IPI (critérios regionais, ambientais etc.)? Em princípio, parece-nos que sim, desde que: *i)* seja critério que implique o prestígio de valores também consagrados na Constituição; e *ii)* não haja desrespeito ao critério da essencialidade.

A propósito, a Primeira Turma do Superior Tribunal de Justiça entendeu que é válida a instituição de alíquotas de IPI para o açúcar de cana *diferenciada conforme a região produtora,* com a finalidade de reduzir as desigualdades regionais (STJ, 1ª T., REsp 704.917/RS, Rel. Min. José Delgado, j. em 24/5/2005, v. u., *DJ* de 27/6/2005, p. 267). **No mesmo sentido:** STF, 1ª T., AI 515168 AgR-ED/MG, Cezar Peluso, j. em 30/8/2005, v. u., *DJ* de 21/10/2005, p. 26.

**22. Não cumulatividade do IPI. Crédito acumulado e operações posteriores não tributadas** – Diversamente do que acontece com o ICMS (CF/88, art. 155, § 2º, II, *a* e *b*), o regramento constitucional da não cumulatividade, no âmbito do IPI, não contempla as restrições de crédito relativas às hipóteses em que as operações anteriores, ou as operações posteriores, não são tributadas. Assim, ainda que a operação de *saída* realizada pelo contribuinte não seja tributada, terá ele direito de manter os créditos relativos às entradas, vale dizer, creditar-se do IPI eventualmente incidente nos produtos utilizados como matéria-prima, insumos e material de embalagem. Exemplificando, caso uma indústria panificadora adquira material de embalagem tributado pelo IPI, terá direito de manter o respectivo crédito, apesar de o pão por ela industrializado não ser onerado pelo imposto, por conta da aplicação de "alíquota zero".

O problema é que, se o contribuinte não industrializar outros produtos tributados pelo IPI, não terá como aproveitar seus créditos, no âmbito da sistemática da não cumulatividade, e estes acumular-se-ão em sua escrita. Para resolver essa dificuldade, e *instrumentalizar* o aproveitamento desses créditos, o art. 11 da Lei nº 9.779, de janeiro de 1999, autorizou a sua utilização para compensação com qualquer outro tributo administrado pela Secretaria da Receita Federal do Brasil, nos termos do art. 74 da Lei nº 9.430/96.

A Secretaria da Receita Federal do Brasil, pretendeu que o art. 11 da Lei nº 9.779/99 tivesse efeitos constitutivos, vale dizer, que somente as entradas havidas após a sua vigência (jan./1999) gerariam créditos compensáveis. Normatizando esse seu entendimento, editou a IN SRF 33/99, tratando da questão como se a lei não houvesse apenas possibilitado a compensação de um crédito preexistente, mas sim dado cabimento ao próprio nascimento desse crédito. Com efeito, em seu art. 4º a citada IN dispunha que "o direito ao aproveitamento, nas condições estabelecidas no artigo 11 da Lei nº 9.779/99, do saldo credor do IPI decorrente da aquisição de MP, PI e ME aplicados na industrialização de produtos, inclusive imunes, isentos ou tributados à alíquota zero, alcança, exclusivamente, os insumos recebidos no estabelecimento industrial ou equiparado a partir de 1º de janeiro de 1999".

O Superior Tribunal de Justiça considerou, a meu ver corretamente, que o direito ao crédito decorre diretamente da Constituição Federal, e que a lei apenas veiculou uma nova forma de aproveitá-lo, vale dizer, "a Lei nº 9.779, por força do assento constitucional do princípio da não cumulatividade, tem o caráter meramente elucidativo e explicitador" (STJ, 2ª T., RESP 435.783/AL, Rel. Min. Castro Meira, *DJ* de 3/5/2004). **No mesmo sentido:** STJ, 1ª T., REsp 514.940/SC, *DJ* de 23/8/2004, p. 124; 1ª T., REsp 639.868/SC, *DJ* de 28/2/2005, p. 228; 1ª T., REsp 654.472/PR, *DJ* de 28/2/2005, p. 238; 1ª T., AgRg no REsp 612.034/PR, *DJ* de 30/8/2004, p. 221; 1ª T., REsp 415.796/RS, *DJ* de 10/5/2004. E nem poderia mesmo ser diferente, pois se não fosse possível – independentemente do que dispusesse a lei – manter o crédito decorrente de operações anteriores tributadas, o ônus do IPI sobre elas incidente terminaria repercutindo sobre o produto isento ou tributado com alíquota zero, acumulando-se onerosamente sobre produto que, por sua essencialidade, não deveria ser tributado. No voto que proferiu quando do julgamento do REsp 435.783/AL, acima referido, o Ministro Castro Meira consignou que a "Carta Magna, relativamente ao imposto estadual, vedou o direito ao aproveitamento de crédito relativo à operação não tributada, seja na entrada, seja na saída da mercadoria do estabelecimento comercial. [...] A sistemática da não cumulatividade do IPI não se encontra subordinada à regra semelhante. A Constituição não limitou o direito de crédito pela ocorrência de operações não tributadas [...] impende reconhecer que a Constituição, ao tratar do IPI elegeu o regime da inacumulatividade plena. Mesmo nos casos de saída não tributada, existe o direito ao creditamento do imposto".

# Art. 153
CONSTITUIÇÃO DA REPÚBLICA FEDERATIVA DO BRASIL | **85**

Com isso, na prática, caso tivesse prevalecido o entendimento do STJ, a partir da edição da citada lei, as indústrias com saldo credor acumulado de IPI passariam a poder compensá-lo com tributos administrados pela Secretaria da Receita Federal do Brasil (COFINS, CSLL, IRPJ...), sem prejuízo, naturalmente, de poderem aproveitar, dessa mesma forma, os créditos de IPI decorrentes de entradas subsequentes. Entretanto, posteriormente o STF apreciou a questão e decidiu: "O regime constitucional do Imposto sobre Produtos Industrializados determina a compensação do que for devido em cada operação com o montante cobrado nas operações anteriores, esta a substância jurídica do princípio da não cumulatividade, não aperfeiçoada quando não houver produto onerado na saída, pois o ciclo não se completa. [...] Com o advento do art. 11 da Lei nº 9.779/1999 é que o regime jurídico do Imposto sobre Produtos Industrializados se completou, apenas a partir do início de sua vigência se tendo o direito ao crédito tributário decorrente da aquisição de insumos ou matérias-primas tributadas e utilizadas na industrialização de produtos isentos ou submetidos à alíquota zero. [...]" (STF, Pleno, RE 475.551, j. em 6/5/2009, *DJe*-213 de 13/11/2009).

**23. Não é relevante que tenha havido a efetiva "cobrança"** – Embora o dispositivo constitucional se reporte à compensação "do montante cobrado" nas operações anteriores, não é necessário, para que haja o direito ao crédito, que o IPI devido nas operações anteriores tenha efetivamente sido pago, ou mesmo cobrado. Em lição escrita à luz do ICMS, mas no todo aplicável ao IPI, o Prof. Alcides Jorge Costa adverte que seria "irreal pretender que o adquirente soubesse se o Estado exigiu ou não, concretamente, o ICM que incidiu sobre a operação. O sentido de cobrar só pode ser o de incidir" (Alcides Jorge Costa, *ICM na Constituição e na Lei Complementar*, Resenha Tributária, 1978, p. 156, Apud voto do Min. Nelson Jobim, proferido no julgamento do RE 350.446, *DJ* de 6/6/2003, p. 32).

**24. Não cumulatividade do IPI. Ausência das exceções previstas para o ICMS** – A sistemática da não cumulatividade do ICMS, como se sabe, conta com duas restrições, de ordem constitucional, ao direito de crédito do imposto: *i)* quando a entrada é isenta ou não tributada, não gera crédito para ser aproveitado na saída subsequente; *ii)* quando a saída subsequente é isenta ou não tributada, impõe o estorno (cancelamento) do crédito relativo à entrada (CF/88, art. 155, § 2º, II, *a* e *b*). Relativamente ao IPI, essas restrições não existem.

Vale notar que tais restrições também não constavam, originalmente, no regramento relativo ao antigo ICM. Foram inseridas na Constituição de 1967/69, pela chamada "emenda passos porto", depois que os contribuintes ganharam, no STF, questões nas quais reivindicavam a manutenção do crédito em tais hipóteses.

Isso significa que, agora, relativamente ao IPI, o direito ao creditamento é pleno em tais hipóteses? Vejamos.

**Entradas tributadas, seguidas de saídas isentas ou não tributadas:** o art. 11 da Lei nº 9.779/99 reconhece o direito à manutenção do crédito, e autoriza a sua compensação com outros tributos administrados pela Secretaria da Receita Federal do Brasil. Quanto à natureza meramente declaratória ou constitutiva da norma em comento, confira-se a nota 22, *supra*.

**Entradas isentas ou não tributadas, seguidas de saídas tributadas:** nesse caso, a situação não é de resolução tão simples, e, segundo entendemos, deve ser feita a diferenciação entre duas situações: *i)* a isenção (ou outra forma de desoneração, não importa) é regional, ou individual, de sorte a abranger apenas alguns contribuintes; *ii)* a isenção, ou a outra forma de desoneração (*v. g.*, alíquota zero), é geral, vale dizer, abrange todas as operações com o produto.

Na situação *"i)"*, o crédito deve ser mantido, sob pena de anular-se a isenção, que se transformaria em mero diferimento de incidência. Empresas situadas na Zona Franca de Manaus, por exemplo, quando fornecessem componentes para indústrias situadas em outras partes do Território Nacional, não dariam a estas o direito ao crédito respectivo, o que equivaleria a transferir-lhes o ônus pelo pagamento do imposto. Comprar de empresas situadas na Zona Franca seria um péssimo negócio, pois terminar-se-ia pagando pelo imposto do qual elas são isentas. A menos que as empresas vendessem seus produtos por preço bem mais baixo, para compensar o IPI mais elevado que seria pago pelos seus compradores. Em qualquer caso, neutralizar-se-iam a isenção, seus efeitos e sua finalidade. Com base nisso, o STF decidiu pelo direito ao crédito, no julgamento do RE 212.484/RS, Rel. Min. Ilmar Galvão, Rel. p. o acórdão Min. Nelson Jobim, j. em 5/3/1998, m. v., *DJ* de 27/11/1998, p. 22, *RTJ* 167-2/698. Em seu voto, o Min. Jobim, depois de recordar os precedentes relativos ao ICM, anteriores à emenda Passos Porto (EC 23/83, que inseriu, ainda na Constituição de 1969, as restrições hoje contidas no art. 155, § 2º, II, da CF/88), consignou que "a isenção, na Zona Franca de Manaus, tem como objetivo a implantação de fábricas que irão comercializar seus produtos fora da própria zona. Se não fora assim o incentivo seria inútil. Aquele que produz na Zona Franca não o faz para consumo próprio. Visa a venda em outros mercados". A maioria dos Ministros que acompanhou o Min. Jobim, a propósito, fundou-se precisamente nos precedentes do STF, relativos ao ICM, na emenda "Passos Porto", e na aplicação das restrições apenas ao hoje ICMS.

Na situação *"ii)"*, a questão já não é de resolução tão simples, principalmente em se tratando de aquisição de insumos, matéria-prima ou material de embalagem não tributado em virtude da aplicação de "alíquota zero". Nesse caso, qual seria a alíquota a ser utilizada para dar ao adquirente do direito ao crédito?! Esse problema não surge quando se trata de isenção subjetiva ou regional. Para resolvê-lo, o Judiciário atuaria como "legislador positivo", estabelecendo uma alíquota? Dir-se-á, em oposição, que a alíquota aplicável seria a mesma incidente nas saídas, mas essa solução só agrava o problema. Primeiro, porque o Judiciário continuaria agindo como legislador positivo. Segundo, porque haveria uma inversão completa do princípio da seletividade. Supondo, só para exemplificar (as alíquotas a seguir usadas no exemplo são imaginárias), que o álcool etílico da cana-de-açúcar seja beneficiado com alíquota zero, o fabricante de um remédio que utilize álcool como insumo para fabricar remédio tributado pela alíquota de 10% terá crédito de 10%, enquanto o fabricante de cachaça, tributada por alíquota de 70%, que adquirir o mesmíssimo álcool, terá crédito de 70%... E, para confirmar a distorção, se um insumo usado na fabricação da cachaça for tributado pela alíquota de 0,001%, gerará crédito de 0,001%, mas se sua alíquota for zero, o crédito por ele gerado salta para 70%...

O STF, no julgamento do RE 350.446/PR (Pleno, Rel. Min. Nelson Jobim, j. em 18/12/2002, m. v., *DJ* de 6/6/2003, p. 32), inicialmente entendeu que, não havendo distinção essencial entre a isenção e a alíquota zero, o direito ao crédito, já reconhecido para as entradas isentas (RE 212.484/RS), deveria ser reconhecido, também, para as entradas submetidas à alíquota zero. Em longo voto, de 51 páginas, o Min. Jobim faz apanhado histórico da não cumulatividade no ICM e no IPI, da origem e dos fundamentos do número zero, da doutrina e da jurisprudência a respeito da isenção, e ao final conclui que se "o contribuinte do IPI pode creditar o valor dos insumos adquiridos sob o regime de isenção, inexiste razão para deixar de reconhecer-lhe o mesmo direito na aquisição de insumos favorecidos pela alíquota zero, pois nada extrema, na prática, as referidas figuras desonerativas, notadamente quando se trata de aplicar o princípio da não

# Art. 153

CONSTITUIÇÃO DA REPÚBLICA FEDERATIVA DO BRASIL | **87**

cumulatividade. A isenção e a alíquota zero em um dos elos da cadeia produtiva desapareceriam quando da operação subsequente, se não admitido o crédito". **No mesmo sentido:** STF, 2ª T., RE 293.511 AgR/RS, Rel. Min. Celso de Mello, j. em 11/2/2003, v. u., *DJ* de 21/3/2003, p. 63). **Posteriormente**, a União opôs embargos de declaração ao já referido RE 350.446/PR, que havia sido julgado favoravelmente ao contribuinte, e ainda aos RREE 353.668 e 357.277, sendo a questão novamente submetida ao Plenário, onde estavam também pendentes de julgamento o RE 353.657/PR (Rel. Min. Marco Aurélio), e o RE 370.682/SC (Rel. Min. Ilmar Galvão), que cuidam do mesmo assunto. Nesse contexto, julgando definitivamente a questão, o STF considerou, em entendimento hoje consolidado naquela Corte, que "os princípios da não cumulatividade e da seletividade não ensejam direito de crédito presumido de IPI para o contribuinte adquirente de insumos não tributados ou sujeitos à alíquota zero" (RE 370.682/SC, j. em 25/6/2007).

**25. Exportações. IPI. Imunidade** – Assim como ocorre em relação ao ISS, ao ICMS, e às contribuições, também a norma tributária que instituir o IPI não pode ter como hipótese de incidência a exportação de produtos industrializados, vale dizer, o IPI não pode onerar produtos industrializados destinados ao exterior.

**26. Exportação. Crédito presumido de IPI. Ressarcimento de PIS e COFINS** – PIS e COFINS também não incidem sobre a receita oriunda da exportação. Mesmo antes da regra imunizando do art. 149, § 2º, I, da CF/88, inserida pela EC nº 33/2001, havia regra isentiva. Entretanto, tais contribuições incidem em todas as operações anteriores à de exportação, e terminavam onerando o produto exportado. Para contornar esse problema, depois de implantada a não cumulatividade, optou-se por autorizar o contribuinte exportador a *manter* os créditos inerentes às aquisições das mercadorias, e utilizá-lo na dedução do valor da contribuição a recolher, decorrente das demais operações no mercado interno, ou na compensação de débitos próprios, vencidos ou vincendos, relativos a tributos e contribuições administrados pela Secretaria da Receita Federal do Brasil (Lei nº 10.833/2003, art. 6º). **Entretanto, relativamente ao período anterior à implantação da não cumulatividade, ou para os contribuintes que a ela não se submetem,** a Lei nº 9.363/96 instituiu um "crédito presumido" de IPI, que consiste, aproximadamente, no valor das contribuições que oneraram os produtos exportados, nas operações anteriores. A origem do crédito, a rigor, nada tem a ver com o IPI, sendo o mesmo inserido como crédito de IPI apenas para viabilizar e instrumentalizar o seu aproveitamento.

Conforme ensina Ricardo Mariz de Oliveira, o crédito presumido em questão é calculado da seguinte forma:

"a – apura-se o valor total das aquisições de matérias-primas, produtos intermediários e materiais de embalagem, ocorridas no mercado interno durante o período de apuração do crédito presumido;

b – apura-se a relação porcentual entre a receita de exportação e a receita operacional bruta no período de apuração do crédito presumido;

c – aplica-se a porcentagem obtida em 'b' sobre o valor obtido em 'a', e o resultado corresponde à base de cálculo do crédito presumido no período considerado;

d – aplica-se o percentual de 5,37% sobre a base de cálculo determinada de acordo com 'c', e o resultado corresponde ao montante do crédito presumido no período" (Ricardo Mariz de Oliveira, "Crédito presumido de IPI para ressarcimento de PIS e COFINS – direito ao cálculo sobre aquisições de insumos não tributadas", em *TRIBUTO – Revista do Instituto Cearense de Estudos Tributários,* Fortaleza: ICET., 2001, nº 2, p. 272).

Há, ainda, a possibilidade de se optar pelo crédito presumido "alternativo" de que cuida a Lei nº 10.276/2001. Trata-se, porém, de alternativa, vale dizer, o aproveitamento do crédito presumido de que cuida a Lei nº 10.276/2001 exclui a possibilidade de aproveitamento daquele disciplinado pela Lei nº 9.363/96, e vice-versa. A rigor, são duas formas diversas, e alternativas, de se calcular o crédito presumido, cabendo ao contribuinte optar por uma ou por outra.

**27. Crédito presumido de IPI. Ressarcimento de PIS e COFINS. Restrições** – Como explicado na nota anterior, a Lei nº 9.363/96 instituiu um "crédito presumido" de IPI, que consiste, aproximadamente, no valor das contribuições que oneraram as matérias-primas, os produtos intermediários e o material de embalagem utilizados na fabricação do produto exportado. É uma forma de fazer com que tais contribuições não onerem os produtos exportados, importante quando o exportador não é tributado pela sistemática da não cumulatividade.

Regulamentando a citada lei, a Instrução Normativa 23/97 proibiu a consideração, no cálculo do citado crédito presumido, das aquisições, relativamente aos produtos da atividade rural, de matéria-prima e de insumos de pessoas físicas, sob a consideração de que estas não são contribuintes da COFINS nem do PIS.

Para a doutrina, essa restrição é ilegal. Segundo aponta Ricardo Mariz de Oliveira, o crédito em questão é presumido. O percentual pelo qual é calculado (5,37%) em muitos casos será inferior ao ônus efetivamente representado pelas contribuições. Em outros, poderá ser maior. Mas seu percentual será sempre o mesmo. Por essa razão, não é correto ficar a perquirir se houve efetiva incidência das contribuições em todas as operações anteriores, ou não ("Crédito presumido de IPI para ressarcimento de PIS e COFINS – direito ao cálculo sobre aquisições de insumos não tributadas", em *TRIBUTO – Revista do Instituto Cearense de Estudos Tributários,* Fortaleza: ICET., 2001, nº 2, p. 271 ss).

No mesmo sentido se tem posicionado a jurisprudência do Superior Tribunal de Justiça, para quem "a IN/SRF 23/97 extrapolou a regra prevista no art. 1º, da Lei nº 9.363/96 ao excluir da base de cálculo do benefício do crédito presumido do IPI as aquisições, relativamente aos produtos da atividade rural, de matéria-prima e de insumos de pessoas físicas, que, naturalmente, não são contribuintes diretos do PIS/PASEP e da COFINS". Esse entendimento, de que a IN 23/97 é ilegal, "se baseia nas seguintes premissas: a) a COFINS e o PIS oneram em cascata o produto rural e, por isso, estão embutidos no valor do produto final adquirido pelo produtor-exportador, mesmo não havendo incidência na sua última aquisição; b) o Decreto nº 2.367/98 – Regulamento do IPI –, posterior à Lei nº 9.363/96, não fez restrição às aquisições de produtos rurais; c) a base cálculo do ressarcimento é o valor total das aquisições dos insumos utilizados no processo produtivo (art. 2º), sem condicionantes". Trata-se, a rigor, de regra infralegal que "tentou resgatar exigência prevista na MP 674/94 quanto à apresentação das guias de recolhimentos das contribuições do PIS e da COFINS, mas que, diante de sua caducidade, não foi renovada pela MP nº 948/95 e nem na Lei nº 9.363/96" (STJ, 2ª T., REsp 586.392/RN, Rel. Min. Eliana Calmon, j. em 19/10/2004, v. u., *DJ* de 6/12/2004, p. 259, *RDDT* 113/168). **No mesmo sentido:** "Mesmo quando as matérias-primas ou insumos forem comprados de quem não é obrigado a pagar as contribuições sociais para o PIS/PASEP, as empresas exportadoras devem obter o creditamento do IPI. Precedente: REsp 586.392/RN, Rel. Min. Eliana Calmon, *DJU* de 6/12/04" (STJ, 2ª T., REsp 763.521/PI, Rel. Min. Castro Meira, j. em 11/10/2005, v. u., *DJ* de 7/11/2005, p. 244).

**Art. 153**  CONSTITUIÇÃO DA REPÚBLICA FEDERATIVA DO BRASIL | **89**

**28. Estímulo às exportações e o crédito prêmio de IPI** – O STF decidiu, quando do julgamento do RE 186.359/RS, pela inconstitucionalidade da delegação contida no art. 1º do Decreto-lei nº 1.724/79, segundo o qual o Ministro da Fazenda poderia aumentar, suspender, reduzir ou mesmo extinguir o crédito prêmio de IPI, instituído pelo Decreto-lei nº 491/69 (STF, Pleno, RE 186.359/RS, Rel. Min. Marco Aurélio, j. em 14/3/2002, m. v., *DJ* de 10/5/2002, p. 53). **No mesmo sentido:** STF, Pleno, RE 208.260/RS, Rel. Min. Maurício Corrêa, Rel. p. Acórdão Min. Marco Aurélio, j. em 16/12/2004, m. v., *DJ* de 28/20/2005. Esse, aliás, vinha sendo o entendimento seguido pela pacífica jurisprudência sobre o tema, notadamente do STJ: "O Superior Tribunal de Justiça já pacificou o entendimento de que, declarada a inconstitucionalidade do Decreto-Lei nº 1.724/79, perderam a eficácia os Decretos-lei nos 1.722/79 e 1.658/79. [...] É aplicável o Decreto-lei nº 491/69, expressamente revigorado pelo Decreto-lei nº 1.894/81, que restaurou o benefício do crédito-prêmio do IPI, sem definição do prazo de sua extinção. [...] A prescrição dos créditos fiscais decorrentes do crédito prêmio do IPI é quinquenal, contada a partir do ajuizamento da ação. [...] Precedentes iterativos, inclusive da Primeira Seção" (STJ, REsp 449.471/RS, Rel. Min. João Otávio de Noronha, j. em 20/11/2003, v. u., *DJ* de 16/2/2004, p. 231).

**Posteriormente, entretanto,** o Superior Tribunal de Justiça decidiu pela extinção do crédito-prêmio de IPI em 1983: "O art. 1º do Decreto-lei nº 1.658/79, modificado pelo Decreto-lei nº 1.722/79, fixou em 30.06.1983 a data da extinção do incentivo fiscal previsto no art. 1º do Decreto-lei nº 491/69 (crédito-prêmio de IPI relativos à exportação de produtos manufaturados). 2. Os Decretos-leis nos 1.724/79 (art. 1º) e 1.894/81 (art. 3º), conferindo ao Ministro da Fazenda delegação legislativa para alterar as condições de vigência do incentivo, poderiam, se fossem constitucionais, ter operado, implicitamente, a revogação daquele prazo fatal. Todavia, os tribunais, inclusive o STF, reconheceram e declararam a inconstitucionalidade daqueles preceitos normativos de delegação. 3. Em nosso sistema, a inconstitucionalidade acarreta a nulidade *ex tunc* das normas viciadas, que, em consequência, não estão aptas a produzir qualquer efeito jurídico legítimo, muito menos o de revogar legislação anterior. Assim, por serem inconstitucionais, o art. 1º do Decreto-lei nº 1.724/79 e o art. 3º do Decreto-lei nº 1.894/81 não revogaram os preceitos normativos dos Decretos-leis nos 1.658/79 e 1.722/79, ficando mantida, portanto, a data de extinção do incentivo fiscal. 4. Por outro lado, em controle de constitucionalidade, o Judiciário atua como legislador negativo, e não como legislador positivo. Não pode, assim, a pretexto de declarar a inconstitucionalidade parcial de uma norma, inovar no plano do direito positivo, permitindo que surja, com a parte remanescente da norma inconstitucional, um novo comando normativo, não previsto e nem desejado pelo legislador. Ora, o legislador jamais assegurou a vigência do crédito-prêmio do IPI por prazo indeterminado, para além de 30.06.1983. O que existiu foi apenas a possibilidade de isso vir a ocorrer, se assim o decidisse o Ministro da Fazenda, com base na delegação de competência que lhe fora atribuída. Declarando inconstitucional a outorga de tais poderes ao Ministro, é certo que a decisão do Judiciário não poderia acarretar a consequência de conferir ao benefício fiscal uma vigência indeterminada, não prevista e não querida pelo legislador, e não estabelecida nem mesmo pelo Ministro da Fazenda, no uso de sua inconstitucional competência delegada. 5. Finalmente, ainda que se pudesse superar a fundamentação alinhada, a vigência do benefício em questão teria, de qualquer modo, sido encerrada, na melhor das hipóteses para os beneficiários, em 05 de outubro de 1990, por força do art. 41, § 1º, do ADCT., já que o referido incentivo fiscal setorial não foi confirmado por lei superveniente [...]" (STJ, 1ª T., REsp 591.708/RS, Rel. Min. Teori Albino Zavascki, j. em 8/6/2004, m. v., *DJ* de 9/8/2004,

p. 184). Essa decisão foi atacada por embargos infringentes, ainda não apreciados pela Primeira Seção. Entretanto, no julgamento do EREsp 541.239/DF, em 9/11/2005, a Primeira Seção decidiu, por cinco votos a três, pela extinção do crédito prêmio de IPI, confirmando o entendimento inovador manifestado no já transcrito RE 591.708/RS.

Para uma análise crítica desse novo entendimento do Superior Tribunal de Justiça, confira-se: *Crédito-Prêmio de IPI – Estudos e Pareceres,* vários autores, Barueri. SP: Manole, 2005; *Crédito-Prêmio de IPI – Novos Estudos e Pareceres.* vários autores, Barueri. SP: Manole, 2005.

**Posteriormente,** quando a questão parecia equacionada pelo STJ no plano infraconstitucional, o Senado Federal editou a Resolução n° 71, de 26 de dezembro de 2005, dispondo: "O Senado Federal, no uso de suas atribuições que lhe são conferidas pelo inciso X do art. 52 da Constituição Federal e tendo em vista o disposto em seu Regimento Interno, e nos estritos termos das decisões definitivas do Supremo Tribunal Federal, Considerando a declaração de inconstitucionalidade de textos de diplomas legais, conforme decisões definitivas proferidas pelo Supremo Tribunal Federal nos autos dos Recursos Extraordinários n°s 180.828, 186.623, 250.288 e 186.359, Considerando as disposições expressas que conferem vigência ao estímulo fiscal conhecido como 'crédito-prêmio de IPI', instituído pelo art. 1° do Decreto-Lei n° 491, de 5 de março de 1969, em face dos arts. 1° e 3° do Decreto-lei n° 1.248, de 29 de novembro de 1972; dos arts. 1° e 2° do Decreto-lei n° 1.894, de 16 de dezembro de 1981, assim como do art. 18 da Lei n° 7.739, de 16 de março de 1989; do § 1° e incisos II e III do art. 1° da Lei n° 8.402, de 8 de janeiro de 1992, e, ainda, dos arts. 176 e 177 do Decreto n° 4.544, de 26 de dezembro de 2002; e do art. 4° da Lei n° 11.051, de 29 de dezembro de 2004, Considerando que o Supremo Tribunal Federal, em diversas ocasiões, declarou a inconstitucionalidade de termos legais com a ressalva final dos dispositivos legais em vigor, RESOLVE: Art. 1° É suspensa a execução, no art. 1° do Decreto-lei n° 1.724, de 7 de dezembro de 1979, da expressão 'ou reduzir, temporária ou definitivamente, ou extinguir', e, no inciso I do art. 3° do Decreto-lei n° 1.894, de 16 de dezembro de 1981, das expressões 'reduzi-los' e 'suspendê-los ou extingui-los', preservada a vigência do que remanesce do art. 1° do Decreto-lei n° 491, de 5 de março de 1969. Art. 2° Esta Resolução entra em vigor na data de sua publicação" (*DOU* de 27/12/2005).

A edição da mencionada resolução parecia ter resolvido a questão. Mas não resolveu. Posteriormente, o STF sobre ela se pronunciou, decidindo, de forma definitiva, pela extinção do crédito-prêmio do IPI em 1990. É conferir: "I – O crédito-prêmio de IPI constitui um incentivo fiscal de natureza setorial de que trata o do art. 41, *caput*, do Ato das Disposições Transitórias da Constituição. II – Como o crédito-prêmio de IPI não foi confirmado por lei superveniente no prazo de dois anos, após a publicação da Constituição Federal de 1988, segundo dispõe o § 1° do art. 41 do ADCT, deixou ele de existir. III – O incentivo fiscal instituído pelo art. 1° do Decreto-Lei 491, de 5 de março de 1969, deixou de vigorar em 5 de outubro de 1990, por força do disposto no § 1° do art. 41 do Ato de Disposições Constitucionais Transitórias da Constituição Federal de 1988, tendo em vista sua natureza setorial. [...]" (RE 561.485-RS).

**29. Redação anterior do § 4° do art. 153** – A redação originária do § 4° do art. 153 da CF/88 dispunha simplesmente: "§ 4° O imposto previsto no inciso VI terá suas alíquotas fixadas de forma a desestimular a manutenção de propriedades improdutivas e não incidirá sobre pequenas glebas rurais, definidas em lei, quando as explore, só ou com sua família, o proprietário que não possua outro imóvel." Com o advento da EC 42/2004, além de se

# Art. 154

CONSTITUIÇÃO DA REPÚBLICA FEDERATIVA DO BRASIL | **91**

autorizar expressamente a progressividade no ITR, inseriu-se a novidade de os Municípios poderem fiscalizar e arrecadar esse imposto, mantendo para si 100% de sua arrecadação.

**30. Progressividade no ITR. Critério e finalidade** – As alíquotas do ITR são progressivas, mas, em atenção ao disposto no art. 153, § 4°, da CF/88, o critério adotado para sua aplicação não é o valor do imóvel, mas sim a combinação de duas variáveis: o grau de utilização e a área total do imóvel. Não se visa a atingir, propriamente, a capacidade contributiva, mas um fim extrafiscal, ligado ao aproveitamento da propriedade territorial rural. Assim, quanto maior o terreno, e quanto menos aproveitado, maior a alíquota. Nos termos da Lei n° 9.393/96, a menor alíquota é de 0,03%, para imóveis de até 50 hectares com grau de utilização maior que 80%, e a maior é de 20%, para imóveis superiores a 5.000 hectares com grau de aproveitamento igual ou inferior a 30%. Trata-se de evidente forma de, por meio da extrafiscalidade (tributo extrafiscal proibitivo), desestimular a manutenção de propriedades grandes e improdutivas.

**31. Pequena gleba rural. Definição** – A Lei n° 9.393/96 define pequena gleba rural, para os fins da regra imunizante contida no art. 153, § 4°, II, da CF/88, os imóveis rurais com área igual ou inferior a: *i)* 100 ha, se localizado em município compreendido na Amazônia Ocidental ou no Pantanal mato-grossense e sul-mato-grossense; *ii)* 50 ha, se localizado em município compreendido no Polígono das Secas ou na Amazônia Oriental; *iii)* 30 ha, se localizado em qualquer outro município.

**32. IOF. Insumo industrial depositado em banco comercial não é ativo financeiro** – "Não se considera ativo financeiro, para efeito de incidência de IOF (Leis n°s 7.766/89 e 8.033/90) o ouro destinado a servir como insumo industrial em joalheria e odontologia. A circunstância de os bancos comerciais serem entidades financeiras não transforma o ouro industrial em ativo financeiro, para efeito de incidência do IOF" (STJ, 1ª T., REsp 121.354/ RJ, Rel. Min. Garcia Vieira, Rel. p/ Acórdão Min. Gomes de Barros, j. em 18/12/1997, m. v., *DJ* de 11/5/1998, p. 11).

**33. Ouro. Ativo financeiro. IOF. Incidência única** – "O ouro, definido como ativo financeiro ou instrumento cambial, sujeita-se, exclusivamente, ao IOF, devido na operação de origem: CF, art. 153, § 5° Inconstitucionalidade do inciso II do art. 1° da Lei n° 8.033/90" (STF, Pleno, RE 190.363/RS, Rel. Min. Carlos Velloso, j. em 13/5/1998, v. u., *DJ* de 12/6/1998, p. 66, *RTJ* 166-2/624). Referido dispositivo de lei, a propósito, possibilitava a incidência do IOF em todas as operações com ouro como ativo financeiro (e não apenas na primeira), sendo por isso declarado inconstitucional pelo STF, que, para tanto, fundou-se na doutrina de Alberto Xavier ("IOF – Inconstitucionalidade das novas incidências do IOF em geral e sobre o ouro em especial", na *RDT* 52/97).

**Art. 154.** A União poderá instituir:

I – mediante lei complementar, impostos não previstos no artigo anterior, desde que sejam não cumulativos[1] e não tenham fato gerador ou base de cálculo próprios dos discriminados nesta Constituição;[2, 3]

II – na iminência ou no caso de guerra externa, impostos extraordinários, compreendidos ou não em sua competência tributária,[4, 5] os quais serão suprimidos, gradativamente, cessadas as causas de sua criação.[6]

# 92 | CÓDIGO TRIBUTÁRIO NACIONAL – *Hugo de Brito Machado Segundo*    **Art. 154**

## Anotações

**1. Competência residual e não cumulatividade** – Ao que nos parece, a imposição de que o imposto residual seja não cumulativo não significa que este deva ser, necessariamente, plurifásico, como o ICMS e o IPI. Não. Pode-se tratar de imposto com incidência única, monofásica, o qual também é não-cumulativo. O que não pode haver é a incidência em várias etapas (plurifásico), e de modo cumulativo. Desde 1988, porém, nenhum imposto novo foi criado, com base na competência residual. O IPMF, é bom lembrar, foi criado com amparo em previsão específica contida na EC 3/93, que inclusive o excepcionava da aplicação do art. 154 da CF/88.

**2. Competência residual e rigidez das competências impositivas** – A teor do que claramente dispõe o art. 154, I, da CF/88, o imposto eventualmente criado com base na competência residual não pode ter fato gerador nem base de cálculo próprios de quaisquer dos demais já discriminados na CF, ou seja, além de o imposto dever ser distinto daqueles cuja instituição já é atribuída à União pelo art. 153, não pode haver invasão da competência estadual, nem da competência municipal.

**3. Competência residual e partilha de receita** – Imposto federal criado com base na "competência residual" deverá ter 20% do produto de sua arrecadação entregue aos Estados-membros, e ao Distrito Federal, nos termos do art. 157, II, da CF/88. Certamente por conta disso, nunca nenhum foi criado. A União tem preferido utilizar, de modo deturpado e abusivo, as "contribuições", notadamente as de seguridade social, que destina ao seu próprio orçamento fiscal, e não ao orçamento da seguridade, em aberta e injustificável violação ao art. 165, § 5º, III, da CF/88.

**4. Impostos de guerra. Âmbitos de incidência e impostos estaduais e municipais** – Os impostos criados em função da competência extraordinária atribuída à União, no caso de guerra externa ou sua iminência, podem incidir sobre fatos geradores compreendidos ou não na competência da União, vale dizer, podem incidir sobre renda, importação, operação financeira etc., mas também sobre serviços, circulação de mercadorias, propriedade imobiliária urbana etc. Não há vedação (normalmente presente, como se vê, por exemplo, do art. 154, I, e do art. 146, I e III, "a", da CF/88) de que a União invada as competências de outros entes, típica do federalismo, pois no caso excepcional e extraordinário de uma guerra, é a própria soberania da República Federativa que está sendo defendida. E, além disso, desaparecida a causa que justifica a criação desses impostos (guerra ou sua iminência), os mesmos devem ser suprimidos.

**5. Impostos de guerra e anterioridade** – Os impostos criados por força de guerra externa ou sua iminência, chamados "impostos extraordinários de guerra", não se submetem ao princípio da anterioridade (CF/88, art. 150, III, § 1º). Mas, excepcionadas a anterioridade e a vedação à invasão das competências dos entes periféricos, os impostos se submetem, normalmente, aos demais princípios e regras limitadores da competência impositiva (capacidade contributiva, irretroatividade, legalidade etc.).

**6. Impostos de guerra. Supressão gradual** – De acordo com o art. 154, II, da CF/88, cessada a causa da criação dos impostos extraordinários de guerra, vale dizer, não consumada a guerra iminente, ou celebrada a paz relativamente à guerra declarada, estes devem ser gradativamente suprimidos. Não diz a Constituição como essa "graduação" deverá ocorrer. Nem seria razoável que o dissesse. Trata-se de matéria adequada para a legislação infraconstitucional, notadamente a complementar. De acordo com o art. 76 do CTN, essa supressão deverá ocorrer em no máximo cinco anos contados da celebração da paz. Há quem

# Art. 155

CONSTITUIÇÃO DA REPÚBLICA FEDERATIVA DO BRASIL | 93

afirme que a disposição do art. 76 do CTN, alusiva a um prazo de cinco anos para supressão dos impostos extraordinários de guerra, é inconstitucional, não tendo sido recepcionada nem pela Carta de 1967 nem pela CF/88 (Roque Antonio Carrazza, *Curso de Direito Constitucional Tributário,* 11. ed., São Paulo: Malheiros, 1998, p. 359). Não nos parece, contudo, que seja assim. O fato de a CF/88 referir-se vagamente à "supressão gradativa" não impede a lei complementar de regulamentar essa supressão, estipulando-lhe um prazo que, diga-se de passagem, é até elástico demais (Cf. Hugo de Brito Machado, *Comentários ao Código Tributário Nacional,* São Paulo: Atlas, 2003, v. 1, p. 636 ss).

## Seção IV
### Dos Impostos dos Estados e do Distrito Federal

**Art. 155.** Compete aos Estados e ao Distrito Federal instituir impostos sobre: *(Redação dada[1] pela Emenda Constitucional nº 3, de 17.3.1993)*

I – transmissão *causa mortis*[2] e doação,[3] de quaisquer bens ou direitos;[4,5,6] *(Redação dada pela Emenda Constitucional nº 3, de 17.3.1993)*

II – operações relativas à circulação de mercadorias[7,8,9] e sobre prestações de serviços de transporte[10] interestadual e intermunicipal e de comunicação,[11,12] ainda que as operações e as prestações se iniciem no exterior; *(Redação dada pela Emenda Constitucional nº 3, de 17.3.1993)*

III – propriedade de veículos automotores.[13,14] *(Redação dada pela Emenda Constitucional nº 3, de 17.3.1993)*

§ 1º O imposto previsto no inciso I: *(Redação dada pela Emenda Constitucional nº 3, de 17.3.1993)*

I – relativamente a bens imóveis e respectivos direitos, compete ao Estado da situação do bem, ou ao Distrito Federal;

II – relativamente a bens móveis, títulos e créditos, compete ao Estado onde se processar o inventário ou arrolamento, ou tiver domicílio o doador, ou ao Distrito Federal;

III – terá competência para sua instituição regulada por lei complementar:

a) se o doador tiver domicílio ou residência no exterior;

b) se o *de cujus* possuía bens, era residente ou domiciliado ou teve o seu inventário processado no exterior;

IV – terá suas alíquotas máximas fixadas pelo Senado Federal;[15]

§ 2º O imposto previsto no inciso II atenderá ao seguinte: *(Redação dada pela Emenda Constitucional nº 3, de 17.3.1993)*

I – será não cumulativo,[16,17] compensando-se o que for devido em cada operação relativa à circulação de mercadorias ou prestação de serviços com o montante cobrado nas anteriores pelo mesmo ou outro Estado ou pelo Distrito Federal;

II – a isenção ou não-incidência,[18] salvo determinação em contrário da legislação:

a) não implicará crédito para compensação com o montante devido nas operações ou prestações seguintes;

b) acarretará a anulação do crédito relativo às operações anteriores;[19]

III – poderá[20] ser seletivo,[21] em função da essencialidade[22] das mercadorias e dos serviços;

IV – resolução do Senado Federal, de iniciativa do Presidente da República ou de um terço dos Senadores, aprovada pela maioria absoluta de seus membros, estabelecerá as alíquotas aplicáveis às operações e prestações, interestaduais[23] e de exportação;[24]

V – é facultado ao Senado Federal:

a) estabelecer alíquotas mínimas nas operações internas, mediante resolução de iniciativa de um terço e aprovada pela maioria absoluta de seus membros;[25]

b) fixar alíquotas máximas nas mesmas operações para resolver conflito específico que envolva interesse de Estados, mediante resolução de iniciativa da maioria absoluta e aprovada por dois terços de seus membros;

VI – salvo deliberação em contrário dos Estados e do Distrito Federal, nos termos do disposto no inciso XII, *g*, as alíquotas internas, nas operações relativas à circulação de mercadorias e nas prestações de serviços, não poderão ser inferiores às previstas para as operações interestaduais;[26]

VII – nas operações e prestações que destinem bens e serviços a consumidor final, contribuinte ou não do imposto, localizado em outro Estado, adotar-se-á a alíquota interestadual e caberá ao Estado de localização do destinatário o imposto correspondente à diferença entre a alíquota interna do Estado destinatário e a alíquota interestadual; *(Redação dada pela Emenda Constitucional nº 87, de 16.5.2015)*[27]

a) *(revogada pela Emenda Constitucional no 87, de 16.5.2015)*;

b) *(revogada pela Emenda Constitucional no 87, de 16.5.2015)*;

VIII – a responsabilidade pelo recolhimento do imposto correspondente à diferença entre a alíquota interna e a interestadual de que trata o inciso VII será atribuída:*(Redação dada pela Emenda Constitucional nº 87, de 16.5.2015)*

a) ao destinatário, quando este for contribuinte do imposto *(acrescentada pela Emenda Constitucional no 87, de 16.5.2015)*[28];

b) ao remetente, quando o destinatário não for contribuinte do imposto *(acrescentada pela Emenda Constitucional no 87, de 16.5.2015)*[29,30,31];

IX – incidirá também:

a) sobre a entrada de bem ou mercadoria importados do exterior por pessoa física ou jurídica, ainda que não seja contribuinte habitual do imposto,[32] qualquer

**Art. 155**  CONSTITUIÇÃO DA REPÚBLICA FEDERATIVA DO BRASIL | **95**

que seja a sua finalidade, assim como sobre o serviço prestado no exterior, cabendo o imposto ao Estado onde estiver situado o domicílio ou o estabelecimento do destinatário da mercadoria, bem ou serviço; *(Redação dada pela Emenda Constitucional nº 33, de 11.12.2001)*

b) sobre o valor total da operação, quando mercadorias forem fornecidas com serviços não compreendidos na competência tributária dos Municípios;[33]

X – não incidirá:

a) sobre operações que destinem[34] mercadorias para o exterior, nem sobre serviços prestados a destinatários no exterior, assegurada a manutenção e o aproveitamento do montante do imposto cobrado nas operações e prestações anteriores;[35] *(Redação dada[36] pela Emenda Constitucional nº 42, de 19.12.2003)*

b) sobre operações que destinem a outros Estados petróleo, inclusive lubrificantes, combustíveis líquidos e gasosos dele derivados, e energia elétrica;[37]

c) sobre o ouro, nas hipóteses definidas no art. 153, § 5º;[38]

d) nas prestações de serviço de comunicação nas modalidades de radiodifusão sonora e de sons e imagens de recepção livre e gratuita; *(Incluído pela Emenda Constitucional nº 42, de 19.12.2003)*

XI – não compreenderá, em sua base de cálculo, o montante do imposto sobre produtos industrializados, quando a operação, realizada entre contribuintes e relativa a produto destinado à industrialização ou à comercialização, configure fato gerador dos dois impostos;

XII – cabe à lei complementar:

a) definir seus contribuintes;

b) dispor sobre substituição tributária;[39]

c) disciplinar o regime de compensação do imposto;[40]

d) fixar, para efeito de sua cobrança e definição do estabelecimento responsável, o local das operações relativas à circulação de mercadorias e das prestações de serviços;

e) excluir da incidência do imposto, nas exportações para o exterior, serviços e outros produtos além dos mencionados no inciso X, *a*;

f) prever casos de manutenção de crédito, relativamente à remessa para outro Estado e exportação para o exterior, de serviços e de mercadorias;

g) regular a forma como, mediante deliberação dos Estados e do Distrito Federal, isenções,[41, 42] incentivos e benefícios fiscais[43] serão concedidos e revogados;[44]

h) definir os combustíveis e lubrificantes sobre os quais o imposto incidirá uma única vez, qualquer que seja a sua finalidade, hipótese em que não se aplicará o disposto no inciso X, *b*; *(Incluída pela Emenda Constitucional nº 33, de 11.12.2001)*

i) fixar a base de cálculo, de modo que o montante do imposto a integre, também na importação do exterior de bem, mercadoria ou serviço. *(Incluída pela Emenda Constitucional nº 33, de 11.12.2001)*

§ 3º À exceção dos impostos de que tratam o inciso II do *caput* deste artigo e o art. 153, I e II, nenhum outro imposto poderá incidir sobre operações relativas a energia elétrica, serviços de telecomunicações, derivados de petróleo, combustíveis e minerais do País. *(Redação dada[45] pela Emenda Constitucional nº 33, de 11.12.2001)*

§ 4º Na hipótese do inciso XII, *h*, observar-se-á o seguinte: *(Incluído pela Emenda Constitucional nº 33, de 11.12.2001)*

I – nas operações com os lubrificantes e combustíveis derivados de petróleo, o imposto caberá ao Estado onde ocorrer o consumo; *(Incluído pela Emenda Constitucional nº 33, de 11.12.2001)*

II – nas operações interestaduais, entre contribuintes, com gás natural e seus derivados, e lubrificantes e combustíveis não incluídos no inciso I deste parágrafo, o imposto será repartido entre os Estados de origem e de destino, mantendo-se a mesma proporcionalidade que ocorre nas operações com as demais mercadorias; *(Incluído pela Emenda Constitucional nº 33, de 11.12.2001)*

III – nas operações interestaduais com gás natural e seus derivados, e lubrificantes e combustíveis não incluídos no inciso I deste parágrafo, destinadas a não contribuinte, o imposto caberá ao Estado de origem; *(Incluído pela Emenda Constitucional nº 33, de 11.12.2001)*

IV – as alíquotas do imposto serão definidas mediante deliberação dos Estados e Distrito Federal, nos termos do § 2º, XII, *g*, observando-se o seguinte: *(Incluído pela Emenda Constitucional nº 33, de 11.12.2001)*

a) serão uniformes em todo o território nacional, podendo ser diferenciadas por produto; *(Incluído pela Emenda Constitucional nº 33, de 11.12.2001)*

b) poderão ser específicas, por unidade de medida adotada, ou *ad valorem*, incidindo sobre o valor da operação ou sobre o preço que o produto ou seu similar alcançaria em uma venda em condições de livre concorrência; *(Incluído pela Emenda Constitucional nº 33, de 11.12.2001)*

c) poderão ser reduzidas e restabelecidas, não se lhes aplicando o disposto no art. 150, III, *b*. *(Incluído pela Emenda Constitucional nº 33, de 11.12.2001)*

§ 5º As regras necessárias à aplicação do disposto no § 4º, inclusive as relativas à apuração e à destinação do imposto, serão estabelecidas mediante deliberação dos Estados e do Distrito Federal, nos termos do § 2º, XII, *g*. *(Incluído pela Emenda Constitucional nº 33, de 11.12.2001)*

§ 6º O imposto previsto no inciso III: *(Incluído pela Emenda Constitucional nº 42, de 19.12.2003)*

# Art. 155
CONSTITUIÇÃO DA REPÚBLICA FEDERATIVA DO BRASIL | 97

I – terá alíquotas mínimas fixadas pelo Senado Federal; *(Incluído pela Emenda Constitucional nº 42, de 19.12.2003)*

II – poderá ter alíquotas diferenciadas em função do tipo e utilização.[46] *(Incluído pela Emenda Constitucional nº 42, de 19.12.2003)*

## Anotações

**1. EC 3/93. Supressão de parte da competência impositiva estadual** – Em sua redação primitiva, o art. 155 da CF/88 facultava aos Estados-membros e ao Distrito Federal instituir, além dos impostos atualmente discriminados, *adicional do imposto de renda,* nos seguintes termos: "Art. 155. Compete aos Estados e ao Distrito Federal instituir: I – impostos sobre: a) transmissão *causa mortis* e doação, de quaisquer bens ou direitos; b) operações relativas à circulação de mercadorias e sobre prestações de serviços de transporte interestadual e intermunicipal e de comunicação, ainda que as operações e as prestações se iniciem no exterior; c) propriedade de veículos automotores; II – adicional de até cinco por cento do que for pago à União por pessoas físicas ou jurídicas domiciliadas nos respectivos territórios, a título do imposto previsto no art. 153, III, incidente sobre lucros, ganhos e rendimentos de capital."

Depois de o STF declarar que a instituição desse adicional de imposto de renda estadual dependia da edição de lei complementar federal que dirimisse conflitos de competência entre os Estados-membros (nunca editada) (STF, Pleno, RE 136.215/RJ, Rel. Min. Octávio Gallotti, j. em 18/2/1993, *DJ* de 16/4/1993, p. 6438), forças centrípetas e centralizadoras suprimiram essa fonte de renda (e de autonomia) dos Estados-membros, com a edição da EC nº 3/93.

**2. Momento da ocorrência do fato gerador do ITCD, na transmissão *causa mortis*** – "O fato gerador do imposto *causa mortis* dá-se com a transmissão da propriedade ou de quaisquer bens e direitos e ocorre no momento do óbito. Aplicação da lei vigente à época da sucessão" (STJ, 2ª T., AgRg no Ag 721.031/SP, Rel. Min. Castro Meira, j. em 7/2/2006, v. u., *DJ* de 20/2/2006, p. 305). As alíquotas aplicáveis, portanto, são aquelas vigentes na data da morte, podendo ser, no entendimento do STF, estabelecidas de forma progressiva pela legislação estadual (RE 562.045/RS).

**3. Separação judicial e entrega ao cônjuge de bens em valor superior à meação. Doação** – "Na separação judicial, a legalização dos bens da meação não está sujeita a tributação", até porque não se trata de doação, nem de herança. Entretanto, em "havendo a entrega a um dos cônjuges de bens de valores superiores à meação, sem indícios de compensação pecuniária, entende-se que ocorreu doação, passando a incidir, sobre o que ultrapassar a meação, o Imposto de Transmissão por Doação, de competência dos Estados (art. 155, I, da CF)" (STJ, 2ª T., REsp 723.587/RJ, Rel. Min. Eliana Calmon, j. em 5/5/2005, v. u., *DJ* de 6/6/2005, p. 300).

**4. Imposto de transmissão *causa mortis* (ITCD). Base de cálculo** – "O Imposto de Transmissão *Causa Mortis* é calculado sobre o valor dos bens na data da avaliação" (Súmula nº 113/STF).

**5. Base de cálculo do ITCD e honorários advocatícios** – "Sobre os honorários do advogado contratado pelo inventariante, com a homologação do juiz, não incide o Imposto de Transmissão *Causa Mortis*" (Súmula nº 115/STF). Vale dizer, os honorários não integram a base de cálculo do imposto, até mesmo porque, se o fato gerador é a transmissão, a base de cálculo não pode incidir sobre valores diversos daqueles que estão sendo transmitidos.

**6. ITCD e morte presumida** – "É legítima a incidência do imposto de transmissão *causa mortis* no inventário por morte presumida" (Súmula nº 331/STF).

**7. Conceito de operação relativa à circulação de mercadorias** – Mercadorias são bens móveis e corpóreos destinados ao comércio, vale dizer, "coisas que se produzem para vender ou se compram para revender com lucro" (Aliomar Baleeiro, *Direito Tributário Brasileiro*, 11. ed, Rio de Janeiro: Forense, 1999, p. 407). Operações, por sua vez, são negócios que, transferindo sua posse ou propriedade, as impulsionam em seu ciclo econômico, da produção ao consumo. Por isso mesmo, "não constitui fato gerador do imposto de circulação de mercadorias a saída física de máquinas, utensílios e implementos a título de comodato" (Súmula nº 573/STF).

**8. Âmbito constitucional de incidência do ICMS e *software*** – Programas de computador são mercadorias? Segundo o STF, sim, desde que gravados em suporte físico (*corpus mechanicum*), o qual se enquadra no conceito de "mercadoria": "Programa de computador ('software'): tratamento tributário: distinção necessária. Não tendo por objeto uma mercadoria, mas um bem incorpóreo, sobre as operações de 'licenciamento ou cessão do direito de uso de programas de computador', 'matéria exclusiva da lide', efetivamente não podem os Estados instituir ICMS: dessa impossibilidade, entretanto, não resulta que, de logo, se esteja também a subtrair do campo constitucional de incidência do ICMS a circulação de cópias ou exemplares dos programas de computador produzidos em série e comercializados no varejo, como a do chamado 'software de prateleira' (*off the shelf*), os quais, materializando o *corpus mechanicum* da criação intelectual do programa, constituem mercadorias postas no comércio" (STF, 1ª T., RE 176.626/SP, Rel. Min. Sepúlveda Pertence, j. em 10/11/1998, v. u., *DJ* de 11/12/1998, p. 10). Partindo das premissas adotadas pelo STF, se o programa de computador for comercializado pela *Internet*, e inclusive "entregue" ao consumidor também pela internet (pelo sistema de *download*), não há campo para incidência do ICMS, à míngua do *corpus mechanicum*. Aliás, além do obstáculo jurídico, tal forma de "comércio eletrônico", realizada inteiramente por meios digitais, seria de fiscalização e controle muito difíceis. É importante destacar, contudo, que a decisão antes mencionada diz respeito a período anterior à LC nº 116/2003, que dispõe estar inserido no âmbito de incidência do ISS o "licenciamento ou cessão de direito de uso de programas de computação". (item 1.05 da lista de serviços). Diante dessa alteração, pode-se sustentar, à luz da competência, que o art. 146, I, da CF/88 confere à lei complementar (dispor sobre conflitos de competência) que as operações com *software* estão hoje, todas, sujeitas à incidência apenas do ISS, sejam os programas feitos por encomenda ou de forma padronizada. Aliás, considerando que cessão de direito não é serviço, e considerando que dentro de pouco tempo cairá em desuso a cessão de direitos através de um *corpus mechanicum* que possa ser adquirido em prateleiras (substituídos por *download*), coloca-se a questão de saber se a cessão de direito de uso pode ser tributada até mesmo pelo ISS, pois não se tem, nesse caso, um *serviço*, da mesma forma como não se tem serviço na locação de bens móveis.

Registre-se que, posteriormente, em maio de 2010, concluindo o julgamento da ADI-MC 1.945, o STF considerou, liminarmente, constitucional disposição de lei estadual mato-grossense segundo a qual o ICMS poderia ser exigido na venda de *software* dito "de prateleira", *mesmo* nas hipóteses em que a venda se dá por meio de *download*, através da *Internet*, sem que se possa cogitar de um *corpus mechanicum*.

# Art. 155　　CONSTITUIÇÃO DA REPÚBLICA FEDERATIVA DO BRASIL | 99

**9. Âmbito constitucional do ICMS e comercialização de fitas de vídeo** – "É legítima a incidência do ICMS na comercialização de exemplares de obras cinematográficas, gravados em fitas de videocassete" (Súmula nº 662/STF). O entendimento que prevaleceu, nos arestos que deram origem à citada súmula, foi o de que as fitas de videocassete, embora sirvam de instrumento à mera "cessão dos direitos" relativos à obra intelectual nelas gravadas, são um suporte físico que se enquadra no conceito de mercadoria, desde que feitas em série e destinadas à comercialização. Se a fita for gravada sob encomenda (*v. g.,* a gravação de uma festa de casamento), não há "circulação de mercadoria", mas sim "prestação de serviço", sujeita à incidência do ISS, e não do ICMS. Seguiu-se o mesmo raciocínio desenvolvido em relação aos programas de computador: "Tal como sucede com relação aos computadores (cf. RE 176.626, Pertence, 11/12/98), a fita de vídeo pode ser o exemplar de uma obra oferecido ao público em geral – e nesse caso não seria lícito negar-lhe o qualificativo de mercadoria –, ou o produto final de um serviço realizado sob encomenda, para atender à necessidade específica de determinado consumidor, hipótese em que se sujeita à competência tributária dos Municípios. Se há de fato, comercialização de filmes para 'videocassete', não se caracteriza, para fins de incidência do ISS municipal, a prestação de serviços que se realiza sob encomenda com a entrega do serviço ou do seu produto e não com sua oferta ao público consumidor." (STF, 1ª T., RE 191.732/SP, Rel. Min. Sepúlveda Pertence, j. em 4/5/1999, v. u., *DJ* de 18/6/1999, p. 24). No mesmo sentido: 1ª T., RE 179.560/SP, Rel. Min. Ilmar Galvão, j. em 30/3/1999, v. u., *DJ* de 28/5/1999, p. 21.

**10. ICMS e serviços de transportes** – Como explicitado pelo art. 155, II, da CF/88, o âmbito de incidência do ICMS, relativamente aos serviços de transportes, abrange apenas o transporte que transponha as fronteiras municipais (sendo, portanto, interestadual ou, pelo menos, intermunicipal). O transporte *intramunicipal* situa-se na competência dos municípios, sendo tributável pelo ISS (item 16.01 da lista anexa à Lei Complementar 116/2003).

**11. Serviço de comunicação, provedores de acesso à internet e ICMS** – Suscitou-se, na doutrina, divergência a respeito do regime tributário dos provedores de acesso à Internet Estariam prestando serviço de comunicação, tributável pelo ICMS, ou serviço de natureza diversa, passível de tributação pelo ISS? Nessa última hipótese, seria necessária sua inclusão na lista de serviços anexa à LC nº 116/2003?

A jurisprudência do STJ fixou-se no sentido de que não é devido o ICMS, pois não se trata de serviço de comunicação (STJ, 1ª S., EREsp 456.650/PR, Rel. p. acórdão Min. Franciulli Netto, j. em 11/5/2005, m. v., *DJ* de 20/3/2006, p. 181). **No mesmo sentido**, depois de invocar a definição contida no art. 61, *caput,* da Lei nº 9.472/97, a Primeira Turma do STJ decidiu que o "serviço de conexão à Internet, por si só, não possibilita a emissão, transmissão ou recepção de informações, deixando de enquadrar-se, por isso, no conceito de serviço comunicacional. Para ter acesso à Internet, o usuário deve conectar-se a um sistema de telefonia ou outro meio eletrônico, este sim, em condições de prestar o serviço de comunicação, ficando sujeito à incidência do ICMS. O provedor, portanto, precisa de uma terceira pessoa que efetue esse serviço, servindo como canal físico, para que, desse modo, fique estabelecido o vínculo comunicacional entre o usuário e a Internet É esse canal físico (empresa de telefonia ou outro meio comunicacional) o verdadeiro prestador de serviço de comunicação, pois é ele quem efetua a transmissão, emissão e recepção de mensagens. [...] A atividade exercida pelo provedor de acesso à Internet configura na realidade, um 'serviço de valor adicionado': pois aproveita um meio físico de comunicação preexistente, a ele acrescentando elementos que agilizam o fenômeno comunicacional. [...] Destarte, a função do provedor de acesso à Internet não é efetuar a comunicação, mas apenas facilitar o serviço de comunicação prestado por outrem, no caso, a companhia telefônica, aproveitando uma rede de comunicação em funcionamento e a ela agregando mecanismos adequados ao trato do armazenamento, movimentação e recuperação de informações. [...] O serviço de provedor de acesso à internet não enseja a tributação pelo ICMS, considerando a sua distinção em relação aos serviços de telecomunicações, subsumindo-se à hipótese de incidência do ISS, por tratar-se de serviços de qualquer natureza [...]" (STJ, 1ª T., REsp 511.390/MG, Rel. Min. Luiz Fux, j. em 19/5/2005, m. v., *DJ* de 19/12/2005, p. 213). Mais recentemente, esse entendimento do Superior Tribunal de Justiça foi *sumulado*: "O ICMS não incide no serviço dos provedores de acesso à *Internet*" (Súm. 334/STJ).

Duas questões podem ser suscitadas, diante de tais precedentes do STJ: *i)* o STF apreciará o problema, e terá o mesmo entendimento? *ii)* considerando que não há previsão na lista anexa à LC nº 116/2003, na qual não está previsto o serviço de provedor de acesso, é possível, sem alteração na citada lista, a tributação de tais serviços pelo ISS? Não podemos antecipar a resposta à primeira dessas perguntas, embora pessoalmente entendamos que o STF, se vier a conhecer da questão, deveria adotar o mesmo posicionamento do STJ (cf. Hugo de Brito Machado Segundo e Raquel Cavalcanti Ramos Machado, "O ISS e os Serviços de Informática no Âmbito da LC nº 116/2003", em *O ISS e a LC 116,* coord. Valdir de Oliveira Rocha, São Paulo: Dialética, 2003, p. 140 ss). Quanto à segunda dessas questões, considerado o entendimento do próprio STJ quanto à taxatividade da lista (conferir notas ao art. 156, III, da CF/88), parece-nos que a resposta deve ser não. Registre-se, a propósito, que os precedentes do STJ antes citados cuidavam de questões envolvendo contribuinte e Estado-membro, nas quais se discutia somente a incidência do ICMS. As referências à possível incidência do ISS, portanto, são apenas *obiter dictum.*

**12. ICMS e comunicação intramunicipal** – O que precisa ser *interestadual*, ou *intermunicipal*, para se situar no âmbito constitucional de incidência do ICMS, é o serviço de transporte, e não o de comunicação, que mesmo sendo *intramunicipal* continua devendo ser tributado pelo ICMS, e não pelo ISS (STF, 1ª T., AI 269532 AgR/MG, Rel. Min. Sepúlveda Pertence, j. em 14/6/2005, v. u., *DJ* de 5/8/2005, p. 35). Nesse sentido já vinha decidindo o STF mesmo antes de 1988, quando os serviços de comunicação eram tributados pela União (STF, Pleno, RE 83.600/SP, Rel. Min. Moreira Alves, j. em 6/6/1979, v. u., *DJ* de 10/8/1979, p. 5845, *RTJ* 92-3/1157). Os Municípios, porém, podem tributar serviços acessórios, como o de instalação de centrais, troncos, manutenção etc. (STF, 2ª T., RE 163.725/ES, Rel. Min. Marco Aurélio, j. em 15/6/1999, v. u., *DJ* de 27/8/1999, p. 64).

**13. IPVA e embarcações e aeronaves** – Aeronaves e embarcações não estão incluídas no âmbito constitucional de incidência do IPVA (STF, Pleno, RE 255.111/SP, Rel. Min. Marco Aurélio, Rel. p. o acórdão Min. Sepúlveda Pertence, j. em 29/5/2002, m. v., *DJ* de 13/12/2002, p. 60).

**14. IPVA e ausência de "normas gerais" na legislação complementar federal** – No CTN não existem "normas gerais" especificamente a respeito do IPVA, que foi inserido no sistema jurídico através da EC 27/85 à Constituição de 1967, posterior à elaboração do Código. Tampouco foi editada lei complementar posteriormente, dando conta do disposto no art. 146, III, *a*, em relação a esse imposto. A falta, porém, não representa óbice a que os Estados-membros exerçam sua competência para instituir esse imposto, tendo competência legislativa plena nos termos do art. 24, § 3º, da CF/88, e do art. 34, § 3º, do ADCT (STF,

# Art. 155
CONSTITUIÇÃO DA REPÚBLICA FEDERATIVA DO BRASIL | **101**

2ª T., AI 167.777/SP (AgR), Rel. Min. Marco Aurélio, j. em 4/3/1997, *DJ* de 9/5/1997, p. 18.134). Diferentemente do ICMS, o IPVA não suscita conflitos de competência nem regras de "uniformidade" que tornem imperiosa a edição de lei complementar nacional, podendo a omissão ser suprida por leis locais.

**15. ITCD. Lei estadual que se refere à "alíquota máxima", sem indicá-la numericamente** – Os Estados-membros não podem editar leis locais que afirmem, simplesmente, que a alíquota será "aquela fixada como máxima pelo Senado", e pretender com isso que, a cada alteração dos limites máximos pelo Senado, a alíquota prevista esteja automaticamente modificada.

Como já decidiu o STF, "não se coaduna com o sistema constitucional norma reveladora de automaticidade quanto à alíquota do imposto de transmissão *causa mortis*, a evidenciar a correspondência com o limite máximo fixado em resolução do Senado Federal" (STF, Pleno, RE 213.266/PE, Rel. Min. Marco Aurélio, j. em 20/10/1999, v. u., *DJ* de 17/12/1999, p. 30). Em outra oportunidade, o STF consignou que não se nega que o Estado-membro tenha competência para instituir impostos estaduais, nem que o Senado seja competente para fixar a alíquota máxima para os impostos de transmissão *mortis causa* e a doação; a questão é que, por força do artigo 150, I, da Carta Magna, o Estado-membro só pode aumentar tributo por lei estadual específica e não por meio de lei que se atrele genericamente a essa alíquota máxima fixada pelo Senado e varie posteriormente com ela, até porque o princípio da anterioridade, a que está sujeita essa lei estadual de aumento, diz respeito ao exercício financeiro em que ela haja sido publicada e não, *per relationem*, à resolução do Senado que aumentou o limite máximo da alíquota (STF, 1ª T., RE 218.182/PE, Rel. Min. Moreira Alves, j. em 23/3/1999, v. u., *DJ* de 4/6/1999, p. 20). **No mesmo sentido:** RE 218.086-AgR, Rel. Min. Sydney Sanches, *DJ* de 17/3/2000; RE 224.786-AgR, Rel. Min. Maurício Corrêa, *DJ* de 4/2/2000; RE 213.266, Rel. Min. Marco Aurélio, *DJ* de 17/12/1999.

Entretanto, ressalte-se que, caso o Senado reduza o limite máximo, e a lei estadual já tenha fixado a alíquota local nesse teto, seja referindo-se a ele, seja indicando o percentual específico, o advento de um limite inferior retira a validade de alíquotas que lhe forem superiores, automaticamente.

**16. Não cumulatividade. Princípio e técnica** – Conforme ensina Hugo de Brito Machado, "a não cumulatividade pode ser vista como *princípio* e também como *técnica*". Pode ser vista como princípio quando "enunciada de forma genérica, como está na Constituição, em dispositivo a dizer que o imposto 'será não cumulativo, compensando-se o que for devido em cada operação relativa à circulação de mercadorias ou prestação de serviços com o montante cobrado nas anteriores pelo mesmo ou outro Estado ou pelo Distrito Federal.' Em tal enunciado não se estabelece exaustivamente o modo pelo qual será efetivada a não cumulatividade. Não se estabelece a técnica". Já esta, a técnica, "é o modo pelo qual se realiza o princípio" (*Aspectos Fundamentais do ICMS*, 2. ed., São Paulo: Dialética, 1999, p. 132 e 133).

**17. Não cumulatividade. Regime do "crédito físico" e do "crédito financeiro"** – Na realização do princípio da não cumulatividade, pode ser adotada a técnica, ou o regime do *crédito físico,* ou do *crédito financeiro*. Pela técnica do crédito físico, apenas geram crédito de ICMS as aquisições daqueles produtos que, depois, fisicamente, saem do estabelecimento do contribuinte. Exemplificando, um vendedor de sapatos, uma vez adotada pela legislação a técnica do crédito físico, somente poderá "creditar-se" do ICMS incidente nas operações anteriores sobre os sapatos que vende. Já pela técnica do crédito financeiro, "todos os custos, em sentido amplo, que vierem onerados pelo ICMS, ensejam o crédito respectivo. Sempre que a empresa suporta um custo, seja ele consubstanciado no preço de um serviço, ou de um bem, e quer seja este destinado à revenda, à utilização como matéria-prima, produto intermediário, embalagem, acondicionamento, ou mesmo ao consumo ou à imobilização, o ônus do ICMS respectivo configura um crédito desse imposto" (Hugo de Brito Machado, *Aspectos Fundamentais do ICMS*, 2. ed., São Paulo: Dialética, 1999, p. 132). Chama-se "crédito financeiro" porque, por essa técnica, todos os produtos que "financeiramente" influenciam no preço da mercadoria (custo), ainda que não se incorporem fisicamente a ela, geram crédito de ICMS.

No Brasil, a LC nº 87/96 adotou técnica mista, intermediária entre o crédito financeiro, e o crédito físico. Não são apenas as aquisições de produtos que fisicamente saem do estabelecimento, ou fisicamente se incorporam àqueles que saem, que geram créditos de ICMS. Mas também não são todos os custos do estabelecimento que geram crédito do imposto. A técnica atualmente em vigor, como dito, é intermediária.

Defendeu-se, na doutrina, que a CF/88 teria adotado, implicitamente, a técnica da não cumulatividade pelo regime do crédito financeiro. A LC nº 87/96 seria meramente declaratória, na parte em que adotava regime "parcialmente financeiro". E mais, as restrições impostas à adoção plena do crédito financeiro, tanto pela LC 87/96 como principalmente por leis posteriores (*v. g.* LC nº 102/2000), seriam inválidas.

Não foi esse, porém, o entendimento dos Tribunais. Decidiu o STF, por exemplo, que "a limitação temporal prevista na Lei Complementar nº 102, de 11 de julho de 2000, não ofendeu o princípio da não cumulatividade" (STF, 2ª T., RE 413.034/SP (AgR), Rel. Min. Gilmar Mendes, j. em 28/06/2005, *DJ* de 26/8/2005). E ainda: "aproveitamento integral do crédito decorrente das aquisições para o ativo permanente. Superveniência da Lei Complementar nº 102/2000. Limitação temporal para o aproveitamento ao longo do período de 48 meses. Restrição à possibilidade de o contribuinte recuperar o imposto pago, como contribuinte de fato, na aquisição de bens para o ativo fixo dentro do período de vida útil. Vulneração ao princípio da não cumulatividade. Inexistência. Precedente: ADI nº 2.325, Relator o Ministro Marco Aurélio, Sessão Plenária do dia 23.9.2004" (STF, 1ª T., RE 392.991/MG (AgR), Rel. Min. Eros Grau, j. em 29/3/2005, v. u., *DJ* de 29/4/2005, p. 27). **No mesmo sentido:** STF, 1ª T., AI 488487/SP (AgR), Rel. Min. Eros Grau, j. em 31/5/2005, v. u., *DJ* de 5/8/2005, p. 42.

O STF parece haver acolhido, no julgamento de questões relativas à técnica da não cumulatividade, a doutrina de Hugo de Brito Machado (*Aspectos Fundamentais do ICMS*, 2. ed. São Paulo: Dialética, 1999, p. 137), segundo a qual compete à lei complementar dispor sobre o regime de compensação do imposto (crédito físico ou crédito financeiro), não havendo exigência constitucional de que se adote a técnica do crédito financeiro. Dessa forma, se a lei complementar adota a sistemática do crédito físico, ou adota uma técnica mista, de um crédito financeiro com algumas restrições, não incorre em inconstitucionalidade.

Tal argumento prevaleceu tanto para afirmar a natureza "não retroativa" da norma da LC nº 87/96 que concedia o direito ao crédito decorrente da entrada de bens para o ativo (e também, *v. g.*, decorrente do consumo de energia), como também para afirmar a validade das limitações temporais trazidas pela LC nº 102/2000. É o que se depreende do seguinte aresto do STJ: "[...] A ação de segurança revela pretensão relativa ao creditamento do ICMS incidente na aquisição de bens destinados ao ativo fixo, a uso e consumo do estabelecimento e sobre as tarifas de telefonia, em período anterior à Lei Complementar nº 87/96 (Lei Kandir); 2. Até a entrada em vigor da Lei Kandir, as regras relativas à compensação de créditos referentes ao ICMS estavam dispostas no Convênio ICMS nº 66/88, que expressamente

# Art. 155
CONSTITUIÇÃO DA REPÚBLICA FEDERATIVA DO BRASIL | **103**

vedava o creditamento relativo a bens destinados ao ativo fixo e a uso e consumo do estabelecimento comercial; 3. A norma convenial é compatível com a exigência do art. 155, § 2º, XII, *c*, da Constituição da República, segundo o qual somente lei complementar pode dispor sobre o regime de compensação do imposto. O art. 34, § 8º, do Ato das Disposições Constitucionais Transitórias – ADCT prevê a celebração de convênios entre os Estados e o Distrito Federal para regular, temporariamente, a matéria relativa ao ICMS, enquanto não promulgada a norma complementar; 4. A impossibilidade de creditamento do ICMS somente foi alterada com a edição da LC nº 87/96, que autorizou a utilização dos créditos a partir de sua entrada em vigor, para os bens do ativo fixo, e a partir de 1º de janeiro de 1998 para os bens de uso e consumo (1º de janeiro de 2003 – LC nº 102/00 – e, posteriormente, 1º de janeiro de 2007 – LC nº 114/02); 5. A irretroatividade é regra no direito tributário, inclusive, de estatura constitucional. Por exceção, somente se admite a aplicação retroativa da lei tributária nos casos previstos no art. 116 do CTN, vale dizer, na hipótese de lei interpretativa ou nas situações em que exista supressão ou redução de penalidade fiscal; 6. A LC nº 87/96, embora regule com amplitude os elementos que compõem a moldura jurídica do ICMS, não apresenta feição interpretativa, nem extingue ou reduz penalidade. Não há que se falar, assim, em aplicação retro-operante, sob pena de lesão ao princípio constitucional da irretroatividade; 7. Recurso ordinário improvido" (STJ, 2ª T., RMS 18.957/CE, Rel. Min. Castro Meira, j. em 16/12/2004, *DJ* de 9/5/2005, p. 318). **No mesmo sentido:** STJ, 1ª T., RMS 19.407/MT., Rel. Min. José Delgado, j. em 14/6/2005, *DJ* 1º/8/2005, p. 319.

**18. Redução de base de cálculo. Isenção. Equiparação** – Questão relevante consiste em saber se a redução de base de cálculo equipara-se à isenção, a fim de determinar o estorno proporcional do crédito inerente à entrada (caso a saída seja beneficiada com a redução de base de cálculo), ou o não-creditamento parcial (caso a entrada tenha sido beneficiada com a tal redução).

Inicialmente, a jurisprudência do STF orientou-se no sentido de que "o fato de ter-se a diminuição valorativa da base de incidência não autoriza, sob o ângulo constitucional, tal proibição. Os preceitos das alíneas *a* e *b* do inciso II do § 2º do artigo 155 da Constituição Federal somente têm pertinência em caso de isenção ou não incidência, no que voltadas à totalidade do tributo, institutos inconfundíveis com o benefício fiscal em questão" (RE 161.031, Rel. Min. Marco Aurélio, *DJ* 6/6/97). No mesmo sentido: RE 240.395-AgR, *DJ* 2/8/02; AI 389.871-AgR-ED, *DJ* 4/3/05.

Também no STJ foi esse o entendimento acolhido: "a regra da não cumulatividade comporta, pelo Texto Constitucional, duas exceções, sendo vedado ao legislador infraconstitucional ampliar o alcance das mesmas. São elas as hipóteses da isenção e da não incidência, casos em que o sujeito passivo deverá estornar o imposto objeto de creditamento. [...] A redução da base de cálculo não se confunde com a isenção. [...] Precedentes do STJ. [...] Partindo-se dessa premissa, o estorno proporcional do imposto creditado não se aplica à hipótese de redução da base de cálculo. Isto porque, conforme já acentuado, as exceções à possibilidade de utilização dos créditos tributários previstas na Constituição da República e na Lei Complementar no 87/96, como sói acontecer em matéria tributária, somente comportam interpretação restritiva" (STJ, 1ª T., REsp 533.926/RS, Rel. Min. Luiz Fux, j. em 4/11/2003, v. u. *DJ* 24/11/2003 p. 228). **No mesmo sentido:** STJ, 1ª T., REsp 615.365/RS, Rel. Min. Luiz Fux, j. em 22/6/2004, *DJ* de 2/8/2004, p. 333; 2ª T., AgRg no REsp 191.971/RS, Rel. Min. Franciulli Netto, j. em 22/3/2005, *DJ* de 20/6/2005, p. 179; 2ª T., REsp 343.800/MG, Rel. Min. Paulo Medina, j. em 3/12/2002, *DJ* de 31/3/2003, p. 195.

**Posteriormente**, porém, o Supremo Tribunal Federal, alterou seu posicionamento, decidindo que a redução de base de cálculo é uma forma de isenção parcial, impondo o estorno proporcional do crédito correspondente. "Imposto sobre Circulação de Mercadorias. ICMS. Créditos relativos à entrada de insumos usados em industrialização de produtos cujas saídas foram realizadas com redução da base de cálculo. Caso de isenção fiscal parcial. Previsão de estorno proporcional" (STF, Pleno, RE 174.478/SP, Rel. Min. Marco Aurélio, Rel. p. acórdão Min. Cezar Peluso, j. em 17/3/2005, m. v., *DJ* de 30/9/2005, p. 5).

Com todo o respeito, a expressão "isenção parcial" é uma contradição de termos (Sacha Calmon Navarro Coelho, Curso de Direito Tributário, 9. ed, Rio de Janeiro: Forense, 2007, p. 178). A isenção é promovida por norma legal que realiza recorte na hipótese de incidência da regra de tributação, estabelecendo exceções nas quais a regra de tributação não incide e, por isso, o tributo não é devido, integralmente. A redução de base de cálculo é uma técnica análoga, em tudo, à redução da alíquota. Base de cálculo e alíquota são duas variáveis ou fatores empregados na determinação do montante devido, pelo que tanto faz reduzir a alíquota em 50%, ou a base de cálculo em 50%. A rigor, como a base de cálculo de um tributo deverá ser, sempre, a expressão econômica de seu fato gerador, a redução de base de cálculo é, ela própria, a rigor, uma atecnia, uma expressão diferente para designar uma redução de alíquota. Por isso, é indevido o estorno proporcional do crédito correspondente, da mesma forma como seria indevido exigir esse estorno no caso de mera redução da alíquota incidente na saída.

**19. Exportação e manutenção do crédito. Exceção à regra de estorno do crédito** – As operações que destinem mercadorias ou serviços ao exterior (exportações), conquanto não sejam oneradas pelo imposto, não implicam o anulamento do crédito inerente às respectivas entradas, a teor do disposto no art. 155, § 2º, X, *a*, da CF/88.

**20. Seletividade. Obrigatória ou facultativa?** – A expressão *poderá*, empregada no art. 155, § 2º, III, da CF/88 sugere que a adoção da seletividade, no âmbito do ICMS, é facultativa, diversamente do que ocorre com o IPI, no qual é obrigatória. Nesse sentido, por exemplo, é a doutrina de Sacha Calmon Navarro Coelho (*Comentários à Constituição de 1988 – Sistema Tributário,* 6. ed., Rio de Janeiro: Forense, 1994, p. 238). Em sentido contrário, Clélio Chiesa pondera que "o termo 'poderá' contido no art. 155, § 2º, III, da Constituição Federal, deve ser entendido como um 'deverá', já que toda outorga de competência a um dos entes federativos impõe um 'dever'" (*Comentários ao Código Tributário Nacional,* coords. Marcelo Magalhães Peixoto e Rodrigo Santos Masset Lacombe, São Paulo: MP, 2005, p. 495).

Sem entrar nessa discussão, o que nos parece relevante é perceber que, ainda que se admita que a seletividade é facultativa, *a opção está no emprego de alíquotas seletivas*, vale dizer, alíquotas diferentes para produtos diferentes. A escolha está em adotar uma alíquota só, para todos os produtos, tal como ocorria com o antigo ICM, ou alíquotas diferentes para produtos diferentes. Mas, uma vez exercida a opção pela seletividade, o *critério* dessa seletividade não pode ser outro. Há de ser, necessariamente, a *essencialidade* das mercadorias ou dos serviços tributados. Não é lícito invocar-se a facultatividade na ação da seletividade para tributar mais pesadamente produtos essenciais, e de modo mais brando os supérfluos (Hugo de Brito Machado Segundo, "A tributação da energia elétrica e a seletividade do ICMS", *RDDT* 62/70).

**21. Seletividade. Conceito** – Seletividade, ensina Aliomar Baleeiro, "quer dizer discriminação ou sistema de alíquotas diferenciais por espécies de mercadorias" (*Direito Tributário Brasileiro,* 11. ed., Rio de Janeiro: Forense, 1999, p. 347). A definição faz referência a alíquotas porque é através delas que a seletividade, quase sempre, se expressa. Mas também

# Art. 155 | CONSTITUIÇÃO DA REPÚBLICA FEDERATIVA DO BRASIL | 105

se pode obter seletividade com reduções de base de cálculo, créditos presumidos, etc., desde que também de modo diferencial por espécies de mercadorias ou serviços. Essa é a lição de Roque Antonio Carrazza, para quem a seletividade "no ICMS poderá ser alcançada com o emprego de quaisquer técnicas de alteração quantitativa da carga tributária: sistema de alíquotas diferençadas, variação de bases de cálculo, criação de incentivos fiscais etc" (*ICMS*, 2. ed., São Paulo: Malheiros, 1995, p. 104).

Não se deve confundir, portanto, *seletividade* com *essencialidade*. A primeira diz respeito à diferenciação no gravame, de modo a "selecionar" produtos, rendimentos, atividades ou serviços. A segunda, por sua vez, é um dos *critérios* dessa seleção, adotado, no caso, para o ICMS. Mas a seletividade, em tese, pode ocorrer à luz de outros critérios, como acontece em relação ao IPTU. Insistimos que, ainda que se considere que a seletividade, no ICMS, é facultativa, o critério para a sua aplicação (caso seja adotada, como foi), é necessariamente a essencialidade dos produtos e serviços tributados.

**22. Essencialidade. Tributação de energia, comunicação e combustíveis** – As alíquotas adotadas pelos diversos Estados-membros na tributação, pelo ICMS, do fornecimento de energia elétrica, dos serviços de comunicação, e da venda de combustíveis, parecem-nos inconstitucionais, por ofensa à regra da seletividade conforme a essencialidade das mercadorias e serviços tributados.

Insistimos: o que pode ser facultativo é a adoção da seletividade. Uma vez empregada tal técnica, com a instituição do ICMS com alíquotas diferentes para produtos diferentes, o critério dessa "diferenciação" há de ser, necessariamente, o da essencialidade das mercadorias e serviços. E não se discute a essencialidade dos serviços de comunicação, dos combustíveis e, especialmente, da energia elétrica. Deveriam ter alíquotas menores que a aplicável à generalidade das mercadorias. Ou, quando muito, a mesma alíquota aplicável à generalidade das mercadorias. Nunca alíquotas que chegam, em determinados Estados-membros, a 30%.

**23. Alíquota interestadual. Finalidade** – A finalidade da chamada "alíquota interestadual", mais baixa que as alíquotas aplicáveis às operações internas, é a de permitir uma divisão da receita propiciada pelo ICMS entre o Estado de origem e o Estado de destino, o que se dá automaticamente, na medida em que o direito de crédito do destinatário é menor que seria se a mercadoria houvesse sido adquirida internamente em seu Estado. Exemplificando, se um contribuinte situado no Estado do Piauí efetua venda de mercadoria para outro situado no Estado do Ceará, a operação será tributada com alíquota de 12% (alíquota interestadual, inferior à de 17% aplicável às operações cearenses internas). Isso significa que o Estado do Piauí receberá ICMS calculado pela alíquota de 12%, e o crédito do contribuinte situado no Ceará será de apenas 12% (e não de 17%, como seria no caso de aquisição de mercadoria dentro do Ceará). Esse crédito menor fará com que a diferença (5%) seja paga ao Estado do Ceará, quando da subsequente ocorrência de saídas. Como ensina Pontes de Miranda, "se já foi cobrado uma vez, ou algumas vezes, pelo mesmo Estado-membro, ou por dois ou mais Estados-membros, tem de ser abatido o que se cobrou. A solução pode atingir demasiadamente o Estado-membro que cobra depois, razão por que é da maior relevância a limitação pelo Senado Federal, de conformidade com o que se estabeleceu na lei complementar [...]. Trata-se de técnica tributária, em caso de sucessividade do mesmo imposto, devido à deslocação da mercadoria. O imposto do Estado-membro, de que veio, não há de ser tão grande que esvazie a tributação pelo Estado-membro a que se transportou a mercadoria" (*Comentários à Constituição de 1967, com a Emenda I, de 1969*, 2. ed., São Paulo: Revista dos Tribunais, 1970, p. 514).

**106** | CÓDIGO TRIBUTÁRIO NACIONAL – *Hugo de Brito Machado Segundo*                    **Art. 155**

**24. Alíquotas nas operações interestaduais, e nas de exportação** – Operações interestaduais, e de exportação, ultrapassam as fronteiras do Estado-membro. O interesse e a legitimidade de sua tributação também. Daí porque as alíquotas aplicáveis devem ser determinadas pelo Senado Federal, órgão que, em uma federação, representa os Estados-membros no plano nacional. Atualmente, a teor das Resoluções 22, de 1989, e 95, de 1996, tais alíquotas estão fixadas da seguinte maneira: *i)* operações interestaduais em geral: 12%; *ii)* operações interestaduais realizadas nas Regiões Sul e Sudeste, destinadas às Regiões Norte, Nordeste e Centro-oeste: 7% (8% apenas em 1989); *iii)* transportes aéreos interestaduais de cargas: 4%; *iv)* operações de exportação: 13%. A alíquota incidente na exportação, porém, está hoje esvaziada, pois as operações de exportação são imunes ao ICMS, em face do disposto no art. 155, § 2º, X, *a*, da CF/88, com a redação dada pela EC nº 42/2003. Mesmo antes, aliás, quando a CF/88 imunizava apenas operações de exportação de produtos industrializados, a LC nº 87/96 isentara as demais exportações, fundada na autorização para concessão de isenção heterônoma contida no art. 155, § 2º, XII, *e*, da CF/88.

**25. Alíquotas mínimas nas operações internas** – Não foi, até o presente momento, editada Resolução do Senado Federal fixando as alíquotas mínimas para as operações internas. Entende-se, portanto, à luz do disposto no art. 155, § 2º, VI, da CF/88, que o limite mínimo para a fixação de tais alíquotas pelos Estados-membros é o percentual estabelecido para servir de alíquota interestadual (12% para mercadorias e serviços em geral; 4% para transporte aéreo de carga).

**26. Diversas alíquotas interestaduais. Qual serve de limite mínimo para as alíquotas internas?** – Existindo mais de uma alíquota interestadual para um mesmo tipo de mercadoria ou serviço (no caso, atualmente 12% para as operações interestaduais em geral, e 7% para as operações de Estados do Sul e Sudeste para Estados do Norte, Nordeste e Centro-Oeste), prevalece, para fins de aplicação do limite previsto no art. 155, § 2º, VI, da CF/88, a maior e mais geral. Nesse sentido entendeu o STF: "A Resolução nº 22, de 19/5/89, do Senado Federal fixou a alíquota de 12% para as operações interestaduais sujeitas ao ICMS (artigo 1º, *caput*); ressalvou, entretanto, a aplicação da alíquota de 7% para as operações nas Regiões Sul e Sudeste, destinadas às Regiões Norte, Nordeste e Centro-Oeste e ao Estado do Espírito Santo (artigo 1º, parágrafo único). [...] Existindo duas alíquotas para operações interestaduais deve prevalecer, para efeito de limite mínimo nas operações internas, a mais geral (12%), e não a especial (7%), tendo em vista os seus fins e a inexistência de deliberação em sentido contrário" (STF, Pleno, ADI 2021-MC/SP, Rel. Min. Maurício Corrêa, j. em 4/8/1999, m. v., *DJ* de 18/5/2001, p. 9).

**27. Operação interestadual, critérios para partilha do ICMS e a EC 87/2015** – Nas operações interestaduais, deve o ICMS ser recolhido todo ao Estado de origem? Todo ao Estado de destino? Parte a um e parte ao outro? A CF/88 adotou diferentes critérios, a depender da situação, critérios estes que foram modificados pela EC 87/2015. Na hipótese de operação interestadual com *combustíveis, energia elétrica e lubrificantes*, o imposto é devido apenas ao Estado de *destino* (CF/88, art. 155, § 2º, X, *b*), regra que prevalece desde a edição do texto constitucional originário. Já em se tratando de operação que destina mercadoria a ou serviço a consumidor final não contribuinte do imposto, a tributação era feita, até o advento da EC 87/2015, integralmente, pelo Estado de *origem* (CF/88, art. 155, § 2º, VIII, *b*). Dizia-se que a operação era tributada com "alíquota cheia", vale dizer, o contribuinte situado no Estado de origem era tributado como se houvesse realizado operação interna. Finalmente, caso a mercadoria ou o serviço fosse destinado a consumidor final contribuinte do imposto, este era devido *parte* ao Estado de origem, e *parte* ao Estado de destino. A

# Art. 155

CONSTITUIÇÃO DA REPÚBLICA FEDERATIVA DO BRASIL | **107**

divisão era feita por meio da aplicação da alíquota interestadual, mais baixa, que gerava crédito menor para o comprador, e, consequentemente, fazia com que o ICMS por ele pago, posteriormente, no Estado de destino, fosse maior.

Essa fórmula, porém, suscitava muitos questionamentos. Contribuintes do imposto que usavam mercadorias compradas em outros Estados como insumos na prestação de serviços submetiam-se à alíquota interestadual no Estado de origem e, chegando ao Estado de destino, não poderiam ser obrigados ao pagamento do diferencial. O equívoco estava em comprarem as mercadorias no Estado de destino com a alíquota interestadual, não sendo realmente devido o diferencial, à luz do texto constitucional então vigente, mas o fato é que a sistemática, tal como disciplinada, criava oportunidades para que isso acontecesse, sendo difícil para o Estado de origem o controle. Além disso, o aumento do comércio por meio da internet incrementou consideravelmente o volume de operações destinadas a consumidores finais não contribuintes do imposto, o que criava situação inconveniente para os Estados de destino, ditos consumidores, muitos dos quais começaram a cobrar diferenças de imposto mesmo de forma flagrantemente contrária à redação do artigo 155 vigente à época. Embora o comércio à distância já existisse desde muito antes de 1988 (e.g., o Código Comercial de 1850 já disciplinava os negócios feitos por correspondência), é inegável que a internet potencializou esse tipo de negócio. Daí a solução da EC 87/2015, em face da qual, à exceção das operações interestaduais com energia, combustíveis e lubrificantes, que seguem tributadas no Estado de destino apenas, todas as demais operações interestaduais seguem o critério da repartição entre Estado de origem e Estado de destino, com o uso de alíquotas menores, interestaduais, e o posterior pagamento de diferenciais quando da chegada ao destino.

**28. Operação interestadual destinada a consumidor contribuinte do ICMS** – Caso a operação interestadual destine mercadoria ou serviço a consumidor final *contribuinte do ICMS*, utiliza-se a chamada "alíquota interestadual", inferior à aplicável às operações internas. Isso faz com que o destinatário da mercadoria ou do serviço faça jus a crédito menor, pagando portanto mais ao Estado de destino (o correspondente à diferença entre a alíquota interna e a interestadual).

Essa já era a realidade antes da EC 87/2015, tendo permanecido inalterada com a modificação implementada pela referida emenda. Superou-se a questão relativa à validade da exigência do diferencial de alíquota, nas hipóteses de operações interestaduais destinadas a contribuintes do imposto, quando estas não geram crédito ou têm esse crédito de algum modo diferido, a exemplo daquelas com bens do ativo permanente. Estabelece a Constituição, contudo, que em tais operações interestaduais, destinadas a contribuintes do imposto, a responsabilidade pelo recolhimento do diferencial cabe ao destinatário, que tem a estrutura e a inscrição junto à Fazenda do Estado de destino. Na maioria dos casos, o "pagamento" do diferencial pode continuar consistindo apenas no direito a um creditamento menor, no âmbito da sistemática da não cumulatividade.

**29. Operação interestadual destinada a consumidor não contribuinte do ICMS** – Em se tratando de operação interestadual destinada a consumidor final não contribuinte do imposto, o constituinte havia optado, originalmente, talvez por questões técnicas ligadas à viabilidade e à praticidade da tributação, por onerá-las com alíquota interna. Isso significa que tais operações, conquanto interestaduais, eram tratadas como operações internas, e todo o ICMS sobre elas incidente era devido ao Estado de origem. Quando um consumidor final residente no Rio Grande do Sul adquiria, pela internet, produtos de um contribuinte estabelecido em São Paulo, a operação era tributada pela alíquota de 18%, devida integralmente ao Estado de São Paulo.

O avanço do comércio por meio da internet, mesmo em relação a bens de existência física, que têm de ser transportados e podem ser fiscalizados (*v. g.* roupas, eletrodomésticos etc.), começou a desequilibrar a partilha do ICMS entre os Estados produtores e os Estados consumidores, pois tende a diminuir a importância de varejistas intermediários e deixar todo o imposto incidente na operação com os Estados de origem, se mantido o critério originário de partilha. Realidade que em 1988 era pouco frequente, mas que a cada dia se torna mais comum, e que por isso mesmo motivou a alteração trazida pela EC 87/2015. Com ela, segue--se a divisão do imposto entre os Estados de origem e de destino, tal como em relação às operações para consumidores finais contribuintes do imposto. Entretanto, como consumidores finais não contribuintes não têm inscrição ou registro junto à Fazenda, e no mais das vezes não têm estrutura para efetuar o cálculo e o recolhimento do imposto, o constituinte derivado impôs esse ônus ao remetente das mercadorias. Reconheça-se, porém, que para um vendedor que envia mercadorias a consumidores nas mais diversas partes do país, trata-se de um ônus considerável, a embaraçar demasiadamente o exercício de sua atividade econômica. Vale lembrar que o Brasil, segundo estudos do Banco Mundial, ocupa o primeiro lugar, isolado, em quantidade de horas necessárias ao cumprimento de obrigações acessórias por parte dos contribuintes (2600 horas/ano, quando a média dos demais países é de 200 horas/ano), sendo imposições como esta do art. 155, § 2.º, VIII, b, da CF/88 tendentes a incrementar ainda mais esse forte embaraço ao desenvolvimento de atividades econômicas no país.

É importante registrar, ainda, que como toda alteração constitucional relativa ao ICMS, é preciso que se edite Lei Complementar adaptando a LC 87/96 à nova disciplina do imposto, devendo os Estados-membros, por igual, editar Leis Estaduais para disciplinar o assunto. O princípio da legalidade é incompatível com a solução de disciplinar, no plano infraconstitucional, tudo por meio de convênios e decretos.

**30. Diferencial de alíquota. Possível invalidade de sua exigência no período anterior à EC 87/2015** – Fundados na redação original do art. 155, § 2º, VII, da CF/88, os Estados--membros e o Distrito Federal sempre exigiram dos consumidores finais *contribuintes do ICMS,* nas operações interestaduais, o chamado "diferencial de alíquota". Poderia ser suscitada, porém, a invalidade dessa exigência, à luz de seu tratamento pela legislação infraconstitucional, pois: *i)* a LC nº 87/96 não a disciplinou, no plano das normas gerais, pois na sistemática inicialmente por ela idealizada a diferença seria paga ao Estado de destino na medida em que o creditamento seria menor (e todos os bens, mesmo os de consumo ou destinados ao ativo fixo, deveriam gerar crédito do imposto); *ii)* com o advento da LC nº 102/2000, os bens adquiridos para integrar o ativo fixo geram crédito a ser aproveitado em 48 meses, parceladamente. Assim, caso se tenha de pagar o diferencial de alíquota em relação a esses bens, para aproveitar o crédito respectivo em 48 meses, ter-se-á verdadeiro empréstimo compulsório disfarçado. Confira-se, a propósito: Hugo de Brito Machado e Hugo de Brito Machado Segundo, ICMS. Lei Complementar nº 87/96. Operações interestaduais com bens destinados ao consumo ou ao ativo fixo do contribuinte. Diferencial de alíquota. Inexigibilidade, em *RDDT* 74/119. Essa controvérsia foi superada com a edição da EC 87/2015, conforme mencionado em nota anterior.

Frise-se, ainda, que, na redação originária da CF/88, tal diferencial somente poderia ser exigido de contribuintes do ICMS, o que excluía a possibilidade de o mesmo ser cobrado de quem não ostentava essa condição, como era o caso das empresas de construção civil. Nesse sentido, orientou-se a jurisprudência: "A complementação do ICMS (tarifa interna) só é devida por empresas comerciais que contribuem para o ICMS. [...] Se a empresa é prestadora de serviço e

**Art. 155**  CONSTITUIÇÃO DA REPÚBLICA FEDERATIVA DO BRASIL | **109**

recolhe apenas o ISS, a mercadoria adquirida para seu consumo, ou formação do ativo fixo, não está sujeita ao pagamento da tarifa interna, mas sim à tarifa do Estado de origem (art. 8º, §§ 1º e 2º do DL nº 406/68)" (STJ, 2ª T., REsp 330.000/DF, Rel. Min. Eliana Calmon, j. em 9/10/2001, v. u., *DJ* de 16/9/2002, p. 165). Confira-se, a propósito, a anotação subsequente.

Ainda mais descabida, nesse contexto, era a exigência, feita por muitos Estados-membros, de uma "diferença" de ICMS, ou de uma "carga líquida", de cidadãos que adquirem produtos em outros Estados da federação por meio da *internet*, e os têm enviados ao seu endereço por transportadoras ou mesmo pelos correios. Nesse caso, a exigência do imposto contrariava frontalmente a Constituição, seja porque serve de barreira "aduaneira" ao comércio interestadual, impactando o art. 150, V, da CF/88, seja porque implica a cobrança do imposto de quem não é seu contribuinte e está adquirindo produto já onerado pela alíquota "cheia" no Estado de origem. Foi precisamente esse problema que a EC 87/2015 visou a resolver, estabelecendo a incidência da alíquota interestadual, e a posterior incidência do diferencial, para a generalidade das operações destinadas a consumidores finais, sejam eles contribuintes do imposto ou não, excetuando-se apenas os casos de energia elétrica, combustíveis e lubrificantes.

**31. Diferencial de alíquota e construção civil** – A teor da redação originária do art. 155, § 2º, VII, da CF/88, anterior à EC 87/2015, o Estado de destino somente poderia exigir o imposto equivalente à diferença entre a alíquota interna e a alíquota interestadual quando o destinatário fosse *contribuinte do ICMS*. Caso um consumidor final, *não contribuinte* do imposto, adquirisse produtos em outro Estado, sendo a operação tributada com a aplicação de alíquota interestadual, essa irregularidade deveria ser objeto de fiscalização e, se fosse o caso, de autuação, por parte do Estado de origem. Ao Estado de destino nada seria devido. Com base nessas premissas, a jurisprudência, tanto do STF como do STJ, repeliu a pretensão de Estados-membros de exigir o diferencial de alíquota de empresas de construção civil. Entendeu-se que as "construtoras são, de regra, contribuintes, considerado o tributo municipal – Imposto sobre Serviços. Adquirindo material em Estado que pratique alíquota mais favorável, não estão compelidas, uma vez empregadas as mercadorias em obra, a satisfazer a diferença em virtude de alíquota maior do Estado destinatário. Interpretação do disposto no artigo 155, § 2º, inciso VII, da Constituição Federal" (STF, 2ª T., AI 242.276-8/GO, Rel. Min. Marco Aurélio, j. em 16/12/1999, v. u., *DJ* de 17/3/2000, inteiro teor do acórdão na *RTFP* 38/2001, p. 258).

Também o Superior Tribunal de Justiça firmou orientação no sentido de que as "empresas de construção civil não são contribuintes do ICMS, salvo nas situações que produzam bens e com eles pratiquem atos de mercância diferentes da sua real atividade, como a pura venda desses bens a terceiros; nunca quando adquirem mercadorias e as utilizam como insumos em suas obras. [...] Há de se qualificar a construção civil como atividade de pertinência exclusiva a serviços, pelo que "as pessoas (naturais ou jurídicas) que promoverem a sua execução sujeitar-se-ão exclusivamente à incidência dc ISS, cm razão de que quaisquer bens necessários a essa atividade (como máquinas, equipamentos, ativo fixo, materiais, peças, etc.) não devem ser tipificados como mercadorias sujeitas a tributo estadual" (José Eduardo Soares de Melo, in "Construção Civil – ISS ou ICMS?", in RDT 69, p. 253, Malheiros). [...] A aquisição de mercadorias por empresa prestadora de serviços de construção civil, com fim exclusivo de serem utilizadas em suas próprias obras, não está sujeita ao recolhimento do ICMS, mas, tão somente, do ISS, sendo, portanto, indevida a cobrança de diferencial de alíquotas de ICMS de bens e insumos adquiridos em outros Estados da Federação, em consequência de operações interestaduais. [...] Precedentes das Egrégias 1ª Seção e 1ª e 2ª Turmas do Superior Tribunal de Justiça." (STJ, 1ª T., ROMS 13875/

RN, Rel. Min. José Delgado, *DJ* de 13/5/2002, p. 152). **No mesmo sentido:** "Fixou-se a orientação da Primeira Seção no sentido de que as empresas de construção civil não estão sujeitas ao ICMS ao adquirir mercadorias em operações interestaduais" (STJ, 1ª T., REsp 195.880/MG, Rel. Min. Milton Luiz Pereira, j. em 8/5/2001, v. u., *DJ* de 1º/10/2001, p. 163). A matéria, hoje, encontra-se sumulada nos seguintes termos: "As empresas de construção civil não estão obrigadas a pagar ICMS sobre mercadorias adquiridas como insumos em operações interestaduais" (Súmula 432/STJ). A esses fundamentos, pode-se somar, ainda, um outro: as empresas de construção civil não são *consumidoras* do material de construção que adquirem em outros Estados. Tais produtos não são por elas *consumidos,* mas sim representam *insumos* utilizados na construção de imóveis. A circunstância de esses últimos, quando revendidos, submeterem-se ao ITBI (ou ao ISS, no caso de reforma), e não ao ICMS, não altera essa realidade, nem as transforma em "consumidoras finais" de tais materiais. Nesse sentido: Schubert de Farias Machado, "Não incidência do ICMS na construção civil", em *O ICMS, a LC 87/96 e questões jurídicas atuais,* coord. Valdir de Oliveira Rocha, São Paulo: Dialética, 1997. Com a edição da EC 87/2015, essa situação restou superada, sendo devido o diferencial de alíquota nos termos do art. 155, § 2º, VII.

**32. Incidência do ICMS na importação de bens que não se encaixam no conceito de mercadoria** – As expressões "entrada 'de bem' ou mercadoria importados", e "ainda que não seja contribuinte habitual do imposto", inseridas no dispositivo pela EC 33/2001, prestaram-se para afastar o entendimento já pacífico do STF, segundo o qual "não incide ICMS na importação de bens por pessoa física ou jurídica que não seja contribuinte do imposto" (Súmula nº 660/STF). A redação original do dispositivo, a propósito, era: "a) sobre a entrada de mercadoria importada do exterior, ainda quando se tratar de bem destinado a consumo ou ativo fixo do estabelecimento, assim como sobre serviço prestado no exterior, cabendo o imposto ao Estado onde estiver situado o estabelecimento destinatário da mercadoria ou do serviço." Ressalte-se, porém, que mesmo com a autorização constitucional, fruto da EC 33/2001, a exigência do ICMS em tais importações depende de amparo em lei complementar nacional (obtido com a LC 114, de dezembro de 2002) e de previsão em lei estadual (STF, 1ª T, AI 745113 AgR, j. em 1º/4/2014).

**33. Mercadorias fornecidas na prestação de serviços não tributados pelos Municípios** – A Constituição adotou, como forma de solucionar possíveis conflitos de competência (ISS × ICMS) na prática de operações mistas (serviço + fornecimento de mercadoria), o critério de atribuir integralmente à competência estadual a tributação de tais operações, quando o serviço não está compreendido na competência municipal (*v. g.* não está descrito na lista anexa à LC 116/2003). Tributa-se com o ICMS, nesse caso, o valor total cobrado. Confiram-se, a propósito, as notas aos artigos 2º, IV e 3º, V, da LC nº 87/96. Caso o serviço seja tributado pelo Município, cabe à Lei Complementar (no caso, à LC nº 116/2003) determinar se o mesmo, quando envolver o fornecimento de mercadorias, será tributado apenas pelo ISS, ou se as mercadorias serão destacadas e tributadas separadamente do serviço, pelo ICMS.

**34. Operações que destinem mercadorias ao exterior e o transporte internacional** – Parece-nos que o dispositivo constitucional que imuniza *operações que destinem mercadorias ao exterior* envolve, também, as operações de transporte dessas mercadorias. Afinal, não apenas a compra e venda da mercadoria, mas também o seu transporte até o exterior são operações que a destinam ao exterior. **O STF, entretanto**, entende diversamente: "Tributário. Serviço utilizado no transporte interestadual ou intermunicipal de produtos industrializados destinados ao exterior. Pretendida não incidência do ICMS. Art.155, § 2º, X, 'a', da Constituição Federal. Benefício restrito às operações de exportação de produtos industrializados, não abrangendo o

**Art. 155**     CONSTITUIÇÃO DA REPÚBLICA FEDERATIVA DO BRASIL | **111**

serviço utilizado no transporte interestadual ou intermunicipal dos referidos bens. [...]" (STF, 1ª T., RE 196.527-4/MG, Rel. Min. Ilmar Galvão, j. em 6/4/1999, v. u, *DJ* de 23/8/1999, p 17).

É importante destacar, porém, que, interpretando a LC nº 87/96, a Primeira Seção do STJ (EREsp 710.260/RO, Rel. Min. Eliana Calmon, j. em 27/2/2008) tem entendido de forma diversa, vale dizer, tem admitido que, mesmo não abrangido pela imunidade, o serviço de transporte é certamente abarcado pela isenção concedida pelo art. 3º da LC nº 87/96, num caso excepcional de isenção heterônoma constitucionalmente autorizada (CF/88, art. 155, § 2º, XII, *e*).

**35. Exportação e manutenção do crédito relativo à tributação das operações anteriores** – Em evidente exceção à regra contida no art. 155, § 2º, II, *b*, da CF/88, as operações de exportação, embora não submetidas ao ICMS, não impõem o estorno dos créditos relativos às operações anteriores. Tais créditos podem ser aproveitados nos termos do art. 25, § 1º, da LC 87/96.

**36. Ampliação da imunidade pela EC 42/2003** – Em sua redação anterior, o art. 155, § 2º, X, *a*, arrolava, entre as hipóteses de não incidência do ICMS, as "operações que destinem ao exterior produtos industrializados, excluídos os semi-elaborados definidos em lei complementar;". Com a redação dada pela EC nº 42/2003, todas as mercadorias, sejam elas produtos industrializados, semi-elaborados, ou mesmo produtos rurais *in natura,* estão excluídas da competência impositiva estadual, e livres da incidência do imposto.

**37. Imunidade de operações interestaduais com combustíveis** – À luz do art. 155, § 2º, X, *b*, da CF/88, que concede imunidade para operações interestaduais com combustíveis, muitos consumidores passaram a pretender adquirir combustíveis em outros Estados, para fazer jus à imunidade. Os Estados-membros, porém, opuseram-se a isso, alegando que não poderia ser tributada a operação interestadual, mas que nada impediria a tributação da *entrada* da mercadoria no estado de destino. Foi o que constou, aliás, da LC nº 87/96 (art. 2º, § 1º, III). Afinal, a finalidade da regra imunizante seria a de fazer com que o imposto fosse devido, todo ele, no Estado de destino, nada sendo pago ao Estado de origem. Teria sido uma manobra de constituintes para prejudicar o Estado do Rio de Janeiro, e beneficiar o Estado de São Paulo, eis que o primeiro é grande produtor de combustíveis, e o segundo o maior consumidor deles.

Para Hugo de Brito Machado, o argumento de que a operação interestadual é imune, mas que a entrada dos combustíveis no Estado de destino pode ser tributada, "chega a ser ridículo. Sustentá-lo é o mesmo que sustentar, em defesa de um lutador que está proibido de bater na cabeça do adversário, o direito de bater naquele, cinco centímetros acima do pescoço" (Hugo de Brito Machado, *Aspectos fundamentais do ICMS*, 2. ed., São Paulo: Dialética, 1999, p. 53). **O STF, entretanto**, acolheu a tese dos Estados, decidindo que o benefício em questão "não foi instituído em prol do consumidor, mas do Estado de destino dos produtos em causa, ao qual caberá, em sua totalidade, o ICMS sobre eles incidente, desde a remessa até o consumo. Consequente descabimento das teses da imunidade e da inconstitucionalidade dos textos legais, com que a empresa consumidora dos produtos em causa pretendeu obviar, no caso, a exigência tributária do Estado de São Paulo" (STF, Pleno, RE 198.088/SP, Rel. Min. Ilmar Galvão, j. em 17/5/2000, m. v., *DJ* de 5/9/2003, p. 32). **No mesmo sentido:** "A imunidade ou hipótese de não incidência contemplada na alínea *b* do inc. X do § 2º do art. 155, da Constituição Federal restringe-se ao Estado de origem, não abrangendo o Estado de destino da mercadoria, onde são tributadas todas as operações que compõem o ciclo econômico por que passam os produtos, independentemente de se tratar de consumidor final ou intermediário" (STF, 1ª T., RE 190.992/RN-AgR, Rel. Min. Ilmar Galvão, j. em 12/11/2002, v. u., *DJ* de 19/12/2002, p. 80).

**38. ICMS e imunidade do ouro quando empregado como ativo financeiro** – Quando utilizado como ativo financeiro, o ouro não está sujeito à tributação pelo ICMS, mas tão somente pelo IOF. Além das regras do art. 153, § 5º e 155, § 2º, X, *c*, essa não incidência se deve à circunstância de que o ouro não é, quando usado como ativo financeiro, uma *mercadoria*.

**39. Substituição tributária e lei complementar** – Tendo em vista que o ICMS, conquanto seja um imposto estadual, tem repercussões *entre* os Estados, requerendo tratamento em nível nacional, é necessário o tratamento de diversos assuntos em lei complementar federal. Um deles é a substituição tributária. A LC nº 87/96, porém, foi absolutamente lacônica a respeito do assunto, delegando às leis estaduais o trato do problema. E, o que é pior, estas, muitas vezes, delegam ao regulamento do Governador do Estado o disciplinamento do assunto. Em suma, algo que deveria estar na lei complementar federal termina sendo tratado em ato infralegal estadual. Em vista disso, e considerando que o assunto demanda tratamento em nível nacional, os Estados terminam recorrendo a *convênios,* celebrados pelos seus Secretários de Fazenda, nos quais cuidam dos aspectos da substituição tributária que são de interesse nacional. Tudo à margem da lei *stricto sensu.* Tal procedimento, ao que nos parece, pode ser questionado, independentemente de se aceitar, como faz a jurisprudência, a validade da sistemática da substituição tributária em si mesma. Confiram-se, a propósito, as notas ao art. 150, § 7º, da CF/88.

**40. Lei complementar e regime de compensação do imposto** – Cabe ao legislador complementar nacional dispor sobre o regime de compensação do imposto, vale dizer dispor sobre a técnica através da qual será implementado o princípio da não cumulatividade. A lei complementar poderá optar, em tese, pela técnica do *crédito físico*, pela técnica do *crédito financeiro*, ou por uma técnica intermediária (Hugo de Brito Machado, *Aspectos Fundamentais do ICMS,* 2. ed, São Paulo: Dialética, 1999, p. 137).

A LC nº 87/96 adotou técnica mista, intermediária entre o crédito financeiro, e o crédito físico. Inicialmente, mais próxima do *crédito financeiro,* tendo depois sofrido alterações, principalmente pela LC nº 102/2000, que a aproximaram mais da técnica do *crédito físico.*

Como já esclarecido em nota anterior, defendeu-se, na doutrina, que a CF/88 teria adotado, implicitamente, a técnica da não cumulatividade pelo regime do *crédito financeiro.* A LC nº 87/96 seria meramente declaratória, na parte em que adotava regime "parcialmente financeiro". E mais, as restrições impostas à adoção plena do crédito financeiro, tanto pela LC nº 87/96 como principalmente por leis posteriores (*v. g.* LC 102/2000), seriam inválidas. Não foi esse, porém, o entendimento dos Tribunais, que decidiram pela validade das limitações estabelecidas em lei complementar à sistemática do crédito financeiro (STF, 2ª T., RE 413.034/SP (AgR), Rel. Min. Gilmar Mendes, j. em 28/6/2005, *DJ* de 26/8/2005). **No mesmo sentido:** STF, 1ª T., RE 392.991/MG (AgR), Rel. Min. Eros Grau, j. em 29/3/2005, v. u., *DJ* de 29/4/2005, p. 27; STF, 1ª T., AI 488487/SP (AgR), Rel. Min. Eros Grau, j. em 31/5/2005, v. u., *DJ* de 05/8/2005, p. 42; STJ, 2ª T., RMS 18.957/CE, Rel. Min. Castro Meira, j. em 16/12/2004, *DJ* de 9/5/2005, p. 318; STJ, 1ª T., RMS 19.407/MT., Rel. Min. José Delgado, j. em 14/6/2005, *DJ* 1º/8/2005, p. 319.

**41. Lei complementar e o procedimento para a concessão de isenções em matéria de ICMS. Limitação ao exercício da autonomia estadual** – A CF/88 proíbe os Estados-membros, em matéria de ICMS, de conceder isenções, ou outras formas de benefícios fiscais, sem que haja deliberação dos demais Estados a respeito autorizando. A forma como essa deliberação deverá acontecer é matéria a ser tratada em lei complementar. Atualmente, encontra-se disciplinada na LC nº 24/75, e a concessão de isenções ou outros benefícios em descompasso

# Art. 155
CONSTITUIÇÃO DA REPÚBLICA FEDERATIVA DO BRASIL | **113**

com a citada lei complementar é considerada inconstitucional pelo STF. "A orientação do Tribunal é particularmente severa na repressão à guerra fiscal entre as unidades federadas, mediante a prodigalização de isenções e benefícios fiscais atinentes ao ICMS, com afronta da norma constitucional do art. 155, § 2º, II, *g;* que submete sua concessão à decisão consensual dos Estados, na forma de lei complementar (ADIn 84-MG, 15.2.96, Galvão, *DJ* 19/4/96; ADInMC 128-AL, 23.11.89, Pertence, *RTJ* 145/707; ADInMC 902 3.3.94, Marco Aurélio, *RTJ* 151/444; ADInMC 1.296-PI, 14.6.95, Celso; ADInMC 1.247-PA, 17.8.95, Celso, *RTJ* 168/754; ADInMC 1.179-RJ, 29.2.96, Marco Aurélio, *RTJ* 164/881; ADInMC 2.021-SP, 04.8.99, Corrêa; ADIn 1.587, 19.10.00, Gallotti, Informativo 207, *DJ* 15/8/97; ADInMC 1.999, 30.6.99, Gallotti, *DJ* 31.3.00; ADInMC 2.352, 19.12.00, Pertence, *DJ* 9/3/01). As normas constitucionais, que impõem disciplina nacional ao ICMS, são preceitos contra os quais não se pode opor a autonomia do Estado, na medida em que são explícitas limitações" (STF, Pleno, ADI 2.377 MC/MG, Rel. Min. Sepúlveda Pertence, j. em 22/2/2001, v. u., *DJ* de 7/11/2003, p. 81). **No mesmo sentido:** "Ato normativo que, instituindo isenção de ICMS sem a prévia e necessária edição de convênio entre os Estados e o Distrito Federal, contraria o disposto no mencionado art. 155, § 2º, XII, *g*, do texto constitucional. Inaplicabilidade, no caso, da regra do art. 61, § 1º, II, *b*, da Carta da República, relativa à iniciativa legislativa reservada ao Presidente da República em relação, exclusivamente, à matéria tributária dos territórios" (STF, Pleno, ADI 2.357-MC/SC, Rel. Min. Ilmar Galvão, j. em 18/4/2001, v. u., *DJ* de 7/11/2003, p. 81). **Conferir ainda:** "'A liberação de isenções, incentivos e benefícios fiscais pelos Estados-Membros e Distrito Federal depende de lei complementar (CF, artigo 155, § 2º, XII, *g*). Ato governamental concessivo de desoneração de ICMS em operações internas sem que tenha sido objeto de convênio e que não levou em conta a Lei Complementar nº 24, de 7 de janeiro de 1975, recebida pela Constituição Federal de 1988, é o bastante para caracterizar por si só a sua inconstitucionalidade' (ADIMCs 2.736-PR, Sydney Sanches, julgada em 15/2/01, e 2.353-ES, Sepúlveda Pertence, julgada em 19/12/00, *inter plures*)" (STF, Pleno, ADI 2.376-MC/RJ, Rel. Min. Maurício Corrêa, j. em 15/3/2001, v. u., *DJ* de 4/5/2001, p. 3)

Interessante questão que pode ser suscitada diz respeito aos efeitos de uma decisão do STF que, em sede de controle concentrado, declarar a inconstitucionalidade de lei estadual em face da qual tenha sido concedida isenção onerosa e a prazo certo a determinados contribuintes. Parece-nos que tal decisão, que tem "efeitos repristinatórios" relativamente às regras de tributação (norma mais geral) cujo âmbito de incidência havia sido recortado pelas regras do incentivo (norma mais específica), não pode ser aplicada retroativamente em desfavor dos contribuintes que não recolheram o tributo em obediência à lei. Seria premiar o Estado pela torpeza de editar lei inconstitucional, sendo certo, ainda, que tais incentivos não raro envolvem a necessidade de o contribuinte arcar com contrapartidas, as quais por igual beneficiam o Estado-membro correspondente. Permitir a cobrança retroativa do ICMS, como se o incentivo não existisse, implicaria duplo locupletamento do Estado, decorrente de uma ilicitude imputável eminentemente a ele. Criar-se-ia uma "situação ainda mais inconstitucional", a ser evitada com o reconhecimento de efeitos *ex nunc* à declaração de inconstitucionalidade, independentemente inclusive de manifestação explícita do STF a respeito. É o que explicita, de forma meramente didática, o art. 146 do CTN. Nesse sentido, confira-se: PIMENTA, Paulo Roberto Lyrio. Guerra fiscal: problemas decorrentes dos efeitos das recentes decisões do Supremo Tribunal Federal. In: ROCHA, Valdir de Oliveira. Grandes questões atuais do direito tributário. São Paulo: Dialética, 2011, v. 15, p. 337; SCAFF, Fernando Facury. A responsabilidade tributária e a inconstitucionalidade da guerra fiscal. In: ROCHA, Valdir de Oliveira. *Grandes questões atuais do direito tributário*. São Paulo: Dialética, 2011, v. 15, p. 57.

Aspecto que o STF ainda não examinou, mas que está submetido à sua apreciação no âmbito da ADPF 198/DF, diz respeito à constitucionalidade do rigor imposto pela LC 24/75 à concessão de isenções ou outras formas de incentivos fiscais por intermédio do ICMS. A pretexto de regulamentar a faculdade de conceder tais incentivos, que está diretamente ligada à própria competência tributária, a legislação complementar tornou-a praticamente impossível ao exigir a unanimidade na deliberação correspondente. Aliás, mais que a unanimidade dos presentes, pois mesmo uma deliberação aprovada por unanimidade pelos representantes dos Estados presentes à reunião pode ser tornada sem efeito pela posterior recusa daquele que houver faltado ao encontro respectivo. Há violação à autonomia federativa e ao próprio princípio majoritário, pois a vontade de um Estado-membro é capaz de se sobrepor à de todos os demais. Confiram-se, a propósito, as notas ao art. 150, § 6º, da CF/88.

**42. Isenções unilateralmente concedidas. Vedação. Não-incidência** – A palavra utilizada pelo legislador não é relevante para se saber se se trata de isenção, ou de não incidência. O que importa é aferir se a lei, ao cuidar de uma "não incidência", está apenas *explicitando* algo que dela decorreria de uma forma ou de outra (*v. g.* "não incide o IPVA sobre a propriedade de velocípedes"), ou efetivamente excluindo da hipótese de incidência do tributo um fato que, não fora a regra em questão, seria tributado. Como ensina Carrazza, "é oportuno ressaltar que as leis isentivas sempre prevêem hipóteses em que a tributação ocorreria, caso elas não existissem" (Roque Antonio Carrazza, *Curso de Direito Constitucional Tributário*, 11. ed., São Paulo: Malheiros, 1998, p. 503). Com base nessas premissas, o STF já declarou a inconstitucionalidade de lei estadual que, na tentativa de contornar o óbice representado pelo art. 155, § 2º, XII, *g*, da CF/88, afirmou não estar "isentando", mas apenas declarando a "não-incidência" do imposto sobre determinado fato. "A não incidência do tributo equivale a todas as situações de fato não contempladas pela regra jurídica da tributação e decorre da abrangência ditada pela própria norma. A isenção é a dispensa do pagamento de um tributo devido em face da ocorrência de seu fato gerador. Constitui exceção instituída por lei à regra jurídica da tributação. A norma legal impugnada concede verdadeira isenção do ICMS, sob o disfarce de não incidência. O artigo 155, § 2º, inciso XII, alínea *g*, da Constituição Federal, só admite a concessão de isenções, incentivos e benefícios fiscais por deliberação dos Estados e do Distrito Federal, mediante convênio" (STF, Pleno, ADI 286/RO, Rel. Min. Maurício Corrêa, j. em 22/5/2002, v. u., *DJ* de 30/8/2002, p. 60).

**43. Definição legal para benefícios fiscais** – Nos termos do parágrafo único do art. 1º da LC nº 24/75, equiparam-se à isenção, para fins de se exigir a deliberação dos Estados-membros como requisito para sua concessão válida: *i)* a redução da base de cálculo; *ii)* a devolução total ou parcial, direta ou indireta, condicionada ou não, do tributo, ao contribuinte, a responsável ou a terceiros; *iii)* a concessão de créditos presumidos; *iv)* quaisquer outros incentivos ou favores fiscais ou financeiro-fiscais, concedidos com base no Imposto sobre Circulação de Mercadorias, dos quais resulte redução ou eliminação, direta ou indireta, do respectivo ônus; *v)* as prorrogações e as extensões das isenções vigentes na data da promulgação da LC nº 24/75.

**44. Possibilidade de restrição à autonomia de Estados-membros. Necessidade de ser feita com razoabilidade** – É verdade que o art. 155, § 2º, XII, *g*, da CF/88, pode ser entendido como uma restrição, ou uma exceção, à autonomia dos Estados para legislar (e isentar) em matéria de ICMS. Restrição que tem por finalidade preservar a própria federação. Mas o fato de a lei complementar federal estar autorizada a disciplinar a concessão de isenções (restringindo a autonomia dos Estados de concedê-las unilateralmente) não significa que o legislador complementar esteja livre, inteiramente livre, para estabelecer tal procedimento. É preciso que as limitações à autonomia dos Estados que desejam conceder

# Art. 156 — CONSTITUIÇÃO DA REPÚBLICA FEDERATIVA DO BRASIL | 115

isenções sejam *razoáveis,* e *proporcionais,* vale dizer, adequadas, necessárias e não excessivas. Não parece, *data venia,* ser este o caso do procedimento exigido pela LC nº 24/75, que requer a aprovação por *unanimidade* dos Estados-membros e do Distrito Federal como condição para a concessão de isenções e outros benefícios fiscais (art. 2º, § 2º), o que praticamente os inviabiliza. A pretexto de "regulamentar" um direito, a lei complementar o suprime. Nesse sentido, e defendendo a necessidade de se prestigiarem os diversos dispositivos constitucionais que preconizam a redução das desigualdades regionais, confira-se: Hugo de Brito Machado, *Aspectos Fundamentais do ICMS,* 2. ed. São Paulo: Dialética, 1999, p. 219 e 220. E ainda: Hugo de Brito Machado (Coord.), *Regime jurídico dos incentivos fiscais,* São Paulo: Malheiros, 2015, *passim.*

**45. Imunidade de operações com combustíveis, lubrificantes, energia e minerais** – A redação original do dispositivo era "§ 3º À exceção dos impostos de que tratam o inciso I, *b,* do 'caput' deste artigo e o art. 153, I e II, nenhum outro tributo incidirá sobre operações relativas a energia elétrica, combustíveis líquidos e gasosos, lubrificantes e minerais do País." Com o advento da EC 3/93, que suprimiu o imposto adicional de renda estadual, impôs-se a retificação na redação do dispositivo, que passou a ser veiculado assim: "§ 3º À exceção dos impostos de que tratam o inciso II do 'caput' deste artigo e o art. 153, I e II, nenhum outro tributo poderá incidir sobre operações relativas a energia elétrica, serviços de telecomunicações, derivados de petróleo, combustíveis e minerais do País."

Em seguida, a EC 33/2001 alterou a expressão *nenhum outro tributo* por *nenhum outro imposto,* para deixar induvidosa a incidência de "contribuições" sobre tais operações (COFINS, CIDE's etc.). Antes mesmo da EC 33/2001, porém, o STF já havia consolidado seu entendimento no sentido de que "é legítima a cobrança da COFINS, do PIS e do FINSOCIAL sobre as operações relativas à energia elétrica, serviços de telecomunicações, derivados de petróleo, combustíveis e minerais do País" (Súmula nº 659/STF).

**46. Seletividade do IPVA. Critérios. Vedação de discriminação em face da origem** – O IPVA pode ser *seletivo,* o que é didaticamente reconhecido pelo art. 155, § 6º, II, da CF/88, nela incluído pela EC 42/2002. Mas é importante destacar que os *critérios* a serem utilizados na fixação das alíquotas diferenciadas (seletivas), devem ser definidos em função do tipo de veículo (*v. g.,* caminhão, automóvel pequeno, automóvel grande, motocicleta etc.), ou de sua utilização (passeio, táxi, transporte coletivo, transporte de enfermos e acidentados, etc.). Não é possível a diferenciação em razão da origem do veículo (nacional ou importado). "[...] Não se pode conceber que a alíquota do IPVA seja uma para os veículos de procedência nacional e outra, maior, para os importados. Na verdade, o tratamento desigual apenas significa uma nova tributação pelo fato gerador do imposto de importação, já que nenhuma diferença se pode admitir em relação aos atos de conservação de vias entre veículos de nacionalidades distintas" (STF, 2ª T., AI 203.845-AgR/RJ, Rel. Min. Néri da Silveira, j. em 7/12/1998, v. u., *DJ* de 3/12/1999, p. 4). Ver notas aos arts. 150, II e 152, da CF/88.

## Seção V

### Dos Impostos dos Municípios

**Art. 156.** Compete aos Municípios instituir impostos sobre:

I – propriedade predial[1] e territorial urbana;[2]

# 116 | CÓDIGO TRIBUTÁRIO NACIONAL – *Hugo de Brito Machado Segundo*      **Art. 156**

II – transmissão *inter vivos*, a qualquer título, por ato oneroso, de bens imóveis, por natureza ou acessão física,[3] e de direitos reais sobre imóveis,[4] exceto os de garantia, bem como cessão de direitos a sua aquisição;[5, 6]

III – serviços[7, 8, 9, 10] de qualquer natureza, não compreendidos no art. 155, II, definidos[11] em lei complementar.[12] *(Redação dada[13] pela Emenda Constitucional nº 3, de 17.3.1993)*

IV – *(Revogado pela Emenda Constitucional nº 3, de 17.3.1993)*

§ 1º Sem prejuízo da progressividade no tempo[14] a que se refere o art. 182, § 4º, inciso II, o imposto previsto no inciso I poderá: *(Redação dada pela Emenda Constitucional nº 29, de 13.9.2000)*

I – ser progressivo em razão do valor do imóvel;[15, 16, 17] e *(Incluído pela Emenda Constitucional nº 29, de 13.9.2000)*

II – ter alíquotas diferentes de acordo com a localização e o uso do imóvel.[18] *(Incluído pela Emenda Constitucional nº 29, de 13.9.2000)*

§ 2º O imposto previsto no inciso II:

I – não incide sobre a transmissão de bens ou direitos incorporados ao patrimônio de pessoa jurídica em realização de capital, nem sobre a transmissão de bens ou direitos decorrente de fusão, incorporação, cisão ou extinção de pessoa jurídica,[19, 20] salvo se, nesses casos, a atividade preponderante do adquirente for a compra e venda desses bens ou direitos, locação de bens imóveis ou arrendamento mercantil;[21]

II – compete ao Município da situação do bem.

§ 3º Em relação ao imposto previsto no inciso III do *caput* deste artigo, cabe à lei complementar: *(Redação dada pela Emenda Constitucional nº 37, de 12.6.2002)*

I – fixar as suas alíquotas máximas[22] e mínimas;[23] *(Redação dada pela Emenda Constitucional nº 37, de 12.6.2002)*

II – excluir da sua incidência exportações de serviços para o exterior.[24] *(Redação dada pela Emenda Constitucional nº 3, de 17.3.1993)*

III – regular a forma e as condições como isenções, incentivos e benefícios fiscais serão concedidos e revogados.[25] *(Incluído pela Emenda Constitucional nº 37, de 12.6.2002)*

---

## ANOTAÇÕES

**1. Propriedade predial. Base de cálculo. Implicações** – Note-se que o IPTU compreende em seu âmbito constitucional de incidência não apenas a propriedade *territorial,* mas também a propriedade *predial.* É por isso que a sua base de cálculo é o valor venal do imóvel *por natureza ou por acessão física,* envolvendo assim tanto o valor do terreno como também das edificações (CTN, arts. 32 e 33). Não ocorre o mesmo com o ITR, que, por ter em seu âmbito de incidência apenas a propriedade territorial rural, tem por base de cálculo apenas o valor fundiário do imóvel por natureza (CTN, arts. 29 e 30).

**2. IPTU. Alíquotas reduzidas para o imóvel residencial ocupado por quem não possui outro** – "É constitucional a lei do município que reduz o imposto predial urbano sobre imóvel ocupado pela residência do proprietário, que não possua outro." (Súmula 539/STF).

# Art. 156 | CONSTITUIÇÃO DA REPÚBLICA FEDERATIVA DO BRASIL | 117

**3. Transmissão de imóvel. Promessa e construção posterior** – Não é raro, principalmente na construção de grandes edifícios, que seja celebrado contrato de promessa de compra e venda relativamente a um terreno desocupado. Uma vez na *posse* do imóvel, o promitente comprador então constrói o edifício. Posteriormente, quando se vai formalizar a transferência, com o contrato de compra e venda, poder-se-ia sustentar que o que fora efetivamente transferido fora o edifício, exigindo-se o ITBI sobre todo o seu valor, e não apenas sobre o terreno. O STF, porém, sumulou seu entendimento no sentido de que "o imposto de transmissão 'inter vivos' não incide sobre a construção, ou parte dela, realizada, inequivocamente, pelo promitente comprador, mas sobre o valor que tiver sido construído antes da promessa de venda" (Súmula nº 470/STF). E nem poderia ser mesmo diferente, pois, nesse caso, do ponto de vista econômico, o que se transferiu foi mesmo apenas o terreno, e não o edifício nele construído posteriormente pelo promitente comprador. E mesmo sob o prisma estritamente jurídico, não se pode dizer que o edifício transferido posteriormente pertença ao promitente vendedor, e esteja sendo transferido ao promitente comprador que o construiu. Afinal, a construção se deu de boa-fé, quando o promitente comprador estava na posse do imóvel (e toda a negociação prestou-se para isso).

**4. ITBI e transferência de domínio útil** – "É legítima a incidência do imposto de transmissão 'inter vivos' sobre a transferência do domínio útil" (Súmula 326/STF).

**5. ITBI. Alíquotas progressivas. Impossibilidade** – "É inconstitucional a lei que estabelece alíquotas progressivas para o imposto de transmissão 'inter vivos' de bens imóveis – ITBI com base no valor venal do imóvel" (Súmula 656/STF).

**6. ITBI. Consequência da inconstitucionalidade das alíquotas progressivas** – Segundo o STF, uma vez declarada a inconstitucionalidade, pelo STF, de parte de lei municipal que fixa alíquotas progressivas para o ITBI, não se deve aplicar a alíquota mais baixa na escala da progressividade tida por inválida, mas as alíquotas definidas na legislação anterior. "A inconstitucionalidade, reconhecida pelo STF (RE 234.105), do sistema de alíquotas progressivas do ITBI do Município de São Paulo (L. 11.154/91, art. 10, II), atinge esse sistema como um todo, devendo o imposto ser calculado, não pela menor das alíquotas progressivas, mas na forma da legislação anterior, cuja eficácia, em relação às partes, se restabelece com o trânsito em julgado da decisão proferida neste feito" (STF, 1ª T., RE 259.339/SP, Rel. Min. Sepúlveda Pertence, j. em 9/5/2000, v. u., *DJ* de 16/6/2000, p. 40).

**7. ISS. Serviço de qualquer natureza. Locação de bens móveis. Não abrangência** – Tendo a Constituição determinado que os Municípios podem tributar "serviços de qualquer natureza", está excluída de sua competência impositiva toda situação que não se enquadre nessa definição. Com base nessa premissa, o STF considerou inconstitucionais as disposições do DL 406/68 (item 79 da lista a ele anexa), e de leis municipais, que pretendem a tributação, pelo ISS, da *locação de bens móveis.* "Em Direito, os institutos, as expressões e os vocábulos têm sentido próprio, descabendo confundir a locação de serviços com a de móveis, práticas diversas regidas pelo Código Civil, cujas definições são de observância inafastável – artigo 110 do Código Tributário Nacional" (STF, Pleno, RE 116.121/SP, Rel. Min. Octavio Gallotti, Rel. p. o acórdão Min. Marco Aurélio, j. em 11/10/2000, m. v., *DJ* de 25/5/2001, p. 17). **No mesmo sentido:** STF, 2ª T., AI 485.707 AgRg/DF, Rel. Min. Carlos Velloso, j. em 9/11/2004, v. u., *DJ* de 10/12/2004, 44).

Em casos nos quais o RE já foi admitido pelo Presidente do tribunal de origem, mas ainda não foi julgado, o STF vem concedendo medida cautelar para atribuir efeito suspensivo ao recurso e, com isso, suspender também a exigibilidade do imposto: "Imposto sobre serviços

**118** | CÓDIGO TRIBUTÁRIO NACIONAL – *Hugo de Brito Machado Segundo*                    **Art. 156**

(ISS). Locação de veículo automotor. Inadmissibilidade da incidência desse tributo municipal. Distinção entre locação de bens móveis (obrigação de dar ou de entregar) e prestação de serviços (obrigação de fazer). Impossibilidade de a legislação tributária municipal alterar a definição e o alcance de conceitos de direito privado (CTN, art. 110). Inconstitucionalidade do item 79 da antiga lista de serviços anexa ao Decreto-Lei nº 406/68. Precedentes do Supremo Tribunal Federal. Atendimento, na espécie, dos pressupostos legitimadores da concessão de provimento cautelar (*RTJ* 174/437-438). Outorga de eficácia suspensiva a recurso extraordinário, que, interposto por empresas locadoras de veículos automotores, já foi admitido pela Presidência do Tribunal recorrido. Decisão referendada pela Turma" (STF, 2ª T., AC 661 QO/MG, Rel. Min. Celso de Mello, j. em 8/3/2005, v. u., *DJ* de 8/4/2005, p. 26).

A matéria, atualmente, encontra-se disciplinada na Súmula Vinculante 31: "É inconstitucional a incidência do Imposto sobre Serviços de Qualquer Natureza – ISS sobre operações de locação de bens móveis."

**8. ISS, serviços de qualquer natureza e o chamado "seguro saúde"** – A Primeira Seção do Superior Tribunal de Justiça tem entendido que o chamado "seguro saúde", ou "plano de saúde", é passível de tributação pelo ISS. A única ressalva feita, nesse caso, é a de que a base de cálculo não é o valor do serviço médico (este serve de base de cálculo do ISS pago pelo médico), mas sim a "comissão" devida à entidade administradora do "plano de saúde", seja ela cooperativa, ou não (STJ, 1ª T., REsp 642.810/MG, Rel. Min. Luiz Fux, j. em 22/3/2005, v. u., de *DJ* 25/4/2005, p. 238; 2ª T., AgRg no Ag 497.328/MG, Rel. Min. Franciulli Netto, j. em 1/6/2004, v. u., *DJ* de 13/9/2004, p. 204). No primeiro dos precedentes citados, o Min. Luiz Fux, relator, conquanto se curve ao posicionamento da Turma, ressalva seu entendimento pessoal, fundado em precedente do STF, e na doutrina de Hugo de Brito Machado, segundo o qual o serviço de "seguro saúde" ou de "planos de saúde" é típico contrato de seguro, abrangido pelo âmbito constitucional do IOF.

Para Hugo de Brito Machado, de "empresas que administram os denominados *planos de saúde*, por exemplo, não podem os municípios cobrar o ISS, porque os contratos, mesmo que não falem de seguro, na verdade consubstanciam contratos de seguro saúde. Neles *álea* é elemento essencial. O cliente paga sua mensalidade independentemente de utilizar qualquer serviço médico, ou hospitalar, e tem direito à cobertura das despesas com estes, nos termos do contrato, se e quando deles necessitar (*Curso de Direito Tributário*, 25. ed., São Paulo: Malheiros, 2004, p. 120 e 121). No mesmo sentido, o STF, no julgamento do RE 115.308/RJ (1ª T., Rel. Min. Néri da Silveira, j. em 17/5/1988, v. u., *DJ* de 1º/7/1988, p. 16910): "ISS. Seguro Saúde. Decreto-lei nº 73/1996, arts. 129 e 130. Cobertura de gastos com assistência médica e hospitalar, nos limites contratuais, em período determinado, quando o associado os tiver de efetuar. Os valores recebidos do associado não se destinam à contraprestação imediata por qualquer serviço médico hospitalar prestado pela entidade. Quem presta os serviços de assistência é o médico ou o hospital credenciado, sob responsabilidade própria. Riscos futuros. Não caracterização da figura do agenciador de serviço." Como a matéria é de ordem constitucional (conceito de serviço, e de seguro, usado na delimitação das competências tributárias pelos arts. 153, V, e 156, III, da CF/88), o pronunciamento final deverá ser do STF, como, aliás, observaram os próprios Ministros da Primeira Turma do STJ, quando do julgamento do EDcl no REsp 227.293/RJ, 1ª T., Rel. Min. José Delgado, Rel. p/ Acórdão Min. Francisco Falcão, j. em 9/8/2005, v. u., *DJ* de 19/9/2005, p. 184). Paradoxalmente, porém, o STF tem rejeitado Recursos Extraordinários versando a matéria, sob o argumento de que a discussão seria apenas indiretamente constitucional (Cf., v.g., RE 576.105, AgR, j. em 21/8/2012).

**Art. 156** CONSTITUIÇÃO DA REPÚBLICA FEDERATIVA DO BRASIL | **119**

**9. Serviço de qualquer natureza e corretagem de mercadorias. Abrangência** – "Esta Corte pacificou entendimento no sentido de que a intermediação de sociedade corretora, quanto aos negócios realizados em bolsas de mercadorias e futuros, sofre a incidência do Imposto sobre Serviços – ISS" (STJ, 1ª T., AgRg no REsp 720.231/SP, Rel. Min. Francisco Falcão, j. em 9/8/2005, v. u., *DJ* de 17/10/2005, p. 202). Nesse caso, naturalmente, a base de cálculo será o valor da comissão, e não o valor das tais mercadorias cuja venda é intermediada. Confiram-se as notas ao art. 7º da LC 116/2003.

**10. Serviço de qualquer natureza e comunicação "intramunicipal". Não abrangência** – O serviço de comunicação, ainda que não transponha as fronteiras do Município, não está abrangido pelo âmbito constitucional de incidência do ISS, integrando a competência impositiva estadual e sendo tributáveis pelo ICMS (STF, 1ª T., AI 269532 AgR/MG, Rel. Min. Sepúlveda Pertence, j. em 14/6/2005, v. u., *DJ* de DJ 5/8/2005, p. 35). Nesse sentido já vinha decidindo o STF mesmo antes de 1988, quando os serviços de comunicação eram tributados pela União, e pela mesma razão não podiam ser onerados pelo ISS (STF, Pleno, RE 83.600/SP, Rel. Min. Moreira Alves, j. em 6/6/1979, v. u., *DJ* de 10/8/1979, p. 5845, *RTJ* 92-3/1157). Os Municípios, porém, podem tributar serviços acessórios, como o de instalação de centrais, troncos, manutenção, etc. (STF, 2ª T., RE 163.725/ES, Rel. Min. Marco Aurélio, j. em 15/6/1999, v. u., *DJ* de 27/8/1999, p. 64).

**11. Taxatividade da lista de serviços veiculada em lei complementar** – A jurisprudência do Superior Tribunal de Justiça "sedimentou-se no sentido de que a Lista de Serviços anexa ao Decreto-lei 406/68 para efeito de incidência de ISS sobre serviços bancários é taxativa, admitindo-se, contudo, uma leitura extensiva de cada item, a fim de enquadrar-se serviços idênticos aos expressamente previstos" (STJ, 2ª T., REsp 686.587/RS, Rel. Min. Castro Meira, j. em 20/10/2005, v. u., *DJ* de 7/11/2005, p. 218). **No mesmo sentido:** STJ, 1ª T., REsp 766.365/PA, Rel. Min. Teori Albino Zavascki, j. em 8/11/2005, v. u. *DJ* de 21/11/2005, p. 160 (afirmando a impossibilidade de tributar o serviço de reboque marítimo, por falta de previsão na lista anexa ao DL 406/68); STJ, 2ª T., REsp 703.763/RJ, Rel. Min. Eliana Calmon, j. em 6/10/2005, v. u., 28/11/2005, p. 255 (afirmando a impossibilidade de tributar o serviço de franquia, também não previsto, à época, na lista anexa ao DL 406/68).

**12. Lei complementar em matéria de ISS** – O disciplinamento do ISS, atualmente, no nível das normas gerais fixadas em lei complementar, encontra-se veiculado na LC nº 116/2003, também anotada neste volume, e em dispositivos não revogados do DL 406/68.

**13. EC 3/93. Supressão parcial da competência impositiva municipal** – A Emenda Constitucional nº 3, de 1993, suprimiu parte da competência impositiva municipal, extinguindo o "imposto sobre vendas a varejo de combustíveis líquidos e gasosos, exceto óleo diesel", e renumerando o inciso IV (que passou a ser inciso III), do art. 156 da CF/88.

**14. Progressividade no tempo** – A progressividade dos impostos, em regra, toma por critério a sua base de cálculo. Quanto maior a manifestação de riqueza a ser tributada, maior a alíquota. Entretanto, a progressividade do IPTU, de que cuida o art. 182, § 4º, II, da CF/88, toma como critério o *tempo*. Isso significa que, a cada ano em que o imóvel urbano permanecer não edificado, subutilizado ou não utilizado, em desacordo com o plano diretor, o IPTU poderá ser exigido de seu proprietário por alíquota mais elevada que a utilizada no ano anterior. Segundo o STF, somente essa forma de progressividade poderia ser adotada, relativamente ao IPTU, pelo menos até o advento da EC 29/2000 (Súmula 668/STF), que expressamente admite cumulativamente as duas formas de progressividade.

**15. Progressividade em função do valor do imóvel** – Como a CF/88 somente se reportava, em seu texto originário, à progressividade do IPTU *no tempo,* o STF entendia inviável a adoção do *valor do imóvel* como critério para aplicação das alíquotas progressivas. O art. 182, § 4º, II, não era visto apenas como uma autorização ou uma imposição para que a progressividade extrafiscal no tempo fosse adotada, mas como uma *proibição* de que outras formas de progressividade fossem adotadas (STF, Pleno, RE 204.827/SP, Rel. Min. Ilmar Galvão, j. em 12/12/1996, v. u., *DJ* de 25/4/1997, p. 15213). Com o advento da EC 29/2000, que expressamente admite a progressividade de acordo com o valor do imóvel *sem prejuízo* da progressividade no tempo, o STF sumulou seu entendimento ressalvando o período posterior à emenda: "É inconstitucional a lei municipal que tenha estabelecido, antes da Emenda Constitucional nº 29/2000, alíquotas progressivas para o IPTU, salvo se destinada a assegurar o cumprimento da função social da propriedade urbana" (Súmula nº 668/STF). Na doutrina, tanto há posicionamentos que apontam para a inconstitucionalidade da EC 29/2000, por alegada violação a cláusulas pétreas (*v. g.,* Rogério Vidal Gandra da Silva Martins, José Ruben Marone e Soraya David Monteiro Locatelli, "Inconstitucionalidades do IPTU progressivo instituído nos termos da Lei municipal nº 13.250/01 e da Emenda Constitucional nº 29/00 e inconstitucionalidade e ilegalidade da forma de apuração da base de cálculo, violadora do art. 37 da CF e 148 do CTN", em *RDDT* 81/80; Miguel Reale, "O IPTU progressivo e a inconstitucionalidade da EC 29/2000", em *RDDT* 81/123; Ives Gandra da Silva Martins e Aires F. Barreto, "IPTU: por ofensa a cláusulas pétreas, a progressividade prevista na Emenda nº 29/2000 é inconstitucional", em *RDDT* 80/105), como há autores que sustentam a validade da EC 29/2000, eis que não há qualquer cláusula pétrea a impedir a progressividade do imposto (Clèmerson Merlin Clève e Solon Sehn , "IPTU e Emenda Constitucional nº 29/2000 – legitimidade da progressão das alíquotas em razão do valor venal do imóvel", em *RDDT* 94/133; Hugo de Brito Machado, "A progressividade do IPTU e a EC 29", em *RDDT* 81/56).

**16. Progressividade. Critério de cálculo** – É importante destacar que a progressividade, no âmbito do IPTU, não pode ser adotada de forma simples. É preciso que as alíquotas progressivamente mais elevadas somente incidam sobre as parcelas do valor do imóvel que ultrapassem os limites legalmente fixados. Do contrário, haverá violação aos princípios da isonomia, e da capacidade contributiva, e duas pessoas proprietárias de imóveis com quase o mesmo valor podem ter de pagar quantia muito diferente a título de imposto. Exemplificando, se a alíquota do IPTU é 0,6% para imóveis de valor até 50.000,00, e 0,8% para imóveis com valor venal superior a R$ 50.00,01, e o contribuinte tem imóvel avaliado em R$ 60.000,00, seu IPTU deve ser calculado com a aplicação da alíquota de 0,6% sobre R$ 50.000,00, e de 0,8% sobre os R$ 10.000,00 que ultrapassam esse valor. Tal como ocorre com o imposto de renda. Confiram-se, a esse respeito, os artigos de Hugo de Brito Machado (*RDDT* 106/19) e Erinaldo Dantas Filho ("IPTU: da progressividade fiscal das alíquotas do imposto", em *RDDT* 105/54).

**17. Progressividade e número de imóveis** – "É inconstitucional a fixação de adicional progressivo do imposto predial e territorial em função do número de imóveis do contribuinte" (Súmula nº 589/STF).

**18. Seletividade e IPTU** – A teor do art. 156, § 1º, II, da CF/88, o IPTU pode ter alíquotas diferentes de acordo com a localização ou com o uso do imóvel. Trata-se de autorização expressa para que o IPTU seja *seletivo,* e para que os critérios adotados nessa seletividade sejam a localização (áreas mais nobres, menos nobres, etc.), ou o uso (imóveis comerciais, residenciais, terrenos desocupados, etc.). Vale observar que o STF já vinha admitindo como válidas as leis

# Art. 156 CONSTITUIÇÃO DA REPÚBLICA FEDERATIVA DO BRASIL | 121

municipais que fixavam alíquotas seletivas para o IPTU, mesmo antes da EC 29/2000 (STF, 1ª T., RE 229.233/SP, Rel. Min. Ilmar Galvão, j. em 26/3/1999, v. u., *DJ* de 25/6/1999, p. 33).

**19. ITBI e planejamento tributário** – A regra do art. 156, § 2º, I, da CF/88, que já constava de Constituições anteriores, representa clara "janela" para a prática de uma forma de planejamento tributário, em sede de ITBI. Constitui-se uma sociedade, cujo capital é composto dos imóveis cuja transmissão se pretende fazer. Depois, transmitem-se as ações, sem incidência do imposto. Lembrando que esse imposto, antes de 1988, era de competência Estadual, e envolvia também as transmissões de imóveis *causa mortis,* é interessante perceber que o STF já considerou que "não nega vigência ao art. 1.171 do Código Civil, não viola o art. 19, § 3º, da Constituição Federal de 1946, nem diverge da Súmula 435, o acórdão que decide ser ilegítima a exigência do imposto de transmissão *causa mortis* sobre o valor de ações que o pai doou, por ato entre vivos, em partes iguais, a filhos" (STF, 1ª T., RE 73.576/MG, Rel. Min. Aliomar Baleeiro, j. em 25/9/1973, v. u., *DJ* de 30/11/1973). Afinal, transmitir ações não é o mesmo que transmitir imóveis, ainda que as ações sejam de pessoa jurídica proprietária de imóveis.

**20. ITBI. Imóveis e sociedades comerciais. Imunidade. Abrangência** – Já afirmou o STF, relativamente a regra imunizante análoga à do art. 156, § 2º, I, da CF/88, contida na Constituição anterior, que sua natureza é abrangente, "no sentido de que a não incidência nela estabelecida compreende a cisão de sociedades por ações, assim como as demais operações de que trata a lei das sociedades anônimas: incorporação, fusão e a transformação societária" (STF, 1ª T., RE 101.741/SP, Rel. Min. Soares Muñoz, j. em 18/5/1984, v. u., *DJ* de 8/6/1984, p. 9262, *RTJ* 111-1/432).

**21. ITBI e Atividade preponderante da pessoa jurídica** – Conferir o art. 37 do CTN, que dispõe sobre quando se deve considerar que a pessoa jurídica tem como atividade preponderante a compra, venda, locação ou arrendamento de imóveis.

**22. ISS. Alíquotas máximas** – A LC nº 116 fixou a alíquota máxima do ISS em 5% (art. 8º, II).

**23. ISS. Alíquotas mínimas** – A EC 37/2002 inseriu, no ADCT., dispositivo segundo o qual "enquanto lei complementar não disciplinar o disposto nos incisos I e III do § 3º do art. 156 da Constituição Federal, o imposto a que se refere o inciso III do *caput* do mesmo artigo: *i)* terá alíquota mínima de dois por cento, exceto para os serviços a que se referem os itens 32, 33 e 34 da Lista de Serviços anexa ao Decreto-lei nº 406, de 31 de dezembro de 1968; *ii)* não será objeto de concessão de isenções, incentivos e benefícios fiscais, que resulte, direta ou indiretamente, na redução da alíquota mínima estabelecida no inciso I" (Art. 88 do ADCT). Seria esta alíquota mínima aplicável, enquanto não editada Lei Complementar fixando as alíquotas mínimas, nacionalmente, para o ISS (A LC nº 116/2003, durante muito tempo, permaneceu silente a esse respeito). Atualmente, a LC 157/2016 alterou a LC 116/2003 para nela inserir as disposições – comentadas no local próprio deste volume, dedicado à referida Lei Complementar – referentes à alíquota mínima, estabelecida em 2%, e às sanções pela sua inobservância por parte dos Municípios. Pode-se questionar, porém, se tais disposições, inseridas na Constituição por obra do constituinte derivado, não são *inconstitucionais,* por ofensa à autonomia municipal (CF/88, art. 18 c/c art. 60, § 4º, I).

**24. ISS e exportação de serviços** – Em atenção ao disposto no art. 156, § 3º, II, da CF/88, a LC 116/2003 excluiu da incidência do ISS os serviços "exportados para o exterior do País" (art. 2º, I). A LC 116/2003 não define o que se deva entender por serviços "exportados para o exterior", limitando-se a afirmar que não se enquadram nesse conceito "os serviços desenvolvidos no Brasil, cujo resultado aqui se verifique, ainda que o pagamento seja feito por residente no exterior" (LC nº 116/2003, art. 2º, parágrafo único). Pode-se dizer, então, que o serviço considera-se exportado quando desenvolvido no exterior, ou quando for desenvolvido no Brasil mas seu resultado se verificar apenas no exterior. Seria o caso, por exemplo, do deslocamento do prestador do serviço ao exterior, para lá executá-lo (*v. g.* médico brasileiro que viaja para operar doente no exterior), ou da execução no Brasil de um serviço que só no exterior produzirá efeitos (advogado brasileiro confecciona aqui um parecer, e o envia ao exterior pela internet). Para Marcelo Caron, a regra do art. 156, § 3º, II, da CF/88 é inócua, pois tais serviços já estavam mesmo fora do âmbito constitucional de incidência do ISS, não podendo ser tributados pelos Municípios em função do princípio da territorialidade (*ISS – do texto à norma,* São Paulo: Quartier Latin, 2005, p. 548 ss).

**25. ISS e concessão de benefícios e isenções** – Enquanto não havia sido editada a lei complementar disciplinando a concessão de isenções e outros incentivos ou benefícios fiscais, no âmbito de ISS, em atenção ao disposto no art. 156, § 3º, III, da CF/88 incidia a regra do art. 88 do ADCT., nele inserido pela EC 37/2002. Segundo essa regra do ADCT, é simplesmente proibida a concessão de todo tipo de isenção, benefício ou incentivo que implique a exigência do ISS por alíquota inferior à mínima nela fixada (2%). Suscita-se, porém, a inconstitucionalidade dessa disposição, tendente a abolir a forma federativa de Estado por violação à autonomia municipal (CF/88, art. 18 c/c art. 60, § 4º, I). Atualmente, as disposições que fixam a alíquota mínima em 2%, e estabelecem as sanções pelo seu descumprimento, constam da LC 116/2003, em face das alterações nela levadas a efeito pela LC 157/2016.


# TÍTULO VII
Da Ordem Econômica e Financeira


## Capítulo I
Dos Princípios Gerais da Atividade Econômica


### Seção I
Dos Princípios Gerais

[...]

**Art. 177.** Constituem monopólio da União:

[...]

§ 4º A lei[1] que instituir contribuição de intervenção no domínio econômico[2] relativa às atividades de importação ou comercialização de petróleo e seus derivados, gás natural e seus derivados e álcool combustível deverá atender aos seguintes requisitos: *(Incluído pela Emenda Constitucional nº 33, de 11.12.2001)*

I – a alíquota da contribuição poderá ser: *(Incluído pela Emenda Constitucional nº 33, de 11.12.2001)*

a) diferenciada por produto ou uso;[3] *(Incluído pela Emenda Constitucional nº 33, de 11.12.2001)*

# Art. 177 CONSTITUIÇÃO DA REPÚBLICA FEDERATIVA DO BRASIL | 123

b) reduzida e restabelecida por ato do Poder Executivo,[4] não se lhe aplicando o disposto no art. 150, III, *b*;[5] *(Incluído pela Emenda Constitucional nº 33, de 11.12.2001)*

II – os recursos arrecadados serão destinados:[6] *(Incluído pela Emenda Constitucional nº 33, de 11.12.2001)*

a) ao pagamento de subsídios a preços ou transporte de álcool combustível, gás natural e seus derivados e derivados de petróleo;[7] *(Incluído pela Emenda Constitucional nº 33, de 11.12.2001)*

b) ao financiamento de projetos ambientais relacionados com a indústria do petróleo e do gás; *(Incluído pela Emenda Constitucional nº 33, de 11.12.2001)*

c) ao financiamento de programas de infra-estrutura de transportes. *(Incluído pela Emenda Constitucional nº 33, de 11.12.2001)*

## ANOTAÇÕES

**1. CIDE e Instituição por lei ordinária** – Tendo a Constituição feito remissão à instituição da CIDE-Combustíveis por *lei,* isso significa que essa lei poderá ser *ordinária?* Vejamos.

O STF tem admitido que, sempre que a Constituição reclama a edição de "lei", sem qualificativo, a exigência é de lei *ordinária,* e não de lei complementar. Com base nesse argumento, o TRF da 3ª Região já considerou, em juízo liminar, válida a instituição da CIDE-combustíveis por lei ordinária (TRF 3ª R, 6ª T., AGTR 176.167/SP, Rel. Des. Fed. Lazarano Neto, j. em 10/11/2004, v. u., *DJ* de 25/2/2005, p. 488). Entretanto, não se pode esquecer que há alguns casos nos quais a Constituição se reporta à lei, simplesmente, mas, segundo admite também o STF, uma interpretação *sistêmica* indica que se trata de lei complementar (*v. g.* art. 195, § 7º c/c art. 146, II).

Também pela desnecessidade de lei complementar se pode afirmar que a remissão feita pelo art. 149 ao art. 146, III, ambos da CF/88, destina-se a impor às contribuições a observância do disposto em *normas gerais.* Assim, as contribuições não precisariam ser instituídas por lei complementar (norma de tributação), mas o legislador ordinário, em sua instituição, deveria observar o estatuído em normas gerais veiculadas em lei complementar (normas sobre normas de tributação). Editada a referida lei complementar de normas gerais, a contribuição poderia ser criada por lei ordinária. E, no caso, o referido disciplinamento, quanto à alínea *b* do art. 146, III, da CF/88, encontra-se no CTN, mas, quanto à alínea *a,* porém, não existe lei complementar traçando normas gerais aplicáveis às contribuições. É necessária a prévia edição de tal lei, para que depois a CIDE possa ser instituída por lei ordinária?

Há precedentes do STF, relativos às contribuições destinadas ao custeio da seguridade social, que apontam pela desnecessidade das normas gerais a que alude o art. 146, III, *a,* da CF/88, pois tais normas já estariam no próprio texto constitucional. No precedente, já citado, do TRF da 3ª Região, consignou-se a validade (em juízo liminar) da CIDE-Combustíveis, em face da desnecessidade de edição de lei complementar, por conta do exaustivo disciplinamento constitucional dado à matéria no § 4º do art. 177 da CF/88. **No mesmo sentido:** "Desnecessidade de lei complementar para a veiculação da contribuição interventiva de que trata a Lei 10.336, de 19/12/01, incidente sobre a importação e comercialização de petróleo e seus derivados, gás natural e seus derivados e álcool etílico combustível, CIDE, ante a exaustiva previsão da matéria pela EC nº 33/01, alteradora dos arts. 149, 155 e 177 da CF. [...] Assentou o Excelso Pretório a desnecessidade de lei complementar para a instituição de contribuição, em havendo previsão constitucional, o que é o caso (REX 138.284-8/CE, Rel. Min. Carlos Velloso, *DJ* 28/8/1992). [...]" (TRF 3ª R., 3ª T., AGTR 146.552/SP, Rel. Des. Fed. Sallete Nascimento, j. em 4/12/2002, v. u., *DJ* de 11/4/2003, p. 461). **Diversamente, na doutrina**, pugnando pela necessidade de prévia edição de lei complementar que trace "normas gerais", como condição para a instituição da CIDE em comento por lei ordinária, pois o disciplinamento constitucional do art. 177, § 4º da CF não seria exaustivo como o do art. 195, não se lhe aplicando os precedentes do STF relativos às contribuições de seguridade: Fátima Fernandes Rodrigues de Souza e Cláudia Fonseca Morato Pavan, "Contribuições de Intervenção no Domínio Econômico", em *Contribuições de intervenção no domínio econômico,* coord. Ives Gandra da Silva Martins, São Paulo: RT/CEU, 2002, p. 108.

**2. CIDE e PPE** – A contribuição de intervenção no domínio econômico prevista no art. 177, § 4º, da CF/88, por obra da EC nº 33/2001, destina-se a substituir a Parcela de Preço Específica – PPE, exação anteriormente cobrada quando da venda de combustível pelas refinarias, destinada, entre outras coisas, ao custeio da atividade fiscalizatória do Conselho Nacional do Petróleo, tudo com fundamento em Portarias Interministeriais (Ministério das Minas e Energia e Ministério da Fazenda). A falta de amparo legal não ensejava discussão judicial, relativamente à PPE, por conta do monopólio detido pela União Federal relativamente ao refino e à importação do petróleo. Em outros termos, o contribuinte de direito da PPE (Petrobrás) era controlado pelo Governo Federal. Com a flexibilização do mercado de combustíveis, notadamente em relação ao refino e à importação, importadores e refinarias não controladas pelo governo poderiam não admitir se submeter à PPE. Daí o esforço em prever constitucionalmente a "CIDE-Combustíveis", que, na verdade, não é mais que uma tentativa de validar a antiga PPE.

Pode-se questionar, então, se contribuintes que antes pagaram (indevidamente) a PPE podem, agora, compensar o indébito correspondente com a CIDE-Combustíveis. Quanto ao mérito, não nos parece haver dúvida. O problema, ainda não solucionado pela jurisprudência, diz respeito a quem teria legitimidade para fazê-lo. Refinarias? Distribuidores? Varejistas? Considerando a forma como a PPE era (e a CIDE é) calculada e cobrada, parece-nos que essa legitimidade assiste aos distribuidores de combustíveis. Nesse sentido: "[...] A autora, na condição de contribuinte de fato, eis que substituída pelas refinarias apenas no tocante ao repasse das quantias arrecadadas aos cofres públicos, tem legitimidade *ad causam* para promover a presente ação. Precedentes do STJ. Preliminar de ilegitimidade ativa *ad causam* rejeitada. [...] – A diferença entre o preço de faturamento de cada produto, de que trata o art. 1º da Portaria Interministerial nº 149/99 do Ministério da Fazenda e do Ministério das Minas e Energia, e a soma do respectivo preço de realização, a que se refere o art. 2º da mencionada Portaria, com as contribuições PIS/PASEP e COFINS, constitui-se em parcela de preço específico (PPE), nos termos do art. 4º da Portaria Interministerial nº 149/99 do Ministério da Fazenda e do Ministério das Minas e Energia. [...] A Parcela de Preço Específica (PPE) é um tributo disfarçado, como bem definiu o MM. Juiz *a quo*, que foi instituída como um instrumento de arrecadação para suprir o déficit da Conta Petróleo do Governo Federal. [...] A Parcela de Preço Específica foi instituída e aumentada através de Portarias, violando, portanto, os princípios da reserva legal e da tipicidade cerrada, insculpidos no art. 150, I, da CF/88. [...] A cobrança da CIDE – Contribuição de Intervenção no Domínio Econômico somente foi possível após a edição da Emenda Constitucional nº 33/2001, que alterou os arts. 149, 155 e 177 da Constituição Federal/88. [...] Apelações e remessa oficial providas parcialmente apenas para admitir a compensação após o trânsito em julgado da decisão que se pretende executar, a qual reconheceu o direito à compensação, nos termos do art. 170-A do CTN, ressalvado o ponto de vista do Relator quanto a inaplicabilidade do art. 170-A do CTN à espécie" (TRF da 5ª R, 3ª T., AC 329.987/PE, j. em 7/10/2004, v. u., *DJ* de 25/1/2005, p. 197).

# Art. 177 CONSTITUIÇÃO DA REPÚBLICA FEDERATIVA DO BRASIL | **125**

**3. CIDE – Alíquotas diferenciadas** – Se a finalidade da CIDE é intervir no setor de importação, elaboração e comercialização de combustíveis, para evitar o surgimento de descompassos e distorções, nada mais razoável que tenha alíquotas diferenciadas conforme o produto ou o uso do combustível. Trata-se da confirmação da tese, que sustentamos há algum tempo, de que a intervenção propiciada por uma contribuição deve ser buscada tanto de forma extrafiscal, quando de sua incidência, como também quando da aplicação dos recursos correspondentes (Hugo de Brito Machado Segundo, "Perfil Constitucional das Contribuições de Intervenção no Domínio Econômico", em *Contribuições de intervenção no domínio econômico e figuras afins*, coord. Marco Aurélio Greco, São Paulo: Dialética, 2001, p. 116).

**4. Redução e restabelecimento de alíquotas pelo Executivo** – A lei estabelecerá as alíquotas da CIDE, que poderão ser "reduzidas ou restabelecidas" por ato do Executivo. Vale dizer, a lei fixa a alíquota máxima, podendo o executivo trabalhar com alíquotas menores. A questão que se pode suscitar, no caso, é se uma emenda constitucional pode estabelecer exceções à regra da anterioridade, já considerada pelo STF como cláusula pétrea (STF, Pleno, ADI 939/DF, Rel. Min. Sydney Sanches, j. 15/12/1993, m. v., *DJ* de 18/3/1994, p. 5165, *RTJ* 151-3/755). Amparado nessa autorização, e com o evidente propósito de conter a inflação, o Poder Executivo Federal, com a edição do Decreto nº 7.764, de 22 de junho de 2012, reduziu para zero as alíquotas da contribuição em comento.

**5. CIDE e anterioridade nonagesimal** – Caso se conclua pela validade da não aplicabilidade da regra da anterioridade da lei ao exercício à "Cide-combustíveis", deve-se perceber que a ressalva é feita apenas em relação à alínea *b* do art. 150, III, da CF/88, o que significa que a contribuição em exame submete-se à anterioridade de noventa dias previstas na alínea *c* do art. 150, III, da CF/88, mesmo no que diz respeito às "reduções" e aos "restabelecimentos" de suas alíquotas.

**6. Destinação dos recursos e inconstitucionalidade** – Grande problema no âmbito das contribuições, seguramente, é o desvio na aplicação dos recursos correspondentes. Quando de sua instituição, regras de competência, regras imunizantes e outras regras limitadoras do poder de tributar são todas afastadas, sob a justificativa de que "só se aplicam aos impostos", e que as contribuições, por terem uma finalidade constitucionalmente determinada, poderiam ser instituídas com maior liberdade. O limite – diz-se – está na aplicação (para que são instituídas), e não no "fato gerador" (por que são instituídas). A questão que se coloca, então, é a seguinte: o que fazer diante de um desvio?

O STF, apreciando dispositivo da lei orçamentária que dava aos recursos arrecadados com a CIDE destinação diversa da estabelecida no art. 177, § 4º, *a*, *b* e *c*, da CF/88, decidiu: *i)* que a lei orçamentária é passível de controle abstrato de constitucionalidade, em tais casos; e *ii)* que o desvio na aplicação dos recursos obtidos com a CIDE é inconstitucional. É conferir: "Mostra-se adequado o controle concentrado de constitucionalidade, quando a lei orçamentária revela contornos abstratos e autônomos, em abandono ao campo da eficácia concreta. Lei Orçamentária – Contribuição de Intervenção no Domínio Econômico – Importação e comercialização de petróleo e derivados, gás natural e derivados e álcool combustível – Cide – Destinação – Artigo 177, § 4º, da Constituição Federal. É inconstitucional interpretação da Lei Orçamentária nº 10.640, de 14 de janeiro de 2003, que implique abertura de crédito suplementar em rubrica estranha à destinação do que arrecadado a partir do disposto no § 4º do artigo 177 da Constituição Federal, ante a natureza exaustiva das alíneas *a*, *b* e *c* do inciso II do citado parágrafo" (STF, Pleno, ADI 2.925/DF, Rel. Min. Ellen Gracie, Rel. p. ac. Min. Marco Aurélio, j. em 19/12/2003, m. v., *DJ* de 14/3/2005, p. 10).

Há ainda outro problema, que diz respeito não propriamente à inconstitucionalidade de um dispositivo específico da lei orçamentária, mas à ausência de aplicação nos fins apontados. **Na literatura especializada,** Roberto Ferraz aponta que, como a CIDE não vem sendo destinada à finalidade para a qual foi criada (dos R$ 22,7 bilhões arrecadados entre 2002 e 2004, só R$ 3,1 bilhões foram efetivamente gastos nas finalidades apontadas pela CF/88), a sua exigência *está* inconstitucional (Roberto Ferraz, "A inconstitucionalidade dinâmica da Cide-combustíveis – A Cide *está* inconstitucional?", em *Grandes Questões Atuais do Direito Tributário,* 9º vol, coord. Valdir de Oliveira Rocha, São Paulo: 2005, p. 444). Pode-se dizer, aliás, que se o valor arrecadado não está sendo gasto nos fins indicados, a cobrança está sendo *desproporcional,* pois se arrecada mais que o necessário. A contribuição, em última análise, se está transformando em um imposto (como, de resto, vem acontecendo com a generalidade das contribuições). Confira-se: Hugo de Brito Machado Segundo, *Contribuições e federalismo,* São Paulo: Dialética, 2005, passim.

**7. Aplicação da CIDE em Subsídios. Inexistência de previsão legal** – A finalidade apontada na alínea *a* do art. 177, § 4º, II, da CF/88 não está sendo atendida pela CIDE. Os dispositivos de lei que a contemplavam foram vetados pelo Presidente de República. Pode-se dizer, porém, que o pagamento de tais subsídios é a finalidade mais importante da CIDE, pois é o instrumento por excelência através do qual a União intervém nesse setor da economia. As finalidades referidas nas alíneas *b* e *c,* conquanto importantes, são secundárias se comparadas com a referida na alínea *a,* sobretudo diante de um mercado de livre concorrência. Quais podem ser as consequências da omissão, sobretudo para aqueles agentes econômicos que necessitam dos tais subsídios? Segundo nos parece, no mínimo, a CIDE não poderia ser deles exigida. Se não se subsidia, deixando de atender a finalidade constitucional, que pelo menos não se onere, para não se chegar ao resultado oposto.

# TÍTULO VIII
## Da Ordem Social

]...[

# Capítulo II
## Da Seguridade Social

# Seção I
## Disposições Gerais

**Art. 195.** A seguridade social[1] será financiada por toda a sociedade, de forma direta e indireta, nos termos da lei, mediante recursos provenientes dos orçamentos da União, dos Estados, do Distrito Federal e dos Municípios, e das seguintes contribuições sociais:[2]

I – do empregador, da empresa e da entidade a ela equiparada na forma da lei, incidentes sobre: *(Redação dada[3] pela Emenda Constitucional nº 20, de 15.12.1998)*

a) a folha de salários[4, 5, 6] e demais rendimentos do trabalho pagos ou creditados, a qualquer título, à pessoa física que lhe preste serviço, mesmo sem vínculo empregatício; *(Incluído pela Emenda Constitucional nº 20, de 15.12.1998)*

**Art. 195** CONSTITUIÇÃO DA REPÚBLICA FEDERATIVA DO BRASIL | **127**

b) a receita ou o faturamento;[7] *(Incluído pela Emenda Constitucional n° 20, de 15.12.1998)*

c) o lucro;[8] *(Incluído pela Emenda Constitucional n° 20, de 15.12.1998)*

II – do trabalhador e dos demais segurados da previdência social, não incidindo contribuição sobre aposentadoria e pensão concedidas pelo regime geral de previdência social de que trata o art. 201;[9] *(Redação dada pela Emenda Constitucional n° 20, de 15.12.1998)*

III – sobre a receita de concursos de prognósticos.[10]

IV – do importador de bens ou serviços do exterior, ou de quem a lei a ele equiparar.[11, 12, 13, 14] *(Incluído pela Emenda Constitucional n° 42, de 19.12.2003)*

§ 1° As receitas dos Estados, do Distrito Federal e dos Municípios destinadas à seguridade social constarão dos respectivos orçamentos, não integrando o orçamento da União.

§ 2° A proposta de orçamento da seguridade social[15] será elaborada de forma integrada pelos órgãos responsáveis pela saúde, previdência social e assistência social, tendo em vista as metas e prioridades estabelecidas na lei de diretrizes orçamentárias, assegurada a cada área a gestão de seus recursos.

§ 3° A pessoa jurídica em débito com o sistema da seguridade social, como estabelecido em lei, não poderá contratar com o Poder Público nem dele receber benefícios ou incentivos fiscais ou creditícios.

§ 4° A lei poderá instituir outras fontes destinadas a garantir a manutenção ou expansão da seguridade social, obedecido o disposto no art. 154, I.[16, 17]

§ 5° Nenhum benefício ou serviço da seguridade social poderá ser criado, majorado ou estendido sem a correspondente fonte de custeio total.

§ 6° As contribuições sociais de que trata este artigo só poderão ser exigidas após decorridos noventa dias da data da publicação da lei que as houver instituído ou modificado, não se lhes aplicando o disposto no art. 150, III, *b*.[18]

§ 7° São isentas[19] de contribuição para a seguridade social[20] as entidades beneficentes de assistência social[21] que atendam às exigências estabelecidas em lei.[22, 23, 24]

§ 8° O produtor, o parceiro, o meeiro e o arrendatário rurais e o pescador artesanal, bem como os respectivos cônjuges, que exerçam suas atividades em regime de economia familiar, sem empregados permanentes, contribuirão para a seguridade social mediante a aplicação de uma alíquota sobre o resultado da comercialização da produção[25] e farão jus aos benefícios nos termos da lei. *(Redação dada pela Emenda Constitucional n° 20, de 15.12.1998)*

§ 9° As contribuições sociais previstas no inciso I do *caput* deste artigo poderão ter alíquotas ou bases de cálculo diferenciadas, em razão da atividade econômica, da utilização intensiva de mão de obra, do porte da empresa ou da condição estrutural do mercado de trabalho. *(Redação dada pela Emenda Constitucional n° 47, de 5.7.2005)*

§ 10. A lei definirá os critérios de transferência de recursos para o sistema único de saúde e ações de assistência social da União para os Estados, o Distrito Federal e os Municípios, e dos Estados para os Municípios, observada a respectiva contrapartida de recursos. *(Incluído pela Emenda Constitucional n° 20, de 15.12.1998)*

# 128 | CÓDIGO TRIBUTÁRIO NACIONAL – *Hugo de Brito Machado Segundo* **Art. 195**

§ 11. É vedada a concessão de remissão ou anistia das contribuições sociais de que tratam os incisos I, *a*, e II deste artigo, para débitos em montante superior ao fixado em lei complementar. *(Incluído pela Emenda Constitucional nº 20, de 15.12.1998)*

§ 12. A lei definirá os setores de atividade econômica para os quais as contribuições incidentes na forma dos incisos I, *b*; e IV do *caput*, serão não cumulativas.[26] *(Incluído pela Emenda Constitucional nº 42, de 19.12.2003)*

§ 13. Aplica-se o disposto no § 12 inclusive na hipótese de substituição gradual, total ou parcial, da contribuição incidente na forma do inciso I, *a*, pela incidente sobre a receita ou o faturamento.[27, 28] *(Incluído pela Emenda Constitucional nº 42, de 19.12.2003)*

## ANOTAÇÕES

**1. Contribuições e o orçamento da seguridade social** – As contribuições de que trata o art. 195 da CF/88 representam (ou o produto com elas arrecadado representa) receita da *seguridade social,* a qual, nos termos do art. 165, § 5º, III, da CF/88, deve ter orçamento próprio. Todas as receitas da seguridade, e todas as despesas a ela inerentes, devem integrar esse outro orçamento, distinto do orçamento fiscal da União. Não obstante, a União Federal vem elaborando um orçamento autônomo apenas para a Previdência Social, apoderando-se das contribuições destinadas à Seguridade sob o pretexto de que efetua gastos com saúde e assistência social. Confira-se, a propósito, Hugo de Brito Machado Segundo, *Contribuições e Federalismo,* São Paulo: Dialética, 2005.

**2. Natureza tributária das contribuições de seguridade** – As contribuições sociais de custeio da seguridade social, como as contribuições em geral, têm natureza tributária (STF, RE 146.733, *RTJ* 143/684).

**3. EC 20/98 e ampliação das bases de incidência das contribuições** – Redação originária: "I – dos empregadores, incidente sobre a folha de salários, o faturamento e o lucro;". A EC 20/98 ampliou tais bases, para dar amparo à pretensão da Receita Federal e do INSS de tributar empresas sem empregados, receita não operacional, verbas de natureza não salarial etc., pretensão esta que vinha sendo contida pela jurisprudência. No período anterior à EC 20/98, por exemplo, entendia-se que "a norma inscrita no art. 195, I, da Carta Política, por referir-se à contribuição social incidente sobre a folha de salários; expressão esta que apenas alcança a remuneração paga pela empresa em virtude da execução de trabalho subordinado, com vínculo empregatício, não abrange os valores pagos aos autônomos, aos avulsos e aos administradores, que constituem categorias de profissionais não-empregados. Precedentes. A União Federal, para instituir validamente nova contribuição social, tendo presente a situação dos profissionais autônomos, avulsos e administradores, deveria valer-se, não de simples lei ordinária, mas, necessariamente, de espécie normativa juridicamente mais qualificada: a lei complementar (CF, art. 195, § 4º, *in fine*)" (STF, 1ª T., RE 186.062/RS, Rel. Min. Celso de Mello, j. em 15/12/1994, v. u., *DJ* de 25/8/1995, p. 26.110). Só com a edição de lei complementar (LC nº 84/96), a tributação de autônomos e avulsos passou a ser admitida pelo STF (STF, Pleno, RE 228.321/RS, Rel. Min. Carlos Velloso, j. em 1º/10/1998, v. u., *DJ* 30/5/2003, p. 30).

**4. Contribuição sobre folha de salários e vale-transporte** – É importante ter atenção para o âmbito de incidência das contribuições previstas no art. 195 da CF. Em decorrência da

# Art. 195 CONSTITUIÇÃO DA REPÚBLICA FEDERATIVA DO BRASIL | **129**

supremacia constitucional, o legislador não é livre para definir as expressões empregadas na Constituição para delimitar as competências tributárias (que, do contrário, não fariam sentido algum). Com base nessa premissa, por exemplo, o STF considerou inconstitucional a exigência de contribuição previdenciária sobre o fornecimento de *vale-transporte*. Entendeu, para tanto, que o valor pago a esse título não tem natureza salarial. Aliás, o STF consignou que, como se trata de importância paga *para* o trabalho e não *pelo* trabalho, não pode haver a incidência da contribuição independemente de o vale-transporte haver sido pago nos termos em que formalmente determina a legislação trabalhista. No voto que proferiu no julgamento do RE 478.410, o Min. Cezar Peluso admitiu que mesmo pago em dinheiro (o que a legislação trabalhista não permite) o vale-transporte não tem natureza remuneratória.

O mesmo se pode dizer do aviso-prévio indenizado, que, conforme já decidiu a Segunda Turma do STJ, destina-se a reparar o dano causado ao trabalhador pelo fato de não haver sido comunicado previamente sobre a futura rescisão do seu contrato de trabalho, com a oportunidade de ter jornada de trabalho reduzida (art. 487 ss. da CLT) para que possa procurar outro emprego. Não se trata de remuneração por trabalho desempenhado pelo empregado, pelo que não se sujeita à incidência da contribuição previdenciária (STJ, 2ª T., REsp. 1.198.964-PR, Rel. Min. Mauro Campbell Marques, j. em 2/9/2010).

Também não configuram remuneração, não podendo ser validamente submetidos à contribuição de que se cuida, valores recebidos nos quinze dias que antecedem o auxílio-doença, bem como o terço constitucional de férias indenizadas (REsp 1.230.957-RS, j. em 26/2/2014).

**5. Contribuição sobre folha de salários e o 13º salário** – "É legítima a incidência da contribuição previdenciária sobre o 13º salário" (Súmula 688/STF).

**6. Rendimento do trabalho e alimentação** – Somente integram o âmbito constitucional de incidência das contribuições previdenciárias previstas no art. 195, I, *a*, e II, da CF/88, as parcelas recebidas *pelo* trabalho, e não aquelas recebidas *para* o trabalho. A distinção é importante, sobretudo em face da arbitrariedade com que, eventualmente, o INSS considera certas quantias como sendo "salário indireto". A alimentação fornecida *in natura* aos empregados de uma empresa, por exemplo, não pode ser considerada salário, nem remuneração pelo trabalho, mesmo que a empresa não esteja inscrita em programa de alimentação do trabalhador (PAT), pois se trata de algo indispensável *para que* o empregado trabalhe, assim como um uniforme, uma luva, uma bota ou um capacete. Do contrário, aliás, desapareceria a definição de "trabalho escravo", pois até mesmo os escravos, no passado, quando se praticava esse atentado à dignidade da pessoa humana, recebiam alimentação. Seriam *assalariados*, portanto, na visão defendida pelo INSS. O absurdo dispensa outros comentários. Forte nessas premissas, o STJ tem decidido, de forma pacífica, que "o pagamento *in natura* do auxílio-alimentação, vale dizer, quando a própria alimentação é fornecida pela empresa, não sofre a incidência da contribuição previdenciária, por não possuir natureza salarial, esteja o empregador inscrito ou não no Programa de Alimentação do Trabalhador – PAT" (STJ, 1ª S., EREsp 603.509/CE, Rel. Min. Castro Meira, *DJ* de 8/11/2004).

**7. Faturamento e Receita** – Antes da EC 20/98, o texto constitucional apenas permitia a instituição de contribuições sobre folha de salários, faturamento e lucro. Não era possível a tributação, por meio de contribuição instituída por lei ordinária, de qualquer tipo ou modalidade de *receita,* mas somente daquelas receitas subsumíveis ao conceito, mais estreito, de faturamento. Forte nesses fundamentos, o STF declarou a inconstitucionalidade do alargamento de base de cálculo pretendido pela Lei nº 9.718/98, que, antes da vigência da EC 20/98, pretendeu fazer a COFINS incidir sobre todas as receitas da pessoa jurídica, inclusive aquelas não enquadradas no conceito de faturamento, vale dizer, não decorrentes da venda de mercadorias ou da prestação de serviços (STF, Pleno, RE 346.084/PR, rel. orig. Min. Ilmar Galvão, j. em 9/11/2005, noticiado no *Informativo STF* 408).

**8. Constitucionalidade da contribuição social sobre o lucro** – Questionou-se, quando da instituição da contribuição social sobre o lucro, o fato de que a mesma era – e ainda é – arrecadada pela União Federal, e não pela autarquia incumbida de gerir a Seguridade Social (INSS). Vício análogo, aliás, ocorre em relação à COFINS. O STF, porém, decidiu pela irrelevância do fato de a União – e não o INSS – ser o sujeito ativo de ditas contribuições, pois estaria a agir como "mera arrecadadora". Reformando acórdão do TRF da 5ª Região que havia declarado a inconstitucionalidade da arrecadação da CSLL pela Receita Federal, o STF decidiu: "O acórdão recorrido deu especial ênfase à questão de integrar a contribuição o orçamento fiscal da União. Teria sido criada uma forma de custeio indireto da seguridade social, quando a Constituição somente admite o custeio direto. O fato de a arrecadação ter sido atribuída à Secretaria da Receita Federal do Brasil, estaria a desnaturar a contribuição criada pela Lei nº 7.689/88.

O embasamento jurídico da arguição estaria nos arts. 194 e parág. único, 195 e parágrafos, e 165, § 5º, III, da Constituição, que não admitem a contribuição pela própria União. A receita não poderia integrar o orçamento fiscal da União, porque deveria ficar vinculada à autarquia previdenciária e integrar o orçamento desta.

Essa questão, entretanto, *data venia*, não tem a relevância jurídica que lhe emprestou o Egrégio Tribunal *a quo*.

O que importa perquirir não é o fato de a União arrecadar a contribuição, mas se o produto da arrecadação é destinado ao financiamento da seguridade social (CF, art. 195, I). A resposta está na própria Lei nº 7.689, de 15.12.88, que, no seu art. 1º, dispõe, expressamente, que 'fica instituída contribuição social sobre o lucro das pessoas jurídicas, destinada ao financiamento da seguridade social'. De modo que, se o produto da arrecadação for desviado de sua exata finalidade, estará sendo descumprida a lei, certo que uma remota possibilidade do descumprimento da lei não seria capaz, evidentemente, de torná-la inconstitucional" (*RTJ* 143, p. 321 e 322).

*Data venia*, o problema, no caso, é que a única maneira de verificar se essa "destinação" determinada pela lei é efetiva, ou mera figura de retórica, é com a elaboração do orçamento autônomo de que cuida o art. 165, § 5º, III, da CF/88. Assim, o problema não é serem arrecadadas pela Secretaria da Receita Federal do Brasil, mas sim não serem destinadas ao orçamento da Seguridade, e sim ao orçamento fiscal da União. Confira-se, a propósito: Hugo de Brito Machado Segundo, *Contribuições e Federalismo,* São Paulo: Dialética, 2005, passim. E ainda: *Contribuições no Sistema Tributário Nacional,* coord. Hugo de Brito Machado, São Paulo/Fortaleza, Dialética/ICET., 2003, passim.

**9. Contribuição de inativos** – A Constituição, no art. 195, II, veda a instituição de contribuições sobre os proventos de pessoas aposentadas sob o regime geral da previdência social. Entretanto, após a vigência da EC 41/2003, autoriza a instituição de contribuição dessa natureza sobre aqueles aposentados como *servidores públicos.* Conquanto criticada por grande parte da doutrina, que a via como retroativa, ofensiva a direitos adquiridos, o STF decidiu: "Seguridade social. Servidor público. Vencimentos. Proventos de aposentadoria e pensões. Sujeição à incidência de contribuição previdenciária. Ofensa a direito

# Art. 195    CONSTITUIÇÃO DA REPÚBLICA FEDERATIVA DO BRASIL | 131

adquirido no ato de aposentadoria. Não ocorrência. Contribuição social. Exigência patrimonial de natureza tributária. Inexistência de norma de imunidade tributária absoluta. Emenda Constitucional nº 41/2003 (art. 4º, *caput*). Regra não retroativa. Incidência sobre fatos geradores ocorridos depois do início de sua vigência. Precedentes da Corte. Inteligência dos arts. 5º, XXXVI, 146, III, 149, 150, I e III, 194, 195, *caput*, II e § 6º, da CF, e art. 4º, *caput*, da EC nº 41/2003. No ordenamento jurídico vigente, não há norma, expressa nem sistemática, que atribua à condição jurídico-subjetiva da aposentadoria de servidor público o efeito de lhe gerar direito subjetivo como poder de subtrair *ad aeternum* a percepção dos respectivos proventos e pensões à incidência de lei tributária que, anterior ou ulterior, os submeta à incidência de contribuição previdencial. Noutras palavras, não há, em nosso ordenamento, nenhuma norma jurídica válida que, como efeito específico do fato jurídico da aposentadoria, lhe imunize os proventos e as pensões, de modo absoluto, à tributação de ordem constitucional, qualquer que seja a modalidade do tributo eleito, donde não haver, a respeito, direito adquirido com o aposentamento. Inconstitucionalidade. Ação direta. Seguridade social. Servidor público. Vencimentos. Proventos de aposentadoria e pensões. Sujeição à incidência de contribuição previdenciária, por força de Emenda Constitucional. Ofensa a outros direitos e garantias individuais. Não ocorrência. Contribuição social. Exigência patrimonial de natureza tributária. Inexistência de norma de imunidade tributária absoluta. Regra não retroativa. Instrumento de atuação do Estado na área da previdência social. Obediência aos princípios da solidariedade e do equilíbrio financeiro e atuarial, bem como aos objetivos constitucionais de universalidade, equidade na forma de participação no custeio e diversidade da base de financiamento" (STF, Pleno, ADI 3.105/DF, Rel. Min. Ellen Gracie, Rel. p. o ac. Cezar Peluso, j. em 18/8/2004, m. v., *DJ* 18/2/2005, p. 4).

**10. Contribuição sobre a receita de concursos de prognósticos** – Sobre a contribuição sobre a receita dos concursos de prognósticos, o art. 26 da Lei nº 8.212/91 dispõe: "Art. 26. Constitui receita da Seguridade Social a renda líquida dos concursos de prognósticos, excetuando-se os valores destinados ao Programa de Crédito Educativo. *(Redação dada pela Lei nº 8.436, de 25.6.92)* § 1º Consideram-se concursos de prognósticos todos e quaisquer concursos de sorteios de números, loterias, apostas, inclusive as realizadas em reuniões hípicas, nos âmbitos federal, estadual, do Distrito Federal e municipal. § 2º Para efeito do disposto neste artigo, entende-se por renda líquida o total da arrecadação, deduzidos os valores destinados ao pagamento de prêmios, de impostos e de despesas com a administração, conforme fixado em lei, que inclusive estipulará o valor dos direitos a serem pagos às entidades desportivas pelo uso de suas denominações e símbolos. § 3º Durante a vigência dos contratos assinados até a publicação desta Lei com o Fundo de Assistência Social-FAS é assegurado o repasse à Caixa Econômica Federal-CEF dos valores necessários ao cumprimento dos mesmos."

**11. Contribuições incidentes sobre a importação** – Com o advento da EC 42/2003, a Seguridade passou a poder ser custeada, também, por contribuições incidentes sobre a importação de bens ou serviços. Surgiram, então, a COFINS-Importação e o PIS-Importação (Lei nº 10.865/2004). A questão que se pode suscitar, nesse contexto, é se tais contribuições não se estão transformando em impostos disfarçados, verdadeiro IVA Federal.

**12. Contribuições incidentes sobre a importação e desvio de finalidade** – Interessante problema que pode ser levantado, em relação às contribuições incidentes sobre a importação, é se as mesmas foram instituídas para atender à finalidade de "custear a seguridade social". Isso porque, conforme consta da exposição de motivos da Lei nº 10.865/2004, a finalidade das mesmas é a de "equalizar" os custos de produtos importados e nacionais,

# 132 | CÓDIGO TRIBUTÁRIO NACIONAL – *Hugo de Brito Machado Segundo*      **Art. 195**

estabelecendo a isonomia e favorecendo a economia local. Já que as contribuições diferenciam-se dos impostos porque se caracterizam por sua finalidade, seria esta uma contribuição destinada ao custeio da seguridade social, ou sua finalidade, a rigor, seria outra?

**13. Contribuições incidentes sobre a importação e Mercosul** – Pode-se suscitar, ainda, em face das contribuições incidentes sobre a importação, a respeito de sua submissão aos tratados internacionais, especialmente ao Mercosul. Estabelece o Tratado de Assunção, através do qual se criou o Mercosul, que "os países signatários acordam eliminar, o mais tardar em 31 de dezembro de 1994, os gravames e demais restrições aplicadas ao seu comércio recíproco. [...]" (art. 2º). E, para os efeitos dessa disposição, consideram-se gravames "os direitos aduaneiros e quaisquer outras medidas de efeito equivalente, sejam de caráter fiscal, monetário, cambial ou de qualquer natureza, que incidam sobre o comércio exterior. [...]" (Art. 3º, "a"). Nesse contexto, de duas uma: ou se admite que as "contribuições-importação" representam o reconhecimento de que a COFINS e o PIS são impostos federais sobre o valor agregado (inconstitucionais porque contrários aos arts. 194, 195, 154, I, e 157, II, da CF/88), ou se admite que são "direitos aduaneiros ou outra medida de efeito equivalente", não podendo incidir sobre importações oriundas dos países signatários do Mercosul. **Em sentido contrário**, porém, a 2ª Turma do TRF da 5ª Região já decidiu, em juízo liminar (em sede de agravo), que, em princípio, não há ofensa ao Tratado de Assunção caso as contribuições em comento incidam sobre importações oriundas de países signatários, pois deve haver igualdade de tratamento entre produtos nacionais e importados, e as contribuições-importação apenas estabelecem essa igualdade, não representando ônus *maior* para o produto importado (TRF da 5ª R., 2ª T., AGTR 56.544/CE, Rel. Des. Fed. Luiz Alberto Gurgel de Faria, j. em 14/9/2004, v. u., *DJ* de 18/10/2004, p. 835).

**14. Contribuições incidentes sobre a importação e lei complementar** – Assim como se entendeu desnecessária a edição de lei complementar para instituir as contribuições de que cuidam os incisos I, II e III do art. 195 da CF/88, o mesmo raciocínio parece aplicável também às contribuições de que trata o inciso IV, incidentes sobre a importação. **Nesse sentido:** "Desnecessária a edição de lei complementar para disciplinar tal exação, haja vista que o legislador constitucional já fixou os contornos de incidência da referida contribuição, ao disciplinar no art. 195, inciso VI, da CF/88, acrescido pela EC 42/2003, que a Seguridade Social será financiada por toda a sociedade mediante recursos provenientes das contribuições sociais do importador de bens ou serviços do exterior, ou de quem a lei a ele equiparar." Com base nessa premissa, e ainda em juízo liminar, a 2ª Turma do TRF da 5ª Região entendeu que "ao menos *prima facie,* se apresenta constitucional a medida provisória 164/2004, convertida na Lei nº 10.865, de 30.4.2004, que instituiu a tributação das contribuições PIS-Importação e COFINS-Importação, para importação de bens e serviços" (TRF da 5ª R., 2ª T., AGTR 2005.05.00.002266-3, Rel. Des. Fed. Petrúcio Ferreira, j. em 10/5/2005, v. u., *DJ* de 9/6/2005, p. 654).

**15. Orçamento da Seguridade Social** – O art. 195, § 2º, da CF/88 reitera, mais uma vez, que a Seguridade Social deve ter orçamento autônomo, distinto do orçamento fiscal da União, no qual devem constar as receitas da seguridade (entre elas, principalmente, as obtidas com todas as contribuições a que alude o art. 195), e todas as despesas com saúde, assistência e previdência. A elaboração de um orçamento fiscal para a União, abrangente de diversas receitas da Seguridade, e das despesas com saúde e assistência, e de um orçamento autônomo apenas para a Previdência Social, viola, além do art. 165, § 5º, III, também o art. 195, § 2º, da CF/88.

Julgando questões nas quais contribuintes impugnavam a validade de contribuições de seguridade arrecadadas pela Secretaria da Receita Federal do Brasil, o STF já decidiu que "não

Art. 195         CONSTITUIÇÃO DA REPÚBLICA FEDERATIVA DO BRASIL | **133**

compromete a autonomia do orçamento da seguridade social (CF, art. 165, § 5°, III) a atribuição, à Secretaria da Receita Federal de administração e fiscalização da contribuição em causa" (STF, Pleno, ADI 1.417/DF, Rel. Min. Octávio Gallotti, j. em 2/8/1999, v. u., *DJ* de 23/3/2001, p. 85). Isso é verdade. O problema não é propriamente quem arrecada, mas para qual orçamento as contribuições são destinadas. E, no caso, a União não vem elaborando um orçamento autônomo para a Seguridade Social, aspecto sobre o qual o STF ainda não se pronunciou.

**16. Existência de débitos como impedimento para a concessão de benefícios – Competência residual e lei complementar** – É preciso examinar com cuidado a disposição segundo a qual não serão concedidos benefícios fiscais a contribuintes em débito com a seguridade social. Uma interpretação que conduza a resultado muito abrangente pode colocá-la em conflito com o direito à ampla defesa, ao contraditório, ao devido processo legal, e ao próprio direito à revisão dos atos administrativos, seja ela administrativa (fundada no direito de petição) ou judicial (amparada no direito à tutela jurisdicional). Na verdade, se o débito não for reconhecido pelo contribuinte, e por isso mesmo estiver sendo discutido, ele não deve servir de motivo para o indeferimento de benefícios fiscais. Conforme já decidiu o STF, ter-se-ia, no caso, uma espécie de "sanção política", que a jurisprudência da Corte sempre repeliu (AgRg no ARE 640.438-RS, Rel. Min. Joaquim Barbosa).

**17. Competência residual e lei complementar** – Outras contribuições destinadas ao custeio da seguridade social, distintas daquelas já previstas nos incisos do art. 195 da CF/88, devem ser criadas por lei complementar, nos termos do art. 154, I, da CF/88. Com base nessa premissa, o STF declarou a inconstitucionalidade da contribuição instituída pela Lei n° 8.870/94, a ser paga por empresas agroindustriais, pois sua base imponível era o valor de mercado da produção rural *in natura* da agroindústria. "O art. 195, I, da Constituição prevê a cobrança de contribuição social dos empregadores, incidentes sobre a folha de salários, o faturamento e o lucro; desta forma, quando o § 2° do art. 25 da Lei n° 8.870/94 cria contribuição social sobre o valor estimado da produção agrícola própria, considerado o seu preço de mercado, é ele inconstitucional porque usa uma base de cálculo não prevista na Lei Maior. 3. O § 4° do art. 195 da Constituição prevê que a lei complementar pode instituir outras fontes de receita para a seguridade social; desta forma, quando a Lei n° 8.870/94 serve-se de outras fontes, criando contribuição nova, além das expressamente previstas, é ela inconstitucional, porque é lei ordinária, insuscetível de veicular tal matéria. 4. Ação direta julgada procedente, por maioria, para declarar a inconstitucionalidade do § 2° da Lei n° 88.870/94" (STF, Pleno, ADI 1.103/DF, Rel. Min. Néri da Silveira, j. em 18/12/1996, m. v., *DJ* de 25/4/1997, p. 15.197).

**18. Exigências do art. 195 da CF/88 e a contribuição ao PIS** – A contribuição para o PIS, conquanto guarde diversas semelhanças com a COFINS, encontra previsão expressa no art. 239 da CF/88. Por essa razão, o STF entendeu que não se lhe aplicam as restrições constantes dos arts. 154, I, e 195, § 4°, da CF/88. (STF, Pleno, ADI 1.417/DF, Rel. Min. Octávio Gallotti, j. em 2/8/1999, v. u., *DJ* de 23/3/2001, p. 85).

**19. Anterioridade nonagesimal e medida provisória** – "Contribuição social: instituição ou aumento por medida provisória: prazo de anterioridade (CF, art. 195, § 6°). O termo *a quo* do prazo de anterioridade da contribuição social criada ou aumentada por medida provisória é a data de sua primitiva edição, e não daquela que, após sucessivas reedições, tenha sido convertida em lei" (STF, 1ª T., RE 232.526/MG, Rel. Min. Sepúlveda Pertence, j. em 16/11/1999, v. u., *DJ* de 10/3/2000, p. 21).

**134** │ CÓDIGO TRIBUTÁRIO NACIONAL – *Hugo de Brito Machado Segundo*  **Art. 195**

**20. Art. 195, § 7º da CF/88 veicula regra de imunidade, e não de isenção** – A despeito da imprecisão terminológica do texto constitucional, que usa o termo *isenção*, há verdadeira imunidade. Isso porque "o que distingue, em essência, a isenção da imunidade é a posição desta última em plano hierárquico superior. [...] Ainda que na Constituição esteja escrito que determinada situação é de *isenção*, na verdade de isenção não se cuida, mas de *imunidade*" (Hugo de Brito Machado, *Curso de Direito Tributário*, 18. ed., São Paulo: Malheiros, 2000, p. 178). Assim, tratando-se de imunidade, e não de isenção, além de serem possíveis interpretações que ampliem a abrangência da literalidade do texto para alcançar-lhe a finalidade (o que, à luz do art. 111 do CTN, não seria possível em se tratando de isenção), todo e qualquer requisito ou condição legal ao seu gozo deverá ser determinado por *lei complementar,* em face do disposto no art. 146, II, da CF/88.

Nesse sentido, aliás, já decidiu o STF: "[...] A jurisprudência constitucional do Supremo Tribunal Federal já identificou, na cláusula inscrita no art. 195, § 7º da Constituição da República, a existência de uma típica garantia de imunidade (e não de simples isenção) estabelecida em favor das entidades beneficentes de assistência social. Precedente: *RTJ* 137/965. Tratando-se de imunidade – que decorre, em função de sua natureza mesma, do próprio texto constitucional –, revela-se evidente a absoluta impossibilidade jurídica de a autoridade executiva, mediante deliberação de índole administrativa, restringir a eficácia do preceito inscrito no art. 195, § 7º, da Carta Política, para, em função de exegese que claramente distorce a teleologia da prerrogativa fundamental em referência, negar, à entidade beneficente de assistência social que satisfaz os requisitos da lei, o benefício que lhes é assegurado no mais elevado plano normativo" (STF, 1ª T., RMS 22.192-9/DF, Rel. Min. Celso de Mello, *DJ* de 19/12/1996, p. 51.802, *RDDT* 19/105).

Mais recentemente, sobre a imunidade em questão, o STF proferiu acórdão de cuja ementa merecem transcrição os seguintes trechos: "[...] 4. O art. 195, § 7º, CF/88, ainda que não inserido no capítulo do Sistema Tributário Nacional, mas explicitamente incluído topograficamente na temática da seguridade social, trata, inequivocamente, de matéria tributária. Porquanto *ubi eadem ratio ibi idem jus*, podendo estender-se às instituições de assistência *stricto sensu*, de educação, de saúde e de previdência social, máxime na medida em que restou superada a tese de que este artigo só se aplica às entidades que tenham por objetivo tão somente as disposições do art. 203 da CF/88 (ADI 2.028 MC/DF, Rel. Moreira Alves, Pleno, *DJ* 16/6/2000). 5. A seguridade social prevista no art. 194, CF/88, compreende a previdência, a saúde e a assistência social, destacando-se que as duas últimas não estão vinculadas a qualquer tipo de contraprestação por parte dos seus usuários, a teor dos artigos 196 e 203, ambos da CF/88. Característica esta que distingue a previdência social das demais subespécies da seguridade social, consoante a jurisprudência desta Suprema Corte no sentido de que seu caráter é contributivo e de filiação obrigatória, com espeque no art. 201, todos da CF/88. 6. O PIS, espécie tributária singular contemplada no art. 239, CF/88, não se subtrai da concomitante pertinência ao 'gênero' (plural) do inciso I, art. 195, CF/88, *verbis*: Art. 195. A seguridade social será financiada por toda a sociedade, de forma direta e indireta, nos termos da lei, mediante recursos provenientes dos orçamentos da União, dos Estados, do Distrito Federal e dos Municípios, e das seguintes contribuições sociais: I – do empregador, da empresa e da entidade a ela equiparada na forma da lei, incidentes sobre: (Redação dada pela Emenda Constitucional nº 20, de 1998) a) a folha de salários e demais rendimentos do trabalho pagos ou creditados, a qualquer título, à pessoa física que lhe preste serviço, mesmo sem vínculo empregatício; (Incluído pela Emenda

# Art. 195                                                    CONSTITUIÇÃO DA REPÚBLICA FEDERATIVA DO BRASIL | 135

Constitucional nº 20, de 1998) b) a receita ou o faturamento; (Incluído pela Emenda Constitucional nº 20, de 1998) c) o lucro; (Incluído pela Emenda Constitucional nº 20, de 1998); II – do trabalhador e dos demais segurados da previdência social, não incidindo contribuição sobre aposentadoria e pensão concedidas pelo regime geral de previdência social de que trata o art. 201; (Redação dada pela Emenda Constitucional nº 20, de 1998); III – sobre a receita de concursos de prognósticos. IV – do importador de bens ou serviços do exterior, ou de quem a lei a ele equiparar. (Incluído pela Emenda Constitucional nº 42, de 19.12.2003)... 7. O Sistema Tributário Nacional, encartado em capítulo próprio da Carta Federal, encampa a expressão 'instituições de assistência social e educação' prescrita no art. 150, VI, 'c', cuja conceituação e regime jurídico aplica-se, por analogia, à expressão 'entidades beneficentes de assistência social' contida no art. 195, § 7º, à luz da interpretação histórica dos textos das CF/46, CF/67 e CF/69, e das premissas fixadas no verbete da Súmula nº 730. É que até o advento da CF/88 ainda não havia sido cunhado o conceito de 'seguridade social', nos termos em que definidos pelo art. 203, inexistindo distinção clara entre previdência, assistência social e saúde, a partir dos critérios de generalidade e gratuidade. 8. As limitações constitucionais ao poder de tributar são o conjunto de princípios e demais regras disciplinadoras da definição e do exercício da competência tributária, bem como das imunidades. O art. 146, II, da CF/88, regula as limitações constitucionais ao poder de tributar reservadas à lei complementar, até então carente de formal edição. 9. A isenção prevista na Constituição Federal (art. 195, § 7º) tem o conteúdo de regra de supressão de competência tributária, encerrando verdadeira imunidade. As imunidades têm o teor de cláusulas pétreas, expressões de direitos fundamentais, na forma do art. 60, § 4º, da CF/88, tornando controversa a possibilidade de sua regulamentação através do poder constituinte derivado e/ou ainda mais, pelo legislador ordinário. 10. A expressão 'isenção' equivocadamente utilizada pelo legislador constituinte decorre de circunstância histórica. O primeiro diploma legislativo a tratar da matéria foi a Lei nº 3.577/59, que isentou a taxa de contribuição de previdência dos Institutos e Caixas de Aposentadoria e Pensões às entidades de fins filantrópicos reconhecidas de utilidade pública, cujos membros de sua diretoria não percebessem remuneração. Destarte, como a imunidade às contribuições sociais somente foi inserida pelo § 7º, do art. 195, CF/88, a transposição acrítica do seu conteúdo, com o viés do legislador ordinário de isenção, gerou a controvérsia, hodiernamente superada pela jurisprudência da Suprema Corte no sentido de se tratar de imunidade. 11. A imunidade, sob a égide da CF/88, recebeu regulamentação específica em diversas leis ordinárias, a saber: Lei nº 9.532/97 (regulamentando a imunidade do art. 150, VI, 'c', referente aos impostos); Leis nº 8.212/91, nº 9.732/98 e nº 12.101/09 (regulamentando a imunidade do art. 195, § 7º, referente às contribuições), cujo exato sentido vem sendo delineado pelo Supremo Tribunal Federal. 12. A lei a que se reporta o dispositivo constitucional contido no § 7º, do art. 195, CF/88, segundo o Supremo Tribunal Federal, é a Lei nº 8.212/91 (MI 616/SP, Rel. Min. Nélson Jobim, Pleno, *DJ* 25/10/2002). 13. A imunidade frente às contribuições para a seguridade social, prevista no § 7º, do art. 195, CF/88, está regulamentada pelo art. 55, da Lei nº 8.212/91, em sua redação original, uma vez que as mudanças pretendidas pelo art. 1º, da Lei nº 9.738/98, a este artigo foram suspensas (ADI 2.028 MC/DF, Rel. Moreira Alves, Pleno, *DJ* 16/6/2000). 14. A imunidade tributária e seus requisitos de legitimação, os quais poderiam restringir o seu alcance, estavam estabelecidos no art. 14, do CTN, e foram recepcionados pelo novo texto constitucional de 1988. Por isso que razoável se permitisse que outras declarações relacionadas com os aspectos intrínsecos das instituições imunes viessem regulados por lei ordinária, tanto mais que o direito tributário utiliza-se dos conceitos e categorias elaborados pelo ordenamento jurídico privado, expresso pela legislação infraconstitucional. 15. A Suprema Corte, guardiã da Constituição Federal, indicia que somente se exige lei complementar para a definição dos seus limites objetivos (materiais), e não para a fixação das normas de constituição e de funcionamento das entidades imunes (aspectos formais ou subjetivos), os quais podem ser veiculados por lei ordinária, como sois ocorrer com o art. 55, da Lei nº 8.212/91, que pode estabelecer requisitos formais para o gozo da imunidade sem caracterizar ofensa ao art. 146, II, da Constituição Federal, *ex vi* dos incisos I e II, *verbis*: Art. 55. Fica isenta das contribuições de que tratam os arts. 22 e 23 desta Lei a entidade beneficente de assistência social que atenda aos seguintes requisitos cumulativamente: (Revogado pela Lei nº 12.101, de 2009) I – seja reconhecida como de utilidade pública federal e estadual ou do Distrito Federal ou municipal; (Revogado pela Lei nº 12.101, de 2009); II – seja portadora do Certificado e do Registro de Entidade de Fins Filantrópicos, fornecido pelo Conselho Nacional de Assistência Social, renovado a cada três anos; (Redação dada pela Lei nº 9.429, de 26.12.1996).... 16. Os limites objetivos ou materiais e a definição quanto aos aspectos subjetivos ou formais atende aos princípios da proporcionalidade e razoabilidade, não implicando significativa restrição do alcance do dispositivo interpretado, ou seja, o conceito de imunidade, e de redução das garantias dos contribuintes. 17. As entidades que promovem a assistência social beneficente, inclusive educacional ou de saúde, somente fazem jus à concessão do benefício imunizante se preencherem cumulativamente os requisitos de que trata o art. 55, da Lei nº 8.212/91, na sua redação original, e aqueles prescritos nos artigos 9º e 14, do CTN. 18. Instituições de educação e de assistência social sem fins lucrativos são entidades privadas criadas com o propósito de servir à coletividade, colaborando com o Estado nessas áreas cuja atuação do Poder Público é deficiente. Consectariamente, *et pour cause*, a constituição determina que elas sejam desoneradas de alguns tributos, em especial, os impostos e as contribuições. 19. A *ratio* da supressão da competência tributária funda-se na ausência de capacidade contributiva ou na aplicação do princípio da solidariedade de forma inversa, vale dizer: a ausência de tributação das contribuições sociais decorre da colaboração que estas entidades prestam ao Estado. 20. A Suprema Corte já decidiu que o artigo 195, § 7º, da Carta Magna, com relação às exigências a que devem atender as entidades beneficentes de assistência social para gozarem da imunidade aí prevista, determina apenas a existência de lei que as regule; o que implica dizer que a Carta Magna alude genericamente à 'lei' para estabelecer princípio de reserva legal, expressão que compreende tanto a legislação ordinária, quanto a legislação complementar (ADI 2.028 MC/DF, Rel. Moreira Alves, Pleno, *DJ* 16/6/2000). 21. É questão prejudicial, pendente na Suprema Corte, a decisão definitiva de controvérsias acerca do conceito de entidade de assistência social para o fim da declaração da imunidade discutida, como as relativas à exigência ou não da gratuidade dos serviços prestados ou à compreensão ou não das instituições beneficentes de clientelas restritas. 22. *In casu*, descabe negar esse direito a pretexto de ausência de regulamentação legal, mormente em face do acórdão recorrido que concluiu pelo cumprimento dos requisitos por parte da recorrida à luz do art. 55, da Lei nº 8.212/91, condicionado ao seu enquadramento no conceito de assistência social delimitado pelo STF, mercê de suposta alegação de que as prescrições dos artigos 9º e 14 do Código Tributário Nacional não regulamentam o § 7º, do art. 195, CF/88. 23. É insindicável na Suprema Corte o atendimento dos requisitos estabelecidos em lei (art. 55, da Lei nº 8.212/91), uma vez que, para tanto, seria necessária a análise de

# Art. 195                    CONSTITUIÇÃO DA REPÚBLICA FEDERATIVA DO BRASIL | **137**

legislação infraconstitucional, situação em que a afronta à Constituição seria apenas indireta, ou, ainda, o revolvimento de provas, atraindo a aplicação do verbete da Súmula nº 279. Precedente. AI 409.981-AgR/RS, Rel. Min. Carlos Velloso, 2ª Turma, *DJ* 13/8/2004. 24. A pessoa jurídica para fazer jus à imunidade do § 7º, do art. 195, CF/88, com relação às contribuições sociais, deve atender aos requisitos previstos nos artigos 9º e 14, do CTN, bem como no art. 55, da Lei nº 8.212/91, alterada pelas Leis nº 9.732/98 e Lei nº 12.101/2009, nos pontos onde não tiveram sua vigência suspensa liminarmente pelo STF nos autos da ADI 2.028 MC/DF, Rel. Moreira Alves, Pleno, *DJ* 16/6/2000. 25. As entidades beneficentes de assistência social, como consequência, não se submetem ao regime tributário disposto no art. 2º, II, da Lei nº 9.715/98, e no art. 13, IV, da MP nº 2.158-35/2001, aplicáveis somente àquelas outras entidades (instituições de caráter filantrópico, recreativo, cultural e científico e as associações civis que prestem os serviços para os quais houverem sido instituídas e os coloquem à disposição do grupo de pessoas a que se destinam, sem fins lucrativos) que não preenchem os requisitos do art. 55 da Lei nº 8.212/91, ou da legislação superveniente sobre a matéria, posto não abarcadas pela imunidade constitucional. 26. A inaplicabilidade do art. 2º, II, da Lei nº 9.715/98, e do art. 13, IV, da MP nº 2.158-35/2001, às entidades que preenchem os requisitos do art. 55 da Lei nº 8.212/91, e legislação superveniente, não decorre do vício da inconstitucionalidade desses dispositivos legais, mas da imunidade em relação à contribuição ao PIS como técnica de interpretação conforme à Constituição. 27. *Ex positis*, conheço do recurso extraordinário, mas nego-lhe provimento conferindo à tese assentada repercussão geral e eficácia *erga omnes* e *ex tunc*. Precedentes. RE 93.770/RJ, Rel. Min. Soares Muñoz, 1ª Turma, *DJ* 3/4/1981. RE 428.815-AgR/AM, Rel. Min. Sepúlveda Pertence, 1ª Turma, *DJ* 24/6/2005. ADI 1.802-MC/DF, Rel. Min. Sepúlveda Pertence, Pleno, *DJ* 13/2/2004. ADI 2.028 MC/DF, Rel. Moreira Alves, Pleno, *DJ* 16/6/2000" (STF, Pleno, RE 636941, j. em 13/2/2014).

**21. Imunidade e COFINS** – A imunidade de que se cuida não diz respeito apenas às contribuições ditas "previdenciárias", mas alcança, indistintamente, todas as contribuições destinadas ao custeio da seguridade social, inclusive a COFINS. É o que tem entendido o Conselho de Contribuintes do Ministério da Fazenda: "Cofins. Instituição sem fins lucrativos. Comprovado que a entidade cumpre os requisitos e condições legais, há de ser afastada a exigência da Contribuição Social, ao amparo do § 7º do art. 195 da Constituição Federal" (2º CC, 2ª C, Ac. 202.10.138, Rel. Maria Teresa Martínez López, *DOU* de 15/12/1998 – *RET* 5/99, p.118).

**22. Entidade educacional. Sua abrangência pelo conceito de entidade assistencial** – O Supremo Tribunal Federal "tem entendido que a entidade beneficente de assistência social, a que alude o § 7º do artigo 195 da Constituição, abarca a entidade de assistência educacional" (Trecho do voto do Min. Moreira Alves no julgamento da ADIn 2.028-5-DF, *RDDT* 60/178).

**23. Fixação dos requisitos legais para o gozo da imunidade. Matéria privativa de lei complementar** – "As limitações constitucionais ao poder de tributar podem ser reguladas apenas por meio de lei complementar, *ex vi* do art. 146, inc. II, da Lei Maior, que assim dispõe, de forma expressa. O art. 55 da Lei nº 8.212/91, uma lei ordinária, não tem, portanto, poder normativo para operar restrições no tocante à imunidade concedida pela Carta da República, exercitando papel meramente procedimental, quanto ao reconhecimento de um direito preexistente. A instituição de assistência social, para fins de alcançar do direito oferecido pelo art. 195, § 7º, da Constituição Federal, tem de observar os pressupostos elencados no art. 14 da Norma Complementar Tributária. Nada mais. Ou, sob ótica distinta, tem direito à imunidade tributária, no momento em que perfaz o caminho das exigências previstas no Código Tributário Nacional. Com efeito, o certificar da instituição como de fins filantrópicos e o seu decretar como de utilidade pública federal têm eficácia meramente declaratória e, portanto, operam efeitos *ex tunc*, haja vista a declaração dizer, sempre, respeito a situações preexistentes ou fatos passados, motivo porque revolve ao momento constitutivo da realidade jurídica ensejadora da imunidade. Não tendo os pressupostos revelados pelo art. 55 da Lei nº 8.212/91 a característica de conferir novo *status* à entidade de fins filantrópicos, senão de evidenciá-los, em tempo posterior, não há que se falar em existência de crédito tributário oriundo do não pagamento de contribuição patronal, por instituição que lhe é imune, sendo devida, pois, a Certidão Negativa de Débito solicitada. A entidade considerada de fins filantrópicos não está sujeita ao pagamento de imposto (sic) não somente a partir do requerimento, mas, uma vez reconhecida como tal, desde a sua criação" (STJ, 2ª T., REsp 413.728/RS, Rel. Min. Paulo Medina, j. em 8/10/2002, *DJ* de 2/12/2002, p. 283).

**No mesmo sentido:** "No julgamento da ADIn nº 2.028-5, o Supremo Tribunal Federal reconheceu que a 'isenção' de contribuição para seguridade social às entidades beneficentes de assistência social, prevista no art. 195, § 7º, da CF/88, é, em verdade, imunidade tributária, caracterizando-se como limitação constitucional ao poder de tributar, pelo que a disciplina da questão somente pode ser feita mediante lei complementar, como estatuído no artigo 146, II, da Carta Política. Assim, os requisitos estabelecidos para a fruição da imunidade do art. 195, § 7º, são aqueles previstos no art. 14 do Código Tributário Nacional e não os exigidos no art. 55 da Lei nº 8.212/91" (TRF da 4ª R., 2ª T., AC 1999.71.00.007824-4/RS, Rel. Des. Fed. João Surreaux , v. u., *DJ* de 3/4/2002, p. 491, *RDDT* 81/231). **Conferir ainda:** "Sendo a Entidade Beneficente declarada de utilidade pública, não se submete à obrigação de recolher quota patronal de contribuição social ao INSS, em face da imunidade tributária que lhe é conferida pelo art. 195, § 7º, da Constituição Federal, em consonância com o art. 14 do Código Tributário Nacional" (STJ, 1ª T., REsp 495.975/RS, Rel. Min. José Delgado, j. em 4/9/2003, *DJ* de 20/10/2003, p. 198).

**24. Requisitos adicionais para o gozo da imunidade. Impossibilidade** – Como consequência lógica do que restou dito em notas anteriores, "não cabe ao intérprete – e essa tem sido a posição jurisprudencial uniforme – ou ao legislador ordinário criar outros requisitos não previstos em lei complementar, tais como a declaração legal de utilidade pública; a exigência da constituição de fundação como único veículo formal ao desenvolvimento das atividades educacionais e assistenciais etc." (Misabel Abreu Machado Derzi, em notas de atualização ao *Direito Tributário Brasileiro*, de Aliomar Baleeiro, 11. ed., Rio de Janeiro: Forense, 1999, p. 180). Entretanto, o STF tem admitido que requisitos formais sejam estabelecidos por lei ordinária, enquanto os requisitos materiais seriam fixados em lei complementar (RE 639.941, j. em 13/2/2014, cuja ementa foi transcrita na nota 20 a este mesmo artigo).

**25. Acusação de descumprimento dos requisitos legais e direito de defesa** – "[...] Detendo a entidade a qualidade de entidade filantrópica, o desatendimento às obrigações daí decorrentes haverão de ser previamente apuradas em processo administrativo regular, com ampla defesa, antes de se proceder ao lançamento das contribuições eventualmente devidas" (TRF 4ª R., 2ª T., AMS 95.04.22678-7/RS, Rel. juiz. Márcio Antônio Rocha, j. em 16/11/2000, v. u., *DJ* de 4/4/2001). **No mesmo sentido:** TRF 4ª R., 2ª T.,

# Art. 195

CONSTITUIÇÃO DA REPÚBLICA FEDERATIVA DO BRASIL | **139**

AMS 96.04.29705-8 /RS, Rel. Juiz Vilson Darós, j. em 18/2/1999, v. u., *DJ* de 5/5/1999, p. 282); "Concedida a isenção, só pode ser revogada após processo administrativo em que sejam observados o contraditório e a ampla defesa" (TRF 4ª R., 2ª T., AMS 96.04.01506-0/ RS, Rel. Juiz Ramos de Oliveira, j. em 5/6/1997, v. u., *DJ* de 25/6/1997, p. 48.435).

**26. Contribuição sobre o resultado da comercialização da produção rural** – Determina a Constituição que o produtor rural, o parceiro, o meeiro, o arrendatário rural e o pescador artesanal, e seus cônjuges, quando exercerem suas atividades em regime de economia familiar, sem empregados permanentes, serão submetidos a uma contribuição, incidente sobre a venda de sua produção. Essa contribuição, a propósito, é retida e repassada ao INSS pelos adquirentes dessa produção (*v. g.*, supermercados, agroindústrias etc.), sob o regime de substituição tributária. A questão que se coloca, nesse contexto, é se tal contribuição, que a CF/88 prevê apenas para aqueles que se encaixam no perfil descrito no seu art. 195, § 8º, pode ser estendida também a outros produtores rurais, inclusive pessoas jurídicas, que se submetem às demais contribuições de seguridade (o que não é o caso dos produtores a que alude o art. 195, § 8º, da CF/88). Na doutrina, pela invalidade da cobrança dessa contribuição em face de produtores rurais que não se enquadram no art. 195, § 8º, da CF/88, confiram-se: Hugo de Brito Machado e Hugo de Brito Machado Segundo, Inconstitucionalidade da contribuição previdenciária dos produtores rurais, em *RDDT* 72, p. 94; José Mörschbächer, A dúplice contribuição sobre o faturamento das empresas rurais: inconstitucionalidade, em *Tributo – Revista do Instituto Cearense de Estudos Tributários* nº 2, jan./jul. de 2001, Fortaleza: ABC, p. 235. Nesse sentido: "Restando comprovado que o produtor rural exerce suas atividades com o auxílio de empregados (Lei nº 8.212/91, art. 12, V, 'a'), deve contribuir para a Previdência Social como autônomo, nos termos do art. 21 da citada lei, sendo descabida, em linha de consequência, a imputação de responsabilidade tributária ao adquirente dos seus produtos" (TRF da 1ª R., 2ª Turma suplementar, Rel. Des. Fed. Vera Carla Nelson de Oliveira Cruz (convocada), AC 1997.01.00.056480-7/MG, j. em 16/4/2002, *DJ* de 16/5/2002, p. 106). **Em sentido contrário:** "Não há nenhum vício de inconstitucionalidade em exigir do empregador rural o recolhimento da contribuição social prevista na Lei nº 8.450/92. 2. O enquadramento para fins do recolhimento da contribuição previdenciária se faz pela natureza do empregador. 3. Sendo o impetrante produtor rural, deve contribuir para o custeio da Previdência Social pela alíquota incidente sobre o valor comercial do produto agrário por ele negociado" (TRF da 1ª R., 2ª Turma suplementar, AMS 95.01.01262-0/GO, Rel. Des. Fed. Lindoval Marques de Brito, j. em 19/6/2001, v. u., *DJ* de 15/4/2002, p. 96). **Conferir ainda:** "A contribuição previdenciária do produtor rural pessoa física que exerce sua atividade com auxílio de empregados, resultante da Lei nº 8.540, de 22.12.92, não caracteriza nova fonte de custeio da Seguridade Social, mas mera substituição da base de cálculo, do valor da folha de salário, que era, pelo valor da produção rural comercializada, este enquadrável no conceito de faturamento, para efeitos fiscais, consoante precedentes do STF (ADIN 1.103-1/DF, RE 150.755 e RE 150.764) 2 – A alteração da base de cálculo de um tributo é matéria que, a teor do art. 97 do CTN, dispensa lei complementar. 3 – Passando a contribuir sobre o valor da comercialização da produção rural, deixou dito de contribuir sobre a folha de salário, não havendo, pois, como falar em bitributação. 4 – Provimento da apelação e da remessa oficial" (TRF da 1ª R., 3ª T., AMS 1998.01.00020462-6/MG, Rel. Des. Fed. Olindo Menezes, j. em 27/5/1999, v. u., *DJ* de 12/11/1999, p. 140). **Com a devida vênia**, uma "mera alteração de base de cálculo" pode implicar, muitas vezes, a criação de uma nova contribuição. Além disso, se as vendas feitas por um produtor rural, pessoa física, fossem equivalentes ao conceito de faturamento, não seria necessária a remissão do art. 195, § 8º, da CF/88. Outro aspecto relevante é saber se o legislador ordinário pode deixar de tributar um contribuinte com o uso de bases imponíveis diversas para instituir várias contribuições sobre uma mesma base (*v. g.*, COFINS + contribuição sobre o faturamento rural, no caso dos produtores pessoa jurídica).

Em edições anteriores deste livro se afirmava que, conquanto a jurisprudência majoritária, nos TRFs, fosse no sentido da validade da contribuição, a questão estava submetida ao STF, que ainda não a havia apreciado. Pois bem. Em fevereiro de 2010, o STF conclui o julgamento do RE 363.852, declarando inconstitucional a contribuição de que se cuida. Em seu voto, o Min. Marco Aurélio fundou-se na ideia de que o legislador não pode criar várias contribuições para onerar uma mesma base, deixando outras bases não tributadas, salvo nas hipóteses previstas no próprio texto constitucional. No caso do resultado da venda da produção rural, ainda que esta fosse equiparável ao faturamento, a CF/88 apenas autoriza a sua tributação quando o produtor rural não tenha empregados, pois isso torna inviável a incidência da contribuição sobre a folha. Em suas palavras, "[s]omente a Constituição Federal é que, considerado o mesmo fenômeno jurídico, pode abrir exceção à unicidade de incidência de contribuição. Isso ocorre, como exemplificado em parecer de Hugo de Brito Machado e Hugo de Brito Machado Segundo, publicado na Revista Dialética de Direito Tributário, página 94, no tocante à folha de salários, no caso das contribuições para o SESI, o SESC, etc. e em relação ao faturamento, presentes a Contribuição Social para Financiamento da Seguridade Social – COFINS e o Programa de Integração Social – PIS. [...] Cumpre assentar, como premissa constitucional, que, no tocante ao faturamento e ao financiamento do gênero 'seguridade social', conta-se apenas com essas duas exceções. A regra, dada a previsão da alínea 'b' do inciso I do referido artigo 195, é a incidência da contribuição social sobre o faturamento, para financiar a seguridade social instituída pela Lei Complementar nº 70, de 30 de dezembro de 1991, a obrigar não só as pessoas jurídicas, como também aquelas a ela equiparadas pela legislação do imposto sobre a renda – artigo 1º da citada lei complementar. Já aqui surge duplicidade contrária à Carta da República, no que, conforme o artigo 25, incisos I e II, da Lei nº 8.212, de 24 de julho de 1991, o produtor rural passou a estar compelido a duplo recolhimento, com a mesma destinação, ou seja, o financiamento da seguridade social – recolhe, a partir do disposto no artigo 195, inciso I, alínea 'b', a COFINS e a contribuição prevista no referido artigo 25. Vale frisar que, no artigo 195, tem-se contemplada situação única em que o produtor rural contribui para a seguridade social mediante a aplicação de alíquota sobre o resultado de comercialização da produção, ante o disposto no § 8º do citado artigo 195 – a revelar que, em se tratando de produtor, parceiro, meeiro e arrendatários rurais e pescador artesanal bem como dos respectivos cônjuges que exerçam atividades em regime de economia familiar, sem empregados permanentes, dá-se a contribuição para a seguridade social por meio de aplicação de alíquota sobre o resultado da comercialização da produção. A razão do preceito é única: não se ter, quanto aos nele referidos, a base para a contribuição estabelecida na alínea 'a' do inciso I do artigo 195 da Carta, isto é, a folha de salários. Daí a cláusula contida no § 8º em análise '... sem empregados permanentes...'. Forçoso é concluir que, no caso de produtor rural, embora pessoa natural, que tenha empregados, incide a previsão relativa ao recolhimento sobre o valor da folha de salários. É de ressaltar que a Lei nº 8.212/91 define empresa como a firma individual ou

**Art. 195**  CONSTITUIÇÃO DA REPÚBLICA FEDERATIVA DO BRASIL | **141**

sociedade que assume o risco de atividade econômica urbana ou rural, com fins lucrativos, ou não, bem como os órgãos e entidades da administração pública direta, indireta e fundacional – inciso I do artigo 15. Então, o produtor rural, pessoa natural, fica compelido a satisfazer, de um lado, a contribuição sobre a folha de salários e, de outro, a COFINS, não havendo lugar para ter-se novo ônus, relativamente ao financiamento da seguridade social, isso a partir de valor alusivo à venda de bovinos." (voto proferido no **RE 363.852/MG**)

**27. Não cumulatividade e contribuições** – A não cumulatividade, no âmbito das contribuições de seguridade incidentes sobre o faturamento, está disciplinada, essencialmente, nas Leis n$^{os}$ 10.637/2002 e 10.833/2003, e em leis que posteriormente alteraram essas duas primeiras. Em face da não cumulatividade, as alíquotas da COFINS e do PIS foram majoradas, respectivamente, para 7,6% e 1,65%. Continuam regidas pela sistemática normal, submetidas às alíquotas de 3% e 0,65%, as pessoas jurídicas optantes pelo lucro presumido, e ainda: *i)* pessoas jurídicas optantes, pelo simples; *ii)* pessoas jurídicas imunes a impostos; *iii)* receitas decorrentes da prestação de serviços de educação, entre muitas outras referidas pelo art. 10 da Lei n° 10.833/2003.

Tem sido bastante discutida, nesse contexto, a questão de saber se a não cumulatividade, em relação às contribuições, tem, ou não, fundamento constitucional. Ou, por outras palavras, se o direito ao creditamento decorreria diretamente da Constituição ou não. Disso dependeria, para os que se envolvem na discussão, uma maior ou menor liberdade do legislador infraconstitucional no estabelecimento de limites a esse creditamento. Se o direito aos créditos, na sistemática da não cumulatividade, decorrer diretamente da Constituição, seriam inconstitucionais as regras legais que o limitassem. Se, ao contrário, esse direito não for considerado como oriundo imediatamente da Constituição, o legislador poderia livremente estabelecer as hipóteses em que estaria, e as em que não estaria, presente o direito ao crédito. Esse debate está no centro, por exemplo, da questão relacionada à definição do significado da palavra "insumo", para fins de creditamento de PIS e de COFINS não cumulativos.

Na verdade, como destaca Humberto Ávila (ÁVILA, Humberto. "Postulado do Legislador Coerente" e a Não cumulatividade das Contribuições. In. ROCHA, Valdir de Oliveira. *Grandes questões atuais do Direito Tributário*. 11. vol. São Paulo: Dialética, 2007, p. 175 ss.), o legislador até pode ser livre para adotar, ou não, a sistemática da não cumulatividade. Mas ele não é livre para ser, ou não, coerente. Ele não é livre para adotar, ou não, um discurso racional na feitura das leis. Nessa ordem de ideias, o fato de o art. 195, § 12, facultar à lei a adoção da não cumulatividade dá ao legislador duas opções: *i)* não adotar a sistemática da não cumulatividade para determinado setor da economia, ou *ii)* não adotar a sistemática da não cumulatividade para determinado setor da economia. Não existe a opção de fazê-lo pela metade, impondo ao contribuinte os ônus decorrentes da sistemática, mas negando-lhe os bônus correspondentes.

Não se pode esquecer que a sistemática da não cumulatividade possui inúmeros defeitos, mas também algumas virtudes. Ela impõe ao contribuinte diversos gravames, sendo os mais evidentes deles o aumento do ônus tributário, não apenas em virtude da forte majoração das alíquotas, como em razão do incremento na complexidade da legislação e das obrigações acessórias a serem atendidas, que impõe um custo "invisível" no cômputo da carga tributária, relacionado não apenas ao pessoal destinado a assessorar o contribuinte no cumprimento dessas obrigações, mas às multas que serão impostas caso o menor equívoco seja cometido. Mas veja-se que esses ônus somente existem por causa do bônus representado pela sistemática de creditamento. São os créditos que justificam as inúmeras obrigações acessórias, bem como o aumento de alíquotas.

Nessa ordem de ideias, é incoerente, e até mesmo irracional, criar um leque de obrigações acessórias e proceder a um brutal aumento de alíquotas, porque será adotada a não cumulatividade, a qual dá ao contribuinte direito a créditos, e, ao mesmo tempo, negar ao contribuinte o direito a esses mesmos créditos, porque não há obrigação de adotar a não cumulatividade. A incoerência salta aos olhos, sendo vedada ao legislador, como dito, independentemente de a aludida sistemática ser ou não ser uma imposição constitucional.

No caso da COFINS e do PIS, é preciso notar que elas incidem não sobre a venda de produtos industrializados, ou sobre a venda de mercadorias, mas sobre as receitas. Todas elas. Assim, para que efetivamente se adote uma sistemática não cumulativa, é preciso que todas as despesas que conduzem à formação daquela receita tributada sejam consideradas no cálculo dos créditos, diferentemente do que ocorre com o ICMS e o IPI. Insumo, nesse contexto, será tudo aquilo adquirido, e tributado, como forma de propiciar a receita submetida a tributação (CALCINI, Fábio Pallaretti. PIS e Cofins. Algumas ponderações acerca da não cumulatividade. *Revista Dialética de Direito Tributário*, nº 176. São Paulo: Dialética, maio 2010, p. 55 ss.). Limitar esse conceito implicaria gerar a acumulação do tributo, algo que o legislador até pode fazer, desde que em relação àqueles submetidos às alíquotas de 3% e 0,65%, respectivamente, e que não têm que cumprir tantas obrigações acessórias. Não lhe é lícito, porém, restringir o aludido conceito, que é inerente à adoção da não cumulatividade em contribuições com base imponível tão ampla, mantendo os ônus decorrentes da sistemática, notadamente as alíquotas de 7,6% e 1,65%.

Assim, o legislador não é livre para, por exemplo, restringir como quiser a noção de "insumo", a fim de, com isso, restringir o direito ao creditamento, no âmbito do PIS e da COFINS não cumulativos. E isso mesmo que a não cumulatividade não estivesse prevista na Constituição, pois não é lícito ao legislador adotar um discurso irracional e incoerente, impondo ao contribuinte ônus decorrentes da sistemática (*v. g.*, aumento de alíquotas), sob o pretexto de que ela implica o direito aos créditos, mas, ao mesmo tempo, negar o direito a esses créditos, sob a justificativa de que não seria constitucionalmente obrigado a assegurá-los.

**28. Substituição da contribuição sobre a folha de salários por contribuição sobre a receita** – A Emenda Constitucional nº 42 inseriu no art. 195 da CF/88 um § 13, referindo-se à possibilidade de a contribuição sobre a folha de salários, destinada ao custeio da seguridade social, ser substituída, total ou parcialmente, por uma contribuição sobre a receita. Seria a solução, na visão dos idealizadores da reforma, para o custeio da seguridade social, que deixaria de depender da folha de salários (deixando também de onerá-la), para incidir sobre outras bases. É incrível, porém, a desfaçatez com que se preconiza essa ideia, pois essa possibilidade existe desde 1988, tendo a COFINS sido idealizada, pelo constituinte de 1988, exatamente como uma forma de incrementar o custeio da seguridade social sem que se fizesse necessário aumentar a contribuição sobre a folha de salários. Aliás, a contribuição incidente sobre a folha poderia ter sido reduzida, como forma de estimular o emprego formalizado, sendo a diferença suprida, com larga folga, pelas contribuições incidentes sobre o faturamento e sobre o lucro. O que aconteceu, porém, foi que essas duas últimas contribuições foram abiscoitadas pelo orçamento fiscal da União, em desrespeito flagrante ao art. 165, § 5º, III, da CF/88.

# Lei nº 5.172, de 25 de outubro de 1966

*Dispõe sobre o Sistema Tributário Nacional e institui normas gerais de direito tributário aplicáveis à União, Estados e Municípios.*

O PRESIDENTE DA REPÚBLICA. Faço saber que o Congresso Nacional decreta e eu sanciono a seguinte lei:

## DISPOSIÇÃO PRELIMINAR

**Art. 1º** Esta Lei[1] regula, com fundamento na Emenda Constitucional nº 18, de 1º de dezembro de 1965, o sistema tributário nacional e estabelece, com fundamento no art. 5º, inciso XV, alínea *b*, da Constituição Federal, as normas gerais de direito tributário[2] aplicáveis à União, aos Estados, ao Distrito Federal e aos Municípios, sem prejuízo da respectiva legislação complementar, supletiva ou regulamentar.

### ANOTAÇÕES

**1. Natureza jurídica do Código Tributário Nacional** – O Código Tributário Nacional foi editado, originalmente, como lei ordinária, pois a Constituição vigente à época não exigia a edição de lei complementar (CF/46), e não existe inconstitucionalidade formal por incompatibilidade superveniente, aplicando-se ao processo legislativo a noção de *tempus regitactum*. Entretanto, diz-se que o CTN tem *status* de lei complementar, pois foi recepcionado pela CF/88, e seu conteúdo, hoje, por força do art. 146 da CF/88, somente pode ser alterado por lei complementar. Esse é o entendimento da literatura especializada (Hugo de Brito Machado, *Curso de Direito Tributário,* 21. ed, São Paulo: Malheiros, 2002, p. 73), e da jurisprudência (STJ, 1ª T., REsp 625.193/RO, Rel. Min. Luiz Fux, j. em 15/2/2005, v. u., *DJ* de 21/3/2005, p. 250). O STJ, a propósito, tem entendido que o Código Tributário Nacional "se sobrepõe à Lei nº 6.380/80, que é lei ordinária" (STJ, 1ª T., REsp 193.351/SP, Rel. Min. Garcia Vieira, *DJ* de 3/5/1999, p. 105). **No mesmo sentido:** "O Código Tributário Nacional foi recepcionado pela Constituição Federal como lei complementar (art. 174), desfrutando de supremacia hierárquica relativamente a que lei ordinária (Lei nº 6.830/80) há de ceder aplicação. [...] " (STJ, 1ª T., REsp 111.611/PR, Rel. Min. Demócrito Reinaldo, j. em 2/6/1998, v. u., *DJ* de 29/6/1998, p. 29).

**2. Competência para estabelecer normas gerais em matéria tributária** – O art. 5º, XV, c, referido pelo art. 1º do CTN, é da Constituição de 1946. Atualmente, a competência da lei complementar federal para traçar normas gerais em matéria de legislação tributária encontra fundamento no art. 146 da CF/88.

# Livro Primeiro

## Sistema Tributário Nacional

### TÍTULO I
Disposições Gerais

**Art. 2º** O sistema tributário nacional é regido pelo disposto na Emenda Constitucional nº 18, de 1º de dezembro de 1965, em leis complementares, em resoluções do Senado Federal e, nos limites das respectivas competências, em leis federais,[1] nas Constituições e em leis estaduais, e em leis[2] municipais.

ANOTAÇÕES ——————————————————————————————

**1. Lei "Nacional" e Lei "Federal"** – Ao se reportar a "leis federais", depois de haver mencionado as normas constitucionais e as leis complementares, o CTN deixa claro haver adotado a classificação segundo a qual as leis complementares de "normas gerais" são leis *nacionais,* e não propriamente leis *federais.* Sobre essa natureza "nacional", confiram-se as notas ao art. 146 da CF/88.

**2. Ausência de remissão às leis orgânicas municipais** – O Código Tributário Nacional não se reporta às leis orgânicas dos Municípios porque quando de sua edição, sob a vigência da Constituição de 1946, tais entes não dispunham da autonomia e do papel de destaque no pacto federativo que lhes deu a Constituição Federal de 1988. Apesar disso, é evidente que os Municípios não só podem como devem veicular normas relativas à tributação em suas leis orgânicas, sendo esta uma decorrência direta de sua autonomia, assegurada pela Constituição Federal.

**Art. 3º** Tributo[1] é toda prestação pecuniária compulsória,[2,3,4] em moeda ou cujo valor nela se possa exprimir, que não constitua sanção de ato ilícito,[5,6] instituída em lei e cobrada mediante atividade administrativa plenamente vinculada.[7,8]

# 146 | CÓDIGO TRIBUTÁRIO NACIONAL – *Hugo de Brito Machado Segundo*                    **Art. 3º**

## ANOTAÇÕES

**1. Os vários significados da palavra "tributo"** – A palavra *tributo* pode ser empregada em vários outros sentidos, além deste definido no art. 3º do CTN. O próprio Código, em outras passagens, emprega tributo para designar a *norma tributária,* a *obrigação tributária,* o *dinheiro* usado para adimplir a obrigação tributária etc. Confira-se, a propósito, Paulo de Barros Carvalho, *Curso de Direito Tributário,* 12. ed., São Paulo: Saraiva, 1999, p. 19 ss. Ainda sobre o conceito de tributo, confira-se: Hugo de Brito Machado, *Conceito de Tributo no Direito Brasileiro,* Rio de Janeiro: Forense, 1987.

**2. Prestação compulsória** – Quando se diz que a prestação tributária é compulsória, não se está referindo ao seu cumprimento. Afinal, o adimplemento de qualquer obrigação, nesse sentido, é compulsório. Na verdade, a referência feita, no caso, pelo art. 3º do CTN significa que a prestação tributária não depende da vontade para nascer. Não se trata de obrigação contratual, decorrente da vontade, (*ex voluntate),* mas de obrigação que decorre diretamente da lei, ou da incidência da lei sobre o fato, considerado em sua pura faticidade. Ao contrário da obrigação contratual, a obrigação tributária não tem a vontade como ingrediente formador. Não é "gerada" por uma manifestação de vontade. Isso faz com que a capacidade tributária passiva (capacidade para ser contribuinte ou responsável pelo tributo) independa da capacidade civil (CTN, art. 126). Daí serem devidos tributos mesmo por pessoas físicas incapazes, ou por pessoas jurídicas constituídas de forma irregular, por exemplo.

**3. Compulsoriedade e tributo incidente sobre negócio jurídico** – Poder-se-ia dizer que, quando o tributo tem como fato gerador um negócio jurídico (*v. g.,* imposto incidente sobre a transmissão de um imóvel), seu fato gerador seria a "vontade" exprimida no citado negócio jurídico, o que demonstraria que o tributo não seria "compulsório". Não é bem assim, contudo. Como explica Amílcar de Araújo Falcão, "de tais classificações não se deve deduzir que a vontade das partes – num negócio jurídico considerado como fato gerador – seja tomada em Direito Tributário como causa eficiente do débito do tributo. Tal vontade é considerada, em matéria fiscal, apenas como elemento objetivo, descritivo do fato gerador: despe-se, por conseguinte, de todo o seu caráter valorativo, ou seja, perde o seu conteúdo negocial" (*Fato gerador da obrigação tributária,* 7. ed, Rio de Janeiro: Forense, 2002, p. 37). Confira-se, a propósito, o disposto no art. 118 do CTN.

**4. Compulsoriedade e "confissão de dívida"** – Precisamente por se tratar de prestação compulsória, inerente a obrigação *ex lege,* que não tem a vontade como ingrediente formador, eventual "confissão de dívida" firmada pelo contribuinte não tem o efeito de fazer devido um tributo indevido. Como ensina Pontes de Miranda, "só existe confissão de fato, e não de direito; o direito incide: está, portanto, fora da órbita da confissão. Ninguém confessa que o contrato é de mútuo ou de hipoteca, confessa fatos de que pode resultar tratar-se de mútuo, ou de hipoteca" (*Comentários ao Código de Processo Civil,* 3. ed., atualização legislativa de Sérgio Bermudes, Rio de Janeiro: Forense, 2001, t. IV, p. 320). Por isso mesmo, Hugo de Brito Machado adverte que a utilidade da confissão reside unicamente "em inverter o ônus da prova. Comprovado o fato, pela confissão, fica a Administração Tributária dispensada de produzir qualquer outra prova do fato cujo acontecimento gerou a dívida" ("Confissão de Dívida Tributária", artigo publicado na *Revista Jurídica LEMI* nº 184, Belo Horizonte: Lemi, Março de 1983, p. 10).

Como já decidiu o TRF da 1ª Região, relativamente a exigência considerada inconstitucional: "Tendo em vista que a exigibilidade do PIS, na forma dos Decretos-leis nos 2.445 e 2.449, ambos de 1988, foi declarada inconstitucional pelo STF (RE 148.754/RJ), não

# Art. 3º                    Livro Primeiro · SISTEMA TRIBUTÁRIO NACIONAL | 147

prevalece, por ausência de fundamentação legal válida (C.T.N., art. 3º – prestação pecuniária compulsória instituída em lei; e Carta Magna, art. 150, I), confissão de dívida, acompanhada de parcelamento, firmada pelo contribuinte em data anterior àquela declaração." (TRF da 1ª R., 3ª T. suplementar, AC 1997.01.00.0506852, Rel. Des. Fed. Leão Aparecido Alves – conv –, j. em 11/3/2004, v. u., *DJ* de 1º/4/2004, p. 48).

Em termos semelhantes, o TRF da 4ª Região já consignou que "a confissão de dívida tributária não impede a sua discussão em juízo, fundada na inconstitucionalidade, não incidência ou isenção do tributo ou em erro quanto ao fato. Se é fato que, lavrado o respectivo termo, este adquire força de lei entre as partes, igualmente verdadeiro é dizer-se que se trata de ato administrativo vinculado (cuja validade depende do cumprimento dos ditames legais a que está sujeito), e a irretratabilidade de que se reveste não se sobrepõe ao direito do contribuinte de ver-se corretamente cobrado, e, menos, ainda, à garantia constitucional de tutela jurisdicional de lesão ou ameaça a direito. A obrigação tributária decorre de lei, e a confissão do contribuinte diz respeito tão somente ao fato do inadimplemento, do que denota não importar, a concordância inicial do contribuinte com o valor do débito apurado pelo Fisco, na imutabilidade deste, pois que, ao credor, não se reconhece o direito de cobrar mais do que é efetivamente devido, por força de lei" (TRF da 4ª R., 1ª T., AC 2000.04.01077132-3/RS, Rel. Des. Fed. Vivian Josete Pantaleão Caminha, j. em 26/10/2005, *DJ* de 23/11/2005, p. 882). "As declarações do contribuinte de modo algum geram a obrigação de pagar tributo em desconformidade com o fato gerador que lhe deu causa, sob pena de restar malferido o princípio da legalidade (TRF da 4ª R., 2ª T., AC 97.04.29467-0/SC, Rel. Des. Fed. Vânia Hack de Almeida, j. em 7/10/1999, *DJ* de 17/11/1999, p. 97). No mesmo sentido: TRF da 4ª R., 2ª T., AC 2002.71.00.046869-2/RS, Rel. Des. Fed. A. A. Ramos de Oliveira, j. em 5/7/2005, *DJ* de 20/7/2005, p. 460.

O TRF da 5ª Região já manifestou idêntico entendimento, decidindo que "a confissão de dívida não é irreversível e elisiva do direito de repetição do indébito, pois o recolhimento de tributo somente é devido em razão de lei" (TRF da 5ª R., 1ª T., AC 105.131/AL, Rel. Des. Fed. Ubaldo Ataíde, j. em 1º/10/1998, *DJ* de 16/4/1999, p. 563).

Pela mesma razão, se a obrigação tributária, embora tenha surgido validamente, foi posteriormente extinta, *v. g.*, pela decadência, uma inadvertida confissão posterior não tem o condão de "reavivá-la", como já decidiu o STJ: "[...] 3. A decadência, consoante a letra do art. 156, V, do CTN, é forma de extinção do crédito tributário. Sendo assim, uma vez extinto o direito, não pode ser reavivado por qualquer sistemática de lançamento ou autolançamento, seja ela via documento de confissão de dívida, declaração de débitos, parcelamento ou de outra espécie qualquer (DCTF, GIA, DCOMP, GFIP etc.). 4. No caso concreto o documento de confissão de dívida para ingresso do Parcelamento Especial (Paes – Lei nº 10.684/2003) foi firmado em 22.07.2003, não havendo notícia nos autos de que tenham sido constituídos os créditos tributários em momento anterior. Desse modo, restam decaídos os créditos tributários correspondentes aos fatos geradores ocorridos nos anos de 1997 e anteriores, consoante a aplicação do art. 173, I, do CTN. 5. Recurso especial parcialmente conhecido e nessa parte não provido. Acórdão submetido ao regime do art. 543-C, do CPC, e da Resolução STJ nº 8/2008" (STJ, 1ª S., REsp 1.355.947/SP, *DJe* de 21/6/2013).

De uma forma geral, o STJ entende, em relação à "confissão", que ela não inibe o posterior questionamento judicial do tributo. Se a confissão foi feita como condição para se obter um parcelamento, a posterior discussão judicial, representando descumprimento das condições exigidas para a concessão do parcelamento, pode levar ao desfazimento deste, mas não ao impedimento de se discutir judicialmente o tributo parcelado. Entende, porém, que a discussão judicial é possível no que tange aos aspectos "de direito" (exigência é fundada em lei inconstitucional, foi atingida pela decadência etc.), não havendo mais espaço, contudo, para a discussão dos aspectos factuais. Confira-se: "[...] A confissão da dívida não inibe o questionamento judicial da obrigação tributária, no que se refere aos seus aspectos jurídicos. Quanto aos aspectos fáticos sobre os quais incide a norma tributária, a regra é que não se pode rever judicialmente a confissão da dívida efetuada com o escopo de obter parcelamento de débitos tributários" (REsp 113.3027/SP, Rel. p/ Acórdão Min. Mauro Campbell Marques, Primeira Seção, julgado em 13/10/2010, *DJe* 16/3/2011).

Esse entendimento, contudo, precisa ser visto com muita cautela. Na verdade, pode-se entender que a confissão, no que tange aos elementos jurídicos, é irrelevante, pois não é a vontade do contribuinte que gera o dever de pagar o tributo. Nesse ponto, a jurisprudência do STJ está correta. Mas, no que diz respeito aos elementos factuais, geradores da obrigação tributária, não se pode entender que ela impossibilita por completo a sua discussão judicial, sob pena de se cercear, por igual, o acesso à jurisdição, o qual envolve, obviamente, também o direito ao esclarecimento dos fatos sobre os quais incidiram as normas questionadas. Não há possibilidade para a correta aplicação da lei se não há, também, o adequado esclarecimento dos fatos (TARUFFO, Michele. *La prueba de los hechos.* 3. ed. Traducción de Jordi Ferrer Beltrán. Madrid: Trotta, 2009, p. 86). Na verdade, o que se deve fazer, em caso de confissão, é considerar que esta gera – ou reforça – presunção de que os fatos afirmados pela Fazenda, no ato de lançamento, ocorreram tal como afirmados, impondo-se ao contribuinte o ônus da prova em contrário. Mas seria ridículo, diante de perícias, documentos e testemunhas que farta e incontroversamente afirmassem o contrário, manter um lançamento apenas porque a "confissão" feita na via administrativa tornaria "imutável" a versão dos fatos afirmada no ato de lançamento.

**5. Emprego de tributo como sanção de ato ilícito** – O tributo não pode consubstanciar sanção pela prática de ato ilícito, vale dizer, a ilicitude não pode ser elemento essencial da hipótese de incidência da norma de tributação (sob pena de tratar-se de *multa,* e não de tributo). Por esse fundamento, o STF considerou inválidas as leis municipais que instituíam "adicionais" do IPTU devidos apenas por proprietários de imóveis com construções irregulares. Entendeu-se, corretamente, que tais "adicionais" são verdadeiras penalidades, e não tributos. "O artigo 3º do CTN não admite que se tenha como tributo prestação pecuniária que constitua sanção de ato ilícito. O que implica dizer que não é permitido, em nosso sistema tributário, que se utilize de um tributo com a finalidade extrafiscal de penalizar a ilicitude. Se o Município quer agravar a punição de quem constrói irregularmente, cometendo ilícito administrativo, que crie ou agrave multas com essa finalidade. O que não pode – por ser contrário ao artigo 3º do CTN, e, consequentemente, por não se incluir no poder de tributar que a Constituição Federal lhe confere – é criar adicional de tributo para fazer as vezes de sanção de ato ilícito" (STF, Pleno, RE 94.001/SP, Rel. Min. Moreira Alves, j. em 11/3/1982, *DJ* de 11/6/1982, p. 5680, *RTJ* 104-03/1129). **No mesmo sentido:** STF, 2ª T., RE 104817/SP, Rel. Min. Cordeiro Guerra, j. em 14/5/1985, *DJ* de 31/5/1985, p. 8512, *RTJ* 114-01/410; STF, 1ª T., RE 112.910/SP, Rel. Min. Néri da Silveira, j. em 11/10/1988, *DJ* de 28/2/1992, p. 2173.

**6. Tributação do produto das atividades ilícitas** – A circunstância de o tributo não poder consistir em sanção de ato ilícito impede a norma tributária de considerar a ilicitude como essencial para que o tributo seja devido. Mas não impede, de modo algum, que o tributo, cuja hipótese de incidência é um fato *lícito* (*v. g.,* obtenção de renda), seja devido mesmo quando esse fato ocorre envolto por circunstâncias ilícitas (*v. g.* rendimentos oriundos de atividade criminosa). Imagine-se, por exemplo, que um sujeito presta serviços médicos

# Art. 4º

Livro Primeiro · SISTEMA TRIBUTÁRIO NACIONAL | **149**

(algo lícito, previsto como hipótese de incidência da norma que cuida do imposto sobre serviços), mas o faz não tendo concluído o curso de Medicina nem se habilitado junto ao Conselho de Medicina (circunstâncias que tornam ilícita a prestação do serviço). A ilicitude, nesse caso, será irrelevante para fins tributários (ver notas ao art. 118, I, do CTN), e o imposto será devido. Confira-se, a esse respeito, o acórdão do STF no julgamento do HC 77.530/RS, no qual se considerou válida a exigência de tributos sobre os rendimentos obtidos com o tráfico de drogas (STF, 1ª T., HC 77.530/RS, Rel. Min. Sepúlveda Pertence, j. em 25/8/1998, v. u., *DJ* de 18/9/1998, p. 7).

**7. Vinculação da atividade e procedimento de fiscalização e lançamento** – Como consequência da natureza plenamente vinculada da atividade administrativa tributária, a autoridade lançadora do tributo não pode exigi-lo com base em "presunções", ou a partir de critérios obscuros ou imprecisos. "O lançamento requer prova segura da ocorrência do fato gerador do tributo. Tratando-se de atividade plenamente vinculada (Código Tributário Nacional, arts. 3º e 142), cumpre à fiscalização realizar as inspeções necessárias à obtenção dos elementos de convicção e certeza indispensáveis à constituição do crédito tributário. Havendo dúvida sobre a exatidão dos elementos em que se baseou o lançamento, a exigência não pode prosperar, por força do disposto no art. 112 do CTN" (1º CC, 7ª C., Ac. 107-05.215, Rel. Cons. Carlos Alberto Gonçalves Nunes, *DOU* de 24/11/1998, *RET* 4/98, p. 139).

**8. Atividade vinculada e impetração preventiva de mandado de segurança** – O fato de a atividade administrativa tributária ser plenamente vinculada faz com que se *presuma* que uma lei, ainda que tida como inconstitucional pelo contribuinte, será aplicada pela autoridade caso o seu "suporte fático" tenha ocorrido. Por isso, para que se mostre cabível a impetração de mandado de segurança preventivo, em matéria tributária, basta que o contribuinte tenha praticado os fatos que justificam a aplicação da lei tida por inconstitucional. A partir daí, nasce para ele o *justo receio* de que essa lei venha a ser aplicada, causando-lhe prejuízos. Não será correto afirmar, nesse caso, que a impetração é descabida porque supostamente feita "contra lei em tese" (STJ, 2ª T., REsp 119.239/PE, Rel. p. o Ac. Min. Ari Pargendler, j. em 17/11/1997, m. v., *DJ* de 6/4/1998, p. 81). É por isso que se diz que, "no campo do direito tributário, caracterizada a situação fática sobre a qual deverá incidir a lei atacada, cabe a impetração preventiva do '*mandamus*'" (*RSTJ* 148/91, apud Theotonio Negrão e José Roberto Ferreira Gouveia, *Código de Processo Civil e Legislação Processual em Vigor,* 35. ed., São Paulo: Saraiva, 2003, p. 1667). Ver notas ao art. 142 do CTN.

**Art. 4º** A natureza jurídica específica do tributo é determinada pelo fato gerador da respectiva obrigação, sendo irrelevantes para qualificá-la:

I – a denominação[1] e demais características formais adotadas pela lei;

II – a destinação legal do produto da sua arrecadação.[2]

Anotações —————————————————————————————————

**1. Irrelevância do nome** – Não importa, para determinar de qual espécie tributária se está a tratar, o nome que lhe houver sido atribuído pela lei. Como em inúmeras outras ocasiões, em distintos ramos do Direito, a essência não é determinada pelo nome. Um contrato tem sua natureza determinada pelo conteúdo de suas cláusulas, e não pelo título com o qual as partes o batizaram. Assim, caso a lei institua tributo, e o batize de taxa, será preciso verificar-lhe o fato gerador, e a base de cálculo, a fim de que se determine se realmente é de uma taxa que se trata. E, se não for, será preciso verificar se foram atendidos os requisitos para a instituição da espécie tributária diversa, que sob o rótulo de taxa fora instituída. A propósito, o STF já decidiu pela invalidade de "taxa de pavimentação asfáltica", a qual, não obstante o nome, ostentava natureza de contribuição de melhoria. A invalidade, no caso, decorreu da "inobservância das formalidades legais que constituem o pressuposto do lançamento dessa espécie tributária" (STF, RE 140.779, Rel. Min. Ilmar Galvão, *DJ* de 8/9/1995).

Amílcar de Araújo Falcão, por isso mesmo, escreve, com inteiro acerto, que "os fatos geradores dos impostos são, sempre, acontecimentos (fatos, atos, negócios) que denotem, simplesmente, uma capacidade econômica: venda, consignação, exportação, produção, rendimento ou renda. Na taxa, o fato gerador tem que ser uma ocorrência relacionada com a utilização, provocação, ou disposição do serviço ou atividade do Estado: invocação do funcionamento da justiça, regularização de instrumento de medida e pesagem etc. Pouco importará o *nomen juris* que o legislador confira a determinado tributo.

Não seria taxa o tributo cobrado sobre vendas, compras, consignações, exportações, importação, produção, pelo simples fato de o legislador assim denominá-lo e vincular seu produto à dotação orçamentária do serviço de caça e pesca, de proteção aos índios ou qualquer outro. Tal tributo assim cobrado será sempre, do ponto de vista jurídico, um imposto" (Amílcar de Araújo Falcão, *Introdução ao direito tributário*. 6. ed., atualizada por Flávio Bauer Novelli. Rio de Janeiro: Forense, 1999. p. 118 e 119).

Vale recordar que o trecho transcrito fora originalmente publicado em 1959, *antes* portanto de publicado o Código Tributário Nacional. Essa circunstância, além de dar maior valor à lição, revela que o CTN, editado em período no qual o estudo do Direito Tributário ainda dava seus primeiros passos no Brasil, está, por isso mesmo, permeado de definições doutrinárias.

**2. Destinação do produto arrecadado e contribuições e empréstimos compulsórios** – O disposto no art. 4º, II, do CTN se aplica apenas a impostos, taxas e contribuições de melhoria. Isso porque, em relação às contribuições, e aos empréstimos compulsórios, a Constituição Federal elege a destinação legal do produto da arrecadação como um de seus elementos diferenciadores (v. CF/88, arts. 148, 149, 177 e 195). Mesmo nesse caso, porém, a destinação legal do produto da arrecadação, embora essencial, não será *suficiente* para caracterizar tais espécies, que têm outros requisitos a atender. Não será o simples fato de ter seus recursos destinados a uma atividade social, ou interventiva, por exemplo, que fará do tributo uma "contribuição", sendo necessário que seja exigido de um grupo específico, que pelo menos indiretamente esteja relacionado com a atividade custeada pela contribuição etc.

**Art. 5º** Os tributos são impostos, taxas e contribuições de melhoria.[1]

**1. CTN, classificação tripatite, e o Sistema Tributário na CF/88** – O Código Tributário Nacional adota, aqui, a classificação tradicional em 1965, segundo a qual as espécies tributárias seriam realmente apenas as três enumeradas em seu art. 5º. É preciso lembrar, porém, que a CF/88 cuida de outras duas espécies, que já tiveram sua natureza tributária reconhecida pelo STF: as contribuições e os empréstimos compulsórios. Estes últimos, embora a rigor não sejam *receita*, foram pela atual Constituição equiparados aos tributos, para fins jurídicos, vale dizer, para fins de aplicação do regime jurídico tributário. Confiram-se, a propósito, as notas aos arts. 145, 148 e 149 da CF/88. "A par das três modalidades de

**Art. 6º**                    Livro Primeiro · SISTEMA TRIBUTÁRIO NACIONAL | **151**

tributos (os impostos, as taxas e as contribuições de melhoria) a que se refere o artigo 145 para declarar que são competentes para instituí-los a União, os Estados, o Distrito Federal e os Municípios, os artigos 148 e 149 aludem a duas outras modalidades tributárias, para cuja instituição só a União é competente: o empréstimo compulsório e as contribuições sociais, inclusive as de intervenção no domínio econômico e de interesse das categorias profissionais e econômicas" (STF, Pleno, RE 146.733, Rel. Min. Moreira Alves, *DJ* de 6/11/1992).


# TÍTULO II
## Competência Tributária


## Capítulo I
### Disposições Gerais

**Art. 6º** A atribuição constitucional de competência tributária compreende a competência legislativa plena,[1] ressalvadas as limitações contidas na Constituição Federal, nas Constituições dos Estados e nas Leis Orgânicas do Distrito Federal e dos Municípios, e observado o disposto nesta Lei.

Parágrafo único. Os tributos cuja receita seja distribuída, no todo ou em parte, a outras pessoas jurídicas de direito público pertencem à competência legislativa daquela a que tenham sido atribuídos.[2]


ANOTAÇÕES ─────────────────────────────────────────────────────

**1. Competência tributária e competência legislativa** – A atribuição competência tributária, feita pela Constituição, envolve, necessariamente, a atribuição da competência para *legislar* a respeito do tributo correspondente, como consequência direta e necessária do princípio da legalidade tributária. Se o tributo somente por lei pode ser criado, é evidente que a pessoa jurídica de direito público competente para criá-lo há de ser, também, competente para sobre ele legislar. Essa competência legislativa, porém, sofre limitações, contidas na Constituição Federal, na Constituição (ou lei orgânica) do ente público correspondente (se se tratar de Estado, Distrito Federal ou Município), e na legislação complementar nacional. Por outras palavras, os Estados-membros, por exemplo, são competentes para legislar sobre ICMS, mas devem observar os limites contidos na Constituição Federal, nas Leis Complementares Nacionais (LCs nos 24/75, 87/96 etc.), e na Constituição Estadual. Trata-se da explicitação dos motivos pelos quais, por exemplo, os Estados-membros não são inteiramente livres para conceder isenção de ICMS, embora competentes para legislar sobre esse imposto. O mesmo pode ser dito em relação aos Municípios, que, ao legislarem sobre ISS, ITBI ou IPTU, devem obediência às normas gerais contidas no CTN, que desdobram as limitações à competência contidas no texto constitucional. A União, por igual, não pode, ao legislar sobre o imposto de renda, ou sobre o imposto sobre produtos industrializados,

152 | CÓDIGO TRIBUTÁRIO NACIONAL – *Hugo de Brito Machado Segundo*                    **Art. 7º**

desrespeitar o disposto na Constituição e no Código Tributário Nacional, que veiculam limitações à sua competência tributária.

**2. Tributos partilhados e competência legislativa** – Nos termos do parágrafo único do art. 6º do CTN, eventual partilha da receita obtida com um tributo não altera a competência legislativa a ela relativa. Trata-se, aliás, de disposição meramente didática, eis que veicula determinação que teria de ser seguida ainda que o dispositivo não existisse. Assim, exemplificando, não será o fato de a receita arrecadada com o IPVA ser partilhada pelo Estado-membro com o Município que fará com que a competência legislativa relativa a esse imposto seja transferida do Estado para o Município. Continuará sendo um imposto estadual, sendo o Estado-membro competente para legislar a respeito do mesmo, fixando-lhe as alíquotas, estabelecendo isenções etc.

**Art. 7º** A competência tributária é indelegável, salvo atribuição das funções de arrecadar ou fiscalizar tributos, ou de executar leis, serviços, atos ou decisões administrativas em matéria tributária, conferida por uma pessoa jurídica de direito público a outra, nos termos do § 3º do art. 18 da Constituição.[1,2]

§ 1º A atribuição compreende as garantias e os privilégios processuais que competem à pessoa jurídica de direito público que a conferir.

§ 2º A atribuição pode ser revogada, a qualquer tempo, por ato unilateral da pessoa jurídica de direito público que a tenha conferido.

§ 3º Não constitui delegação de competência o cometimento, a pessoas de direito privado, do encargo ou da função de arrecadar tributos.[3]

Anotações ————————————————————————————————

**1. Indelegabilidade da competência tributária** – "O artigo 7º do Código Tributário Nacional fixa a indelegabilidade da competência tributária, vez que esta é atribuição constitucional. Admite o dispositivo, entretanto, que as funções de arrecadar e fiscalizar tributos sejam transferidas de uma pessoa de Direito Público para outra. O tributarista Hugo de Brito Machado, depois de acentuar que o dispositivo estava em harmonia com o disposto no § 3º do art. 18 da CF de 1946, assim escreve: 'Tal ressalva, a rigor, tem a finalidade de afastar qualquer dúvida sobre a possibilidade de atribuição, pelo titular da competência tributária, de funções da Administração Tributária. Delegando as funções de arrecadar e fiscalizar tributos, não estará o ente público delegando competência tributária, mas simples funções administrativas' (*Comentários ao Código Tributário Nacional*, vol. I, Ed. Atlas S/A, S. Paulo, 2003, p. 154)" (STJ, 2ª T., REsp 81.094/MG, Rel. Min. Castro Meira, j. em 5/8/2004, *DJ* de 6/9/2004, p. 187).

**2. Competência tributária e capacidade tributária ativa** – Conforme explicita o artigo do CTN aqui examinado, a indelegabilidade da competência tributária não significa que não se possa atribuir a pessoa diversa da competente para a instituição do tributo a condição de sujeito ativo da respectiva relação obrigacional tributária. Por outras palavras, a competência tributária, que envolve a competência para legislar a respeito do tributo (criando-o,

**Art. 9°**                    **Livro Primeiro** · SISTEMA TRIBUTÁRIO NACIONAL | **153**

definindo-lhe fato gerador, base de cálculo, alíquota etc.), não pode ser delegada, sob pena de se permitir ao ente público ao qual foi atribuída (e que a estaria delegando) a faculdade de modificar o próprio texto constitucional atributivo dessa competência. Mas isso não significa que esse mesmo ente público, ao legislar sobre o tributo, não possa definir como *sujeito ativo* (credor) pessoa jurídica diversa. É o que ocorre, por exemplo, com diversas taxas, instituídas pela União mas cobradas por autarquias suas.

**3. Função de mero recebimento** – A possibilidade a que se reporta o § 3º do art. 7º do CTN é a de transferência, inclusive a pessoas jurídicas de direito privado, da função de meros agentes *recebedores*. Não a posição de credor, mas de mero recebedor. Tal como ocorre com os bancos, nos quais pagamos nossas contas de energia elétrica, água e telefone, mas que não são os credores das obrigações correspondentes. Apenas recebem os valores, repassando-os aos titulares dos créditos.

Art. 8º O não exercício da competência tributária não a defere a pessoa jurídica de direito público diversa daquela a que a Constituição a tenha atribuído.[1]

## Anotações

**1. Não exercício e caducidade da competência tributária** – O fato de a competência não ser exercida pelo ente tributante ao qual foi atribuída não autoriza outros entes a dela se apropriarem. Trata-se, aliás, de explicitação óbvia do texto constitucional, que não se considera revogado pela mera não concretização de suas disposições. Se a Constituição dá ao ente tributante uma faculdade, seu texto não se altera pelo fato de essa faculdade não ser exercida. Exemplificando, não é pelo fato de a União jamais haver exercido a competência, que lhe foi atribuída, de instituir imposto sobre grandes fortunas que essa atribuição poderá ser exercida por Estados-membros, ou por Municípios. Esse é *mais um* argumento que torna absurda a exigência, por exemplo, de ICMS por parte de Estados onde estão localizados contribuintes que recebem mercadorias oriundas de Estados que concedem incentivos fiscais, ainda que de forma irregular. O fato de um Estado não exigir o imposto que lhe cabe não confere ao outro competência para exigir esse mesmo imposto.

## Capítulo II
### Limitações da Competência Tributária

### Seção I
#### Disposições Gerais

Art. 9º É vedado à União, aos Estados, ao Distrito Federal e aos Municípios:[1]

I – instituir ou majorar tributos sem que a lei o estabeleça, ressalvado, quanto à majoração, o disposto nos arts. 21, 26 e 65;[2]

# 154 | CÓDIGO TRIBUTÁRIO NACIONAL – *Hugo de Brito Machado Segundo*  **Art. 9º**

II – cobrar imposto sobre o patrimônio e a renda com base em lei posterior à data inicial do exercício financeiro a que corresponda;[3]

III – estabelecer limitações ao tráfego, no território nacional, de pessoas ou mercadorias, por meio de tributos interestaduais ou intermunicipais;

IV – cobrar imposto sobre:

a) o patrimônio, a renda ou os serviços uns dos outros;

b) templos de qualquer culto;

c) o patrimônio, a renda ou serviços dos partidos políticos, inclusive suas fundações, das entidades sindicais dos trabalhadores, das instituições de educação e de assistência social, sem fins lucrativos, observados os requisitos fixados na Seção II deste Capítulo; *(Redação dada pela LCP nº 104, de 10.1.2001)*

d) papel destinado exclusivamente à impressão de jornais, periódicos e livros.[4]

§ 1º O disposto no inciso IV não exclui a atribuição, por lei, às entidades nele referidas, da condição de responsáveis pelos tributos que lhes caiba reter na fonte, e não as dispensa da prática de atos, previstos em lei, assecuratórios do cumprimento de obrigações tributárias por terceiros.[5]

§ 2º O disposto na alínea *a* do inciso IV aplica-se, exclusivamente, aos serviços próprios das pessoas jurídicas de direito público a que se refere este artigo, e inerentes aos seus objetivos.[6]

## Anotações

**1. Limitações ao poder de tributar. Art. 150 da CF/88** – As limitações ao poder de tributar, constantes do art. 9º do CTN, encontram-se hoje, em larga medida, no art. 150 da Constituição Federal de 1988, a cujas notas pedimos vênia para remeter o leitor.

**2. Reserva de lei e instituição ou majoração de tributos** – Confiram-se as notas ao art. 150, I, da CF/88.

**3. Anterioridade** – O princípio da anterioridade da lei tributária ao exercício financeiro, não adstrito aos impostos sobre o patrimônio e a renda como transparece a literalidade do art. 9º, II, do CTN, e acrescido da anterioridade nonagesimal, encontra hoje amparo no art. 150, III, *b* e *c* da CF/88, para cujas notas remetemos o leitor.

**4. Imunidade de livros, jornais e periódicos** – Com redação mais apropriada, o art. 150, VI, *d* da CF/88 refere-se à imunidade não apenas do papel, mas dos livros, jornais e periódicos em si mesmos. Nas notas a esse artigo estão referidas inclusive as decisões do STF quanto à sua extensão e abrangência a álbuns de figurinhas, apostilas, papel fotográfico etc.

**5. Imunidade, cumprimento de obrigações acessórias e atuação como substituto legal tributário** – As imunidades, mesmo quando subjetivas (*v. g.*, imunidade dos partidos políticos, dos entes federados e das entidades sindicais), não eximem as entidades imunes do cumprimento de obrigações acessórias, nem as dispensam de atuar, quando exigido por lei, na condição de substitutos legais tributários. Assim, por exemplo, um Município pode ser obrigado a reter o imposto de renda, contribuições previdenciárias, ou outros tributos devidos por terceiros que lhe prestem serviços.

**6. Imunidade recíproca e atividade econômica** – O que se pretende explicitar, com o disposto no art. 9º, § 2º, do CTN, é que a impossibilidade de União, Estados-membros, Distrito

# Art. 12
**Livro Primeiro** · SISTEMA TRIBUTÁRIO NACIONAL | **155**

Federal e Municípios instituírem impostos uns sobre os outros não abrange as empresas públicas que explorem atividade econômica. É o que está, mais claramente, no art. 150, § 3º, da CF/88, segundo o qual as vedações decorrentes da imunidade recíproca não se aplicam ao patrimônio, à renda e aos serviços, relacionados com exploração de atividades econômicas regidas pelas normas aplicáveis a empreendimentos privados ou em que haja contraprestação ou pagamento de preços ou tarifas pelo usuário, nem exonera o promitente comprador da obrigação de pagar imposto relativamente ao bem imóvel.

**Art. 10.** É vedado à União instituir tributo que não seja uniforme em todo o território nacional, ou que importe distinção ou preferência em favor de determinado Estado ou Município.[1]

## Anotações

**1. Uniformidade da tributação federal** – Ver o art. 151, I, da CF/88, que, conquanto veicule idêntica vedação à União Federal, ressalva em sua parte final: "admitida a concessão de incentivos fiscais destinados a promover o equilíbrio do desenvolvimento socioeconômico entre as diferentes regiões do País".

**Art. 11.** É vedado aos Estados, ao Distrito Federal e aos Municípios estabelecer diferença tributária entre bens de qualquer natureza, em razão da sua procedência ou do seu destino.[1]

## Anotações

**1. Diferença tributária em razão da procedência, IPVA e veículos importados** – Em face do disposto no art. 152 da CF/88, cujo conteúdo é bastante semelhante ao do art. 11 do CTN, o STF considerou inválida a diferenciação, feita pelo Estado do Rio de Janeiro através das alíquotas do IPVA, entre veículos nacionais e importados (Cf., *v. g.*, RE 293957/RJ, Rel. Min. Carlos Velloso, *DJ* de 27/6/2003, p. 85). Diferença entre bens, em razão de sua procedência ou do seu destino, pode ser feita, quando for o caso, pela União Federal, através dos impostos de importação e de exportação. Pelos Estados-membros, Distrito Federal, e Municípios, não. Ver notas ao art. 152 da CF/88.

## Seção II
### Disposições Especiais

**Art. 12.** O disposto na alínea *a* do inciso IV do art. 9º, observado o disposto nos seus §§ 1º e 2º, é extensivo às autarquias criadas pela União, pelos Estados, pelo Distrito Federal ou pelos Municípios, tão-somente no que se refere ao patrimônio, à renda ou aos serviços vinculados às suas finalidades essenciais, ou delas decorrentes.[1]

**156** | CÓDIGO TRIBUTÁRIO NACIONAL – *Hugo de Brito Machado Segundo* **Art. 13**

## ANOTAÇÕES

**1. Imunidade recíproca e atividade econômica** – Como já ressaltado em nota ao art. 9º, § 2º, o CTN procura enfatizar que a impossibilidade de União, Estados-membros, Distrito Federal e Municípios instituírem impostos uns sobre os outros não abrange as empresas públicas que explorem atividade econômica. É o que está, mais claramente, no art. 150, § 3º, da CF/88, segundo o qual as vedações decorrentes da imunidade recíproca não se aplicam ao patrimônio, à renda e aos serviços, relacionados com exploração de atividades econômicas regidas pelas normas aplicáveis a empreendimentos privados ou em que haja contraprestação ou pagamento de preços ou tarifas pelo usuário, nem exonera o promitente comprador da obrigação de pagar imposto relativamente ao bem imóvel.

**Art. 13.** O disposto na alínea *a* do inciso IV do art. 9º não se aplica aos serviços públicos concedidos, cujo tratamento tributário é estabelecido pelo poder concedente, no que se refere aos tributos de sua competência, ressalvado o que dispõe o parágrafo único.

Parágrafo único. Mediante lei especial e tendo em vista o interesse comum, a União pode instituir isenção de tributos federais, estaduais e municipais para os serviços públicos que conceder, observado o disposto no § 1º do art. 9º.[1]

## ANOTAÇÕES

**1. Imunidade recíproca, serviços públicos e isenções heterônomas** – Nos termos do art. 13 do CTN, a imunidade recíproca não abrange os serviços públicos prestados sob o regime de concessão. Entretanto, o seu parágrafo único autoriza a União a conceder isenção de tributos federais, estaduais e municipais relativamente a esses serviços. Tal disposição, hoje, é inócua. Quanto à parte em que ressalva os serviços públicos concedidos da abrangência da imunidade, o art. 150 da CF/88 já o faz, em seu § 3º. Quanto à possibilidade de a União isentar tais serviços de impostos estaduais e municipais, o art. 151, III, da CF/88 exclui expressamente essa possibilidade, em homenagem ao princípio federativo.

**Art. 14.** O disposto na alínea *c* do inciso IV do art. 9º é subordinado à observância dos seguintes requisitos pelas entidades nele referidas:[1, 2]

I – não distribuírem qualquer parcela de seu patrimônio ou de suas rendas, a qualquer título;[3] *(Redação dada[4] pela LCP nº 104, de 10.1.2001)*

II – aplicarem integralmente, no País, os seus recursos na manutenção dos seus objetivos institucionais;

III – manterem escrituração de suas receitas e despesas em livros revestidos de formalidades capazes de assegurar sua exatidão.

§ 1º Na falta de cumprimento do disposto neste artigo, ou no § 1º do art. 9º, a autoridade competente pode suspender a aplicação do benefício.[5, 6, 7]

# Art. 14
**Livro Primeiro** · SISTEMA TRIBUTÁRIO NACIONAL | **157**

§ 2º Os serviços a que se refere a alínea *c* do inciso IV do art. 9º são exclusivamente, os diretamente relacionados com os objetivos institucionais das entidades de que trata este artigo, previstos nos respectivos estatutos ou atos constitutivos.

## Anotações

**1. Requisitos ao gozo da imunidade e contribuições de seguridade** – Os requisitos do art. 14 do CTN aplicam-se, também, como condição ao gozo da imunidade tributária de que trata o art. 195, § 7º, da CF/88, não sendo válidas as limitações impostas pela Lei 8.212/91, à luz da exigência feita pelo art. 146, II, da CF/88. Nesse sentido: STJ, 1ª T., REsp 495.975/RS, Rel. Min. José Delgado, j. em 4/9/2003, *DJ* de 20/10/2003, p. 198; STJ, 2ª T., REsp 413.728/RS, Rel. Min. Paulo Medina, j. em 8/10/2002, *DJ* de 2/12/2002, p. 283. Ver notas ao art. 195, § 7º, da CF/88.

**2. Eficácia declaratória (*ex tunc*) do ato que reconhece o direito à imunidade** – O ato administrativo que reconhece o direito à imunidade tem eficácia *ex tunc,* vale dizer, é retroativo à data em que os requisitos legais passaram a ser atendidos. Isso porque o direito à imunidade decorre do preenchimento dos requisitos legais, e não do reconhecimento desse fato pela autoridade administrativa. Conforme já decidiu o STJ, o reconhecimento do direito à imunidade "deve operar efeito *ex tunc*, uma vez que se limita a declarar situação anteriormente existente". (STJ, 1ª T., REsp 495.975/RS, Rel. Min. José Delgado, j. em 4/9/2003, *DJ* de 20/10/2003, p. 198). No mesmo sentido: "O certificar da instituição como de fins filantrópicos e o seu decretar como de utilidade pública federal têm eficácia meramente declaratória e, portanto, operam efeitos *ex tunc*, haja vista a declaração dizer, sempre, respeito a situações preexistentes ou fatos passados, motivo porque revolve ao momento constitutivo da realidade jurídica ensejadora da imunidade. [...] A entidade considerada de fins filantrópicos não está sujeita ao pagamento de imposto não somente a partir do requerimento, mas, uma vez reconhecida como tal, desde a sua criação" (STJ, 2ª T., REsp 413.728/RS, Rel. Min. Paulo Medina, j. em 8/10/2002, *DJ* de 2/12/2002, p. 283).

**3. Distribuição de lucros e perda da imunidade** – E se a entidade, depois de gozar validamente da imunidade por vários anos, acumulando expressivo patrimônio em face de seguidos lucros, resolver distribuí-los todos, a imunidade será perdida apenas no exercício em que houve a distribuição? Caso haja distribuição disfarçada de parte do lucro, mas a entidade continue em funcionamento e volte a atender os requisitos do art. 14 do CTN, sim. Entretanto, caso a entidade encerre suas atividades distribuindo todo o lucro acumulado nos anos de imunidade, ou caso se alterem os propósitos da entidade, passando esta a ter fins lucrativos e a distribuir todo o lucro acumulado, a perda de imunidade deve abranger os cinco anos passados, período não atingido pela decadência. Essa, pelo menos, é a lição de Aliomar Baleeiro (*Direito Tributário Brasileiro,* 11. ed., atualizado por Misabel Abreu Machado Derzi, Rio de Janeiro: Forense, 1999, p. 181).

**4. Alteração veiculada pela LC nº 104/2001** – A redação anterior do art. 14, I, do CTN era a seguinte: "I – não distribuírem qualquer parcela de seu patrimônio ou de suas rendas, a título de lucro ou participação no seu resultado". A modificação, para que a distribuição de parcela do patrimônio ou das rendas seja vedada *a qualquer título,* teve por finalidade deixar a literalidade do dispositivo mais coerente com sua finalidade e com seu sentido, tornando mais difícil, pelo menos em tese, sua utilização fraudulenta.

**158** | CÓDIGO TRIBUTÁRIO NACIONAL – *Hugo de Brito Machado Segundo*                    **Art. 15**

**5. Suspensão da imunidade. Procedimento. Efeitos *ex tunc*** – No plano federal, o procedimento de suspensão da imunidade está disciplinado pelo art. 32 da Lei nº 9.430/96. O ato de suspensão da imunidade, assim como o ato de concessão, tem eficácia *ex tunc*, retroagindo à data dos fatos nele reconhecidos (no caso, dos fatos que ensejaram a perda do direito à imunidade – Lei nº 9.430/96, art. 32, § 5º).

**6. Cancelamento da imunidade e regularização da entidade** – Segundo Fábio Fanucchi, a suspensão da imunidade somente pode durar enquanto perdurarem as irregularidades. Sanadas, deve a imunidade ser restabelecida (*Comentários ao Código Tributário Nacional*, coord. Ives Gandra da Silva Martins, São Paulo: Saraiva, 1998, v. 1, p. 141).

**7. Acusação de descumprimento dos requisitos legais e direito de defesa** – Como já salientado em nota ao art. 195, § 6º, da CF/88, o ato de suspensão de imunidade (e também o ato que suspende ou cancela isenção), como todo ato que implica prejuízo ao cidadão, com reflexos em seu patrimônio, deve ser praticado com respeito ao *devido processo legal administrativo*, com o oferecimento, à entidade pretensamente imune, de amplas oportunidades de defesa. "[...] Detendo a entidade a qualidade de entidade filantrópica, o desatendimento às obrigações daí decorrentes haverão de ser previamente apuradas em processo administrativo regular, com ampla defesa, antes de se proceder ao lançamento das contribuições eventualmente devidas" (TRF 4ª R., 2ª T., AMS 95.04.22678-7/RS, Rel. juiz. Márcio Antônio Rocha, j. em 16/11/2000, v. u., *DJ* de 4/4/2001).

**Art. 15.** Somente a União, nos seguintes casos excepcionais, pode instituir empréstimos compulsórios:[1]

I – guerra externa, ou sua iminência;

II – calamidade pública que exija auxílio federal impossível de atender com os recursos orçamentários disponíveis;

III – conjuntura que exija a absorção temporária de poder aquisitivo.[2]

Parágrafo único. A lei[3] fixará obrigatoriamente o prazo do empréstimo e as condições de seu resgate[4], observando, no que for aplicável, o disposto nesta Lei.[5]

ANOTAÇÕES ───────────────────────────────────────

**1. Empréstimos compulsórios na Constituição** – O tratamento constitucional dado aos empréstimos compulsórios, na CF/88, é ligeiramente distinto deste veiculado no CTN, e naturalmente sobre ele deve prevalecer. Confiram-se, a propósito, as notas ao art. 148 da CF/88.

**2. Empréstimo compulsório para absorção temporária de poder aquisitivo** – O Inciso III do art. 15 do CTN *não foi recepcionado* pela CF/88, que só confere competência à União para instituir os empréstimos compulsórios referidos nos incisos I e II desse mesmo artigo (fundidos no inciso I do art. 148 da CF/88), além de um outro, no caso de "investimento público de caráter urgente e de relevante interesse nacional", este último submetido ao princípio da anterioridade (CF/88, art. 148, II).

**3. Instituição de empréstimos compulsórios e lei complementar** – A teor do art. 148 da CF/88, a lei que instituir empréstimo compulsório deverá ser *complementar*.

**Art. 16**       Livro Primeiro · SISTEMA TRIBUTÁRIO NACIONAL | **159**

**4. Forma de devolução do empréstimo compulsório** – De acordo com o STF, a restituição do empréstimo deve ser feita pelo mesmo meio em que este houver sido recolhido. Assim, em face de empréstimo compulsório pago em dinheiro, é inconstitucional sua devolução por meio de "Quotas do Fundo Nacional do Desenvolvimento." (RE 175.385/CE, *DJ* de 24/2/1995).

**5. Requisitos a serem fixados pela lei instituidora do empréstimo compulsório** – Dever-se-á observar, na instituição do empréstimo compulsório, que os recursos com ele obtidos devem ser vinculados à despesa que fundamentou sua instituição (CF/88, art. 148, parágrafo único).

# TÍTULO III

## Impostos

# Capítulo I

## Disposições Gerais

**Art. 16.** Imposto é o tributo cuja obrigação tem por fato gerador uma situação independente de qualquer atividade estatal específica, relativa ao contribuinte. [1,2]

ANOTAÇÕES ————————————————————————————

**1. Definição de imposto** – O art. 16, como muitos outros do mesmo Código, contém uma definição, e não propriamente uma prescrição normativa. Deve ser entendido junto com outros textos legais que façam remissão à palavra *imposto*, para que então se extraia uma norma jurídica completa. O papel de definir, a rigor, caberia à doutrina, mas no caso do CTN não se pode esquecer que o estudo do Direito Tributário, à época da edição do CTN, ainda não se havia desenvolvido e maturado ao ponto de tornar tais explicitações prescindíveis.

**2. Imposto como tributo não vinculado** – A natureza "não vinculada" do imposto não está propriamente ligada ao destino dado ao produto com ele arrecadado (CTN, art. 4º), mas com a circunstância de que o "fato gerador" do imposto não está ligado a nenhuma atividade estatal. Não é um "agir" do Estado, mas sim uma manifestação de capacidade econômica por parte do cidadão contribuinte. Baralhando um pouco esses conceitos, mas chegando a conclusão correta, o STJ já decidiu que um contribuinte não poderia "obrigar" o Município à realização de determinadas obras ou serviços, pelo simples fato de haver pago o seu IPTU. "Os impostos, diversamente das taxas, têm como nota característica sua desvinculação a qualquer atividade estatal específica em benefício do contribuinte. [...] Consectariamente, o Estado não pode ser coagido à realização de serviços públicos, como contraprestação ao pagamento de impostos, quer em virtude da natureza desta espécie tributária, quer em função da autonomia municipal, constitucionalmente outorgada, no que se refere à destinação das verbas públicas" (STJ, 1ª T., REsp 478.958/PR, Rel. Min. Luiz Fux, j. em 24/6/2003, *DJ* de 4/8/2003, p. 237).

**Art. 17.** Os impostos componentes do sistema tributário nacional são exclusivamente[1] os que constam deste Título, com as competências e limitações nele previstas.

ANOTAÇÕES ───────────────────────────────────

**1. Dispositivo não recepcionado pela CF/88** – Como se sabe, o CTN foi elaborado à luz da EC nº 18 à Constituição de 1946, que não previa a chamada "competência residual", (por ela muito brevemente suprimida, na medida em que constava das Constituições anteriores e ressurgiu nas Constituições de 1967 e 1988 – ver CF/88, art. 154, I). Além disso, a CF/88 prevê impostos novos, que naturalmente não estão referidos no CTN (p. ex. imposto sobre grandes fortunas – CF/88, art. 153, VII). Por todas essas razões, o art. 17 do CTN contém "norma atualmente sem fundamento constitucional ou, dito isso de outra forma, cuida-se de norma não recepcionada pela vigente Constituição Federal" (Hugo de Brito Machado, *Comentários ao Código Tributário Nacional,* São Paulo: Atlas, 2003, v. 1, p. 266).

**Art. 18.** Compete:

I – à União, instituir, nos Territórios Federais, os impostos atribuídos aos Estados e, se aqueles não forem divididos em Municípios, cumulativamente, os atribuídos a estes;

II – ao Distrito Federal e aos Estados não divididos em Municípios, instituir, cumulativamente, os impostos atribuídos aos Estados e aos Municípios.[1]

ANOTAÇÕES ───────────────────────────────────

**1. Competência tributária. Territórios. Distrito Federal e Estados não divididos em Municípios** – Confiram-se as notas ao art. 147 da CF/88.

# Capítulo II
## Impostos sobre o Comércio Exterior

## Seção I
### Impostos sobre a Importação

**Art. 19.** O imposto, de competência da União, sobre a importação[1,2] de produtos estrangeiros tem como fato gerador a entrada destes no território nacional.[3]

# Anotações

**1. Âmbito constitucional do Imposto de Importação** – Confiram-se as notas ao art. 153, I, da CF/88.

**2. Importação e o conceito de bagagem** – Cidadão que entra no território nacional com sua *bagagem* está a realizar uma importação, submetida ao imposto de que se cuida? Não, especialmente por conta do disposto no inciso XV do art. 5º da CF/88, segundo o qual "é livre a locomoção no território nacional em tempo de paz, podendo qualquer pessoa, nos termos da lei, nele entrar, permanecer ou dele sair com seus bens". Como se trata de norma de eficácia contida, a questão está em saber até que ponto vai a liberdade do legislador para definir *bagagem*, para fins de não-incidência do imposto de importação. Nos termos do art. 1º, § 1º, do Decreto-lei nº 2.120/84, "considera-se bagagem, para efeitos fiscais, o conjunto de bens de viajante que, pela quantidade ou qualidade, não revele destinação comercial".

Está incluído no conceito de bagagem o *veículo* utilizado pelo viajante? Segundo o TRF da 4ª Região, sim. "Como afirmado na Constituição Federal, em tempo de paz, qualquer pessoa pode entrar, permanecer e sair do território nacional com seus bens (art. 5º, XV), nos termos da lei, sem que exista diferença entre brasileiro e estrangeiro. [...] A limitação legal quanto aos bens restou fixada no conceito de bagagem, constante do § 1º, art. 1º do Decreto-lei 2.120/84, 'considera-se bagagem, para efeitos fiscais, o conjunto de bens de viajantes que, pela quantidade ou qualidade, não revela destinação comercial'. [...] Automóvel para uso próprio e da família está enquadrado no conceito de bagagem, que é imune à tributação, por força do art. 5º, XV, da Constituição Federal, sendo inválida norma inferior que impõe qualquer restrição" (TRF da 4ª R., 2ª T., REO 93.04.41569-1/PR, Rel. Des. Fed. Hermes Siedler da Conceição Júnior, j em 15/4/1999, v. u., *DJ* de 23/6/1999, p. 672). **Em sentido contrário:** "O veículo usado não se enquadra no conceito de bagagem ou objeto de uso pessoal para o fim de ser autorizada a sua importação, em face do interesse nacional prevalente. [...] O art. 3º do Decreto-Lei 2.120/84 só se refere aos bens cuja importação seja permitida por lei" (STJ, 2ª T., REsp nº 191.344/PE, Rel. Min. Peçanha Martins, j. em 5/12/2000, v. u., *DJ* de 19/2/2001, *RDDT* nº 67, p. 220). Como se percebe, o STJ impressionou-se com o fato de que a importação de veículos usados é proibida, o que impediria que um bem dessa natureza fosse trazido ao território nacional a título de bagagem (com ou sem o pagamento de tributos). Por isso, entendeu a Corte Superior que "conceder-se a internação de automóvel usado (mediante posterior regularização) sob pretexto de cuidar-se de bagagem ou objeto de uso pessoal constitui uma forma transversa de burlar a legislação tributária em vigor" (STJ 2ª T., REsp 94.184/CE, Rel. Min. Helio Mosimann, j. em 13/10/1998, v. u., *DJ* de 16/11/1998, p. 38).

**3. Momento da ocorrência do fato gerador do imposto de importação** – Embora o art. 19 do CTN se refira ao fato gerador do imposto de importação como sendo a entrada dos produtos estrangeiros no território nacional, o STF considera que esse fato somente está "consumado" no momento do registro da declaração de importação na repartição alfandegária, para fins de desembaraço aduaneiro, nos termos do art. 23 do Decreto-lei nº 37/66. "O fato gerador do imposto de importação considera-se ocorrido na data do registro da declaração apresentada pelo importador à repartição alfandegária competente" (STF, 1ª T., RE 237.986-1/CE, Rel. Min. Ilmar Galvão, j em 6/4/1999, *DJ* de 3/9/1999, p 43, *RDDT* nº 50, p. 226). Assim, para fins de determinação da taxa de câmbio, das alíquotas aplicáveis etc., prevalece o que estiver vigente no momento do registro da declaração aduaneira.

# 162 | CÓDIGO TRIBUTÁRIO NACIONAL – *Hugo de Brito Machado Segundo* — Art. 20

A doutrina defendeu que, em caso de aumento de alíquotas, deveriam ser respeitadas aquelas importações já iniciadas de modo irreversível, mas ainda não "desembaraçadas". A jurisprudência, porém, pacificou seu entendimento de que "a alíquota a ser cobrada é a vigorante no dia em que a mercadoria ingressa no território nacional, considerando-se tal ocorrência com o registro alfandegário da declaração apresentada pelo importador à autoridade fiscal competente da União. [...] O entendimento acima explicitado segue orientação assumida pelo colendo Supremo Tribunal Federal ao julgar a ADIN nº 1.293/DF, relator o eminente Ministro Celso de Mello. [...] Precedentes das 1a Turma e 1a Seção desta Corte Superior" (STJ, 1ª T., REsp 412.924/PR, Rel. Min. José Delgado, j. em 16/4/2002, *DJ* de 13/5/2002, p. 172). **No mesmo sentido:** "O STJ já pacificou o entendimento de que inexiste incompatibilidade entre o art. 19 do Código Tributário Nacional e o art. 23, parágrafo único, do Decreto-lei nº 37/66, visto que o desembaraço aduaneiro completa a importação e, consequentemente, representa, para efeitos fiscais, a entrada no território nacional da mercadoria" (STJ, 2ª T., REsp 184.861/RJ, Rel. Min. João Otávio de Noronha, j. em 8/3/2005, *DJ* de 16/5/2005, p. 273). Ver notas ao art. 150, III, *a*, da CF/88.

**Art. 20.** A base de cálculo do imposto é:

I – quando a alíquota seja específica,[1] a unidade de medida adotada pela lei tributária;

II – quando a alíquota seja *ad valorem*, o preço normal que o produto, ou seu similar, alcançaria, ao tempo da importação, em uma venda em condições de livre concorrência, para entrega no porto ou lugar de entrada do produto no país;[2]

III – quando se trate de produto apreendido ou abandonado, levado a leilão, o preço da arrematação.[3]

## ANOTAÇÕES

**1. Base de cálculo e alíquota específica** – Diz-se específica a alíquota que não toma como critério para o cálculo do imposto o valor da operação tributada (não é *ad valorem*), mas sim a unidade de medida relacionada aos produtos correspondentes. Exemplificando, se o imposto incide sobre a importação de tecidos, a utilização de alíquota específica poderá fazer com que seu montante seja de tantos reais por cada quilo, ou metro, de tecido importado. O imposto continuará equivalendo a uma *parte* da operação tributada (alíquota), mas essa parte não será quantificada em face do valor da operação, mas do peso do tecido importado, ou de outra unidade de medida adotada pela lei que o instituir. Conquanto o art. 20, I, do CTN cuide da possibilidade de alíquotas específicas para o imposto de importação, essas alíquotas podem ser empregadas em relação a outros tributos. É o caso do que ocorre com o IPI incidente sobre a cerveja, e da CIDE-Combustíveis, que oneram tais produtos conforme o volume, em litros, da operação de cuja tributação se cogita.

**2. Base de cálculo e alíquota *ad valorem*** – Quando o tributo é calculado em termos percentuais, relativamente à expressão econômica do fato gerador (*v. g.* valor da operação), diz-se que

# Art. 20 Livro Primeiro · SISTEMA TRIBUTÁRIO NACIONAL | 163

sua alíquota é *ad valorem*. Nesse caso, a base de cálculo deve ser o fato gerador "transformado em cifra", para que o montante do tributo possa ser um percentual desse valor. No caso do imposto de importação, o CTN especifica como base de cálculo não o valor da operação, mas o valor do produto importado (arbitrado conforme seu preço de mercado). O Acordo de Valoração Aduaneira (AVA-GATT), porém, destaca que, ressalvada a hipótese de não merecerem fé os documentos apresentados pelo contribuinte, ou de o importador nacional e o exportador estrangeiro serem vinculados, ou possuírem qualquer outro acerto que artificialmente reduza o valor da importação, a base de cálculo do imposto de importação deverá ser o valor da transação, ao qual, vale ressaltar, não podem ser acrescentadas, pela autoridade lançadora, quantias incidentes sobre a operação depois da chegada das mercadorias e de consumada, portanto, a transação, como é o caso de despesas de descarregamento, capatazia etc. Nesse sentido, tem decidido o STJ: TRIBUTÁRIO. RECURSO ESPECIAL. IMPOSTO DE IMPORTAÇÃO. BASE DE CÁLCULO. VALOR ADUANEIRO. DESPESAS DE CAPATAZIA. INCLUSÃO. IMPOSSIBILIDADE. ART. 4º, § 3º, DA IN SRF 327/2003. ILEGALIDADE. 1. Cinge-se a controvérsia em saber se o valor pago pela recorrida ao Porto de Itajaí, referente às despesas incorridas após a chegada do navio, tais como descarregamento e manuseio da mercadoria (capatazia), deve ou não integrar o conceito de "Valor Aduaneiro", para fins de composição da base de cálculo do Imposto de Importação. 2. Nos termos do artigo 40, § 1º, inciso I, da atual Lei dos Portos (Lei 12.815/2013), o trabalho portuário de capatazia é definido como "atividade de movimentação de mercadorias nas instalações dentro do porto, compreendendo o recebimento, conferência, transporte interno, abertura de volumes para a conferência aduaneira, manipulação, arrumação e entrega, bem como o carregamento e descarga de embarcações, quando efetuados por aparelhamento portuário". 3. O Acordo de Valoração Aduaneiro e o Decreto 6.759/09, ao mencionar os gastos a serem computados no valor aduaneiro, referem-se à despesas com carga, descarga e manuseio das mercadorias importadas até o porto alfandegado. A Instrução Normativa 327/2003, por seu turno, refere-se a valores relativos à descarga das mercadorias importadas, já no território nacional. 4. A Instrução Normativa 327/03 da SRF, ao permitir, em seu artigo 4º, § 3º, que se computem os gastos com descarga da mercadoria no território nacional, no valor aduaneiro, desrespeita os limites impostos pelo Acordo de Valoração Aduaneira e pelo Decreto 6.759/09, tendo em vista que a realização de tais procedimentos de movimentação de mercadorias ocorre apenas após a chegada da embarcação, ou seja, após a sua chegada ao porto alfandegado. 5. Recurso especial não provido. (STJ, 1ª T, REsp 1239625/SC, Rel. Min. Benedito Gonçalves, j. em 04/09/2014, *DJe* 04/11/2014).

Vale ressaltar, ainda, que o Conselho de Contribuintes do Ministério da Fazenda, anterior denominação do atual Conselho Administrativo de Recursos Fiscais (CARF), exige, para a desconsideração do valor declarado como sendo o da transação, de provas suficientes, e não meros indícios. E o ônus é da autoridade lançadora. Entende-se que "para a descaracterização do primeiro método consistente no valor de transação e aplicação de método substitutivo de valoração não bastam apenas indícios, devendo ser fundamentado por critérios objetivos e perfeitamente demonstráveis" (3º CC, 3ª C, Recurso 128484, Rel. Cons. Nilton Luiz Bártoli, processo 11968.001072/2001-51, acórdão 303-33700, sessão de 8/11/2006). A esse respeito, "o desnível entre o preço pago pela mercadoria em uma importação e o valor de transação praticado em importações realizadas por outras empresas pode revelar indícios de subfaturamento. Porém, a descaracterização do valor de transação declarado pelo importador deve ser efetivada somente na hipótese de restar suficientemente provado que tal valor não merece fé" (3º CC, 1ª C., Recurso 128465, Rel. Cons. Valmar Fonseca de Menezes, Processo 12466.005309/2001-97, acórdão 301-31658, sessão de 23/2/2005).

164 | CÓDIGO TRIBUTÁRIO NACIONAL – *Hugo de Brito Machado Segundo* **Art. 21**

**3. Base de cálculo e arrematação** – Caso as mercadorias importadas sejam abandonadas ou apreendidas, e depois leiloadas, o imposto de importação passa a ser devido pelo arrematante (sendo abatido do valor pago pelos produtos arrematados), e seu cálculo se dá a partir do valor da arrematação, e não do valor atribuído às mercadorias por quem as importara originariamente.

**Art. 21.** O Poder Executivo pode, nas condições e nos limites estabelecidos em lei, alterar as alíquotas[1] ou as bases de cálculo[2] do imposto, a fim de ajustá-lo aos objetivos da política cambial e do comércio exterior.

ANOTAÇÕES ───────────────────────────────

**1. Alteração de alíquotas do imposto de importação pelo Poder Executivo** – Ver notas ao art. 153, § 1º, da CF/88.

**2. O Executivo não mais detém a faculdade de alterar a base de cálculo** – Em face da CF/88, o Poder Executivo apenas pode alterar as *alíquotas,* e não mais a *base de cálculo* do imposto de importação (CF/88, art. 153, § 1º). Por isso, a alusão a "bases de cálculo", contida no art. 21 do CTN, *não foi recepcionada* pela ordem constitucional vigente.

**Art. 22.** Contribuinte do imposto é:

I – o importador ou quem a lei a ele equiparar;

II – o arrematante de produtos apreendidos ou abandonados.

## Seção II
### Imposto sobre a Exportação

**Art. 23.** O imposto, de competência da União, sobre a exportação, para o estrangeiro, de produtos nacionais ou nacionalizados tem como fato gerador a saída destes do território nacional.[1]

ANOTAÇÕES ───────────────────────────────

**1. Imposto de exportação. Momento da ocorrência de seu fato gerador** – Conquanto o CTN se reporte à "saída do território nacional" como sendo o fato gerador do imposto de exportação, a legislação ordinária apenas considera "consumado" esse fato no "momento da expedição da guia de exportação ou documento equivalente" (Decreto-lei nº 1.578/77, art. 1º, § 1º). Forte nesse argumento, e mantendo *coerência* com a decisão tomada em relação ao imposto de importação, o STF entendeu que o aumento de alíquotas *posterior* à

# Art. 26 — Livro Primeiro · SISTEMA TRIBUTÁRIO NACIONAL | 165

expedição da guia de exportação, mas *anterior* à efetiva saída das mercadorias do território nacional, não pode alcançá-las, pois se trata de exportação já consumada (STF, 1ª T., RE 223.796-0/PE, Rel. Min. Ellen Gracie, j. em 16/10/2001, v. u., *DJ* de 14/12/2001, p. 85).

**Art. 24.** A base de cálculo do imposto é:[1]

I – quando a alíquota seja específica, a unidade de medida adotada pela lei tributária;

II – quando a alíquota seja *ad valorem*, o preço normal que o produto, ou seu similar, alcançaria, ao tempo da exportação, em uma venda em condições de livre concorrência.

Parágrafo único. Para os efeitos do inciso II, considera-se a entrega como efetuada no porto ou lugar da saída do produto, deduzidos os tributos diretamente incidentes sobre a operação de exportação e, nas vendas efetuadas a prazo superior aos correntes no mercado internacional, o custo do financiamento.

## Anotações

**1. Imposto de exportação. Bases de cálculo. Alíquotas específicas e *ad valorem*** – Ver notas ao art. 21 do CTN.

**Art. 25.** A lei pode adotar como base de cálculo a parcela do valor ou do preço, referidos no artigo anterior, excedente de valor básico, fixado de acordo com os critérios e dentro dos limites por ela estabelecidos.

**Art. 26.** O Poder Executivo pode, nas condições e nos limites estabelecidos em lei,[1] alterar as alíquotas[2] ou as bases de cálculo[3] do imposto, a fim de ajustá-los aos objetivos da política cambial e do comércio exterior.

## Anotações

**1. Alíquotas do imposto de exportação** – Segundo o art. 3º do Decreto-lei nº 1.578/77, com a redação dada pela Lei nº 9.716/98, "a alíquota do imposto é de trinta por cento, facultado ao Poder Executivo reduzi-la ou aumentá-la, para atender aos objetivos da política cambial e do comércio exterior." No parágrafo único do mesmo artigo, se esclarece: "Em caso de elevação, a alíquota do imposto não poderá ser superior a cinco vezes o percentual fixado neste artigo". Isso implica, na prática, em que os *limites* máximos e mínimos para fixação das alíquotas, pelo Executivo, são de 0% e 150%, enquanto as *condições* são o atendimento dos objetivos da política cambial e do comércio exterior.

**2. Alteração de alíquotas pelo Executivo** – Ver notas ao art. 153, § 1º, da CF/88.

**166** | CÓDIGO TRIBUTÁRIO NACIONAL – *Hugo de Brito Machado Segundo*          **Art. 27**

3. **Não recepção do dispositivo que autoriza a alteração das bases de cálculo por normas infralegais** – Em face da CF/88, o Poder Executivo apenas pode alterar as *alíquotas,* e não mais as *bases de cálculo* (CF/88, art. 153, § 1º). Por isso, a alusão a "bases de cálculo", contida no art. 26 do CTN, assim como no art. 21 do mesmo Código, *não foi recepcionada* pela ordem constitucional vigente.

**Art. 27.** Contribuinte do imposto é o exportador ou quem a lei a ele equiparar.

**Art. 28.** A receita líquida do imposto destina-se à formação de reservas monetárias, na forma da lei.[1]

## ANOTAÇÕES

1. **Vedação Constitucional à vinculação de receita arrecada com impostos** – De acordo com o art. 167, IV, da CF/88, é vedada a "vinculação de receita de impostos a órgão, fundo ou despesa, ressalvadas a repartição do produto da arrecadação dos impostos a que se referem os arts. 158 e 159, a destinação de recursos para as ações e serviços públicos de saúde e para manutenção e desenvolvimento do ensino, como determinado, respectivamente, pelos arts. 198, § 2º, e 212, e a prestação de garantias às operações de crédito por antecipação de receita, previstas no art. 165, § 8º, bem como o disposto no § 4º deste artigo". Assim, não nos parece que o art. 28 do CTN, que vincula a receita do imposto de exportação à formação de reservas monetárias, tenha sido recepcionado pela CF/88. É que a formação de receitas monetárias não está entre as exceções admitidas pelo art. 167, IV, à regra da não vinculação do produto da arrecadação. **Nesse sentido:** Fátima Fernandes Rodrigues de Souza, em *Comentários ao Código Tributário Nacional,* coord. Ives Gandra da Silva Martins, São Paulo: Saraiva, 1998, v. 1, p. 186. **Em sentido contrário:** Hugo de Brito Machado doutrina pela recepção do dispositivo, sustentando que a destinação à formação de reservas seria coerente com a função extrafiscal desse imposto (Cf. *Comentários ao Código Tributário Nacional,* São Paulo: Atlas, 2003, v. 1, p. 342 ss). Com a devida vênia, por mais razoáveis que nos pareçam – e de fato o são – os fundamentos desenvolvidos na defesa da validade do art. 28 do CTN, entendemos que os mesmos justificariam, quem sabe, uma *reforma* no art. 167, IV, da CF/88, mas não o afastamento do que nele está prescrito de modo expresso.

## Capítulo III
### Impostos sobre o Patrimônio e a Renda

## Seção I
### Imposto sobre a Propriedade Territorial Rural

**Art. 29.** O imposto, de competência da União, sobre a propriedade territorial rural tem como fato gerador[1-2] a propriedade, o domínio útil ou a posse de imóvel por natureza, como definido na lei civil, localização fora da zona urbana do Município.[3]

# Art. 29                    Livro Primeiro · SISTEMA TRIBUTÁRIO NACIONAL | 167

## Anotações

**1. Momento da ocorrência do fato gerador do ITR. Desapropriação posterior. Irrelevância** – Considerando que o fato gerador do ITR consiste na propriedade, na titularidade do domínio útil ou da posse de imóvel localizado fora da zona urbana do Município *em 1º de janeiro* (Lei nº 9.393/96, art. 1º), o STJ consignou que a desapropriação do imóvel *depois de 1º* de janeiro não exime o contribuinte da obrigação de pagar o imposto relativamente a esse mesmo exercício. "[...] O contribuinte do ITR é o proprietário, titular do domínio ou da posse, de imóvel rural. O seu fato gerador ocorre no primeiro dia de cada ano e, a partir desse momento, surge a obrigação tributária. [...] A desapropriação do imóvel em novembro do mesmo ano em que ocorreu o fato gerador do ITR não tem o condão de desconstituir a obrigação tributária assumida na data da ocorrência do fato gerador. [...]" (STJ, 1ª T., REsp 673.901/PR, Rel. Min. José Delgado, j. em 2/12/2004, *DJ* de 28/2/2005, p. 249).

**2. Propriedade e imóvel invadido por integrantes do movimento dos "sem terra"** – O CTN faz alusão aos possíveis fatos geradores do ITR como sendo a propriedade, o domínio útil ou a posse de imóvel localizado fora da zona urbana do Município, pretendendo com isso alcançar não apenas a propriedade formalmente regularizada em face do Direito Privado, mas também a situação de alguém que, "de fato", age como dono do imóvel. Nesse mesmo sentido, há várias decisões, relativamente ao IPTU, esclarecendo poder ser também colhido como contribuinte do imposto aquele que detém a posse com *animus domini* de um imóvel, vale dizer, quem tem a posse "como se dono fosse" (STJ, 2ª T., REsp 865.386/RJ, *DJ* de 19/10/2006, p. 286).

Se é assim, *a contrario*, quem tem a propriedade formal, mas não age "como se dono fosse" porque o imóvel está invadido por integrantes do movimento "sem terra", só por isso já não poderia ser considerado contribuinte. O Superior Tribunal de Justiça, porém, não se limitou a essa fundamentação (falta da condição "de fato" de proprietário), cogitando mesmo da irrazoabilidade, da contradição e do desrespeito à boa-fé ao tratar da conduta do Estado (em sentido amplo) que não garante o direito de propriedade mas, paralelamente, exige do contribuinte o imposto sobre esse direito: "[...] 3. O Fato Gerador do ITR é a propriedade, o domínio útil, ou a posse, consoante disposição do art. 29 do Código Tributário Nacional. 4. Sem a presença dos elementos objetivos e subjetivos que a lei, expressa ou implicitamente, exige ao qualificar a hipótese de incidência, não se constitui a relação jurídico-tributária. 5. A questão jurídica de fundo cinge-se à legitimidade passiva do proprietário de imóvel rural, invadido por 80 famílias de sem-terra, para responder pelo ITR. 6. Com a invasão, sobre cuja legitimidade não se faz qualquer juízo de valor, o direito de propriedade ficou desprovido de praticamente todos os elementos a ele inerentes: não há mais posse, nem possibilidade de uso ou fruição do bem. 7. Direito de propriedade sem posse, uso, fruição e incapaz de gerar qualquer tipo de renda ao seu titular deixa de ser, na essência, direito de propriedade, pois não passa de uma casca vazia à procura de seu conteúdo e sentido, uma formalidade legal negada pela realidade dos fatos. 8. Por mais legítimas e humanitárias que sejam as razões do Poder Público para não cumprir, por 14 anos, decisão judicial que determinou a reintegração do imóvel ao legítimo proprietário, inclusive com pedido de Intervenção Federal deferido pelo TJPR, há de se convir que o mínimo que do Estado se espera é que reconheça que aquele que – diante da omissão estatal e da dramaticidade dos conflitos agrários deste Brasil de grandes desigualdades sociais – não tem mais direito algum não pode ser tributado por algo que só por ficção ainda é de seu domínio. 9. Ofende o princípio da razoabilidade, o princípio

**168** | CÓDIGO TRIBUTÁRIO NACIONAL – *Hugo de Brito Machado Segundo* **Art. 30**

da boa-fé objetiva e o bom-senso que o próprio Estado, omisso na salvaguarda de direito dos cidadãos, venha a utilizar a aparência desse mesmo direito, ou o resquício que dele restou, para cobrar tributos que pressupõem a sua incolumidade e existência nos planos jurídico (formal) e fático (material). 10. Irrelevante que a cobrança do tributo e a omissão estatal se encaixem em esferas diferentes da Administração Pública. União, Estados e Municípios, não obstante o perfil e personalidade próprios que lhes conferiu a Constituição de 1988, são parte de um todo maior, que é o Estado brasileiro. Ao final das contas, é este que responde pela garantia dos direitos individuais e sociais, bem como pela razoabilidade da conduta dos vários entes públicos em que se divide e organiza, aí se incluindo a autoridade tributária. 11. Na peculiar situação dos autos, considerando a privação antecipada da posse e o esvaziamento dos elementos da propriedade sem o devido processo de desapropriação, é inexigível o ITR ante o desaparecimento da base material do fato gerador e a violação dos princípios da razoabilidade e da boa-fé objetiva. 12. Recurso Especial parcialmente provido somente para reconhecer a aplicação da prescrição quinquenal" (STJ, 2ª T., REsp 963.499/PR, *DJE* de 14.12.2009). No mesmo sentido: AgRg no REsp 1346328/PR, *DJe* 06/02/2017.

**3. Imóvel rural. Critérios para sua definição** – Na sistemática do Código Tributário Nacional, imóvel rural é aquele situado fora da zona urbana do Município (critério topográfico), zona esta que deve ser definida nos termos do art. 32 do CTN. O STJ, porém, tem considerado os critérios indicados pelo DL 57/66, que dá importância, para qualificação do imóvel como rural, à *destinação* dada ao mesmo. Assim, um imóvel situado na zona urbana do Município, mas destinado à exploração vegetal, por exemplo, não está sujeito ao IPTU, mas sim ao ITR. "[...] Ao ser promulgado, o Código Tributário Nacional valeu-se do critério topográfico para delimitar o fato gerador do Imposto sobre a Propriedade Predial e Territorial Urbana (IPTU) e o Imposto sobre a Propriedade Territorial Rural (ITR): se o imóvel estivesse situado na zona urbana, incidiria o IPTU; se na zona rural, incidiria o ITR. [...] Antes mesmo da entrada em vigor do CTN, o Decreto-lei nº 57/66 alterou esse critério, estabelecendo estarem sujeitos à incidência do ITR os imóveis situados na zona rural quando utilizados em exploração vegetal, agrícola, pecuária ou agro-industrial. [...] A jurisprudência reconheceu validade ao DL 57/66, o qual, assim como o CTN, passou a ter o status de lei complementar em face da superveniente Constituição de 1967. Assim, o critério topográfico previsto no art. 32 do CTN deve ser analisado em face do comando do art. 15 do DL 57/66, de modo que não incide o IPTU quando o imóvel situado na zona urbana receber quaisquer das destinações previstas nesse diploma legal. [...]" (STJ, 1ª T., REsp 492.869/PR, Rel. Min. Teori Albino Zavaski, j. em 15/2/2005, *DJ* de 7/3/2005, p. 141).

**Art. 30.** A base do cálculo do imposto é o valor fundiário.[1]

ANOTAÇÕES ────────────────────────────────────────────

**1. Base de cálculo do ITR** – Note-se que o ITR, diversamente do IPTU, tem por hipótese de incidência apenas a propriedade territorial (não incluída a "predial"). Tanto é assim que o art. 29 do CTN se reporta apenas ao imóvel "por natureza", ou seja, o solo com a sua superfície, os seus acessórios e adjacências naturais, compreendendo as árvores e frutos pendentes, o espaço aéreo e o subsolo (Código Civil de 1916, art. 43, I). Por essa razão, e

**Art. 32**  Livro Primeiro · SISTEMA TRIBUTÁRIO NACIONAL | **169**

considerando que a base de cálculo de um imposto deve ser o aspecto dimensível de seu fato gerador, a base de cálculo do ITR não poderia ser outra que não o valor do imóvel por natureza, vale dizer, o valor da terra nua, nele não compreendido o valor de construções, instalações, benfeitorias etc. Para maior detalhamento nos critérios de determinação da base de cálculo do ITR, confira-se o art. 10 da Lei nº 9.393/96.

**Art. 31.** Contribuinte do imposto é o proprietário do imóvel, o titular de seu domínio útil, ou o seu possuidor a qualquer título.[1,2]

## ANOTAÇÕES

**1. Contribuinte do ITR. Imóvel alienado mas ainda não transferido** – Tendo o imóvel sido vendido, mas não tendo ocorrido ainda a transferência de sua propriedade (o que somente se dá com a transcrição no registro de imóveis), a execução fiscal para a cobrança do ITR pode ser movida tanto contra aquele que ainda figura como proprietário no registro de imóveis, como em face do comprador, que já exerce a posse com *animus domini*, vale dizer, utiliza o imóvel como se dono fosse. Esse é o entendimento da Segunda Turma do Superior Tribunal de Justiça, expresso nos seguintes julgados: "[...] O fato gerador do ITR é a propriedade, o domínio útil ou a posse de bem localizado fora da zona urbana do Município (art. 29). [...] Se o contribuinte é o proprietário, o titular do domínio útil ou o possuidor a qualquer título, desnecessário o registro da escritura comprovando a alienação do imóvel como condição para executar-se o novo proprietário. [...] (STJ, 2ª T., REsp 354176/SP, Rel. Min. Eliana Calmon, j. em 17/12/2002, v. u., *DJ* de 10/3/2003, p. 152). "[...] Constatado que foi lavrada escritura pública de compra e venda da propriedade rural em 22 de maio de 1985, ainda que não tenha ocorrido a efetiva transferência da propriedade de bem imóvel, que somente se dá por meio da transcrição, despicienda a manifestação da Corte de origem acerca da questão, já que o próprio possuidor a qualquer título tem legitimidade passiva para a execução fiscal, nos termos do artigo 31 do CTN: 'contribuinte do imposto é o proprietário do imóvel, o titular de seu domínio útil, ou o seu possuidor a qualquer título'. Precedente da Segunda Turma: REsp nº 354.176/SP, Rel. Min. Eliana Calmon, *DJU* 10.03.2003, v. u." (STJ, 2ª T., REsp 238.959/PE, Rel. Min. Franciulli Netto, j. em 16/10/2003, v. u., *DJ* de 19/12/2003, p. 387).

**2. ITR e lançamento por homologação** – O ITR é submetido a lançamento por homologação, vale dizer, sua apuração e o seu pagamento serão "efetuados pelo contribuinte, independentemente de prévio procedimento da administração tributária, nos prazos e condições estabelecidos pela Secretaria da Receita Federal, sujeitando se a homologação posterior" (Lei nº 9.393/96, art. 10).

## Seção II
### Imposto sobre a Propriedade Predial e Territorial Urbana

**Art. 32.** O imposto, de competência dos Municípios, sobre a propriedade predial e territorial urbana tem como fato gerador a propriedade, o domínio útil ou a

# 170 | CÓDIGO TRIBUTÁRIO NACIONAL – *Hugo de Brito Machado Segundo* — Art. 32

posse[1] de bem imóvel por natureza ou por acessão física, como definido na lei civil, localizado na zona urbana do Município.

§ 1º Para os efeitos deste imposto, entende-se como zona urbana a definida em lei municipal,[2] observado o requisito mínimo da existência de melhoramentos indicados em pelo menos 2 (dois) dos incisos seguintes, construídos ou mantidos pelo Poder Público:

I – meio-fio ou calçamento, com canalização de águas pluviais;

II – abastecimento de água;

III – sistema de esgotos sanitários;

IV – rede de iluminação pública, com ou sem posteamento para distribuição domiciliar;

V – escola primária ou posto de saúde a uma distância máxima de 3 (três) quilômetros do imóvel considerado.

§ 2º A lei municipal pode considerar urbanas as áreas urbanizáveis, ou de expansão urbana, constantes de loteamentos aprovados pelos órgãos competentes, destinados à habitação, à indústria ou ao comércio, mesmo que localizados fora das zonas definidas nos termos do parágrafo anterior.

## ANOTAÇÕES

**1. Posse como fato gerador do IPTU** – Considerando que a CF/88 somente autoriza a instituição do IPTU sobre a propriedade predial e territorial urbana, a tributação da posse somente é admissível quando esta esteja sendo exercida com o *aminus domini,* vale dizer, exercida por quem age como se dono do imóvel fosse (STJ, 2ª T., REsp 685.316/RJ, Rel. Min. Castro Meira, j. em 8/3/2005, v. u., *DJ* de 18/4/2005, p. 277).

**2. Insuficiência do critério topográfico para definir um imóvel como "urbano"** – Segundo o STJ, não é apenas o critério topográfico que determina a natureza rural do imóvel, mas também a sua destinação. Assim, um imóvel localizado dentro da zona urbana do Município, mas destinado a finalidade própria de imóveis rurais, será considerado rural, não se submetendo à incidência do IPTU. "Ao ser promulgado, o Código Tributário Nacional valeu-se do critério topográfico para delimitar o fato gerador do Imposto sobre a Propriedade Predial e Territorial Urbana (IPTU) e o Imposto sobre a Propriedade Territorial Rural (ITR): se o imóvel estivesse situado na zona urbana, incidiria o IPTU; se na zona rural, incidiria o ITR. 2. Antes mesmo da entrada em vigor do CTN, o Decreto-Lei nº 57/66 alterou esse critério, estabelecendo estarem sujeitos à incidência do ITR os imóveis situados na zona rural quando utilizados em exploração vegetal, agrícola, pecuária ou agro-industrial. 3. A jurisprudência reconheceu validade ao DL 57/66, o qual, assim como o CTN, passou a ter o status de lei complementar em face da superveniente Constituição de 1967. Assim, o critério topográfico previsto no art. 32 do CTN deve ser analisado em face do comando do art. 15 do DL 57/66, de modo que não incide o IPTU quando o imóvel situado na zona urbana receber quaisquer das destinações previstas nesse diploma legal. [...]" (STJ, 1ª T., REsp 492.869/PR, Rel. Min. Teori Albino Zavascki, j. em 15/2/2005, *DJ* de 7/3/2005,

**Art. 33**                    Livro Primeiro · SISTEMA TRIBUTÁRIO NACIONAL | **171**

p. 141). **No mesmo sentido:** "1. O artigo 15 do Decreto-Lei nº 57/66 exclui da incidência do IPTU os imóveis cuja destinação seja, comprovadamente a de exploração agrícola, pecuária ou industrial, sobre os quais incide o Imposto Territorial Rural-ITR, de competência da União. 2. Tratando-se de imóvel cuja finalidade é a exploração extrativa vegetal, ilegítima é a cobrança, pelo Município, do IPTU, cujo fato gerador se dá em razão da localização do imóvel e não da destinação econômica. Precedente. [...]" (STJ, 2ª T., REsp 738.628/SP, Rel. Min. Castro Meira, j. em 12/5/2005, v. u., *DJ* de 20/6/2005, p. 259).

**Art. 33.** A base do cálculo do imposto é o valor venal do imóvel.[1,2]

Parágrafo único. Na determinação da base de cálculo, não se considera o valor dos bens móveis mantidos, em caráter permanente ou temporário, no imóvel, para efeito de sua utilização, exploração, aformoseamento ou comodidade.[3]

## Anotações

**1. Base de cálculo do IPTU e valor venal** – Valor venal é o valor de mercado do bem imóvel, vale dizer, o valor pelo qual o mesmo poderia ser vendido, em condições normais de mercado. Se o fato gerador do imposto é a propriedade, o domínio útil (que confere quase todos os direitos da propriedade) ou a posse (de quem usa o imóvel como se proprietário fosse), o aspecto dimensível desse valor não pode ser outro que não o valor do imóvel correspondente.

**2. Base de cálculo do IPTU e o uso dado ao imóvel** – A finalidade para a qual o imóvel é utilizado (comercial, residencial etc.) pode servir de justificativa para a aplicação de alíquotas diferenciadas (seletivas – CF/88, art. 156, § 1º, II), mas não para a cobrança de tantos impostos quantas forem as finalidades dadas a um mesmo imóvel. Exemplificando, se um sobrado é usado como residência, e como ponto comercial, não se pode exigir de seu proprietário o IPTU *duas vezes* por isso. A base de cálculo do imposto é o valor venal do imóvel, pouco importando se ao mesmo são dadas uma, duas, três ou dez finalidades diferentes. Se essa utilização intensa dá ensejo a construções e benfeitorias que aumentam o valor do imóvel, que o IPTU seja exigido sobre esse valor aumentado, mas não duas, três ou quatro vezes sobre o valor total do imóvel apenas porque dois, três ou quatro são os usos dados ao mesmo. Esse foi o entendimento do STJ, no julgado adiante transcrito: "TRIBUTÁRIO. RECURSO ESPECIAL. IPTU. DESTINAÇÃO DE IMÓVEL ANTERIORMENTE RESIDENCIAL A TRÊS ATIVIDADES COMERCIAIS. TRIPLICAÇÃO DO VALOR VENAL DO BEM. IMPOSSIBILIDADE. Art. 33 DO CTN. DISSÍDIO JURISPRUDENCIAL NÃO DEMONSTRADO. AUSÊNCIA DE PREQUESTIONAMENTO. [...] 4. A base de cálculo do IPTU é o valor venal do imóvel (art. 33 do CTN), sendo indiferente a destinação que lhe é dada. Existente apenas uma matrícula e um registro imobiliário do bem, incabível a existência de três lançamentos tributários. Bitributação verificada" (STJ, 1ª T., REsp 739.419/PB, Rel. Min. José Delgado, j. em 2/6/2005, v. u., *DJ* de 27/6/2005, p. 294).

**3. Base de cálculo do IPTU e bem imóvel por acessão intelectual** – O IPTU tem por fato gerador apenas a propriedade predial e territorial, vale dizer, a propriedade de imóveis por

172 | CÓDIGO TRIBUTÁRIO NACIONAL – *Hugo de Brito Machado Segundo* **Art. 34**

natureza (*v. g.* terreno), e de imóveis acessão física (edificação). Não incide sobre imóveis por acessão intelectual (quadros, sofás, tapetes, eletrodomésticos etc.), que, por isso mesmo, não devem integrar sua base de cálculo.

**Art. 34.** Contribuinte do imposto é o proprietário do imóvel, o titular do seu domínio útil, ou o seu possuidor[1] a qualquer título.[2]

## Anotações

**1. Possuidor como contribuinte do IPTU** – A referência a "possuidor", feita pelo art. 34 do CTN, deve ser entendida como dizendo respeito àquele que detém a posse e a exerce como se proprietário fosse (STJ, 2ª T., REsp 685.316/RJ, Rel. Min. Castro Meira, j. em 8/3/2005, v. u., *DJ* de 18/4/2005, p. 277). Em seu voto, o Min. Relator do referido aresto consignou o seguinte: "O artigo 34 do CTN define como contribuinte do IPTU o proprietário do imóvel, o titular do seu domínio útil, ou o seu possuidor a qualquer título. Apesar da fórmula genérica utilizada pelo legislador, a correta intelecção do referido artigo passa, necessariamente, pela distinção entre a posse oriunda de um direito real, da posse que tem por fundamento o direito pessoal, sendo certo que somente no primeiro caso há a possibilidade de se considerar contribuinte do imposto o possuidor. Isso porque, na posse fundada em direito real, o possuidor a exerce *ad usucapionem*, ou seja, com *animus* de dono, exteriorizando comportamento típico de proprietário, e é a propriedade do bem imóvel o fato gerador do IPTU. Já na posse oriunda de direito pessoal, o possuidor atua destituído de qualquer exteriorização de domínio, não podendo ser considerado sujeito passivo do imposto. Ao se tratar de posse fundada em direito pessoal, nem mesmo se pode falar em exercício do domínio útil do bem, também eleito pelo CTN como fato gerador do tributo, visto que não é dado ao mero possuidor dispor do bem, apenas com o dever de respeitar a preferência do titular da nua propriedade. A única posse, portanto, apta a gerar para o possuidor a obrigação tributária é aquela qualificada pelo *animus domini*." Exemplo de quem exerce a posse com *animus domini,* e que por isso pode ser considerado contribuinte do IPTU, é o *usufrutuário* (STJ, 3ª T., REsp 203.098/SP, Rel. Min. Menezes Direito, j. em 9/12/1999, v. u., *DJ* de 8/3/2000, p. 106). **No mesmo sentido:** STJ, 2ª T., REsp 691.714/SC, Rel. Min. Franciulli Netto, j. em 22/3/2005, v. u., *DJ* de 27/6/2005, p. 336.

Por razões análogas, havendo "desapropriação indireta" (*v. g.,* terreno desocupado é tido como essencial para fins ambientais e não pode ser objeto de desmatamento, construção, alteração etc. por parte do proprietário, que se sente, praticamente, desapropriado e ajuíza ação para obter a devida indenização), não é possível exigir o IPTU do expropriado. Entende o STJ que o expropriado não pode ser responsável pelo pagamento de IPTU, uma vez que deixa de ser o possuidor do bem. Além disso, ainda que venha reintegrar-se na posse, não cabe ao expropriado o ônus pela demora enfrentada até receber o imóvel de volta e, somente após recebê-lo, é que passa a existir um fato gerador para incidência do tributo. Logo, não pode o próprio poder público cobrar tributos após desapossamento (STJ, REsp 770.559-RJ, Rel. Min. Teori Albino Zavascki, julgado em 17/8/2006).

**2. Possíveis contribuintes do IPTU. Proprietário e imóvel vendido mas ainda não transferido** – O art. 34 do CTN enumera os possíveis contribuintes do IPTU, cabendo ao

**Art. 35**  Livro Primeiro · SISTEMA TRIBUTÁRIO NACIONAL | **173**

legislador municipal, quando da instituição do imposto, elegê-los, conforme o caso. E, de acordo com precedentes da Primeira Turma do STJ, caso existam, numa mesma situação, proprietário e possuidor, ou titular de domínio útil, caberá à lei municipal determinar qual será colhido como contribuinte. "A existência de possuidor apto a ser considerado contribuinte do IPTU não implica a exclusão automática, do pólo passivo da obrigação tributária, do titular do domínio (assim entendido aquele que tem a propriedade registrada no Registro de Imóveis). [...] O art. 34 do CTN estabelece que contribuinte do IPTU 'é o proprietário do imóvel, o titular do seu domínio útil, ou o seu possuidor a qualquer título', cabendo ao legislador municipal eleger o sujeito passivo do tributo, contemplando qualquer das situações previstas no CTN. [...] No caso concreto, não há notícia de que a lei municipal tenha eleito o promitente-comprador como contribuinte do IPTU de forma a excluir o proprietário, hipótese em que afastada fica a retirada do proprietário do imóvel da qualidade de contribuinte do IPTU. Precedente: REsp nº 475.078/SP, Rel. Min. Teori Albino Zavascki, *DJ* de 27/9/2004" (STJ, 1ª T., REsp 761.088/SP, Rel. Min. Francisco Falcão, j. em 18/8/2005, v. u., *DJ* de 7/11/2005, p. 146). A matéria, hoje, consta da Súmula 395/STJ: "Cabe à legislação municipal estabelecer o sujeito passivo do IPTU."

### Seção III

**Imposto sobre a Transmissão de Bens Imóveis e
de Direitos a eles Relativos**

**Art. 35.** O imposto, de competência dos Estados,[1] sobre a transmissão de bens imóveis e de direitos a eles relativos tem como fato gerador:[2]

I – a transmissão, a qualquer título, da propriedade ou do domínio útil de bens imóveis por natureza ou por acessão física, como definidos na lei civil;[3]

II – a transmissão, a qualquer título, de direitos reais sobre imóveis, exceto os direitos reais de garantia;

III – a cessão de direitos relativos às transmissões referidas nos incisos I e II.

Parágrafo único. Nas transmissões *causa mortis*, ocorrem tantos fatos geradores[4, 5] distintos quantos sejam os herdeiros ou legatários.[6, 7, 8, 9]

---

ANOTAÇÕES ─────────────────────────────────────────

**1. Imposto de transmissão e mudanças trazidas pela CF/88** – O imposto de que se cuida, como se sabe, sofreu importantes modificações com o advento da Constituição promulgada em 1988. Seu âmbito de incidência foi *aumentado,* de sorte a abranger também a transmissão de bens móveis, e depois foi *repartido* entre Estados-membros e Municípios. As transmissões *onerosas* e *entre vivos* de *bens imóveis* passaram à competência dos Municípios, que as tributam com o ITBI. Aos Estados foram reservadas apenas as transmissões decorrentes da morte (p. ex. decorrentes de herança), e as doações, de bens móveis ou imóveis. Considerando que a Constituição é *posterior* e *superior* ao CTN, os artigos 35 e seguintes deste devem ser vistos com esse cuidado, e aplicam-se, dentro do possível, tanto ao ITBI como ao ITCD.

**2. Âmbito de incidência do ITBI, e do ITCD** – Em face da modificação efetuada pela CF/88 no perfil do imposto tratado nos arts. 35 ss do CTN, explicada pela nota anterior, é importante diferenciar o âmbito de incidência de cada um dos impostos originados do antigo "imposto de transmissão". Os fatos que podem ser colhidos como "geradores" do dever de pagar o ITCD, pelas leis estaduais (ou do Distrito Federal), são as transmissões de quaisquer bens e direitos (móveis ou imóveis), desde que decorrentes de *doação* ou *morte*. Assim, caso a transmissão decorra da morte (*causa mortis*), incidirá o ITCD, independentemente de serem os bens móveis ou imóveis. Nas transmissões *inter vivos*, o ITCD também incide independentemente de se tratar de bem móvel ou imóvel, mas desde que se trate de doação (transmissão não onerosa). Já as transmissões *inter vivos* e *onerosas* de bens e direitos não estão abrangidas no âmbito de incidência do ITCD. Submetem-se ao ITBI, caso digam respeito a bens imóveis (CF/88, art. 156, II), ou ao ICMS, caso se trate de coisa móvel destinada ao comércio (CF/88, art. 155, II). Na hipótese de transmissão de coisa móvel não destinada ao comércio (p. ex., venda eventual de um relógio entre dois "particulares" não comerciantes), não há incidência de nenhum desses impostos.

**3. Momento da ocorrência do fato gerador do ITBI e promessa de compra e venda** – O STJ tem entendido que, se o âmbito de incidência do ITBI envolve a transmissão do direito de propriedade, de direitos reais relativos ao imóvel (exceto os de garantia), e a cessão desses direitos, a lei municipal não pode eleger como fato gerador do imposto a mera *promessa* de compra e venda, pois com ela não se transfere a propriedade. "O imposto sobre transmissão de bens imóveis e de direitos a eles relativos tem como fato gerador a transmissão da propriedade ou do domínio útil de bens imóveis e não a simples celebração de contrato de promessa de compra e venda, ainda que irretratável ou irrevogável" (STJ, 1ª T., REsp 1.066/RJ, Rel. Min. Garcia Vieira, j. em 2/3/1994, v. u., *DJ* de 28/3/1994, p. 6291). No mesmo sentido: "O fato gerador do imposto de transmissão de bens imóveis ocorre com a transferência efetiva da propriedade ou do domínio útil, na conformidade da Lei Civil, com o registro no cartório imobiliário. [...] A cobrança do ITBI sem obediência dessa formalidade ofende o ordenamento jurídico em vigor" (STJ, 2ª T., RMS 10.650/DF, Rel. Min. Peçanha Martins, j. em 16/6/2000, v. u., *DJ* de 4/9/2000, p. 135). Conferir ainda: "A propriedade imobiliária apenas se transfere com o registro respectivo título (C. Civil, Art. 530). O registro imobiliário é o fato gerador do Imposto de Transmissão de Bens Imóveis. Assim, a pretensão de cobrar o ITBI antes do registro imobiliário contraria o Ordenamento Jurídico. (REsp. 12.546/HUMBERTO)" (STJ, 1ª T., REsp 253.364/DF, Rel. Min. Humberto Gomes de Barros, j. em 13/2/2001, v. u., *DJ* de 16/4/2001, p. 104).

**4. Momento da ocorrência do fato gerador do ITCD, na transmissão *causa mortis*** – "O fato gerador do imposto causa mortis dá-se com a transmissão da propriedade ou de quaisquer bens e direitos e ocorre no momento do óbito. Aplicação da lei vigente à época da sucessão" (STJ, 2ª T., AgRg no Ag 721.031/SP, Rel. Min. Castro Meira, j. em 7/2/2006, v. u., *DJ* de 20/2/2006, p. 305). No mesmo sentido: "O Imposto de Transmissão tem como fato gerador, *in casu*, a transmissão causa mortis da propriedade, que no direito brasileiro coincide com a morte, por força do direito de sucessão." Por isso, o STJ tem entendido que a mudança na legislação vigente no momento da morte não influi na determinação do montante do ITBI devido: "ocorrido o fato gerador do tributo anteriormente à vigência da lei que veicula isenção, inviável a aplicação retroativa, porquanto, *in casu*, não se trata de norma de caráter interpretativo ou obrigação gerada por infração (art. 106 do CTN)" (STJ, 1ª T., REsp 464.419/SP, Rel. Min. Luiz Fux, j. em 15/5/2003, *DJ* de 2/6/2003, p. 193). Mais

**Art. 35**       **Livro Primeiro** · SISTEMA TRIBUTÁRIO NACIONAL | **175**

recentemente: "[...] 2. Pelo princípio da saisine, a lei considera que no momento da morte o autor da herança transmite seu patrimônio, de forma íntegra, a seus herdeiros. Esse princípio confere à sentença de partilha no inventário caráter meramente declaratório, haja vista que a transmissão dos bens aos herdeiros e legatários ocorre no momento do óbito do autor da herança. [...] 3. Forçoso concluir que as regras a serem observadas no cálculo do ITCD serão aquelas em vigor ao tempo do óbito do *de cujus*. [...] 4. Incidência da Súmula 112/ STF. [...]" (STJ, 2ª T., REsp 1.142.872/RS, j. em 20/10/2009, *DJe* de 29/10/2009). A respeito da incidência do imposto nas doações, confiram-se as notas ao art. 155, I, da CF/88.

**5. ITCD e extinção de fideicomisso** – "Não é devido o imposto de doação sobre extinção de fideicomisso, sob pena de ocorrência de bitributação", até mesmo porque "ao extinguir- -se o fideicomisso não há transmissão de propriedade" (STJ, 1ª T., REsp 606.133/RJ, Rel. Min. José Delgado, j. em 8/3/2005, *DJ* de 11/4/2005, p. 183).

**6. Inventário processado sob a forma de arrolamento e impossibilidade de discussão a respeito do valor do ITCD** – "É cediço o entendimento, tanto doutrinário quanto jurisprudencial, no sentido de que nos inventários processados sob a modalidade de arrolamento, procedimento de rito sumário, não se admite questionamento pela Fazenda Estadual acerca do pagamento de tributos relativos à transmissão (cf. REsp nº 36758/SP, Relator Min. Demócrito Reinaldo, *DJU* 13/2/1995)" (STJ, 2ª T., REsp 466.790/SP, Rel. Min. Franciullo Netto, j. em 10/6/2003, *DJ* de 8/9/2003, p. 294). Assim, o procedimento correto, em se tratando dessa modalidade de inventário, é a Fazenda Pública estadual efetuar o lançamento do ITCD, administrativamente, tomando por base os valores declarados no arrolamento.

**7. ITCD e competência para reconhecer direito à isenção** – "Cabe ao juiz do inventário à vista da situação dos herdeiros, miseráveis na forma da lei, por isto ao apanágio da Justiça Gratuita, declará-los isentos do pagamento do imposto de transmissão causa mortis. [...] Providência que independe de burocrático requerimento na esfera administrativa para o reconhecimento judicial" (STJ, 2ª T., REsp 238.161/SP, Rel. Min. Eliana Calmon, j. em 12/9/2000, *DJ* de 9/10/2000, p. 133).

**8. Promessa de compra e venda não registrada e ITCD** – Caso o *de cujus* tenha celebrado contrato de promessa de compra e venda, mas não tenha consumado ainda a transferência do imóvel ao promitente comprador quando de seu falecimento, os herdeiros recebem o imóvel em questão, para fins de cobrança do ITCD? O STJ possui julgado entendendo que não, pois, do ponto de vista econômico, os herdeiros não receberam o imóvel, já prometido a terceiro. "No direito brasileiro somente a transcrição transfere juridicamente a propriedade. A promessa particular de compra e venda não transfere o domínio senão quando devidamente registrada. [...] O imposto de transmissão mortis causa, entretanto, findo o enfoque eminentemente civil, grava o benefício econômico deixado aos herdeiros, guiando- -se pelo critério do fenômeno econômico. [...] Imóvel vendido por compromisso de compra e venda não registrado, com pagamento do preço fixado pelo *de cujus*, não gera imposto de transmissão mortis causa" (STJ, 2ª T., REsp 177.453/MG, Rel. Min. Eliana Calmon, j. em 3/4/2001, *DJ* de 27/8/2001, p. 300).

**9. Pluralidade de fatos geradores e alíquotas progressivas** – Considerando que o fato gerador do ITCD é a transmissão a cada herdeiro, ou sucessor, nos Estados-membros cuja legislação prevê alíquotas progressivas, conforme o montante da base de cálculo, o montante a ser considerado é o de cada quinhão, e não o total do monte. Exemplificando, se o Estado- -membro "x" concede isenção para transmissões de valor inferior a R$ 50.000,00, aplicando alíquotas progressivas de: 2% para transmissões entre R$ 50.000,01 e R$ 100.000,00; 4% para transmissões entre R$ 100.000,01 e R$ 200.000,00; 6% para transmissões entre R$ 200.000,01 e R$ 400.000,00; e 8% para transmissões superiores a R$ 400.000,01, tais valores, para determinação das alíquotas, devem ser os de cada quinhão, e não os do monte, globalmente considerados. Assim, considerando a legislação usada no exemplo imaginário, patrimônio de R$ 150.000,00 dividido entre 4 herdeiros não será tributado pela alíquota de 4%, devendo em verdade ser considerado isento.

**Art. 36.** Ressalvado o disposto no artigo seguinte, o imposto não incide[1,2] sobre a transmissão dos bens ou direitos referidos no artigo anterior:

I – quando efetuada para sua incorporação ao patrimônio de pessoa jurídica em pagamento de capital nela subscrito;

II – quando decorrente da incorporação ou da fusão de uma pessoa jurídica por outra ou com outra.

Parágrafo único. O imposto não incide sobre a transmissão aos mesmos alienantes, dos bens e direitos adquiridos na forma do inciso I deste artigo, em decorrência da sua desincorporação do patrimônio da pessoa jurídica a que foram conferidos.

## Anotações

**1. ITCD e imunidade na incorporação de imóveis** – Conquanto o CTN se reporte a "não incidência", trata-se, na verdade, de imunidade, sendo que as disposições do Código apenas reproduzem – e regulamentam, no art. 37 – o disposto no art. 156, § 2º, I, da CF/88.

**2. ITCD e imunidade de entidades sem fins lucrativos** – "Demonstrados a personalidade jurídica e o cumprimento das atividades assistenciais definidas estatutariamente, contemplados os requisitos do art. 14, do CTN, a entidade fechada de previdência social goza de imunidade do ITBI" (STJ, 1ª T., REsp 75.122/RJ, Rel. Min. Milton Luiz Pereira, j. em 2/9/1996, *DJ* de 7/10/1996, p. 37591). Embora o STF tenha depois decidido pela não abrangência da imunidade do art. 150, VI, *c*, da CF/88 às entidades de previdência fechada, a tese contida no citado acórdão do STJ demonstra, de qualquer sorte, que imunidade tributária, quando a ela o sujeito passivo fizer jus, abrange também o ITBI. Nesse sentido, aliás, orientou-se a jurisprudência do STF, relativamente à imunidade de templos e de entidades assistenciais (1ª T., RE 235.737-3/SP, Rel. Min. Moreira Alves, j. em 13/11/2001, v. u., *DJ* de 17/5/2002).

**Art. 37.** O disposto no artigo anterior não se aplica quando a pessoa jurídica adquirente tenha como atividade preponderante a venda ou locação de propriedade imobiliária ou a cessão de direitos relativos à sua aquisição.

**Art. 38**  Livro Primeiro · SISTEMA TRIBUTÁRIO NACIONAL | **177**

§ 1º Considera-se caracterizada a atividade preponderante referida neste artigo quando mais de 50% (cinquenta por cento) da receita operacional da pessoa jurídica adquirente, nos 2 (dois) anos anteriores e nos 2 (dois) anos subsequentes à aquisição, decorrer de transações mencionadas neste artigo.

§ 2º Se a pessoa jurídica adquirente iniciar suas atividades após a aquisição, ou menos de 2 (dois) anos antes dela, apurar-se-á a preponderância referida no parágrafo anterior levando em conta os 3 (três) primeiros anos seguintes à data da aquisição.

§ 3º Verificada a preponderância referida neste artigo, tornar-se-á devido o imposto, nos termos da lei vigente à data da aquisição, sobre o valor do bem ou direito nessa data.

§ 4º O disposto neste artigo não se aplica à transmissão de bens ou direitos, quando realizada em conjunto com a da totalidade do patrimônio da pessoa jurídica alienante. [1]

## ANOTAÇÕES

**1. Regulamentação da imunidade tributária** – O art. 37 do CTN, em última análise, regulamenta a imunidade tributária concedida pelo art. 156, § 2º, I, da CF/88, determinando critérios objetivos para que se afira quando a atividade da pessoa jurídica é "preponderantemente" de compra e venda, locação ou arrendamento de bens imóveis ou de direitos a eles relativos. Essa preponderância determinará se o ITBI incidirá, ou não, sobre a transmissão de bens imóveis, ou de direitos a eles relativos, incorporados ao patrimônio de pessoa jurídica em realização do capital social, bem como sobre a fusão, incorporação, cisão ou extinção desta.

**Art. 38.** A base de cálculo do imposto é o valor venal dos bens ou direitos transmitidos.[1,2,3]

## ANOTAÇÕES

**1. Imposto sobre transmissões *causa mortis* e doações (ITCD). Base de cálculo** – "O Imposto de Transmissão *Causa Mortis* é calculado sobre o valor dos bens na data da avaliação" (Súmula nº 113/STF).

**2. Base de cálculo do ITCD e reavaliação dos bens** – "Consoante jurisprudência pacífica desta Corte e do Pretório Excelso, é cabível a realização da nova avaliação dos bens inventariados, para o cálculo do pagamento do imposto *causa mortis,* se os valores tributáveis já se encontram defasados" (STJ, 1ª T., REsp 14.880/MG, Rel. Min. Demócrito Reinaldo, j. em 1º/6/1995, *DJ* de 19/6/1995, p. 18636). E, mesmo quando não há reavaliação, o "imposto de transmissão 'causa mortis', calculado sobre o valor encontrado na avaliação,

178 | CÓDIGO TRIBUTÁRIO NACIONAL – *Hugo de Brito Machado Segundo*                    **Art. 39**

deve ser corrigido monetariamente" (STJ, 2ª T., REsp 17.132/PR, Rel. Min. Américo Luz, j. em 22/2/1995, *DJ* de 20/3/1995, p. 6104).

**3. Base de cálculo do ITCD e honorários advocatícios** – "Sobre os honorários do advogado contratado pelo inventariante, com a homologação do juiz, não incide o Imposto de Transmissão *Causa Mortis*" (Súmula nº 115/STF). Vale dizer, os honorários não integram a base de cálculo do imposto, até mesmo porque, se o fato gerador é a transmissão, a base de cálculo não pode incidir sobre valores diversos daqueles que estão sendo transmitidos.

**Art. 39.** A alíquota do imposto não excederá os limites fixados em resolução do Senado Federal,[1] que distinguirá, para efeito de aplicação de alíquota mais baixa, as transmissões que atendam à política nacional de habitação.

ANOTAÇÕES ───────────────────────────────────────────────────────

**1. ITCD. Lei estadual que se refere à "alíquota máxima", sem indicá-la numericamente** – Como já explicado em nota ao art. 155, § 1º, IV, da CF/88, os Estados-membros não podem editar leis locais que afirmem, simplesmente, que a alíquota será "aquela fixada como máxima pelo Senado", e pretender com isso que, a cada alteração dos limites máximos pelo Senado, a alíquota prevista esteja automaticamente modificada. Nesse sentido, já decidiu o STF que "não se coaduna com o sistema constitucional norma reveladora de automaticidade quanto à alíquota do imposto de transmissão *causa mortis*, a evidenciar a correspondência com o limite máximo fixado em resolução do Senado Federal" (STF, Pleno, RE 213.266/PE, Rel. Min. Marco Aurélio, j. em 20/10/1999, v. u., *DJ* de 17/12/1999, p. 30). Entretanto, ressalte-se que, caso o Senado reduza o limite máximo, e a lei estadual já tenha fixado a alíquota local nesse teto, seja referindo-se a ele, seja indicando o percentual específico, o advento de um limite inferior retira a validade de alíquotas que lhe forem superiores, automaticamente.

**Art. 40.** O montante do imposto é dedutível do devido à União, a título do imposto de que trata o art. 43, sobre o provento decorrente da mesma transmissão.[1]

ANOTAÇÕES ───────────────────────────────────────────────────────

**1. Pagamento de imposto de renda e dedução do ITBI** – Nos termos do art. 40 do CTN, o valor pago a título de ITBI deve ser deduzido do valor do imposto de renda devido sobre o ganho de capital eventualmente auferido na operação que motivou a transmissão do imóvel. Como observa Hugo de Brito Machado, o artigo em comento "não está dizendo que o valor do ITBI pago pode ser deduzido do ganho auferido na operação para fins de tributação pela União. Está dizendo, isto sim, que o montante do ITBI pode ser deduzido do devido à União a título de Imposto de Renda." Para ele, trata-se de artigo que veicula norma geral da legislação tributária, com fundamento em normas do art. 146, III, *a* e *b* da CF/88, "em face das quais está recepcionada, e continua assim em pleno vigor" (*Comentários ao Código Tributário Nacional,* São Paulo: Atlas, 2003, v. 1, p. 417 e 420).

# Art. 43 — Livro Primeiro · SISTEMA TRIBUTÁRIO NACIONAL | 179

**Art. 41.** O imposto compete ao Estado da situação do imóvel transmitido, ou sobre que versarem os direitos cedidos, mesmo que a mutação patrimonial decorra de sucessão aberta no estrangeiro.[1]

## ANOTAÇÕES

**1. Regras relativas a conflito de competências e mudanças no perfil do imposto** – Como já explicado, o imposto de que cuidam os arts. 35 ss do CTN foi ampliado e depois repartido, dando origem ao ITCD e ao ITBI. Quanto ao ITBI, o imposto será devido ao Município onde estiver situado o imóvel. Já em relação ao ITCD, o § 1º do art. 155 da CF/88 dispõe que o imposto: *i)* relativamente a bens imóveis e respectivos direitos, compete ao Estado da situação do bem, ou ao Distrito Federal; *ii)* relativamente a bens móveis, títulos e créditos, compete ao Estado onde se processar o inventário ou arrolamento, ou tiver domicílio o doador, ou ao Distrito Federal; *iii)* terá competência para sua instituição regulada por lei complementar: a) se o doador tiver domicílio ou residência no exterior; b) se o *de cujus* possuía bens, era residente ou domiciliado ou teve o seu inventário processado no exterior.

**Art. 42.** Contribuinte do imposto é qualquer das partes na operação tributada, como dispuser a lei.[1]

## ANOTAÇÕES

**1. Norma sobre norma de tributação** – Caberá à lei municipal (no caso do ITBI), ou estadual (no caso do ITCD), dispor se, nas transmissões entre vivos (onerosas no caso de ITBI, ou doações no caso do ITCD), o imposto será devido pelo vendedor ou pelo comprador, ou pelo doador ou pelo donatário, respectivamente. As leis locais, não raro, estipulam que um deles é o contribuinte, mas elegem o outro como responsável solidário. Ressalte-se, por óbvio, que a norma "dispositiva" não se aplica em caso de transmissão *causa mortis,* por razões óbvias, e o contribuinte há de ser o herdeiro, ou o legatário.

## Seção IV
### Imposto sobre a Renda e Proventos de Qualquer Natureza

**Art. 43.** O imposto, de competência da União, sobre a renda e proventos de qualquer natureza tem como fato gerador[1] a aquisição da disponibilidade[2] econômica ou jurídica:

I – de renda, assim entendido o produto do capital, do trabalho[3, 4, 5, 6, 7] ou da combinação de ambos;

II – de proventos de qualquer natureza,[8] assim entendidos os acréscimos patrimoniais[9, 10, 11] não compreendidos no inciso anterior.[12]

# 180 | CÓDIGO TRIBUTÁRIO NACIONAL – *Hugo de Brito Machado Segundo* | **Art. 43**

§ 1º A incidência do imposto independe da denominação da receita ou do rendimento, da localização, condição jurídica ou nacionalidade da fonte, da origem e da forma de percepção. *(Incluído pela LCP nº 104, de 10.1.2001)*

§ 2º Na hipótese de receita ou de rendimento oriundos do exterior, a lei estabelecerá as condições e o momento em que se dará sua disponibilidade, para fins de incidência do imposto referido neste artigo. *(Incluído pela LCP nº 104, de 10.1.2001)*

## Anotações

**1. Fato gerador do imposto de renda** – Conquanto se reporte ao "fato gerador" do imposto de renda, o CTN não cria impostos e nem lhes define o fato gerador. Limita-se a estabelecer normas gerais, explicitando seu âmbito constitucional de incidência. É o legislador ordinário quem define as hipóteses de incidência do imposto, que se devem situar no âmbito delimitado constitucionalmente e explicitado pelo art. 43 do CTN. Confiram-se, a propósito, as notas ao art. 153, III, da CF/88.

**2. Momento da ocorrência do fato gerador e recebimento de rendimentos acumulados** – Questão interessante se coloca quando contribuinte, beneficiário de rendimentos mensais, fica sem recebê-los por largo período de tempo, e os recebe de forma acumulada em momento posterior. É o caso de servidor público, cujos vencimentos situam-se em determinada faixa para fins de aplicação das alíquotas do imposto de renda, mas que não os recebe da forma devida e move ação judicial para reaver diferenças. A questão que se coloca é a de saber se o imposto deve incidir sobre o valor global recebido, considerando-se as alíquotas nas quais esse valor se encaixa, ou se devem ser aplicadas as alíquotas que teriam incidido se os rendimentos tivessem sido pagos na forma devida, mensalmente.

Exemplificando, imagine-se que determinado contribuinte recebe rendimentos mensais (decorrentes de aluguel, vencimentos, salários etc., isso não importa) no valor de R$ 1.000,00, sendo essa a sua única fonte de renda. Tais valores são isentos, porquanto situados abaixo do chamado "limite de isenção". Se a fonte pagadora *atrasa* o pagamento, levando o beneficiário a mover ação e, como resultado, receber o rendimento de diversos meses acumuladamente, a submissão desse valor global às alíquotas progressivas correspondentes levaria a uma tributação que, caso os rendimentos tivessem sido pagos normalmente, a cada mês, não teria ocorrido.

Pode-se dizer que o imposto deve incidir no momento em que os rendimentos são recebidos, de forma acumulada, sendo naturalmente calculado com a aplicação das alíquotas progressivas sobre o valor total recebido. Assim, se o cidadão cujo salário de R$ 1.000,00 (quantia inferior ao limite de isenção) permanece por seis meses sem receber remuneração alguma, e recebe todo o seu rendimento atrasado de uma vez (R$ 6.000,00), o imposto deve incidir sobre esta última quantia, que não está situada no chamado limite de isenção.

Essa solução, porém, conquanto formalmente acertada, parece contrária ao princípio da capacidade contributiva, e ao princípio da máxima coincidência possível. Com efeito, não é pelo fato de o assalariado ter passado meses (ou mesmo anos) sem receber tudo o que lhe era devido que faz com que, diante do recebimento acumulado das quantias atrasadas,

# Art. 43

**Livro Primeiro** · SISTEMA TRIBUTÁRIO NACIONAL | **181**

se possa dizer que ele tem maior capacidade contributiva (pelo contrário!). Além disso, no caso de valores recebidos em decorrência de demanda judicial, é preciso lembrar que àquele que obtém a tutela jurisdicional deve assegurar-se resultado *o mais próximo possível* do que seria obtido caso a parte vencida houvesse cumprido espontaneamente sua obrigação, o que não se verifica se a quantia acumulada for submetida a uma tributação que não seria devida no caso de pagamentos regulares e sem atraso. Finalmente, quando o responsável pelo atraso é o próprio Poder Público Federal, este estaria, além de tudo, com a tributação, beneficiando-se de sua própria torpeza, eis que seria o atraso indevido, pelo qual foi responsável, que lhe daria oportunidade de exigir tributos que, de outro modo, não seriam devidos.

O STJ, a esse respeito, tem se inclinado no sentido destes últimos argumentos. Tem decidido, de fato, que o "imposto de renda incidente sobre rendimentos pagos acumuladamente deve ser calculado com base nas tabelas e alíquotas das épocas próprias a que se referem tais rendimentos. Em outras palavras, a retenção na fonte deve observar a renda que teria sido auferida mês a mês pelo contribuinte se não fosse o erro da administração e não no rendimento total acumulado recebido em virtude de decisão judicial" (REsp 783.724/RS, Segunda Turma, Rel. Min. Castro Meira, *DJ* 25/8/06) (STJ, 5ª T., REsp 613.996/RS, *DJe* de 15/6/2009). Como o art. 12 a Lei nº 7.713/88 diz exatamente o contrário disso (embora o STJ tenha se recusado a declarar a sua inconstitucionalidade, contrariando o disposto na Súmula Vinculante 10/STF e no art. 97 da CF/88), a questão teve sua repercussão geral reconhecida, e está sendo objeto de apreciação por parte do Supremo Tribunal Federal (RE 614.232).

Pode-se dizer que o legislador equacionou o problema, com a edição da Lei nº 12.350/10, a qual inseriu na Lei nº 7.713/88 um art. 12-A, que dispõe: "Art. 12-A. Os rendimentos do trabalho e os provenientes de aposentadoria, pensão, transferência para a reserva remunerada ou reforma, pagos pela Previdência Social da União, dos Estados, do Distrito Federal e dos Municípios, quando correspondentes a anos-calendários anteriores ao do recebimento, serão tributados exclusivamente na fonte, no mês do recebimento ou crédito, em separado dos demais rendimentos recebidos no mês. § 1º O imposto será retido pela pessoa física ou jurídica obrigada ao pagamento ou pela instituição financeira depositária do crédito e calculado sobre o montante dos rendimentos pagos, mediante a utilização de tabela progressiva resultante da multiplicação da quantidade de meses a que se refiram os rendimentos pelos valores constantes da tabela progressiva mensal correspondente ao mês do recebimento ou crédito. § 2º Poderão ser excluídas as despesas, relativas ao montante dos rendimentos tributáveis, com ação judicial necessárias ao seu recebimento, inclusive de advogados, se tiverem sido pagas pelo contribuinte, sem indenização. § 3º A base de cálculo será determinada mediante a dedução das seguintes despesas relativas ao montante dos rendimentos tributáveis: I – importâncias pagas em dinheiro a título de pensão alimentícia em face das normas do Direito de Família, quando em cumprimento de decisão judicial, de acordo homologado judicialmente ou de separação ou divórcio consensual realizado por escritura pública; e II – contribuições para a Previdência Social da União, dos Estados, do Distrito Federal e dos Municípios. § 4º Não se aplica ao disposto neste artigo o constante no art. 27 da Lei nº 10.833, de 29 de dezembro de 2003, salvo o previsto nos seus §§ 1º, 3º e § 5º. O total dos rendimentos de que trata o *caput*, observado o disposto no § 2º, poderá integrar a base de cálculo do Imposto sobre a Renda na Declaração de Ajuste Anual do ano-calendário do recebimento, à opção irretratável do contribuinte. § 6º Na hipótese do § 5º, o Imposto sobre a Renda Retido na Fonte será considerado antecipação do imposto devido apurado na Declaração de Ajuste Anual. § 7º Os rendimentos de que trata o *caput*, recebidos entre 1º de janeiro de 2010 e o dia anterior ao de publicação da Lei resultante da conversão da Medida Provisória nº 497, de 27 de julho de 2010, poderão ser tributados na forma deste artigo, devendo ser informados na Declaração de Ajuste Anual referente ao ano-calendário de 2010. § 8º (VETADO) § 9º A Secretaria da Receita Federal do Brasil disciplinará o disposto neste artigo."

Posteriormente, a matéria sofre nova alteração, pela Lei 13.149/2015, que modificou a redação do art. 12-A da Lei 7.713/88 (mantendo seus parágrafos) e nela inseriu um artigo 12-B, a dispor: "Art. 12-A. Os rendimentos recebidos acumuladamente e submetidos à incidência do imposto sobre a renda com base na tabela progressiva, quando correspondentes a anos-calendário anteriores ao do recebimento, serão tributados exclusivamente na fonte, no mês do recebimento ou crédito, em separado dos demais rendimentos recebidos no mês. (...)" "Art. 12-B. Os rendimentos recebidos acumuladamente, quando correspondentes ao ano-calendário em curso, serão tributados, no mês do recebimento ou crédito, sobre o total dos rendimentos, diminuídos do valor das despesas com ação judicial necessárias ao seu recebimento, inclusive de advogados, se tiverem sido pagas pelo contribuinte, sem indenização." Corrigiu-se, com isso, a remissão apenas a rendimentos recebidos da Previdência Social (abrangendo agora todo e qualquer rendimento recebido acumuladamente, mesmo de particulares).

A solução adotada pelo legislador parece bem mais adequada, do ponto de vista da Teoria Geral do Direito, do que a acolhida pela jurisprudência do STJ. Afinal, não é correto fazer incidir a lei vigente à época em que os rendimentos "deveriam" ter sido recebidos, pois o fato gerador do imposto é a aquisição da disponibilidade da renda, e esta somente se verifica quando os rendimentos são pagos ou creditados. Imagine-se, por hipótese, que determinada situação fosse objeto de isenção do imposto de renda, a partir de 2012. Um contribuinte que recebesse, em juízo, em 2013, rendimentos acumulados ao longo do ano de 2010 não teria direito a ela. O correto parece ser aplicar a legislação vigente à data do recebimento, mas desmembrando as quantias recebidas para que se submetam às faixas de alíquotas adequadas, tal como disposto no art. 12-A da Lei 7.713/88.

O problema, porém, subsiste, apesar da adequada solução legislativa, porque há todo o período anterior à nova lei, em relação ao qual será importante ao STF definir o tratamento a ser dado à questão.

**3. Indenizações e imposto de renda** – Partindo da premissa de que o âmbito de incidência do imposto de renda é a aquisição de *acréscimo patrimonial,* e de que uma indenização nada mais é que a recomposição de um patrimônio anteriormente desfalcado (sem acrescê-lo), o STJ firmou seu entendimento no sentido de que indenizações não se sujeitam à incidência do imposto de renda. Assim, por exemplo, editou *súmula* dispondo que "a indenização recebida pela adesão a programa de incentivo à demissão voluntária não está sujeita à incidência do imposto de renda" (Súmula nº 215/STJ). Do mesmo modo, sumulou-se que "o pagamento de licença-prêmio não gozada por necessidade de serviço não está sujeito ao imposto de renda" (Súmula nº 136/STJ), e que "o pagamento de férias não gozadas por necessidade de serviço não está sujeito à incidência do imposto de renda" (Súmula nº 125/STJ).

Mas evidentemente não é relevante a presença do nome "indenização", no valor recebido, para determinar o afastamento da incidência do IR. Assim como não é o fato de uma indenização ser recebida com outro nome que irá autorizar a cobrança do imposto. Esclarecendo a questão, o STJ já decidiu: "O imposto sobre renda e proventos de qualquer natureza tem

# Art. 43

**Livro Primeiro** · SISTEMA TRIBUTÁRIO NACIONAL | **183**

como fato gerador, nos termos do art. 43 e seus parágrafos do CTN, os 'acréscimos patrimoniais', assim entendidos os acréscimos ao patrimônio material do contribuinte. 2. Indenização é a prestação destinada a reparar ou recompensar o dano causado a um bem jurídico. Os bens jurídicos lesados podem ser (a) de natureza patrimonial (= integrantes do patrimônio material) ou (b) de natureza não-patrimonial (= integrantes do patrimônio imaterial ou moral), e, em qualquer das hipóteses, quando não recompostos in natura, obrigam o causador do dano a uma prestação substitutiva em dinheiro. 3. O pagamento de indenização pode ou não acarretar acréscimo patrimonial, dependendo da natureza do bem jurídico a que se refere. Quando se indeniza dano efetivamente verificado no patrimônio material (= dano emergente), o pagamento em dinheiro simplesmente reconstitui a perda patrimonial ocorrida em virtude da lesão, e, portanto, não acarreta qualquer aumento no patrimônio. Todavia, ocorre acréscimo patrimonial quando a indenização (a) ultrapassar o valor do dano material verificado (= dano emergente), ou (b) se destinar a compensar o ganho que deixou de ser auferido (= lucro cessante), ou (c) se referir a dano causado a bem do patrimônio imaterial (= dano que não importou redução do patrimônio material). 4. A indenização que acarreta acréscimo patrimonial configura fato gerador do imposto de renda e, como tal, ficará sujeita a tributação, a não ser que o crédito tributário esteja excluído por isenção legal, como é o caso das hipóteses dos incisos XVI, XVII, XIX, XX e XXIII do art. 39 do Regulamento do Imposto de Renda e Proventos de Qualquer Natureza, aprovado pelo Decreto 3.000, de 31/03/99. 5. O pagamento, ajustado em dissídio coletivo, de complementação de proventos de aposentadoria (denominado 'benefício' e 'vantagem'), equiparando-os ao valor dos vencimentos devidos na ativa, gera acréscimo patrimonial ao aposentado. Não se tratando de indenização por dano material e nem estando contemplada por qualquer espécie de isenção, a complementação dos proventos está sujeita a tributação pelo mesmo regime fiscal aplicável à parcela complementada. 6. O décimo-terceiro possui natureza tipicamente salarial, que não se altera pela só circunstância de ser pago por ocasião da rescisão do contrato. A incidência do imposto de renda sobre o seu pagamento está expressamente prevista nos arts. 26 da Lei nº 7.713/88 e 16 da Lei nº 8.134/90. Precedentes da Seção e das Turmas. [...]" (STJ, 1ª T., REsp 674.163/RS, Rel. Min. Teori Albino Zavascki, j. em 28/6/2005, *DJ* de 1º/8/2005, p. 336).

Em termos análogos: "1. O fato gerador do Imposto de Renda é a aquisição de disponibilidade econômica ou jurídica decorrente de acréscimo patrimonial (art. 43 do CTN). Dentro deste conceito se enquadram as verbas de natureza salarial ou as recebidas a título de aposentadoria. 2. Diferentemente, as verbas indenizatórias, recebidas como compensação pela renúncia a um direito, não constituem acréscimo patrimonial. 3. As verbas recebidas em virtude de rescisão de contrato de trabalho, por iniciativa do empregador, possuem nítido caráter indenizatório, não se constituindo acréscimo patrimonial a ensejar a incidência do Imposto sobre a Renda" (STJ, 2ª T., AgRg no REsp 722.143/SP, Rel. Min. Eliana Calmon, j. em 28/6/2005, *DJ* de 15/8/2005, p. 286).

**4. Décimo terceiro salário e conceito de renda** – Consoante entendimento firmado pela 1ª Seção do STJ, "as quantias recebidas a título de 13º salário estão sujeitas à tributação do IR, por se tratar de acréscimo patrimonial decorrente da relação de trabalho" (STJ, 1ª S., EREsp 644.289/SP, Rel. Min. Peçanha Martins, j. em 25/5/2005, *DJ* de 1º/8/2005, p. 312).

**5. Rescisão do contrato de trabalho. Valores obrigatórios e verbas pagas por liberalidade** – Segundo o Superior Tribunal de Justiça, na rescisão do contrato de trabalho, os valores recebidos a título de férias, licença-prêmio não gozada, etc., não se submetem à incidência do imposto de renda, pois têm natureza indenizatória. Já as verbas pagas por mera liberalidade dos empregados configuram rendimento, e devem ser tributadas. "As verbas pagas por liberalidade do empregador, quando da rescisão do contrato de trabalho, implicam em acréscimo patrimonial, porquanto não possuem natureza de indenização, ocorrendo a incidência do imposto de renda, por estar caracterizada a hipótese do art. 43 do CTN. Precedente: REsp nº 644.840/SC, Rel. Min. Teori Albino Zavascki, *DJ* de 1/7/2005. [...] A jurisprudência do STJ é no sentido de que são isentos do imposto de renda os valores percebidos a título de férias em razão da rescisão do contrato de trabalho, isenção que se estende ao adicional de 1/3 devido sobre as respectivas férias. Precedentes: REsp nº 763.086/PR, Rela. Min. Eliana Calmon, *DJ* de 3/10/2005 e AgRg no Ag nº 672.779/SP, Rel. Min. Luiz Fux, DJ de 26/09/2005. [...] Recurso especial provido em parte." (STJ, 1ª T., REsp 753.202/SP, Rel. Min. Francisco Falcão, j. em 14/2/2006, *DJ* de 6/3/2006, p. 218).

**6. Horas-extras e "indenização por horas trabalhadas"** – "As verbas recebidas por empregados da Petrobrás, em virtude de horas-extras recebidas por diminuição da jornada de trabalho, denominadas de IHT (Indenização de Horas Trabalhadas) por terem natureza indenizatória não se sujeitam à incidência do imposto de renda" (STJ, 2ª T., REsp 793.156/RN, Rel. Min. Eliana Calmon, j. em 15/12/2005, *DJ* de 6/3/2006, p. 363).

**7. Imposto de renda e juros de mora** – Pelo mesmo fundamento, vale dizer, a natureza "indenizatória", o STJ decidiu pela não incidência do imposto de renda sobre os juros de mora. Sua jurisprudência oscilou, nesse particular, entre considerar não sujeitos à tributação apenas os juros referentes a um principal também não tributado (porque isento, ou caracterizador de uma hipótese de não incidência), e não considerar tributáveis quaisquer hipóteses de recebimento de juros de mora, ainda que tributáveis as parcelas relativas ao "principal". Representando esse segundo entendimento, no âmbito da sistemática dos "recursos repetitivos", decidiu-se que "[...] não incide imposto de renda sobre os juros moratórios legais em decorrência de sua natureza e função indenizatória ampla. [...]" (STJ, 1ª S., REsp 1.227.133/RS, *DJe* de 19/10/2011). Na ocasião, foi bastante discutida a questão de saber se a não incidência abrangeria pagamento de principal normalmente tributado, tendo prevalecido o entendimento contrário à tributação, dada a "função indenizatória ampla" dos juros de mora, que visariam a reparar os danos causados pela demora no pagamento do principal. Sua natureza, restou decidido, não seria de "lucros cessantes", mas de indenização tarifada por danos materiais, o que encontra amparo inclusive na forma como são tratados pelo Código Civil. Não obstante, algum tempo depois, também pela sistemática dos recursos repetitivos (?), voltou a prevalecer o entendimento favorável à Fazenda, a saber, de que os juros acompanham o principal, no que tange ao regime tributário: "[...] 2. A Primeira Seção desta Corte, no julgamento do REsp 1.089.720/RS, da relatoria do eminente Ministro Mauro Campbell Marques, julgado pela Primeira Seção em 10.10.2012, com acórdão publicado em 28.11.2012, firmou orientação de que, em regra, incide imposto de renda sobre os juros de mora, inclusive quando recebidos em virtude de reclamatória trabalhista, ressalvadas duas hipóteses: a) os juros de mora, sendo verba acessória, seguem a mesma sorte da verba principal – *accessorium sequitur suum principale*; e b) os juros de mora recebidos em decorrência de rescisão do contrato de trabalho por perda de emprego, indiferentemente da natureza da verba principal, não são tributados pelo imposto de renda. [...]"(STJ, 2ª T., AgRg no AREsp 256.244/RS, *DJe* de 19/06/2013).

A divergência entre os dois acórdãos proferidos em sede de "recursos repetitivos" não foi enfrentada diretamente pela Corte, mas, pelo que se depreende de acórdãos posteriores de suas duas Turmas de Direito Público, no trato da matéria, seguiu-se o entendimento de que o imposto

# Art. 43 — Livro Primeiro · SISTEMA TRIBUTÁRIO NACIONAL | 185

de renda incide sobre os juros de mora (Cf., v.g., REsp 1.555.641/SC, DJe 02/02/2016). Isso, porém, no plano da interpretação da legislação federal. Suscitou-se, contudo, a questão de saber se seria constitucional a incidência do imposto de renda sobre os juros de mora, já que o STJ entendeu ser esse o sentido da legislação infraconstitucional, discussão ainda pendente de apreciação pelo STF, que, porém, já reconheceu sua repercussão geral (RE 855.091-RG).

**8. Complementação de aposentadoria e conceito de "proventos"** – "Os valores percebidos a título de complementação de aposentadoria, com o objetivo de manter a paridade com o salário da ativa, por terem natureza de proventos, sujeitam-se à incidência do imposto de renda, por força do art. 43 do Código Tributário Nacional" (STJ, 2ª T., REsp 584.743/MT, Rel. Min. João Otávio de Noronha, j. em 5/4/2005, *DJ* de 1º/8/2005, p. 385).

**9. Conceito de renda e vedação à compensação de prejuízos** – Tendo o CTN explicitado ser o âmbito de incidência do imposto de renda a aquisição de *acréscimo patrimonial,* é válida a limitação, estabelecida em lei ordinária, à compensação de prejuízos fiscais acumulados? Pode-se dizer que, quando o contribuinte recupera um prejuízo passado, não está auferindo renda, mas apenas recompondo diminuição patrimonial anterior. Assim, a limitação ao aproveitamento de prejuízos acumulados representaria ofensa ao conceito constitucional de renda, explicitado no art. 43 do CTN. Em sendo essa limitação uma imposição de que sejam compensados os prejuízos acumulados apenas com 30% do lucro experimentado no exercício, com a utilização do restante do prejuízo nos exercícios subsequentes, pode-se dizer ainda que se cuida de um empréstimo compulsório disfarçado.

O Conselho de Contribuintes do Ministério da Fazenda, anterior denominação do atual Conselho Administrativo de Recursos Fiscais (CARF), a respeito, já decidiu: "Os prejuízos fiscais não podem sofrer a limitação de 30% prevista nos artigos 42 da Lei nº 8.981/95 e 12 da Lei nº 9.065/95, uma vez que fere as disposições do artigo 43 do CTN e o conjunto de normas que regem o Imposto de Renda Comercial e encampado pelas Leis Fiscais. A compensação dos prejuízos apurados anteriormente a 1995, deve observar a legislação vigente à época de sua formação. Recurso voluntário provido" (1º CC, 3ª C., Ac. nº 103-20.542, Rec. 124.851, Proc. 10480.029049/99-19, Rel. Márcio Machado Caldeira, Sessão de 22/3/2001, m. v., *DOU-I* de 29/8/2001, p. 25, *RDDT* nº 74, p. 229).

Diversamente, o Superior Tribunal de Justiça entendeu que a restrição à compensação de prejuízos é válida, pois se trata apenas de um diferimento. "Esta Corte, em diversas oportunidades, manifestou-se no sentido da legalidade da limitação de trinta por cento (30%) na compensação de prejuízos fiscais, sob o fundamento de que a Lei nº 8.981/95, que estabeleceu essa limitação, não alterou os conceitos de renda e de lucro, nem tampouco ofendeu os arts. 43 e 110 do CTN, porquanto o art. 52 da mencionada lei diferiu a dedução para exercícios futuros, de forma escalonada. [...] É legal essa limitação, em relação à compensação de prejuízos fiscais verificados até o dia 31.12.1994, a partir do exercício de 1995, não havendo contrariedade ao princípio da anterioridade" (STJ, 1ª T., AgRg no REsp 603.395/SE, Rel. Min. Denise Arruda, j. em 20/10/2005, v. u., *DJ* de 14/11/2005, p. 187).

Há também acórdãos nos quais o STJ entende não ser competente para apreciar a matéria, de índole constitucional: "A 1ª Seção assentou o entendimento no sentido de que a matéria referente à limitação do direito de compensação tributária, prevista na lei nº 8.981/95 é de natureza constitucional, fugindo à esfera de apreciação do recurso especial por determinação expressa da Carta Magna" (STJ, 1ª T., REsp 546.331/SE, rel. Min. Luiz Fux, v. u., *DJ* de 9/2/2004, p. 133). Cria-se, neste ponto, um nó processual, em prejuízo do jurisdicionado, pois o STF também tem arestos nos quais afirma ser pacífica sua jurisprudência "no sentido de que, quanto à controvérsia referente à possibilidade de compensação de prejuízos, para efeito de determinação da base de cálculo da Contribuição Social Sobre o Lucro, eventual ofensa à Constituição Federal se houvesse seria indireta, a depender de análise da legislação infraconstitucional, sem margem para o acesso à via extraordinária" (STF, 2ª T., AI-AgR 215.442/PR, Rel. Min. Ellen Gracie, j. em 14/12/2004, *DJ* de 18/2/2005, p. 30).

Em seus acórdãos nos quais o mérito da questão foi enfrentado, o Supremo Tribunal Federal inicialmente abordou-a apenas sob um prisma *intertemporal*. Questionava-se se a limitação poderia ser aplicada em relação a prejuízos acumulados antes do início da vigência da lei que a estabeleceu, tendo sido decidido que a Lei nº 8.981/95, que veicula a limitação à compensação de prejuízos fiscais, decorre da conversão da MP nº 812, de 31.12.1994, a qual, conquanto publicada sábado à noite (31/12/1994), teria incidido no exercício que então se encerrava. "Medida provisória que foi publicada em 31/12/94, apesar de esse dia ser um sábado e o Diário Oficial ter sido posto à venda à noite. Não-ocorrência, portanto, de ofensa, quanto à alteração relativa ao imposto de renda, aos princípios da anterioridade e da irretroatividade" (STF, 1ª T., RE 250.521/SP, Rel. Min. Moreira Alves, j. em 16/5/2000, *DJ* de 30/6/2000, p. 89).

Em seguida, ainda no STF, a questão foi recolocada, não mais sob um enfoque meramente intertemporal, mas relativamente à validade da limitação em si mesma. Apreciando-a, no âmbito do RE 344.994, o Plenário do STF manifestou-se sobre o tema; considerou válida a limitação em 30% à compensação de prejuízos de que se cuida. Embora a questão tenha contado com essas manifestações do STF, ainda existe um Recurso Extraordinário (RE 591.340/SP), com repercussão geral reconhecida, pendente de julgamento, no qual foram suscitados argumentos não apreciados nos julgados anteriores. Em razão dele, existe a possibilidade de a Corte rever o mencionado entendimento. A esse respeito, e para uma demonstração bastante clara da necessidade de tais compensações serem permitidas sem "travas", como decorrência de disposições constitucionais, confira-se: ÁVILA, Humberto. *O conceito de renda e a limitação à compensação de prejuízos fiscais*. São Paulo: Malheiros, 2011, *passim*.

**10. Indenização. Não incidência do IR. Ônus da prova de que não houve aproveitamento das retenções quando da declaração de ajuste** – Estando o contribuinte a pedir a restituição de valores indevidamente retidos por fontes pagadoras, não é dele, e sim da Fazenda, o ônus de provar se tais valores, uma vez retidos, foram ou não objeto de aproveitamento – e eventual restituição – quando da declaração de ajuste feita pelo contribuinte. "O imposto sobre a renda tem como fato gerador a aquisição da disponibilidade econômica ou jurídica da renda (produto do capital, do trabalho ou da combinação de ambos) e de proventos de qualquer natureza (art. 43 do CTN). [...] A indenização especial, as férias, a licença-prêmio, os abonos-assiduidade/pecuniário não-gozados não configuram acréscimo patrimonial de qualquer natureza ou renda e, portanto, não são fatos imponíveis à hipótese de incidência do IR, tipificada pelo art. 43 do CTN. A referida indenização não é renda nem proventos. [...] O art. 333, I e II, do CPC, dispõe que compete ao autor fazer prova constitutiva de seu direito e o réu, a prova dos fatos impeditivos, modificativos ou extintivos do direito do autor. *In casu*, os autores fizeram prova do fato constitutivo de seu direito – a comprovação da retenção indevida de imposto de renda sobre férias, abono-assiduidade, e licença-prêmio, não gozadas em função da necessidade do serviço, os quais constituem verbas indenizatórias, conforme já está pacificado no seio desta Casa Julgadora (Súmulas acima citadas). [...] A juntada das declarações de ajuste, para fins de verificação de eventual compensação, não estabelece fato constitutivo do direito do autor, ao contrário, perfazem fato extintivo do seu direito, cuja comprovação é única e exclusivamente da parte ré

# Art. 44

**Livro Primeiro** · SISTEMA TRIBUTÁRIO NACIONAL | **187**

(Fazenda Nacional). [...] Ocorrendo a incidência, na fonte, de retenção indevida do adicional de imposto de renda, não há necessidade de se comprovar que o responsável tributário recolheu a respectiva importância aos cofres públicos. [...] Não se pode afastar a pretensão da restituição via precatório, visto que o contribuinte poderá escolher a forma mais conveniente para pleitear a execução da decisão condenatória, *id est,* por meio de compensação ou restituição via precatório. Precedentes desta Corte Superior" (STJ, 1ª T., AgRg no REsp 736.790/PR, Rel. Min. José Delgado, j. em 21/6/2005, *DJ* de 15/8/2005, p. 221).

Registre-se, porém, que a Fazenda pode fazer essa prova (do aproveitamento das retenções indevidas na respectiva declaração de ajuste), hipótese na qual somente estará obrigada à restituição das parcelas que, nessa condição, não foram aproveitadas. Exemplificando, se o contribuinte sofreu a retenção do imposto de renda sobre indenização recebida, mas incluiu essa retenção em sua declaração de imposto de renda, abatendo as quantias pagas do montante devido ao final do exercício (e, talvez, recebendo até mesmo restituição), não poderá pleitear sua integral devolução quando da execução da sentença que reconhecer indevida a retenção do imposto sobre a indenização. O ônus de provar esse aproveitamento, porém, é da Fazenda, como afirmado no acórdão transcrito.

A esse respeito, o STJ sumulou seu entendimento no sentido de que *nos embargos à execução da sentença* (opostos pela Fazenda executada, a quem cabe o ônus da prova) é possível compensar os valores indevidamente retidos na fonte com aqueles restituídos através de apuração na declaração anual (Súmula 394/STJ).

**11. Inclusão da CSLL na base de cálculo do IR e conceito de renda** – "A inclusão do valor da contribuição na sua própria base de cálculo não vulnera o conceito de renda constante do art. 43 do CTN. [...] Legalidade da Lei nº 9.316/96 que, no art. 1º, parágrafo único, vedou a dedução da contribuição social para configuração do lucro líquido ou contábil" (STJ, 2ª T., REsp 596.837/MG, Rel. Min. Eliana Calmon, j. em 14/12/2004, *DJ* de 15/8/2005, p. 247). No mesmo sentido: STJ, 2ª T., REsp 360.688/SC, Rel. Min. Castro Meira, j. em 3/5/2005, *DJ* de 1º/7/2005, p. 463.

**12. Conceito de renda e correção monetária das demonstrações financeiras** – Tendo o art. 43 do CTN explicitado que o âmbito de incidência do imposto de renda envolve, necessariamente, a aquisição de um *acréscimo patrimonial*, podem ser questionados os expedientes adotados pelo legislador ordinário federal para fazer com que esse imposto alcance outras realidades. É o caso, por exemplo, da manipulação de índices de correção monetária, a qual, em períodos de grande inflação, pode fazer com que o imposto incida sobre lucros "fictícios", decorrentes da inflação. Confiram-se as notas do art. 153, III, da CF/88.

**Art. 44.** A base de cálculo do imposto é o montante, real, arbitrado[1,2,3] ou presumido,[4,5,6] da renda ou dos proventos tributáveis.[7]

## Anotações

**1. Base de cálculo arbitrada e arbitrariedade** – Registre-se que o que pode ser "arbitrado" é o *montante* dos rendimentos, para fins de determinação da base de cálculo do imposto de renda, e não o próprio fato gerador em si mesmo, vale dizer, não se pode "arbitrar" a ocorrência de lucro. Além disso, os critérios para o arbitramento da base de cálculo devem ser claros e legalmente estabelecidos, não sendo lícito à autoridade empregá-los arbitrariamente. Como registra Hugo de Brito Machado, "também aqui é importante ter presente a ideia de que o tributo há de ser cobrado *mediante atividade administrativa plenamente vinculada.* Assim, não obstante se diga o lucro *arbitrado,* a autoridade administrativa, ao defini-lo, não pode agir de forma arbitrária. Nem pode, ao fazer o lançamento, em cada caso, afastar-se *arbitrariamente* dos critérios normativamente estabelecidos" (*Curso de Direito Tributário,* 19. ed., São Paulo: Malheiros, 2001, p. 269).

**2. Lucro arbitrado. Medida excepcional e extraordinária** – Em respeito ao princípio da verdade material, a autoridade lançadora somente deve partir para o arbitramento quando for impossível determinar o lucro real (ou o presumido, quando esta for a opção do contribuinte). Como já decidiu o Conselho de Contribuintes do Ministério da Fazenda, "não subsiste o lançamento mediante arbitramento de lucro fundado em simples erros formais como a falta de autenticação de livro Registro de Inventário de algumas filiais, se não foi comprovada a imprestabilidade do livro Diário para a determinação do lucro real. Negado provimento ao recurso de ofício" (1º CC, 1ª Câm, ac. nº 101-93.687, Rel. Cons. Kazuki Shiobara, j. em 8/11/2001, *DOU 1* de 7/1/2002, p. 32, *Repertório de Jurisprudência IOB* nº 3/2002, cad. 1, p. 71).

**3. Critérios para a determinação do lucro arbitrado** – O IRPJ pode ser apurado pela sistemática do *lucro arbitrado* sempre que o contribuinte, sujeito à tributação pelo lucro real ou pelo lucro presumido, não atender às exigências que a legislação impõe à apuração do lucro por cada uma dessas modalidades, ou não cumprir qualquer outra formalidade indispensável a que o Fisco possa aferir o seu lucro (real ou presumido). Em tais casos, não restando alternativa, o lucro pode então ser arbitrado. Apura-se o lucro através da aplicação do mesmo percentual do lucro presumido, acrescido de 20%, no caso, naturalmente, de ser conhecida a receita do contribuinte. Caso nem mesmo a receita seja conhecida, "a autoridade poderá arbitrar o lucro com base no valor do ativo, do capital social, do patrimônio líquido, da folha de pagamento dos empregados, das compras, do aluguel das instalações ou do lucro líquido auferido pelo contribuinte em períodos anteriores" (Hugo de Brito Machado, *Curso de Direito Tributário,* 26. ed., São Paulo: Malheiros, 2005, p. 321).

**4. Opção pelo lucro presumido e obrigação de fornecer ao fisco informações relativas ao lucro contábil** – Diversamente daquele contribuinte que opta pela apuração do imposto de renda com base no "lucro real" (ou a tanto é obrigado pela legislação), aquele que opta pela tributação pelo *lucro presumido* não é obrigado a possuir escrituração contábil detalhada, que indique seu lucro real. Basta que possua o livro caixa, e escriture suas receitas. Por essa razão, as "empresas que são contribuintes do Imposto de Renda com base no lucro presumido não estão obrigadas ao fornecimento de informações, perante o Fisco Federal, de sua escrita contábil. II – Inteligência dos arts. 394 do Decreto nº 6.468/77, então em vigência. [...]" (TRF da 5ª Região, 3ª T., AMS 93.05.41294-7-CE, Rel. Juiz Nereu Santos, *DJU* 2 de 28/7/1995, p. 46.954).

**5. Opção pelo lucro presumido, ou pelo lucro real. Retratação** – Em princípio, os contribuintes são obrigados ao pagamento do imposto de renda apurado de acordo com o *lucro real.* Podem, contudo, fazer a opção pela apuração desse imposto pela sistemática do lucro presumido, desde que atendam os requisitos legalmente exigidos (faturamento até determinado valor etc.). Segundo a Secretaria da Receita Federal do Brasil, essa opção é *irretratável.*

# Art. 44     Livro Primeiro · SISTEMA TRIBUTÁRIO NACIONAL | **189**

Somente no ano seguinte o contribuinte poderia alterar a sistemática de cálculo do imposto. Assim, feita a opção pelo pagamento do tributo pelo "lucro presumido", caso o contribuinte constate estar a sofrer prejuízos, não poderá retornar à sistemática do lucro real. Esse entendimento já foi ratificado por acórdão do STJ: "Efetuada a apuração do imposto de renda por meio do lucro presumido, com a entrega da Declaração Simplificada de Rendimentos e Informações, resta impossibilitada a sua retificação posterior, com a opção pelo lucro real, ante a verificação de prejuízos por parte do contribuinte, porquanto o regime tributário eleito, de livre escolha, tornou-se definitivo. Inteligência dos arts. 13, caput e § 2º, e 18, inciso III, da Lei nº 8.541/92" (STJ, 1ª T., REsp 751.389/RS, Rel. Min. Francisco Falcão, j. em 18/8/2005, *DJ* 7/11/2005, p. 140). *Data venia,* esse entendimento é equivocado, pois implica fazer com que o imposto incida sobre o que não é renda. A opção deve ser sempre reversível. Como também já decidiu o STJ, "constituindo-se a tributação pelo lucro presumido favor fiscal ditado para o Imposto de Renda, modificadas as suas condições normativas básicas, e com efeitos retroativos beneficiando o contribuinte, é possível a reconsideração anterior opção, considerada gravosa aos seus interesses. Afinal, o direito não pode ser desajustado ou injusto" (STJ, 1ª T., REsp 172.519/RS, Rel. Min. Milton Luiz Pereira, j. em 15/2/2001, *DJ* de 30/4/2001, p. 125, inteiro teor em *RDDT* 70, p. 196). É certo que neste último aresto se tratava de mudança posterior na sistemática de tributação, a qual tornou razoável facultar-se ao contribuinte modificar sua opção, mas a diretriz nele seguida – de que a opção não é irretratável – serve igualmente para o caso do contribuinte que opta pela tributação pelo lucro presumido e constata, depois, estar amargando prejuízos.

**6. IRPF. Declaração simplificada e completa e restituição** – Em termos semelhantes aos aplicáveis às pessoas jurídicas, que podem optar pela tributação pelo imposto sobre a renda calculado sobre um lucro "presumido", as pessoas físicas podem optar, quando do preenchimento da declaração anual de bens e rendimentos, pelo modelo "completo" ou pelo modelo "simplificado", que correspondem a uma tributação pelo "lucro real", em que todas as despesas são declaradas, ou pelo "lucro presumido", havendo um percentual a ser aplicável sobre os rendimentos brutos para determinar a renda tributável. Embora, atualmente, o próprio *software* que auxilia o contribuinte a preencher a declaração já faça o cálculo da forma mais vantajosa para ele, indicando-a, pode ocorrer, e no passado isso era ainda mais comum, de o contribuinte, por desatenção, optar pela forma de tributação mais onerosa. Em casos assim, entende o Superior Tribunal de Justiça, não há direito à restituição: "[...] A opção pela declaração na forma completa ou simplificada é exclusiva do contribuinte, sendo possível alterar a escolha até o fim do prazo para entrega da declaração. Ultrapassado esse prazo, a escolha menos favorável não constitui motivo para a retificação, pois não se trata de erro na edificação do sujeito passivo, na determinação da alíquota aplicável, na elaboração ou conferência de qualquer documento relativo ao pagamento e muito menos erro no cálculo do montante do débito. 4. Ainda que a escolha do formulário tenha sido menos vantajosa ao contribuinte, inexiste direito à restituição com amparo no art. 165 do CTN, se não se tratar de pagamento indevido [...]" (STJ, 2ª T., REsp 860.596/CE, *DJe* de 21/10/2008).

**7. CSLL e base de cálculo do IR** – "A inclusão do valor da contribuição social sobre o lucro na sua própria base de cálculo, bem como na do Imposto de Renda, não vulnera o conceito de renda constante do art. 43 do CTN. [...] Legalidade da Lei nº 9.316/96 que, no art. 1º, parágrafo único, vedou a dedução da contribuição social para configuração do lucro líquido ou contábil" (STJ, 2ª T., REsp 661.089/PB, Rel. Min. Eliana Calmon, j. em 2/2/2006, *DJ* de 6/3/2006, p. 320).

**190** | CÓDIGO TRIBUTÁRIO NACIONAL – *Hugo de Brito Machado Segundo* **Art. 45**

**Art. 45.** Contribuinte do imposto é o titular da disponibilidade[1] a que se refere o art. 43, sem prejuízo de atribuir a lei essa condição ao possuidor, a qualquer título, dos bens produtores de renda ou dos proventos tributáveis.[2]

Parágrafo único. A lei pode atribuir à fonte pagadora da renda ou dos proventos tributáveis a condição de responsável pelo imposto cuja retenção e recolhimento lhe caibam.[3,4,5]

## ANOTAÇÕES

**1. Contribuinte do imposto de renda** – Sendo o fato gerador do imposto de renda a aquisição de disponibilidade econômica ou jurídica de renda ou de proventos de qualquer natureza, o contribuinte desse imposto não pode ser outra pessoa que não o beneficiário dos rendimentos, vale dizer, a pessoa (física ou jurídica) que adquire a citada disponibilidade.

**2. Possuidor de bens produtores de renda** – Para Hugo de Brito Machado, a faculdade a que alude a parte final do *caput* do art. 45 do CTN, que para ele não deveria existir, "tem por fim possibilitar a tributação de rendimentos em consideração à denominada *teoria da fonte*. Se a renda ou os proventos foram pagos por fonte brasileira, aí então a lei considera contribuinte a fonte. Nestes casos, em verdade, o imposto está incidindo sobre uma despesa, e não sobre uma renda" (*Curso de Direito Tributário,* 16. ed., São Paulo: Malheiros, 1999, p. 249). É o caso, por exemplo, de quando a legislação atribui responsabilidade pelo imposto de renda a quem efetua pagamentos a beneficiários domiciliados no exterior, vez que estes beneficiários não são contribuintes do imposto no Brasil, e, portanto, não poderiam ensejar a *responsabilidade* da fonte, nos termos do art. 121, II, do CTN.

**3. Responsabilidade da fonte pagadora** – A responsabilidade de que cuida o parágrafo único do art. 45 do CTN decorre da circunstância de a fonte pagadora, conquanto não relacionada pessoal e diretamente com o fato gerador do imposto de renda, estar de qualquer forma ligada, ou vinculada, a esse fato. Afinal, é a fonte quem paga, ou credita, em proveito do contribuinte, os valores que ensejam a *aquisição*, por parte deste, da disponibilidade jurídica ou econômica de renda ou proventos de qualquer natureza.

**4. A fonte responde pelo imposto, ainda que não o tenha retido** – A responsabilidade da fonte pagadora, pelo imposto de renda, subsiste ainda que este não tenha efetuado a respectiva retenção. "O substituto tributário do imposto de renda de pessoa física responde pelo pagamento do tributo, caso não tenha feito a retenção na fonte e o recolhimento devido. [...]" (STJ, 1ª T., REsp 281.732/SC, Rel. Min. Humberto Gomes de Barros, j. em 7/8/2001, *DJ* de 1º/10/2001, p. 166, *RDDT* 75/2001, p. 229). **No mesmo sentido:** STJ, 2ª T., REsp 153.664/ES, Rel. Min. Peçanha Martins, j. em 8/8/2000, *DJ* de 11/9/2000, p. 238. A fonte não responde, porém, caso a falta da retenção tenha decorrido de determinação judicial provocada pelo contribuinte, conforme demonstra Ricardo Mariz de Oliveira, em "A sujeição passiva da fonte pagadora de rendimento, quanto ao imposto de renda retido na fonte", *RDDT* 49, p. 100.

**5. Responsabilidade exclusiva da fonte?** – Os artigos 722 e 725 do Regulamento do Imposto de Renda (RIR/99) autorizam o intérprete a concluir que a responsabilidade da fonte pagadora é exclusiva, vale dizer, mesmo que não tenha efetuado a retenção, apenas a

# Art. 45 — Livro Primeiro · SISTEMA TRIBUTÁRIO NACIONAL | 191

fonte responde pelo imposto devido, considerando-se que o total pago ao beneficiário foi a quantia *líquida*. Isso porque, se os rendimentos são pagos e a fonte, por qualquer razão, não efetua a retenção, considera-se que os rendimentos pagos corresponderam à quantia *líquida*, e que a retenção foi feita. Daí por que, mesmo que de fato não seja efetuada a retenção, não se pode exigir o imposto do beneficiário, mas apenas da fonte. Salvo, naturalmente, se a ausência da retenção não houver sido uma falta da fonte, mas uma determinação judicial proferida em ação movida pelo contribuinte, o que é uma outra questão, da qual cuidamos na nota anterior. Nesse sentido, inclusive, o Superior Tribunal de Justiça chegou a se posicionar: "[...] A obrigação tributária nasce, por efeito da incidência da norma jurídica, originária e diretamente, contra o contribuinte ou contra o substituto legal tributário; a sujeição passiva é de um ou de outro, e, quando escolhido o substituto legal tributário, só ele, ninguém mais, está obrigado a pagar o tributo. O substituto tributário do imposto de renda de pessoa física responde pelo pagamento do tributo, caso não tenha feito a retenção na fonte e o recolhimento devido. [...]" (STJ, 2ª T., REsp 309.913/SC, Rel. Min. Paulo Medina, j. em 2/5/2002, *DJ* de 1º/7/2002, p. 296).

Atualmente, entretanto, o STJ vem entendendo que a responsabilidade da fonte pagadora não afasta a responsabilidade do contribuinte, beneficiário dos rendimentos, que deve declarar e, se for o caso, recolher o tributo eventualmente não retido, ou retido *a menor*. É conferir: "Ainda que a responsabilidade pelo recolhimento do imposto de renda incidente sobre valores decorrentes de sentença trabalhista, seja da fonte pagadora, devendo a retenção do tributo ser efetuada por ocasião do pagamento, tal fato não afasta a responsabilidade legal da pessoa beneficiária dos rendimentos. A responsabilidade do contribuinte só seria excluída se houvesse comprovação de que a fonte pagadora reteve o imposto de renda a que estava obrigada, mesmo que não houvesse feito o recolhimento. [...]" (STJ, 1ª S., EREsp 644.223/SC, Rel. Min. José Delgado, j. em 12/12/2005, *DJ* de 20/2/2006, p. 195). **No mesmo sentido:** "[...] a lei não excluiu a responsabilidade do contribuinte que aufere a renda ou provento, que tem relação direta e pessoal com a situação que configura o fato gerador do tributo e, portanto, guarda relação natural com o fato da tributação. Assim, o contribuinte continua obrigado a declarar o valor por ocasião do ajuste anual, podendo, inclusive, receber restituição ou ser obrigado a suplementar o pagamento. A falta de cumprimento do dever de recolher na fonte, ainda que importe em responsabilidade do retentor omisso, não exclui a obrigação do contribuinte, que auferiu a renda, de oferecê-la à tributação, como aliás, ocorreria se tivesse havido o desconto na fonte. Precedente: REsp 416.858/SC, 1ª Turma, de minha relatoria, publicado no *DJ* de 15/3/2004. [...]" (STJ, 1ª T., REsp 692.533/SC, Rel. Min. Teori Albino Zavascki, j. em 9/3/2006, *DJ* de 27/3/2006, p. 178). **Conferir ainda:** "1. Da interpretação sistemática dos arts. 45, parágrafo único, 121 e 128 do CTN, 103 do Decreto-lei nº 5.844/43, e 46 da Lei 8.541/92, conclui-se que cabe ao empregador reter, na fonte, o Imposto de Renda Pessoa Física incidente sobre as verbas pagas ao trabalhador cm cumprimcnto de decisão da Justiça do Trabalho; no entanto, a falta de retenção do imposto pela Fonte Pagadora não exclui a responsabilidade do contribuinte, que fica obrigado a informar, na sua declaração de ajuste anual, os valores recebidos. Constatada a não-retenção do imposto após a data fixada para a entrega da referida declaração, a exação deve ser exigida do contribuinte, caso este não tenha submetido os rendimentos à tributação. [...]" (STJ, 1ª T., REsp 497.771/SC, Rel. Min. Denise Arruda, j. em 21/3/2006, *DJ* de 10/4/2006, p. 127).

*Data venia*, tais acórdãos ignoram o fato de que a legislação do imposto de renda determina, expressamente, que, na falta de retenção, o valor pago se considera *líquido,* vale dizer, considera-se que o valor bruto era maior, e que a retenção ocorreu. Daí decorre, de modo evidente, que se presume sempre a ocorrência da retenção, a qual sempre afasta a responsabilidade do contribuinte, ressalvada apenas a hipótese – que não é o caso dos citados acórdãos – de o próprio contribuinte obter medida judicial que proíba a fonte de reter o imposto.

Em todo caso, porém, **não é possível exigir a multa do contribuinte**, eis que a falta de retenção pela fonte não lhe é imputável. "Em que pese ao erro da fonte não constituir fato impeditivo de que se exija a exação daquele que efetivamente obteve acréscimo patrimonial, não se pode chegar ao extremo de, ao afastar a responsabilidade daquela, permitir também a cobrança de multa deste. [...]" (STJ, 2ª T., REsp 644.223/SC, Rel. Min. Franciulli Netto, j. em 2/12/2004, *DJ* de 25/4/2005, p. 311). **No mesmo sentido:** STJ, 1ª T., REsp 439.142/SC, *DJ* de 25/4/2005, p. 267; 2ª T. AgRg no RESP 643.266/SC, *DJ* de 21/2/2005, p. 114. **Conferir ainda:** "[...] 2. O Superior Tribunal de Justiça vem entendendo que cabe à fonte pagadora o recolhimento do tributo devido. Porém, a omissão da fonte pagadora não exclui a responsabilidade do contribuinte pelo pagamento do imposto, o qual fica obrigado a declarar o valor recebido em sua declaração de ajuste anual. 3. No cálculo do imposto incidente sobre os rendimentos pagos acumuladamente em decorrência de decisão judicial, devem ser aplicadas às alíquotas vigentes à época em que eram devidos referidos rendimentos. 4. É indevida a imposição de multa ao contribuinte quando não há, por parte dele, intenção deliberada de omitir os valores devidos a título de imposto de renda. [...]" (STJ, 2ª T., REsp 383.309/SC, Rel. Min. João Otávio de Noronha, j. em 7/3/2006, *DJ* de 7/4/2006, p. 238).

## Capítulo IV
### Impostos sobre a Produção e a Circulação

## Seção I
### Imposto sobre Produtos Industrializados

**Art. 46.** O imposto, de competência da União, sobre produtos industrializados tem como fato gerador:

I – o seu desembaraço aduaneiro, quando de procedência estrangeira;[1,2]

II – a sua saída dos estabelecimentos a que se refere o parágrafo único do art. 51;[3]

III – a sua arrematação, quando apreendido ou abandonado e levado a leilão.[4]

Parágrafo único. Para os efeitos deste imposto, considera-se industrializado o produto que tenha sido submetido a qualquer operação que lhe modifique a natureza ou a finalidade, ou o aperfeiçoe para o consumo.[5,6]

## Anotações

**1. IPI incidente na importação** – O IPI incidente na importação tem por fato gerador o desembaraço aduaneiro do produto. Não se estabelece distinção em relação ao *destino* a

**Art. 46**　　　　Livro Primeiro · SISTEMA TRIBUTÁRIO NACIONAL | **193**

ser dado ao mesmo, no mercado interno, nem à pessoa do importador. Por essa razão, o STJ chegou a decidir que o citado imposto seria exigível mesmo em importações de produtos para consumo próprio, feitas por pessoas físicas. "[...] O IPI é devido por pessoa física, também, por ocasião do desembaraço aduaneiro de bem importado, mesmo que seja para uso próprio. [...]" (STJ, 1ª T., REsp 180.131/SP, Rel. Min. José Delgado, j. em 22/9/1998, *DJ* de 23/11/1998, p. 137). **No mesmo sentido:** "IPI incide na importação de veículo, por pessoa física, ainda que seja para uso próprio. [...]" (STJ, 1ª T., REsp 191.658/SP, Rel. Min. Demócrito Reinaldo, j. em 9/2/1999, *DJ* de 29/3/1999, p. 103).

O STF, porém, apreciando a questão, decidiu em um primeiro momento pela não incidência do IPI em tais importações, feitas por não contribuintes do imposto. Entendeu a Corte Maior que seria aplicável ao caso o mesmo entendimento firmado relativamente ao ICMS, no período anterior à EC 33/2001. Partiu-se da premissa de que o contribuinte do ICMS, assim como do IPI, é sempre o vendedor. Em uma importação, admite-se a cobrança do imposto do importador, mas apenas porque a este será assegurado o crédito correspondente, a ser abatido do imposto devido quando da venda subsequente, o que não ocorre em se tratando de importação feita por pessoa física não contribuinte do imposto. É conferir: "Veículo importado por pessoa física que não é comerciante nem empresário, destinado ao uso próprio: não incidência do IPI: aplicabilidade do princípio da não cumulatividade: CF, art. 153, § 3º, II. Precedentes do STF relativamente ao ICMS, anteriormente à EC 33/2001: RE 203.075/DF, Min. Maurício Corrêa, Plenário, *DJ* de 29/10/1999; RE 191.346/RS, Min. Carlos Velloso, 2ª Turma, *DJ* de 20/11/1998; RE 298.630/SP, Min. Moreira Alves, 1ª Turma, *DJ* de 09/11/2001. [...]" (STF, 2ª T., RE 255.682 AgR, Rel. Min. Carlos Velloso, j. em 29/11/2005, *DJ* de 10/2/2006, p. 14, *RDDT* nº 127, 2006, p. 182-186). Em razão do posicionamento firmado pelo STF, o STJ alterou seu entendimento inicial, alinhando-se ao da Corte Maior e passando a decidir pela não incidência do IPI em tais importações (cf., *v. g.,* REsp 937.629/SP, Rel. Min. José Delgado, j. em 18/09/2007, *DJ* de 4/10/2007, p. 203).

Em nova reviravolta em sua jurisprudência, porém, o STF revisitou o tema e passou a entender que o IPI incide na importação feita por não contribuinte do imposto (RE 723.651), aderindo ao posicionamento originalmente adotado pelo STJ em torno do tema. Embora esse entendimento nos pareça mais adequado e correto, é motivo de grande insegurança jurídica que tais questões sejam objeto de tanta inconstância na sua apreciação pelas Cortes Superiores, especialmente porque o STF recusou-se a modular os efeitos de seu novo entendimento.

**2. IPI incidente na importação. Validade do *bis in idem*** – Embora a incidência do IPI na importação possa implicar *bis in idem* em relação ao imposto de importação, não há inconstitucionalidade, em tese, por conta disso. Com efeito, ainda que se admita que esse fato (importação) não está situado no âmbito constitucional de incidência do IPI (está no do ICMS, mas não necessariamente no do IPI), deve-se reconhecer que o mesmo está no âmbito de incidência do imposto de importação, que também é federal e se submete ao mesmo regime jurídico do IPI. Assim, não seria apenas por conta do nome que a exação tornar-se-ia inconstitucional (CTN, art. 4º). Nesse sentido, aliás, tem se pronunciado o STJ: "...nos termos do art. 46, I, do CTN, 'o imposto, de competência da União, sobre produtos industrializados tem como fato gerador o seu desembaraço aduaneiro, quando de procedência estrangeira'. Conforme a clássica lição de Aliomar Baleeiro, o IPI 'recai sobre o produto, sem atenção de seu destino provável ou ao processo econômico do qual proveio a mercadoria', sendo que o 'CTN escolheu, para fato gerador, três hipóteses diversas, ou momentos

**194** | CÓDIGO TRIBUTÁRIO NACIONAL – *Hugo de Brito Machado Segundo*                    **Art. 46**

característicos da entrada da coisa no circuito econômico de sua utilização' ('Direito Tributário Brasileiro', 9. ed., Rio de Janeiro: Forense, 1977, p. 184). [...] Ressalte-se que, não obstante a doutrina admita que na hipótese ocorra o bis in idem (que não se confunde com a bitributação em sentido estrito), a incidência tanto do imposto de importação quando do IPI, nas hipóteses de produtos importados, não viola a 'discriminação constitucional de competências tributárias, pois tanto um como o outro imposto pertencem à competência de uma só pessoa política' (MACHADO, Hugo de Brito. "Comentários ao Código Tributário Nacional", Volume I, São Paulo: Atlas, 2003, p. 475). [...]" (STJ, 1ª T., REsp 660.192/SP, Rel. Min. Denise Arruda, j. em 26/6/2007, *DJ* de 2/8/2007, p. 338).

Diversa, convém notar, é a questão relativa à incidência do IPI na mera *revenda* do produto importado, feita pelo importador que nenhuma transformação realiza no produto. De fato, uma coisa é saber se o IPI poderia incidir na importação de um produto industrializado de fabricação estrangeira; outra, diversa, é perquirir em torno de sua (segunda) incidência quando da mera revenda desse produto por parte do importador. Durante muito tempo, o Superior Tribunal de Justiça considerou válida essa dupla incidência, ainda que no segundo caso não haja nenhuma industrialização que a justifique: "[...] 1. Nos termos da jurisprudência do STJ, os produtos importados estão sujeitos à nova incidência de IPI na operação de revenda (saída do estabelecimento importador), ante a ocorrência de fatos geradores distintos. 2. Precedentes: REsp 1385952/SC, Rel. Ministro Mauro Campbell Marques, Segunda Turma, julgado em 3/9/2013, *DJe* 11/9/2013; REsp 1247788/SC, Rel. Ministra Eliana Calmon, Segunda Turma, julgado em 15/10/2013, *DJe* 24/10/2013; AgRg no REsp 1384179/SC, Rel. Ministro Humberto Martins, Segunda Turma, julgado em 22/10/2013, *DJe* 29/10/2013. [...]" (STJ, 2ª T. j. em 18/2/2014, *DJe* 24/2/2014). Posteriormente, porém, apreciando os Embargos de Divergência no Recurso Especial 1.411.749/PR, a Primeira Seção do STJ passou a entender que essa segunda incidência do IPI, quando da mera revenda de bens importados, seria inválida. Em longo voto-vista proferido na ocasião, o Ministro Napoleão Nunes Maia Filho observou que "a hipótese definida no inciso II do art. 46 do CTN (saída do estabelecimento) só pode ser compreendida como referente a produtos industrializados nacionais ou, ainda, produtos alienígenas que sofreram algum processo de industrialização antes da comercialização, ou, finalmente, para o caso de comercialização de produtos fornecidos ao industrial." Ainda em suas palavras, o revendedor "realiza mera atividade comercial, que não se assemelha a qualquer processo de industrialização. [...] Veja-se que a equiparação já foi feita no inciso I do art. 46 do CTN, exatamente quando o importador – que não realiza qualquer atividade de transformação da natureza ou finalidade do produto para consumo (art. 46, parágrafo único do CTN) – foi alçado à categoria de contribuinte do IPI, com o escopo de equalizar as cargas tributárias incidentes sobre bens importados e aqueles produzidos internamente. [...] Se a legitimação da incidência do IPI na importação está fundada na necessidade de conferir tratamento tributário igualitário em face das mercadorias industrializadas em território nacional, a prevalecer a interpretação que pretende o Fisco, de nova incidência do referido imposto no momento da saída da mercadoria do estabelecimento importador, estar-se-á subvertendo a lógica fundante da própria cobrança, invertendo-se a desigualdade, agora em prejuízo dos produtos de origem estrangeira, o que, a meu ver, como já dito acima, fere os princípios da isonomia e da igualdade tributária e a proibição de discriminação pela origem da mercadoria" (STJ, 1ª Seção, EREsp nº 1.411.749 – PR, Processo 2014/0010870-8, j. em 11/6/2014).

**3. Fato gerador do IPI. Saída do produto industrializado** – Como se percebe do art. 46 do CTN, o fato que pode ser colhido como "gerador" da obrigação de recolher o IPI não é propriamente a "industrialização", mas sim a saída ou o desembaraço aduaneiro de um produto

**Art. 46**  Livro Primeiro · SISTEMA TRIBUTÁRIO NACIONAL | **195**

industrializado. Como já decidiu o STJ, "O fato gerador do IPI ocorre também na saída de produto dos estabelecimentos a que se refere o parágrafo único do artigo 51, e na sua arrematação, quando apreendido ou abandonado, e levado a leilão. A hipótese de incidência do IPI não é a industrialização e sim o desembaraço aduaneiro ou a saída do produto industrializado" (STJ, 1ª T., REsp 216.218/SP, Rel. Min. Garcia Vieira, j. em 16/9/1999, *DJ* de 25/10/1999, p. 61).

Mas não é a mera saída física, havida, por exemplo, quando um produto é furtado (e, nessa condição, "sai" do estabelecimento), ou quando, em relação ao ICMS, um cliente faz um *test drive* em um veículo dando uma volta no quarteirão. A saída, no caso, deve ser jurídica, no âmbito de operação que transfira a titularidade do bem correspondente. No caso do furto, embora o bem, de algum modo, saia da titularidade do estabelecimento produtor, isso não se dá de forma jurídica, mas sim, a rigor, antijurídica, pois o bem continua, juridicamente, pertencendo ao estabelecimento industrial. O STJ, a propósito de furto, já decidiu, modificando jurisprudência anterior, que as hipóteses de furto levam ao estorno dos créditos inerentes às entradas e não podem, por coerência e ausência de grandeza econômica a ser tributada, conduzir à exigência de imposto como se tivesse havido uma venda. Na ocasião, procedeu-se a saudável referência ao entendimento jurisprudencial anterior, bem como às razões pelas quais ele estava sendo superado: "[...] 3. Em relação ao mérito, esta Turma se posicionara inicialmente no sentido de que 'o roubo ou furto de mercadorias é risco inerente à atividade do industrial produtor. Se roubados os produtos depois da saída (implementação do fato gerador do IPI), deve haver a tributação, não tendo aplicação o disposto no art. 174, V, do RIPI-98' (REsp 734.403/RS, Rel. Ministro Mauro Campbell Marques, Segunda Turma, *DJe* 6/10/2010). Nessa oportunidade, fiquei vencido ao lado do Eminente Ministro Castro Meira, cujas considerações ali feitas motivaram aqui maior reflexão sobre a justiça de onerar o contribuinte com tributação que não corresponde ao proveito decorrente da operação. Tais observações prevalecem nos seguintes termos: 4. O fato gerador do IPI não é a saída do produto do estabelecimento industrial ou a ele equiparado. Esse é apenas o momento temporal da hipótese de incidência, cujo aspecto material consiste na realização de operações que transfiram a propriedade ou posse de produtos industrializados. 5. Não se pode confundir o momento temporal do fato gerador com o próprio fato gerador, que consiste na realização de operações que transfiram a propriedade ou posse de produtos industrializados. 6. A antecipação do elemento temporal criada por ficção legal não torna definitiva a ocorrência do fato gerador, que é presumida e pode ser contraposta em caso de furto, roubo, perecimento da coisa ou desistência do comprador. 7. A obrigação tributária nascida com a saída do produto do estabelecimento industrial para entrega futura ao comprador, portanto, com tradição diferida no tempo, está sujeita a condição resolutória, não sendo definitiva nos termos dos arts. 116, II, e 117 do CTN. Não há razão para tratar, de forma diferenciada, a desistência do comprador e o furto ou o roubo da mercadoria, dado que em todos eles a realização do negócio jurídico base foi frustrada. 8. O furto ou o roubo de mercadoria, segundo o art. 174, V, do Regulamento do IPI, impõem o estorno do crédito de entrada relativo aos insumos, o que leva à conclusão de que não existe o débito de saída em respeito ao princípio constitucional da não cumulatividade. Do contrário, além da perda da mercadoria – e do preço ajustado para a operação mercantil –, estará o vendedor obrigado a pagar o imposto e a anular o crédito pelas entradas já lançado na escrita fiscal. 9. Desarrazoado entender que a parte que tem a mercadoria roubada deva suportar prejuízo decorrente de déficit da segurança pública que deveria ser oferecida pelo Estado, e recolher o tributo como se obtivesse proveito econômico com a operação. Quando há proveito econômico, não se recolhe tributo. Quando não há, o pagamento é indevido? Tratar-se-ia de afirmação kafkiana. 10. O furto de mercadorias antes da entrega ao comprador faz desaparecer a grandeza econômica sobre a qual deve incidir o tributo. Em

# 196 | CÓDIGO TRIBUTÁRIO NACIONAL – *Hugo de Brito Machado Segundo*                    **Art. 47**

outras palavras, não se concretizando o negócio jurídico, por furto ou roubo da mercadoria negociada, já não se avista o elemento signo de capacidade contributiva, de modo que o ônus tributário será absorvido não pela riqueza advinda da própria operação tributada, mas pelo patrimônio e por rendas outras do contribuinte que não se relacionam especificamente com o negócio jurídico que deu causa à tributação, em clara ofensa ao princípio do não confisco. [...]" (STJ, 2ª T., REsp 1.203.236/RJ, *DJe* de 30/8/2012).

Quanto à saída de produto industrializado de estabelecimento importador que não realizou nenhuma nova industrialização no produto importado, veja-se a nota anterior.

**4. IPI incidente na arrematação** – Naturalmente, só será devido o IPI diante de arrematação de bem que deveria ter sido tributado pelo IPI, mas não o foi porque o industrial ou, o que é mais frequente, o importador o perdeu ou o abandonou. Nesse caso, o arrematante será o contribuinte. Mas evidentemente não se há de cogitar da exigência do IPI em leilões outros, ainda que envolvendo 'produtos industrializados' (*v. g.*, leilão de um automóvel, em execução fiscal movida contra um devedor do imposto de renda).

**5. Conceito de industrialização e supremacia constitucional** – Ao definir o que se deve considerar por "produto industrializado", o CTN mais uma vez apenas explicita o conteúdo da norma constitucional que atribui competência à União para instituir e cobrar o IPI. É evidente que uma lei ordinária não pode alterar tal conceito, notadamente para alargá-lo, pois assim estaria a lei a alterar a própria Constituição. Em vez de o IPI incidir sobre a saída de produtos industrializados do estabelecimento fabricando, ou sobre a importação ou o leilão desses mesmos produtos, passaria a incidir sobre qualquer realidade que o legislador ordinário definisse como tal.

**6. Industrialização e recondicionamento de produtos usados** – "O IPI incide sobre produtos industrializados. Estes, pela lei, são os que sejam submetidos a qualquer tipo de operação que lhes modifique a natureza ou a finalidade, aperfeiçoando-os para o consumo. [...] O equipamento usado que passa por recondicionamento deve ser considerado, para fins de tributação do IPI, como melhorado para fins de consumo, quando originário do estrangeiro. [...]" (STJ, 1ª T., REsp 273.205/RS, Rel. Min. José Delgado, j. em 16/11/2000, *DJ* de 5/3/2001, p. 129).

**Art. 47.** A base de cálculo do imposto é:

I – no caso do inciso I do artigo anterior, o preço normal, como definido no inciso II do art. 20, acrescido do montante:[1]

a) do imposto sobre a importação;

b) das taxas exigidas para entrada do produto no país;

c) dos encargos cambiais efetivamente pagos pelo importador ou dele exigíveis;

II – no caso do inciso II do artigo anterior:

a) o valor da operação de que decorrer a saída da mercadoria;[2-3]

b) na falta do valor a que se refere a alínea anterior, o preço corrente da mercadoria, ou sua similar, no mercado atacadista da praça do remetente;

III – no caso do inciso III do artigo anterior, o preço da arrematação.

# Art. 47 — Livro Primeiro · SISTEMA TRIBUTÁRIO NACIONAL | 197

## ANOTAÇÕES

**1. Base de cálculo na importação** – Relativamente à importação, o IPI tem como hipótese de incidência a colocação, no mercado nacional, de um produto industrializado importado. Sua base de cálculo, porém, deve ser o valor pelo qual esse produto ingressa na economia nacional, o que inclui encargos cambiais, imposto de importação e taxas relativas à importação. É importante notar, porém, que em relação aos tributos que têm como hipótese de incidência, especificamente, a importação (*v. g.*, imposto de importação, COFINS-importação etc.), a mesma não pode ser acrescida de tais encargos, que somente se somam ao valor do produto *depois* da importação, vale dizer, depois de consumado o fato gerador correspondente.

**2. Valor da operação e descontos incondicionais** – No caso do IPI incidente sobre a saída de um produto do estabelecimento que o industrializou, sua base de cálculo deve ser, necessariamente, o valor da operação. Trata-se de decorrência da imposição lógica de que a base de cálculo do tributo seja sempre o aspecto material, quantitativo, ou dimensível, de seu fato gerador, vale dizer, seja o seu fato gerador "transformado em cifra". O art. 47, II, *a*, do CTN, portanto, é meramente explicitante de algo que decorre da própria supremacia dos dispositivos que delimitam o âmbito constitucional do IPI. Em face dessas premissas, caso tenham sido concedidos **descontos incondicionais** ao comprador, assim entendidos aqueles concedidos *antes* da ocorrência do fato gerador, estes não podem integrar a base de cálculo correspondente. Exemplificando, se o produto seria vendido por R$ 100,00, mas em face de um desconto concedido ao comprador *antes* da compra terminou sendo vendido por R$ 90,00, esta última quantia é o valor da operação, e sobre ela deve ser calculado o IPI. De modo simples, mas objetivo, pode-se dizer que "os descontos incondicionalmente concedidos não integram a base de cálculo do IPI porque não fazem parte do 'valor da operação' da qual decorre a saída da mercadoria. [...]" (STJ, 2ª T., REsp 318.639/RJ, Rel. Min. Peçanha Martins, j. em 15/9/2005, *DJ* de 21/11/2005, p. 174).

Como se trata de decorrência da supremacia constitucional, nem mesmo a lei ordinária pode alterar essa realidade: "Importâncias descontadas incondicionalmente do preço das mercadorias não são fato gerador do IPI. II – A regra que veda a dedução do desconto advinda da alteração introduzida pela Lei nº 7.798/89 no art. 14 da Lei nº 4.502/62, não se compatibiliza com o CTN, que se reveste da condição de Lei Complementar. III – Na hipótese vertente, o fato gerador do IPI é a saída da mercadoria do estabelecimento industrial, nos termos do art. 46, inc. II c/c art. 51, inc. II do CTN). IV – A base de cálculo é o valor da operação de que decorrer a saída da mercadoria; V – Recurso voluntário e remessa obrigatória improvidos; sentença concessiva confirmada" (TRF 2ª R., 1ª T., AMS nº 026.335, Rel. Juiz Ney Fonseca, j. em 5/10/1999, *DJ* de 25/11/1999, p. 91, *RDDT* 53, p. 221). Precisamente por isso, o art. 14, § 2º, da Lei 4.502/1962 teve sua vigência suspensa pela Resolução 1 de 2017, do Senado Federal. **No mesmo sentido:** "[...] A Lei Ordinária nº 7.798/89, ao não permitir a dedução dos descontos incondicionados, alterou a base de cálculo do IPI, alargando o conceito de 'valor da operação', disciplinado por Lei Complementar (art. 47 do CTN), o que fere o Princípio da Hierarquia das Leis. [...]" (STJ, 2ª T., REsp 465.796/SC, Rel. Min. Castro Meira, j. em 16/2/2006, *DJ* de 13/3/2006, p. 252). **Conferir ainda:** "[...] 3. A alteração do art. 14 da Lei nº 4.502/64 pelo art. 15 da Lei nº 7.798/89 para fazer incluir, na base de cálculo do IPI, o valor do frete realizado por empresa coligada, não pode subsistir, tendo em vista os ditames do art. 47 do CTN, o qual define como base de cálculo o valor da operação de que decorre a saída da mercadoria, devendo-se entender como "valor da operação" o contrato de compra e venda, no qual se estabelece o preço fixado pelas partes. 4. Com relação à exigência do IPI

**198** | CÓDIGO TRIBUTÁRIO NACIONAL – *Hugo de Brito Machado Segundo* **Art. 48**

sobre descontos incondicionais/bonificação, a jurisprudência do Superior Tribunal de Justiça envereda no sentido de que: – 'Consoante explicita o art. 47 do CTN, a base de cálculo do IPI é o valor da operação consubstanciado no preço final da operação de saída da mercadoria do estabelecimento. O Direito Tributário vale-se dos conceitos privatísticos sem contudo afastá-los, por isso que o valor da operação é o preço e, este, é o quantum final ajustado consensualmente entre comprador e vendedor, que pode ser o resultado da tabela com seus descontos incondicionais. Revela *contraditio in terminis* ostentar a Lei Complementar que a base de cálculo do imposto é o valor da operação da qual decorre a saída da mercadoria e a um só tempo fazer integrar ao preço os descontos incondicionais. *Ratio essendi* dos precedentes quer quanto ao IPI, quer quanto ao ICMS.' (REsp nº 477.525/GO, Rel. Min. LUIZ FUX, *DJ* de 23/6/2003) – 'A base de cálculo do Imposto sobre Circulação de Mercadorias e Serviços – ICMS, é o valor da operação, o que é definido no momento em que se concretiza a operação. O desconto incondicional não integra a base de cálculo do aludido imposto' (REsp nº 63.838/BA, Rela Mina NANCY ANDRIGHI, *DJ* de 5/6/2000) 5. Precedentes das 1ª e 2ª Turmas desta Corte Superior. [...]" (STJ, 1ª T., AgRg no Ag 703.431/SP, Rel. Min. José Delgado, j. em 2/2/2006, *DJ* de 20/2/2006, p. 220).

**3. IPI e selo de controle** – Em relação a alguns produtos submetidos à incidência do IPI a legislação tributária estabelece a obrigatoriedade de afixação de um "selo de controle". É o que se dá, por exemplo, com bebidas, cigarros e relógios. Trata-se de obrigação acessória destinada a viabilizar o controle do adimplemento da obrigação principal. Ocorre que o mencionado selo, inicialmente fornecido de graça, passou a ser motivo para a cobrança de um valor para o seu fornecimento, a qual pode suscitar alguns questionamentos.

Primeiro, pode-se problematizar a validade da cobrança, aspecto já enfrentado pela jurisprudência do STJ, que diverge, todavia, quanto à sua natureza. Em alguns acórdãos o valor pago pelo selo é considerado "ressarcimento" pelos custos inerentes à sua impressão, configurando receita originária (REsp 881.528/PB). Em outros, a exação é considerada como taxa pelo controle e pela consequente fixação dos selos (REsp 637.756/RS). Aspecto a ser considerado, nesse caso, diz respeito às consequências da cobrança de valores bastante superiores aos custos de impressão do selo. A questão, aliás, é mais ampla do que parece, interessando não apenas aos contribuintes, mas a todos os entes federativos. Reduzindo (ou deixando de aumentar) o valor do IPI, mas exigindo valores excessivos a título de "selo de controle", a União pode submeter o contribuinte à mesma carga tributária, mas *fraudar a divisão de rendas tributárias,* pois o valor arrecadado a título de IPI é partilhado com Estados-membros, Distrito Federal e Municípios, e o valor recebido pelo fornecimento do "selo de controle" não.

**Art. 48.** O imposto é seletivo em função da essencialidade dos produtos.[1]

## ANOTAÇÕES

**1. Seletividade no IPI** – O IPI deve ser seletivo, o que implica a existência de alíquotas diferentes para produtos diferentes. E o *critério* adotado para essa classificação, ou para essa diferenciação/seleção, deve ser a essencialidade dos produtos tributados. Quanto mais essenciais, menor deve ser a alíquota; quanto mais supérfluos, nocivos ou desnecessários, maior deve ser a alíquota. Confiram-se, a propósito, as notas ao art. 153, § 3º, I, da CF/88.

# Art. 49

**Art. 49.** O imposto é não cumulativo, dispondo a lei de forma que o montante devido resulte da diferença a maior, em determinado período, entre o imposto referente aos produtos saídos do estabelecimento e o pago relativamente aos produtos nele entrados.[1,2,3,4]

Parágrafo único. O saldo verificado, em determinado período, em favor do contribuinte transfere-se para o período ou períodos seguintes.

## ANOTAÇÕES

**1. Não cumulatividade no IPI. Inexistência das restrições relativas ao ICMS** – Diversamente do que ocorre com o ICMS, que conta com vedações constitucionais expressas (CF/88, art. 155, § 2º, II, *a* e *b*), em relação ao IPI uma operação isenta pode gerar crédito para contribuintes situados em etapas posteriores da cadeia de produção. Esse crédito é importante para que a isenção não seja esvaziada, transformando-se em mero diferimento da incidência. E, no dizer do STF, "se o contribuinte do IPI pode creditar o valor dos insumos adquiridos sob o regime de isenção, inexiste razão para deixar de reconhecer-lhe o mesmo direito na aquisição de insumos favorecidos pela alíquota zero, pois nada extrema, na prática, as referidas figuras desonerativas, notadamente quando se trata de aplicar o princípio da não cumulatividade. A isenção e a alíquota zero em um dos elos da cadeia produtiva desapareceriam quando da operação subsequente, se não admitido o crédito" (STF, RE 350446/PR, *DJ* de 6/6/2003, p. 32). Pela mesma razão, a saída de produtos isentos não impõe o estorno dos créditos relativos às entradas. Ao contrário, atendendo aos princípios constitucionais da seletividade e da não cumulatividade, a lei prevê expressamente a manutenção desses créditos, e a maneira como podem ser utilizados (Lei nº 9.779/99, art. 11). Confiram-se as notas ao art. 153, § 3º, II, da CF/88.

**2. Não cumulatividade e tributação do valor agregado. Distinção. Implicações** – A não cumulatividade, tal como adotada no Direito Brasileiro, visa ao mesmo resultado de uma tributação sobre o valor agregado, mas com ela não se confunde. Quando se trata de um imposto sobre o valor agregado, seu "fato gerador" é a realização de uma operação na qual se agregue valor a determinado bem ou serviço. Como consequência da relação lógica entre fato gerador e base de cálculo, a base de cálculo é o montante do valor agregado, sobre o qual se aplica a alíquota. É a chamada tributação de "base sobre base". A sistemática brasileira é diferente. O fato gerador da obrigação tributária, tanto no caso do IPI, como no do ICMS, é a prática de uma operação (venda, permuta etc.), de um produto industrializado, no primeiro caso, ou de uma mercadoria, no segundo. E o efeito cascata é neutralizado (pelo menos em tese) com a dedução dos tributos incidentes nas operações anteriores. Daí falar-se em tributação de "imposto sobre imposto".

A distinção é relevante. Fosse a tributação no Brasil fundada no fato "valor agregado", uma indústria que adquirisse matéria prima tributada de forma branda (ou mesmo nem tributada) pelo IPI, e vendesse produto final pesadamente tributado, poderia aplicar a alíquota incidente na saída sobre os produtos relativos às suas entradas, e assim reduzir significativamente o ônus do tributo, de sorte a que a alíquota mais pesada onerasse apenas o "valor agregado". No acórdão adiante transcrito, o Superior Tribunal de Justiça revela haver compreendido bem essa distinção e os seus efeitos práticos: "1. Para evitar o "efeito cascata" dos tributos que incidem sobre a cadeia de produção e circulação de bens há

**200** | CÓDIGO TRIBUTÁRIO NACIONAL – *Hugo de Brito Machado Segundo*                    **Art. 49**

dois mecanismos de política fiscal: a regra da não cumulatividade e a sistemática do valor agregado. 2. O legislador, no Direito Tributário Brasileiro, optou pela regra da não cumulatividade, garantindo ao sujeito passivo o direito de compensar o montante do imposto devido em operação realizada por ele com o imposto cobrado nas operações posteriores. Em outras palavras, adotou o sistema de "créditos e débitos". 3. A pretensão de pagamento do IPI apenas sobre o valor agregado não encontra respaldo na legislação e, nem por isso, o desatendimento ao pleito importa em violação ao princípio da não cumulatividade, inserto no art. 49 do CTN. 4. Também não existe respaldo a pretensão de fazer incidir a alíquota do produto final sobre o as matérias-primas, insumos e produtos intermediários quando menor essa alíquota, devendo ser observado que o IPI, necessariamente, é seletivo em função da essencialidade do produto. 5. Recurso especial não provido" (STJ, 2ª T., REsp 805.793/PR, Rel. Min. Eliana Calmon, j. em 4/9/2007, *DJ* de 26/9/2007, p. 207).

É o mesmo raciocínio seguido quando se afirma que entradas tributadas com alíquota zero não geral crédito de IPI a ser abatido em face de saídas tributadas por esse imposto. A pretensão dos contribuintes em face de entradas tributadas, mas com alíquotas mais baixas, serve para demonstrar, de forma mais clara, a impossibilidade de se aplicar a sistemática da "base sobre base" em face de nossa legislação.

**3. Não cumulatividade no IPI. Sistemática do crédito físico** – A não cumulatividade, como se sabe, pode, em tese, ser implementada pela sistemática do *crédito físico*, e pela sistemática do *crédito financeiro*. Pela primeira, apenas dão direito a crédito as entradas de produtos que correspondem fisicamente àqueles produtos que saem e ensejam o surgimento de débitos, ou a estes se intregram no processo de industrialização. Já pela segunda sistemática, do crédito financeiro, dão direito ao crédito todas as aquisições feitas pelo contribuinte em sua atividade de produção ou comercialização, pois as mesmas serão agregadas *financeiramente* ao produto cuja saída gera débito de imposto. No caso do IPI, a sistemática adotada pela legislação foi a do crédito físico, com alguma ampliação. Não se admite, por exemplo, crédito decorrente da entrada de bens destinados ao ativo fixo do contribuinte, restrição que tem contado com o aval da jurisprudência. É conferir: "Não prospera a alegação de que restou malferido o comando do artigo 49 do CTN, pois, consoante asseverou o nobre relator do v. acórdão objurgado, o Regulamento do IPI (art. 147 do Decreto nº 2.637/98) veda expressamente o aproveitamento dos bens do ativo permanente da empresa, mesmo se houver seu natural desgaste no curso do processo de industrialização" (REsp 497.187/SC, Rel. Min. Franciulli Netto, *DJU* de 8/9/03). **No mesmo sentido:** STJ, 2ª T., AgRg no Ag 940.241/PR, Rel. Min. Castro Meira, j. em 11/3/2008, *DJ* de 28/3/2008, p. 1.

**4. Sistemática da não cumulatividade do IPI e Opção pelo "Simples"** – A forma de apuração não cumulativa do IPI, através da qual do valor a pagar de tributo deve-se abater o montante incidente nas operações anteriores, é afastada quando da opção do contribuinte pela sistemática de cálculo e recolhimento unificada de tributos conhecida como "Simples". Trata-se do preço a pagar pela simplificação, que é de algum modo compensado, pelo menos em tese, com uma redução na alíquota correspondente. Não há invalidade nesse afastamento, nem violação ao princípio constitucional da não cumulatividade, por uma série de razões. Primeiro, porque a adesão ao Simples somente ocorre por opção do contribuinte, que voluntariamente escolhe submeter-se a essa forma diferenciada de cálculo do montante dos tributos incidentes sobre sua atividade. Segundo, porque, como dito, a alíquota (tanto do IPI como do ICMS) é sensivelmente mais baixa para aqueles que optam

**Art. 51**  Livro Primeiro · SISTEMA TRIBUTÁRIO NACIONAL | **201**

pelo Simples e por isso são excluídos da sistemática não cumulativa. E, terceiro, porque a própria Constituição determina a atribuição de tratamento diferenciado e favorecido às microempresas e às empresas de pequeno porte, o que se faz, no âmbito da tributação, precisamente através do Simples. Nesse sentido, aliás, a orientação das duas Turmas que integram a Primeira Seção do STJ "firmou-se no sentido de que, na hipótese de adesão ao SIMPLES, a empresa recolhe os tributos de forma unificada e, em relação ao IPI, ele incide cumulado com outros impostos, por alíquota fixa sobre a receita bruta, e não sobre os produtos vendidos. (...)" (STJ, 1ª T., EDcl no Ag 940.592/PR, Rel. Min. Denise Arruda, j. em 4/12/2007, *DJ* de 17/12/2007, p. 143). O acórdão refere-se ao "Simples Federal", disciplinado pela Lei nº 9.713/98, mas suas premissas permitem chegar-se à mesma conclusão, também, no que concerne ao "Simples Nacional", tratado na LC 123/2006.

**Art. 50.** Os produtos sujeitos ao imposto, quando remetidos de um para outro Estado, ou para o Distrito Federal, serão acompanhados de nota fiscal de modelo especial, emitida em séries próprias e contendo, além dos elementos necessários ao controle fiscal, os dados indispensáveis à elaboração da estatística do comércio por cabotagem e demais vias internas.

**Art. 51.** Contribuinte[1,2] do imposto é:

I – o importador ou quem a lei a ele equiparar;

II – o industrial[3] ou quem a lei a ele equiparar;

III – o comerciante de produtos sujeitos ao imposto, que os forneça aos contribuintes definidos no inciso anterior;

IV – o arrematante de produtos apreendidos ou abandonados, levados a leilão.

Parágrafo único. Para os efeitos deste imposto, considera-se contribuinte autônomo qualquer estabelecimento de importador, industrial, comerciante ou arrematante.[4]

## Anotações

**1. Contribuinte "de direito" e contribuinte "de fato"** – A jurisprudência considera o IPI um imposto indireto, vale dizer, um imposto que incide sobre um negócio do qual participam dois polos, e em relação ao qual seria possível falar-se de um "contribuinte de direito" e de um "contribuinte de fato". O primeiro seria aquele legalmente designado como tal. O segundo, a pessoa que efetivamente sofre o ônus do tributo, que lhe é repassado por meio do preço do negócio que serve de fato gerador à obrigação correspondente. Esse dado é da maior relevância para determinar a *legitimidade ativa ad causam,* notadamente em relação à restituição do indébito tributário (CTN, art. 166). Conforme chegou a decidir o STJ, em uma operação entre fabricante e distribuidor, por exemplo, o primeiro seria o contribuinte de direito e, o segundo, o contribuinte de fato: "2. A distribuidora de bebidas, ao adquirir o produto industrializado da fabricante para posterior revenda ao consumidor final, suporta o encargo financeiro do IPI, cujo valor vem, inclusive, destacado na nota fiscal da operação. A fabricante, portanto, ostenta a condição de contribuinte de direito (responsável tributário) e a distribuidora a de contribuinte de fato. Nessa condição, a distribuidora tem legitimidade para questionar judicialmente a composição da base de cálculo do tributo (para ver dela abatidos os descontos incondicionais), bem como para pleitear a repetição dos valores pagos indevidamente a tal título. [...]" (STJ, 1ª T., REsp 817.323/CE, Rel. Min. Teori Albino Zavascki, j. em 6/4/2006, *DJ* de 24/4/2006, p. 377).

Entretanto, mais recentemente, esse entendimento foi alterado, e o STJ passou a decidir no sentido da ilegitimidade *ad causam* do contribuinte "de fato": "1. A partir do julgamento do REsp 903.394/AL, realizado sob o rito do art. 543-C do Código de Processo Civil (recurso repetitivo), ficou decidido que apenas o contribuinte de direito tem legitimidade ativa *ad causam* para demandar judicialmente a restituição de indébito referente a tributos indiretos. 2. No julgamento do REsp 928.875/MT, a Segunda Turma reviu sua posição para considerar que somente o contribuinte de direito possui legitimidade *ad causam* para figurar no polo ativo das demandas judiciais que envolvam a incidência do ICMS sobre a demanda contratada de energia elétrica. 3. Nas operações internas com energia elétrica, o contribuinte é aquele que a fornece ou promove a sua circulação (definição disposta no art. 4º, *caput*, da Lei Complementar 87/1996). Assim, ainda que se discuta a condição da concessionária, é certo que não é possível enquadrar o consumidor final na descrição legal de contribuinte de direito. 4. Na ausência de uma das condições da ação – legitimidade ativa da parte recorrida –, impõe-se a denegação da segurança, sem resolução do mérito, consoante disposto no art. 6º, § 5º, da Lei nº 12.016/09. 5. Recurso especial provido" (STJ, 2ª T., REsp 1.147.362/MT, *DJe* de 19/8/2010).

Assim, para o STJ, no âmbito dos tributos ditos indiretos, somente o contribuinte "de direito" pode discutir os termos da relação jurídica, sendo certo que, no caso de restituição, mesmo ele não pode fazê-lo se não provar haver assumido o ônus econômico representado pelo tributo. Cria-se, com isso, entrave praticamente intransponível à restituição do indébito, o que se faz de forma fortemente incoerente. Para um efeito, é "jurídica" a transferência do ônus do tributo ao consumidor final. Para outro, é "meramente econômica".

Mesmo sem discutir o possível desacerto da tese, sob o prisma do direito material, salta aos olhos a inconstitucionalidade da situação com ela criada, que representa enorme obstáculo ao acesso à jurisdição. A Constituição assevera, no art. 5º, XXXV, que a lei não excluirá da apreciação ao Judiciário lesão ou ameaça a direito, mas o STJ criou situação inusitada na qual, a teor do art. 166 do CTN, essa exclusão acontece, e de forma brutal, pois se o tributo tido por "indireto" tiver sido repassado economicamente ao consumidor final, nem este, nem o contribuinte de direito poderão pleitear em juízo a sua restituição. Assim, em face da interpretação dada pelo STJ ao art. 166 do CTN, tem-se nele uma disposição de lei que exclui irremediavelmente da apreciação do Judiciário inúmeras lesões ou ameaças a direito, servindo de enorme, e muitas vezes intransponível, embaraço para que contribuintes submetam ao Judiciário a lesão aos seus direitos decorrente da cobrança indevida de ICMS, IPI ou ISS. A incompatibilidade da norma, tal como entendida pelo STJ, e o disposto no art. 5º, inciso XXXV, da CF/88, parece muito clara.

Confiram-se as notas ao art. 166 do CTN.

**2. Contribuinte e relação pessoal e direta com o fato gerador** – O art. 51 do CTN é coerente com a ideia, expressa no art. 121, I, do mesmo Código, que decorre do princípio da capacidade contributiva, segundo a qual o contribuinte deve ser aquele que mantém relação pessoal e direta com a situação que representa o fato gerador da respectiva obrigação. É por isso que o importador será contribuinte, quando o IPI incidir na importação. O industrial será contribuinte, relativamente ao IPI incidente nas saídas de produtos industrializados do estabelecimento fabricante, e assim por diante.

# Arts. 59 a 62 — Livro Primeiro · SISTEMA TRIBUTÁRIO NACIONAL | 203

**3. Empresas de construção civil não são industriais** – Contribuintes do ramo da construção civil chegaram a sustentar tese segundo a qual sua atividade seria "industrial", passível de tributação pelo IPI. Sem atentar para o perigo dessa tese *para o futuro,* que poderia levar o setor a ter de suportar mais esse imposto (sendo certo que um de seus principais custos, a mão de obra, não lhe confere crédito), visavam unicamente ao aproveitamento (via restituição ou compensação, nos termos do art. 11 da Lei nº 9.779/99) de créditos acumulados em face da aquisição de material tributado (*v. g.,* aço, instalações elétricas etc.). Tal tese, contudo, não tem contado com o amparo da jurisprudência. "O recurso especial não merece ser provido, uma vez que o acórdão recorrido, ao identificar, mediante o exame do contrato social, a natureza não industrial da atividade da recorrente – cujo objeto social é a realização de construção civil –, interpretando adequadamente a legislação aplicável, concluiu pela impossibilidade do pretendido creditamento de IPI, pelo fato de a empresa postulante não ser contribuinte desse imposto. Precedente: AgRg no AgRg no Resp 868.434/SE, Rel. Min. Francisco Falcão. [...]" (STJ, 1ª T., REsp 941.847/RJ, Rel. Min. José Delgado, j. em 4/9/2007, *DJ* de 26/11/2007, p. 129).

**4. Princípio da autonomia dos estabelecimentos** – O parágrafo único do art. 51 do CTN consagra a chamada "autonomia dos estabelecimentos", existente também no âmbito do ICMS. Considera-se que cada estabelecimento é um contribuinte do imposto, devendo manter controles das entradas, das saídas e de seu estoque, apurando-o de forma independente de outros estabelecimentos que a mesma pessoa eventualmente possua. Exemplificando, se uma determinada pessoa jurídica tem vários estabelecimentos, cada um deles deve ser considerado como um contribuinte, para fins de apuração e cobrança do IPI. É uma maneira de facilitar o controle, relativamente à aplicação do princípio da não cumulatividade.

## Seção II
### Imposto Estadual sobre Operações Relativas à Circulação de Mercadorias[1]

**Arts. 52 a 58** *(Revogados)*

## Anotações

**1. Normais gerais relativas ao ICM. Seção II do CTN. Revogação** – As "normas gerais" em matéria de ICM (ICMS, após a CF/88), traçadas nos arts. 52 a 58 do CTN, constaram durante muito pouco tempo do texto do Código Tributário Nacional. Foram inicialmente revogadas pelo DL 406/68, que disciplinou a matéria, e, atualmente, em face dos arts. 146, III e 155, XII, da CF/88, tais normas estão traçadas na Lei Complementar nº 87/96 e em leis complementares posteriores (*v. g.* LC 102/2000), também integrantes deste volume.

## Seção III
### Imposto Municipal sobre Operações Relativas à Circulação de Mercadorias[1]

**Arts. 59 a 62.** *(Revogados)*

# 204 | CÓDIGO TRIBUTÁRIO NACIONAL – *Hugo de Brito Machado Segundo* — **Art. 63**

## ANOTAÇÕES

**1. Imposto municipal sobre circulação de mercadorias. Seção III do CTN. Revogação** – Os artigos dessa seção (59 a 62) foram revogados pelo Ato Complementar nº 31, de 1966. Tratavam de um Imposto *Municipal* sobre Operações relativas à Circulação de Mercadorias ("ICM Municipal"), que nunca chegou a ser efetivamente cobrado. Em seu lugar, deu-se aos Municípios participação na arrecadação do ICM (hoje ICMS) cobrado pelo Estado no qual estiver situado (ver art. 158, IV, da CF/88).

## Seção IV
### Imposto sobre Operações de Crédito, Câmbio e Seguro, e sobre Operações Relativas a Títulos e Valores Mobiliários

**Art. 63.** O imposto, de competência da União, sobre operações de crédito, câmbio e seguro, e sobre operações relativas a títulos e valores mobiliários tem como fato gerador:

I – quanto às operações de crédito, a sua efetivação pela entrega total ou parcial do montante ou do valor que constitua o objeto da obrigação, ou sua colocação à disposição do interessado;[1, 2, 3]

II – quanto às operações de câmbio, a sua efetivação pela entrega de moeda nacional ou estrangeira, ou de documento que a represente, ou sua colocação à disposição do interessado em montante equivalente à moeda estrangeira ou nacional entregue ou posta à disposição por este;

III – quanto às operações de seguro, a sua efetivação pela emissão da apólice ou do documento equivalente, ou recebimento do prêmio, na forma da lei aplicável;

IV – quanto às operações relativas a títulos e valores mobiliários, a emissão, transmissão, pagamento ou resgate destes, na forma da lei aplicável.

Parágrafo único. A incidência definida no inciso I exclui a definida no inciso IV, e reciprocamente, quanto à emissão, ao pagamento ou resgate do título representativo de uma mesma operação de crédito.

## ANOTAÇÕES

**1. Fato gerador do IOF incidente sobre operação de crédito** – Conquanto o CTN se reporte ao fato gerador do IOF como sendo a entrega ou a disponibilização, ao mutuário, do montante a ser mutuado, o STJ tem considerado, para fins de *direito intertemporal*, relevante não a data da entrega do numerário, mas da celebração do contrato. Considerou a Corte que, "ante a impossibilidade de alteração dos conceitos advindos do Direito Privado (art. 110 do CTN), o que importa, *in casu*, para fins de incidência da norma tributária, é o momento da celebração do contrato de financiamento com o BNDES, porquanto vinculador

**Art. 64**

Livro Primeiro · SISTEMA TRIBUTÁRIO NACIONAL | **205**

da vontade das partes, para fins de ocorrência do fato gerador do Imposto sobre Operações Financeiras – IOF. [...]" (STJ, 1ª T., EDcl no REsp 324.361/BA, Rel. Min. Francisco Falcão, j. em 7/2/2006, *DJ* de 6/3/2006, p. 162).

**2. IOF e operação de crédito para financiamento da compra de táxi** – O direito à isenção decorre do atendimento dos requisitos exigidos pela lei, e não do reconhecimento expresso desse atendimento, por parte da autoridade administrativa. Ainda quando seja necessário um ato administrativo para deferir a isenção, este terá sempre efeito *declaratório*, e não constitutivo. Confiram-se, a propósito, as notas aos arts. 176 e 179 do CTN. Por conta disso, o STJ tem considerado ser "ilegal a exigência de IOF na operação de financiamento para aquisição de automóveis de passageiros – táxi –, se preenchidos os requisitos do art. 72 da Lei nº 8.383/91 para o gozo da isenção. [...] Embora o art. 72, § 1º da Lei nº 8.383/91 preveja a prévia verificação dos requisitos legais pelo Departamento da Receita Federal, deve-se afastar a exigência se houver reconhecimento judicial da isenção. [...]" (STJ, 2ª T., REsp 689.140/CE, Rel. Min. Eliana Calmon, j. em 6/12/2005, *DJ* de 19/12/2005, p. 345).

**3. IOF e *factoring*** – "A lei nº 9.779/99, dentro do absoluto contexto do art. 66 CTN, estabeleceu, como hipótese de incidência do IOF, o resultado de mútuo. [...] 2. Inovação chancelada pelo STF na ADIN 1.763/DF (rel Min. Pertence). [...] 3. A lei nova incide sobre os resultados de aplicações realizadas antecedentemente. [...]" (STJ, 2ª T., REsp 522.294/RS, Rel. Min. Eliana Calmon, j. em 9/12/2003, *DJ* de 8/3/2004, p. 221). Realmente, nem a Constituição nem o CTN restringem a incidência do IOF aos empréstimos concedidos por instituições financeiras, não havendo qualquer irregularidade na lei que inclui essa modalidade de mútuo entre as hipóteses de incidência do imposto.

O acórdão proferido pelo STF no julgamento da medida cautelar na ADIn 1.763/DF, a propósito, porta a seguinte ementa: "IOF: incidência sobre operações de *factoring* (Lei nº 9.532/97, art. 58): aparente constitucionalidade que desautoriza a medida cautelar. O âmbito constitucional de incidência possível do IOF sobre operações de crédito não se restringe às praticadas por instituições financeiras, de tal modo que, à primeira vista, a lei questionada poderia estendê-la às operações de *factoring*, quando impliquem financiamento (*factoring* com direito de regresso ou com adiantamento do valor do crédito vincendo – *conventional factoring*); quando, ao contrário, não contenha operação de crédito, o *factoring*, de qualquer modo, parece substantivar negócio relativo a títulos e valores mobiliários, igualmente susceptível de ser submetido por lei à incidência tributária questionada" (STF, Pleno, ADI-MC 1.763/DF, Rel. Min. Sepúlveda Pertence, j. em 20/8/1998, *DJ* de 26/9/2003, p. 5, *RTJ* 191-1/70).

**Art. 64.** A base de cálculo[1] do imposto é:

I – quanto às operações de crédito, o montante da obrigação, compreendendo o principal e os juros;

II – quanto às operações de câmbio, o respectivo montante em moeda nacional, recebido, entregue ou posto à disposição;

III – quanto às operações de seguro, o montante do prêmio;

IV – quanto às operações relativas a títulos e valores mobiliários:

a) na emissão, o valor nominal mais o ágio, se houver;

b) na transmissão, o preço ou o valor nominal, ou o valor da cotação em Bolsa, como determinar a lei;

c) no pagamento ou resgate, o preço.

## Anotações

**1. Base de cálculo do IOF** – Explicitando uma decorrência da própria Teoria do Direito, o art. 64 do CTN enumera as possíveis bases de cálculo do IOF, indicando-as, em cada caso, como sendo o respectivo fato gerador "transformado em cifra", ou, como preferem alguns autores, o "aspecto dimensível" do fato gerador. Não seria mesmo possível que, dispondo sobre o IOF incidente sobre operação de seguro, por exemplo, a lei determinasse que sua base de cálculo seria o valor dos rendimentos do segurado. Caso isso ocorresse, ter-se-ia um imposto de renda disfarçado, e não um imposto sobre operações de seguro.

**Art. 65.** O Poder Executivo pode,[1] nas condições e nos limites estabelecidos em lei, alterar as alíquotas[2] ou as bases de cálculo do imposto, a fim de ajustá-lo aos objetivos da política monetária.[3]

## Anotações

**1. Fixação de alíquotas por norma infralegal. Portaria** – Tanto a Constituição, como o Código Tributário Nacional, reportam-se à alteração das alíquotas pelo Poder Executivo, sem especificar qual ato normativo deveria ser usado para tanto (decreto, portaria, instrução normativa etc.). Entende-se, portanto, que, respeitada a hierarquia entre tais atos, a alíquota pode ser fixada por qualquer deles. Exemplificando, se um decreto fixa as alíquotas, só outro poderá alterá-las. Mas, se o decreto autoriza a Portaria a fazê-lo, não há nenhuma ilegalidade, ou inconstitucionalidade. Como já decidiu o STJ, "o IOF, tributo que escapa ao princípio da legalidade no que pertine à majoração de sua alíquota, pode tê-la alterada por ato do Poder Executivo, consubstanciado em Portaria Ministerial, por expressa delegação autorizada nos termos de Decreto 2219/97. [...]" (STJ, 1ª T., REsp 552.651/CE, Rel. Min. Luiz Fux, j. em 16/10/2003, *DJ* de 3/11/2003, p. 281).

**2. Alteração de alíquotas e exceção à legalidade estrita** – A fixação das alíquotas do IOF, aplicáveis às diversas hipóteses por ele tributadas, pode ser feita por ato do Poder Executivo, não se submetendo, neste particular, à estrita legalidade, nem à anterioridade (CF/88, arts. 150, § 1º e 153, § 1º). Mas note-se: não há total alforria em relação à legalidade: a lei deve fixar as alíquotas máximas e mínimas, bem como os critérios a serem observados na sua determinação pelo Executivo.

**3. Possibilidade de alteração de bases de cálculo não recepcionada pela CF/88** – Como se sabe, diversamente da Constituição de 1967, a CF/88 não autoriza o Poder Executivo a alterar as bases de cálculo do IOF, mas apenas as alíquotas. A expressão *ou as bases de cálculo*, contida no art. 65 do CTN, *não foi recepcionada pela atual ordem constitucional*.

# Art. 68

**Art. 66.** Contribuinte do imposto é qualquer das partes na operação tributada, como dispuser a lei.[1, 2]

## ANOTAÇÕES

**1. Contribuintes do IOF** – Cumprindo o seu papel de apenas traçar "normas gerais", o CTN simplesmente afirma que a lei pode eleger qualquer das partes da operação tributada como contribuinte do imposto. Afinal, ambas estão direta e pessoalmente ligadas à situação que configura o "fato gerador" da respectiva obrigação. Assim, podem ser colhidos como contribuinte, relativamente ao imposto incidente sobre o seguro, tanto o segurado como o segurador; no caso do crédito, tanto o mutuante como o mutuário, e assim por diante. Os sujeitos passivos do IOF – contribuintes e responsáveis – estão definidos na legislação federal, e encontram-se reproduzidos nos arts. 4º, 5º, 12, 20, 21 e 26 do Decreto nº 2.219/97, que regulamenta a cobrança do imposto.

**2. Caixa Econômica. Legitimidade *ad causam* em ações que discutem o IOF por ela retido** – "Como responsável pela retenção e recolhimento do IOF, a Caixa Econômica Federal é legitimada para participar de ações em que se discute a legalidade da cobrança do tributo sobre depósitos judiciais. Precedentes. [...]" (STJ, 2ª T., REsp 281.681/PE, Rel. Min. Castro Meira, j. em 27/4/2004, *DJ* de 9/8/2004, p. 199).

**Art. 67.** A receita líquida do imposto destina-se à formação de reservas monetárias, na forma da lei.[1]

## ANOTAÇÕES

**1. Vinculação da receita de impostos. Impossibilidade** – O art. 167, IV, da CF/88 veda a vinculação do produto da arrecadação dos impostos a fundos, despesas ou órgãos, ressalvadas as hipóteses previstas na própria Constituição, entre as quais não está a contida no art. 67 do CTN. Por essa razão, tal dispositivo, ao que nos parece, não foi recepcionado pela atual ordem constitucional. Confira-se, a propósito, o que foi dito sobre o art. 28 do CTN, que contém disposição análoga em relação ao imposto de exportação.

## Seção V
### Imposto sobre Serviços de Transportes e Comunicações[1]

**Art. 68.** O imposto, de competência da União, sobre serviços de transportes e comunicações tem como fato gerador:

I – a prestação do serviço de transporte, por qualquer via, de pessoas, bens, mercadorias ou valores, salvo quando o trajeto se contenha inteiramente no território de um mesmo Município;

**208** | CÓDIGO TRIBUTÁRIO NACIONAL – *Hugo de Brito Machado Segundo*          **Art. 69**

II – a prestação do serviço de comunicações, assim se entendendo a transmissão e o recebimento, por qualquer processo, de mensagens escritas, faladas ou visuais, salvo quando os pontos de transmissão e de recebimento se situem no território de um mesmo Município e a mensagem em curso não possa ser captada fora desse território.

**Art. 69.** A base de cálculo do imposto é o preço do serviço.

**Art. 70.** Contribuinte do imposto é o prestador do serviço.

## ANOTAÇÕES

**1. Imposto federal sobre serviços de comunicação e transporte. Seção V do CTN. Dispositivos não recepcionados pela CF/88** – Os artigos dessa seção (68 a 70) *não foram recepcionados* pela CF/88, tendo perdido seu fundamento de validade. Não existe mais amparo constitucional para esse "imposto federal sobre serviços de transportes e comunicações". Com efeito, em face do art. 155, II, da CF/88, os serviços de transportes e comunicações foram incluídos no âmbito de incidência do antigo ICM, que por isso mesmo passou a ser designado de ICMS.

## Seção VI
### Imposto sobre Serviços de Qualquer Natureza[1]

**Arts. 71 a 73.** *(Revogados)*

## ANOTAÇÕES

**1. Normas gerais relativas ao ISS. Seção VI do CTN-Revogação** – A matéria tratada nos arts. 71 a 73 do CTN, "normas gerais" relativas ao Imposto Municipal Sobre Serviços – ISS, constou durante pouco tempo no texto do Código. Logo em seguida passou a ser regulada pelo Decreto-lei nº 406/68, e hoje está disciplinada na Lei Complementar nº 116/2003, também integrante desse volume.

## Capítulo V
### Impostos Especiais

## Seção I
### Imposto sobre Operações Relativas a Combustíveis, Lubrificantes, Energia Elétrica e Minerais do País

**Arts. 74 e 75.** [...][1]

# Art. 77

**Livro Primeiro** · SISTEMA TRIBUTÁRIO NACIONAL | **209**

ANOTAÇÕES

**1. Não recepção do imposto sobre operações com combustíveis, lubrificantes etc. pela CF/88** – Com o advento da nova ordem constitucional, o antigo ICM passou a abranger, em seu âmbito de incidência, os fatos antes tributados pelo imposto referido nos arts. 74 e 75 do CTN, que por isso mesmo não foram recepcionados pela CF/88. Confiram-se, a propósito, as notas ao art. 155, II, da CF/88, e à LC nº 87/96.

## Seção II

### Impostos Extraordinários

**Art. 76.** Na iminência ou no caso de guerra externa, a União pode instituir, temporariamente, impostos extraordinários compreendidos ou não entre os referidos nesta Lei,[1] suprimidos, gradativamente, no prazo máximo de cinco anos,[2] contados da celebração da paz.

ANOTAÇÕES

**1. Imposto extraordinário de guerra na Constituição** – Ver art. 154, II, da CF/88.

**2. Imposto extraordinário de guerra e sua supressão gradual** – Considerando que a CF/88 atual, assim como a Constituição de 1967/69, não se refere a um prazo específico para a supressão dos impostos de guerra (limitando-se a referir sua *supressão gradativa* quando cessadas as causas de sua instituição), há quem afirme que a disposição do art. 76 do CTN, alusiva a um prazo de cinco anos, é inconstitucional, não tendo sido recepcionada nem pela Carta de 1967 nem pela CF/88 (Roque Antonio Carrazza, *Curso de Direito Constitucional Tributário,* 11. ed., São Paulo: Malheiros, 1998, p. 359). Não nos parece, contudo, que seja assim. O fato de a CF/88 referir-se vagamente à "supressão gradativa" não impede a lei complementar de regulamentar essa supressão, estipulando-lhe um prazo que, diga--se de passagem, é até elástico demais (Cf. Hugo de Brito Machado, *Comentários ao Código Tributário Nacional,* São Paulo: Atlas, 2003, v. 1, p. 636 ss).

## TÍTULO IV

### Taxas

**Art. 77.** As taxas cobradas pela União, pelos Estados, pelo Distrito Federal ou pelos Municípios, no âmbito de suas respectivas atribuições, têm como fato gerador o exercício regular[1] do poder de polícia,[2] ou a utilização, efetiva ou potencial, de serviço público específico e divisível, prestado ao contribuinte ou posto à sua disposição.

Parágrafo único. A taxa não pode ter base de cálculo ou fato gerador idênticos aos que correspondam a imposto[3,4] nem ser calculada em função do capital das empresas. *(Redação dada pelo Ato Complementar nº 34, de 30.1.1967)*

# 210 | CÓDIGO TRIBUTÁRIO NACIONAL – *Hugo de Brito Machado Segundo* — Art. 77

## ANOTAÇÕES

**1. Regular exercício do poder de polícia e renovação de licenças sem que haja efetiva fiscalização** – Considerando que o Município não exerce poder de polícia algum ao conceder renovação de licença para localização de estabelecimento comercial ou industrial, o STJ sumulou o seu entendimento no sentido de que tais renovações não poderiam dar margem à cobrança de taxas (Súmula 157/STJ).

Em virtude de precedentes em sentido contrário do STF, porém, tal entendimento foi alterado (no julgamento do REsp 261.571/SP, j. em 24/4/2002), e a cobrança anual da taxa passou a ser considerada legítima: "[...] É pacífico nesta Corte Superior de Justiça o entendimento segundo o qual é legítima a cobrança da taxa de fiscalização, localização e funcionamento em razão do exercício do poder de polícia do Município, cumpridas as exigências dos artigos 77 e 78 do Código Tributário Nacional (Precedentes: REsp 480.324/MG, Rel. p/acórdão este Magistrado, *DJ* 3/11/2004; AGA 316.696/MG, Rel. Min. Castro Meira, *DJ* 12/8/2003; AG 421.076/MG, Rel. Min. João Otávio de Noronha, *DJ* 11/9/2003; REsp 218.516/SP, Rel. p/acórdão Min. Eliana Calmon, *DJ* 19/5/2003; REsp 271.265/SP, Rel. Min. Peçanha Martins, *DJ* 10/3/2003, entre outros). 'O Supremo Tribunal Federal tem sistematicamente reconhecido a legitimidade da exigência, anualmente renovável, pelas Municipalidades, da taxa em referência, pelo exercício do poder de polícia, não podendo o contribuinte furtar-se à sua incidência sob alegação de que o ente público não exerce a fiscalização devida, não dispondo sequer de órgão incumbido desse mister' (RE 198.904/RS, Rel. Min. Ilmar Galvão, *DJ* 27/9/96). [...]" (STJ, 2ª T., REsp 704.196/BA, Rel. Min. Franciulli Netto, j. em 22/3/2005, *DJ* de 20/6/2005, p. 235).

**2. Exercício do poder de polícia e base de cálculo** – A base de cálculo de qualquer tributo deve sempre corresponder ao aspecto dimensível de seu fato gerador, vale dizer, deve corresponder à quantificação pecuniária de seu fato gerador. Assim, as taxas devem ser cobradas em função do custo aproximado que a atividade representa para o Poder Público, e do grau de utilização do contribuinte em relação a essa atividade. Forte nessas premissas, o STJ já considerou ilegítima a cobrança de taxa de licença de publicidade calculada em função da área do anúncio a ser colocado na fachada do estabelecimento: "A Taxa de licença de publicidade não pode ter como base de cálculo o espaço ocupado pelo anúncio na fachada externa do estabelecimento, porque o trabalho da fiscalização, independente do tamanho da placa de publicidade (CTN, art. 78). [...]" (STJ, 2ª T., RESP 78.048/SP, Rel. Min. Ari Pargendler, *DJ* de 9/12/1997, p. 64.657/8, *RDDT* 30, p. 224).

**3. Explicitação de uma noção de Teoria do Direito Tributário e o art. 145, § 2º, da CF/88** – O art. 145, § 2º tem redação mais adequada que o art. 77, parágrafo único do CTN, pois não se refere a "imposto", não dando a ideia de que as taxas apenas não podem ter base de cálculo própria dos impostos pré-existentes. Na verdade, as taxas não podem, como afirma o art. 145, § 2º, da CF/88, ter base de cálculo própria de "impostos", seja dos já existentes, seja de impostos ainda a serem criados. Sua base de cálculo há de corresponder ao seu fato gerador (vale dizer, ao custo aproximado de serviço público específico ou divisível, ou de poder de polícia ao qual o contribuinte esteja efetivamente submetido), não podendo, jamais, confundir-se com base de cálculo utilizável no cálculo de impostos. Como observou o Min. Geraldo Sobral, como relator do REsp 2.220/SP, "a base imponível da taxa há de refletir correspondência com a hipótese de incidência. Assim, a fixação do *quantum debeatur* não pode levar em consideração circunstâncias estranhas à taxa, pena

**Art. 79**  Livro Primeiro · SISTEMA TRIBUTÁRIO NACIONAL | **211**

de confundir-se o que é imposto com taxa ou contribuição de melhoria" (STJ, 1ª T., REsp 2.220/SP, Rel. Min. Geraldo Sobral, j. em 12/9/1990, *DJ* de 15/10/1990, p. 11.184).

**4. Taxa de expedição de guias de importação e imposto disfarçado** – Quanto à taxa de expedição de guias de importação (Lei nº 7.690/89), o STJ tem decidido que "se a exação ignora o valor do serviço prestado, para adotar como base de cálculo aquele da mercadoria importada, ela não constitui taxa, mas imposto. Se a suposta taxa adota como base de cálculo critério igual àquele utilizado no lançamento do imposto de importação, ela desafia a vedação inscrita no art. 77, parágrafo único, do CTN" (STJ – 1ª T – REsp 73.459/ES, Rel. Min. Humberto Gomes de Barros – j. em 11/10/1995, *DJ* de 20/11/1995 p. 39.567). **No mesmo sentido:** "A taxa de expediente, instituída pela Lei nº 2.145/53, com redação dada pela Lei nº 7.690, é flagrantemente inconstitucional, eis que possui base de cálculo própria do imposto de importação" (STJ – 1ª T. – REsp 205.685/ES, Rel. Min. Garcia Vieira – j. em 20/5/1999, *DJ* de 1/7/1999, p. 147). Ver notas ao art. 145, § 1º, da CF/88.

**Art. 78.** Considera-se poder de polícia[1] atividade da administração pública que, limitando ou disciplinando direito, interesse ou liberdade, regula a prática de ato ou abstenção de fato, em razão de interesse público concernente à segurança, à higiene, à ordem, aos costumes, à disciplina da produção e do mercado, ao exercício de atividades econômicas dependentes de concessão ou autorização do Poder Público, à tranquilidade pública ou ao respeito à propriedade e aos direitos individuais ou coletivos. *(Redação dada pelo Ato Complementar nº 31, de 28.12.1966)*

Parágrafo único. Considera-se regular o exercício do poder de polícia quando desempenhado pelo órgão competente nos limites da lei aplicável, com observância do processo legal e, tratando-se de atividade que a lei tenha como discricionária, sem abuso ou desvio de poder.

## ANOTAÇÕES

**1. Poder de polícia e fiscalização de anúncios (luminosos e *outdoors*)** – "A cobrança da taxa de fiscalização de anúncios, instituída por Lei Municipal, 'é justificada pelo exercício do poder de polícia, atendendo especificamente às exigências dos artigos 77 e 78 do CTN, porque, na hipótese, cobra-se pelo exercício do poder de polícia, pela utilização de placas luminosas que se sustentam por infra-estrutura criada pelo Fisco' (REsp 271.273/SP, Rel. Min. Eliana Calmon, *DJ* 3/9/2001)" (STJ, 2ª T., AgRg no Ag 508.813/RJ, Rel. Min. Franciulli Netto, j. em 15/3/2005, *DJ* de 30/5/2005, p. 284).

**Art. 79.** Os serviços públicos a que se refere o art. 77 consideram-se:

I – utilizados pelo contribuinte:

a) efetivamente, quando por ele usufruídos a qualquer título;

b) potencialmente, quando, sendo de utilização compulsória, sejam postos à sua disposição mediante atividade administrativa em efetivo funcionamento;

II – específicos, quando possam ser destacados em unidades autônomas de intervenção, de unidade, ou de necessidades públicas;

III – divisíveis, quando suscetíveis de utilização, separadamente, por parte de cada um dos seus usuários.[1]

## ANOTAÇÕES

**1. Especificidade e divisibilidade do serviço. Matéria constitucional** – "Está assentada na Primeira Seção a orientação segundo a qual as controvérsias acerca da divisibilidade e especificidade de taxas decorrentes da prestação de serviços públicos são inapreciáveis em sede de recurso especial, porquanto os arts. 77 e 79 do CTN repetem preceito constitucional contido no art. 145 da Carta vigente. Precedentes: AgReg no AG 628773/MG, Segunda Turma, Min. João Otávio de Noronha, *DJ* de 23.5.2005; AgReg no Resp 623209/MG, Primeira Turma, Min. Francisco Falcão, *DJ* de 25.4.2005. [...]" (STJ, 1ª T., REsp 744.588/RJ, Rel. Min. Teori Albino Zavascki, j. em 6/12/2005, *DJ* de 19/12/2005, p. 256). Confiram-se, a propósito, as notas ao art. 145, II e § 2º, da CF/88.

**Art. 80.** Para efeito de instituição e cobrança de taxas, consideram-se compreendidas no âmbito das atribuições da União, dos Estados, do Distrito Federal ou dos Municípios aquelas que, segundo a Constituição Federal, as Constituições dos Estados, as Leis Orgânicas do Distrito Federal e dos Municípios e a legislação com elas compatível, competem a cada uma dessas pessoas de direito público.[1]

## ANOTAÇÕES

**1. Discriminação de competência em relação às taxas** – O CTN não cuida da divisão de competências entre União, Estados-membros, Distrito Federal e Municípios, relativamente à instituição de taxas. Nem o capítulo da Constituição dedicado ao Sistema Tributário o faz. Apenas indicam que têm como fato gerador a prestação de serviços públicos, ou o exercício do poder de polícia. Isso não quer dizer, porém, que a competência para instituí-las não seja determinada, ou seja "comum". Não. O que ocorre é que, em relação aos impostos, que incidem sobre fatos relativos à vida do contribuinte não vinculados a qualquer atividade estatal específica, as próprias normas de Direito Tributário têm de especificar quais fatos serão tributados por quais entes. Já em relação às taxas, essa não é uma questão de Direito Tributário, mas sim de Direito Administrativo, ou Constitucional. União, Estados, Distrito Federal e Municípios são competentes para instituir taxas em função dos serviços e do poder de polícia situados em suas respectivas competências, o que é determinado pela Constituição em capítulo diverso do dedicado ao Sistema Tributário. Exemplificando, serviços de utilização compulsória, específicos e divisíveis, que só o Município puder prestar,

# Art. 81

Livro Primeiro · SISTEMA TRIBUTÁRIO NACIONAL | **213**

só o Município poderá tributar através de taxas. Confira-se, nesse sentido: CARRAZZA, Roque Antonio. *Curso de direito constitucional tributário*. 25. ed. São Paulo: Malheiros, 2009. p. 657-661; MACHADO, Hugo de Brito. *Curso de direito tributário*. 25. ed. São Paulo: Malheiros, 2004. p. 284-285; MACHADO SEGUNDO, Hugo de Brito. *Contribuições e federalismo*. São Paulo: Dialética, 2005. p. 72-73.

## TÍTULO V
### Contribuição de Melhoria

**Art. 81.** A contribuição de melhoria cobrada pela União, pelos Estados, pelo Distrito Federal ou pelos Municípios, no âmbito de suas respectivas atribuições, é instituída para fazer face ao custo de obras públicas[1] de que decorra valorização imobiliária, tendo como limite total a despesa realizada e como limite individual o acréscimo de valor que da obra resultar para cada imóvel beneficiado.[2]

## ANOTAÇÕES

**1. Obra pública. Construção de rede de coleta de esgoto** – A construção de uma rede de esgotos é obra pública de interesse público, e que gera valorização dos imóveis lindeiros, podendo dar cabimento à cobrança de contribuição de melhoria. Como já decidiu o STJ, "o município está autorizado a promover a execução de obra de interesse público, como é o caso da destinada à coleta de esgotos, por meio da instituição da contribuição de melhoria, pois se cuida de uma das hipóteses de obra pública que está especificada no diploma legal de regência dessa espécie tributária" (STJ, 2ª T., REsp 49.668/SP, Rel. Min. Castro Meira, j. em 15/4/2004, *DJ* de 28/6/2004, p. 213).

**2. Limites global e individual** – O valor cobrado a título de contribuição de melhoria submete-se a dois limites, um de natureza global, e outro individual. O montante total arrecadado com a contribuição não pode ultrapassar o custo da obra, e o valor exigido de cada contribuinte não pode ser superior à valorização verificada em seu imóvel. Os dois limites têm de ser respeitados, não bastando a observância só a um deles. "A contribuição de melhoria tem como fato gerador a valorização do imóvel que lhe acarreta real benefício, não servindo como base de cálculo, tão-só o custo da obra pública realizada" (STJ, 2ª T., REsp 280.248/SP, Rel. Min. Peçanha Martins, j. em 7/5/2002, *DJ* de 28/10/2002, p. 267). No mesmo sentido: "A contribuição de melhoria tem como limite geral o custo da obra, e como limite individual a valorização do imóvel beneficiado. [...] É ilegal a contribuição de melhoria instituída sem observância do limite individual de cada contribuinte" (STJ, 2ª T., REsp 362.788/RS, Rel. Min. Eliana Calmon, j. em 28/5/2002, *DJ* de 5/8/2002, p. 284). "Ilegalidade no lançamento de Contribuição de Melhoria sem a demonstração dos pressupostos de valorização ou específico benefício, apropriados à obra pública realizada no local da situação do imóvel" (STJ, 1ª T., REsp 160.030/SP, Rel. Min. Milton Luiz Pereira, j. em 5/4/2001, *DJ* de 19/11/2001, p. 233). "A base de cálculo da contribuição de melhoria é a valorização imobiliária. Tem como limite total a despesa realizada e como limite individual o acréscimo de valor que da obra resultar

# 214 | CÓDIGO TRIBUTÁRIO NACIONAL – *Hugo de Brito Machado Segundo*                    **Art. 82**

para cada imóvel beneficiado. Se não houver aumento do valor do imóvel, não pode o poder público cobrar-lhe a mais valia" (STJ, 1ª T., REsp 200.283/SP, Rel. Min. Garcia Vieira, j. em 4/5/1999, *DJ* de 21/6/1999, p. 89). "A entidade tributante, ao exigir o pagamento de contribuição de melhoria, tem de demonstrar o amparo das seguintes circunstâncias: a) a exigência fiscal decorre de despesas decorrentes de obra pública realizada; b) a obra pública provocou a valorização do imóvel; c) a base de cálculo é a diferença entre dois momentos: o primeiro, o valor do imóvel antes da obra ser iniciada; o segundo, o valor do imóvel após a conclusão da obra. 2. 'É da natureza da contribuição de melhoria a valorização imobiliária' (Geraldo Ataliba). 3. Diversidade de precedentes jurisprudenciais do STJ e do STF. 4. Adoção, também, da corrente doutrinária que, no trato da contribuição da melhoria, adota o critério de mais valia para definir o seu fato gerador ou hipótese de incidência (no ensinamento de Geraldo Ataliba, de saudosa memória)" (STJ, 1ª T., REsp 615.495/RS, Rel. Min. José Delgado, j. em 20/4/2004, *DJ* de 17/5/2004, p. 158). **Necessidade de prévia publicação de edital. Decreto-lei 195/67** – No entendimento do Superior Tribunal de Justiça, o art. 82 do CTN foi "revogado pelo art. 5º do Decreto-lei nº 195, de 1967, porque à época as normas gerais de direito tributário ainda não tinham o *status* ou a força de lei complementar (Emenda Constitucional 1/1969, art. 18, § 1º). No novo regime, o edital que antecede a cobrança da contribuição de melhoria pode ser publicado depois da realização da obra pública" (STJ, 2ª T., REsp 89.791/SP, Rel. Min. Ari Pargendler, j. em 2/6/1998, *DJ* de 29/6/1998, p. 139). A publicação do edital continua sendo importante, mas deve ocorrer de modo prévio à cobrança, e não necessariamente à realização da obra. "'A partir do D.L. 195/67, a publicação do edital é necessária para cobrança da contribuição de melhoria. Pode, entretanto, ser posterior à realização da obra pública' (REsp 84.417, Rel. Min. Américo Luz). Precedentes da 1ª e 2ª Turma" (STJ, 2ª T., REsp 143.998/SP, Rel. Min. Castro Meira, j. em 8/3/2005, *DJ* de 13/6/2005, p. 217). No mesmo sentido: "O D.L. 195, de 24 de fevereiro de l967 teve o condão de revogar o art. 82 CTN que, à época não possuía a força de lei complementar, o que só ocorreu após a promulgação da EC nº 01, de 1969 (art. 18, § 1º). A partir do D.L. 195/67, a publicação do edital é necessária para cobrança da contribuição de melhoria, mas não para realização da obra pública." (STJ, 2ª T., REsp 143.996/SP, Rel. Min. Peçanha Martins, j. em 7/10/1999, *DJ* de 6/12/1999, p. 76).

**Art. 82.** A lei relativa à contribuição de melhoria observará os seguintes requisitos mínimos:

I – publicação prévia[1] dos seguintes elementos:

a) memorial descritivo do projeto;

b) orçamento do custo da obra;[2]

c) determinação da parcela do custo da obra a ser financiada pela contribuição;

d) delimitação da zona beneficiada;

e) determinação do fator de absorção do benefício da valorização para toda a zona ou para cada uma das áreas diferenciadas, nela contidas;

II – fixação de prazo não inferior a 30 (trinta) dias, para impugnação pelos interessados, de qualquer dos elementos referidos no inciso anterior;

# Art. 82

III – regulamentação do processo administrativo de instrução e julgamento da impugnação a que se refere o inciso anterior, sem prejuízo da sua apreciação judicial.

§ 1º A contribuição relativa a cada imóvel será determinada pelo rateio da parcela do custo da obra a que se refere a alínea *c*, do inciso I, pelos imóveis situados na zona beneficiada em função dos respectivos fatores individuais de valorização.[3]

§ 2º Por ocasião do respectivo lançamento, cada contribuinte deverá ser notificado do montante da contribuição, da forma e dos prazos de seu pagamento e dos elementos que integram o respectivo cálculo.

## Anotações

**1. Necessidade de prévia publicação de edital. Decreto-lei nº 195/67** – No entendimento do Superior Tribunal de Justiça, o art. 82 do CTN foi "revogado pelo art. 5º do Decreto-lei nº 195, de 1967, porque à época as normas gerais de direito tributário ainda não tinham o *status* ou a força de lei complementar (Emenda Constitucional nº 1/1969, art. 18, § 1º). No novo regime, o edital que antecede a cobrança da contribuição de melhoria pode ser publicado depois da realização da obra pública" (STJ, 2ª T., REsp 89.791/SP, Rel. Min. Ari Pargendler, j. em 2/6/1998, *DJ* de 29/6/1998, p. 139). A publicação do edital continua sendo importante, mas deve ocorrer de modo prévio à cobrança, e não necessariamente à realização da obra. "'A partir do DL 195/67, a publicação do edital é necessária para cobrança da contribuição de melhoria. Pode, entretanto, ser posterior à realização da obra pública' (REsp 84.417, Rel. Min. Américo Luz). Precedentes da 1ª e 2ª Turma" (STJ, 2ª T., REsp 143.998/SP, Rel. Min. Castro Meira, j. em 8/3/2005, *DJ* de 13/6/2005, p. 217). No mesmo sentido: "O D.L. 195, de 24 de fevereiro de l967 teve o condão de revogar o art. 82 CTN que, à época não possuía a força de lei complementar, o que só ocorreu após a promulgação da EC nº 01, de 1969 (art. 18, § 1º). A partir do D.L. 195/67, a publicação do edital é necessária para cobrança da contribuição de melhoria, mas não para realização da obra pública" (STJ, 2ª T., REsp 143.996/SP, Rel. Min. Peçanha Martins, j. em 7/10/1999, *DJ* de 6/12/1999, p. 76).

**2. Possível razão para não se cobrar com frequência a contribuição de melhoria** – Para Hugo de Brito Machado, talvez a contribuição de melhoria seja figura pouco utilizada, no Brasil, pela falta de interesse dos gestores da administração pública de publicar o orçamento com o custo da obra a ser feito. Isso porque, como o custo da obra é um dos limites ao valor cobrado, a título de contribuição de melhoria, os contribuintes poderão impugná-lo, apontando possíveis superfaturamentos (Hugo de Brito Machado, *Comentários ao Código Tributário Nacional,* São Paulo: Atlas, 2003, v. 1, p. 713).

**3. Necessidade de valorização individual do imóvel** – "A base de cálculo da contribuição de melhoria é a valorização imobiliária, ou seja, a diferença entre o valor do imóvel antes do início da obra e o valor do mesmo após a conclusão da obra. Não havendo aumento do valor do imóvel, impossível a cobrança do tributo" (STJ, 2ª T., REsp 143.996/SP, Rel. Min. Peçanha Martins, j. em 7/10/1999, *DJ* de 6/12/1999, p. 76). É preciso que essa valorização seja aferida, como dito no acórdão, *após a conclusão da obra,* pelo que não é possível exigir a exação em face de obras inacabadas (STJ, REsp 647.134/SP).

# TÍTULO VI
## Distribuições de Receitas Tributárias

## Capítulo I
### Disposições Gerais

Arts. 83 e 84. [...][1]

## Capítulo II
### Imposto sobre a Propriedade Territorial Rural e sobre a Renda e Proventos de qualquer natureza

Art. 85. [...]

## Capítulo III
### Fundos de Participação dos Estados e dos Municípios

[...]

Arts. 86 a 94. [...][2]

## Capítulo IV
### Imposto sobre Operações Relativas a Combustíveis, Lubrificantes, Energia Elétrica e Minerais do País

Art. 95. [...][3]

---

## ANOTAÇÕES

**1. Distribuição de receitas tributárias e a CF/88** – As normas relativas à repartição das receitas tributárias encontram-se, hoje, nos arts. 157 ss da Constituição Federal de 1988.

**2. Critérios de distribuição do FPM e do FPE** – Sob a vigência da Constituição Federal de 1988, que alterou a partilha das receitas tributárias, os critérios para a distribuição dos recursos relativos ao FPM e ao FPE passaram a ser determinados na LC nº 62/89, e na Lei nº 8.016/90.

**3. Extinção do imposto sobre operações com combustíveis, lubrificantes, energia elétrica e minerais** – Com a extinção do imposto federal sobre operações com combustíveis, lubrificantes, energia elétrica e minerais, perderam o sentido as normas de distribuição dos recursos com ele arrecadados, que podem ser consideradas igualmente revogadas, ou não recepcionadas pela CF/88.

# Livro Segundo

# Normas Gerais de Direito Tributário

### TÍTULO I
Legislação Tributária

### Capítulo I
Disposições Gerais

### Seção I
Disposição Preliminar

**Art. 96.** A expressão "legislação tributária"[1] compreende as leis,[2] os tratados e as convenções internacionais, os decretos e as normas complementares que versem, no todo ou em parte, sobre tributos e relações jurídicas a eles pertinentes.

### Anotações

**1. Conceito de "legislação tributária"** – O art. 96 do CTN veicula prescrição normativa incompleta, que apenas define o significado de uma expressão utilizada por outros dispositivos do CTN. Sempre que, em outros pontos do Código, houver alusão à "legislação tributária", entende-se como referida não apenas a *lei* em sentido estrito, mas todos os atos normativos, inclusive infralegais, que cuidam de relações jurídicas tributárias. "No campo tributário impõe-se distinguir a 'lei' da 'legislação tributária' cuja acepção é mais ampla do que a daquela. Consoante observar-se-á, no afã de explicitar os comandos legais, vale-se o legislador tributário não só da lei no sentido formal, mas também de outros atos materialmente legislativos, como os decretos, as circulares, portarias, etc., sem considerarmos, na atualidade, a profusão das 'medidas provisórias', retratos atualizados dos antigos

# 218 | CÓDIGO TRIBUTÁRIO NACIONAL – *Hugo de Brito Machado Segundo*                    **Art. 97**

decretos-lei" (trecho do voto do Min. Luiz Fux, proferido no julgamento do REsp 460.986/PR, 1ª T., j. em 6/3/2003, *DJ* de 24/3/2003, p. 151).

Assim, em pontos em que o CTN exige a edição de *lei* (*v. g.*, art. 97), trata-se de lei em sentido estrito, ato normativo feito pelo Poder Legislativo segundo o processo previsto na Constituição (ou, excepcionalmente, de medida provisória, ato que têm *força* de lei, se cabível sua utilização nos termos do art. 62 da CF/88). Já quando o Código autoriza a *legislação tributária* a cuidar de certos assuntos, subentende-se que os mesmos podem ser versados em atos infralegais, como ocorre, por exemplo, em relação à fixação do prazo para pagamento do tributo (CTN, art. 160). Nesse sentido: "no sistema do Código Tributário Nacional (art. 96), a expressão 'legislação tributária' caracteriza um gênero, do qual a lei e o decreto são espécies; atribuindo à 'legislação tributária' força para fixar o tempo do pagamento dos tributos, o artigo 160 autorizou que isso se fizesse, indiferentemente, por quaisquer de suas espécies, respeitada, por óbvio, a hierarquia existente entre elas (*v. g.*, um prazo fixado por lei não pode ser alterado por decreto)" (STJ, 2ª T., EDcl no REsp 85.409/SP, Rel. Min. Ari Pargendler, j. em 13/12/1996, *DJ* de 3/2/1997, p. 694).

**2. Leis e outros atos normativos primários** – Ao fazer alusão às leis, o art. 96 do CTN, a rigor, abrange não só as leis complementares e ordinárias da União, dos Estados-membros, do Distrito Federal e dos Municípios, mas todos os demais atos normativos primários, a exemplo de medidas provisórias, resoluções do Senado, decretos-legislativos etc.

## Seção II
### Leis, Tratados e Convenções Internacionais e Decretos

**Art. 97.** Somente a lei pode estabelecer:[1, 2]

I – a instituição de tributos, ou a sua extinção;

II – a majoração de tributos, ou sua redução, ressalvado o disposto nos arts. 21, 26, 39, 57 e 65;[3]

III – a definição do fato gerador da obrigação tributária principal, ressalvado o disposto no inciso I do § 3º do art. 52, e do seu sujeito passivo;[4]

IV – a fixação de alíquota[5] do tributo e da sua base de cálculo,[6, 7] ressalvado o disposto nos arts. 21, 26, 39, 57 e 65;

V – a cominação de penalidades para as ações ou omissões contrárias a seus dispositivos, ou para outras infrações nela definidas;

VI – as hipóteses de exclusão, suspensão e extinção de créditos tributários, ou de dispensa ou redução de penalidades.

§ 1º Equipara-se à majoração do tributo a modificação da sua base de cálculo, que importe em torná-lo mais oneroso.

§ 2º Não constitui majoração de tributo, para os fins do disposto no inciso II deste artigo, a atualização do valor monetário da respectiva base de cálculo.

# Art. 97 — Livro Segundo · NORMAS GERAIS DE DIREITO TRIBUTÁRIO | 219

## ANOTAÇÕES

**1. Reserva de lei e explicitação de preceito constitucional** – O art. 97 do CTN limita-se a explicitar, de maneira meramente didática, o conteúdo do princípio constitucional da estrita legalidade tributária. Tanto é assim que a jurisprudência do STJ pacificou-se "no sentido de que a análise da violação do art. 97 do CTN é inviável pela via do recurso especial, uma vez considerando que o citado artigo é mera repetição do art. 150, I, da CF/88" (STJ, 1ª T., AgRg no REsp 380.509/RS, Rel. Min. Denise Arruda, j. em 2/9/2004, *DJ* de 30/9/2004, p. 217). Como adverte Amílcar de Araújo Falcão, "por força do princípio da legalidade, exige-se que em lei formal estejam determinados, pelo menos, os seguintes elementos: o fato gerador do tributo, a sua alíquota, a respectiva base de cálculo e os sujeitos passivos diretos e indiretos da relação tributária" (*Fato gerador da obrigação tributária,* 6. ed., Rio de Janeiro: Forense, 2002, p. 8). Confiram-se, a propósito do princípio da legalidade, as notas ao art. 150, I, da CF/88.

**2. Reserva de lei, aspectos da relação tributária e prazo para pagamento do tributo** – A lei, e somente a lei, deve dispor sobre todos os elementos essenciais da relação tributária (fato gerador, sujeito ativo, sujeito passivo, base de cálculo, alíquotas (nesse caso, observadas as exceções constitucionais) etc. Trata-se de imposição do princípio da legalidade. O *prazo* para o pagamento do tributo, porém, pode ser fixado em norma infralegal. É evidente, porém, que se o prazo vier – mesmo desnecessariamente – a ser fixado em lei, só uma outra lei poderá alterá-lo. Em outras palavras, "se não fixado em lei, o prazo para recolhimento de tributo pode ser estipulado por decreto, segundo a jurisprudência prevalente nesta Corte" (STJ, 2ª T., REsp 72.004/SP, Rel. Min. Pádua Ribeiro, j. em 18/11/1996, *DJ* de 9/12/1996, p. 49.243). No mesmo sentido: "no sistema do Código Tributário Nacional (art. 96), a expressão 'legislação tributária' caracteriza um gênero, do qual a lei e o decreto são espécies; atribuindo à 'legislação tributária' força para fixar o tempo do pagamento dos tributos, o artigo 160 autorizou que isso se fizesse, indiferentemente, por quaisquer de suas espécies, respeitada, por óbvio, a hierarquia existente entre elas (*v. g.,* um prazo fixado por lei não pode ser alterado por decreto)" (STJ, 2ª T., EDcl no REsp 85.409/SP, Rel. Min. Ari Pargendler, j. em 13/12/1996, *DJ* de 3/2/1997, p. 694). O STF tem adotado idêntico entendimento: Pleno, RE 140.669/PE, Rel. Min. Ilmar Galvão, j. em 2/12/1998, m. v., *DJ* de 18/5/2001, p. 86, *RTJ* 178-1/361).

**3. Exceções à reserva legal para majoração de tributos** – O CTN, elaborado à luz da Constituição de 1946, arrola exceções à regra de que somente a lei pode majorar ou reduzir tributos, mas essas exceções não necessariamente co*incidem com as que estão atualmente em vigor, que são determinadas pelos arts. 153, § 1º, 177, § 4º, I,* b, da CF/88, e pelo art. 75, § 1º, do ADCT.

**4. Reserva legal, definição do sujeito passivo e substituição tributária para frente** – Em evidente explicitação do princípio da legalidade, o art. 97 do CTN dispõe que só a lei pode definir o sujeito passivo da obrigação tributária (contribuintes e responsáveis). Ora, em sendo assim, e sem mais discutir a validade da sistemática da substituição "para frente", ou da não devolução do excesso arrecadado caso preço final seja inferior ao previsto na antecipação, o fato é que as operações submetidas à substituição tributária "para frente" devem ser definidas *na lei,* pois se trata da definição do sujeito passivo da obrigação. Não é lícito ao legislador estadual afirmar, vagamente, que podem ser colhidos como substitutos os produtores, importadores, revendedores, varejistas, etc. etc. (enfim, todos), e delegar ao regulamento a tarefa de definir quais operações estão sujeitas à substituição e quem são os substitutos e substituídos. Nesse sentido, Hugo de Brito Machado há muito doutrina que "Desprovido de validade é também o dispositivo de lei estadual que transfere ao Poder Executivo a competência para estabelecer a definição da categoria de contribuinte ao qual será atribuída a condição de substituto. Essa atribuição há de ser feita pela lei. Não pelo regulamento. Não o permite o princípio da legalidade tributária, inscrito no art. 150, inciso I, da Constituição Federal. Criar um tributo é, como dito, estabelecer todos os elementos de que se necessita para saber se este existe, qual é o seu valor, quem deve pagar, quando e a quem deve ser pago" (Hugo de Brito Machado, *Aspectos Fundamentais do ICMS*, 2. ed., São Paulo: Dialética, 1999, p. 121).

O STJ, a propósito, já decidiu que "não atende ao princípio da reserva legal, o dispositivo da Lei estadual capixaba 5.298/96, que transfere ao Poder Executivo a competência para atribuir responsabilidade tributária a quem comercia 'toda e qualquer mercadoria classificada na Nomenclatura Brasileira de Mercadorias/Sistema Harmonizado – NBM/SH'. A NBM/SH é uma relação que abarca todos os bens suscetíveis de comércio lícito no Brasil, não podendo ser colocado no comércio, qualquer bem que nela não esteja relacionado. Com efeito, se a relação envolve 'toda e qualquer mercadoria', a Lei transferiu ao Executivo a competência para impor responsabilidade substitutiva em relação a todos os ramos de comércio, indistintamente. [...] Quando o Legislador, no art. 6º da Lei Complementar nº 7/96 concedeu à lei estadual o condão de atribuir o encargo de substituto tributário, ele quis que o Poder Legislativo Estadual determinasse os casos e as pessoas em que o encargo deve recair. Dizer que o encargo pode incidir, a critério do Poder Executivo, sobre quem comercia qualquer objeto suscetível de mercancia lícita é fraudar o princípio da reserva legal. Em assim fazendo, o Legislador está generalizando, jamais determinando" (STJ, 1ª T., EDcl no ROMS 10.897/ES, Rel. Min. Humberto Gomes de Barros, j. em 11/12/2001, *DJ* de 11/3/2002, p. 166, *RDDT* nº 80, p. 227).

Confiram-se, ainda, as notas ao art. 150, § 7º, da CF/88.

**5. Reserva legal e contribuição para o Seguro de Acidente do Trabalho – SAT** – A Primeira Seção do Superior Tribunal de Justiça considera válida a legislação que cuida da contribuição para o SAT, não obstante esta fixe alíquotas (1%, 2% e 3%) variáveis conforme o grau de risco atribuído à atividade do contribuinte *pelo regulamento*. "O artigo 22, inciso II, da Lei nº 8.212/91, estabeleceu as hipóteses de incidência da contribuição para o seguro de acidentes do trabalho com as correspectivas alíquotas diferenciadas de acordo com o risco. A circunstância de o grau de risco ter ficado a critério do Poder Executivo não evidencia qualquer ofensa ao princípio da legalidade" (STJ, 2ª T., REsp 289.510/RS, Rel. Min. Franciulli Netto, j. em 7/11/2002, *DJ* de 31/5/2004, p. 256). No mesmo sentido: STJ, 1ª T., REsp 780.359/SP, Rel. Min. José Delgado, j. em 17/11/2005, *DJ* de 5/12/2005, p. 248.

Esse foi também o posicionamento seguido pelo Supremo Tribunal Federal: "As Leis 7.787/89, art. 3º, II, e 8.212/91, art. 22, II, definem, satisfatoriamente, todos os elementos capazes de fazer nascer a obrigação tributária válida. O fato de a lei deixar para o regulamento a complementação dos conceitos de 'atividade preponderante' e 'grau de risco leve, médio e grave', não implica ofensa ao princípio da legalidade genérica, C.F., art. 5º, II, e da legalidade tributária, C.F., art. 150, I" (STF, Pleno, RE 343.446/SC, Rel. Min. Carlos Velloso, j. em 20/3/2003, v. u., *DJ* de 4/4/2003, p. 40).

**Art. 97**  Livro Segundo · NORMAS GERAIS DE DIREITO TRIBUTÁRIO | **221**

**6. Base de cálculo e relação com o fato gerador** – A base de cálculo de um tributo deve guardar, necessariamente, relação com o seu fato gerador. Alfredo Augusto Becker, a propósito, designava a base de cálculo como o núcleo do fato gerador transformado em cifra. Outros autores falam de aspecto dimensível da hipótese de incidência. Seja qual for a terminologia usada, o que importa é que o tributo deve ter por base de cálculo, vale dizer, deve ser calculado sobre o montante encontrado a partir da quantificação econômica de seu fato gerador. Se o imposto tem por fato gerador a aquisição da disponibilidade econômica ou jurídica de renda, sua base de cálculo deve ser o montante dessa renda. Se seu fato gerador é a propriedade imobiliária, a base de cálculo deve ser o valor do imóvel, e assim por diante. Como explica Amílcar de Araújo Falcão, "é indispensável configurar-se uma relação de pertinência ou inerência da base de cálculo ao fato gerador: tal inerência ou pertinência afere-se, como é óbvio, por este último. De outro modo, a inadequação da base de cálculo pode representar uma distorção do fato gerador e, assim, desnaturar o tributo." (*Fato gerador da obrigação tributária*, 7. ed., Rio de Janeiro: 2002, p. 79). Para verificar o acerto dessa afirmação, basta que se imagine uma lei que, definindo o fato gerador do IPTU como sendo a propriedade de imóvel urbano, descreva sua base de cálculo como sendo o montante dos rendimentos auferidos pelo proprietário. Ter-se-á, no caso, um imposto de renda disfarçado, e não um imposto sobre a propriedade imobiliária urbana.

**7. Reserva legal e critérios para se aderir ao regime do "lucro presumido"** – A determinação da base de cálculo do imposto de renda – se o montante *real* ou o montante *presumido* dos rendimentos – é matéria reservada à lei, não só por conta do que dispõe o art. 97, IV, do CTN, mas especialmente em razão do princípio da legalidade, do qual aquele é mera explicitação. Forte nessas premissas, o STJ já decidiu que "a imposição de requisito para a opção pela sistemática do lucro presumido não pode ser inaugurada por Instrução Normativa, que, muito embora seja ato administrativo de caráter normativo, subordina-se ao ordenamento jurídico hierarquicamente superior, *in casu*, à lei e à Constituição Federal, não sendo admissível que o poder regulamentar extrapole seus limites, ensejando a edição dos chamados 'regulamentos autônomos', vedados em nosso ordenamento jurídico, a não ser pela exceção do art. 84, VI, da Constituição Federal. [...] O ato administrativo, no Estado Democrático de Direito, está subordinado ao princípio da legalidade (CF/88, arts. 5º, II, 37, *caput*, 84, IV), o que equivale a assentar que a Administração só pode atuar de acordo com o que a lei determina. Desta sorte, ao expedir um ato que tem por finalidade regulamentar a lei (decreto, regulamento, instrução, portaria, etc.), não pode a Administração inovar na ordem jurídica, impondo obrigações ou limitações a direitos de terceiros. [...] Consoante a melhor doutrina, 'é livre de qualquer dúvida ou entre dúvida que, entre nós, por força dos arts. 5, II, 84, IV, e 37 da Constituição, só por lei se regula liberdade e propriedade; só por lei se impõem obrigações de fazer ou não fazer. Vale dizer: restrição alguma à liberdade ou à propriedade pode ser imposta se não estiver previamente delineada, configurada e estabelecida em alguma lei, e só para cumprir dispositivos legais é que o Executivo pode expedir decretos e regulamentos' (Celso Antônio Bandeira de Mello. Curso de Direito Administrativo, São Paulo, Malheiros Editores, 2002). [...] Aplicação analógica do entendimento assentado nos precedentes desta Corte: REsp 584798/PE, desta relatoria, Primeira Turma, *DJ* de 6/12/2004; REsp 491304/PR, Relator Ministro José Delgado, Primeira Turma, *DJ* de 18/8/2003; e REsp 443910/PR, desta relatoria, Primeira Turma, DJ de 19.12.2002, no sentido de que 'admissível que o poder regulamentar extrapole seus limites, ensejando a edição dos chamados regulamentos autônomos, vedados em nosso ordenamento jurídico, a não ser pela exceção do art. 84, VI, da Constituição Federal'" (STJ, 1ª T., REsp 665.880/RS, Rel. Min. Luiz Fux, j. em 14/2/2006, *DJ* de 13/3/2006, p. 199).

**Art. 98.** Os tratados e as convenções internacionais revogam ou modificam a legislação tributária interna, e serão observados pela que lhes sobrevenha.[1,2]

## Anotações

**1. Posição hierárquica do tratado internacional** – Uma vez incorporados ao direito interno, os tratados e as convenções internacionais são hierarquicamente superiores à legislação interna? Essa é a ideia que transmite o art. 98 do CTN, que parece situá-los em posição intermédia entre as normas constitucionais (às quais se subordinam), e as normas infraconstitucionais (sobre as quais prevalece).

O Supremo Tribunal Federal chegou a decidir que "os tratados ou convenções internacionais, uma vez regularmente incorporados ao direito interno, situam-se, no sistema jurídico brasileiro, nos mesmos planos de validade, de eficácia e de autoridade em que se posicionam as leis ordinárias, havendo, em consequência, entre estas e os atos de direito internacional público, mera relação de paridade normativa. Precedentes. No sistema jurídico brasileiro, os atos internacionais não dispõem de primazia hierárquica sobre as normas de direito interno" (STF, Pleno, ADI 1.480-MC, Rel. Min. Celso de Mello, *DJ* de 18/5/2001).

No Superior Tribunal de Justiça, por sua vez, fez-se a diferença entre *tratado normativo* e *tratado contratual*. Consideram-se tratados-normativos aqueles que se prestam apenas "para o estabelecimento de normas gerais de direito internacional público", enquanto os tratados contratuais são os que têm "por objeto uma prestação jurídica concreta", com "a estipulação recíproca das respectivas prestações e contraprestação com o fim comum". E, baseado nessa diferença, o STJ afirma que aos tratados-normativos realmente se aplica o entendimento do STF, acima referido, de que têm a mesma hierarquia das leis, podendo ser por elas revogados, mas aos tratados contratuais não, em virtude do art. 98 do CTN. "Em se tratando de matéria tributária, a superveniência de legislação nacional não revoga disposição contida em tratado internacional contratual, consoante dispõe o art. 98 do CTN" (STJ, 2ª T., REsp 228.324/RS, Rel. Min. João Otávio de Noronha, j. em 12/5/2005, *DJ* de 1º/7/2005, p. 458). Em seu voto, o Min. Relator consignou: "Acerca da interpretação desse dispositivo, colaciono, por apropriado, o ensinamento de Hugo Brito Machado: 'Denunciado um tratado, todavia, a lei interna com ele incompatível estará restabelecida, em pleno vigor. Tem-se que procurar, assim, o significado da regra legal em foco. O que ela pretende dizer é que os tratados e convenções internacionais prevalecem sobre a legislação interna, seja anterior ou mesmo posterior' (p. 62)."

No mesmo sentido: Sendo o princípio da não discriminação tributária adotado na ordem interna, deve ser adotado também na ordem internacional, sob pena de desvalorizarmos as relações internacionais e a melhor convivência entre os países. [...] Supremacia do princípio da não-discriminação do regime internacional tributário e do art. 3º do GATT"

# Art. 98     Livro Segundo · NORMAS GERAIS DE DIREITO TRIBUTÁRIO | 223

(STJ, 1ª T., REsp 426.945/PR, Rel. Min. Teori Albino Zavascki, Rel. p/ ac. Min. José Delgado, j. em 22/6/2004, m. v., *DJ* de 25/8/2004, p. 141).

Posteriormente, com o julgamento do RE 229.096, no qual o STF consignou que tratados internacionais podem, sim, servir de instrumento para a concessão de isenções de tributos estaduais e municipais (ver nota ao art. 151, III, da CF/88), tornou-se inviável para a Corte Suprema manter o entendimento de que, apesar do art. 98 do CTN, os tratados internacionais, em matéria tributária, teriam *status* igual ao de uma lei ordinária federal. Isso chegou, inclusive, a ser mencionado no julgado, quando se destacou que o precedente em sentido contrário, bastante antigo, havia sido proferido por maioria de votos e em matéria de direito comercial (e não tributário, ao qual seria aplicável o art. 98 do CTN): "o referido art. 98 do CTN, ao proclamar a supremacia dos acordos internacionais, em torno de matéria tributária, assinalando que não expressam eles ato normativo emanado da União, como mera ordem central, mas da União, ordem total e, como tal, endereçado a todos os brasileiros." (STF, Pleno, RE 229.096/RS, *DJ-e* 65, divulgado em 10/4/2008, citação de trecho do voto do min. Relator).

**2. Primazia do tratado e tributos estaduais e municipais** – Em sendo o tratado superior às leis internas, pode a União, através de tratado, e não obstante o disposto no art. 151, III, da CF/88, ao *representar* a República Federativa do Brasil no plano internacional, conceder isenção de tributos estaduais e municipais? Havia posicionamentos contrários a essa possibilidade, baseados em uma interpretação literal do art. 151, III, da CF/88: "Não pode a União firmar tratados internacionais isentando o ICMS de determinados fatos geradores, se inexiste lei estadual. 3 – A amplitude da competência outorgada à União para celebrar tratados sofre os limites impostos pela própria Carta Magna. 4 – O art. 98, do CTN, há de ser interpretado com base no panorama jurídico imposto pelo novo Sistema Tributário Nacional" (STJ, REsp 90.871-PE, Rel. Min. José Delgado, *DJ* de 20/10/1997, p. 52.977, *RDDT* 28, p. 157).

É interessante perceber, porém, que o STJ entende que o tratado internacional concessivo da isenção de tributo estadual é válido, mas depende de *lei estadual* concessiva da isenção, para que produza efeitos internamente. Partindo dessa premissa, o STJ entende que, se há lei estadual concedendo isenção a determinado produto ou operação (*v. g.,* leite), e há tratado internacional no qual se preconiza igualdade de tratamento entre os produtos nacionais e aqueles importados dos países signatários, a isenção pode ser validamente aplicada ao produto estrangeiro, por força do tratado: "Quem tributa ou isenta do ICMS são os Estados, mas a União pode, por acordo internacional, garantir que a tributação, quando adotada, não discrime os produtos nacionais e os estrangeiros, em detrimento destes" (STJ, 2ª T., EDcl no REsp 147236/RJ, Rel. Min. Ari Pargendler, j. em 11/12/1997, v. u., *DJ* de 2/2/1998, p. 96). No mesmo sentido: "Embora o ICMS seja tributo de competência dos Estados e do Distrito Federal, é lícito à União, por tratado ou convenção internacional, garantir que o produto estrangeiro tenha a mesma tributação do similar nacional" (STJ, 2ª T., AgRg no Ag 438.449/RJ, Rel. Min. Franciulli Netto, j. em 5/9/2002, v. u., *DJ* de 7/4/2003, p. 264). Confira-se, ainda: "Muito embora seja assente que a União não possa conceder isenção heterônoma, é certo também que esta impossibilidade pode ser contornada em relação ao ICMS, desde que exista lei estadual prevendo a isenção" (STJ, 1ª T., REsp 480.563/RS, Rel. Ministro Luiz Fux, j. em 6/9/2005, *DJ* de 3/10/2005, p. 121). Neste último aresto, aliás, a Ministra Denise Arruda pareceu dar – a nosso ver, corretamente – maior amplitude ao papel dos tratados internacionais, relativamente à concessão isenção de tributos estaduais e municipais. Diferenciando a União, entidade à qual o art. 151, III, da CF/88 se reporta, da República Federativa do Brasil, pessoa signatária dos tratados e integrada também pelos Estados-membros, a Ministra afirmou, quanto à suposta impossibilidade de o tratado conceder tais isenções, que "tal postura mostra-se equivocada, sob pena de descrédito para com um Tratado (Mercosul) do qual o país é signatário, que foi firmado pela República Federativa do Brasil, da qual faz parte o Estado do Rio Grande do Sul".

A propósito, há igualmente quem afirme que sim, vale dizer, que tratados internacionais podem veicular isenção de tributos estaduais e municipais. O fundamento, para tanto, é precisamente aquele mencionado pela Ministra Denise Arruda, no julgamento do REsp 480.563/RS: não seria a União quem as estaria outorgando (o que o art. 151, III proíbe), mas sim a República Federativa do Brasil, vale dizer, o Estado Federal do qual Estados-membros e Municípios também fazem parte. Para a defesa desse posicionamento, no plano doutrinário, confiram-se: Hugo de Brito Machado, *Comentários ao Código Tributário Nacional*, São Paulo: Atlas, 2004, v. 2, p. 78 ss; Sacha Calmon Navarro Coelho, *Curso de Direito Tributário Brasileiro*, 9. ed., Rio de Janeiro: Forense, 2006, p. 630 ss; Valdir de Oliveira Rocha, "Tratados Internacionais e vigência das isenções por eles concedidas, em face da Constituição de 1988", em *Repertório IOB de Jurisprudência* nº 5/91, texto nº 1/3964.

**No âmbito da jurisprudência do STF**, essa tese foi expressamente acolhida no julgamento do RE 229.096/RS (Rel. p. acórdão Min. Cármen Lúcia, j. em 16/8/2007, *Informativo STF 476*).

**Art. 99.** O conteúdo e o alcance dos decretos restringem-se aos das leis em função das quais sejam expedidos, determinados com observância das regras de interpretação estabelecidas nesta Lei.[1]

## Anotações

**1. Conteúdo e alcance dos decretos e regulamentos e reserva de lei** – "Os decretos, entendidos como forma de exercício do poder regulamentar, devem ser considerados norma tributária, nos termos do artigo 96 do Código Tributário Nacional. Menos não é verdade, contudo, que, de acordo com o sistema administrativo-constitucional brasileiro, o poder regulamentar deve se pautar, sempre, nas disposições legais" (STJ, 2ª T., REsp 258.217/SP, Rel. Min. Franciulli Netto, j. em 7/3/2002, *DJ* de 24/6/2002, p. 240).

## Seção III
### Normas Complementares

**Art. 100.** São normas complementares[1,2] das leis, dos tratados e das convenções internacionais e dos decretos:

I – os atos normativos expedidos pelas autoridades administrativas;[3]

# Art. 100     Livro Segundo · NORMAS GERAIS DE DIREITO TRIBUTÁRIO | 225

II – as decisões dos órgãos singulares ou coletivos de jurisdição administrativa, a que a lei atribua eficácia normativa;[4]

III – as práticas reiteradamente observadas pelas autoridades administrativas;[5]

IV – os convênios que entre si celebrem a União, os Estados, o Distrito Federal e os Municípios.[6]

Parágrafo único. A observância das normas referidas neste artigo exclui a imposição de penalidades, a cobrança de juros de mora e a atualização do valor monetário da base de cálculo do tributo.[7]

## ANOTAÇÕES

**1. Norma complementar e explicitação do conteúdo das leis** – O papel das normas complementares da legislação tributária é o de explicitar o conteúdo das leis, de sorte a uniformizar a sua interpretação por parte da Administração Tributária. "As normas complementares do direito tributário são de grande valia porquanto empreendem exegese uniforme a ser obedecida pelos agentes administrativos fiscais (art. 100, do CTN). Constituem, referidas normas, fonte do direito tributário porquanto integrantes da categoria 'legislação tributária' (art. 96, do CTN) [...]". Com base nessas premissas, o STJ entendeu que uma Instrução Normativa nº 65/96, que se *conceitua* "estabelecimento de ensino", "educação escolar de 1º, 2º e 3º graus", "cursos de especialização" e "cursos profissionalizantes", está apenas a explicitar o conteúdo do art. 8º, II, *b*, da Lei nº 9.250/95, que usa tais expressões ao tratar das despesas dedutíveis para fins de determinação da base de cálculo do imposto de renda (STJ, 1ª T., REsp 460.986/PR, Rel. Min. Luiz Fux, j. em 6/3/2003, *DJ* de 24/3/2003, p. 151).

**2. Norma complementar e exorbitância do conteúdo legal** – Conquanto as normas complementares da legislação tributária sejam de grande valia na explicitação do conteúdo das leis, não é possível, através delas, *extrapolar* o conteúdo dessas mesmas leis. Com base nessa premissa, decorrência lógica do princípio da legalidade, o STJ já decidiu que "ato normativo que veda a inclusão de outros créditos de liquidação duvidosa nas provisões das Pessoas Jurídicas, *in casu*, o ADN CST nº 34/76, amplia a base de cálculo do imposto de renda, haja vista que impede a dedução daqueles do lucro operacional, em flagrante violação ao Princípio da Estrita Legalidade. [...] A *ratio essendi* do art. 61, da Lei nº 4.506/64, visa a encartar à provisão as perdas de crédito não recebidos. As 'frustrações de recebimento' não são lucros senão custos ou despesas, em contraposição às receitas. [...] O § 2º, do art. 61, da Lei nº 4.506/64 excluiu da base de cálculo das provisões para créditos de liquidação duvidosa aqueles provenientes de vendas com reserva de domínio ou operações com garantia real, pelo que não poderia o ADN CST nº 34/76 determinar a exclusão das aplicações financeiras, vedação não contemplada na lei. [...] A lei permitiu a fixação pela receita, através de norma regulamentar do "saldo adequado" aqui entendido como o percentual sobre o montante dos créditos frustrados. Não autorizou fossem criadas novas exceções à dedução das parcelas relativas às provisões de créditos de liquidação duvidosa por ato normativo, haja vista que somente a lei, em sentido estrito, poderia efetivar referida alteração 10. Em consequência, inexistente previsão legal, o disposto no ato declaratório normativo

**226** | CÓDIGO TRIBUTÁRIO NACIONAL – *Hugo de Brito Machado Segundo* **Art. 100**

fere o Princípio da Estrita Legalidade, regedor das normas de direito tributário, pelo que o recorrido agiu em conformidade com o ordenamento jurídico vigente à época" (STJ, 1ª T., REsp 443.910/PR, Rel. Min. Luiz Fux, j. em 12/11/2002, *DJ* de 19/12/2002, p. 345).

**3. Atos normativos expedidos pelas autoridades administrativas** – A atividade administrativa envolve, também, de forma atípica, a elaboração de normas jurídicas, as quais, em regra, têm sua hierarquia definida pela autoridade que as elabora, e pelo procedimento seguido em sua feitura. São atos administrativos que veiculam prescrições normativas: portarias, instruções normativas, ordens de serviço etc.

**4. Decisões administrativas com eficácia normativa** – É bastante comum, diante de impugnações administrativas nas quais o contribuinte invoca em seu favor decisões do Conselho de Contribuintes, que autoridades de julgamento de primeira instância afirmem não estar vinculadas a tais decisões, que não se enquadram na previsão do art. 100, II, do CTN. É preciso entender, porém, que tal remissão reporta-se a *uma* decisão, tomada por *um* órgão, ao qual a lei atribua eficácia normativa, vinculante em relação às demais autoridades. Entretanto, quando se está diante de uma *série* de decisões do Conselho de Contribuintes, a refletir o entendimento pacífico e reiterado daquele órgão, pensamos que tais decisões são sim vinculantes dos demais órgãos da administração, não em face do inciso II do art. 100, mas em função do inciso III, pois se está diante de uma prática reiterada de autoridade administrativa.

**5. Práticas reiteradas das autoridades administrativas. Costume** – Ao dispor que as práticas reiteradas das autoridades administrativas são normas complementares da legislação tributária, o art. 100 do CTN nada mais está fazendo que consagrando o *costume* como fonte (subsidiária) do Direito Tributário. O STJ tem considerado como "prática reiterada", a propósito, o entendimento de um Município, de que determinada atividade submete-se ao ISS, e não ao ICMS (STJ, 1ª T., REsp 215.655/PR, Rel. Min. Francisco Falcão, *DJ* de 20/10/2003, *RET* nº 35, jan./fev. de 2004, p. 36). Trata-se, como dito, de fonte subsidiária, que não prevalece sobre a lei, mas sua importância é inegável, sobretudo quando essas práticas reiteradas são posteriormente consideradas *ilegais,* hipótese na qual o contribuinte que houver deixado de recolher tributos por conta delas não poderá ser penalizado, sendo--lhe exigido apenas o principal. Confiram-se, a propósito, as notas ao parágrafo único deste artigo do CTN.

**6. Convênios e reserva de lei** – Os convênios celebrados pelos entes tributantes fazem parte das chamadas normas complementares. Assim, quando se destinem a algo mais que estabelecer direitos e deveres para os entes políticos que os subscrevem, passando a dispor sobre direitos e obrigações dos cidadãos contribuintes, o convênio não dispensa a edição de *lei* por parte do respectivo ente. Exemplificando, se Estados-membros celebram convênio, em matéria de ICMS, as disposições desse convênio devem ser ratificadas por *lei estadual* para que possam validamente obrigar os sujeitos passivos. Confira-se, nesse sentido: Hugo de Brito Machado Segundo, "A EC 33/2001, o ICMS incidente sobre combustíveis e os convênios interestaduais", em *O ICMS e a EC 33,* coord. Valdir de Oliveira Rocha, São Paulo: Dialética, 2002, p. 93.

**7. Observância de normas complementares equivocadas e penalidade** – Em função dos princípios constitucionais da segurança jurídica, da confiança, da boa-fé, da moralidade e da razoabilidade, não seria lícito à autoridade administrativa, tendo orientado o sujeito passivo a comportar-se de determinada maneira (por meio de "normas complementares"),

# Art. 102
**Livro Segundo** · NORMAS GERAIS DE DIREITO TRIBUTÁRIO | **227**

depois afirmar a invalidade dessas mesmas normas, e pretender punir quem as observou. Essa é a razão de ser da determinação contida no parágrafo único do art. 100 do CTN. Aplicando o citado artigo, a Câmara Superior de Recursos Fiscais do Ministério da Fazenda já decidiu ser necessária a *exclusão* de "penalidade, a cobrança de juros de mora e a correção monetária da base de cálculo do lançamento efetuado em função de procedimento errôneo adotado pelo contribuinte que seguiu as instruções contidas no manual de orientação expedido pela administração tributária. Os manuais de orientação, através dos quais as normas tributárias são didaticamente apresentadas para facilitar, anualmente, o preenchimento das declarações de rendimentos, identificam-se com as normas complementares admitidas no art. 100 do CTN, já que são atos normativos por excelência e resultam de prática reiteradamente observada pela autoridade administrativa" (CSRF, ac nº 01-1.027, Rel. Cons. Benedito Onofre Evangelista, v. u., *DOU* 1 de 26/9/1994, p.14.527, *Repertório IOB de Jurisprudência* nº 23/94, p. 458, c. 1).

No mesmo sentido, invocando o art. 100, III c/c parágrafo único, do CTN, o STJ já decidiu que "se o contribuinte recolheu o tributo à base de prática administrativa adotada pelo Fisco, eventuais diferenças só podem ser exigidas sem juros de mora e sem atualização do valor monetário da respectiva base do cálculo" (STJ, 2ª T., REsp 98.703/SP, Rel. Min. Ari Pargendler, *DJ* de 3/8/1998, p. 179). Confira-se, ainda: "Presume-se a boa-fé do contribuinte quando este reiteradamente recolhe o ISS sobre sua atividade, baseado na interpretação dada ao Decreto-lei nº 406/68 pelo Município, passando a se caracterizar como costume, complementar à referida legislação. [...] A falta de pagamento do ICMS, pelo fato de se presumir ser contribuinte do ISS, não impõe a condenação em multa, devendo-se incidir os juros e a correção monetária a partir do momento em que a empresa foi notificada do tributo estadual" (STJ, 1ª T., REsp 215.655/PR, Rel. Min. Francisco Falcão, *DJ* de 20/10/2003, *RET* nº 35, jan./fev. de 2004, p. 36).

Nesse ponto, porém, é conveniente lembrar que, quando houver mudança no entendimento firmado nas normas complementares por conta de *"mudança de critério jurídico"*, além da multa e dos juros de mora, também as diferenças de *tributo* não poderão ser exigidas do sujeito passivo. Somente em relação a fatos geradores havidos *depois* da mudança de critério jurídico o tributo poderá ser exigido nos moldes dessa alteração. Confiram-se, a propósito, as notas ao art. 146 do CTN.

## Capítulo II
### Vigência da Legislação Tributária

**Art. 101.** A vigência, no espaço e no tempo, da legislação tributária rege-se pelas disposições legais aplicáveis às normas jurídicas em geral, ressalvado o previsto neste Capítulo.

**Art. 102.** A legislação tributária dos Estados, do Distrito Federal e dos Municípios vigora, no País, fora dos respectivos territórios, nos limites em que lhe reconheçam extraterritorialidade os convênios de que participem, ou do que disponham esta ou outras leis de normas gerais expedidas pela União.[1, 2]

# 228 | CÓDIGO TRIBUTÁRIO NACIONAL – *Hugo de Brito Machado Segundo*     **Art. 103**

## ANOTAÇÕES

**1. Extraterritorialidade das normas estaduais e municipais** – O que o art. 102 do CTN está a dizer, em outros termos, é que a legislação tributária dos Estados-membros, do Distrito Federal e dos Municípios, *em regra*, vigora apenas no âmbito de seus territórios. Somente quando houver norma excepcionando esta regra, veiculada em lei complementar federal de *normas gerais* (CF/88, art. 146, I), ou quando houver convênio celebrado com outros Estados ou com outros Municípios, é que a extraterritorialidade é admitida. Nesse sentido, julgando caso em que o Município de São Paulo pretendia fiscalizar fatos ocorridos no território de outros entes federados, o STJ decidiu que "a fiscalização municipal deve restringir-se à sua área de competência e jurisdição". Em seu voto, o Min. relator afirmou que "o artigo 195, do CTN, deve ser interpretado de forma sistemática, em harmonia com os princípios que norteiam o ordenamento jurídico-tributário. Ao permitir a exigência pretendida pelo Município de São Paulo estar-se-ia concedendo poderes ao fisco municipal de fiscalizar fatos ocorridos no território de outros entes federados, inviabilizando, inclusive, que estes exerçam o seu direito de fiscalizar seus próprios contribuintes. Portanto, a fiscalização municipal deve restringir-se à sua área de competência e jurisdição (art. 37, XVIII, da CF)" (STJ, 2ª T., REsp 73.086/SP, Rel. Min. João Otávio de Noronha, j. em 17/6/2003, *DJ* de 30/6/2003, p. 160).

**2. Nulidade de autuação feita com amparo em lei de outro ente tributante** – "É defeso ao fisco cearense autuar com base na legislação de outro Estado, sem Convênio ou Lei Federal que lhe reconheça extraterritorialidade na forma preceituada no art. 102 do CTN. Confirmada, por unanimidade de votos, a decisão da primeira instância de IMPROCEDÊNCIA da ação fiscal" (CRT-CONAT/CE, Recurso 1290/96, Rel. Cons. Dulcimeire Pereira Gomes, Sessão de 14/11/1996, *Revista Inforfisco*, dezembro/96, p. 19).

**Art. 103.** Salvo disposição em contrário, entram em vigor:

I – os atos administrativos a que se refere o inciso I do art. 100, na data da sua publicação;

II – as decisões a que se refere o inciso II do art. 100, quanto a seus efeitos normativos, 30 (trinta) dias após a data da sua publicação;

III – os convênios a que se refere o inciso IV do art. 100 na data neles prevista.

**Art. 104.** Entram em vigor no primeiro dia do exercício seguinte àquele em que ocorra a sua publicação os dispositivos de lei, referentes a impostos sobre o patrimônio ou a renda:[1]

I – que instituem ou majoram tais impostos;

II – que definem novas hipóteses de incidência;

III – que extinguem ou reduzem isenções, salvo se a lei dispuser de maneira mais favorável ao contribuinte, e observado o disposto no art. 178.[2]

# Art. 104

**Livro Segundo** · NORMAS GERAIS DE DIREITO TRIBUTÁRIO | **229**

## Anotações

**1. Anterioridade e art. 150, III, *b* e *c*, da CF/88** – O princípio da anterioridade, em função da promulgação da Constituição Federal de 1988, abrange todos os tributos, ressalvadas apenas as exceções previstas na própria Constituição. Não foi recepcionada, portanto, a remissão do art. 104 do CTN aos "impostos sobre o patrimônio e a renda". Entretanto, como tal artigo cuida do "início da vigência" da lei que institui tais impostos, seus termos podem ser úteis para afastar a tese segundo a qual o fato gerador do imposto de renda é "complexivo", iniciando-se em 1º de janeiro e concluindo-se em 31 de dezembro, de sorte que uma lei publicada no último instante do ano poderia atingi-lo como um todo, em face do disposto no art. 105 do CTN (tratar-se-ia de "fato pendente"). Ora, a lei publicada em um ano só entra em vigor no ano seguinte, só incidindo sobre fatos ocorridos no ano seguinte, como esclarece o art. 104 em comento. Confiram-se, a propósito, as notas ao art. 150, III, *b*, da CF/88, e ao art. 105 do CTN.

**2. Anterioridade e revogação de isenções** – O art. 104 pode parecer desnecessário e ultrapassado, pois apenas explicita consequências do princípio da anterioridade, à luz de sua significação quando o CTN foi editado, em 1966. Atualmente, tendo a anterioridade, na CF/88, conteúdo e alcance mais amplos, conforme explicado na nota anterior, o dispositivo em questão seria inócuo.

Há, porém, situação na qual pode ter grande utilidade.

É que o STF decidiu – de forma equivocada, *data venia*, mas decidiu – que o princípio da anterioridade não se aplica à lei que revoga uma isenção. É o que consta de sua Súmula 615: "O princípio constitucional da anualidade (§ 29 do art. 153 da Constituição Federal) não se aplica à revogação da isenção do ICM."

Análise dos precedentes que deram origem à Súmula mostra que o STF partiu da (falsa) premissa de que a isenção seria uma mera "dispensa legal de tributo devido". Por isso, a revogação de uma lei isentiva não implicaria criação ou aumento de imposto (já previsto e fixado em lei preexistente), não se submetendo, por isso, ao princípio da anualidade, então vigente. Pelo mesmo raciocínio, não seria sujeita, hoje, ao princípio da anterioridade, previsto no art. 150, III, "b" e "c", da CF/88.

Como já adiantado, o entendimento consagrado na Súmula não é correto, pois a isenção não configura mera "dispensa legal de tributo devido". Isso seria verdade se, e somente se, diante da prática do fato que em princípio seria tributado, mas que foi contemplado por lei isentiva, ocorresse em um primeiro momento a incidência da norma de tributação, fazendo nascer a obrigação tributária, e, em um segundo momento, incidisse a norma isentiva, dispensando o respectivo pagamento. Não é isso, porém, o que se dá.

Em verdade, ao editar norma isentiva, que pode inclusive encontrar-se veiculada na mesma lei que veicula a norma de tributação, o legislador procede a um recorte na própria hipótese de incidência da norma de tributação. Assim, a revogação de uma norma isentiva implica a ampliação da hipótese de incidência da norma de tributação (com o afastamento da norma que a reduzia). As situações antes contempladas pela isenção passam a ser, a partir de então, abarcadas pela norma de tributação. Tem-se, portanto, que em face delas a norma tributária, que antes não incidia, passa doravante a poder incidir. Isso equivale, em todos os aspectos, à edição de lei instituindo novo tributo (afinal, a lei que revogou a

**230** | CÓDIGO TRIBUTÁRIO NACIONAL – *Hugo de Brito Machado Segundo*                    **Art. 105**

isenção equipara-se a uma lei que define novas hipóteses de incidência para tributo preexistente). Não há motivos, portanto, para não se sujeitar à anterioridade.

Seja como for – e é aqui que se mostra a utilidade prática do art. 104, III, do CTN –, se a anterioridade, tal como prevista na Constituição, não se aplica às leis que revogam isenções (pelo menos na visão do STF), essa aplicabilidade é expressamente determinada, em relação aos impostos sobre patrimônio e renda, pelo CTN, que nesse ponto não se limita a repetir o texto constitucional. Na verdade, tendo em vista a interpretação que o STF deu ao texto constitucional, o artigo vai além dele. Não parece haver, por seu turno, invalidade nessa "regulamentação", até porque não se tem, aqui, restrição ao direito previsto no texto constitucional, mas sutil ampliação, destinada a explicitar o que, a rigor, dele já decorreria diretamente.

## Capítulo III
### Aplicação da Legislação Tributária

**Art. 105.** A legislação tributária aplica-se imediatamente aos fatos geradores futuros e aos pendentes, assim entendidos aqueles cuja ocorrência tenha tido início mas não esteja completa nos termos do art. 116.[1]

ANOTAÇÕES ─────────────────────────────────────────────

**1. "Fato pendente" e Imposto de Renda** – Fundado na ideia de que o fato gerador do imposto de renda seria "complexo", iniciando-se em 1º de janeiro e consumando-se à meia-noite do dia 31 de dezembro, o STF tem precedentes nos quais considera que leis que majoram o *imposto de renda,* ainda que publicadas no final de dezembro, podem alcançar todo o ano que se encerra, pois o fato gerador iniciado em 1º de janeiro ainda estaria "pendente", incidindo o art. 105 do CTN. Como essa aplicação imediata também encontra obstáculo no princípio da *anterioridade,* o STF o afasta interpretando literalmente o art. 150, III, *b,* da CF/88. Considera que o termo *exercício financeiro,* na legislação do imposto de renda, é aquele no qual ocorre a "cobrança" do imposto, de sorte que, desde que publicada *antes* do ano da cobrança (exercício financeiro), ainda que nas últimas horas do ano no qual os rendimentos foram auferidos (ano-base), a lei poderia ser aplicada a todo esse ano. É o entendimento cristalizado na vetusta Súmula 584/STF, segundo a qual "ao Imposto de Renda calculado sobre os rendimentos do ano-base, aplica-se a lei vigente no exercício financeiro em que deve ser apresentada a declaração."

Tal posicionamento é duramente criticado por abalizada doutrina (*v. g.,* Luciano Amaro, *Direito Tributário Brasileiro,* 4. ed, São Paulo: Saraiva, 1999, p. 125 e ss. e Misabel Abreu Machado Derzi, em notas de atualização ao *Direito Tributário Brasileiro,* de Aliomar Baleeiro, 11. ed, Rio de Janeiro: Forense, 1999, p. 668). Interpretando o art. 150, III, *b,* da CF/88, essa doutrina afirma que a lei publicada durante um exercício financeiro somente *entra em vigor* no início do exercício subsequente, não podendo ser aplicada àquele dentro do qual fora apenas publicada, pois este já estará encerrado quando do início de sua vigência. Exemplificando, se uma lei for publicada em agosto de 2004, alterando os critérios de cálculo do IR,

# Art. 105    Livro Segundo · NORMAS GERAIS DE DIREITO TRIBUTÁRIO | 231

entrará em vigor apenas em janeiro de 2005, somente podendo alcançar os fatos (rendimentos) auferidos a partir dessa data. O ano de 2004 não poderá ser por ela alcançado.

Mas, não obstante a crítica – irretocável – da quase unanimidade da doutrina brasileira, que se ampara nos princípios da irretroatividade, da anterioridade, da segurança jurídica, da confiança e da não-surpresa, o entendimento cristalizado na Súmula 584 foi reiterado pelo STF em algumas oportunidades recentes:

– "Medida Provisória publicada em 31.12.94, a tempo, pois, de incidir sobre o resultado do exercício financeiro encerrado: não ocorrência, quanto ao imposto de renda, de ofensa aos princípios da anterioridade e da irretroatividade. Precedentes do STF. II – Voto vencido do Ministro Carlos Velloso: ofensa ao princípio da irretroatividade, conforme exposto no julgamento dos RE 181.664/RS e 197.790/MG, Plenário, 19.02.97" (STF, 2ª T., RE 433.878 AgR/MG, Rel. Min. Carlos Velloso, j. em 1º/2/2005, v. u., *DJ* de 25/2/2005, p. 34).

– "Se o fato gerador da obrigação tributária relativa ao imposto de renda reputa-se ocorrido em 31 de dezembro, conforme a orientação do STF, a lei que esteja em vigor nessa data é aplicável imediatamente, sem contrariedade ao art. 5º, XXXVI, da Constituição." (STF, 1º T., AI 333.209 AgR/PR, Rel. Min. Sepúlveda Pertence, j. em 22/6/2004, v. u., *DJ* de 6/8/2004, p. 23). "O fato gerador do imposto de renda é aquele apurado no balanço que se encerra em 31 de dezembro de cada ano. O Decreto-lei 2.462 foi publicado em 31 de agosto de 1988. Foi respeitado o princípio da anterioridade da lei tributária" (STF, 2º T., RE 199.352/PR, Rel. Min. Marco Aurélio, Rel. p. o acórdão: Min. Nélson Jobim, j. em 6/2/2001, m. v., *DJ* de 9/8/2002, p. 89, discutia-se, nesse último aresto, se o Decreto-lei 2.462, conquanto publicado em 31 de agosto de 1988, poderia alcançar os rendimentos relativos àquele mesmo ano, inclusive em relação aos meses de janeiro a agosto. O STF entendeu que sim, pois o fato somente poderia se considerar "ocorrido" em 31 de dezembro).

– A Lei nº 7.968, de 28/12/1989, majorou o imposto de renda, e essa majoração foi exigida pela União Federal relativamente àquele mesmo ano de 1989. Inconformado, um contribuinte impetrou mandado de segurança, alegando violação ao art. 150, I, *a*, da CF/88. A segurança foi concedida pelo juiz singular, e mantida pelo Tribunal de Apelação. O STF, porém, deu provimento a Recurso Extraordinário interposto pela Fazenda Nacional, afirmando: "O acórdão recorrido manteve o deferimento do Mandado de Segurança. Mas está em desacordo com o entendimento desta Corte, firmado em vários julgados e consolidado na Súmula 584, que diz: 'Ao Imposto de Renda calculado sobre os rendimentos do ano-base, aplica-se a lei vigente no exercício financeiro em que deve ser apresentada a declaração.' Reiterou-se essa orientação no julgamento, do RE nº 104.259-RJ (*RTJ* 115/1336). 5. Tratava-se, nesse precedente, como nos da Súmula, de Lei editada no final do ano-base, que atingiu a renda apurada durante todo o ano, já que o fato gerador somente se completa e se caracteriza, ao final do respectivo período, ou seja, a 31 de dezembro. Estava, por conseguinte, em vigor, antes do exercício financeiro, que se inicia a 1º de janeiro do ano subsequente, o da declaração. 6. Em questão assemelhada, assim também decidiu o Plenário do Supremo Tribunal Federal, no julgamento do RE nº 197.790-6-MG, em data de 19 de fevereiro de 1997. 7. RE conhecido e provido, para o indeferimento do Mandado de Segurança" (STF, 1ª T., RE 194.612/SC, Rel. Min. Sydney Sanches, j. em 24/3/1998, v. u., *DJ* de 8/5/1998, p. 15).

O Superior Tribunal de Justiça, porém, faz algumas ressalvas à Súmula nº 584 do STF: "A lei vigente após o fato gerador, para a imposição do tributo, não pode incidir sobre o mesmo, sob pena de malferir os princípios da anterioridade e irretroatividade", sendo inaplicável a Súmula 584/STF, porque "construída à luz de legislação anterior ao CTN" (STJ, 1ª T., REsp 179.966/RS, Rel. Min. Milton Luiz Pereira, j. em 21/6/2001, *DJ* de 25/2/2002, p. 208). **No mesmo sentido:** STJ, REsp nº 184.213/RS, Rel. Min. Garcia Vieira, *DJ* de 22/2/1999. Nas situações à luz das quais foram proferidas tais decisões, porém, havia ocorrido a publicação de norma majorando o tributo *depois* do encerramento do ano, mas antes do momento da cobrança do imposto. Nelas não se discutia o caso em que a lei é publicada ainda dentro do ano-base, mas em seus últimos dias. Mas, em outra ocasião, a Segunda Turma do STJ consignou expressamente que "A lei que altera o imposto de renda deve estar em vigor em um ano, para poder incidir no ano seguinte. A incidência se faz pela eficácia da norma. [...] Publicada a Lei nº 9.430/96, em 1º de janeiro do ano seguinte já estava com eficácia completa e passível de aplicação, para reflexo no pagamento do exercício de 1998" (STJ, 2ª T., EDcl no REsp 377.099/ RS, Rel. Min. Eliana Calmon, j. em 2/3/2004, *DJ* de 17/5/2004, p. 169). Em seu voto, a Ministra relatora consignou que "a Súmula 584/STF está superada nos moldes colocados no seu verbete, entendendo-se que na atual redação da CF/88 aplica-se ao Imposto de Renda a lei vigente no ano antecedente, de modo a já estar ela com plena eficácia no início do ano-base."

No âmbito do próprio STF, aliás, há acórdão, notabilíssimo, no qual se considerou que a Lei nº 8.134/90, editada em 27/12/1990, não poderia incidir sobre o ano-base de 1990, que então se encerrava. Consta da ementa: "O parágrafo único, art. 11, da Lei nº 8.134/90 institui coeficiente de aumento do imposto de renda e, não, índice neutro de atualização da moeda. Por isso, ele não pode incidir em fatos ocorridos antes de sua vigência, nem no mesmo exercício em que editado, sob pena de afrontar as cláusulas vedatórias do art. 150, inciso III, alíneas *a* e *b*, da Constituição Federal. Assim é, porque a obrigação tributária regula-se pela lei anterior ao fato que a gerou, mesmo no sistema de bases correntes da Lei nº 7.713/88 (imposto devido mensalmente, a medida em que percebidos rendimentos e ganhos de capital, não no último dia do ano) em vigor quando da norma impugnada [...]" (Pleno, ADI 513, Rel. Min. Célio Borja, j. em 14/6/1991, v. u., *DJ* de 30/10/1992, p. 19514). Merece leitura o precioso voto do Min. Célio Borja, verdadeira lição de Teoria do Direito, de Direito Constitucional e de Direito Tributário, que afasta a tese segundo a qual bastaria à lei nova estar em vigor no exercício financeiro seguinte, momento no qual o pagamento do imposto será exigido. Em suas palavras, "ainda que seja possível projetar, no tempo, o cumprimento da obrigação, ou desdobrá-la, ela regular-se-á pela lei anterior ao fato que a gerou. Desenganadamente, não há como modificar a obrigação por lei posterior ao seu surgimento" (inteiro teor em *RTJ* 141-3/739).

Como explicado nas notas ao art. 153, III, da CF/88, diante dessas premissas, o STF reconheceu a repercussão geral do assunto e revisitou o tema, *(Repercussão Geral no RE 592.396-7), tendo,* por unanimidade, declarado inconstitucional, de forma incidental, com os efeitos da repercussão geral, o art. 1º, I, da Lei 7.988/89. Em seguida, o Tribunal, por unanimidade, fixou tese nos seguintes termos: "É inconstitucional a aplicação retroativa de lei que majora a alíquota incidente sobre o lucro proveniente de operações incentivadas ocorridas no passado, ainda que no mesmo ano-base, tendo em vista que o fato gerador se consolida no momento em que ocorre cada operação de exportação, à luz da extrafiscalidade da tributação

# Art. 106

**Livro Segundo** · NORMAS GERAIS DE DIREITO TRIBUTÁRIO | **233**

na espécie". A decisão é elogiável, embora nos pareça, com todo o respeito, que a questão não está ligada apenas à extrafiscalidade, mas à segurança jurídica aplicável tanto em situações de tributação fiscal como extrafiscal, devendo a conclusão a que chegou a Corte ser aplicada à generalidade das situações, com o completo afastamento da Súmula 584/STF.

**Art. 106.** A lei aplica-se a ato ou fato pretérito:[1, 2]

I – em qualquer caso, quando seja expressamente interpretativa,[3, 4] excluída a aplicação de penalidade à infração dos dispositivos interpretados;

II – tratando-se de ato não definitivamente julgado:[5, 6, 7]

a) quando deixe de defini-lo como infração;[8, 9]

b) quando deixe de tratá-lo como contrário a qualquer exigência de ação ou omissão, desde que não tenha sido fraudulento e não tenha implicado em falta de pagamento de tributo;

c) quando lhe comine penalidade[10] menos severa que a prevista na lei vigente ao tempo da sua prática.

## ANOTAÇÕES

**1. Aplicação retroativa e legislação previdenciária** – O STJ já decidiu que, tendo em vista a natureza tributária das "contribuições", e o disposto no art. 146, III, *b*, da CF/88, a norma veiculada pelo art. 106 do CTN aplica-se também às contribuições previdenciárias, ainda que a legislação ordinária federal disponha em sentido contrário (p. ex., Lei nº 8.212/91, art. 35, com a redação dada pela Lei nº 9.528/97) (STJ, 2ª T., REsp 499.012/RS, Rel. Min. Eliana Calmon, j. em 17/6/2003, *DJ* de 4/8/2003, p. 280).

**2. Aplicação retroativa e lei mais benéfica em relação ao tributo** – A aplicação retroativa da lei mais benéfica refere-se às *infrações* e às *penalidades* que lhes são cominadas, e não ao *tributo* em si mesmo. Caso o sujeito passivo deixe de pagar tributo devido, não poderá pleitear, com base no art. 106 do CTN, a aplicação retroativa de uma norma isentiva editada posteriormente. "Ocorrido o fato gerador do tributo anteriormente à vigência da lei que veicula isenção, inviável a aplicação retroativa, porquanto, *in casu*, não se trata de norma de caráter interpretativo ou obrigação gerada por infração (art. 106 do CTN)" (STJ, 1ª T., REsp 464.419/SP, Rel. Min. Luiz Fux, j. em 15/5/2003, *DJ* de 2/6/2003, p. 193).

**3. Lei interpretativa e a irretroatividade das normas jurídicas** – Não há consenso na doutrina quanto à possibilidade jurídica, no ordenamento brasileiro, de uma "lei meramente interpretativa" que possa retroagir, nos termos do art. 106, I, do CTN. A maior parte da doutrina orienta-se pela incompatibilidade de uma "lei interpretativa" com o princípio constitucional da irretroatividade das leis. Isso porque a lei nova, se em nada altera a anterior, é inócua (não possuindo efeitos aos quais se possa atribuir a qualidade de *retro-operantes*); e, ao contrário, se altera a legislação anterior, não pode retroagir por força do princípio geral da irretroatividade das leis. (Cf. Hugo de Brito Machado, "A questão da lei interpretativa na Lei Complementar nº 118/2005: prazo para repetição do indébito", em *RDDT* 116, p. 69 ss). **Admitem a possibilidade de lei interpretativa:** José Jayme Macedo

234 | CÓDIGO TRIBUTÁRIO NACIONAL – *Hugo de Brito Machado Segundo* **Art. 106**

de Oliveira, *Código Tributário Nacional,* São Paulo: Saraiva, 1998, p. 259; Valdir de Oliveira Rocha, *Comentários ao Código Tributário Nacional,* coord. Ives Gandra da Silva Martins, São Paulo: Saraiva, 2002, v. 2, p. 64. **Contra a possibilidade de lei interpretativa:** Carlos Mário da Silva Velloso, *Temas de Direito Público,* Belo Horizonte: Del Rey, 1994, p. 298 ss; Eduardo Espínola e Eduardo Espínola Filho, *A Lei de Introdução ao Código Civil Brasileiro,* 3. ed., Rio de Janeiro: Renovar, 1999, p. 300; Luciano Amaro, *Direito Tributário Brasileiro,* 4. ed., São Paulo: Saraiva, 1999, p. 190 ss; Pontes de Miranda, *Tratado de Direito Privado,* Rio de Janeiro: Borsoi, 1970, t. 1, p. XIII; Roque Antonio Carrazza, *Curso de Direito Constitucional Tributário,* 16 ed., São Paulo: Malheiros, 2001, p. 307.

**4. Lei interpretativa e o art. 3º da LC nº 118/2005** – O art. 3º da LC nº 118/2005 se auto intitulou "norma interpretativa" e reclamou para si a aplicação do art. 106, I, do CTN. Tentou-se, com isso, "interpretar" retroativamente o art. 168, I, do CTN, de sorte a que o prazo para a restituição do indébito, nos casos de tributos submetidos a lançamento por homologação, fosse contado da data do pagamento indevido, e não da data da extinção do crédito tributário pela homologação tácita, conforme já pacificado na jurisprudência do STJ. Apreciando essa norma, a Primeira Seção do STJ entendeu que, sem entrar na polêmica a respeito da retroatividade das normas meramente interpretativas, pode-se dizer que o art. 3º da LC nº 118/2005 não é norma interpretativa, pois não mais havia dúvida – em face da posição pacífica adotada pelo STJ – a respeito do significado dos dispositivos "interpretados". No dizer do Ministro Zavascki, *"o art. 3º da LC 118/2005, a pretexto de interpretar esses mesmos enunciados, conferiu-lhes, na verdade, um sentido e um alcance diferente daquele dado pelo Judiciário. Ainda que defensável a 'interpretação' dada, não há como negar que a Lei inovou no plano normativo, pois retirou das disposições interpretadas um dos seus sentidos possíveis, justamente aquele tido como correto pelo STJ, intérprete e guardião da legislação federal. Tratando-se de preceito normativo modificativo, e não simplesmente interpretativo, o art. 3º da LC 118/2005 só pode ter eficácia prospectiva, incidindo apenas sobre situações que venham a ocorrer a partir da sua vigência"* (voto do Min. Teori Albino Zavascki, no julgamento do EREsp 327.043/DF). **No mesmo sentido:** STJ: 1ª S. – EREsp 576.237/SC, Rel. Min. José Delgado – j. em 11/5/2005, *DJ* de 13/6/2005, p. 163; 1ª S. – EREsp 555.038/DF, Rel. Min. José Delgado, j. em 11/5/2005, *DJ* de 13/6/2005, p. 163; 2ª T. – AgRg no Ag 646.732/CE, Rel. Min. Franciulli Netto, j. em 22/3/2005, *DJ* de 20/6/2005, p. 218.

O que vem a ser, porém, uma "situação que venha a ocorrer a partir de sua vigência"? Trata-se do *pagamento indevido* cuja restituição se requer, ou da distribuição da ação judicial na qual se pleiteia a restituição?

Em nosso entendimento, a norma contida no art. 3º da LC nº 118/2005, que estipula novos critérios para a contagem do prazo para a propositura da ação de restituição do indébito tributário, se for considerada válida, somente poderá ser aplicada aos *pagamentos indevidos* que forem realizados após a sua vigência (junho/2005), ou a pagamentos anteriores, mas somente quando o lapso remanescente para a consumação da prescrição for *superior* a cinco anos, sendo então reduzido para esse montante. É o que parece ser admitido pelo STJ no REsp 740.848/MG, no qual o Min. Zavascki, invocando a doutrina de Galeno Lacerda sobre a superveniência de lei nova *reduzindo* prazos de prescrição, assevera: "'Basta que se verifique qual o saldo a fluir pela lei antiga. Se for inferior à totalidade do prazo da nova lei, continua-se a contar dito saldo pela regra antiga. Se superior, despreza-se o período já decorrido, para computar-se, exclusivamente, o prazo da lei nova, na sua totalidade, a partir da entrada em vigor desta. Assim, por exemplo, no que concerne à ação rescisória, se já decorreram quatro anos pela lei antiga, só ela é que há de vigorar: o saldo de um ano, porque menor ao prazo do novo preceito construa a fluir, mesmo sob a vigência deste. Se, porém, passou-se, apenas, um

# Art. 106      Livro Segundo · NORMAS GERAIS DE DIREITO TRIBUTÁRIO | 235

ano sob o direito revogado, o saldo de quatro, quando da entrada em vigor da regra nova, é superior ao prazo por esta determinado. Por este motivo, a norma de aplicação imediata exige que o cômputo se proceda, exclusivamente, pela lei nova, a partir, evidentemente, de sua entrada em vigor, isto é, os dois anos deverão contar-se a partir de 1º de janeiro de 1974. O termo *inicial* não poderia ser, nesta hipótese, o do trânsito em julgado da sentença, operado sob lei antiga, porque haveria, então, condenável retroatividade' (*O Novo Direito Processual Civil e os Feitos Pendentes*, Forense, 1974, p. 100-101)" (REsp 740.848/MG – *DJ* de 1º/7/2005).

Em alguns acórdãos, o STJ chegou a afirmar – embora a título de *obiter dictum*, pois não era isso o que se discutia especificamente – que o novo prazo já poderia ser aplicado *aos processos distribuídos* a partir de junho de 2005 (STJ, 1ª S., AgRg no AgRg na Pet 3.467/SP, Rel. Min. Castro Meira, j. em 11/5/2005, *DJ* de 1º/8/2005, p. 300). E, talvez ainda sem a devida discussão a respeito deste ponto, em alguns arestos posteriores se acha a afirmação de que "se a ação foi proposta antes da vigência da LC 118/05, deve a prescrição ser analisada de acordo com a jurisprudência até então dominante (EREsp nº 327.043/DF)" (STJ, 2ª T., REsp 814.885/SE, Rel. Min. Castro Meira, j. em 9/5/2006, *DJ* de 19/5/2006, p. 205). Sem razão. A rigor, o art. 3º da LC nº 118/2005 não reduziu o prazo prescricional para o sujeito passivo postular a repetição do indébito tributário. Apenas mudou o termo inicial desse prazo, e o fez alterando os efeitos jurídicos do pagamento antecipado. Assim, a nova disposição, que não é interpretativa, somente se aplica aos pagamentos antecipados que venham a ser feitos após a sua vigência. Mesmo que se considere que se trata da redução de um prazo de prescrição, que era de 10 anos, e passou a ser de cinco, a disposição não pode ser aplicada a todas as ações protocoladas após a sua vigência. Quanto aos pagamentos indevidos efetuados antes de junho de 2005, em relação aos quais um prazo estava em curso, o novo prazo somente pode ser aplicado caso o prazo anterior ainda subsista por mais da metade. Caso já tenha transcorrido mais da metade do prazo, nos termos das normas anteriores, a prescrição deve continuar sendo regida por elas, sob pena de ofensa à regra da irretroatividade das leis. Aliás, esse foi o entendimento que terminou por prevalecer na Corte Especial do STJ, segundo a qual, "com o advento da LC nº 118/2005, a prescrição, do ponto de vista prático, deve ser contada da seguinte forma: relativamente aos pagamentos efetuados a partir da sua vigência (que ocorreu em 9/6/2005), o prazo para a ação de repetição de indébito é de cinco anos a contar da data do pagamento; e, relativamente aos pagamentos anteriores, a prescrição obedece ao regime previsto no sistema anterior, limitada, porém, ao prazo máximo de cinco anos a contar da vigência da lei nova" (REsp 955.831-SP, Rel. Min. Castro Meira, j. em 28/8/2007, *Informativo STJ 327*).

O STF, porém, examinando essa mesma questão (RE 566.621), conquanto tenha considerado inconstitucional a pretensa "retroatividade" da LC 118/2005, nesse ponto, estabeleceu forma peculiar de aferir o início de sua vigência, aderindo àquele entendimento manifestado *obiter dictum* por alguns ministros do STJ quando se iniciou a discussão em torno do assunto. Entendeu o Supremo Tribunal Federal que a nova forma de contagem do prazo poderia ser aplicada a todas as ações iniciadas a partir do início de sua vigência, ainda que os pagamentos indevidos tenham ocorrido muito antes disso. Assim, em suma, pelo entendimento do STJ, um contribuinte que houvesse recolhido tributos indevidamente em 1998, por exemplo, poderia ajuizar ação para postular a sua restituição até 2008. Pelo entendimento agora firmado no STF, porém, essa mesma ação deveria ter sido ajuizada até 9/6/2005, sob pena de prescrição: "[...] Quando do advento da LC 118/05, estava consolidada a orientação da Primeira Seção do STJ no sentido de que, para os tributos sujeitos a lançamento por homologação, o prazo para repetição ou compensação de indébito era de 10 anos contados do seu fato gerador, tendo em conta a aplicação combinada dos arts. 150, § 4º, 156, VII, e 168, I, do CTN. A

LC 118/05, embora tenha se autoproclamado interpretativa, implicou inovação normativa, tendo reduzido o prazo de 10 anos contados do fato gerador para 5 anos contados do pagamento indevido. Lei supostamente interpretativa que, em verdade, inova no mundo jurídico deve ser considerada como lei nova. Inocorrência de violação à autonomia e independência dos Poderes, porquanto a lei expressamente interpretativa também se submete, como qualquer outra, ao controle judicial quanto à sua natureza, validade e aplicação. A aplicação retroativa de novo e reduzido prazo para a repetição ou compensação de indébito tributário estipulado por lei nova, fulminando, de imediato, pretensões deduzidas tempestivamente à luz do prazo então aplicável, bem como a aplicação imediata às pretensões pendentes de ajuizamento quando da publicação da lei, sem resguardo de nenhuma regra de transição, implicam ofensa ao princípio da segurança jurídica em seus conteúdos de proteção da confiança e de garantia do acesso à Justiça. Afastando-se as aplicações inconstitucionais e resguardando-se, no mais, a eficácia da norma, permite-se a aplicação do prazo reduzido relativamente às ações ajuizadas após a *vacatio legis*, conforme entendimento consolidado por esta Corte no enunciado 445 da Súmula do Tribunal. O prazo *de vacatio legis* de 120 dias permitiu aos contribuintes não apenas que tomassem ciência do novo prazo, mas também que ajuizassem as ações necessárias à tutela dos seus direitos. Inaplicabilidade do art. 2.028 do Código Civil, pois, não havendo lacuna na LC 118/08, que pretendeu a aplicação do novo prazo na maior extensão possível, descabida sua aplicação por analogia. Além disso, não se trata de lei geral, tampouco impede iniciativa legislativa em contrário. Reconhecida a inconstitucionalidade art. 4°, segunda parte, da LC 118/05, considerando-se válida a aplicação do novo prazo de 5 anos tão somente às ações ajuizadas após o decurso da *vacatio legis* de 120 dias, ou seja, a partir de 9 de junho de 2005. Aplicação do art. 543-B, § 3°, do CPC aos recursos sobrestados. Recurso extraordinário desprovido" (RE 566.621, *DJe-195*, publicado em 11/10/2011).

**5. Aplicação retroativa de lei punitiva mais benéfica e julgamento definitivo** – O "julgamento definitivo" a que se reporta o art. 106, II, do CTN, não será necessariamente um julgamento *administrativo*. Assim, enquanto não proferido julgamento definitivo pelo Poder Judiciário, a aplicação retroativa poderá ocorrer. Nesse sentido: "O referido artigo não especifica a esfera de incidência da retroatividade da lei mais benigna, o que enseja a aplicação do mesmo, tanto no âmbito administrativo como no judicial" (STJ, 2ª T., REsp 295.762/RS, Rel. Min. Franciulli Netto, j. em 5/8/2004, *DJ* de 25/10/2004, p. 271).

**6. Julgamento definitivo e execução fiscal** – Para fins de interpretação dessa condição (de ato não definitivamente julgado), somente se considera definitivamente julgada a execução fiscal "após a arrematação, adjudicação e remição, sendo irrelevante a existência ou não de Embargos à Execução, procedentes ou não" (STJ, 1ª T., REsp 200.781/RS, Rel. Min Milton Luiz Pereira, j. em 12/6/2001, *DJ* de 13/5/2002, p. 154). Desse modo, estando o débito ainda em fase de execução, a lei mais benéfica pode ser aplicada retroativamente, sendo "irrelevante se já houve ou não a apresentação dos embargos do devedor ou se estes já foram ou não julgados" (STJ, 1ª S., EREsp 184.642/SP, Rel. Min. Garcia Vieira, j. em 26/5/1999, *DJ* de 16/8/1999, p. 41).

**7. Aplicação retroativa da lei mais benéfica. Possibilidade de ser feita de ofício** – "O advento da lei mais benéfica é fato novo, superveniente ao ajuizamento da ação, que incumbe ao juiz tomar em conta mesmo de ofício, nos termos do art. 462 do CPC" (STJ, 1ª T., REsp 488.326/RS, Rel. Min. Teori Albino Zavascki, j. em 3/2/2005, *DJ* de 28/2/2005, p. 191).

**Art. 107**                    Livro Segundo · NORMAS GERAIS DE DIREITO TRIBUTÁRIO | **237**

**8. Revogação de norma definidora de infração. Retroatividade** – Se uma determinada conduta é associada, pela lei, à aplicação de determinada penalidade, e essa lei é revogada, entende-se que a conduta deixou de configurar um ilícito (salvo, naturalmente, se assim for qualificada por outra norma), devendo a norma revogadora ser aplicada retroativamente, a teor do art. 106 do CTN. O mesmo vale para a hipótese de a norma revogar a anterior, não para deixar de qualificar o fato como infração, mas para cominar-lhe penalidade menos gravosa. Conforme já decidiu o STJ, "a regra basilar em tema de direito intertemporal é expressa na máxima *tempus regit actum*. Assim, o fato gerador, com os seus consectários, rege-se pela lei vigente à época de sua ocorrência. [...] A irretroatividade da lei, mesmo em se tratando de legislação tributária, é a regra; sendo a retroatividade, exceção. [...] Ocorrido o fato gerador do tributo anteriormente à vigência da lei que retira a sua natureza sancionatória, viável a aplicação retroativa, porquanto, *in casu*, se trata de obrigação gerada por infração (art. 106 do CTN). [...] É cediço na Corte quanto ao tema em debate que a multa de 300% (trezentos por cento), exigida pelo Fisco com fundamentação no art. 3º, da Lei nº 8.846/94, foi revogada pela Lei nº 9.532/97, tendo em vista o princípio da retroatividade da lei mais benigna, nos termos do art. 106, II, *c*, do CTN. Precedentes: AG 648.445, Rel. Min. José Delgado, *DJ* 11.03.2005; REsp 610.613, Rel. Min. José Delgado, *DJ* 9/3/2004). 5. Recurso desprovido" (STJ, 1 T., REsp 750.588/PR, Rel. Min. Luiz Fux, j. em 13/12/2005, *DJ* de 13/2/2006, p. 704).

**9. Aplicação retroativa de norma que estabelece sanção menos gravosa** – É pacífico no âmbito do STJ que "a multa de 300% (trezentos por cento), exigida pelo Fisco com fundamentação no art. 3º, da Lei nº 8.846/94, foi revogada pela Lei nº 9.532/97", revogação esta que há de ser considerada na apreciação dos casos não definitivamente julgados, "tendo em vista o princípio da retroatividade da lei mais benigna, nos termos do art. 106, II, 'c', do CTN. [...]" (STJ, 1ª T., REsp 750.588/PR, Rel. Min. Luiz Fux, j. em 13/12/2005, *DJ* de 13/2/2006, p. 704).

**10. Retroação da lei punitiva mais benéfica e multa moratória** – A retroatividade da lei mais benéfica diz respeito a qualquer espécie de multa, tendo o STJ considerado que, para fins de aplicação do art. 106 do CTN, "a lei não distingue entre multa moratória e multa punitiva" (STJ, 1ª T., REsp 200.781/RS, Rel. Min Milton Luiz Pereira, j. em 12/6/2001, *DJ* de 13/5/2002, p. 154).

## Capítulo IV

### Interpretação e Integração[1] da Legislação Tributária

**Art. 107.** A legislação tributária será interpretada conforme o disposto neste Capítulo.[2]

ANOTAÇÕES ─────────────────────────────────────────────

**1. Interpretação e integração** – Costuma-se dizer que *interpretar* é buscar o sentido dos atos normativos, encontrando as normas jurídicas neles veiculadas. *Integrar,* ao contrário, é, na falta de uma norma aplicável a determinada situação concreta, buscar-se meios para suprir a lacuna, criando-se uma norma para o caso concreto. Na interpretação, prepondera a *descoberta* de um sentido preexistente, enquanto na integração prepondera a *criação* de uma norma em face de uma lacuna. Na prática, porém, os limites entre a atividade de interpretação, e a atividade de criação, são tênues, e de difícil determinação. Nesse sentido: Hugo de Brito Machado, *Curso de Direito Tributário,* 19. ed., São Paulo: Malheiros, 2001, p. 87. Conferir ainda: Arthur Kaufmann, *Filosofia do Direito,* tradução de António Ulisses Cortês, Lisboa: Calouste Gulbenkian, 2004, p. 119; Karl Engisch, *Introdução ao Pensamento Jurídico,* traduzido por J. Baptista Machado, 8. ed., Lisboa: Fundação Calouste Gulbenkian, 2001, p. 284. Merece leitura, ainda, outro ponto da obra de Engisch (p. 281), na qual o citado autor demonstra que o ordenamento jurídico, sob um prisma puramente formal, não tem lacunas (plenitude lógica), mas, sob um ângulo axiológico, tem lacunas (incompletude axiológica), pois a falta de uma disposição legal pode contrariar os valores consagrados pelas demais normas do sistema.

**2. Interpretação da legislação tributária** – Naturalmente, as normas jurídicas veiculadas nos atos normativos que integram a "legislação tributária" poderão ser interpretadas por todos os métodos e critérios admitidos pela ciência jurídica. As disposições deste capítulo indicam, quando muito, diretrizes a ser seguidas pelo intérprete, mas não são exaustivas, nem afastam a utilização de métodos ou elementos aqui não previstos.

**Art. 108.** Na ausência de disposição expressa, a autoridade competente para aplicar a legislação tributária utilizará sucessivamente, na ordem indicada:

I – a analogia;

II – os princípios gerais de direito tributário;

III – os princípios gerais de direito público;

IV – a equidade.

§ 1º O emprego da analogia não poderá resultar na exigência de tributo não previsto em lei.[1, 2, 3]

§ 2º O emprego da equidade não poderá resultar na dispensa do pagamento de tributo devido.

## Anotações

**1. Vedação à analogia e interpretação extensiva da lista de serviços do ISS** – A jurisprudência (tanto do STF como do STJ) considera que a lista de serviços anexa à lei complementar de normas gerais relativas ao ISS é taxativa, vale dizer, os Municípios não podem eleger como hipótese de incidência do imposto fatos nela não previstos. Mas, apesar disso, considera que os itens nela previstos comportam interpretação extensiva. Haveria, aí, vedação ao disposto no art. 108, § 1º, do CTN? Segundo o STJ, não, como se depreende do seguinte julgado: "Embora taxativa, em sua enumeração, a lista de serviços admite

# Art. 108     Livro Segundo · NORMAS GERAIS DE DIREITO TRIBUTÁRIO | 239

interpretação extensiva, dentro de cada item, para permitir a incidência do ISS sobre serviços correlatos àqueles previstos expressamente. Precedentes do STF e desta Corte. [...] Esse entendimento não ofende a regra do art. 108, § 1º, do CTN, que veda o emprego da analogia para a cobrança de tributo não previsto em lei. Na hipótese, não se cuida de analogia, mas de recurso à interpretação extensiva, de resto autorizada pela própria norma de tributação, já que muitos dos itens da lista de serviços apresentam expressões do tipo 'congêneres', 'semelhantes', 'qualquer natureza', 'qualquer espécie', dentre outras tantas. [...] Não se pode confundir analogia com interpretação analógica ou extensiva. A analogia é técnica de integração, vale dizer, recurso de que se vale o operador do direito diante de uma lacuna no ordenamento jurídico. Já a interpretação, seja ela extensiva ou analógica, objetiva desvendar o sentido e o alcance da norma, para então definir-lhe, com certeza, a sua extensão. A norma existe, sendo o método interpretativo necessário, apenas, para precisar-lhe os contornos" (STJ, 2ª T., REsp 586.739/MG, Rel. Min. Castro Meira, j. em 23/8/2005, *DJ* de 19/9/2005, p. 262). Mas note-se que essa interpretação extensiva, ou analógica, somente é possível no caso da lista de serviços porque a própria lei faz uso das expressões *congêneres*, ou *semelhantes*, ao definir os serviços que podem ser tributados. Assim, como diria Amílcar de Araújo Falcão, a própria lei está a empregar termos que comportam esse tipo de interpretação, como que a definir "fatos geradores sub-rogatórios ou supletivos" (*Fato gerador da obrigação tributária*, 7. ed., Rio de Janeiro: Forense, 2002, p. 24).

**2. Vedação à analogia e tributação da habilitação de telefone celular** – Com base nessa vedação, que nada mais é do que uma explicitação do princípio da estrita legalidade tributária, o STJ já entendeu ser inválida a determinação contida no Convênio ICMS 69/98, segundo a qual o ICMS poderia incidir sobre a habilitação de telefones celulares. Considerou-se que "no ato de habilitação de aparelho móvel celular inocorre qualquer serviço efetivo de telecomunicação, senão de disponibilização do serviço, de modo a assegurar ao usuário a possibilidade de fruição do serviço de telecomunicações." Assim, e tendo em vista que "o ICMS incide, tão somente, na atividade final, que é o serviço de telecomunicação propriamente dito, e não sobre o ato de habilitação do telefone celular, que se afigura como atividade meramente intermediária", considerou-se que "o Convênio ICMS nº 69/98, ao determinar a incidência do ICMS sobre a habilitação de aparelho móvel celular, empreendeu verdadeira analogia extensiva do âmbito material de incidência do tributo, em flagrante violação ao art. 108, § 1º do CTN" (STJ, 1ª S., RMS 11.368/MT, Rel. Min. Francisco Falcão, j. em 13/12/2004, *DJ* de 9/2/2005, p. 182).

**3. Interpretação extensiva e vedação à analogia** – A possibilidade de se interpretar a lei tributária de modo a que seu sentido vá além do *literal* (interpretação dita "extensiva") não significa que se possa recorrer à integração por analogia, o que o art. 108, § 1º do CTN proíbe expressamente, numa explicitação didática do princípio da legalidade tributária. Deve-se ter atenção, no caso, à distinção entre *interpretar* e *integrar*. Depois de diferenciar a interpretação – na qual se descobre o sentido de norma preexistente – e a integração – na qual, reconhecidamente, não há norma específica para o caso, e o intérprete a constrói com base em disposições pertinentes a situações semelhantes – Amílcar de Araújo Falcão esclarece que "se se levar em conta essa distinção inevitável e substancial entre analogia e interpretação, não haverá como fugir à conclusão de que é impossível, pela via da integração analógica, chegar-se à identificação do fato gerador. Sim, porque de outro modo não estaria preenchido o requisito da legalidade do fato gerador, ou melhor, da previsão deste em lei tributária" (*Fato gerador da obrigação tributária,* 7. ed., Rio de Janeiro: Forense, 2002, p. 21).

**Art. 109.** Os princípios gerais de direito privado utilizam-se para pesquisa da definição, do conteúdo e do alcance de seus institutos, conceitos e formas, mas não para definição dos respectivos efeitos tributários.[1]

## ANOTAÇÕES

**1. Utilidade dos princípios de direito privado** – Sempre que a lei tributária utilizar institutos, conceitos ou formas de direito privado (*v. g.,* referindo-se a "contrato", "sociedade", "empregado", "transmissão"), os princípios de direito privado serão úteis para determinar o significado de tais expressões; mas não terão o condão, naturalmente, de lhes determinar os efeitos tributários, os quais serão definidos pela legislação tributária. Luciano Amaro, a propósito, fornece o interessante do empregado: se a lei tributária reporta-se a "empregado", a interpretação desse termo deverá ser feita à luz dos princípios de direito do trabalho (*v. g.,* deve-se definir quem é, ou quem não é empregado, considerando-se a natureza de "contrato realidade" do contrato de trabalho etc.), mas "o empregado, hipossuficiente na relação trabalhista, não pode invocar essa condição na relação tributária cujo pólo venha a ocupar. A definição dos efeitos tributários oriundos daquelas situações faz-se com abstração de considerações privatísticas, cuja aplicação se esgota na definição da categoria jurídica de direito privado, não obstante seja ela 'importada' pelo direito tributário e venha a irradiar, nesse setor, outros efeitos, além dos que possam ser produzidos na sua província de origem" (*Direito Tributário Brasileiro,* 4. ed., São Paulo: Saraiva, 1999, p. 209).

**Art. 110.** A lei tributária não pode alterar a definição, o conteúdo e o alcance de institutos, conceitos e formas de direito privado, utilizados, expressa ou implicitamente, pela Constituição Federal, pelas Constituições dos Estados, ou pelas Leis Orgânicas do Distrito Federal ou dos Municípios, para definir ou limitar competências tributárias.[1,2]

## ANOTAÇÕES

**1. Disposição meramente didática** – O art. 110 do CTN, embora tenha inegável importância didática, é mera afirmação do óbvio. Afinal, como já afirmou o Min. Luiz Gallotti, (*RTJ* 66/65), "se a lei pudesse chamar de compra o que não é compra, de importação o que não é importação, de exportação o que não é exportação, de renda o que não é renda, ruiria todo o sistema tributário inscrito na Constituição". Ele afirma o óbvio, todavia, no que tange à impossibilidade de a lei alterar a Constituição. No que tange ao fato de a Constituição ter acolhido conceitos de Direito Privado, a afirmação não ostenta a mesma obviedade. Ao

# Art. 111 — Livro Segundo · NORMAS GERAIS DE DIREITO TRIBUTÁRIO | 241

empregar uma palavra em seu texto, por que ela deveria ser entendida com o significado que lhe é usualmente atribuído pelo Direito Privado? Dizer que assim deve ser "porque previsto no art. 110 do CTN" implicaria interpretar a Constituição à luz do CTN, o que não parece adequado. Por outro lado, se a palavra empregada pela Constituição possui significado claro previamente atribuído pela legislação anterior, seja ela de Direito Privado ou não, por que recorrer a outros significados, não jurídicos, na interpretação constitucional? Sobre o tema, confira-se: MACHADO, Raquel Cavalcanti Ramos. *Competência tributária*: entre a rigidez constitucional e a atualização interpretativa. São Paulo: Malheiros, 2014, *passim*.

**2. Explicitação da supremacia constitucional e cabimento de REsp** – Como o art. 110 do CTN apenas explicita uma decorrência da supremacia das normas da Constituição, o STJ tem arestos nos quais entende não ser cabível o Recurso Especial, quando se alega unicamente violação ao art. 110 do CTN. Cabível seria o Recurso Extraordinário, por violação aos dispositivos constitucionais relativos aos conceitos cujo sentido tenha sido alterado pelo legislador infraconstitucional. Consignou-se, a propósito, que "a violação ao art. 110 do CTN não pode ser analisada em sede de recurso especial, uma vez que tal dispositivo, sendo mera explicitação do princípio da supremacia da Carta Magna, possui nítida carga constitucional" (STJ, 2ª T., REsp 550.099/SC, Rel. Min. Castro Meira, j. em 6/12/2005, *DJ* de 1º/2/2006, p. 479).

**Art. 111.** Interpreta-se literalmente[1, 2] a legislação tributária que disponha sobre:

I – suspensão ou exclusão[3] do crédito tributário;

II – outorga de isenção;[4, 5]

III – dispensa do cumprimento de obrigações tributárias acessórias.

## ANOTAÇÕES

**1. Interpretação literal e outros métodos exegéticos** – "O art. 111 do CTN, que prescreve a interpretação literal da norma, não pode levar o aplicador do direito à absurda conclusão de que esteja ele impedido, no seu mister de apreciar e aplicar as normas de direito, de valer-se de uma equilibrada ponderação dos elementos lógico-sistemático, histórico e finalístico ou teleológico, os quais integram a moderna metodologia de interpretação das normas jurídicas" (STJ, 2ª T., REsp 192.531/RS, Rel. Min. João Otávio de Noronha, j. em 17/2/2005, *DJ* de 16/5/2005, p. 275). Pode-se mesmo dizer que não existe um "sentido literal puro e único", que possa ser atribuído a qualquer palavra ou expressão, sendo a escolha de um dos sentidos literalmente possíveis sempre feita a partir de outros critérios ou elementos. Basta consultar um dicionário para confirmar que nenhuma palavra tem apenas um significado "literal".

**2. Impossibilidade de interpretação ampliativa ou integração analógica** – O art. 111 do CTN não impõe, a rigor, que sempre se empregue apenas o método gramatical de interpretação. Seu sentido, em verdade, é o de vedar o uso de analogia, ou de interpretações extensivas, para estender, pela via jurisprudencial, o alcance da norma sobre hipóteses nela não previstas. "Preceitua o artigo 111 do CTN que 'interpreta-se literalmente a legislação tributária que disponha sobre a outorga de isenções'. Assevera o professor Hugo de Brito Machado que essa disposição 'há de ser entendida no sentido de que as normas reguladoras das matérias ali mencionadas não comportam interpretação ampliativa nem integração por equidade' (*Curso de Direito Tributário*, São Paulo: Malheiros Editores, 2001, p. 98)" (STJ, 2ª T., REsp 329.328/SP, Rel. Min. Franciulli Netto, j. em 5/8/2004, *DJ* de 25/10/2004, p. 274). **No mesmo sentido:** "O art. 111 do CTN proíbe a interpretação extensiva ou qualquer outro mecanismo hermenêutico que implique em a isenção abranger situações não preconizadas na norma que a outorgou" (STJ, 1ª T., REsp 106.390/SP, Rel. Min. Demócrito Reinaldo, j. em 17/3/1997, *DJ* de 19/5/1997. p. 20.577).

O STJ já afirmou que "em homenagem aos princípios de hermenêutica positivados nos arts. 108 e 111 do Código Tributário Nacional, descabe interpretação não literal das hipóteses de dispensa legal de tributo" (STJ, 2ª T., REsp 382.024/PR, Rel. Min. Castro Meira, j. em 7/10/2004, *DJ* de 13/12/2004, p. 276). Entretanto, *data venia*, do ponto de vista terminológico, o correto é dizer-se – como fez a Primeira Seção do STJ em caso análogo, que, "em homenagem aos princípios de hermenêutica positivados nos arts. 108 e 111 do Código Tributário Nacional, não cabe ampliação jurisprudencial das hipóteses de isenção arroladas no art. 28, § 9º, da Lei nº 8.212/91." Com efeito, o que não pode haver é ampliação jurisprudencial, através de interpretação extensiva ou de integração por analogia, mas isso não significa que o intérprete se deva prender ao literalismo do texto que veicula a norma isentiva (ver nota 1 a este artigo). Precisamente por isso, nada obsta "que determinada verba inominada ou nominada em desacordo com a terminologia adotada pela legislação previdenciária venha a ser considerada isenta de contribuição se, em razão de seus elementos essenciais, puder ser enquadrada em uma das hipóteses de dispensa de tributo legalmente previstas" (STJ, 1ª S., EREsp 496.737/RJ, Rel. Min. Castro Meira, j. em 12/5/2004, *DJ* de 9/8/2004, p. 168).

Pela mesma razão, o STJ já entendeu que, se a lei concede isenção de IPI a determinado produto, essa isenção deve ser também reconhecida às suas peças de reposição, embora a lei a isso literalmente não se refira (STJ, 1ª T., REsp 20.983/PE, Rel. Min. Milton Luiz Pereira, j. em 31/8/1994, v. u., *DJ* de 26/9/1994, p. 25.601). **No mesmo sentido:** "A isenção deve ajustar-se a uma realidade – valor, de modo que não se elimine o alcance da lei isencional, quanto a sua justa e razoável finalidade, prejudicando superiores interesses sociais. [...] As peças acessórias ou destinadas à substituição daqueles integrantes do equipamento principal isento do Imposto de Importação e do IPI, necessárias à continuação do seu funcionamento mecânico, também estão isentas do pagamento dos mesmos tributos" (STJ, 1ª T., mv, REsp 192.494-PR, Rel. p/ Ac. Min. Milton Luiz Pereira, j. em 23/3/1999, m. v., *DJ* de 16/11/1999, p 190). Tratava-se da importação de peças de reposição enviadas gratuitamente pelo fabricante de máquina (esta de importação isenta de imposto de importação), para substituição de peças defeituosas. O acórdão deu-se por maioria de votos porque o Ministro José Delgado, aplicando o art. 111 do CTN, negava-se a reconhecer a abrangência da isenção para o caso. Mais recentemente, a posição pelo reconhecimento da isenção também às peças de máquinas isentas foi reiterada no julgamento do REsp 841.330-CE, Rel. Min. Zavascki, j. em 22/2/2011.

**3. Interpretação restritiva e retroatividade benigna** – Conjugando o art. 111 do CTN, com o art. 106, do mesmo Código, o STJ já entendeu que a *retroatividade benigna* a que alude o art. 106 diz respeito apenas às *leis meramente interpretativas,* e às que cuidam de *infrações e penalidades*, não podendo ser estendida à *lei que concede isenção de tributo.*

# Art. 111 — Livro Segundo · NORMAS GERAIS DE DIREITO TRIBUTÁRIO | 243

Considerou-se que, "tratando-se de norma concessiva de exoneração tributária, sua interpretação é restritiva (art. 111 do CTN), observada a necessária segurança jurídica que opera *pro et contra* o Estado" (STJ, 1ª T., REsp 464.419/SP, Rel. Min. Luiz Fux, j. em 15/5/2003, *DJ* de 2/6/2003, p. 193).

Não é correto, porém, afirmar que o art. 111 do CTN impõe o uso de interpretação *restritiva*. A interpretação literal é aquela coerente com os sentidos possíveis do texto, vale dizer, significados compatíveis com o texto legal, que não vão além dele, mas não necessariamente restritiva. Tanto que, em alguns casos, a interpretação *literal* pode ensejar sentido mais amplo do que outros métodos sugeririam. Exemplificando, a isenção de imposto de renda concedida a pessoas cegas poderia sugerir, em uma interpretação teleológica, um benefício apenas para pessoas desprovidas de visão em ambos os olhos. Literalmente, porém, alguém que não dispõe da visão em apenas um dos olhos é, também, cego. Cego de um olho, e, literalmente, isento. Foi o que já decidiu o STJ: "TRIBUTÁRIO. IRPF. ISENÇÃO. ART. 6º, XIV, DA LEI 7.713/1988. INTERPRETAÇÃO LITERAL. CEGUEIRA. DEFINIÇÃO MÉDICA. PATOLOGIA QUE ABRANGE TANTO O COMPROMETIMENTO DA VISÃO NOS DOIS OLHOS COMO TAMBÉM EM APENAS UM. 1. Hipótese em que o recorrido foi aposentado por invalidez permanente em razão de cegueira irreversível no olho esquerdo e pleiteou, na via judicial, o reconhecimento de isenção do Imposto de Renda em relação aos proventos recebidos, nos termos do art. 6º, XIV, da Lei 7.713/1988. 2. As normas instituidoras de isenção devem ser interpretadas literalmente (art. 111 do Código Tributário Nacional). Sendo assim, não prevista, expressamente, a hipótese de exclusão da incidência do Imposto de Renda, incabível que seja feita por analogia. 3. De acordo com a Classificação Estatística Internacional de Doenças e Problemas Relacionados à Saúde (CID-10), da Organização Mundial de Saúde, que é adotada pelo SUS e estabelece as definições médicas das patologias, a cegueira não está restrita à perda da visão nos dois olhos, podendo ser diagnosticada a partir do comprometimento da visão em apenas um olho. Assim, mesmo que a pessoa possua visão normal em um dos olhos, poderá ser diagnosticada como portadora de cegueira. 4. A lei não distingue, para efeitos da isenção, quais espécies de cegueira estariam beneficiadas ou se a patologia teria que comprometer toda a visão, não cabendo ao intérprete fazê-lo. 5. Assim, numa interpretação literal, deve-se entender que a isenção prevista no art. 6º, XIV, da Lei 7.713/88 favorece o portador de qualquer tipo de cegueira, desde que assim caracterizada por definição médica. 6. Recurso Especial não provido" (STJ, 2ª T., REsp 1.196.500/MT, *DJe* de 4/2/2011).

**4. Isenção de IRPJ e sua extensão, pela via exegética, à CSLL** – Apreciando questão na qual um contribuinte, isento do IRPJ, pedia o reconhecimento de seu direito à isenção também da CSLL, o STJ decidiu que a norma isentiva não alcança a contribuição social sobre o lucro. Partiu, para tanto, das seguintes premissas: *a)* a lei que instituiu a CSLL é posterior à lei isentiva, e não fez qualquer alusão à isenção; *b)* IRPJ e CSLL são tributos com finalidades e orçamentos distintos; *c)* a CSLL tem base de cálculo distinta da do IRPJ; *d)* os princípios da legalidade e da tipicidade exigem lei expressa para fins de exoneração tributária, o que está consagrado, por outras palavras, no art. 111 do CTN. Por tudo isso, "a ausência de lei que determine a dispensa do recolhimento da Contribuição Social sobre o Lucro – CSSL, impede a outorga dessa dispensa pelo Poder Judiciário posto que, *a contrario sensu*, a Corte estaria exercendo atividade legiferante" (STJ, 1ª T., REsp 637.356/BA, Rel. Min. Luiz Fux, j. em 9/11/2004, *DJ* de 6/12/2004, p. 220). *Data maxima venia*, embora o raciocínio desenvolvido pelo STJ, em tese, e de um prisma meramente formal, seja correto, a questão, no que concerne especificamente às isenções *onerosas* e a *prazo certo* de IRPJ, concedidas a pessoas jurídicas que se instalaram nas Regiões Norte e Nordeste, não é tão simples assim. Tais pessoas jurídicas foram atraídas por incentivos de imposto de renda, e depois viram esse imposto ser gradativamente "substituído" por uma "contribuição social" a ele no todo semelhante. Note-se que até o poder constituinte originário ressalvou o direito adquirido de tais empresas à fruição do benefício por todo o prazo originalmente concedido (CF/88, ADCT, art. 41, § 2º), não sendo razoável que se possa suprimi-lo obliquamente, com paulatinas reduções da alíquota do IRPJ, e majorações da alíquota da CSLL. Confira-se, a esse respeito, nota ao art. 177, II, do CTN.

**5. Art. 111, II, do CTN e imunidade tributária** – A postura restritiva na interpretação aplica-se à isenção, não à imunidade: "A imunidade, como espécie de não incidência, por supressão constitucional, segundo a doutrina, deve ser interpretada de forma ampla, diferentemente da isenção, cuja interpretação é restrita, por imposição do próprio CTN (art. 111)" (STJ, 2ª T., RO 31/BA, Rel. Min. Eliana Calmon, j. em 6/5/2004, *DJ* de 2/8/2004, p. 337). Há decisões do STF, contudo, que adotam interpretação restritiva também para algumas imunidades, como a concedida pelo art. 155, § 3º (STF, 2ª T., RE 170.784/MG, Rel. Min. Marco Aurélio, j. em 14/3/2006, *DJ* de 4/8/2006, p. 78), e pelo 184, § 5º (STF, 2ª T., RE 169.628/DF, Rel. Min. Maurício Corrêa, j. em 28/9/1999, *DJ* de 19/4/2002, p. 59), ambos da CF/88.

**Art. 112.** A lei tributária que define infrações, ou lhe comina penalidades,[1] interpreta-se da maneira mais favorável ao acusado, em caso de dúvida[2] quanto:

I – à capitulação legal do fato;[3]

II – à natureza ou às circunstâncias materiais do fato, ou à natureza ou extensão dos seus efeitos;[4]

III – à autoria, imputabilidade, ou punibilidade;

IV – à natureza da penalidade aplicável, ou à sua graduação.[5]

## ANOTAÇÕES

**1. Interpretação benigna não se aplica às normas sobre juros** – "Em matéria de juros, não se aplica a legislação mais benéfica ao contribuinte porque não estão em discussão as hipóteses do art. 112 do CTN" (STJ, 2ª T., REsp 294.740/SC, Rel. Min. Eliana Calmon, j. em 9/4/2002, v. u., *DJ* de 6/5/2002, p. 273).

**2. Interpretação benigna e "caso de dúvida"** – "A interpretação benigna, prevista no art. 112 do CTN, pressupõe a existência de dúvida objetiva na exegese da legislação fiscal. Não havendo divergência acerca da interpretação da legislação tributária, o art. 112 do CTN não pode ser aplicado" (STJ, 2ª T., REsp 178.427/SP, Rel. Min. Adhemar Maciel, j. em 1º/9/1998, v. u., *DJ* de 7/12/1998, p. 76). O problema, conforme a experiência demonstra, é que as autoridades fazendárias sempre afirmam "não ter dúvidas" de que a lei aplicável é a mais gravosa, mesmo quando é controvertida a interpretação das normas punitivas e os fatos não são conhecidos com clareza, o que, evidentemente, é um artifício usado para afastar, indevidamente, a incidência da norma contida no art. 112 do CTN. Existem, na verdade, critérios objetivos para indicar a existência de dúvida, como é o caso, por exemplo,

**Art. 112**    **Livro Segundo** · NORMAS GERAIS DE DIREITO TRIBUTÁRIO | **245**

de julgamentos administrativos a respeito da ocorrência, ou não, da infração, em relação aos quais há empate no órgão colegiado e o desempate é feito por meio do chamado "voto de qualidade", ou "voto de desempate", pelo presidente do órgão. Em tais casos, está objetivada a existência da dúvida, sendo uma hipótese em que poderia, aliás, deveria, ser respeitado o disposto no art. 112 do CTN.

**3. Interpretação benigna e dúvida sobre a exatidão do lançamento** – O ônus de provar os fatos sobre os quais se apóia o lançamento é da autoridade lançadora. Assim, se tais fatos não são suficientemente demonstrados, ou há dúvida quanto aos fundamentos do auto de infração, incide o art. 112 do CTN. "O lançamento requer prova segura da ocorrência do fato gerador do tributo. Tratando-se de atividade plenamente vinculada (Código Tributário Nacional, arts. 3º e 142), cumpre à fiscalização realizar as inspeções necessárias à obtenção dos elementos de convicção e certeza indispensáveis à constituição do crédito tributário. Havendo dúvida sobre a exatidão dos elementos em que se baseou o lançamento, a exigência não pode prosperar, por força do disposto no art. 112 do CTN. [...]" (1º CC, 7ª Câm., 1Ac. 107-05.215, Rel. Carlos Alberto Gonçalves Nunes, *DOU* de 24/11/1998, *RET* nº 4/98 – p. 139). **No mesmo sentido:** "Tributação fundada em omissão de venda. Presunção fiscal relativa, caracterizada por numerário encontrado em gaveta de máquina registradora em valor superior ao registrado. A divergência entre os valores lançados na máquina registradora e o numerário existente em caixa em determinado dia, por si só, não autoriza a convicção de que a diferença do dinheiro originou-se exclusivamente de venda omitida. O fato tributário, gerador da imposição fiscal, há que emergir no lançamento estreme de dúvida. Aplicabilidade, na espécie, do disposto no artigo 112 do CTN" (Câmara Superior do Conselho de Contribuintes do Estado de Minas Gerais, acórdão nº 1.171/91, Rel. Cons. Windson Luiz da Silva, *Repertório IOB de Jurisprudência* nº 21/91, p. 380, c. 1).

Ainda no que tange ao art. 112 do CTN, parece adequado, como dito na nota anterior, que, em havendo empate no julgamento feito por órgãos colegiados, o voto do Presidente, ou o voto de qualidade, seja favorável ao contribuinte, no que tange às matérias referidas. Afinal, o empate é demonstração objetiva de que há dúvida quanto à possibilidade de se aplicar, ou não, a penalidade, o que deveria ser levado em conta pelo Presidente do órgão colegiado.

**4. Interpretação benigna, concordata e multa moratória** – A jurisprudência entendia, pacificamente, que, em função do art. 112 do CTN, as multas moratórias deveriam ser excluídas não apenas em face de devedor falido, mas também na ocorrência de concordata (hoje, recuperação judicial). Tal entendimento, contudo, foi modificado pela Primeira Seção do STJ, como informa o seguinte aresto daquela Corte: "Na espécie, encontrando-se a empresa em concordata, evidenciando-se, destarte, a dificuldade de saldar as suas dívidas, é viável o afastamento da exigibilidade da multa moratória, consoante o artigo 112, do CTN, e seguindo corrente jurisprudencial oriunda do Pretório Excelso. [...] Não obstante o teor desse artigo não conter expressa menção do benefício ao contribuinte que se acha em estado de concordata, tal entendimento advém de interpretação extensiva externada pelo Supremo Tribunal Federal, hodiernamente pacificada jurisprudencialmente, também, por esta Corte, no sentido de que o afastamento da exigibilidade da multa fiscal não é questão de aplicação do art. 23, do Decreto-lei nº 7.661/45, mas, sim, do art. 112, II, do CTN – não se inclui no crédito habilitado em falência a multa fiscal moratória, por constituir pena administrativa (Súmulas nᵒˢ 192 e 565, do STF). [...] A egrégia Primeira Seção desta Corte Superior, em 24/8/2000, no julgamento, por maioria, proferido no EREsp nº 111.926/PR, entendeu que o art. 23, parágrafo único, do DL nº 7.661/45, que exclui da falência as multas penais e administrativas, não pode, numa interpretação extensiva, ser aplicado à concordata. Asseverou-se, na ocasião, que na concordata, a supressão da multa moratória beneficia apenas o concordatário, que já não honrara seus compromissos, enquanto que, na falência, a multa, se imposta, afetaria os próprios credores, quebrando o princípio de que a pena não pode passar do infrator. [...] Naquele julgamento fui um dos Ministros que ficou vencido quanto à aplicação do referido dispositivo legal ao instituto da concordata, por extensão analógica, porque havia, ainda, entendimentos divergentes a respeito. [...] Como a função desta Corte Superior é uniformizar o entendimento da legislação federal, não deverei mais ir de encontro ao posicionamento majoritário, mesmo tendo posição, ainda, contrária. [...] Ressalva do ponto de vista do relator, quanto à aplicação da multa moratória" (STJ, 1ª T., AgRg no Ag 466.812/SP, Rel. Min. José Delgado, j. em 26/11/2002, *DJ* de 17/2/2003, p. 245).

**5. Infrações continuadas, multa única e razoabilidade** – Sempre que se imputa ao contribuinte a prática de uma infração que se prolonga no tempo, não é razoável exigir-lhe uma multa por cada dia, ou mês, em que a conduta perdurou. Se existe uma multa pela não entrega de DCTF, essa multa não pode ser aplicada a cada mês em que tal declaração não é entregue. Foi o que entendeu o STJ, em acórdão de cuja ementa extraímos o seguinte trecho: "Sendo devida multa pela não declaração ao Fisco das contribuições de tributos federais, no momento em que se faz a declaração em bloco, não é razoável efetuar um somatório da sanção pecuniária para cada mês de atraso na declaração. [...] Princípio da proporcionalidade da sanção, que atende a outro princípio, o da razoabilidade" (STJ, 2ª T., REsp 601.351/RN, Rel. Min. Eliana Calmon, j. em 3/6/2004, *DJ* de 20/9/2004, p. 259). Em seu voto, a Ministra relatora consignou: "É a mesma lógica do crime continuado ou da aplicação das multas da SUNAB pelo descumprimento das normas de congelamento, em que se discutiu a multa incidente sobre cada nota fiscal, ficando apaziguado o entendimento de que única era a infração e, portanto, única a multa."

# TÍTULO II
## Obrigação Tributária

## Capítulo I
### Disposições Gerais

**Art. 113.** A obrigação tributária é principal ou acessória.

§ 1º A obrigação principal surge com a ocorrência do fato gerador, tem por objeto o pagamento de tributo ou penalidade pecuniária e extingue-se juntamente com o crédito dela decorrente.

§ 2º A obrigação acessória decorre da legislação tributária[1] e tem por objeto as prestações, positivas ou negativas,[2] nela previstas no interesse da arrecadação ou da fiscalização dos tributos.[3]

§ 3º A obrigação acessória, pelo simples fato da sua inobservância, converte-se em obrigação principal relativamente à penalidade pecuniária.

# Art. 113 Livro Segundo · NORMAS GERAIS DE DIREITO TRIBUTÁRIO | 247

## Anotações

**1. Obrigação tributária acessória e reserva de lei** – De acordo com o art. 113, § 2º, do CTN, a obrigação tributária acessória (que consiste sempre numa obrigação de fazer, não fazer ou tolerar) pode decorrer da legislação tributária, conceito que, como se sabe, a teor do art. 96 do CTN, abrange não apenas as leis, mas também atos infralegais, tais como decretos, portarias, instruções normativas etc. Assim, a teor do que dispõe esse artigo, e ainda o art. 97 do CTN (que reserva à lei apenas a fixação das penalidades pelo descumprimento das obrigações acessórias), as obrigações acessórias poderiam ser previstas em atos infralegais, e não necessariamente em lei. Hugo de Brito Machado sustenta esse entendimento. Demonstra que as obrigações acessórias devem ser meros deveres instrumentais, adequados, necessários e não excessivos para que se afira se as obrigações principais – estas sim previstas em lei – estão sendo cumpridas. A multa pelo descumprimento de uma obrigação acessória deve estar prevista em lei, mas não a própria obrigação acessória. E cita o seguinte exemplo: "A lei institui a obrigação de pagar Imposto de Renda, para quem auferir rendimentos superiores a certo montante durante o ano. É evidente que o regulamento pode estabelecer para tais pessoas a obrigação de declarar os rendimentos auferidos. Essa obrigação de declarar é instrumental. Sem ela não haveria como tornar efetiva a obrigação de pagar o imposto. É instituída *para fiel execução da lei.*" (Hugo de Brito Machado, *Comentários ao Código Tributário Nacional,* São Paulo: Atlas, 2004, v. 2, p. 305). Poderíamos citar como exemplo as infrações de trânsito. A lei deve estipular quais condutas configuram infração, e, ao fazê-lo, pode determinar que trafegar na "contramão" é motivo para a aplicação de determinada penalidade. A lei não especificará, contudo, o sentido de "mão" e "contramão" de cada uma das vias do País. Esse papel, meramente instrumental, cabe às normas infralegais. Da mesma forma, a lei tributária pode cuidar da obrigação de documentar as operações tributáveis, impondo penalidades para quem não o fizer, mas não precisa descer às minúcias e especificar quais documentos devem ser emitidos, dispondo sobre suas dimensões, cores, números de vias etc.

**Na jurisprudência**, há acórdãos do STJ que, acolhendo expressamente a doutrina de Hugo de Brito Machado, afirmam a validade da instituição de obrigações acessórias pela legislação tributária: "pode o Estado criar obrigação acessória, com o fim de exercer suas funções de controle e fiscalização, ainda que por mero ato administrativo, como é a portaria, já que o CTN se refere à 'legislação tributária', e não à lei. A propósito, ensina Hugo de Brito Machado: 'Nos termos do Código Tributário Nacional esse fato gerador pode ser definido pela *legislação,* e não apenas pela lei' (Curso de Direito Tributário, Malheiros, 23ª edição, 2003, p. 125)" (STJ, 2ª T., RMS 17.940/MT, Rel. Min. Castro Meira, j. em 10/8/2004, *DJ* de 20/9/2004, p. 215. A transcrição é de trecho do voto do ministro relator). No mesmo sentido, quando do julgamento do REsp 507.467/PR (e do agravo regimental e dos embargos declaratórios que o sucederam), o STJ consignou que, estando a penalidade prevista em lei, as formalidades a serem cumpridas (sob pena de aplicação da dita penalidade) podem ser disciplinadas em ato infralegal. Entendeu-se, na oportunidade, que "a entrega intempestiva da DCTF implica em multa legalmente prevista, por isso que o Decreto-lei nº 2.065/83 assim assentou: 'Art. 11. A pessoa física ou jurídica é obrigada a informar à Secretaria da Receita Federal os rendimentos que, por si ou como representante de terceiros, pagar ou creditar no ano anterior, bem como o Imposto de Renda que tenha retido. [...]' [...] A instrução normativa 73/96 estabelece apenas os regramentos administrativos para a apresentação das DCTF's, revelando-se perfeitamente legítima a exigibilidade da obrigação

**248** | CÓDIGO TRIBUTÁRIO NACIONAL – *Hugo de Brito Machado Segundo* **Art. 114**

acessória, não havendo que se falar em violação ao princípio da legalidade. [...]" (STJ, 1ª T., EDcl nos EDcl no AgRg no REsp 507.467/PR, Rel. Min. Luiz Fux, j. em 5/5/2005, *DJ* de 20/6/2005, p. 126).

**2. IPTU. Dever de informar mudanças no imóvel. Obrigação acessória** – Caso o contribuinte proceda a modificações significativas em imóvel urbano, deverá informar a Fazenda Municipal do ocorrido, a fim de que se determine corretamente o valor da base de cálculo do IPTU, nos exercícios subsequentes. Foi o que já decidiu o STJ, para quem, "em havendo considerável mudança no imóvel, deve o seu proprietário ou detentor prestar informações ao Fisco para efeito de cadastramento. [...] Obrigação do contribuinte que se identifica como obrigação acessória (arts. 113, § 2º, e 147 do CTN). [...]" (STJ, 2ª T., REsp 302.672/SP, Rel. Min. Eliana Calmon, j. em 20/6/2002, *DJ* de 2/9/2002, p. 160).

**3. Obrigação acessória e interesse da arrecadação e da fiscalização** – Em Direito Tributário, a obrigação acessória não está propriamente vinculada a uma obrigação principal específica (tal como ocorre no direito privado), mas sim ao interesse da fiscalização e da arrecadação, relativamente ao cumprimento das obrigações principais como um todo. Mas isso não significa que o fisco possa exigir o cumprimento de obrigações acessórias *desnecessárias* ou *inadequadas* à verificação do cumprimento das obrigações principais. Isso seria inconstitucional, por desproporcionalidade, além de violar o que literalmente estabelece o art. 113, § 2º, do CTN. Apreciando questão na qual se discutia o assunto, o STJ proferiu o seguinte aresto: "A discussão dos autos cinge-se à necessidade, ou não, de a empresa recorrida, pelo fato de não ser contribuinte do Imposto sobre Serviços de Qualquer Natureza – ISSQN, ainda assim ser obrigada a exibir seus livros fiscais ao Município de São Paulo. [...] Restou incontroverso o fato de que a empresa Recorrida não recolhe ISSQN aos cofres do Município de São Paulo. [...] Nesse contexto, verifica-se que, mesmo que haja o Poder Estatal, *ex vi legis*, de impor o cumprimento de certas obrigações acessórias, a Administração Tributária deve seguir o parâmetro fixado no § 2º do art. 113 do CTN, isto é, a exigibilidade dessas obrigações deve necessariamente decorrer do interesse na arrecadação. [...] *In casu*, não se verifica o aludido interesse, porquanto a própria Municipalidade reconhece que a Recorrida não consta do Cadastro de Contribuintes do ISSQN. [...] Mesmo que o ordenamento jurídico tributário considere certo grau de independência entre a obrigação principal e a acessória, notadamente quanto ao cumprimento desta última, não há como se admitir o funcionamento da máquina estatal, nos casos em que não há interesse direto na arrecadação tributária. [...] Se inexiste tributo a ser recolhido, não há motivo/interesse para se impor uma obrigação acessória, exatamente porque não haverá prestação posterior correspondente. Exatamente por isso, o legislador incluiu no aludido § 2º do art. 113 do CTN a expressão 'no interesse da arrecadação'. [...]" (STJ, 1ª T., REsp 539.084/SP, Rel. Min. Francisco Falcão, j. em 18/10/2005, *DJ* de 19/12/2005, p. 214).

## Capítulo II

### Fato Gerador[1]

**Art. 114.** Fato gerador da obrigação principal é a situação definida em lei[2] como necessária e suficiente à sua ocorrência.[3]

**Art. 115**                Livro Segundo · NORMAS GERAIS DE DIREITO TRIBUTÁRIO | **249**

## Anotações

**1. "Definição" de fatos geradores** – No CTN, a rigor, não estão definidos os "fatos geradores" das obrigações tributárias, sejam elas acessórias ou principais. Nele estão traçadas normas gerais, a serem observadas pelo legislador ordinário da União, dos Estados, do Distrito Federal e dos Municípios. Os arts. 114 a 118 apenas estabelecem normas gerais, muitas de cunho meramente didático, a respeito de como os dispositivos das leis e demais atos normativos devem ser elaborados e entendidos.

**2. Lei definidora do fato gerador da obrigação principal** – Em regra, o fato gerador da obrigação tributária principal é definido em lei ordinária editada pelo ente tributante correspondente. Evidentemente, essa deve manter-se dentro da *competência tributária* do ente público, tal como prevista na Constituição. Ao estabelecer o fato gerador do IPTU, por exemplo, a lei municipal não pode fazê-lo livremente, devendo ater-se ao âmbito que lhe foi reservado pela Constituição (propriedade de imóveis urbanos).

**3. Fato gerador como situação necessária e suficiente ao nascimento de uma obrigação** – A definição contida no art. 114 do CTN, a rigor, não é muito útil, pois serve para o fato gerador de qualquer relação jurídica, e não somente ao da obrigação tributária principal. Mesmo assim, a partir dela podemos dizer, por exemplo, que o "fato gerador" da obrigação tributária principal de pagar o IPVA é a propriedade de veículos automotores, pois essa é a situação, definida na lei (do respectivo Estado-membro), como necessária e suficiente ao nascimento da obrigação de pagar esse imposto.

**Art. 115.** Fato gerador da obrigação acessória é qualquer situação que, na forma da legislação[1] aplicável, impõe a prática ou a abstenção de ato[2] que não configure obrigação principal.

## Anotações

**1. Obrigação acessória e legislação tributária** – Coerente com o disposto no art. 113 do CTN, o art. 115 se reporta ao fato gerador da obrigação acessória como podendo ser definido pela legislação tributária, conceito que abrange a lei, mas também atos infralegais (decretos, portarias, instruções normativas etc.), conforme definido pelo art. 96 do CTN. Coloca-se, então, a questão de saber se a obrigação acessória pode ser definida em ato infralegal, reservando-se à lei apenas a cominação de sanções pelo seu descumprimento, ou se a própria lei deve não apenas cominar sanções mas também estabelecer os fatos geradores e os deveres de fazer ou não fazer deles decorrentes.

Como explicado em nota ao art. 113 do CTN, *supra*, há autores que afirmam que as obrigações acessórias podem ser determinadas por atos infralegais. A maior parte da doutrina, porém, parece se opor a isso, invocando o princípio da legalidade (CF/88, art. 5º, II e 150, I, e CTN, art. 97). Realmente, só a lei pode instituir tributos, e cominar penalidades pelo descumprimento de obrigações tributárias, principais ou acessórias. Mas isso não impede, porém, que alguns deveres administrativos sejam exigidos – ou, mais propriamente, explicitados – por ato infralegal. A lei pode, por exemplo, determinar que o contribuinte apresente

250 | CÓDIGO TRIBUTÁRIO NACIONAL – *Hugo de Brito Machado Segundo* **Art. 116**

declaração de rendimentos, estabelecendo a sanção para a omissão ou para o atraso em sua entrega, mas não precisará definir em minúcias – nem isso seria factualmente possível, ou mesmo necessário – todas as características dessa declaração. Em outras palavras, em face do princípio da legalidade, a lei deverá criar o tributo, definindo seu fato gerador, e todos os demais elementos da relação tributária (sujeito ativo, sujeito passivo, alíquota, base de cálculo etc.). Deverá, também, estabelecer as obrigações acessórias inerentes à fiscalização e à arrecadação desse tributo, cominando as penalidades para o descumprimento das mesmas. Mas isso não impede que normas inferiores da *legislação tributária* (v. g. o regulamento) explicitem o conteúdo de tais deveres acessórios. Essa explicitação deverá ser razoável, guardar efetiva relação com o controle do cumprimento da obrigação principal, e manter-se nos limites da lei explicitada, mas não se pode dizer que não possa ser feita pela norma infralegal. Confiram-se, a propósito, as notas ao art. 113 do CTN.

**2. Obrigação acessória como obrigação de fazer ou não fazer** – No art. 115 do CTN, reitera-se que a obrigação acessória não tem por objeto prestações pecuniárias, mas sim a prática ou a abstenção de atos diversos do pagamento (obrigação de *fazer, não fazer* ou *tolerar*). Como toda obrigação, a obrigação tributária acessória tem, sim, um fato gerador, vale dizer, a norma que instituir o dever de fazer, não fazer ou tolerar algo no interesse da fiscalização e da arrecadação tributárias pressupõe a ocorrência de um fato para incidir e produzir efeitos jurídicos. O comerciante só está obrigado a emitir nota fiscal, por exemplo, se der saída a uma mercadoria, fato que tanto gera o dever de pagar o tributo (obrigação principal) como de emitir a nota e efetuar a escrituração correspondentes (obrigações acessórias). Sem razão, portanto, *data venia*, Sacha Calmon Navarro Coelho, *Curso de Direito Tributário Brasileiro,* 9. ed., Rio de Janeiro: Forense, 2006, p. 685.

**Art. 116.** Salvo disposição de lei em contrário, considera-se ocorrido[1] o fato gerador[2] e existentes os seus efeitos:

I – tratando-se de situação de fato, desde o momento em que se verifiquem as circunstâncias materiais necessárias a que produza os efeitos que normalmente lhe são próprios;[3, 4]

II – tratando-se de situação jurídica, desde o momento em que esteja definitivamente constituída, nos termos de direito aplicável.[5]

Parágrafo único. A autoridade administrativa poderá desconsiderar atos ou negócios jurídicos praticados com a finalidade de dissimular a ocorrência do fato gerador do tributo ou a natureza dos elementos constitutivos da obrigação tributária,[6, 7] observados os procedimentos a serem estabelecidos em lei ordinária.[8] *(Incluído pela LCP nº 104, de 10.1.2001)*

ANOTAÇÕES ———————————————————————————————

**1. Momento da ocorrência do fato gerador** – No art. 116, o CTN dispõe sobre quando o fato gerador da obrigação tributária pode ser considerado como "ocorrido". A importância

# Art. 116     **Livro Segundo** · NORMAS GERAIS DE DIREITO TRIBUTÁRIO | **251**

de se determinar o momento da ocorrência do fato gerador está relacionada, principalmente, ao direito intertemporal, pois sabendo *quando* o fato gerador ocorre se pode afirmar qual legislação é a ele aplicável.

**2. Momento da ocorrência do fato gerador e recebimento de rendimentos acumulados** – Relativamente ao momento de ocorrência do fato gerador, situação problemática é aquela na qual, relativamente ao imposto sobre a renda, o contribuinte recebe rendimentos que se haviam acumulado indevidamente, e que ele deveria ter recebido de forma paulatina. Em face da existência de um limite de isenção e de alíquotas progressivas, receber R$ 1.000,00 a cada mês ou R$ 24.000,00 ao cabo de dois anos pode fazer grande diferença.

Para ilustrar a questão com um exemplo, suponha-se que determinado contribuinte recebe aluguéis no valor de R$ 1.100,00, sendo essa a sua única fonte de renda. O inquilino não paga o aluguel de alguns meses de 2007, 2008 e 2009, levando o proprietário locador a mover nova ação judicial para receber as quantias correspondentes. Como resultado, o proprietário obtém o despejo do inquilino e dele recebe a quantia de R$ 4.400,00. Deve ela submeter-se ao imposto de renda, pelas alíquotas progressivas vigentes quando do recebimento da importância?

Pode-se responder afirmativamente, pois o imposto deve incidir no momento em que os rendimentos são efetivamente recebidos, sendo naturalmente calculado com a aplicação das alíquotas progressivas sobre o valor total recebido. Essa solução, porém, conquanto formalmente acertada, parece contrária ao princípio da capacidade contributiva, e ao princípio da máxima coincidência possível. Com efeito, não é pelo fato de o assalariado ter passado meses (ou mesmo anos) sem receber tudo o que lhe era devido que faz com que, diante do recebimento acumulado das quantias atrasadas, se possa dizer que ele tem maior capacidade contributiva (pelo contrário!). Além disso, no caso de valores recebidos em decorrência de demanda judicial, é preciso lembrar que àquele que obtém a tutela jurisdicional deve assegurar-se resultado *o mais próximo possível* do que seria obtido caso a parte vencida houvesse cumprido espontaneamente sua obrigação, o que não se verifica se a quantia acumulada for submetida a uma tributação que não seria devida no caso de pagamentos regulares e sem atraso. Finalmente, quando o responsável pelo atraso é o próprio Poder Público Federal, este estaria, além de tudo, com a tributação, beneficiando-se de sua própria torpeza, visto que seria o atraso indevido, pelo qual foi responsável, que lhe daria oportunidade de exigir tributos que, de outro modo, não seriam devidos.

O STJ, a esse respeito, tem inclinado-se no sentido destes últimos argumentos, tendo firmado o "entendimento de que, quando os rendimentos são pagos acumuladamente, no desconto do imposto de renda devem ser observados os valores mensais e não o montante global auferido, aplicando-se as tabelas e alíquotas referentes a cada período" (STJ, 2ª T., REsp 1.162.729/RO, *DJe* de 10/03/2010)

Para exame mais detido da questão, com remissão inclusive às disposições da Lei 12.350/2010, confiram-se, a esse respeito, notas ao art. 43 do CTN, *supra*.

**3. Fato gerador como situação de fato** – A lei tributária pode colher como fato gerador da obrigação tributária um evento ainda não qualificado juridicamente por outras normas, de outros ramos do direito. Nesse caso, diz-se que o fato "entra" no mundo do direito, originariamente, através da lei tributária, que só então o torna "fato jurídico". Trata-se do que o CTN chama, no art. 116, I, de "situação de fato". Em tais circunstâncias, esclarece o

# 252 | CÓDIGO TRIBUTÁRIO NACIONAL – *Hugo de Brito Machado Segundo* — Art. 116

Código que tal fato gerador se considera "ocorrido" quando, materialmente, produzir os efeitos que lhe são próprios. Podemos dizer, pedindo perdão pela tautologia: tal fato pode ser considerado ocorrido quando, no plano da realidade factual, estiver consumado.

**4. ISS. Diversões públicas. Momento da ocorrência do fato gerador** – "O fato gerador do ISS reside na efetiva prestação de serviço, definido em lei complementar, constante da Lista de Serviços anexa ao Decreto-lei nº 406/68. [...] Em se tratando de ISS incidente sobre diversões públicas, o fato imponível se configura no momento da venda do ingresso ao consumidor, pelo que ilegítima a antecipação do recolhimento, quando da chancela prévia dos bilhetes pelo município" (STJ, 1ª T., REsp 159.861/SP, Rel. Min. Humberto Gomes de Barros, *DJ* de 14/12/1998, *Revista Inforfisco* nº 52, Abril de 1999, p. 17). Segundo entendemos, *data venia,* se o fato gerador é a prestação do serviço, sua ocorrência se dá não propriamente quando o ingresso é vendido, pois nesse momento nenhuma diversão está, ainda, sendo oferecida ao público. O serviço é prestado, a rigor, no momento em que o *show,* o espetáculo ou a apresentação acontecem.

**5. Fato gerador como situação jurídica** – Pode ocorrer de lei tributária, em vez de qualificar como "gerador" da obrigação tributária um fato bruto (considerado em sua pura faticidade, como diria Pontes de Miranda), definir como fato gerador um *fato jurídico*. Vale dizer: um fato que já fora juridicamente qualificado por outra norma jurídica, de outro ramo do direito. É o que ocorre quando a lei se reporta ao pagamento de salário, à transmissão da propriedade imobiliária, e a outras realidades cujo conhecimento demanda o exame de outras normas. Nesses casos, assevera o inciso II do art. 116, o fato gerador se considera consumado quando, nos termos do direito aplicável (que qualificou previamente esse fato), o mesmo estiver definitivamente constituído.

Com base nesse fundamento, por exemplo, o STJ considera inadmissível a incidência do imposto de renda sobre rendimento decorrente do recebimento de título de crédito *antes do vencimento deste*: "não há disponibilidade econômica ou jurídica de renda, uma vez que nota promissória é promessa de pagamento, não tendo o portador do aludido título de crédito a disponibilidade econômica ou jurídica sobre o valor nele expresso antes do seu vencimento. Precedentes" (STJ, 2ª T., REsp 729.708/BA, Rel. Min. Castro Meira, j. em 23/8/2005, *DJ* de 19/9/2005, p. 299).

**6. Norma "antielisão". Definição e possível inconstitucionalidade** – O art. 116, parágrafo único, do CTN, nele inserido pela LC nº 104/2001, trata da chamada "norma geral antielisão", que dá à autoridade administrativa o poder de desconsiderar planejamentos tributários *lícitos* praticados pelo contribuinte. Planejamento tributário, como se sabe, é a organização das atividades do contribuinte de sorte a que sejam – licitamente – submetidas ao menor ônus tributário possível. Imagine-se, por exemplo, que um contribuinte necessita de uma máquina para sua fábrica. Nesse caso, porém adquiri-la no mercado interno, ou importá-la, ou ainda alugar uma. Cada uma dessas opções gera consequências tributárias diferentes, e se o contribuinte optar por aquela sujeita à menor carga tributária, estará praticando planejamento tributário. Pois bem. A tal norma antielisão tem por finalidade autorizar a autoridade a "desconsiderar" os atos praticados pelo contribuinte, para exigir o tributo como se tivesse sido escolhida a opção sujeita à maior carga tributária. No exemplo citado, caso o contribuinte opte por alugar a máquina, em vez de comprá-la, a autoridade fiscal poderia "desconsiderar" o aluguel, e "requalificá-lo" como compra e venda, para exigir os impostos incidentes sobre a compra e venda.

Boa parte da doutrina considera tal norma inócua, ou inconstitucional. *Inócua*, se entendida como mera autorização para que atos praticados com fraude ou simulação sejam desconsiderados. Isso porque a desconsideração, nesses casos, já vinha sendo feita pelas autoridades, e admitida pela jurisprudência, sendo aliás autorizada pelo próprio Direito Privado. *Inconstitucional*, se entendida como autorização para que fatos lícitos e perfeitamente válidos, mesmo à luz de outros ramos do Direito, sejam "desconsiderados apenas para fins tributários". Haveria, nesse caso, ofensa ao princípio da legalidade, pois, através da norma antielisão, a autoridade poderia tributar fatos não previstos em lei como "geradores" do tributo. Em outras palavras, a norma antielisão estaria a autorizar a autoridade fiscal a tributar por analogia: aplicar a lei tributária a fatos não previstos em lei, mas a fatos "parecidos" com aqueles já previstos, na medida em que produzem os mesmos efeitos econômicos (cf. Hugo de Brito Machado, *Comentários ao Código Tributário Nacional,* São Paulo: Atlas, 2004, v. 2, p. 362; Sacha Calmon Navarro Coelho, *Curso de Direito Tributário Brasileiro,* 9. ed., Rio de Janeiro: Forense, 2006, p. 680 e ss.). Outros autores, porém, entendem que a mesma é necessária para que possam ser desconsiderados precisamente esses negócios que, não obstante lícitos e regulares à luz do Direito Privado (não eivados de fraude à lei, simulação, abuso de direito etc.), implicam pagamento de menor tributo, o que seria contrário aos princípios da isonomia e da capacidade contributiva (Marco Aurélio Greco, *Planejamento Tributário,* São Paulo: Dialética, 2004, p. 418). Pode-se entender, ainda, que mesmo não sendo possível desconsiderar negócios não eivados de patologias, é possível fazê-lo em relação àqueles situados em região de fronteira, cinzenta, entre os campos em que seria clara a elisão (lícita) e a evasão (ilícita), sendo para esse tipo de situação que a "norma antielisão" seria aplicável. Tal norma, porém, não foi ainda regulamentada, conforme será explicado em nota posterior.

**7. Norma antielisão e interpretação econômica** – Há quem afirme que a norma antielisão, prevista no plano das "normas gerais" no art. 116, parágrafo único, do CTN, representa a consagração da chamada "interpretação econômica" no Direito Tributário, que teria sido defendida por Amílcar de Araújo Falcão. Não é demais lembrar, porém, que mesmo o citado autor advertia, ao defender a interpretação econômica, que "nem toda vantagem fiscal alcançada pelo contribuinte constitui uma evasão. Para tanto é indispensável que haja uma distorção da forma jurídica, uma atipicidade ou anormalidade desta última em confronto com a relação econômica que através dela se exterioriza. De outro modo, evasão não há. Pode ocorrer que o contribuinte disponha de seus negócios, de modo a pagar menos tributos. Nada o impede, desde que não ocorra aquela manipulação do fato gerador, no que toca ao seu revestimento jurídico". (*Fato gerador da obrigação tributária,* 7. ed., Rio de Janeiro: Forense, 2002, p. 34). Nesse campo, realmente, uma coisa é defender que as normas tributárias devem ser interpretadas considerando-se a substância das realidades a que dizem respeito (o que de resto vale para qualquer norma, inclusive para o Direito Privado, no qual os contratos, por exemplo, têm sua natureza determinada pela essência de suas cláusulas e não pelo nome formal que as partes eventualmente lhe dêem). Outra coisa, bem diferente, e a nosso ver inteiramente inadmissível, é afirmar que o contribuinte deve sempre optar pela alternativa mais onerosa do ponto de vista tributário.

**8. Regulamentação da "norma antielisão"** – Nos termos do parágrafo único do art. 116, os "procedimentos" para a desconsideração de negócios jurídicos "dissimulados" devem ser estabelecidos em lei ordinária. Trata-se, portanto, de dispositivo que exige regulamentação em lei do ente tributante para que possa ser aplicado. A União Federal, através da MP

**254** | CÓDIGO TRIBUTÁRIO NACIONAL – *Hugo de Brito Machado Segundo* **Art. 117**

nº 66/2002, procurou regulamentar tal norma, dispondo em que situações negócios jurídicos poderiam ser desconsiderados, quais seriam os efeitos da desconsideração etc. Tais dispositivos, porém, *não foram aprovados pelo Congresso Nacional*, quando de sua conversão em lei (Lei nº 10.637/2002), razão pela qual a "desconsideração" de que cuida o parágrafo único do art. 116 do CTN não pode ser levada a efeito por autoridades da administração tributária.

Registre-se que essa falta de regulamentação, se em princípio pareceu vantajosa aos que praticam planejamento tributário, logo se mostrou prejudicial. Um tiro pela culatra. De fato, tivesse sido aprovada a regulamentação, diante de situações duvidosas, situadas na zona de fronteira mencionada na parte final da nota 6 a este artigo, *supra*, assim entendidas aquelas nas quais um planejamento que em princípio seria lícito pode ser considerado *abusivo*, a Administração teria de instaurar *processo administrativo* para, ao final, se fosse o caso, desconsiderar o negócio praticado pelo contribuinte. Nesse processo o contribuinte teria amplas possibilidades de participação e, o mais importante, teria a oportunidade de, vencido, pagar o tributo sem a imposição de penalidades. Com a rejeição da parte da MP 66/2002 que regulamentava o parágrafo único do art. 116 do CTN, a Receita Federal, na pretensão de desconsiderar tais negócios, termina por qualificá-los como caracterizadores de *evasão fiscal*. Como consequência disso, lavra auto de infração no qual exige o tributo e, não raro, multa agravada de 150%. Em suma, a desconsideração que antes seria produto de um processo administrativo, e que seria feita sem a imposição de quaisquer penalidades, passou a ser feita em razão do subjetivismo de cada autoridade fiscal e, o pior, com o acréscimo de pesadas penalidades. Conquanto tais autos possam ser questionados e eventualmente desconstituídos, administrativa ou judicialmente, isso traz ao contribuinte um ônus que o procedimento anterior poderia evitar, além de causar-lhe grande insegurança jurídica.

**Art. 117.** Para os efeitos do inciso II do artigo anterior e salvo disposição de lei em contrário, os atos ou negócios jurídicos condicionais reputam-se perfeitos e acabados:

I – sendo suspensiva a condição, desde o momento de seu implemento;[1]

II – sendo resolutória a condição, desde o momento da prática do ato ou da celebração do negócio.[2]

ANOTAÇÕES ─────────────────────────────────────────────

**1. Fato gerador como situação jurídica sujeita a condição suspensiva** – Sempre que a lei definir como fato gerador da obrigação tributária uma *situação jurídica* (CTN, art. 116, II), e esta situação consistir em um negócio jurídico sujeito à condição suspensiva, vale dizer, um negócio cujos efeitos ficam suspensos até que se verifique a ocorrência de uma condição, somente se considera ocorrido o fato gerador quando ocorrida essa condição. Isso porque o negócio, que configura o fato gerador, somente estará configurado, para o fim de produzir os efeitos que lhe são próprios (inclusive o de "gerar" a obrigação tributária), quando verificada, ou preenchida, a condição.

# Art. 118 · Livro Segundo · NORMAS GERAIS DE DIREITO TRIBUTÁRIO | 255

**2. Fato gerador como situação jurídica sujeita a condição resolutória** – Pode ocorrer, porém, de a lei definir como fato gerador da obrigação tributária uma situação jurídica sujeita a condição resolutória, vale dizer, condição que, se verificada, implica a extinção ou a dissolução do contrato. Nesse caso, considera-se ocorrido o fato gerador a partir de quando praticado o ato jurídico ou celebrado o negócio, pouco importando a condição que posteriormente poderá extingui-lo.

**Art. 118.** A definição legal do fato gerador é interpretada abstraindo-se:[1]

I – da validade jurídica[2, 3] dos atos efetivamente praticados pelos contribuintes, responsáveis, ou terceiros, bem como da natureza do seu objeto ou dos seus efeitos;

II – dos efeitos dos fatos efetivamente ocorridos.

## ANOTAÇÕES

**1. Possível contradição entre o art. 116 e o art. 118 do CTN** – Para Paulo de Barros Carvalho, há insuperável contradição entre os arts. 116 e 118 do CTN. O primeiro estaria a afirmar que o fato gerador está consumado quando reúne condições para produzir os efeitos que lhe são próprios, ou quando estiver definitivamente constituído nos termos do direito aplicável. O segundo, contraditoriamente, estaria a considerar irrelevante a validade jurídica nos termos do direito aplicável e a efetiva produção de efeitos (Paulo de Barros Carvalho, *Curso de Direito Tributário*, 13. ed., São Paulo: Saraiva, 2000, p. 275 ss).

Hugo de Brito Machado, porém, não vê contradição nos tais artigos, invocando para conciliá-los a distinção, feita por Pontes de Miranda, entre os três planos em que se divide o mundo jurídico (*existência, validade e eficácia*). Para ele, o art. 116 do CTN está a se referir aos fatos no plano da *existência*. Para que sejam geradores da obrigação tributária, basta que *existam,* factualmente (inciso I), ou nos termos do direito aplicável (inciso II). Têm de *existir,* mas não é necessário sejam *válidos,* ou *eficazes.* Em suas palavras, "um ato ou negócio jurídico anulável, enquanto não for anulado, produzirá efeitos. E pode ser nulo, o que quer dizer que no plano da abstração jurídica, desde logo, em regra, não produz efeitos. Mas o ato ou negócio jurídico, mesmo nulo e portanto incapaz de produzir efeitos no plano da abstração jurídica, pode produzir plenamente os seus efeitos no plano da concreção jurídica. Uma compra e venda de imóvel, mesmo nula de pleno Direito, pode ser respeitada pelas partes com a entrega do imóvel ao comprador e o recebimento do preço pelo vendedor, que aceitam o negócio e lhe emprestam as consequências materiais ou factuais próprias de um ato válido. Em sendo assim, esse ato será considerado para fins tributários" (*Comentários ao Código Tributário Nacional,* São Paulo: Atlas, 2004, v. 2, p. 390). Essa, segundo ele, é a chave para que se compreenda a questão da tributação dos fatos ilícitos, da qual cuidamos nas notas subsequentes.

**2. Tributação de fatos ilícitos** – A norma de tributação não pode ter na ilicitude elemento essencial para a sua incidência (CTN, art. 3º). Sua hipótese de incidência há de ser fato, em tese, lícito, sendo irrelevante a ilicitude eventualmente verificada quando de sua

# 256 | CÓDIGO TRIBUTÁRIO NACIONAL – *Hugo de Brito Machado Segundo* — **Art. 119**

concretização. Com base nesses fundamentos, e solidamente apoiado na doutrina, o STF já considerou tributável o rendimento auferido em atividades criminosas, o qual, como fora ocultado do fisco, implicou a configuração, também, do crime de supressão ou redução de tributo: "Sonegação fiscal de lucro advindo de atividade criminosa: 'non olet'. Drogas: tráfico de drogas, envolvendo sociedades comerciais organizadas, com lucros vultosos subtraídos à contabilização regular das empresas e subtraídos à declaração de rendimentos: caracterização, em tese, de crime de sonegação fiscal, a acarretar a competência da Justiça Federal e atrair pela conexão, o tráfico de entorpecentes: irrelevância da origem ilícita, mesmo quando criminal, da renda subtraída à tributação. A exoneração tributária dos resultados econômicos de fato criminoso – antes de ser corolário do princípio da moralidade – constitui violação do princípio de isonomia fiscal, de manifesta inspiração ética" (STF, 1ª T., HC 77530/RS, Rel. Min. Sepúlveda Pertence, j. em 25/8/1998, v. u., *DJ* de 18/9/1998, p. 7). No mesmo sentido, mais recentemente: STF, 1ª T., m. v., HC 94.240/SP, rel. Min. Dias Toffoli, 23/8/2011.

**3. Serviço prestado por quem não está a tanto autorizado. Irrelevância** – "Os serviços de terraplenagem se incluem no âmbito da construção civil, sujeitando-se ao Imposto Sobre Serviços a empresa que os explore, ainda que não qualificada tecnicamente para esse efeito (CTN, art. 118) [...]" (STJ, 2ª T., REsp 73.692/ES, Rel. Min. Ari Pargendler, *DJ* de 9/12/1997, p. 64.657, *RDDT* 30/220). Da mesma forma, aquele que exercer irregularmente a advocacia, ou a medicina, será obrigado ao recolhimento do ISS, pois não importa se o fato gerador ocorreu em circunstâncias que o tornam ilícito, bastando que, em sua previsão normativa hipotética, a ilicitude não seja elemento essencial. Confiram-se as notas ao art. 3º do CTN.

## Capítulo III
### Sujeito Ativo

**Art. 119.** Sujeito ativo da obrigação é a pessoa jurídica de direito público titular da competência para exigir o seu cumprimento.[1]

## ANOTAÇÕES

**1. Sujeição ativa e competência tributária** – A aptidão para ser sujeito ativo não se confunde com a competência tributária. A "competência" a que o art. 119 do CTN se refere é apenas "para exigir o cumprimento" da obrigação, e não para editar lei instituindo o tributo correspondente. O sujeito ativo deve ser determinado pela lei do ente dotado de *competência tributária legislativa*, mas pode ser pessoa diversa desse ente. A União, por exemplo, pode editar lei instituindo tributo de sua competência, e atribuir a uma autarquia federal a competência para exigir o cumprimento da respectiva obrigação tributária, vale dizer, a aptidão para ser sujeito ativo da obrigação. É o que ocorre com a contribuição social do "salário educação", a qual, conquanto de competência da União, é arrecadada pelo INSS: "Em se tratando de contribuição para o salário-educação, compete ao INSS, agente arrecadador e, portanto, sujeito ativo da obrigação tributária nos termos do art. 119 do CTN, integrar

# Art. 120 **Livro Segundo** · NORMAS GERAIS DE DIREITO TRIBUTÁRIO | **257**

o polo passivo da ação" (STJ, 2ª T., REsp 260.564/DF, Rel. Min. João Otávio de Noronha, j. em 6.12.2005, *DJ* de 6.3.2006, p. 270).

É preciso perceber, porém, que existem situações nas quais a União, mesmo em relação a contribuições que por imposição constitucional deveriam ter uma autarquia como sujeito ativo (INSS), arvora-se na condição de sujeito ativo. Às vezes o faz ostensivamente, como ocorre com a COFINS e CSLL. N'outras, porém, mete-se como sujeito ativo de modo disfarçado. É o que acontece, por exemplo, em relação às contribuições previdenciárias (que têm o INSS como sujeito ativo), quando arrecadadas no âmbito do SIMPLES: passam a ter a União como sujeito ativo. O STJ, porém, já decidiu que "não há que se confundir a competência tributária com a capacidade tributária ativa. A União, no caso, detém a competência tributária, podendo legislar sobre a contribuição previdenciária. Mas, quem detém a capacidade tributária ativa para gerenciar, exigir e cobrar a contribuição previdenciária é a autarquia federal INSS. Ilegitimidade passiva da União para participar de demanda que visa a compensar contribuições previdenciárias por empresas vinculadas ao SIMPLES. 7. O Sistema Integrado de Pagamento de Impostos e Contribuições das Empresas de Pequeno Porte – SIMPLES – (Lei nº 9.317/96) não altera a composição da relação jurídico-tributária firmada pelo ordenamento. Esse sistema compreende, apenas, uma técnica unificada de recolhimento, fiscalização e controle dos impostos e das contribuições previdenciárias. 8. Os entes tributantes (União e INSS, por exemplo) sujeitam-se aos procedimentos desburocratizados de arrecadação das exações que lhe são devidas, confirmando, porém, o exercício da autonomia competencial outorgada por lei. [...]" (STJ, 1ª T., AgRg no REsp 440.921/PR, Rel. Min. José Delgado, j. em 22/10/2002, *DJ* de 2/12/2002, p. 252). Com a devida vênia, a decisão, conquanto acertada em seus fundamentos, talvez não tenha sido feliz em sua conclusão, pois a legislação que cuida do SIMPLES praticamente atribuiu à União Federal a sujeição passiva de tudo o que através dele for arrecadado. Se depois tais recursos serão repassados ao INSS, isso é um outro problema, mas a União parece ser o sujeito ativo correspondente. Tanto que, não pagas as obrigações relativas ao SIMPLES, a execução fiscal será proposta pela Fazenda Nacional. **Em sentido contrário**, e a nosso ver de forma mais acertada: "[...] Nas ações que visam a compensação de valores indevidamente recolhidos por empresas optantes pelo SIMPLES a título de contribuição previdenciária sobre a remuneração de trabalhadores autônomos, administradores e avulsos, há litisconsórcio passivo necessário entre a União e o INSS. Precedentes. [...]" (STJ, 2ª T., REsp 379.944/PR, Rel. Min. João Otávio de Noronha, j. em 13/12/2005, *DJ* de 13/3/2006, p. 247).

**Art. 120.** Salvo disposição de lei em contrário, a pessoa jurídica de direito público, que se constituir pelo desmembramento territorial de outra, sub-roga-se nos direitos desta, cuja legislação tributária aplicará até que entre em vigor a sua própria.[1]

## ANOTAÇÕES

**1. Desmembramento territorial de entes tributantes** – Trata-se, no caso, de norma semelhante à contida no art. 132 do CTN, mas aqui relativa à sujeição ativa. Se uma pessoa jurídica se desmembra, aquela decorrente do desmembramento a sucede na condição de sujeito ativo das obrigações tributárias que têm como sujeito passivo aqueles contribuintes situados em sua parcela de território. É o que Sacha Calmon Navarro Coelho chama de "herança de competência tributária", que, como ele observa, aplica-se igualmente aos casos de *fusão,* por incorporação (*Curso de Direito Tributário Brasileiro,* 9. ed., Rio de Janeiro: Forense, 2006, p. 683).

Quanto à aplicação da legislação do ente sucedido, Hugo de Brito Machado trata de interessante questão, relativa ao ente tributante constituído do desmembramento de mais de um outro. Imagine-se, por exemplo, que dois ou mais Estados cedem, cada um, parte de seu território para a formação de um terceiro. Nesse terceiro será aplicável a legislação tributária de qual dos Estados originários? Para o citado autor, a norma relativa à formação do novo Estado há de determinar, de modo expresso, qual legislação será aplicável em seu território. Se não o fizer, será aplicável aquela mais favorável ao sujeito passivo. Confira-se, a propósito: Hugo de Brito Machado, *Comentários ao Código Tributário Nacional,* São Paulo: Atlas, 2004, p. 415 ss.

# Capítulo IV
## Sujeito Passivo

## Seção I
### Disposições Gerais

**Art. 121.** Sujeito passivo da obrigação principal é a pessoa obrigada ao pagamento de tributo ou penalidade pecuniária.[1]

Parágrafo único. O sujeito passivo da obrigação principal diz-se:

I – contribuinte, quando tenha relação pessoal e direta com a situação que constitua o respectivo fato gerador;[2]

II – responsável, quando, sem revestir a condição de contribuinte, sua obrigação decorra de disposição expressa de lei.[3]

---

ANOTAÇÕES ————————————————————————————

**1. Sujeito passivo da obrigação** – Sujeito passivo – como didaticamente dispõe o art. 121 do CTN, é aquele obrigado ao adimplemento da obrigação. Como se trata do sujeito passivo da obrigação principal, é a pessoa que pode ser compelida a *pagar* o tributo ou a multa. Conforme explicado nos incisos, o sujeito passivo pode ser o *contribuinte,* ou o *responsável.*

**2. Contribuinte** – Contribuinte é aquela pessoa que pratica o fato gerador, com ele guardando relação pessoal e direta, e através dele revelando a *capacidade contributiva* a ser tributada. Se a obrigação tributária tem por fato gerador a propriedade de um imóvel, contribuinte será o proprietário. Se seu fato gerador é a aquisição de renda, contribuinte será o beneficiário dos rendimentos, e assim por diante.

# Art. 122

**Livro Segundo** · NORMAS GERAIS DE DIREITO TRIBUTÁRIO | **259**

**3. Responsável. Conceito e espécies** – Também pode ser alojado no polo passivo da relação tributária o *responsável,* assim entendido aquele que não pratica direta e pessoalmente o fato gerador da obrigação (não sendo, pois, o contribuinte), mas que guarda relação com esse fato, e que por isso é pela lei colocado na condição de *obrigado* ao pagamento correspondente.

O Código Tributário não faz qualquer classificação ou distinção entre possíveis espécies de responsáveis, mas a doutrina refere-se aos responsáveis *por substituição* e aos responsáveis *por transferência.* Há responsabilidade por substituição quando a própria lei, ao definir os elementos da relação jurídica tributária, determina que o responsável pelo adimplemento da obrigação seja uma terceira pessoa, distinta do contribuinte. Assim, quando ocorre o fato gerador, a obrigação já nasce com o terceiro alojado na condição de sujeito passivo. Já a responsabilidade por transferência se configura quando a lei define o sujeito passivo da obrigação como sendo, em princípio, o contribuinte, e condiciona a responsabilização do terceiro à ocorrência de fatos posteriores ao surgimento da obrigação. Assim, o fato gerador da obrigação ocorre e esta nasce tendo o contribuinte como sujeito passivo, mas, em virtude de fatos havidos posteriormente (*v. g.,* a dissolução irregular da sociedade contribuinte), a responsabilidade pode ser atribuída (transferida) a terceiro (*v. g.,* aos dirigentes da sociedade irregularmente liquidada). Confira-se, a propósito: Sacha Calmon Navarro Coelho, *Curso de Direito Tributário Brasileiro,* 9. ed, Rio de Janeiro: Forense, 2006, p. 683 ss.

Em atenção ao princípio da capacidade contributiva, não nos parece concebível que a lei possa atribuir *responsabilidade* a um terceiro que não tenha qualquer relação com o fato gerador do tributo. Se o fato gerador é praticado pelo contribuinte, que através dele revela possuir capacidade contributiva, o responsável há de ser alguém que, conquanto não ligado direta e pessoalmente ao fato (não é contribuinte), esteja de qualquer sorte relacionado com esse fato. Só assim existirão meios para que o responsável *retenha, desconte* ou obtenha o *ressarcimento* do tributo junto ao contribuinte, que é aquele que, por haver revelado capacidade contributiva, deve arcar com o ônus correspondente. Daí a exigência feita pelo art. 128 do CTN, de que a lei, ao atribuir responsabilidade a terceiros, deve fazê-lo em relação a pessoas que tenham *vinculação* com o fato gerador da respectiva obrigação.

**Art. 122.** Sujeito passivo da obrigação acessória é a pessoa obrigada às prestações que constituam o seu objeto.[1]

## Anotações

**1. Sujeito passivo da obrigação acessória** – Como didaticamente explica o art. 122 do CTN, o sujeito passivo da obrigação acessória é aquela pessoa obrigada às prestações de *fazer, não fazer* ou *tolerar* impostas pela legislação (*v. g.,* emitir nota fiscal, escriturar livros fiscais, apresentar declarações etc.). Leandro Paulsen observa, no caso, que descabe cogitar, neste ponto, se o sujeito é contribuinte, responsável, ou imune ou isento, pois, independentemente dessa sua condição, todos "são obrigados a colaborar com a fiscalização tributária" (*Direito Tributário,* 7. ed., Porto Alegre: Livraria do Advogado, 2005, p. 965). A afirmação é correta, mas deve ser vista com cuidado, pois, conquanto todos sejam "obrigados a colaborar com a fiscalização tributária", as obrigações acessórias – como todo meio destinado a atender um fim, ainda que legítimo – devem ser estabelecidas à luz do princípio, ou do postulado, da proporcionalidade. Em situações nas quais seja *inadequado,* ou *desnecessário* exigir de alguém que faça, não faça ou tolere algo, não será possível a imposição de uma obrigação acessória.

**Art. 123.** Salvo disposições de lei em contrário, as convenções particulares, relativas à responsabilidade pelo pagamento de tributos, não podem ser opostas à Fazenda Pública, para modificar a definição legal do sujeito passivo das obrigações tributárias correspondentes.[1, 2]

## Anotações

**1. Convenções particulares e sujeição passiva** – O sujeito passivo da obrigação tributária não pode eximir-se da obrigação de pagar o tributo, alegando que celebrou contrato no qual transferiu a responsabilidade correspondente para um terceiro. Esse contrato será eficaz apenas entre as partes, mas não perante a Fazenda, até mesmo porque esta não participou de sua celebração. E nem poderia ser mesmo diferente, sob pena de muitos contribuintes transferirem suas responsabilidades para pessoas completamente desprovidas de patrimônio, ludibriando assim o Fisco. Imagine-se, por exemplo, que o proprietário de um imóvel resolve alugá-lo. Ao celebrar o contrato de aluguel, convenciona que o IPTU (que legalmente é devido pelo proprietário, sujeito passivo da obrigação) será de responsabilidade do inquilino. Essa cláusula será válida, mas apenas entre as partes. Não perante o Município, que poderá exigir o imposto, sem nenhum óbice, diretamente do proprietário do imóvel. A cláusula poderá ser invocada, depois, pelo locador, para que seja aplicada alguma sanção ao inquilino que a descumpriu, ou mesmo para obter o ressarcimento do imposto que deveria, à luz do contrato, ter sido pago por este.

É curiosa, porém, a contradição. As convenções particulares não têm nenhum relevo quando da cobrança do tributo, mas assumem desmedida e indevida importância quando de sua restituição, pois, conforme uma equivocada construção jurisprudencial, o tributo dito "indireto" que houve ecoado no preço cobrado pelo contribuinte vendedor de seus clientes, encarecendo-o, não será objeto de restituição por isso. Confiram-se as notas ao art. 166 do CTN, e ainda: MACHADO SEGUNDO, Hugo de Brito. *Restituição do tributo indireto*: incoerências e contradições. São Paulo: Malheiros, 2011, *passim.*

**2. Convenções particulares e legitimidade processual do inquilino, relativamente ao IPTU** – Fundado no art. 123 do CTN, o STJ tem negado ao inquilino de um imóvel, contratualmente obrigado ao pagamento do IPTU, a legitimidade *ad causam* para discutir cobranças desse imposto consideradas indevidas. "Não se pode imputar ao locatário a condição de sujeito passivo direto do IPTU ou das taxas de limpeza e conservação de logradouros públicos, pois 'contribuinte do imposto', preceitua o art. 34 do CTN, 'é o proprietário do imóvel, o titular do seu domínio útil, ou o seu possuidor a qualquer título', sendo certo que esse último (possuidor a qualquer título) volta-se apenas para as situações em que há posse *ad usucapionem*, e não para o caso de posse indireta exercida pelo locatário. Nem mesmo o contrato de locação, no qual é atribuída ao locatário a

**Art. 124**　　Livro Segundo · NORMAS GERAIS DE DIREITO TRIBUTÁRIO | **261**

responsabilidade pela quitação dos tributos inerentes ao imóvel, tem o condão de alterar o sujeito passivo da obrigação tributária, consoante dispõe o art. 123 do CTN. Diante disso, carece o locatário de legitimidade para postular a declaração de inexigibilidade das exações, sendo parte legítima para tanto o proprietário-locador do imóvel. Precedentes: AgRg no REsp 687.603/RJ, 2ª T., Min. Eliana Calmon, *DJ* de 26/9/2005; REsp 656.631/SP, 1ª T., Min. Rel. Min. Luiz Fux, 1ª Turma, *DJ* de 5/9/2005. [...]" (STJ, 1ª T., REsp 757.897/RJ, Rel. Min. Teori Albino Zavascki, j. em 21/2/2006, *DJ* de 6/3/2006, p. 220).

**Coerentemente**, quando se trata de ação movida pelo locador/proprietário, considera-se irrelevante o fato de, contratualmente, o ônus de pagar o tributo haver sido transferido a terceiro: "A proprietária do imóvel é parte legítima para propor ação de repetição de indébito relativa ao IPTU indevidamente cobrado sobre imóvel de sua propriedade, sendo desimportante o fato de o imóvel estar locado a terceiro ou não, posto que, como cediço que convenções particulares não são oponíveis ao Fisco. [...]" (STJ, 1ª T., AgRg nos EDcl no REsp 652.497/RJ, Rel. Min. Luiz Fux, j. em 1º/9/2005, *DJ* de 26/9/2005, p. 199).

*Data venia,* não nos parece acertado negar ao inquilino legitimidade ativa para discutir a validade de uma cobrança de IPTU. A questão nada tem a ver com o art. 123 do CTN, pois não se trata de alterar a sujeição passiva, mas sim de reconhecer legitimidade processual, *também,* a terceiro que tem todo o interesse (jurídico) em discutir os termos da relação tributária.

## Seção II

### Solidariedade[1]

**Art. 124.** São solidariamente obrigadas:

I – as pessoas que tenham interesse comum na situação que constitua o fato gerador da obrigação principal;[2]

II – as pessoas expressamente designadas por lei.[3, 4]

Parágrafo único. A solidariedade referida neste artigo não comporta benefício de ordem.

ANOTAÇÕES ————————————————————————————

**1. Solidariedade e responsabilidade** – Note-se que a circunstância de o CTN haver tratado em seções diferentes da *solidariedade* e da *responsabilidade* não significa que a lei possa estabelecer *solidariedade* entre pessoas que, à luz dos arts. 128 e seguintes do CTN, não possam ser colhidas como responsáveis. Muito pelo contrário. O que o legislador ordinário pode fazer, nos termos do art. 124 do CTN, é dispor se *pessoas que já são sujeitos passivos de determinada obrigação* responderão de forma solidária ou subsidiária.

Nesse sentido é a lição de Misabel Abreu Machado Derzi, em notas de atualização à obra de Aliomar Baleeiro: "A solidariedade não é espécie de sujeição passiva por responsabilidade indireta, como querem alguns. O Código Tributário Nacional, corretamente, disciplina a matéria em seção própria, estranha ao Capítulo V, referente à responsabilidade. É que a solidariedade é simples forma de garantia, a mais ampla das fidejussórias. Quando houver

**262** | CÓDIGO TRIBUTÁRIO NACIONAL – *Hugo de Brito Machado Segundo* **Art. 124**

mais de um obrigado no polo passivo da obrigação tributária (mais de um contribuinte, ou contribuinte e responsável, ou apenas uma pluralidade de responsáveis), o legislador terá de definir as relações entre os coobrigados. Se são eles solidariamente obrigados, ou subsidiariamente, com benefício de ordem ou não, etc. A solidariedade não é, assim, forma de inclusão de um terceiro no pólo passivo da obrigação tributária, apenas forma de graduar a responsabilidade daqueles sujeitos que já compõem o pólo passivo" (*Direito Tributário Brasileiro*, 11. ed. Rio de Janeiro: Forense, 1999, p. 729). Essa ressalva é da maior importância, notadamente quando da interpretação do disposto no inciso II do art. 124 do CTN.

**2. Solidariedade e interesse comum no fato** – Pessoas com interesse comum na situação que configura o fato gerador da obrigação principal podem ser solidariamente responsabilizadas independentemente de lei que o estabeleça. A solidariedade, no caso, decorre diretamente do disposto no art. 124, I, do CTN, que não depende de regulamentação ou de edição de lei ordinária específica. Exemplo de pessoas com interesse comum na situação que configura fato gerador é o do marido e da mulher, casados em comunhão de bens, diante de fatos que configuram acréscimo de seu patrimônio. Sendo o patrimônio *comum*, a renda que aumenta esse patrimônio é de interesse também comum.

A propósito, Hugo de Brito Machado faz importante observação, distinguindo *interesse comum* de *interesse contraposto*. Comprador e vendedor, por exemplo, no âmbito de um contrato de compra e venda, têm interesses contrapostos, e não comuns. Não podem, pois, só por essa condição, ser colocados como devedores solidários. Confira-se, a propósito: Hugo de Brito Machado, *Comentários ao Código Tributário Nacional*, São Paulo: Atlas, 2004, v. 2, p. 463.

**3. Pessoas expressamente designadas pela lei e vinculação ao fato gerador** – Conquanto o art. 124, II, do CTN não o diga expressamente, a disposição de lei que estabelecer solidariedade entre devedores deve fazê-lo *cumprindo também o disposto nos artigos do CTN relativos à responsabilidade (128 ss)*. Não é possível impor a alguém, que não pode ser responsável, o dever de responder solidariamente, conforme já explicado na primeira nota a este artigo. Daí se conclui que a lei ordinária da União, do Distrito Federal, dos Estados--membros e dos Municípios pode instituir hipóteses de responsabilidade solidária, mas atendendo primeiro ao disposto no art. 128 do CTN, especialmente no que diz respeito a: *(i)* necessária vinculação do terceiro responsável ao fato gerador; *(ii)* não contrariedade ao disposto nos demais dispositivos do capítulo (*v. g.*, arts. 130 a 135...).

**4. Responsabilidade solidária de sócios de sociedades limitadas por débitos previdenciários** – Em função do disposto no art. 13 da Lei nº 8.620/93, que responsabiliza solidariamente *todos os sócios* de uma sociedade limitada pelos débitos previdenciários desta, o INSS defendeu a possibilidade de "redirecionar" execuções fiscais contra integrantes de pessoas jurídicas, independentemente de haverem exercido a gerência ou de terem praticado atos com excesso de poderes.

O STJ chegou a admitir tal "responsabilização" de todos os sócios, com suposto amparo no art. 124, II, do CTN: "[...] 1. Há que distinguir, para efeito de determinação da responsabilidade do sócio por dívidas tributárias contraídas pela sociedade, os débitos para com a Seguridade Social, decorrentes do descumprimento de obrigações previdenciárias 2. Por esses débitos, dispõe o art. 13 da Lei nº 8.620/93 que 'os sócios das empresas por cotas de responsabilidade limitada respondem solidariamente, com seus bens pessoais'. Trata-se de responsabilidade fundada no art. 124, II, do CTN, não havendo cogitar, por essa razão, da necessidade de comprovação, pelo credor exequente, de que o não recolhimento da

# Art. 124 — Livro Segundo · NORMAS GERAIS DE DIREITO TRIBUTÁRIO | 263

exação decorreu de ato praticado com violação à lei, ou de que o sócio deteve a qualidade de dirigente da sociedade devedora. 3. Cumpre salientar que o prosseguimento da execução contra o sócio-cotista, incluído no rol dos responsáveis tributários, fica limitado aos débitos da sociedade no período posterior à Lei nº 8.620/93...” (STJ, 1ª T., REsp 652.750/RS, rel. Min. Teori Albino Zavascki, *DJ* de 6/9/2004, p. 181). O equívoco desse entendimento, que despreza o princípio da capacidade contributiva e interpreta o art. 124, II, do CTN isoladamente de seus arts. 128, 134 e 135, é muito bem demonstrado por Raquel Cavalcanti Ramos Machado, em “Responsabilidade do sócio por créditos tributários lançados contra a pessoa jurídica – os arts. 124, II, 134 e 135 do CTN, o art. 13 da Lei nº 8.620/93 e a razoabilidade”, em *Revista Dialética de Direito Tributário* nº 114, p. 84.

Posteriormente, a Primeira Seção do STJ rejeitou, de forma expressa, a possibilidade de responsabilização irrestrita de que cuida o art. 13 da Lei nº 8.620/93: “[...] 4. A solidariedade prevista no art. 124, II, do CTN, é denominada de direito. Ela só tem validade e eficácia quando a lei que a estabelece for interpretada de acordo com os propósitos da Constituição Federal e do próprio Código Tributário Nacional. 5. Inteiramente desprovidas de validade são as disposições da Lei nº 8.620/93, ou de qualquer outra lei ordinária, que indevidamente pretenderam alargar a responsabilidade dos sócios e dirigentes das pessoas jurídicas. O art. 146, inciso III, b, da Constituição Federal, estabelece que as normas sobre responsabilidade tributária deverão se revestir obrigatoriamente de lei complementar. 6. O CTN, art. 135, III, estabelece que os sócios só respondem por dívidas tributárias quando exercerem gerência da sociedade ou qualquer outro ato de gestão vinculado ao fato gerador. O art. 13 da Lei nº 8.620/93, portanto, só pode ser aplicado quando presentes as condições do art. 135, III, do CTN, não podendo ser interpretado, exclusivamente, em combinação com o art. 124, II, do CTN. 7. O teor do art. 1.016 do Código Civil de 2002 é extensivo às Sociedades Limitadas por força do prescrito no art. 1.053, expressando hipótese em que os administradores respondem solidariamente somente por culpa quando no desempenho de suas funções, o que reforça o consignado no art. 135, III, do CTN. 8. A Lei nº 8.620/93, art. 13, também não se aplica às Sociedades Limitadas por encontrar-se esse tipo societário regulado pelo novo Código Civil, lei posterior, de igual hierarquia, que estabelece direito oposto ao nela estabelecido. 9. Não há como se aplicar à questão de tamanha complexidade e repercussão patrimonial, empresarial, fiscal e econômica, interpretação literal e dissociada do contexto legal no qual se insere o direito em debate. Deve-se, ao revés, buscar amparo em interpretações sistemática e teleológica, adicionando-se os comandos da Constituição Federal, do Código Tributário Nacional e do Código Civil para, por fim, alcançar-se uma resultante legal que, de forma coerente e juridicamente adequada, não desnature as Sociedades Limitadas e, mais ainda, que a bem do consumidor e da própria livre iniciativa privada (princípio constitucional) preserve os fundamentos e a natureza desse tipo societário. [...]” (STJ, 1ª S., REsp 757.065/SC, Rel. Min. José Delgado, j. em 28/9/2005, *DJ* de 1º/2/2006, p. 424). **No mesmo sentido:** “A 1ª Seção do STJ, no julgamento do REsp 717.717/SP, Min. José Delgado, sessão de 28.9.2005, consagrou o entendimento de que, mesmo em se tratando de débitos para com a Seguridade Social, a responsabilidade pessoal dos sócios das sociedades por quotas de responsabilidade limitada, prevista no art. 13 da Lei nº 8.620/93, só existe quando presentes as condições estabelecidas no art. 135, III do CTN. [...]” (STJ, 1ª S., AgRg nos EREsp 624.842/SC, Rel. Min. Teori Albino Zavascki, j. em 26/10/2005, *DJ* de 21/11/2005, p. 117).

Procede a afirmação de que o art. 13 da Lei nº 8.620/93, além de ser inconstitucional, foi revogado pelo novo Código Civil, fundamento que, a nosso ver, serviu ainda para evitar

**264** | CÓDIGO TRIBUTÁRIO NACIONAL – *Hugo de Brito Machado Segundo*          **Art. 124**

que a questão tivesse de ser apreciada pela Corte Especial do STJ, o que seria necessário no caso de declaração de inconstitucionalidade do dispositivo.

Registre-se que o STF, julgando a mesma questão (em face da declaração de inconstitucionalidade do art. 13 da Lei 8.620/93 pelo TRF da 4ª Região), decidiu pela inconstitucionalidade da responsabilidade nele prevista. Entendeu-se que a disposição extrapola (e contraria) o disposto no art. 135, III, do CTN, invadindo campo reservado pelo art. 146, III, "b" da CF/88 à lei complementar (STF, Pleno, RE 562.276, Rel. Min. Ellen Gracie).

Por esse fundamento, adotado no julgamento do RE 562.276, pode parecer que, *tivesse sido veiculada em lei complementar,* a disposição do art. 13 da Lei 8.620/93 e seria constitucional. Mas, na verdade, é uma decorrência do princípio da capacidade contributiva a exigência de que o responsável tenha algum vínculo com a situação que configura o fato gerador da exação, como didaticamente explicita o art. 128 do CTN. Como o fato gerador é manifestação de capacidade contributiva revelada pelo contribuinte, o terceiro, para ser validamente definido como sujeito passivo (responsável), há de ter vinculação com esse fato, vinculação que o permite *reter, descontar* ou *reaver* do contribuinte o *quantum* representado pelo tributo correspondente. Afinal, se foi o contribuinte quem *deu causa* ao surgimento do débito tributário, revelando capacidade contributiva a ser com ele alcançada, é ele, contribuinte, quem deve suportar o ônus correspondente. É por isso que a lei – seja ela complementar ou ordinária – não pode eleger como sujeito passivo alguém sem nenhum vínculo com a situação que configura o fato gerador da obrigação, como é o caso de sócios que não participam da administração ou da gerência de uma sociedade limitada. Ademais, como destacado no próprio acórdão, haveria, com responsabilização de tamanha amplitude, ofensa ao princípio constitucional da livre iniciativa, pelo que a inconstitucionalidade fora decretada também em seu aspecto material: "[...] 1. Todas as espécies tributárias, entre as quais as contribuições de seguridade social, estão sujeitas às normas gerais de direito tributário. 2. O Código Tributário Nacional estabelece algumas regras matrizes de responsabilidade tributária, como a do art. 135, III, bem como diretrizes para que o legislador de cada ente político estabeleça outras regras específicas de responsabilidade tributária relativamente aos tributos da sua competência, conforme seu art. 128. 3. O preceito do art. 124, II, no sentido de que são solidariamente obrigadas 'as pessoas expressamente designadas por lei', não autoriza o legislador a criar novos casos de responsabilidade tributária sem a observância dos requisitos exigidos pelo art. 128 do CTN, tampouco a desconsiderar as regras matrizes de responsabilidade de terceiros estabelecidas em caráter geral pelos arts. 134 e 135 do mesmo diploma. A previsão legal de solidariedade entre devedores – de modo que o pagamento efetuado por um aproveite aos demais, que a interrupção da prescrição, em favor ou contra um dos obrigados, também lhes tenha efeitos comuns e que a isenção ou remissão de crédito exonere a todos os obrigados quando não seja pessoal (art. 125 do CTN) – pressupõe que a própria condição de devedor tenha sido estabelecida validamente. 4. A responsabilidade tributária pressupõe duas normas autônomas: a regra matriz de incidência tributária e a regra matriz de responsabilidade tributária, cada uma com seu pressuposto de fato e seus sujeitos próprios. A referência ao responsável enquanto terceiro (*dritter Persone, terzo* ou *tercero*) evidencia que não participa da relação contributiva, mas de uma relação específica de responsabilidade tributária, inconfundível com aquela. O 'terceiro' só pode ser chamado responsabilizado na hipótese de descumprimento de deveres próprios de colaboração para com a Administração Tributária, estabelecidos, ainda que a *contrario sensu*, na regra matriz de responsabilidade tributária, e desde que tenha contribuído para a situação de inadimplemento pelo contribuinte. 5. O art. 135, III, do CTN responsabiliza apenas aqueles que estejam na direção, gerência ou representação da pessoa jurídica e tão

**Art. 125**  Livro Segundo · NORMAS GERAIS DE DIREITO TRIBUTÁRIO | **265**

somente quando pratiquem atos com excesso de poder ou infração à lei, contrato social ou estatutos. Desse modo, apenas o sócio com poderes de gestão ou representação da sociedade é que pode ser responsabilizado, o que resguarda a pessoalidade entre o ilícito (mal gestão ou representação) e a consequência de ter de responder pelo tributo devido pela sociedade. 6. O art. 13 da Lei 8.620/93 não se limitou a repetir ou detalhar a regra de responsabilidade constante do art. 135 do CTN, tampouco cuidou de uma nova hipótese específica e distinta. Ao vincular à simples condição de sócio a obrigação de responder solidariamente pelos débitos da sociedade limitada perante a Seguridade Social, tratou a mesma situação genérica regulada pelo art. 135, III, do CTN, mas de modo diverso, incorrendo em inconstitucionalidade por violação ao art. 146, III, da CF. 7. O art. 13 da Lei 8.620/93 também se reveste de inconstitucionalidade material, porquanto não é dado ao legislador estabelecer confusão entre os patrimônios das pessoas física e jurídica, o que, além de impor desconsideração *ex lege* e objetiva da personalidade jurídica, descaracterizando as sociedades limitadas, implica irrazoabilidade e inibe a iniciativa privada, afrontando os arts. 5º, XIII, e 170, parágrafo único, da Constituição. 8. Reconhecida a inconstitucionalidade do art. 13 da Lei 8.620/93 na parte em que determinou que os sócios das empresas por cotas de responsabilidade limitada responderiam solidariamente, com seus bens pessoais, pelos débitos junto à Seguridade Social. 9. Recurso extraordinário da União desprovido. 10. Aos recursos sobrestados, que aguardavam a análise da matéria por este STF, aplica-se o art. 543-B, § 3º, do CPC" (STF, Pleno, RE 562.276, repercussão geral- mérito, *DJe* 27, publicado em 10/2/2011, *RDDT* 187, p. 186-193).

Cumpre notar, por fim, que o art. 13 da Lei 8.620/93 foi *revogado* pela Lei 11.941/2009. Assim, a discussão mencionada nesta nota permanece relevante, apenas, em relação ao período anterior a essa revogação.

**Art. 125.** Salvo disposição de lei em contrário, são os seguintes os efeitos da solidariedade:

I – o pagamento efetuado por um dos obrigados aproveita aos demais;[1]

II – a isenção ou remissão de crédito exonera todos os obrigados, salvo se outorga pessoalmente a um deles, subsistindo, nesse caso, a solidariedade quanto aos demais pelo saldo;[2]

III – a interrupção da prescrição, em favor ou contra um dos obrigados, favorece ou prejudica aos demais.[3]

ANOTAÇÕES ────────────────────────────────────────────

**1. Pagamento e devedores solidários** – Se um devedor solidário efetua o pagamento da dívida, esta é extinta (CTN, art. 156, I), não havendo mais o que ser exigido dos demais. É por isso que entendemos que, conquanto não haja benefício de ordem (CTN, art. 124, parágrafo único), um devedor solidário pode pleitear a produção de provas para demonstrar que a dívida foi paga por outro devedor solidário. Não se trata, no caso, de benefício de ordem (pois não será necessário executar primeiro o outro devedor), mas apenas de se verificar se a dívida subsiste.

**266** | CÓDIGO TRIBUTÁRIO NACIONAL – *Hugo de Brito Machado Segundo* **Art. 126**

**2. Isenção e remissão e devedores solidários** – Embora o Código Tributário se reporte à isenção ainda como sendo "dispensa legal do tributo devido", classificando-a como hipótese de "exclusão" do crédito tributário, sabe-se atualmente que a isenção decorre de norma que estabelece *exceção* à norma de tributação. A obrigação tributária, portanto, sequer nasce, pois o fato isento deixa de ser "gerador" do dever de pagar o tributo. Assim, a isenção, em princípio, abrange todos os devedores solidários. Pode ocorrer, porém, de a isenção não ser "objetiva", mas "subjetiva", vale dizer, ser concedida pessoalmente, em função de critérios pessoais preenchidos apenas por um dos obrigados, e não pelos demais.

**3. Interrupção da prescrição e responsabilidade de sócios-gerentes** – "De acordo com o art. 125, III, do CTN, em combinação com o art. 8º, § 2º, da Lei nº 6.830/80, a ordem de citação da pessoa jurídica interrompe a prescrição em relação ao sócio, responsável tributário pelo débito fiscal" (STJ, 2ª T., REsp 717.250/SP, Rel. Min. Eliana Calmon, j. em 26/4/2005, *DJ* de 6/6/2005, p. 294, REPDJ 6.4.2006 p. 260). Assim, caso seja citada a pessoa jurídica (ou proferido o despacho determinando sua citação, após a LC nº 118/2005), e depois disso transcorram-se mais de cinco anos sem que sejam citados os sócios-gerentes eventualmente corresponsáveis (ou seja proferido o despacho determinando a citação destes, relativamente ao período posterior à LC nº 118/2005), considera-se *prescrita* a pretensão da Fazenda de executar estes últimos. "O redirecionamento da execução fiscal contra os sócios co-obrigados, após decorridos 5 (cinco) anos desde a citação da pessoa jurídica autoriza a declaração da ocorrência da prescrição" (STJ, 2ª T., REsp 234.547/SP, Rel. Min. Francisco Peçanha Martins, *DJ* de 20/5/2002, p. 119).

## Seção III
### Capacidade Tributária

**Art. 126.** A capacidade tributária passiva independe:[1]

I – da capacidade civil das pessoas naturais;

II – de achar-se a pessoa natural sujeita a medidas que importem privação ou limitação do exercício de atividades civis, comerciais ou profissionais, ou da administração direta de seus bens ou negócios;

III – de estar a pessoa jurídica regularmente constituída, bastando que configure uma unidade econômica ou profissional.[2,3]

ANOTAÇÕES ────────────────────────────────────

**1. Capacidade tributária e manifestação regular de vontade** – O art. 126 do CTN representa mera explicitação de uma decorrência natural da *compulsoriedade* da obrigação tributária, em face da qual a *manifestação de vontade* não integra nem compõe o fato gerador da obrigação tributária, que é considerado como mero fato jurídico, ou ato-fato. Assim, se a vontade é irrelevante para o nascimento da obrigação tributária, são irrelevantes para que alguém tenha capacidade tributária (capacidade, em tese, para ser sujeito passivo) a capacidade civil, a regularidade da pessoa jurídica, ou qualquer outra circunstância que somente teria relevo para determinar se houve uma manifestação de vontade válida.

**Art. 127**  **Livro Segundo** · NORMAS GERAIS DE DIREITO TRIBUTÁRIO | **267**

**2. Irregularidade da situação da pessoa jurídica e dever de pagar o ICMS** – Julgando questão na qual uma pessoa jurídica invocava a irregularidade de sua situação como motivo para não recolher o ICMS incidente sobre operação que praticara, o STJ decidiu que "a situação irregular da empresa no Distrito Federal não afasta a obrigação de recolher o tributo, pois a capacidade tributária de uma empresa independe da constatação da regularidade de sua formação. [...]" (STJ, 3ª S., CC 37.768/SP, Rel. Min. Gilson Dipp, j. em 11/6/2003, *DJ* de 25/8/2003, p. 261).

**3. Irregularidade da situação da pessoa jurídica e direito a parcelamento** – Da mesma forma que a capacidade civil da pessoa física e a regularidade formal da pessoa jurídica não devem ser consideradas para elidir o nascimento dos *deveres* do contribuinte, também não devem ser tidas como relevantes para afastar o surgimento de seus *direitos*. Exemplificando, o *pagamento*, ainda quando feito por contribuinte pessoa física incapaz, ou por pessoa jurídica não formalmente constituída, extingue a obrigação tributária normalmente. Com base nessas premissas, o STJ declarou que uma entidade, embora não formalmente constituída como pessoa jurídica, tem direito de ingressar no REFIS. É conferir: "1. Consórcio de Produtores Rurais criado e reconhecido pelo Ministério do Trabalho como instrumento de otimização das relações com os trabalhadores rurais. Técnica que viabiliza a atividade para todos os consorciados, mercê da regularização das carteiras de trabalho dos trabalhadores. Obtenção de CEI junto ao INSS como grupo de produtores rurais pessoas físicas. A Responsabilidade do Consórcio para com as contribuições previdenciárias, implica em reconhecer-lhe aptidão para beneficiar-se do programa REFIS, muito embora não seja pessoa jurídica. [...] Na era da "desconsideração da pessoa jurídica" e do reconhecimento da *legitimatio ad causam* às entidades representativas de interesses difusos, representaria excesso de formalismo negar ao Consórcio reconhecido pelo Ministério do Trabalho a assemelhação às pessoas jurídicas para fins de admissão no REFIS, maxime porque, essa opção encerra promessa de cumprimento das obrigações tributárias. [...] 3. Possibilidade de interpretação extensiva da legislação que dispõe sobre o ingresso junto ao REFIS, permitindo aos consórcios equiparação às pessoas jurídicas. [...]" (STJ, 1ª T., REsp 413865/PR, Rel. Min. Luiz Fux, j. em 26/11/2002, *DJ* de 19/12/2002, p. 338).

## Seção IV
### Domicílio Tributário

**Art. 127.** Na falta de eleição, pelo contribuinte ou responsável, de domicílio tributário, na forma da legislação aplicável, considera-se como tal:[1, 2]

I – quanto às pessoas naturais, a sua residência habitual, ou, sendo esta incerta ou desconhecida, o centro habitual de sua atividade;

II – quanto às pessoas jurídicas de direito privado ou às firmas individuais, o lugar da sua sede, ou, em relação aos atos ou fatos que derem origem à obrigação, o de cada estabelecimento;

III – quanto às pessoas jurídicas de direito público, qualquer de suas repartições no território da entidade tributante.

§ 1º Quando não couber a aplicação das regras fixadas em qualquer dos incisos deste artigo, considerar-se-á como domicílio tributário do contribuinte ou responsável o lugar da situação dos bens ou da ocorrência dos atos ou fatos que deram origem à obrigação.

**268** | CÓDIGO TRIBUTÁRIO NACIONAL – *Hugo de Brito Machado Segundo* **Art. 128**

§ 2º A autoridade administrativa pode recusar o domicílio eleito, quando impossibilite ou dificulte a arrecadação ou a fiscalização do tributo, aplicando-se então a regra do parágrafo anterior.[3]

## Anotações

**1. Determinação do domicílio tributário como faculdade do sujeito passivo** – O domicílio tributário é o local no qual o sujeito passivo manterá suas relações com o fisco, sendo fiscalizado, intimado etc. Sua eleição é faculdade do sujeito passivo, aplicando-se as regras dos incisos do art. 127 apenas no caso de essa faculdade não ser exercida, ou de ser recusado o domicílio eleito nos termos do § 2º do mesmo artigo.

**2. Intimações em local diverso do domicílio validamente eleito** – Tendo o domicílio do sujeito passivo sido validamente eleito, e levado ao conhecimento do Fisco, não é válida a notificação fiscal enviada para local diverso. Nesse sentido: STJ, 2ª T., REsp 33.837/MG, Rel. Min. Antônio de Pádua Ribeiro, j. em 4/3/1996, *DJ* de 25/3/1996, p. 8.560.

**3. Domicílio eleito como forma de embaraçar a fiscalização** – Em situação na qual o contribuinte tinha sua residência, a sede da pessoa jurídica da qual é sócio, e a quase totalidade de seu patrimônio localizados no Município "A", e não obstante elegeu o Município "B" como sendo seu domicílio tributário, o STJ entendeu que havia evidente propósito de embaraçar a fiscalização, e considerou possível a fixação de seu domicílio tributário pelo Fisco (que, no caso, fixou-o no Município "A"), nos termos do § 2º do art. 127 do CTN (STJ, 1ª T., REsp 437.383/MG, Rel. Min. José Delgado, j. em 27/8/2002, *DJ* de 21/10/2002, p. 301).

## Capítulo V
### Responsabilidade Tributária

### Seção I
#### Disposição Geral

**Art. 128.** Sem prejuízo do disposto neste capítulo,[1] a lei[2] pode atribuir de modo expresso a responsabilidade pelo crédito tributário a terceira pessoa, vinculada ao fato gerador da respectiva obrigação,[3, 4, 5, 6, 7, 8] excluindo a responsabilidade do contribuinte ou atribuindo-se a este em caráter supletivo do cumprimento total ou parcial da referida obrigação.[9]

## Anotações

**1. Necessidade de respeito às disposições do CTN** – Ao se reportar à possibilidade de a lei estabelecer novas hipóteses de responsabilidade tributária, mas com a ressalva de que isso deve ocorrer "sem prejuízo do disposto neste capítulo", o art. 128 do CTN deixa claro que a lei ordinária, ao cuidar da responsabilidade de terceiros, não pode fazê-lo contrariando o que já se acha positivado nos artigos 129 a 138 do próprio Código.

**Art. 128**  Livro Segundo · NORMAS GERAIS DE DIREITO TRIBUTÁRIO | **269**

**2. Matéria de reserva legal** – Eleger responsáveis tributários é dispor sobre a sujeição passiva tributária, aspecto essencial da relação jurídica obrigacional. Não pode, portanto, ser objeto de disposições *infralegais,* mas apenas da lei, em sentido estrito, conforme esclarece o art. 128 do CTN, em sintonia com o disposto no art. 97, III, do mesmo Código, que também apenas explicita decorrência evidente do princípio da legalidade (CF/88, art. 5o, II e 150, I).

**3. Necessidade de vinculação do responsável com o fato gerador** – O terceiro, a ser eleito pela lei ordinária do ente tributante como responsável tributário, há de guardar necessária vinculação com a situação que configura o "fato gerador" da respectiva obrigação. Trata-se de decorrência do princípio da capacidade contributiva: se o fato gerador da obrigação tributária é um fato presuntivo de capacidade contributiva (auferir rendimentos, vender mercadorias, ser proprietário de imóveis etc.), e este fato é praticado pelo *contribuinte,* é esse contribuinte que tem de ser onerado. Assim, só é possível cobrar de um terceiro (responsável) o adimplemento da obrigação se este terceiro dispuser de meios para fazer com que o ônus correspondente recaia sobre o contribuinte. E esses meios existem quando o responsável está vinculado à situação que configura o fato gerador, pois esta vinculação lhe permite "reter" ou "descontar" do contribuinte a parcela correspondente. É o que ocorre entre a *fonte* pagadora e o beneficiário dos rendimentos, por exemplo, ou entre o supermercado adquirente do produto agropecuário vendido por um pecuarista pessoa física. Como explica Ruy Barbosa Nogueira, "se pensarmos no aspecto econômico da tributação, é fácil compreendermos a razão ou a necessidade desta vinculação do contribuinte ou responsável ao fato econômico tributado, não só porque a vantagem ou resultado dele decorrente é que vai possibilitar o pagamento do tributo ao fisco, mais ainda porque assim a lei atenderá ao princípio fundamental da justiça tributária, segundo o qual se deve atingir a capacidade econômica do contribuinte – capacidade contributiva" (Apud Henry Tilbery, *Direito Tributário 2 – Responsabilidade Tributária,* São Paulo: José Bushatsky, 1972, p. 78). Sacha Calmon, no mesmo sentido, adverte que "'a vinculação ao fato gerador', no que tange ao 'responsável', é para garantir-lhe o ressarcimento do ônus tributário" (*Comentários ao Código Tributário Nacional,* Coord. Carlos Valder do Nascimento, Rio de Janeiro: Forense, 1997, p. 295-296).

Embora tenha afirmado a validade da forma de substituição tributária que estava sob a análise, a seguinte decisão é importante por ater-se à existência de limites substanciais à criação de hipóteses de substituição tributária. A retenção foi considerada válida, afinal, justamente por se entender que ela atenderia, também, a tais requisitos substanciais: "(...) Na substituição tributária, sempre teremos duas normas: a) a norma tributária impositiva, que estabelece a relação contributiva entre o contribuinte e o fisco; b) a norma de substituição tributária, que estabelece a relação de colaboração entre outra pessoa e o fisco, atribuindo-lhe o dever de recolher o tributo em lugar do contribuinte. 2. A validade do regime de substituição tributária depende da atenção a certos limites no que diz respeito a cada uma dessas relações jurídicas. Não se pode admitir que a substituição tributária resulte em transgressão às normas de competência tributária e ao princípio da capacidade contributiva, ofendendo os direitos do contribuinte, porquanto o contribuinte não é substituído no seu dever fundamental de pagar tributos. A par disso, há os limites à própria instituição do dever de colaboração que asseguram o terceiro substituto contra o arbítrio do legislador. A colaboração dele exigida deve guardar respeito aos princípios da razoabilidade e da proporcionalidade, não se lhe podendo impor deveres inviáveis, excessivamente onerosos, desnecessários ou ineficazes. 3. Não há qualquer impedimento a que o legislador se valha de presunções para viabilizar a substituição tributária, desde que não lhes atribua caráter

**270** | CÓDIGO TRIBUTÁRIO NACIONAL – *Hugo de Brito Machado Segundo*                    **Art. 128**

absoluto. 4. A retenção e recolhimento de 11% sobre o valor da nota fiscal é feita por conta do montante devido, não descaracterizando a contribuição sobre a folha de salários na medida em que a antecipação é em seguida compensada pelo contribuinte com os valores por ele apurados como efetivamente devidos forte na base de cálculo real. Ademais, resta assegurada a restituição de eventuais recolhimentos feitos a maior. 5. Inexistência de extrapolação da base econômica do art. 195, I, a, da Constituição, e de violação ao princípio da capacidade contributiva e à vedação do confisco, estampados nos arts. 145, § 1º, e 150, IV, da Constituição. Prejudicados os argumentos relativos à necessidade de lei complementar, esgrimidos com base no art. 195, § 4º, com a remissão que faz ao art. 154, I, da Constituição, porquanto não se trata de nova contribuição. (...) (STF, Pleno, RE 603191-RG, j. em 01/08/2011, DJe-170, divulgado em 02/09/2011 e publicado em 05/09/2011).

**4. Vinculação ao fato gerador e retenção da contribuição ao "Funrural"** – A contribuição previdenciária devida por produtores rurais é calculada não sobre a folha de salários destes, mas sim sobre o valor da venda de sua produção. Pondo de lado, aqui, a questão relativa à *validade* dessa contribuição, submetida ao julgamento do STF (cf., *v. g.*: Hugo de Brito Machado e Hugo de Brito Machado Segundo, "Inconstitucionalidade da Contribuição Previdenciária dos Produtores Rurais", *Revista Dialética de Direito Tributário* nº 72, p. 94 ss; José Mörschbächer, "A Dúplice Contribuição sobre o Faturamento das Empresas Rurais: Inconstitucionalidade", em *Tributo – Revista do Instituto Cearense de Estudos Tributários* nº 2, jan./jul. 2001, Fortaleza: ABC), o fato é que a jurisprudência somente admite a atribuição de responsabilidade tributária àquele que comercializa produtos rurais quando estes são adquiridos *diretamente* do produtor. Se o supermercado, por exemplo, já adquire o produto rural de um atravessador, não é possível atribuir a ele, supermercado, a responsabilidade pela contribuição devida pelo produtor rural, pois não há vínculo direto entre eles.

Esse era o entendimento pacífico do Tribunal Federal de Recursos: "De acordo com o disposto no art. 15 da Lei Complementar nº 11/71, a contribuição para o Funrural é devida pelo produtor sobre o valor comercial dos produtos rurais, e recolhida pelo adquirente o consignatário dos mesmos produtos, com o que, se autora adquire couros de abatedouros e outros intermediários, a estes é que cabe a obrigação do recolhimento da contribuição [...]" (TFR, 4ª T., AC 96.494/BA, j. em 10/6/1985, *DJ* de 22/8/1985, *EJ* 5662-1, p. 219). **No mesmo sentido:** "A contribuição do Funrural alcança os produtos rurais, vale dizer, aqueles que são vendidos pelo produtor ou adquirente de imediato. Daí em diante, o produto perde a natureza original para transformar-se em mercadoria circulante entre comerciantes e intermediários" (TFR, 6ª T., AC 112.356/PI, Rel. Min. Carlos Mário Velloso, j. em 23/9/1987, *DJ* de 12/11/1987). **E ainda:** "Não está sujeito à contribuição para o Funrural quem adquire produtos agrícolas de intermediário, não produtor" (TFR, 6ª T., AC 158.519/CE, Rel. Min. Euclydes Aguiar, j. em 13/3/1989, *DJ* de 6/6/1989).

Esse entendimento parece ser o mesmo seguido pelo STJ: "À luz da Lei Complementar nº 11/71, a contribuição para o custeio do Funrural não é devida na aquisição de produtos rurais de comerciantes ou intermediários não produtores. Imputar responsabilidade ao comprador, em tal situação, seria atribuir a terceiro, sem previsão legal, responsabilidade tributária, o que não encontra respaldo no preceito inscrito no art. 128 do CTN. [...] O art. 30, IV, da Lei nº 8.212/91, alterado pela Lei nº 9.528/97, que prevê a cobrança do Funrural na hipótese em que o produto rural for adquirido de terceiro intermediário não se aplica a fato gerador pretérito, sobretudo diante da norma inscrita no art. 105 do CTN. [...] (STJ, 2ª T., REsp 229.688/CE, Rel. Min. João Otávio de Noronha, j. em 5/4/2005, *DJ* de 16/5/2005, p. 280). Note-se

**Art. 128**  Livro Segundo · NORMAS GERAIS DE DIREITO TRIBUTÁRIO | **271**

que o STJ, no aresto transcrito, afastou a aplicação da Lei nº 9.528/97 por questão *intertemporal* (o fato julgado era anterior à sua vigência), não se manifestando explicitamente sobre sua (in)validade. Como se trata de decorrência do princípio da capacidade contributiva, não nos parece que o entendimento jurisprudencial há muito pacificado possa ser alterado por conta da edição de uma lei ordinária. Registre-se, porém, que tal discussão quanto a quem poderia ser eleito como responsável tributário perdeu, de algum modo, sua importância, no que tange especificamente ao Funrural exigido nesse período, pois o STF terminou por declarar a inconstitucionalidade da própria exação (RE 596.177, Repercussão geral – mérito, *DJe*-165, divulgado em 26/8/2011, *RT* v. 101, nº 916, 2012, p. 653-662).

**5. Vinculação ao fato gerador e administradora de cartão de crédito** – O STJ já afirmou, corretamente, a invalidade de lei municipal que atribuía responsabilidade tributária a administradora de cartão de crédito, por imposto devido por estabelecimentos a ela filiados, relativamente a operações pagas através de cartão de crédito. Exemplificando, se o hóspede de um hotel pagava sua hospedagem através de cartão de crédito, o Município pretendia que a administradora fosse responsável pelo pagamento do ISS correspondente. Decidiu o STJ, no caso, que "as administradoras de cartões de crédito não são responsáveis pelo pagamento do ISS decorrente do serviço prestado pelos estabelecimentos a elas filiados aos seus usuários já que não estão vinculadas ao fato gerador da respectiva obrigação [...]" (STJ, 1ª T., REsp 55.346/RJ, Rel. Min. Milton Luiz Pereira, rel. p. o ac. Min. César Asfor Rocha, j. em 25/10/1995, *DJ* de 12/2/1996, p. 2.412).

**6. Responsabilidade tributária de bingos** – Partindo da premissa de que, na condição de *fonte pagadora*, o Bingo está vinculado ao fato gerador do imposto de renda (aquisição da disponibilidade da renda pelo beneficiário do prêmio), o STJ considerou compatível com o art. 128 do CTN o art. 63 da Lei nº 8.981/95, que atribui aos bingos a responsabilidade pela retenção do imposto de renda na fonte. "[...] O fenômeno da responsabilidade ('substituição') tributária encontra-se inserto no parágrafo único, do art. 45, do CTN, o qual prevê a possibilidade de a lei atribuir à fonte pagadora da renda ou dos proventos tributáveis a condição de responder pelo imposto cuja retenção e recolhimento lhe caibam, em combinação com o disposto no inciso II, do parágrafo único, do art. 121, segundo o qual 'responsável' é aquele que, sem revestir a condição de contribuinte, tenha obrigação decorrente de disposição expressa de lei. [...] No caso em apreço, o art. 63, da Lei nº 8.981/95 (com redação dada pela Lei nº 9.065, de 20/6/95) conferiu expressamente à pessoa jurídica que proceder a distribuição de prêmios a retenção do imposto de renda, fato que a transforma em responsável pelo seu pagamento. [...]" (STJ, 1ª T., REsp 208.094/SC, Rel. Min. José Delgado, j. em 5/8/1999, *DJ* de 6/9/1999, p. 56). **No mesmo sentido:** "[...] A substituição tributária decorre de disposição expressa de lei, devendo haver vinculação entre o substituto e o fato gerador. [...] Condições atendidas pelo art. 63 da Lei 8.981/95, ao eleger como responsável tributário o distribuidor de prêmios de bingo, ainda que estes constituam em bens ou serviços, determinando a tributação na fonte. Precedente da Corte (REsp 208.094/SC). [...]" (STJ, 2ª T., REsp 374.694/SC, Rel. Min. Eliana Calmon, j. em 3/4/2003, *DJ* de 12/5/2003, p. 264).

**7. Responsáveis por transferência e por substituição e vinculação ao fato gerador** – O CTN não diferencia, entre os sujeitos passivos indiretos (responsáveis), aqueles que respondem *por substituição* e os que respondem *por transferência*. Essa divisão é feita pela doutrina, como já explicado em nota ao art. 121, II, do CTN. A faculdade conferida pelo art. 128 do CTN ao legislador ordinário de cada ente tributante, portanto, envolve tanto a instituição de novas hipóteses de responsabilidade por transferência, como de responsabilidade por substituição. E, evidentemente, em qualquer delas o terceiro responsável há de guardar relação com a situação que configura o fato gerador da obrigação correspondente, sob pena de se violar o princípio constitucional da capacidade contributiva (o responsável terminaria pagando, de modo definitivo, e sem possibilidade de ressarcimento, tributo em função da capacidade contributiva manifestada por outrem – pelo contribuinte). **Sem razão**, portanto, e completamente, a distinção estabelecida pelo Min. Ari Pargendler, segundo a qual o responsável seria distinto do substituto, não sendo necessária a vinculação deste último ao fato gerador: "1. Substituto legal tributário e responsável tributário. Distinção. O substituto legal tributário é a pessoa, não vinculada ao fato gerador, obrigada originariamente a pagar o tributo; o responsável tributário é a pessoa, vinculada ao fato gerador, obrigada a pagar o tributo se este não for adimplido pelo contribuinte ou pelo substituto legal, conforme o caso [...]" (STJ, 2ª T., REsp 86.465/RS, Rel. Min. Ari Pargendler, j. em 5/9/1996, *DJ* de 7/10/1996, p. 37.629). Na verdade, *data venia,* o citado acórdão incorreu em grande confusão, partindo de (errada) compreensão de doutrina construída à luz de realidade legislativa *anterior* ao CTN, e terminou baralhando os conceitos de substituto (ignorando que o substituto é uma *espécie* de responsável) e de responsável (como se só houvesse responsabilidade por transferência). E, pior: considerou que a lei poderia eleger como substituto tributário um terceiro sem qualquer relação com o fato tributável. Imagine-se, a proceder tal tese, o absurdo: a lei poderia definir os moradores da rua "a" como "substitutos tributários" do IPTU devido pelos moradores da rua "b"; poderia definir os Ministros do STJ como "substitutos tributários" do IRPF devido pelos Ministros do STF; poderia definir os passageiros de um avião como "substitutos tributários" da COFINS devida pela companhia aérea correspondente; e assim por diante, e nada poderia ser dito de sua validade. O princípio da capacidade contributiva, a segurança jurídica e a isonomia seriam transformados em letra morta.

**8. Responsável tributário e legitimidade ativa *ad causam*** – Como o responsável tributário é sujeito passivo da obrigação tributária, responsável pelo seu adimplemento, tem legitimidade ativa *ad causam* para discutir seus termos em juízo. Uma fonte pagadora, por exemplo, pode pleitear o reconhecimento de seu direito de *não* reter o imposto de renda de determinados beneficiários. O mesmo pode ocorrer com o substituto tributário no âmbito do ICMS, ou em qualquer outra espécie de responsabilidade tributária. **Apenas para a repetição do indébito** é que se exige, para o reconhecimento dessa legitimidade, também a prova da assunção do encargo financeiro do tributo, ou a autorização por parte do contribuinte para que a restituição seja buscada pelo responsável. Muitos doutrinadores, aliás, refutam a aplicabilidade indistinta do art. 166 do CTN a tributos como o ICMS e o IPI (impostos em relação aos quais haveria mera "repercussão financeira" do ônus), reservando sua aplicação apenas aos casos de repercussão jurídica, assim entendidos aqueles nos quais a própria lei institui a figura do sujeito passivo indireto (responsável), que são aquelas fundadas no art. 128 do CTN. Nesse sentido, *v. g.*: José Arthur Lima Gonçalves e Márcio Severo Marques, "Direito à restituição do indébito tributário", em *Repetição do Indébito e Compensação no Direito Tributário,* coord. Hugo de Brito Machado, São Paulo/Fortaleza: Dialética/ICET, 1999, p. 207; Hugo de Brito Machado Segundo, *Processo Tributário,* São Paulo: Atlas, 2004, p. 226 ss.

No âmbito do Superior Tribunal de Justiça, há acórdãos que consagram exatamente esta tese, vale dizer, reconhecem legitimidade a ambos os sujeitos passivos (contribuinte e responsável) para questionar os termos da relação obrigacional tributária à qual estão vinculados, *atribuindo-a somente a um deles (nos termos do art. 166 do CTN), apenas quando se trata de restituição do indébito.* Confira-se: "1. Carece ao adquirente de produto agrícola, no caso, a empresa, condição subjetiva da ação para postular a declaração de inexigibilidade

**Art. 128**  **Livro Segundo** · NORMAS GERAIS DE DIREITO TRIBUTÁRIO | **273**

da contribuição para o FUNRURAL sobre o comércio deste, assim como a sua repetição de indébito, porquanto apenas retém tributo devido pelo produtor rural. Precedentes. 2. *Cabe a empresa adquirente, consumidora ou consignatária e a cooperativa, tão somente, a legitimidade ativa ad causam para discutir a legalidade da contribuição para o Funrural.* [...]" A autorização dos contribuintes para que os responsáveis obtivessem a restituição, no caso do acórdão aqui transcrito, não foi apreciada por questão processual, ligada à impossibilidade de o STJ reexaminar fatos no âmbito do REsp: "Qualquer conclusão no sentido de afirmar a existência, nos autos, de autorizações dos produtores rurais para legitimação ativa da autora, dependeria do reexame de aspectos fáticos e probatórios, o que é inviável pela via eleita do especial, a teor da Súmula 7 do STJ. [...]" (STJ, 2ª T., REsp 608.252/RS, Rel. Min. Castro Meira, j. em 7/3/2006, *DJ* de 20/3/2006, p. 235, grifamos).

Parece-nos exagerada, e carente de razão, postura mais rigorosa adotada em certos acórdãos da Primeira Turma do STJ, que negam ao responsável legitimidade até mesmo para discutir os termos da relação tributária, ainda quando não se trata da restituição de quantias indevidamente pagas, mas apenas da oposição a uma cobrança ainda não adimplida: "[...] 1. Na hipótese da contribuição previdenciária exigida do produtor rural (Lei nº 8.212/91, art. 25, I e II) incumbe ao adquirente de sua produção destacar do preço pago o montante correspondente ao tributo e repassá-lo ao INSS (Lei nº 8.212/91, art. 30, III e IV). Evidencia-se, nessa sistemática, que o adquirente não sofre diminuição patrimonial pelo recolhimento da exação, pois separou do pagamento ao produtor rural o valor do tributo. 2. O adquirente não detém legitimidade *ad causam* para discutir a legalidade da referida exigência, caso a entenda descabida, de modo a obter provimento jurisdicional que lhe autorize a recolher o tributo da forma que entende conforme à lei, e nem para postular a repetição de valores indevidamente recolhidos a título da mencionada contribuição, já que somente cabem a discussão da exigibilidade do tributo e sua restituição quando evidenciado que o contribuinte de direito não recuperou do contribuinte de fato o valor recolhido. [...]" (STJ, 1ª T., REsp 503.406/SC, Rel. Min. Luiz Fux, Rel. p/ Acórdão Min. Teori Albino Zavascki, j. em 18/12/2003, *DJ* de 15/3/2004, p. 160, grifamos). A nosso ver, quando se trata apenas da discussão a respeito dos termos da relação tributária, sem que se cogite de restituição, a legitimidade ativa assiste às duas pessoas situadas em seu pólo passivo, vale dizer, tanto ao contribuinte como ao responsável.

**9. Responsabilidade tributária e legitimidade ativa *ad causam* do contribuinte** – Em se tratando de responsabilidade por substituição, o STJ tem admitido, de maneira pacífica, a legitimidade ativa *ad causam* do substituído (sujeito passivo direto, ou contribuinte), tanto para pleitear a restituição de quantias eventualmente pagas de modo indevido como para questionar os termos da relação tributária, antes de seu adimplemento. "Segundo a jurisprudência pacífica do STJ, o substituído tributário, na qualidade de contribuinte de fato, tem legitimidade ativa *ad causam* para discutir a legalidade da sistemática da arrecadação instituída pela Lei nº 9.711/98, o que afasta a alegação de infringência ao art. 267, VI do CPC. [...]" (STJ, 2ª T., REsp 507.225/RS, Rel. Min. Eliana Calmon, j. em 7/12/2004, *DJ* de 14/2/2005, p. 158). O mesmo tem ocorrido em relação ao ICMS na substituição tributária para frente (STJ, 2ª T., REsp 472.841/RS, Rel. Min. João Otávio de Noronha, j. em 13/9/2005, *DJ* de 10/10/2005, p. 280), à COFINS exigida por substituição tributária para frente (STJ, 2ª T., REsp 160.248/AL, Rel. Min. Peçanha Martins, j. em 17/11/2005, *DJ* de 19/12/2005, p. 294), e em relação ao ICMS incidente sobre energia elétrica (STJ, 1ª T., REsp 809.753/PR, Rel. Min. Teori Albino Zavascki, j. em 6/4/2006, *DJ* de 24/4/2006, p. 374). Confiram-se, ainda, as notas ao art. 166 do CTN.

# Seção II
## Responsabilidade dos Sucessores

**Art. 129.** O disposto nesta Seção aplica-se por igual aos créditos tributários definitivamente constituídos ou em curso de constituição à data dos atos nela referidos, e aos constituídos posteriormente aos mesmos atos, desde que relativos a obrigações tributárias surgidas até a referida data.[1]

ANOTAÇÕES ————————————————————————————————————

**1. Responsabilidade de sucessores e fatos anteriores à sucessão** – O art. 129 do CTN apenas esclarece que a responsabilidade dos sucessores (herdeiros, legatários, adquirentes de fundo de comércio, pessoas jurídicas resultantes de fusões, incorporações etc.) somente diz respeito a obrigações tributárias que decorram de fatos ocorridos *antes* da sucessão. Isso porque, evidentemente, se a obrigação se origina de fato ocorrido após a sucessão, já não é mais de responsabilidade que se cogita: aquele que seria o "sucessor", nesse caso, é considerado o *contribuinte*. Exemplificando, o herdeiro é responsável por sucessão pelos tributos devidos pelo *de cujos* e pelo *espólio*. Não é "responsável por sucessão", porém, pelos tributos decorrentes de fatos havidos após a partilha: em relação a eles, o herdeiro responde na autêntica condição de *contribuinte*.

**Art. 130.** Os créditos tributários relativos a impostos cujo fato gerador seja a propriedade, o domínio útil ou a posse de bens imóveis, e bem assim os relativos a taxas pela prestação de serviços referentes a tais bens, ou a contribuições de melhoria, sub-rogam-se na pessoa dos respectivos adquirentes,[1] salvo quando conste do título a prova de sua quitação.[2]

Parágrafo único. No caso de arrematação em hasta pública, a sub-rogação ocorre sobre o respectivo preço.[3]

ANOTAÇÕES ————————————————————————————————————

**1. Sub-rogação do adquirente e legitimidade processual para repetir o indébito** – Há julgados unânimes da Segunda Turma do Superior Tribunal de Justiça segundo os quais a transferência da responsabilidade para o adquirente do imóvel lhe confere inclusive o direito de questionar, em juízo, quantias relativas aos tributos pagos pelo proprietário anterior. "O STJ tem entendido que o adquirente do imóvel sub-roga-se em todos os direitos e obrigações decorrentes da aquisição, reconhecendo o seu direito inclusive de propor ação de repetição de indébito de IPTU pago anteriormente à transferência da propriedade. [...] O adquirente, no mesmo sentido, tem legitimidade para pleitear a extinção de execução fiscal em virtude da prescrição. [...]" (STJ, 2ª T., REsp 696.438/RJ, Rel. Min. Eliana Calmon, j. em 6/12/2005, *DJ* de 19/12/2005, p. 348). **No mesmo sentido:** "[...] Se o proprietário do imóvel é responsável

# Art. 130 | Livro Segundo · NORMAS GERAIS DE DIREITO TRIBUTÁRIO | 275

por sub-rogação pelos créditos tributários (art. 130 do CTN), é plausível que o adquirente possa se voltar contra o ente tributante quando constar o pagamento indevido de tributo. [...]" (STJ, EDcl no AgRg no Ag 512.267/RJ, Rel. Min. João Otávio de Noronha, j. em 20/4/2004, *DJ* de 24/5/2004, p. 239). **Em sentido contrário**, porém, a Primeira Turma do STJ tem decidido, contra o entendimento do Min. Luiz Fux, que "os adquirentes do imóvel não têm legitimidade para pleitear repetição de indébito referente aos tributos recolhidos indevidamente pelos antigos proprietários, porquanto não arcaram com ônus da cobrança. Não pode haver restituição de valores a quem não pagou as exações, sob pena de locupletamento ilícito. Precedentes: REsp nº 593.356/RJ, Rel. originário Min. LUIZ FUX, Rel. para acórdão Min. TEORI ALBINO ZAVASCKI, *DJ* de 12/9/2005 e REsp nº 594.339/SP, Rel. originário Min. LUIZ FUX, Rel. para acórdão Min. JOSÉ DELGADO, *DJ* de 30/8/2004. [...]" (STJ, 1ª T., REsp 667.938/RJ, Rel. Min. Francisco Falcão, j. em 8/11/2005, *DJ* de 19/12/2005, p. 225).

**2. Responsabilidade e acerto entre o sucessor e o sucedido** – O fato de o sucessor ser responsável por obrigações tributárias surgidas anteriormente à aquisição do imóvel não significa que este não possa acertar, contratualmente, o devido ressarcimento com o sucedido. Esse acerto não poderá ser oposto à fazenda, naturalmente, até mesmo em face do disposto no art. 123 do CTN, mas terá plena eficácia entre sucessor e sucedido, no plano privado. "Consoante estabelece o 'caput' do art. 130/CTN, sem qualquer distinção, o adquirente do imóvel subroga-se nos créditos fiscais cujo fato gerador é a propriedade, o domínio útil ou a posse do bem, assim como as taxas e contribuição de melhoria, podendo o sucessor ressarcir-se desses ônus, conforme previsto no contrato de compra e venda ou mediante acordo com o sucedido. [...]" (STJ, 2ª T., REsp 192.501/PR, Rel. Min. Peçanha Martins, j. em 6/11/2001, *DJ* de 18/2/2002, p. 285).

**3. Sub-rogação no preço e débito tributário superior** – "Na hipótese de arrematação em hasta pública, dispõe o parágrafo único do art. 130 do Código Tributário Nacional que a sub-rogação do crédito tributário, decorrente de impostos cujo fato gerador seja a propriedade do imóvel, ocorre sobre o respectivo preço, que por eles responde. Esses créditos, até então assegurados pelo bem, passam a ser garantidos pelo referido preço da arrematação, recebendo o adquirente o imóvel desonerado dos ônus tributários devidos até a data da realização da hasta. [...] Se o preço alcançado na arrematação em hasta pública não for suficiente para cobrir o débito tributário, não fica o arrematante responsável pelo eventual saldo devedor. A arrematação tem o efeito de extinguir os ônus que incidem sobre o bem imóvel arrematado, passando este ao arrematante livre e desembaraçado dos encargos tributários" (STJ, 4ª T., REsp 166.975/SP, Rel. Min. Sálvio de Figueiredo Teixeira, j. em 24/8/1999, *DJ* de 4/10/1999, p. 60). No mesmo sentido: "[...] 1. O crédito fiscal perquirido pelo fisco deve ser abatido do pagamento, quando do leilão, por isso que, finda a arrematação, não se pode imputar ao adquirente qualquer encargo ou responsabilidade tributária. Precedentes: (REsp 716.438/PR, Rel. Ministro TEORI ALBINO ZAVASCKI, PRIMEIRA TURMA, julgado em 09/12/2008, *DJe* 17/12/2008; REsp 707.605 – SP, Relatora Ministra ELIANA CALMON, Segunda Turma, *DJ* de 22 de março de 2006; REsp 283.251 – AC, Relator Ministro HUMBERTO GOMES DE BARROS, Primeira Turma, *DJ* de 05 de novembro de 2001; REsp 166.975 – SP, Relator Ministro SÁLVIO DE FIGUEIREDO TEIXEIRA, Quarta Turma, *DJ* de 04 de outubro der 1.999). 2. Os débitos tributários pendentes sobre o imóvel arrematado, na dicção do art. 130, parágrafo único, do CTN, fazem persistir a obrigação do executado perante o Fisco, posto impossível a transferência do encargo para o arrematante, ante a inexistência de vínculo jurídico com os fatos jurídicos tributários específicos, ou com o sujeito tributário. Nesse sentido: 'Se o preço alcançado na

# 276 | CÓDIGO TRIBUTÁRIO NACIONAL – *Hugo de Brito Machado Segundo* Art. 131

arrematação em hasta pública não for suficiente para cobrir o débito tributário, nem por isso o arrematante fica responsável pelo eventual saldo'." (BERNARDO RIBEIRO DE MORAES, Compêndio de Direito Tributário, 2º vol., Rio de Janeiro: Forense, 1995, p. 513). 3. A regência normativa em tela é a do CTN, parágrafo único do art. 130, dispositivo especial quanto ao *caput*, posto ser este aplicado nas relações obrigacionais de transferência de domínio ou posse de imóvel. *In casu*, a situação é especialíssima e adversa, não havendo que se falar em transferência de domínio por fins de aquisição dentro de relações obrigacionais civis, seja de compra e venda, cessão, doação etc. 4. Deveras, revela-se inadequado imprimir à questão contornos obrigacionais, sendo impróprio aduzir-se à alienante e adquirente, mas sim em executado e arrematante, respectivamente, diante da inexistência de vínculo jurídico com os fatos jurídicos tributários específicos, ou com o sujeito tributário. O executado, antigo proprietário, tem relação jurídico-tributária com o Fisco, e o arrematante tem relação jurídica com o Estado-juiz. 5. Assim, é que a arrematação em hasta pública tem o efeito de expurgar qualquer ônus obrigacional sobre o imóvel para o arrematante, transferindo-o livremente de qualquer encargo ou responsabilidade tributária. [...]" (STJ, 1ª T., REsp 1.059.102/RS, j. em 3/9/2009, *DJe* de 7/10/2009).

**Art. 131.** São pessoalmente responsáveis:

I – o adquirente ou remitente, pelos tributos relativos aos bens adquiridos[1-2] ou remidos; *(Vide Decreto-lei nº 28, de 14.11.1966)*

II – o sucessor a qualquer título e o cônjuge meeiro, pelos tributos[3] devidos pelo *de cujus* até a data da partilha ou adjudicação, limitada esta responsabilidade ao montante do quinhão do legado ou da meação;

III – o espólio, pelos tributos devidos pelo *de cujus* até a data da abertura da sucessão.[4]

## ANOTAÇÕES

**1. Seguradora. Furto de veículo com pendência tributária** – Com fundamento no art. 131, I, do CTN, a União Federal pretendeu exigir *de uma seguradora* multa pelo descumprimento de obrigação acessória relativa à importação de um veículo. No caso, o veículo fora importado, e no procedimento de desembaraço não fora cumprida determinada formalidade. Algum tempo depois, a Fazenda resolveu cobrar a penalidade respectiva. Constatou-se, porém, que o veículo havia sido furtado, e já não se encontrava mais em poder de quem o havia importado. Nessa situação, considerando que o veículo era segurado, e que, em virtude do furto, a seguradora pagou indenização ao proprietário, a União considerou que a seguradora teria passado a ser a "proprietária" do veículo (que, se fosse encontrado, seria entregue à seguradora e não mais ao antigo dono, já indenizado), e que, nessa condição, deveria pagar os tributos e as penalidades a ele relativos. O STJ, contudo, não considerou válida essa pretensão, sob o fundamento precípuo de que não existiria qualquer vínculo entre a conduta da seguradora e a apontada infração: "Cuida-se de mandado de segurança impetrado por HSBC Seguros (Brasil) S/A contra ato do Delegado da Receita Federal no Rio de Janeiro objetivando a anulação de auto de infração no qual foi

# Art. 131                Livro Segundo · NORMAS GERAIS DE DIREITO TRIBUTÁRIO | 277

consignada a aplicação de multa regulamentar de IPI decorrente da importação, sem a utilização de guia de importação válida, de veículo usado. Na exordial aduziu-se, em síntese, que a multa em comento foi indevidamente imposta, pois o veículo irregularmente importado havia sido furtado, tendo a impetrante/seguradora indenizado o proprietário, conforme disposição contratual. Diante da situação, os auditores fiscais da Receita Federal entenderam que o pagamento da indenização transferiu a propriedade para a seguradora e, consequentemente, todos os seus encargos. O juízo monocrático concedeu a segurança ao fundamento de que a impetrante não praticou qualquer ato ilícito e, ainda, como o que se discute é a responsabilidade pela multa, que tem caráter pessoal, e não a responsabilidade pelo pagamento de tributo, deve ser anulado o auto de infração, determinando-se que a impetrante não se sujeite ao pagamento da mesma. Irresignada, a Fazenda interpôs apelação e o TRF/2ª Região negou provimento à mesma por vislumbrar que o responsável pela importação irregular do veículo em questão seria o segurado e não a seguradora. Também, que a única obrigação da seguradora seria a de pagar o prêmio acordado em caso de sinistro, o que de fato ocorreu com o furto. Insistindo pela via especial, com esteio na alínea *a* do permissivo constitucional, aponta a Fazenda infringência do art. 95, I, do DL nº 37/66. Defende a reforma do acórdão para que seja denegada a segurança e reconhecida a responsabilidade da recorrida pelo pagamento da multa regulamentar de IPI em discussão. Sem contra-razões. 2. A sanção foi imposta com fulcro no art. 463, I, do Regulamento do IPI. Porém, não se vislumbra a ocorrência de conduta típica, por parte da recorrida, capaz de ensejar a imposição da multa regulamentar do IPI, pois não basta o ingresso do bem no estabelecimento, mas que o mesmo tenha saído ou nele permanecido sem que houvesse o registro da importação no SISCOMEX. 3. Sobre o teor do art. 95, I, do DL nº 37/66, não se identifica a situação da recorrida ante a clara inexistência de benefício direto ou indireto auferido pela mesma no que tange à entrada ou permanência de forma irregular do veículo, assim como não se observa qualquer nexo com o fato gerador da infração, o que, consequentemente, afasta a sua responsabilidade tributária. 4. O vínculo de propriedade existente entre a seguradora e o veículo não guarda qualquer relação com o fato gerador da infração fiscal, não implicando, portanto, em responsabilidade quanto aos tributos ou penalidades dele decorrentes. 5. Recurso especial improvido" (STJ, 1ª T., REsp 692.619/RJ, Rel. Min. José Delgado, j. em 17/2/2005, *DJ* de 11/4/2005, p. 202).

**2. Aplicação analógica do parágrafo único do art. 130 às hipóteses do art. 131, I** – Embora o art. 131 não tenha parágrafo com disposição semelhante à do parágrafo único do art. 130, o STJ considera possível aplicar este último, por analogia, às aquisições de bens móveis por meio de arrematação judicial. Assim, também no caso de aquisição de bem *móvel* em hasta pública, a sub-rogação acontece em relação ao preço: "1. A arrematação de bem em hasta pública é considerada como aquisição originária, inexistindo relação jurídica entre o arrematante e o anterior proprietário do bem. 2. Os débitos anteriores à arrematação sub-rogam-se no preço da hasta. Aplicação do artigo 130, § único do CTN, em interpretação que se estende aos bens móveis e semoventes. [...]" (STJ, 2ª T., REsp 807.455/RS, *DJe* de 21/11/2008)

**3. Responsabilidade do espólio por multas** – Conquanto o art. 131, II, do CTN, se reporte à responsabilidade do espólio pelos tributos (e não pelo crédito tributário, realidade formal que poderia englobar penalidades pecuniárias), o STJ tem entendido que o sucessor, no caso, responde inclusive pelas penalidades devidas pelo sucedido. "Responde o espólio pelos créditos tributários, inclusive multas, até a abertura da sucessão. [...] Aplica-se a multa em razão de tributo não recolhido e regularmente inscrito na dívida ativa antes do

**278** | CÓDIGO TRIBUTÁRIO NACIONAL – *Hugo de Brito Machado Segundo*      **Art. 132**

falecimento do devedor. [...]" (STJ, 2ª T., REsp 86.149/RS, Rel. Min. Castro Meira, j. em 19/8/2004, *DJ* de 27/9/2004, p. 283). **No mesmo sentido:** "O espólio sucede o *de cujus* nas suas relações fiscais e nos processos que os contemplam como objeto mediato do pedido. Consequentemente, espólio responde pelos débitos até a abertura da sucessão, segundo a regra *intra vires hereditatis*. [...] 'Na expressão créditos tributários estão incluídas as multas moratórias' (REsp 295.222/SP, Rel. Min. José Delgado, *DJ* 10/9/2001), posto imposição decorrente do não pagamento do tributo na época do vencimento. [...]" (STJ, 1ª T., REsp 499.147/PR, Rel. Min. Luiz Fux, j. em 20/11/2003, *DJ* de 19/12/2003, p. 336).

**4. Morte do devedor e execução do espólio** – Caso o contribuinte venha a falecer depois de ter contra si proposta a ação de execução fiscal, sua posição no pólo passivo da relação processual deve ser ocupada pelo espólio, bastando que este seja citado. Não é necessário proceder-se à substituição da CDA, conforme tem entendido o STJ: "O sujeito ativo tributário não está obrigado a substituir a certidão da dívida para continuar a execução contra o espólio. [...] Ocorrendo a morte do devedor, o representante do espólio é chamado ao processo como sucessor da parte passiva, dando continuidade, com a sua presença, pela via da citação, a relação jurídico-processual. [...]" (STJ, 1ª T., REsp 295.222/SP, Rel. Min. José Delgado, j. em 12/6/2001, *DJ* de 10/9/2001, p. 277).

Entretanto, se a morte deu-se antes da propositura da execução (e da própria inscrição em dívida ativa), a CDA já deveria ter sido constituída *contra o espólio,* e não mais contra o *de cujus,* que nem mais existia à época da inscrição. Com base nesse entendimento, o STJ entendeu inviável a *substituição da CDA,* com o propósito de alterar o sujeito passivo nela constante, pois essa substituição somente poderia ocorrer para a correção de vícios formais, e não para a modificação do sujeito passivo. Conforme noticiado no *Informativo* 447 do STJ, "o devedor constante da CDA faleceu em 6/5/1999 e a inscrição em dívida ativa ocorreu em 28/7/2003, ou seja, em data posterior ao falecimento do sujeito passivo. Note--se que, embora o falecimento do contribuinte não obste ao Fisco prosseguir na execução dos seus créditos, ainda que na fase do processo administrativo para lançamento do crédito tributário, deverá o espólio ser o responsável pelos tributos devidos pelo *de cujus* (art. 131, II e III, do CTN). Nesses casos, torna-se indispensável a notificação do espólio (na pessoa do seu representante legal), bem como sua indicação diretamente como devedor no ato da inscrição da dívida ativa e na CDA que lhe corresponde, o que não ocorreu na hipótese. Ressalte-se que, embora haja a possibilidade de substituição da CDA até a prolação da sentença de embargos, essa se limita a corrigir erro material ou formal, tornando-se inviável a alteração do sujeito passivo da execução (Súm. n. 392-STJ), pois isso representaria a modificação do próprio lançamento. Precedentes citados: AgRg no Ag 771.386-BA, *DJ* 1º/2/2007; AgRg no Ag 884.384-BA, *DJ* 22/10/2007, e AgRg no Ag 553.612-MG, *DJ* 16/8/2004" (STJ, REsp 1.073.494-RJ, Rel. Min. Luiz Fux, j. em em 14/9/2010).

**Art. 132.** A pessoa jurídica de direito privado que resultar de fusão, transformação ou incorporação de outra ou em outra[1] é responsável pelos tributos[2] devidos até a data do ato[3] pelas pessoas jurídicas de direito privado fusionadas, transformadas ou incorporadas.[4]

Parágrafo único. O disposto neste artigo aplica-se aos casos de extinção de pessoas jurídicas de direito privado, quando a exploração da respectiva atividade

# Art. 132      Livro Segundo · NORMAS GERAIS DE DIREITO TRIBUTÁRIO | 279

seja continuada por qualquer sócio remanescente, ou seu espólio, sob a mesma ou outra razão social, ou sob firma individual.[5]

## ANOTAÇÕES

**1. Responsabilidade por sucessão e cisão** – O art. 132 do CTN não se refere à cisão, figura prevista com o advento da Lei das S/A, editada posteriormente. Não obstante, considera-se que, no caso de cisão, as sociedades decorrentes da cisão respondem, como sucessoras, pelos tributos devidos pela cindida. E essa responsabilidade é, entre elas, solidária. Como tem decidido o STJ, "embora não conste expressamente do rol do art. 132 do CTN, a cisão da sociedade é modalidade de mutação empresarial sujeita, para efeito de responsabilidade tributária, ao mesmo tratamento jurídico conferido às demais espécies de sucessão (REsp 970.585/RS, 1ª Turma, Min. José Delgado, *DJe* de 07/04/2008). [...]" (STJ, 1ª T., REsp 852.972/PR, *DJe* de 8/6/2010).

**2. Responsabilidade por sucessão e penalidades** – Conquanto o art. 132 do CTN se reporte à responsabilidade *pelos tributos,* o STJ a tem estendido também às penalidades, sejam elas de caráter moratório ou punitivo. Julgando questão na qual sociedade incorporadora pretendia eximir-se de multa pela não apresentação de livros fiscais por parte da sociedade incorporada, a Primeira Turma daquela Corte Superior decidiu que "os arts. 132 e 133, do CTN, impõem ao sucessor a responsabilidade integral tanto pelos eventuais tributos devidos quanto pela multa decorrente, seja ela de caráter moratório ou punitivo. A multa aplicada antes da sucessão se incorpora ao patrimônio do contribuinte, podendo ser exigida do sucessor, sendo que, em qualquer hipótese, o sucedido permanece como responsável. Portanto, é devida a multa, sem se fazer distinção se é de caráter moratório ou punitivo. [...]" (STJ, 1ª T., REsp 432.049/SC, Rel. Min. José Delgado, j. em 13/8/2002, *DJ* de 23/9/2002, p. 279). Esse entendimento, porém, deve ser visto com reservas, sendo certo, de qualquer sorte, que, se houve incorporação, a sociedade sucedida desapareceu, passando a fazer parte da incorporadora, não podendo portanto "permanecer responsável", como referido no aresto.

**3. Responsabilidade de sucessores e fatos geradores posteriores à sucessão** – O CTN refere-se à responsabilidade pelos tributos devidos "até a data do ato" porque, a partir dele, a pessoa jurídica resultante da fusão, da incorporação ou da transformação já passa, ela própria, a ser a contribuinte, não sendo mais o caso de falar-se em sucessão.

**4. Sucessão e fato gerador do ICMS** – Estado-membro já pretendeu, em virtude de cisão, exigir o ICMS supostamente incidente sobre a "circulação" das mercadorias, que teriam sido transferidas da sociedade comercial cindida para aquelas decorrentes da cisão. Sem razão, todavia. É que não há, na hipótese, circulação de mercadorias, sendo a aparente mudança em sua titularidade mera decorrência da modificação na estrutura societária da pessoa jurídica contribuinte. Do contrário, no caso de mera transformação, quando uma sociedade limitada passa a assumir a forma de sociedade por ações, por exemplo, ou mesmo de mera alteração da razão social, deveria haver incidência do imposto sobre todo o seu estoque. Forte nessas premissas, o STJ já decidiu pela não incidência do ICMS, visto que "transformação, incorporação, fusão e cisão constituem várias facetas de um só instituto: a transformação das sociedades. Todos eles são fenômenos de natureza civil, envolvendo

**280** | CÓDIGO TRIBUTÁRIO NACIONAL – *Hugo de Brito Machado Segundo*                    **Art. 133**

apenas as sociedades objeto da metamorfose e os respectivos donos de cotas ou ações. Em todo o encadeamento da transformação não ocorre qualquer operação comercial" (STJ, 1ª T., REsp 242.721/SC, *DJ* de 17/9/2001 p. 112). Registre-se que, como apontado pelo Min. Humberto Gomes de Barros em seu voto, a própria LC 87/96 dispõe que o imposto não incide sobre operações "de qualquer natureza de que decorra a transferência de propriedade de estabelecimento industrial, comercial ou de outra espécie" (art. 3º, VI), sendo certo que a mudança da propriedade de todo o estabelecimento no qual estão estocadas as mercadorias não configura a "circulação" destas.

**5. Sucessão e continuação da atividade por sócio ou espólio** – Nos termos do parágrafo único do art. 132 do CTN, ainda que não haja propriamente uma alteração na forma societária (*v. g.*, transformação de S.A. em Ltda., ou vice-versa), fusão ou incorporação de sociedades, mas sim a pura e simples extinção da pessoa jurídica, com a continuação da atividade por terceiro, sócio ou espólio, estes se consideram *sucessores tributários*. O CTN considera, neste caso, que, *de fato*, houve uma transformação, ou uma alteração nas formas societárias, mas que de qualquer forma aquele que continua explorando a atividade sob a nova forma responde pelos tributos devidos pela entidade sucedida.

 

**Art. 133.** A pessoa natural ou jurídica de direito privado que adquirir de outra, por qualquer título, fundo de comércio[1] ou estabelecimento comercial, industrial ou profissional,[2] e continuar a respectiva exploração,[3] sob a mesma ou outra razão social ou sob firma ou nome individual, responde pelos tributos,[4, 5] relativos ao fundo ou estabelecimento adquirido, devidos até a data do ato:

I – integralmente, se o alienante cessar a exploração do comércio, indústria ou atividade;[6]

II – subsidiariamente com o alienante, se este prosseguir na exploração ou iniciar dentro de seis meses, a contar da data da alienação, nova atividade no mesmo ou em outro ramo de comércio, indústria ou profissão.

§ 1º O disposto no *caput* deste artigo não se aplica na hipótese de alienação judicial:[7] *(Parágrafo incluído pela LCP nº 118, de 2005)*

I – em processo de falência; *(Inciso incluído pela LCP nº 118, de 2005)*

II – de filial ou unidade produtiva isolada, em processo de recuperação judicial. *(Inciso incluído pela LCP nº 118, de 2005)*

§ 2º Não se aplica o disposto no § 1º deste artigo quando o adquirente for: *(Parágrafo incluído pela Lcp nº 118, de 2005)*

I – sócio da sociedade falida ou em recuperação judicial, ou sociedade controlada pelo devedor falido ou em recuperação judicial; *(Inciso incluído pela LCP nº 118, de 2005)*

II – parente, em linha reta ou colateral até o 4º (quarto) grau, consanguíneo ou afim, do devedor falido ou em recuperação judicial ou de qualquer de seus sócios; ou *(Inciso incluído pela LCP nº 118, de 2005)*

**Art. 133**  **Livro Segundo** · NORMAS GERAIS DE DIREITO TRIBUTÁRIO | **281**

III – identificado como agente do falido ou do devedor em recuperação judicial com o objetivo de fraudar a sucessão tributária. *(Inciso incluído pela LCP nº 118, de 2005)*[8]

§ 3º Em processo da falência, o produto da alienação judicial de empresa, filial ou unidade produtiva isolada, permanecerá em conta de depósito à disposição do juízo de falência pelo prazo de 1 (um) ano, contado da data de alienação, somente podendo ser utilizado para o pagamento de créditos extraconcursais ou de créditos que preferem ao tributário. *(Parágrafo incluído pela LCP nº 118, de 2005)*

## Anotações

**1. Aquisição de fundo de comércio** – Para que se configure a responsabilidade de que trata o art. 133 do CTN, é necessário que se trate da aquisição de todo o fundo de comércio enquanto universalidade de bens, vale dizer, o imóvel no qual funciona o estabelecimento, as máquinas, a estrutura, os equipamentos etc. A mera aquisição do imóvel, ou o seu aluguel, não são suficientes para que o adquirente ou o novo inquilino respondam pelos débitos de quem anteriormente o ocupava: "A responsabilidade prevista no artigo 133 do Código Tributário Nacional só se manifesta quando uma pessoa natural ou jurídica adquire de outra o fundo de comércio ou o estabelecimento comercial, industrial ou profissional; a circunstância de que tenha se instalado em prédio antes alugado à devedora, não transforma quem veio a ocupá-lo posteriormente, também por força de locação, em sucessor para os efeitos tributários. [...]" (STJ, 2ª T., REsp 108.873/SP, Rel. Min. Ari Pargendler, j. em 4/3/1999, *DJ* de 12/4/1999, p. 111). E nem poderia ser mesmo diferente, visto que a finalidade do art. 133 do CTN é a de alcançar a sucessão empresarial "de fato", na qual, sob outra forma jurídica, a mesma atividade segue sendo explorada no mesmo local.

**2. Alienação de fundo de comércio** × **alteração no quadro societário da pessoa jurídica titular do fundo. Distinção** – O art. 133 trata da alienação de todo um fundo de comércio, de uma pessoa (física ou jurídica) a outra. Não se aplica, portanto, na hipótese de o fundo de comércio continuar pertencendo à mesma pessoa (jurídica), ainda que haja a alteração de alguns de seus sócios. "Se a empresa continuou a sua atividade, com alteração de alguns sócios que ingressaram na sociedade adquirindo cotas, não houve sucessão a justificar a aplicação do art. 133 do CTN" (STJ, 2ª T., REsp 621.154/DF, Rel. Min. Eliana Calmon, j. em 6/4/2004, *DJ* de 17/5/2004, p. 209). Na verdade, sendo a pessoa jurídica devedora a mesma, não se há que falar em sucessão. Poder-se-ia cogitar, quando muito, da apuração da responsabilidade dos sócios que se desligaram, caso tenham exercido a gerência e, nessa condição, tenham praticado atos com infração do contrato ou da lei, atraindo a incidência do art. 135, III, do CTN, mas essa é uma outra questão.

**3. Continuidade da exploração do fundo** – Note-se que é necessário, para a incidência da norma veiculada no art. 133 do CTN, que o adquirente do fundo de comércio continue, através dele, explorando a atividade correspondente. Não se configura a responsabilidade diante da mera aquisição de um imóvel, que, depois de reformado, é empregado em outra atividade. Também não se pode cogitar da incidência do art. 133 em face de um novo inquilino de um imóvel (*v. g.*, sala comercial), apenas porque o inquilino anterior desenvolvia

# 282 | CÓDIGO TRIBUTÁRIO NACIONAL – *Hugo de Brito Machado Segundo*                                                **Art. 133**

atividade e a encerrou sem o pagamento dos tributos. Em suma, para que se possa validamente aplicar o art. 133, é preciso que o empreendimento, considerado em sua pura faticidade (e não enquanto realidade jurídica), continue em funcionamento, ainda que sob outra denominação jurídica.

**4. Sucessão e responsabilidade por penalidades** – Embora o art. 133 do CTN se reporte à responsabilidade pelo *tributo* (e não pelo *crédito tributário*, realidade formal que na terminologia do Código engloba o tributo e a penalidade pecuniária), há decisões do STJ entendendo que a responsabilidade tributária dos sucessores de pessoa natural ou jurídica (CTN, art. 133) não diz respeito apenas ao tributo, estendendo-se "às multas devidas pelo sucedido, sejam elas de caráter moratório ou punitivo" (STJ, 1ª T., REsp 544.265/CE, Rel. Min. Teori Albino Zavascki, j. em 16/11/2004, *DJ* de 21/2/2005, p. 110). **No mesmo sentido:** "Os arts. 132 e 133 do CTN impõem ao sucessor a responsabilidade integral, tanto pelos eventuais tributos devidos quanto pela multa decorrente, seja ela de caráter moratório ou punitivo. A multa aplicada antes da sucessão se incorpora ao patrimônio do contribuinte, podendo ser exigida do sucessor, sendo que, em qualquer hipótese, o sucedido permanece como responsável. É devida, pois, a multa, sem se fazer distinção se é de caráter moratório ou punitivo; é ela imposição decorrente do não pagamento do tributo na época do vencimento. [...] Na expressão "créditos tributários" estão incluídas as multas moratórias. A empresa, quando chamada na qualidade de sucessora tributária, é responsável pelo tributo declarado pela sucedida e não pago no vencimento, incluindo-se o valor da multa moratória. [...] Precedentes das 1ª e 2ª Turmas desta Corte Superior e do colendo STF. [...]" (STJ, 1ª T., REsp 745.007/SP, Rel. Min. José Delgado, j. em 19/5/2005, *DJ* de 27/6/2005, p. 299).

**5. Sucessão e responsabilidade por débitos de FGTS** – O CTN refere-se à responsabilidade por tributos, e a jurisprudência, como visto na nota anterior, tem estendido essa responsabilidade às multas decorrentes do descumprimento de deveres tributários. Mas não é possível aplicar o art. 133 do Código a débitos que não têm natureza tributária, como é o caso da contribuição para o FGTS.

É preciso, a propósito, ser coerente. Quando é o caso de se livrar dos prazos mais rigorosos de decadência e prescrição fixados no CTN, defende-se que o FGTS não é tributo. Quando, ao contrário, se deseja a aplicação de certos benefícios concedidos ao credor tributário, passa-se à defesa de que o art. 133 do CTN seria aplicável. Ora, ou o FGTS é tributo, e o CTN se lhe aplica integralmente, ou não. E, como a jurisprudência do STF já consagrou a natureza não tributária dessa exação, não há mais que se pretender submetê-la à sistemática do CTN, seja para prejudicar, seja para favorecer a quem quer que seja. Confiram-se, a esse respeito, notas aos arts. 135 e 217 do CTN.

Na jurisprudência do STJ, tem prevalecido o entendimento segundo o qual "'A contribuição para o FGTS não tem natureza tributária. Sua sede está no artigo 165, XIII, da Constituição Federal. É garantia de índole social. 4. Os depósitos de FGTS não são contribuições de natureza fiscal. Eles pressupõem vínculo jurídico disciplinado pelo Direito do Trabalho. 5. Impossibilidade de, por interpretação analógica ou extensiva, aplicarem-se ao FGTS as normas do CTN. 6. Precedentes do STF RE nº 100.249-2. Idem STJ REsp nº 11.089/MG. 7. Recurso parcialmente conhecido e, nesta parte, improvido.' (REsp 383.885/PR, Rel. Min. José Delgado, *DJ* 10/6/2002). Em consequência, tratando-se de execução fiscal relativa a débitos do FGTS, incabível a aplicação das regras do CTN por interpretação analógica ou

**Art. 133**　　　　**Livro Segundo** · NORMAS GERAIS DE DIREITO TRIBUTÁRIO | **283**

extensiva. 2. Não ostentando natureza tributária os débitos ao Fundo de Garantia por Tempo de Serviço – FGTS, aos mesmos aplicam-se as regras gerais de responsabilidade patrimonial insculpidas nos artigos 592 e seguintes do CPC. [...] Estes fatos, por si sós, acrescidos dos precedentes excludentes da natureza tributária da contribuição, impedindo a aplicação analógica dos artigos 131 a 133 do CTN, excluem a responsabilidade do sucessor, *in casu* acrescida pela aquisição, apenas, do título do estabelecimento, sem a continuação do negócio pelo componente da firma individual anterior [...]" (STJ, 1ª T., REsp 491.326/RS, Rel. Min. Luiz Fux, j. em 18/3/2004, *DJ* de 3/5/2004, p. 100).

**6. Sucessão em fundo de comércio e responsabilidade do sucedido** – Como o CTN faz alusão à responsabilidade integral, isso significaria que o alienante estaria isento de toda e qualquer responsabilidade? A resposta afirmativa a essa questão, em nosso entendimento, abriria espaço para práticas fraudulentas, nas quais um contribuinte com elevadíssimo passivo tributário alienaria seu fundo de comércio a um terceiro, desprovido de patrimônio (vulgo "laranja"), livrando-se inteiramente de suas obrigações fiscais. Segundo entendemos, a expressão *integralmente*, no art. 133, I, do CTN, deve ser entendida como "solidariamente", em oposição a *subsidiariamente*, que seria a hipótese do inciso seguinte. É o que aponta Hugo de Brito Machado, para quem *integralmente* quer dizer "responder pela dívida em sua totalidade, e não apenas pelo que o devedor não puder pagar" (*Comentários ao Código Tributário Nacional,* São Paulo: Atlas, 2004, v. 2, p. 567). **No mesmo sentido:** Aliomar Baleeiro, *Direito Tributário Brasileiro,* 11. ed., Rio de Janeiro: Forense, 1999, p. 751.

Apreciando questão na qual o Estado do Rio Grande do Sul promoveu execução fiscal contra o contribuinte, o STJ entendeu que a mesma não poderia prosperar, pois deveria ter sido promovida, primeiro, contra o adquirente do fundo de comércio. São trechos da ementa: "O art. 133, I, do CTN responsabiliza integralmente o adquirente do fundo de comércio, pelos débitos tributários contraídos pela empresa até a data da sucessão, quando o alienante cessar a exploração do comércio, indústria ou atividade. [...] Comprovada a alienação do fundo de comércio, a execução deverá ser dirigida primeiramente ao sucessor deste. [...]" (STJ, 1ª T., REsp 706.016/RS, Rel. Min. Francisco Falcão, j. em 26/4/2005, *DJ* de 6/6/2005, p. 214)." Embora este não tenha sido o ponto central da controvérsia, parece que, ao referir-se à propositura da execução "primeiramente" contra o sucessor, o STJ não excluiu a possibilidade jurídica de se executar também o alienante. **Nesse sentido:** "Os arts. 132 e 133 do CTN impõem ao sucessor a responsabilidade integral, tanto pelos eventuais tributos devidos quanto pela multa decorrente, seja ela de caráter moratório ou punitivo. A multa aplicada antes da sucessão se incorpora ao patrimônio do contribuinte, *podendo ser exigida do sucessor, sendo que, em qualquer hipótese, o sucedido permanece como responsável.* [...]" (STJ, 1ª T., REsp 745.007/SP, Rel. Min. José Delgado, j. em 19/5/2005, *DJ* de 27/6/2005, p. 299).

**7. Exceção à regra do *caput* do art. 133 do CTN** – Com o advento da LC nº 118/2005, inseriu-se salutar exceção à regra de responsabilidade do adquirente de fundo de comércio, relativa à alienação judicial em falência ou em recuperação judicial. Realmente, sem essa exceção, seria muito difícil que alguém adquirisse de um falido um fundo de comércio, pois seguramente estaria a adquirir também a responsabilidade por um grande passivo tributário. A exceção, portanto, presta-se a prestigiar a finalidade do moderno direito falimentar, que não é o de punir o empresário, mas sim o de reabilitar a empresa, em face da importante função social desta.

**284** | CÓDIGO TRIBUTÁRIO NACIONAL – *Hugo de Brito Machado Segundo*                **Art. 134**

**8. Exceções à exceção. Adquirente ligado ao sucedido** – Os incisos do § 2º do art. 131 do CTN têm a evidente finalidade de evitar que as exceções à regra da responsabilidade do sucessor, na exploração do fundo de comércio, sejam utilizadas como forma de o próprio devedor recuperar – livre de débitos – o seu negócio. Daí serem excluídos do rol de possíveis adquirentes não responsabilizáveis os sócios do devedor, as sociedades controladas por ele, seus parentes, e até mesmo qualquer pessoa que seja identificada como sendo seu "agente".

## Seção III
### Responsabilidade de Terceiros

**Art. 134.** Nos casos de impossibilidade de exigência[1] do cumprimento da obrigação principal pelo contribuinte, respondem solidariamente[2] com este nos atos em que intervierem ou pelas omissões de que forem responsáveis:[3]

I – os pais, pelos tributos devidos por seus filhos menores;[4]

II – os tutores e curadores, pelos tributos devidos por seus tutelados ou curatelados;

III – os administradores de bens de terceiros, pelos tributos devidos por estes;

IV – o inventariante, pelos tributos devidos pelo espólio;[5]

V – o síndico e o comissário, pelos tributos devidos pela massa falida ou pelo concordatário;[6]

VI – os tabeliães, escrivães e demais serventuários de ofício, pelos tributos devidos sobre os atos praticados por eles, ou perante eles, em razão do seu ofício;

VII – os sócios, no caso de liquidação de sociedade de pessoas.[7, 8, 9, 10]

Parágrafo único. O disposto neste artigo só se aplica, em matéria de penalidades, às de caráter moratório.[11]

## ANOTAÇÕES

**1. Impossibilidade de exigência** – Há evidente impropriedade no art. 134 do CTN, quando este se reporta a uma "impossibilidade de exigência". Na verdade, exigir é e será sempre possível. *Receber* é que pode não o ser. Daí porque o *caput* do art. 134 deve ser entendido como fazendo alusão à impossibilidade de o contribuinte *adimplir* a obrigação principal. É o que observa Hugo de Brito Machado: "a exigência é sempre possível. O que em alguns casos não é possível é o atendimento da exigência, vale dizer, o cumprimento da obrigação principal." Por isso é que, para ele, o art. 134 se reporta, a rigor, aos "casos nos quais reste impossível o recebimento do tributo não obstante seja este exigido" (*Comentários ao Código Tributário Nacional,* São Paulo: Atlas, 2004, v. 2, p. 573).

**2. Responsabilidade subsidiária** – O art. 134 do CTN cuida da responsabilidade tributária dos terceiros referidos em seus incisos, nos casos de impossibilidade do cumprimento

**Art. 134**　　　**Livro Segundo** · NORMAS GERAIS DE DIREITO TRIBUTÁRIO | **285**

da obrigação principal pelo contribuinte, o que significa dizer que os terceiros respondem *subsidiariamente* em relação ao contribuinte. Por isso mesmo, o STJ já decidiu que "flagrante ausência de tecnicidade legislativa se verifica no artigo 134, do CTN, em que se indica hipótese de responsabilidade solidária 'nos casos de impossibilidade de exigência do cumprimento da obrigação principal pelo contribuinte', uma vez cediço que o instituto da solidariedade não se coaduna com o benefício de ordem ou de excussão. Em verdade, o aludido preceito normativo cuida de responsabilidade subsidiária" (STJ, 1ª S., EREsp 446.955/SC, *DJe* de 19/5/2008).

Nesse contexto, a referência à responsabilidade solidária, contida no *caput* do art. 134, pode ser entendida como dizendo respeito ao vínculo existente entre os responsáveis entre si, e não entre estes e o contribuinte. Exemplificando, os sócios de uma sociedade de pessoas em liquidação (inciso VII) respondem solidariamente entre si, mas subsidiariamente em relação à sociedade (Cfr. Misabel Abreu Machado Derzi, em notas de atualização ao *Direito Tributário Brasileiro*, de Aliomar Baleeiro, 11. ed., Rio de Janeiro: Forense, 1999, p. 754).

Note-se que, embora o *caput* do art. 134 do CTN faça referência ao fato de que as pessoas mencionadas nos incisos respondem pelos tributos devidos pelo *contribuinte*, isso não quer dizer que não respondam por aqueles débitos em relação aos quais essa pessoa apontada como "contribuinte" já é, a rigor, um responsável tributário. Exemplificando, suponha-se que uma pessoa jurídica seja responsável tributária pelo pagamento do imposto de renda que reteve dos beneficiários dos pagamentos que efetuou. Nessa condição, tendo sua falência decretada, esse débito, do qual ela será a *responsável* (e não a própria *contribuinte*), será por igual abrangido entre aqueles mencionados pelo art. 134, V, do CTN, a serem possivelmente exigidos do síndico, se satisfeitas as demais condições exigidas pelo *caput,* conforme explicado na nota seguinte.

**3. Pelos atos em que intervierem e pelas omissões de que forem responsáveis** – A responsabilidade dos terceiros referidos nos incisos do art. 134 do CTN não é automática e incondicional, nem relativa a qualquer tributo devido pelo contribuinte. Conforme preconiza o *caput,* tais pessoas são responsáveis de modo subsidiário em relação ao contribuinte, e apenas *pelos atos em que intervierem e pelas omissões de que forem responsáveis.* Exemplificando, se Paulo é administrador de alguns imóveis de Lara, e esta última dispõe de patrimônio suficiente para pagar suas dívidas tributárias, não é possível responsabilizar Paulo pelos débitos de Lara, com amparo no art. 134, III, do CTN. E, mesmo na hipótese de Lara não dispor de meios para quitar seus tributos, Paulo somente responderá por aqueles tributos devidos em função de atos que houver praticado, ou de omissões pelas quais for responsável (p. ex., pelo IPTU de um imóvel sob sua administração, cujo recolhimento deveria ter sido providenciado por ele, e não o foi).

**4. Responsabilidade de pais que não tenham a guarda do filho menor contribuinte** – Insista-se em que a responsabilidade, a teor do *caput* do art. 134 do CTN, verifica-se somente em relação aos atos em que o terceiro intervier ou indevidamente se omitir, no seu relacionamento com o contribuinte, com seus bens, enfim, com a situação que configura o fato gerador da obrigação tributária. Por conta disso, nem sempre o pai responderá pelo tributo devido pelo filho menor. Imagine-se, por exemplo, a hipótese em que o menor vive com a mãe, que tem sua guarda, e que administra seus bens, sendo o pai divorciado, com visitas esporádicas. Não poderá o pai ser chamado a responder, nos termos do art. 134, I, do CTN, sendo lícito que isso aconteça somente com a mãe.

**5. Responsabilidade do inventariante** – Assim como os demais "terceiros" referidos nos incisos o art. 134 do CTN, o inventariante não responde, em princípio, pelos tributos devidos pelo espólio. Se o *de cujos* não deixou patrimônio suficiente para quitar seus débitos, não serão os herdeiros, e muito menos o inventariante, que responderão por isso. Na verdade, a responsabilidade do inventariante somente será invocável quando, diante de um espólio com recursos suficientes para o pagamento do tributo, estes não forem pagos por ação ou omissão imputável ao inventariante, que, por exemplo, usar os recursos para solver outros débitos que não têm preferência sobre o tributário. Mas atenção: se a conduta do inventariante for responsável pelo não pagamento do tributo, e for prejudicial não só ao Fisco, mas ao próprio espólio (*v. g.,* inventariante que desvia para si os recursos do espólio), naturalmente também será possível responsabilizá-lo, mas nos termos do art. 135, I, do CTN, e não do art. 134, IV.

**6. Responsabilidade do síndico e tributos devidos pela massa** – A alusão do art. 134 do CTN à responsabilidade do síndico pelos tributos devidos pela massa deixa bem clara a ideia contida no *caput,* já referida por nós em outras notas a este artigo, segundo a qual a responsabilidade do terceiro não é incondicional, nem abrange todo e qualquer tributo devido pelo contribuinte. Depende sempre de omissões, ou da prática de atos, pelo terceiro, que levem ou concorram para a impossibilidade de se receber o tributo do contribuinte. Do contrário, ninguém assumiria a condição de síndico. O art. 134, V, nesse contexto, deve ser entendido como contendo prescrição semelhante à do art. 4º, § 1º, da Lei de Execuções Fiscais, que dispõe: o síndico, o comissário, o liquidante, o inventariante e o administrador, se, antes de garantidos os créditos da Fazenda Pública, alienarem ou derem em garantia quaisquer dos bens administrados, respondem, solidariamente, pelo valor desses bens. E mais: deve ser visto em conjunto também com o art. 188 do CTN, que separa as dívidas do falido (pelos quais a massa responde com observância da ordem de preferências estabelecida no CTN), das dívidas da massa, assim entendidas aquelas decorrentes de fatos geradores havidos após a falência, que preferem a qualquer outra. Assim, o síndico seria responsável apenas por estas últimas, e somente no caso de usar o patrimônio da massa para solver débitos situados em patamar inferior na ordem de preferências.

**7. Responsabilidade de sócios** – Os sócios de uma sociedade de pessoas podem responder pelos débitos tributários desta, no caso de sua liquidação. Observe-se, porém, que se faz necessário seguir o disposto no *caput* do art. 134, aplicável na interpretação de todos os incisos: assim como os pais não respondem por todo e qualquer tributo devido pelos filhos, o inventariante não responde por todo e qualquer tributo devido pelo espólio, o sócio não responde por todo e qualquer tributo devido pela sociedade liquidada. A regra é a responsabilidade dos sócios *nos termos da lei societária,* a qual pode perfeitamente estabelecer hipóteses nas quais não há responsabilidade (*v. g.,* nas sociedades limitadas). O ponto essencial está *nos atos em que os sócios intervierem e nas omissões de que forem responsáveis.* Assim, se se trata da liquidação de uma sociedade limitada cujo capital social fora integralizado, o sócio em princípio não responde. Entretanto, se se tratar da *dissolução irregular* dessa sociedade, tem-se a prática de atos ou omissões imputáveis aos sócios, que provocaram a impossibilidade de o tributo ser adimplido e por isso respondem pelo débito tributário respectivo. Foi o que afinal prevaleceu, depois de alguns desacertos, na jurisprudência do STJ: "[...] 5. A dissolução irregular da pessoa jurídica é causa que, a teor do art. 134, VII, do CTN, permite a responsabilização solidária do sócio pelos débitos da sociedade por cotas de responsabilidade limitada. [...]" (STJ, 1ª T., REsp 728.461/SP, Rel. Min. Teori Albino Zavascki, j. em 6/12/2005, *DJ* de 19/12/2005, p. 251).

# Art. 135

**Livro Segundo** · NORMAS GERAIS DE DIREITO TRIBUTÁRIO | **287**

**8. Dissolução irregular e anterior desligamento do sócio** – A dissolução irregular de uma sociedade de pessoas é causa para que se atribua responsabilidade tributária aos seus sócios. Entretanto, não é possível a responsabilização do sócio *que tenha se desligado da sociedade antes da dissolução irregular,* levada a efeito pelos sócios remanescentes. Como tem decidido o STJ, "se a retirada do sócio ocorre em data anterior ao encerramento irregular da sociedade, tal fator não se presta a fazê-lo suportar as dívidas fiscais assumidas, ainda que contraídas no período em que participava da administração da empresa. Precedentes: REsp 651.684/PR, 1ª T., Min. Teori Albino Zavascki, DJ de 23.05.2005; REsp 436.802/MG, 2ª T., Min. Eliana Calmon, *DJ* de 25/11/2002" (STJ, 1ª T., REsp 728.461/SP, Rel. Min. Teori Albino Zavascki, j. em 6/12/2005, *DJ* de 19/12/2005, p. 251).

**9. Dissolução irregular e responsabilidade** – Presume-se, diante de uma dissolução irregular de sociedade de pessoas, que os sócios são todos responsáveis tributários. Entretanto, o STJ tem arestos nos quais admite que estes provem não ter concorrido para tal dissolução. A dissolução irregular operaria uma presunção relativa, que poderia ser elidida em sede de embargos. "[...] Em matéria de responsabilidade dos sócios de sociedade limitada, é necessário fazer a distinção entre empresa que se dissolve irregularmente daquela que continua a funcionar. [...] Em se tratando de sociedade que se extingue irregularmente, cabe a responsabilidade dos sócios, os quais podem provar não terem agido com dolo, culpa, fraude ou excesso de poder. [...]" (STJ, 2ª T., REsp 796.345/PR, Rel. Min. Eliana Calmon, j. em 7/3/2006, *DJ* de 4/5/2006, p. 165). Registre-se que se presume "[...] dissolvida irregularmente a empresa que deixar de funcionar no seu domicílio fiscal, sem comunicação aos órgãos competentes, legitimando-se o redirecionamento da execução fiscal para o sócio-gerente". (Súmula 435/STJ)

**10. Dissolução regular e responsabilidade** – Se a dissolução da sociedade limitada se deu *regularmente,* não se há de cogitar da responsabilidade de seus sócios: "A jurisprudência tem identificado como ato contrário à lei, caracterizados da responsabilidade pessoal do sócio-gerente, a dissolução irregular da sociedade, porque a presunção aí é a de que os bens foram distraídos em benefício dos sócios ou de terceiros, num e noutro caso em detrimento dos credores; não se cogita, todavia, dessa responsabilidade, se a sociedade foi dissolvida regularmente, por efeito de insolvência civil processada nos termos da lei. [...]" (STJ, REsp nº 45.366/SP, Rel. Min. Ari Pargendler, *DJ* de 28/6/1999).

**11. Responsabilidade de terceiros e penalidades** – Seguindo o princípio de que as penalidades não podem passar da pessoa do infrator (CF/88, art. 5º, XLV), o CTN dispõe que aos terceiros responsáveis não pode ser imputado o pagamento de multas de caráter punitivo (*v. g.,* pela não emissão de notas fiscais, por omissões na escrituração fiscal etc.). Apenas a responsabilidade pelo pagamento das multas moratórias lhes pode ser transferida, até porque, a rigor, nas hipóteses em que for possível responsabilizar o terceiro, pode-se dizer que este é responsável também pelo atraso, não havendo incoerência em exigir-lhe a multa de mora.

**Art. 135.** São pessoalmente responsáveis pelos créditos correspondentes a obrigações tributárias[1] resultantes de atos praticados com excesso de poderes ou infração de lei, contrato social ou estatutos:

I – as pessoas referidas no artigo anterior;[2]

# 288 | CÓDIGO TRIBUTÁRIO NACIONAL – *Hugo de Brito Machado Segundo* — **Art. 135**

II – os mandatários, prepostos e empregados;

III – os diretores, gerentes ou representantes de pessoas jurídicas de direito privado.[3, 4, 5, 6, 7, 8, 9, 10]

## ANOTAÇÕES

**1. Responsabilidade tributária e débitos não tributários** – Considerando a natureza *não tributária* da contribuição para o FGTS, o STJ tem entendido ser *inaplicável* à cobrança da mesma o art. 135 do CTN. "Ante a natureza não tributária dos recolhimentos patronais para o FGTS, deve ser afastada a incidência das disposições do Código Tributário Nacional, não havendo autorização legal para o redirecionamento da execução, só previsto no art. 135 do CTN. [...]" (STJ, 2ª T., REsp 746.620/PR, Rel. Min. Castro Meira, j. em 7/6/2005, *DJ* de 19/9/2005, p. 305). A decisão é correta, e sobretudo coerente. Se a natureza não tributária é invocada para afastar os prazos decadenciais e prescricionais mais curtos fixados pelo CTN, não pode ser ignorada para que se apliquem as normas do mesmo Código relativas à responsabilidade de terceiros. **No mesmo sentido:** "Esta Corte Superior pacificou seu entendimento no sentido de serem inaplicáveis as regras previstas no Código Tributário Nacional quanto à responsabilização do sócio-gerente no caso de não recolhimento das quantias devidas ao FGTS, tendo em vista que a contribuição em comento não possui natureza tributária" (STJ, 1ª T., AgRg no Ag 662.404/RS, Rel. Min. Denise Arruda, j. em 18/8/2005, *DJ* de 12/9/2005, p. 221). "[...] As contribuições destinadas ao FGTS não possuem natureza tributária, mas de direito de natureza trabalhista e social, destinado à proteção dos trabalhadores (art. 7º, III, da Constituição). Sendo orientação firmada pelo STF, 'a atuação do Estado, ou de órgão da Administração Pública, em prol do recolhimento da contribuição do FGTS, não implica torná-lo titular do direito à contribuição, mas, apenas, decorre do cumprimento, pelo Poder Público, de obrigação de fiscalizar e tutelar a garantia assegurada ao empregado optante pelo FGTS. Não exige o Estado, quando aciona o empregador, valores a serem recolhidos ao Erário, como receita pública. Não há, daí, contribuição de natureza fiscal ou parafiscal.' (RE 100.249/SP). Precedentes do STF e STJ. [...] Afastada a natureza tributária das contribuições ao FGTS, consolidou-se a jurisprudência desta Corte no sentido da inaplicabilidade das disposições do Código Tributário Nacional aos créditos do FGTS, incluindo a hipótese de responsabilidade do sócio-gerente prevista no art. 135, III, do CTN. Precedentes [...]" (STJ, 1ª T., REsp 719.644/RS, Rel. Min. Teori Albino Zavascki, j. em 23/8/2005, *DJ* de 5/9/2005, p. 282).

**2. Pessoas referidas no art. 134 do CTN** – As pessoas referidas no art. 134 do CTN, em regra, respondem de modo *subsidiário*, em relação aos atos em que intervierem e pelas omissões de que forem responsáveis, e apenas se o contribuinte não tiver condições de cumprir a obrigação tributária. Entretanto, quando agirem dolosamente, em contrariedade à lei, ao contrato ou aos estatutos, em prejuízo não só do fisco, mas também do contribuinte, sua responsabilidade passa a ser pessoal. Essa é a razão da remissão às "pessoas referidas no artigo anterior", que mostra, ainda, que o mero inadimplemento não pode ser condição para a incidência do art. 135 do CTN, pois, do contrário, o inciso I do art. 135 tornaria inócuo todo o art. 134.

# Art. 135　　　　Livro Segundo · NORMAS GERAIS DE DIREITO TRIBUTÁRIO | 289

**3. Responsabilidade de dirigentes, gerentes e administradores, e não de sócios** – O art. 135, III, do CTN cuida da responsabilidade de terceiros que tenham administrado a pessoa jurídica contribuinte, representando-a (ou presentando-a, para usar a linguagem de Pontes de Miranda), tais como diretores, administradores ou gerentes. Não é necessário, nem suficiente, que sejam sócios. Um sócio poderá responder se for *sócio-gerente,* sendo juridicamente impossível responsabilizar o sócio meramente quotista, a menos que se configure situação que autorize a aplicação conjunta dos arts. 135, I e 134, VII, do CTN (dissolução irregular da sociedade). Em outros termos, se se tratar de aplicação do art. 135, III, do CTN, o sócio meramente quotista não é responsável, e "o sócio-gerente responde por ser gerente, não por ser sócio" (REsp 260.524/RS, *RDDT* 75/2001, p. 226).

**4. Mesmo o diretor pode não ser responsável** – Pode ocorrer de o terceiro, mesmo ostentando a denominação de "diretor", não haver praticado atos de gestão. Naturalmente, o ônus de provar essa peculiaridade será dele, mas, de qualquer sorte, em tais hipóteses não haverá responsabilidade nos termos do art. 135, III, do CTN. Foi o que já decidiu o STJ: "O sócio em questão era integrante da Diretoria, porém, não participava da direção da sociedade como gerente e, assim sendo, a gerência e a administração não ficaram a seu cargo, fato que o exclui da responsabilidade tributária prevista no Código Tributário Nacional (STJ, 1ª T., AgRg no REsp 809.640/DF, Rel. Min. Francisco Falcão, j. em 6/4/2006, *DJ* de 4/5/2006, p. 148).

**5. Mero inadimplemento não configura "infração de lei"** – O inadimplemento de um débito tributário até pode configurar infração de lei, mas essa infração, em condições ordinárias, é praticada pelo contribuinte, ou seja, no caso do art. 135, III, do CTN, pela pessoa jurídica, e não pelo seu representante, não sendo portanto causa para a sua responsabilização. Apenas quando este atua fora de sua competência, com excesso de poderes, em prejuízo do Fisco *e da própria pessoa jurídica,* pode-se falar em infração de lei. E nem poderia ser mesmo diferente, sob pena de a responsabilidade das pessoas indicadas no art. 135 do CTN deixar de ser uma exceção à regra de que o tributo é devido pela sociedade, e passar a ser uma regra sem exceções. Por isso, "a simples falta de pagamento do tributo não configura, por si só, circunstância que acarrete a responsabilidade solidária dos terceiros, nomeadamente dos sócios-gerentes, pelos débitos tributários da empresa (art. 135 do CTN). Precedentes: REsp 505968/SC, 2ª Turma, Min. Peçanha Martins, DJ de 13.6.2005; REsp 228.030/PR, 1ª Turma, Min. Francisco Falcão, *DJ* de 13.6.2005. [...]" (STJ, 1ª T., REsp 753.821/PR, Rel. Min. Teori Albino Zavascki, j. em 16/3/2006, *DJ* de 3/4/2006, p. 262). A matéria, aliás, encontra-se hoje sumulada: "O inadimplemento da obrigação tributária pela sociedade não gera, por si só, a responsabilidade solidária do sócio-gerente" (Súmula 430/STJ). Na verdade, "a responsabilidade do administrador depende da comprovação da prática de ato ilícito que tenha encoberto a obrigação tributária ou diminuído as garantias do crédito tributário" (TRF da 1ª R., 2ª T., AC 2003.72.08.005559-6/SC, j. em 1º/6/2005, *DJ* de 7/7/2004, p. 376).

**6. Responsabilidade de sócios e dirigentes e inclusão destes na CDA** – Qual a relevância, para fins de se redirecionar uma execução fiscal contra sócios e dirigentes de uma pessoa jurídica, de o nome destes constar da respectiva CDA? Em princípio, como não é possível executar alguém cujo nome não consta do título executivo, a falta de remissão ao sócio, ou ao dirigente, na CDA, deveria tornar impossível o redirecionamento. O STJ, porém, tem admitido, nesses casos, que a Fazenda faça a prova, nos autos da execução fiscal, dos fatos que justificam o redirecionamento, para então o requerer. E, se o nome dos sócios

# 290 | CÓDIGO TRIBUTÁRIO NACIONAL – *Hugo de Brito Machado Segundo*          **Art. 135**

ou dirigentes já consta da CDA, considera-se que o redirecionamento, em tese, é possível, mas ao sócio-gerente, ou diretor, será lícito demonstrar – nos embargos à execução, ou, excepcionalmente, em "exceção de pré-executividade" – a inocorrência dos pressupostos de sua responsabilidade. "[...] Não se pode confundir a relação processual com a relação de direito material objeto da ação executiva. Os requisitos para instalar a relação processual executiva são os previstos na lei processual, a saber, o inadimplemento e o título executivo (CPC, artigos 580 e 583). Os pressupostos para configuração da responsabilidade tributária são os estabelecidos pelo direito material, nomeadamente pelo art. 135 do CTN. [...] A indicação, na Certidão de Dívida Ativa, do nome do responsável ou do co-responsável (Lei nº 6.830/80, art. 2º, § 5º, I; CTN, art. 202, I), confere ao indicado a condição de legitimado passivo para a relação processual executiva (CPC, art. 568, I), mas não confirma, a não ser por presunção relativa (CTN, art. 204), a existência da responsabilidade tributária, matéria que, se for o caso, será decidida pelas vias cognitivas próprias, especialmente a dos embargos à execução. [...] É diferente a situação quando o nome do responsável tributário não figura na certidão de dívida ativa. Nesses casos, embora configurada a legitimidade passiva (CPC, art. 568, V), caberá à Fazenda exequente, ao promover a ação ou ao requerer o seu redirecionamento, indicar a causa do pedido, que há de ser uma das situações, previstas no direito material, como configuradoras da responsabilidade subsidiária. [...] No caso, havendo indicação dos co-devedores no título executivo (Certidão de Dívida Ativa), é viável, contra o sócio, o redirecionamento da execução. Precedentes: REsp 627.326-RS, 2ª Turma, Min. Eliana Calmon, *DJ* de 23.8.2004; REsp 278.741, 2ª Turma, Min. Franciulli Netto, *DJ* de 16.09.2002. [...]" (STJ, 1ª T., REsp 803.314/RS, Rel. Min. Teori Albino Zavascki, j. em 21/3/2006, *DJ* de 3/4/2006, p. 292).

**No mesmo sentido:** "[...] Em regra, o redirecionamento da execução fiscal para o sócio-gerente da empresa somente é cabível quando comprovado que ele agiu com excesso de poderes, infração à lei, contrato social ou estatutos. [...] Se o nome do sócio consta da CDA, a sua responsabilidade se presume, incumbindo a ele fazer prova em contrário por meio de embargos à execução. [...]" (STJ, 2ª T., REsp 800.159/PR, Rel. Min. Peçanha Martins, j. em 2/2/2006, *DJ* de 27/3/2006, p. 256). **Conferir ainda:** "[...] A Primeira Seção, no julgamento dos EREsp 702.232/RS, de relatoria do Ministro Castro Meira, assentou entendimento no sentido de que: (a) se a execução fiscal foi promovida apenas contra a pessoa jurídica e, posteriormente, foi redirecionada contra sócio-gerente cujo nome não consta da Certidão de Dívida Ativa, cabe ao Fisco comprovar que o sócio agiu com excesso de poderes ou infração de lei, contrato social ou estatuto, nos termos do art. 135 do CTN; (b) se a execução fiscal foi promovida contra a pessoa jurídica e o sócio-gerente, cabe a este o ônus probatório de demonstrar que não incorreu em nenhuma das hipóteses previstas no mencionado art. 135; (c) se a execução foi ajuizada apenas contra a pessoa jurídica, mas o nome do sócio consta da CDA, o ônus da prova também compete ao sócio, em virtude da presunção relativa de liquidez e certeza da referida certidão. [...] Constando da CDA o nome dos sócios-gerentes, entende-se que a eles incumbe o ônus probatório de demonstrar, em sede de embargos à execução, que não incorreram em nenhuma das hipóteses previstas no art. 135 do CTN, porquanto a referida certidão possui presunção relativa de liquidez e certeza. [...]" (STJ, 1ª T., REsp 620.855/RJ, Rel. Min. Denise Arruda, j. em 7/3/2006, *DJ* de 27/3/2006, p. 163).

Mas note-se: não basta inserir o nome do sócio na CDA, arbitrariamente, para que ele já possa ser responsabilizado e se inverta por completo o ônus da prova quanto à presença,

**Art. 135**  Livro Segundo · NORMAS GERAIS DE DIREITO TRIBUTÁRIO | **291**

ou ausência, dos requisitos exigidos pelo art. 135, III, do CTN. A CDA é o "espelho" do processo administrativo, representando a síntese de sua conclusão. Para que o sócio (ou qualquer outro corresponsável) tenha seu nome inserido em uma CDA, é preciso que, no processo administrativo, sua responsabilidade tenha sido devidamente apurada. Nesse sentido: MACHADO SEGUNDO, Hugo de Brito; MACHADO, Raquel Cavalcanti Ramos. Responsabilidade de sócios e administradores e devido processo legal. In: ROCHA, Valdir de Oliveira (Org.). *Grandes questões atuais do direito tributário*. São Paulo: Dialética, 2011. v. 15, p. 134-149. O Supremo Tribunal Federal, recentemente, sinalizou no sentido de que esse seria o seu entendimento: "[...] Os princípios do contraditório e da ampla defesa aplicam-se plenamente à constituição do crédito tributário em desfavor de qualquer espécie de sujeito passivo, irrelevante sua nomenclatura legal (contribuintes, responsáveis, substitutos, devedores solidários etc). Porém, no caso em exame, houve oportunidade de impugnação integral da constituição do crédito tributário, não obstante os lapsos de linguagem da autoridade fiscal. Assim, embora o acórdão recorrido tenha errado ao afirmar ser o responsável tributário estranho ao processo administrativo (motivação e fundamentação são requisitos de validade de qualquer ato administrativo plenamente vinculado), bem como ao concluir ser possível redirecionar ao responsável tributário a ação de execução fiscal, independentemente de ele ter figurado no processo administrativo ou da inserção de seu nome na certidão de dívida ativa (Fls. 853), o lapso resume-se à declaração lateral (obiter dictum) completamente irrelevante ao desate do litígio. Agravo regimental ao qual se nega provimento" (STF, 2ª T., RE 608426, *DJe*-204, publicado em 24/10/2011).

**7. Responsabilidade de sócios e dirigentes e débitos da previdência social** – Conforme já explicado em nota ao art. 134, VII, do CTN, esboçou-se no STJ uma tese segundo a qual os requisitos exigidos pelos arts. 134 e 135 para responsabilizar sócios e dirigentes de pessoas jurídicas não seriam aplicáveis em execuções de débitos para com a previdência social, em função do disposto na Lei nº 8.620/93, que preconiza a responsabilidade solidária de todos os sócios, independentemente de dolo, culpa, nexo causal com o inadimplemento, dissolução da sociedade ou mesmo do próprio exercício da gerência. Tal tese, porém, foi rejeitada pela Primeira Seção daquela Corte, e não é mais acolhida por suas Turmas: "[...] A 1ª Seção do STJ, no julgamento do RESP 717.717/SP, Min. José Delgado, sessão de 28.9.2005, consagrou o entendimento de que, mesmo em se tratando de débitos para com a Seguridade Social, a responsabilidade pessoal dos sócios das sociedades por quotas de responsabilidade limitada, prevista no art. 13 da Lei nº 8.620/93, só existe quando presentes as condições estabelecidas no art. 135, III do CTN. [...] Para que se viabilize a responsabilização patrimonial do sócio-gerente na execução fiscal, na sistemática do artigo 135, III do CTN, é indispensável que esteja presente uma das situações caracterizadoras da responsabilidade subsidiária do terceiro pela dívida do executado. [...] Segundo a jurisprudência do STJ, a simples falta de pagamento do tributo não configura, por si só, nem em tese, situação que acarreta a responsabilidade subsidiária dos sócios (EREsp 374.139/RS, Primeira Seção, Min. Castro Meira, *DJ* de 28.02.2005). [...]" (STJ, 1ª T., REsp 815.369/MT, Rel. Min Teori Albino Zavascki, j. em 28/3/2006, *DJ* de 10/4/2006, p. 161). **No mesmo sentido:** (STJ, 2ª T., REsp 798.287/RS, Rel. Min. Peçanha Martins, j. em 2/2/2006, *DJ* de 28/3/2006, p. 213). Posteriormente, o Supremo Tribunal Federal declarou a inconstitucionalidade, formal e material, do dispositivo em questão: "[...] 1. Todas as espécies tributárias, entre as quais as contribuições de seguridade social, estão sujeitas às normas gerais de direito tributário. 2. O Código Tributário Nacional estabelece algumas regras matrizes de responsabilidade tributária, como a do art. 135, III, bem como diretrizes para que o legislador de cada ente político estabeleça outras regras específicas de responsabilidade tributária relativamente aos tributos da sua competência, conforme seu art. 128. 3. O preceito do art. 124, II, no sentido de que são solidariamente obrigadas 'as pessoas expressamente designadas por lei', não autoriza o legislador a criar novos casos de responsabilidade tributária sem a observância dos requisitos exigidos pelo art. 128 do CTN, tampouco a desconsiderar as regras matrizes de responsabilidade de terceiros estabelecidas em caráter geral pelos arts. 134 e 135 do mesmo diploma. A previsão legal de solidariedade entre devedores – de modo que o pagamento efetuado por um aproveite aos demais, que a interrupção da prescrição, em favor ou contra um dos obrigados, também lhes tenha efeitos comuns e que a isenção ou remissão de crédito exonere a todos os obrigados quando não seja pessoal (art. 125 do CTN) – pressupõe que a própria condição de devedor tenha sido estabelecida validamente. 4. A responsabilidade tributária pressupõe duas normas autônomas: a regra matriz de incidência tributária e a regra matriz de responsabilidade tributária, cada uma com seu pressuposto de fato e seus sujeitos próprios. A referência ao responsável enquanto terceiro (*dritter Persone, terzo* ou *tercero*) evidencia que não participa da relação contributiva, mas de uma relação específica de responsabilidade tributária, inconfundível com aquela. O 'terceiro' só pode ser chamado responsabilizado na hipótese de descumprimento de deveres próprios de colaboração para com a Administração Tributária, estabelecidos, ainda que *a contrario sensu*, na regra matriz de responsabilidade tributária, e desde que tenha contribuído para a situação de inadimplemento pelo contribuinte. 5. O art. 135, III, do CTN responsabiliza apenas aqueles que estejam na direção, gerência ou representação da pessoa jurídica e tão somente quando pratiquem atos com excesso de poder ou infração à lei, contrato social ou estatutos. Desse modo, apenas o sócio com poderes de gestão ou representação da sociedade é que pode ser responsabilizado, o que resguarda a pessoalidade entre o ilícito (mal gestão ou representação) e a consequência de ter de responder pelo tributo devido pela sociedade. 6. O art. 13 da Lei 8.620/93 não se limitou a repetir ou detalhar a regra de responsabilidade constante do art. 135 do CTN, tampouco cuidou de uma nova hipótese específica e distinta. Ao vincular à simples condição de sócio a obrigação de responder solidariamente pelos débitos da sociedade limitada perante a Seguridade Social, tratou a mesma situação genérica regulada pelo art. 135, III, do CTN, mas de modo diverso, incorrendo em inconstitucionalidade por violação ao art. 146, III, da CF. 7. O art. 13 da Lei 8.620/93 também se reveste de inconstitucionalidade material, porquanto não é dado ao legislador estabelecer confusão entre os patrimônios das pessoas física e jurídica, o que, além de impor desconsideração *ex lege* e objetiva da personalidade jurídica, descaracterizando as sociedades limitadas, implica irrazoabilidade e inibe a iniciativa privada, afrontando os arts. 5º, XIII, e 170, parágrafo único, da Constituição. 8. Reconhecida a inconstitucionalidade do art. 13 da Lei 8.620/93 na parte em que determinou que os sócios das empresas por cotas de responsabilidade limitada responderiam solidariamente, com seus bens pessoais, pelos débitos junto à Seguridade Social. 9. Recurso extraordinário da União desprovido. 10. Aos recursos sobrestados, que aguardavam análise da matéria por este STF, aplica-se o art. 543-B, § 3º, do CPC" (STF, Pleno, RE 562.276, repercussão geral-mérito, *DJe*-027, publicado em 10/2/2011, *RDDT* 187, p. 186-193).

Note-se que, como o art. 13 da Lei 8.620/93 foi revogado pela Lei 11.941/09, a discussão relativa à sua validade tem interesse prático apenas em relação aos débitos referentes ao período anterior a essa revogação.

**8. Responsabilidade de diretores, gerentes etc. e falência** – Se o simples não pagamento do tributo não é infração de lei, para fins de incidência do art. 135 do CTN, não será a decretação de falência da sociedade motivo, por si só, para o automático redirecionamento de uma execução fiscal para os seus sócios gerentes. O redirecionamento até pode ocorrer, mas depende da presença dos requisitos de que cuida o art. 135 do CTN, já examinados em outras notas a este artigo. "[...] A massa falida é responsável pelas obrigações a cargo da pessoa jurídica, podendo a execução ser redirecionada para o sócio-gerente desde que verificadas as condições previstas no art. 135 do CTN. A quebra não autoriza o redirecionamento automático para os sócios-gerentes. [...]" (STJ, 2ª T., EDcl no REsp 361.656/SP, Rel. Min. Peçanha Martins, j. em 16/3/2006, *DJ* de 11/4/2006, p. 238). **No mesmo sentido:** "A falência não configura modo irregular de dissolução da sociedade, pois além de estar prevista legalmente, consiste numa faculdade estabelecida em favor do comerciante impossibilitado de honrar os compromissos assumidos" (STJ, 2ª T., REsp 697.115/MG, Rel. Min. Eliana Calmon, *DJ* de 27/6/2005).

**Ao contrário, o regular processamento de uma falência não é causa para a responsabilização de sócios e dirigentes:** "[...] a executada foi dissolvida regularmente por processo falimentar encerrado, sem que houvesse quitação total da dívida, razão pela qual carece o fisco de interesse processual de agir para a satisfação débito tributário. 3. Inocorrentes quaisquer das situações previstas no art. 135 do CTN (atos praticados com excesso de poderes ou infração de lei, contrato social ou estatuto), não há se falar em redirecionamento. 4. Inexiste previsão legal para suspensão da execução, mas para sua extinção, sem exame de mérito, nas hipóteses de insuficiência de bens da massa falida para garantia da execução fiscal. Deveras, é cediço na Corte que a insuficiência de bens da massa falida para garantia da execução fiscal não autoriza a suspensão da execução, a fim de que se realize diligência no sentido de se verificar a existência de co-devedores do débito fiscal, que implicaria em apurar a responsabilidade dos sócios da empresa extinta (art. 135 do CTN). Trata-se de hipótese não abrangida pelos termos do art. 40 da Lei nº 6.830/80 (precedentes: REsp 718.541 – RS, Segunda Turma, Relatora Ministra Eliana Calmon, *DJ* 23 de maio de 2005 e REsp 652.858 – PR, Segunda Turma, Relator Ministro Castro Meira, *DJ* 16 de novembro de 2004)" (STJ, REsp 755.153/RS, Rel. Min. Luiz Fux, *DJ* de 1/12/2005, p. 308/309, *RDDT* 126/193).

**9. Responsabilidade de dirigentes e infração de lei. Dissolução da sociedade e ônus da prova** – Em princípio, a prática de ato contrário à lei pelo sócio-gerente, assim como por qualquer outro dos terceiros indicados nos incisos do art. 135 do CTN, deve ser comprovada pela Fazenda, como condição para que possa haver a responsabilização. Mas se houver dissolução irregular da sociedade, a prova é dispensável, pois este é um ato pessoal dos sócios (e não da sociedade), praticado em prejuízo dela e do Fisco, e de consumação pública e notória, sendo atestado pelo oficial de justiça que não localiza a sociedade executada. Mesmo neste caso, é certo, o sócio-gerente poderá, nos embargos, demonstrar que não foi responsável pela dissolução irregular, mas o ônus da prova passará a ser dele. "Em se tratando de sociedade que se extingue irregularmente, cabe a responsabilização dos sócios-gerentes se constatado pela diligência do oficial de justiça que a empresa deixou de funcionar no endereço fornecido como domicílio fiscal sem comunicação aos órgãos competentes, comercial e tributário. Caberá, então, àqueles provar não terem agido com dolo, culpa, fraude ou excesso de poder. [...]" (STJ, 2ª T., REsp 667.406/PR, Rel. Min. Eliana Calmon, j. em 20/10/2005, *DJ* de 14/11/2005, p. 257). Esse entendimento foi sumulado nos seguintes termos: "Presume-se dissolvida irregularmente a empresa que deixar de funcionar no seu domicílio fiscal, sem comunicação aos órgãos competentes, legitimando-se o redirecionamento da execução fiscal para o sócio-gerente" (Súmula 435/STJ). Em outro aresto, esclarece-se que a diferença entre a situação na qual há dissolução *regular,* e a situação na qual há distinção *irregular,* "em relação ao redirecionamento, é a inversão do ônus da prova: na extinção regular cabe ao exequente fazer a prova em desfavor do sócio-gerente, e na extinção irregular da sociedade, cabe ao sócio gerente fazer a prova em seu favor, ou seja não ter agido com dolo, culpa fraude ou excesso de poder. [...]" (STJ, 2ª T., REsp 736.325/PR, Rel. Min. Eliana Calmon, j. em 6/10/2005, *DJ* de 24/10/2005, p. 291).

**10. Redirecionamento da execução fiscal e prescrição** – Para que o sócio-gerente, o diretor ou o administrador da sociedade sejam chamados a responder pela dívida da sociedade, no âmbito de uma execução, é necessário que sejam devidamente citados, na condição de corresponsáveis. Essa citação deve ocorrer dentro do prazo prescricional, que é *interrompido* com a citação da pessoa jurídica (ou com o *despacho* que determina a citação desta, relativamente ao período posterior à LC nº 118/2005). Caso tenham decorrido mais de cinco anos da citação da pessoa jurídica (ou do despacho que determinou a citação desta, relativamente ao período posterior à LC nº 118/2005), não será mais possível redirecionar a execução em face do sócio-gerente. "A jurisprudência das 1ª e 2ª Turmas desta Corte vêm proclamando o entendimento no sentido de que o redirecionamento da execução contra o sócio deve dar-se no prazo de cinco anos da citação da pessoa jurídica, de modo a não tornar imprescritível a dívida fiscal. [...]" (STJ, 2ª T., EDcl no REsp 773.011/RS, Rel. Min. Castro Meira, j. em 7/2/2006, *DJ* de 20/2/2006, p. 313). **No mesmo sentido:** "Firmou-se na Primeira Seção desta Corte entendimento no sentido de que, ainda que a citação válida da pessoa jurídica interrompa a prescrição em relação aos responsáveis solidários, no caso de redirecionamento da execução fiscal, há prescrição se decorridos mais de cinco anos entre a citação da empresa e a citação dos sócios, de modo a não tornar imprescritível a dívida fiscal. [...]" (STJ, 2ª T., AgRg no AREsp 88.249/SP, *DJe* de 15/5/2012).

## Seção IV
### Responsabilidade por Infrações

**Art. 136.** Salvo disposição de lei em contrário, a responsabilidade por infrações da legislação tributária independe da intenção do agente[1] ou do responsável[2] e da efetividade, natureza e extensão dos efeitos do ato.

ANOTAÇÕES ─────────────────────────────────

**1. Possível irrelevância do elemento subjetivo** – Não se deve afirmar, a partir do art. 136 do CTN, generalizadamente, que a responsabilidade pela prática de infrações tributárias seja objetiva. Primeiro, porque *intenção* significa *dolo,* e não culpa. O artigo, de forma expressa, diz não ser necessária a presença do dolo para que uma infração se configure. Mas não exclui, em momento algum, a culpa. Segundo, porque o próprio art. 136 do CTN ressalva que a lei pode exigir a intenção do agente como elemento essencial para a configuração do ilícito, o que de resto é imperativo quando da aplicação de sanções mais pesadas, em função de ilícitos

# Art. 136    Livro Segundo · NORMAS GERAIS DE DIREITO TRIBUTÁRIO | 295

mais graves. Segundo, porque "o artigo 136 do Código Tributário Nacional, no que toca à infração da lei tributária, deve ser examinado em harmonia com o art. 137, também do CTN, que consagra a responsabilidade subjetiva" (STJ, 2ª T., REsp 68.087/SP, Rel. Min. Castro Meira, j. em 3/6/2004, *DJ* de 16/8/2004, p. 156). No mesmo sentido, a Primeira Turma do STJ já decidiu que, em se tratando "de infração tributária, a sujeição à sanção correspondente impõe, em muitos casos, o questionamento acerca do elemento subjetivo, em virtude das normas contidas no art. 137 do CTN, e da própria ressalva prevista no art. 136. Assim, ao contrário do que sustenta a Fazenda Nacional, 'não se tem consagrada de nenhum modo em nosso Direito positivo a responsabilidade objetiva enquanto sujeição à sanção-penalidade' (MACHADO, Hugo de Brito. 'Comentários ao Código Tributário Nacional', Volume II, São Paulo: Atlas, 2004, p. 620). [...]" (STJ, 1ª T., EDcl no AgRg no REsp 653.263/PR, Rel. Min. Denise Arruda, j. em 14/8/2007, *DJ* de 13/9/2007, p. 155).

Com fundamentação ligeiramente diversa, mas chegando ao mesmo resultado: "Em doutrina, considera-se que a responsabilidade por infrações fiscais não tipificadas como delitos (vale dizer, a responsabilidade pelo pagamento de multas) é, nos moldes do art. 136 do CTN, 'objetiva na enunciação, mas comporta temperamentos' (Sacha Calmon Navarro Coêlho, *Curso de Direito Tributário Brasileiro*, 7. ed., Rio de Janeiro: Forense, 2004, p. 752). Após afirmar a irrelevância, em princípio, na tipificação do ilícito fiscal não abrangido pelo Direito Penal, da intenção do agente, bem assim do erro de fato ou de direito, conclui esse autor que 'a infração fiscal configura-se pelo simples descumprimento dos deveres tributários de dar, fazer e não-fazer previstos na legislação' (*op. cit.*, p. 754). O abrandamento desse princípio é realizado, segundo o autor, pelo próprio art. 136, ao possibilitar a inclusão do elemento subjetivo na descrição do tipo infracional, e pelos arts. 108, § 2º, e 112 do CTN, normas interpretativas que contemplam, respectivamente, a equidade e o *in dubio pro contribuinte*" (Trecho do voto proferido pelo Min. Teori Albino Zavascki (relator), no julgamento do REsp 494.080/RJ, j. em 19/10/2004, v. u., *DJ* de 16/11/2004, p. 188).

**2. Responsabilidade e relação de causalidade** – Note-se que o art. 136 do CTN se reporta ao elemento subjetivo (intenção do agente), e aos efeitos do ato. Mas não excepciona, nem poderia, a necessária relação de causa e efeito entre a conduta do agente e a infração a ser punida.

A propósito, julgando questão na qual a União pretendia atribuir responsabilidade a terceiro pela infração praticada por um contribuinte, o STJ entendeu inviável tal responsabilização, à míngua de qualquer relação de causalidade entre a conduta do tal terceiro e a suposta infração a ser punida: "1. Cuida-se de mandado de segurança impetrado por HSBC Seguros (Brasil) S/A contra ato do Delegado da Receita Federal no Rio de Janeiro objetivando a anulação de auto de infração no qual foi consignada a aplicação de multa regulamentar de IPI decorrente da importação, sem a utilização de guia de importação válida, de veículo usado. Na exordial aduziu-se, em síntese, que a multa em comento foi indevidamente imposta, pois o veículo irregularmente importado havia sido furtado, tendo a impetrante/seguradora indenizado o proprietário, conforme disposição contratual. Diante da situação, os auditores fiscais da Receita Federal entenderam que o pagamento da indenização transferiu a propriedade para a seguradora e, consequentemente, todos os seus encargos. O juízo monocrático concedeu a segurança ao fundamento de que a impetrante não praticou qualquer ato ilícito e, ainda, como o que se discute é a responsabilidade pela multa, que tem caráter pessoal, e não a responsabilidade pelo pagamento de tributo, deve ser anulado o auto de infração, determinando-se que a impetrante não se sujeite ao pagamento da mesma. Irresignada, a Fazenda interpôs apelação e o TRF/2ª Região negou provimento à mesma por vislumbrar que o responsável pela importação irregular do veículo em questão seria o segurado e não a seguradora. Também, que a única obrigação da seguradora seria a de pagar o prêmio acordado em caso de sinistro, o que de fato ocorreu com o furto. Insistindo pela via especial, com esteio na alínea 'a' do permissivo constitucional, aponta a Fazenda infringência do art. 95, I, do DL nº 37/66. Defende a reforma do acórdão para que seja denegada a segurança e reconhecida a responsabilidade da recorrida pelo pagamento da multa regulamentar de IPI em discussão. Sem contrarrazões. 2. A sanção foi imposta com fulcro no art. 463, I, do Regulamento do IPI. Porém, não se vislumbra a ocorrência de conduta típica, por parte da recorrida, capaz de ensejar a imposição da multa regulamentar do IPI, pois não basta o ingresso do bem no estabelecimento, mas que o mesmo tenha saído ou nele permanecido sem que houvesse o registro da importação no SISCOMEX. 3. Sobre o teor do art. 95, I, do DL nº 37/66, não se identifica a situação da recorrida ante a clara inexistência de benefício direto ou indireto auferido pela mesma no que tange à entrada ou permanência de forma irregular do veículo, assim como não se observa qualquer nexo com o fato gerador da infração, o que, consequentemente, afasta a sua responsabilidade tributária. 4. O vínculo de propriedade existente entre a seguradora e o veículo não guarda qualquer relação com o fato gerador da infração fiscal, não implicando, portanto, em responsabilidade quanto aos tributos ou penalidades dele decorrentes. [...]" (STJ, 1ª T., REsp 692.619/RJ, Rel. Min. José Delgado, j. em 17/2/2005, *DJ* de 11/4/2005, p. 202).

**Art. 137.** A responsabilidade é pessoal ao agente:

I – quanto às infrações conceituadas por lei como crimes ou contravenções, salvo quando praticadas no exercício regular de administração, mandato,[1] função, cargo ou emprego, ou no cumprimento de ordem expressa emitida por quem de direito;

II – quanto às infrações em cuja definição o dolo específico do agente seja elementar;

III – quanto às infrações que decorram direta e exclusivamente de dolo específico:[2]

a) das pessoas referidas no artigo 134, contra aquelas por quem respondem;

b) dos mandatários, prepostos ou empregados, contra seus mandantes, proponentes ou empregadores;

c) dos diretores, gerentes ou representantes de pessoas jurídicas de direito privado, contra estas.

## Anotações

**1. Responsabilidade pessoal por infrações e exercício de mandato** – "O art. 137, I, do CTN, exclui expressamente a responsabilidade pessoal daqueles que agem no exercício

# Art. 138 Livro Segundo · NORMAS GERAIS DE DIREITO TRIBUTÁRIO | 297

regular do mandato, sobrepondo-se tal norma ao disposto nos artigos 41 e 50, da Lei nº 8.212/91. Em consequência, não pode o Prefeito ser executado diretamente pelo descumprimento da obrigação acessória prevista no referido artigo 50" (STJ, 1ª T., REsp 236.902/RN, Rel. Min. Milton Luiz Pereira, j. em 6/12/2001, *DJ* de 11/03/2002, p. 187). **No mesmo sentido:** "não é responsável por ofensa ao Art. 50 da Lei nº 8.212/91 o Prefeito que deferiu alvará de construção para casas populares levantadas em regime de mutirão" (STJ, 1ª T., REsp 230.635/RN, Rel. Min. Gomes de Barros, j. em 7/11/2000, *DJ* de 18/12/2000, p. 159). **Conferir ainda:** "Não é responsável por ofensa ao art. 49 da Lei nº 8.212/91 o Prefeito que deixou de requerer matrícula para obras de construção civil junto ao INSS. [...]" (STJ, 2ª T., REsp 369.341/RS, Rel. Min. Castro Meira, j. em 26/4/2005, *DJ* de 1º/7/2005, p. 463).

**2. Responsabilidade de terceiros e infrações** – Sempre que as pessoas referidas nos três incisos do art. 135 do CTN, que são terceiros *responsáveis*, praticarem infrações contrárias aos interesses do contribuinte, responderão não apenas pelos tributos correspondentes, mas, de modo pessoal, pelas penalidades aplicáveis. Se um diretor pratica ato ilícito, contrário aos interesses do fisco e da pessoa jurídica dirigida, responderá pelos tributos devidos pela sociedade, relacionados com a infração, e responderá pessoalmente pelas multas correspondentes. Afinal, não seria razoável exigir tais multas da pessoa jurídica, que afinal também foi vítima da irregularidade praticada pelo terceiro.

Hugo de Brito Machado, a esse respeito, esclarece que como "não é possível determinar com segurança o elemento subjetivo, a distinção se faz por um critério objetivo: a vantagem. Presume-se ser o cometimento da infração ato de vontade daquele que é o beneficiário do proveito econômico dela decorrente. A norma do inciso III do art. 137 do Código Tributário Nacional adota esse princípio. Assim, se restar comprovado que um empregado vendia mercadorias sem nota fiscal e se apropriava do preço correspondente, em prejuízo da empresa, tem-se que esta não responde pela infração tributária, que é assumida pelo empregado infrator" (*Curso de Direito Tributário,* 26. ed., São Paulo: Malheiros, 2005, p. 172).

**Art. 138.** A responsabilidade é excluída pela denúncia espontânea da infração,[1] acompanhada, se for o caso,[2] do pagamento do tributo devido e dos juros de mora,[3] ou do depósito da importância arbitrada pela autoridade administrativa,[4] quando o montante do tributo dependa de apuração.

Parágrafo único. Não se considera espontânea a denúncia apresentada após o início de qualquer procedimento administrativo ou medida de fiscalização,[5] relacionados com a infração.[6, 7]

## ANOTAÇÕES

**1. Denúncia espontânea, lançamento por homologação e multa de mora** – O recolhimento espontâneo (mas em atraso) de um tributo configura denúncia espontânea, para fins de exclusão da responsabilidade pela multa moratória? Para grande parte da doutrina, sim, desde, naturalmente, que o pagamento ocorra antes de qualquer procedimento de fiscalização relativo ao não pagamento correspondente (Aliomar Baleeiro, *Direito Tributário Brasileiro,* 11. ed., Rio de Janeiro: Forense, 1999, p. 769; Hugo de Brito Machado, *Comentários ao Código Tributário Nacional,* São Paulo: Atlas, 2004, v. 2, p. 656 ss). Afinal, o não pagamento do tributo no prazo é uma "infração" punida com a multa moratória, e o art. 138 do CTN não faz qualquer ressalva a respeito. Na jurisprudência do STJ, porém, optou-se por estabelecer a seguinte diferença: se o tributo é submetido a lançamento por homologação, e o contribuinte apura e declara o valor devido, e o paga em atraso, não há denúncia espontânea, pois a apresentação da declaração "constitui" o crédito tributário, viabiliza a pronta execução e torna dispensável a fiscalização e o lançamento de ofício das quantias declaradas e não pagas; entretanto, caso o tributo não tenha sido declarado, a feitura do pagamento antes de qualquer procedimento de fiscalização configura denúncia espontânea e afasta a responsabilidade pela multa moratória. Confira-se: "O art. 138 do CTN, que trata da denúncia espontânea, não eliminou a figura da multa de mora, a que o Código também faz referência (art. 134, par. único). É pressuposto essencial da denúncia espontânea o total desconhecimento do Fisco quanto à existência do tributo denunciado (CTN, art. 138, par. único). Consequentemente, não há possibilidade lógica de haver denúncia espontânea de créditos tributários já constituídos e, portanto, líquidos, certos e exigíveis." Isso porque, "segundo jurisprudência pacífica do STJ, a apresentação, pelo contribuinte, de Declaração de Débitos e Créditos Tributários Federais – DCTF (instituída pela IN-SRF 129/86, atualmente regulada pela IN SRF 395/2004, editada com base no art. 5º do DL nº 2.124/84 e art. 16 da Lei nº 9.779/99) ou de Guia de Informação e Apuração do ICMS – GIA, ou de outra declaração dessa natureza, prevista em lei, é modo de formalizar a existência (= constituir) do crédito tributário, dispensada, para esse efeito, qualquer outra providência por parte do Fisco". Assim, "a falta de recolhimento, no devido prazo, do valor correspondente ao crédito tributário assim regularmente constituído acarreta, entre outras consequências, as de *(a)* autorizar a sua inscrição em dívida ativa, *(b)* fixar o termo *a quo* do prazo de prescrição para a sua cobrança, *(c)* inibir a expedição de certidão negativa do débito e *(d)* afastar a possibilidade de denúncia espontânea. [...] Nesse entendimento, a 1ª Seção firmou jurisprudência no sentido de que o recolhimento a destempo, ainda que pelo valor integral, de tributo anteriormente declarado pelo contribuinte, não caracteriza denúncia espontânea para os fins do art. 138 do CTN" (STJ, 1ª S., AgRg nos EREsp 638.069/SC, Rel. Min. Teori Albino Zavascki, j. em 25/5/2005, *DJ* de 13/6/2005, p. 163).

**No mesmo sentido, e estabelecendo a distinção entre débito declarado e não declarado:** "[...] A jurisprudência assentada no STJ considera inexistir denúncia espontânea quando o pagamento se referir a tributo constante de prévia Declaração de Débitos e Créditos Tributários Federais – DCTF ou de Guia de Informação e Apuração do ICMS – GIA, ou de outra declaração dessa natureza, prevista em lei. Considera-se que, nessas hipóteses, a declaração formaliza a existência (= constitui) do crédito tributário, e, constituído o crédito tributário, o seu recolhimento a destempo, ainda que pelo valor integral, não enseja o benefício do art. 138 do CTN (Precedentes da 1ª Seção: AGERESP 638.069/SC, Min. Teori Albino Zavascki, *DJ* de 13/6/2005; AgRg nos EREsp 332.322/SC, 1ª Seção, Min. Teori Zavascki, DJ de 21/11/2005). [...] Entretanto, não tendo havido prévia declaração pelo contribuinte, configura denúncia espontânea, mesmo em se tratando de tributo sujeito a lançamento por homologação, a confissão da dívida acompanhada de seu pagamento integral, anteriormente a qualquer ação fiscalizatória ou processo administrativo (Precedente:

# Art. 138     Livro Segundo · NORMAS GERAIS DE DIREITO TRIBUTÁRIO | 299

AgRg no Ag 600.847/PR, 1ª Turma, Min. Luiz Fux, *DJ* de 5/9/2005). [...]" (STJ, 1ª T., REsp 754.273/RS, Rel. Min. Teori Albino Zavascki, j. em 21/3/2006, *DJ* de 3/4/2006, p. 262).

**2. Denúncia espontânea e mero descumprimento de obrigações acessórias** – A referência ao pagamento do tributo *se for o caso*, feita pelo art. 138 do CTN, nos parece uma clara alusão à circunstância de que o instituto da denúncia espontânea abrange, também, a responsabilidade pelo descumprimento de obrigações meramente acessórias. Com efeito, *no caso* de a infração do contribuinte consistir apenas no descumprimento de uma obrigação acessória (*v. g.*, contribuinte imune que não emitiu nota fiscal), a denúncia espontânea não será acompanhada do pagamento do tributo (que não é devido), mas excluirá a aplicação da multa correspondente. Como observa Hugo de Brito Machado, "a expressão *se for o caso*, no art. 138 do Código Tributário Nacional, significa que a norma nele contida se aplica tanto para o caso em que a denúncia espontânea da infração se faça acompanhar do pagamento do tributo devido, como também no caso em que a denúncia espontânea da infração não se faça acompanhar do pagamento do tributo, *por não ser o caso*. E com toda certeza somente não será o caso em que se tratando de infrações meramente formais, vale dizer, mero descumprimento de obrigações tributárias acessórias" (Hugo de Brito Machado, *Comentários ao Código Tributário Nacional*, São Paulo: Atlas, 2004, v. 2, p. 663). **No mesmo sentido:** Sacha Calmon Navarro Coelho, *Curso de Direito Tributário Brasileiro*, 9. ed., Rio de Janeiro: Forense, 2006, p. 744.

Na jurisprudência do STJ, porém, tem prevalecido o entendimento segundo o qual a denúncia espontânea não abrange o mero descumprimento de obrigações acessórias. "A jurisprudência desta Corte é assente no sentido de que é legal a exigência da multa moratória pelo descumprimento de obrigação acessória autônoma, no caso, a entrega a destempo da declaração de operações imobiliárias, visto que o instituto da denúncia espontânea não alberga a prática de ato puramente formal. Precedentes: AgRg no AG nº 462.655/PR, Rel. Min. LUIZ FUX, *DJ* de 24/2/2003 e REsp nº 504.967/PR, Rel. Min. FRANCISCO PEÇANHA MARTINS, *DJ* de 8/11/2004. [...]" (AgRg no REsp 669.851/RJ, Rel. Ministro FRANCISCO FALCÃO, PRIMEIRA TURMA, julgado em 22.2.2005, *DJ* 21/3/2005 p. 280) **Conferir ainda:** "A entidade 'denúncia espontânea' não alberga a prática de ato puramente formal do contribuinte de entregar, com atraso, a Declaração do Imposto de Renda. [...] As responsabilidades acessórias autônomas, sem qualquer vínculo direto com a existência do fato gerador do tributo, não estão alcançadas pelo art. 138, do CTN. Precedentes. [...]" (STJ, 1ª S., EREsp 246.295/RS, Rel. Min. José Delgado, j. em 18/6/2001, *DJ* de 20/8/2001, p. 344). Com a máxima vênia, tal orientação do STJ nos parece equivocada, pelos argumentos aduzidos pela doutrina citada no parágrafo anterior.

**3. Pagamento do tributo e dos juros** – Para que se considere configurado o afastamento da responsabilidade pela infração, é necessário que a denúncia espontânea seja acompanhada do pagamento integral da quantia considerada devida (tributo + juros), com exclusão apenas e tão somente das penalidades. A confissão da infração acompanhada do pagamento *parcial* da quantia exigida (*v. g.*, apenas do principal, sem os juros), não atrai a incidência da norma veiculada no art. 138 do CTN. Nesse sentido, o STJ já decidiu que "para a configuração da denúncia espontânea é necessária a recomposição, por iniciativa do infrator e anteriormente a qualquer procedimento administrativo ou medida fiscalizatória, dos prejuízos advindos da infração, pelo pagamento imediato e integral do tributo devido, dos juros de mora e da correção monetária. Precedente: REsp 291.953/SP, 2ª Turma, Min. Peçanha Martins, *DJ* de 6.3.2006. [...] A Corte de origem afirmou que a impetrante

# 300 | CÓDIGO TRIBUTÁRIO NACIONAL – *Hugo de Brito Machado Segundo*      **Art. 138**

deixou de recolher os valores relativos aos juros de mora e à correção monetária, restando descaracterizada, portanto, a denúncia espontânea da infração. [...]" (STJ, 1ª T., REsp 817.657/CE, Rel. Min. Teori Albino Zavascki, j. em 4/4/2006, *DJ* de 17/4/2006, p. 190).

**4. Denúncia espontânea e parcelamento** – A jurisprudência oscilou relativamente à admissão de que o art. 138 do CTN seria aplicável nas hipóteses em que o contribuinte realizasse a denúncia espontânea e, em vez de pagar à vista o tributo, fizesse-o em parcelas. Inicialmente, o Tribunal Federal de Recursos sumulou seu entendimento no sentido de que "a simples confissão de dívida, acompanhada do seu pedido de parcelamento, não configura denúncia espontânea" (Súmula 208/TRF).

Em seguida, a doutrina passou a defender que o parcelamento (desde que honrado) equipara-se a um pagamento, para fins de aplicação do instituto da denúncia espontânea. Seu cumprimento implica pagamento integral do débito, sendo certo que o art. 138 do CTN exige que a confissão se dê antes de procedimento de fiscalização, e seja acompanhada de pagamento integral, mas não faz alusão a que esse pagamento seja a vista. Caso o contribuinte não cumpra o parcelamento, as penalidades poderão ser reinseridas no saldo devedor, até de modo mais agravado, se for o caso, mas, cumprida integralmente a avença, tem-se o pagamento integral do débito confessado. Não se pode falar em violação à isonomia, no caso, pois quem paga parceladamente arca com os juros do parcelamento, não exigidos de quem paga o tributo confessado a vista. Nesse sentido, *v. g.*: Hugo de Brito Machado, *Curso de Direito Tributário,* 19. ed. São Paulo: Malheiros, 2001, p. 138. Esse entendimento chegou a ser acolhido no âmbito do STJ: "Procedendo o contribuinte à denúncia espontânea de débito tributário em atraso, com o devido recolhimento do tributo, ainda que de forma parcelada, é afastada a imposição de multa moratória. Precedentes" (STJ, 1ª T., REsp 117.031/SC, Rel. Min. José Delgado, j. em 16/6/1997, *DJ* de 18/8/1997, p. 37.788). A Primeira Seção, aliás, consolidou seu posicionamento acolhendo a tese: "Não havendo procedimento administrativo em curso contra o contribuinte pelo não recolhimento do tributo, deferido pedido de parcelamento, está configurada a denúncia espontânea, que exclui a responsabilidade do contribuinte pela infração. Embargos acolhidos" (STJ, 1ª S., EREsp 193.530/RS, Rel. Min. Garcia Vieira, j. em 6/12/1999, *DJ* de 28/2/2000, p. 34).

Posteriormente, porém, o STJ retrocedeu, e voltou a afirmar que "nos casos em que há parcelamento do débito tributário, não deve ser aplicado o benefício da denúncia espontânea da infração, visto que o cumprimento da obrigação foi desmembrado, e só será quitada quando satisfeito integralmente o crédito. O parcelamento, pois, não é pagamento, e a este não substitui, mesmo porque não há a presunção de que, pagas algumas parcelas, as demais igualmente serão adimplidas, nos termos do artigo art. 158, I, do mencionado *Codex.* Esse parece o entendimento mais consentâneo com a sistemática do Código Tributário Nacional, que determina, para afastar a responsabilidade do contribuinte, que haja o pagamento do devido, apto a reparar a delonga do contribuinte. Nesse sentido o enunciado da Súmula nº 208 do extinto Tribunal Federal de Recursos: 'a simples confissão de dívida, acompanhada do seu pedido de parcelamento, não configura denúncia espontânea'. A Lei Complementar nº 104, de 10 de janeiro de 2001, que acresceu ao Código Tributário Nacional, dentre outras disposições, o artigo 155-A, veio em reforço ao entendimento ora esposado, ao estabelecer, em seu § 1º, que 'salvo disposição de lei contrário, o parcelamento do crédito tributário não exclui a incidência de juros e multas'". [...] (STJ, 1ª S., REsp 378.795/GO, Rel. Min. Franciulli Netto, j. em 27/10/2004, *DJ* de 21/3/2005, p. 209).

# Art. 138

**Livro Segundo** · NORMAS GERAIS DE DIREITO TRIBUTÁRIO | **301**

Registre-se que o art. 155-A do CTN, a rigor, é irrelevante para o deslinde dessa questão. Isso porque, realmente, segundo a tese defendida pelos contribuintes, não é o parcelamento, sozinho, que afasta a responsabilidade pelas infrações. É a denúncia espontânea que o antecede. Se o contribuinte é apanhado por uma fiscalização, e só depois disso requer um parcelamento, naturalmente não terá direito à exclusão das multas. Nesse sentido, o art. 155-A só diz o óbvio. Ademais, o próprio art. 155-A do CTN admite a previsão de lei em sentido contrário, a qual pode ser entendida como sendo exatamente a do art. 138 do CTN, vale dizer, aquela situação específica na qual o parcelamento é antecedido da denúncia espontânea de uma infração. Com ou sem o art. 155-A do CTN, portanto, o STJ poderia decidir – como decidiu – tanto pela possibilidade de a confissão acompanhada do parcelamento configurar denúncia espontânea, como pela inviabilidade dessa tese. E, como dito, seu posicionamento firme, atualmente, é no sentido de que a confissão de dívida acompanhada do parcelamento não afasta a responsabilidade pela infração: "[...] A jurisprudência desta Corte é pacífica no sentido de que inocorre denúncia espontânea, para fins de exoneração da multa moratória, ante o simples parcelamento do débito tributário. [...] Ademais, o argumento de que os fatos ocorreram antes do início da vigência da LC nº 104/2001, que introduziu o art. 155-A no CTN, não tem o condão de produzir o efeito pretendido, porquanto tal preceito apenas confirmou o referido entendimento. [...]" (STJ, 1ª S., EDcl no AgRg no Ag 502.161/RJ, Rel. Min. Francisco Falcão, j. em 18/10/2005, *DJ* de 19/12/2005, p. 213).

**5. Procedimento de fiscalização em face de terceiro** – No plano federal, a teor do art. 7º, § 1º, do Decreto nº 70.235/72, o início de um procedimento de fiscalização exclui a espontaneidade do sujeito passivo em relação às infrações anteriores praticadas, e, independentemente de intimação, também exclui a espontaneidade de terceiros eventualmente envolvidos nestas mesmas infrações. Em outras palavras, intimado o sujeito passivo, ele e os terceiros que tenham praticado da infração correspondente perdem a espontaneidade.

**6. Procedimento de fiscalização e pertinência com a infração** – Para que afaste a possibilidade de denúncia espontânea, o procedimento de fiscalização iniciado em face do sujeito passivo há de ser pertinente à infração respectiva, o que se afere a partir do termo de início de fiscalização. Exemplificando, se é iniciada uma fiscalização para apurar possíveis irregularidades praticadas pelo contribuinte no âmbito do imposto de importação, e este leva ao conhecimento do fisco a prática de uma infração relativa ao imposto de renda, pagando a diferença correspondente, a responsabilidade pela prática da infração deverá ser afastada. Nesse sentido: Aliomar Baleeiro, *Direito Tributário Brasileiro,* 11. ed. Rio de Janeiro: Forense, 1999, p. 764.

Essa é mais uma razão (que se soma à natureza vinculada da atividade a ser desempenhada pelo fiscal, por exemplo) pela qual o documento que dá início a uma fiscalização deve, necessariamente, ser detalhado e explícito quanto aos seus limites objetivos, não podendo ser genérico ou vago. Adelmo da Silva Emerenciano, nesse sentido, doutrina, com inteira propriedade: "O princípio da objetividade exige também que o termo de início da fiscalização delimite o objeto a ser fiscalizado, também em homenagem ao princípio da segurança jurídica, e, tratando-se de ato administrativo, em atendimento à causa e à finalidade. Não bastasse tal incidência, a norma contida no art. 138 do CTN assegura a exclusão de responsabilidade, na denúncia espontânea, da infração e dos juros de mora. Ora, o fim colimado previsto no parágrafo único do referido artigo, consistente em admitir a exclusão somente ao que não é objeto da fiscalização, impõe, por decorrência lógica, que os objetivos da fiscalização sejam

302 | CÓDIGO TRIBUTÁRIO NACIONAL – *Hugo de Brito Machado Segundo* **Art. 139**

definidos e delimitados. Desse modo, não há espaço na área das condutas administrativas válidas para fiscalizações genéricas e de objetivo ou conteúdo incertos" (*Procedimentos Fiscalizatórios e a Defesa do Contribuinte,* Campinas: Copola, 1995, p. 174).

**7. Término do prazo da fiscalização e retorno da espontaneidade** – A legislação tributária dos diversos entes tributantes invariavelmente fixa prazos para a conclusão dos procedimentos de fiscalização. No plano federal, entende-se que o escoamento desse prazo sem que se conclua a fiscalização não é causa para nulidade, mas apenas para que o contribuinte recobre a "espontaneidade" até que novo ato seja editado no sentido de que se dê continuidade à fiscalização. Conforme tem decidido o Conselho de Contribuintes do Ministério da Fazenda, "ultrapassado o prazo de sessenta dias sem qualquer ato de prorrogação do prazo de fiscalização, o contribuinte readquire o direito de recolher o imposto sem o acréscimo da multa no percentual de 75% sobre o valor do imposto devido (art. 138 do C.T.N)" (CC, 6ª C., processo 19515.000685/2004-54, j. em 6/7/2005, v. u., <www.conselhos.fazenda.gov.br>).

# TÍTULO III
## Crédito Tributário

## Capítulo I
### Disposições Gerais

**Art. 139.** O crédito tributário decorre da obrigação principal e tem a mesma natureza desta.[1, 2]

## ANOTAÇÕES

**1. Distinção entre obrigação e crédito** – Na sistemática do Código Tributário Nacional, *crédito tributário* é o nome que se dá à formalização da obrigação tributária principal (dever de pagar o tributo ou a penalidade pecuniária), depois que esta é tornada líquida, certa e exigível em função do lançamento. É por isso que o art. 139 do CTN afirma que o crédito tributário decorre da obrigação principal e tem a mesma natureza desta.

**2. Crédito tributário e penalidades** – Por decorrer da obrigação tributária principal, que é uma obrigação de *pagar* tributo ou penalidade pecuniária, o crédito tributário abrange também as multas. Forte nessa premissa, a Primeira Turma do STJ já decidiu, com inteiro acerto, que a *compensação* pode ocorrer entre créditos tributários independentemente de estes dizerem respeito a tributos ou a penalidades. "O conceito de crédito tributário abrange também a multa (CTN, art. 113, §§ 1º e 3º e art. 139; Lei nº 9.430/96, art. 43), razão pela qual, no atual estágio da legislação, já não se pode negar a viabilidade de utilizar os valores indevidamente pagos a título de crédito tributário de multa para fins de compensação com

**Art. 141** Livro Segundo · NORMAS GERAIS DE DIREITO TRIBUTÁRIO | **303**

tributos administrados pela Secretaria da Receita Federal. Tal possibilidade é reconhecida, inclusive, pelas autoridades fazendárias (arts. 2º, § 1º, 26, 28, §§ 1º e 2º, 35, pár. único e 51, § 8º, da Instrução Normativa-SRF nº 460, de 18 de outubro de 2004). [...]" (STJ, 1ª T., REsp 798.263/PR, Rel. Min. Teori Albino Zavascki, j. em 15/12/2005, *DJ* de 13/2/2006, p. 717).

**Art. 140.** As circunstâncias que modificam o crédito tributário, sua extensão ou seus efeitos, ou as garantias ou os privilégios, a ele atribuídos,[1] ou que excluem sua exigibilidade,[2] não afetam a obrigação tributária que lhe deu origem.

### ANOTAÇÕES

**1. Alterações no crédito tributário enquanto realidade formal** – O crédito tributário, embora decorra da obrigação (a rigor, o crédito tributário *é* a obrigação tributária, depois de liquidada e acertada através do lançamento), pode ser considerado, *enquanto realidade formal,* algo distinto. Tanto que pode ocorrer, de fato, de a autoridade fiscal efetuar um lançamento, constituindo um crédito tributário, sem que o tributo seja devido e, por conseguinte, sem que tenha existido uma obrigação. O crédito tributário será nulo, evidentemente, e poderá ser extinto nos termos do art. 156, IX ou X do CTN, mas, até que essa extinção ocorra, existirá enquanto realidade formal autônoma.

Da mesma forma, pode ocorrer de a autoridade, constatando a efetiva existência de uma obrigação tributária, proceder ao lançamento, mas fazê-lo de forma irregular (*v. g.,* lançamento feito por autoridade incompetente). Nesse caso, o lançamento poderá ser igualmente anulado (CTN, art. 156, IX ou X), mas, como o vício diz respeito apenas ao crédito enquanto realidade formal, o mesmo não afetará a obrigação tributária subjacente. Esse é o sentido da norma contida no art. 140 do CTN, que deve ser entendida em conjunto com o art. 173, II, do mesmo Código, que confere prazo específico, em tais hipóteses, para que o lançamento seja refeito. Confira-se, a propósito: Hugo de Brito Machado, *Comentários ao Código Tributário Nacional,* São Paulo: Atlas, 2005, v. 3, p. 45 ss.

**2. Exclusão da exigibilidade do crédito e reflexo na obrigação** – Apesar do que literalmente dispõe o art. 140 do CTN, a exclusão da exigibilidade do crédito tributário afeta, sim, a obrigação que lhe dá origem. Tanto a isenção, como a anistia, a rigor, implicam a extinção da relação jurídica como um todo (e, portanto, da obrigação), e não apenas do crédito enquanto realidade formal. A disposição do art. 140 do CTN talvez decorra da ideia, ultrapassada mas presente quando da feitura do anteprojeto, de que a isenção seria a "dispensa legal do tributo devido".

**Art. 141.** O crédito tributário regularmente constituído[1] somente se modifica ou extingue, ou tem sua exigibilidade suspensa ou excluída, nos casos previstos nesta Lei,[2] fora dos quais não podem ser dispensadas, sob pena de responsabilidade funcional na forma da lei,[3] a sua efetivação ou as respectivas garantias.

**304** | CÓDIGO TRIBUTÁRIO NACIONAL – *Hugo de Brito Machado Segundo*                 **Art. 142**

## ANOTAÇÕES

**1. Crédito regularmente constituído** – Considera-se regularmente constituído o crédito tributário quando o sujeito passivo é notificado do lançamento correspondente, nos termos dos arts. 142 e 145 do CTN.

**2. Exaustividade das hipóteses de extinção e suspensão** – As causas que suspendem a exigibilidade, e que extinguem o crédito tributário são somente aquelas previstas, de modo exaustivo, nos arts. 151 e 156 do CTN, o que, de resto, é uma decorrência do próprio art. 146, III, "b", da CF/88. Essa, aliás, é a razão de ser da remissão contida no art. 111 do mesmo Código. Tal circunstância, porém, deve ser vista inteligentemente – pois não dispensa o juiz de raciocinar –, e não significa que as disposições de tais artigos não possam ser interpretadas com o uso de métodos diversos do literal. Confiram-se, a propósito, as notas ao art. 111 do CTN.

**3. Responsabilidade funcional** – Não estando presente uma das condições previstas no CTN como motivadoras da extinção, ou da suspensão da exigibilidade do crédito tributário, a autoridade não pode dispensar o seu pagamento ou as garantias a ele inerentes, sob pena de responsabilidade funcional. Isso porque não se trata de direito da autoridade, do qual esta pode dispor, mas do Estado, do qual o agente é mero representante. O Estado pode dispensar o tributo, desde que através de *lei*. A autoridade, vinculada à lei, não. Confiram--se as notas ao art. 142, parágrafo único, do CTN.

## Capítulo II
### Constituição de Crédito Tributário

### Seção I
#### Lançamento

**Art. 142.** Compete privativamente[1,2] à autoridade administrativa constituir[3] o crédito tributário pelo lançamento,[4] assim entendido o procedimento administrativo[5] tendente a verificar a ocorrência do fato gerador da obrigação correspondente, determinar a matéria tributável, calcular o montante do tributo devido, identificar o sujeito passivo e, sendo caso, propor[6] a aplicação da penalidade cabível.

Parágrafo único. A atividade administrativa de lançamento é vinculada e obrigatória, sob pena de responsabilidade funcional. [7,8]

## ANOTAÇÕES

**1. Lançamento como atividade privativa da autoridade** – Tendo em vista a natureza da obrigação tributária, *ex lege,* o seu acertamento deve ser feito, necessariamente, por uma autoridade administrativa. Para conciliar essa afirmação com a circunstância de que,

# Art. 142     Livro Segundo · NORMAS GERAIS DE DIREITO TRIBUTÁRIO | 305

em muitas situações, o tributo é pago sem que o acertamento seja de fato feito por uma autoridade, o CTN criou a figura do "lançamento por homologação", no qual a apuração é feita pelo sujeito passivo e submetida ao crivo da autoridade, a qual, se não toma qualquer providência no prazo de que dispõe para tanto, termina por aceitar tacitamente a apuração, com a chamada "homologação tácita". Confiram-se as notas ao art. 150 do CTN.

**2. Lançamento como atividade privativa da autoridade e procedência parcial de embargos à execução** – Em sendo o lançamento atividade privativa da autoridade administrativa, suscita-se a questão de saber se o juiz, ao acolher parcialmente embargos à execução fiscal, pode determinar a continuidade desta pelo saldo. Hugo de Brito Machado considera que não, vale dizer, que "o Juiz, ao acolher os embargos, se o faz apenas em parte, não poderá fazer um lançamento tributário em substituição àquele, feito pela autoridade competente, que considerou incorreto. Assim, não poderá determinar o prosseguimento da execução, pela diferença que considere devida. Por isto é que 'até a decisão de primeira instância a Certidão de Dívida Ativa poderá ser emendada ou substituída, assegurada ao executado a devolução do prazo para embargos'. (Lei nº 6.830/80, art. 2º, § 8º). Não efetuada a emenda, ou a substituição, é inadmissível o prosseguimento da execução para haver apenas parte da dívida. Admite-se, porém, nos casos em que a cobrança diga respeito a parcelas autônomas, como acontece, por exemplo, com a cobrança de imposto de renda de diferentes exercícios financeiros, prossiga a execução pela parcela autônoma, considerada devida" (*Curso de direito tributário*, 13. ed., São Paulo: Malheiros, 1997, p. 345). Nesse sentido é também a lição de Napoleão Nunes Maia Filho: "A Corte Federal da 5ª Região, pela voz do eminente Juiz Hugo Machado, já fixou que *quando o lançamento se apresentar incorreto, cabe o seu anulamento judicial, sem impedimento à autoridade administrativa de o refazer de modo correto* (A.M.S 31.184-PE – *DJU* 15/9/95, p. 61.829, *Repertório IOB de Jurisprudência*, Caderno I, verbete 9.242, p. 390) Apreciando casos de lançamento tributário de Imposto de Renda por arbitramento (em face de alegada omissão de receita, pelo contribuinte) o egrégio TRF da 5ª Região assentou que, se foi exorbitado o limite legal da imposição do tributo, trata-se de lançamento nulo, não reconhecendo ao juiz a potestade de retificá-lo, para ajustá-lo ao parâmetro normativo. [...] Os atos administrativos em geral, entre os quais os de lançamento tributário, serão sempre *válidos* ou *inválidos,* estando a apreciação dos seus conteúdos restrito a um ou outro modo de ser do ato, não cabendo ao Juiz (nunca) a atividade positiva de sua formação (o fazer administrativo concretizante)" (Competência para retificação do lançamento tributário, *in Revista Dialética de Direito Tributário* nº 46, p. 57 e 58, jul. 1999).

O Superior Tribunal de Justiça possui julgado no qual afirma que, sendo "possível apurar o saldo devedor, melhor é excluir do montante em cobrança as parcelas relativas não devidas e dar continuidade à execução" (STJ, 1ª T., REsp 476.142/RS, Rel. Min. Gomes de Barros, j. em 18/11/2003, *DJ* de 15/12/2003, p. 194). Exame do acórdão, contudo, revela que se tratava de parcela autônoma (contribuição patronal incidente sobre remuneração de autônomos), que poderia ser excluída do montante devido sem necessidade de feitura de novos cálculos. Tanto que, julgando o EREsp 602.002-SP, relatado pelo Min. Humberto Martins, a Primeira Seção do STJ decidiu – unificando a jurisprudência da Corte a respeito do assunto – que sempre que na CDA constarem valores indevidos, cuja exclusão não seja possível por simples cálculo aritmético, não existe liquidez e certeza, fazendo-se necessária a feitura de novo lançamento. No caso, tratava-se da exclusão do valor do IAA da base de cálculo do ICMS, procedimento que "não comporta um simples recorte no valor da CDA, requer um novo lançamento, nova apuração da base de cálculo do imposto, com a desconstituição de quase toda a escrita fiscal no período, inclusive anulando-se todas as notas fiscais do período para reconstituir o correto cálculo do ICMS sem as parcelas consideradas inconstitucionais" (*Informativo de Jurisprudência do STJ* nº 325).

**3. Natureza do lançamento no plano da eficácia. Declaratório ou constitutivo?** – O art. 142 do CTN faz alusão a uma eficácia *constitutiva* do lançamento. Pondo fim à polêmica entre os que afirmam que o lançamento tem natureza declaratória, e os que sustentam sua natureza constitutiva, podemos dizer que o lançamento tem eficácia dúplice: é declaratório da obrigação e constitutivo do crédito que dela decorre.

**4. Definitividade do lançamento como condição objetiva de punibilidade** – O Supremo Tribunal Federal entende que, precisamente por ser o lançamento uma atividade privativa da autoridade administrativa, através da qual esta dirá se algum tributo foi suprimido pelo sujeito passivo, e o seu *quantum,* não é juridicamente possível processá-lo pelo crime de supressão ou redução de tributo, de que cuida o art. 1º da Lei nº 8.137/90, antes de o processo administrativo de controle de legalidade do lançamento haver sido concluído. "[...] Crime material contra a ordem tributária (Lei nº 8.137/90, art. 1º): lançamento do tributo pendente de decisão definitiva do processo administrativo: falta de justa causa para a ação penal, suspenso, porém, o curso da prescrição enquanto obstada a sua propositura pela falta do lançamento definitivo. [...] Embora não condicionada a denúncia à representação da autoridade fiscal (ADInMC 1571), falta justa causa para a ação penal pela prática do crime tipificado no art. 1º da Lei nº 8.137/90 – que é material ou de resultado –, enquanto não haja decisão definitiva do processo administrativo de lançamento, quer se considere o lançamento definitivo uma condição objetiva de punibilidade ou um elemento normativo de tipo. 2. Por outro lado, admitida por lei a extinção da punibilidade do crime pela satisfação do tributo devido, antes do recebimento da denúncia (Lei nº 9.249/95, art. 34), princípios e garantias constitucionais eminentes não permitem que, pela antecipada propositura da ação penal, se subtraia do cidadão os meios que a lei mesma lhe propicia para questionar, perante o Fisco, a exatidão do lançamento provisório, ao qual se devesse submeter para fugir ao estigma e às agruras de toda sorte do processo criminal. 3. No entanto, enquanto dure, por iniciativa do contribuinte, o processo administrativo suspende o curso da prescrição da ação penal por crime contra a ordem tributária que dependa do lançamento definitivo" (STF, Pleno, HC 81.611/DF, Rel. Min. Sepúlveda Pertence, j. em 10/12/2003, *DJ* de 13/5/2005, p. 6).

**5. Lançamento no plano da existência. Ato ou procedimento?** – Conquanto o art. 142 do CTN se reporte ao lançamento como sendo um *procedimento,* parte da doutrina afirma que se trata, a rigor, de um ato. Na verdade, porém, a palavra *lançamento* tanto pode ser usada em um sentido, como em outro, sem que com isso se esteja incorrendo em erro. Pode-se chamar de lançamento a série de atos através dos quais a autoridade afere a ocorrência do fato gerador, quantifica o montante tributável, identifica o contribuinte etc. Nesse caso, a palavra é usada para designar um *procedimento.* Entretanto, esse procedimento pode concluir pela inexistência de tributo a ser quantificado. Pode acontecer, também, de a *decadência* se consumar antes de finalizado o procedimento, e nesse caso o tributo não poderá mais ser validamente lançado. Daí por que alguns autores afirmam que esse procedimento preparatório, a rigor, não é ainda o lançamento, expressão que reservam para o *ato* praticado em sua conclusão, no qual efetivamente se declara a ocorrência do fato gerador da obrigação correspondente, determina a matéria tributável, calcula o montante

**Art. 142**  **Livro Segundo** · NORMAS GERAIS DE DIREITO TRIBUTÁRIO | **307**

do tributo devido, identifica o sujeito passivo e aplica a penalidade cabível, se for o caso (Alberto Xavier, *Do Lançamento – Teoria Geral do Ato, do Procedimento e do Processo Tributário*, 2. ed., Rio de Janeiro: Forense, 1997, p. 24).

O lançamento somente estará concluído quanto o sujeito passivo for regularmente notificado a respeito do mesmo. Essa notificação deverá conceder um prazo para o pagamento da quantia lançada, ou para a apresentação de impugnação (defesa administrativa). Caso seja apresentada essa impugnação, que tem o efeito de suspender a exigibilidade do crédito tributário (CTN, art. 151, III), instaura-se um *processo administrativo* de controle interno da legalidade do lançamento. Em sentido ainda mais amplo, também esse processo pode ser designado de "lançamento", ou pode ser considerado parte dele. Na legislação (*v. g.,* Decreto nº 70.235/72), e em autores de respeito, é possível encontrar referência a esse processo como sendo a fase "contenciosa", ou "litigiosa", do lançamento.

**6. Autoridade não propõe, e sim aplica a penalidade cabível** – Há no art. 142 do CTN uma evidente impropriedade, pois a autoridade que efetua o lançamento não *propõe* a aplicação de uma penalidade. Na verdade, quando é o caso, a autoridade desde logo aplica a penalidade. Nesse sentido, Hugo de Brito Machado, *Curso de Direito Tributário*, 22. ed., São Paulo: Malheiros, 2002, p. 152.

**7. Lançamento como direito do Estado e dever da autoridade** – Em face do disposto no art. 142 do CTN, especialmente em seu parágrafo único, há quem afirme que o Estado não teria o *direito* de lançar, mas o "poder-dever", pois a atividade de lançamento é obrigatória. Ora, a afirmação não procede, e decorre da elementar confusão entre o Estado e as pessoas que o corporificam. O Estado tem o direito de lançar, e dele pode abdicar, previamente, editando lei isentiva, ou posteriormente, concedendo remissão, por exemplo. Mas tudo através de lei. Quem não pode deixar de lançar, quando legalmente devido o tributo, é a autoridade administrativa. Esta sim tem o dever.

**8. Inafastabilidade do dever de lançar e mandado de segurança preventivo** – Precisamente porque a atividade administrativa de lançamento é plenamente vinculada, não podendo dela a autoridade se eximir, é admissível a impetração de mandado de segurança preventivo, em matéria tributária, nas hipóteses em que o contribuinte/impetrante tem o receio de que lhe seja cobrado um tributo que considera inconstitucional. Desde que o contribuinte já tenha praticado os fatos que autorizam a aplicação da lei considerada inconstitucional, o *justo receio* de que a essa lei tida por inconstitucional seja aplicada decorre da natureza plenamente vinculada da atividade de lançamento. Não se há, portanto, de falar em impetração "contra a lei em tese", tampouco se há de exigir a "prova da ameaça".

Esse aspecto, aliás, é hoje pacífico na jurisprudência do STJ: "'Especificamente em matéria tributária, para que se torne cabível a impetração de mandado de segurança preventivo, não é necessário esteja consumado o fato imponível. Basta que estejam concretizados fatos dos quais logicamente decorra do fato imponível. Em síntese e em geral, o mandado de segurança é preventivo quando, já existente ou em vias de surgimento a situação de fato que ensejaria a prática do ato considerado ilegal, tal ato ainda não tenha sido praticado, existindo apenas o justo receio de que venha a ser praticado pela autoridade impetrada. É preventivo porque destinado a evitar a lesão ao direito, já existente ou em vias de surgimento, mas pressupõe a existência da situação concreta na qual o impetrante afirma residir ou dela recorrer o seu direito cuja proteção, contra a ameaça de lesão, está a reclamar do Judiciário. [...] Insistimos, todavia, em que a ameaça de prática de ato abusivo, pela

# 308 | CÓDIGO TRIBUTÁRIO NACIONAL – *Hugo de Brito Machado Segundo*                    **Art. 143**

autoridade da administração tributária, decorre da edição de norma que lhe caiba aplicar, e que seja desprovida de validade jurídica. Lei inconstitucional, ou norma inferior, ilegal.' (Hugo de Brigo Machado. In Mandado de Segurança em matéria tributária.) 4. Deveras, encerrando o lançamento atividade vinculada (art. 142 do CTN) e *a fortiori*, obrigatória, revela-se a juridicidade da ação preventiva. É que para propor a ação é mister interesse de agir que surge não só diante da lesão, mas, também, ante a ameaça da mesma. [...]" (STJ, 1ª T., REsp 586.521/MG, Rel. Min. Luiz Fux, j. em 18/5/2004, *DJ* de 21/6/2004, p. 172). **Em termos semelhantes:** "no campo do direito tributário, caracterizada a situação fática sobre a qual deverá incidir a lei atacada, cabe a impetração preventiva do '*mandamus*'" (*RSTJ* 148/91, apud Theotonio Negrão e José Roberto Ferreira Gouveia, *Código de Processo Civil e Legislação Processual em Vigor*, 35. ed. São Paulo: Saraiva, 2003, p. 1667).

Nesses casos, porém, é de se ressaltar que a autoridade coatora não é "quem editou o ato normativo, e sim aquela que tem o dever funcional de responder pelo seu cumprimento" (*RTJ* 127/157, apud Theotonio Negrão e José Roberto Ferreira Gouveia, *Código de Processo Civil e Legislação Processual em Vigor*, 35. ed. São Paulo: Saraiva, 2003, p. 1667). E, por igual, como o mandado de segurança é preventivo, não se há de cogitar de prazo para a sua impetração (Cf. Hugo de Brito Machado, *Mandado de Segurança em Matéria Tributária*, 5. ed. São Paulo: Dialética, 2003, p. 238 a 246; Lucia Valle Figueiredo, "Mandado de Segurança Preventivo e Decadência – Breves Considerações", em *RDDT* 80/66, e Mantovanni Colares Cavalcante, "A Decadência no Mandado de Segurança Preventivo em Matéria Tributária", em *RDDT* 80/80).

**Art. 143.** Salvo disposição de lei em contrário, quando o valor tributário esteja expresso em moeda estrangeira, no lançamento far-se-á sua conversão em moeda nacional ao câmbio do dia da ocorrência do fato gerador da obrigação.[1,2]

## Anotações ──────────────────────────────────

**1. Fechamento do contrato de câmbio posterior ao desembaraço e diferença cambial** – Nos tributos incidentes sobre a importação, o fato gerador considera-se ocorrido na data do registro da declaração de importação, para fins de desembaraço aduaneiro. Assim, para a determinação da base de cálculo, estando o valor da operação expresso em moeda estrangeira, deverá recorrer-se à taxa de câmbio vigente no dia do desembaraço aduaneiro. Não importa se o contrato de câmbio ainda não foi liquidado, vindo essa liquidação a ocorrer em data posterior, sob taxa de câmbio diversa. Nesse caso, não será lícito ao Fisco exigir qualquer diferença: "Nenhuma diferença de ICM pode ser exigida em razão da variação cambial verificada entre a data do desembaraço aduaneiro e a da efetiva liquidação do contrato de câmbio, salvo se, desconhecida a taxa de cambial na ocasião da liberação das mercadorias importadas, a cobrança do tributo se deu por estimativa. Recurso especial conhecido e provido" (STJ, 2ª T., REsp 15.450/SP, Rel. Min. Ari Pargendler, j. em 8/2/1996, *DJ* de 4/3/1996, p. 5.394).

**2. Alteração dos critérios para determinação da taxa de câmbio. Possibilidade** – Segundo já decidiu o STJ, a taxa de câmbio vigente pode ter a periodicidade com que é

**Art. 144**                    Livro Segundo · NORMAS GERAIS DE DIREITO TRIBUTÁRIO | **309**

determinada por ato do Poder Executivo, sem ofensa ao princípio da legalidade. "Com o advento da Lei nº 8.981/95, ficou o Poder Executivo autorizado a determinar a periodicidade de fixação da taxa de câmbio, para fins de cálculo do Imposto de Importação. A variação cambial não integra a alíquota ou a base de cálculo daquele tributo, de sorte que o aumento da base de cálculo verificado pela alteração da periodicidade da aplicação da taxa não foi direto, mas reflexo. A taxa de câmbio é fator econômico, podendo sobre ela deliberar a autoridade apontada coatora, sem que se possa falar em direito líquido e certo violado. Ordem denegada" (STJ, 1ª S., MS 6.141/DF, Rel. Min. Castro Filho, j. em 25/4/2001, *DJ* de 4/6/2001, p. 50, *Repertório IOB de jurisprudência* 15/2001, c. 01, p. 425). Ainda que se aceite esse entendimento, *data venia*, é importante lembrar que o critério adotado pela norma infralegal não pode implicar em artificialismos que contrariem o disposto no art. 143 do CTN.

**Art. 144.** O lançamento reporta-se à data da ocorrência do fato gerador da obrigação e rege-se pela lei então vigente, ainda que posteriormente modificada ou revogada.[1]

§ 1º Aplica-se ao lançamento a legislação que, posteriormente à ocorrência do fato gerador da obrigação, tenha instituído novos critérios de apuração ou processos de fiscalização,[2,3] ampliado os poderes de investigação das autoridades administrativas, ou outorgado ao crédito maiores garantias ou privilégios, exceto, neste último caso, para o efeito de atribuir responsabilidade tributária a terceiros.[4]

§ 2º O disposto neste artigo não se aplica aos impostos lançados por períodos certos de tempo, desde que a respectiva lei fixe expressamente a data em que o fato gerador se considera ocorrido.

## ANOTAÇÕES

**1. Lançamento e legislação aplicável quanto à obrigação** – O art. 144 do CTN contém disposição meramente didática, que explicita algo que decorre da própria lógica jurídica. Através do lançamento a autoridade apenas *declara* a obrigação tributária pré-existente, a qual, por óbvio, nasceu e há de ser regida pela legislação vigente ao tempo em que ocorrido o seu fato gerador. Exemplificando, se um fiscal efetua, em 2006, auto de infração contra determinado contribuinte, pelo não pagamento do imposto de renda em 2004, há de aplicar, *no que toca à substância* da obrigação correspondente, a legislação vigente em 2004. Apenas quanto a aspectos formais e procedimentais do lançamento (que são realidades ocorridas apenas em 2006) é que será aplicável a legislação vigente em 2006. Como observa Amílcar de Araújo Falcão, "o regime normativo substantivo por que se regerá a obrigação tributária será o da época do fato gerador e não o da época do lançamento, criando-se para o contribuinte então uma situação definitivamente constituída ou, como afirma Jèze, um direito adquirido que a legislação ulterior, inclusive a da época do lançamento, não pode alterar em detrimento do contribuinte" (*Fato gerador da obrigação tributária,* 7. ed., Rio de Janeiro: Forense, 2002, p. 56).

## 310 | CÓDIGO TRIBUTÁRIO NACIONAL – *Hugo de Brito Machado Segundo* **Art. 144**

**2. Lançamento e legislação aplicável quanto aos aspectos procedimentais** – O parágrafo primeiro do art. 144 do CTN traz outra explicitação do princípio geral de Teoria do Direito segundo o qual, em regra, os fatos se regem pelas leis vigentes quando de sua ocorrência. Isso porque os critérios de apuração, os processos de fiscalização, etc. não dizem respeito à obrigação tributária a ser exigida, mas apenas a meios de descobrir a sua existência, ou de obter o seu adimplemento. São aspectos ligados apenas à constituição e ao adimplemento do crédito tributário enquanto realidade formal, e que por isso são regidos pela lei vigente à época do lançamento.

Cumpre observar, porém, a ressalva segundo a qual a lei que confira ao crédito garantias e privilégios pode ser aplicada em relação a obrigações tributárias surgidas antes de sua vigência, desde que não atribua responsabilidade a terceiros. Isso porque, ao dar maiores garantias ao crédito, a lei não está alterando a obrigação tributária a ele subjacente (fatos geradores, alíquotas etc.). Entretanto, ao atribuir responsabilidade a terceiro, a lei está alterando a própria relação obrigacional, introduzindo outra pessoa em seu pólo passivo, o que não é juridicamente admitido em face do princípio da irretroatividade da lei tributária.

Assim, exemplificando, suponha-se que nos anos de 2002 e 2003 as leis vigentes em certo Estado estabelecem que: *(i)* a alíquota do ICMS é 18%; *(ii)* a penalidade pelo não pagamento desse imposto em virtude da não emissão de notas fiscais é de 40% do valor da operação; e *(iii)* o procedimento de fiscalização deve ser feito por três fiscais, que deverão registrar seus atos usando formulário "a", de cor azul. Em janeiro de 2004 essa legislação é alterada, ficando a partir de então estabelecido que: *(i)* a alíquota do ICMS é de 17%; *(ii)* a penalidade pelo não-pagamento do imposto por não emissão de nota fiscal é de 30% do valor da operação; e *(iii)* o procedimento de fiscalização deve ser feito por dois fiscais, que deverão registrar seus atos usando formulário "b", de cor amarela. Nesse contexto, caso, em 2005, sob a vigência dessa nova legislação, uma equipe fiscal for designada para apurar diferenças não recolhidas durante o ano de 2003 por determinado contribuinte, o lançamento deverá observar, quanto ao imposto, a lei vigente em 2003 (alíquota de 18%); quanto à penalidade, a lei mais benéfica (vigente em 2005, de 30%); e, quanto aos aspectos formais do lançamento, também a lei vigente em 2005 (equipe de dois fiscais, usando formulário "b", amarelo).

**3. Critérios de fiscalização e quebra de sigilo bancário** – Por conta do disposto no art. 144, § 1º, do CTN, o STJ tem admitido a aplicação do art. 6º da LC nº 105/2001, que disciplina a quebra do sigilo bancário, mesmo a casos em que o período a ser investigado é anterior a sua própria vigência. "É possível a aplicação do art. 6º da LC 105/2001, ainda que o período investigado seja anterior à sua vigência, porquanto se trata de disposição meramente procedimental. Inteligência do art. 144, § 1º, do CTN. [...]" (STJ, 2ª T., REsp 628.527/PR, Rel. Min. Eliana Calmon, j. em 6/9/2005, *DJ* de 3/10/2005, p. 182). **Em sentido contrário,** tratando de caso no qual se discutia a aplicação retroativa da Lei nº 10.174/2001, o STJ já entendeu, também por sua Segunda Turma, que "a LC 105/2001 e a Lei nº 10.174/2001, que permitem a quebra de sigilo bancário pela autoridade fiscal, desde que consistentemente demonstradas as suspeitas e a necessidade da medida, não têm aplicação a fatos ocorridos em 1998, sob pena de se violar o princípio da irretroatividade das leis" (REsp. 608.053/RS, Rel. Min. Peçanha Martins, *DJ* de 13/2/2006, p. 741). Nessa hipótese, o fundamento precípuo foi o de que a Lei nº 9.311/96 *vedava* o uso dos dados obtidos com a arrecadação da CPMF para amparar a fiscalização de outros tributos, não podendo a Lei nº 10.174/2001 revogar essa proibição de forma retroativa. A questão,

# Art. 145    Livro Segundo · NORMAS GERAIS DE DIREITO TRIBUTÁRIO | 311

como se vê, postas nesses termos, não é tão simples quanto o seria se se tratasse apenas da aplicação imediata de um novo método de investigação. Há direito anterior, que o vedava. Seja como for, o entendimento da Primeira Seção pacificou-se no sentido da admissibilidade da aplicação de tais leis na investigação de atos a elas anteriores. Isso tanto em relação à LC nº 105/2001, que revogou o art. 38 da Lei nº 4.595/64 (segundo a qual a quebra de sigilo bancário somente poderia ocorrer por meio de requerimento judicial), como em face da Lei nº 10.174/2001, que revogou o art. 11, § 2º, da Lei nº 9.311/96 (cujos termos vedavam a utilização dos dados obtidos com a arrecadação da CPMF para constituição do crédito relativo a outras contribuições ou impostos). Entendeu a Seção que "o artigo 144, § 1º, do CTN prevê que as normas tributárias procedimentais ou formais têm aplicação imediata, ao contrário daquelas de natureza material, que somente alcançariam fatos geradores ocorridos durante a sua vigência", e que "os dispositivos que autorizam a utilização de dados da CPMF pelo Fisco para apuração de eventuais créditos tributários referentes a outros tributos são normas procedimentais e, por essa razão, não se submetem ao princípio da irretroatividade das leis, ou seja, incidem de imediato, ainda que relativas a fato gerador ocorrido antes de sua entrada em vigor" (STJ, 1ª S., EREsp 726.778/PR, Rel. Min. Castro Meira, j. em 14/2/2007, *DJ* de 5/3/2007, p. 255).

**4. Aspectos formais do crédito tributário e responsabilidade de terceiros** – A ressalva feita pela parte final do § 1º do art. 144 do CTN se justifica, sendo aliás meramente didática, porque a atribuição de responsabilidade a terceiro não diz respeito apenas a aspectos formais do crédito tributário, ou a critérios de lançamento, mas à própria sujeição passiva da obrigação tributária que o origina. Assim, em sendo aspecto relativo à própria obrigação tributária, a responsabilidade de terceiro há de estar, necessariamente, determinada em lei *anterior* ao fato gerador da respectiva obrigação (CF/88, art. 150, I).

**Art. 145.** O lançamento regularmente notificado[1, 2, 3, 4] ao sujeito passivo só pode ser alterado em virtude de:

I – impugnação do sujeito passivo;

II – recurso de ofício;

III – iniciativa de ofício da autoridade administrativa, nos casos previstos no art. 149.

## Anotações

**1. Necessidade de notificação do lançamento** – O lançamento somente se considera *efetivado* quando o sujeito passivo é dele notificado. É por isso que, antes da regular notificação, pode haver alterações em seu conteúdo, mas, depois da regular notificação, somente se admitem modificações nas hipóteses descritas nos três incisos do art. 145 do CTN. A propósito, como até a ocorrência da notificação ao sujeito passivo o lançamento não se considera efetuado, o prazo de decadência do direito de lançar flui até a data dessa notificação. O início de um procedimento de fiscalização não configura a feitura do lançamento, não representa ainda o exercício do direito de lançar.

# 312 | CÓDIGO TRIBUTÁRIO NACIONAL – *Hugo de Brito Machado Segundo*                    **Art. 145**

**2. Notificação do lançamento ao sujeito passivo e decadência** – Como até a ocorrência da notificação ao sujeito passivo o lançamento não se considera efetuado, o prazo de decadência do direito de lançar, seja ele o do art. 150, § 4º, seja ele o do art. 173, do CTN, *flui até a data dessa notificação*, que deve ocorrer antes de consumada a extinção do direito da Fazenda. O início de um procedimento de fiscalização não configura a feitura do lançamento, não representa ainda o exercício do direito de lançar, e por isso mesmo não tem qualquer repercussão no sentido de fazer cessar o curso do prazo de caducidade.

Nesse sentido tem se orientado a jurisprudência do Superior Tribunal de Justiça, conforme se depreende do que restou assentado no julgamento do REsp 738.205/PR, no qual inclusive foram feitas diversas remissões a outros julgados, análogos, de ambas as turmas de Direito Público do STJ. Consignou-se, a propósito, que "a notificação do lançamento do crédito tributário constitui condição de eficácia do ato administrativo tributário, mercê de figurar como pressuposto de procedibilidade de sua exigibilidade." Por isso, "a sua falta implica em ausência de pressuposto válido e regular de constituição e desenvolvimento do processo" (STJ, 1ª T., Rel. Min. Luiz Fux, *DJ* de 30/10/2006, p. 249).

Também assim decidia o Conselho de Contribuintes do Ministério da Fazenda, anterior denominação do Conselho Administrativo de Recursos Fiscais (CARF), para quem "a conclusão do ato de lançamento se opera com a notificação ao interessado e uma vez ocorrida após o término do prazo destinado para lançamento, opera-se a decadência" (CC, 3ª C., Recurso 129916, Rel. Cons. Nilton Luiz Bártoli, Processo 10140.003734/2002-70, acórdão 303-33068, j. em 26/4/2006). **Conferir ainda:** "Tendo em vista que a notificação do lançamento foi efetuada após o prazo decadencial de 5 anos, independente de seu marco inicial, ou seja, arts. 150 e 175 (sic) do CTN, deve-se considerar caduco o presente auto de infração" (1º CC, 7ª C, Recurso 147160, Rel. Cons. Hugo Correia Sotero, Processo 10283.000255/2003-58, acórdão 107-08398, sessão de 8/12/2005).

**3. Notificação do lançamento de ofício, no âmbito do IPTU** – "Tratando-se de IPTU, o encaminhamento do carnê de recolhimento ao contribuinte é suficiente para se considerar o sujeito passivo como notificado. [...] Isto porque, o lançamento de tais impostos é direto, ou de ofício, já dispondo a Fazenda Pública das informações necessárias à constituição do crédito tributário. Afirma Hugo de Brito Machado (in Curso de Direito Tributário, 24ª edição, pág. 374) que 'as entidades da Administração tributária, no caso as Prefeituras, dispõem de cadastro dos imóveis e com base neste efetuam, anualmente, o lançamento do tributo, notificando os respectivos contribuintes para o seu pagamento'." Tal entendimento tem "assentamento nas seguintes premissas: *a)* o proprietário do imóvel tem conhecimento da periodicidade anual do imposto, de resto amplamente divulgada pelas Prefeituras; *b)* o carnê para pagamento contém as informações relevantes sobre o imposto, viabilizando a manifestação de eventual desconformidade por parte do contribuinte; *c)* a instauração de procedimento administrativo prévio ao lançamento, individualizado e com participação do contribuinte, ou mesmo a realização de notificação pessoal do lançamento, tornaria simplesmente inviável a cobrança do tributo" (STJ – 1ª T – REsp 645.739/RS, Rel. Min. Luiz Fux – j. em 24/11/2004, *DJ* de 21/03/2005, p. 267). Cabe acrescentar, ainda, que a participação do contribuinte, em processo administrativo contraditório, com amplas oportunidades de defesa, pode ocorrer posteriormente à notificação do lançamento, tendo inclusive o efeito de manter suspensa a exigibilidade deste (CTN, art. 151, III).

**Art. 146**  Livro Segundo · NORMAS GERAIS DE DIREITO TRIBUTÁRIO | **313**

**4. Regularidade da notificação do lançamento e prazo para defesa** – Para que se considere válida a notificação de lançamento, notadamente no caso de lançamento de ofício, é preciso que o documento que a formaliza contenha, por igual, a indicação da possibilidade de apresentação de defesa administrativa, com o respectivo prazo. A ausência desse requisito, no entendimento do STJ, conduz à nulidade do lançamento: "[...] A regularidade do lançamento tributário é uma garantia do contribuinte e constitui condição de eficácia do ato praticado pela administração, figurando, em verdade, como pressuposto para a exigibilidade do crédito. [...] Notificação que não traz prazo para impugnação mostra-se irregular e viola o devido processo legal, a ampla defesa e o contraditório, acarretando a nulidade do lançamento do crédito tributário. [...]" (STJ, 2ª T., REsp 1.227.676/PR, *DJe* de 10/2/2012)

**Art. 146.** A modificação introduzida,[1] de ofício ou em consequência de decisão administrativa ou judicial,[2] nos critérios jurídicos[3, 4, 5, 6] adotados pela autoridade administrativa no exercício do lançamento somente pode ser efetivada, em relação a um mesmo sujeito passivo, quanto a fato gerador ocorrido posteriormente à sua introdução.

ANOTAÇÕES ───────────────────────────────────────

**1. Mudança de critério jurídico. Conceito** – Dispõe o art. 146 do CTN, em outros termos, que, na hipótese de a autoridade administrativa resolver "mudar" a interpretação antes adotada, na feitura de um lançamento, essa mudança somente poderá produzir efeitos em relação aos fatos ocorridos depois que o sujeito passivo houver sido dela cientificado. Trata-se de imposição do princípio da segurança jurídica, e da proteção à confiança e à boa-fé. Mas é preciso que se trate de mera mudança de interpretação. Se, em vez disso, tratar-se de um erro de fato na aplicação da lei, a sua correção pode operar-se com efeitos *ex tunc*, ou seja, retroativos à data do ato a ser corrigido.

O seguinte exemplo pode esclarecer o sentido do art. 146 do CTN. Imagine-se que um contribuinte importa livros infantis. Esses livros são de plástico, para evitar que se rasguem facilmente. E as páginas, ao serem pressionadas em locais próprios, emitem sons, para tornar o aprendizado mais interessante. A autoridade, ao examinar esses livros para fins de cálculo do imposto de importação, conquanto conheça o material de que são feitos e a sua destinação ao público infantil, classifica-os – na tabela do imposto de importação, para fins de determinação da alíquota aplicável – como "outros livros", submetidos portanto à imunidade. Com base nessa interpretação, não exige o imposto. Caso, depois, a autoridade "mude de ideia", e resolva classificar tais livros como "brinquedos", produto submetido ao imposto de importação por alíquota elevada, não poderá ser exigida mais qualquer diferença em relação aos livros já importados. Sem ainda entrar no mérito quanto à validade e à procedência dessa nova "interpretação", aqui apontada apenas como exemplo, o certo é que apenas em relação a importações futuras é que o novo "critério" pode ser aplicado.

Diferente é a situação na qual, em vez de mudança na interpretação da norma aplicável, a autoridade percebe a inaplicabilidade da norma em virtude de erro de fato, vale dizer,

# 314 | CÓDIGO TRIBUTÁRIO NACIONAL – *Hugo de Brito Machado Segundo*     **Art. 146**

erro na identificação dos pressupostos de fato necessários à incidência da norma, conforme será explicado em nota subsequente.

**2. Mudança de critério jurídico e alteração jurisprudencial** – Na prática, a mudança de critério jurídico geralmente é adotada de ofício, vale dizer, independentemente de provocação. Pode ocorrer, porém, de a autoridade lançadora/revisora alterar seu entendimento por conta de uma decisão administrativa, ou de uma decisão judicial. É o que ocorre, por exemplo, quando a jurisprudência, notadamente das Cortes Superiores, é firmada – em outro processo, e sem efeitos vinculantes – em sentido contrário ao adotado em lançamento anterior.

Imagine-se, por exemplo, a situação do contribuinte que discute a validade de um tributo, em mandado de segurança preventivo, ou em ação declaratória, e tem seus pedidos julgados procedentes. Obtém ordem judicial que o exime do pagamento do tributo, considerado inconstitucional. A sentença transita em julgado. Algum tempo depois, porém, o STF afirma, por seu Plenário, julgando um RE, que o citado tributo é *constitucional,* e, portanto, devido. O julgamento do STF, proferido em outro processo, sem efeitos vinculantes, não tem o condão de atingir a coisa julgada já formada. Desse modo, se se considerar prescindível a propositura de qualquer ação para desconstituir a coisa julgada (ação revisional, ou ação rescisória), o que só para argumentar admitimos, ainda assim a autoridade, caso entenda que poderá voltar a cobrar o tributo daquele contribuinte que não o vinha pagando por conta da decisão judicial, terá de notificá-lo da mudança de seu critério jurídico (motivada por decisão judicial), passando a exigir o tributo em relação aos fatos geradores ocorridos a partir de então. Confira-se, a propósito: *Coisa Julgada, inconstitucionalidade e legalidade em matéria tributária,* Hugo de Brito Machado (coord.), São Paulo/Fortaleza: Dialética/ICET, 2006, p. 187 e passim.

**3. Mudança de critério jurídico e classificação de produtos importados** – O imposto de importação e o IPI têm alíquotas as mais variadas, aplicáveis conforme a natureza do produto importado. Por essa razão, quando de uma importação, o produto correspondente deve ser enquadrado em uma das várias classificações constantes de uma extensa tabela, para fins de determinação da alíquota aplicável. Nesse contexto, "se a autoridade fiscal, no momento do desembaraço das mercadorias importadas, acolheu a classificação fiscal efetivada pelo contribuinte, não poderá, posteriormente, em face de mudança de critério jurídico decorrente de interpretação diversa das normas jurídico-tributárias, proceder à revisão do lançamento" (TRF 4ª R., AC 2000.72.00.003508-2/SC, *DJ* de 11/7/2001, p. 156, *RDDT* 72/232). Insista-se que, se a revisão no lançamento decorresse de compreensão errada do fato (a autoridade acreditava tratar-se da importação de um computador, e na verdade cuidava-se de uma geladeira), *a revisão é possível.* Mas, se a autoridade sabia que se tratava de um computador, e o classificou no item "x" da tabela, depois não pode, mudando a interpretação adotada, pretender classificar o mesmo computador no item "y" da tabela, para exigir diferenças de imposto de importação. **Tal entendimento já era pacífico na jurisprudência do extinto Tribunal Federal de Recursos:** "Revisão de lançamento por erro de fato ou de direito e pela mudança de critérios jurídicos: distinção. O que não é possível é a revisão do lançamento pela mudança de critérios jurídicos, vale dizer quando a revisão não se faz para reparar uma ilegalidade, ocorrendo simples alteração de elementos que a lei deixa à escolha da autoridade. Ter-se-á, então a adoção de novo critério, ou de critério diverso do adotado, legalmente, no primeiro lançamento. II. Tendo o Fisco acolhido a classificação quando da conferência da mercadoria, a mudança de classificação

**Art. 146**  **Livro Segundo** · NORMAS GERAIS DE DIREITO TRIBUTÁRIO | **315**

posterior importa modificar o critério antes adotado. [...]" (TFR, AMS nº 102.177-RJ, Rel. Min. Carlos Velloso, *Ementário da Jurisprudência do TFR* nº 74, p. 78). **No mesmo sentido:** "A mudança de critérios classificatórios, por parte do Fisco, no lançamento do imposto de importação e do IPI, não autoriza sua revisão, depois de recolhidos os tributos pelo importador. Recurso extraordinário conhecido e provido" (STF, 2ª T., *RTJ* 113/908).

**4. Mudança de critério jurídico e erro de direito** – Hugo de Brito Machado (*Curso de Direito Tributário*, 26. ed., São Paulo: Malheiros, 2005, p. 184) diferencia, para fins de aplicação do art. 146 do CTN, a *mudança de critério jurídico* a que se refere o artigo, do *erro de fato* e do *erro de direito*. Para ele, *mudança de critério jurídico* a que se refere o art. 146 do CTN é apenas a mudança, pela autoridade, entre duas interpretações "razoáveis", sendo certo que as duas – a inicial, e a decorrente da mudança – são poderiam ser consideradas corretas. Caso a primeira interpretação fosse absurda, ter-se-ia *erro de direito,* e o art. 146 do CTN não seria aplicável. Da mesma forma, a restrição contida no artigo não se aplica se se tratar de *erro de fato,* vale dizer, se o primeiro lançamento, a ser revisado, está errado porque nele a autoridade equivocou-se quanto aos fatos sobre os quais teria de aplicar a lei tributária (p. ex., pensou que o contribuinte importava livros, quando na verdade dentro dos *containers* havia aparelhos de ar-condicionado). Como ele próprio reconhece, porém, a quase totalidade da doutrina não faz essa diferenciação, afirmando, de modo majoritário, que o art. 146 do CTN aplica-se ao *erro de direito*, o qual também somente poderia ser corrigido em relação a fatos futuros, não podendo dar cabimento à revisão de lançamentos já consumados. O lançamento somente poderia ser revisado de ofício se constatado o *erro de fato* (op. cit., p. 184).

**5. Mudança de critério jurídico e erro de fato** – Como já adiantem em notas anteriores, a vedação de que cuida o art. 146 do CTN aplica-se apenas à mudança de critérios jurídicos, e não aos casos em que o Fisco pretende rever o lançamento por haver incorrido em *erro de fato.*

Sempre que a alteração no entendimento do Fisco decorrer de uma questão *de direito,* vale dizer, de uma interpretação diferente dada a um dispositivo, ou à pretensão de aplicar a norma "a", em vez da norma "b", o novo entendimento somente pode ser aplicado para fatos geradores futuros, vale dizer, implantados depois de sua adoção. Entretanto, se a revisão decorre de uma *questão de fato,* ou seja, de uma mudança no conhecimento que o Fisco tem dos fatos sobre os quais a norma seria aplicável, a revisão é plenamente possível, nos termos do art. 149 do CTN.

**Exemplo de revisão motivada por erro de fato:** "[...] Perícia técnica no prédio de propriedade da recorrente, conhecido comumente pelo nome de 'Teatro Fênix', observou não possuir o mesmo as características técnicas de teatro como palco de artes cênicas, servindo, em verdade, como estúdio de gravação de novelas, programas de auditório, e afins, matéria superada, posto insindicável pelo STJ à luz da Súmula 07/STJ. 3. Decisão do Conselho de Contribuintes local, concedendo benefício revogado posteriormente. A regra é a revogabilidade das isenções e a isenção concedida sob condição resolutiva pode ser cassada acaso verificada a ausência de preenchimento das condições exigidas à data de sua própria concessão. 4. Aplicação dos artigos 155, 178 e 179 do CTN. O desfazimento do ato administrativo que reconhece o direito à isenção não é a revogação, pois o ato não é discricionário, não decorre de simples conveniência da Administração. É anulamento, ou cancelamento. É imprópria a terminologia do Código. Anulado, ou cancelado, o despacho que reconhece o

**316** | CÓDIGO TRIBUTÁRIO NACIONAL – *Hugo de Brito Machado Segundo* **Art. 146**

direito à isenção, a Fazenda Pública providenciará a constituição do crédito tributário respectivo, que será acrescido dos juros de mora. 5. A verificação de que as condições fáticas não permitiam *ab origine* a concessão da isenção torna inaplicável o artigo 146 do CTN que prevê mudança de critério jurídico-tributário, questão diversa da anulação decorrente de erro quanto à premissa isentiva. 6. Deveras, a questão da eventual retroatividade do tributo resolve-se à luz dos prazos prescritivos, porquanto da conjugação dos artigos 155 c.c. 178 c.c. 179 do CTN, conclui-se que o despacho administrativo não gera direito adquirido; isto é, não apaga o crédito e, *a fortiori*, o faz incidir *ex tunc*, tal como se não tivesse sido concedida a isenção. [...]" (STJ, REsp 437.560/RJ, Rel. Min. Luiz Fux, j. em 20/11/2003, *DJ* de 9/12/2003, p. 216).

Outro exemplo que pode ser apontado é o da constatação de que um contribuinte não preenche os requisitos necessários à sua permanência no SIMPLES, sendo essa constatação não uma decorrência de mudança na interpretação dos textos legais que cuidam dos mencionados requisitos, mas da verificação da situação concreta em que se encontra o contribuinte (*v. g.,* faturamento superior ao permitido). Confira-se: "1. A exclusão do contribuinte do SIMPLES opera-se com a notificação do contribuinte, mas este não se encontra obrigado, nem lhe assiste direito, de recolher as contribuições e impostos federais na forma deste programa após a situação fática que determinou sua exclusão. 2. É hipótese de exclusão do SIMPLES a participação com mais de 10% do capital de outra pessoa jurídica, cujos faturamentos somados ultrapassam o teto limite para participação no programa, que passa a vigorar no mês seguinte subsequente ao da ciência do óbice pelo Fisco, nos termos do art. 9º, IX c/c o art. 13, § 2º, *b,* da Lei 9.317/96. 3. A eficácia declaratória da exclusão não implica em modificação do critério jurídico do lançamento. [...]" (STJ, 2ª T., REsp 1.021.095/RS, *DJe* de 31/3/2009)

**6. Mudança de critério jurídico. IPTU. Classificação de imóveis** – Julgando questão na qual o Município do Rio de Janeiro pretendia alterar a classificação de imóveis, para fins de tributação pelo IPTU, o STJ considerou que, embora, em tese, tal alteração possa ocorrer, não é possível levá-la a efeito de modo retroativo, de sorte a ensejar a revisão de lançamentos já efetuados. "1. Esta Corte tem precedente, no sentido de que o município tem competência para legislar sobre IPTU, podendo classificar os imóveis, definindo quais os que devem pagar a exação municipal mais ou menos gravosa (REsp nº 196.027/RJ). 2. Hipótese em julgamento em que a municipalidade, de forma unilateral, alterou a classificação, invocando os princípios da isonomia e da capacidade contributiva do contribuinte, razões não elencadas no art. 149 do CTN para que se faça a revisão de lançamento (precedente desta Turma REsp nº 1.718/RJ). [...]" (STJ, 2ªT., REsp 259.057/RJ, Rel. Min. Eliana Calmon, j. em 12/9/2000, *DJ* de 9/10/2000, p. 136).

Note-se, mais uma vez, a necessária distinção que se deve estabelecer entre mudança de critério jurídico e erro de fato. No caso, o Município do Rio de Janeiro classificava os imóveis em *residenciais* e *comerciais,* para assim aplicar alíquotas mais elevadas de IPTU para os últimos. Pois bem. Se o contribuinte houvesse declarado que seu imóvel era uma casa, sendo assim cadastrado junto ao Município, e este algum tempo depois constatasse tratar-se de uma loja de ferragens, é evidente que o IPTU poderia ser exigido, inclusive de modo retroativo, pois tal imóvel fora considerado pelo Município como submetido à alíquota menor por conta de um *erro* quanto à situação de fato. Em outros termos, se o Município soubesse, desde o início, que se tratava de uma loja de ferragens, teria exigido o IPTU pela alíquota aplicável a imóveis comerciais. Não foi isso, contudo, o que ocorreu

**Art. 147**      **Livro Segundo** · NORMAS GERAIS DE DIREITO TRIBUTÁRIO | **317**

no caso julgado pelo STJ no REsp 259.057/RJ. Como se percebe do exame de seu inteiro teor, a situação ali era a seguinte: o Município optou por classificar os "hotéis-residência" como imóveis residenciais. Depois de algum tempo, alterou esse entendimento, e passou a considerar os "hotéis-residência" como estabelecimentos comerciais. Veja-se que o Município não se enganara quanto ao fato: desde o início tinha conhecimento de que os imóveis eram "hotéis-residência", tendo alterado apenas o seu entendimento quanto ao seu enquadramento jurídico.

## Seção II
### Modalidades de Lançamento

**Art. 147.** O lançamento é efetuado com base na declaração do sujeito passivo ou de terceiro, quando um ou outro, na forma da legislação tributária, presta à autoridade administrativa informações sobre matéria de fato, indispensáveis à sua efetivação.[1]

§ 1º A retificação da declaração por iniciativa do próprio declarante, quando vise a reduzir ou a excluir tributo, só é admissível mediante comprovação do erro em que se funde, e antes de notificado o lançamento.[2]

§ 2º Os erros contidos na declaração e apuráveis pelo seu exame serão retificados de ofício pela autoridade administrativa a que competir a revisão daquela.

## ANOTAÇÕES ──────────────────────────────

**1. Lançamento por declaração e lançamento por homologação. Diferença essencial** – A principal distinção que pode ser estabelecida entre o lançamento por declaração, e o lançamento por homologação diz respeito ao dever de efetuar o pagamento antecipado e, por conseguinte, ao termo inicial da *mora* do sujeito passivo. No lançamento por declaração: 1º) o sujeito passivo fornece à autoridade os elementos *de fato* indispensáveis à feitura do lançamento; 2º) a autoridade examina tais elementos; 3º) a autoridade efetua o lançamento, dele notificando o sujeito passivo; 4º) o sujeito passivo *paga* (ou impugna) a quantia apurada *pela autoridade,* no prazo por ela designado, o qual será, necessariamente, *posterior* ao recebimento da notificação do lançamento. Já no lançamento por homologação, 1º) o sujeito passivo apura o *quantum* do tributo devido e *paga* a quantia por ele próprio apurada; 2º) a autoridade examina – em tese – a apuração efetuada pelo contribuinte, homologando-a. No lançamento por declaração, o contribuinte somente está obrigado ao pagamento do tributo *depois* do exame da autoridade a respeito dos fatos por ele declarados. No lançamento por homologação, o dever de efetuar o pagamento é *antecipado* em relação a esse exame, que muitas vezes nem chega a ocorrer efetivamente.

Atualmente, poucos tributos são submetidos ao lançamento por declaração. São apontados como exemplo, frequentemente, o imposto estadual sobre transmissão *causa mortis* e doações (ITCD), e o imposto municipal sobre transmissão onerosa e *inter vivos* de bens imóveis (ITBI).

**318** | CÓDIGO TRIBUTÁRIO NACIONAL – *Hugo de Brito Machado Segundo* **Art. 148**

**2. Lançamento por declaração e possibilidade de impugnação** – Segundo entende o Conselho de Contribuintes do Ministério da Fazenda, "o disposto no art. 147, § 1º, do CTN, não elide o direito de o contribuinte impugnar o lançamento, ainda que este tenha por base informações prestadas na DITR pelo próprio impugnante. A recusa do julgador *a quo* em apreciar a impugnação acarreta a nulidade da decisão por preterição do direito de defesa, e, ainda, a supressão de instância, se, porventura, o julgador de segundo grau resolve apreciar as razões aduzidas na instância inferior. Processo que se anula a partir da decisão de primeira instância, inclusive" (2º CC, Ac. 203.03115, Rel. Ricardo Leite Rodrigues, *DO* de 8/6/1998, p. 24, *Revista de Estudos Tributários* nº 2, jul.-ago./98, p. 132). É importante fazer a ressalva de que o ITR, tributo de que cuida o precedente citado, *foi* submetido ao lançamento por declaração, sendo hoje submetido a lançamento por homologação. Não mais se lhe aplica, portanto, a conclusão do acórdão acima transcrito, que continua válido na interpretação do art. 147 do CTN, servindo como padrão invocável em outras ocasiões em que houver lançamento por declaração.

**Art. 148.** Quando o cálculo do tributo tenha por base, ou tem em consideração, o valor ou o preço de bens, direitos, serviços ou atos jurídicos, a autoridade lançadora, mediante processo regular, arbitrará[1, 2] aquele valor ou preço, sempre que sejam omissos[3, 4, 5] ou não mereçam fé as declarações ou os esclarecimentos prestados, ou os documentos expedidos pelo sujeito passivo ou pelo terceiro legalmente obrigado, ressalvada, em caso de contestação, avaliação contraditória, administrativa ou judicial.[6, 7, 8, 9, 10]

## ANOTAÇÕES

**1. Arbitramento. Medida extrema** – O arbitramento é medida extrema, excepcional, à qual a autoridade administrativa deverá recorrer apenas na hipótese de as informações e declarações oferecidas pelo contribuinte serem *imprestáveis para o conhecimento da verdade*. Não é lícito recorrer ao arbitramento em situações nas quais as declarações ou os documentos do contribuinte possuem vícios formais sanáveis, que não comprometem a veracidade ou a confiabilidade das informações que veiculam. O TRF da 1ª Região, a propósito, tem precedentes nos quais consigna que "a desclassificação da escrita contábil, que tem como consequência o arbitramento do lucro, somente é cabível quando não existirem elementos concretos que permitam a apuração do lucro real da empresa. [...]" (TRF 1ª R., 3ª T-s, AC 95.01.360814/DF, Rel. Juiz Wilson Alves de Souza (conv.), j. em 7/10/2004, *DJ* de 11/11/2004, p. 102). **No mesmo sentido:** "Estando presentes elementos para aferição do lucro real através dos livros contábeis que se encontravam regularizados, ficam obstadas outras técnicas como o arbitramento de lucro em virtude da desclassificação de sua escrita, por ser medida extremada" (TRF 3ª R., 6ª T., AC 553.310/SP, Rel. Juiz Lazarano Neto, j. em 26/11/2003, *DJ* de 12/12/2003, p. 526). Outro não é o entendimento do TRF da 5ª Região: "Autuação de pessoa jurídica em virtude de atraso na escrituração dos livros contábeis e na entrega da declaração de rendimentos. – Súmula nº 76 do TFR: 'Em tema de imposto de renda, a desclassificação da escrita somente se legitima na ausência de elementos

# Art. 148

**Livro Segundo** · NORMAS GERAIS DE DIREITO TRIBUTÁRIO | **319**

concretos que permitam a apuração do lucro real da empresa, não justificando simples atraso na escrita.' Comprovação da regularidade contábil através de perícia judicial. Demonstração da existência de elementos suficientes à apuração do lucro real. Lançamentos anulados" (TRF 5ª R., AC 141.688/CE, Rel. Des. Fed. Ridalvo Costa, j. em 23/9/1999, *DJ* de 29/10/1999, p. 943). E ainda: "O arbitramento somente é legítimo para suprir a inexistência de livros e escrituração fiscal, não sendo legítimo quando ocorreu apenas erros de escrituração, mas cujos elementos acessórios permitiam o cálculo do lucro real" (TRF 5ª R., 1ª T., AC 218.650/SE, Rel. Des. Fed. Paulo Machado Cordeiro, j. em 3/4/2003, *DJ* de 27/6/2003, p. 596).

Isso vale não apenas para o imposto de renda, mas para contribuições previdenciárias, para o ITBI, o ITCD, enfim, para qualquer tributo em relação ao qual a autoridade entenda de desconsiderar as informações e os documentos oferecidos pelo contribuinte para arbitrar o valor da correspondente base de cálculo.

**2. Arbitramento e imposto de renda** – Sempre que a escrituração contábil do sujeito passivo contiver vícios que a tornem imprestável, a autoridade poderá efetuar o lançamento do imposto de renda sobre o *lucro arbitrado*. "O Fisco está legalmente autorizado a realizar o arbitramento do lucro quando a escrituração contábil não se presta à verificação do lucro real. [...]" (STJ, 2ª T., REsp 331.163/PB, Rel. Min. Peçanha Martins, j. em 1º/6/2004, *DJ* de 8/11/2004, p. 194). Registre-se, a propósito, que, em face da natureza plenamente vinculada da atividade administrativa tributária, os critérios para se fazer o arbitramento devem ser estabelecidos objetivamente em lei. E, acima de tudo, em qualquer hipótese a presunção gerada pelo arbitramento será sempre relativa, comportando prova em contrário a ser produzida pelo contribuinte.

**3. Omissão na apresentação de documentos, caso fortuito e força maior** – Se o sujeito passivo não apresenta um documento por comprovado extravio, decorrente de fatores alheios à sua vontade e às suas forças, mas a Fazenda não comprova que os demais documentos e as declarações apresentadas não merecem fé, o arbitramento não se justifica. É o que tem decidido o TRF da 1ª Região: "Se o Embargante apresentou declaração de rendimentos tempestivamente bem como a fiscalização não comprovou que a declaração entregue não corresponde à realidade da empresa, descabe o arbitramento do lucro por falta de documentos, os quais foram destruídos em inundação, fato imprevisto e imprevisível, alheio à vontade do contribuinte. Precedentes deste Tribunal" (TRF 1ª R., 3ª T-s, REO 96.01.491635/MG, Rel. Juiz Leão Aparecido Alves, j. em 1º/7/2004, *DJ* de 2/12/2004, p. 31). O ônus de provar o fato imprevisto e imprevisível, a propósito, é do contribuinte que o alega como causa para a não-apresentação dos livros.

**4. Falta de entrega de declaração e arbitramento** – O arbitramento não é punição, sanção ou castigo para o contribuinte que simplesmente deixa de entregar um documento. É preciso que a falta, ou a omissão do sujeito passivo tornem impossível para a autoridade conhecer a verdade a respeito das realidades e dos montantes a serem considerados na feitura do lançamento. Por isso mesmo, "se a empresa tem escrita contábil, a falta de declaração de rendimentos não autoriza o arbitramento de seu lucro" (TRF 1ª R., 3ª T., REO 96.01.048219/DF, Rel. Juiz Tourinho Neto, j. em 8/4/1996, *DJ* de 6/5/1996, p. 28.618). **No mesmo sentido**, ressaltando a natureza excepcional do arbitramento, sua razão de ser e os seus pressupostos: "O arbitramento do lucro é ato extremado que só pode ocorrer em face da real impossibilidade de apuração do lucro real do empreendimento. 2 – O lançamento tributário efetuado mediante o arbitramento do lucro goza de relativa presunção, pode, portanto, ser revisto na esfera judicial. 3 – Elididas as circunstâncias que alicerçaram o arbitramento, mediante perícia judicial comprovando a idoneidade dos elementos contábeis e a situação de prejuízo experimentada pelo contribuinte, não pode prevalecer o ato extremado praticado pela Administração, pois o tributo deriva da lei e não da vontade dos sujeitos da relação tributária. 4 – A ausência de autenticação nos livros diários, por si só, não é suficiente para o arbitramento do lucro, vez que não especificada no art. 399 do Decreto nº 85.450/80. 5 – A ausência de declaração de renda também não representa causa suficiente para ensejar o arbitramento do lucro, pois, além de não estar prevista no art. 399 do Decreto nº 85.450/80, recebe tratamento diferenciado no referido diploma legal" (TRF 3ª R., 3ª T., AC 374.994/SP, j. em 9/10/2002, *DJ* de 6/11/2002, p. 461).

**5. Arbitramento de imposto de renda e depósitos bancários** – O Tribunal Federal de Recursos, através de sua Súmula nº 182, consolidou o entendimento segundo o qual "é ilegítimo o lançamento do imposto de renda arbitrado com base apenas em depósitos bancários". A Câmara Superior de Recursos Fiscais, última instância no julgamento de processos administrativos tributários federais, manifestou-se sobre a questão nos seguintes termos: "IRPF – Omissão de rendimentos – Depósitos bancários – A existência de depósitos bancários em montante incompatível com os dados da declaração de rendimentos, por si só não é fato gerador de imposto de renda. O lançamento baseado em depósitos bancários só é admissível quando ficar comprovado o nexo causal entre cada depósito e o fato que represente omissão de rendimentos. Recurso provido" (CSRF, 1ª C., AC 01-02.641, Rel. Cons. Antonio de Freitas Dutra, j. 16/3/1999, *DOU* de 11/8/1999, p. 12, *Repertório IOB de Jurisprudência* da 1ª quinzena de outubro de 1999, c. 1, p. 567).

Há quem entenda que, em face da Lei nº 9.430/96, especialmente de seu art. 42, a mera existência de depósitos não declarados já poderia ser objeto de tributação pelo imposto de renda (no caso de pessoas físicas), ou pelos tributos incidentes sobre a renda e a receita (no caso de pessoas jurídicas), pois geraria uma *presunção relativa* de omissão de rendimentos ou de omissão de receitas, a ser elidida pelo contribuinte. Segundo o referido artigo, caracterizam omissão de receita ou de rendimento "os valores creditados em conta de depósito ou de investimento mantida junto a instituição financeira, em relação aos quais o titular, pessoa física ou jurídica, regularmente intimado, não comprove, mediante documentação hábil e idônea, a origem dos recursos utilizados nessas operações". Em face do citado artigo, o Conselho de Contribuintes proferiu alguns acórdãos alterando o entendimento antes ali já sedimentado: "Insubsiste o lançamento realizado com base exclusivamente em depósitos bancários, sem vinculação deles à receita desviada, por ferir o princípio da reserva legal consagrado nos arts. 3º, 97 e 142 do Código Tributário Nacional. O lançamento por presunção de omissão de receitas com base em depósitos bancários de origem não comprovada somente tem lugar a partir do ano calendário de 1997, por força do disposto no art. 42, da Lei nº 9.430, de 27 de dezembro de 1996" (1º CC, 8ª C., AC 108-06.870, Rel. Cons. Nelson Lósso Filho, *DO* de 22/10/2002, p. 33).

Não nos parece, contudo, que norma veiculada através de lei ordinária tenha a aptidão de alterar os critérios de *fundamentação* do lançamento tributário, por se tratar de decorrência do princípio constitucional do devido processo legal, essencial ao exercício do direito de defesa por parte do contribuinte. A partir da Lei nº 9.430/96, pode-se até admitir um abrandamento no entendimento anterior do Conselho de Contribuintes, segundo o qual o Fisco teria de associar *cada* depósito a um fato específico que consubstanciasse omissão de

# Art. 148    Livro Segundo · NORMAS GERAIS DE DIREITO TRIBUTÁRIO | 321

rendimentos ou omissão de receitas. Esse abrandamento significa que o Fisco pode fazer esse mesmo lançamento com base nos depósitos bancários associados a *outros* indícios de omissão de rendimentos, sem ter de associá-los a cada um dos depósitos individualmente, desde que o somatório de todos esses indícios consubstancie acervo probatório suficiente para gerar uma presunção relativa e assim inverter o ônus da prova em desfavor do contribuinte. Isso porque a presunção criada, nesse caso, não decorrerá simplesmente dos depósitos, nem imporá ao contribuinte o ônus da prova impossível.

Esse entendimento, aliás, harmoniza-se com aquele sempre adotado pelo Poder Judiciário, segundo o qual o que estaria vedado ao Fisco seria o lançamento baseado *exclusivamente* em depósitos bancários, vedação que, por decorrer da Constituição e não das leis, continua existindo independentemente do que dispõe a Lei nº 9.430/96. É conferir: "O imposto de renda, arbitrado exclusivamente com base em extratos bancários não tem suporte legal (súmula 182 – TFR). O sinal exterior de riqueza representado pela movimentação bancária deve ensejar investigação pelo Fisco, não se prestando, como elemento único, para o arbitramento da base de cálculo do imposto de renda" (TRF 4ª R., 1ª T., AC 2000.04.01071224-0/PR, Rel. Juíza Vivan Pantaleão, j. em 26/10/2005, *DJ* de 30/11/2005, p. 628). **No mesmo sentido:** "A jurisprudência tem seguido a orientação emanada da Súmula nº 182 do ex-TFR, no sentido de ser ilegítimo o imposto de renda arbitrado com base apenas em extratos ou depósitos bancários" (TRF 5ª R., 1ª T., AC 216.485/CE, j. em 7/8/2003, Rel. Des. Fed. Rogério Fialho, *DJ* de 9/10/2003, p. 964).

**6. Arbitramento, presunção (relativa) e ônus da prova** – Como explicita o art. 148 do CTN, em mero desdobramento dos princípios da legalidade, da ampla defesa e do contraditório, o arbitramento é mera forma de estabelecimento de uma presunção relativa, que sempre poderá ser objeto de prova em contrário por parte do sujeito passivo. Admitir o arbitramento como presunção absoluta implicaria admitir que o tributo incida sobre fatos fictícios, ou seja, quantificado a partir de bases irreais, diversas das autorizadas pela Constituição e previstas na lei. "Para elidir a desclassificação da escrita é mister que a parte a quem aproveite, à vista da presunção de certeza e liquidez da certidão de dívida ativa (CTN, art. 204; e Lei nº 6.830/80, art. 3º), apresente os 'elementos concretos que permitam a apuração do lucro real da empresa' (Súmula 76 do TFR – RIR/80, art. 399, IV). [...]" (TRF 1ª R., 2ª T-s, AC 96.01.393510/BA, Rel. Juiz. Leão Alves, j. em 25/2/2003, *DJ* de 27/3/2003, p. 208).

Mas note-se: o ônus de provar que o fato não ocorreu tal como arbitrado é do sujeito passivo, *mas o ônus de provar que a escrita possui vícios que justificam o arbitramento é da Fazenda Pública*. Afinal, "o lançamento de imposto de renda por omissão de rendimentos, à conta de acréscimo patrimonial não justificado, imprescinde da indicação dos fatos em que baseia o arbitramento dos agentes fiscais (Lei nº 8.021/90 art. 6º, parágrafo 4º), pois o lançamento é atividade legalmente vinculada" (TRF 1ª R., 3ª T., AC 96.01.426850/BA, Rel. Juiz Olindo Menezes, j. em 15/4/1997, *DJ* de 20/6/1997, p. 46185).

**Também deve a Fazenda fundamentar e indicar os critérios utilizados no arbitramento:** "O lançamento fiscal, espécie de ato administrativo, goza da presunção de legitimidade; essa circunstância, todavia, não dispensa a Fazenda Pública de demonstrar, no correspondente auto de infração, a metodologia seguida para o arbitramento do imposto – exigência que nada tem a ver com a inversão do ônus da prova, resultado da natureza

322 | CÓDIGO TRIBUTÁRIO NACIONAL – *Hugo de Brito Machado Segundo* **Art. 148**

do lançamento fiscal, que deve ser motivado. [...]" (STJ, 2ª T., REsp 48.516, Rel. Min. Ari Pargendler, *DJ* 13/10/1997, p. 51553).

**7. Arbitramento e "tabelas" de valores** – Não é rara a feitura de arbitramentos baseados em tabelas fixadas à luz de estimativas, em situações nas quais não há qualquer irregularidade na documentação apresentada pelo contribuinte. A "irregularidade" seria apenas a divergência entre o valor apresentado pelo contribuinte e o valor da "tabela", a qual evidentemente deve ser usada apenas quando o contribuinte não dispuser de documentação, ou esta for imprestável. O INSS, por exemplo, tem tabelas nas quais está estimado o custo da mão de obra necessária à construção civil, baseado no metro quadrado. Munido dessa tabela, o fiscal chega em um canteiro de obras, ou em um edifício recém construído, e se o valor da folha de salários relativa à construção for inferior ao da "tabela", toda a escrita é desconsiderada e feito o arbitramento. Tal procedimento, contudo, é absurdo, e consiste numa nítida petição de princípios: a tabela foi aplicada porque a escrita é irregular, e a escrita foi considerada irregular porque se aplicou a tabela...

Deve-se considerar, entre outras coisas, que tais tabelas são fixadas à luz de médias estimadas em face dos preços praticados nos grandes centros urbanos, e nem sempre correspondem à realidade de cidades menores. À luz dessas premissas, o TRF da 1ª Região já decidiu, em caso no qual o fisco usava tabela de preços de imóveis para arbitrar o imposto de renda, que "se o Fisco não comprovou o efetivo acréscimo patrimonial, é improcedente o arbitramento do lucro com base na tabela do Sindicato da Indústria de Construção Civil de Minas Gerais (SINDUSCON), cujos preços, direcionados para a região metropolitana de Belo Horizonte, são distintos daqueles apurados na região de Viçosa/MG – local da construção. [...]" (TRF 1ª R., 3ª T-s, AC 1998.01.0000545-5/MG, Rel. Jiz Vallisney de Souza (conv.), *DJ* de 14/10/2004, p. 35). **Em sentido contrário**, mas em caso no qual não fora feita perícia para refutar a pertinência dos valores constantes da "tabela": TRF 1ª R., 2ª T-s, REO 96.01.52811-3/MG, Rel. Juíza Gilda Sigmaringa Seixas (conv.), j. em 5/8/2003, *DJ* de 4/9/2003, p. 89.

**8. Arbitramento e presunção alçada ao plano normativo** – O arbitramento de que cuida o art. 148 do CTN deve ser feito em cada caso, à luz de informações não confiáveis prestadas pelo contribuinte, e não de forma prévia, geral e abstrata, através de pautas de valores, como costumam fazer as Fazendas estaduais em relação à base de cálculo do ICMS. Como há muito tempo decide o STF, "o arbitramento feito pela autoridade lançadora só poderá ser feito mediante 'processo regular' (art. 148 do Código Tributário Nacional), e não por Portaria de efeito normativo, sem exame de cada caso particular" (STF, 1ª T., RE 72.400/RN, Rel. Min. Barros Monteiro, j. em 29/10/1971, *DJ* de 26/11/1971).

**9. Pautas fiscais. Impossibilidade mesmo na substituição para frente** – O regime de substituição tributária "para frente" reclama a prévia fixação da base de cálculo do tributo, o que o assemelha à sistemática das "pautas fiscais". Afinal, em ambos os casos a base de cálculo é fixada previamente, e de modo absoluto (ficção legal ou presunção absoluta), não comportando prova em contrário. Daí a invalidade das pautas fiscais, invalidade esta que, contraditoriamente, não foi reconhecida pelo STF também em relação à substituição tributária "para frente".

Mas, embora a semelhança seja grande, há distinções que podem ser apontadas. A primeira delas é a de que, na pauta fiscal, os valores de determinados produtos são previamente estabelecidos, de modo absoluto e fixo. Na substituição, o principal critério de determinação do preço final consiste na adoção do preço praticado pelo fabricante (que é

# Art. 148     Livro Segundo · NORMAS GERAIS DE DIREITO TRIBUTÁRIO | 323

conhecido e não fictício), o qual é acrescido do frete, do IPI, do ICMS devido por ele fabricante, de outros encargos, e de uma *margem de valor agregado – MVA*.

Pois bem. Não satisfeitos com o privilégio que lhes concede o regime da substituição tributária para frente, muitos Estados-membros ainda entendem de estabelecer "pautas fiscais" a respeito dos valores das operações praticadas pelos fabricantes, ou da própria operação final, ignorando o preço efetivamente praticado pelo fabricante. Essa prática, porém, não é admitida pelo STJ: "1. Segundo orientação pacificada neste Corte, é indevida a cobrança do ICMS com base em regime de pauta fiscal. Precedentes. 2. O art. 148 do CTN somente pode ser invocado para a determinação da base de cálculo do tributo quando, certa a ocorrência do fato imponível, o valor ou preço de bens, direitos, serviços ou atos jurídicos registrados pelo contribuinte não mereçam fé, ficando a Fazenda Pública, nesse caso, autorizada a proceder ao arbitramento mediante processo administrativo-fiscal regular, assegurados o contraditório e a ampla defesa. 3. Ao final do procedimento previsto no art. 148 do CTN, nada impede que a administração fazendária conclua pela veracidade dos documentos fiscais do contribuinte e adote os valores ali consignados como base de cálculo para a incidência do tributo. Do contrário, caso se entenda pela inidoneidade dos documentos, a autoridade fiscal irá arbitrar, com base em parâmetros fixados na legislação tributária, o valor a ser considerado para efeito de tributação. 3. O art. 8º da LC nº 87/96 estabelece o regime de valor agregado para a determinação da base de cálculo do ICMS no caso de substituição tributária progressiva. Na hipótese, como não há o valor real da mercadoria ou serviço, já que o fato gerador é antecipado e apenas presumido, o dispositivo em tela determina o procedimento a ser adotado, assim resumido: quando o produto possuir preço máximo de venda no varejo, fixado pela autoridade competente ou pelo fabricante, a base de cálculo do ICMS antecipado será esse preço, sem nenhum outro acréscimo (IPI, frete etc.); quando o produto não for tabelado ou não possuir preço máximo de venda no varejo, a base de cálculo do ICMS antecipado é determinada por meio de valor agregado. Sobre uma determinada base de partida, geralmente o valor da operação anterior, é aplicado um percentual de agregação, previsto na legislação tributária, para se encontrar a base de cálculo do ICMS antecipado. 4. Não há que se confundir a pauta fiscal com o arbitramento de valores previsto no art. 148 do CTN, que é modalidade de lançamento. Também não se pode confundi-la com o regime de valor agregado estabelecido no art. 8º da LC nº 87/96, que é técnica adotada para a fixação da base de cálculo do ICMS na sistemática de substituição tributária progressiva, levando em consideração dados concretos de cada caso. Já a pauta fiscal é valor fixado prévia e aleatoriamente para a apuração da base de cálculo do tributo. [...]" (STJ, 2ª T., RMS 18.677/MT, Rel. Min. Castro Meira, j. em 19/4/2005, *DJ* de 20/6/2005, p. 175). Em seu voto, o Ministro relator explica que a pauta fiscal "não encontra espaço em nosso ordenamento jurídico. Não se enquadra na hipótese de arbitramento, já que nesse caso é imprescindível a participação do contribuinte em processo administrativo-fiscal regular, sendo-lhe assegurados o contraditório e a ampla defesa. Também não se assemelha ao regime de valor agregado, previsto pelo art. 8º da LC nº 87/96 para a fixação da base de cálculo do ICMS na substituição tributária progressiva. Na espécie, não se fixa aleatoriamente um valor a servir como base de cálculo do imposto como na hipótese de pauta fiscal, mas se aplica um percentual de agregação, previsto na legislação em virtude de cada produto, sobre uma base de partida, que geralmente é o valor de saída da mercadoria na operação anterior". Atualmente, o entendimento do STJ em torno da matéria encontra-se sumulado, nos seguintes termos: "É ilegal a cobrança de ICMS com base no valor da mercadoria submetido ao regime de pauta fiscal" (Súmula 431/STJ).

**10. Arbitramento e controle posterior do montante arbitrado** – Conforme já decidiu, com inteiro acerto, o TRF da 4ª Região, "o arbitramento não constitui uma modalidade de lançamento, mas uma técnica, um critério substitutivo que a legislação permite, excepcionalmente, quando o contribuinte não cumpre com seus deveres de manter a contabilidade em ordem e em dia e de apresentar as declarações obrigatórias por lei. Não tem o caráter punitivo que o fisco lhe conferiu, pois a empresa fiscalizada, ao promover a regularização da escrita contábil e apurar o montante tributável de acordo com as determinações do Regulamento do Imposto de Renda, reconheceu o equívoco e forneceu os elementos de investigação que tornariam possível a descoberta da verdade material, ainda na fase de impugnação do lançamento. 2. A norma do art. 148 do CTN tem o escopo de aproximar os valores arbitrados o máximo possível da verdadeira base de cálculo do tributo, na medida em que o direito ao contraditório limita a discricionariedade da autoridade fiscal. Firma-se uma presunção relativa quanto à tributação com base no arbitramento, porquanto o contribuinte sempre poderá fazer prova em contrário. A conduta do fisco, na hipótese em exame, desvirtuou o princípio da finalidade que norteia os atos administrativos, pois ignorou os elementos oferecidos pelo contribuinte, ao contestar o lançamento, não se efetivando o contraditório. 3. O art. 148 do CTN não encerra a possibilidade de prova em contrário no momento de formação do lançamento; o legislador estendeu a garantia do contraditório também à ocasião posterior ao arbitramento. Este é o espírito do dispositivo, quando estabelece: 'ressalvada, em caso de contestação, avaliação contraditória, administrativa ou judicial'. [...]" (TRF 4ª R., 1ª T., AC 2002.04.01014827-6/RS, Rel. Juiz Wellington de Almeida, j. em 29/6/2005, *DJ* de 20/7/2005, p. 392). Nota-se, na situação submetida à apreciação do TRF da 4a Região, que o Fisco, depois de efetuar o arbitramento, fechou-se para qualquer demonstração de que sua apuração estaria errada. Algo como: "não exibiu o livro certo na hora certa, então agora aguente as consequências!". Tal procedimento, porém, é inteiramente equivocado. Além das razões muito bem lançadas no acórdão, ainda se poderia acrescer outra: a prevalecer a cobrança do tributo arbitrado, seu fato gerador será não a aquisição de renda, cuja ausência se demonstrou depois, mas o desatendimento da exigência feita pelo fiscal.

**Art. 149.** O lançamento é efetuado e revisto de ofício[1, 2] pela autoridade administrativa nos seguintes casos:

I – quando a lei assim o determine;

II – quando a declaração não seja prestada, por quem de direito, no prazo e na forma da legislação tributária;

III – quando a pessoa legalmente obrigada, embora tenha prestado declaração nos termos do inciso anterior, deixe de atender, no prazo e na forma da legislação tributária, a pedido de esclarecimento formulado pela autoridade administrativa, recuse-se a prestá-lo ou não o preste satisfatoriamente, a juízo daquela autoridade;

IV – quando se comprove falsidade, erro ou omissão quanto a qualquer elemento definido na legislação tributária como sendo de declaração obrigatória;

# Art. 149 — Livro Segundo · NORMAS GERAIS DE DIREITO TRIBUTÁRIO | 325

V – quando se comprove omissão ou inexatidão, por parte da pessoa legalmente obrigada, no exercício da atividade a que se refere o artigo seguinte;

VI – quando se comprove ação ou omissão do sujeito passivo, ou de terceiro legalmente obrigado, que dê lugar à aplicação de penalidade pecuniária;

VII – quando se comprove que o sujeito passivo, ou terceiro em benefício daquele, agiu com dolo, fraude ou simulação;[3]

VIII – quando deva ser apreciado fato não conhecido ou não provado por ocasião do lançamento anterior;

IX – quando se comprove que, no lançamento anterior, ocorreu fraude ou falta funcional da autoridade que o efetuou, ou omissão, pela mesma autoridade, de ato ou formalidade especial.

Parágrafo único. A revisão do lançamento só pode ser iniciada enquanto não extinto o direito da Fazenda Pública.[4]

## ANOTAÇÕES

**1. Lançamento de ofício. Conceito** – Lançamento de ofício é aquele que pode ser efetuado pela autoridade independentemente de provocação e da colaboração do sujeito passivo. Em alguns casos, pode ser a modalidade normal de lançamento do tributo, sendo também a modalidade pela qual pode ser feita a revisão de qualquer outra forma de lançamento anteriormente efetuada.

**2. Tributos ordinariamente submetidos a lançamento de ofício** – O art. 149 do CTN cuida do lançamento de ofício e da revisão de ofício de outros lançamentos (que podem ter sido efetuados de ofício, por declaração, ou por homologação). Ao referir-se à feitura do lançamento "quando a lei assim determine" (inciso I), está o art. 149 fazendo alusão àqueles tributos ordinariamente submetidos a lançamento de ofício, como é o caso do IPTU, do IPVA, e de diversas taxas. Já ao cuidar das hipóteses em que se verifica erro, omissão, falta funcional etc., cuida da revisão de ofício de lançamento anterior (ou da falta de lançamento anterior).

É importante diferenciar o lançamento de ofício, efetuado ordinariamente como forma de liquidação de determinado tributo, do lançamento de ofício efetuado para corrigir equívoco constatado em lançamento anterior e exigir diferenças devidas mas não recolhidas (mais propriamente chamado de revisão de ofício), especialmente para se determinar o prazo de decadência aplicável. Se se trata de *revisão de ofício* de lançamento de ofício, ou de lançamento por declaração, incide o art. 173, I, do CTN. Se se trata de revisão de ofício de lançamento por homologação, e não há dolo, fraude nem simulação, incide o art. 150, § 4º, do CTN.

**3. Ocorrência de dolo, fraude ou simulação** – No âmbito dos tributos submetidos a lançamento por homologação, demonstrando-se que o sujeito passivo agiu com dolo, fraude ou simulação – e o ônus da prova, nesse caso, é do Fisco –, o art. 150, § 4º do CTN não é

# 326 | CÓDIGO TRIBUTÁRIO NACIONAL – *Hugo de Brito Machado Segundo* | **Art. 150**

aplicável, incidindo o art. 173, I, do mesmo Código. Confiram-se as notas aos arts. 150 e 173, I, do CTN.

**4. Revisão de lançamento e decadência** – Como a revisão do lançamento pode implicar a exigência de quantias suplementares, não lançadas quando da feitura do ato que se está a revisar, a mesma somente poderá ser levada a cabo enquanto não atingido pela decadência o direito de a Fazenda Pública lançar. A expressão *iniciada*, no parágrafo único do art. 149, deve ser vista com cuidado, pois a revisão não só deve ter início, mas também ser encerrada (com a notificação ao contribuinte, nos termos do art. 145), antes de consumada a decadência. A remissão do parágrafo único do art. 149 a "iniciada" refere-se, certamente, à lavratura do ato de lançamento decorrente da revisão (quando se considera exercido o direito da Fazenda Pública), possibilitando apenas que o *processo de controle de legalidade do lançamento* se estenda por período maior. Confiram-se as notas ao art. 173 do CTN.

**Art. 150.** O lançamento por homologação, que ocorre quanto aos tributos cuja legislação atribua ao sujeito passivo o dever de antecipar o pagamento sem prévio exame da autoridade administrativa, opera-se pelo ato em que a referida autoridade, tomando conhecimento da atividade assim exercida pelo obrigado, expressamente a homologa.[1, 2, 3, 4, 5, 6, 7, 8]

§ 1º O pagamento antecipado pelo obrigado nos termos deste artigo extingue o crédito, sob condição resolutória da ulterior homologação ao lançamento.[9]

§ 2º Não influem sobre a obrigação tributária quaisquer atos anteriores à homologação, praticados pelo sujeito passivo ou por terceiro, visando à extinção total ou parcial do crédito.

§ 3º Os atos a que se refere o parágrafo anterior serão, porém, considerados na apuração do saldo porventura devido e, sendo o caso, na imposição de penalidade, ou sua graduação.[10]

§ 4º Se a lei não fixar prazo à homologação,[11] será ele de 5 (cinco) anos, a contar da ocorrência do fato gerador; expirado esse prazo sem que a Fazenda Pública se tenha pronunciado, considera-se homologado o lançamento e definitivamente extinto o crédito,[12] salvo se comprovada a ocorrência de dolo, fraude ou simulação.[13, 14]

## ANOTAÇÕES

**1. Lançamento por homologação. Conceito** – Conforme esclarece Geraldo Ataliba, "o lançamento por homologação – impropriamente chamado autolançamento – ocorre quando a lei atribuiu ao sujeito passivo a incumbência de todo o preparo material e técnico do ato, que, destarte, se reduz a uma simples homologação. O lançamento persiste sendo ato privativo do fiscal. O contribuinte é mero preparador. O lançamento, propriamente dito, no caso, consiste na homologação" (*Apontamentos de Ciência das Finanças, Direito Financeiro*

# Art. 150    Livro Segundo · NORMAS GERAIS DE DIREITO TRIBUTÁRIO | 327

e *Tributário,* São Paulo: Revista dos Tribunais, 1969, p. 287 e 288). Essa definição, e a explicação a respeito da impropriedade da expressão *autolançamento,* já nos eram dadas em 1949 por Rubens Gomes de Souza, autor do anteprojeto que resultou no CTN, que explicava ser a declaração apresentada pelo contribuinte, e o pagamento em face dela realizado, aceitos pelo fisco de modo apenas provisório, em função da natureza *ex lege* da obrigação tributária. Tanto que o efeito liberatório do pagamento é condicionado ao posterior exame da autoridade e à aceitação da autoridade, que poderá ser expresso, ou tácito, pelo decurso do prazo de revisão ("Curso de Introdução ao Direito Tributário", em *Revista de Estudos Fiscais,* nos 5 e 6, maio-junho de 1949, p. 212).

Nesse tipo de lançamento, observa Ives Gandra da Silva Martins, o sujeito passivo "transforma-se em 'longa manus' não remunerada da Administração Pública, ficando obrigado a praticar atos próprios da administração (escrituração de livros, emissão de notas fiscais etc.) sem receber nada em troca, a não ser a ameaça de punição, se não cumprir a exigência fiscal" (Decadência e prescrição, em *Decadência e prescrição,* coord. Ives Gandra da Silva Martins. São Paulo: RT/CEU, 2007, p. 18)

**2. Apuração desacompanhada de pagamento. Execução** – De acordo com o entendimento hoje pacífico no STJ, "nos tributos lançados por homologação, verificada a existência de saldo devedor nas contas apresentadas pelo contribuinte, o órgão arrecadador poderá promover sua cobrança independentemente da instauração de processo administrativo e de notificação do contribuinte" (STJ, 2ª T., AGA 512.823/MG, Rel. Min. Castro Meira, *DJ* de 15/12/2003, p. 266).

Esse entendimento – na parte em que considera prescindível a concessão de direito de defesa na via administrativa – é duramente criticado pela doutrina (Cf., *v. g.,* Alberto Xavier, *Do Lançamento – Teoria Geral do Ato, do Procedimento e do Processo Tributário,* 2. ed., Rio de Janeiro: Forense, 1997, p. 413; Hugo de Brito Machado, *Comentários ao Código Tributário Nacional,* São Paulo: Atlas, 2005, v. III, p. 191 ss), mas, como dito, é adotado pacificamente pela jurisprudência. O importante, portanto, pelo menos do ponto de vista pragmático mais imediato, não é examinar detidamente as razões pelas quais essa compreensão é tida por equivocada, *mas sim procurar aplicá-la coerentemente,* conforme será explicado na nota seguinte.

**3. Cobrança das quantias declaradas. Retificação de declaração** – Por imposição da lógica e da coerência, se a Fazenda pode cobrar quantias apuradas e declaradas pelo próprio contribuinte, deve considerar, por igual, eventuais retificações que o contribuinte fizer em suas declarações originárias. Se o contribuinte declara dever R$ 10.000,00, e depois retifica sua declaração afirmando dever R$ 5.000,00, o fisco não pode exigir a diferença entre os R$ 10.000,00 inicialmente declarados e os R$ 5.000,00 posteriormente declarados em retificação. Qualquer diferença, nesse caso, deve ser objeto de lançamento de ofício, não sendo razoável que as declarações do sujeito passivo somente "prestem" quando isso interessar à Fazenda Pública. Como já decidiu o STJ, "num sistema tributário em que se admite a 'denúncia espontânea', revela-se incompatível vedar-se a retificação ex officio do autolançamento, acaso engendrado 'tempestivamente'. [...]" (STJ, 1ª T., REsp 396.875/PR, Rel. Min. Luiz Fux, j. em 23/4/2002, *DJ* de 27/5/2002, p. 136).

**4. Apuração desacompanhada de pagamento. Prescrição** – A principal consequência desse entendimento, segundo o qual a Fazenda Pública pode exigir diretamente as quantias declaradas e não pagas, independentemente de lançamento de ofício ou de oferecimento

# 328 | CÓDIGO TRIBUTÁRIO NACIONAL – *Hugo de Brito Machado Segundo*                    **Art. 150**

de direito de defesa na via administrativa, reside na fixação dos prazos de decadência e prescrição.

Se, diante da apuração feita pelo contribuinte, a Fazenda pode executar diretamente as quantias não pagas, já não se há mais de cogitar de prazos de decadência. Afinal, a aceitação da declaração do contribuinte configuraria um lançamento mediante a "homologação expressa". Mas, por imposição lógica, já se inicia aí, do vencimento da obrigação declarada e não paga, o prazo prescricional da correspondente execução fiscal. É o que tem decidido, com rara coerência de premissas, o STJ: "[...] Nos casos em que o contribuinte declara o débito do ICMS por meio da Guia de Informação e Apuração (GIA), considera-se constituído definitivamente o crédito tributário a partir da apresentação dessa declaração perante o Fisco. A partir de então, inicia-se a contagem do prazo de cinco anos para a propositura da execução fiscal. [...]" (STJ, 1ª T., REsp 437.363/SP, Rel. Min. Teori Albino Zavascki, *DJ* de 19/4/2004, p. 154). **No mesmo sentido:** "[...] Em se tratando de tributos lançados por homologação, ocorrendo a declaração do contribuinte, por DCTF, e na falta de pagamento da exação no vencimento, mostra-se incabível aguardar o decurso do prazo decadencial para o lançamento. Tal declaração elide a necessidade da constituição formal do débito pelo Fisco, podendo este ser imediatamente inscrito em dívida ativa, tornando-se exigível, independentemente de qualquer procedimento administrativo ou de notificação ao contribuinte. 3. O termo inicial do lustro prescricional, em caso de tributo declarado e não pago, não se inicia da declaração, mas da data estabelecida como vencimento para o pagamento da obrigação tributária constante da declaração. No interregno que medeia a declaração e o vencimento, o valor declarado a título de tributo não pode ser exigido pela Fazenda Pública, razão pela qual não corre o prazo prescricional da pretensão de cobrança nesse período" (STJ, 2ª T., REsp 658.138/PR, Rel. Min. Castro Meira, j. em 8/11/2005, *DJ* de 21/11/2005, p. 186). **Conferir ainda:** "[...] Nos tributos sujeitos a lançamento por homologação, considera-se constituído o crédito tributário a partir do momento da declaração realizada, que se dá por meio da entrega da Declaração de Contribuições de Tributos Federais (DCTF). Precedentes. 4. A declaração do contribuinte elide a necessidade da constituição formal do crédito tributário, sendo este exigível independentemente de qualquer procedimento administrativo, de forma que, não sendo o caso de homologação tácita, não se opera a incidência do instituto da decadência (CTN, art. 150, § 4º), incidindo apenas prescrição nos termos delineados no art. 174 do CTN. Precedentes" (STJ, 2ª T., REsp 285.192/PR, Rel. Min. Otávio de Noronha, j. em 4/10/2005, *DJ* de 7/11/2005, p. 174). Esse entendimento foi posteriormente confirmado pela Primeira Seção do STJ, no julgamento do REsp 850.423/SP (rel. Min. Castro Meira, j. em 28/11/2007). Cumpre advertir, finalmente, que se a declaração é entregue fora do prazo, depois do vencimento da obrigação declarada, o prazo prescricional não se inicia no vencimento, mas com a entrega da declaração: "[...] 2. Nos termos da jurisprudência do Superior Tribunal de Justiça, em se tratando de tributo sujeito a lançamento por homologação, o termo *a quo* do prazo prescricional para o ajuizamento da ação executiva tem início com a constituição definitiva do crédito tributário, que ocorre com a entrega da respectiva declaração pelo contribuinte, declarando o valor a ser recolhido, ou do vencimento do tributo, o que for posterior. [...]" (STJ, 2ª T, AgRg no REsp 1301722/MG, *DJe* 28/5/2014).

**5. Apuração desacompanhada de pagamento. Impossibilidade de lançamento de ofício** – Outra consequência da aceitação do entendimento segundo as quantias declaradas e não pagas podem ser imediatamente exigidas, independentemente de notificação ou

# Art. 150    Livro Segundo · NORMAS GERAIS DE DIREITO TRIBUTÁRIO | 329

defesa, reside na impossibilidade de o fisco efetuar lançamento de ofício para exigi-las. Com efeito, se a apresentação da declaração e o não pagamento da quantia nela apurada representam um "lançamento definitivo", é nulo o lançamento posterior, efetuado de ofício, para exigir a mesma quantia, do mesmo contribuinte, em relação ao mesmo período e em virtude do mesmo fato. O fisco pode e deve efetuar o lançamento de ofício, quando pretender exigir quantias *diferentes* das declaradas, ou quando não houver declaração de apuração alguma. Mas se se trata da mesmíssima obrigação, já apurada, declarada e não paga, a feitura de um lançamento de ofício enseja a duplicidade de lançamentos, com a nulidade do último. É o que tem decidido o Conselho de Contribuintes do Ministério da Fazenda: "Os valores declarados em DCTF, quando apresentada espontaneamente, podem ser inscritos em dívida ativa, acrescidos de multa e juros moratórios, independentemente de lançamento. O lançamento de ofício dos valores já declarados implica em duplicidade de exigência. Recurso provido" (2º CC, 3ª C, Rel. Cons. Renato Scalco Isquierdo, Processo no 10735.002720/95-21, Recorrente: Distribuidora de Bebidas Fath Ltda., j. em 20/6/2001).

**6. Exigência de quantia diversa da apurada e declarada como devida. Lançamento de ofício** – Se a autoridade administrativa pretende exigir quantia diversa da declarada pelo sujeito passivo, ou decorrente da alteração de qualquer ponto de sua declaração, terá necessariamente de proceder a um lançamento de ofício, no prazo a que alude o art. 150, § 4º do CTN (ou do 173, I, no caso de dolo, fraude ou simulação), dando-lhe plenas oportunidades de defesa na via administrativa. É inconcebível, no caso, a figura de uma "homologação com alterações", com a qual a Fazenda aproveitaria *parte* da declaração do contribuinte, alterando-a substancialmente para exigir quantias sem efetuar lançamento de ofício e sem dar-lhe direito de defesa. Confira-se, a propósito: Hugo de Brito Machado Segundo e Raquel Cavalcanti Ramos Machado, "Lançamento por homologação, alterações na apuração feita pelo contribuinte e direito de defesa", *RDDT* 116/69. Nesse sentido: "Se o valor informado não corresponder ao valor do tributo exigido ou se o indébito estiver em dissonância com o título judicial, a Fazenda Nacional deverá fazer o lançamento suplementar, não podendo o valor devido ser inscrito imediatamente em dívida ativa" (STJ, 2ª T., REsp 426.696/SC, Rel. Min. Castro Meira, j. em 15/8/2006, *DJ* de 25/8/2006, p. 319).

Excelente exemplo de situação na qual é indevido o aproveitamento parcial da declaração de um contribuinte é a declaração de uma compensação. Se o contribuinte declara um débito, um crédito, e o encontro de ambos para fins de compensação, o Fisco não pode aproveitar apenas a parte em que é reconhecido o débito, ignorando a outra na qual se afirma a compensação, para executar diretamente tais quantias sem instauração de processo administrativo, sem contraditório e ampla defesa. É o que tem decidido, com inteiro acerto, o STJ: "Consoante reiterada jurisprudência desta eg. Corte, é ilegal a recusa ao fornecimento da CND se fundada na existência de débito objeto de compensação com exação declarada inconstitucional, quando não houve o prévio procedimento administrativo de homologação. [...]" (STJ, 2ª T., REsp 439.815/GO, Rel. Min. Peçanha Martins, j. em 28/6/2005, *DJ* de 29/8/2005, p. 243). **No mesmo sentido**, a Segunda Turma do STJ decidiu que uma vez comunicado pelo contribuinte na declaração de contribuições de tributos federais (DCTF) que o valor do débito foi quitado por meio da utilização do mecanismo compensatório, não há por que falar em confissão de dívida suficiente à inscrição na dívida ativa (REsp 419.476-RS, Rel. Min. João Otávio de Noronha, j. em 23/5/2006, noticiado no *Informativo STJ* nº 286).

**330** | CÓDIGO TRIBUTÁRIO NACIONAL – *Hugo de Brito Machado Segundo*                    **Art. 150**

**7. Lançamento por homologação e denúncia espontânea. Distinção relevante** – Na aplicação do art. 138 do CTN aos tributos submetidos ao lançamento por homologação, o STJ tem feito uma distinção importante. Como visto em notas anteriores, se o contribuinte apura, declara e não paga o tributo, a Fazenda já pode exigir a quantia correspondente. Assim, por dever de coerência, caso esse tributo seja pago com atraso, não se poderá cogitar de denúncia espontânea, pois a Fazenda já dispunha de meios para exigir o tributo declarado e não pago. A multa de mora, nesses casos, é devida. Entretanto, se o contribuinte não apura, nem declara, nem paga, e depois confessa a infração, tem direito ao pagamento do principal, sem nenhum acréscimo. "[...] A jurisprudência assentada no STJ considera inexistir denúncia espontânea quando o pagamento se referir a tributo constante de prévia Declaração de Débitos e Créditos Tributários Federais – DCTF ou de Guia de Informação e Apuração do ICMS – GIA, ou de outra declaração dessa natureza, prevista em lei. Considera-se que, nessas hipóteses, a declaração formaliza a existência (= constitui) do crédito tributário, e, constituído o crédito tributário, o seu recolhimento a destempo, ainda que pelo valor integral, não enseja o benefício do art. 138 do CTN (Precedentes da 1ª Seção: AGERESP 638.069/SC, Min. Teori Albino Zavascki, *DJ* de 13.6.2005; AgRg nos EREsp 332.322/SC, 1ª Seção, Min. Teori Zavascki, *DJ* de 21/11/2005). [...] Entretanto, não tendo havido prévia declaração pelo contribuinte, configura denúncia espontânea, mesmo em se tratando de tributo sujeito a lançamento por homologação, a confissão da dívida acompanhada de seu pagamento integral, anteriormente a qualquer ação fiscalizatória ou processo administrativo (Precedente: AgRg no Ag 600.847/PR, 1ª Turma, Min. Luiz Fux, *DJ* de 5/9/2005). [...]" (STJ, 1ª T., REsp 754.273/RS, Rel. Min. Teori Albino Zavascki, j. em 21/3/2006, *DJ* de 3/4/2006, p. 262).

A construção, correta do ponto de vista formal, termina construindo situação de profunda injustiça, na qual o benefício é transformado em prêmio concedido apenas àquele que pratica a pior infração.

**8. Lançamento por homologação e direito a certidões negativas** – Também em relação ao direito do contribuinte ao fornecimento de certidões negativas de débitos tributários (CND), o STJ tem diferenciado as situações nas quais o tributo é declarado e não pago daquelas em que não há declaração nem pagamento algum (ou, o que dá no mesmo, em que o contribuinte declarou e pagou algo, mas o fisco considera devida quantia diversa, superior, não apurada, não declarada e nem lançada de ofício ainda). No primeiro caso, o contribuinte, a partir do vencimento da obrigação por ele apurada e declarada, teria contra si um débito exigível, perdendo o direito à CND. Mas, se a quantia não foi por ele apurada e declarada, e tampouco foi lançada de ofício, assiste-lhe direito à obtenção da CND. É conferir: "1. Esta Corte, na ocasião do julgamento do REsp 128.524/RS, pacificou entendimento no sentido da impossibilidade de recusa de expedição de Certidão Negativa de Débitos (CND), enquanto não constituído definitivamente o crédito tributário. 2. Considera-se definitivamente constituído o crédito tributário com o lançamento definitivo. Tratando-se de tributo sujeito a lançamento por homologação, nos termos do art. 150 do CTN, a constituição do crédito tributário dá-se com a declaração do débito pelo contribuinte, por meio de DCTF ou GIA (Precedentes). Por sua vez, em havendo lançamento de ofício, a constituição do crédito tributário ocorre quando o contribuinte é regularmente notificado do lançamento (Precedentes). 3. Para que o crédito tributário seja definitivamente constituído, em se tratando de tributos lançados diretamente pela autoridade administrativa, o contribuinte deve ser notificado; após, lhe é aberto um prazo para impugnação; havendo a apresentação de recurso

# Art. 150 — Livro Segundo · NORMAS GERAIS DE DIREITO TRIBUTÁRIO | 331

administrativo, o lançamento fica sujeito a futuras alterações, cujas ocorrências somente serão verificadas após decisão administrativa, momento em que o lançamento torna-se definitivo e, portanto, em que se constitui o crédito tributário. [...]" (STJ, 1ª T., REsp 594.395/MT, Rel. Min. Denise Arruda, j. em 14/2/2006, *DJ* de 13/3/2006, p. 192). **No mesmo sentido:** "[...] Declarado o débito e efetivado o pagamento, ainda que a menor, não se afigura legítima a recusa, pela autoridade fazendária, da expedição de CND antes da apuração prévia do montante a ser recolhido. Isto porque, conforme dispõe a legislação tributária, o valor remanescente, não pago pelo contribuinte, pode ser objeto de apuração mediante lançamento. [...] Diversa é a hipótese como a dos autos em que apresentada declaração ao Fisco, por parte do contribuinte, confessando a existência de débito e não efetuado o correspondente pagamento, interdita-se legitimamente a expedição de Certidão Negativa de Débito. [...]" (STJ, 1ª T., REsp 651.985/RS, Rel. Min. Luiz Fux, j. em 19/4/2005, *DJ* de 16/5/2005, p. 249).

**9. Extinção condicional** – O pagamento antecipado extingue o crédito, desde que a autoridade competente, ao homologar a apuração levada a cabo pelo contribuinte, conclua pelo seu acerto e pela suficiência do respectivo pagamento. É por isso que o art. 156 do CTN alude ao pagamento antecipado *e* à homologação, juntos, como causa da extinção do crédito tributário, em se tratando de lançamento por homologação. Essa, aliás, foi a premissa maior sobre a qual se construiu a tese dos "5+5", relativamente ao prazo de prescrição da ação de restituição do indébito: *(i)* o prazo de prescrição, de cinco anos, conta-se a partir da extinção do crédito; *(ii)* em se tratando de lançamento por homologação, essa extinção ocorre, quando a homologação é tácita (o que ocorre na maioria das vezes), cinco anos após os respectivos fatos geradores; logo, *(iii)* o prazo de prescrição, de cinco anos, somente tem início ao cabo de cinco anos após a ocorrência do fato gerador.

Entretanto, deve-se ressaltar que essa tese dos "5+5", já consagrada no STJ, foi expressamente afastada pela LC nº 118/2005. Pretendeu-se dar à citada norma caráter intepretativo, para que a mesma pudesse retroagir, o que o STJ não aceitou. Sua aplicação, pois, pode ocorrer apenas em relação aos pagamentos indevidos ocorridos a partir de junho de 2005, da seguinte forma: "[...] É possível simplificar a aplicação da citada regra de direito intertemporal da seguinte forma: I) Para os recolhimentos efetuados até 8/6/2000 (cinco anos antes do inicio da vigência LC 118/2005) aplica-se a regra dos 'cinco mais cinco'; II) Para os recolhimentos efetuados entre 9/6/2000 a 8/6/2005 a prescrição ocorrerá em 8/6/2010 (cinco anos a contar da vigência da LC 118/2005); e III) Para os recolhimentos efetuados a partir de 9/6/2005 (início de vigência da LC 118/2005) aplica-se a prescrição quinquenal contada da data do pagamento. Conclui-se, ainda, de forma pragmática, que para todas as ações protocolizadas até 8/6/2010 (cinco anos da vigência da LC 118/05) é de ser afastada a prescrição de indébitos efetuados nos 10 anos anteriores ao seu ajuizamento, nos casos de homologação tácita. [...]" (STJ, 1ª T., REsp 1.086.871/SC, j. em 24/3/2009, *DJe* de 2/4/2009). Esse entendimento, que nos parece incensurável, foi objeto de reexame pelo STF (RE 566.621), que considerou aplicável o novo prazo (ou a nova forma de contagem) às ações de restituição ajuizadas a partir do início da vigência da LC 118/2005, pouco importando a data em que efetuados os pagamentos: "[...] Quando do advento da LC 118/05, estava consolidada a orientação da Primeira Seção do STJ no sentido de que, para os tributos sujeitos a lançamento por homologação, o prazo para repetição ou compensação de indébito era de 10 anos contados do seu fato gerador, tendo em conta a aplicação combinada dos arts. 150, § 4º, 156, VII, e 168, I, do CTN. A LC 118/05, embora

# 332 | CÓDIGO TRIBUTÁRIO NACIONAL – *Hugo de Brito Machado Segundo* — **Art. 150**

tenha se autoproclamado interpretativa, implicou inovação normativa, tendo reduzido o prazo de 10 anos contados do fato gerador para 5 anos contados do pagamento indevido. Lei supostamente interpretativa que, em verdade, inova no mundo jurídico deve ser considerada como lei nova. Inocorrência de violação à autonomia e independência dos Poderes, porquanto a lei expressamente interpretativa também se submete, como qualquer outra, ao controle judicial quanto à sua natureza, validade e aplicação. A aplicação retroativa de novo e reduzido prazo para a repetição ou compensação de indébito tributário estipulado por lei nova, fulminando, de imediato, pretensões deduzidas tempestivamente à luz do prazo então aplicável, bem como a aplicação imediata às pretensões pendentes de ajuizamento quando da publicação da lei, sem resguardo de nenhuma regra de transição, implicam ofensa ao princípio da segurança jurídica em seus conteúdos de proteção da confiança e de garantia do acesso à Justiça. Afastando-se as aplicações inconstitucionais e resguardando-se, no mais, a eficácia da norma, permite-se a aplicação do prazo reduzido relativamente às ações ajuizadas após a *vacatio legis*, conforme entendimento consolidado por esta Corte no enunciado 445 da Súmula do Tribunal. O prazo de *vacatio legis* de 120 dias permitiu aos contribuintes não apenas que tomassem ciência do novo prazo, mas também que ajuizassem as ações necessárias à tutela dos seus direitos. Inaplicabilidade do art. 2.028 do Código Civil, pois, não havendo lacuna na LC 118/08, que pretendeu a aplicação do novo prazo na maior extensão possível, descabida sua aplicação por analogia. Além disso, não se trata de lei geral, tampouco impede iniciativa legislativa em contrário. Reconhecida a inconstitucionalidade art. 4º, segunda parte, da LC 118/05, considerando-se válida a aplicação do novo prazo de 5 anos tão-somente às ações ajuizadas após o decurso da vacatio legis de 120 dias, ou seja, a partir de 9 de junho de 2005. Aplicação do art. 543-B, § 3º, do CPC aos recursos sobrestados. Recurso extraordinário desprovido" (RE 566.621, *DJe-195*, publicado em 11/10/2011). Confiram-se, a propósito, as notas ao art. 106, I, do CTN.

**10. Atos anteriores à homologação, graduação do tributo e da penalidade** – Conquanto não alterem a obrigação, vale dizer, não impeçam a autoridade de exigir diferenças que eventualmente apurar, os atos praticados pelo sujeito passivo ou por terceiro, antes da homologação, devem ser considerados na feitura de eventual revisão, seja para que somente se exija o saldo, em relação ao tributo, seja para que a boa-fé ou a má-fé na atividade de apuração sejam levadas em conta na fixação da penalidade aplicável.

**11. Fixação, em lei ordinária, de prazo diverso para a homologação** – À luz do disposto no art. 150, § 4º, do CTN, poderia a lei ordinária fixar prazo *maior* para a homologação? Parece-nos que não, e a razão é simples. Cinco anos é o prazo de decadência para que o Fisco exerça o seu direito de lançar, em relação aos tributos submetidos ao lançamento por homologação. O CTN prevê que em cinco anos se considera homologada a apuração simplesmente porque, ao cabo desse prazo, a Fazenda nada mais pode fazer. Daí porque se presume que houve a aceitação pelo silêncio, chamada de "homologação tácita". Nesse contexto, lei ordinária da União, do Estado ou do Município até poderia fixar prazo para que a autoridade homologue expressamente as apurações do contribuinte, mas este teria de ser necessariamente *menor* que o de cinco anos contados do fato gerador.

**12. Decadência, homologação tácita e extinção definitiva** – O crédito tributário somente está definitivamente extinto com o advento da homologação, a qual, se não ocorre expressamente, considera-se tacitamente consumada ao cabo de cinco anos contados do fato gerador. Foi por conta dessa realidade, extraída do próprio art. 150 do CTN, que a doutrina e a jurisprudência construíram a tese segundo a qual o prazo para se postular a restituição

# Art. 150

**Livro Segundo** · NORMAS GERAIS DE DIREITO TRIBUTÁRIO | **333**

do indébito, em se tratando de tributo submetido a lançamento por homologação, somente teria início com a homologação tácita. Isso porque o prazo se pedir a restituição somente tem início com a extinção do crédito tributário (CTN, art. 168, I). Daí a tese dos "5+5", relativamente à prescrição da ação de repetição do indébito, consagrada pela jurisprudência do STJ, mas atualmente afastada pela LC nº 118/2005, pelo menos em relação ao período posterior a junho de 2005. Confiram-se as notas aos arts. 106, I e 168, I, do CTN.

**13. Contagem da decadência. Impossibilidade de "soma" de prazos** – Os prazos de decadência referidos no art. 150, § 4º e 173, I, ambos do CTN, referem-se a situações distintas. A incidência de um exclui a do outro. É impossível, portanto, somá-los, até mesmo porque, ao cabo do primeiro prazo de decadência, o direito é extinto, não tendo cabimento falar-se de um segundo prazo para exercê-lo novamente. O transplante da tese dos "5+5", aplicável à contagem do prazo de prescrição, para a contagem do prazo de decadência do direito de lançar é inteiramente imprópria e desastrada. Não obstante, talvez para tentar dar à Fazenda também "5+5" anos de prazo para lançar, o STJ chegou a acolher essa tese, equivocada, *data venia*: "Estabelece o artigo 173, inciso I do CTN que o direito da Fazenda de constituir o crédito tributário extingue-se após 5 (cinco) anos, contados do primeiro dia do exercício seguinte àquele em que o lançamento por homologação poderia ter sido efetuado. Se não houve pagamento, inexiste homologação tácita. Com o encerramento do prazo para homologação (5 anos), inicia-se o prazo para a constituição do crédito tributário. Conclui-se que, quando se tratar de tributos a serem constituídos por lançamento por homologação, inexistindo pagamento, tem o fisco o prazo de 10 anos, após a ocorrência do fato gerador, para constituir o crédito tributário. Embargos recebidos" (STJ, 1ª S., EREsp 132.329/SP, Rel. Min. Garcia Vieira, *DJ* de 7/6/1999, p. 38, *JSTJ*, v. 7, p. 125, *RDR*, v. 15, p. 182). Para uma crítica a esse entendimento, confira-se: Alberto Xavier, *Do Lançamento – Teoria Geral do Ato, do Procedimento e do Processo Tributário*, 2. ed., Rio de Janeiro: Forense, 1997, p. 93; Hugo de Brito Machado e Hugo de Brito Machado Segundo, "Tributário. Arts. 150, § 4º e 174 do CTN. Decadência e prescrição. Prazos. Contagem", *RDDT* 91/137.

Mais recentemente, porém, o STJ afastou a referida "tese dos 5+5" relativamente ao direito de a Fazenda Pública lançar. O seguinte acórdão é expressivo, tanto pela sua sólida fundamentação, como por referir todos os precedentes, inclusive da Primeira Seção, nos quais se funda. Nele, considera-se a tese da "soma" dos prazos de decadência "juridicamente insustentável, pois as normas dos artigos 150, § 4º, e 173 não são de aplicação cumulativa ou concorrente, antes são reciprocamente excludentes, tendo em vista a diversidade dos pressupostos da respectiva aplicação: o art. 150, § 4º, aplica-se exclusivamente aos tributos 'cuja legislação atribua ao sujeito passivo o dever de antecipar o pagamento sem prévio exame da autoridade administrativa'; o art. 173, ao revés, aplica-se aos tributos em que o lançamento, em princípio, antecede o pagamento. [...] A ilogicidade da tese jurisprudencial no sentido da aplicação concorrente dos artigos 150, § 4º e 173 resulta ainda evidente da circunstância de o § 4º do art. 150 determinar que considera-se 'definitivamente extinto o crédito' no término do prazo de cinco anos contados da ocorrência do fato gerador. Qual seria pois o sentido de acrescer a este prazo um novo prazo de decadência do direito de lançar quando o lançamento já não poderá ser efetuado em razão de já se encontrar 'definitivamente extinto o crédito'? Verificada a morte do crédito no final do primeiro quinquênio, só por milagre poderia ocorrer sua ressurreição no segundo. (Alberto Xavier, Do Lançamento. Teoria Geral do Ato, do Procedimento e do Processo Tributário, Ed. Forense, Rio de Janeiro, 1998, 2a Edição, p. 92 a 94). [...] Precedentes da Primeira Seção: EREsp

276.142 / SP; Rel. Min. LUIZ FUX, *DJ* de 28.2.2005; EREsp 279.473 / SP, Rel. Min. TEORI ALBINO ZAVASCKI, *DJ* de 11.10.2004). [...]" (STJ, 1ª T., REsp 638.962/PR, Rel. Min. Luiz Fux, j. em 2/6/2005, v. u., *DJ* de 1º/8/2005, p. 329). **No mesmo sentido:** "No caso em exame, o tributo restou declarado e não pago, inserindo-se na hipótese de lançamento de ofício, situação em que o prazo de decadência passa a correr a partir do primeiro dia do exercício seguinte àquele em que o lançamento poderia ser realizado (art. 173, inciso I, do CTN). 'Nas exações cujo lançamento se faz por homologação, havendo pagamento antecipado, conta-se o prazo decadencial a partir da ocorrência do fato gerador (art. 150, § 4º, do CNT). Somente quando não há pagamento antecipado, ou há prova de fraude, dolo ou simulação é que se aplica o disposto no art. 173, I, do CTN' (REsp 183.603/SP, Rel. Min. Eliana Calmon, *DJ* 13.8.2001). [...]" (STJ, 2ª T., AgRg no REsp 577.720/SP, Rel. Min. Humberto Martins, j. em 3/8/2006, *DJ* de 17/8/2006, p. 337).

**14. Contagem da decadência. Quando se aplica o art. 150, § 4º do CTN** – Conforme a jurisprudência dos órgãos de julgamento administrativos, no âmbito federal, o prazo previsto no art. 150, § 4º, do CTN (5 anos a partir da data do fato gerador) aplica-se em toda e qualquer hipótese relacionada a tributo submetido a lançamento por homologação, ainda que não tenha havido pagamento antecipado, ressalvadas apenas as situações nas quais se verificar dolo, fraude ou simulação, quando então se aplica a regra geral contida no 173, I, do CTN, não em *acréscimo,* mas em *substituição* ao prazo do art. 150, § 4º.

Com efeito, essa é a posição adotada pelo Conselho de Contribuintes do Ministério da Fazenda, anterior denominação do atual Conselho Administrativo de Recursos Fiscais (CARF): "[...] O imposto de renda pessoa jurídica se submete à modalidade de lançamento por homologação, eis que é exercida pelo contribuinte a atividade de determinar a matéria tributável, o cálculo do imposto e pagamento do 'quantum' devido, independente de notificação, sob condição resolutória de ulterior homologação. Assim, o fisco dispõe do prazo de 5 (cinco) anos, contados da ocorrência do fato gerador, para homologá-lo ou exigir seja complementado o pagamento antecipadamente efetuado, caso a lei não tenha fixado prazo diferente e não se cuide da hipótese de sonegação, fraude ou conluio (ex-vi do disposto no parágrafo 4º do art. 150 do CTN). A ausência de recolhimento do imposto não altera a natureza do lançamento, vez que o contribuinte continua sujeito aos encargos decorrentes da obrigação inadimplida (atualização, multa, juros etc. a partir da data de vencimento originalmente previsto, ressalvado o disposto no art. 106 do CTN). Preliminar que se acolhe. Por unanimidade de votos, acolher a preliminar de decadência do direito de a Fazenda Pública Federal de constituir o crédito tributário" (1º CC, 1ª Câm., Ac. 101-93.260, Proc. 13680.007.305/96-82, Rel. Sebastião Rodrigues Cabral, j. em 8/11/2000, *DO* de 29/11/2000, p. 15, *RDDT* 65/226). **Conferir ainda:** "[...] Tratando-se de lançamento por homologação (art. 150 do CTN), o prazo para a Fazenda Pública constituir o crédito tributário decai em 5 (cinco) anos contados da data do fato gerador. A ausência de recolhimento da prestação devida não altera a natureza do lançamento, já que o que se homologa é a atividade exercida pelo sujeito passivo. Por unanimidade de votos, declarar o lançamento decadente" (1º CC, 1ª Câm., Ac. 101-92.642, Proc. 10980.015650/97-87, Rel. Cons. Raul Pimentel, j. em 14/4/1999, *DO* de 30/6/2000, p. 6, *RDDT* 60/231).

Esse entendimento é hoje acolhido também pela Câmara Superior de Recursos Fiscais do Ministério da Fazenda, para a qual a aplicação do art. 150, § 4º, do CTN ocorre sempre que "é exercida pelo contribuinte a atividade de determinar a matéria tributável, o cálculo do imposto e pagamento do 'quantum' devido, independente de notificação, sob

**Art. 151**  Livro Segundo · NORMAS GERAIS DE DIREITO TRIBUTÁRIO | **335**

condição resolutória de ulterior homologação. Assim, o fisco dispõe de prazo de 5 (cinco) anos, contados da ocorrência do fato gerador para homologá-lo ou exigir seja complementado o pagamento antecipadamente efetuado, caso a lei não tenha fixado prazo diferente e não se cuide da hipótese de sonegação, fraude ou conluio (ex-vi do disposto no § 4º do art. 150 do CTN). A ausência de recolhimento do imposto não altera a natureza do lançamento, vez que o contribuinte continua sujeito aos encargos decorrentes da obrigação inadimplida (atualização, multa, juros etc. a partir da data do vencimento originalmente previsto, ressalvado o disposto no art. 106 do CTN)" (CSRF, 1ª Câm., Proc. 10980.010992/99-45, j. em 15/10/2002, Rel. Maria Goretti de Bulhões Carvalho, CSRF/01-04.247, em www.conselhos.fazenda.gov.br). Considera a CSRF, com razão, que "a regra de incidência de cada tributo é que define a sistemática de seu lançamento. Se a legislação atribui ao sujeito passivo o dever de antecipar o pagamento sem prévio exame da autoridade administrativa, o tributo amolda-se à sistemática de lançamento denominada de homologação, onde a contagem do prazo decadencial dá-se na forma disciplinada no § 4º do artigo 150 do CTN, hipótese em que os cinco anos têm como termo inicial a data da ocorrência do fato gerador. Recurso negado" (CSRF, 1ª Câm., Proc. 10680.004198/2001-31, ac CSRF/01-04.828, Rel. Maria Goretti de Bulhões Carvalho, j. em 16/2/2004, em www.conselhos.fazenda.gov.br).

**Em sentido contrário**, o STJ possui precedentes nos quais afirma a aplicabilidade do art. 150, § 4º, do CTN, apenas às hipóteses em que o sujeito passivo apura, declara e paga alguma quantia, e o lançamento de ofício a ser feito pela Fazenda deve-se à exigência de uma *diferença* decorrente de eventual equívoco verificado na apuração feita pelo contribuinte. Assim, o art. 173, I, do CTN seria aplicável, no caso de tributos submetidos a lançamento por homologação, não apenas nos casos de dolo, fraude ou simulação, mas também naqueles em que não tivesse havido pagamento antecipado: "[...] 1. Nas exações cujo lançamento se faz por homologação, havendo pagamento antecipado, conta-se o prazo decadencial a partir da ocorrência do fato gerador (art. 150, § 4º, do CTN), que é de cinco anos. [...] 2. Somente quando não há pagamento antecipado, ou há prova de fraude, dolo ou simulação é que se aplica o disposto no art. 173, I, do CTN. [...]" (STJ, 1ª S., EREsp 572.603/PR, Rel. Min. Castro Meira, j. em 8/6/2005, *DJ* de 5/9/2005, p. 199). Para uma crítica a esse posicionamento do STJ, hoje acolhido pacificamente no âmbito da sistemática dos "recursos repetitivos" (REsp 973.733/SC, Rel. Min. Luiz Fux), confira-se: Alberto Xavier. *Do Lançamento no Direito Tributário Brasileiro,* 3. ed., Rio de Janeiro: Forense, 2005, p. 99 ss.

## Capítulo III
### Suspensão do Crédito Tributário

## Seção I
### Disposições Gerais

**Art. 151.** Suspendem a exigibilidade do crédito tributário:[1, 2]

I – moratória;[3]

II – o depósito do seu montante integral;[4, 5, 6, 7]

**336** | CÓDIGO TRIBUTÁRIO NACIONAL – *Hugo de Brito Machado Segundo* **Art. 151**

III – as reclamações e os recursos,[8, 9, 10, 11] nos termos das leis reguladoras do processo tributário administrativo;

IV – a concessão de medida liminar em mandado de segurança.[12, 13]

V – a concessão de medida liminar ou de tutela antecipada, em outras espécies de ação judicial;[14, 15, 16, 17] *(Incluído pela LCP nº 104, de 10.1.2001)*

VI – o parcelamento.[18] *(Incluído pela LCP nº 104, de 10.1.2001)*

Parágrafo único. O disposto neste artigo não dispensa o cumprimento das obrigações assessórias dependentes da obrigação principal cujo crédito seja suspenso, ou dela consequentes.

## ANOTAÇÕES

**1. Suspensão da exigibilidade e suspensão da prescrição** – Pelo princípio da *actio nata*, a suspensão da exigibilidade do crédito tributário suspende também o curso da *prescrição* da ação de execução fiscal. A propósito de crédito tributário cuja exigibilidade é suspensa pela interposição de reclamações e recursos administrativos, por exemplo, o STJ tem entendido que "somente a partir da data em que o contribuinte é notificado do resultado do recurso ou da sua revisão, tem início a contagem do prazo prescricional (REsp 485738/RO, Rel. Min. Eliana Calmon, *DJ* de 13.09.2004, e REsp 239106/SP, Rel. Min. Nancy Andrighi, *DJ* de 24/04/2000)" (STJ, 1ª T., REsp 649.684/SP, Rel. Min Luiz Fux, j. em 3/3/2005, *DJ* de 28/03/2005, p. 211). Em sentido semelhante, destacando os efeitos da suspensão da exigibilidade sobre o prazo prescricional em curso: "[...] A jurisprudência desta Corte possui o entendimento de que nos casos em que houver suspensão da exigibilidade depois do vencimento do prazo para o pagamento, o prazo prescricional continuará sendo a data da constituição do crédito, mas será descontado o período de vigência do obstáculo à exigibilidade. [...]" (STJ, 1ª T., AgRg no Ag 1.331.941/RS, *DJe* de 10/2/2011).

**2. Exaustividade das hipóteses de suspensão da exigibilidade do crédito tributário** – "As causas de suspensão da exigibilidade do crédito tributário estão definidas, *numerus clausus*, no art. 151 do CTN" (STJ, 1ª T., AgRg no Ag 641.237/RS, Rel. Min. José Delgado, j. em 19/4/2005, *DJ* de 30/5/2005, p. 229). Confira-se, a propósito, o art. 111 do CTN.

**3. Moratória** – Confiram-se as notas aos arts. 152 a 155 do CTN.

**4. Depósito. Garantia de natureza dúplice** – "A garantia prevista no art. 151, II, do CTN tem natureza dúplice, porquanto ao tempo em que impede a propositura da execução fiscal, a fluência dos juros e a imposição de multa, também acautela os interesses do Fisco em receber o crédito tributário com maior brevidade, porquanto a conversão em renda do depósito judicial equivale ao pagamento previsto no art. 156, do CTN encerrando modalidade de extinção do crédito tributário (REsp 490.641/PR, Rel. Min. Luiz Fux)" (STJ, 2ª T., REsp 681.110/RJ, Rel. Min. Castro Meira, j. em 14/12/2004, *DJ* de 21/03/2005, p. 343). Não existe qualquer razão, portanto, para que a Fazenda recuse ou se oponha à feitura do depósito, nem para que juízes condicionem a sua feitura a uma "autorização" específica, conforme explicado na nota seguinte.

**5. Depósito como faculdade do sujeito passivo** – O depósito judicial, no montante integral, "constitui faculdade do contribuinte, sendo desnecessário o ajuizamento de ação

**Art. 151**                    **Livro Segundo** · NORMAS GERAIS DE DIREITO TRIBUTÁRIO | **337**

cautelar específica para a providência, porque pode ser requerida na ação ordinária ou em mandado de segurança, mediante simples petição" (STJ, 2ª T., REsp 722.754/SC, Rel. Min. Eliana Calmon, j. em 17/5/2005, *DJ* de 20/6/2005, p. 245).

**6. Levantamento do depósito apenas no trânsito em julgado. Regra que comporta exceção** – Como regra geral, os depósitos judiciais somente podem ser levantados pelo sujeito passivo autor da ação quando do trânsito em julgado da respectiva sentença, se for o caso. "[...] O depósito do montante integral do crédito tributário, na forma do art. 151, II, do CTN, é faculdade de que dispõe o contribuinte para suspender sua exigibilidade. Uma vez realizado, porém, o depósito passa a cumprir também a função de garantia do pagamento do tributo questionado, permanecendo indisponível até o trânsito em julgado da sentença e tendo seu destino estritamente vinculado ao resultado daquela demanda em cujos autos se efetivou. [...]" (STJ, 1ª T., REsp 589.992/PE, Rel. Min. Teori Albino Zavascki, j. em 17/11/2005, *DJ* de 28/11/2005, p. 193). Essa regra também se aplica na hipótese de ocorrer a falência superveniente do contribuinte (STJ, 2ª T., REsp 465.034/MG, Rel. Min. Franciulli Netto, j. em 4/9/2003, *DJ* de 3/11/2003, p. 300). **Entretanto**, esse "condicionamento do levantamento dos depósitos ao trânsito em julgado impõe-se na hipótese em que se tratar de valores controversos". Em situações nas quais o tributo cujo valor encontra-se depositado se afigura indevido, o levantamento anterior ao trânsito em julgado pode ser determinado pelo juiz antes do trânsito em julgado. Em caso no qual já havia jurisprudência do STF dando pela invalidade do tributo questionado e depositado em juízo, o STJ entendeu que a decisão judicial que autoriza o levantamento do depósito "não viola o preceito inscrito no art. 151, II, do CTN" (STJ, 2ª T., REsp 205.224/SP, Rel. Min. João Otávio de Noronha – j. em 5/4/2005, *DJ* de 16/5/2005, p. 277). Em seu voto, o Ministro Relator afirmou o seguinte: "Para que forçar o jurisdicionado, amparado pelo entendimento da mais alta Corte de Justiça do País, a percorrer todos os graus de jurisdição – acarretando gastos inúteis e congestionamento da Justiça – se, ao final terá seu direito reconhecido? Procedendo sem observar este entendimento, estará o magistrado postergando o restabelecimento da ordem jurídica com a consequente manutenção da situação perturbadora da paz social".

Tais hipóteses dizem respeito, cabe ressaltar, ao levantamento do depósito *pelo contribuinte* que, em face da jurisprudência, muito provavelmente será vitorioso ao final. Em tais casos, *excepcionalmente*, tais decisões autorizam o levantamento antes do trânsito em julgado. Questão de relevo se coloca, porém, quando a Fazenda é quem pretende, antes do trânsito em julgado, a conversão do depósito em renda. Em tais casos, o art. 32, § 2º, da Lei de Execuções Fiscais é bastante claro quando estabelece a necessidade de se aguardar o trânsito em julgado da decisão que apreciar os embargos.

Com inteiro acerto, o STJ entendeu que tal disposição segue aplicável (EREsp 734.831-MG), apesar da reforma pela qual passou o CPC de 1973 com o advento da Lei 11.382/06, entendimento que deve prevalecer também à luz do CPC/2015 (que tem aplicação meramente subsidiária). E, se assim é no caso de execução garantida por depósito, com maior razão ainda deve ocorrer na hipótese de depósito feito em ação movida pelo contribuinte.

**7. Causas suspensivas da exigibilidade do crédito tributário e decadência** – A decadência não se suspende, nem se interrompe. Se o contribuinte obtém a suspensão da exigibilidade do crédito tributário *depois* de sua constituição (*v. g.*, depósito em ação anulatória na qual se impugna auto de infração), ocorre a suspensão da *prescrição* (STJ, 1ª T., AgRg no Ag 1.331.941/RS, *DJe* de 10/2/2011). Entretanto, se a causa suspensiva da exigibilidade se verifica *antes*

338 | CÓDIGO TRIBUTÁRIO NACIONAL – *Hugo de Brito Machado Segundo* **Art. 151**

do lançamento (*v. g.*, liminar suspensiva da exigibilidade do dever jurídico de antecipar o pagamento, no âmbito do lançamento por homologação), não se fala ainda de prescrição (visto que ainda não houve o lançamento), contando-se a decadência, cujo curso não é influenciado pela suspensão. É por isso, aliás, que a legislação federal cuida do "lançamento para prevenir a decadência" (Lei nº 9.430, art. 63), até mesmo considerando que o provimento judicial não impede a autoridade de lançar, mas apenas de exigir o que eventualmente for lançado.

Essa é a orientação seguida pelo Superior Tribunal de Justiça: "A suspensão da exigibilidade do crédito tributário na via judicial impede o Fisco de praticar qualquer ato contra o contribuinte visando à cobrança de seu crédito, tais como inscrição em dívida, execução e penhora, mas não impossibilita a Fazenda de proceder à regular constituição do crédito tributário para prevenir a decadência do direito de lançar" (STJ, 1ª S., EREsp 572.603/PR, Rel. Min. Castro Meira, j. em 8/6/2005, *DJ* de 5/9/2005, p. 199). **No mesmo sentido:** STJ, 1ª T., REsp 106.593/SP, Rel. Min. Milton Luiz Pereira, j. em 23/6/1998, *DJ* de 31/8/1998, p. 15, *RDDT* 38/160; 2ª T., REsp 119.986/SP, Rel. Min. Eliana Calmon, j. em 15/2/2001, *DJ* de 9/4/2001, p. 337, *RSTJ* 147/154.

Precisamente por isso, se, durante a vigência de uma liminar, o fisco não efetuar o lançamento, ao cabo de cinco anos não poderá mais fazê-lo, ainda que a liminar seja cassada e os pedidos do contribuinte autor da ação julgados improcedentes.

**Há quem defenda que não apenas em face de medida liminar, mas até mesmo diante de depósitos judiciais a Fazenda teria de efetuar o lançamento para prevenir a decadência**, sob pena de o contribuinte, mesmo sucumbente na demanda, poder levantar os valores correspondentes (Manuel Luís da Rocha Neto, "Prazo Decadencial para Constituição do Crédito Tributário – Levantamento das Quantias Depositadas em Juízo", *RDDT* 48/78). Diversamente do que ocorre na hipótese de liminar, porém, esse entendimento, relativo aos depósitos, é frágil, e comporta fundadas críticas (Cf. Hugo de Brito Machado, "Depósito Judicial e Lançamento por Homologação", em *RDDT* 49/53). No âmbito do STJ, a necessidade de efetuar lançamento para prevenir decadência – pacífica no caso de suspensão motivada por liminar – é objeto de controvérsia no caso de suspensão motivada por depósito. **Pela necessidade do lançamento:** "[...] 3. O prazo para lançar é decadencial e, portanto, não se sujeita a suspensão ou interrupção, nem mesmo por ordem judicial, ou por depósito do provavelmente devido. [...]" (STJ, 2ª T., REsp 671.773/RJ, Rel. Min. Eliana Calmon, j. em 3/11/2005, *DJ* de 14/11/2005, p. 259). "O depósito do montante integral suspende a exigibilidade do crédito tributário impugnado, nos termos do art. 151, II, do CTN, mas não impede que a Fazenda proceda ao lançamento e, muito menos, que se abstenha de lavrar novas autuações sob o mesmo fundamento, paralisando apenas a execução do crédito controvertido. – Transcorrido o prazo decadencial de cinco anos (art. 150, § 4º, do CTN), insuscetível de interrupção ou suspensão, e não efetuado o lançamento dos valores impugnados e depositados em juízo, há que se reconhecer a decadência do direito do fisco efetuar a constituição do crédito tributário. [...]" (STJ, 2ª T., REsp 464.343/DF, Rel. Min. Peçanha Martins, j. em 2/2/2006, *DJ* de 30/3/2006, p. 190).

**Pela desnecessidade do lançamento**, e pela consequente impossibilidade de o contribuinte perdedor levantar os depósitos: "'No lançamento por homologação, o contribuinte, ocorrido o fato gerador, deve calcular e recolher o montante devido, independente de provocação. Se, em vez de efetuar o recolhimento simplesmente, resolve questionar judicialmente a obrigação tributária, efetuando o depósito, este faz as vezes do recolhimento,

**Art. 151**    **Livro Segundo** · NORMAS GERAIS DE DIREITO TRIBUTÁRIO | **339**

sujeito, porém, à decisão final transitada em julgado. Não há que se dizer que o decurso do prazo decadencial, durante a demanda, extinga o crédito tributário, implicando a perda superveniente do objeto da demanda e o direito ao levantamento do depósito. Tal conclusão seria equivocada, pois o depósito, que é predestinado legalmente à conversão em caso de improcedência da demanda, em se tratando de tributo sujeito a lançamento por homologação, equipara-se ao pagamento no que diz respeito ao cumprimento das obrigações do contribuinte, sendo que o decurso do tempo sem lançamento de ofício pela autoridade implica lançamento tácito no montante exato do depósito.' (PAULSEN, Leandro. Direito Tributário. Livraria do Advogado, 7. ed., p. 1227) [...]" (STJ, 1ª T., EDcl no REsp 736.918/RS, Rel. Min. José Delgado, j. em 14/3/2006, *DJ* de 3/4/2006, p. 257). "[...] 3. As contribuintes, ao disponibilizarem essa importância ao Juízo, para garantir eventual insucesso no pleito formulado, induvidosamente tornaram explícito o quantum que não foi pago à Fazenda e, assim sendo, findaram por declarar e identificar a obrigação tributária pendente de solução judicial. Não havendo, portanto, como se desconhecer tal evidência jurídica, e reclamar da autoridade tributante a prática de ato expresso que consubstanciasse o lançamento do crédito objeto de controvérsia, isto porque se apresenta notório o direito à conversão do depósito em renda em favor do fisco. [...]" (STJ, 1ª T., REsp 615.303/PR, Rel. Min. José Delgado, j. em 2/12/2004, *DJ* de 4/4/2005, p. 183).

**8. Depósito como condição para a interposição de recurso administrativo** – A jurisprudência, tanto do STF como do STJ, inicialmente admitiu a validade da exigência de garantias como condição para a interposição de recursos na via administrativa. No STJ, por exemplo, decidiu-se que "a suspensão da exigibilidade do crédito tributário, nos termos do art. 151, III do CTN, decorre da interposição de recurso administrativo. Este, por sua vez, tem como condição de admissibilidade o depósito prévio, nos termos da legislação específica. 3. O STJ e o STF, na esfera de competência própria, concluíram pela validade da exigência do depósito prévio no recurso administrativo. [...]" (STJ, 2ª T., AgRg no REsp 686.337/ SP, Rel. Min. Eliana Calmon, j. em 22/3/2005, *DJ* de 9/5/2005, p. 360). **No mesmo sentido:** "A orientação jurisprudencial do Superior Tribunal de Justiça e do Supremo Tribunal Federal está firmada no sentido da legalidade da exigência do depósito prévio para fins de interposição de recurso administrativo" (STJ, 1ª T., AgRg no Ag 663.161/SP, Rel. Min. Teori Albino Zavascki, j. em 12/5/2005, *DJ* de 23/5/2005, p. 164).

Tais decisões do STJ certamente decorreram da circunstância de haver o STF, em um primeiro momento, considerado *constitucional* a exigência de tais garantias recursais. Provisoriamente, é certo, porquanto em sede de juízo liminar, nas ADIns 1.049, 1.922-9 e 1.967-7.

Muitos já tinham a questão como resolvida, em face do que restara decidido liminarmente em tais ADIs. Em edição anterior deste livro já alertávamos para a possibilidade de modificação desse equivocado entendimento, o que de fato aconteceu. Com efeito, mais recentemente, o Supremo Tribunal Federal, por seu Plenário, declarou a inconstitucionalidade da exigência dessas garantias, no julgamento conjunto dos RREE 388.359, 389.383 e 390.513. Considerou-se, com inteiro acerto, que a exigência implica ofensa à isonomia, e ao devido processo legal administrativo, além de dizer respeito à matéria privativa de lei complementar, não podendo ser tratada, como foi, por lei ordinária, entendimento que culminou com a edição da Súmula Vinculante 21: "É inconstitucional a exigência de depósito ou arrolamento prévios de dinheiro ou bens para admissibilidade de recurso administrativo." O STJ, a propósito, passou a seguir essa nova orientação do STF, tendo decidido, no julgamento do AgRg no Ag 829.932-SP (j. em 20/9/2007, Rel. Min. João Otávio de Noronha), que "a exigência do depósito prévio de trinta por cento do valor da dívida como requisito para a interposição de recurso administrativo não mais pode prevalecer, sob pena de que seja esvaziado o direito dos administrados de recorrerem administrativamente" (*Informativo STJ* nº 332/2007). Atualmente, esse entendimento se acha sumulado (Súm. 357/STJ): "É ilegítima a exigência de depósito prévio para admissibilidade de recurso administrativo."

Assim, reconhecida como inválida a necessidade de se proceder à garantia recursal, não cabe mais nem discutir a quem competiria o exame de seu atendimento. Em face de autoridades administrativas, de quaisquer instâncias, que eventualmente insistam na exigência, será o caso de manejar-se mandado de segurança pugnando pela subida do recurso independentemente de seu atendimento, nos termos em que já decidido pelo STF.

Interessante questão que pode ser colocada, a propósito, diz respeito aos efeitos do reconhecimento dessa inconstitucionalidade sobre situações concretas passadas, nas quais o órgão administrativo de julgamento já tenha negado seguimento a recurso do contribuinte por conta da falta de garantia. Tais decisões, em nosso entendimento, são nulas, por cerceamento do direito de defesa na via administrativa.

**9. Arrolamento de bens como garantia recursal. Aplicação analógica ao processo no INSS** – Questionou-se, quando era exigida a garantia recursal para a apreciação de recurso administrativo, a possibilidade de proceder-se ao arrolamento de bens (à época admitido apenas no âmbito da SRF) também nos processos administrativos relativos às contribuições arrecadadas pelo INSS (Cf., *v. g.*, Fernando Aurelio Zilveti e Luis Augusto da Silva Gomes. "O recurso administrativo voluntário ao INSS – possibilidade de arrolamento de bens como garantia de admissibilidade," em *RDDT* 106/7). Atualmente, considerando que a Receita Federal passou a fiscalizar e lançar também as contribuições antes administradas pelo INSS, e sobretudo tendo em vista que as garantias recursais foram consideradas todas inconstitucionais, tal debate tornou-se desprovido de qualquer interesse prático.

**10. Reclamações e recursos e compensação** – A apresentação de reclamações e recursos, em face do indeferimento de um pedido de compensação, ou da não homologação de uma compensação declarada, têm o mesmo efeito de suspender a exigibilidade do crédito tributário. Afinal, a compensação, que teria o condão de extinguir o crédito tributário, não foi aceita, e o ato de discuti-la torna logicamente impossível que se exija o pagamento do valor de cuja compensação se cogita. Como já tivemos a oportunidade de consignar, trata-se de imposição dos princípios do devido processo legal administrativo, da ampla defesa e do contraditório, e do direito de petição (*Processo Tributário,* São Paulo: Atlas, 2004, p. 117). Divergindo dessa afirmação, há um acórdão da Primeira Turma do STJ que afirma: "a DCTF constitui o crédito tributário que nela se declara. O fato de haver indicação e postulação de compensação não se equipara às hipóteses estritas de expedição de certidão positiva com efeito de negativa (art. 206 do CTN). 2. O pleito de compensação de crédito fiscal não deferido, não se equipara a nenhuma das hipóteses do art. 151 do CTN, maxime à luz da legislação estrita que informa o direito tributário, formalizando, inclusive, o lançamento tributário, atitude vinculadora, o que contraria a exegese sobre ser possível, analogicamente, estender hipótese assemelhada de expedição de certidão negativa, fora dos casos legais. [...]" (STJ, 1ª T., AgRg no REsp 641.516/SC, Rel. Min. José Delgado, j. em 3/2/2005, *DJ* de 4/4/2005, p. 200).

Com a máxima vênia, o entendimento consagrado no acórdão citado é equivocado, por desprezar os princípios constitucionais já apontados, sendo ainda discrepante de outros arestos das duas Turmas de Direito Público do mesmo Tribunal Superior. Com efeito,

**Art. 151** **Livro Segundo** · NORMAS GERAIS DE DIREITO TRIBUTÁRIO | **341**

apreciando questão na qual o contribuinte declarara compensação por meio de DCTF, e a Fazenda passou a cobrar a quantia declarada, sem apreciar na via administrativa a pretensão de compensar, a Primeira Turma do STJ já decidiu – por unanimidade – pela invalidade da supressão do devido processo legal. Em seu voto, o Min. Francisco Falcão consignou inclusive a inaplicabilidade, ao caso, do entendimento do STJ segundo o qual quantias "confessadas" podem ser imediatamente executadas: "Pedi vista dos autos para melhor exame da matéria, tendo em vista a jurisprudência desta colenda Corte afirmar que, uma vez reconhecido o crédito tributário, por meio de DCTF, tal ato equivale ao próprio lançamento, tornando-se imediatamente exigível o débito não pago, assertiva que, em tese, teria o condão de ensejar a interpretação segundo a qual, nesta hipótese, correto o procedimento da Fazenda Pública em não fornecer certidão positiva de débitos com efeito de negativa. Todavia, verifico que há peculiaridade a afastar tal entendimento, *in casu*, consubstanciado no fato de que o crédito declarado em DCTF foi objeto de compensação pela contribuinte, de maneira que cabe, em consequência, à Fazenda verificar a regularidade da conduta, por meio do devido procedimento administrativo-fiscal. Assim, somente se se concluir pela ilegitimidade da compensação, após o referido procedimento, é que será possível a constituição do crédito tributário respectivo. Irrepreensível, pois, o aresto regional ao asserir que os tributos declarados em DCTF podem ser inscritos em dívida ativa e exigidos imediatamente, mas no caso de o tributo confessado e não pago no vencimento. Noutras palavras, não se adequa esta compreensão ao caso concreto, que trata de compensações realizadas e declaradas. Com efeito, '*se o procedimento da compensação constitui modalidade de pagamento, a obrigação deve ser considerada quitada, e válido o procedimento, até que a Administração verifique a existência de irregularidades e, mediante prévio procedimento fiscal, efetue o lançamento da obrigação. Somente a partir daí, o pedido de certidão negativa poderá ser indeferido pela autoridade*' (acórdão recorrido – fl. 493)" (Trecho do voto proferido no julgamento do AgRg no REsp 641.448/RS, j. em 9/11/2004, *DJ* de 1º/2/2005, p. 436).

**No mesmo sentido:** "Consoante reiterada jurisprudência desta eg. Corte, é ilegal a recusa ao fornecimento da CND se fundada na existência de débito objeto de compensação com exação declarada inconstitucional, quando não houve o prévio procedimento administrativo de homologação. [...]" (STJ, 2ª T., REsp 439.815/GO, Rel. Min. Peçanha Martins, j. em 28/6/2005, *DJ* de 29/8/2005, p. 243). Mais recentemente, a Segunda Turma do STJ decidiu que uma vez comunicado pelo contribuinte na declaração de contribuições de tributos federais (DCTF) que o valor do débito foi quitado por meio da utilização do mecanismo compensatório, não há por que falar em confissão de dívida suficiente à inscrição na dívida ativa (REsp 419.476-RS, Rel. Min. João Otávio de Noronha, j. em 23/5/2006, noticiado no *Informativo STJ* nº 286). Tudo isso mostra a necessidade de se assegurar ao contribuinte que postula uma compensação o *devido processo legal administrativo*, com todos os seus efeitos e desdobramentos (inclusive o de suspender a exigibilidade do crédito cuja compensação se postula), como aliás está didática e expressamente assegurado, hoje, pelos §§ 10 e 11 do art. 74 da Lei nº 9.430/96.

Tanto que, atualmente, a jurisprudência do STJ é tranquila: "1. A Primeira Seção do Superior Tribunal de Justiça, no julgamento do EREsp 850.332/SP, Rel. Min. Eliana Calmon, *DJ* 12/8/2008, pacificou entendimento segundo o qual, enquanto pendente processo administrativo em que se discute a compensação do crédito tributário, o fisco não pode negar a entrega da Certidão Positiva de Débito com Efeito de Negativa – CPD-EN, ao contribuinte, conforme o art. 206 do CTN. 2. Interpretação do art. 151, III, do CTN, que sugere

**342** | CÓDIGO TRIBUTÁRIO NACIONAL – *Hugo de Brito Machado Segundo*    **Art. 151**

a suspensão da exigibilidade da exação quando existente uma impugnação do contribuinte à cobrança do tributo, qualquer que seja. 3. Recurso especial não provido" (STJ, 1ª T., REsp 1.100.367/PR, Rel. Ministro Benedito Gonçalves, j. em 19/5/2009, *DJe* de 28/5/2009).

**11. Reclamações e recursos. Suspensão da exigibilidade e pretensão punitiva** – A pendência de reclamações e recursos administrativos suspende não apenas a exigibilidade do crédito tributário, mas também torna carente de *justa causa* a propositura de denúncia pela prática de crime de supressão ou redução de tributo (Lei nº 8.137/90, art. 1º). "Embora não condicionada a denúncia à representação da autoridade fiscal (ADInMC 1571), falta justa causa para a ação penal pela prática do crime tipificado no art. 1º da Lei nº 8.137/90 – que é material ou de resultado –, enquanto não haja decisão definitiva do processo administrativo de lançamento, quer se considere o lançamento definitivo uma condição objetiva de punibilidade ou um elemento normativo de tipo. [...] Por outro lado, admitida por lei a extinção da punibilidade do crime pela satisfação do tributo devido, antes do recebimento da denúncia (Lei nº 9.249/95, art. 34), princípios e garantias constitucionais eminentes não permitem que, pela antecipada propositura da ação penal, se subtraia do cidadão os meios que a lei mesma lhe propicia para questionar, perante o Fisco, a exatidão do lançamento provisório, ao qual se devesse submeter para fugir ao estigma e às agruras de toda sorte do processo criminal." Como decorrência do princípio da *actio nata,* porém, "enquanto dure, por iniciativa do contribuinte, o processo administrativo suspende o curso da prescrição da ação penal por crime contra a ordem tributária que dependa do lançamento definitivo" (STF, Pleno, HC 81.611/DF, Rel. Min. Sepúlveda Pertence, j. em 10/12/2003, *DJ* de 13/5/2005, p. 6). Confira-se, a propósito, a Súmula Viculante 24/STF: "Não se tipifica crime material contra a ordem tributária, previsto no art. 1º, incisos I a IV, da Lei nº 8.137/90, antes do lançamento definitivo do tributo."

**12. Liminar suspensiva da exigibilidade e decadência** – "A suspensão da exigibilidade do crédito tributário por força de liminar em mandado de segurança não tem o condão de impedir o lançamento pelo Fisco, paralisando apenas a execução do crédito controvertido." Por isso mesmo, e considerando que "o prazo decadencial não se suspende nem se interrompe", o decurso do prazo decadencial durante a vigência da liminar faz com que a Fazenda não possa mais exigir o tributo correspondente, mesmo que o contribuinte não obtenha êxito na ação correspondente (STJ, 2ª T., REsp 498.987/PR, Rel. Min. Peçanha Martins, j. em 26/4/2005, *DJ* de 6/6/2005, p. 258). Para evitar que isso ocorra, a Fazenda Pública tem que efetuar o *lançamento para prevenir a decadência,* abstendo-se todavia de exigir quaisquer penalidades, nos termos do art. 63 da Lei nº 9.430/96. Confira-se, a propósito, nota ao art. 150, II, do CTN.

**13. Impossibilidade de se condicionar o deferimento da medida liminar à feitura do depósito** – Liminar e depósito são causas autônomas e independentes de suspensão da exigibilidade do crédito tributário, como muito claramente se depreende dos incisos II, IV e V do art. 151 do CTN. Assim, se estão presentes os requisitos necessários à concessão de uma medida liminar, sua concessão é uma decorrência necessária do princípio da efetividade da tutela jurisdicional (CF/88, art. 5º, XXXV), sendo equivocado condicioná-la à feitura do depósito. Afinal, para obter a suspensão da exigibilidade do crédito através do depósito, o contribuinte nada precisa requerer ao juiz, que nada precisa decidir. O depósito é um direito do contribuinte, e seus efeitos são *ex lege.* Nesse sentido, aliás, tem lucidamente decidido o STJ: "Existentes os pressupostos para concessão de liminar em mandado de segurança, deve a mesma ser concedida para fins de suspensão da exigibilidade do crédito tributário,

**Art. 151**     **Livro Segundo** · NORMAS GERAIS DE DIREITO TRIBUTÁRIO | **343**

nos termos do art. 151, IV do CTN, independentemente de depósito no montante integral. Precedentes desta Corte. 2. Recurso especial provido" (STJ, 2ª T., REsp 222.838/SP, Rel. Min. Eliana Calmon, j. em 13/11/2001, *DJ* de 18/2/2002, p. 289).

**14. Suspensão da exigibilidade e necessidade de provimento específico** – Para que se obtenha a suspensão da exigibilidade do crédito tributário, não basta que o sujeito passivo proponha uma ação judicial. É preciso que o juiz conceda, à luz da presença dos requisitos a tanto necessários, um provimento específico, determinando a suspensão da exigibilidade do crédito tributário, ou então que, caso já exista execução fiscal em curso, haja a penhora de bens. Afinal, "a simples propositura de ação de consignação em pagamento ou ação ordinária objetivando tornar inexigível o título executivo não tem o condão de suspender a execução. [...]" (STJ, 2ª T., AgRg no Ag 606.886/SP, Rel. Min. Denise Arruda, j. em 22/3/2005, *DJ* de 11/4/2005 p. 183).

**15. Possibilidade de depósito como causa para indeferimento de liminar** – "A possibilidade de suspensão do crédito tributário mediante o depósito judicial de que trata o art. 151, inciso II, do CTN, afasta, por si só, a irreversibilidade do dano a ser causado, acaso não deferido o provimento cautelar. [...]" (STJ, 1ª T., AgRg na MC 9.829/RS, Rel. Min. Teori Albino Zavascki, j. em 5/5/2005, *DJ* de 23/5/2005, p. 149). Com todo o respeito, referida tese é inteiramente equivocada, e seu acatamento anula, por completo, os incisos IV e V do art. 151 do CTN. Se no caso submetido ao exame do STJ, naquele julgado, não estava presente o perigo da demora, isso é uma outra questão, mas invocar a possibilidade de se efetuar depósito judicial como motivo para o indeferimento de uma liminar implica desconsiderar que o depósito, e a liminar, são duas causas distintas, autônomas e independentes de suspensão da exigibilidade do crédito tributário, e que a liminar, quando presentes os requisitos para o seu deferimento, é inerente ao próprio direito à jurisdição, garantia constitucional das mais fundamentais, sobre a qual repousa todo o Estado de Direito.

**16. LC nº 104/2001. Acréscimo meramente explicitante, neste ponto** – "A liminar em processo cautelar suspende a exigibilidade do crédito tributário sem ofensa ao art. 151, do CTN, porque, quando veio à lume este, inexistia o Código de Processo Civil de 1973, o qual prevê o amplo poder geral de cautela do juiz. [...] Entendimento jurisprudencial que foi convertido em norma legal pela EC nº 104/2001 que aditou essa hipótese ao art. 151, do CTN, acrescentando o inciso V ('a concessão de medida liminar ou de tutela antecipada, em outras espécies de ação judicial'). [...] Obtido a autora liminar em sede cautelar, independente ou não à prestação de caução, resta configurada a citada hipótese de suspensão da exigibilidade do crédito tributário. [...] Estando a suspensão da exigibilidade do crédito tributário calcada na referida liminar (art. 151, V, do CTN), e não na prestação da caução, não há ofensa à Súmula nº 112/STJ. Ademais, tal Súmula foi editada em período anterior às alterações introduzidas pela Lei Complementar nº 104/01. [...]" (STJ, 1ª T., REsp 411.396/SC, Rel. Min. José Delgado, j. em 9/4/2002, *DJ* de 6/5/2002, p. 261).

**No mesmo sentido:** "A doutrina já defendia, antes do início da vigência da LC nº 104/01, a possibilidade de utilização da medida cautelar para suspender a exigibilidade do crédito tributário, com base no poder geral de cautela do juiz. Nesse sentido, afirma Hugo de Brito Machado que 'é razoável, assim interpretarmos o artigo 151 IV, do CTN, no contexto atual, em que se ampliou consideravelmente o alcance e a utilidade da jurisdição cautelar, dando-se um sentido mais abrangente, desprendido do elemento literal, e assim entendê-lo como uma referência a todos os procedimentos judiciais de natureza cautelar' (Artigo intitulado 'Tutela judicial cautelar suspensiva da exigibilidade do crédito tributário', in *Revista Tributária e de Finanças Públicas*, nº 36, Ano 9, jan./fev. 2001, Ed. Revista dos Tribunais, São Paulo, p. 67). Na mesma esteira, há julgados do Superior Tribunal de Justiça que decidiram pelo cabimento da liminar em ação cautelar para suspender a exigibilidade do crédito tributário, independentemente da realização do depósito do montante integral do débito, em período anterior ao início da vigência da LC nº 104/01, sem que isso implique ofensa ao disposto no artigo 151 do CTN, cuja dicção é: 'o crédito tributário regularmente constituído somente se modifica ou extingue, ou tem sua exigibilidade suspensa ou excluída, nos casos previstos nesta lei, fora dos quais não podem ser dispensadas'. Precedentes: REsp 328.209/CE, Rel. Min. Castro Meira, *DJU* 17/11/2003; REsp 411.396/SC, Relator Min. José Delgado, *DJU* 06.05.2002; AGREsp 228.792/CE, Rel. Min. Francisco Falcão, *DJU* 30/06/2003 e REsp 153.633/SP, relatado por este magistrado, *DJU* 01/07/2002. O advento da Lei Complementar 104/01, portanto, apenas ratificou o entendimento já adotado pela doutrina e pela jurisprudência pátrias, que se afastavam da tese restritiva. É consabido que a novel disposição normativa introduziu dois novos incisos ao artigo 151 do CTN, que contemplam outras hipóteses de suspensão da exigibilidade do crédito, além das já existentes, quais sejam, a concessão de medida liminar ou de tutela antecipada, em outras espécies de ação judicial e o parcelamento. Recurso especial provido para afastar a preliminar de impossibilidade jurídica do pedido acolhida pelo v. acórdão recorrido, a fim de que sejam examinadas as demais questões envolvidas na demanda" (STJ, 2ª T., REsp 260.229/ES, Rel. Min. Franciulli Netto, j. em 2/3/2004, *DJ* de 26/4/2004, p. 157).

**17. Demora na propositura da execução e cautelar para "antecipar" penhora** – Em alguns casos, o sujeito passivo não mais dispõe da esfera administrativa (já a exauriu, ou perdeu a oportunidade para tanto), e não dispõe de *dinheiro* para efetuar o depósito, nos termos do art. 151, II, do CTN. A solução, para que sejam obtidas as certidões de regularidade fiscal (certidões positivas com efeito de negativa), é aguardar a ação de execução fiscal, a fim de que, com a penhora de bens, a certidão possa ser obtida, à luz do art. 206 do CTN. Ocorre que, em alguns casos, o fisco demora demasiadamente para propor o executivo fiscal, preferindo cobrar o tributo através da coação indireta propiciada pelo indeferimento de certidões. Para casos assim, há julgados do STJ que admitem a propositura de cautelar, com o oferecimento de garantia real, para "antecipar" a penhora e obter a incidência do art. 206 do CTN. É conferir: "Não ajuizada a execução fiscal, por inércia da Fazenda Nacional, o devedor que antecipa a prestação da garantia em juízo, de forma cautelar, tem direito à certidão positiva com efeitos de negativa, por isso que a expedição desta não pode ficar sujeita à vontade da Fazenda. – Embargos de divergência conhecidos e providos" (STJ, 1ª S., EREsp 205.815/MG, Rel. Min. Peçanha Martins, j. em 14/3/2001, *DJ* de 4/3/2002, p. 174). **No mesmo sentido:** "É possível ao devedor, enquanto não promovida a execução fiscal, ajuizar ação cautelar para antecipar a prestação da garantia em juízo com o objetivo de obter a expedição de certidão positiva com efeito de negativa" (STJ, 2ª T., REsp 686.075/PR, Rel. Min. Eliana Calmon, j. em 19/4/2005, *DJ* de 23/5/2005, p. 234). **Conferir ainda:** "1. Dispõe o artigo 206 do CTN que: tem os mesmos efeitos previstos no artigo anterior a certidão de que conste a existência de créditos não vencidos, em curso de cobrança executiva em que tenha sido efetivada a penhora, ou cuja exigibilidade esteja suspensa. A caução oferecida pelo contribuinte, antes da propositura da execução fiscal é equiparável à penhora antecipada e viabiliza a certidão pretendida. 2. É viável a antecipação dos efeitos que seriam obtidos com a penhora no executivo fiscal, através de caução de eficácia semelhante. A percorrer-se entendimento diverso, o contribuinte que contra si tenha ajuizada ação de execução fiscal ostenta condição mais favorável do que aquele contra o qual o Fisco não

# Art. 151     Livro Segundo · NORMAS GERAIS DE DIREITO TRIBUTÁRIO | 345

se voltou judicialmente ainda. Precedentes (REsp 363.518, REsp 99.653 e REsp 424.166). 3. Deveras, não pode ser imputado ao contribuinte solvente, isto é, aquele em condições de oferecer bens suficientes à garantia da dívida, prejuízo pela demora do Fisco em ajuizar a execução fiscal para a cobrança do débito tributário. Raciocínio inverso implicaria em que o contribuinte que contra si tenha ajuizada ação de execução fiscal ostenta condição mais favorável do que aquele contra o qual o Fisco ainda não se voltou judicialmente. 4. *Mutatis mutandis* o mecanismo assemelha-se ao previsto no art. 570 do CPC, por força do qual o próprio devedor pode iniciar a execução. Isso porque, as obrigações, como vínculos pessoais, nasceram para serem extintas pelo cumprimento, diferentemente dos direitos reais que visam à perpetuação da situação jurídica nele edificada. 5. Outrossim, instigada a Fazenda pela caução oferecida, pode ela iniciar a execução, convertendo-se a garantia prestada por iniciativa do contribuinte na famigerada penhora que autoriza a expedição da certidão" (STJ, 1ª T., REsp 536.037/PR, Rel. Min. Teori Albino Zavascki, Rel. p/ Acórdão Min. Luiz Fux, j. em 12/4/2005, m. v., vencido o Min. Zavascki, *DJ* de 23/5/2005, p. 151).

**Contra:** "[...] Os embargos à execução não são a única forma de defesa dos interesses do contribuinte perante o Fisco. O sistema lhe oferece outros modos, que independem de oferta de qualquer garantia, para desde logo se livrar de exigências fiscais ilegítimas: o mandado de segurança, a ação declaratória de nulidade, a ação desconstitutiva. Em qualquer destas demandas poderá o devedor, inclusive, obter liminar que suspenda a exigibilidade do crédito (e, consequentemente, permita a expedição de certidão), bastando para tanto que convença o juiz de que há relevância em seu direito. Se, entretanto, optar por outorga de garantia, há de fazê-lo pelo modo exigido pelo legislador: o depósito integral em dinheiro do valor do tributo questionado. 7. É falaciosa, destarte, a ideia de que o Fisco causa 'dano' ao contribuinte se houver demora em ajuizar a execução, ou a de que o contribuinte tem o 'direito' de ser executado pelo Fisco. A ação baseada em tais fundamentos esconde o seu real motivo, que é o de criar nova e artificiosa condição para obter a expedição de certidão negativa de um débito tributário cuja exigibilidade não foi suspensa nem está garantido na forma exigida por lei. A medida, portanto, opera em fraude aos arts. 151 e 206 do CTN e ao art. 38 da Lei nº 6.830/80. 8. Por outro lado, não se pode equiparar o oferecimento de caução, pelo devedor, à constituição da penhora, na execução fiscal. A penhora está cercada de formalidades próprias, que acobertam o crédito com garantia de higidez jurídica não alcançável pela simples caução de um bem da livre escolha do devedor, nomeadamente: (a) a observância obrigatória da ordem prevista no art. 11 da Lei no 6.830/80, em que figura, em primeiro lugar, a penhora de dinheiro; (b) a submissão da indicação do bem ao controle da parte contrária e à decisão do juiz; c) o depósito judicial do dinheiro ou a remoção do bem penhorado, com a nomeação de fiel depositário; (d) a avaliação do bem, o reforço ou a substituição da penhora, com a finalidade de averiguar a sua suficiência e adequação da garantia à satisfação do débito com todos os seus acessórios. 9. Em verdade, o objetivo da ação é o de obter uma certidão negativa que, pelas vias legais normais, não poderia ser obtida, já que o débito fiscal existe, não está contestado, não está com sua exigibilidade suspensa e não está garantido na forma exigida por lei. [...]" (STJ, 1ª T., REsp 545.871/PR, Rel. Min. Teori Albino Zavascki, j. em 3/3/2005, *DJ* de 28/3/2005, p. 189).

*Data venia,* essa segunda decisão não nos parece correta, e ignora que o provimento judicial urgente em sede de ação cautelar é um dos instrumentos hábeis, nos termos do art. 151, V, do CTN, a suspender a exigibilidade do crédito tributário. Não se trata, portanto, de "nova e artificiosa condição". Quanto à ordem legal, à avaliação e a outras formalidades que cercam a penhora, naturalmente só depende do juiz que deferir a cautelar exigir o seu cumprimento também no oferecimento da caução real. Uma vez ajuizada a execução, a penhora pode então ser formalizada, nos termos da lei, pelo juízo competente. Não se deve esquecer que em inúmeras oportunidades a Fazenda Pública, ciente de que o contribuinte tem grandes chances de obter êxito nos embargos (porque a exigência é indevida), *represa* a execução fiscal para coagir o sujeito passivo ao pagamento da quantia correspondente por vias indiretas, através do indeferimento de certidões de regularidade fiscal.

**Posteriormente**, a questão foi novamente submetida à Primeira Seção do STJ, que reiterou, por maioria de votos, o que já havia consignado no julgamento do EREsp 205.815/MG, vale dizer, acatou a possibilidade de o contribuinte valer-se da ação cautelar e do oferecimento de bens para "antecipar" uma penhora, obtendo assim a certidão positiva com efeito de negativa de que cuida o art. 206 do CTN. Em seu voto (vencedor), a Ministra Eliana Calmon consignou o seguinte: "Sabe-se que uma empresa sem certidão negativa para com o fisco praticamente tem sua atividade inviabilizada, pois não pode transacionar com os órgãos estatais, firmar empréstimos mesmo com empresas privadas ou ainda participar de concorrência pública etc. Fica tal empresa na situação de 'devedor remisso' e, por maior repúdio que faça a jurisprudência às sanções administrativas impostas ao remisso, não se pode negar que elas existem. A certidão negativa ou mesmo a certidão positiva com efeito negativo é a chave da porta da produtividade da empresa.

Na prática, o inadimplente pode assumir duas atitudes: a) paga ou garante o seu débito com o depósito no valor integral, o que lhe rende, na última hipótese, a possibilidade de até suspender a exigibilidade do crédito tributário, nos termos do art. 151 do CTN; ou b) aguarda a execução para, só a partir daí, garantindo o juízo com a penhora, defender-se ou mesmo obter a certidão positiva com efeito negativo, nos termos do art. 206 do CTN.

A hipótese dos autos encerra situação peculiar e que merece atenção: está o contribuinte devedor, sem negar que deve, aguardando que o fisco o execute para só a partir daí assumir a atitude de pagar ou discutir, sem pleitear naturalmente a suspensão do crédito tributário já constituído, certamente por não dispor de numerário suficiente para realizar o depósito no montante integral.

Quero deixar consignado que embora não se possa interpretar o direito tributário sob o ângulo econômico, é impossível que o magistrado não se sensibilize com a situação econômico-financeira das empresas brasileiras que estão a enfrentar uma exorbitante carga tributária, um elevadíssimo custo do dinheiro, provocado pelas altas taxas de juros e um recesso econômico refletido no pouco crescimento do país abaixo da medíocre taxa prevista pelo IPEA.

Voltando à questão, diante do quadro traçado uma empresa que pretende discutir, por exemplo, o montante do seu débito, não negado, o que fazer para dar continuidade às suas atividades, se não pode sequer embargar?

Na hipótese, a empresa utilizou-se de uma cautelar para, por via da tutela de urgência, de logo garantir a execução pelo depósito de bens do seu patrimônio, devidamente avaliado e formalizado para servir de garantia à futura execução ou até mesmo aos futuros embargos. Ora, o que muda esta situação da outra, que é a da oferta de penhora quando executado? Entendo que é apenas uma questão de tempo, porque nenhuma outra consequência pode ser extraída do depósito de bens em garantia, ofertado pelo contribuinte, antes de ser executado.

O depósito em garantia, requerido como cautelar, longe de ser um absurdo, é perfeitamente factível como veículo de antecipação de uma situação jurídica, penhora, para

# Art. 152
**Livro Segundo** · NORMAS GERAIS DE DIREITO TRIBUTÁRIO | **347**

adredemente obter o contribuinte as consequências do depósito: certidão positiva com efeito negativo, tão-somente, na medida em que está a questão restrita aos limites traçados pelo acórdão que apenas concedeu a segurança para o fim determinado.

Com estas considerações, reportando-me aos argumentos constantes no acórdão impugnado, que é da Segunda Turma por mim relatado, voto pelo conhecimento mas improvimento dos embargos de divergência" (Trecho do voto proferido pela Min. Eliana Calmon, relatora para o acórdão, no julgamento do EREsp 815.629/RS – STJ, 1ª S., j. em 11/10/2006, *DJ* de 6/11/2006, p. 299).

**18. Parcelamento e moratória. Distinção e reserva legal** – Há acórdão do STJ no qual, além de se pretender estabelecer distinção essencial entre parcelamento e moratória, ainda se afirma que o primeiro, por dizer respeito apenas ao prazo para pagamento de tributo, poderia ser regulamentado através de normas infralegais. É conferir: "O parcelamento do débito tributário é admitido como uma dilatação do prazo de pagamento de dívida vencida. Não quer isto significar que seja uma moratória, que prorroga, ou adia o vencimento da dívida, no parcelamento, incluem-se os encargos, enquanto na moratória não se cuida deles, exatamente porque não ocorre o vencimento. [...] II – Sendo o parcelamento uma dilatação do prazo de pagamento de dívida vencida, não se verifica a apontada ofensa ao art. 97, inc. VI do CTN. III – A jurisprudência desta Corte entende que não é matéria de reserva legal a fixação do prazo de pagamento de tributos, podendo ser feita por decreto regulamentador, não constituindo, portanto afronta aos princípios da não cumulatividade e da legalidade. IV – O art. 97 do CTN não elenca matérias ligadas a prazo, local e forma de pagamento como sujeitas à reserva legal. [...]" (STJ, 2ª T., REsp 259.985/SP, Rel. Min Nancy Andrighi, j. em 15/8/2000, *DJ* de 11/9/2000, p. 248). Com todo o respeito, a decisão é duplamente desprovida de razão. Primeiro, porque parcelamento é espécie de moratória. É moratória na qual não se prorroga o prazo para o pagamento de todo o crédito, quando de seu termo, mas se prorroga o prazo para o pagamento do crédito em parcelas que se vão fazendo exigíveis sucessivamente. E, segundo, porque não se trata aqui do prazo para o pagamento do tributo em condições ordinárias, vale dizer, não se trata de seu *vencimento,* mas sim de prazo para pagamento *após o vencimento* (tanto que são adicionados os juros), de forma excepcional. A reserva legal, portanto, impõe que as condições para o seu deferimento sejam previstas em lei, como aliás está explícito no art. 153 do CTN.

## Seção II
### Moratória

**Art. 152.** A moratória somente pode ser concedida:

I – em caráter geral:[1,2]

a) pela pessoa jurídica de direito público competente para instituir o tributo a que se refira;

b) pela União, quanto a tributos de competência dos Estados, do Distrito Federal ou dos Municípios, quando simultaneamente concedida quanto aos tributos de competência federal e às obrigações de direito privado;

**348** | CÓDIGO TRIBUTÁRIO NACIONAL – *Hugo de Brito Machado Segundo* **Art. 152**

II – em caráter individual, por despacho da autoridade administrativa, desde que autorizada por lei nas condições do inciso anterior.

Parágrafo único. A lei concessiva de moratória pode circunscrever expressamente a sua aplicabilidade à determinada região do território da pessoa jurídica de direito público que a expedir, ou a determinada classe ou categoria de sujeitos passivos.

## Anotações

**1. Moratória geral** – A moratória é dita "geral" quando a sua concessão prescinde do preenchimento de requisitos específicos por parte do sujeito passivo, a serem verificados pela autoridade competente em cada caso. É concedida de forma ampla, como acontece, por exemplo, com o IPTU lançado por alguns municípios, em cujo "boleto" já consta a opção de pagamento em "quota única", ou em parcelas, faculdade ofertada a todos os contribuintes desse imposto, indistintamente. A legislação de alguns Estados eventualmente concede *moratória geral* em relação ao ICMS incidente sobre vendas efetuadas no mês de dezembro, dando aos lojistas prazo mais largo que o ordinário para o pagamento do imposto. O mesmo ocorre com o IRPJ devido por estimativa, relativamente ao mês de dezembro, que pode ser recolhido até o último dia útil do mês de março (e não de janeiro) do ano subsequente. Há moratória, havendo prorrogação não propriamente do vencimento (a partir do qual já fluem juros), mas da data para o pagamento.

**2. Moratória e distinção entre prazo de vencimento e prazo para pagamento** – Quando há moratória, ocorre a prorrogação não propriamente do vencimento (a partir do qual já fluem juros), mas da data para o pagamento. Essa distinção é importante, quando se está diante de situação na qual a data do *vencimento* do tributo é determinante para que o contribuinte tenha ou não direito a determinado tratamento diferenciado, como acontece, por exemplo, com programas como o REFIS, no qual somente podem ser inseridos tributos vencidos até determinada data. Apreciando questão na qual o contribuinte havia sido excluído do REFIS porque nele somente poderiam ter sido inseridos débitos vencidos até fevereiro de 2000, e o débito em questão poderia ter sido pago até 31/3/2000 – embora sofresse o acréscimo de juros a partir de 1/2/2000, o STJ decidiu: "Decorre da dicção legal que o saldo apurado em 31 de dezembro estará resguardado da cobrança de juros de mora apenas quando pago até o dia 31 de janeiro do ano subsequente, ainda que o prazo para pagamento seja estendido até o dia 31 de março. Disso decorre que, antes do vencimento do tributo em 31 de março, o Fisco está impedido de impor ao contribuinte qualquer sanção por falta de pagamento. Ao mesmo tempo, todavia, a norma legal impõe que seja remunerado por juros, o que implica em reconhecer a mora do contribuinte. Ora, se a legislação entende que o contribuinte encontra-se em mora, não há como afastar-se a ideia de que o prazo de pagamento até 31 de março, ainda que não imponha outras consequências ao contribuinte, além da exacerbação do débito pela remuneração com os juros de mora, implica em admitir que os débitos já se encontravam vencidos desde o dia 31 de janeiro, eis que 'deverá ser pago até o último dia útil do mês subsequente àquele a que se referir' (art. 6º, *caput*). A ausência de maior relevância do prazo para pagamento foi analisa com descortino pelos Professores Hugo de Brito Machado e Hugo de Brito Machado Segundo neste tópico do parecer: 'Tanto não é importante o 'dia do pagamento', em si mesmo, que o art. 1º da Lei nº 9.964/2000 faz referência à possibilidade de inclusão de débitos 'constituídos ou não, inscritos ou não e em dívida ativa, ajuizados ou a ajuizar, com exigibilidade suspensão ou não, inclusive os decorrentes da falta de recolhimento de valores retidos'. Isso

**Art. 153**  Livro Segundo · NORMAS GERAIS DE DIREITO TRIBUTÁRIO | **349**

significa que, por exemplo, se um contribuinte foi autuado, relativamente a um débito com vencimento em setembro de 1998, e apresentou defesa ainda não julgada, *ainda nem há prazo para pagar esse tributo, mas, não obstante, é possível sua inclusão no REFIS'* (fl. 583).

A pá de cal vem, entretanto, em outro tópico:

'A propósito da questão posta sob nosso exame, especificamente no que toca à interpretação dos arts. 1º e 2º da Lei nº 9.964/2000, é interessante observar que a Secretaria da Receita Federal, na interpretação que dá aos dispositivos em comento, e ao art. 6º da Lei nº 9.430/96, não admite a inclusão do REFIS do débito de IRPJ relativo a dezembro de 1999, mas aceita a inserção, no mesmo programa, do débito do mesmo imposto, inerente a janeiro de 2000. Isso porque, em relação a janeiro de 2000, a Lei nº 9.430/96 não estabeleceu qualquer forma de suspensão de exigibilidade, de forma que o dever jurídico de antecipar o pagamento do tributo passou a ser exigível já a partir do último dia útil de fevereiro, exatamente a data limite para inclusão no REFIS. Veja-se a incoerência: em nome de uma interpretação literal do dispositivo, admite-se a inclusão no REFIS de um débito cujo vencimento corresponde exatamente à data limite (29 de fevereiro de 2000), e que foi gerado – com base em mera estimativa – por fatos ocorridos em janeiro de 2000, mas não se admite a inclusão, no mesmo programa, de débito relativo ao ano base anterior, vencido desde 30 de janeiro, apenas porque a lei deu ao contribuinte dois meses de moratória *após o vencimento'* (fl. 584).

Conclui-se, portanto, ser indevida a exclusão do REFIS dos débitos referentes ao IRPJ relativos ao mês de dezembro de 1999, ainda que fosse facultado o pagamento, acrescido de juros moratórios, até o dia 31 de março de 2000, tendo em vista que o vencimento, efetivamente, ocorrera em 31 de janeiro."

**Art. 153.** A lei que conceda moratória em caráter geral ou autorize sua concessão em caráter individual especificará, sem prejuízo de outros requisitos:[1]

I – o prazo de duração do favor;

II – as condições da concessão do favor em caráter individual;

III – sendo caso:

a) os tributos a que se aplica;

b) o número de prestações e seus vencimentos,[2] dentro do prazo a que se refere o inciso I, podendo atribuir a fixação de uns e de outros à autoridade administrativa, para cada caso de concessão em caráter individual;

c) as garantias que devem ser fornecidas pelo beneficiado no caso de concessão em caráter individual.[3]

ANOTAÇÕES ──────────────────────────────────────────────

**1. Moratória individual e reserva de lei** – Assim como a isenção individual, a remissão individual e a anistia individual, também a moratória individual deve ter os requisitos necessários à sua concessão estabelecidos em lei. Cabe à autoridade apenas reconhecer o seu atendimento, e deferir a moratória, não lhe sendo lícito, tanto por conta do princípio

# 350 | CÓDIGO TRIBUTÁRIO NACIONAL – *Hugo de Brito Machado Segundo* — Art. 154

da legalidade, como em razão da natureza vinculada de sua atividade, formular novas exigências não previstas em lei. Com base nisso, o STJ já decidiu que a Fazenda Nacional não pode exigir que o contribuinte autorize o "débito em conta automático" como condição para o deferimento de um parcelamento, quando essa condição não encontra previsão na lei. (REsp. 1.085.907-RS, j. em 5/5/2009.)

**2. Número de prestações e seus vencimentos** – A alusão contida no art. 153, III, *b* do CTN ao número de prestações da moratória é uma demonstração clara de que o parcelamento é uma modalidade de moratória, tendo sido desnecessária a inclusão feita no art. 151 do CTN (inciso VI) pela LC nº 104/2001. Note-se, porém, que o fato de a lei fixar novos "vencimentos" para as prestações não significa que o próprio vencimento do tributo tenha sido alterado, para fins, por exemplo, de incidência de juros moratórios. Se o tributo tem por vencimento o dia 15 de setembro de 2008, e o contribuinte, depois disso, obtém parcelamento, o fato de as parcelas terem "vencimentos" nos 30 ou 60 meses subsequentes não significa que do dia 15/9/2008 (data do vencimento do tributo) à data do pagamento de cada parcela não sejam acrescidos juros.

**3. Momento de exigência de garantias** – O Poder Público pode, a teor do 153, III, *c*, do CTN, exigir garantias como condição para a concessão de uma moratória (ou de um parcelamento, que é modalidade desta). Mas, para tanto, é preciso que: *(i)* a exigência dessa garantia conte com previsão na lei que cuida da moratória; e *(ii)* a exigência da garantia seja feita como condição para a concessão da moratória, *antes* portanto de o contribuinte ser beneficiado com a mesma. Não é possível, *depois* de concedida a moratória, condicionar o respeito aos efeitos desta ao oferecimento de garantias: "[...] 3. Estando regular o parcelamento, com o cumprimento, no prazo, das obrigações assumidas pelo contribuinte, não pode ser negado o fornecimento de CND, sob a alegação de que inexiste garantia para a transação firmada. Se o credor não exige garantia para a celebração do acordo de parcelamento, não pode, no curso do negócio jurídico firmado, inovar. 4. Inexistência de crédito tributário definitivamente constituído que impeça o fornecimento da Certidão Negativa de Débito – CND – requerida, mormente quando o débito encontra-se com o parcelamento em dia. [...]" (STJ, 1ª T., AgRg no REsp 572.703/SC, Rel. Min. José Delgado, j. em 5/2/2004, *DJ* de 3/5/2004, p. 115).

**Art. 154.** Salvo disposição de lei em contrário,[1] a moratória somente abrange os créditos definitivamente constituídos à data da lei ou do despacho que a conceder, ou cujo lançamento já tenha sido iniciado àquela data por ato regularmente notificado ao sujeito passivo.

Parágrafo único. A moratória não aproveita aos casos de dolo, fraude ou simulação do sujeito passivo ou do terceiro em benefício daquele.

## Anotações

**1. Moratória e valores não lançados** – A norma em questão é *dispositiva,* não proibindo o legislador de cada ente tributante (União, Estado, Distrito Federal e Município) de dispor sobre forma moratória em relação a quantias ainda não lançadas, ou a serem objeto de lançamento por homologação. É o caso dos exemplos dados nas notas ao art. 152, *supra.*

**Art. 155**

**Art. 155.** A concessão da moratória em caráter individual não gera direito adquirido e será revogado[1] de ofício, sempre que se apure que o beneficiado não satisfazia ou deixou de satisfazer as condições ou não cumprira ou deixou de cumprir os requisitos para a concessão do favor, cobrando-se o crédito acrescido de juros de mora:

I – com imposição da penalidade cabível, nos casos de dolo ou simulação do beneficiado, ou de terceiro em benefício daquele;

II – sem imposição de penalidade, nos demais casos.

Parágrafo único. No caso do inciso I deste artigo, o tempo decorrido entre a concessão da moratória e sua revogação não se computa para efeito da prescrição do direito à cobrança do crédito; no caso do inciso II deste artigo, a revogação só pode ocorrer antes de prescrito[2] o referido direito.

## Anotações

**1. "Revogação" de despacho concessivo de moratória individual** – O art. 155 do CTN reporta-se à "revogação de ofício" do despacho que concede moratória individual, mas trata-se de evidente impropriedade. No caso, se o contribuinte não satisfazia ou deixou de satisfazer as condições, ou se não cumprira ou deixou de cumprir os requisitos para a concessão do favor, é o caso de se *anular* o ato administrativo, e não de revogar. Isso porque, como se sabe, no caso de anulação, ou invalidação, tem-se a retirada, do mundo jurídico, de ato administrativo antes praticado em desconformidade com os dispositivos legais pertinentes. É ato que, nulamente embora, entrou no mundo jurídico, e dele fora ulteriormente retirado por vício verificado na juridicização de seu suporte fático (Pontes de Miranda, *Tratado de Direito Privado,* Campinas: Bookseller, 2001, Tomo 4, § 362, nº 1, p. 62). A revogação, por seu turno, é a retirada de voz, é a cessação dos efeitos de um ato válido por outro que o substitui (Pontes de Miranda, *Tratado de Direito Privado,* Campinas: Bookseller, 2001, Tomo 5, § 507, nº 4, p. 39), o que, na esfera do Direito Administrativo, ocorre por razões de conveniência e oportunidade (Celso Antônio Bandeira de Mello, *Curso de Direito Administrativo,* 9. ed., São Paulo: Malheiros, 1997, p. 279), o que evidentemente não é possível no campo do Direito Tributário, em face da natureza plenamente vinculada da atividade correspondente (CTN, art. 3º).

**2. Suspensão da exigibilidade e fluência da prescrição** – Pode parecer, do teor do parágrafo único do art. 155 do CTN, que a prescrição continua a fluir, apesar da suspensão da exigibilidade do crédito tributário, decorrente da moratória. Pode parecer que, mesmo suspensa a exigibilidade, a prescrição continuaria sendo contada, e o transcurso de cinco anos desde a constituição definitiva do crédito (CTN, art. 174) retiraria da Fazenda a possibilidade de exigi-lo, mesmo diante do desfazimento da moratória. Essa é a posição, por exemplo, de Ives Gandra da Silva Martins ("Decadência e prescrição", em *Decadência e prescrição,* coord. Ives Gandra da Silva Martins, São Paulo: Revista dos Tribunais, 2007, p. 31), que sustenta: "a suspensão da exigibilidade do crédito tributário, com efeitos apenas administrativos, não tem o condão de paralisar a fluência do prazo prescricional, para tanto devendo a Fazenda, se suspensa a exigibilidade do crédito tributário, utilizar-se do protesto

352 | CÓDIGO TRIBUTÁRIO NACIONAL – *Hugo de Brito Machado Segundo* **Art. 155**

judicial, como forma interruptiva da prescrição". Com todo o respeito, não nos parece que tal posição tenha procedência.

A suspensão da exigibilidade retira do crédito tributário a possibilidade de ser executado, não sendo lógico nem coerente que a prescrição – que é a extinção da *pretensão* de ver o direito adimplido, pela inércia de seu titular – torne inexigível um direito que estava com sua exigibilidade suspensa. Na verdade, as causas suspensivas da exigibilidade do crédito tributário suspendem, também, o curso da prescrição, podendo a moratória ou o parcelamento, a depender da forma como sejam concedidos, implicar ainda a sua interrupção, no ato de concessão do benefício, nos termos do art. 174, IV, do CTN, seguida da sua suspensão durante todo o lapso de sua duração. A prevalecer tal entendimento, de que a moratória não suspende a prescrição, contribuintes que optaram pelo REFIS, e que obtiveram condições para pagar seus débitos em várias décadas, poderiam, passados cinco anos da concessão do benefício, simplesmente cessar os pagamentos das parcelas correspondentes. Estariam todas prescritas. Na verdade, o significado do art. 155, II, conciliado com seu parágrafo único, é o seguinte: se um contribuinte, sem dolo ou simulação, deixa de cumprir os requisitos exigidos para a concessão da moratória, o Fisco já pode revogar (rectius: anular) a concessão do benefício. Se não o faz, mantendo indevidamente o benefício, a prescrição passa a correr normalmente. É por isso, aliás, que a jurisprudência entende que, no caso de descumprimento das condições exigidas para permanecer em um parcelamento, o prazo prescricional volta a correr a partir de quando esse descumprimento ocorre, ainda que o Fisco demore a efetivar a exclusão do contribuinte e a ajuizar a execução correspondente. Nesse sentido, "(...) II – É pacífico o entendimento no Superior Tribunal de Justiça segundo o qual a prescrição tributária, na hipótese de adesão a programa de parcelamento, volta a fluir no momento do inadimplemento da parcela, sendo irrelevante a data da intimação do contribuinte relativa a exclusão do REFIS. (...)" (STJ, 1ª T., AgRg no AREsp 618.723/PE, Rel. Min. Regina Helena Costa, j. em 24/11/2015, *DJe* de 9/12/2015). A exceção seria exatamente aquela situação na qual o contribuinte descumpre as condições mas, por agir com dolo ou simulação, isso não chega ao conhecimento do Fisco, hipótese em que excepcionalmente não correria a prescrição senão antes da descoberta do vício e da exclusão formal do contribuinte.

**Art. 155-A.** O parcelamento[1] será concedido na forma e condição estabelecidas em lei específica. *(Incluído pela LCP nº 104, de 10.1.2001)*

§ 1º Salvo disposição de lei em contrário, o parcelamento do crédito tributário não exclui a incidência de juros e multas. *(Incluído pela LCP nº 104, de 10.1.2001)*[2]

§ 2º Aplicam-se, subsidiariamente, ao parcelamento as disposições desta lei, relativas à moratória. *(Incluído pela LCP nº 104, de 10.1.2001)*

§ 3º Lei específica disporá sobre as condições de parcelamento dos créditos tributários do devedor em recuperação judicial.[3] *(Incluído pela LCP nº 118, de 2005)*

§ 4º A inexistência da lei específica a que se refere o § 3º deste artigo importa na aplicação das leis gerais de parcelamento do ente da Federação ao devedor em recuperação judicial, não podendo, neste caso, ser o prazo de parcelamento inferior ao concedido pela lei federal específica. *(Incluído pela LCP nº 118, de 2005)*

# Art. 156    Livro Segundo · NORMAS GERAIS DE DIREITO TRIBUTÁRIO | 353

## Anotações

**1. Parcelamento e moratória** – Como já explicado, o parcelamento é modalidade de moratória, e a rigor não havia a menor necessidade de ser previsto como nova modalidade de suspensão da exigibilidade do crédito tributário. Como se antes da LC nº 104/2001 já não fosse assim. Tanto que o § 2º determina a aplicação ao parcelamento dos dispositivos relativos à moratória, e o art. 153, III, *b* do CTN se reporta à moratória e às suas "parcelas e vencimentos".

**2. Parcelamento e multa** – A disposição de que se cuida foi uma tentativa de, pela via legislativa, alterar jurisprudência então firmada no STJ, segundo a qual a denúncia espontânea, quando acompanhada do pagamento parcelado da dívida, atrairia a incidência do art. 138 do CTN e afastaria a responsabilidade pela infração, impedindo a cobrança de multas. Se esse era o seu propósito, a redação utilizada não permitiria alcançá-lo. Primeiro, porque existiria uma "disposição de lei em contrário", precisamente a constante do art. 138 do CTN. Segundo, porque de fato não é o parcelamento que afasta a incidência de multa e juros, mas sim a denúncia espontânea que eventualmente o antecede, quando dele acompanhada. Se um contribuinte parcela o pagamento de um auto de infração, lavrado ao cabo de uma fiscalização, evidentemente não teria direito à exclusão de quaisquer multas.

Seja como for, o próprio STJ abandonou o entendimento antes adotado, e que motivara a edição do dispositivo em comento. E, ao fazê-lo, aliás, afirmou a irrelevância do art. 155-A na determinação da mudança: "[...] A jurisprudência desta Corte é pacífica no sentido de que inocorre denúncia espontânea, para fins de exoneração da multa moratória, ante o simples parcelamento do débito tributário. [...] Ademais, o argumento de que os fatos ocorreram antes do início da vigência da LC nº 104/2001, que introduziu o art. 155-A no CTN, não tem o condão de produzir o efeito pretendido, porquanto tal preceito apenas confirmou o referido entendimento. [...]" (STJ, 1ª S., EDcl no AgRg no Ag. 502.161/RJ, Rel. Min. Francisco Falcão, j. em 18/10/2005, *DJ* de 19/12/2005, p. 213). Ver notas ao art. 138 do CTN.

**3. Parcelamento em sede de recuperação judicial** – Embora o CTN não seja explícito a esse respeito, é evidente que as condições, os termos e sobretudo o prazo do parcelamento especial, relativo aos contribuintes em recuperação judicial, devem ser mais benéficos para o devedor do que os relativos aos parcelamentos concedidos aos contribuintes de maneira geral.

## Capítulo IV
### Extinção do Crédito Tributário

## Seção I
### Modalidades de Extinção

**Art. 156.** Extinguem o crédito tributário:

I – o pagamento;[1]

II – a compensação;[2]

# 354 | CÓDIGO TRIBUTÁRIO NACIONAL – *Hugo de Brito Machado Segundo* | **Art. 156**

III – a transação;[3]

IV – a remissão;[4]

V – a prescrição e a decadência;[5]

VI – a conversão de depósito em renda;[6]

VII – o pagamento antecipado e a homologação do lançamento nos termos do disposto no art. 150 e seus §§ 1º e 4º;[7]

VIII – a consignação em pagamento, nos termos do disposto no § 2º do art. 164;

IX – a decisão administrativa irreformável, assim entendida a definitiva na órbita administrativa, que não mais possa ser objeto de ação anulatória;[8]

X – a decisão judicial passada em julgado.[9]

XI – a dação em pagamento em bens imóveis, na forma e condições estabelecidas em lei.[10] *(Incluído pela LCP nº 104, de 10.1.2001)*

Parágrafo único. A lei disporá quanto aos efeitos da extinção total ou parcial do crédito sobre a ulterior verificação da irregularidade da sua constituição, observado o disposto nos arts. 144 e 149.

## Anotações

**1. Pagamento** – Ver arts. 157 a 163 e 165 a 169 do CTN.

**2. Compensação** – Ver arts. 170 e 170-A do CTN.

**3. Transação** – Ver art. 171 do CTN.

**4. Remissão** – Ver art. 172 do CTN.

**5. Prescrição e decadência** – Ver arts. 173 e 174 do CTN. Como observa Humberto Theodoro Júnior, a prescrição do crédito tributário submete-se a regime distinto daquele tratado pela lei civil, pois o CTN "não trata da prescrição como simples causa de extinção da *pretensão (actio)*, mas do próprio crédito tributário *(ius)*" ("Prescrição, liberdade e dignidade da pessoa humana", em *RDDP* 40/76).

**6. Conversão do depósito em renda. Sentença de mérito que julga improcedentes os pedidos do autor** – O depósito efetuado pelo sujeito passivo no âmbito de uma ação judicial anulatória de um crédito tributário somente pode ser convertido em renda, em favor do ente público correspondente, se a sentença houver julgado improcedentes os pedidos do autor, e, mesmo assim, apenas quando de seu trânsito em julgado. "Os depósitos judiciais efetuados, objetivando a suspensão da exigibilidade do crédito tributário, só podem ser levantados pelo Fisco quando do trânsito em julgado da decisão em seu favor" (STJ, 1ª T., AgRg no REsp 425.430/SP, Rel. Min. Francisco Falcão, j. em 7/4/2005, *DJ* de 16/5/2005, p. 231). **Em sentido contrário:** "O depósito do montante integral, na forma do art. 151, II, do CTN, constituiu modo, posto à disposição do contribuinte, para suspender a exigibilidade do crédito tributário. Porém, uma vez realizado, o depósito opera imediatamente o efeito a que se destina, inibindo, assim, qualquer ato do Fisco tendente a haver o pagamento. Sob

**Art. 156**  Livro Segundo · NORMAS GERAIS DE DIREITO TRIBUTÁRIO | **355**

esse aspecto, tem função assemelhada à da penhora realizada na execução fiscal, que também tem o efeito de suspender os atos executivos enquanto não decididos os embargos do devedor. 2. O direito – ou faculdade – atribuído ao contribuinte, de efetuar o depósito judicial do valor do tributo questionado, não importa o direito e nem a faculdade de, a seu critério, retirar a garantia dada, notadamente porque, suspendendo a exigibilidade do crédito tributário, ela operou, contra o réu, os efeitos próprios de impedi-lo de tomar qualquer providência no sentido de cobrar o tributo ou mesmo de, por outra forma, garanti-lo. 3. As causas de extinção do processo sem julgamento do mérito são invariavelmente imputáveis ao autor da ação, nunca ao réu. Admitir que, em tais casos, o autor é que deve levantar o depósito judicial, significaria dar-lhe o comando sobre o destino da garantia que ofereceu, o que importaria retirar do depósito a substância fiduciária que lhe é própria. 4. Assim, ressalvadas as óbvias situações em que a pessoa de direito público não é parte na relação de direito material questionada – e que, portanto, não é parte legítima para figurar no processo – o depósito judicial somente poderá ser levantado pelo contribuinte que, no mérito, se consagrar vencedor. Nos demais casos, extinto o processo sem julgamento de mérito, o depósito se converte em renda. [...]" (STJ, 1ª T., AgRg no REsp 660.203/RJ, Rel. Min. Francisco Falcão, rel. p. o ac. Min. Teori Albino Zavascki, j. em 3/3/2005, *DJ* de 4/4/2005 p. 207).

Com a máxima vênia, parece-nos absurda a tese consagrada neste último aresto. Não há título que justifique a entrega, à Fazenda, do valor depositado em juízo, quando a sentença não examina o mérito da ação. E, como apontou o Ministro Falcão, em seu voto (vencido), a jurisprudência toda orienta-se no sentido de que a conversão em renda somente é possível em face de sentença de mérito, que julga improcedentes os pedidos do autor: "I – A Egrégia Primeira Seção desta Corte pacificou o entendimento no sentido de que, em se tratando de extinção do mandado de segurança, sem julgamento do mérito, é de ser deferido o levantamento do depósito efetuado pelo contribuinte para suspensão da exigibilidade do crédito tributário, sendo inadmissível a sua conversão em renda da União. Precedentes: REsp nº 258.751/SP, Rel. Min. FRANCISCO PEÇANHA MARTINS, *DJ* de 30/9/2002; EREsp nº 270.083/SP, Rel. Min. ELIANA CALMON, *DJ* de 2/9/2002; REsp nº 267.587/SP, Rel. Min. MILTON LUIZ PEREIRA, *DJ* de 27/11/2000 e REsp nº 177.684/SP, Rel. Min. PAULO GALLOTTI, *DJ* de 1/8/2000. [...]"

**7. Extinção pelo pagamento antecipado e pela homologação** – Note-se que, no âmbito do lançamento por homologação, não é o pagamento que definitivamente extingue o crédito, mas este seguido da homologação. Daí por que, nos casos em que há homologação tácita, a doutrina e a jurisprudência cogitavam de um prazo de "5+5" anos para se pleitear a restituição do indébito tributário, realidade alterada pelo art. 3º da LC nº 118/2005. Confiram-se as notas aos arts. 106, I e 168, I, do CTN.

**8. Decisão administrativa imodificável e questionamento judicial pela administração** – Embora o CTN se reporte à decisão que não possa ser objeto de ação anulatória, sabe-se que a Fazenda Pública não pode propor ação anulatória contra suas próprias decisões (Hugo de Brito Machado Segundo, *Processo Tributário,* São Paulo: Atlas, 2004, p. 201 e 202). Assim, decisão administrativa definitiva, para os fins do art. 156, IX, do CTN, é aquela que determina a extinção do crédito tributário, e da qual não foram interpostos os recursos cabíveis no prazo legal, ou contra a qual não existem mais recursos.

**9. Decisão judicial. Extinção apenas quando do trânsito em julgado** – Apenas quando de seu trânsito em julgado uma decisão judicial que determina a extinção do crédito

**356** | CÓDIGO TRIBUTÁRIO NACIONAL – *Hugo de Brito Machado Segundo*                **Art. 157**

tributário produz esse efeito. Daí, são equivocadas as alegações de que o juiz não pode autorizar a realização de uma compensação por meio de uma medida liminar, pois isso "extinguiria" o crédito, de modo irreversível. A rigor, a liminar apenas suspende a exigibilidade do crédito tributário a ser compensado. A extinção, quando ocorre, se dá em função da sentença que confirma a liminar, ou, a rigor, em face da decisão administrativa que, conferindo os valores da compensação efetuada pelo contribuinte com amparo no provimento judicial, a homologa. Confiram-se as notas aos arts. 170 e 170-A do CTN.

**10. Dação em pagamento. Exceção à regra de que o tributo é prestação pecuniária –** O tributo é prestação pecuniária. Por isso, a dação em pagamento de que cuida o art. 156, XI, do CTN, depende da edição de lei, por cada ente tributante (União, Estados-membros, Distrito Federal e Municípios), estipulando a forma e as condições nas quais poderá ocorrer. À míngua dessa lei específica, não há amparo legal para a dação em pagamento. E, ainda assim, somente pode dizer respeito a bens imóveis, os quais devem necessariamente ser *avaliados* para que se afira a sua suficiência para quitar uma obrigação que é quantificada também em dinheiro.

O Município de São Paulo editou, para disciplinar a dação em pagamento de bens imóveis como forma de extinção do crédito tributário, a Lei nº 13.259, de 28 de dezembro de 2001, que foi regulamentada pelo Decreto 42.095, de 12 de junho de 2002. No plano federal, a dação em pagamento de bens imóveis se acha disciplinada no art. 4º da Lei 13.259, de 16 de março de 2016.

**Seção II**

Pagamento

**Art. 157.** A imposição de penalidade não ilide o pagamento integral do crédito tributário.[1]

ANOTAÇÕES ————————————————————————————————

**1. Multa tributária não é cláusula penal alternativa –** Como observa Hugo de Brito Machado, o art. 157 do CTN está apenas a esclarecer que as penalidades pecuniárias em matéria tributária não têm natureza de "cláusula penal", como pode ocorrer no âmbito do Direito Privado. Vale dizer, não é porque foi imposta e paga uma penalidade pecuniária que o sujeito passivo estará desobrigado de pagar o tributo. Em suas palavras, "no Direito Civil certas cláusulas penais estipuladas para o caso de não cumprimento da obrigação substituem o valor desta. A cláusula penal é, no caso de descumprimento da obrigação, uma alternativa para o credor. Não é assim em Direito Tributário" (*Curso de Direito Tributário*, 20. ed., São Paulo: Malheiros, 2002, p. 165).

**Art. 158.** O pagamento de um crédito não importa em presunção[1] de pagamento:

**Art. 160**    Livro Segundo · NORMAS GERAIS DE DIREITO TRIBUTÁRIO | **357**

I – quando parcial, das prestações em que se decomponha;

II – quando total, de outros créditos referentes ao mesmo ou a outros tributos.

ANOTAÇÕES ─────────────────────────────────────────────

**1. Presunção de pagamento** – O art. 158 do CTN cuida de estabelecer distinção prática importante entre os efeitos do pagamento no Direito Tributário e no Direito Privado. Enquanto neste último o pagamento de uma parcela faz presumir o pagamento das anteriores, no Direito Tributário não.

Aplicando o citado artigo, o STJ já decidiu que a expedição do licenciamento de um veículo, embora condicionada ao pagamento de tributos pendentes, não faz presumir a quitação de todos eles, e não tem eficácia liberatória de eventuais débitos pendentes: "A expedição de certificado de registro e licenciamento de veículo, embora condicionada à quitação de tributos incidentes sobre a propriedade de veículo automotor, não é dotada de qualquer eficácia liberatória de obrigação fiscal. A quitação de tributos se promove via Documento de Arrecadação Fiscal – DARF, com recibo emitido pela instituição financeira credenciada ao recebimento dos valores recolhidos a esse título, não se prestando a esse mister certificado lavrado por terceiro estranho à relação tributária, mesmo que órgão público, vinculado ao Estado credor. No Direito Tributário, a quitação de parcelas subsequentes não cria a presunção de pagamento das anteriores. Inteligência do art. 158 do CTN (REsps nos 627.675/RS, *DJ* de 25/10/2004, e 511.480/RS, *DJ* de 4/8/2003, Rel. Min. LUIZ FUX). [...]" (STJ, 1ª T., REsp 688.649/RS, Rel. Min. José Delgado, j. em 17/2/2005, *DJ* de 11/4/2005, p. 201).

**Art. 159.** Quando a legislação tributária não dispuser a respeito,[1] o pagamento é efetuado na repartição competente do domicílio do sujeito passivo.[2]

ANOTAÇÕES ─────────────────────────────────────────────

**1. Lugar do pagamento e legislação tributária** – A regra do art. 159 do CTN é dispositiva, sendo aplicável apenas na falta de determinação expressa em sentido contrário. E, a propósito, será norma da *legislação tributária,* conceito mais amplo, e não apenas da lei, que poderá fixar o local no qual deverá ser efetuado o pagamento do tributo. Pode ocorrer, por exemplo, de contribuinte domiciliado em um Estado-membro ter de efetuar o pagamento de impostos aduaneiros em outro, por onde houver ocorrido a importação.

**2. Determinação do domicílio do sujeito passivo** – Ver art. 127 do CTN.

**Art. 160.** Quando a legislação tributária não fixar[1] o tempo do pagamento,[2] o vencimento do crédito ocorre trinta dias depois da data em que se considera o sujeito passivo notificado do lançamento.

# 358 | CÓDIGO TRIBUTÁRIO NACIONAL – *Hugo de Brito Machado Segundo*                    **Art. 161**

Parágrafo único. A legislação tributária pode conceder desconto pela antecipação do pagamento, nas condições que estabeleça.

ANOTAÇÕES ───────────────────────────────────────────────

**1. Natureza dispositiva** – A norma do art. 160 é *dispositiva*, vale dizer, admite determinação em contrário, somente incidindo na hipótese de a legislação específica do tributo nada prever a respeito de seu prazo de vencimento.

**2. Fixação do prazo para pagamento do tributo e reserva legal** – Nos termos do art. 160 do CTN, cabe à *legislação tributária* fixar o *prazo* para o recolhimento do tributo. Considerando que a expressão *legislação tributária,* na terminologia do Código, envolve atos normativos *infralegais* (CTN, art. 96), isso significa que "o CTN admite a fixação do prazo para pagamento de tributo através de norma infralegal (art. 160 c/c art. 96 do CTN) [...]" (STJ, 2ª T., REsp 115.999/SP, Rel. Min. Adhemar Maciel, j. em 4/12/1997, *DJ* de 16/2/1998, p. 57). Mas atenção: caso seja fixado em lei, somente uma outra poderá alterar o prazo; entretanto, caso a própria lei delegue o seu estabelecimento a atos normativos inferiores, não haverá qualquer ofensa à legalidade. **Nesse sentido:** "se não fixado em lei, o prazo para recolhimento de tributo pode ser estipulado por decreto, segundo a jurisprudência prevalente nesta Corte" (STJ, 2ª T., REsp 72.004/SP, Rel. Min. Pádua Ribeiro, j. em 18/11/1996, *DJ* de 9/12/1996, p. 49243). Diferenciando as situações nas quais o prazo está previsto na lei, daquelas nas quais não está, o STF já consignou: "Elemento do tributo em apreço que, conquanto não submetido pela Constituição ao princípio da reserva legal, fora legalizado pela Lei nº 4.502/64 e assim permaneceu até a edição da Lei nº 7.450/85, que, no art. 66, o deslegalizou, permitindo que sua fixação ou alteração se processasse por meio da legislação tributária (CTN, art. 160), expressão que compreende não apenas as leis, mas também os decretos e as normas complementares (CTN, art. 96). [...]" (STF, Pleno, RE 140.669/PE, Rel. Min. Ilmar Galvão, j. em 2/12/1998, *DJ* de 18/5/2001, p. 86, *RTJ* 178-1/361).

**Art. 161.** O crédito não integralmente pago no vencimento é acrescido de juros de mora,[1] seja qual for o motivo determinante da falta, sem prejuízo da imposição das penalidades cabíveis[2] e da aplicação de quaisquer medidas de garantia previstas nesta Lei ou em lei tributária.

§ 1º Se a lei não dispuser de modo diverso, os juros de mora são calculados à taxa de (um por cento) ao mês.[3]

§ 2º O disposto neste artigo não se aplica na pendência de consulta formulada pelo devedor dentro do prazo legal para pagamento do crédito.

ANOTAÇÕES ───────────────────────────────────────────────

**1. Vencimento e fluência de juros de mora** – A teor do art. 161 do CTN, o início da fluência dos juros de mora marca a data do *vencimento do tributo*. Não se há de confundir

# Art. 162

**Livro Segundo** · NORMAS GERAIS DE DIREITO TRIBUTÁRIO | **359**

*vencimento* com *prazo para pagamento,* pois uma causa suspensiva da exigibilidade do crédito pode haver postergado esta última, sem alterar a data a partir da qual os juros iniciaram sua fluência. Essa distinção é relevante para determinar quais débitos podem ser inseridos em programas de recuperação fiscal (*v. g.*, REFIS, PAES etc.), visto que as leis que os regulamentam invariavelmente estabelecem que somente podem ser neles inseridos créditos *com vencimento* até determinada data. Nesse sentido: Hugo de Brito Machado e Hugo de Brito Machado Segundo, "Tributário. Refis. Débito relativo ao ano base de 1999. Inclusão. Possibilidade", em *RDDT* 132/111. Na jurisprudência, a tese foi expressamente acolhida pela Segunda Turma do STJ, que decidiu "ser indevida a exclusão do REFIS dos débitos referentes ao IRPJ relativos ao mês de dezembro de 1999, ainda que fosse facultado o pagamento, acrescido de juros moratórios, até o dia 31 de março de 2000, tendo em vista que o vencimento, efetivamente, ocorrera em 31 de janeiro" (STJ, 2ª T., REsp 799.132/SC, Rel. Min. Castro Meira, j. em 1/6/2006, v. u.).

**2. Cumulação de juros de mora e multa de mora. Possibilidade** – "Se o crédito não foi integralmente pago no vencimento, são devidos juros de mora, seja qual for o motivo determinante da falta, e sem prejuízo das penalidades cabíveis. É admissível a cumulação de juros de mora e multa" (STJ, 1ª T., REsp 220.856/SC, Rel. Min. Garcia Vieira, j. em 14/9/1999, v. u., *DJ* de 11/10/1999, p. 54).

**3. Fixação de critérios para o cálculo de juros e de atualização monetária por Estados e Municípios** – O Supremo Tribunal Federal entende que o assunto – juros e correção monetária – é de competência legislativa federal (AgRg nº AI 490.050/SP), motivo pelo qual somente se reconhece a Estados e Municípios o poder de fixar seus próprios índices de correção e juros se observados os critérios adotados para os tributos federais como *teto*. E, no caso de tributos federais, como se sabe, apenas se pode aplicar os juros SELIC, "*vedada sua cumulação com quaisquer outros índices, seja de correção monetária, seja de juros*" (REsp 1.205.811/CE, Rel. Min. Mauro Campbell Marques, *DJ* de 17/8/2011).

**Art. 162.** O pagamento é efetuado:

I – em moeda corrente, cheque ou vale postal;

II – nos casos previstos em lei, em estampilha, em papel selado, ou por processo mecânico.

§ 1º A legislação tributária pode determinar as garantias exigidas para o pagamento por cheque ou vale postal, desde que não o torne impossível ou mais oneroso que o pagamento em moeda corrente.

§ 2º O crédito pago por cheque somente se considera extinto com o resgate deste pelo sacado.[1]

§ 3º O crédito pagável em estampilha considera-se extinto com a inutilização regular daquela, ressalvado o disposto no artigo 150.[2]

§ 4º A perda ou destruição da estampilha, ou o erro no pagamento por esta modalidade, não dão direito a restituição, salvo nos casos expressamente previstos na legislação tributária, ou naquelas em que o erro seja imputável à autoridade administrativa.

# 360 | CÓDIGO TRIBUTÁRIO NACIONAL – *Hugo de Brito Machado Segundo* | **Art. 163**

§ 5º O pagamento em papel selado ou por processo mecânico equipara-se ao pagamento em estampilha.

## ANOTAÇÕES

**1. Transformação do crédito tributário em crédito cambial. Inocorrência** – A disposição do art. 162, § 2º do CTN tem por finalidade explicitar que o pagamento de um crédito tributário com um cheque não transforma a obrigação tributária em obrigação cambial, vale dizer, não se considera extinta a relação jurídica obrigacional tributária e nascida uma relação obrigacional de natureza cambial. Afinal, o crédito tributário possui garantias, privilégios e preferências que o cambial não têm.

**2. Crédito pago em estampilha e lançamento por homologação** – Naturalmente, se o pagamento feito por estampilha for feito no âmbito de um lançamento por homologação, de modo *prévio* ao exame da autoridade, a extinção do crédito somente poderá ser considerada "definitiva" nos termos do art. 150 do CTN, vale dizer, com o advento da homologação. É isso o que está disposto, por outras palavras, no art. 162, § 3º, do CTN.

**Art. 163.** Existindo simultaneamente dois ou mais débitos vencidos[1] do mesmo sujeito passivo para com a mesma pessoa jurídica de direito público, relativos ao mesmo ou a diferentes tributos ou provenientes de penalidade pecuniária ou juros de mora, a autoridade administrativa competente para receber o pagamento determinará a respectiva imputação, obedecidas as seguintes regras, na ordem em que enumeradas:[2]

I – em primeiro lugar, aos débitos por obrigação própria, e em segundo lugar aos decorrentes de responsabilidade tributária;

II – primeiramente, às contribuições de melhoria, depois às taxas e por fim aos impostos;

III – na ordem crescente dos prazos de prescrição;[3]

IV – na ordem decrescente dos montantes.

## ANOTAÇÕES

**1. Imputação em pagamento e débito não exigível** – A imputação em pagamento pressupõe a *exigibilidade* do débito ao qual o pagamento feito pelo sujeito passivo será imputado. Vale dizer, o Fisco pode atribuir um pagamento a um débito diverso daquele indicado pelo contribuinte, caso esse outro débito seja também exigível.

Dessa forma, caso o sujeito passivo esteja a dever determinada quantia, e obtenha um *parcelamento,* a mesma deixará de ser exigível (CTN, art. 151, I e VI). Exigíveis serão,

**Art. 163**  Livro Segundo · NORMAS GERAIS DE DIREITO TRIBUTÁRIO | **361**

mensalmente, as respectivas parcelas, mas não o saldo do montante parcelado. Assim, se esse mesmo sujeito passivo efetuar um pagamento, a Fazenda poderá imputá-lo à parcela do parcelamento, ou a outros débitos dele, exigíveis e não pagos, mas não ao correspondente saldo devedor.

**O mesmo vale para a compensação**, forma de quitação na qual o Fisco eventualmente pode, em tese, com amparo no art. 163 do CTN, *imputar* o crédito a ser compensado com um débito *diverso* daquele indicado pelo contribuinte. Essa imputação não poderá ocorrer em face de débito do contribuinte que esteja parcelado, pois não há *exigibilidade*.

Foi o que já decidiu, com inteira propriedade, o STJ: "'O contribuinte não está obrigado a compensar os valores de créditos escriturais do IPI com débitos consolidados inscritos no Programa de Recuperação Fiscal – REFIS, porquanto o artigo 163 do CTN trata da possibilidade de imputação de pagamento quando houver mais de um débito do mesmo sujeito passivo em relação ao mesmo sujeito ativo' (RESP 448758/RS, Rel. Min. Luiz Fux, 1ª Turma, *DJ* de 7/4/2003). [...]" (STJ, 1ª T., REsp 550.177/PR, Rel. Min. Teori Albino Zavascki, j. em 3/5/2005, *DJ* de 23/5/2005, p. 152). **No mesmo sentido**, e ressalvando a hipótese de essa imputação ocorrer por opção do contribuinte, à luz de autorização legal expressa e específica: "1. O contribuinte não está obrigado a compensar os valores de créditos escriturais do IPI com débitos consolidados inscritos no Programa de Recuperação Fiscal – REFIS, porquanto o artigo 163 do CTN trata da possibilidade de imputação de pagamento quando houver mais de um débito do mesmo sujeito passivo em relação ao mesmo sujeito ativo. [...] Tratando-se de crédito compensável e débito consolidado via REFIS torna-se inaplicável o art. 163 do CTN norma geral, que coerente com a regra especial instituidora do programa. [...] 3. O art. 163 do CTN pressupõe débitos para com o mesmo sujeito passivo, daí a imputação em pagamento imposta pelo fisco. Diversa é a hipótese de coexistência de crédito compensável e débito consolidado, hipótese em que a legislação correspondente ao REFIS não obriga o contribuinte a compensar créditos reconhecidos administrativamente com o montante consolidado desse programa, mas cria uma faculdade a ele, podendo, assim, utilizar seus créditos na compensação com débitos vincendos de tributos administrados pela SRF, obedecidas às normas contidas na IN SRF nº 21/97. [...]" (STJ, 1ª T., REsp 448.758/RS, Rel. Min. Luiz Fux, j. em 25/3/2003, *DJ* de 7/4/2003, p. 240).

**2. Fatos que autorizam a imputação e ônus da prova** – O ônus de provar a existência de fatos que autorizem a imputação (*v. g.*, a existência de débitos mais antigos), é da Fazenda, que não pode efetuar uma imputação sem demonstrar a presença dos requisitos a tanto necessários: "A imputação de pagamento consagra o princípio da autonomia das dívidas tributárias, ao estabelecer uma escala de preferência. [...] Para estabelecer a preferência, cabe ao credor comprovar a existência de débitos preferenciais capazes de desfazer a indicação do devedor. [...] Imputação da FAZENDA, que não conseguiu afastar as indicações do executado, por ausência de prova quanto aos débitos anteriores aos indicados e pagos. [...]" (STJ, 2ª T., REsp 462.996/SP, Rel. Min. Eliana Calmon, j. em 2/3/2004, *DJ* de 17/5/2004, p. 177).

**3. Imputação de pagamento a crédito mais antigo** – Como explicado na primeira nota a este artigo, a Fazenda não pode imputar um pagamento a um crédito que, conquanto mais antigo, tenha sido parcelado e esteja com sua exigibilidade suspensa. Até porque, nesse caso, além de o crédito não ser exigível, a suspensão de sua exigibilidade implica suspensão

362 | CÓDIGO TRIBUTÁRIO NACIONAL – *Hugo de Brito Machado Segundo*  **Art. 164**

– ou, no caso de parcelamento, interrupção (ver nota ao art. 174) – do prazo de prescrição, não sendo pertinente portanto a invocação do art. 163, III, do CTN.

Com base nesses fundamentos, julgando questão na qual a Fazenda imputou um "crédito a ser compensado" do contribuinte com débitos dele devidamente parcelados, o TRF da 5ª Região consignou: "Ora, procedido o parcelamento, a Fazenda Nacional não pode exigir as prestações não vencidas, sendo certo que se operou a interrupção da prescrição de tal débito, já que o acordo constitui ato inequívoco de reconhecimento do débito tributário. Os débitos parcelados cujas prestações são vincendas não podem ser incluídos na conferência realizada, obtendo o contribuinte, com o acordo, novo prazo para o pagamento. E não se diga que tal solução afronta o art. 163 do CTN, já que o prazo de prescrição dos débitos parcelados, além de ser interrompido pelo acordo, não volta o correr senão com o inadimplemento, pois durante o cumprimento regular do parcelamento, a Fazenda Nacional estará impedida de acionar o contribuinte. Assim, os débitos a serem considerados pela Fazenda Nacional na conferência determinada são aqueles vencidos, excluídos os que foram objeto de parcelamento e que têm novo prazo de vencimento, daí a correção da decisão agravada que, mesmo diante das considerações da Fazenda determinou a expedição de CND. [...]" (TRF 5ª R., 2ª T., AGTR 20.302/CE, Rel. Des. Fed. Paulo Machado Cordeiro (substituto), j. em 18/12/2001, *DJ* de 13/11/2002, p. 1.221).

**Art. 164.** A importância de crédito tributário pode ser consignada judicialmente pelo sujeito passivo, nos casos:

I – de recusa de recebimento, ou subordinação deste ao pagamento de outro tributo[1, 2] ou de penalidade, ou ao cumprimento de obrigação acessória;

II – de subordinação do recebimento ao cumprimento de exigências administrativas sem fundamento legal;[3, 4, 5]

III – de exigência, por mais de uma pessoa jurídica de direito público, de tributo idêntico sobre um mesmo fato gerador.[6, 7]

§ 1º A consignação só pode versar sobre o crédito que o consignante se propõe pagar.[8, 9]

§ 2º Julgada procedente a consignação, o pagamento se reputa efetuado e a importância consignada é convertida em renda;[10, 11] julgada improcedente a consignação no todo ou em parte, cobra-se o crédito acrescido de juros de mora, sem prejuízo das penalidades cabíveis.

ANOTAÇÕES ————————————————————————————————

**1. Recebimento do IPTU condicionado ao pagamento de taxa de limpeza pública** – "É cabível a ação consignatória para pagamento dos valores devidos a título de IPTU, independentemente do recolhimento das taxas de coleta e remoção de lixo e de combate a sinistros, constantes dos mesmos carnês de cobrança, desde que o contribuinte entenda indevida a

**Art. 164**    **Livro Segundo** · NORMAS GERAIS DE DIREITO TRIBUTÁRIO | **363**

cobrança das referidas taxas e pretenda discuti-las judicialmente. – Inteligência do art. 164, I do CTN. – O STF pacificou o entendimento no sentido de que são inconstitucionais as taxas nomeadas, por não terem por objeto serviço público divisível, mensurável e específico, devendo ser custeado por meio do produto da arrecadação dos impostos gerais. – Recurso especial conhecido e provido" (STJ, 2ª T., REsp 169.951/SP, Rel. Min. Peçanha Martins, j. em 21/9/2004, *DJ* de 28/2/2005, p. 260). **No mesmo sentido:** "Cabe ação de consignação quando a entidade tributante subordinar o pagamento do IPTU ao pagamento de taxas municipais (inciso I, do art. 164, do CTN). [...] Propriedade da ação proposta com o fito de consignar o valor relativo ao IPTU enquanto se discute, em demanda própria, a constitucionalidade das taxas municipais cobradas. [...]" (STJ, 2ª T., REsp 197.922/SP, Rel. Min. Castro Meira, j. em 22/3/2005, *DJ* de 16/5/2005, p. 276).

**2. Recusa de recebimento por estabelecimento bancário** – "O fato de o estabelecimento bancário, que é autorizado pelo fisco a proceder à arrecadação tributária, negar-se a fazê-lo por motivos alheios à vontade do órgão estatal não é suficiente, por si só, para afastar a Fazenda estadual do pólo passivo da ação de consignação em pagamento. [...]" (STJ, 2ª T., REsp 48.518/SP, Rel. Min. Adhemar Maciel, j. em 8/10/1998, *DJ* de 22/2/1999, p. 89).

**3. Consignação e pagamento parcelado** – A ação de consignação é inadequada para se pleitear a concessão de um *parcelamento* não deferido na via administrativa: "1. A ação consignatória, que é de natureza meramente declaratória, tem por escopo tão somente liberar o devedor de sua obrigação, com a quitação de seu débito, por meio de depósito judicial, quando o credor injustificadamente se recusa a fazê-lo. Na seara fiscal é servil ao devedor para exercer o direito de pagar o que deve, em observância às disposições legais pertinentes. 2. Prevendo a Lei nº 8.212/91, em seu art. 38, a concessão de parcelamento, como favor fiscal, mediante condições por ela estabelecidas, a inobservância dessas condições impede o contribuinte de usufruir do benefício. 3. O deferimento do parcelamento do crédito fiscal subordina-se ao cumprimento das condições legalmente previstas. Dessarte, afigura-se inadequada a via da ação de consignação em pagamento, cujo escopo é a desoneração do devedor, mediante o depósito do valor correspondente ao crédito, e não via oblíqua à obtenção de favor fiscal em burla à legislação de regência. 4. Precedente: REsp nº 694.856/RS, Primeira Turma, Rel. Min. Teori Albino Zavascki, *DJ* de 07/03/2005. [...]" (STJ, 1ª T., REsp 720.624/RS, Rel. Min. Luiz Fux, j. em 28/6/2005, *DJ* de 22/8/2005, p. 142). *Data venia,* na hipótese transcrita parece ter havido confusão entre *cabimento* e *procedência.* O acórdão considerou que o contribuinte não teria direito ao parcelamento, o que, a rigor, seria motivo para julgar improcedentes os pedidos formulados na ação de consignação, e não para afirmar o seu descabimento. Se, de acordo com a lei, o sujeito passivo tivesse direito ao parcelamento, sendo indevida a recusa da autoridade em deferi-lo, a ação de consignação, em nosso entendimento, seria cabível.

**4. Consignação e discussão a respeito do valor do débito** – À luz do art. 164 do CTN, a rigor, a ação de consignação somente pode ser usada quando o sujeito passivo pretende pagar a exigência, sem discutir sua validade ou o seu montante, e a autoridade se recusa a recebê-la, condiciona seu recebimento etc., nos termos do art. 164 do CTN. A ação de consignação não deve ser usada, portanto, quando o contribuinte não reconhece parte da dívida. Exemplificando, se o contribuinte sofre lançamento no valor de R$ 50.000,00, mas só considera devidos R$ 25.000,00, deverá *pagar* os R$ 25.000,00 e propor anulatória em face dos R$ 25.000,00 remanescentes. Poderá até efetuar depósito judicial, nessa anulatória, mas da parcela controvertida, a ser levantada ao final, caso os seus pedidos sejam julgados procedentes. Nesse sentido há acórdão da Primeira Turma do STJ no qual se lê: "[...] É assegurada ao devedor a possibilidade de utilizar-se da ação de consignação em pagamento para exercer o seu direito de pagar o que deve, cumprindo a prestação conforme as previsões legais, em face da recusa do credor em receber o seu crédito sem justa causa. [...] No caso presente não se constata a negativa de recebimento dos valores por parte do Fisco nem a imposição de obrigações administrativas ilegais, ou a exigência de tributo idêntico sobre um mesmo fato gerador por mais de uma pessoa de direito público. Trata-se apenas de pretensão de discutir o próprio valor do tributo questionado, socorrendo-se, para tanto, da ação consignatória. [...] Inocorrentes as hipóteses taxativamente previstas no art. 164, incisos I, II e III, do CTN, que dão supedâneo à propositura da ação consignatória, há de se reconhecer a inadequação da via eleita. [...]" (STJ, 1ª T., REsp 685.589/RS, Rel. Min. José Delgado, j. em 22/2/2005, *DJ* de 11/4/2005, p. 201).

A Segunda Turma da mesma Corte, porém, tem julgado em **sentido contrário**: "A ação de consignação é instrumento processual admissível para pagamento de tributo em montante inferior ao exigido, o que implica em recusa do Fisco ao recebimento do tributo por valor menor. [...]" (STJ, 2ª T., REsp 538.764/RS, Rel. Min. Castro Meira, j. em 12/4/2005, *DJ* de 13/6/2005, p. 237). **No mesmo sentido**, aliás, tem decidido também a Primeira Turma: "1. O depósito em consignação é modo de extinção da obrigação, com força de pagamento, e a correspondente ação consignatória tem por finalidade ver atendido o direito – material – do devedor de liberar-se da obrigação e de obter quitação. Trata-se de ação eminentemente declaratória: declara-se que o depósito oferecido liberou o autor da respectiva obrigação. 2. Com a atual configuração do rito, a ação de consignação pode ter natureza dúplice, já que se presta, em certos casos, a outorgar tutela jurisdicional em favor do réu, a quem assegura não apenas a faculdade de levantar, em caso de insuficiência do depósito, a quantia oferecida, prosseguindo o processo pelas diferenças controvertidas (CPC, art. 899, § 1º), como também a de obter, em seu favor, título executivo pelo valor das referidas diferenças que vierem a ser reconhecidas na sentença (art. 899, § 2º). 3. Como em qualquer outro procedimento, também na ação consignatória o juiz está habilitado a exercer o seu poder-dever jurisdicional de investigar os fatos e aplicar o direito na medida necessária a fazer juízo sobre a existência ou o modo de ser da relação jurídica que lhe é submetida a decisão. Não há empecilho algum, muito pelo contrário, ao exercício, na ação de consignação, do controle de constitucionalidade das normas. 4. Não há qualquer vedação legal a que o contribuinte lance mão da ação consignatória para ver satisfeito o seu direito de pagar corretamente o tributo quando entende que o fisco está exigindo prestação maior que a devida. É possibilidade prevista no art. 164 do Código Tributário Nacional. Ao mencionar que 'a consignação só pode versar sobre o crédito que o consignante se propõe a pagar', o § 1º daquele artigo deixa evidenciada a possibilidade de ação consignatória nos casos em que o contribuinte se propõe a pagar valor inferior ao exigido pelo fisco. Com efeito, exigir valor maior equivale a recusar o recebimento do tributo por valor menor. [...]" (STJ, 1ª T., REsp 659.779/RS, Rel. Min. Teori Albino Zavascki, j. em 14/9/2004, *DJ* de 27/9/2004, p. 281).

Considerando os princípios da efetividade da prestação jurisdicional, e da instrumentalidade do processo, parece-nos que o entendimento adotado pelos últimos acórdãos transcritos é bastante razoável. Realmente, ainda que não seja o instrumento mais adequado, não há qualquer prejuízo em se acolher o uso da ação de consignação, nesse caso. Convencendo-se o magistrado de que a exigência impugnada é realmente ilegal, deixar de acolher os pedidos do autor da ação em homenagem à forma processual implica subversão da finalidade para a qual o processo e o próprio Poder Judiciário existem.

**Art. 164** | Livro Segundo · NORMAS GERAIS DE DIREITO TRIBUTÁRIO | **365**

**5. Consignação e exigências ilegais para a concessão de benefício** – A ação de consignação pode ser proposta quando o direito cujo exercício estiver sendo condicionado ao cumprimento de exigências administrativas ilegais for o *direito de pagar*. Não é possível usar a ação de consignação para afastar exigências ilegais opostas como condição para o exercício de outros direitos (*v. g.*, de obter benefício fiscal): "[...] Não se constata a recusa de recebimento dos valores por parte do Fisco, nem a imposição de obrigações administrativas ilegais ou a exigência de tributo idêntico sobre um mesmo fato gerador por mais de uma pessoa de direito público. Trata o caso de pretensão de pessoa jurídica na obtenção de acesso a programa de incentivo fiscal estadual por meio do não cumprimento integral das exigências administrativas impostas (no caso, o depósito de valor correspondente a 1/120 do total da dívida), socorrendo-se, para tanto, da ação de consignação. [...] Inocorrentes as hipóteses taxativamente previstas no art. 164, incisos I, II e III, do CTN, que dão supedâneo à propositura da ação consignatória, há de se reconhecer a inadequação da via eleita. [...]" (STJ, 1ª T., REsp 628.568/RS, Rel. Min. José Delgado, j. em 20/5/2004, *DJ* de 14/6/2004, p. 184).

**6. Consignação em caso de exigência por mais de um ente** – Conquanto o art. 164, III, do CTN, reporte-se a "tributo idêntico", não é necessário que se trate do mesmíssimo tributo, com o mesmo nome, e instituído por entidade tributante da mesma natureza. Aliás, fosse entendida a expressão "tributo idêntico" como fazendo referência a tributo absolutamente igual, com o mesmo nome, instituído por ente tributante de igual natureza, a consignatória não poderia ser utilizada quando as pessoas jurídicas de direito público que pretendessem o tributo ocupassem posição diversa no pacto federativo (*v. g.*, União × Estados), o que causaria – sem qualquer razão que o justificasse – sensível redução no âmbito de utilidade de referida ação. Não é necessário que estejam dois Municípios a exigir o ISS, ou dois Estados a exigir o IPVA. Pode-se tratar de um conflito entre a União, pretendendo o ITR, e um Município, que exige o IPTU. O relevante é que esteja em discussão a cobrança de dois tributos, sobre um mesmo fato gerador, sendo a exigência de um *excludente* da exigência do outro. Em termos mais simples, é necessário que se esteja diante da exigência de dois tributos em uma hipótese na qual, indiscutivelmente, apenas um dos dois é devido. É possível, portanto, que a ação consignatória seja manejada pelo provedor de acesso à Internet, em face da exigência do ISS pelo Município no qual é estabelecido, e do ICMS pelo Estado correspondente, o primeiro à consideração de que se trata de serviço de valor adicionado, e o segundo ao argumento de que se cuida de serviço de comunicação.

**7. Exigência por mais de um ente e juízo competente** – O juízo competente para o processamento e o julgamento da ação consignatória dependerá dos entes tributantes envolvidos no problema. Caso a ação tenha por fundamento o inciso I ou II do art. 164 do CTN (recusa de recebimento pelo ente tributante), o juízo será aquele competente para processar as causas normalmente propostas contra o ente tributante correspondente. Em se tratando de recusa levada a cabo pela União, portanto, a ação deverá ser proposta perante a Justiça Federal, na seção judiciária em cuja circunscrição se encontrar estabelecido o contribuinte. A competência não é de tão fácil determinação, contudo, em se tratando de ação proposta com fundamento no inciso III do mesmo artigo, hipótese na qual mais de uma pessoa jurídica de direito público estará envolvida na questão. Caso o conflito se verifique entre União e Estado, entre União e Distrito Federal, entre Estado e Distrito Federal, ou entre Estados, apesar do que dispõe o art. 102, I, *e*, da CF/88, a ação não será da competência do STF (Súmula nº 503 do STF). Entende o STF que, nesses casos, não há propriamente um conflito entre entes federados, mas um conflito entre um contribuinte e dois ou mais entes federados, não sendo possível que o contribuinte provoque essa competência originária.

Como esclareceu o Ministro Amaral Santos, em primoroso voto, a competência originária há de ser exercida pelos entes públicos (um caso excepcional no qual se valem da tutela de conhecimento, pois não podem fabricar títulos executivos, no âmbito da autotutela vinculada, uns contra os outros), e não pelo próprio cidadão contribuinte. Assim, caso o conflito se verifique entre União e Estado (algo pouco provável em face da divisão de competências entre tais entes), a ação deverá ser proposta na seção judiciária federal instalada na capital do Estado correspondente.

Na hipótese de a exigência ser formulada por mais de um Estado, a ação deverá ser proposta em face da Justiça Estadual em cuja jurisdição estiver situado o contribuinte, sendo encaminhada ao STF caso, na "segunda etapa" da lide, os Estados efetivamente entrem em conflito, em função do disposto no art. 102, I, *f*, da CF/88 (*RTJ* 44/564. Nesse sentido: Cleide Previtalli Cais, *Processo Tributário*, 3. ed. São Paulo: Revista dos Tribunais, 2001, p. 392). Caso a exigência seja feita por mais de um Município, deverá a ação igualmente ser proposta no local onde é estabelecido o contribuinte, que invariavelmente será a sede de um dos Municípios, cabendo ao STJ, se for o caso, dirimir conflito suscitado entre o Juízo no qual está situado um Município e o Juízo no qual se situa o outro Município envolvido na questão. Esclareça-se, contudo, que, de acordo com o art 46, § 1º, do CPC/2015 (art. 94, § 4º, do CPC/73), "havendo dois ou mais réus, com diferentes domicílios, serão demandados no foro de qualquer deles, à escolha do autor". Caso, porém, o conflito se configure entre União e Município (*v. g.*, ITR × IPTU), ou entre Estado e Município (*v. g.*, ICMS × ISS), a ação deverá ser movida perante a Justiça Federal, ou a Justiça Estadual, respectivamente, em cuja circunscrição estiver situado o correspondente Município.

**8. Consignação e execução** – "A execução fiscal não embargada não pode ser paralisada por conexão de ação de consignação em pagamento, sem depósito algum. [...]" (STJ, 2ª T., REsp 407.299/SP, Rel. Min. Eliana Calmon, j. em 16/3/2004, *DJ* de 17/5/2004 p. 171).

**9. Consignação e quitação por meio diverso do pagamento** – Se o sujeito passivo pretende quitar o crédito tributário por meio diverso do pagamento (*v. g.*, dação em pagamento, compensação etc.), e o sujeito passivo se opõe a isso, o instrumento processual cabível não é a ação de consignação em pagamento. Afinal, neste caso, não se tem lide a respeito do direito de pagar. "[...] 1. A consignação em pagamento e a dação obedecem ao princípio estrito da legalidade, por isso que não se enquadrando nas hipóteses legalmente previstas, não há extinção do crédito tributário. Deveras, como consequência, a regra é a quitação específica da exação. 2. A ação consignatória julgada procedente extingue o crédito tributário, e é levada a efeito através do depósito da quantia apta à satisfação do débito respectivo. Seu êxito reclama o adimplemento da obrigação tributária na forma da lei para o pagamento dos tributos em geral. 3. O débito tributário deve, necessariamente, ser pago 'em moeda ou cujo valor nela se possa exprimir'. A dação em pagamento, para o fim de quitação de obrigação tributária, só é aceita em hipóteses elencadas legalmente. 4. Não se pode proceder a encontro de contas se o crédito com que se pretende quitar o débito não é oponível ao titular do crédito que se deve adimplir; vale dizer, créditos de TDA's em confronto com débito municipal. 5. Na ação de consignação em pagamento o credor não pode ser compelido a receber coisa diversa do objeto da obrigação. Em se tratando de dívida tributária, indisponível à Autoridade Fazendária, não há como se admitir a dação em pagamento por via de título da dívida pública, se este procedimento escapa à estrita legalidade. [...]" (STJ, 1ª T., REsp 480.404/MG, Rel. Min. Luiz Fux, j. em 20/11/2003, *DJ* de 19/12/2003, p. 331).

# Art. 165    Livro Segundo · NORMAS GERAIS DE DIREITO TRIBUTÁRIO | **367**

**10. Exigência por mais de um ente e honorários de sucumbência** – Julgados procedentes os pedidos formulados pelo autor da ação, no caso dos incisos I e II do art. 164, o crédito é extinto, o valor se considera pago e o ente público deve ser condenado nos ônus da sucumbência. O processo é encerrado. Isso, naturalmente, quando se der o respectivo trânsito em julgado. Já na hipótese do inciso III, a procedência do pedido do autor libera-o da relação processual, o tributo se considera pago e o litígio continua entre os dois entes públicos, que passarão a disputar a titularidade da sujeição ativa. Nesse caso, porém, o contribuinte deverá receber os honorários de sucumbência tão logo liberado da relação processual, não sendo preciso esperar pelo desfecho da questão entre os dois entes públicos. Apreciando questão na qual esse problema foi suscitado, o STJ decidiu que "os credores é que são responsáveis pela confusão estabelecida entre eles, de modo a dificultar saber a quem pagar. Por certo o legislador, que age sempre corretamente, declarou que a parte não pode ficar sem efeito liberatório, por isso mesmo declarou extinta a obrigação. Se declara extinta a obrigação e diz que ele deve sair da lide, ele não pode fazer isso com prejuízo, porque não deu causa à demanda. Como vão, afinal, se compor as duas prefeituras em torno do desfalque dos 15% relativos aos honorários será dirimida na ação, que continuará a transcorrer, mas, enquanto isso, ele não pode ficar aguardando, fora do processo" (trecho do voto do Min. Peçanha Martins, proferido no julgamento do REsp 325.140/ES, j. em 16/5/2002, *DJ* de 30/9/2002, p. 220). Com base nisso, considerou-se que o contribuinte deveria levantar, do valor consignado em juízo, o valor relativo aos honorários de sucumbência.

**11. Continuidade da demanda entre os entes públicos e participação do sujeito passivo** – Caso a exigência feita pelos diversos entes tributantes seja de valor diferente (*v. g.*, ICMS e ISS sobre provedores de acesso), o contribuinte há de depositar quantia correspondente ao maior valor, e continuar participando do feito, mesmo depois de considerado procedente o seu pedido de consignação, como litisconsorte. Isso porque subsiste seu interesse em pugnar pelo direito de pagar ao ente que lhe formula exigência menos gravosa, levantando, caso seu pleito seja acolhido, a diferença entre o que depositou e o que é exigido pela pessoa jurídica de direito público considerada como sendo a verdadeira credora. **Nesse sentido:** James Marins, *Direito Processual Tributário Brasileiro (Administrativo e Judicial)*, 3. ed. São Paulo: Dialética, 2003, p. 439.

## Seção III
### Pagamento Indevido

**Art. 165.** O sujeito passivo tem direito, independentemente de prévio protesto,[1] à restituição total ou parcial do tributo, seja qual for a modalidade do seu pagamento,[2] ressalvado o disposto no § 4º do art. 162, nos seguintes casos:

I – cobrança ou pagamento espontâneo de tributo indevido ou maior que o devido em face da legislação tributária aplicável, ou da natureza ou circunstâncias materiais do fato gerador efetivamente ocorrido;

II – erro na edificação[3] do sujeito passivo, na determinação da alíquota aplicável, no cálculo do montante do débito ou na elaboração ou conferência de qualquer documento relativo ao pagamento;

III – reforma, anulação, revogação ou rescisão de decisão condenatória.[4]

ANOTAÇÕES

**1. Independentemente de prévio protesto** – Ao dizer que o direito à restituição *independe de prévio protesto,* o art. 165 do CTN está a afirmar que o pagamento é indevido, e deve ser restituído, independentemente de o sujeito passivo havê-lo pago "forçadamente", ou motivado por "erro". No Direito Tributário, como a obrigação é *compulsória,* a vontade do sujeito passivo não influi na relação tributária correspondente. Não será a manifestação de vontade do contribuinte que fará o tributo tornar-se indevido, assim como não será essa mesma vontade que "convalidará" um tributo indevido.

**2. Prova do pagamento indevido** – "A cópia autenticada de DARF é documento hábil para a comprovação do recolhimento indevido de tributo em sede de ação de repetição do indébito. [...]" (STJ, 2ª T., REsp 267.007/SP, Rel. Min. João Otávio de Noronha, j. em 27/9/2005, *DJ* de 17/10/2005, p. 234).

**3. Erro na edificação** – O art. 165, II, tem evidente erro material. Na verdade, trata-se de "erro na identificação" do sujeito passivo, e não em sua edificação.

**4. Decisão que condena ao pagamento** – Há no artigo evidente impropriedade, pois o Poder Judiciário não "condena" o contribuinte ao pagamento do tributo. A Fazenda "fabrica" seus próprios títulos executivos, não ajuizando ação de conhecimento para isso. Cabe ao contribuinte inconformado com tal cobrança, se for o caso, manejar ação de conhecimento impugnando o crédito tributário, hipótese na qual, malsucedido, terá quando muito uma decisão com eficácia declaratória em favor da Fazenda, mas nunca a "condenação" a pagar determinada quantia. O art. 165, III, do CTN está a se referir, a rigor, à situação na qual o sujeito passivo impugnou o crédito tributário, e perdeu. Em face dessa decisão, que lhe foi desfavorável, pagou, mas continuou discutindo, e, posteriormente, obteve o desfazimento da citada decisão. Nesse caso, nasce para ele, a partir daí, o direito à respectiva restituição. Ver notas ao art. 168, II, do CTN.

**Art. 166.**[1] A restituição[2] de tributos que comportem,[3] por sua natureza,[4,5,6,7,8] transferência do respectivo encargo financeiro somente será feita a quem prove haver assumido o referido encargo,[9] ou, no caso de tê-lo transferido a terceiro, estar por este expressamente autorizado a recebê-la.[10,11,12]

ANOTAÇÕES

**1. Repercussão de tributos indiretos e as Súmulas nᵒˢ 71 e 546 do STF** – A Súmula nº 71 do STF dispunha: "Embora pago indevidamente, não cabe restituição de tributo indireto." Tal orientação foi corrigida com a edição da Súmula nº 546/STF, com a seguinte redação: "Cabe a restituição do tributo pago indevidamente, quando reconhecido por decisão, que o contribuinte *de jure* não recuperou do contribuinte *de facto* o *quantum* respectivo." O

**Art. 166**  Livro Segundo · NORMAS GERAIS DE DIREITO TRIBUTÁRIO | **369**

art. 166 do CTN representa uma "evolução" no entendimento consagrado em tais súmulas, mas, mesmo assim, é bastante criticado pela doutrina, pois termina inviabilizando, em muitos casos, a restituição de tributos reconhecidamente indevidos. Confira-se, a propósito: MACHADO SEGUNDO, Hugo de Brito. *Repetição do tributo indireto*: incoerências e contradições. São Paulo: Malheiros, 2011, *passim*.

**2. Repercussão do tributo e resistência à cobrança indevida** – O dispositivo se reporta apenas à *restituição*. Assim, se o contribuinte *deixar de pagar* o tributo que considera indevido – em vez de pagá-lo para depois pleitear a devolução – o art. 166 do CTN não se aplica: "O art. 166 do CTN se aplica unicamente nos casos de repetição de indébito, não podendo ser invocado quando a discussão em torno da legalidade do crédito tributário se dá nos embargos à execução fiscal, em que o objetivo do embargante cinge-se ao não pagamento ou à redução da quantia executada. Nesse caso, é totalmente descabida a exigência da prova do não repasse do encargo financeiro, pois não houve, ainda, pagamento do tributo executado" (STJ, 2ª T., REsp 698.611/SP, Rel. Min. Eliana Calmon, j. em 3/5/2005, *DJ* de 6/6/2005, p. 288). Esse entendimento foi, posteriormente, ratificado pela Primeira Seção do STJ: EREsp 651.224/SP, Rel. Min. Eliana Calmon, j. em 10/5/2006, *DJ* de 19/6/2006, p. 90).

**3. Art. 166 do CTN, tributos indiretos e preços tabelados** – A jurisprudência tem considerado o art. 166 do CTN inaplicável aos casos em que os preços são sujeitos a tabelamento oficial, quando isso implica a impossibilidade de modificação do preço em função da majoração do ônus tributário. Entende-se que, nessas situações, mesmo em se tratando de tributo indireto, a repercussão não pode ocorrer através do preço, que já é fixo. "Constatado por perícia que as mercadorias para cuja importação fora pago, em 1980, o imposto cuja repetição é pleiteada, foram aplicadas na fabricação de produtos tabelados, não há que se falar em repasse do valor respectivo para o consumidor, porque impossível na hipótese. [...]" (TFR, 4ª T., REO 146.808-SP, *DJ* de 27/2/1989, p. 2050/1). **No mesmo sentido:** "Tratando-se de produto cujo preço de venda estava controlado pelo conselho interministerial de preços, não havia como repassar o encargo ao consumidor. Inaplicabilidade da súmula 546/STF. [...]" (TFR, 4ª T., AC 76.667-SP, *DJ* de 30/5/1989, p. 9240). Depois da extinção do Tribunal Federal de Recursos, já **no âmbito do STJ,** decidiu-se que, na hipótese "em que tabelado o preço do produto, a presunção é a de que o contribuinte não pode repassar a carga econômica do tributo para o consumidor. [...]" (STJ, 2ª T., REsp 68.401–RJ, Rel. Min. Ari Pargendler, *DJ* de 28/4/1997, p. 15.837, *RDDT* 22/172). Ressalte-se, porém, que pode, em tese, ocorrer de o preço ser tabelado justamente como forma de permitir a imediata repercussão do custo tributário, hipótese na qual um aumento no tributo conduz automaticamente a um aumento na "tabela" de preços. Em tais situações, a lógica se inverte. Foi esse o argumento, aliás, que levou os ministros do STJ, no julgamento do REsp 1.278.668/RS e do REsp 1.299.303/SC, a reconhecer a legitimidade ativa *ad causam* ao consumidor de energia elétrica, para questionar o ICMS incidente sobre a energia que lhe é fornecida.

**4. Repercussão do tributo e compensação** – O STJ entende que o dispositivo se aplica aos casos em que não há propriamente restituição, mas *compensação*. Considera, para tanto, que "a compensação de crédito tributário é uma forma, ainda que indireta, de restituição de indébito" (STJ, 2ª T., REsp 472.162/SP, Rel. Min. João Otávio de Noronha, j. em 9/12/2003, *DJ* de 9/2/2004, p. 157). O argumento não deixa de ser contraditório com a lógica que inspira a aplicação indistinta (e equivocada) do art. 166 à generalidade das situações tributadas com o ICMS. Afinal, se o custo adicional implica aumento do preço, que seria definido pelos tributos incidentes e não pelo mercado, um alívio nesse custo, representado pela compensação, seria refletido igualmente nos preços, beneficiando consumidores. Se o leitor se apressou em pensar que o crédito (ou mesmo a supressão do imposto como um todo) não levaria a uma redução do preço, é porque reconhece que este, o preço, é fixado pelo mercado. Se assim é, e não há tabelamento de lucro, é descabido dizer-se que o consumidor paga "tributos", argumento que motiva a tese que recusa legitimidade ativa *ad causam* ao dito contribuinte "de direito".

**5. Aplicabilidade do art. 166 do CTN às situações nas quais há terceiro legalmente responsável pelo pagamento do tributo** – O art. 166 do CTN se aplica àqueles casos em que o tributo é devido por uma pessoa (contribuinte), mas a responsabilidade pelo seu recolhimento é legalmente atribuída a outra (responsável), nos termos do art. 128 do CTN. Para muitos autores, inclusive, só nesses casos (e não nas hipóteses em que há mera repercussão financeira de tributo "indireto") a limitação poderia ser aplicada. Nesse sentido, *v. g.*: José Arthur Lima Gonçalves e Márcio Severo Marques, "Direito à restituição do indébito tributário", em *Repetição do Indébito e Compensação no Direito Tributário,* coord. Hugo de Brito Machado, São Paulo/Fortaleza: Dialética/ICET, 1999, p. 207; Hugo de Brito Machado Segundo, *Processo Tributário,* São Paulo: Atlas, 2004, p. 226 ss.

Com base nesse fundamento, o STJ tem aplicado o art. 166 à restituição e à compensação, quando postuladas por responsáveis tributários: "1. Carece ao adquirente de produto agrícola, no caso, a empresa, condição subjetiva da ação para postular a declaração de inexigibilidade da contribuição para o FUNRURAL sobre o comércio deste, assim como a sua repetição de indébito, porquanto apenas retém tributo devido pelo produtor rural. Precedentes. 2. Cabe a empresa adquirente, consumidora ou consignatária e a cooperativa, tão somente, a legitimidade ativa *ad causam* para discutir a legalidade da contribuição para o Funrural. [...]" A autorização dos contribuintes para que os responsáveis obtivessem a restituição, no caso do acórdão aqui transcrito, não foi apreciada por questão processual, ligada à impossibilidade de o STJ reexaminar fatos no âmbito do REsp: "Qualquer conclusão no sentido de afirmar a existência, nos autos, de autorizações dos produtores rurais para legitimação ativa da autora, dependeria do reexame de aspectos fáticos e probatórios, o que é inviável pela via eleita do especial, a teor da Súmula 7 do STJ. [...]" (STJ, 2ª T., REsp 608.252/RS, Rel. Min. Castro Meira, j. em 7/3/2006, *DJ* de 20/3/2006, p. 235). Ver notas ao art. 128 do CTN. Mas o STJ tem aplicado o art. 166 *também* aos casos de repercussão de "tributos indiretos", conforme se explica na nota seguinte.

**6. Aplicabilidade do art. 166 do CTN aos tributos ditos "indiretos"** – Além dos casos em que há contribuintes e responsáveis, nos termos do art. 128 do CTN, o STJ aplica o art. 166 também aos chamados tributos "indiretos": "O art. 166, do CTN, só tem aplicação aos tributos indiretos, isto é, que se incorporam explicitamente aos preços, como é o caso do ICMS, do IPI etc." (STJ, 1ª T., AGA 452.588/SP, Rel. Min. Francisco Falcão, *DJ* de 5/4/2004, p. 205). "No recolhimento do ICMS ocorre o fenômeno da substituição tributária, a qual significa transferir a responsabilidade, em decorrência de previsão legal, concernente ao recolhimento do tributo. A empresa é responsável pelo imposto pago pelo consumidor." Com base nesse entendimento, o STJ negou a uma sociedade comercial produtora de laticínios "legitimidade *ad causam* para pleitear a restituição ou compensação dos valores recolhidos indevidamente, pois a mesma não arcou diretamente com a tributação, restando evidente a transferência do respectivo encargo ao consumidor final" (STJ, 1ª T., AgRg no Ag 634.587/SP, Rel. Min. Denise Arruda, j. em 19/4/2005, *DJ* de 9/5/2005, p. 305).

**ISS como tributo indireto:** "1. O ISS é espécie tributária que pode funcionar como tributo direto ou indireto, a depender da avaliação do caso concreto. 2. Via de regra, a base de cálculo do ISS é o preço do serviço, nos termos do art. 7º da Lei Complementar 116/2003, hipótese em que a exação assume a característica de tributo indireto, permitindo o repasse do encargo financeiro ao tomador do serviço. 3. Necessidade, na hipótese dos autos, de prova da não repercussão do encargo financeiro do tributo, nos termos do art. 166 do CTN. [...]" (STJ, 1ª T., AgRg no Ag 692.583/RJ, Rel. Min. Denise Arruda, j. em 11/10/2005, *DJ* de 14/11/2005, p. 205, rep. *DJ* de 28/11/2005, p. 208). Exame do inteiro teor do acórdão revela que as situações nas quais o ISS seria "indireto" seriam aquelas nas quais sua base de cálculo é o preço do serviço, aplicando-se o art. 166 do CTN. Entretanto, nas hipóteses em que o ISS é cobrado em valores fixos, como ocorre com as sociedades de profissionais liberais, sua natureza é "direta" e o art. 166 não se aplica, conforme explicado na nota seguinte.

**7. Prova da não repercussão e Tributos "Diretos"** – A jurisprudência tem repelido a aplicação do art. 166 do CTN aos tributos que classifica como "diretos". É o caso, por exemplo, dos seguintes: – **adicional estadual do imposto de renda:** "É pacífica a jurisprudência do Superior Tribunal de Justiça no sentido de que o adicional de imposto de renda, por tratar- -se de tributo direto, não comporta repercussão, sendo dispensável a prova do não repasse ao contribuinte de fato." Assim, para "a restituição dos valores indevidamente recolhidos a título de adicional de imposto de renda, é inaplicável o teor do art. 166 do CTN, que se dirige aos tributos indiretos" (STJ, 2ª T., REsp 198.508/SP, Rel. Min. João Otávio de Noronha, j. em 8/3/2005, *DJ* de 16/5/2005, p. 276); – **contribuições previdenciárias patronais:** "'A 1a Seção do STJ, por ocasião do julgamento do EREsp 189.052/SP, em 12/3/2003, afastou a necessidade de comprovação da não transferência do encargo de que trata o art. 166 do CTN, relativamente às contribuições previdenciárias, por entender se tratar de tributo direto, que não comporta o repasse de seu ônus financeiro' (REsp 529.733/PE, Rel. Min. Teori Albino Zavascki, *DJ* de 3/5/2004)" (STJ, 1ª S., EREsp 187.481/RS, Rel. Min. Luiz Fux, j. em 22/9/2004, *DJ* de 3/11/2004, p. 122); – **ISS devido por sociedades de profissionais liberais:** O art. 166 do CTN também não se aplica ao ISS, notadamente quando devido por sociedade de profissionais, que o recolhem em quantias fixas (Decreto-lei 406, art. 9º, §§ 1º e 3º), pois "inexiste vinculação entre os serviços prestados e a base de cálculo do imposto municipal, sendo impróprio cogitar-se de transferência do ônus tributário e, consequentemente, da aplicação do art. 166 do CTN" (STJ, 2ª T., REsp 724.684/RJ, Rel. Min. Castro Meira, j. em 3/5/2005, v. u., *DJ* de 1º/7/2005, p. 493).

A rigor, como se trata de matéria de defesa (do Fisco, na ação de restituição), o ônus da prova deveria ser dele, e não do contribuinte, como, aliás, tem decidido a Corte Europeia de Justiça ao se deparar com questões análogas. Foi o que se deu, por exemplo, no julgamento C-147/01, no qual se discutia precisamente a questão da "repercussão" dos tributos indiretos. Diante de disposição legal austríaca (o § 185 do *Wiener Abgabenordnung* – *WAO*, código dos impostos de Viena) que exigia a prova da não repercussão como condição para a restituição do indébito, o TJE não apenas afirmou que o ônus da prova do "enriquecimento ilícito" seria da Administração, e não do contribuinte (que não poderia ser obrigado a produzir a prova do "não repasse"), como ainda frisou que não necessariamente o repasse do tributo nos preços significaria a ausência de prejuízos a serem reparados por meio da repetição do indébito, pois, "ainda que o imposto tenha sido completamente integrado no preço praticado, o sujeito passivo pode sofrer prejuízos associados à diminuição do volume das suas vendas (v. acórdãos Comateb e o n° 29, e Michaïlidis, n° 35, já referidos)" (C-147/01, item 99).

**8. Art. 166 do CTN, tributos "indiretos" e créditos decorrentes da sistemática da não cumulatividade** – Mesmo em relação aos tributos tidos por "indiretos", o STJ tem limitado a aplicação do art. 166 do CTN às hipóteses de restituição e compensação de pagamentos feitos indevidamente. Quando se trata do aproveitamento de créditos desses impostos, decorrentes da sistemática da não cumulatividade, o art. 166 não é considerado invocável: "É firme a orientação da 1ª Seção do STJ no sentido da desnecessidade de comprovação da não transferência do ônus financeiro correspondente ao tributo, nas hipóteses de aproveitamento de créditos de IPI, como decorrência do mecanismo da não cumulatividade" (STJ, 1ª T., AgRg no REsp 635.973/SC, Rel. Min. Teori Albino Zavascki, j. em 3/5/2005, *DJ* de 16/5/2005, p. 244).

A distinção a que nos reportamos está bem evidente no seguinte julgado: "Embora o ICMS seja tributo indireto, quando se trata de aproveitamento de créditos, afasta-se a aplicação do art. 166 do CTN, não se exigindo a prova negativa da repercussão. Contudo, em se tratando de devolução (restituição ou compensação), o contribuinte deve provar que assumiu o ônus ou está devidamente autorizado por quem o fez a pleitear o indébito" (STJ, 2ª T., REsp 493.902/SP, Rel. Min. Eliana Calmon, j. em 3/5/2005, *DJ* de 6/6/2005, p. 256).

**9. Repercussão. Questão de legitimidade** – O art. 166 do CTN deveria ser visto não como uma regra destinada a impedir a restituição, mas sim como uma regra relativa à legitimidade para pleitear a restituição. Repelindo o argumento – contraditório – sempre invocado pela Fazenda Nacional, segundo o qual o "contribuinte de direito" não pode pleitear a restituição por haver "repassado" o ônus do tributo, e o "contribuinte de fato" não pode pleitear a restituição por não ter "relação com o fisco", o STJ chegou a reconhecer legitimidade ativa *ad causam* a qualquer dos dois: ao contribuinte de direito, quando prove não haver repassado o ônus, ou estar autorizado pelo contribuinte de fato, e a este último nos demais casos, como regra geral. É conferir: "1. A Primeira Turma desta Corte tem-se manifestado, desde o julgamento do REsp 142.152/PR, da relatoria do Ministro José Delgado, publicado no *DJU* de 15/12/1997, p. 66290, no sentido de que os varejistas de combustíveis possuem legitimidade para ajuizar ações que visem a discutir a exigência fiscal de recolhimento do PIS e da Cofins, tendo em vista que é sobre eles que recai o ônus tributário. [...]" (STJ, 1ª T., REsp 517.616/SE, Rel. Min. Denise Arruda, j. em 14/9/2004, *DJ* de 25/10/2004, p. 220).

Entretanto, mais recentemente, esse entendimento foi alterado, e o STJ passou a decidir no sentido da ilegitimidade *ad causam* do contribuinte "de fato": "1. A partir do julgamento do REsp 903.394/AL, realizado sob o rito do art. 543-C do Código de Processo Civil (recurso repetitivo), ficou decidido que apenas o contribuinte de direito tem legitimidade ativa ad causam para demandar judicialmente a restituição de indébito referente a tributos indiretos. 2. No julgamento do REsp 928.875/MT, a Segunda Turma reviu sua posição para considerar que somente o contribuinte de direito possui legitimidade *ad causam* para figurar no polo ativo das demandas judiciais que envolvam a incidência do ICMS sobre a demanda contratada de energia elétrica. 3. Nas operações internas com energia elétrica, o contribuinte é aquele que a fornece ou promove a sua circulação (definição disposta no art. 4º, *caput*, da Lei Complementar 87/1996). Assim, ainda que se discuta a condição da concessionária, é certo que não é possível enquadrar o consumidor final na descrição legal de contribuinte de direito. 4. Na ausência de uma das condições da ação – legitimidade

**Art. 166**    **Livro Segundo** · NORMAS GERAIS DE DIREITO TRIBUTÁRIO | **373**

ativa da parte recorrida –, impõe-se a denegação da segurança, sem resolução do mérito, consoante disposto no art. 6º, § 5º, da Lei 12.016/09. 5. Recurso especial provido" (STJ, 2ª T., REsp 1.147.362/MT, *DJe* de 19/8/2010)

O citado acórdão deixa bastante claro que, realmente, houve uma mudança no entendimento. Ao "consolidar" a tese no âmbito da lei dos recursos repetitivos, o que se achava consolidado foi radicalmente alterado – o que não tem sido incomum, embora seja muito estranho, no âmbito dessa sistemática – e a corte passou a entender que o contribuinte "de fato" não tem legitimidade ativa *ad causam* para pleitear a restituição do indébito (REsp 903.394/AL) *e nem para discutir aspectos outros da relação tributária* (REsp 928.875/MT)

Assim, para o STJ, no âmbito dos tributos ditos indiretos, somente o contribuinte "de direito" pode discutir os termos da relação jurídica, sendo certo que, no caso de restituição, mesmo ele não pode fazê-lo se não provar haver assumido o ônus econômico representado pelo tributo. Cria-se, com isso, entrave praticamente intransponível à restituição do indébito, o que se faz de forma fortemente incoerente. Para um efeito, é "jurídica" a transferência do ônus do tributo ao consumidor final. Para outro, é "meramente econômica".

Essa forte incoerência é verificada da leitura dos acórdãos proferidos no julgamento dos precedentes antes apontados. No REsp 903.394/AL, por exemplo, o STJ utilizou fundamentação – e farta doutrina – para afirmar que a relação do contribuinte de fato com o contribuinte de direito é de natureza diversa, privada, e a repercussão do tributo se dá de forma meramente econômica, não jurídica. É o caso de Alfredo Augusto Becker, longamente referido, cujas lições conduzem à inaplicabilidade do art. 166 do CTN ao ICMS, ao ISS ou ao IPI, pois em nenhum desses tributos o contribuinte tem o direito de "reter" ou "descontar" o tributo do consumidor final, do qual recebe o preço. Becker chega mesmo a afirmar que a ideia de que tais tributos são indiretos e "repercutem" decorre do que chama de "sistema de fundamentos óbvios" calcado na simplicidade da ignorância. Não obstante, foi longamente citado para – acolhida sua lição de forma truncada e parcial – negar-se legitimidade *ad causam* ao contribuinte de fato. Acolhidas *in totum,* conduziriam ao reconhecimento da legitimidade *ad causam* ao contribuinte de direito em todas as hipóteses, reservando a aplicação do art. 166 do CTN aos casos de responsabilidade tributária (CTN, art. 128), conforme explicado nas notas a esse artigo.

Mas a citada decisão não se fundamenta apenas nas lições de Becker. Busca amparo, também, em Brandão Machado e Eduardo Botallo, os quais afirmam, ambos, a natureza infeliz do art. 166 do CTN, que confunde relação de direito privado (preço) com relação tributária (retenção de tributo). É incrível que tais autores sejam citados e tenham suas lições invocadas em decisão que, não obstante, chega a entendimento contrário ao que eles defendem. Ou, se não inteiramente contrário, parcialmente contrário, o que é ainda pior: considera que a repercussão realmente é irrelevante e não deve ser levada em conta pelo direito, para com isso negar legitimidade ao contribuinte de fato, mas contraditoriamente (e de modo não autorizado pela citada doutrina) passa a tê-la por importante quando se trata de negar legitimidade ao contribuinte "de direito" que pleiteia a restituição sem provar haver assumido o ônus econômico do tributo.

Essa ideia, de considerar o contribuinte "de fato" relevante apenas para dificultar a restituição por parte do contribuinte "de direito", restou muito clara no julgamento do RMS 24.532/AM (*DJ* de 25/9/2008), quando o STJ consignou que "a caracterização do chamado contribuinte de fato presta-se unicamente para impor uma condição à repetição do indébito pleiteada pelo contribuinte de direito, que repassa o ônus financeiro do tributo cujo fato gerador tenha realizado (art. 166 do CTN), mas não concede legitimidade *ad causam* para os consumidores ingressarem em juízo com vistas a discutir determinada relação jurídica da qual não façam parte".

Mesmo sem discutir o possível desacerto da tese, sob o prisma do direito material, salta aos olhos a inconstitucionalidade da situação com ela criada, que representa enorme obstáculo ao acesso à jurisdição. A Constituição assevera, no art. 5º, XXXV, que a lei não excluirá da apreciação ao Judiciário lesão ou ameaça a direito, mas o STJ criou situação inusitada na qual, a teor do art. 166 do CTN, essa exclusão acontece, e de forma brutal, pois se o tributo tido por "indireto" tiver sido repassado economicamente ao consumidor final, nem este, nem o contribuinte de direito, poderão pleitear em juízo a sua restituição. Assim, em face da interpretação dada pelo STJ ao art. 166 do CTN, tem-se nele uma disposição de lei que exclui irremediavelmente da apreciação do Judiciário inúmeras lesões ou ameaças a direito, servindo de enorme, e muitas vezes intransponível, embaraço para que contribuintes submetam ao Judiciário a lesão aos seus direitos decorrente da cobrança indevida de ICMS, IPI ou ISS. A incompatibilidade da norma, tal como entendida pelo STJ, e o disposto no art. 5º, inciso XXXV da CF/88 parece muito claros.

Talvez por isso, refletindo em torno do assunto, o Superior Tribunal de Justiça *reformou* esse seu entendimento, pelo menos no que tange ao consumidor de energia elétrica. Entendeu, julgando o REsp 1.278.668/RS e o REsp 1.299.303/SC, que o contrato de concessão assegura à concessionária plena possibilidade (jurídica, e não só factual) de exigir do usuário do serviço, consumidor da energia, todo o ônus referente ao ICMS, não tendo nenhuma motivação para questionar exigências indevidas. A concessionária figuraria, em tais situações, quase como uma "substituta tributária", não podendo o consumidor ser considerado um mero contribuinte "de fato".

Para uma análise crítica do assunto, à luz da experiência europeia e da jurisprudência da Corte de Justiça da Europa, confira-se: MACHADO SEGUNDO, Hugo de Brito. *Ainda a restituição de tributos indiretos.* Nomos (Fortaleza), v. 32.2, p. 223-274, 2012, disponível *on-line* em: <http://mdf.secrel.com.br/dmdocuments/Hugo%20Segundo.pdf>.

**10. Contribuintes "de fato" e "de direito" no âmbito do IPI e autorização dos primeiros aos segundos** – "A hipótese de incidência do IPI, ao contrário do ICMS, ocorre em ciclo único, no momento da saída da mercadoria do estabelecimento do fabricante, onde ela sofre o processo de industrialização." Por conta disso, "o contribuinte de direito do tributo é o fabricante, que é o responsável legal pelo seu recolhimento, mas, ao embutir no preço da mercadoria o valor do imposto, transfere para o revendedor o respectivo ônus quando fatura o veículo na operação de compra e venda efetuada entre as partes, figurando este como contribuinte de fato". Fundada nessas premissas, a Segunda Turma do STJ já decidiu que: "Estando o fabricante autorizado expressamente pelos revendedores a pleitear a restituição do tributo que incidiu a maior sobre os descontos incondicionais fornecidos na operação de compra e venda firmada entre eles, pode, a teor do art. 166 do CTN, figurar como legitimado ativo *ad causam* na ação própria para esta finalidade" (STJ, 2ª T., REsp 435.575/SP, Rel. Min. Eliana Calmon, j. em 19/10/2004, *DJ* de 4/4/2005, p. 245).

**11. Repercussão e inclusão do ICMS na base de cálculo da COFINS** – Por questão de coerência, se a jurisprudência firmou-se no sentido de que os tributos "indiretos", dos quais o ICMS é uma espécie, são efetivamente pagos pelo consumidor final, e não pelo vendedor

# Art. 167      Livro Segundo · NORMAS GERAIS DE DIREITO TRIBUTÁRIO | 375

das mercadorias, *o valor do imposto não pode ser considerado receita desse vendedor*. Com base nessa premissa, o Plenário do Supremo Tribunal Federal já proferiu seis votos no sentido de declarar a inconstitucionalidade da inclusão do ICMS na base de cálculo da COFINS (RE 240.785/MG), não tendo o julgamento sido até o presente momento concluído.

**12. Lançamento de ofício de diferença de ICMS (ou de IPI), posterior às operações tributadas, e repercussão** – Deve-se lembrar, ainda em relação à exigência de prova da não repercussão, que ela não se aplica – mesmo em relação a tributos aos quais seria ordinariamente aplicável – no caso de pedido de restituição de valor pago através de lançamento de ofício, quando, tempos depois dos fatos geradores, autoridade fiscal considera que o tributo devido é maior que o efetivamente recolhido (e, por conseguinte, "repassado"). Esse lançamento, efetuado e pago tempos depois da venda da mercadoria correspondente, evidentemente não representa ônus que tenha sido repassado ao comprador, visto que à época nem fora considerado. Se o contribuinte o pagar, e depois pretender vê-lo restituído, o simples fato de tratar-se de quantia apurada depois da realização da venda será suficiente para tornar logicamente impossível o seu repasse.

Exemplificando, imagine-se que o contribuinte vende um sapato, e considera devido sobre essa venda o ICMS no montante de "10", supostamente "embutindo" esses "10" no preço do sapato vendido. Dois anos depois, um agente fiscal, no âmbito de uma fiscalização, conclui que o imposto incidente sobre a mencionada venda deveria ter sido calculado de outra forma, e que a quantia devida é "15". Como consequência, lavra auto de infração exigindo os "5" adicionais. Se o contribuinte pagar esse auto, e depois verificar que o mesmo não era devido, poderá pleitear a restituição dos tais "5" em face dele pagos, pois tal quantia não terá sido embutida no preço da mercadoria por razões lógicas e cronológicas: só foi exigida do "contribuinte de direito" muito tempo depois, quando o suposto "repasse" já se havia consumado apenas pelo montante de "10", que fora o considerado devido na ocasião da venda.

Hugo de Brito Machado, a esse respeito, em livro publicado ainda em 1971, observa que "em alguns casos é evidente a inexistência de repercussão do imposto indevidamente pago. Assim é, por exemplo, quando o erro é cometido no preenchimento da guia de recolhimento; ou na soma do imposto lançado, ou ainda em se tratando de desfazimento da operação que provocou o fato gerador" (MACHADO, Hugo de Brito. *O ICM*. São Paulo: Sugestões Literárias, 1971, p. 153).

 

**Art. 167**. A restituição total ou parcial do tributo dá lugar à restituição, na mesma proporção, dos juros de mora e das penalidades pecuniárias, salvo as referentes a infrações de caráter formal não prejudicadas pela causa da restituição.[1, 2]

Parágrafo único. A restituição vence juros não capitalizáveis, a partir do trânsito em julgado da decisão definitiva que a determinar.[3, 4]

## ANOTAÇÕES

**1. Restituição de multas e juros. Multas não abrangidas** – Se o pagamento do tributo é indevido, por inexistir obrigação tributária que o justifique, indevido também é o que foi

# 376 | CÓDIGO TRIBUTÁRIO NACIONAL – *Hugo de Brito Machado Segundo* | **Art. 167**

pago a título de juros (se o tributo houver sido pago em atraso) e multa (caso tenha sido cobrada em face do não-pagamento do tributo). Todos têm de ser restituídos. Mas pode ocorrer de uma multa haver sido exigida e paga não em face do não pagamento do tributo depois considerado indevido, mas sim pelo descumprimento de uma obrigação acessória autônoma, a qual subsiste ainda que indevida seja a obrigação principal.

**2. Índices de correção aplicáveis, independentemente de pedido** – A inclusão, no montante a ser restituído ao contribuinte, da correção monetária, independe de pedido expresso. Faz parte do próprio direito à restituição, que deve ser integral. Por isso mesmo, "não se configura julgamento *extra petita* ou *reformatio in pejus* quando, à míngua de apelação do contribuinte, são aplicados, na repetição de indébito tributário, os juros de mora legalmente previstos". Isso porque "a correção monetária é mera manutenção do valor real da moeda, podendo ser requerida a qualquer tempo. Nesse sentido, é possível sua inserção em sede de apelação, sendo cabível sua aplicação inclusive em conta de liquidação de sentença" (STJ, 2ª T., REsp 554.830/MG, Rel. Min. Eliana Calmon, j. em 4/8/2005, *DJ* de 7/11/2005, p. 192).

**No mesmo sentido,** a Primeira Turma do STJ considera viável "a inclusão de índice de correção monetária em sede de liquidação de sentença, visando à real atualização dos débitos judiciais, vedando a sua inclusão, apenas, após o trânsito em julgado da sentença homologatória dos cálculos. Precedentes [...] A jurisprudência desta Corte assentou o entendimento de que é devida a inclusão dos expurgos inflacionários, mesmo que não haja pedido expresso na petição inicial, pois a atualização monetária visa recompor o valor real do crédito. Precedentes [...]" (AgRg no REsp 707.057/AM, Rel. Min. Francisco Falcão, j. em 26/4/2005, *DJ* de 6/6/2005, p. 214).

Registre-se, conforme explicado na nota seguinte, que a partir de 1º de janeiro de 1996, relativamente ao indébito tributário federal, a SELIC passou a ser índice que faz as vezes de juros e correção, sendo aplicável a partir de cada pagamento indevido, e não mais apenas a partir do trânsito em julgado.

**3. SELIC e juros contados a partir do pagamento indevido** – "[...] 'Firmou-se, na 1ª Seção, o entendimento no sentido de que, na restituição de tributos, seja por repetição em pecúnia, seja por compensação, (a) são devidos juros de mora a partir do trânsito em julgado, nos termos do art. 167, parágrafo único, do CTN e da Súmula 188/STJ, sendo que (b) os juros de 1% ao mês incidem sobre os valores reconhecidos em sentenças cujo trânsito em julgado ocorreu em data anterior a 1º.01.1996, porque, a partir de então, passou a ser aplicável apenas a taxa SELIC, instituída pela Lei nº 9.250/95, desde cada recolhimento indevido' (EREsp nº 463.167/SP, Rel. Min. Teori Zavascki, DJ de 02.05.2005). [...]" (STJ, 2ª T., REsp 616.971/RJ, Rel. Min. Castro Meira, j. em 2/8/2005, *DJ* de 5/9/2005, p. 355). **No mesmo sentido:** "1. A Lei nº 9.250/95, em seu art. 39, § 4º, estatuiu que, a partir de 1º/1/96, a compensação ou restituição de tributos federais será acrescida de juros equivalentes à taxa Selic acumulada mensalmente, calculados a partir da data do pagamento indevido. 2. Nas ações que tenham por fim a repetição de pagamentos indevidos efetuados antes de 1º/1/96 e cujo trânsito não tenha ocorrido até essa data, aplicam-se, na atualização do indébito, a correção monetária, incluídos aí os expurgos inflacionários, desde o recolhimento até dezembro/95, e, a partir de 1º/1/96, exclusivamente, a taxa Selic. [...]" (STJ, 2ª T., REsp 698.967/SP, Rel. Min. João Otávio de Noronha, j. em 11/4/2006, *DJ* de 29/5/2006,

# Art. 168

**Livro Segundo** · NORMAS GERAIS DE DIREITO TRIBUTÁRIO | **377**

p. 209). A aplicação exclusiva da SELIC, a partir de 1º de janeiro de 1996, deve-se ao fato de que a SELIC cumula, em seu bojo, os juros e a atualização do valor do indébito.

**4. Juros relativos ao indébito nas esferas estadual e municipal** – A nota anterior refere--se ao indébito tributário federal. Para o indébito (e, por conseguinte, a compensação) em relação a outros entes federativos, deve-se verificar o que dispõe sua legislação específica. Os índices deverão ser os mesmos adotados pelo ente público na correção dos débitos do contribuinte, e não raro são adotados os mesmos utilizados na esfera federal: "Diante da existência de lei estadual que determina a adoção dos mesmos critérios adotados na correção dos débitos fiscais federais, legítima a aplicação da taxa SELIC a partir de sua entrada em vigor. A SELIC é composta de taxa de juros e correção monetária, não podendo ser cumulada, a partir de sua incidência, com qualquer outro índice de atualização" (REsp 745.387/MG, Rel. Min. Peçanha Martins, j. em 6.12.2005, *DJ* de 13.2.2006, p. 769).

Registre-se, a propósito, que, julgando a ADI 4425, o STF declarou inconstitucionais disposições da EC 62/2009, que disciplinavam a sistemática de precatórios e estabeleciam, entre outras coisas, critérios para o cálculo dos juros incidentes quando do pagamento de precatórios diversos daqueles que incidem sobre créditos que a Fazenda Pública tem para receber. Entendeu o STF, na oportunidade, ser inconstitucional o estabelecimento de critérios distintos, pelo que se conclui inconstitucional (por "arrastamento") o art. 167, parágrafo único, do CTN, visto que os juros oneram o crédito tributário inadimplido a partir do vencimento, a teor do art. 161 do CTN. É conferir: "[...] 6. A quantificação dos juros moratórios relativos a débitos fazendários inscritos em precatórios segundo o índice de remuneração da caderneta de poupança vulnera o princípio constitucional da isonomia (CF, art. 5º, *caput*) ao incidir sobre débitos estatais de natureza tributária, pela discriminação em detrimento da parte processual privada que, salvo expressa determinação em contrário, responde pelos juros da mora tributária à taxa de 1% ao mês em favor do Estado (*ex vi do* art. 161, § 1º, CTN). Declaração de inconstitucionalidade parcial sem redução da expressão 'independentemente de sua natureza', contida no art. 100, § 12, da CF, incluído pela EC nº 62/09, para determinar que, quanto aos precatórios de natureza tributária, sejam aplicados os mesmos juros de mora incidentes sobre todo e qualquer crédito tributário. 7. O art. 1º-F da Lei nº 9.494/97, com redação dada pela Lei nº 11.960/09, ao reproduzir as regras da EC nº 62/09 quanto à atualização monetária e à fixação de juros moratórios de créditos inscritos em precatórios incorre nos mesmos vícios de juridicidade que inquinam o art. 100, § 12, da CF, razão pela qual se revela inconstitucional por arrastamento, na mesma extensão dos itens 5 e 6 supra. [...]" (STF, Pleno, ADI 4425, j. em 14/3/2013).

**Art. 168.** O direito de pleitear a restituição extingue-se[1] com o decurso do prazo de 5 (cinco) anos, contados:[2]

I – nas hipótese dos incisos I e II do art. 165, da data da extinção do crédito tributário;[3, 4]

II – na hipótese do inciso III do art. 165, da data em que se tornar definitiva a decisão administrativa ou passar em julgado a decisão judicial que tenha reformado, anulado, revogado ou rescindido a decisão condenatória.[5]

# 378 | CÓDIGO TRIBUTÁRIO NACIONAL – *Hugo de Brito Machado Segundo* — Art. 168

## ANOTAÇÕES

**1. Extinção do direito de pleitear a restituição** – A rigor, de acordo com o CTN, o prazo de cinco anos de que cuida o art. 168 seria para se pleitear a restituição na via administrativa. Resolvida definitivamente a questão pela Administração, de modo desfavorável ao contribuinte, este teria então dois anos, nos termos do art. 169, para propor a ação judicial correspondente. Não obstante, a jurisprudência tem considerado prescindível a formulação do pedido administrativo, aplicando o prazo de que cuida o art. 168 do CTN para a contagem da prescrição da ação de restituição do indébito tributário (STJ, 1ª T., AgRg no Ag 629.184/MG, Rel. Min. José Delgado, j. em 3/5/2005, *DJ* de 13/6/2005, p. 173).

**2. Declaração de inconstitucionalidade como termo inicial** – A doutrina e a jurisprudência chegaram a dar especial tratamento às hipóteses de inconstitucionalidade da lei que instituiu ou majorou o tributo de cuja restituição se cogita. Já se entendeu, em tais casos, que o termo inicial do prazo seria a data na qual a lei foi considerada inconstitucional, assim entendida a data em que é publicado o acórdão no qual o Supremo Tribunal Federal declarou a inconstitucionalidade (STJ, 1ª T., AGREsp 425.732/SP, Rel. Min. Paulo Medina, j. em 11/2/2003, *DJ* de 10/3/2003, p. 99). Em situações assim, mesmo que já se pudesse considerar consumada a prescrição, caso esta seja contada a partir da extinção do crédito tributário, a declaração de inconstitucionalidade daria ao contribuinte novo prazo para pleitear a recuperação do que pagou indevidamente, em face da lei inconstitucional. Tal prazo seria contado da data da publicação do acórdão, em se tratando de ação de controle concentrado de constitucionalidade, ou da data da publicação da Resolução do Senado que suspender, de modo *erga omnes*, o dispositivo declarado inconstitucional em sede de controle difuso. Na doutrina, veja-se: Ricardo Lobo Torres, *Restituição de tributos*, Rio de Janeiro: Forense, 1983, p. 169.

Esse entendimento parte da premissa de que os prazos de que cuidam os arts. 168 e 169 do CTN referem-se, a rigor, ao pedido de restituição dirigido à Administração e à impugnação judicial de uma resposta negativa a esse pedido. Como a Administração não pode declarar a inconstitucionalidade de uma lei, no âmbito de um processo administrativo, tais prazos não dizem respeito a uma pretensão que demande, como questão prejudicial, a decisão a respeito da constitucionalidade da lei na qual se fundou a cobrança. Apenas depois de declarada a inconstitucionalidade dessa lei, pelo STF, os prazos previstos em tais artigos, notadamente no art. 168, teriam início. Confira-se: Hugo de Brito Machado, "Imprescritibilidade da ação declaratória do direito de compensar tributo indevido", em *Problemas de Processo Judicial Tributário* – v. 2, coord. Valdir de Oliveira Rocha, São Paulo: Dialética, 1998, p. 121. Chegando à mesma conclusão, José Artur Lima Gonçalves e Márcio Severo Marques afirmam que o art. 168 do CTN não é aplicável aos casos de restituição de tributo cobrado com base em lei declarada inconstitucional pelo STF, hipótese na qual se aplica o prazo quinquenal do Decreto 20.910/32, sendo o fato que origina a "dívida passiva" da Fazenda Pública a decisão que declara a inconstitucionalidade da exação (José Artur Lima Gonçalves e Márcio Severo Marques, "Repetição do Indébito e Compensação no Direito Tributário", em *Repetição do Indébito e Compensação no Direito Tributário*, coord. Hugo de Brito Machado, São Paulo: Dialética, 1999, p. 222).

Acatado em alguns julgados do Superior Tribunal de Justiça, **tal entendimento foi posteriormente repelido** naquela Corte Superior, como se depreende do seguinte julgado: "A Primeira Seção, em 24.03.04, no julgamento dos Embargos de Divergência 435.835/SC

# Art. 168    Livro Segundo · NORMAS GERAIS DE DIREITO TRIBUTÁRIO | 379

(cf. Informativo de Jurisprudência do STJ 203), entendeu que a 'sistemática dos cinco mais cinco' também se aplica em caso de tributo declarado inconstitucional pelo STF, mesmo que tenha havido resolução do Senado nos termos do art. 52, X, da Constituição Federal" (STJ, 2ª T., REsp 703.950/SC, Rel. Min. Castro Meira, j. em 3/3/2005, *DJ* de 23/5/2005, p. 240). **No mesmo sentido:** "[...] É uniforme na 1a Seção do STJ que, no caso de lançamento tributário por homologação e havendo silêncio do Fisco, o prazo decadencial só se inicia após decorridos cinco anos da ocorrência do fato gerador, acrescidos de mais um quinquênio, a partir da homologação tácita do lançamento. [...] 3. Não há que se falar em prazo prescricional a contar da declaração de inconstitucionalidade pelo STF ou da Resolução do Senado. [...]" (STJ, 1ª T., REsp 801.175/MG, Rel. Min. José Delgado, j. em 11/4/2006, *DJ* de 22/5/2006, p. 170).

**3. Extinção do crédito como termo inicial** – Note-se que o prazo para a restituição do indébito tem início, na hipótese do inciso I do art. 168, da data da *extinção do crédito,* a qual nem sempre coincide com a data do *pagamento.*

Se se trata da lavratura de um auto de infração, que é pago pelo contribuinte, o prazo de cinco anos para se pleitear a restituição tem início com o pagamento, data na qual se extinguiu o crédito correspondente. Mas se ocorreu um pagamento antecipado, no âmbito do lançamento por homologação, a extinção do crédito somente ocorrerá quando da homologação, a qual, se for tácita, se dá cinco anos após a ocorrência do fato gerador do tributo. Daí a tese dos "5 + 5", construída pela jurisprudência do TRF da 5ª Região e acolhida pelo STJ: "Está uniforme na 1ª Seção do STJ que, no caso de lançamento tributário por homologação e havendo silêncio do Fisco, o prazo decadencial só se inicia após decorridos 5 (cinco) anos da ocorrência do fato gerador, acrescidos de mais um quinquênio, a partir da homologação tácita do lançamento" (STJ, 1ª S., EREsp 449.751/PR, Rel. Min. José Delgado, j. em 24/3/2004, *DJ* de 31/5/2004, p. 169). Para aprofundamentos a respeito da origem e da razão de ser desse entendimento: Hugo de Brito Machado, *Comentários ao Código Tributário Nacional,* São Paulo: Atlas, 2005, v. 3, p. 446 ss.

Atualmente, como se sabe, tal entendimento foi afastado pela LC nº 118/2005, que dispôs, em seu art. 3º: "para efeito de interpretação do inciso I do art. 168 da Lei nº 5.172, de 25 de outubro de 1966 – Código Tributário Nacional, a extinção do crédito tributário ocorre, no caso de tributo sujeito a lançamento por homologação, no momento do pagamento antecipado de que trata o § 1º do art. 150 da referida Lei". No art. 4º da mesma lei, pretendeu-se dar à nova disposição caráter "meramente interpretativo", mas, como evidentemente se trata de norma nova, o STJ não aceitou essa pretensa retroatividade. Confiram-se as notas ao art. 106, I, do CTN. O entendimento que terminou por prevalecer na Corte Especial do STJ foi o de que, "com o advento da LC nº 118/2005, a prescrição, do ponto de vista prático, deve ser contada da seguinte forma: relativamente aos pagamentos efetuados a partir da sua vigência (que ocorreu em 9/6/2005), o prazo para a ação de repetição de indébito é de cinco anos a contar da data do pagamento; e, relativamente aos pagamentos anteriores, a prescrição obedece ao regime previsto no sistema anterior, limitada, porém, ao prazo máximo de cinco anos a contar da vigência da lei nova" (REsp 955.831-SP, Rel. Min. Castro Meira, j. em 28/8/2007, *Informativo STJ 327*). O seguinte julgado simplifica "a aplicação da citada regra de direito intertemporal da seguinte forma: I) Para os recolhimentos efetuados até 8/6/2000 (cinco anos antes do início da vigência LC 118/05) aplica-se a regra dos 'cinco mais cinco'; II) Para os recolhimentos efetuados entre 9/6/2000 a 8/6/2005 a prescrição ocorrerá em 8/6/2010 (cinco

# 380 | CÓDIGO TRIBUTÁRIO NACIONAL – *Hugo de Brito Machado Segundo*     **Art. 168**

anos a contar da vigência da LC 118/05); e III) Para os recolhimentos efetuados a partir de 9/6/2005 (início de vigência da LC 118/05) aplica-se a prescrição quinquenal contada da data do pagamento. Conclui-se, ainda, de forma pragmática, que para todas as ações protocolizadas até 8/6/2010 (cinco anos da vigência da LC 118/05) é de ser afastada a prescrição de indébitos efetuados nos 10 anos anteriores ao seu ajuizamento, nos casos de homologação tácita. [...]" (STJ, 1ª T., REsp 1.086.871/SC, j. em 24/03/2009, *DJe* de 2/4/2009).

Submetida a questão ao Supremo Tribunal Federal, este modificou, parcialmente (e de forma equivocada) o entendimento acolhido no âmbito do Superior Tribunal de Justiça (RE 566.621). Conquanto tenha considerado inconstitucional a pretensa "retroatividade" da LC 118/05, nesse ponto, estabeleceu forma peculiar de aferir o início de sua vigência. Considerou que a nova forma de contagem do prazo poderia ser aplicada a todas as ações iniciadas a partir do início de sua vigência, ainda que os pagamentos indevidos tenham ocorrido muito antes disso. Assim, em suma, pelo entendimento do STJ, um contribuinte que houvesse recolhido tributos indevidamente em 1998, por exemplo, poderia ajuizar ação para postular a sua restituição até 2008. Pelo entendimento agora firmado no STF, essa mesma ação deveria ser ajuizada até 9/6/2005, sob pena de prescrição: "DIREITO TRIBUTÁRIO – LEI INTERPRETATIVA – APLICAÇÃO RETROATIVA DA LEI COMPLEMENTAR Nº 118/2005 – DESCABIMENTO – VIOLAÇÃO À SEGURANÇA JURÍDICA – NECESSIDADE DE OBSERVÂNCIA DA *VACATIO LEGIS* – APLICAÇÃO DO PRAZO REDUZIDO PARA REPETIÇÃO OU COMPENSAÇÃO DE INDÉBITOS AOS PROCESSOS AJUIZADOS A PARTIR DE 9 DE JUNHO DE 2005. Quando do advento da LC 118/05, estava consolidada a orientação da Primeira Seção do STJ no sentido de que, para os tributos sujeitos a lançamento por homologação, o prazo para repetição ou compensação de indébito era de 10 anos contados do seu fato gerador, tendo em conta a aplicação combinada dos arts. 150, § 4º, 156, VII, e 168, I, do CTN. A LC 118/05, embora tenha se autoproclamado interpretativa, implicou inovação normativa, tendo reduzido o prazo de 10 anos contados do fato gerador para 5 anos contados do pagamento indevido. Lei supostamente interpretativa que, em verdade, inova no mundo jurídico deve ser considerada como lei nova. Inocorrência de violação à autonomia e independência dos Poderes, porquanto a lei expressamente interpretativa também se submete, como qualquer outra, ao controle judicial quanto à sua natureza, validade e aplicação. A aplicação retroativa de novo e reduzido prazo para a repetição ou compensação de indébito tributário estipulado por lei nova, fulminando, de imediato, pretensões deduzidas tempestivamente à luz do prazo então aplicável, bem como a aplicação imediata às pretensões pendentes de ajuizamento quando da publicação da lei, sem resguardo de nenhuma regra de transição, implicam ofensa ao princípio da segurança jurídica em seus conteúdos de proteção da confiança e de garantia do acesso à Justiça. Afastando-se as aplicações inconstitucionais e resguardando-se, no mais, a eficácia da norma, permite-se a aplicação do prazo reduzido relativamente às ações ajuizadas após *vacatio legis*, conforme entendimento consolidado por esta Corte no enunciado 445 da Súmula do Tribunal. O prazo de *vacatio legis* de 120 dias permitiu aos contribuintes não apenas que tomassem ciência do novo prazo, mas também que ajuizassem as ações necessárias à tutela dos seus direitos. Inaplicabilidade do art. 2.028 do Código Civil, pois, não havendo lacuna na LC 118/08, que pretendeu a aplicação do novo prazo na maior extensão possível, descabida sua aplicação por analogia. Além disso, não se trata de lei geral, tampouco impede iniciativa legislativa em contrário. Reconhecida a inconstitucionalidade art. 4º, segunda parte, da LC 118/05,

**Art. 169**     **Livro Segundo** · NORMAS GERAIS DE DIREITO TRIBUTÁRIO | **381**

considerando-se válida a aplicação do novo prazo de 5 anos tão somente às ações ajuizadas após o decurso da *vacatio legis* de 120 dias, ou seja, a partir de 9 de junho de 2005. Aplicação do art. 543-B, § 3º, do CPC aos recursos sobrestados. Recurso extraordinário desprovido" (RE 566.621, *DJe-195*, publicado em 11/10/2011).

**4. Prescrição da ação para o reconhecimento de crédito relativo à sistemática da não cumulatividade** – Segundo entende o STJ, o prazo de que cuida o art. 168 do CTN aplica-se à hipótese de restituição do indébito tributário, mas não à hipótese na qual o contribuinte promove ação judicial para obter o reconhecimento do direito a determinado crédito, no âmbito da sistemática da não cumulatividade. Nesse caso, considera-se que não há, propriamente, pedido de restituição (não se aplicando, *v. g.*, o art. 166 do CTN), sendo aplicável o prazo prescricional geral, de 5 anos, relativo às ações contra a Fazenda Pública (Decreto nº 20.910/32). Como consequência disso, mesmo em relação ao período em que aplicável a tese dos "5+5" relativamente à prescrição do direito à restituição do indébito tributário, nos tributos submetidos ao lançamento por homologação, esta não pode ser invocada em relação ao direito de aproveitar créditos de ICMS ou IPI, inerentes à não cumulatividade. "Tratando-se de pedido de reconhecimento do direito ao creditamento, não se aplica o prazo de prescrição contado da data da homologação tácita, mas sim, consoante dispõe o art. 1º do Decreto-lei [sic] 20.910/32, considerando-se prescritos os valores recolhidos anteriormente aos cinco anos, contados retroativamente à propositura da ação" (STJ, 1ª T., REsp 631.742/MG, Rel. Min. Luiz Fux, j. em 14/12/2004, *DJ* de 30/6/2006, p. 167). Com a devida vênia, parece-nos que, se um crédito deveria ter sido considerado e não o foi, na apuração do imposto não cumulativo, trata-se de pagamento indevido sim, a ser objeto de restituição no prazo do art. 168 do CTN. Entretanto, como dito, o STJ entende diversamente, e extrai consequências coerentes dessa premissa, tais como a inaplicabilidade, ao aproveitamento de créditos no regime da não cumulatividade, da exigência formulada pelo art. 166 do CTN.

**5. Pagamento feito em face de decisão condenatória** – Na verdade, de um ponto de vista técnico, nenhuma decisão condena o contribuinte a pagar o tributo, até porque a Fazenda não precisa manejar ação de conhecimento, condenatória, para obter o seu título executivo. A decisão à qual o artigo em comento está a se reportar é aquela que julga improcedente pedido feito pelo contribuinte, em ação manejada por ele. Tal decisão só indireta e impropriamente o "condena" a pagar o tributo o qual estava a impugnar. Imagine-se, por exemplo, que o contribuinte é executado, tem seus bens penhorados e opõe embargos, que são julgados improcedentes. Apela, mas, premido pelas circunstâncias, paga a dívida. Caso, depois, sua apelação seja provida, terá início com o trânsito em julgado do acórdão (que reformou a sentença) o prazo prescricional para pleitear a restituição do tributo correspondente.

 

**Art. 169.** Prescreve em 2 (dois) anos a ação anulatória da decisão administrativa que denegar a restituição.[1]

Parágrafo único. O prazo de prescrição é interrompido pelo início da ação judicial, recomeçando o seu curso, por metade, a partir da data da intimação validamente feita ao representante judicial da Fazenda Pública interessada.[2]

## Anotações

**1. Prescrição da anulatória da decisão que denega restituição** – Pela sistemática delineada nos arts. 168 e 169 do CTN, o contribuinte teria primeiro de pedir a restituição do indébito tributário na via administrativa, no prazo previsto no art. 168. Depois, se esse seu pedido fosse indeferido, depois de percorrer todas as instâncias na via administrativa, iniciar-se-ia o prazo prescricional do art. 169.

Na jurisprudência, porém, há julgados que consideram que: *(i)* é prescindível a formulação de pedido na via administrativa; *(ii)* o prazo de cinco anos previsto no art. 168 é prescricional, e aplica-se à propositura da ação de restituição do indébito, sendo inaplicável o art. 169 do mesmo Código; e *(iii)* "o prazo prescricional, para fins de restituição de indébito de tributo indevidamente recolhido, não se interrompe e/ou suspende em face de pedido formulado na esfera administrativa. [...]" (STJ, 1ª T., AgRg no Ag 629.184/MG, Rel. Min. José Delgado, j. em 3/5/2005, *DJ* de 13/6/2005, p. 173).

A questão, contudo, não parece estar pacificada no âmbito do STJ, pois existem julgados que, em face de pedidos administrativos de restituição denegados, admitem a aplicação do art. 169 do CTN às ações visando a discutir o acerto das decisões administrativas correspondentes. É conferir: "[...] 1. Tratando-se de ação anulatória da decisão administrativa que denegou a restituição do indébito tributário, o prazo prescricional é aquele disposto no art. 169, caput, do CTN, ou seja, 02 (dois) anos a contar da ciência do contribuinte sobre a decisão administrativa definitiva denegatória. Precedente: AgRg nos EDcl no REsp 944.822/SP, Rel. Min. Humberto Martins, Segunda Turma, *DJe* 17/8/2009. 2. *In casu*, depreende-se dos autos que o contribuinte fora intimado da decisão administrativa definitiva denegatória em 23/9/2004, sendo a demanda ajuizada em 3/3/2006. Não há, portanto, prescrição a ser declarada. 3. Embargos de declaração acolhidos com efeitos infringentes, para afastar a prescrição" (STJ, 2ª T., EDcl nos EDcl no REsp 1.035.830/SC, *DJe* de 8/10/2010).

Em outro acórdão, o STJ faz expressamente a diferença entre a ação de restituição do indébito (à qual se aplicaria o prazo do art. 168) e a ação na qual se discute o acerto de decisão administrativa denegatória de pedido de restituição. No primeiro caso, o contribuinte ajuíza diretamente a ação judicial. No segundo, postula a restituição primeiro no plano administrativo, e só no caso de insucesso socorre-se do Judiciário. O prazo para a propositura da primeira ação é o do art. 168 do CTN. O da segunda, o do art. 169: "[..] o prazo de dois anos previsto no artigo 169 do CTN é aplicável às ações anulatórias de ato administrativo que denega a restituição, que não se confundem com as demandas em que se postula restituição do indébito, cuja prescrição é regida pelo art. 168 do CTN. Precedentes: REsp 963.352/PR, Rel. Min. Luiz Fux *DJ* 13/11/2008. [...]" (STJ, 2ª T., AgRg nos EDcl no REsp 944.822/SP, *DJe* de 17/08/2009).

Assim, verifica-se que, no âmbito do STJ, existem duas correntes contrárias que, aparentemente, se ignoram. Em alguns acórdãos se afirma que o prazo para a propositura da ação de restituição é o do art. 168 do CTN, e que a apresentação de pedido administrativo não suspende nem interrompe esse prazo. O contribuinte teria cinco anos para pleitear em juízo a restituição, pouco importando o que pediu na via administrativa e o tempo que aguardou por uma resposta. Já a segunda corrente sugere que o prazo do art. 168 só seria aplicável às ações de restituição promovidas diretamente, sem prévio pedido administrativo. Em sendo

**Art. 170**  **Livro Segundo** · NORMAS GERAIS DE DIREITO TRIBUTÁRIO | **383**

formulado pedido administrativo, o prazo do art. 168 seria aplicável a este, e não à ação judicial, que a partir de então seria regida pelo art. 169.

Essa segunda corrente parece bem mais acertada, pois respeita a boa-fé do contribuinte que formula pedido administrativo e aguarda por uma resposta. É contrário aos princípios da lealdade e da boa fé, e ao próprio direito de petição, admitir que um contribuinte formule um pedido administrativo de restituição do indébito dentro do prazo previsto no art. 168 e, por inércia da administração em respondê-lo, a prescrição atinja a sua pretensão. O correto é entender que o contribuinte dispõe de cinco anos (art. 168) para pleitear a devolução, podendo fazê-lo no âmbito administrativo ou judicial. Caso formule primeiro o pedido administrativo dentro desse prazo, poderá aguardar (sem risco de prescrição) um pronunciamento da autoridade para que, só então, passe a fluir o prazo para discutir a questão em juízo (art. 169).

**2. Recontagem da prescrição pela metade** – O parágrafo único do art. 169 do CTN prevê inusitada hipótese na qual a prescrição continua a correr mesmo depois de proposta a ação, e, o que é pior, pela metade e sem que o autor tenha feito nada que o justificasse ou que implicasse a demora no julgamento do feito, demora que, aliás, não lhe interessa em absoluto. A inconstitucionalidade da disposição é evidente, mas, como destacado em nota anterior, este artigo não é aplicado pela jurisprudência, que não considera necessária a formulação de pedido administrativo. Como, na prática, os contribuintes geralmente formulam suas pretensões à restituição do indébito diretamente em juízo, a prescrição para se pleitear a restituição do indébito, em juízo, passa a ser contada nos termos do art. 168 do CTN.

## Seção IV
### Demais Modalidades de Extinção

**Art. 170.** A lei[1] pode, nas condições e sob as garantias que estipular, ou cuja estipulação em cada caso atribuir à autoridade administrativa, autorizar a compensação[2] de créditos tributários[3] com créditos líquidos e certos, vencidos ou vincendos, do sujeito passivo contra a Fazenda Pública.[4, 5, 6, 7, 8, 9, 10, 11, 12]

Parágrafo único. Sendo vincendo o crédito do sujeito passivo, a lei determinará, para os efeitos deste artigo, a apuração do seu montante, não podendo, porém, cominar redução maior que a correspondente ao juro de 1% (um por cento) ao mês pelo tempo a decorrer entre a data da compensação e a do vencimento.

## ANOTAÇÕES

**1. Compensação e reserva de lei** – O CTN veicula normas gerais de Direito Tributário, razão pela qual a compensação, conquanto nele genericamente referida, deverá ser disciplinada por lei editada pelo respectivo ente tributante. Compensação de tributos estaduais deve ser disciplinada por lei do Estado-membro correspondente, não sendo possível, em princípio, aplicar-se a legislação federal a respeito do tema. Nesse sentido há acórdão do Superior Tribunal de Justiça, no qual se afirma que "a compensação de ICMS só é permitida

# 384 | CÓDIGO TRIBUTÁRIO NACIONAL – *Hugo de Brito Machado Segundo*         **Art. 170**

se existir lei estadual que a autorize. Não se aplica o art. 66, da Lei nº 8.383/91, cuja área de atuação é restrita aos tributos federais. [...] Conforme expressamente exige o art. 170, do CTN, só se admite compensação quando existir lei ordinária a regulamentá-la, em cada esfera dos entes federativos. [...]" (STJ, AgRg no REsp 331.323/RJ, Rel. Min. Milton Luiz Pereira, Rel. p/ ac. Min. José Delgado, j. em 26/11/2002, m. v., *DJ* de 10/3/2003, p. 92). É importante ressaltar, porém, que no citado aresto o contribuinte pretendia compensar quantias que considerava haver recolhido *a maior*, no âmbito da substituição tributária "para frente", por haver praticado preço final inferior ao previsto nas antecipações. Nesse contexto, embora o voto vencedor, do Min. Delgado, tenha se fundado na falta de lei estadual a autorizar a compensação, os demais Ministros que o acompanharam, negando provimento ao recurso do contribuinte, o fizeram por outro fundamento, vale dizer, pela inexistência de direito à devolução do excesso, reconhecida pelo STF no julgamento da ADI 1.851/AL. A rigor, e com a devida vênia, parece-nos que nada impede que a Lei nº 8.383/91, ou mesmo o Código Civil, sejam aplicados por analogia no âmbito de Estado--membro ou Município que eventualmente não disponham de qualquer previsão legal para a realização de uma compensação, tendo em vista o fundamento constitucional do direito de compensar. Há acórdãos mais recentes, porém, nos quais o STJ reitera o entendimento segundo o qual, à luz do princípio da legalidade, somente em face de previsão expressa em lei estadual seria possível proceder à compensação de tributos estaduais: "[...] 3. Pelo fato de o direito tributário ser regido pelo princípio da legalidade estrita e pelo fato de o Poder Judiciário não poder atuar como legislador positivo, não se pode entender plausível que, à mingua de legislação estadual autorizando a compensação de créditos do Estado com débitos de autarquia estadual, possa o julgador determinar a compensação, ou simplesmente antecipar os efeitos de tal ato. [...]" (STJ, 1ª T., AgRg no AREsp 6.611/RS, *DJe* de 10/8/2011).

**2. Fundamento constitucional do direito à compensação** – O direito de compensar é desdobramento direto de normas constitucionais. Em função dos princípios da isonomia, da moralidade e da razoabilidade, não se pode admitir que alguém, sendo devedor, e também credor, da mesma pessoa, possa exigir dela o pagamento de seu crédito, sem estar também obrigado a pagar o seu débito. Assim, em princípio, não pode ser objeto de restrições desarrazoadas pela legislação infraconstitucional. Nesse sentido: Hugo de Brito Machado, *Comentários ao Código Tributário Nacional,* São Paulo: Atlas, 2005, v. 3, p. 487.

**3. Crédito tributário e multa** – O STJ chegou a considerar inviável a compensação entre quantias pagas indevidamente, a título de penalidade pecuniária, com outras, devidas a título de tributo: "Inviável a compensação de crédito oriunda de cobrança indevida de multa moratória com o tributo propriamente dito, em virtude na natureza jurídica diversa desses institutos. [...]" (STJ, 2ª T., REsp 610.554/PR, Rel. Min. Peçanha Martins, j. em 15/12/2005, *DJ* de 6/3/2006, p. 305). Sem razão. Correto é o entendimento, **em sentido contrário,** que afirma: "a compensação de tributos administrados pela Secretaria da Receita Federal, originariamente admitida apenas em hipóteses estritas, submete-se, atualmente, a um regime de virtual universalidade. O art. 74 da Lei nº 9.430/1996, com a redação dada pela Lei nº 10.637/2002, autoriza o aproveitamento de quaisquer 'créditos relativos a tributos ou contribuições' que sejam passíveis de restituição, para fins de compensação com 'débitos próprios relativos a quaisquer tributos e contribuições administrados por aquele Órgão'. Ora, o conceito de crédito tributário abrange também a multa (CTN, art. 113, §§ 1º e 3º e art. 139; Lei nº 9.430/96, art. 43), razão pela qual, no atual estágio da legislação, já

**Art. 170**  **Livro Segundo** · NORMAS GERAIS DE DIREITO TRIBUTÁRIO | **385**

não se pode negar a viabilidade de utilizar os valores indevidamente pagos a título de crédito tributário de multa para fins de compensação com tributos administrados pela Secretaria da Receita Federal. Tal possibilidade é reconhecida, inclusive, pelas autoridades fazendárias (arts. 2º, § 1º, 26, 28, §§ 1º e 2º, 35, pár. único e 51, § 8º, da Instrução Normativa-SRF nº 460, de 18 de outubro de 2004). [...]" (STJ, 1ª T., REsp 798.263/PR, Rel. Min. Teori Albino Zavascki, j. em 15/12/2005, *DJ* de 13/2/2006, p. 717). Aliás, na expressão *crédito tributário*, a que alude o art. 170 do CTN, estão abrangidos os tributos e as penalidades, não fazendo qualquer sentido a distinção estabelecida no aresto inicialmente citado. Aliás, esse entendimento, correto, foi o que posteriormente prevaleceu na Primeira Seção (EREsp 760.290-PR, j. em 13/6/2007).

**4. Alteração na norma que regula a compensação e direito intertemporal** – Iniciando-se uma discussão a respeito do direito de compensar, quando da vigência de determinada lei, qual o efeito de uma superveniente alteração nessa lei? Entende o STJ que a ação judicial na qual se discute o direito de compensar deve ser julgada à luz do direito vigente à época do pedido, e não em face de alterações posteriores (STJ, 1ª S., AgRg nos EREsp 214.422/SE, Rel. Min. Luiz Fux, j. em 8/3/2006, *DJ* de 27/3/2006, p. 144). **No mesmo sentido:** "[...] A jurisprudência atual da 1a Seção é no sentido de que a compensação tributária há de reger-se pela lei vigente no momento em que o contribuinte a aciona" (STJ, 1ª T., EARESP 701.865/MG, Rel. Min. José Delgado, j. em 11/4/2006, *DJ* de 22/5/2006, p. 152).

Mas, naturalmente, se a sentença que se pronunciou sobre o pedido de compensação não pôde abordar o direito superveniente, a coisa julgada por ela formada não impede o contribuinte perdedor da ação de, à luz desse novo direito, formular novamente o pedido de compensação. É o que esclarece o seguinte julgado, que inclusive faz didático histórico da legislação federal a respeito de compensação tributária: "1. A compensação, modalidade excepcional de extinção do crédito tributário, foi introduzida no ordenamento pelo art. 66 da Lei nº 8.383/91, limitada a tributos e contribuições da mesma espécie. 2. A Lei nº 9.430/96 trouxe a possibilidade de compensação entre tributos de espécies distintas, a ser autorizada e realizada pela Secretaria da Receita Federal, após a análise de cada caso, a requerimento do contribuinte ou de ofício (Decreto nº 2.138/97), com relação aos tributos sob administração daquele órgão. 3. Essa situação somente foi modificada com a edição da Lei nº 10.637/02, que deu nova redação ao art. 74 da Lei nº 9.430/96, autorizando, para os tributos administrados pela Secretaria da Receita Federal, a compensação de iniciativa do contribuinte, mediante entrega de declaração contendo as informações sobre os créditos e débitos utilizados, cujo efeito é o de extinguir o crédito tributário, sob condição resolutória de sua ulterior homologação. 4. Além disso, desde 10.01.2001, com o advento da Lei Complementar nº 104, que introduziu no Código Tributário o art. 170-A, segundo o qual 'é vedada a compensação mediante o aproveitamento de tributo, objeto de contestação judicial pelo sujeito passivo, antes do trânsito em julgado da respectiva decisão judicial', agregou-se novo requisito para a realização da compensação tributária: a inexistência de discussão judicial sobre os créditos a serem utilizados pelo contribuinte na compensação. 5. Atualmente, portanto, a compensação será viável apenas após o trânsito em julgado da decisão, devendo ocorrer, de acordo com o regime previsto na Lei nº 10.637/02, isto é, (a) por iniciativa do contribuinte, (b) entre quaisquer tributos administrados pela Secretaria da Receita Federal, (c) mediante entrega de declaração contendo as informações sobre os créditos e débitos utilizados, cujo efeito é o de extinguir o crédito tributário, sob condição resolutória de sua ulterior homologação. 6. É inviável, na hipótese, apreciar o pedido à luz do direito superveniente, porque os novos preceitos normativos, ao mesmo tempo em que ampliaram o rol das espécies tributárias compensáveis, condicionaram a realização da compensação a outros requisitos, cuja existência não constou da causa de pedir e nem foi objeto de exame nas instâncias ordinárias. 7. Assim, tendo em vista a causa de pedir posta na inicial e o regime normativo vigente à época da postulação (1995), é de se julgar improcedente o pedido, o que não impede que a compensação seja realizada nos termos atualmente admitidos, desde que presentes os requisitos próprios. [...]" (STJ, 1ª S., EREsp 488.992/MG, Rel. Min. Teori Albino Zavascki, j. em 26/5/2004, *DJ* de 7/6/2004, p. 156).

**5. Restrições ao direito de compensar. Limitação em 30%** – As Leis nᵒˢ 9.032/95 e 9.129/95 limitaram a compensação, em relação às contribuições de seguridade social administradas pelo INSS, a 25% e 30% do valor a ser recolhido em cada competência. Vale dizer, do valor devido em um determinado mês, mesmo que tenha muitos créditos a receber ou compensar, o contribuinte terá de pagar 70%, e efetuar a compensação apenas em face dos 30% remanescentes.

**Inaplicabilidade da limitação aos créditos que já eram compensáveis antes da vigência das Leis nᵒˢ 9.032/95 e 9.129/95:** "[...] 1. Reconhecido o direito à compensação, os valores compensáveis até a data das publicações (Leis nᵒˢ 9.032/95 e 9.129/95) estão resguardados dos limites percentuais fixados (art. 89, § 3º), enquanto que os créditos remanescentes, cujos débitos venceram-se posteriormente, sujeitam-se àquelas limitações. [...]" (STJ, 1ª S., EREsp 227.060/SC, Rel. p. o ac. Min. Milton Luiz Pereira, j. em 27/2/2002, *DJ* de 12/8/2002, p. 162).

**Inaplicabilidade da limitação, quando o crédito do contribuinte decorre do pagamento de tributo declarado inconstitucional:** "Restou pacificado, no âmbito da 1ª Seção, no julgamento do EREsp 432.793/SP, Min. Peçanha Martins, em 11.06.2003, o entendimento segundo o qual os limites estabelecidos pelas Leis nᵒˢ 9.032/95 e 9.129/95 não são aplicáveis quando se tratar de compensação de créditos por indevido pagamento de tributos declarados inconstitucionais pelo STF, como é o caso das contribuições em exame. Ressalva do posicionamento pessoal do relator. Precedentes: EDCL no REsp. 515.769/RJ, 2ª Turma, Franciulli Netto, *DJ* 8/3/2004 e EREsp. 438.042/PI, 1ª Seção, Min. Francisco Peçanha Martins, *DJ* de 23/5/2005. [...]" (STJ, 1ª T., REsp 824.792/SP, Rel. Min. Teori Albino Zavascki, j. em 4/5/2006, *DJ* de 15/5/2006, p. 184).

**Inaplicabilidade da limitação, em relação a contribuições de seguridade administradas pela Secretaria da Receita Federal do Brasil:** "[...] As limitações à compensação impostas pelas Leis nᵒˢ 9.032/95 e 9.129/95 não incidem sobre o Finsocial, por tratar-se de tributo arrecadado pela Secretaria de Receita Federal. Com efeito, os limites de 25% e 30% previstos nas referidas leis somente têm aplicação na compensação de contribuições arrecadadas pelo INSS. [...]" (STJ, 2ª T., REsp 500.070/SE, Rel. Min. João Otávio de Noronha, j. em 6/4/2006, *DJ* de 29/5/2006, p. 207).

**6. Compensação. Índices aplicáveis** – "Está assentada nesta Corte a orientação segundo a qual são os seguintes os índices a serem utilizados na repetição ou compensação de indébito tributário: (a) IPC, de março/1990 a janeiro/1991; (b) INPC, de fevereiro a dezembro/1991; (c) UFIR, a partir de janeiro/1992; (d) taxa SELIC, exclusivamente, a partir de janeiro/1996. [...]" (STJ, 1ª T., REsp 829.249/MS, Rel. Min. Teori Albino Zavascki, j. em 16/5/2006, *DJ* de 25/5/2006, p. 203). O acórdão refere-se ao indébito tributário federal. Para o indébito (e, por conseguinte, a compensação) em relação a outros entes federativos,

**Art. 170**     **Livro Segundo** · NORMAS GERAIS DE DIREITO TRIBUTÁRIO | **387**

deve-se verificar o que dispõe sua legislação específica. Os índices deverão ser os mesmos adotados pelo ente público na correção dos débitos do contribuinte, e não raro são adotados os mesmos utilizados na esfera federal: "Diante da existência de lei estadual que determina a adoção dos mesmos critérios adotados na correção dos débitos fiscais federais, legítima a aplicação da taxa SELIC a partir de sua entrada em vigor. A SELIC é composta de taxa de juros e correção monetária, não podendo ser cumulada, a partir de sua incidência, com qualquer outro índice de atualização" (REsp 745.387/MG, Rel. Min. Peçanha Martins, j. em 6.12.2005, *DJ* de 13/2/2006, p. 769)

**7. Compensação e devido processo legal administrativo** – A declaração de uma compensação por meio de DCTF não autoriza a Fazenda a executar, sem prévio processo administrativo, as quantias declaradas pelo sujeito passivo na sua pretensão de fazer o encontro de contas. "Consoante reiterada jurisprudência desta eg. Corte, é ilegal a recusa ao fornecimento da CND se fundada na existência de débito objeto de compensação com exação declarada inconstitucional, quando não houve o prévio procedimento administrativo de homologação. [...]" (STJ, 2ª T., REsp 439.815/GO, Rel. Min. Peçanha Martins, j. em 28/6/2005, *DJ* de 29/8/2005, p. 243). Mais recentemente, a Segunda Turma do STJ decidiu que uma vez comunicado pelo contribuinte na declaração de contribuições de tributos federais (DCTF) que o valor do débito foi quitado por meio da utilização do mecanismo compensatório, não há por que falar em confissão de dívida suficiente à inscrição na dívida ativa (REsp 419.476-RS, Rel. Min. João Otávio de Noronha, j. em 23/5/2006, noticiado no *Informativo STJ* nº 286).

Afirmando a inaplicabilidade, no caso de compensação, do entendimento do STJ segundo o qual quantias "confessadas" podem ser imediatamente executadas: "Pedi vista dos autos para melhor exame da matéria, tendo em vista a jurisprudência desta colenda Corte afirmar que, uma vez reconhecido o crédito tributário, por meio de DCTF, tal ato equivale ao próprio lançamento, tornando-se imediatamente exigível o débito não pago, assertiva que, em tese, teria o condão de ensejar a interpretação segundo a qual, nesta hipótese, correto o procedimento da Fazenda Pública em não fornecer certidão positiva de débitos com efeito de negativa. Todavia, verifico que há peculiaridade a afastar tal entendimento, *in casu*, consubstanciado no fato de que o crédito declarado em DCTF foi objeto de compensação pela contribuinte, de maneira que cabe, em consequência, à Fazenda verificar a regularidade da conduta, por meio do devido procedimento administrativo-fiscal. Assim, somente se se concluir pela ilegitimidade da compensação, após o referido procedimento, é que será possível a constituição do crédito tributário respectivo. Irrepreensível, pois, o aresto regional ao asserir que os tributos declarados em DCTF podem ser inscritos em dívida ativa e exigidos imediatamente, mas no caso de o tributo confessado e não pago no vencimento. Noutras palavras, não se adequa esta compreensão ao caso concreto, que trata de compensações realizadas e declaradas. Com efeito, '*se o procedimento da compensação constitui modalidade de pagamento, a obrigação deve ser considerada quitada, e válido o procedimento, até que a Administração verifique a existência de irregularidades e, mediante prévio procedimento fiscal, efetue o lançamento da obrigação. Somente a partir daí, o pedido de certidão negativa poderá ser indeferido pela autoridade*'. (acórdão recorrido – fl. 493)" (Trecho do voto proferido no julgamento do AgRg no REsp 641.448/RS, j. em 9/11/2004, *DJ* de 1º/2/2005, p. 436).

Tudo isso mostra a necessidade de se assegurar ao contribuinte que postula uma compensação o *devido processo legal administrativo,* com todos os seus efeitos e desdobramentos

388 | CÓDIGO TRIBUTÁRIO NACIONAL – *Hugo de Brito Machado Segundo*                    **Art. 170**

(inclusive o de suspender a exigibilidade do crédito cuja compensação se postula), como consta atualmente dos §§ 10 e 11 do art. 74 da Lei nº 9.430/96.

**8. Compensação e crédito de terceiro** – A legislação tributária, no âmbito federal, permitiu expressamente, e depois passou a proibir, a compensação com créditos de terceiros. Há julgado do STJ que não considera haver ilegalidade na disposição que passou a proibir a compensação com crédito de terceiro: "[...] A Lei nº 9.430/96 permitiu que a Secretaria da Receita Federal, atendendo a requerimento do contribuinte, autorizasse a utilização de créditos a serem restituídos ou ressarcidos para a quitação de quaisquer tributos e contribuições sob sua administração. [...] O art. 15 da IN 21/97, permitiu a transferência de créditos do contribuinte que excedessem o total de seus débitos, o que foi posteriormente proibido com o advento da IN 41/2000 (exceto se se tratasse de débito consolidado no âmbito do REFIS) e passou a constar expressamente do art. 74, § 12, II, *a* da Lei nº 9.430/96. [...] Dentro do poder discricionário que lhe foi outorgado, a Secretaria da Receita Federal poderia alterar os critérios da compensação, sem que isso importe em ofensa à Lei nº 9.430/96. [...]" (STJ, 2ª T., REsp 677.874/PR, Rel. Min. Eliana Calmon, j. em 16/3/2006, *DJ* de 24/4/2006, p. 386).

Com todo o respeito, não nos parece que a citada fundamentação seja válida. Primeiro, porque se a restrição não está na lei, não poderá ser veiculada em instrução normativa. O acórdão inverteu as coisas, considerando que a lei precisaria autorizar expressamente para que norma inferior fosse considerada inválida por proibir a compensação com crédito de terceiro. Além disso, a atividade da Secretaria da Receita Federal do Brasil não é discricionária, mas plenamente vinculada, como aliás explicita o art. 3º do CTN.

Ainda assim, e mesmo diante da proibição hoje constante do art. 74 da Lei nº 9.430/96, pode-se entender que a legislação veda a compensação com crédito de terceiro (a qual, a rigor, não é compensação, mas espécie de dação em pagamento de crédito de terceiro), mas não impede a prévia cessão do crédito ao contribuinte, para que este, posteriormente, o compense. Não tem sido esse, porém, o posicionamento defendido pela Secretaria da Receita Federal do Brasil, que não admite a compensação nem mesmo em tais circunstâncias.

**9. Compensação e mandado de segurança** – A teor da Súmula nº 213 do STJ, "o mandado de segurança constitui ação adequada para a declaração do direito à compensação tributária". Mas note-se: o mandado de segurança deve ser usado para que o Judiciário declare e assegure o direito do contribuinte de ver realizada a compensação, quando o óbice posto pelo Fisco consistir em uma *questão de direito*. Em outras palavras, o Judiciário, através do mandado de segurança, determinará quais critérios jurídicos serão usados na compensação (quais tributos poderão ser compensados, quais índices poderão ser usados), afastando critérios ilegais ou inconstitucionais impostos pela autoridade, mas a verificação do montante dos créditos deverá ser apurada administrativamente, e não no processo judicial, cujo procedimento não comporta a dilação probatória necessária a essa liquidação. "'Ao editar a Súmula nº 213, este Sodalício consagrou o entendimento no sentido da possibilidade de utilização do mandado de segurança para a declaração do direito à compensação de créditos tributários. É uníssona a jurisprudência do STJ, outrossim, ao proclamar que a compensação de tributos sujeitos ao lançamento por homologação não necessita de prévia manifestação da autoridade fazendária ou de decisão judicial transitada em julgado para a configuração da certeza e liquidez dos créditos' (REsp 238.727/MG, da relatoria deste Magistrado, *DJ* 8/10/2001). Para o reconhecimento em Juízo do direito à compensação, será dispensado qualquer pronunciamento da autoridade administrativa, que poderá fiscalizar

**Art. 170**    Livro Segundo · NORMAS GERAIS DE DIREITO TRIBUTÁRIO | **389**

a regularidade do procedimento em momento posterior, assegurada a possibilidade de cobrança de eventuais créditos remanescentes. [...]" (STJ, 2ª T., REsp 444.937/SP, Rel. Min. Franciulli Netto, j. em 13/9/2005, *DJ* de 6/3/2006, p. 283).

**10. Compensação e repercussão. Art. 166 do CTN** – Nos termos da jurisprudência do STJ, o art. 166 do CTN aplica-se tanto à restituição do indébito, como à compensação (STJ, 2ª T., REsp 472.162/SP, Rel. Min. João Otávio de Noronha, j. em 9/12/2003, *DJ* de 9/2/2004, p. 157). Naturalmente, as exigências do citado artigo somente serão aplicáveis à compensação quando forem, também, à restituição. Confiram-se as notas ao art. 166 do CTN.

**11. Compensação e precatório** – O contribuinte que ajuíza ação de restituição do indébito tributário pode, após o trânsito em julgado, optar pela compensação, ao invés de executar a sentença requerendo a expedição do respectivo precatório. Mas é preciso que *desista* da execução, naturalmente, para não receber o mesmo valor duas vezes. "[...] A opção pela compensação requer expressa desistência da ação executória e não pode ser realizada quando já ultimada a restituição mediante expedição de precatório. Precedentes: AgRg no REsp 638537/RS, 1ª T., Rel. Min. José Delgado, *DJ* de 25/10/2004 e REsp 202.025/PR, Rel. Min. Milton Luiz Pereira, *DJU* de 25.02.02. [...]" (STJ, 1ª T., REsp 828.262/RS, Rel. Min. Teori Albino Zavascki, j. em 16/5/2006, *DJ* de 25/5/2006, p. 202).

Do mesmo modo, o contribuinte pode, tendo ajuizado ação pleiteando o reconhecimento do direito à compensação, optar por executar a sentença através da expedição de precatório: "[...] I – Quando o autor requereu o reconhecimento do seu crédito, não fez pedido de mera declaração de sua existência, mas visava com isto obter meio para receber tal valor. Assim, a sentença não se limitou a declarar a existência do crédito, mas condenou o instituto a restituí-lo da maneira como expressamente pretendia o autor – compensação. [...] II – Com a superveniente modificação na estrutura funcional do autor – não mantendo mais empregados contratados – impossibilitando a compensação, a disponibilização de meio diverso de restituição do indébito – no caso o precatório requisitório, não macula a coisa julgada, mas, ao contrário, privilegia o bom direito alcançado no processo de cognição, que, caso contrário, se perderia. [...]" (STJ, 2ª T., AGRESP 227.048/RS, Rel. Min. Nancy Andrighi, j. em 27/6/2000, *DJ* de 26/3/2001, p. 414).

**No mesmo sentido:** "1. A obtenção de decisão judicial favorável trânsita em julgado, proferida em ação condenatória, confere ao contribuinte a possibilidade de executar o título judicial, pretendendo o recebimento do crédito por via do precatório, ou proceder à compensação tributária. [...] 2. Deveras, é cediço na Corte que ao contribuinte manifestar a opção de receber o respectivo crédito por meio de precatório regular ou compensação, haja vista que constituem, ambas as modalidades, formas de execução do julgado colocadas à disposição da parte quando procedente a ação. [...] 3. Precedentes do STJ. (REsp 232.002/CE, Relator Ministro João Otávio de Noronha, *DJ* de 16/8/2004; AGA 471.645/RS, Relator Ministro Castro Meira, *DJ* de 19/12/2003; RESP 551.184/PR. Relator Ministro Castro Meira, *DJ* de 1/12/2003; AGA 348.015/RS, Relator Ministro Francisco Falcão, *DJ* de 17/9/2001; AGRESP 227.048/RS, Relatora Ministra Nancy Andrighi, *DJ* de 26/3/2001; REsp 227.059/ RS, Relator Ministro Francisco Peçanha Martins, *DJ* de 1º/9/2000). [...]" (STJ, 1ª T., AgRg no REsp 760.457/SC, Rel. Min. Luiz Fux, j. em 4/4/2006, *DJ* de 28/4/2006, p. 277).

**12. Compensação e embargos à execução** – Dispõe o art. 16, § 3º, da Lei nº 6.830/80, que não será admitida a compensação em sede de embargos do executado. Tal disposição, porém, deve ser vista com reservas, e não significa que a compensação não possa ser alegada pelo embargante, como fundamento para se opor à pretensão executiva. Primeiro, é importante atentar para o fato de que a vedação de que se cuida fora elaborada em período autoritário, e pode ser considerada como *não recepcionada* pela CF/88. Além disso, pode-se dizer também que a Lei nº 6.830 *vedava* a compensação porque à época não havia lei que a autorizasse, o que não ocorre nos dias atuais: "a compensação, em matéria tributária, só pode ser deduzida na ação de embargos do executado quando autorizada por lei, segundo disposição expressa do art. 170 do CTN. [...]. Havendo lei que decrete a compensação, ela pode ser invocada na ação de embargos" (Maury Ângelo Bottesini, Odmir Fernandes, Ricardo Cunha Chimenti, Carlos Henrique Abrão e Manoel Álvares. *Lei de Execução Fiscal comentada e anotada*, 3. ed. São Paulo: RT, 2000, p. 133).

Pode-se defender, também, que a Lei de Execuções Fiscais apenas proíbe a efetivação da compensação no seio da ação de embargos, mas não veda que o embargante alegue uma compensação prévia, já efetivada mas não aceita pela Fazenda, como argumento para invalidar a execução. Foi o que já decidiu o TRF da 4ª Região: "Regra geral, incabível a compensação, em sede de embargos do devedor, por força do art. 16, § 3º, da Lei nº 6.830/80. Este dispositivo continua, em pleno vigor, pois o art. 66, 'caput', e parágrafos da Lei nº 8.383/91 (e alterações) autoriza a compensação de créditos do contribuinte, com débitos tributários futuros, não sendo aplicável, aos valores já lançados, em dívida ativa, e em fase de execução. Contudo, na presente hipótese, o contribuinte já contava com evidente direito de crédito compensável, antes mesmo do ajuizamento da execução fiscal. Legítimo, seu procedimento, de acerto de contas, em sua escritura fiscal, porquanto amparado por provimento jurisdicional com trânsito em julgado. À autoridade fiscal caberá a aferição da correção das contas, e, caso não concordar, deverá efetuar lançamento tributário complementar, garantindo, ao contribuinte, o contraditório, e a ampla defesa. Sentença Reformada. CDA desconstituída. Extinta, a execução fiscal. Apelação da Embargante conhecida e provida" (TRF 4ª R., 1ª T., Ac. 1998.04.01.086918-01/RS, Rel. Juíza Maria Isabel Pezzi Klein, j. em 9/8/2001, *DJ* de 26/9/2001, p. 1.435, *RDDT* 75/223). *Data venia,* embora tenha chegado a conclusão válida, algumas das premissas do acórdão em exame não são corretas. Na verdade, proibir-se que se alegue a compensação, no âmbito dos embargos à execução fiscal, viola: (a) o direito a uma tutela jurisdicional efetiva por parte do embargante; (b) o princípio da isonomia; (c) o princípio da moralidade; (d) o princípio da economia processual. Correto, a nosso ver, é o entendimento já acolhido pelo STJ, segundo o qual a compensação hoje é possível em função da edição de leis que inexistiam em 1980, e que a autorizam expressamente: "1. Supervenientemente ao art. 16, 3º, da Lei 6.830/80, criou-se, no sistema, nova modalidade de extinção do crédito tributário, a compensação, circunstância que não pode ser desconsiderada em interpretação e aplicação atual desse dispositivo. Não pode haver dúvida que, atualmente, é admissível, como matéria de embargos, a alegação de que o crédito executado foi extinto por uma das formas de extinção prevista em lei, nomeadamente mediante compensação ou dedução, do valor devido, com valor indevidamente recolhido em período anterior, sem prejuízo do exercício, pela Fazenda, do seu poder-dever de apurar a regularidade da dedução efetuada pelo contribuinte" (STJ, 1ª T., REsp 395.448/PR, Rel. Min. Teori Albino Zavascki, j. em 18/12/2003, *DJ* de 16/2/2004, p. 205). Não se pode esquecer, a propósito, que o direito de compensar tem fundamento constitucional, conforme explicado em nota anterior. A questão é tratada em termos bastante lúcidos no seguinte aresto: "[...] 2. O art. 16, § 2º, da LEF deve ser lido com tempero. O que não é permitido é, em defesa na execução fiscal, o executado apresentar créditos que possui (indébitos tributários, créditos presumidos ou premiais ou outros créditos contra o ente público exequente tais como: precatórios a receber e ações diversas ajuizadas) a fim de abater os créditos tributários em execução. No entanto,

# Art. 170-A          Livro Segundo · NORMAS GERAIS DE DIREITO TRIBUTÁRIO | 391

nada impede que alegue a existência de compensações efetivamente já realizadas, efetivadas e reconhecidas, em processo administrativo ou judicial, com os créditos que são objeto da CDA, e que, por esse motivo, não poderiam ali estar (compensações tributárias pretéritas). Hipótese em que o crédito tributário veiculado na CDA foi incorretamente inscrito. [...]" (STJ, 2ª T., REsp 1.252.333/PE, *DJe* de 3/8/2011).

Vale ressaltar que, com o advento da EC 94/2016, que instituiu regime especial para pagamento de precatórios, o precatório do Estado, do Distrito Federal ou do Município que se submeter à sistemática do art. 101 do ADCT, por estar em atraso no pagamento de seus precatórios, poderá ser usado na compensação de débitos – tributários ou não – que tenham sido inscritos em dívida ativa até 25 de março de 2015. Isso significa que poderiam, em tese, ser utilizados para compensação, por força do que dispõe o art. 105 do ADCT, que, evidentemente, há de prevalecer sobre disposição, inferior e anterior, da Lei de Execuções Fiscais.

Mas note-se: a questão da *existência* do crédito alegado pelo embargante, e sua compensabilidade com o débito objeto da execução fiscal, são questões "de mérito" que nada têm a ver com o que examinamos nesta nota. Caso a compensação seja arguida, é óbvio que o magistrado deverá examinar a sua ocorrência, o que é um outro problema. O que não se pode admitir é que tais questões não sejam sequer consideradas sob a invocação do § 3º do art. 16 da LEF.

**Art. 170-A.** É vedada a compensação[1] mediante o aproveitamento de tributo,[2] objeto de contestação judicial pelo sujeito passivo, antes do trânsito em julgado da respectiva decisão judicial[3, 4] *(Incluído pela LCP nº 104, de 10.1.2001).*[5]

## ANOTAÇÕES ──────────────────────────────────────

**1. Regra dirigida à autoridade administrativa, e não ao juiz** – A compensação pode ser feita pelo próprio contribuinte, cabendo à autoridade administrativa apenas homologá-la, caso concorde com seus termos, ou indeferi-la, cobrando os valores que deixaram de ser pagos em virtude do encontro de contas. Essa tese, há muito defendida pela doutrina, foi agora expressamente acolhida pelo legislador federal (Lei nº 9.430/96, art. 74, com a redação dada pelas Leis nos 10.637/2002 e 10.833/2003). Nesse contexto, o art. 170-A simplesmente determina que, caso o tributo cuja compensação é submetida à homologação da autoridade esteja sendo ainda questionado judicialmente, tal autoridade deve aguardar pelo trânsito em julgado para considerar definitivamente extinto o crédito. A norma simplesmente é destinada a evitar que, tendo o contribuinte submetido a validade de um tributo à esfera judicial, a autoridade administrativa – ao apreciar a compensação a ser homologada – decida sobre a validade desse mesmo tributo. Considera-se que houve "renúncia" a um pronunciamento administrativo, tendo-se de aguardar pela manifestação definitiva do Judiciário. Só isso. Não há qualquer impedimento à concessão de tutelas de urgência destinadas à suspensão da exigibilidade do tributo correspondente, devendo a Súmula nº 212 do CTN, agora, ser entendida com esse sentido (que era o que sempre deveria ter-lhe sido atribuído). **Nesse sentido:** Hugo de Brito Machado, "O Direito de Compensar e o art. 170-A do CTN", em *Problemas de Processo Judicial Tributário* – v. 5, coord. Valdir de Oliveira Rocha, São Paulo: Dialética, 2002, p. 107 a 124; James Marins, "A Compensação Tributária e o art. 170-A do CTN: Regra de Procedimento Dirigida à Autoridade Administrativa ou Regra de Processo Civil Dirigida ao Juiz?", em *Problemas de Processo Judicial Tributário* – v. 5, coord. Valdir de Oliveira Rocha, São Paulo: Dialética, 2002, p. 153 a 162.

**2. Inaplicabilidade aos créditos de natureza escritural** – A regra veiculada no art. 170-A do CTN refere-se à compensação como forma de extinção do crédito tributário, vale dizer, situação na qual contribuinte e Fisco são credores e devedores recíprocos. Não se aplica quando o contribuinte pleiteia o reconhecimento de seu direito à utilização de determinados créditos, na apuração do *quantum* devido a título de tributo não cumulativo (*v. g.*, ICMS). Realmente, nesse caso não se trata de "aproveitar tributo contestado judicialmente", mas sim de aferir os critérios a serem utilizados na apuração do tributo devido. É o que tem entendido o STJ: "a Eg. Primeira Turma desta Corte, em recente julgado, firmou entendimento de que 'o art. 170-A do CTN, segundo o qual 'é vedada a compensação mediante o aproveitamento de tributo, objeto de contestação judicial pelo sujeito passivo, antes do trânsito em julgado da respectiva decisão judicial', não é aplicável às hipóteses de aproveitamento de crédito escritural' (REsp nº 663.374/PR, Primeira Turma, Rel. Min. Teori Albino Zavascki, DJ de 21/11/2005)." [...] (STJ, 1ª T., REsp 702.730/RS, Rel. Min. Luiz Fux, j. em 14/2/2006, *DJ* de 20/3/2006, p. 202).

**3. Compensação antes do trânsito em julgado e medida liminar suspensiva da exigibilidade do crédito tributário a ser compensado** – Partindo da premissa traçada na nota anterior, pode-se afirmar que, nas hipóteses em que não se pleiteia o deferimento de compensação, mas a "mera suspensão da exigibilidade do crédito tributário, não se aplica a Súmula nº 212 deste Tribunal, segundo a qual 'a compensação de créditos tributários não pode ser deferida por medida liminar', nem o artigo 170-A do CTN, com a redação conferida pela LC nº 104/2001, segundo o qual 'é vedada a compensação mediante o aproveitamento de tributo, objeto de contestação judicial pelo sujeito passivo, antes do trânsito em julgado da respectiva decisão judicial'" (STJ, 1ª T., AgRg no REsp 663.894/CE, Rel. Min. Francisco Falcão, j. em 7/4/2005, *DJ* de 23/5/2005 p. 164). **No mesmo sentido:** 1ª T., REsp 575.867-CE, Rel. Min. Teori Albino Zavascki, j. em 5/2/2004, *DJ* de 25/2/2004, p. 121; 1ª T., AGA 517.989-DF, Rel. Min. José Delgado, j. em 16/10/2003, *DJ* de 15/12/2003, p. 214. **Em sentido contrário:** "Apesar de o pedido ter sido formulado como de suspensão da exigibilidade do crédito tributário, encerra a pretensão verdadeiro pedido de compensação, na medida em que se quer deixar de recolher determinado tributo até o limite de crédito decorrente do pagamento indevido dessa ou outra exação. 2. Não se há de falar, portanto, em aplicação do art. 151 do CTN e, sim, do art. 170-A do mesmo diploma, segundo o qual não pode o contribuinte deixar de pagar tributo devido antes do trânsito em julgado da decisão que reconhece a compensabilidade dos créditos" (STJ, 2ª T., REsp 517.151/CE, Rel. Min. Eliana Calmon, j. em 7/4/2005, *DJ* de 23/5/2005 p. 194).

**4. Alternativa diante do indeferimento de liminar suspensiva da exigibilidade do crédito a ser compensado** – Uma alternativa válida a ser adotada pelo contribuinte, diante do entendimento de que o art. 170-A do CTN veda terminantemente a concessão de liminares em matéria de compensação tributária, mesmo que apenas para suspender a exigibilidade do crédito tributário a ser ulteriormente objeto de compensação, é a realização de depósito judicial das quantias compensadas. Os tributos que o contribuinte deixa de pagar, em virtude da compensação, são depositados em juízo. Alcança-se o mesmo efeito que seria obtido com a liminar, e, quando do trânsito em julgado, o contribuinte não terá de ainda iniciar suas compensações: bastará levantar as quantias depositadas.

**5. Art. 170-A e direito intertemporal** – A jurisprudência do Superior Tribunal de Justiça tem considerado o art. 170-A do CTN aplicável apenas às demandas iniciadas após a sua vigência: "[...] A compensação pode ser realizada independentemente do trânsito em

**Art. 171**                    Livro Segundo · NORMAS GERAIS DE DIREITO TRIBUTÁRIO | **393**

julgado, pois à época da propositura da ação (15.12.2000), não estava em vigor a Lei Complementar n° 104/2001, que introduziu no Código Tributário o art. 170-A, segundo o qual 'é vedada a compensação mediante o aproveitamento de tributo, objeto de contestação judicial pelo sujeito passivo, antes do trânsito em julgado da respectiva decisão judicial'. [...]" (STJ, 1ª T., REsp 825.637/SP, Rel. Min. Teori Albino Zavascki, j. em 4/5/2006, *DJ* de 15/5/2006, p. 185).

**Art. 171.** A lei pode facultar, nas condições que estabeleça, aos sujeitos ativo e passivo da obrigação tributária celebrar transação que, mediante concessões mútuas, importe em determinação de litígio e consequente extinção de crédito tributário.[1, 2, 3]

Parágrafo único. A lei indicará a autoridade competente para autorizar a transação em cada caso.

## Anotações

**1. Parcelamento não é transação** – A transação é o ato através do qual, por meio de concessões mútuas, sujeitos ativo e passivo põem fim a litígio existente em torno do crédito tributário, *extinguindo-o*. Com base nessa premissa, o STJ já afirmou que o *parcelamento* não é forma de transação, pois não extingue o crédito, apenas suspendendo sua exigibilidade. Essa afirmação foi feita como fundamento para determinar a *suspensão,* e não a *extinção* de execução fiscal diante do parcelamento do débito executado. Consta da ementa: "O parcelamento do débito na execução fiscal implica, tão somente, a suspensão do processo, conservando-se perene a Certidão da Dívida Ativa a sustentar a execução até que se extinga a dívida, podendo operar-se a continuidade da execução fiscal pelo saldo remanescente, se o parcelamento não restar cumprido integralmente pelo sujeito passivo. [...] A figura do parcelamento não se confunde com a transação extintiva do crédito. A autocomposição bilateral ou transação é forma de extinção do crédito tributário, consoante determina o art. 156, III do CTN, implicando no término do direito da Fazenda Pública de cobrar a obrigação tributária. [...] Considerando que a transação é a forma pela qual as partes previnem ou terminam litígios mediante concessões mútuas, enquanto que o parcelamento é a mera dilação de prazo para o devedor honrar sua dívida, não há que falar em naturezas semelhantes. Ao revés, no parcelamento, a dívida ativa não se desnatura pelo fato de ser objeto de acordo de parcelamento, posto que não honrado o compromisso, retoma ela os seus privilégios, incidindo a multa e demais encargos na cobrança via execução fiscal. [...] É novel regra assente no Código Tributário Nacional que o parcelamento do débito é meramente suspensivo. [...]" (STJ, 1ª T., REsp 514.351/PR, Rel. Min. Luiz Fux, j. em 20/11/2003, *DJ* de 19/12/2003, p. 347).

**2. Transação e posterior pedido de restituição** – Há acórdão do STJ no qual se entendeu que, se o contribuinte pagou determinada quantia em virtude de *transação*, não é possível deferir-lhe, posteriormente, a restituição do que houver sido pago, sob o argumento de que o tributo não seria devido, a menos que este demonstre vício no ato de transação (STJ, 2ª T., REsp 21.743/RJ, Rel. Min. Eliana Calmon, j. em 26/10/1999, *DJ* de 29/11/1999, p. 146).

# 394 | CÓDIGO TRIBUTÁRIO NACIONAL – *Hugo de Brito Machado Segundo*                    **Art. 172**

**3. Benefícios fiscais condicionados à desistência da ação não configuram transação** – Para o STJ, a concessão de benefícios fiscais condicionada à desistência de ações judiciais não configura transação. Pode haver anistia (em face da dispensa de multas), remissão parcial (diante de renúncia de parte do principal), e parcelamento, mas não transação. Foi o que se consignou quando da análise da situação de contribuintes beneficiados com a dispensa de penalidades veiculadas pela Lei nº 9.779/99, os quais pleiteavam a dispensa da condenação nos honorários de sucumbência: "'Não há de se confundir o favor fiscal instituído com transação legal, em que as partes fazem concessões mútuas. A dispensa da multa e dos juros de mora é mero incentivo à regularização da sua situação tributária, pelos contribuintes. O contribuinte que opta por essa sistemática abdica da discussão judicial, assume que o valor referente a essa contribuição é devido e o faz mediante pagamento, assim também considerado a conversão do depósito já efetuado em renda. Em suma, desiste da demanda, preferindo conformar-se em pagar o montante devido sem a multa e os juros de mora' (REsp nº 739.037/RS, Rel. Min. CASTRO MEIRA, *DJ* de 1/8/2005). Assim sendo, é de ser mantida a condenação da ora recorrente, contribuinte, em honorários de sucumbência. [...]" (STJ, 1ª T., REsp 786.215/PR, Rel. Min. Francisco Falcão, j. em 6/4/2006, *DJ* de 4/5/2006, p. 144).

**Art. 172.** A lei[1] pode autorizar a autoridade administrativa a conceder, por despacho fundamentado, remissão total ou parcial do crédito tributário, atendendo:

I – à situação econômica do sujeito passivo;

II – ao erro ou ignorância excusáveis do sujeito passivo, quanto a matéria de fato;

III – à diminuta importância do crédito tributário;[2]

IV – a considerações de equidade, em relação com as características pessoais ou materiais do caso;

V – a condições peculiares a determinada região do território da entidade tributante.

Parágrafo único. O despacho referido neste artigo não gera direito adquirido, aplicando-se, quando cabível, o disposto no art. 155.

## Anotações

**1. Remissão e reserva legal** – Mesmo quando concedida individualmente pela autoridade, a remissão sempre decorre de lei. A autoridade limitar-se-á a verificar a presença dos requisitos exigidos em lei para a concessão da remissão. Confiram-se as notas ao art. 179 do CTN.

**2. Extinção da execução por remissão e ônus de sucumbência** – "O cancelamento da certidão de dívida ativa por remissão fiscal, concedida em caráter geral em razão da diminuta importância do crédito tributário, acarreta a extinção da execução fiscal sem qualquer

# Art. 173

**Livro Segundo** · NORMAS GERAIS DE DIREITO TRIBUTÁRIO | **395**

ônus para a Fazenda Pública – art. 26 da Lei nº 6.830/80. [...]" (STJ, 2ª T., REsp 214.707/PR, Rel. Min. Castro Meira, j. em 16/9/2004, *DJ* de 13/12/2004, p. 273).

**Art. 173.** O direito de a Fazenda Pública constituir o crédito tributário[1, 2] extingue-se após 5 (cinco) anos, contados:

I – do primeiro dia do exercício seguinte àquele em que o lançamento poderia ter sido efetuado;[3]

II – da data em que se tornar definitiva a decisão que houver anulado, por vício formal, o lançamento anteriormente efetuado.[4, 5]

Parágrafo único. O direito a que se refere este artigo extingue-se definitivamente com o decurso do prazo nele previsto, contado da data em que tenha sido iniciada a constituição do crédito tributário pela notificação, ao sujeito passivo, de qualquer medida preparatória indispensável ao lançamento.[6, 7]

## ANOTAÇÕES

**1. Decadência. Fluência depois de exercido o direito de lançar. Impossibilidade** – Sendo o prazo de decadência um lapso temporal dentro do qual o direito de lançar deve ser exercido, a feitura do lançamento, antes de consumada a decadência, faz com que não mais se cogite de sua contagem. "O auto de infração constitui procedimento apto à constituição do crédito tributário (artigo 142 do CTN) e, somente até a sua lavratura, é possível cogitar de decadência, pois, enquanto pendente de recurso administrativo, não corre o prazo quinquenal a que se refere o artigo 173 do CTN" (STJ, 2ª T., REsp 613.594/RS, Rel. Min. Franciulli Netto, j. em 16/12/2004, *DJ* de 2/5/2005, p. 295).

**2. Período situado entre a feitura do lançamento e a conclusão do processo administrativo** – Feita a notificação ao sujeito passivo da feitura do lançamento, não mais se cogita de fluência do prazo decadencial. Estando já exigível o crédito tributário, inicia-se a contagem da prescrição do direito de executá-lo. Entretanto, caso o sujeito passivo apresente impugnação, e depois recurso voluntário, a exigibilidade do crédito tributário é suspensa (CTN, art. 151, III), suspendendo-se com ela a fluência do prazo prescricional. Fala-se, por isso mesmo, que no interregno entre a notificação do lançamento e a conclusão do processo administrativo *já* não corre prazo de decadência, e *ainda* não corre prazo de prescrição. "'O Código Tributário Nacional estabelece três fases inconfundíveis: a que vai até a notificação do lançamento ao sujeito passivo, em que corre prazo de decadência (art. 173, I e II); a que se estende da notificação do lançamento até a solução do processo administrativo, em que não correm nem prazo de decadência, nem de prescrição, por estar suspensa a exigibilidade do crédito (art. 151, III); a que começa na data da solução final do processo administrativo, quando corre prazo de prescrição da ação judicial da fazenda (art. 174) (RE 95.365/MG, Rel. Min. Décio Miranda, *DJ* de 03/12/1981).' (REsp 190.092/SP)" (STJ, 1ª T., AgRg no REsp 678.081/RJ, Rel. Min. José Delgado, j. em 8/3/2005, *DJ* de 2/5/2005, p. 212).

**3. Primeiro dia do exercício seguinte** – A regra do art. 173, I, do CTN deve ser vista com cuidado. Afinal, qual é o exercício em que o lançamento poderia ter sido efetuado? Parece-nos que é o exercício em que houver ocorrido o fato gerador, de sorte que o prazo de que cuida o art. 173, I, do CTN é só um pouco maior que o prazo previsto no art. 150, § 4º, do mesmo Código, podendo dar à Fazenda, no máximo, 11 meses a mais para efetuar o lançamento (caso o fato gerador tenha ocorrido em janeiro).

Não é correta a tese que insere no art. 173, I, a expressão *ainda,* de sorte a considerar que o prazo é de cinco anos contados do primeiro dia do ano seguinte àquele em que o lançamento ainda poderia ser efetuado, de modo a "somar" o prazo do art. 150, § 4º do CTN com o do art. 173, I, pois essa tese na verdade faz com que o prazo se reinicie continuamente, num eterno *looping.* Confiram-se, a esse respeito, as notas ao art. 150, § 4º, do CTN.

**4. Hipótese de interrupção do prazo decadencial?** – A disposição do art. 173, II, do CTN pode transmitir a impressão de que se trata de uma "exceção" à regra segundo a qual os prazos de decadência não se suspendem nem se interrompem. Com efeito, constituído o crédito tributário através do lançamento, a sua ulterior anulação por vício formal ensejaria o reinício do prazo de decadência, em autêntico exemplo de interrupção desse prazo. Não se trata, contudo, de verdadeira interrupção, mas da abertura de um *novo* prazo de caducidade, pertinente apenas ao lançamento que vier a corrigir o vício formal causador da nulidade. A distinção pode parecer cerebrina, mas não o é. Caso se tratasse de interrupção do prazo de decadência, a Fazenda Pública teria a "reabertura" desse prazo, podendo lançar novamente inclusive quantias não abrangidas no primeiro lançamento, o que na verdade não acontece. Com efeito, um lançamento anulado por vício formal só pode ser refeito, no prazo de cinco anos contados da decisão que o anulou, para exigir os mesmos valores já lançados (ou valores *inferiores*), com a correção do defeito formal. Não é possível "aproveitar" o novo prazo, surgido com a declaração da nulidade formal, para exigir *outras* quantias não lançadas inicialmente, pois em relação a estas se operou inevitavelmente a decadência. **Nesse sentido:** "IRPJ – Pelo disposto no inciso II, do art. 173, quando ocorre anulação, por vício formal, é dado ao fisco mais 5 anos 'da data em que se tornar definitiva a decisão que houver anulado, por vício formal, o lançamento anteriormente efetuado', para realizar novo lançamento. Só que o sujeito ativo deve se limitar a corrigir os vícios formais e manter o valor originariamente exigido, não sendo permitido suplementar a exigência pela ampliação da base de cálculo e do valor do imposto, porque em relação aos valores adicionais incide a decadência ou a homologação do crédito, que são formas de extinção do crédito tributário, em face dos incisos V e VII do art. 156 do CTN. Recurso negado" (1º CC, 5ª Câm., Ac. 105-13.033, Rel. Cons. Ivo de Lima Barboza, j. em 8/12/1999, DO 27/3/2000, p. 6). Além disso, se se tratasse de interrupção, ela não poderia ocorrer depois de consumado o prazo a ser interrompido, não sendo o que acontece com o prazo previsto no art. 173, II, do CTN, que inclusive pode ter início muito tempo depois de já esgotado o prazo decadencial para a elaboração do lançamento primitivo.

**5. É válido o disposto no art. 173, II, do CTN?** – Pode-se questionar a validade do disposto no art. 173, II, do CTN, que termina por conferir prazo excessivamente longo à Fazenda Pública, caso o lançamento seja anulado por vício formal, invalidade à qual ela própria deu causa. Como observa Schubert de Farias Machado, tal medida "confere um prêmio à torpeza configurada pelo lançamento viciado. Além disso, o prazo de caducidade para o direito de o Fisco fazer o lançamento pressupõe, necessariamente, o puro e simples exercício desse direito – que pode ocorrer de forma certa ou errada. Como está redigido aquele dispositivo do Código Tributário Nacional, o prazo de decadência ficaria sempre condicionado ao acerto formal do lançamento". (Schubert de Farias Machado, "Decadência e prescrição", em *Decadência e prescrição,* coord. Ives Gandra da Silva Martins, São Paulo: RT, 2007, p. 349).

**Art. 173**      Livro Segundo · NORMAS GERAIS DE DIREITO TRIBUTÁRIO | **397**

Por essa razão, Humberto Martins entende que tal artigo somente poderia ser aplicado "em casos excepcionais, nos quais a anulação do anterior lançamento tributário ocorreu, não pode desídia da Administração, mas por elementos involuntários que sejam justificáveis. Do contrário, estaria o contribuinte preso a erro administrativo imotivado, sendo prejudicado, sem razão, e simplesmente por ação não-condizente do Fisco" (Humberto Martins, "Decadência e prescrição", em *Decadência e prescrição*, coord. Ives Gandra da Silva Martins, São Paulo: RT, 2007, p. 43).

**6. Medida preparatória e prazo para a conclusão do processo administrativo** – Há quem veja no parágrafo único do art. 173 do CTN um prazo para a conclusão do processo administrativo. O auto de infração seria uma medida preparatória indispensável ao lançamento, que somente estaria concluído com o julgamento das impugnações e dos recursos eventualmente interpostos pelo sujeito passivo. A partir dele, pois, o fisco teria cinco anos para concluir o processo administrativo. É o que doutrina Marco Aurélio Greco ("Perempção no Direito Tributário", publicado em *Princípios Tributários no Direito Brasileiro e Comparado – Estudos em Homenagem a Gilberto de Ulhôa Canto*, Rio de Janeiro: Forense, 1988, p. 508).

Tal tese, porém, não é acatada pela jurisprudência, que considera estar consumado o lançamento quando da notificação ao contribuinte, cuja impugnação e o recurso apenas suspendem sua exigibilidade e, com ela, o curso da prescrição (STJ, 1ª T., AgRg no REsp 678.081/RJ, Rel. Min. José Delgado, j. em 8/3/2005, *DJ* de 2/5/2005, p. 212). Há acórdão, aliás, que refuta expressamente a ideia de "perempção", defendida por Marco Aurélio Greco: "[...] A partir da notificação do contribuinte (CTN, art. 145, I), o crédito tributário já existe – e não se pode falar em decadência do direito de constituí-lo, porque o direito foi exercido – mas ainda está sujeito a desconstituição na própria via administrativa, se for 'impugnado'. A impugnação torna 'litigioso' o crédito, tirando-lhe a exequibilidade (CTN, art. 151, III), quer dizer, o crédito tributário pendente de discussão não pode ser 'cobrado', razão pela qual também não se pode cogitar de prescrição, cujo prazo só se inicia na data da sua constituição definitiva (CTN, art. 174). 2. Perempção. O tempo que decorre entre a notificação do lançamento fiscal e a data da impugnação ou do recurso administrativo corre contra o contribuinte, que, mantida a exigência fazendária, responderá pelo débito originário acrescido de juros e correção monetária; a demora na tramitação do processo administrativo-fiscal não implica a 'perempção' do direito de constituir definitivamente o crédito tributário, instituto não previsto no Código Tributário Nacional [...]." (STJ, 2ª T., REsp 53.467/SP, Rel. Min. Ari Pargendler, j. em 5/9/1996, *DJ* de 30/9/1996, p. 36.613)

Particularmente, consideramos inadequado falar-se de um prazo fixo para a conclusão do processo administrativo, mas inteiramente pertinente cogitar-se da *prescrição intercorrente*, caso haja intervalo superior a cinco anos entre um ato e outro, imputável exclusivamente à inércia da Fazenda Pública. É certo que o oferecimento da impugnação suspende a exigibilidade do crédito tributário, suspendendo também o curso da prescrição. Mas se o Fisco abandona o processo por mais de cinco anos, já não se pode dizer que é o simples oferecimento de uma impugnação que o está impedindo de propor a execução fiscal: é o abandono do processo – que implica a indevida não apreciação da impugnação – que enseja a demora na propositura da execução, sendo plenamente cabível falar-se, sim, em prescrição intercorrente. Nesse sentido: Marcos Rogério Lyrio Pimenta, "A prescrição intercorrente no processo administrativo tributário", *RDDT* 71/119; Djalma Bittar, "Prescrição intercorrente em processo administrativo de consolidação do crédito tributário", *RDDT* 72/18.

# 398 | CÓDIGO TRIBUTÁRIO NACIONAL – *Hugo de Brito Machado Segundo*                    **Art. 174**

O STF, por sua vez, julgando a ADI 124/SC, conquanto tenha reconhecido ser conveniente que exista um prazo assim, decidiu no sentido de que ele não existe, sendo inconstitucional, por vício formal de incompetência, lei estadual que o pretende estabelecer: "[...] A determinação do arquivamento de processo administrativo tributário por decurso de prazo, sem a possibilidade de revisão do lançamento equivale à extinção do crédito tributário cuja validade está em discussão no campo administrativo. Em matéria tributária, a extinção do crédito tributário ou do direito de constituir o crédito tributário por decurso de prazo, combinado a qualquer outro critério, corresponde à decadência. Nos termos do Código Tributário Nacional (Lei 5.172/1996), a decadência do direito do Fisco ao crédito tributário, contudo, está vinculada ao lançamento extemporâneo (constituição), e não, propriamente, ao decurso de prazo e à inércia da autoridade fiscal na revisão do lançamento originário. Extingue-se um crédito que resultou de lançamento indevido, por ter sido realizado fora do prazo, e que goza de presunção de validade até a aplicação dessa regra específica de decadência. O lançamento tributário não pode durar indefinidamente, sob risco de violação da segurança jurídica, mas a Constituição de 1988 reserva à lei complementar federal aptidão para dispor sobre decadência em matéria tributária. Viola o art. 146, III, *b*, da Constituição federal norma que estabelece hipótese de decadência do crédito tributário não prevista em lei complementar federal. Ação direta de inconstitucionalidade conhecida e julgada procedente" (STF, Pleno, ADI 124, j. em 1º/8/2008).

**7. Medida preparatória e encurtamento do prazo do inciso I** – Na verdade, a prática de atos preparatórios do lançamento (*v. g.,* lavratura de termo de início de fiscalização) apenas *antecipa* o termo inicial do prazo de que cuida o inciso I do mesmo art. 173 do CTN. Assim, se diante de um fato gerador havido em março de 2000 o prazo de decadência do direito de efetuar o lançamento teria início em 1º de janeiro de 2001, o início de uma fiscalização relativa a esse fato ainda em agosto de 2000 faz com que o prazo se inicie em agosto, e não apenas em janeiro do ano seguinte.

**Art. 174.** A ação para a cobrança do crédito tributário[1, 2] prescreve em 5 (cinco) anos, contados da data da sua constituição definitiva.[3, 4]

Parágrafo único. A prescrição se interrompe:[5, 6]

I – pelo despacho do juiz que ordenar a citação em execução fiscal; *(Redação dada[7] pela LCP nº 118, de 2005)*

II – pelo protesto judicial;

III – por qualquer ato judicial que constitua em mora o devedor;

IV – por qualquer ato inequívoco ainda que extrajudicial, que importe em reconhecimento do débito pelo devedor.[8]

## ANOTAÇÕES

**1. Prescrição da ação de cobrança do crédito tributário e multas tributárias** – O prazo a que alude o art. 174 do CTN aplica-se tanto à execução destinada a cobrar quantias devidas a título de tributo, como também de penalidades pecuniárias (multas). Afinal,

**Art. 174**  Livro Segundo · NORMAS GERAIS DE DIREITO TRIBUTÁRIO | **399**

na sistemática do CTN, o crédito tributário, realidade formal autônoma, decorre tanto da obrigação principal inerente ao tributo, como daquela decorrente da mora, ou do descumprimento de uma obrigação acessória (penalidade).

**2. Prescrição da ação de execução e multas não tributárias** – Também em relação às penalidades pecuniárias de natureza diversa, o STJ tem entendido que o prazo de prescrição da ação de execução é de cinco anos, por aplicação analógica do Decreto 20.910/32: "[...] 1. Se a relação que deu origem ao crédito em cobrança tem assento no Direito Público, não tem aplicação a prescrição constante do Código Civil. 2. Uma vez que a exigência dos valores cobrados a título de multa tem nascedouro num vínculo de natureza administrativa, não representando, por isso, a exigência de crédito tributário, afasta-se do tratamento da matéria a disciplina jurídica do CTN. 3. Incidência, na espécie, do Decreto nº 20.910/32, porque à Administração Pública, na cobrança de seus créditos, deve-se impor a mesma restrição aplicada ao administrado no que se refere às dívidas passivas daquela. Aplicação do princípio da igualdade, corolário do princípio da simetria. [...]" (STJ, 2ª T., REsp 623.023/ RJ, Rel. Min. Eliana Calmon, j. em 3/11/2005, *DJ* de 14/11/2005, p. 251).

**3. Prescrição.** *Dies a quo.* **Discussão do crédito tributário na via administrativa** – Segundo o STJ, "salvante os casos em que o crédito tributário origina-se de informações prestadas pelo próprio contribuinte (GIA e DCTF, por exemplo), a constituição do mesmo resta definitivamente concluída quando não pode mais o lançamento ser contestado na esfera administrativa (REsp 173.284/SP, Rel. Min. Franciulli Netto, *DJ* de 31.03.2003)". Por conta disso, "ocorrendo a impugnação do crédito tributário na via administrativa, o prazo prescricional começa a ser contado a partir da apreciação, em definitivo, do recurso pela autoridade administrativa. Antes de haver ocorrido esse fato, não existe *dies a quo* do prazo prescricional, pois, na fase entre a notificação do lançamento e a solução do processo administrativo, não ocorrem nem a prescrição nem a decadência (art. 151, III, do CTN)" (STJ, 1ª T., REsp 649.684/SP, Rel. Min. Luiz Fux, j. em 3/3/2005, *DJ* de 28/3/2005, p. 211). **No mesmo sentido**: "A constituição definitiva do crédito tributário se dá quando não mais cabível recurso ou após o transcurso do prazo para sua interposição, na via administrativa. (REsp nº 239.106/SP). Com a notificação do auto de infração consuma-se o lançamento tributário. Após efetuado este ato, não mais se cogita em decadência. O recurso interposto contra a autuação apenas suspende a eficácia do lançamento já efetivado (REsp nº 118.158/SP)" (STJ, 1ª T., AgRg no REsp 678.081/RJ, Rel. Min. José Delgado, j. em 8/3/2005, *DJ* de 2/5/2005, p. 212). Quanto à inexistência de prazo para a conclusão do processo administrativo, confira-se nota ao art. 173, parágrafo único, do CTN.

**4. Prescrição.** *Dies a quo.* **Execução de quantias apuradas e não pagas pelo sujeito passivo, no âmbito do lançamento por homologação** – "Nos casos em que o contribuinte declara o débito do ICMS por meio da Guia de Informação e Apuração (GIA), considera-se constituído definitivamente o crédito tributário a partir da apresentação dessa declaração perante o Fisco. A partir de então, inicia-se a contagem do prazo de cinco anos para a propositura da execução fiscal" (STJ – 1ª T – REsp 437.363/SP – Rel. Min. Teori Albino Zavascki – v. u. – *DJ* de 19/04/2004, p. 154). Trata-se de decisão, acima de tudo, *coerente* com a posição do STJ segundo a qual o débito apurado e declarado pelo contribuinte, no âmbito do lançamento por homologação, pode ser imediatamente inscrito em dívida ativa e exigido judicialmente, independentemente de lançamento de ofício ou mesmo do exercício do direito de defesa através de processo administrativo contencioso. Esse entendimento foi posteriormente confirmado pela Primeira Seção do STJ, no julgamento do REsp 850.423/ SP (rel. Min. Castro Meira, j. em 28/11/2007).

**5. Interrupção e execução de corresponsáveis** – O despacho que determina a citação do executado *interrompe* a prescrição da pretensão executiva em relação a eventuais corresponsáveis. Por conta disso, para que o sócio-gerente, o diretor ou o administrador da sociedade sejam chamados a responder pela dívida da sociedade, no âmbito de uma execução, é necessário que sua citação ocorra dentro do prazo prescricional, que é *interrompido* com o despacho que determina a citação da pessoa jurídica, e pelo despacho que determina a citação dele, corresponsável. Isso no período posterior à LC no 118/2005, e caso se considere válida a alteração por ela efetuada no art. 174, parágrafo único, I, do CTN. Em relação ao período anterior à LC n° 118/2005, ou ao período posterior, caso a mesma seja considerada inválida neste ponto (confira-se a próxima nota), a prescrição é interrompida apenas em face da citação da pessoa jurídica, de modo que, caso tenham decorrido mais de cinco anos da citação da pessoa jurídica, não será mais possível redirecionar a execução em face do sócio-gerente. "A jurisprudência das 1o e 2o Turmas desta Corte vêm proclamando o entendimento no sentido de que o redirecionamento da execução contra o sócio deve dar-se no prazo de cinco anos da citação da pessoa jurídica, de modo a não tornar imprescritível a dívida fiscal. [...]" (STJ, 2ª T., EDcl no REsp 773.011/RS, Rel. Min. Castro Meira, j. em 7/2/2006, *DJ* de 20/2/2006, p. 313). Mais recentemente: "1. A citação da empresa executada interrompe a prescrição em relação aos seus sócios-gerentes para fins de redirecionamento da execução fiscal. No entanto, com a finalidade de evitar a imprescritibilidade das dívidas fiscais, vem-se entendendo, de forma reiterada, que o redirecionamento da execução contra os sócios deve dar-se no prazo de cinco anos contados da citação da pessoa jurídica. Precedentes: AgRg nos EREsp 761.488/SC, Rel. Min. Hamilton Carvalhido, Primeira Seção, *DJe* de 7/12/2009; AgRg no REsp 958.846/RS, Rel. Min. Humberto Martins, Segunda Turma, *DJe* de 30/9/2009; REsp 914.916/RS, Rel. Ministra Eliana Calmon, Segunda Turma, *DJe* de 16/4/2009. 2. Agravo regimental não provido." (STJ, 2ª T., AgRg no Ag 1.211.213/SP, *DJe* de 24/2/2011). Confiram-se notas ao art. 135 do CTN.

**6. Prescrição. Matéria de lei complementar** – A teor do art. 146, III, *b*, da CF/88, a prescrição do crédito tributário é matéria privativa de lei complementar. Assim, lei ordinária não pode modificar as disposições do CTN, nem criar novas causas ou hipóteses de interrupção da prescrição. Por essa razão, por exemplo, o STJ entende que "o artigo 40 da Lei de Execução Fiscal deve ser interpretado harmonicamente com o disposto no artigo 174 do CTN, que deve prevalecer em caso de colidência entre as referidas leis. Isto porque é princípio de Direito Público que a prescrição e a decadência tributárias são matérias reservadas à lei complementar, segundo prescreve o artigo 146, III, 'b' da CF. [...]" (STJ, 1ª T., AgRg no REsp 724.091/MG, Rel. Min. Luiz Fux, j. em 16/2/2006, *DJ* de 13/3/2006, p. 212).

**7. Interrupção pelo despacho que determina a citação** – Em sua redação anterior, o art. 174, parágrafo único, I, do CTN dispunha que a prescrição era interrompida "pela citação pessoal feita ao devedor". Em face disso, salvo a excepcional presença de uma das hipóteses interruptivas referidas nos demais incisos do parágrafo em questão, o lapso prescricional corria desde a constituição definitiva do crédito tributário até a citação regular do sujeito passivo no processo de execução. Transcorridos mais de cinco anos entre uma dessas datas e a outra, consumava-se a prescrição.

Com a alteração, o legislador tornou mais difícil a consumação da prescrição antes da citação do executado. O problema é que, como aponta Renato Lopes Becho (*RDDT* 115/113), até que a citação efetivamente aconteça, o executado não toma conhecimento do despacho que a determina. Isso pode fazer com que o sujeito passivo considere prescritas as

**Art. 174**                    **Livro Segundo** · NORMAS GERAIS DE DIREITO TRIBUTÁRIO | **401**

exigências relativas a determinado período, destruindo os livros e documentos relativos ao mesmo, e depois seja surpreendido com a citação em uma execução fiscal cujo prazo prescricional se interrompera por despacho – do qual ele não tomara conhecimento até então – proferido quase quatro anos antes. Segundo Renato Lopes Becho, por tudo isso, a alteração é inconstitucional, mesmo tendo sido veiculada em lei complementar, pois viola a garantia do devido processo legal ("A interrupção do prazo de prescrição, pela citação, na Lei Complementar nº 118/2005", em *RDDT* 115/115). Afinal, "é inadmissível considerar-se causa de interrupção da prescrição um evento para o qual o devedor em nada contribuiu, e do qual não teve sequer conhecimento" (Hugo de Brito Machado, *Comentários ao Código Tributário Nacional,* São Paulo: Atlas, 2005, v. 3, p. 569 e 570).

Quanto ao momento em que se considera exercida a pretensão de cuja prescrição se cogita, pode-se dizer que é o da *propositura da ação.* Quando, porém, pode-se dizer que ela foi proposta? Com o simples protocolo da inicial? A relação processual só se perfectibiliza com a citação do réu, pelo que a sistemática prevista no art. 240 do CPC/2015 parece bastante adequada: considera-se exercido o direito na data do protocolo da inicial, desde que a citação do réu ocorra até 10 dias depois da prolação do despacho que a determina. Caso ela não aconteça nos 10 dias posteriores a esse despacho, não se pode considerar que a pretensão foi exercida na data do protocolo, mas apenas quando efetiva da citação, que se não acontecer nos cinco anos contados desde a constituição definitiva do crédito, enseja a ocorrência da prescrição.

Essa lógica, já prevista no art. 219 do CPC/73, em relação às execuções fiscais, foi alterada, inicialmente, pela LC nº 118/2005, que estabeleceu ser o despacho que determina a citação a causa para a interrupção do prazo, sem dizer explicitamente que isso dependeria da data em que viesse a ocorrer a efetiva citação. Assim, admitindo-se a validade dessa alteração, poder-se-ia seguir adotando o mesmo raciocínio, só que com a possibilidade de o mero despacho interromper o prazo prescricional, independentemente de quando viesse a ocorrer a efetiva citação, que assim poderia acontecer dentro dos cinco anos subsequentes. Ou, mais correto, não só porque adequado à literalidade das disposições pertinentes (do CTN e do CPC), que devem ser harmonizadas, como porque compatível com o princípio da segurança jurídica, seria o caso de considerar que a interrupção do prazo pelo despacho, nos termos do art. 174, parágrafo único, I, do CTN, depende da efetiva citação no prazo de 10 dias previsto no art. 240 do CPC/2015, com o qual deve ser conciliada, nos termos do § 2º do mesmo artigo.

Toda essa discussão parece ter perdido o objeto, porém, visto que o STJ, julgando o REsp 1.120.295/SP, adotou entendimento ainda mais complacente em relação à contagem do prazo prescricional para a propositura da execução fiscal. Decidiu a Corte, no âmbito da sistemática dos recursos repetitivos, que o simples protocolo é suficiente para que se considere exercida a pretensão de cuja prescrição se cogita, não mais fazendo sentido falar-se em prescrição depois disso. Não teria importância, por essa ótica, se o despacho determinando a citação, ou a própria citação, viessem a ocorrer muitos anos depois.

Esse entendimento, com todo o respeito, é equivocado, pois, além de fazer letra morta dos parágrafos do art. 219 do CPC/73 (e, pela mesma razão, dos parágrafos do art. 240 do CPC/2015), ignora o disposto no próprio parágrafo único, I, do art. 174 do CTN, tornando inócuas as normas ali veiculadas. Além disso, abre-se espaço para que se criem situações gravemente contrárias à segurança jurídica, pois o contribuinte pode ser surpreendido com uma execução fiscal décadas depois da constituição de um lançamento (que pode ter ocorrido unilateralmente, sem que sequer ele tenha ficado sabendo).

**402** | CÓDIGO TRIBUTÁRIO NACIONAL – *Hugo de Brito Machado Segundo* **Art. 175**

Espera-se, por isso, que o STF, provocado a se manifestar sobre o assunto, reveja o mencionado entendimento, ou mesmo que o próprio STJ o retifique, de sorte a restabelecer a vigência do disposto no Código de Processo Civil a respeito do assunto, inclusive nas questões em que for parte a Fazenda Pública.

**8. Interrupção da prescrição e parcelamento** – O parcelamento, como causa suspensiva da exigibilidade do crédito tributário, poderia ser considerado como uma causa suspensiva do lapso prescricional. Entretanto, como através dele o devedor reconhece expressamente a existência da dívida, o mesmo é considerado causa de interrupção da prescrição, a qual permanece suspensa *depois* que o mesmo é deferido. Assim, caso um contribuinte obtenha um parcelamento, o prazo de prescrição é "zerado", e permanece suspenso enquanto o parcelamento estiver sendo cumprido. Caso haja inadimplemento, e o parcelamento seja rescindido, o prazo prescricional tem novo início a partir de então. "[...] 3. O acordo para pagamento parcelado do débito tributário é ato inequívoco que importa no seu reconhecimento pelo devedor, interrompendo a prescrição, nos termos do artigo 174, parágrafo único, inciso IV, do CTN (REsp nº 145.081/SP, Rel. Min. Francisco Falcão, 1ª Turma, *DJ* de 17/05/2004). O prazo recomeça a contar, desde o princípio, a partir da rescisão do parcelamento e notificação do contribuinte que se deu em 21 de maio de 1997. O ajuizamento da execução fiscal ocorreu em 20 de outubro daquele mesmo ano, portanto, dentro do prazo legal. [...]" (STJ, 1ª T., REsp 739.765/RS, Rel. Min. José Delgado, j. em 23/8/2005, *DJ* de 19/9/2005, p. 218).

## Capítulo V
### Exclusão de Crédito Tributário

## Seção I
### Disposições Gerais

**Art. 175.** Excluem o crédito tributário:

I – a isenção;[1]

II – a anistia.

Parágrafo único. A exclusão do crédito tributário não dispensa o cumprimento das obrigações acessórias dependentes da obrigação principal cujo crédito seja excluído, ou dela consequente.[2]

ANOTAÇÕES ────────────────────────────────────────────

**1. Isenção como causa de "exclusão" do crédito tributário** – Ao indicar a isenção como causa de "exclusão" do crédito, equiparando-a à anistia, o CTN foi claramente influenciado pela doutrina que considerava a isenção como sendo a "dispensa legal do tributo devido". Segundo essa teoria: 1º a lei prevê as hipóteses em que o tributo é devido; 2º tais hipóteses ocorrem; 3º o tributo se faz devido; 4º a lei isentiva incide, impedindo a constituição do

**Art. 176**  **Livro Segundo** · NORMAS GERAIS DE DIREITO TRIBUTÁRIO | **403**

crédito tributário. Essa teoria, porém, pelo menos no plano doutrinário, há muito foi superada, sendo hoje mais aceito que a isenção é uma *exceção* à norma de tributação.

**2. Subsistência das obrigações acessórias** – Assim como as entidades imunes, também as pessoas isentas continuam devendo cumprir suas obrigações acessórias. Afinal, a exceção à regra que trata da obrigação principal (no caso da isenção), ou a dispensa dessa obrigação (no caso da anistia), nenhuma influência exerce sobre a obrigação acessória. No caso da anistia, a ressalva é ainda mais relevante, para que não se considere que, tendo sido dispensada a multa pelo descumprimento de uma obrigação acessória, ter-se-ia dispensado também o sujeito passivo de continuar cumprindo essa obrigação, no futuro. Mas é preciso atenção para um ponto, em relação à isenção, que também se aplica às hipóteses de imunidade: embora a inexistência da obrigação principal não implique o desaparecimento das obrigações acessórias, o fato de nenhum tributo ser devido deve ser levado em consideração na quantificação da respectiva penalidade. Infrações meramente formais, que não ensejam o não pagamento do tributo, ou que não geram para o fisco prejuízo proporcional ao valor de uma operação, não podem ser punidas com multas proporcionais ao valor desse tributo (se devido fosse), ou da operação correspondente. Confira-se, a propósito, nota ao art. 150, IV, da CF/88, relativamente ao não confisco e às penalidades.

## Seção II
### Isenção

**Art. 176.** A isenção, ainda quando prevista em contrato, é sempre decorrente de lei[1] que especifique as condições e requisitos exigidos para a sua concessão,[2] os tributos a que se aplica e, sendo caso, o prazo de sua duração.

Parágrafo único. A isenção pode ser restrita a determinada região do território da entidade tributante, em função de condições a ela peculiares.[3]

## Anotações

**1. Isenção. Conceito** – Isenção é a "exclusão, por lei, de parcela de hipótese de incidência, ou suporte fático da norma de tributação, sendo objeto da isenção a parcela que a lei retira dos fatos que realizam a hipótese de incidência da regra de tributação" (Hugo de Brito Machado. *Curso de Direito* Tributário, 13. ed., São Paulo: Malheiros, 1998, p. 153). Por isso mesmo, somente a lei pode concedê-la, sendo "oportuno ressaltar que as leis isentivas sempre preveem hipóteses em que a tributação ocorreria, caso elas não existissem" (Roque Antonio Carrazza, *Curso de Direito Constitucional Tributário*, 11. ed., São Paulo: Malheiros, 1998, p. 503), sendo essa, de resto, a sua principal distinção em relação às hipóteses de não incidência.

**2. Condições e requisitos e reserva legal** – Precisamente por consistir em exceção à regra de tributação, que é necessariamente veiculada em lei, a isenção, as condições e os requisitos para o seu gozo devem ser determinados em lei. "O princípio da legalidade exige que tais condições sejam impostas pela lei da pessoa isentante. Não pelo decreto, pela portaria, pelo ato administrativo" (Roque Antonio Carrazza, *Curso de Direito Constitucional*

*Tributário*, 11. ed., São Paulo: 1998, p. 497, nota nº 34). **Na jurisprudência:** "A isenção, como forma de exclusão do crédito tributário, é matéria plenamente vinculada à lei, que especifica as condições e requisitos para a concessão. [...] Ilegalidade de lei que delega ao Conselho de Política Fiscal a disciplina para concessão de isenção. [...]" (STJ, 2ª T., REsp 19.386/SP, Rel. Min. Eliana Calmon, j. em 26/10/1999, *DJ* de 29/11/1999, p. 146).

**3. Isenção restrita a determinada região** – O art. 151, I, da CF/88 preconiza a uniformidade dos tributos federais em todo o território nacional, mas admite "a concessão de incentivos fiscais destinados a promover o equilíbrio do desenvolvimento sócio-econômico entre as diferentes regiões do País". Afinal, a redução das desigualdades regionais é um dos objetivos fundamentais da República Federativa do Brasil (CF/88, art. 3º, III). Por conta disso, pode-se considerar recepcionada a disposição contida no art. 176, parágrafo único, do CTN, desde que as "condições peculiares" à região beneficiada pela isenção estejam relacionadas ao seu menor desenvolvimento em relação às demais.

**Art. 177.** Salvo disposição de lei em contrário, a isenção não é extensiva:

I – às taxas e às contribuições de melhoria;

II – aos tributos instituídos posteriormente à sua concessão.[1,2]

## ANOTAÇÕES

**1. Tributos posteriores e isenção a prazo certo** – A regra contida no art. 177, II, do CTN deve ser vista com temperamentos em relação às isenções concedidas a prazo certo, e mediante o atendimento de condições onerosas. Do contrário, bastaria ao ente público instituir outro tributo, com nome diverso, para com isso contornar a norma isentiva. É o que observa, com inteira pertinência, Pontes de Miranda: "Se foi dada com prazo determinado, não há pensar-se em revogabilidade, nem em lei que revogue a lei em que a concessão da isenção foi baseada. A entidade estatal somente tem – no caso de serem preenchidos os *pressupostos* – a *denúncia cheia* e a *resilição*. Para aquela, é preciso que não se justifique a continuação da isenção. Para essa, que tenha havido inadimplemento ou adimplemento ruim de algum dever. A revogabilidade depende de cláusula explícita e a existência de cláusula de prazo determinado, ou de condição resolutiva, ou resilitiva, é ato irrevogável. Permitir-se que a entidade estatal que concedeu a isenção crie outro imposto, que cubra todo ou quase todo o imposto de que era isenta a pessoa física ou jurídica, seria permitir-lhe a revogação: revogação fraudulenta de isenção irrevogável. Tampouco poderia fazê-lo entidade estatal superior, porque, mesmo se, no caso, se admitir legislação pela entidade superior, tem ela de respeitar os direitos adquiridos. Enquanto está fluindo o prazo de concessão de isenção, regras jurídicas novas sobre tributação têm de respeitar a isenção, que apanha os impostos do momento em que se concedeu e todos os que, honesta e fraudulentamente, os substituam" (Pontes de Miranda, *Comentários à Constituição de 1967*, São Paulo: RT, 1967, t. 2, p. 421).

**2. Isenção onerosa e por prazo certo de IRPJ e a CSLL** – Pelas razões expostas na nota anterior, consideramos que as isenções concedidas por prazo certo, e mediante o atendimento de condições onerosas, em relação ao IRPJ, abrangem também a CSLL. Afinal, esta última,

**Art. 178**      **Livro Segundo** · NORMAS GERAIS DE DIREITO TRIBUTÁRIO | **405**

conquanto tenha finalidade diversa, e tenha sido instituída depois, tem fato gerador igual – para esse fim – ao do imposto de renda. Ao conceder isenção do IRPJ por 20 anos, e pouco depois reduzir sua alíquota para a metade, criando uma "contribuição" também incidente sobre o lucro, a União nada mais fez que fraudar parcialmente a isenção concedida. Tal como explicado por Pontes de Miranda na nota anterior. Confira-se, a propósito: Hugo de Brito Machado e Hugo de Brito Machado Segundo, "Isenções regionais do imposto de renda e a contribuição social sobre o lucro", em *RDDT* 65/50. Há acórdão do STJ, porém, que não aceita a tese ora defendida, por entender que "a ausência de lei que determine a dispensa do recolhimento da Contribuição Social sobre o Lucro – CSSL, impede a outorga dessa dispensa pelo Poder Judiciário posto que, *a contrario sensu*, a Corte estaria exercendo atividade legiferante" (STJ, 1ª T., REsp 637.356/BA, Rel. Min. Luiz Fux, j. em 9/11/2004, *DJ* de 6/12/2004, p. 220).

 

**Art. 178.** A isenção, salvo se concedida por prazo certo e em função de determinadas condições,[1] pode ser revogada[2] ou modificada por lei,[3] a qualquer tempo, observado o disposto no inciso III do art. 104.[4] *(Redação dada pela Lei Complementar nº 24, de 7.1.1975)*

## Anotações

**1. Isenção condicionada, onerosa e a prazo certo e direito adquirido** – O Poder Público não pode revogar isenção, se esta for onerosa e por prazo certo. Como observa Pontes de Miranda, "se a concessão de isenção foi a prazo determinado, ou sob condição que tenha eficácia *ex tunc*, a lei – *a fortiori,* qualquer ato do Poder Executivo – não pode alterar o conteúdo, o tempo, o lugar e a extensão contenuística da isenção. Isso está, sem discussão possível, no art. 178 da Lei nº 5.172" (Pontes de Miranda, *Comentários à Constituição de 1967,* São Paulo: RT, 1967, t. 2, p. 420).

Trata-se do necessário respeito, que se deve ter, à confiança do contribuinte. Note-se que até mesmo as isenções concedidas sob a vigência da Constituição de 1967, e que não foram recepcionadas pela Constituição de 1988, tiveram seu respeito resguardado pelo art. 41 do ADCT, que dispõe: "Art. 41. Os Poderes Executivos da União, dos Estados, do Distrito Federal e dos Municípios reavaliarão todos os incentivos fiscais de natureza setorial ora em vigor, propondo aos Poderes Legislativos respectivos as medidas cabíveis: [...] § 2º A revogação não prejudicará os direitos que já tiverem sido adquiridos, àquela data, em relação a incentivos concedidos sob condição e com prazo certo." Vale dizer: até mesmo o Poder Constituinte originário, que "tudo pode", respeitou o direito adquirido de quem obteve isenções onerosas e a prazo certo antes da CF/88. Ver notas ao art. 151, III, da CF/88.

**2. Revogação. Termo próprio** – Diversamente do que ocorre em relação ao art. 155 do CTN, ao qual o art. 179 faz referência, no art. 178 a expressão *revogar* está empregada adequadamente. Com efeito, trata-se aqui da edição de lei *revogando* ou alterando uma lei isentiva anterior, válida, por razões de conveniência e oportunidade, de forma *ex nunc*. Nesse caso, como destaca o dispositivo, não se há de falar em direito adquirido, respeitando-se naturalmente o período passado. Exemplificando, se uma lei concede isenção de imposto de renda para o recebimento de lucros e dividendos por parte de sócios integrantes de

**406** | CÓDIGO TRIBUTÁRIO NACIONAL – *Hugo de Brito Machado Segundo*                    **Art. 179**

pessoas jurídicas, e essa isenção é revogada por uma outra lei, os lucros que forem distribuídos após o início da vigência da norma revogadora deverão ser normalmente tributados, mas aqueles já distribuídos quando ainda tinha vigência a lei isentiva não poderão sê-lo.

**3. Revogação ou modificação de norma isentiva. Reserva legal** – Por força do princípio da legalidade, a isenção – que implica o estabelecimento de uma exceção à regra de tributação – somente pode ser concedida por lei, e os requisitos exigidos para o seu gozo também. Da mesma forma, somente uma outra lei poderá revogar ou modificar a norma veiculada pela lei isentiva.

**4. Revogação de lei isentiva e anterioridade** – Como já observado em nota ao art. 150, III, *b*, da CF/88, partindo da premissa (equivocada, *data venia*) segundo a qual a isenção é uma "dispensa legal de tributo devido", o STF considerou que "revogada a isenção, o tributo torna-se imediatamente exigível. Em caso assim, não há que se observar o princípio da anterioridade, dado que o tributo já é existente" (2ª T., RE 204.062/ES, Rel. Min. Carlos Velloso, j. em 27/9/1996, v. u., *DJ* de 19/12/1996). **No mesmo sentido**: STF, 1ª T., RE 97.482/RS, Rel. Min. Soares Muñoz, j. em 26/10/1982, v. u., *DJ* de 17/2/1982, p. 13211). Com todo o respeito, tal entendimento é equivocado, pois, em relação aos fatos abrangidos pela lei isentiva, o tributo não existia. A lei que suprime a isenção instituiu ou aumentou o tributo, relativamente aos fatos antes tidos como isentos. Além disso, o art. 104, III, do CTN, ao qual o art. 178 faz expressa remissão, submete ao princípio da anterioridade as leis que revogam isenções. Para uma crítica à jurisprudência do STF, neste ponto, confira-se: Hugo de Brito Machado, *Comentários ao Código Tributário Nacional,* São Paulo: Atlas, 2004, v. 2, p. 130 ss.

 

**Art. 179.** A isenção, quando não concedida em caráter geral, é efetivada, em cada caso, por despacho da autoridade administrativa,[1] em requerimento com o qual o interessado faça prova do preenchimento das condições e do cumprimento dos requisitos previstos em lei ou contrato para concessão.[2]

§ 1º Tratando-se de tributo lançado por período certo de tempo, o despacho referido neste artigo será renovado antes da expiração de cada período, cessando automaticamente os seus efeitos a partir do primeiro dia do período para o qual o interessado deixar de promover a continuidade do reconhecimento da isenção.

§ 2º O despacho referido neste artigo não gera direito adquirido,[3] aplicando--se, quando cabível, o disposto no art. 155.[4]

 

ANOTAÇÕES ─────────────────────────────────────────────────

**1. Isenção individual. Despacho da autoridade. Efeito declaratório** – Os requisitos para o gozo de uma isenção decorrem da lei (CTN, art. 176). Assim, o ato da autoridade que reconhece a presença desses requisitos tem eficácia declaratória, vale dizer, seus efeitos retroagem à data em que o contribuinte passou a atender os requisitos necessários à incidência da norma isentiva.

Além dos fundamentos de razão técnica, o intérprete deve ser, aqui, acima de tudo, coerente. Imagine-se que um contribuinte obtém o reconhecimento de uma isenção individual,

**Art. 179**    Livro Segundo · NORMAS GERAIS DE DIREITO TRIBUTÁRIO | **407**

ou de uma imunidade, à luz do preenchimento de certos requisitos. Algum tempo depois, passa a descumprir esses requisitos, sendo descoberto pela autoridade ao cabo de dois anos, que profere ato cancelando a isenção antes concedida. Ora, nesse caso, os tributos poderão ser exigidos em relação aos fatos geradores ocorridos desde quando os requisitos legais para o gozo do benefícios passaram a ser descumpridos, e não apenas a partir da prática do ato que declarou a inexistência do direito à isenção. Não há porque proceder-se de modo distinto em relação ao ato que concede a isenção.

É o que se colhe da doutrina de Pontes de Miranda, para quem "a *determinação*, ainda por atos do Poder Executivo, *de quais são as emprêsas que preenchem os requisitos para a isenção* é apenas 'ato administrativo de reconhecimento', ato 'declarativo', pelo qual se precisam quais as emprêsas que deram provas de estarem os seus produtos nas circunstâncias previstas *pela lei* para a isenção. Tais atos governamentais apenas dizem que a regra jurídica isentiva incidirá sôbre suportes fáticos em que se acham mercadorias das empresas apontadas" (*Comentários à Constituição de 1946*, Rio de Janeiro: Borsoi, 1960, t. II, p. 97-98). No mesmo sentido é a lição de Hugo de Brito Machado (*Curso de Direito* Tributário, 13. ed., São Paulo: Malheiros, 1998, p. 156-7) e José Souto Maior Borges (*Isenções Tributárias*, São Paulo: Sugestões Literárias, 1969, p. 43).

Na jurisprudência é igualmente essa a tese que, há muito tempo, prevalece: "Imposto de Renda. Isenção reconhecida a Sociedade de fins não lucrativos, consoante os arts. 25 e 31 do Decreto nº 58.400 de 10.05.66. O ato administrativo de reconhecimento tem efeito declarativo e não atributivo, abrangendo, assim, período anterior à sua expedição" (TFR, 2ª T., AC nº 36.493/MG, *RTFR* nº 46, p. 21). "O ato administrativo que a reconhece é declaratório e não constitutivo. O requerimento é pressuposto para o desfrute da isenção, mas não para o seu nascimento. Isenção especial reconhecida desde a vigência da lei que a instituiu no interesse geral, uma vez verificados os seus requisitos legais. [...]" (STF, 2ª T., RE 85.471/RJ, Rel. Min. Cordeiro Guerra, j. em 2/12/1976, *DJ* de 18/3/1977). Também assim decide, atualmente, o STJ: "O ato declaratório de utilidade pública, indispensável à isenção das contribuições previdenciárias, tem efeito retroativo à data em que a entidade reunia os pressupostos legais para o reconhecimento desta qualidade. [...]" (STJ, 1ª T., REsp 763435/ RS, Rel. Min. Teori Albino Zavascki, j. em 23/8/2005, *DJ* de 5/9/2005, p. 322).

**2. Isenção condicionada e necessidade de requerimento** – Há julgado do STJ no qual se afirma ser necessário, pelo menos, que o contribuinte tenha formulado o requerimento de reconhecimento da isenção, para que se possa cogitar dos efeitos desta. "A isenção condicionada será reconhecida, por decisão da autoridade competente, em cada caso, após análise da documentação apresentada pelo interessado demonstrando preencher os pressupostos exigidos por lei para o seu gozo. 2. Ausência de qualquer procedimento administrativo prévio por parte do contribuinte para conseguir o deferimento da isenção. 3. ICMS recolhido por ocasião do desembaraço da mercadoria importada que não pode ser reembolsado pela via da ação de repetição de indébito, mesmo existindo norma concessiva de isenção condicionada, em face da omissão do contribuinte. 4. Inexistência, no caso de pagamento indevido, a caracterizar obrigatoriedade da devolução do imposto pago. [...]" (STJ, 1ª T., REsp 278.048/PR, Rel. Min. José Delgado, j. em 15/3/2001, *DJ* de 30/4/2001, p. 126). Esse julgado não contradiz as decisões acima transcritas, segundo as quais o despacho concessivo da isenção tem efeito declaratório, mas exige, para o reconhecimento da isenção, que o contribuinte pelo menos a tenha requerido. Ainda assim, *data venia*, tal decisão nos parece equivocada, pois nada impediria que a autoridade judiciária, à luz da comprovação do atendimento desses requisitos, reconhecesse, caso existente, o direito à isenção, declarando-o.

**408** | CÓDIGO TRIBUTÁRIO NACIONAL – *Hugo de Brito Machado Segundo*                    **Art. 179**

**3. Isenção individual, preenchimento de requisitos e direito adquirido** – Embora o art. 179 do CTN se reporte à ausência de direito adquirido, é importante observar que o art. 178 do mesmo Código ressalva esse direito adquirido, sempre que a isenção for concedida a prazo certo mediante condições onerosas, o que geralmente é o caso das isenções individuais de que cuida o art. 179. Na verdade, o que o dispositivo em comento está a afirmar, em outras palavras, é que o despacho poderá ser *anulado* sempre que a autoridade verificar que, na verdade, os requisitos necessários à concessão do benefício não vinham sendo atendidos, mas isso é uma outra questão, em face da qual realmente não seria pertinente falar-se em direito adquirido.

Mas, quando não é o caso de anulação, cumpre notar que o STJ tem precedentes nos quais reconhece o direito adquirido até mesmo diante de alterações legislativas, vale dizer, diante de alterações em função das quais as entidades anteriormente isentas não mais o seriam: "As entidades beneficentes de assistência social reconhecidas como de utilidade pública federal de acordo com a legislação pertinente e anteriormente à promulgação do Decreto-lei nº 1.577/77 têm direito adquirido à imunidade tributária prevista no artigo 195, § 7º, da Constituição Federal. [...]" (STJ, 1ª S., MS 8.867/DF, Rel. Min. João Otávio de Noronha, j. em 14/5/2003, *DJ* de 26/5/2003, p. 249).

**4. "Revogação" de isenção anteriormente concedida e erro de fato** – Como já explicado em nota ao art. 155, e aos demais que a ele fazem referência (relativamente à remissão e à anistia individuais), não se trata realmente de "revogação" do despacho que concede a isenção, mas de anulação deste, o que é coisa diversa. Revogar é retirar do mundo jurídico, por motivos relativos de conveniência e oportunidade, um ato válido, perfeito e eficaz. Já anular é retirar do mundo jurídico, por imposição da ordem jurídica, um ato que nele ingressou indevidamente, por estar eivado de *invalidade*. A revogação opera efeitos *ex nunc*, e em face dela se pode cogitar de direitos adquiridos sob a vigência da norma ou do ato revogado. Já a anulação opera, em regra, efeitos *ex tunc*, e não se pode cogitar de "direitos adquiridos" em decorrência de um ato inválido, que declarou a incidência de uma norma que jamais incidiu.

Essa distinção é muito bem traçada no seguinte acórdão, no qual o STJ admite a plena possibilidade de ser "revogada" uma isenção anteriormente reconhecida, diante da constatação de um erro de fato. É conferir: "[...] Perícia técnica no prédio de propriedade da recorrente, conhecido comumente pelo nome de 'Teatro Fênix', observou não possuir o mesmo as características técnicas de teatro como palco de artes cênicas, servindo, em verdade, como estúdio de gravação de novelas, programas de auditório, e afins, matéria superada, posto insindicável pelo STJ à luz da Súmula 07/STJ. [...] 3. Decisão do Conselho de Contribuintes local, concedendo benefício revogado posteriormente. A regra é a revogabilidade das isenções e a isenção concedida sob condição resolutiva pode ser cassada acaso verificada a ausência de preenchimento das condições exigidas à data de sua própria concessão. [...] 4. Aplicação dos artigos 155, 178 e 179 do CTN. O desfazimento do ato administrativo que reconhece o direito à isenção não é a revogação, pois o ato não é discricionário, não decorre de simples conveniência da Administração. É anulamento, ou cancelamento. É imprópria a terminologia do Código. Anulado, ou cancelado, o despacho que reconhece o direito à isenção, a Fazenda Pública providenciará a constituição do crédito tributário respectivo, que será acrescido dos juros de mora" (STJ, 1ª T., REsp 437.560/RJ, Rel. Min. Luiz Fux, j. em 20/11/2003, *DJ* de 9/12/2003, p. 216).

# Art. 180     Livro Segundo · NORMAS GERAIS DE DIREITO TRIBUTÁRIO | 409

## Seção III
### Anistia

**Art. 180.** A anistia abrange exclusivamente as infrações[1] cometidas anteriormente à vigência da lei que a concede, não se aplicando:[2]

I – aos atos qualificados em lei como crimes ou contravenções e aos que, mesmo sem essa qualificação, sejam praticados com dolo,[3] fraude ou simulação pelo sujeito passivo ou por terceiro em benefício daquele;

II – salvo disposição em contrário, às infrações resultantes de conluio entre duas ou mais pessoas naturais ou jurídicas.

## ANOTAÇÕES

**1. Anistia. Conceito e abrangência** – Anistia é o perdão pelas infrações cometidas, impedindo a autoridade de constituir o crédito tributário relativo às penalidades pecuniárias. Como ressalva Aliomar Baleeiro (*Direito Tributário Brasileiro,* 11. ed, Rio de Janeiro: Forense, 1999, p. 955), "a anistia não se confunde com a remissão. Esta pode dispensar o tributo, ao passo que a anistia fiscal é limitada à exclusão das infrações cometidas anteriormente à vigência da lei, que a decreta". Não são raras, contudo, as situações nas quais os institutos da *anistia* e da *remissão* são confundidos, como ocorreu, por exemplo, *data venia,* no julgamento do REsp 411.421/PR (STJ, 1ª T., Rel. Min. Luiz Fux, j. em 7/11/2002, *DJ* de 25/11/2002, p. 201), no qual se considerou que o cancelamento de débitos determinado pelo art. 3º do Decreto-lei nº 1.736/79 – que a rigor é uma *remissão* – seria uma anistia.

**2. "Revogação" de anistia e devido processo legal** – Segundo entende o STJ, para que o Fisco não conceda anistia a determinado contribuinte, alegando a presença das exceções de que cuidam os incisos do art. 180 do CTN, é necessário que tenha sido instaurado prévio processo administrativo para esse fim, com o oferecimento de amplas oportunidades de defesa ao sujeito passivo (STJ, 1ª T., AgRg no Ag 431.059/PR, Rel. Min. Luiz Fux, j. em 13/8/2002, *DJ* de 23/9/2002, p. 277). Cumpre notar, a propósito, que, à luz da incidência da norma veiculada por um dos incisos do art. 180 do CTN, o Fisco a rigor não reconhece o direito à anistia, ou então *anula* anistia previamente reconhecida. Não se trata, no caso, de revogação da lei que concede anistia, ou do ato que a reconhece, mas de não incidência dessa lei, ou de anulamento do ato que de modo indevido reconhece sua incidência. Até mesmo porque a revogação de uma lei que concede anistia é inócua, visto que a produção de efeitos por parte da norma que veicula a anistia é imediata, não fazendo diferença se a mesma é revogada posteriormente.

**3. Mero não pagamento não atrai a incidência das normas dos incisos do art. 180 do CTN** – Para que a anistia não seja reconhecida, relativamente a determinado contribuinte, é preciso que esteja presente situação que se enquadre em um dos incisos do art. 180 do CTN, a qual deverá ser apurada através do devido processo legal administrativo. O mero não pagamento do tributo não é suficiente para tanto. **Nesse sentido:** "1. O STJ firmou entendimento de que o não recolhimento do tributo por si só não constitui infração à lei. 2. Se o contribuinte preenche os requisitos da norma que concedeu anistia fiscal, não é

**410** | CÓDIGO TRIBUTÁRIO NACIONAL – *Hugo de Brito Machado Segundo*                                    **Art. 181**

lícito impedir o gozo do benefício em face do art. 180, I e II do CTN, presumindo-se ter havido dolo pelo não recolhimento do tributo, sem procedimento administrativo com obediência ao contraditório e ao devido processo legal. [...]" (STJ, 2ª T., REsp 448.193/SP, Rel. Min. Eliana Calmon, j. em 10/8/2004, *DJ* de 11/10/2004, p. 264).

**Art. 181.** A anistia pode ser concedida:

I – em caráter geral;

II – limitadamente:

a) às infrações da legislação relativa a determinado tributo;

b) às infrações punidas com penalidades pecuniárias até determinado montante, conjugadas ou não com penalidades de outra natureza;

c) a determinada região do território da entidade tributante, em função de condições a ela peculiares;

d) sob condição do pagamento de tributo no prazo fixado pela lei que a conceder, ou cuja fixação seja atribuída pela mesma lei à autoridade administrativa.

**Art. 182.** A anistia, quando não concedida em caráter geral, é efetivada, em cada caso, por despacho da autoridade administrativa, em requerimento com o qual o interessado faça prova do preenchimento das condições e do cumprimento dos requisitos previstos em lei para sua concessão.[1]

Parágrafo único. O despacho referido neste artigo não gera direito adquirido, aplicando-se, quando cabível, o disposto no art. 155.[2]

## ANOTAÇÕES ───────────────────────────────

**1. Condições de pagamento vantajosas, com dispensa de multas. Necessidade de desistência de ações judiciais. Transação. Não configuração. Anistia individual** – À luz da dispensa de penalidades veiculada pela Lei nº 9.779/99, defendeu-se a tese de que se tratava de transação. Afinal, o contribuinte, para fazer jus ao benefício, teria de desistir de ação na qual estivesse a discutir o tributo, pagando-o ou parcelando, com desconto considerável dos juros e das multas. Pois bem. Considerando que se tratava de transação, visto que por meio de concessões mútuas as partes punham fim a um litígio, postulou-se a dispensa da condenação do contribuinte nos honorários de sucumbência. Tal tese, porém, não foi acolhida pelo STJ: "'Não há de se confundir o favor fiscal instituído com transação legal, em que as partes fazem concessões mútuas. A dispensa da multa e dos juros de mora é mero incentivo à regularização da sua situação tributária, pelos contribuintes. O contribuinte que opta por essa sistemática abdica da discussão judicial, assume que o valor referente a essa contribuição é devido e o faz mediante pagamento, assim também considerado a conversão do depósito já efetuado em renda. Em suma, desiste da demanda, preferindo conformar-se em pagar o montante devido sem a multa e os juros de mora' (REsp nº 739.037/RS, Rel. Min. CASTRO MEIRA, *DJ* de 1/8/2005). Assim sendo, é de ser mantida a condenação da ora recorrente, contribuinte, em honorários de sucumbência. [...]" (STJ, 1ª T., REsp 786.215/PR, Rel. Min. Francisco Falcão, j. em 6/4/2006, *DJ* de 4/5/2006, p. 144).

# Art. 183

**Livro Segundo** · NORMAS GERAIS DE DIREITO TRIBUTÁRIO | **411**

A rigor, o favor fiscal de que cuida a Lei nº 9.779/99, assim como outros semelhantes (*v. g.*, REFIS), que reclamam a desistência de ações judiciais por parte do contribuinte, em troca de condições mais favoráveis para o pagamento do tributo, não configuram apenas anistia, visto que não ensejam apenas a redução ou a exclusão das multas. Implicam também redução do principal, pelo que são, também, remissão parcial. E ainda ensejam o pagamento em prazos mais elásticos, assumindo a forma de moratória/parcelamento. Por isso, não obstante o entendimento contrário do STJ, *data venia,* nos parece correta a tese segundo a qual se trata de transação. Afinal, por meio de transações mútuas as partes põem fim a um litígio.

Seja como for, ainda que não se cuide de transação, o importante é observar que o contribuinte que desiste da ação, para gozar do favor fiscal, tem direito de levantar o saldo dos depósitos judiciais relativos à parcela da multa e dos juros dispensados: "[...] Verificado pelo Tribunal de origem que a ora recorrente satisfazia às condições impostas pela Lei nº 9.779/99 e alterações posteriores para gozar de anistia parcial de débito tributário, uma vez homologada a desistência pleiteada, devem os autos ser remetidos ao Juiz Singular a fim de que seja apurado o efetivo montante devido – de acordo com as regras da anistia mencionada – devendo este ser abatido dos valores já consignados pelo contribuinte. Em havendo excedente em favor do contribuinte, deverá este ser a ele devolvido com a devida atualização monetária. Precedente: REsp nº 382.929/RS, Rel. Min. FRANCIULLI NETTO, *DJ* de 25/4/2005. [...]" (STJ, 1ª T., REsp 786.215/PR, Rel. Min. Francisco Falcão, j. em 6/4/2006, *DJ* de 4/5/2006, p. 144).

**2. Revogação da anistia. Impropriedade contida no art. 155 do CTN** – A anistia concedida à luz do atendimento de condições específicas, reconhecidas por despacho da autoridade competente, submete-se também ao disposto no art. 155 do CTN, do mesmo modo que a moratória, a remissão e a isenção concedidas individualmente. Não é demais reiterar, porém, que o citado artigo encerra uma impropriedade, ao referir-se à "revogação" do despacho que conceda a moratória, a remissão, a isenção ou a anistia, sempre que se constatar que o sujeito passivo não atendia ou deixou de atender os requisitos legalmente exigíveis. Na verdade, nesse caso, não se trata de revogação, assim entendida a retirada do mundo jurídico – por razões de conveniência e oportunidade – de um ato jurídico válido, mas sim de *anulação,* vale dizer, da retirada do mundo jurídico de um ato inválido, por conta precisamente dessa invalidade, o que é diferente. Não é adequado, portanto, falar-se em gerar, ou não gerar, "direito adquirido". Cuida-se, a rigor, de um ato inválido, cujos efeitos, dentro do possível, deverão ser desconstituídos de forma *ex tunc* por conta de sua invalidade. Ao anular o despacho que concedeu a anistia, a autoridade em verdade está a declarar que a norma correspondente jamais incidiu, não sendo mesmo o caso de falar-se em direito adquirido em decorrência da mesma.

## Capítulo VI
### Garantias e Privilégios do Crédito Tributário

## Seção I
### Disposições Gerais

**Art. 183.** A enumeração das garantias atribuídas neste Capítulo ao crédito tributário não exclui outras[1] que sejam expressamente previstas em lei, em função da natureza ou das características do tributo a que se refiram.

**412** | CÓDIGO TRIBUTÁRIO NACIONAL – *Hugo de Brito Machado Segundo*                    **Art. 184**

Parágrafo único. A natureza das garantias atribuídas ao crédito tributário não altera a natureza deste nem a da obrigação tributária a que corresponda.

## ANOTAÇÕES

**1. Rol não exaustivo** – A referência contida no *caput* do art. 183 do CTN é uma clara alusão ao fato de que o rol das garantias enumeradas no Código não é exaustivo, vale dizer, não impede União, Estados-membros, Distrito Federal e Municípios de legislar a respeito da matéria e, considerando a natureza ou as características do tributo correspondente, prever outras.

**Art. 184.** Sem prejuízo dos privilégios especiais sobre determinados bens, que sejam previstos em lei, responde pelo pagamento do crédito tributário a totalidade dos bens e das rendas, de qualquer origem ou natureza, do sujeito passivo, seu espólio ou sua massa falida, inclusive os gravados por ônus real[1] ou cláusula de inalienabilidade ou impenhorabilidade, seja qual for a data da constituição do ônus ou da cláusula, excetuados unicamente os bens e rendas que a lei declare absolutamente impenhoráveis.

## ANOTAÇÕES

**1. Bem gravado com ônus real** – Com o advento da LC nº 118/2005, a regra veiculada no art. 184 do CTN passou a sofrer exceção, em virtude do disposto no art. 186, I, do mesmo Código, que assevera preferir ao tributário o crédito com garantia real, até o limite do valor do bem gravado.

**Art. 185.** Presume-se fraudulenta[1,2] a alienação ou oneração de bens ou rendas, ou seu começo, por sujeito passivo em débito para com a Fazenda Pública, por crédito tributário regularmente inscrito como dívida ativa. *(Redação dada[3] pela LCP nº 118, de 2005)*

Parágrafo único. O disposto neste artigo não se aplica na hipótese de terem sido reservados, pelo devedor, bens ou rendas suficientes ao total pagamento da dívida inscrita. *(Redação dada pela LCP nº 118, de 2005)*

## ANOTAÇÕES

**1. Fraude à execução e subsistência de bens que a garantam** – Não pode ser considerada fraudulenta a alienação, mesmo quando efetuada depois de proposta a execução

# Art. 185

**Livro Segundo** · NORMAS GERAIS DE DIREITO TRIBUTÁRIO | **413**

(ou inscrito o débito em dívida ativa, relativamente ao período posterior à vigência da LC nº 118/2005), se o devedor reserva bens suficientes para garantir a dívida. É o que está explícito, de modo didático, no parágrafo único do art. 185 do CTN. Nesse sentido tem decidido o STJ: "[...] Não há como se presumir a alienação fraudulenta quando de tal operação não decorrer de situação de insolvência do devedor. 2. A alienação de bens isoladamente considerada não é capaz de atrair a presunção de que trata o art. 185 do CTN, vez que esta somente pode ser entendida como fraudulenta quando ocasiona a diminuição patrimonial do executado. [...]" (STJ, 2ª T., REsp 493.131/RS, Rel. Min. Eliana Calmon, j. em 4/8/2005, *DJ* de 10/10/2005, p. 282).

**2. Fraude à execução e (des)necessidade de prova da má-fé** – Conforme anotado em edições anteriores deste livro, o STJ chegou a decidir que também não bastaria, para que se configurasse a presunção de fraude, a alienação dos bens depois da citação (ou de efetuada a inscrição em dívida, em relação ao período posterior à vigência da LC nº 118/2005), sem a reserva de bens suficientes ao pagamento da execução. Seria preciso, ainda, que o credor comprovasse a existência de má-fé, ou de conluio, entre o executado e o terceiro, a qual seria revelada, por exemplo, caso se demonstre que o terceiro tinha conhecimento da execução: "1. A alienação de bens após o ajuizamento de ação fiscal não configura fraude à execução enquanto o devedor não tiver sido citado. Outrossim, mesmo que tivesse havido citação prévia à alienação do bem seria necessário que o credor, ora recorrente, provasse a ciência do adquirente acerca da execução fiscal proposta contra o alienante para que se configurasse a fraude. Tal conclusão, contudo, não pode ser aplicada já que o Tribunal *a quo* fixou a premissa fática que o adquirente encontrava-se de boa-fé. 2. Estando o adquirente de boa-fé, somente ocorrerá a presunção absoluta do *consilium fraudis* nos casos de venda de bem penhorado ou arrestado, se o ato constritivo estiver registrado no CRI ou anotado no DETRAN, hipótese inexistente no caso dos autos. [...]" (STJ, 2ª T., REsp 665.451/CE, Rel. Min. Castro Meira, j. em 18/10/2005, *DJ* de 7/11/2005, p. 212).

Esse entendimento, porém, foi abandonado pelo STJ, que, *decidindo de forma mais coerente com o disposto no art. 185 do CTN,* passou a entender desnecessária a prova da má-fé ou do conluio. Afinal, se o dispositivo trata de uma presunção, seria um contrassenso exigir, para que fosse aplicada, a prova precisamente daquilo que se pretende presumir. Confira-se: "1. A lei especial prevalece sobre a lei geral (*lex specialis derrogat lex generalis*), por isso que a Súmula 375 do Egrégio STJ não se aplica às execuções fiscais. 2. O artigo 185, do Código Tributário Nacional – CTN, assentando a presunção de fraude à execução, na sua redação primitiva, dispunha que: "Art. 185. Presume-se fraudulenta a alienação ou oneração de bens ou rendas, ou seu começo, por sujeito passivo em débito para com a Fazenda Pública por crédito tributário regularmente inscrito como dívida ativa em fase de execução. Parágrafo único. O disposto neste artigo não se aplica na hipótese de terem sido reservados pelo devedor bens ou rendas suficientes ao total pagamento da dívida em fase de execução.' 3. A Lei Complementar nº 118, de 9 de fevereiro de 2005, alterou o artigo 185, do CTN, que passou a ostentar o seguinte teor: 'Art. 185. Presume-se fraudulenta a alienação ou oneração de bens ou rendas, ou seu começo, por sujeito passivo em débito para com a Fazenda Pública, por crédito tributário regularmente inscrito como dívida ativa. Parágrafo único. O disposto neste artigo não se aplica na hipótese de terem sido reservados, pelo devedor, bens ou rendas suficientes ao total pagamento da dívida inscrita.' 4. Consectariamente, a alienação efetivada antes da entrada em vigor da LC nº 118/2005 (09/06/2005) presumia-se em fraude à execução se o negócio jurídico sucedesse a citação válida do devedor; posteriormente, a 09/06/2005, consideram-se fraudulentas as alienações efetuadas pelo devedor fiscal após a inscrição do crédito tributário na dívida ativa. 5. A diferença de tratamento entre a fraude civil e a fraude fiscal justifica-se pelo fato de que, na primeira hipótese, afronta-se interesse privado, ao passo que, na segunda, interesse público, porquanto o recolhimento dos tributos serve à satisfação das necessidades coletivas. 6. É que, consoante a doutrina do tema, a fraude de execução, diversamente da fraude contra credores, opera-se *in re ipsa*, vale dizer, tem caráter absoluto, objetivo, dispensando o *concilium fraudis* (FUX, Luiz. *O novo processo de execução*: o cumprimento da sentença e a execução extrajudicial. 1. ed. Rio de Janeiro: Forense, 2008, p. 95-96 / DINAMARCO, Cândido Rangel. *Execução civil*. 7. ed. São Paulo: Malheiros, 2000, p. 278-282 / MACHADO, Hugo de Brito. *Curso de direito tributário*. 22. ed. São Paulo: Malheiros, 2003, p. 210-211 / AMARO, Luciano. Direito tributário brasileiro. 11. ed. São Paulo: Saraiva, 2005. p. 472-473 / BALEEIRO, Aliomar. *Direito tributário brasileiro*. 10. ed. Rio de Janeiro: Forense, 1996, p. 604). 7. A jurisprudência hodierna da Corte preconiza referido entendimento consoante se colhe abaixo: 'O acórdão embargado, considerando que não é possível aplicar a nova redação do art. 185 do CTN (LC 118/05) à hipótese em apreço (*tempus regit actum*), respaldou-se na interpretação da redação original desse dispositivo legal adotada pela jurisprudência do STJ'. (EDcl no AgRg no Ag 1.019.882/PR, Rel. Ministro Benedito Gonçalves, Primeira Turma, julgado em 06/10/2009, *DJe* 14/10/2009) 'Ressalva do ponto de vista do relator que tem a seguinte compreensão sobre o tema: [...] b) Na redação atual do art. 185 do CTN, exige-se apenas a inscrição em dívida ativa prévia à alienação para caracterizar a presunção relativa de fraude à execução em que incorrem o alienante e o adquirente (regra aplicável às alienações ocorridas após 9/6/2005);'. (REsp 726.323/SP, Rel. Ministro Mauro Campbell Marques, Segunda Turma, julgado em 04/08/2009, *DJe* 17/08/2009) 'Ocorrida a alienação do bem antes da citação do devedor, incabível falar em fraude à execução no regime anterior à nova redação do art. 185 do CTN pela LC 118/2005'. (AgRg no Ag 1.048.510/SP, Rel. Ministra Eliana Calmon, Segunda Turma, julgado em 19/08/2008, *DJe* 06/10/2008) 'A jurisprudência do STJ, interpretando o art. 185 do CTN, até o advento da LC 118/2005, pacificou-se, por entendimento da Primeira Seção (EREsp 40.224/SP), no sentido de só ser possível presumir-se em fraude à execução a alienação de bem de devedor já citado em execução fiscal'. (REsp 810.489/RS, Rel. Ministra Eliana Calmon, Segunda Turma, julgado em 23/06/2009, *DJe* 06/08/2009) 8. A inaplicação do art. 185 do CTN implica violação da Cláusula de Reserva de Plenário e enseja reclamação por infringência da Súmula Vinculante nº 10, verbis: 'Viola a cláusula de reserva de plenário (cf, artigo 97) a decisão de órgão fracionário de tribunal que, embora não declare expressamente a inconstitucionalidade de lei ou ato normativo do poder público, afasta sua incidência, no todo ou em parte.' 9. Conclusivamente: (a) a natureza jurídica tributária do crédito conduz a que a simples alienação ou oneração de bens ou rendas, ou seu começo, pelo sujeito passivo por quantia inscrita em dívida ativa, sem a reserva de meios para quitação do débito, gera presunção absoluta (*jure et de jure*) de fraude à execução (lei especial que se sobrepõe ao regime do direito processual civil); (b) a alienação engendrada até 8/6/2005 exige que tenha havido prévia citação no processo judicial para caracterizar a fraude de execução; se o ato translativo foi praticado a partir de 9/6/2005, data de início da vigência da Lei Complementar nº 118/2005, basta a efetivação da inscrição em dívida ativa para a configuração da figura da fraude; (c) a fraude de execução prevista no artigo 185 do CTN encerra presunção *jure et de jure*, conquanto componente do elenco das 'garantias do crédito tributário'; (d) a inaplicação do artigo 185 do CTN, dispositivo que não condiciona a ocorrência

# Art. 185-A
**Livro Segundo** · NORMAS GERAIS DE DIREITO TRIBUTÁRIO | **415**

de fraude a qualquer registro público, importa violação da Cláusula Reserva de Plenário e afronta à Súmula Vinculante 10, do STF. 10. *In casu*, o negócio jurídico em tela aperfeiçoou--se em 27/10/2005, data posterior à entrada em vigor da LC 118/2005, sendo certo que a inscrição em dívida ativa deu-se anteriormente à revenda do veículo ao recorrido, porquanto, consoante dessume-se dos autos, a citação foi efetuada em data anterior à alienação, restando inequívoca a prova dos autos quanto à ocorrência de fraude à execução fiscal. 11. Recurso especial conhecido e provido. Acórdão submetido ao regime do artigo 543-C do CPC e da Resolução STJ nº 08/2008." (STJ, 1ª S, REsp 1.141.990/PR, Rel. Min. Luiz Fux, j. em 10/11/2010, *DJe* 19/11/2010).

**3. Mudança na redação e termo inicial da presunção de fraude** – Em sua redação anterior à LC nº 118/2005, o art. 185 do CTN dispunha: "Presume-se fraudulenta a alienação ou oneração de bens ou rendas, ou seu começo, por sujeito passivo em débito para com a Fazenda Pública por crédito tributário regularmente inscrito como dívida ativa em fase de execução." Diante dela, a jurisprudência considerava, de modo pacífico, que só depois da citação do executado, no processo de execução fiscal, as alienações por ele feitas, quando o tornassem insolvente, poderiam ser consideradas fraude à execução. Com o advento da LC nº 118/2005, o termo inicial dessa presunção foi recuado para a data da inscrição do débito em dívida ativa.

**Art. 185-A.** Na hipótese de o devedor tributário, devidamente citado, não pagar nem apresentar bens à penhora no prazo legal e não forem[1] encontrados bens penhoráveis, o juiz determinará a indisponibilidade[2, 3, 4] de seus bens e direitos, comunicando a decisão, preferencialmente por meio eletrônico, aos órgãos e entidades que promovem registros de transferência de bens, especialmente ao registro público de imóveis e às autoridades supervisoras do mercado bancário e do mercado de capitais, a fim de que, no âmbito de suas atribuições, façam cumprir a ordem judicial. *(Incluído pela LCP nº 118, de 2005)*

§ 1º A indisponibilidade de que trata o *caput* deste artigo limitar-se-á ao valor total exigível, devendo o juiz determinar o imediato levantamento da indisponibilidade dos bens ou valores que excederem esse limite.[5, 6, 7] *(Incluído pela LCP nº 118, de 2005)*

§ 2º Os órgãos e entidades aos quais se fizer a comunicação de que trata o *caput* deste artigo enviarão imediatamente ao juízo a relação discriminada dos bens e direitos cuja indisponibilidade houverem promovido. *(Incluído pela LCP nº 118, de 2005)*

## ANOTAÇÕES

**1. Na hipótese de não serem encontrados bens** – "O dispositivo agride o vernáculo: não se diz 'na hipótese de [...] não forem encontrados bens', mas sim na de não o *serem*" (Luciano Amaro, *Direito Tributário Brasileiro*, 11. ed., São Paulo: Saraiva, 2005, p. 475).

**416** | CÓDIGO TRIBUTÁRIO NACIONAL – *Hugo de Brito Machado Segundo*                    **Art. 185-A**

**2. Não se trata de penhora *online*** – Embora a expressão *penhora online* seja bastante utilizada nos meios forenses, decretação de indisponibilidade não é uma penhora. Não dispensa – em nosso entendimento – a formalização da penhora, a partir da qual se inicia o prazo para a oposição de embargos. A natureza da indisponibilidade, do ponto de vista da Teoria do Processo, é de uma "medida cautelar", destinada a garantir a futura realização da penhora e, por conseguinte, a efetividade da tutela jurisdicional executiva. Não se trata de questão terminológica sem importância. Não. A rigor, a distinção é relevante, tanto para fins de contagem do prazo de oposição de embargos do executado, como porque a pessoa à qual a ordem de "indisponibilidade" é dirigida (*v. g.*, autoridade de trânsito) não tem competência para realizar atos que são próprios da autoridade vinculada ao poder judiciário (avaliação, eventual remoção etc.).

**3. Requisitos para a decretação da medida** – Pelo que se pode perceber do texto no qual a norma em exame é veiculada, para a sua incidência são exigidos os seguintes pressupostos de fato: *(i)* existência de um processo de execução fiscal; *(ii)* realização de citação válida; *(iii)* decurso *in albis* do prazo legal para pagamento ou oferecimento de bens a serem penhorados; *(iv)* insucesso na tentativa de localização de bens pelo exequente e pelo órgão judiciário. Desse modo, e ainda sem fazer qualquer consideração quanto à validade da "indisponibilidade" em questão, que a mesma não pode ser decretada se o executado, citado, apresenta bens à penhora, ainda que estes não sejam aceitos pela Fazenda Pública, ou sejam considerados insuficientes. Do mesmo modo, se, citado, o executado deixa transcorrer o prazo de que dispõe para pagar ou oferecer bens (muitos fazem isso, pois tudo o que perdem é o direito de escolher sobre quais bens a constrição irá recair), a "indisponibilidade" não poderá ser decretada *sem que antes sejam procurados, pelo oficial de justiça, bens penhoráveis*. Só depois de essa procura ser realizada, caso haja total insucesso, a medida poderá ser decretada. Se não houver a tentativa frustrada de cumprimento de mandado de penhora e avaliação, ou se forem localizados bens (ainda que em valor insuficiente*),* a indisponibilidade também não poderá ser decretada.

**4. Indisponibilidade e bloqueio *ex officio* e *ad cautelam*** – Muitos juízes de varas de execução fiscal já vinham decretando, *ex officio* e *ad cautelam*, a indisponibilidade de bens do executado. Em alguns casos, distribuída a execução, já se procedia à indisponibilidade, junto à autoridade do Departamento de Trânsito, de todos os veículos registrados no nome do executado. Sem requerimento da fazenda exequente e muitas vezes sem nenhuma necessidade. O art. 185-A do CTN, nele inserido pela LC nº 118/2005, sob esse prisma, veio, em certo sentido – por incrível que pareça –, *restringir* as hipóteses em que tal decretação pode ocorrer. Afinal, não basta que exista a execução, sendo necessário que o executado seja citado, não pague nem indique bens, nem sejam encontrados quaisquer bens. Os juízes que decretavam "indisponíveis" veículos sem obediência a esses requisitos agora terão de observá-los.

**5. Possível excesso na medida de indisponibilidade *"online"*** – É preciso cuidado com esse dispositivo, que pode ensejar abusos e excessos. Como registra Luciano Amaro (*Direito Tributário Brasileiro*, 11. ed., São Paulo: Saraiva, 2005, p. 475), mesmo se o juiz informar a cada destinatário da ordem o "total exigível" do crédito executado, isso não impedirá "que cada destinatário, na melhor das hipóteses, bloqueie bens até esse valor (o que já multiplica o efeito do gravame). Como, para piorar, os destinatários da comunicação judicial não necessariamente saberão o valor dos bens, isso os levará a bloquear tudo o que houver, até que o juiz, quando estiver de posse das relações recebidas dos vários órgãos e entidades,

# Art. 185-A        Livro Segundo · NORMAS GERAIS DE DIREITO TRIBUTÁRIO | 417

e puder ter uma avaliação desses bens, tenha condições de, efetivamente, determinar o levantamento (que, nessa ocasião, já não se poderá qualificar de 'imediato') da indisponibilidade do que for excedente".

**6. Inconstitucionalidade por desproporcionalidade** – Mesmo respeitando as premissas exigidas pelo *caput* do art. 185-A do CTN, a "indisponibilidade" de bens poderá implicar medida *desproporcional* para chegar ao fim a que se destina, vale dizer, à satisfação da execução fiscal. Isso porque existem muitos outros meios mais adequados e menos gravosos para resolver o acúmulo de processos nas Varas de Execução Fiscal e a ineficiência do processo de execução fiscal, a exemplo de: *(i)* um maior controle da Fazenda exequente (notadamente em face de execuções "automáticas" feitas pelo "sistema"); *(ii)* um maior aparelhamento do Judiciário; *(iii)* determinar-se a comunicação, pelas mesmas entidades e órgãos a que alude o *caput* do art. 185-A do CTN, da existência de bens, sem que contudo os mesmos sejam tornados indisponíveis antes de um exame do juiz quanto à sua existência, quantidade, valor etc. A jurisprudência do STJ considera possível a penhora do faturamento das pessoas jurídicas, mas apenas em casos excepcionais, e ainda assim limitada a pequeno percentual deste. Isso para preservar a subsistência das atividades do contribuinte. A "indisponibilidade" incondicionada de bens, notadamente de contas bancárias, pode comprometer percentual bem maior (ou mesmo a totalidade) do faturamento, o que demonstra a sua natureza *excessiva* e, portanto, inconstitucional por desproporcionalidade. Caso se proceda a uma tensão de princípios, ver-se-á que a decretação indiscriminada da "indisponibilidade" de bens do cidadão executado poderá trazer prejuízos irreparáveis à sua liberdade econômica e profissional, à livre iniciativa e, em alguns casos, à sua própria subsistência, tudo em prol de uma maior otimização à afetividade da tutela executiva fiscal, a qual, de resto, pode ser obtida por outros meios, e não restará ineficaz caso não se proceda à indisponibilidade de que se cuida. Por isso, o correto, para que a Constituição seja respeitada, será o juízo da execução determinar às entidades e aos órgãos mencionados no art. 185-A do CTN que informem a existência, a descrição, a quantidade e os valores dos bens submetidos ao seu registro ou controle, sem no entanto torná-los "indisponíveis", a fim de que o juiz, de posse da relação enviada por cada uma deles, determine a realização da penhora, que nesse momento já terá como não ocorrer de modo excessivo. A jurisprudência, contudo, tem admitido a aplicação do artigo, embora o restrinja a situações excepcionais. A necessidade de estarem presentes as premissas exigidas no *caput* (citação regular, ausência de pagamento ou de indicação de bens; não localização de bens) já é uma indicação de que a medida – se considerada válida – somente em último caso há de ser empregada. "1. É firme a jurisprudência desta Corte de Justiça no sentido da possibilidade da penhora, em sede de execução fiscal, de dinheiro depositado em conta bancária, desde que ocorra de maneira excepcional, para que tal providência não importe violação do princípio da menor onerosidade ao devedor (art. 620 do CPC). Outrossim, o dinheiro encontra-se na ordem preferencial, na gradação legal prevista no art. 11 da Lei de Execuções Fiscais. 2. 'Indicado bem imóvel pelo devedor, mas detectada a existência de numerário em conta-corrente, preferencial na ordem legal de gradação, é possível ao juízo, nas peculiaridades da espécie, penhorar a importância em dinheiro, nos termos dos arts. 656, I, e 657 do CPC' (REsp 537.667/SP, 4ª Turma, Rel. Min. Cesar Asfor Rocha, *DJ* de 9/2/2004). [...]" (STJ, 1ª T., REsp 740.192/SP, Rel. Min. Denise Arruda, j. em 2/10/2007, *DJ* de 12/11/2007, p. 159). É importante ter cautela, contudo, com a referência ao entendimento da Quarta Turma, que pode ser correto em execuções entre particulares, submetidas ao CPC, mas não o é em relação à execução fiscal, pelas razões indicadas na nota seguinte. Mais adequada, nesse

# 418 | CÓDIGO TRIBUTÁRIO NACIONAL – *Hugo de Brito Machado Segundo*      **Art. 185-A**

sentido, a seguinte decisão: "[...] 1. Admissível o bloqueio de valores em conta corrente da executada somente após a constatação da inviabilidade dos meios postos à disposição do exequente para a localização de bens do devedor. Precedentes. 2. Em face da existência de bens imóveis, cabível oportunizar à executada indicá-los para penhora. [...]" (STJ, 2ª T., REsp 832.877/MT, Rel. Min. Castro Meira, j. em 6/6/2006, *DJ* de 28/6/2006, p. 261)

**7. Requisitos do art. 185-A do CTN e art. 854 do CPC/2015 (655-A do CPC/73)** – Frise-se, ainda, que sua especificidade faz com que a norma de que se cuida prevaleça, em matéria tributária, sobre o que dispõe o CPC, que aparentemente admite a indisponibilidade *online* em termos mais amplos e incondicionados que os do art. 185-A do CTN. Não se pode esquecer da abissal diferença que existe entre execuções trabalhistas, nas quais a medida já é aplicada há algum tempo, execuções de títulos executivos extrajudiciais nos moldes do CPC, e execuções fiscais. As primeiras são antecedidas de um processo de conhecimento, com amplas oportunidades de participação aos interessados, e visam a tornar efetiva decisão transitada em julgado. As segundas visam a tornar efetivo um título em cuja formação colaborou decisivamente a vontade do executado (contrato, cheque, promissória etc.). As certidões de dívida ativa, diversamente, não decorrem de processo judicial, e às vezes nem mesmo de processo administrativo, sendo não raras vezes apuradas eletrônica e automaticamente pelo "sistema". Além disso, a formação do crédito tributário, todos sabem, dá-se unilateralmente. Tudo isso recomenda não seja dado o mesmo tratamento a essas três espécies de execução, sobretudo no que toca ao avanço inaudito sobre o executado, nem sempre verdadeiramente devedor. Bastante sugestiva, nesse sentido, a seguinte decisão, que afirmou não serem passíveis de utilização como paradigma, para fins de cabimento de recursos fundados em divergência jurisprudencial, arestos baseados em interpretação do CPC, quando se trata de execução fiscal: "Agravo regimental. Embargos de divergência. Penhora e bloqueio. Conta-corrente. Lei de Execuções Fiscais e Código de Processo Civil. 1. Na linha da orientação da Corte Especial (EREsp nº 379.502/RS), cuidando-se de execução fiscal e discutindo-se nestes autos a interpretação do art. 11 da Lei de Execuções Fiscais, não servem para comprovar o dissídio acórdãos baseados na aplicação e na interpretação, tão somente, de dispositivos do Código de Processo Civil. [...]" (STJ, Corte Especial, AgRg nos EDcl nos EREsp 832.877/MT, Rel. Min. Menezes Direito, j. em 23/11/2006, *DJ* de 12/2/2007, p. 214).

O Superior Tribunal de Justiça, porém, tem admitido a decretação do bloqueio *on line* de bens mesmo em casos nos quais não se esgotaram as tentativas de garantir a execução por outros meios. É conferir: "1. A utilização do Sistema BACEN-JUD, no período posterior à *vacatio legis* da Lei 11.382/2006 (21/01/2007), prescinde do exaurimento de diligências extrajudiciais, por parte do exequente, a fim de se autorizar o bloqueio eletrônico de depósitos ou aplicações financeiras [...] 2. A execução judicial para a cobrança da Dívida Ativa da União, dos Estados, do Distrito Federal, dos Municípios e respectivas autarquias é regida pela Lei 6.830/80 e, subsidiariamente, pelo Código de Processo Civil. 3. A Lei 6.830/80, em seu artigo 9º, determina que, em garantia da execução, o executado poderá, entre outros, nomear bens à penhora, observada a ordem prevista no artigo 11, na qual o 'dinheiro' exsurge com primazia. 4. Por seu turno, o artigo 655, do CPC, em sua redação primitiva, dispunha que incumbia ao devedor, ao fazer a nomeação de bens, observar a ordem de penhora, cujo inciso I fazia referência genérica a 'dinheiro'. 5. Entrementes, em 06 de dezembro de 2006, sobreveio a Lei 11.382, que alterou o artigo 655 e inseriu o artigo 655-A ao Código de Processo Civil, *verbis*: 'Art. 655. A penhora observará, preferencialmente,

# Art. 185-A
**Livro Segundo** · NORMAS GERAIS DE DIREITO TRIBUTÁRIO | **419**

a seguinte ordem: I – dinheiro, em espécie ou em depósito ou aplicação em instituição financeira; II – veículos de via terrestre; III – bens móveis em geral; IV – bens imóveis; V – navios e aeronaves; VI – ações e quotas de sociedades empresárias; VII – percentual do faturamento de empresa devedora; VIII – pedras e metais preciosos; IX – títulos da dívida pública da União, Estados e Distrito Federal com cotação em mercado; X – títulos e valores mobiliários com cotação em mercado; XI – outros direitos. [...] Art. 655-A. Para possibilitar a penhora de dinheiro em depósito ou aplicação financeira, o juiz, a requerimento do exequente, requisitará à autoridade supervisora do sistema bancário, preferencialmente por meio eletrônico, informações sobre a existência de ativos em nome do executado, podendo no mesmo ato determinar sua indisponibilidade, até o valor indicado na execução. § 1º As informações limitar-se-ão à existência ou não de depósito ou aplicação até o valor indicado na execução. (...)' 6. Deveras, antes da vigência da Lei 11.382/2006, encontravam-se consolidados, no Superior Tribunal de Justiça, os entendimentos jurisprudenciais no sentido da relativização da ordem legal de penhora prevista nos artigos 11, da Lei de Execução Fiscal, e 655, do CPC [...], e de que o bloqueio eletrônico de depósitos ou aplicações financeiras (mediante a expedição de ofício à Receita Federal e ao BACEN) pressupunha o esgotamento, pelo exequente, de todos os meios de obtenção de informações sobre o executado e seus bens e que as diligências restassem infrutíferas [...] 7. A introdução do artigo 185-A no Código Tributário Nacional, promovida pela Lei Complementar 118, de 9 de fevereiro de 2005, corroborou a tese da necessidade de exaurimento das diligências conducentes à localização de bens passíveis de penhora antes da decretação da indisponibilidade de bens e direitos do devedor executado, *verbis*: 'Art. 185-A. Na hipótese de o devedor tributário, devidamente citado, não pagar nem apresentar bens à penhora no prazo legal e não forem encontrados bens penhoráveis, o juiz determinará a indisponibilidade de seus bens e direitos, comunicando a decisão, preferencialmente por meio eletrônico, aos órgãos e entidades que promovem registros de transferência de bens, especialmente ao registro público de imóveis e às autoridades supervisoras do mercado bancário e do mercado de capitais, a fim de que, no âmbito de suas atribuições, façam cumprir a ordem judicial. § 1º A indisponibilidade de que trata o *caput* deste artigo limitar-se-á ao valor total exigível, devendo o juiz determinar o imediato levantamento da indisponibilidade dos bens ou valores que excederem esse limite. § 2º Os órgãos e entidades aos quais se fizer a comunicação de que trata o *caput* deste artigo enviarão imediatamente ao juízo a relação discriminada dos bens e direitos cuja indisponibilidade houverem promovido.' 8. Nada obstante, a partir da vigência da Lei 11.382/2006, os depósitos e as aplicações em instituições financeiras passaram a ser considerados bens preferenciais na ordem da penhora, equiparando-se a dinheiro em espécie (artigo 655, I, do CPC), tornando-se prescindível o exaurimento de diligências extrajudiciais a fim de se autorizar a penhora *online* (artigo 655-A, do CPC). 9. A antinomia aparente entre o artigo 185-A, do CTN (que cuida da decretação de indisponibilidade de bens e direitos do devedor executado) e os artigos 655 e 655-A, do CPC (penhora de dinheiro em depósito ou aplicação financeira) é superada com a aplicação da Teoria pós-moderna do Dialógo das Fontes, idealizada pelo alemão Erik Jayme e aplicada, no Brasil, pela primeira vez, por Cláudia Lima Marques, a fim de preservar a coexistência entre o Código de Defesa do Consumidor e o novo Código Civil. 10. Com efeito, consoante a Teoria do Diálogo das Fontes, as normas gerais mais benéficas supervenientes preferem à norma especial (concebida para conferir tratamento privilegiado a determinada categoria), a fim de preservar a coerência do sistema normativo. 11. Deveras, a *ratio essendi* do artigo 185-A, do CTN, é erigir hipótese de privilégio do crédito tributário, não se revelando coerente

**420** | CÓDIGO TRIBUTÁRIO NACIONAL – *Hugo de Brito Machado Segundo*          **Art. 186**

'colocar o credor privado em situação melhor que o credor público, principalmente no que diz respeito à cobrança do crédito tributário, que deriva do dever fundamental de pagar tributos (artigos 145 e seguintes da Constituição Federal de 1988)' (REsp 1.074.228/MG, Rel. Ministro Mauro Campbell Marques, Segunda Turma, julgado em 07/10/2008, *DJe* 05/11/2008). 12. Assim, a interpretação sistemática dos artigos 185-A, do CTN, com os artigos 11, da Lei 6.830/80 e 655 e 655-A, do CPC, autoriza a penhora eletrônica de depósitos ou aplicações financeiras independentemente do exaurimento de diligências extrajudiciais por parte do exequente. 13. À luz da regra de direito intertemporal que preconiza a aplicação imediata da lei nova de índole processual, infere-se a existência de dois regimes normativos no que concerne à penhora eletrônica de dinheiro em depósito ou aplicação financeira: (i) período anterior à égide da Lei 11.382, de 6 de dezembro de 2006 (que obedeceu a *vacatio legis* de 45 dias após a publicação), no qual a utilização do Sistema BACEN-JUD pressupunha a demonstração de que o exequente não lograra êxito em suas tentativas de obter as informações sobre o executado e seus bens; e (ii) período posterior à *vacatio legis* da Lei 11.382/2006 (21/01/2007), a partir do qual se revela prescindível o exaurimento de diligências extrajudiciais a fim de se autorizar a penhora eletrônica de depósitos ou aplicações financeiras" (STJ, 1ª S, REsp 1.184.765 PA, *DJe* de 03/12/2010).

Esse entendimento tem sido reiterado pelo STJ, que destaca a necessidade de se interpretarem em conjunto e sistematicamente o art. 185-A do CTN e o art. 655-A do CPC/73 (no CPC/2015, trata-se do art. 854): "1. O crédito relativo ao precatório judiciário é penhorável, mesmo que a entidade dele devedora não seja a própria exequente; todavia equivale à penhora de crédito, e não de dinheiro. 2. A Fazenda Pública não é obrigada a aceitar bens nomeados à penhora fora da ordem legal insculpida no art. 11 da Lei nº 6.830/80 (matéria submetida ao rito dos recursos repetitivos no julgamento do REsp 1.090.898/SP, minha relatoria, *DJ* 31/8/09). Ademais, o princípio da menor onerosidade do devedor, preceituado no art. 620 do CPC, tem de estar em equilíbrio com a satisfação do credor. 3. A Súmula 406/STJ também se aplica às situações de recusa à primeira nomeação. 4. A Primeira Seção deste Tribunal ratificou a necessidade de interpretação sistemática dos artigos 655-A do CPC e 185-A do CTN, de modo a autorizar a penhora eletrônica de depósitos e aplicações financeiras, independentemente do exaurimento de diligências extrajudiciais, por parte do exequente, na busca de outros bens para a garantia da execução fiscal, após o advento da Lei nº 11.382/06 (REsp 1.184.765/PA, submetido ao regime do artigo 543-C, do CPC e da Resolução STJ 08/2008, Rel. Ministro Luiz Fux, *DJe* 3/12/2010). [...]" (STJ, 2ª T, AgRg no REsp 1350507/SP, *DJe* 27/2/2013).

## Seção II
### Preferências

**Art. 186.** O crédito tributário prefere a qualquer outro, seja qual for sua natureza ou o tempo de sua constituição, ressalvados os créditos decorrentes da legislação do trabalho ou do acidente de trabalho. *(Redação dada pela LCP nº 118, de 2005)*

Parágrafo único. Na falência: *(Incluído pela LCP nº 118, de 2005)*

I – o crédito tributário não prefere aos créditos extraconcursais ou às importâncias passíveis de restituição,[1] nos termos da lei falimentar, nem aos créditos

**Art. 186**  Livro Segundo · NORMAS GERAIS DE DIREITO TRIBUTÁRIO | **421**

com garantia real, no limite do valor do bem gravado; *(Incluído pela LCP nº 118, de 2005)*

II – a lei poderá estabelecer limites e condições para a preferência dos créditos decorrentes da legislação do trabalho;[2] e *(Incluído pela LCP nº 118, de 2005)*

III – a multa tributária prefere apenas aos créditos subordinados.[3] *(Incluído pela LCP nº 118, de 2005)*

## Anotações

**1. Contribuição descontada do empregado pelo empregador como crédito extraconcursal** – "É cediço no STJ que: '[...] as contribuições previdenciárias descontadas dos salários dos empregados, pelo falido, e não repassadas aos cofres previdenciários devem ser restituídas antes do pagamento de qualquer crédito, ainda que trabalhista, porque se trata de bens que não integram o patrimônio do falido. Incidência da Súmula nº 417 do STF' (REsp 284.276/PR, Rel. Ministro Garcia Vieira, *DJU* 11/06/2001). Nessa esteira, a insigne Ministra Eliana Calmon, em julgamento análogo ao dos presentes autos, qual seja, o REsp 506.096/RS, *DJU* 15/12/2003, consignou que em tais hipóteses deve haver 'restituição imediata, independentemente de crédito de preferência, dos valores das contribuições previdenciárias descontadas dos empregados (art. 76 da Lei de Falências)'. Outros precedentes. Assiste razão ao recorrente, pois, ao defender que seus créditos não compõem a massa para fins de pagamento dos créditos provenientes de acidente do trabalho e dívidas trabalhistas da empresa falida. Outros precedentes: REsp 557.373/RS, Rel. Min. Francisco Falcão, *DJ* 28/04/2004; AGA 498.749/RS, Rel. Min. Luiz Fux, *DJ* 24/11/2003, e REsp 90.068/SP, Rel. Min. Sálvio de Figueiredo Teixeira, *DJ* 15/12/97. [...] (REsp 511.356/RS, Relator Ministro Franciulli Netto, Segunda Turma, *DJ* de 04/04/2005). 2. Precedentes do Supremo Tribunal Federal acerca da aplicabilidade da Súmula 417/STF: RE 93.355/MG, *DJ* de 27/03/1981, Relator Ministro Cordeiro Guerra; RE 91.367/RS, *DJ* de 28/09/1979, Relator Ministro Rafael Mayer; RE 89.345/PR, *DJ* de 19/04/1979, Relator Ministro Moreira Alves; RE 88.828/RS, *DJ* de 01/06/1979, Relator Ministro Rafael Mayer; e RE 86.069/MG, *DJ* de 29/09/1978, Relator Ministro Soares Munoz. 3. Os juros de mora, posto não decorrerem de obrigação de terceiro, mas do inadimplemento do dever do responsável tributário de repassar à autarquia as contribuições previdenciárias descontadas dos salários dos empregados, contribuintes da exação, não se subsumem ao regime da restituição. 4. Consectariamente, cabendo ao responsável tributário, o falido, o encargo financeiro referente aos juros moratórios derivados de seu inadimplemento no prazo oportuno, revela-se inaplicável o regime das restituições, devendo o referido crédito sujeitar-se ao concurso de credores, nos termos dos artigos 102, da Lei de Falências, vigente à época do ajuizamento da ação, e 186 e seguintes, do Código Tributário Nacional (Precedente da Primeira Turma: REsp 666.351/SP, desta relatoria, *DJ* de 26/09/2005) 5. Recurso especial parcialmente provido" (STJ, 1ª T., REsp 686.122/RS, Rel. Min. Luiz Fux, j. em 8/11/2005, *DJ* de 28/11/2005, p. 206).

*Data maxima venia,* tal entendimento, conquanto cediço no STJ, não é acertado. Como já tivemos a oportunidade de explicar, com Raquel Cavalcanti Ramos Machado ("Sanções Penais Tributárias", em *Sanções Penais Tributárias,* coord. Hugo de Brito Machado, São Paulo/Fortaleza, Dialética/ICET, 2005, p. 440), o empregador que retém a contribuição previdenciária devida pelo empregado é um responsável tributário por substituição como qualquer outro. A dívida tributária é do empregador, como contraditoriamente foi admitido, em relação aos juros. Afinal, o inadimplemento é dele. Apenas a legislação impõe que parte do salário seja paga ao empregado, e outra parte, correspondente à contribuição, seja paga ao fisco. Mas são duas parcelas de uma dívida do empregador, que, ao se tornar inadimplente, não está se "apropriando" de nada. A prevalecer a tese consagrada no julgado acima transcrito, todas as hipóteses de substituição deveriam ter o mesmo tratamento, o que só mostra o absurdo a que a tese conduz.

**2. Limites à preferência do crédito trabalhista** – A finalidade da limitação, no caso, é a de evitar a prática de simulações, por meio das quais empregados em conluio com o patrão falido moviam reclamações trabalhistas pleiteando valores astronômicos, que eram pagos preferencialmente a quaisquer outros, e depois devolvidos sub-repticiamente ao empregador. O limite, dentro do qual o crédito trabalhista tem preferência, está hoje estabelecido em 150 salários mínimos por credor (Lei nº 11.101, de 9.2.2005, art. 83, I), não havendo qualquer limite para os créditos decorrentes de acidente de trabalho.

**3. Multa como crédito que prefere apenas ao subordinado** – É importante diferenciar, na falência, o tributo da penalidade pecuniária. Isso porque as preferências de que cuida o CTN aplicam-se apenas ao tributo, pois a multa prefere apenas aos créditos subordinados. Isso significa que, na falência, a Fazenda Pública terá preferência para receber o *tributo* (abaixo apenas do crédito trabalhista até 150 salários mínimos e do crédito com garantia real), mas o seu crédito relativo às penalidades será pago apenas depois de quitados todos os créditos quirografários. Isso significa que as multas alcançarão apenas o saldo que eventualmente sobrar, e que seria entregue aos sócios da empresa falida. Supera-se, com isso, a jurisprudência que determinava a pura e simples exclusão das multas do processo de falência (Súmula nº 565/STF), sob o argumento de que as mesmas recairiam sobre os credores, e não sobre os infratores, malferindo o princípio da pessoalidade da pena, tese que vinha sendo aplicada inclusive às multas moratórias (STJ, 2ª T., AgRg no REsp 604.128/MG, Rel. Min. Eliana Calmon, j. em 4/4/2006, *DJ* de 31/5/2006, p. 246).

**Art. 187.** A cobrança judicial do crédito tributário não é sujeita a concurso de credores ou habilitação em falência, recuperação judicial, concordata, inventário ou arrolamento.[1, 2] *(Redação dada pela LCP nº 118, de 2005)*

Parágrafo único. O concurso de preferência somente se verifica entre pessoas jurídicas de direito público, na seguinte ordem:[3]

I – União;

II – Estados, Distrito Federal e Territórios, conjuntamente e *pro rata*;

III – Municípios, conjuntamente e *pro rata*.

ANOTAÇÕES ───────────────────────────────

**1. Execução fiscal. Falência e respeito à ordem de preferências** – O disposto no art. 187 do CTN significa que, caso o devedor do tributo venha a falir, a Fazenda não precisará

# Art. 187

**Livro Segundo** · NORMAS GERAIS DE DIREITO TRIBUTÁRIO | **423**

participar da "execução coletiva" que é o processo de falência. Poderá exigir seu crédito por meio da ação de execução fiscal, normalmente. Mas é preciso cuidado para que isso não leve a situações que implicariam violação à ordem de preferências estabelecida entre os credores. A execução fiscal deve tramitar normalmente até a realização do leilão de bens. Alienados estes, porém, o produto obtido deve ser remetido ao juízo da falência, para que não seja prejudicada a ordem de preferências, independentemente de a execução fiscal haver sido proposta *antes* ou *depois* da quebra (STJ, 1ª S., EDIv no REsp 536.033-RS, *DJ* de 9/2/2005, p. 181, *RDDT* 115/226*)*. **No mesmo sentido:** "Na execução fiscal contra falido, o dinheiro resultante da alienação de bens penhorados deve ser entregue ao juízo da falência, para que se incorpore ao monte e seja distribuído, observadas as preferências e forças da massa" (STJ, Corte Especial, REsp 188.148-RS, Rel. Min. Humberto Gomes de Barros, *DJ* de 27/5/2002, p. 121).

**2. Não submissão a concurso de credores e (i)legitimidade da Fazenda Pública para requerer a falência do contribuinte** – Precisamente porque o crédito tributário não se submete a concurso de credores, não sendo atraído pelo "juízo universal" da falência, a Fazenda Pública não tem legitimidade ativa para requerer a falência do contribuinte inadimplente. Seria mesmo um contrassenso, evidente desvio de finalidade, que alguém pudesse provocar a instauração do processo de falência, sendo legalmente impedido de dele participar. A única finalidade do pedido seria, claramente, obliquamente coagir o sujeito passivo ao pagamento, em nítida "sanção política".

Em acórdão muito bem fundamentado, no qual inclusive compara essa técnica indireta de cobrança com uma outra, que é o protesto de CDA – que, realmente, contém os mesmos vícios – a Primeira Turma do Superior Tribunal de Justiça já se pronunciou pela ilegitimidade da Fazenda Pública para requerer a falência do contribuinte. É conferir: "[...] A presunção legal que reveste o título emitido unilateralmente pela Administração Tributária serve tão somente para aparelhar o processo executivo fiscal, consoante estatui o art. 38 da Lei nº 6.830/80. (Lei de Execuções Fiscais) [...] Dentro desse contexto, revela-se desnecessário o protesto prévio do título emitido pela Fazenda Pública. [...] Afigura-se impróprio o requerimento de falência do contribuinte comerciante pela Fazenda Pública, na medida em que esta dispõe de instrumento específico para cobrança do crédito tributário. [...] Ademais, revela-se ilógico o pedido de quebra, seguido de sua decretação, para logo após informar-se ao Juízo que o crédito tributário não se submete ao concurso falimentar, consoante dicção do art. 187 do CTN. [...] O pedido de falência não pode servir de instrumento de coação moral para satisfação de crédito tributário. A referida coação resta configurada na medida em que o art. 11, § 2º, do Decreto-lei 7.661/45 permite o depósito elisivo da falência. [...] Recurso especial improvido" (STJ, 1ª T., REsp 287.824/MG, Rel. Min. Francisco Falcão, j. em 20/10/2005, *DJ* de 20/2/2006, p. 205). **No mesmo sentido:** "[...] I – Sem embargo dos respcitávcis fundamcntos cm scntido contrário, a Scgunda Scção dccidiu adotar o cntendimento de que a Fazenda Pública não tem legitimidade, e nem interesse de agir, para requerer a falência do devedor fiscal. II – Na linha da legislação tributária e da doutrina especializada, a cobrança do tributo é atividade vinculada, devendo o fisco utilizar-se do instrumento afetado pela lei à satisfação do crédito tributário, a execução fiscal, que goza de especificidades e privilégios, não lhe sendo facultado pleitear a falência do devedor com base em tais créditos" (STJ, 2ª S., REsp 164.389/MG, *DJ* de 16/8/2004, p. 130).

Quanto ao protesto de CDA, porém, convém registrar que o Supremo Tribunal Federal o considera constitucional (ADI 5.135).

424 | CÓDIGO TRIBUTÁRIO NACIONAL – *Hugo de Brito Machado Segundo* **Art. 188**

**3. Ordem de preferências entre entes federativos** – Para Paulo de Barros Carvalho, a disposição do parágrafo único do art. 187 do CTN, que estabelece uma "hierarquia" entre os créditos da União, dos Estados-membros, e dos Municípios, é inconstitucional, por ofensa ao princípio federativo. Em suas palavras, "sua inconstitucionalidade ressalta ao primeiro súbito de vista. É flagrante, insofismável e vitanda, sob qualquer ângulo pelo qual pretendamos encará-la. Fere, de maneira frontal e grosseira, o magno princípio da isonomia das pessoas políticas de direito constitucional interno, rompendo o equilíbrio que o Texto Superior consagra e prestigia" (*Curso de Direito Tributário*, 12. ed., São Paulo: Saraiva, 1999, p. 484). O Supremo Tribunal Federal, porém, já sumulou o entendimento de que "o concurso de preferência a que se refere o parágrafo único, do art. 187 do Código Tributário Nacional, é compatível com o disposto no art. 9º, inciso I, da Constituição Federal". O art. 9º, I, a propósito, dizia respeito à Constituição de 1969, vigente à época da edição da Súmula.

**Art. 188.** São extraconcursais os créditos tributários decorrentes de fatos geradores ocorridos no curso do processo de falência.[1] *(Redação dada pela LCP nº 118, de 2005)*

§ 1º Contestado o crédito tributário, o juiz remeterá as partes ao processo competente, mandando reservar bens suficientes à extinção total do crédito e seus acrescidos, se a massa não puder efetuar a garantia da instância por outra forma, ouvido, quanto à natureza e valor dos bens reservados, o representante da Fazenda Pública interessada.[2]

§ 2º O disposto neste artigo aplica-se aos processos de concordata.[3]

ANOTAÇÕES ───────────────────────────────────────────

**1. Créditos decorrentes de fatos geradores ocorridos no curso do processo de falência** – Como se sabe, a teor do art. 186 do CTN, têm preferência sobre o tributário os créditos trabalhistas, nos termos e nos limites estabelecidos em lei, e o crédito com garantia real. Isso, entretanto, aplica-se aos créditos tributários relativos a fatos geradores ocorridos *antes* da falência. Caso seja decretada a falência, e no curso do processo a massa continue desempenhando atividades, os tributos daí decorrentes são crédito extraconcursal, vale dizer, devem ser pagos imediata e diretamente pela massa, sequer cogitando-se de sua preferência em relação aos demais, até mesmo aos trabalhistas, aos decorrentes de acidentes de trabalho etc.

**2. Questionamento do crédito e garantia** – A exigência de depósito em dinheiro, ou, se este não for possível, de que sejam reservados bens suficientes ao pagamento do crédito discutido, deve-se à circunstância de que o questionamento a respeito da validade do crédito pode demorar bastante para ser resolvido. Assim, poderia restar confirmada a validade do crédito quando já não existissem mais bens para satisfazê-lo, o que contrariaria a regra estabelecida no *caput* do art. 188 do CTN.

**3. Aplicação da regra à recuperação judicial** – Nos termos do § 2º do art. 188 do CTN, a natureza extraconcursal dos créditos tributários relativos a fatos geradores havidos após a falência aplica-se também àqueles posteriores à concessão da concordata, hoje conhecida

# Art. 190

**Livro Segundo** · NORMAS GERAIS DE DIREITO TRIBUTÁRIO | **425**

por *recuperação judicial*. Como observa Hugo de Brito Machado, nesse caso, a regra é até mais importante, visto que, na recuperação judicial, "com o prosseguimento dos negócios, o volume do crédito tributário há de ser bem mais significativo" (*Curso de Direito Tributário*, 20. ed., São Paulo: Malheiros, 2002, p. 206).

**Art. 189.** São pagos preferencialmente a quaisquer créditos habilitados em inventário ou arrolamento, ou a outros encargos do monte, os créditos tributários vencidos ou vincendos, a cargo do *de cujus* ou de seu espólio, exigíveis no decurso do processo de inventário ou arrolamento.

Parágrafo único. Contestado o crédito tributário, proceder-se-á na forma do disposto no § 1º do artigo anterior.

**Art. 190.** São pagos preferencialmente a quaisquer outros os créditos tributários vencidos ou vincendos, a cargo de pessoas jurídicas de direito privado em liquidação judicial ou voluntária, exigíveis no decurso da liquidação.[1, 2]

## ANOTAÇÕES

**1. Créditos exigíveis no decurso de inventário, arrolamento ou liquidação** – Hugo de Brito Machado observa que os arts. 189 e 190 referem-se ao "fim" (inventário, arrolamento, liquidação etc.) de um sujeito passivo que, em tese, é *solvente*. Assim, os tributos que forem exigidos ao longo do processo de liquidação (ou de inventário/arrolamento) deverão ser pagos com preferência absoluta, vale dizer, a transferência do patrimônio remanescente do sujeito passivo aos seus herdeiros, ou sócios (no caso de liquidação de sociedade) somente poderá ocorrer depois de pagos os tributos devidos. Aliás, segundo observa o citado autor, como se presume que o devedor é solvente, "a rigor não se coloca a questão das preferências no sentido de que alguns credores não receberão seus créditos, ou não os receberão por inteiro" (*Comentários ao Código Tributário Nacional*, São Paulo: Atlas, 2005, v. 3, p. 717).

Embora o art. 190 não faça remissão expressa a esse respeito, como faz o art. 189, parece-nos que, também no caso de liquidação, se o crédito tributário for objeto de contestação, deverá ser seguido o procedimento enunciado no § 1º do art. 188 do CTN.

**2. Liquidação de pessoa jurídica e responsabilidade de seus sócios** – A teor do art. 134, VII, do CTN, os sócios de sociedades de pessoas, *quando da liquidação destas*, respondem solidariamente pelos tributos por elas devidos, relativamente aos atos em que intervierem e às omissões pelas quais forem responsáveis. Assim, se a sociedade estiver em liquidação, mas não for observada a preferência de que cuida o art. 190 do CTN, pode-se falar em *irregularidade em sua liquidação*, sendo cabível responsabilizar o sócio ao qual se puder imputar a falta. Mas se a sociedade for liquidada regularmente, e adotar forma societária que limite a responsabilidade de seus membros, estes não poderão ser responsabilizados pelo pagamento de tributos cujo adimplemento não tenha sido possível. "A jurisprudência tem identificado como ato contrário à lei, caracterizados da responsabilidade pessoal do sócio-gerente, a dissolução irregular da sociedade, porque a presunção aí é de que os bens foram distraídos em benefício dos sócios ou de terceiros, num e noutro caso em detrimento dos credores; não se cogita, todavia, dessa responsabilidade, se a sociedade foi dissolvida

426 | CÓDIGO TRIBUTÁRIO NACIONAL – *Hugo de Brito Machado Segundo*                    **Art. 191**

regularmente, por efeito de insolvência civil processada nos termos da lei. [...]" (STJ, REsp no 45.366/SP, Rel. Min. Ari Pargendler, *DJ* de 28/6/1999)

**Art. 191.** A extinção das obrigações do falido requer prova de quitação de todos os tributos. *(Redação dada pela LCP nº 118, de 2005)*

**Art. 191-A.** A concessão de recuperação judicial depende da apresentação da prova de quitação de todos os tributos,[1] observado o disposto nos arts. 151, 205 e 206 desta Lei.[2] *(Incluído pela LCP nº 118, de 2005)*

## ANOTAÇÕES

**1. Irracionalidade e contraditoriedade da disposição do art. 191-A** – Parece-nos inteiramente contraditório, e por isso mesmo *irrazoável*, exigir a apresentação da certidão de quitação de todos os tributos como condição para a concessão de recuperação judicial. Isso porque uma das coisas que o requerente de uma recuperação judicial tem maior dificuldade em obter é precisamente a prova de quitação de todos os tributos, tanto que um dos efeitos da concessão de uma recuperação judicial é a "dispensa da apresentação de certidões negativas para que o devedor exerça as suas atividades, exceto para contratação com o Poder Público ou para recebimento de benefícios ou incentivos fiscais ou creditícios..." (Lei nº 11.101, de 9 de fevereiro de 2005, art. 52, inciso II). Ora, como se concebe que a concessão da recuperação judicial tenha como efeito liberar o contribuinte da apresentação de certidões, mas a apresentação destas seja condição *sine qua non* para a concessão da recuperação? Um verdadeiro *nonsense,* algo como o diretor de um lar de desabrigados afirmar que um prato de comida será fornecido gratuitamente apenas aos mendigos que já estiverem alimentados, ou o diretor do posto de saúde condicionar a liberação de medicamentos à comprovação, por parte de quem os irá tomar, de que não padece da doença a ser remediada.

Pode-se entender, porém, sobretudo em função da referência ao disposto no art. 151 do CTN, que o Juiz, para conceder a recuperação, poderá determinar primeiro a suspensão da exigibilidade de eventual crédito tributário que esteja a impedir o fornecimento da certidão de quitação. Para Sacha Calmon Navarro Coelho, o juiz terá de deferir, antes, o parcelamento de que cuida o art. 155-A, §§ 3º e 4º do CTN, pois "se para concessão da recuperação judicial será necessária a apresentação de certidão com efeitos negativos, o parcelamento deverá anteceder o deferimento da concessão; do contrário, um impedirá o outro" (*Curso de Direito Tributário Brasileiro,* 9. ed., Rio de Janeiro: Forense, 2006, p. 867). No mesmo sentido: Hugo de Brito Machado, *Comentários ao Código Tributário Nacional,* São Paulo: Atlas, 2005, v. 3, p. 730.

Mais recentemente, decidindo pela inexigibilidade de tais certidões como condição para concessão da recuperação judicial, confira-se: STJ, Corte Especial, REsp. 1.187.404.

**2. Prova de quitação e certidão positiva com efeito de negativa** – A remissão feita pelo art. 191-A do CTN aos arts. 151, 205 e 206 do CTN consiste em clara alusão à circunstância de que a prova de quitação, nesse caso, pode ser feita não só através da apresentação de "certidões negativas" (art. 205), mas também de "certidões positivas com efeito

**Art. 193**       **Livro Segundo** · NORMAS GERAIS DE DIREITO TRIBUTÁRIO | **427**

de negativa" (art. 206), sobretudo daquelas fornecidas diante de causas suspensivas da exigibilidade do crédito tributário (art. 151).

**Art. 192.** Nenhuma sentença de julgamento de partilha ou adjudicação será proferida sem prova da quitação[1] de todos os tributos relativos aos bens do espólio, ou às suas rendas.[2]

## ANOTAÇÕES

**1. Partilha, adjudicação e prova de quitação** – A prova de quitação a que se reporta o art. 192 do CTN pode ser feita por meio da apresentação de certidão negativa de débito. Essa certidão, convém notar, não deve dizer respeito apenas ao ITCD, mas a todos os tributos devidos pelo espólio (IPTU, IRPF etc.). Trata-se, de qualquer forma, de disposição sem muito relevo prático, pois os herdeiros, de qualquer sorte, respondem pelos tributos devidos pelo *de cujus,* e pelo espólio, nos termos do art. 131, II, do CTN.

**2. Disposição semelhante no CPC** – Em termos semelhantes aos do art. 192 do CTN, o art. 654 do CPC/2015 (no CPC/73, art. 1.026) dispõe que "pago o imposto de transmissão a título de morte e juntada aos autos certidão ou informação negativa de dívida para com a Fazenda Pública, o juiz julgará por sentença a partilha."

**Art. 193.** Salvo quando expressamente autorizado por lei, nenhum departamento da administração pública da União, dos Estados, do Distrito Federal, ou dos Municípios, ou sua autarquia, celebrará contrato ou aceitará proposta em concorrência pública sem que o contratante ou proponente faça prova da quitação[1] de todos os tributos devidos à Fazenda Pública interessada, relativos à atividade em cujo exercício contrata ou concorre.[2]

## ANOTAÇÕES

**1. Prova de quitação e certidão positiva com efeito de negativa** – A prova de quitação é feita não só através da apresentação de "certidões negativas", mas também de "certidões positivas com efeito de negativa", nos termos dos arts. 151, 205 e 206, do CTN.

**2. Prova de quitação e contratação com o Poder Público** – O art. 193 do CTN veicula norma semelhante àquela contida no art. 195, § 3º, da CF/88, relativamente à seguridade social. Vale ressaltar, porém, que a norma contida no CTN, diversamente do art. 195, § 3º, da CF, é dispositiva (admite lei em contrário), e exige prova de quitação apenas dos tributos devidos à Fazenda Pública interessada, relativos à atividade cujo exercício será objeto de contratação. É inteiramente descabida, portanto, a postura de muitos entes públicos, que exigem toda a sorte de certidões negativas dos participantes de licitações. Não há motivo, realmente, para que um contribuinte seja impedido de fornecer material de escritório ao Governo do Estado por conta de um débito de IPTU para com o Município correspondente. **Nesse sentido:** Paulo de Barros Carvalho, *Curso de Direito Tributário,* 12. ed., São Paulo: Saraiva, 1999, p. 487.

# TÍTULO IV
Administração Tributária

## Capítulo I
Fiscalização

**Art. 194.** A legislação tributária, observado o disposto nesta Lei, regulará, em caráter geral, ou especificamente em função da natureza do tributo de que se tratar, a competência e os poderes das autoridades administrativas em matéria de fiscalização[1] da sua aplicação.

Parágrafo único. A legislação a que se refere este artigo aplica-se às pessoas naturais ou jurídicas, contribuintes ou não,[2] inclusive às que gozem de imunidade tributária ou de isenção de caráter pessoal.[3]

## Anotações

**1. Atividade de fiscalização, legislação tributária e reserva de lei formal** – De acordo com o art. 194 do CTN, cabe à legislação tributária tratar da competência e dos poderes das autoridades, relativamente à fiscalização de sua aplicação. Na sistemática do Código, isso significa que, em princípio, a lei, e também o Decreto, a Portaria, a Instrução Normativa e outros atos infralegais de escalão ainda inferior podem cuidar do assunto. Mas o art. 194 do CTN não deve ser entendido com ignorância do disposto na Constituição, que, além de dispor, genericamente, a respeito da vinculação da Administração Pública ao princípio da legalidade (art. 37), e de garantir ao cidadão que este não será obrigado a fazer ou deixar de fazer alguma coisa senão em virtude de lei (art. 5º, II), prevê expressamente a vinculação da atividade de fiscalização à *lei* (CF/88, art. 145, § 1º).

Naturalmente, as diretrizes e especialmente os limites a serem observados pela atividade de fiscalização tributária devem ser estabelecidos em lei. Aspectos instrumentais, porém, que cuidam muito mais do funcionamento interno e da organização da própria repartição fiscal (*v. g.*, número de fiscais que compõem a equipe, tipos de formulários que devem ser utilizados etc.), podem ser fixados por atos infralegais. Daí a referência do CTN à *legislação.*

**2. Submissão à atividade de fiscalização e não contribuintes do tributo** – Até mesmo pessoas não contribuintes do tributo podem, em tese, ser fiscalizadas, até para que se

**Art. 195**  Livro Segundo · NORMAS GERAIS DE DIREITO TRIBUTÁRIO | **429**

verifique se realmente são "não contribuintes". Mas essa possibilidade tem limites, e deve ser vista com muitas cautelas. Não se pode exigir do cidadão um livro ou documento que este, precisamente por não ser contribuinte, não é obrigado a possuir (*v. g.*, exigir um demonstrativo do "estoque" de um contribuinte que apenas presta serviços advocatícios).

**3. Submissão à atividade de fiscalização e pessoas imunes ou isentas** – Em tese, as obrigações acessórias não estão diretamente ligadas a uma obrigação principal, específica, mas a todas as obrigações principais, a serem cumpridas por todos os contribuintes, vistas globalmente. Por isso, mesmo alguém não contribuinte, ou imune, ou isento, pode ser obrigado a fazer, não fazer ou tolerar algo no interesse da fiscalização e da arrecadação tributárias. Mas daí não se conclua que o Poder Público pode exigir qualquer coisa de qualquer pessoa. Não. É preciso que a exigência seja *adequada, necessária* e *não excessiva,* ou *proporcional em sentido estrito,* para chegar à finalidade a que se destina. Obrigar alguém que nada sabe, e nada tem como saber, a prestar informação irrelevante, é seguramente inconstitucional, por desproporcionalidade, embora aparentemente possa ser considerado como amparado no art. 194, parágrafo único, do CTN.

**Art. 195.** Para os efeitos da legislação tributária, não têm aplicação quaisquer disposições legais excludentes ou limitativas do direito de examinar mercadorias, livros, arquivos, documentos, papéis e efeitos comerciais ou fiscais, dos comerciantes, industriais ou produtores, ou da obrigação destes de exibi-los.[1, 2, 3]

Parágrafo único. Os livros obrigatórios de escrituração comercial e fiscal e os comprovantes dos lançamentos neles efetuados serão conservados até que ocorra a prescrição[4, 5] dos créditos tributários decorrentes das operações a que se refiram.

## ANOTAÇÕES

**1. Dever de exibição e apreensão de livros e documentos** – "A mensagem do art. 195, do CTN, não autoriza a apreensão de livros e documentos pela fiscalização, sem autorização judicial" (STJ, 1ª T., Rel. Min. José Delgado, REsp 300.065/MG, *DJ* de 18/6/2001, p. 117). **Em sentido contrário:** "Os documentos e livros que se relacionam com a contabilidade da empresa não estão protegidos por nenhum tipo de sigilo e são, inclusive, de apresentação obrigatória por ocasião das atividades fiscais. II. Tendo em vista o poder de fiscalização assegurado aos agentes fazendários e o caráter público dos livros contábeis e notas fiscais, sua apreensão, durante a fiscalização, não representa nenhuma ilegalidade. Precedente. III. Ordem denegada" (STJ, 5ª T., HC 18.612/RJ, Rel. Min. Gilson Dipp, j. em 17/12/2002, *DJ* de 17/3/2003, p. 244). É preciso ressaltar, porém, que este último acórdão tratava de *habeas corpus,* não tendo sido examinadas as circunstâncias nas quais os livros foram apreendidos (se em violação a domicílio etc.). Até porque, em sede de *habeas corpus,* o STJ não analisa tais questões: "Consoante entendimento desta Corte (RHC 3.931/RJ, Rel. Min. Vicente Leal, *DJ* 11/3/96), exarado em caso análogo ao dos autos, a controvérsia acerca do caráter ilícito das provas que embasam a denúncia não comporta apreciação em sede de *habeas corpus,* por demandar ampla dilação probatória. [...] Hipótese dos autos em que restou evidenciado que os documentos apreendidos na empresa dos pacientes não foram o único sustentáculo para a ação penal, a qual se embasou em outros elementos de convicção, tais como os documentos obtidos com a quebra do sigilo bancário, deferida por ordem judicial" (STJ, 5ª T., RHC 8.560/RJ, Rel. Min. José Arnaldo da Fonseca, j. em 15/6/1999, *DJ* de 16/8/1999 p. 79).

**2. Exibição de livros e documentos e extraterritorialidade** – Em regra, a obrigação de exibir os livros, arquivos, documentos etc. não pode ser exigida de sujeito passivo que não esteja situado nos limites da jurisdição do ente tributante correspondente. Julgando caso em que o Município de São Paulo pretendia fiscalizar fatos ocorridos no território de outros entes federados, o STJ decidiu que "a fiscalização municipal deve restringir-se à sua área de competência e jurisdição". Em seu voto, o Min. relator afirmou que "o artigo 195, do CTN, deve ser interpretado de forma sistemática, em harmonia com os princípios que norteiam o ordenamento jurídico-tributário. Ao permitir a exigência pretendida pelo Município de São Paulo estar-se-ia concedendo poderes ao fisco municipal de fiscalizar fatos ocorridos no território de outros entes federados, inviabilizando, inclusive, que estes exerçam o seu direito de fiscalizar seus próprios contribuintes. Portanto, a fiscalização municipal deve restringir-se à sua área de competência e jurisdição (art. 37, XVIII, da CF)" (STJ, 2ª T., REsp 73.086/SP, Rel. Min. João Otávio de Noronha, j. em 17/6/2003, *DJ* de 30/6/2003, p. 160).

**3. Dever de exibição de livros não obrigatórios** – Logicamente, o contribuinte somente está obrigado a fazê-lo em relação aos livros que *por lei* sejam exigíveis. Por isso mesmo, "as empresas que são contribuintes do Imposto de Renda com base no lucro presumido não estão obrigadas ao fornecimento de informações, perante o Fisco Federal, de sua escrita contábil. [...]" (TRF 5ª R., 3ª T., AMS 93.05.41294-7-CE, Rel. Juiz Nereu Santos, *DJ* de 28/7/1995, p. 46.954).

**4. Dever de exibição de livros e decadência** – Se os fatos documentados nos livros dizem respeito a período já atingido pela decadência, não se pode considerar crime a conduta de não os apresentar: "Como os documentos fiscais não entregues à Fazenda Pública, *in casu*, dizem respeito a período já atingido pela decadência, impõe-se o reconhecimento da inexistência de obrigatoriedade na sua apresentação. Por conseguinte, não se verifica a perfeita adequação da conduta praticada ao tipo penal. 2. Recurso provido, para trancar a ação penal, ante a ausência de justa causa" (STJ, 5ª T., RHC 10.676/SC, Rel. Min. Edson Vidigal, j. em 6/2/2001, v. u., *DJ* de 12/3/2001, p. 155).

Com a devida vênia, em função do direito fundamental que assiste a todo acusado de não se autoincriminar, parece-nos que nem em relação a livros inerentes a períodos não caducos a recusa de apresentação poderia ser considerada um *ilícito penal*, sobretudo em função do direito fundamental que assiste a todo acusado de não se auto-incriminar (Cf. "Sanções Penais Tributárias", em *Sanções Penais Tributárias,* coord. Hugo de Brito Machado, São Paulo: Dialética, 2005, p. 426 e principalmente 444).

Se se trata de período ainda não atingido pela decadência, e não se cogita da prática de crime, há o dever jurídico de exibir os livros: "1. É questão assente neste tribunal que nos tributos sujeitos a lançamento por homologação, categoria na qual se inserem o IRPJ e a CSLL, ocorrendo pagamento antecipado, conta-se o prazo decadencial para a constituição do crédito tributário a partir da ocorrência do fato gerador (RESP nº 183.603/SP, 2ª Turma, Rel. Min. Eliana Calmon, *DJ* de 13/8/2001). 2. Conforme narra o aresto recorrido, os fatos geradores dos tributos relativos ao IRPJ e à CSLL ocorreram no ano-base de 1995, tendo a recorrente recebido o Termo de Solicitação para a exibição do Livro de Apuração do Lucro

**Art. 196** Livro Segundo · NORMAS GERAIS DE DIREITO TRIBUTÁRIO | **431**

Real no ano de 1999, portanto, antes de consumado o prazo decadencial. Desse modo, persiste o dever do contribuinte de preservar e exibir o referido livro, consoante prevê o art. 195 do CTN, eis que os créditos tributários decorrentes das operações a que se refere ainda não foram alcançados pela decadência" (STJ, 1ª T., REsp 643.329/PR, Rel. Min. José Delgado, j. em 21/9/2004, *DJ* de 18/10/2004, p. 195).

**5. Conservação de livros em microfilmes. Impossibilidade** – Há aresto do STJ afirmando que não atende à exigência do art. 195 do CTN a conservação dos livros apenas em microfilmes (com a destruição dos originais): "Decidindo pela inadmissibilidade da destruição dos originais de documentos, até que ocorra a prescrição dos créditos tributários decorrentes das respectivas operações, mesmo que extraídas cópias, mas sem o cumprimento das exigências fiscais, o acórdão recorrido não afrontou dispositivos de lei federal" (STJ, 2ª T., REsp 63.585/DF, Rel. Min. Hélio Mosimann, j. em 16/6/1998, *DJ* de 31/8/1998, p. 54).

**Art. 196.** A autoridade administrativa que proceder ou presidir a quaisquer diligências de fiscalização lavrará os termos necessários para que se documente o início do procedimento,[1, 2] na forma da legislação aplicável, que fixará prazo máximo[3] para a conclusão daquelas.[4]

Parágrafo único. Os termos a que se refere este artigo serão lavrados, sempre que possível, em um dos livros fiscais exibidos; quando lavrados em separado deles se entregará, à pessoa sujeita à fiscalização, cópia autenticada pela autoridade a que se refere este artigo.

## ANOTAÇÕES

**1. Termo do início do procedimento de fiscalização** – Em função dos princípios da impessoalidade e da moralidade administrativas, e do caráter plenamente vinculado da atividade administrativa tributária, o termo que documenta o início de uma fiscalização deve discriminar, com o maior detalhamento possível, os fatos que serão objeto de verificação. Os tributos cujo adimplemento será verificado, o período abrangido, etc. Como se tudo isso não bastasse, há ainda o parágrafo único do art. 138 do CTN, em face do qual não há espontaneidade após o início de um procedimento de fiscalização *relativo à infração praticada*. É o que doutrina Adelmo da Silva Emerenciano: "O princípio da objetividade exige também que o termo de início da fiscalização delimite o objeto a ser fiscalizado, também em homenagem ao princípio da segurança jurídica, e, tratando-se de ato administrativo, em atendimento à causa e à finalidade. Não bastasse tal incidência, a norma contida no art. 138 do CTN assegura a exclusão de responsabilidade, na denúncia espontânea, da infração e dos juros de mora. Ora, o fim colimado previsto no parágrafo único do referido artigo, consistente em admitir a exclusão somente ao que não é objeto da fiscalização, impõe, por decorrência lógica, que os objetivos da fiscalização sejam definidos e delimitados. Desse modo, não há espaço na área das condutas administrativas válidas para fiscalizações genéricas e de objetivo ou conteúdo incertos" (*Procedimentos Fiscalizatórios e a Defesa do Contribuinte,* Campinas: Copola, 1995, p. 174).

**2. Termo de início e repetição de fiscalização** – A necessidade de edição de um termo de início de fiscalização devidamente fundamentado está presente, com maior razão ainda, quando se trata de nova fiscalização sobre um mesmo período, já fiscalizado anteriormente. A esse respeito, o Conselho de Contribuintes do Ministério da Fazenda já decidiu que, "em relação ao mesmo exercício, só é possível um segundo exame, mediante ordem escrita do Superintendente, do Delegado ou do Inspetor da Receita Federal (Lei nº 2.354, de 1954, art. 7º, 2º, e Lei nº 3.740, de 1958, art. 34). [...]" (Trecho do Acórdão nº 104-18.938 da 4ª Câmara do 1º Conselho de Contribuintes, Relator-Designado Nelson Mallmann, *DOU* 1 de 28/11/2002, p. 287, *Jurisprudência IOB IR*, Anexo ao Bol. 6/2003, p. 1 e 2). Confira-se, ainda, Francisco José Soares Feitosa, "Do direito de fiscalizar: quantas vezes? Do direito de refazer o auto de infração", em *RDDT* 37/46. Para esse autor, em face do art. 146 do CTN, uma nova fiscalização sobre o mesmo período, em tese, não é possível, senão na hipótese de que cuida o art. 149, IX, do CTN, ou seja, "quando se comprove que, no lançamento anterior, ocorreu fraude ou falta funcional da autoridade que o efetuou, ou omissão, pela mesma autoridade, de ato ou formalidade essencial".

**3. Descumprimento do prazo para conclusão de Fiscalização** – O Conselho de Contribuintes do Ministério da Fazenda considera que a ultrapassagem do prazo concedido para a conclusão de uma fiscalização não é causa para nulidade dos atos praticados. O único efeito do escoamento do prazo é a reaquisição, pelo contribuinte, da condição de "espontaneidade", para os fins do art. 138 do CTN, situação que perdura até que novo ato seja editado no sentido de que se dê continuidade à fiscalização. Conforme tem decidido o Conselho de Contribuintes do Ministério da Fazenda, "ultrapassado o prazo de sessenta dias sem qualquer ato de prorrogação do prazo de fiscalização, o contribuinte readquire o direito de recolher o imposto sem o acréscimo da multa no percentual de 75% sobre o valor do imposto devido (art. 138 do C.T.N)" (CC, 6ª C., processo 19515.000685/2004-54, j. em 6/7/2005, v. u., <www.conselhos.fazenda.gov.br>).

Em **sentido contrário,** o Tribunal de Justiça do Estado do Ceará já considerou que é possível prorrogar o prazo de uma fiscalização, desde que por ato escrito e devidamente fundamentado; sem esse ato de prorrogação, porém, todos os atos posteriores, inclusive o próprio lançamento, são nulos. É conferir: "as diligências fiscais, como poder-dever do Estado, devem ser concluídas dentro do prazo legal, só podendo ser prorrogadas por ato devidamente motivado da autoridade competente. [...] A repetição de referidas diligências, sem observância dos prazos legais e autorizadas por ato imotivado, constitui desvio de poder ou de finalidade, acarretando nulidade do ato viciado por manifesta ilegalidade. [...] Segurança concedida" (Ac. un. do Pleno do TJ/CE, MS 5.036 – Rel. Des. Fernando Luiz Ximenes Rocha, *RT* 13/95, p. 286).

**4. Descumprimento do prazo para conclusão de Fiscalização e nulidade** – O Conselho de Contribuintes do Ministério da Fazenda considera que a ultrapassagem do prazo concedido para a conclusão de uma fiscalização não é causa para nulidade dos atos praticados. O único efeito do escoamento do prazo é a reaquisição, pelo contribuinte, da condição de "espontaneidade", para os fins do art. 138 do CTN, situação que perdura até que novo ato seja editado no sentido de que se dê continuidade à fiscalização. Conforme tem decidido o Conselho de Contribuintes do Ministério da Fazenda, "ultrapassado o prazo de sessenta dias sem qualquer ato de prorrogação do prazo de fiscalização, o contribuinte readquire o direito de recolher o imposto sem o acréscimo da multa no percentual de 75% sobre o valor do imposto devido (art. 138 do C.T.N)" (CC, 6ª C., processo 19515.000685/2004-54, j. em 6/7/2005, v. u., www.conselhos.fazenda.gov.br).

# Art. 197

**Livro Segundo** · NORMAS GERAIS DE DIREITO TRIBUTÁRIO | **433**

**Art. 197.** Mediante intimação escrita, são obrigados a prestar à autoridade administrativa todas as informações de que disponham com relação aos bens, negócios ou atividades de terceiros:

I – os tabeliães, escrivães e demais serventuários de ofício;

II – os bancos, casas bancárias, Caixas Econômicas e demais instituições financeiras;[1, 2]

III – as empresas de administração de bens;

IV – os corretores, leiloeiros e despachantes oficiais;

V – os inventariantes;

VI – os síndicos, comissários e liquidatários;

VII – quaisquer outras entidades ou pessoas que a lei designe, em razão de seu cargo, ofício, função, ministério, atividade ou profissão.

Parágrafo único. A obrigação prevista neste artigo não abrange a prestação de informações quanto a fatos sobre os quais o informante esteja legalmente obrigado a observar segredo em razão de cargo, ofício, função, ministério, atividade ou profissão.

## Anotações

**1. Art. 197 do CTN e sigilo bancário** – Em face do art. 197, II, do CTN, as autoridades fiscais poderiam requisitar diretamente dos bancos os dados relativos às contas e às movimentações dos contribuintes. Tal disposição, contudo, não era considerada aplicável, em face da Constituição, e da Lei nº 4.595/64, sendo considerada indispensável a existência de ordem judicial. Só com o advento da LC nº 105/2001 a quebra requerida diretamente pela autoridade ter-se-ia tornado possível, nos termos da citada lei. "I – O artigo 197 do CTN indica a possibilidade de quebra de sigilo bancário, mas tal possibilidade não mais pôde vigorar, em face do princípio da privacidade, constante dos incisos X e XII do art. 5º da Constituição Federal de 1988. II – A determinação da quebra de sigilo bancário deve ser feita por meio de decisão judicial fundamentada, à consideração de que a inviolabilidade de dados consagrado como direito à privacidade é constitucionalmente garantido, nos termos dos supracitado dispositivo constitucional. [...]" (STJ, 1ª T., REsp 705.340/PR, Rel. Min. Francisco Falcão, j. em 16/2/2006, *DJ* de 6/3/2006, p. 198). **No mesmo sentido:** "Na vigência do art. 38 da Lei 4.595/96 não era possível a quebra do sigilo bancário no curso do processo administrativo sem a manifestação de autoridade judicial, e muito menos por simples solicitação da autoridade administrativa ou do Ministério Público. [...] A LC nº 105/2001 e a Lei nº 10.174/2001, que permitem a quebra do sigilo bancário pela autoridade fiscal, desde que consistentemente demonstradas as suspeitas e a necessidade da medida, não têm aplicação a fatos ocorridos em 1998, sob pena de se violar o princípio da irretroatividade das leis. [...]" (STJ, 2ª T., REsp 608.053/RS, Rel. Min. Peçanha Martins, j. em 6/12/2005, *DJ* de 13/2/2006, p. 741).

O STF chegou a considerar inconstitucionais, em julgamento isolado, as disposições da LC 105/2001 que autorizam a quebra do sigilo bancário diretamente por parte da autoridade administrativa, sem prévia autorização judicial: "SIGILO DE DADOS – AFASTAMENTO.

**434** | CÓDIGO TRIBUTÁRIO NACIONAL – *Hugo de Brito Machado Segundo* **Art. 198**

Conforme disposto no inciso XII do artigo 5º da Constituição Federal, a regra é a privacidade quanto à correspondência, às comunicações telegráficas, aos dados e às comunicações, ficando a exceção – a quebra do sigilo – submetida ao crivo de órgão equidistante – o Judiciário – e, mesmo assim, para efeito de investigação criminal ou instrução processual penal. SIGILO DE DADOS BANCÁRIOS – RECEITA FEDERAL. Conflita com a Carta da República norma legal atribuindo à Receita Federal – parte na relação jurídico-tributária – o afastamento do sigilo de dados relativos ao contribuinte" (STF, Pleno, RE 389.808, Rel. Min. Marco Aurélio, j. em 15/12/2010, *DJe*-086, de 10/05/2011).

Posteriormente, contudo, a Corte apreciou a matéria (ADIs 2.386, 2.397, 2.859 e RE 601.314), e considerou constitucionais as disposições legais impugnadas.

**2. Quebra de sigilo, LC nº 105/2001 e direito intertemporal** – Como a norma relativa ao sigilo bancário diz respeito aos poderes de investigação da autoridade administrativa, a LC nº 105/2001 (caso seja considerada válida – confira-se nota anterior) pode ser aplicada imediatamente, a procedimentos de fiscalização em curso, sem que se esteja a violar a garantia da irretroatividade das leis. Incide, no caso, a disposição – meramente didática – do art. 144, § 1º, do CTN: "1. Doutrina e jurisprudência, sob a égide da CF 88, proclamavam ser o sigilo bancário corolário do princípio constitucional da privacidade (inciso XXXVI do art. 5º), com a possibilidade de quebra por autorização judicial, como previsto em lei (art. 38 da Lei nº 4.595/96). 2. Mudança de orientação, com o advento da LC nº 105/2001, que determinou a possibilidade de quebra do sigilo pela autoridade fiscal, independentemente de autorização do juiz, coadjuvada pela Lei nº 9.311/96, que instituiu a CPMF, alterada pela Lei nº 10.174/2001, para possibilitar aplicação retroativa. 3. Afasta-se a tese do direito adquirido para, encarando a vedação antecedente como mera garantia e não princípio, aplicar-se a regra do art. 144, § 1º, do CTN que pugna pela retroatividade da norma procedimental. [...]" (STJ, 2ª T., REsp 691.601/SC, Rel. Min. Eliana Calmon, j. em 8/11/2005, *DJ* de 21/11/2005, p. 190).

**Art. 198.** Sem prejuízo do disposto na legislação criminal, é vedada a divulgação, por parte da Fazenda Pública ou de seus servidores, de informação obtida em razão do ofício sobre a situação econômica ou financeira do sujeito passivo ou de terceiros e sobre a natureza e o estado de seus negócios ou atividades. *(Redação dada pela LCP nº 104, de 10.1.2001)*

§ 1º Excetuam-se do disposto neste artigo, além dos casos previstos no art. 199, os seguintes: *(Redação dada*[1] *pela LCP nº 104, de 10.1.2001)*

I – requisição de autoridade judiciária no interesse da justiça; *(Incluído pela LCP nº 104, de 10.1.2001)*

II – solicitações de autoridade administrativa no interesse da Administração Pública, desde que seja comprovada a instauração regular de processo administrativo, no órgão ou na entidade respectiva, com o objetivo de investigar o sujeito passivo a que se refere a informação, por prática de infração administrativa. *(Incluído pela LCP nº 104, de 10.1.2001)*[2, 3]

**Art. 198**  Livro Segundo · NORMAS GERAIS DE DIREITO TRIBUTÁRIO | **435**

§ 2° O intercâmbio de informação sigilosa, no âmbito da Administração Pública, será realizado mediante processo regularmente instaurado, e a entrega será feita pessoalmente à autoridade solicitante, mediante recibo, que formalize a transferência e assegure a preservação do sigilo. *(Incluído pela LCP n° 104, de 10.1.2001)*

§ 3° Não é vedada a divulgação de informações relativas a: *(Incluído pela LCP n° 104, de 10.1.2001)*[4],[5]

I – representações fiscais para fins penais; *(Incluído pela LCP n° 104, de 10.1.2001)*

II – inscrições na Dívida Ativa da Fazenda Pública; *(Incluído pela LCP n° 104, de 10.1.2001)*[6]

III – parcelamento ou moratória. *(Incluído pela LCP n° 104, de 10.1.2001)*

## ANOTAÇÕES

**1. Alteração destinada a esvaziar a garantia do sigilo fiscal** – A redação anterior do parágrafo primeiro do art. 198, então parágrafo único, era: "Excetuam-se do disposto neste artigo, unicamente, os casos previstos no artigo seguinte e os de requisição regular da autoridade judiciária no interesse da justiça." Em outras palavras, as informações relativas ao patrimônio e às atividades do contribuinte somente poderiam ser levadas ao conhecimento de terceiros em caso de: *(i)* requisição judicial; ou *(ii)* colaboração entre fazendas (art. 199). As "divulgações" de que cuida o § 3° do art. 198, inteiramente desnecessárias, não existiam, assim como também não era possível a "troca" de informações entre autoridades da administração, ainda que não relacionadas com a tributação.

**2. Requisição por autoridade administrativa. Possível inconstitucionalidade** – Pelo que se apreende do art. 198, § 1°, II e § 2°, o sigilo fiscal do contribuinte pode ser "transferido" não só para o Poder Judiciário, mediante requisição, mas também a quaisquer outras autoridades da administração pública (autoridades ambientais, policiais, de fiscalização do trabalho etc.), tudo isso independentemente de ordem judicial, o que é simplesmente absurdo. Ainda que justificável e válida a quebra de sigilo bancário levada a efeito pela LC n° 105/2001, a demasiada extensão ao uso desses dados, nos termos da atual redação do art. 198 do CTN, implica violação da garantia do sigilo fiscal, sendo inconstitucional sob todos os aspectos.

**3. Requisição por autoridade administrativa. Inaplicabilidade ao servidor público** – O art. 3°, § 1°, da LC n° 105/2001, dispõe que "dependem de prévia autorização do Poder Judiciário a prestação de informações e o fornecimento de documentos sigilosos solicitados por comissão de inquérito administrativo destinada a apurar responsabilidade de servidor público por infração praticada no exercício de suas atribuições, ou que tenha relação com as atribuições do cargo em que se encontre investido". Segundo o citado parágrafo, como se vê, os integrantes do Poder Público, no que diz respeito às suas atribuições públicas, têm direito a que seu sigilo somente seja quebrado por meio do Poder Judiciário. Cidadãos, contudo, titulares do direito à individualidade, à intimidade e à privacidade, podem ter suas informações bancárias vasculhadas independentemente de interferência judicial. E, o que é

**436** | CÓDIGO TRIBUTÁRIO NACIONAL – *Hugo de Brito Machado Segundo*     **Art. 198**

pior: podem ter essas informações vasculhadas pela autoridade tributária, e depois "parti-lhadas" com todos os demais setores da administração pública. Parece haver aí violação ao princípio da isonomia e inversão completa do princípio da publicidade.

**4. Divulgação de informações. Possível inconstitucionalidade** – A regra do art. 198, § 3º do CTN é completamente desnecessária e, a nosso ver, inconstitucional, por representar violação ao sigilo fiscal. Note-se que a principal justificativa para se defender a validade da quebra do sigilo bancário pela própria autoridade administrativa, independentemente de autorização judicial, é o fato de que não se trataria de uma "quebra", mas de uma "transfe-rência". Ora, ao autorizar a "divulgação" de informações, nos três casos que arrola, o dispo-sitivo em comento esvazia não só o sigilo fiscal, mas o próprio sigilo bancário "transferido" à administração. Não se pode esquecer, no caso, que o sigilo fiscal tem fundamento em importantes princípios constitucionais, notadamente nos que protegem a livre iniciativa, a livre concorrência, a propriedade e a intimidade.

**5. Divulgação de informações. Desnecessidade** – Note-se que o art. 198, § 3º do CTN não autoriza apenas a transferência das informações necessárias ao Ministério Público, ou à autoridade que irá conceder uma moratória, mas a divulgação de toda e qualquer informa-ção, sempre que o contribuinte sofrer representação para fins penais, tiver débito inscrito em dívida ativa ou for beneficiado com parcelamento. Qual a necessidade de tais disposi-ções? Nenhuma. Dar publicidade a um ato de inscrição em dívida, em certos casos, poderia se justificar em função da presunção de fraude de que cuida o art. 185 do CTN, a fim de resguardar o direito de terceiros, mas esses terceiros se podem resguardar simplesmente exigindo, quando da aquisição de bens, a respectiva certidão negativa da dívida ativa. No caso de parcelamento e de representação fiscal para fins penais, então, não há nada, ab-solutamente nada, que legitime a divulgação: só o inconfessável propósito de constranger o contribuinte, tornando público que o mesmo poderá ser denunciado, ou que tem parce-lamentos perante o fisco. Conquanto antiga, e logicamente anterior à LC nº 104/2001, a seguinte decisão bem expressa a natureza indesejável e injurídica de tais "divulgações": "Não se admite, na forma da lei, a qualquer pretexto, a divulgação pública da situação econômica-financeira dos sujeitos passivos em relação à Fazenda Pública. Tal ato, cometido pelo Poder Público, tem conotação execrante ou de descrédito, não admitido pela lei" (STJ, 1ª T., RMS 800/GO, Rel. Min. Pedro Acioli, j. em 10/4/1991, *DJ* de 5/8/1991, p. 9972).

**6. Divulgação de informações e protesto de CDA** – A permissão de divulgação, no caso, certamente pode ser justificada com a necessidade de o Poder Público dar publicidade ao fato de existirem débitos inscritos em dívida ativa, fornecendo a quem o requerer certidões positivas, vale dizer, que indiquem a existência de inscrições. Na mesma toada, o Poder Público tem usado do instrumento do protesto de CDA, o qual pressupõe, naturalmente, a possibilidade de se tornar pública a existência de um débito inscrito em dívida ativa.

Quanto a isso, convém notar que a autorização, assim, diz respeito à divulgação da inscrição, e do débito tributário inscrito, não dos dados bancários do contribuinte que eventualmente tenham sido usados como fundamento para a feitura do lançamento correspondente.

Quanto ao protesto de CDA, trata-se de uma forma oblíqua e abusiva de cobrar o crédito tributário, em evidente desvio de finalidade. O protesto de uma dívida presta-se para tor-nar público e incontroverso o inadimplemento do dever principal, permitindo, assim, que o credor acione os chamados "coobrigados", como os endossantes de um título de crédito,

# Art. 199

**Livro Segundo** · NORMAS GERAIS DE DIREITO TRIBUTÁRIO | **437**

por exemplo. No caso da dívida tributária, a mora e a responsabilidade de terceiros decorrem da lei, não havendo a necessidade de protesto senão para constranger o devedor. Em se tratando de particulares, o protesto indevido gera direito à indenização, a qual pode ser cobrada do causador do dano com o uso dos mesmos instrumentos coercitivos, algo que não se verifica em face da Fazenda Pública. Apesar disso, o Supremo Tribunal Federal considerou válido o protesto de CDA. Julgando procedente, em decisão não unânime, a ADI 5.135, o STF considerou que o "protesto das certidões de dívida ativa constitui mecanismo constitucional e legítimo por não restringir de forma desproporcional quaisquer direitos fundamentais garantidos aos contribuintes e, assim, não constituir sanção política".

**Art. 199.** A Fazenda Pública da União e as dos Estados, do Distrito Federal e dos Municípios prestar-se-ão mutuamente assistência para a fiscalização dos tributos respectivos e permuta de informações, na forma estabelecida, em caráter geral ou específico, por lei ou convênio.[1]

Parágrafo único. A Fazenda Pública da União, na forma estabelecida em tratados, acordos ou convênios, poderá permutar informações com Estados estrangeiros no interesse da arrecadação e da fiscalização de tributos. *(Incluído pela LCP nº 104, de 10.1.2001)*

## Anotações

**1. Cooperação e prova emprestada** – Com fundamento no art. 199 do CTN, o STJ já reputou válida a utilização de *prova emprestada* na feitura do lançamento tributário (o Fisco Federal valeu-se de auto de infração de ICMS para efetuar lançamento de imposto de renda, baseado nos mesmos fatos). Entendeu o STJ que o art. 199 do CTN "preconiza a assistência mútua entre as entidades tributantes e estabelece que a utilização de informações e o aproveitamento de atos de fiscalização entre as pessoas jurídicas de direito público deva ser realizado através de lei ou de convênio. Tal requisito se manifesta por meio do artigo 658 do Regulamento do Imposto de Renda – Decreto nº 85.450/80 – atualmente art. 936 do Decreto nº 3.000/99". Tal artigo do RIR "estabelecia que 'são obrigados a auxiliar a fiscalização, prestando informações e esclarecimentos que lhe forem solicitados, cumprindo ou fazendo cumprir as disposições deste Regulamento e permitindo aos fiscais de tributos federais colher quaisquer elementos necessários à repartição, todos os órgãos da Administração Federal, Estadual e Municipal, bem como as entidades autárquicas, paraestatais e de economia mista'." Com base nessas premissas, entendeu a 2ª Turma do STJ que não há ilegalidade no lançamento de tributo federal efetuado com base em lançamento de tributo estadual, colhido como prova emprestada, "ainda mais se a autuação realizada pelo Fisco Federal obedeceu às formalidades legais, dando direito de ampla defesa ao contribuinte. Consoante entendimento do Supremo Tribunal Federal, não se pode negar valor probante à prova emprestada coligida mediante a garantia do contraditório (*RTJ* 559/265)" (STJ, 2ª T., REsp 81.094/MG, Rel. Min. Castro Meira, j. em 5/8/2004, *DJ* de 6/9/2004, p. 187). **Em sentido contrário:** "Em relação à capacidade tributária ativa, completa o CTN a previsão no art. 199, ao autorizar que as pessoas jurídicas de direito público interno (União,

**438** | CÓDIGO TRIBUTÁRIO NACIONAL – *Hugo de Brito Machado Segundo*     **Art. 200**

Estados, Distrito Federal e Municípios) prestem-se mútua assistência para efeito de fiscalização e informação, embora deixe claro que se faça por meio de lei ou convênio. A exigência de lei ou convênio se faz necessária porque a cooperação importa em quebra do sigilo funcional, visto que há a transmissão de informações obtidas através de determinadas ações fiscais." Assim, como no caso em julgamento entendeu-se que não havia lei nem convênio autorizando a cooperação, decidiu-se que "não poderia o Fisco Federal valer-se de infração lavrada pela Fazenda Estadual para imputar omissão de receita da empresa recorrida. É bem verdade que, a partir das informações do Fisco Estadual, poderia haver investigações dirigidas para, com as suas próprias provas, chegar-se à conclusão de que houve omissão de receita". Não tendo havido tais investigações, a prova emprestada do Fisco Estadual pela Receita Federal "se mostra inservível para comprovar omissão de receita" (STJ, 2ª T., REsp 310.210/MG, Rel. Min. Eliana Calmon, j. em 20/8/2002, *DJ* de 4/11/2002, p. 179).

**Art. 200.** As autoridades administrativas federais poderão requisitar o auxílio da força pública federal, estadual ou municipal, e reciprocamente, quando vítimas de embaraço[1] ou desacato no exercício de suas funções, ou quando necessário à efetivação de medida prevista na legislação tributária, ainda que não se configure fato definido em lei como crime ou contravenção.

## ANOTAÇÕES

**1. Requisição de força pública e inviolabilidade do domicílio** – O art. 200 do CTN deve ser entendido à luz da Constituição, que consagra como direito fundamental a inviolabilidade de domicílio, conceito no qual se insere o estabelecimento comercial, relativamente à parte não aberta ao público (Pontes de Miranda, *Comentários à Constituição de 1967*, 2. ed., São Paulo: Revista dos Tribunais, 1971, t. IV, p. 185), e também o sigilo da correspondência e das comunicações telegráficas, e de dados e das comunicações telefônicas. "Tais garantias constitucionais impõem limitações ao alcance do art. 200, do Código Tributário Nacional, que há de ser então interpretado de conformidade com a Constituição. Assim, a autorização de requisição da força pública, diretamente pela autoridade administrativa, fica restrita às hipóteses na quais o mesmo pode ser validamente aplicado. Entre elas, para garantir a fiscalização do transporte de mercadorias, a apreensão de mercadoria em trânsito desacompanhada da documentação legal necessária, ou em depósito clandestino. Nos casos em que o uso da força pública possa estar em conflito com as garantias constitucionais do contribuinte deve este ser objeto de prévia autorização judicial, sem o que as provas eventualmente colhidas não poderão ser utilizadas pela Fazenda Pública. Além disto, a conduta dos agentes fiscais pode eventualmente configurar o crime de excesso de exação" (Hugo de Brito Machado, *Curso de Direito Tributário*, 21. ed., São Paulo: Malheiros, 2002, p. 223).

**Nesse sentido,** o STF tem entendido que a fiscalização não pode invadir, sem prévia autorização judicial, o domicílio ou o estabelecimento do contribuinte (STF, Pleno, HC 79.512, Rel. Min. Sepúlveda Pertence, *DJ* de 16/5/2003, p. 92). **Conferir ainda:** "Conforme o art. 5º, XI, da Constituição – afora as exceções nele taxativamente previstas ('em caso de flagrante delito ou desastre, ou para prestar socorro') só a 'determinação judicial'

**Art. 201**　Livro Segundo · NORMAS GERAIS DE DIREITO TRIBUTÁRIO | **439**

autoriza, e durante o dia, a entrada de alguém – autoridade ou não – no domicílio de outrem, sem o consentimento do morador. [...] Em consequência, o poder fiscalizador da administração tributária perdeu, em favor do reforço da garantia constitucional do domicílio, a prerrogativa da auto-executoriedade, condicionado, pois, o ingresso dos agentes fiscais em dependência domiciliar do contribuinte, sempre que necessário vencer a oposição do morador, passou a depender de autorização judicial prévia" (STF, 1ª T., RE 331.303 AgR/PR, Rel. Min. Sepúlveda Pertence, j. em 10/2/2004, v. u., *DJ* de 12/3/2004, p. 42). Na doutrina: Adelmo da Silva Emerenciano, *Procedimentos Fiscalizatórios e a Defesa do Contribuinte*, Campinas: Copola, 1995, p. 190 ss.

# Capítulo II
## Dívida Ativa

**Art. 201.** Constitui dívida ativa tributária a proveniente de crédito dessa natureza, regularmente inscrita na repartição administrativa competente,[1] depois de esgotado o prazo fixado, para pagamento,[2] pela lei[3] ou por decisão final proferida em processo regular.[4]

Parágrafo único. A fluência de juros de mora não exclui, para os efeitos deste artigo, a liquidez do crédito.

## Anotações

**1. Inscrição em dívida ativa e impetração de mandado de segurança** – É cabível "a impetração de segurança contra o próprio ato da inscrição na dívida ativa, contando-se o prazo decadencial da data em que o contribuinte toma conhecimento da mesma" (STJ, 1ª T., REsp 76.330/ES, Rel. Min. Milton Luiz Pereira, j. em 5/9/1996, *DJ* de 14/10/1996, p. 38.938).

**2. Inscrição de débito declarado em DCTF, GIA, GFIP etc.** – De acordo com a jurisprudência, pode ser objeto de inscrição em dívida ativa não só o crédito decorrente de lançamento de ofício, ou por declaração, do qual o contribuinte tenha sido notificado e no qual, eventualmente, tenha sido instaurado processo administrativo de controle interno de legalidade, *mas também as quantias apuradas, declaradas e não pagas pelo próprio contribuinte, no âmbito do lançamento por homologação*. Nesses casos, "verificada a existência de saldo devedor nas contas apresentadas pelo contribuinte, o órgão arrecadador poderá promover sua cobrança independentemente da instauração de processo administrativo e de notificação do contribuinte" (STJ, 2ª T., AGA 512.823/MG, Rel. Min. Castro Meira, *DJ* de 15/12/2003, p. 266). Mas veja-se: para que tal entendimento possa ser aplicado, é necessário que a Fazenda esteja a exigir exatamente o que declarado pelo contribuinte *como sendo devido*. Se o contribuinte declara determinada quantia, e depois retifica sua declaração, deve ser considerada a retificadora, e não a primeira declaração. E, por igual, se o contribuinte declara não dever determinada quantia, por considerá-la compensada, a Fazenda não pode ignorar a compensação, e aproveitar apenas *parte* da declaração para

**440** | CÓDIGO TRIBUTÁRIO NACIONAL – *Hugo de Brito Machado Segundo*                    **Art. 202**

fins de cobrança imediata. Nesses casos, em que há discordância entre o fisco e o resultado final das declarações do contribuinte, é imperiosa a feitura de lançamento de ofício, oferecendo-se ao sujeito passivo amplas oportunidades de impugnação e defesa. Confiram-se, a propósito, as notas ao art. 150, e ao art. 174, do CTN.

**3. Prazo para pagamento fixado pela "lei"** – Embora o art. 201 do CTN se reporte ao "prazo fixado, para pagamento, pela lei", não se pode esquecer que, a teor do art. 160 do mesmo Código, tal prazo pode ser fixado pela *legislação tributária,* conceito mais amplo no qual se incluem os atos infralegais. É o que tem entendido a jurisprudência: "a fixação da data do vencimento do imposto, via decreto, não viola o CTN (arts. 97 e 160 CTN) simplesmente porque o vocábulo 'legislação' não significa apenas lei; o mesmo raciocínio é válido para o texto do art. 201 CTN. [...]" (STJ, 2ª T., REsp 63.618/SP, Rel. Min. Peçanha Martins, j. em 2/6/1998, *DJ* de 18/12/1998, p. 315). Confiram-se notas ao art. 150, I, da CF/88, e ao art. 160 do CTN.

**4. Inscrição em dívida ativa. Momento. Incidência dos encargos do DL 1.025/69** – A inscrição em dívida ativa pressupõe a definitividade do valor apurado, na via administrativa, o que significa dizer que: *i)* não há previsão de defesa administrativa (débito "constituído" pelo próprio contribuinte – confiram-se notas ao art. 150 do CTN); *ii)* há possibilidade de apresentação de impugnação e recursos, mas estes não foram apresentados, ou já foram julgados e seus argumentos desacolhidos. No âmbito federal, quando um débito é inscrito em dívida ativa, há a *inclusão* dos encargos previstos no Decreto-lei nº 1.025/69, que são de 10% do valor do débito, enquanto este não é cobrado judicialmente, passando a 20% quando do ajuizamento da respectiva execução fiscal. Por conta disso, o Tribunal Federal de Recursos entendia que "O encargo de 20% do Decreto-lei nº 1.025, de 1969, é sempre devido nas execuções fiscais da União e substitui, nos embargos, a condenação do devedor em honorários advocatícios." (Súmula 168/TFR). O STJ tem seguido o mesmo posicionamento: "[...] Conforme disposição prevista no art. 3º do Decreto-lei nº 1.645/78, a aplicação do encargo de 20% (vinte por cento) instituído pelo Decreto-lei nº 1.025/69 substitui a condenação ao pagamento de honorários sucumbenciais na cobrança executiva da Dívida Ativa da União. [...] Considerando que no referido encargo já se encontram embutidos os honorários advocatícios, mostra-se incompatível a cumulação dessas verbas, sob pena de caracterização do vedado *bis in idem*. [...]" (STJ, 2ª T., REsp 597;094/SC, Rel. Min. João Otávio de Noronha, j. em 26/9/2006, *DJ* de 23/10/2006, p. 286/7).

**Art. 202.** O termo de inscrição da dívida ativa, autenticado pela autoridade competente, indicará obrigatoriamente:

I – o nome do devedor e, sendo caso, o dos co-responsáveis, bem como, sempre que possível, o domicílio ou a residência de um e de outros;

II – a quantia devida e a maneira de calcular os juros de mora acrescidos;

III – a origem e a natureza do crédito, mencionada especificamente a disposição da lei em que seja fundado;

IV – a data em que foi inscrita;

V – sendo caso, o número do processo administrativo de que se originar o crédito.

**Art. 203**  Livro Segundo · NORMAS GERAIS DE DIREITO TRIBUTÁRIO | **441**

Parágrafo único. A certidão conterá, além dos requisitos deste artigo, a indicação do livro e da folha da inscrição.[1, 2, 3]

## ANOTAÇÕES

**1. Requisitos da CDA** – Os requisitos da CDA são os que constam do art. 202 do CTN, e ainda no art. 2º da Lei nº 6.830/80, os quais são suficientes para que a Fazenda possa instruir a execução fiscal. "Em execução fiscal é desnecessária a apresentação de demonstrativo de débito, nos termos do art. 614 do CPC, sendo suficiente a juntada da Certidão de Dívida Ativa – CDA, que observe o disposto no art. 2º da Lei nº 6.830/80. [...]" (STJ, 2ª T., REsp 693.649/PR, Rel. Min. Castro Meira, j. em 8/11/2005, *DJ* de 21/11/2005, p. 191).

**2. Referência ao número do processo administrativo** – Embora o art. 202, V, do CTN exija o número do processo administrativo apenas "quanto for o caso", essa referência é essencial e indispensável à validade da CDA. Possibilita que se conheça a origem da dívida consubstanciada na CDA, os fatos que a geraram, seu fundamento legal etc., sendo portanto essencial ao controle da validade do crédito executado, em juízo, em sede de embargos à execução. Por isso a jurisprudência tem entendido que "o termo de inscrição da dívida ativa indicará, obrigatoriamente, o número do processo administrativo de que se originou o crédito, acarretando, sua ausência, causa de nulidade da inscrição e do procedimento dela decorrente. [...]" (STJ, 1ª T., REsp. 212.974/MG, Rel. Min. Garcia Vieira, *DJ* de 27/9/1999, p. 58, *RET* 10/97).

**3. Inscrição em dívida ativa como ato de controle de legalidade** – Registre-se que o ato de inscrição de um crédito tributário em dívida ativa é uma forma de controle interno da legalidade dos atos da Administração Pública, conforme dispõe o art. 2º, § 3º, da Lei nº 6.830/80. Ensina Alberto Xavier que se trata de "um controle suplementar da legalidade do lançamento, efetuado pela própria Administração, que pode ter por efeito impedir a instauração de processos de execução infundados" (Cfr. *Do Lançamento: Teoria Geral do Ato, do Procedimento e do Processo Tributário*, 2. ed., Rio de Janeiro: Forense, 1997, p. 398). Naturalmente, a autoridade responsável pela inscrição não poderá fazer um "julgamento" de todo o mérito da exigência, especialmente se esse julgamento já tiver acontecido no órgão próprio, à luz de reclamações e recursos manejados pelo sujeito passivo, mas poderá corrigir erros relacionados ao ato de inscrição. Pode ocorrer, por exemplo: (a) o julgador administrativo acolhe defesa do contribuinte, extinguindo o crédito tributário, mas por erro o valor correspondente é encaminhado para inscrição em dívida ativa; (b) o crédito a ser inscrito já foi considerado inconstitucional pelo Plenário do STF; (c) o valor a ser inscrito corresponde a crédito tributário que já foi pago, parcelado, compensado com créditos do sujeito passivo etc. Em quaisquer dessas hipóteses, a autoridade responsável pela inscrição não deverá efetuá-la, ou a deverá cancelar, por provocação do sujeito passivo, ou mesmo independentemente de qualquer provocação, desde que por meio de ato devidamente fundamentado.

**Art. 203.** A omissão de quaisquer dos requisitos previstos no artigo anterior ou o erro a eles relativo são causas de nulidade da inscrição e do processo de cobrança dela decorrente, mas a nulidade poderá ser sanada[1] até a decisão de primeira instância,[2, 3] mediante substituição da certidão nula, devolvido ao sujeito passivo, acusado ou interessado, o prazo para defesa, que somente poderá versar sobre a parte modificada.[4]

## Anotações

**1. Substituição não sana vício havido no lançamento, ou processo administrativo** – Veja-se que a substituição a que alude o art. 203 do CTN presta-se para a correção de defeitos formais na CDA, vale dizer, defeitos relativos aos requisitos exigidos pelo art. 202 do CTN (*v. g.*, nome do sujeito passivo). Com ela não é possível sanar, naturalmente, vícios havidos na constituição e no processo administrativo de controle interno de legalidade do crédito tributário (*v. g.*, auto de infração desprovido de fundamentação, baseado em provas ilícitas etc.). Nesse sentido: Humberto Theodoro Júnior, *Lei de Execução Fiscal*, 2. ed. São Paulo: Saraiva, 1986, p. 14.

**2. Necessidade de substituição da CDA, em face da impossibilidade de, diante de nulidade em *parte* dela, a execução seguir pelo saldo** – A possibilidade de a Fazenda substituir a CDA, até antes da prolação da sentença, deixa claro que essa sentença não pode, em acolhendo os embargos do executado apenas em parte, dar seguimento à execução pelo saldo. Caso isso fosse possível, ou seja, caso o juiz pudesse "corrigir" a CDA, refazendo o lançamento a ela subjacente, e determinar o seguimento da execução pelo saldo, a previsão legal para a substituição da CDA não teria sentido algum. Acolhendo esse argumento, o Superior Tribunal de Justiça decidiu que, "se a parcela substancial de certidão de dívida ativa refere-se a crédito inexistente, é necessário substituir-se a certidão nula, antes da decisão de primeiro grau (CTN, art. 203). Do contrário, quedará nula a execução" (STJ, REsp 385.388-MG, Rel. Min. Humberto Gomes de Barros, j. em 17/12/2002, *DJ* de 17/2/2003, *Boletim Informativo Juruá* 343, 15/5/2003, p. 29). Entretanto, ainda no entendimento do STJ, se a parcial procedência dos pedidos feitos nos embargos, ou em ação anulatória, implicar a redução do crédito tributário devido mas a exclusão das parcelas indevidas puder ser feita por simples cálculo aritmético, não restam comprometidas a liquidez e a certeza da CDA (STJ, 1ª T., REsp 535.943/SP, Rel. Min. Teori Albino Zavascki, j. em 24/8/2004, v. u, *DJ* de 13/9/2004, p. 174).

**3. Prazo para a substituição da CDA** – Comentando o art. 2º, § 8º, da Lei nº 6.830/80, que contém disposição análoga à do art. 203 do CTN, Maury Ângelo Bottesini, Odmir Fernandes, Ricardo Cunha Chimenti, Carlos Henrique Abrão e Manoel Álvares explicam que essa substituição pode ocorrer "até o julgamento, em primeira instância, da execução ou dos embargos opostos a ela". Mas, em não havendo qualquer sentença (por não ter havido embargos do executado), a substituição não pode ocorrer *depois* da lavratura do auto de arrematação ou adjudicação dos bens constritos no âmbito da execução, pois isso violaria "os princípios da segurança das relações jurídicas desfazendo atos que contaram com a participação de terceiros (os arrematantes), e da ampla defesa, sabido que muitas vezes o executado só se conforma com o leilão dos seus bens por acreditar que assim estará satisfazendo uma dívida cujo valor já lhe foi informado pela citação e pela intimação do leilão" (*Lei de Execução Fiscal comentada e anotada*, 3. ed. São Paulo: Revista dos Tribunais, 2000, p. 54).

**4. Substituição da CDA e prazo para embargar** – Com a substituição, como a rigor tem-se *novo* título executivo, ao executado é renovada a oportunidade de oposição de *embargos do executado*, ou de aditar os embargos eventualmente já ajuizados.

**Art. 205**  Livro Segundo · NORMAS GERAIS DE DIREITO TRIBUTÁRIO | **443**

**Art. 204.** A dívida regularmente inscrita goza da presunção de certeza e liquidez e tem o efeito de prova pré-constituída.

Parágrafo único. A presunção a que se refere este artigo é relativa e pode ser ilidida por prova inequívoca, a cargo do sujeito passivo ou do terceiro a que aproveite.[1]

## Anotações

**1. Presunção de liquidez e certeza e ônus da prova no processo tributário** – A dívida regularmente inscrita goza de presunção de liquidez e certeza, diz o art. 201 do CTN, mas isso tão somente para que a certidão correspondente possa ser considerada "título executivo extrajudicial". Essa presunção, porém, além de ser relativa, não significa, de maneira alguma, que no processo tributário o ônus da prova seja sempre e todo do contribuinte.

Note-se, de início, que a "presunção" de que cuida o art. 201 do CTN somente surge quando da inscrição em dívida ativa, não podendo ser invocada pelas autoridades administrativas de julgamento durante o processo de controle da legalidade do crédito tributário, o qual, aliás, é regido pelo princípio da verdade material. Além disso, tal presunção não significa que o ônus da prova, em matéria tributária, seja sempre do sujeito passivo. O ônus de provar a ocorrência do fato gerador do tributo e da penalidade pecuniária, assim como o ônus de provar quaisquer fatos sobre os quais se funde um ato administrativo, é da autoridade administrativa (*v. g.,* Decreto nº 70.235/72, art. 9º), e a "presunção" a que alude o art. 204 do CTN pode ser afastada com a simples demonstração de que a autoridade não comprovou suficientemente a ocorrência do fato gerador respectivo. Nesse sentido, aliás, o STJ já decidiu que a "presunção de legitimidade" de que se cuida "não dispensa a Fazenda Pública de demonstrar, no correspondente auto de infração, a metodologia seguida para o arbitramento do imposto – exigência que nada tem a ver com a inversão do ônus da prova, resultado da natureza do lançamento fiscal, que deve ser motivado" (STJ, REsp 48.516, *DJ* de 13/10/1997, p. 51553)

## Capítulo III

### Certidões Negativas

**Art. 205.** A lei[1] poderá exigir que a prova da quitação de determinado tributo, quando exigível,[2] seja feita por certidão negativa, expedida à vista de requerimento do interessado,[3, 4] que contenha todas as informações necessárias à identificação de sua pessoa, domicílio fiscal e ramo de negócio ou atividade e indique o período a que se refere o pedido.[5, 6]

Parágrafo único. A certidão negativa será sempre expedida nos termos em que tenha sido requerida e será fornecida dentro de 10 (dez) dias da data da entrada do requerimento na repartição.

# ANOTAÇÕES

**1. Prova de quitação. Reserva de lei** – Como se nota, o ato normativo através do qual se pode legitimamente exigir a apresentação de certidões negativas de débito (CNDs) é a lei, em sentido estrito, e não qualquer ato da legislação tributária.

**2. Prova de quitação. Hipóteses em que é exigível** – A lei somente poderia determinar a apresentação de CND quando já for exigível a prova de quitação. E as hipóteses em que a prova de quitação é exigível são aquelas já "previstas no próprio CTN, em seus arts. 130, 191, 191-A, 192 e 193, e no art. 195, § 3º, da CF/88". Fora desses casos, a exigência de CNDs parece-nos indevida. Não obstante, o que se assiste, na prática, é a proliferação das hipóteses em que se exige CND para a prática dos mais variados atos, às vezes com amparo em lei ordinária, ou mesmo em meros atos infralegais. Muitas dessas exigências são indevidas, não só porque não encontram amparo no CTN, como especialmente porque agridem direitos fundamentais do cidadão contribuinte, tais como o direito ao livre exercício de atividades profissionais ou econômicas. São as chamadas "sanções políticas", que a jurisprudência do STF sempre repeliu (Súmulas nos 70, 323 e 547).

**3. Certidão negativa – CND e tributo submetido a lançamento por homologação** – De acordo com a jurisprudência do STJ, nos tributos submetidos a lançamento por homologação, se o contribuinte apura e não paga determinada quantia, a Administração pode aproveitar sua atividade de apuração, homologando-a, e exigir a quantia correspondente. A partir do vencimento da obrigação declarada, portanto, o contribuinte já não faz jus à certidão negativa de débito. Entretanto, se, no âmbito do lançamento por homologação, o contribuinte não apura e nem declara quantia alguma, o simples transcurso do prazo previsto em lei para o pagamento do tributo não autoriza a Administração a negar o fornecimento de CND. É necessário proceder-se ao lançamento de ofício para que se possa cogitar de débitos *exigíveis*. "A Jurisprudência deste Superior Tribunal de Justiça já está consolidada no sentido de que 'em se tratando de tributo sujeito a lançamento por homologação, inexistente este, não há que se falar em crédito constituído e vencido, o que torna ilegítima a recusa da autoridade coatora em expedir CND' (EREsp 202.830/RS – Rel. Min. Peçanha Martins – *DJU* de 02/04/2001)" (STJ, 1ª S., AEREsp 241.500/SC, *DJ* de 24/3/2003, p. 135). **Conferir ainda:** "1. Esta Corte, na ocasião do julgamento do REsp 128.524/RS, pacificou entendimento no sentido da impossibilidade de recusa de expedição de Certidão Negativa de Débitos (CND), enquanto não constituído definitivamente o crédito tributário. 2. Considera-se definitivamente constituído o crédito tributário com o lançamento definitivo. Tratando-se de tributo sujeito a lançamento por homologação, nos termos do art. 150 do CTN, a constituição do crédito tributário dá-se com a declaração do débito pelo contribuinte, por meio de DCTF ou GIA (Precedentes). Por sua vez, em havendo lançamento de ofício, a constituição do crédito tributário ocorre quando o contribuinte é regularmente notificado do lançamento (Precedentes). 3. Para que o crédito tributário seja definitivamente constituído, em se tratando de tributos lançados diretamente pela autoridade administrativa, o contribuinte deve ser notificado; após, lhe é aberto um prazo para impugnação; havendo a apresentação de recurso administrativo, o lançamento fica sujeito a futuras alterações, cujas ocorrências somente serão verificadas após decisão administrativa, momento em que o lançamento torna-se definitivo e, portanto, em que se constitui o crédito tributário. [...]" (STJ, 1ª T., REsp 594.395/MT, Rel. Min. Denise Arruda, j. em 14/2/2006, *DJ* de 13/3/2006, p. 192). **No mesmo sentido:** "[...] Declarado o débito e efetivado o pagamento, ainda que

**Art. 205**                    **Livro Segundo** · NORMAS GERAIS DE DIREITO TRIBUTÁRIO | **445**

a menor, não se afigura legítima a recusa, pela autoridade fazendária, da expedição de CND antes da apuração prévia do montante a ser recolhido. Isto porque, conforme dispõe a legislação tributária, o valor remanescente, não pago pelo contribuinte, pode ser objeto de apuração mediante lançamento. [...] Diversa é a hipótese como a dos autos em que apresentada declaração ao Fisco, por parte do contribuinte, confessando a existência de débito e não efetuado o correspondente pagamento, interdita-se legitimamente a expedição de Certidão Negativa de Débito. [...]" (STJ, 1ª T., REsp 651.985/RS, Rel. Min. Luiz Fux, j. em 19/4/2005, *DJ* de 16/5/2005, p. 249).

**4. CND e crédito não definitivamente constituído** – Efetuado lançamento de ofício, e apresentada impugnação administrativa ainda pendente de julgamento, deve ser fornecida ao sujeito passivo, a rigor, certidão positiva com efeito de negativa, nos termos dos arts. 151, III, e 206 do CTN. Afinal, o crédito foi constituído, e teve sua exigibilidade suspensa. O STJ, porém, considera que, à luz das reclamações e dos recursos, o crédito ainda não está definitivamente constituído, determinando, nesses casos, a expedição de certidão negativa: "Esta Corte pacificou entendimento no sentido da impossibilidade de recusa de expedição de Certidão Negativa de Débitos (CND), enquanto não-constituído definitivamente o crédito tributário.[...]" (STJ, 1ª T., AgRg no REsp 622.088/SC, Rel. Min. Denise Arruda, j. em 21/3/2006, *DJ* de 10/4/2006, p. 130).

**5. Prova de quitação e sanções políticas** – Não é possível condicionar o exercício de direitos fundamentais à prova de quitação de tributos, pois isso configura, ao mesmo tempo: *(i)* violação ao direito fundamental restringido, que é amesquinhado de forma *desnecessária* e *excessiva;* e *(ii)* violação do devido processo legal, pois representa forma oblíqua de cobrança, à margem do devido processo e que não oferece ao sujeito passivo oportunidade de defesa. Como observa Hugo de Brito Machado, "São exemplos mais comuns de sanções políticas a apreensão de mercadorias sem que a presença física destas seja necessária para a comprovação do que o fisco aponta como ilícito; o denominado regime especial de fiscalização, a recusa de autorização para imprimir notas fiscais, a inscrição em cadastro de inadimplentes com as restrições daí decorrentes, a recusa de certidão negativa de débito quando não existe lançamento consumado contra o contribuinte, a suspensão e até o cancelamento da inscrição do contribuinte no respectivo cadastro, entre muitos outros. Todas essas práticas são flagrantemente inconstitucionais, entre outras razões, porque: a) implicam indevida restrição ao direito de exercer atividade econômica, independentemente de autorização de órgãos públicos, assegurado pelo art. 170, parágrafo único, da vigente Constituição Federal; e b) configuram cobrança sem o devido processo legal, com grave violação do direito de defesa do contribuinte, porque a autoridade que a este impõe a restrição não é a autoridade competente para apreciar se a exigência do tributo é ou não legal. [...] A ilicitude do não pagar os tributos devidos não exclui o direito de exercer a atividade econômica, que é direito fundamental" (Sanções Políticas no Direito Tributário, *RDDT* 30/46).

A jurisprudência, como dito em nota anterior, desde há muito tempo tem repelido tais práticas, que, não obstante, repetem-se com lastimável frequência. Como exemplo, é possível apontar a exigência de CND para: – **Autorização de impressão de blocos de notas fiscais:** "Surge conflitante com a Carta da República legislação estadual que proíbe a impressão de notas fiscais em bloco, subordinando o contribuinte, quando este se encontra em débito para com o fisco, ao requerimento de expedição, negócio a negócio, de nota fiscal avulsa" (STF, Pleno, RE 413.782/SC, Rel. Min. Marco Aurélio, j. em 17/3/2005, *DJ* de 3/6/2005, p. 4, *RDDT* 120/222). **Inscrição de pessoa jurídica cujo sócio integra**

**outra sociedade com débitos:** "Sócio de empresa que está inadimplente não pode servir de empecilho para a inscrição de nova empresa só pelo motivo de nela figurar o remisso como integrante" (STJ, 1ª T., REsp 226.737-PR, Rel. Min. Humberto Gomes de Barros, *DJ* de 2/10/2000). No mesmo sentido: STJ, 2ª T., ROMS 8.880-CE, Rel. Min. Eliana Calmon, *DJ* de 10/4/2000). Como já foi consignado pelo TRF da 1ª R., "a providência correta a que estaria obrigada a autoridade fazendária seria, justamente, cobrar dos sócios da empresa impetrante os débitos eventualmente existentes e não prescritos; mas jamais impedir-lhes o exercício de nova atividade empresarial, como se, com isto, estivesse se desincumbindo do encargo que, por lei, está sujeita, vale dizer, de cobrança do crédito tributário e fiscalização" (TRF 2ª R., 2ª T., REOMS 96.02.39112-0, Rel. Des. Fed. Ney Magno Valadares, *DJ* de 5/8/1997, p. 59.068, *RDDT* 25/172).

**6. Prova de quitação para o recebimento de precatórios** – O art. 19 da Lei nº 11.033/2004 dispõe que "o levantamento ou a autorização para depósito em conta bancária de valores decorrentes de precatório judicial somente poderá ocorrer mediante a apresentação ao juízo de certidão negativa de tributos federais, estaduais, municipais, bem como certidão de regularidade para com a Seguridade Social, o Fundo de Garantia do Tempo de Serviço – FGTS e a Dívida Ativa da União, depois de ouvida a Fazenda Pública [...]", disposição de uma inconstitucionalidade grosseira.

Não se pode impor restrições ao recebimento de precatórios que não constam do art. 100 da CF/88, exorbitando daquelas ali inseridas. Ademais, trata-se de nítida hipótese de "sanção política", que malfere os princípios do devido processo legal, da ampla defesa e do contraditório, na medida em que representa forma oblíqua de cobrança (da quantia que motiva a não expedição da certidão negativa), não submetida a qualquer controle de legalidade. Como se isso não bastasse, trata-se de restrição absolutamente desproporcional ao *direito de acesso ao Judiciário* (CF/88, art. 5º, XXXV): se o contribuinte, por falta de certidão negativa, não recebe o precatório a que tem direito, isso implica dizer que não se assegura a jurisdição àquele que tem pendências (não necessariamente devidas) junto ao Fisco. Finalmente, note-se que a exigência de apresentação de certidões não diz respeito apenas à entidade pública que paga o precatório, mas a todas as esferas, federal (SRF, INSS e FGTS), estadual e municipal, sendo certo que não se poderá alegar a compensação para deixar de pagar um precatório federal em face de pendência do contribuinte junto ao fisco municipal, por exemplo.

Como já decidiu, com inteiro acerto, a Terceira Turma do TRF da 3ª Região, "afigura-se desarrazoada a exigência de apresentação de certidões negativas para possibilitar o levantamento de valores decorrentes de precatório judicial". Trata-se, ainda nos termos do citado aresto, de "evidente forma de coação indireta para a quitação de débitos fiscais que revela discrepância com princípios relativos ao devido processo legal, conduta já rejeitada pela remansosa jurisprudência (Súmulas nos 70, 323 e 547, do Excelso Supremo Tribunal Federal)" (TRF 3ª R., 3ª T., Ag 231.552/MS, Rel. Des. Fed. Cecília Marcondes, j. em 16/11/2005, v. u., *DJ* de 11/1/2006, p. 168, *RDDT* 126/239). Considerando que a exigência de CND é formulada pelo Presidente do Tribunal, parece-nos que o ato de exigir a apresentação de certidões de regularidade fiscal, como condição para o recebimento de precatório, deve ser atacado por meio de *mandado de segurança* impetrado perante o Plenário da Corte respectiva. Entretanto, não há qualquer prejuízo em conhecer-se de agravo de instrumento eventualmente manejado com a mesma finalidade, o que aliás tem sido admitido pela jurisprudência. **Confira-se**: "A apresentação de certidão negativa para levantar valores

# Art. 205                    Livro Segundo · NORMAS GERAIS DE DIREITO TRIBUTÁRIO | 447

decorrentes de precatório judicial (art. 19 da Lei nº 11.033/04) representa condicionamento ao exercício de direito de crédito líquido e certo, sobre o qual recai a autoridade da coisa julgada material, que causa retardamento à satisfação do credor, obrigado a percorrer os órgãos da Receita de todos os entes federativos, mais os responsáveis pela arrecadação das contribuições previdenciárias, FGTS e dívida ativa da União, para finalmente sacar o numerário disponibilizado. 2. Condicionar o direito de crédito a requisitos outros que não os encartados no título judicial e os peculiares ao processo de execução, causando mais delongas além das já previstas na Constituição, implica ultrapassar os limites da razoabilidade e desviar a finalidade da norma constitucional. 3. A exigência assemelha-se a um meio coativo de cobrança de dívida sem amparo na lei processual, de acordo com a intelecção das Súmulas nº 70, 323 e 547 do STF. Perpetra-se desvio de finalidade, visto que, se a Fazenda Pública pretende alcançar valores incluídos em precatório, pode valer-se legitimamente da penhora, que se fará no rosto dos autos, estando pendente o pagamento, além da indisponibilidade dos bens, prevista na medida cautelar fiscal. 4. Evidencia-se o perigo na demora para o titular do direito creditório, que terá certamente de esperar mais tempo ainda para receber o produto de sua inglória e dificultosa lide contra a Fazenda Pública. Não se vislumbra prejuízo à União, já que os recursos requisitados não podem ser utilizados ou transferidos pelo Tesouro, a qualquer título, sequer por lei, sob pena de inconstitucionalidade. [...]" (TRF 4ª R., 1ª T., AGTR 2005.04.01.020052-4/PR, Rel. Des. Fed. Wellington M. de Almeida, j. em 5/10/2005, *DJ* de 26/10/2005, p. 389).

**Merece referência, ainda,** o acórdão proferido pelo Plenário do TRF da 5ª Região, declarando a inconstitucionalidade do art. 19 da Lei nº 11.033/2004, do qual se podem citar os seguintes trechos: "Os fundamentos jurídicos que deram ensejo às Súmulas de nº 70, 323 e 547 do STF encaixam-se perfeitamente à hipótese, em que a sanção política não se materializa no estorvamento à mercancia, mas na perda da efetividade da prestação jurisdicional. O art. 19 da Lei nº 11.033/2004 rivaliza-se com os princípios constitucionais do amplo acesso à justiça e da independência e harmonia entre os Poderes da República à medida que as exigências ali previstas findam por criar duas classes de jurisdicionados, para uma das quais, sem que se assegure o contraditório e a ampla defesa, restam destituídas de efetividade as prestações jurisdicionais que condenam em obrigação de pagar a fazenda pública. Desborda das balizas da razoabilidade exigir-se certidões de regularidade de entes estatais desvinculados da Fazenda Pública contra a qual se emitiu a ordem de pagamento [...]" (trecho da ementa do acórdão proferido pelo Plenário do TRF da 5ª Região na arguição de inconstitucionalidade no MS 91.364/CE, Rel. Des. Fed. César Carvalho (conv.), *DJ* de 6/4/2006).

**Em sentido contrário,** pela aplicabilidade do art. 19 da Lei nº 11.033/2004, e sem razão, *data venia*: TRF da 1ª R., *RDDT* 126/237.

**Julgando a ADIn 3.453/DF,** ajuizada pelo Conselho Federal da Ordem dos Advogados do Brasil, o STF, **por unanimidade**, declarou a inconstitucionalidade do citado artigo de lei. Conforme noticiado no *Informativo STF 450,* "O Tribunal julgou procedente pedido formulado em ação direta ajuizada pelo Conselho Federal da ordem dos Advogados do Brasil – OAB para declarar a inconstitucionalidade do art. 19 da Lei nº 11.033/2004, que condiciona o levantamento ou a autorização para depósito em conta bancária de valores decorrentes de precatório judicial à apresentação, ao juízo, de certidão negativa de tributos federais, estaduais, municipais, bem como de certidão de regularidade para com a Seguridade Social, o Fundo de Garantia do Tempo de Serviço e a Dívida Ativa da União, depois

**448** | CÓDIGO TRIBUTÁRIO NACIONAL – *Hugo de Brito Machado Segundo* **Art. 206**

de ouvida a Fazenda Pública. Entendeu-se que o dispositivo impugnado ofende os arts. 5º, XXXVI, e 100 da CF, por estatuir condição para a satisfação de direito do jurisdicionado que não está contida na norma fundamental da República. Asseverou-se que as formas de a Fazenda Pública obter o que lhe é devido estão estabelecidas no ordenamento jurídico, não sendo possível para tanto a utilização de meios que frustrem direitos constitucionais dos cidadãos. Ressaltou-se, ademais, que a matéria relativa a precatórios, tal como tratada na Constituição, não chama a atuação do legislador infraconstitucional, menos ainda para impor restrições que não se coadunam com o direito à efetividade da jurisdição e o respeito à coisa julgada."

**Art. 206.** Tem os mesmos efeitos previstos no artigo anterior a certidão de que conste a existência de créditos não vencidos, em curso de cobrança executiva em que tenha sido efetivada a penhora,[1, 2, 3] ou cuja exigibilidade esteja suspensa.[4, 5, 6]

## ANOTAÇÕES

**1. Certidão positiva com efeito de negativa – CPD-EN, demora na propositura da execução e cautelar para "antecipar" penhora** – Em alguns casos, o sujeito passivo não mais dispõe da esfera administrativa (já a exauriu, ou perdeu a oportunidade para tanto), e não dispõe de *dinheiro* para efetuar o depósito, nos termos do art. 151, II, do CTN. A solução, para que sejam obtidas as certidões de regularidade fiscal (certidões positivas com efeito de negativa), é aguardar a ação de execução fiscal, a fim de que, com a penhora de bens, a certidão possa ser obtida, à luz do art. 206 do CTN. Ocorre que, em alguns casos, o fisco demora demasiadamente para propor o executivo fiscal, preferindo cobrar o tributo através da coação indireta propiciada pelo indeferimento de certidões. Para casos assim, há julgados do STJ que admitem a propositura de cautelar, com o oferecimento de garantia real, para "antecipar" a penhora e obter a incidência do art. 206 do CTN. É conferir: "Não ajuizada a execução fiscal, por inércia da Fazenda Nacional, o devedor que antecipa a prestação da garantia em juízo, de forma cautelar, tem direito à certidão positiva com efeitos de negativa, por isso que a expedição desta não pode ficar sujeita à vontade da Fazenda. – Embargos de divergência conhecidos e providos" (STJ, 1ª S., EREsp 205.815/MG, Rel. Min. Peçanha Martins, j. em 14/3/2001, *DJ* de 4/3/2002, p. 174). **No mesmo sentido:** "É possível ao devedor, enquanto não promovida a execução fiscal, ajuizar ação cautelar para antecipar a prestação da garantia em juízo com o objetivo de obter a expedição de certidão positiva com efeito de negativa" (STJ, 2ª T., REsp 686.075/PR, Rel. Min. Eliana Calmon, j. em 19/4/2005, *DJ* de 23/5/2005, p. 234). **Ver ainda:** "1. Dispõe o artigo 206 do CTN que: tem os mesmos efeitos previstos no artigo anterior a certidão de que conste a existência de créditos não vencidos, em curso de cobrança executiva em que tenha sido efetivada a penhora, ou cuja exigibilidade esteja suspensa. A caução oferecida pelo contribuinte, antes da propositura da execução fiscal é equiparável à penhora antecipada e viabiliza a certidão pretendida. 2. É viável a antecipação dos efeitos que seriam obtidos com a penhora no executivo fiscal, através de caução de eficácia semelhante. A percorrer--se entendimento diverso, o contribuinte que contra si tenha ajuizada ação de execução fiscal ostenta condição mais favorável do que aquele contra o qual o Fisco não se voltou

# Art. 206      Livro Segundo · NORMAS GERAIS DE DIREITO TRIBUTÁRIO | 449

judicialmente ainda. Precedentes (REsp 363.518, Resp 99653 e REsp 424.166). 3. Deveras, não pode ser imputado ao contribuinte solvente, isto é, aquele em condições de oferecer bens suficientes à garantia da dívida, prejuízo pela demora do Fisco em ajuizar a execução fiscal para a cobrança do débito tributário. Raciocínio inverso implicaria em que o contribuinte que contra si tenha ajuizada ação de execução fiscal ostenta condição mais favorável do que aquele contra o qual o Fisco ainda não se voltou judicialmente. 4. *Mutatis mutandis* o mecanismo assemelha-se ao previsto no art. 570 do CPC, por força do qual o próprio devedor pode iniciar a execução. Isso porque, as obrigações, como vínculos pessoais, nasceram para serem extintas pelo cumprimento, diferentemente dos direitos reais que visam à perpetuação da situação jurídica nele edificadas. 5. Outrossim, instigada a Fazenda pela caução oferecida, pode ela iniciar a execução, convertendo-se a garantia prestada por iniciativa do contribuinte na famigerada penhora que autoriza a expedição da certidão (STJ, 1ª T., REsp 536.037/PR, Rel. Min. Teori Albino Zavascki, Rel. p/ Acórdão Min. Luiz Fux, j. em 12/4/2005, m. v., vencido o Min. Zavascki, *DJ* de 23/5/2005, p. 151).

**Contra:** "[...] Os embargos à execução não são a única forma de defesa dos interesses do contribuinte perante o Fisco. O sistema lhe oferece outros modos, que independem de oferta de qualquer garantia, para desde logo se livrar de exigências fiscais ilegítimas: o mandado de segurança, a ação declaratória de nulidade, a ação desconstitutiva. Em qualquer destas demandas poderá o devedor, inclusive, obter liminar que suspenda a exigibilidade do crédito (e, consequentemente, permita a expedição de certidão), bastando para tanto que convença o juiz de que há relevância em seu direito. Se, entretanto, optar por outorga de garantia, há de fazê-lo pelo modo exigido pelo legislador: o depósito integral em dinheiro do valor do tributo questionado. 7. É falaciosa, destarte, a ideia de que o Fisco causa 'dano' ao contribuinte se houver demora em ajuizar a execução, ou a de que o contribuinte tem o 'direito' de ser executado pelo Fisco. A ação baseada em tais fundamentos esconde o seu real motivo, que é o de criar nova e artificiosa condição para obter a expedição de certidão negativa de um débito tributário cuja exigibilidade não foi suspensa nem está garantido na forma exigida por lei. A medida, portanto, opera em fraude aos arts. 151 e 206 do CTN e ao art. 38 da Lei nº 6.830/80. 8. Por outro lado, não se pode equiparar o oferecimento de caução, pelo devedor, à constituição da penhora, na execução fiscal. A penhora está cercada de formalidades próprias, que acobertam o crédito com garantia de higidez jurídica não alcançável pela simples caução de um bem da livre escolha do devedor, nomeadamente: (a) a observância obrigatória da ordem prevista no art. 11 da Lei nº 6.830/80, em que figura, em primeiro lugar, a penhora de dinheiro; (b) a submissão da indicação do bem ao controle da parte contrária e à decisão do juiz; c) o depósito judicial do dinheiro ou a remoção do bem penhorado, com a nomeação de fiel depositário; (d) a avaliação do bem, o reforço ou a substituição da penhora, com a finalidade de averiguar a sua suficiência e adequação da garantia à satisfação do débito com todos os seus acessórios. 9. Em verdade, o objetivo da ação é o de obter uma certidão negativa que, pelas vias legais normais, não poderia ser obtida, já que o débito fiscal existe, não está contestado, não está com sua exigibilidade suspensa e não está garantido na forma exigida por lei. [...]" (STJ, 1ª T., REsp 545.871/PR, Rel. Min. Teori Albino Zavascki, j. em 3/3/2005, *DJ* de 28/3/2005, p. 189).

*Data venia,* essa segunda decisão não nos parece correta, e ignora que o provimento judicial urgente em sede de ação cautelar é um dos instrumentos hábeis, nos termos do art. 151, V, do CTN, a suspender a exigibilidade do crédito tributário. Não se trata, portanto, de "nova e artificiosa condição". Quanto à ordem legal, à avaliação, e a outras

**450** | CÓDIGO TRIBUTÁRIO NACIONAL – *Hugo de Brito Machado Segundo* **Art. 206**

formalidades que cercam a penhora, naturalmente só depende do juiz que deferir a cautelar exigir o seu cumprimento também no oferecimento da caução real. Uma vez ajuizada a execução, a penhora pode então ser formalizada, nos termos da lei, pelo juízo competente. Não se deve esquecer que em inúmeras oportunidades a Fazenda Pública, ciente de que o contribuinte tem grandes chances de obter êxito nos embargos (porque a exigência é indevida), *represa* a execução fiscal para coagir o sujeito passivo ao pagamento da quantia correspondente por vias indiretas, através do indeferimento de certidões de regularidade fiscal. Por isso, parece-nos correto o entendimento que terminou prevalecendo na Primeira Seção do STJ, segundo o qual o oferecimento de bens "em garantia, requerido como cautelar, longe de ser um absurdo, é perfeitamente factível como veículo de antecipação de uma situação jurídica, penhora, para adredemente obter o contribuinte as consequências do depósito: certidão positiva com efeito negativo, tão somente, na medida em que está a questão restrita aos limites traçados pelo acórdão que apenas concedeu a segurança para o fim determinado" (Trecho do voto da Min. Eliana Calmon, proferido no julgamento do EREsp 815.629/RS, STJ, 1ª S., j. em 11/10/2006, *DJ* de 6/11/2006, p. 299). Com o novo CPC, conquanto inexista, como regra, o processo cautelar como figura autônoma a tramitar paralelamente a um processo "principal", a medida continua possível, em sede de "tutela provisória antecedente cautelar" (art. 303).

**2. CPD-EN e penhora insuficiente** – Entende a jurisprudência do STJ que a "efetivação da penhora" a que alude o art. 206 do CTN é a realização de penhora de bens em valor suficiente para garantir a execução. Caso seja efetuada a penhora, mas de bens cujo valor seja inferior ao da dívida, o executado pode opor embargos normalmente (STJ, 1ª S., EREsp 80.723/PR, Rel. Min. Milton Luiz Pereira, j. em 10/4/2002, *DJ* de 17/6/2002, p. 183, *RDDT* 87/160, *RT* 805/196), mas não pode ser expedida a certidão de que cuida o art. 206 do CTN, pois o crédito tributário é exigível e parte dele não está garantida. Entende-se que "somente pode ser expedida a certidão positiva com efeitos de negativa, na forma do artigo 206 do CTN, quando no processo executivo tiver sido efetivada a penhora ou quando suspensa a exigibilidade do crédito tributário por alguma das hipóteses previstas no artigo 151 e incisos do mesmo Codex. *In casu*, constatado que a penhora não foi suficiente para garantir integralmente o débito fiscal, não se é de autorizar a expedição da certidão. Precedentes: AGRMC 7731/RJ, Relator Min. Denise Arruda, *DJU* 3/5/2004; REsp 494.881/CE, Relator Min. Luiz Fux, *DJU* 15/03/2004, e REsp 182.984/SE, Relator Min. Garcia Vieira, *DJU* 14/12/1998. Recurso especial improvido" (STJ, 2ª T., REsp 413.388, Rel. Min. Franciulli Netto, *DJ* de 18/10/2004, p. 207).

**3. CPD-EN e autoridade competente para afirmar a insuficiência da penhora** – Ainda quanto à suficiência da penhora, é importante destacar que a mesma deve ser aferida quando da realização da constrição. Caso, em momento posterior, em virtude das "atualizações" por que passa o crédito tributário, este pareça superior ao valor dos bens penhorados, eventual reforço somente deverá ser determinado após uma *reavaliação* dos bens penhorados, a fim de que também estes tenham o seu valor atualizado. Do contrário, como o crédito tributário é atualizado por índices bastante generosos, mensalmente, qualquer penhora, por suficiente que seja, em poucos meses se tornará insuficiente. E, em relação à certidão positiva com efeito de negativa, à qual o contribuinte com débito garantido em execução faz jus, a Fazenda somente poderá negá-la *depois dessa nova avaliação, caso através dela se conclua pela desvalorização dos bens, e pela consequente insuficiência destes para garantir a execução, não providenciando o executado o respectivo reforço.* Antes disso, não, pois a

**Art. 206**  Livro Segundo · NORMAS GERAIS DE DIREITO TRIBUTÁRIO | **451**

autoridade fazendária não tem competência para determinar a suficiência da penhora, nem os efeitos dessa insuficiência (Cf. Raquel Cavalcanti Ramos Machado, "Competência para declarar a insuficiência da penhora e seus reflexos na emissão de certidão positiva com efeito de negativa", em *RDDT* 123, p. 73 ss). **Nesse sentido**, o TRF da 5ª Região já decidiu, com inteiro acerto, que "estando o débito objeto de execução fiscal devidamente garantido por meio de penhora, tem a impetrante o direito à obtenção de certidão positiva de débito com efeito de negativa. Inteligência do art. 206 do CTN", e que a penhora "somente pode ser considerada insuficiente pela avaliação ou pela alienação judicial, o que não restou comprovado na espécie" (TRF 5ª R., 1ª T., REO 80.745/CE, Des. Fed. Paulo Machado Cordeiro, *DJ* de 25/8/2004, p. 789). **Conferir ainda:** "A emissão de certidão de regularidade fiscal está condicionada, conforme dispõem os arts. 205 e 206 do Código Tributário Nacional, à inexistência de débitos fiscais com o ente emissor ou que os débitos existentes não sejam vencidos, estejam em curso de cobrança na qual foi efetuada penhora ou tenham sua exigibilidade suspensa. [...] 2. Hipótese em que, até este momento, a dívida exequenda encontra-se garantida, justificando-se a expedição da pretendida cártula." Em seu voto, o relator consignou que "não se trata de impedir a responsabilidade do devedor pela atualização monetária e juros de mora, tão somente considera-se aqui a situação constituída no processo executivo, cujo débito, até demonstração em contrário, encontra-se garantido, cabendo ao exequente requerer a reavaliação dos bens constritos e o eventual reforço da penhora. Nessa hipótese, apurando-se o descompasso entre a caução e o valor da dívida exequenda, poder-se-á negar a pretendida certidão" (TRF 5ª R., 4ª T., AGTR 2004.05.00.020801-9, Rel. Des. Fed. Luiz Alberto Gurgel de Faria, *DJ* de 22/11/2004, p. 635).

**4. CPD-EN e crédito com exigibilidade suspensa** – Para as hipóteses de suspensão da exigibilidade do crédito tributário, confira-se o art. 151 do CTN.

**5. Suspensão de exigibilidade e "comprovação" de medida judicial** – A Fazenda Nacional tem exigido, para emitir certidões positivas com efeito de negativa, nas hipóteses de suspensão de exigibilidade motivada por medida judicial (CTN, art. 151, IV e V), que o contribuinte *comprove* a existência e a subsistência do provimento judicial. Como a CPD-EN tem "prazo de validade", ao cabo deste é necessário pedir a expedição de outra, e novamente se faz a exigência de comprovação da medida judicial. Pede-se cópia do processo, certidão narrativa emitida por servidor da Vara ou da Turma correspondente, tudo devidamente autenticado. E ainda se exige do cidadão que espere por alguns dias, para que tal documentação seja analisada.

Trata-se, porém, de verdadeiro absurdo. Afinal, a Fazenda Nacional é parte do processo judicial correspondente. Foi citada para contestá-lo e acompanhá-lo, e é intimada (pessoalmente) de todos os atos nele praticados. Se a decisão suspensiva da exigibilidade do crédito tributário for reformada ou revogada, a Fazenda será disso intimada, sendo a exigência de "comprovação" um instrumento burocrático para atravancar, por meios oblíquos, a expedição da certidão.

**6. Parcelamento e exigência de garantias para concessão de CND, ou de CPD-EN** – Tendo sido deferido parcelamento ao sujeito passivo, que o está cumprindo regularmente, a exigibilidade do crédito tributário correspondente está suspensa (CTN, art. 151, I e VI). Não é lícito à autoridade, portanto, condicionar o fornecimento de CND, ou de CPD-EN, ao fornecimento de "garantias" ou ao cumprimento de qualquer outra exigência. Nesse sentido é a jurisprudência do STJ, segundo a qual "ao contribuinte que tem a exigibilidade de

# Art. 207

crédito tributário/previdenciário suspensa pelo parcelamento concedido e que vem sendo regularmente cumprido, é assegurado o direito à expedição da certidão positiva com efeitos de negativa, independentemente da prestação de garantia real, se esta não foi exigida quando da sua concessão. [...]" (STJ, 2ª T., REsp 611.738/PE, Rel. Min. Peçanha Martins, j. em 3/6/2004, *DJ* de 27/9/2004, p. 341). **No mesmo sentido:** "2. É possível a obtenção de Certidão Positiva, com efeito de Negativa, de Débito – CND (art. 205, c/c o art. 206, do CTN). 3. Estando regular o parcelamento, com o cumprimento, no prazo, das obrigações assumidas pelo contribuinte, não pode ser negado o fornecimento de CND, sob a alegação de que inexiste garantia para a transação firmada. 4. Se o credor não exige garantia para a celebração do acordo de parcelamento, não pode, no curso do negócio jurídico firmado, inovar. 5. Inexistência de crédito tributário definitivamente constituído que impeça o fornecimento da Certidão Negativa de Débito – CND – requerida, mormente quando o débito encontra-se com o parcelamento em dia. [...]" (STJ, 1ª T., AgRg no Ag 442.292/TO, Rel. Min. José Delgado, j. em 13/8/2002, *DJ* de 23/9/2002, p. 291).

**Art. 207.** Independentemente de disposição legal permissiva, será dispensada a prova de quitação de tributos, ou o seu suprimento, quando se tratar de prática de ato indispensável para evitar a caducidade de direito, respondendo, porém, todos os participantes no ato pelo tributo porventura devido, juros de mora e penalidades cabíveis, exceto as relativas a infrações cuja responsabilidade seja pessoal ao infrator.[1]

## ANOTAÇÕES

**1. Ato indispensável para evitar caducidade de direito** – Como observa Hugo de Brito Machado, o art. 207 do CTN, norma autoaplicável de natureza cautelar, aplica-se nos casos em que: *(i)* a prática do ato para evitar o perecimento de um direito deva ocorrer antes do final do prazo de que dispõe a autoridade para fornecer a certidão; *(ii)* a autoridade recusa indevidamente o fornecimento da certidão, sendo demorado o procedimento destinado a demonstrar-lhe a inexistência de débito; e *(iii)* o sujeito passivo realmente não tem direito à certidão negativa, nem à positiva com efeito de negativa. Em todos esses casos, considerando que terceiros assumirão a responsabilidade pelo pagamento do tributo porventura devido, a exibição da certidão é dispensada. Afinal, o art. 207 deve ser entendido no sistema no qual se está encartado, o qual elege as certidões de regularidade fiscal, e a necessidade de sua exibição para a prática de certos atos, como instrumento de garantia do crédito tributário. Se terceiros o garantem, na excepcional hipótese do art. 207, a sua exibição é dispensada. Confira-se: *Comentários ao Código Tributário Nacional,* São Paulo: Atlas, 2005, v. 3, p. 912 ss.

**Art. 208.** A certidão negativa expedida com dolo ou fraude, que contenha erro contra a Fazenda Pública, responsabiliza[1] pessoalmente[2] o funcionário que a expedir, pelo crédito tributário e juros de mora acrescidos.[3]

**Art. 209** Livro Segundo · NORMAS GERAIS DE DIREITO TRIBUTÁRIO | **453**

Parágrafo único. O disposto neste artigo não exclui a responsabilidade criminal e funcional que no caso couber.

## ANOTAÇÕES

**1. Responsabilidade por transferência** – Trata-se de exemplo de responsabilidade por transferência, pois o fato que enseja a responsabilização do agente público, e sua consequente colocação no polo passivo da obrigação tributária, ocorre depois do nascimento desta. Para Hugo de Brito Machado, o art. 208 do CTN cuida de uma forma de indenização, através da qual o servidor público recompõe o patrimônio público lesado por sua conduta dolosa ou fraudulenta. O parágrafo único estaria, no caso, apenas a explicitar que a responsabilidade civil, no caso, não afasta a aplicação de penalidades de natureza administrativa e criminal, conforme o caso.

**2. Subsistência da responsabilidade do contribuinte** – O CTN se reporta à responsabilidade pessoal do funcionário público, e não a responsabilidade exclusiva. Assim, parece-nos que não se exclui a responsabilidade do contribuinte. Afinal, não seria razoável que este fosse beneficiado pela fraude, eximindo-se da obrigação tributária, arcando com ela apenas o servidor público. Tanto um como o outro – servidor e contribuinte – respondem pelo débito que deixou de ser pago em virtude da expedição indevida de uma CND. O problema é que o contribuinte, com o emprego da certidão negativa, pode já haver praticado atos que tornem inviável a exigência do tributo *dele* (*v. g.*, alienado o seu patrimônio). Até porque os terceiros que, de boa-fé, agiram confiando no conteúdo da certidão não poderão ser prejudicados, conforme será explicado na nota seguinte. Daí a importância da responsabilização do servidor, para que este arque com os danos sofridos pelo poder público em virtude de sua conduta ilícita.

**3. Certidão fraudulenta e boa-fé de terceiros** – Caso, de posse da certidão negativa fraudulenta, o contribuinte realize negócios com terceiros de boa-fé, estes terceiros não poderão ser posteriormente prejudicados pela falsidade da certidão. Como já decidiu o STJ, em negócio executado à vista de certidão negativa de débito para com a Fazenda estadual, a fé pública de que se reveste a CND impõe o respeito ao ato jurídico perfeito, impedindo que se desfaça o negócio correspondente (STJ, 2ª T., REsp 37.523/SP, Rel. Min. Américo Luz, j. em 29/6/1994, *DJ* de 19/9/1994, p. 24677). Em seu voto, o Ministro relator consignou que a exatidão, ou não, da certidão (que o Estado alegava ser equivocada, pois espelhava a inexistência de débitos, quando estes existiam) "não pode pesar contra a Embargante-apelante, principalmente quando a parte contrária é o próprio Estado (este não pode responsabilizar terceiro pela falha dos seus serviços)".

## DISPOSIÇÕES FINAIS E TRANSITÓRIAS

**Art. 209.** A expressão "Fazenda Pública", quando empregada nesta Lei sem qualificação, abrange a Fazenda Pública da União, dos Estados, do Distrito Federal e dos Municípios.

**454** | CÓDIGO TRIBUTÁRIO NACIONAL – *Hugo de Brito Machado Segundo*     **Art. 210**

**Art. 210.** Os prazos fixados nesta Lei ou na legislação tributária serão contínuos, excluindo-se na sua contagem o dia de início e incluindo-se o de vencimento.

Parágrafo único. Os prazos só se iniciam ou vencem em dia de expediente normal na repartição em que corra o processo ou deva ser praticado o ato.[1]

## Anotações

**1. Vencimento em feriado e postergação para o próximo dia útil e vencimento no último dia útil** – O disposto no art. 210 do CTN contempla regra já consagrada em relação à contagem de prazos. Diante do esclarecimento contido no parágrafo único, conclui-se que, vencendo-se o prazo em um feriado, seu termo final é postergado para o próximo dia útil, tal como ocorre no âmbito do processo civil. Mas é preciso muita atenção, pois há situações em que a própria legislação não estabelece como data de vencimento um dia "fixo", mas sim *o último dia útil do mês,* ou o *último dia útil da quinzena.* Nesses casos, se o dia 15, ou o dia 30, não são "úteis", o prazo se encerra no dia útil *anterior,* e não *posterior.*

Assim, exemplificando, se a legislação tributária estabelece como prazo de vencimento o "dia 15" do mês, ou se o contribuinte é intimado de um auto de infração em uma data, e o prazo para defesa é de "30 dias", os quais se esgotam em um domingo, incide a regra do art. 210, parágrafo único do CTN, e o último dia do prazo passa a ser o primeiro dia útil subsequente. Entretanto, se a legislação (e isso é bastante comum na legislação federal) estabelece que o vencimento será o "último dia útil do mês", e o último dia do mês é um domingo, o último dia útil – termo final do prazo – será a sexta-feira, e não a segunda subsequente.

**Art. 211.** Incumbe ao Conselho Técnico de Economia e Finanças, do Ministério da Fazenda, prestar assistência técnica aos governos estaduais e municipais, com o objetivo de assegurar a uniforme aplicação da presente Lei.

**Art. 212.** Os Poderes Executivos federal, estaduais e municipais expedirão, por decreto, dentro de 90 (noventa) dias da entrada em vigor desta Lei, a consolidação, em texto único, da legislação vigente, relativa a cada um dos tributos,[1] repetindo-se esta providência até o dia 31 de janeiro de cada ano.[2, 3]

## Anotações

**1. Consolidação da legislação de cada tributo. Importância** – A legislação tributária é alterada com relativa frequência, o que torna difícil a vida de autoridades fiscais – cuja função é conhecer e aplicar a legislação tributária – e ainda muito mais difícil a vida do contribuinte, cuja ocupação precípua seguramente não é essa, e nem é remunerado para tanto. A consolidação anual da legislação vigente sobre cada tributo, em texto único, tornaria muito mais fácil e rápido o conhecimento e a consulta das normas a serem observadas na relação tributária. Seria o mínimo que o Poder Público poderia fazer em *respeito* ao contribuinte, submetido a um cipoal cada vez mais confuso de normas.

**2. Norma com vigência por prazo indeterminado** – Há quem se refira ao art. 212 do CTN como norma de vigência limitada no tempo, e já exaurida. Sem razão. A consolidação *exigida*

# Art. 215                    Livro Segundo · NORMAS GERAIS DE DIREITO TRIBUTÁRIO | **455**

pelo art. 212 do CTN não deveria ter sido feita apenas em 90 dias contados do início da vigência do CTN, mas repetida anualmente. A cada ano, portanto, a União, os Estados-membros, o Distrito Federal e os Municípios desrespeitam o disposto no artigo em comento.

**3. Sanção pelo seu descumprimento** – Como aponta Hugo de Brito Machado, a norma contida no art. 212 do CTN trata de prestação que, se fosse adimplida pelo Poder Público, representaria significativo incremento no respeito ao contribuinte, notadamente no que diz respeito ao direito deste de *conhecer* – com a maior clareza e facilidade possível – a legislação à qual está submetido. Seu descumprimento, portanto, não pode ser sem consequências jurídicas. Não importa se não há sanção expressa e específica, explícita no próprio art. 212. Há sanções que podem ser extraídas de outros pontos do ordenamento, ou que nele estão implícitas, como é o caso da *nulidade* do ato praticado em desrespeito à norma. A principal sanção aplicável ao poder público violador do art. 212 do CTN seria a *impossibilidade de aplicar multas ao contribuinte que desrespeitasse a legislação tributária por erro decorrente de seu desconhecimento*. O dever jurídico de cumprir o disposto na legislação subsistiria (*v. g.*, o contribuinte continuaria obrigado a emitir determinado documento, ou a cumprir determinada obrigação), mas não se lhe poderiam impor penalidades pelo descumprimento já consumado, motivado pelo erro. Confira-se, a propósito: MACHADO, Hugo de Brito. *Comentários ao Código Tributário Nacional*. 2. ed. São Paulo: Atlas, 2005, v. 3, p. 921-941.

O assunto merece atenção, notadamente em face de uma legislação tributária cada vez mais esparsa e complexa, e de uma transferência cada vez maior de atribuições – que seriam das autoridades tributárias – aos contribuintes, encarregados de cálculos, demonstrativos, apurações e declarações cada vez mais detalhadas, e à antecipação do pagamento do tributo devido em face de tais cálculos, com pesadas punições para o caso de quaisquer erros, ainda que cometidos sem má-fé, por mera dificuldade na compreensão das normas aplicáveis. O mínimo que a Administração Tributária poderia fazer, a esse respeito, seria cumprir o disposto no art. 212 do CTN, o que já facilitaria bastante a compreensão das normas aplicáveis a cada tributo.

 

**Art. 213.** Os Estados pertencentes a uma mesma região geoeconômica celebrarão entre si convênios para o estabelecimento de alíquota uniforme para o imposto a que se refere o art. 52.

Parágrafo único. Os Municípios de um mesmo Estado procederão igualmente, no que se refere à fixação da alíquota de que trata o art. 60.

**Art. 214.** O Poder Executivo promoverá a realização de convênios com os Estados, para excluir ou limitar a incidência do imposto sobre operações relativas à circulação de mercadorias, no caso de exportação para o exterior.

**Art. 215.** A lei estadual pode autorizar o Poder Executivo a reajustar, no exercício de 1967, a alíquota de imposto a que se refere o art. 52, dentro de limites e segundo critérios por ela estabelecidos.[1]

## Anotações

**1. Disposição transitória** – O artigo em comento trata de disposição transitória, em face da qual o Executivo de cada Estado-membro poderia alterar, nos limites fixados em lei

**456** | CÓDIGO TRIBUTÁRIO NACIONAL – *Hugo de Brito Machado Segundo*          **Art. 216**

estadual, a alíquota do ICMS, então ICM, no exercício de 1967. Sua vigência exauriu-se naquele exercício.

**Art. 216.** O Poder Executivo proporá as medidas legislativas adequadas a possibilitar, sem compressão dos investimentos previstos na proposta orçamentária de 1967, o cumprimento do disposto no art. 21 da Emenda Constitucional nº 18, de 1965.

**Art. 217.** As disposições desta Lei, notadamente as dos arts. 17, 74, § 2º e 77, parágrafo único, bem como a do art. 54 da Lei nº 5.025, de 10 de junho de 1966, não excluem a incidência e a exigibilidade:[1] *(Incluído pelo Decreto-lei nº 27, de 14.11.1966)*

I – da "contribuição sindical", denominação que passa a ter o imposto sindical de que tratam os arts. 578 e seguintes, da Consolidação das Leis do Trabalho, sem prejuízo do disposto no art. 16 da Lei nº 4.589, de 11 de dezembro de 1964; *(Incluído pelo Decreto-lei nº 27, de 14.11.1966)*

II – das denominadas "quotas de previdência" a que aludem os arts. 71 e 74 da Lei nº 3.807, de 26 de agosto de 1966 com as alterações determinadas pelo art. 34 da Lei nº 4.863, de 29 de novembro de 1965, que integram a contribuição da União para a Previdência Social, de que trata o art. 157, item XVI, da Constituição Federal; *(Incluído pelo Decreto-lei nº 27, de 14.11.1966)*

III – da contribuição destinada a constituir o "Fundo de Assistência" e "Previdência do Trabalhador Rural", de que trata o art. 158 da Lei nº 4.214, de 2 de março de 1963; *(Incluído pelo Decreto-lei nº 27, de 14.11.1966)*

IV – da contribuição destinada ao Fundo de Garantia do Tempo de Serviço,[2] criada pelo art. 2º da Lei nº 5.107, de 13 de setembro de 1966; *(Incluído pelo Decreto-lei nº 27, de 14.11.1966)*

V – das contribuições, enumeradas no § 2º do art. 34 da Lei nº 4.863, de 29 de novembro de 1965, com as alterações decorrentes do disposto nos arts. 22 e 23 da Lei nº 5.107, de 13 de setembro de 1966, e outras de fins sociais criadas por lei. *(Incluído pelo Decreto-lei nº 27, de 14.11.1966)*

## Anotações

**1. Natureza não exaustiva das exações previstas no CTN** – Ao afirmar que o CTN não exclui "a incidência nem a exigibilidade" das exações que enumera, o art. 217 simplesmente ressalva a natureza *não exaustiva* das exações previstas no CTN. Outras exações, como as previstas nos incisos do art. 217, continuam existentes e exigíveis. Quanto à aplicabilidade do CTN às mesmas, isso dependerá de saber se têm natureza tributária, ou não. Algumas,

# Art. 218
**Livro Segundo · NORMAS GERAIS DE DIREITO TRIBUTÁRIO | 457**

como as contribuições de seguridade, têm essa natureza, e submetem-se às disposições do CTN. Outras, como a contribuição para o FGTS, não.

**2. Natureza jurídica da contribuição ao FGTS. Inaplicabilidade do CTN** – Como explicado na nota anterior, a aplicabilidade do CTN às exações nele não expressamente previstas (e ressalvadas pelo art. 217) dependerá de sua natureza tributária. Quanto à contribuição ao FGTS, por exemplo, a jurisprudência não a considera como um tributo, e, por isso, a ela não aplica as disposições do CTN. "A contribuição para o FGTS não tem natureza tributária. Sua sede está no artigo 165, XIII, da Constituição Federal. É garantia de índole social. [...] Os depósitos de FGTS não são contribuições de natureza fiscal. Eles pressupõem vínculo jurídico disciplinado pelo Direito do Trabalho. [...] Impossibilidade de, por interpretação analógica ou extensiva, aplicarem-se ao FGTS as normas do CTN. [...] Precedentes do STF RE nº 100.249-2. Idem STJ REsp nº 11.089/MG.' [...] (REsp 383.885/PR, Rel. Min. José Delgado, *DJ* 10.06.2002). Em consequência, tratando-se de execução fiscal relativa a débitos do FGTS, incabível a aplicação das regras do CTN por interpretação analógica ou extensiva" (STJ – 1ª T – REsp 491.326/RS, Rel. Min. Luiz Fux – j. em 18/3/2004, *DJ* de 3/5/2004, p. 100).

Note-se que, por coerência, a impossibilidade de se aplicar o CTN à constituição e à cobrança de créditos relativos ao FGTS deve ser observada tanto quando isso for conveniente a quem cobra, como quando for prejudicial. Assim, não são aplicáveis as disposições do CTN relativas à decadência, e à prescrição (que cuidam de prazos mais curtos), mas também não são invocáveis aquelas que cuidam de hipóteses de responsabilidade de terceiros (*v. g.*, de sócios-gerentes de sociedades comerciais). **Nesse sentido,** quanto à inaplicabilidade dos prazos de prescrição e decadência fixados no CTN: "Não se podendo defini-las como tributo (as contribuições ao FGTS), às ditas contribuições não se aplicam, no dizente à prescrição, as normas previstas no Código Tributário Nacional (artigos 173 e 174)" (STJ, 1ª T., REsp 11.779/MS, Rel. Min. Garcia Vieira, Rel. p/ Ac. Min. Demócrito Reinaldo, j. em 2/10/1991, *DJ* de 2/12/1991, p. 17515). Quanto à inaplicabilidade das regras inerentes à responsabilidade de terceiros: "as contribuições destinadas ao FGTS não possuem natureza tributária, mas de direito de natureza trabalhista e social, destinado à proteção dos trabalhadores (art. 7º, III, da Constituição). Sendo orientação firmada pelo STF, 'a atuação do Estado, ou de órgão da Administração Pública, em prol do recolhimento da contribuição do FGTS, não implica torná-lo titular do direito à contribuição, mas, apenas, decorre do cumprimento, pelo Poder Público, de obrigação de fiscalizar e tutelar a garantia assegurada ao empregado optante pelo FGTS. Não exige o Estado, quando aciona o empregador, valores a serem recolhidos ao Erário, como receita pública. Não há, daí, contribuição de natureza fiscal ou parafiscal' (RE 100.249/SP). Precedentes do STF e STJ. 4. Afastada a natureza tributária das contribuições ao FGTS, consolidou-se a jurisprudência desta Corte no sentido da inaplicabilidade das disposições do Código Tributário Nacional aos créditos do FGTS, incluindo a hipótese de responsabilidade do sócio-gerente prevista no art. 135, III, do CTN. Precedentes. [...]" (STJ, 1ª T., REsp 719.644/RS, Rel. Min. Teori Albino Zavascki, j. em 23/8/2005, *DJ* de 5/9/2005, p. 282).

**Art. 218.** Esta Lei entrará em vigor, em todo o território nacional, no dia 1º de janeiro de 1967, revogadas as disposições em contrário, especialmente a

Lei nº 854, de 10 de outubro de 1949. *(Renumerado do art. 217 pelo Decreto-lei nº 27, de 14.11.1966)*

Brasília, 25 de outubro de 1966; 145º da Independência e 78º da República.

H. CASTELLO BRANCO

*Octávio Bulhões*

*Carlos Medeiros Silva*

# Lei Complementar nº 87, de 13 de setembro de 1996

*Dispõe sobre o imposto dos Estados e do Distrito Federal sobre operações relativas à circulação de mercadorias e sobre prestações de serviços de transporte interestadual e intermunicipal e de comunicação, e dá outras providências.*

**O PRESIDENTE DA REPÚBLICA** faço saber que o Congresso Nacional decreta e eu sanciono a seguinte Lei:

**Art. 1º** Compete aos Estados e ao Distrito Federal instituir o imposto sobre operações relativas à circulação de mercadorias[1,2] e sobre prestações de serviços de transporte interestadual e intermunicipal e de comunicação, ainda que as operações e as prestações se iniciem no exterior.[3]

## ANOTAÇÕES

**1. Conceito de mercadoria. Relevância da destinação** – Já em 1971, Hugo de Brito Machado escrevia que, para se definir *mercadoria,* "um jogo de palavras dizendo apenas da natureza do bem e de seu estado de conservação é insuficiente. O elemento 'destinação' há de ser considerado. Carvalho de Mendonça, com sua indiscutível autoridade, mostra que a destinação é elemento essencial no conceito de mercadoria. 'Todas as mercadorias', ensina aquele mestre, 'são necessariamente coisas; nem todas as coisas, porém, são mercadorias. Não há, como se vê, diferença de substância entre coisa e mercadoria: a diferença é a destinação.' (*Tratado de Direito Comercial Brasileiro*, Liv. Freitas Bastos S.A, 7. ed., Rio, 1963, v. 5, p. 28). 'São mercadorias', doutrina Waldemar Ferreira, 'as coisas móveis que se compram e se vendem, por atacado ou a varejo nas lojas, armazéns, mercados ou feiras, sejam produtos da natureza, sejam da indústria, na sua variedade imensa.' (*Tratado de Direito Comercial*, Ed. Saraiva, 6º vol., São Paulo, 1961, pág. 230). Além de ser bem móvel, novo ou usado, a mercadoria somente se caracteriza como tal pela sua destinação ao comércio. O que é mercadoria para uma empresa não o será necessariamente para outra. Sua destinação dentro do patrimônio de cada empresa é decisiva. [...] Fran Martins também encontra na destinação um elemento integrante do conceito em espécie. Na lição do ilustre comercialista, 'chamam-se mercadorias as coisas móveis que os comerciantes adquirem com a finalidade específica de revender' (*Curso de Direito Comercial*, Forense, Rio, 1970, p. 129)" (Hugo de Brito Machado, *O ICM*, São Paulo: Sugestões Literárias, 1971, p. 29).

**460** | CÓDIGO TRIBUTÁRIO NACIONAL – *Hugo de Brito Machado Segundo* **Art. 2º**

**2. Circulação de mercadorias e transporte de lixo** – Operações relativas à circulação de mercadorias são aqueles atos que impulsionam coisas móveis e corpóreas destinadas ao comércio na cadeia produtiva, de sua produção até o consumo. Não se incluem nesse conceito, portanto, a mera circulação física de bens, nem muito menos o transporte de lixo realizado por empresa prestadora de serviço de limpeza pública. Por incrível que pareça, o Estado do Rio de Janeiro já pretendeu tributar a "circulação do lixo", tendo o TJ/RJ consignado que "o material 'lixo' que a COMLURB transporta para o aterro sanitário não caracteriza-se como bem de sua propriedade, porque se consubstancia nos rejeitos públicos ou privados que recolhe, a título de limpeza pública, por delegação do poder público, em face da lei que a criou, e tais rejeitos são transportados ao seu destino final sem que ocorra a prática de qualquer mercancia". Ainda no entendimento do TJ/RJ, "o lixo transportado para o aterro, na atualidade, não está sendo reciclado ou utilizado como insumo para a industrialização. Não há o seu aproveitamento com finalidade comercial. E, a simples possibilidade de vir a ser industrializado, no futuro, só por si não deve ser considerada fato gerador do ICMS, pois o que o legislador objetiva tributar por meio deste tributo considerado, é a circulação do bem com conteúdo econômico atual ou o seu transporte, o que não é o caso ventilado nos autos" (TJ/RJ, 16ª Câm.Cív., Rel. Des. Ronald Valladares, AP 16.785/2000, v. u., *DJ* de 29/11/2001).

**3. Explicitação do âmbito de incidência do ICMS** – Como os arts. 1º, 2º e 3º da LC nº 87/96 apenas explicitam o âmbito de incidência traçado constitucionalmente, relativo à norma estadual que instituir o dever de pagar o ICMS, remetemos o leitor às notas efetuadas ao art. 155, II, da CF/88.

Art. 2º O imposto incide sobre:

I – operações relativas à circulação de mercadorias,[1, 2, 3, 4, 5] inclusive o fornecimento de alimentação e bebidas em bares, restaurantes e estabelecimentos similares;[6, 7]

II – prestações de serviços de transporte interestadual e intermunicipal, por qualquer via, de pessoas, bens, mercadorias ou valores;

III – prestações onerosas de serviços de comunicação,[8, 9, 10] por qualquer meio, inclusive a geração, a emissão, a recepção, a transmissão, a retransmissão, a repetição e a ampliação de comunicação de qualquer natureza;

IV – fornecimento de mercadorias com prestação de serviços não compreendidos na competência tributária dos Municípios;

V – fornecimento de mercadorias com prestação de serviços sujeitos ao imposto sobre serviços, de competência dos Municípios, quando a lei complementar aplicável expressamente o sujeitar à incidência do imposto estadual.[11]

§ 1º O imposto incide também:

**Art. 2º**                    LEI COMPLEMENTAR Nº 87, DE 13DE SETEMBRO DE 1996 | **461**

I – sobre a entrada de mercadoria ou bem importados do exterior, por pessoa física ou jurídica, ainda que não seja contribuinte habitual do imposto, qualquer que seja a sua finalidade; *(Redação dada[12] pela LCP 114, de 16.12.2002)*

II – sobre o serviço prestado no exterior ou cuja prestação se tenha iniciado no exterior;

III – sobre a entrada, no território do Estado destinatário,[13] de petróleo, inclusive lubrificantes e combustíveis líquidos e gasosos dele derivados, e de energia elétrica, quando não destinados à comercialização ou à industrialização, decorrentes de operações interestaduais, cabendo o imposto ao Estado onde estiver localizado o adquirente.

§ 2º A caracterização do fato gerador independe da natureza jurídica da operação que o constitua.

## ANOTAÇÕES

**1. Fato gerador do ICMS e reserva de lei estadual** – A LC nº 87/96, como as demais normas gerais em matéria de legislação tributária veiculadas em lei complementar nacional, não prevê o "fato gerador" do tributo a que dizem respeito. Limita-se a traçar normas gerais a respeito do mesmo, que devem ser observadas pelo legislador ordinário do ente tributante respectivo, quando da criação do tributo. É por isso que, em seu art. 1º, a LC nº 87/96 apenas se reporta à competência dos Estados-membros e do Distrito Federal para instituir o ICMS.

**2. Fato gerador do ICMS e demanda contratada** – Em função do âmbito de incidência delimitado no art. 155, II, da CF/88, a norma que institui o dever de pagar o ICMS não pode ter como hipótese de incidência a simples celebração de um contrato. Afinal, o pressuposto de incidência da norma relativa a esse imposto é a ocorrência de uma operação relativa à circulação de mercadoria. Assim, caso seja celebrado o contrato, mas a mercadoria não seja fornecida (não "circule"), o ICMS não se faz devido. Forte nessas premissas, o STJ tem repelido a exigência desse imposto sobre a chamada "demanda contratada" de energia elétrica, assim entendido o contrato por meio do qual o consumidor de energia paga pela *disponibilidade* de determinada energia, em determinada potência, ainda que não a utilize efetivamente. Entende-se que "o fato gerador do ICMS dá-se com a efetiva saída do bem do estabelecimento produtor, a qual não é presumida por contrato em que se estabelece uma demanda junto à fornecedora de energia elétrica, sem a sua efetiva utilização" (STJ, 2ª T., REsp 825.350/MT, Rel. Min. Castro Meira, j. em 16/5/2006, *DJ* dc 26/5/2006, p. 250). **No mesmo sentido:** "Segundo orientação traçada em julgados de ambas as Turmas integrantes da 1ª Seção, não incide o ICMS sobre as quantias relativas à chamada demanda contratada de energia elétrica." Nesse último aresto, a propósito, consignou-se, quanto à legitimidade ativa *ad causam*, que "o consumidor final é o sujeito passivo da obrigação tributária, na condição de contribuinte de direito e, ao mesmo tempo, de contribuinte de fato, e portanto, parte legítima para demandar visando à inexigibilidade do ICMS sobre os valores relativos à demanda contratada de energia elétrica". E, em relação à legitimidade passiva, considera-se que "somente o Fisco credor é quem pode e deve sofrer os efeitos de

**462** | CÓDIGO TRIBUTÁRIO NACIONAL – *Hugo de Brito Machado Segundo*                    **Art. 2º**

eventual condenação, porque é ele o único titular das pretensões contra as quais se insurge a autora, devendo, em consequência, figurar no pólo passivo da demanda" (STJ, 1ª T., REsp 829.490/RS, Rel. Min. Teori Albino Zavascki, j. em 18/5/2006, *DJ* de 29/5/2006, p. 205). Embora a questão da legitimidade ativa *ad causam* em relação aos tributos ditos indiretos tenha passado por algumas oscilações, esse entendimento, no que tange à energia, foi mantido. Confiram-se, a propósito, as notas ao art. 166 do CTN.

**3. ICMS e operações interestaduais com material, efetuadas por empresas de construção civil** – Pessoa jurídica dedicada ao serviço de construção civil não é contribuinte do ICMS, a menos que tenha também comércio no qual revenda material de construção. Assim, caso uma construtora adquira material de construção, o ICMS incidente é devido por quem *vendeu* citado material, ao Estado do estabelecimento vendedor no qual o material estava localizado. O imposto não é devido pela empresa de construção civil, e tampouco incide sobre a operação através do qual citado material é transportado para os "canteiros de obras". Nesse sentido é a jurisprudência, tanto do STF como do STJ. É conferir: "As construtoras são, de regra, contribuintes, considerado o tributo municipal – Imposto sobre Serviços. Adquirindo material em Estado que pratique alíquota mais favorável, não estão compelidas, uma vez empregadas as mercadorias em obra, a satisfazer a diferença em virtude de alíquota maior do Estado destinatário. Interpretação do disposto no artigo 155, § 2º, inciso VII, da Constituição Federal" (STF, 2ª T., AG-AI 242.276-8/GO, Rel. Min. Marco Aurélio, j. em 16/12/1999, *DJ* 17/3/2000, *COAD/ADV* 22/2000, p. 337, *RTFP* 38/258). **No mesmo sentido:** STJ, 1ª T., AgRg no Ag 687.218/MA, Rel. Min. Luiz Fux, j. em 4/5/2006, *DJ* de 18/5/2006 p. 184. No que tange ao período posterior à EC 87/2015, a alíquota incidente nas operações interestaduais destinadas ao consumidor final não contribuinte do imposto passa a ser a interestadual também, cabendo a diferença ao Estado de destino. Mesmo nesse caso, porém, a responsabilidade por esse recolhimento é do remetente das mercadorias. Vejam-se, a propósito, as notas ao art. 155, § 2º, da CF/88.

**4. ICMS. Não incidência na venda de embalagens personalizadas** – Para que o fato se situe no âmbito de incidência conferido aos Estados-membros e ao Distrito Federal, relativamente ao ICMS, é preciso que consista em uma *operação,* e que essa operação seja relativa à *circulação* (mudança de titularidade) de uma *mercadoria* (bem móvel destinado ao comércio). Se se tratar, por exemplo, de bem não destinado ao comércio, à mercancia, como é o caso de um impresso personalizado, que só há de servir para quem contratou sua feitura, não é de "mercadoria" que se trata, mas do resultado da prestação de um serviço. Por isso mesmo, "a jurisprudência do STJ, em torno da Súmula 156, tem entendido que o ISS incide sobre os serviços de composição gráfica quando feitos por encomenda, sejam ou não personalizados (REsp 486.020/RS, Rel. Min. Eliana Calmon, *DJU* de 20.09.04). [...]" (STJ, 2ª T., REsp 788.235/SP, Rel. Min. Castro Meira, j. em 15/12/2005, *DJ* de 20/2/2006, p. 317).

**5. ICMS. Empreitada global de construção civil** – No contrato de construção civil, as *mercadorias* fornecidas ao tomador do serviço submetem-se ao ICMS, conforme ressalva feita no item 7.02 da lista anexa à LC nº 116/2003. Entretanto, isso não significa que todo objeto trazido pelo prestador do serviço ao canteiro de obras esteja submetido ao ICMS, pois nem sempre será uma *mercadoria.* Tijolos, telhas, pré-moldados, cimento etc., trazido pelo prestador do serviço de construção civil, de seu estabelecimento até o local da construção, não são *mercadorias* vendidas ao tomador do serviço. São *insumos* necessários à prestação desse serviço, e que por isso mesmo não se submetem ao ICMS, nessa operação. Quando o construtor celebra contrato de *empreitada global,* obrigando-se a entregar a obra inteira pronta,

**Art. 2°**  LEI COMPLEMENTAR Nº 87, DE 13DE SETEMBRO DE 1996 | **463**

mas confeccionando fora dela algumas de suas partes (contrato, pré-moldados etc.), o transporte dessas partes até o local da obra não configura operação relativa à circulação de mercadorias, submetendo-se ao ISS, e não ao ICMS. Primeiro, porque não se está "vendendo" a peça, mas transportando-a para que o próprio prestador a utilize e conclua o serviço contratado. Segundo, porque a peça não terá utilidade para terceiros, servindo apenas para ser utilizada na obra à qual se destina. É o que tem decidido o STJ: "Não há fornecimento (no sentido de comercializar) aos seus contratantes de peças pré-moldadas produzidas pela empresa a fim de aplicá-las especificamente nas edificações contratadas. Apenas as transporta, após confeccioná-las, a fim de montá-las no local da obra, de acordo com o projeto previamente estabelecido. 3. Empresa que se dedica a construções de grande porte pelo sistema de pré-moldados, havendo impossibilidade física e técnica de serem produzidas as peças de montagem da edificação no próprio local da obra, valendo-se, portanto, de suas instalações, onde dispõe dos recursos necessários à confecção dos pré-moldados, transportando-os, depois, para finalização do projeto. As peças transportadas servem, apenas, para a obra a que se destinam especificamente, não possuindo valor individualizado para comercialização e que não são transferidas separadamente para o contratante, independente da construção do edifício no seu todo, não podendo, com isso, sofrer a incidência do ICMS. 4. A Egrégia Segunda Turma do Superior Tribunal de Justiça assentou que 'na construção civil pelo sistema de pré-moldados, sob regime de empreitada global, em que a empresa construtora produz as peças a serem montadas em edificação específica, sem comercializá-las individualmente, transportando-as para o local da obra, não incide o ICM cuja base de cálculo para a cobrança é inexistente' (REsp nº 40.356/SP, Rel. Min. Peçanha Martins, *DJ* de 03/06/1996). 5. Evidente o direito da empresa recorrida em não recolher o ICMS quando da montagem de pré-moldados, com produção própria das peças a serem montadas, sem que as mesmas sejam comercializadas individualmente, por se tratar, in casu, de contrato de empreitada onde se almeja a execução de toda a obra. [...]" (STJ, 1ª T., REsp 247.595/ MG, Rel. Min. José Delgado, *DJ* de 15/5/2000, p. 145). **No mesmo sentido:** STJ, 2ª T., REsp 124.646/RS, *DJ* de 3/4/2000, p. 133 e REsp 720.717/MG, *DJ* de 20/2/2006 p. 304.

**6. Fornecimento de alimentação e bebidas em bares e restaurantes** – Sustentou-se que o fornecimento de alimentos e bebidas em bares e restaurantes consistiria na *prestação de um serviço,* submetido à incidência do ISS. Seria inconstitucional, nesse contexto, o art. 2°, I, da LC nº 87/96, assim como a legislação por ele revogada, que dispunha no mesmo sentido. A verdade, porém, é que se trata de operação situada em uma "zona cinzenta", fronteiriça entre a prestação de serviço e o fornecimento de mercadoria. Assim, a rigor, cabe à lei complementar dirimir o possível conflito entre Municípios e Estados-membros, a teor do art. 146, I, da CF/88. Não há invalidade, portanto, na escolha feita pelo legislador complementar, que atribuiu a competência de tributar tais operações aos Estados-membros. Com base nisso, a jurisprudência sedimentou-se no sentido de que "o fornecimento de mercadorias com a simultânea prestação de serviços em bares, restaurantes e estabelecimentos similares constitui fato gerador do ICMS a incidir sobre o valor total da operação" (Súmula nº 163/STJ).

**7. Fornecimento de alimentação a empregados. ICMS. Não incidência** – "O fornecimento de alimentação por empresa de construção civil a seus operários, atuando em região remota, não configura o fato gerador de ICMS descrito no art. 1°, III, do DL 406/68 ('fornecimento de alimentação, bebidas e outras mercadorias em restaurantes, bares, cafés e estabelecimentos similares'). [...]" (STJ, 1ª T., REsp 609.185/SE, Rel. Min. Teori Albino Zavascki, j. em 7/3/2006, *DJ* de 20/3/2006, p. 196). E nem poderia ser mesmo diferente,

**464** | CÓDIGO TRIBUTÁRIO NACIONAL – *Hugo de Brito Machado Segundo*                    **Art. 2º**

sendo da maior evidência que a remessa de alimentação da empresa de construção civil até o canteiro de obras onde estão seus empregados não é "operação relativa à circulação de mercadorias". Afinal, a construtora não está "comercializando" a comida, e os seus empregados não são "consumidores" da mesma.

**8. Serviço de comunicação e atividades "meramente preparatórias"** – O STJ chegou a decidir que a norma de tributação relativa ao ICMS somente pode incidir sobre o serviço de comunicação, cuja remuneração deve ser a base de cálculo do imposto. Não é admissível a incidência sobre "atividades meramente preparatórias", cuja remuneração, por isso mesmo, deve ser excluída da base tributável. "As atividades meramente preparatórias ou de acesso aos serviços de comunicação não podem ser entendidas como 'serviço de telecomunicação' propriamente dito, de modo que estão fora da incidência tributária do ICMS. Não tem amparo, portanto, na Lei Complementar nº 87/96 a cláusula primeira do Convênio nº 69/98, que inclui as referidas atividades preparatórias na base de cálculo do ICMS-comunicação. Precedentes. [...]" (STJ, 2ª T., REsp 622.208/RJ, Rel. Min. Castro Meira, j. em 4/5/2006, *DJ* de 17/5/2006, p. 115). **No mesmo sentido:** "Este Superior Tribunal de Justiça, ao analisar o Convênio nº 69, de 19.6.1998, concluiu, em síntese, que: (a) a interpretação conjunta dos arts. 2º, III, e 12, VI, da Lei Complementar nº 87/96 (Lei Kandir) leva ao entendimento de que o ICMS somente pode incidir sobre os serviços de comunicação propriamente ditos, no momento em que são prestados, ou seja, apenas pode incidir sobre a atividade-fim, que é o serviço de comunicação, e não sobre a atividade-meio ou intermediária, que é, por exemplo, a habilitação, a instalação, a disponibilidade, a assinatura, o cadastro de usuário e de equipamento, entre outros serviços. Isso porque, nesse caso, o serviço é considerado preparatório para a consumação do ato de comunicação; (b) o serviço de comunicação propriamente dito, consoante previsto no art. 60 da Lei nº 9.472/97 (Lei Geral de Telecomunicações), para fins de incidência de ICMS, é aquele que transmite mensagens, ideias, de modo oneroso; (c) o Direito Tributário consagra o princípio da tipicidade fechada, de maneira que, sem lei expressa, não se pode ampliar os elementos que formam o fato gerador, sob pena de violar o disposto no art. 108, § 1º, do CTN. Assim, não pode o Convênio 69/98 aumentar o campo de incidência do ICMS, porquanto isso somente poderia ser realizado por meio de lei complementar. 2. Os serviços de instalação de linha telefônica fixa não são considerados serviços de comunicação propriamente ditos, nos termos da Lei Kandir e da Lei Geral de Telecomunicações, mas serviços de natureza intermediária. Não deve, portanto, incidir ICMS sobre essa atividade, pois não há previsão legal nesse sentido, existindo apenas o Convênio 69/98 que disciplina a matéria, no entanto, de forma indevida. [...]" (STJ, 1ª T., REsp 601.056/BA, Rel. Min. Denise Arruda, j. em 9/3/2006, *DJ* de 3/4/2006, p. 230).

Aplicando as mesmas premissas desse entendimento à TV a cabo: "1. Segundo a Lei nº 8.977/95 e o Decreto nº 2.206/97, o serviço de TV a Cabo é o serviço de telecomunicações que consiste na distribuição de sinais de vídeo e/ou áudio, a assinantes, mediante transporte por meios físicos. 2. Incluem-se nesses serviços os de 'interação necessária à escolha da programação e outros usos pertinentes ao serviço, que inclui a aquisição de programas pagos individualmente', a qual deve ser compreendida como sendo todo 'processo de troca de sinalização, informação ou comando entre o terminal do assinante e o cabeçal', o qual ocorre eletronicamente, por meio do sistema de envio de sinais de áudio e/ou vídeo, sem haja a necessidade de intervenção direta ou pessoal de interlocutores contratados pela empresa prestadora, externa ao sistema. 3. A jurisprudência desta Corte pacificou entendimento no sentido de não incidir o ICMS sobre o serviço de habilitação

**Art. 2º**                    LEI COMPLEMENTAR Nº 87, DE 13DE SETEMBRO DE 1996 | **465**

do telefone móvel celular. 4. A uniformização deu-se a partir da interpretação do disposto no art. 2º, III, da LC nº 87/96, o qual só contempla o ICMS sobre os serviços de comunicação *stricto sensu*, não sendo possível, pela tipicidade fechada do direito tributário, estender-se aos serviços meramente acessórios ou preparatórios à comunicação. 5. Aplicação analógica da jurisprudência relativa ao serviço de habilitação do telefone móvel celular à hipótese dos autos, que também envolve a prestação de serviços acessórios ou preparatórios ao de comunicação via TV a Cabo. 6. Incidência do ISS sobre os serviços de assistência técnica, de adesão, de instalação de equipamentos e de ponto extra, mudança na seleção de canais e habilitação de decodificador, nos termos do Item 21 da Lista de Serviços anexa ao DL 406/68. [...]" (STJ, 2ª T., REsp 710.774/MG, Rel. Min. Eliana Calmon, j. em 7/2/2006, *DJ* de 6/3/2006, p. 332).

Mais recentemente, em sede de repercussão geral, o Supremo Tribunal Federal adotou posicionamento diferente. Apreciando o RE 912.888/RS, a Corte firmou o entendimento de que o "Imposto sobre Circulação de Mercadorias e Serviços (ICMS) incide sobre a tarifa de assinatura básica mensal cobrada pelas prestadoras de serviços de telefonia, independentemente da franquia de minutos concedida ou não ao usuário."

**9. Serviço de comunicação e provedor de acesso à Internet** – "Não incide o ICMS sobre o serviço prestado pelos provedores de acesso à internet. A atividade por eles desenvolvida consubstancia mero serviço de valor adicionado, uma vez que se utiliza da rede de telecomunicações, por meio de linha telefônica, para viabilizar o acesso do usuário final à internet. Precedentes das Turmas de Direito Público e da Primeira Seção" (STJ, 2ª T., REsp 628.046/MG, Rel. Min. Castro Meira, j. em 9/5/2006, *DJ* de 19/5/2006, p. 199).

O precedente da Primeira Seção, a propósito, porta a seguinte ementa: "[...] Da leitura dos artigos 155, inciso II, da Constituição Federal, e 2º, inciso III, da Lei Complementar nº 87/96, verifica-se que cabe aos Estados e ao Distrito Federal tributar a prestação onerosa de serviços de comunicação. Dessa forma, o serviço que não for prestado de forma onerosa e que não for considerado pela legislação pertinente como serviço de comunicação não pode sofrer a incidência de ICMS, em respeito ao princípio da estrita legalidade tributária. Segundo informações da Agência Nacional de Telecomunicações – ANATEL, 'a Internet é um conjunto de redes e computadores que se interligam em nível mundial, por meio de redes e serviços de telecomunicações, utilizando no seu processo de comunicação protocolos padronizados. Os usuários têm acesso ao ambiente Internet por meio de Provedores de Acesso a Serviços Internet. O acesso aos provedores pode se dar utilizando serviços de telecomunicações dedicados a esse fim ou fazendo uso de outros serviços de telecomunicações, como o Serviço Telefônico Fixo Comutado' ('Acesso a Serviços Internet', Resultado da Consulta Pública 372 – ANATEL). A Proposta de Regulamento para o Uso de Serviços e Redes de Telecomunicações no Acesso a Serviços Internet, da ANATEL, define, em seu artigo 4º, como Provedor de Acesso a Serviços Internet – PASI, 'o conjunto de atividades que permite, dentre outras utilidades, a autenticação ou reconhecimento de um usuário para acesso a Serviços Internet'. Em seu artigo 6º determina, ainda, que 'o Provimento de Acesso a Serviços Internet não constitui serviço de telecomunicações, classificando-se seu provedor e seus clientes como usuários dos serviços de telecomunicações que lhe dá suporte'. Por outro lado, a Lei Federal nº 9.472/97, denominada Lei Geral de Telecomunicações – LGT, no § 1º de seu artigo 61, dispõe que o serviço de valor adicionado 'não constitui serviço de telecomunicações, classificando-se seu provedor como usuário do serviço de telecomunicações que lhe dá suporte, com os direitos e deveres inerentes a essa condição'. O *caput* do

466 | CÓDIGO TRIBUTÁRIO NACIONAL – *Hugo de Brito Machado Segundo* **Art. 2º**

mencionado artigo define o referido serviço como 'a atividade que acrescenta, a um serviço de telecomunicações que lhe dá suporte e com o qual não se confunde, novas utilidades relacionadas ao acesso, armazenamento, apresentação, movimentação ou recuperação de informações.' O serviço prestado pelo provedor de acesso à Internet não se caracteriza como serviço de telecomunicação, porque não necessita de autorização, permissão ou concessão da União, conforme determina o artigo 21, XI, da Constituição Federal. Não oferece, tampouco, prestações onerosas de serviços de comunicação (art. 2º, III, da LC nº 87/96), de forma a incidir o ICMS, porque não fornece as condições e meios para que a comunicação ocorra, sendo um simples usuário dos serviços prestados pelas empresas de telecomunicações. Na lição de Kiyoshi Harada, 'o provedor de acesso à internet libera espaço virtual para comunicação entre duas pessoas, porém, quem presta o serviço de comunicação é a concessionária de serviços de telecomunicações, já tributada pelo ICMS. O provedor é tomador de serviços prestados pelas concessionárias. Limita-se a executar serviço de valor adicionado, isto é, serviços de monitoramento do acesso do usuário à rede, colocando à sua disposição equipamentos e softwares com vistas à eficiente navegação'. O serviço prestado pelos provedores de acesso à Internet cuida, portanto, de mero serviço de valor adicionado, uma vez que o prestador se utiliza da rede de telecomunicações que lhe dá suporte para viabilizar o acesso do usuário final à Internet, por meio de uma linha telefônica. Conforme pontifica Sacha Calmon, 'o serviço prestado pelos provedores de acesso à Internet é um Serviço de Valor Adicionado, não se enquadrando como serviço de comunicação, tampouco serviço de telecomunicação. Este serviço apenas oferece aos provedores de Acesso à Internet o suporte necessário para que o Serviço de Valor Adicionado seja prestado, ou seja, o primeiro é um dos componentes no processo de produção do último.' Nessa vereda, o insigne Ministro Peçanha Martins, ao proferir voto-vista no julgamento do recurso especial embargado, sustentou que a provedoria via Internet é serviço de valor adicionado, pois 'acrescenta informações através das telecomunicações. A chamada comunicação eletrônica, entre computadores, somente ocorre através das chamadas linhas telefônicas de qualquer natureza, ou seja, a cabo ou via satélite. Sem a via telefônica impossível obter acesso à Internet. Cuida-se, pois, de um serviço adicionado às telecomunicações, como definiu o legislador. O provedor é usuário do serviço de telecomunicações. Assim o diz a lei.' Conclui-se, portanto, que, nos termos do artigo 110 do Código Tributário Nacional, não podem os Estados ou o Distrito Federal alterar a definição, o conteúdo e o alcance do conceito de prestação de serviços de conexão à Internet, para, mediante Convênios Estaduais, tributá-la por meio do ICMS. Como a prestação de serviços de conexão à Internet não cuida de prestação onerosa de serviços de comunicação ou de serviços de telecomunicação, mas de serviços de valor adicionado, em face dos princípios da legalidade e da tipicidade fechada, inerentes ao ramo do direito tributário, deve ser afastada a aplicação do ICMS pela inexistência na espécie do fato imponível. Segundo salientou a douta Ministra Eliana Calmon, quando do julgamento do recurso especial ora embargado, 'independentemente de haver entre o usuário e o provedor ato negocial, a tipicidade fechada do Direito Tributário não permite a incidência do ICMS'. Embargos de divergência improvidos" (STJ, 1ª S., EREsp 456.650/PR, Rel. p. o ac. Min. Franciulli Netto, j. em 11/5/2005, m. v., *DJ* de 20/3/2006, p. 181). **Posteriormente** esse entendimento do Superior Tribunal de Justiça foi *sumulado*: "O ICMS não incide no serviço dos provedores de acesso à *Internet*" (Súmula 334/STJ).

**10. Prestação onerosa e clonagem –** Tendo em vista que o imposto incide sobre a prestação onerosa de serviços, parece claro não ser possível exigi-lo no caso de *clonagem* de telefone, eis que o autor do ilícito *não paga* pelos serviços que consome. A jurisprudência,

**Art. 2º**　　　　　LEI COMPLEMENTAR Nº 87, DE 13DE SETEMBRO DE 1996 | **467**

não obstante, tem entendimento diverso: "[...] 1. O fato gerador do ICMS na telefonia é a disponibilização da linha em favor do usuário que contrata, onerosamente, os serviços de comunicação da operadora. A inadimplência e o furto por 'clonagem' fazem parte dos riscos da atividade econômica, que não podem ser transferidos ao Estado. 2. Nos termos do art. 118 do Código Tributário Nacional, o descumprimento da operação de compra e venda mercantil não tem o condão de malferir a ocorrência do fato gerador do ICMS. 3. Inexiste previsão legal que permita a compensação tributária de ICMS em serviços de telefonia móvel inadimplidas, ou cujo sinal foi furtado por 'clonagem' do aparelho celular. 4. 'A exigência tributária não está vinculada ao êxito dos negócios privados.' (REsp 956.842/RS, Rel. Min. José Delgado, Primeira Turma, julgado em 20/11/2007, *DJ* 12/12/2007, p. 408.) 5. Não compete ao Estado zelar pelo cumprimento da obrigação dos consumidores; cabe, no caso, à prestadora dos serviços buscar, pela via própria, o recebimento de seus créditos. 6. Precedentes: AgRg no REsp 1.132.852/SP, Rel. Min. Humberto Martins, Segunda Turma, julgado em 23/3/2010, *DJe* 6/4/2010; AgRg no REsp 987.299/RS, Rel. Min. Denise Arruda, Primeira Turma, julgado em 7/10/2008, *DJe* 29/10/2008; REsp 953.011/PR, Rel. Min. Castro Meira, Segunda Turma, julgado em 25/9/2007, *DJ* 8/10/2007, p. 255. Recurso especial improvido" (STJ, 2ª T., REsp 1.189.924/MG, *DJe* de 07/06/2010).

Quanto ao furto, embora seja inegavelmente parte do risco inerente à atividade, o que se discute, quando de sua configuração, é a inocorrência do fato gerador. Se o produto ou o serviço foi roubado (e não vendido), não ocorreu o fato gerador do tributo. Assim, nessa parte, o tributo não é devido não porque o sujeito passivo seja o vendedor e a repercussão seja irrelevante: o tributo não é devido à míngua de fato gerador que justifique sua exigência.

Seja como for, em relação a uma efetiva prestação de serviço (de comunicação), ou a uma efetiva operação relativa a circulação de mercadoria, ou à saída de um produto industrializado do estabelecimento fabricante, havendo inadimplência do comprador, desconsiderá-la, para o fim de desobrigar o vendedor de recolher o tributo, representa nítida contradição com as premissas segundo as quais quem efetivamente "arca" com o tributo indireto é o consumidor, argumento usado como justificativa para se indeferir ao contribuinte legalmente definido como tal o direito à devolução do tributo, quando pago indevidamente.

**11. Incisos IV e V do art. 2º da LC nº 87/96. Critério para resolver conflito de competência** – Os incisos IV e V do art. 2º da LC nº 87/96 devem ser entendidos em consonância com o art. 1º, § 1º, da LC nº 116/2003. De todos esses dispositivos se extrai importante norma destinada a resolver conflitos de competência entre Estados-membros (ICMS) e Municípios (ISS), elaborada nos termos do art. 146, I, da CF/88. Em se tratando de operação na qual há prestação de serviços *cumulada* com o fornecimento de mercadorias, incide: *(i)* apenas o ISS, se o serviço estiver previsto, sem ressalvas, na lista anexa à LC nº 116/2003; *(ii)* o ISS sobre a parte relativa ao serviço, e o ICMS sobre a parte correspondente à mercadoria, se a lista anexa à LC nº 116/2003 contiver o referido serviço mas fizer ressalva expressa quanto à incidência do ICMS sobre as mercadorias (*v. g.*, itens 7.02, 7.05, 14.01, 14.03); *(iii)* apenas o ICMS, se o serviço não estiver previsto na lista. É por isso que a lista de serviços tributáveis pelo ISS, anexa à lei complementar, deve ser considerada como uma enumeração *taxativa*, ou *exaustiva*, e não meramente exemplificativa.

Aplicando tais critérios aos medicamentos manipulados, o STJ foi bastante didático: "Segundo decorre do sistema normativo específico (art. 155, II, § 2º, IX, *b* e 156, III da CF, art. 2º, IV da LC 87/96 e art. 1º, § 2º da LC 116/03), a delimitação dos campos de competência tributária entre Estados e Municípios, relativamente à incidência de ICMS

**468** | CÓDIGO TRIBUTÁRIO NACIONAL – *Hugo de Brito Machado Segundo*                    **Art. 2º**

e de ISSQN, está submetida aos seguintes critérios: (a) sobre operações de circulação de mercadoria e sobre serviços de transporte interestadual e internacional e de comunicações incide ICMS; (b) sobre operações de prestação de serviços compreendidos na lista de que trata a LC 116/03, incide ISSQN; e (c) sobre operações mistas, assim entendidas as que agregam mercadorias e serviços, incide o ISSQN sempre que o serviço agregado estiver compreendido na lista de que trata a LC 116/03 e incide ICMS sempre que o serviço agregado não estiver previsto na referida lista. Precedentes de ambas as Turmas do STF. 2. Os serviços farmacêuticos constam do item 4.07 da lista anexa à LC 116/03 como serviços sujeitos à incidência do ISSQN. Assim, a partir da vigência dessa lei, o fornecimento de medicamentos manipulados por farmácias, por constituir operação mista que agrega necessária e substancialmente a prestação de um típico serviço farmacêutico, não está sujeita a ICMS, mas a ISSQN. 3. Recurso provido" (STJ, 1ª T., REsp 881.035/RS, j. em 6/3/2008, *DJe* de 26/03/2008).

**12. ICMS e importação de bens por não contribuintes do imposto** – A redação originária do art. 2º, § 1º, I, da LC nº 87/96, que vigorou até 15/12/2002, era a seguinte: "I – sobre a entrada de mercadoria importada do exterior, por pessoa física ou jurídica, ainda quando se tratar de bem destinado a consumo ou ativo permanente do estabelecimento;" A alteração, levada a efeito pela LC nº 114/2002, teve por propósito "adaptar" a legislação complementar à nova redação do art. 155, § 2º, IX, *a*, da CF/88, após a edição da EC nº 33/2001, a qual ampliou o "âmbito de incidência" do ICMS de sorte a abranger também as importações de bens feitas por não contribuintes do imposto, contornando assim posicionamento já firmado no STF pela não-incidência do imposto nessas operações.

Registre-se que, caso a entrada do bem no território nacional se dê no âmbito de operação de *leasing*, não há incidência do imposto (STF, Pleno, RE 540829, j. em 11/9/2014).

**13. Incidência do ICMS na entrada decorrente de operação interestadual** – O art. 2º, § 1º, III, da LC nº 87/96 determina a incidência do ICMS na "entrada" de combustíveis, lubrificantes etc., decorrente de operação interestadual, não obstante o art. 155, § 2º, X, *b*, conceda imunidade a tais operações.

Alegam os Estados-membros, para justificar a disposição da LC nº 87/96, que a finalidade da regra imunizante não seria desonerar o consumidor de combustível comprado em outro Estado, mas apenas fazer com que o imposto, nas operações interestaduais, seja devido integralmente ao Estado de *destino*.

Hugo de Brito Machado, para quem a regra constitucional não comporta essa interpretação, é incisivo: "Dizem os defensores da malsinada norma da Lei Complementar que ao tributar a entrada do produto no território do Estado não se está tributando a operação interestadual. A entrada do produto no território do Estado seria coisa diversa. Tal argumento chega a ser ridículo. Sustentá-lo é o mesmo que sustentar, em defesa de um lutador que está proibido de bater na cabeça do adversário, o direito de bater naquele, cinco centímetros acima do pescoço. [...] É evidente que tributar a entrada dos produtos no território do Estado leva ao mesmo resultado a que se chegaria tributando a operação estadual. Há, pois, nessa tributação, verdadeira fraude à regra imunizante" (*Aspectos Fundamentais do ICMS*, 2. ed., São Paulo: 1999, p. 53).

O STF, porém, acolheu a tese defendida pelos Estados-membros, e tem decidido que o benefício em comento "não foi instituído em prol do consumidor, mas do Estado de destino dos produtos em causa, ao qual caberá, em sua totalidade, o ICMS sobre eles incidente,

# Art. 3º

LEI COMPLEMENTAR Nº 87, DE 13DE SETEMBRO DE 1996 | **469**

desde a remessa até o consumo. Consequente descabimento das teses da imunidade e da inconstitucionalidade dos textos legais, com que a empresa consumidora dos produtos em causa pretendeu obviar, no caso, a exigência tributária do Estado de São Paulo" (STF, Pleno, RE 198.088/SP, Rel. Min. Ilmar Galvão, j. em 17/5/2000, m. v., *DJ* de 5/9/2003, p. 32).

**Art. 3º** O imposto não incide sobre:[1, 2, 3, 4, 5]

I – operações com livros, jornais, periódicos e o papel destinado a sua impressão;

II – operações e prestações que destinem ao exterior mercadorias,[6] inclusive produtos primários e produtos industrializados semi-elaborados, ou serviços;[7]

III – operações interestaduais relativas a energia elétrica e petróleo, inclusive lubrificantes e combustíveis líquidos e gasosos dele derivados, quando destinados à industrialização ou à comercialização;

IV – operações com ouro, quando definido em lei como ativo financeiro ou instrumento cambial;

V – operações relativas a mercadorias que tenham sido ou que se destinem a ser utilizadas na prestação, pelo próprio autor da saída, de serviço de qualquer natureza definido em lei complementar como sujeito ao imposto sobre serviços, de competência dos Municípios, ressalvadas as hipóteses previstas na mesma lei complementar;[8]

VI – operações de qualquer natureza de que decorra a transferência de propriedade de estabelecimento industrial, comercial ou de outra espécie;

VII – operações decorrentes de alienação fiduciária em garantia, inclusive a operação efetuada pelo credor em decorrência do inadimplemento do devedor;

VIII – operações de arrendamento mercantil, não compreendida a venda do bem arrendado ao arrendatário;

IX – operações de qualquer natureza de que decorra a transferência de bens móveis salvados de sinistro para companhias seguradoras.

Parágrafo único. Equipara-se às operações de que trata o inciso II a saída de mercadoria realizada com o fim específico de exportação para o exterior, destinada a:

I – empresa comercial exportadora, inclusive *tradings* ou outro estabelecimento da mesma empresa;

II – armazém alfandegado ou entreposto aduaneiro.

## Anotações

**1. Imunidade, isenção e não incidência** – A LC nº 87/96 classifica genericamente como *não incidência* hipóteses que, a rigor, têm natureza diversa, ora de imunidade, ora de isenção heterônoma. Embora em todos esses casos a norma de tributação termine, em última análise, "não incidindo", a distinção tem efeitos práticos relevantes.

Quando há imunidade, uma norma constitucional subtrai os fatos "imunes" do âmbito de incidência da norma de tributação. Assim, ao elaborar a lei de tributação, o ente político não os pode incluir em sua hipótese de incidência. Quando há isenção, norma do próprio ente tributante subtrai determinados fatos da hipótese de incidência da norma de tributação. Excepcionalmente, essa subtração pode ocorrer por meio de lei de outro ente tributante (Lei da União concedendo isenção de tributo estadual), denominando-se isenção heterônoma. Finalmente, diz-se hipótese de não-incidência, simplesmente, aquelas situações que simplesmente não estão abrandidas pelas hipóteses de incidência do tributo.

As implicações práticas dessas distinções são várias. Podemos apontar, por exemplo, as seguintes: *(i)* "na isenção, o débito de imposto não surge, somente porque a lei competente abriu exceção às próprias regras jurídicas de imposição; na imunidade, a lei de imposição seria contrária à Constituição se não abrisse tal exceção: abrindo-a, apenas explicita o que se teria de entender, com ela, ou sem ela" (Pontes de Miranda, *Comentários à Constituição de 1967*, São Paulo: RT, 1967, p. 391); *(ii)* as isenções heterônomas, em princípio, são vedadas (CF/88, art. 151, III), enquanto a explicitação de uma imunidades não é (CF/88, art. 146, II); *(iii)* as normas de isenção sempre se referem a situações que seriam tributáveis, se elas não existissem, enquanto as normas que explicitam verdadeiras hipóteses de "não incidência" são meramente didáticas; *iv)* a concessão de isenção de ICMS, pelos Estados-membros, sofre limitações, enquanto a explicitação de hipóteses de não incidência não.

Os incisos I, II, III e IV, por exemplo, apenas repetem normas de imunidade. Ainda que não existissem, o tributo não poderia ser instituído ou cobrado sobre tais fatos, por conta de normas constitucionais. No caso do inciso II, sua parte final representava raro exemplo de isenção heterônoma permitida pela Constituição (que imunizava apenas a exportação de produtos industrializados, facultando à lei complementar a concessão de isenção relativamente à exportação de outras mercadorias – CF/88, art. 155, § 2º, X, *a* e XI, *e*). Com o advento da EC 42/2003, a exportação de qualquer mercadoria passou a ser imune ao ICMS.

No inciso V se explicita hipótese de não incidência, decorrente do critério adotado pelo legislador complementar para resolver conflitos de competência entre Estados (ICMS) e Municípios (ISS), conforme explicado em nota ao art. 2º, IV e V, *supra,* desta LC nº 87/96. Já nos incisos VI, VII, VIII, e IX se faz explicitação de hipóteses de não incidência, decorrentes da pura e simples delimitação do âmbito de incidência do ICMS. Vale dizer, estão explicitadas situações que não configuram operação relativa à circulação de mercadoria, o que por si só já bastaria para que o tributo não fosse devido, mas que ainda assim foram explicitadas pelo legislador complementar nacional.

Quanto aos salvados de sinistro, note-se que o imposto não incide tanto nas operações que os transfiram para as companhias seguradoras, como também não incide quando as seguradoras *vendem* esses salvados, posteriormente: Súmula Vinculante 32/STF: "O ICMS não incide sobre alienação de salvados de sinistro pelas seguradoras."

Confiram-se as notas ao art. 155, § 2º, da CF/88.

**Art. 3º**     LEI COMPLEMENTAR Nº 87, DE 13DE SETEMBRO DE 1996 | **471**

**2. Isenção de ICMS e tratados internacionais** – Caso a República Federativa do Brasil firme tratado no qual se obrigue a dar *tratamento isonômico,* no âmbito interno, a produtos nacionais e produtos importados de Países signatários do tratado, os Estados-membros que concederem isenção a produto nacional deverão estendê-la também aos produtos importados de tais Países. Esse entendimento há muito está consolidado na jurisprudência: "A mercadoria importada de país signatário do GATT é isenta do ICM, quando contemplado com esse favor o similar nacional" (Súmula nº 20/STJ). Confiram-se, a propósito, as notas ao art. 151, III, da CF/88, e ao art. 98 do CTN.

**3. Tratados internacionais e isenção de leite** – "A questão debatida nos presentes autos já foi objeto de análise por ambas as Turmas da Primeira Seção deste Sodalício, que firmaram orientação no sentido de que produto importado de países signatários do GATT deve usufruir do benefício da isenção do ICMS conferida ao similar nacional. Na hipótese, o Decreto nº 37.699/97, do Estado do Rio Grande do Sul, isenta de ICMS o leite fluido, pasteurizado ou não, esterilizado ou reidratado, a autorizar a concessão do benefício ao leite importado do Uruguai desde a sua entrada no território nacional, a fim de assegurar a isonomia de tratamento entre os produtos" (STJ, 2ª T., AgRg no Ag 543.968/RS, Rel. Min. Franciulli Netto, j. em 16/8/2005, *DJ* de 7/4/2006, p. 242).

**4. Tratados internacionais e isenção de salmão** – Em face ainda das premissas explicada nas notas anteriores, debateu-se, na jurisprudência, a questão de saber se é isento o salmão importado de Países signatários do GATT. Para os Estados-membros, não haveria direito à isenção, pois: *(i)* não existiria salmão nacional, para justificar "tratamento isonômico" em relação ao importado; *(ii)* norma interna, que concede isenção ao pescado, contém ressalva expressa em relação ao salmão (assim como ao bacalhau e a outras espécies de pescado. Para os contribuintes, porém, assiste-lhes o direito à isenção, eis que existem outros pescados similares no País, e precisamente por não existir o salmão em águas brasileiras a ressalva feita pela norma isentiva (que exclui o salmão do benefício) consiste em evidente tentativa de burlar a regra do tratado e a jurisprudência pacífica a respeito da mesma. Fundado nestes últimos argumentos, o STJ vinha reconhecendo o direito à isenção não apenas ao salmão, mas também ao bacalhau e à merluza: "1. O salmão, quando importado in natura, sem sofrer processo de industrialização, pela autorização contida no Convênio ICMS 60/91, está isento do referido tributo. 2. Goza do benefício fiscal, assim como o bacalhau e a merluza, o salmão oriundo de país signatário do antigo GATT, hoje OMC. 3. Recurso especial improvido" (STJ, 2ª T., REsp 434.703/SP, Rel. Min. Eliana Calmon, j. em 20/8/2002, *DJ* de 30/9/2002, p. 251).

Em relação ao salmão, porém, terminou por prevalecer, no STJ, o entendimento segundo o qual a isenção não o alcança. Não porque os argumentos acima resumidos tenham sido afastados, mas porque as premissas sobre as quais se fundam foram modificadas: o salmão passou a ser produzido no País, sendo normalmente tributado pelo ICMS, não sendo mais o caso de dar isenção ao importado para assegurar "tratamento isonômico". É conferir: "1. As decisões judiciais estão sujeitas às mutações histórico-geográficas e até mesmo aos fenômenos da natureza. A realidade atual noticia a existência de pescado similar em águas marítimas do Brasil, pelo que as operações com o pescado brasileiro não se encontram isentas ao pagamento do ICMS. O produto estrangeiro não pode ser beneficiado mais que o nacional. 2. O contribuinte, ao importar o pescado salmão, não tem direito à isenção do ICMS, por haver a possibilidade de o mesmo ser colhido em nossas águas marítimas, especialmente através da criação em Campos

**472** | CÓDIGO TRIBUTÁRIO NACIONAL – *Hugo de Brito Machado Segundo* **Art. 3º**

do Jordão, Atibaia, Delfim Moreira e outras cidades de clima propício, inclusive no sul do País. Não se pode, pois, afirmar nesta quadra, inexistir o similar nacional dada a grande variedade de Salmonídeos procriados em águas brasileiras, notadamente rios e lagos de temperatura amena. 3. Em regra, a interpretação da legislação tributária sobre isenção é restritiva, salvo quando, por construção sistêmica, tal critério não atenda aos princípios postos no ordenamento jurídico fiscal. Não aplicação da Súmula nº 07/STJ. 4. Precedentes das 1ª Seção e 1ª e 2ª Turmas desta Corte Superior. 5. Embargos de divergência conhecidos e providos" (STJ, 1ª S., EAg 444.132/SP, Rel. Min. José Delgado, j. em 28/9/2005, *DJ* de 24/10/2005, p. 157). **No mesmo sentido:** STJ, 1ª S., EREsp 423.699/SP, Rel. Min. Denise Arruda, j. em 9/6/2004, *DJ* de 2/8/2004, p. 287.

**5. Tratados internacionais e isenção de bacalhau** – Assim como o salmão, o bacalhau fora expressamente excepcionado da norma interna que concedera isenção de ICMS ao pescado. E, não obstante, a jurisprudência considerou que, por existir peixe seco e salgado nacional, isento do ICMS, o favor fiscal deve ser estendido ao bacalhau importado. "Se o pescado, com exceção para os crustáceos, moluscos, hadoque, merluza, pirarucu, salmão e rã, está isento do ICMS, por legislação estadual, o mesmo benefício se aplica ao bacalhau importado de país signatário do GATT. 3. Inexiste bacalhau nacional. É irrelevante, portanto, para desconstituir os efeitos da Súmula nº 71 do STJ, o contido em regras de isenção de que esta não atinge as transações internas com o bacalhau. Se há isenção para pescados, sendo o bacalhau importado uma de suas espécies, prevalece a força do acordo do GATT. 4. Precedentes desta Corte neste sentido. Incidência das Súmulas nºs 20 e 71/STJ e 575/STF. [...]" (STJ, 1ª T., AgRg no Ag 705.074/PE, Rel. Min. José Delgado, j. em 6/12/2005, *DJ* de 6/2/2006, p. 208). **No mesmo sentido:** AgRg no REsp 810.195/RJ, Rel. Ministro FRANCISCO FALCÃO, PRIMEIRA TURMA, julgado em 6/4/2006, *DJ* 4/5/2006 p. 149.

Na Segunda Turma do STJ há julgados que, impressionados pelo fato de a norma interna (Convênio nº 60/91 do CONFAZ, que autoriza os Estados-membros a conceder isenção de ICMS) não isentar o bacalhau, não estendem a ele a isenção concedida ao pescado nacional (STJ, 2ª T., REsp 727.894/PE, Rel. Min. Castro Meira, j. em 19/4/2005, *DJ* de 20/3/2006, p. 252). Com todo o respeito, não nos parece que tal entendimento seja procedente, pelas razões muito bem expostas no voto do Min. Peçanha Martins, proferido no julgamento do REsp 417.051/SP, as quais ensejaram a mudança no posicionamento da Turma, e levaram o Min. Relator a concluir o seguinte: "[...] h) à época dos precedentes que originaram a Súmula nº 71/STJ, encontrava-se em vigor o Convênio ICM nº 7/80, o qual excepcionava da isenção o bacalhau, a merluza e o salmão. Não obstante a regra convenial, esta Corte, embasada em julgados do Supremo, entendeu que a exceção não se aplicava às importações de bacalhau dos países signatários do GATT. A conclusão fundamentava-se no fato de não existir o pescado em águas territoriais brasileiras. Segundo o entendimento do STF, esposado pelo STJ, o similar nacional do bacalhau importado era o 'peixe seco e salgado', para o qual estava autorizada a isenção. Assim, isento o similar nacional, esse tratamento deveria ser dispensado ao produto importado; i) a mesma conclusão chegou o STJ quanto às espécies merluza e salmão. Como não existiam em águas territoriais brasileiras, deveriam ser equiparados ao gênero 'peixe filetado e congelado', que estava isento do ICMS, nas operações internas, por força das disposições do Convênio ICM nº 7/80 e, posteriormente, do Convênio ICMS nº 60/91; j) o Convênio nº 60/91 vigorou até 30 de abril de 1999. Até esta data, a importação de bacalhau, salmão ou merluza de país signatário do GATT, estava isenta do pagamento do ICMS; l) a partir

**Art. 3º**    LEI COMPLEMENTAR Nº 87, DE 13DE SETEMBRO DE 1996 | **473**

de 1º de maio de 1999, data em que expirou o Convênio nº 60/91, os Estados não mais estão autorizados a conceder isenção de ICMS sobre as operações internas com pescado. Assim, tributado o produto nacional, seja ele bacalhau, merluza, salmão ou qualquer outro, o mesmo tratamento deverá ser dispensado à mercadoria estrangeira proveniente de país signatário do GATT, nos termos da Súmula nº 20/STJ e 575/STF; m) a Súmula nº 71/STJ continua tendo plena aplicação às importações realizadas até 30 de abril de 1999, enquanto vigoraram as regras do Convênio nº 60/91" (transcrição da parte final do voto do Min. Castro Meira, proferido no julgamento, pela Segunda Turma do STJ, do REsp 417.051/SP, j. em 2/2/2006, *DJ* de 6/3/2006, p. 280).

Registre-se, ainda, que, como a isenção do ICMS na importação de produtos oriundos de Países signatários do GATT é condicionada à existência de isenção para o similar nacional, a revogação, pelo correspondente Estado-membro, da isenção concedida ao "peixe seco e salgado" similar ao bacalhau impede que a importação deste seja também isenta. "O Convênio ICM nº 29, de 18.08.87, firmado pelo Estado de Minas Gerais e outros Estados, revogou expressamente a isenção concedida às saídas de pescados pelo Convênio de Porto Alegre. Na sequência, o Estado de Minas Gerais editou o Decreto nº 27.281, de 27.8.87, que ratificou o Convênio ICM nº 29/87, para revogar a isenção concedida ao pescado. Os convênios têm natureza meramente autorizativa. Assim, como os Estados e o Distrito Federal têm liberdade para conceder ou não a isenção do ICMS para o pescado seco ou salgado, os convênios posteriores que voltaram a conceder isenção ao pescado aplicam-se apenas àqueles Estados que, de forma expressa, ratificaram tais convênios, o que não ocorreu no Estado de Minas Gerais. Dessa forma, não se aplica à hipótese dos autos a Súmula no 71 desta Corte, pois o Estado de Minas Gerais revogou expressamente a isenção do ICMS ao peixe seco e salgado nacional e o bacalhau importado do país signatário do GATT é isento do referido imposto apenas nos Estados em que o similar nacional é contemplado com a isenção. [...]" (STJ, 2ª T., REsp 709.216/MG, Rel. Min. Franciulli Netto, j. em 22/2/2005, *DJ* de 9/5/2005, p. 379).

**6. ICMS na exportação. Evolução legislativa e alíquotas aplicáveis** – Em face da redação originária da CF/88, o ICMS poderia incidir nas operações de exportação de produtos não industrializados (produtos *in natura* e semielaborados). A imunidade concedida pelo art. 155, § 2º, X, *a*, dizia respeito apenas a produtos industrializados.

Como se trata de operação de natureza *nacional,* a alíquota incidente na exportação não poderia ser fixada por cada Estado-membro, tendo sido determinada, pela Constituição, sua fixação pelo Senado Federal, que editou a Resolução 22/89, fixando-a em 13%.

*Antes* da fixação dessa alíquota, contudo, não era possível exigir o ICMS em tais operações: "Entre 1º.3.89 e 1º.6.89, período anterior à Resolução nº 22/89 do Senado Federal, que entrou em vigor a partir de junho de 1989, as exportações de café cru, em grãos, não podiam sofrer a incidência do ICMS, por faltar alíquota para a cobrança da exação. Precedentes. [...]" (STJ, 2ª T., REsp 419.030/MG, Rel. Min. Castro Meira, j. em 6/4/2006, *DJ* de 20/4/2006, p. 138).

Com o advento da LC nº 87/96, foi concedida *isenção heterônoma* a todas as operações de exportação, com base na excepcional autorização concedida à União, nesse ponto, pelo art. 155, § 2º, XII, "e", da CF/88. E, atualmente, em face da EC 42/2003, todas essas operações passaram a ser *imunes,* eis que a regra do art. 155, § 2º, X, *a*, da CF/88 passou a abranger quaisquer mercadorias, inclusive produtos rurais, *in natura,* semielaborados etc.

**474** | CÓDIGO TRIBUTÁRIO NACIONAL – *Hugo de Brito Machado Segundo*                    **Art. 3º**

**7. Transporte de produtos destinados à exportação. Imunidade** × **isenção** – Entendemos que a regra contida no art. 155, § 2º, X, *a*, da CF/88 concede imunidade a toda operação e serviço que destine mercadoria ao exterior, seja ela a própria operação mercantil de exportação, seja o serviço de transporte dessa mesma mercadoria para fora do País (cf. *RDDT* 50/76). Entretanto, o STF possui julgados nos quais afirma ser o benefício "restrito às operações de exportação de produtos industrializados, não abrangendo o serviço utilizado no transporte interestadual ou intermunicipal dos referidos bens. [...]" (STF, 1ª T., RE 196.527-4/MG, Rel. Min. Ilmar Galvão, j. em 6/4/1999, v. u., *DJ* de 23/8/1999, p. 17).

Não obstante, interpretando o disposto no art. 3º, II da LC nº 87/96, o STJ tem considerado que, conquanto não se trate de imunidade, a LC nº 87/96 concedeu *isenção heterônoma* (o que, nesse caso, lhe é excepcionalmente permitido – CF/88, art. 155, § 2º, XII, *e*) aos serviços de transporte de mercadorias destinada ao exterior. É conferir: "I – A Lei Complementar nº 87/96, em seu art. 3º, afasta a incidência do ICMS sobre a prestação de serviços de transporte de mercadorias destinadas à exportação. Ilegais, portanto, as Portarias 026/96 e 075/2000, da Secretaria de Estado da Fazenda de Mato Grosso, pois, ao exigirem a prestação de garantia hipotecária ou de fiança bancária para a obtenção da Autorização de Regime Especial de Exportador, extrapolaram seu poder regulamentar. [...]" (STJ, 1ª T., REsp 788.964/MT, Rel. Min. Francisco Falcão, j. em 16/3/2006, *DJ* de 10/4/2006, p. 151). **No mesmo sentido:** "1. A imunidade estabelecida no art. 155, § 2º, X, 'a', da Constituição da República não se confunde com a regra isentiva prevista no art. 3º, II, da LC nº 87/96, que abrange, além das operações, as prestações de serviços que destinem produtos ao exterior. 2. São ilegais as exigências inseridas em normativos editados no âmbito das Secretarias de Fazenda dos Estados que, a pretexto de criar um regime de controle das operações envolvendo produtos destinados à exportação, acabam por restringir o exercício da garantia isencional prevista no artigo 3º, inc. II, da LC nº 87/96, extrapolando os limites da simples regulamentação que lhes competia promover. 3. Recurso ordinário provido. [...]" (STJ, 2ª T., RMS 18.835/MT, Rel. Min. João Otávio de Noronha, j. em 15/12/2005, *DJ* de 6/3/2006, p. 265). Esse entendimento, atualmente, encontra-se pacificado no âmbito da Primeira Seção daquela Corte (EREsp 710.260/RO, Rel. Min. Eliana Calmon, j. em 27/2/2008), em acórdão que, no voto condutor, acolhe de forma expressa as teses defendidas no parecer publicado na *RDDT* 50/76: "1. O art. 3º, II da LC 87/96 dispôs que não incide ICMS sobre operações e prestações que destinem ao exterior mercadorias, de modo que está acobertado pela isenção tributária o transporte interestadual dessas mercadorias. 2. Sob o aspecto teleológico, a finalidade da exoneração tributária é tornar o produto brasileiro mais competitivo no mercado internacional. 3. Se o transporte pago pelo exportador integra o preço do bem exportado, tributar o transporte no território nacional equivale a tributar a própria operação de exportação, o que contraria o espírito da LC 87/96 e da própria Constituição Federal. 4. Interpretação em sentido diverso implicaria em ofensa aos princípios da isonomia e do pacto federativo, na medida em que se privilegiaria empresas que se situam em cidades portuárias e trataria de forma desigual os diversos Estados que integram a Federação. 5. Embargos de divergência providos."

**8. Mercadorias fornecidas na prestação de serviços** – Nos termos do art. 146, I, da CF/88, cabe à lei complementar dispor sobre conflitos de competência. Em face disso, devem ser estabelecidos, em atos normativos dessa natureza, critérios para determinar, naquelas situações fronteiriças, qual imposto incidirá. Em outras palavras, a lei complementar deverá explicitar o âmbito de competência atribuído a cada ente tributante, a fim de evitar choques.

# Art. 4º
LEI COMPLEMENTAR Nº 87, DE 13DE SETEMBRO DE 1996 | **475**

Em relação ao ICMS, poderia, em tese, surgir conflito relativamente ao ISS, pois inúmeros serviços são prestados juntamente com o fornecimento de mercadorias. Em casos assim, incide o ICMS, ou o ISS? Ou ambos?

O critério escolhido pelo legislador complementar foi o seguinte. Se o serviço não estiver previsto na lista anexa à lei complementar de normas gerais do ISS (no caso, LC nº 116/2003), o ICMS incide sobre o valor de toda a operação. Se o serviço está previsto na lista, e esta não faz qualquer ressalva, o ISS incide sobre o valor de toda a operação. Excepcionalmente, se o serviço estiver previsto na lista, mas esta destacar de modo expresso a incidência do ICMS sobre as mercadorias, o ISS incidirá sobre o valor correspondente ao serviço, e o ICMS sobre o valor inerente às mercadorias fornecidas. É o que ocorre, por exemplo, em relação aos itens 7.02, 7.05, 14.01, 14.03 e 17.11, da lista anexa à LC nº 116/2003.

É por essa razão que se defende, a nosso ver com inteiro acerto, a *taxatividade* da lista de serviços. Essa exaustividade é a única maneira de fazer funcionar o critério objetivo e claro adotado pelo legislador complementar para dirimir possíveis conflitos entre Estados-membros e Municípios, no exercício de sua competência impositiva.

**Art. 4º** Contribuinte é qualquer pessoa, física ou jurídica, que realize, com habitualidade ou em volume que caracterize intuito comercial, operações de circulação de mercadoria ou prestações de serviços de transporte interestadual e intermunicipal e de comunicação, ainda que as operações e as prestações se iniciem no exterior.

Parágrafo único. É também contribuinte a pessoa física ou jurídica que, mesmo sem habitualidade ou intuito comercial: *(Redação dada pela LCP nº 114, de 16.12.2002)*

I – importe mercadorias ou bens do exterior, qualquer que seja a sua finalidade;[1] *(Redação dada pela LCP nº 114, de 16.12.2002)*

II – seja destinatária de serviço prestado no exterior ou cuja prestação se tenha iniciado no exterior;

III – adquira em licitação mercadorias ou bens apreendidos ou abandonados; *(Redação dada pela LCP nº 114, de 16.12.2002)*

IV – adquira lubrificantes e combustíveis líquidos e gasosos derivados de petróleo e energia elétrica oriundos de outro Estado, quando não destinados à comercialização ou à industrialização.[2] *(Redação dada pela LCP nº 102, de 11.7.2000)*

## Anotações

**1. EC nº 33/2001, LC nº 114/2002 e a ampliação do conceito de contribuinte** – A redação original do parágrafo único do artigo em comento era a seguinte: "Parágrafo único. É também contribuinte a pessoa física ou jurídica que, mesmo sem habitualidade: I – importe

**476** | CÓDIGO TRIBUTÁRIO NACIONAL – *Hugo de Brito Machado Segundo* **Art. 5º**

mercadorias do exterior, ainda que as destine a consumo ou ao ativo permanente do estabelecimento; [...] III – adquira em licitação de mercadorias apreendidas ou abandonadas;" A alteração, levada a efeito pela LC nº 114/2002, teve por propósito, assim como em relação ao art. 2º, § 1º, I, da LC nº 87/96, "adaptar" a legislação complementar à nova redação do art. 155, § 2º, IX, "a", da CF/88, após a edição da EC nº 33/2001, a qual ampliou o "âmbito de incidência" do ICMS de sorte a abranger também as importações de bens feitas por não contribuintes do imposto. A finalidade, tanto da EC nº 33/2001 como da LC nº 114/2002, nesse ponto, foi a de contornar a Súmula nº 660 do STF, que dispunha: "Não incide ICMS na importação de bens por pessoa física ou jurídica que não seja contribuinte do imposto." Após a edição da EC nº 33/2001, o âmbito de incidência do ICMS passou a abranger a mera importação de bens, não destinados à revenda ou ao consumo ou ativo fixo de contribuinte do imposto. Para que o imposto pudesse ser cobrado em tais casos, porém, era imprescindível a autorização não apenas em *lei estadual,* mas também na *lei complementar nacional* (CF/88, art. 146, III, *a* e 155, § 2º, XII), a qual somente ocorreu com o advento da LC nº 114, de dezembro de 2002. **Em sentido contrário:** José Eduardo Soares de Melo, *ICMS – Teoria e Prática,* 5. ed., São Paulo: Dialética, 2002, doutrina pela desnecessidade de alteração na lei complementar, para adequá-la às modificações trazidas pela EC nº 33/2001. O Supremo Tribunal Federal, apreciando a questão, decidiu pela validade da alteração levada a efeito pela EC 33/2001, mas considerou imprescindível não só a edição de lei complementar, como de lei estadual específica prevendo essa nova modalidade de incidência (STF, 1ª T, AI 745113 AgR, j. em 1º/4/2014).

**2. Consumidor de combustíveis adquiridos em operação interestadual** – A remissão da LC nº 87/96 àquele que adquire combustíveis, desde que não os destine à industrialização ou à comercialização, tem por propósito alcançar o consumidor final que adquire tais produtos em outros Estados, para evitar que se beneficie da imunidade concedida a essas operações. Como o propósito dos Estados-membros não é o de desonerar tais operações, mas apenas fazer com que o imposto incida integralmente no destino (ver nota ao art. 2º, § 1º, III), os que compram para industrializar ou revender não precisam pagar o imposto: a imunidade lhes retira o crédito, implicando o pagamento de todo o imposto na operação seguinte, o que não ocorreria com aqueles que adquirissem para consumo.

**Art. 5º** Lei poderá atribuir a terceiros a responsabilidade pelo pagamento do imposto e acréscimos devidos pelo contribuinte ou responsável, quando os atos ou omissões daqueles concorrerem para o não recolhimento do tributo.[1]

## Anotações

**1. Responsabilidade por transferência** – Cuida-se, no caso, de autorização para que o legislador estadual estabeleça hipóteses de responsabilidade por transferência, condicionada, além do atendimento dos requisitos previstos no CTN, à circunstância de o terceiro responsável haver *concorrido* para o não pagamento do tributo. Para notas a respeito da sujeição passiva tributária, confiram-se os arts. 121 a 135 do CTN.

# Art. 6º

LEI COMPLEMENTAR Nº 87, DE 13DE SETEMBRO DE 1996 | **477**

**Art. 6º** Lei estadual[1] poderá atribuir a contribuinte do imposto ou a depositário a qualquer título a responsabilidade pelo seu pagamento, hipótese em que assumirá a condição de substituto tributário.[2] *(Redação dada pela LCP nº 114, de 16.12.2002)*

§ 1º A responsabilidade poderá ser atribuída em relação ao imposto incidente sobre uma ou mais operações ou prestações, sejam antecedentes,[3] concomitantes ou subsequentes,[4] inclusive ao valor decorrente da diferença entre alíquotas interna e interestadual nas operações e prestações que destinem bens e serviços a consumidor final localizado em outro Estado, que seja contribuinte do imposto.

§ 2º A atribuição de responsabilidade dar-se-á em relação a mercadorias, bens ou serviços previstos em lei de cada Estado. *(Redação dada pela LCP nº 114, de 16.12.2002)*

## ANOTAÇÕES

**1. Substituição tributária e reserva de lei complementar nacional** – A teor do art. 155, § 2º, XII, *b*, a lei complementar deve dispor sobre substituição tributária, e não afirmar obviedades para, em seguida, delegar o disciplinamento da matéria à lei ordinária de cada Estado-membro. A jurisprudência, porém, parece haver aceitado esse procedimento, não admitindo apenas que a lei estadual delegue a matéria às normas infralegais. Confira-se nota ao art. 150, § 7º, da CF/88.

**2. Substituição tributária para frente e legitimidade ativa *ad causam*** – No regime de substituição tributária, o contribuinte substituído tem legitimidade ativa *ad causam* para discutir a validade da exigência, ou o seu montante (STJ, 1ª T., EDcl no REsp 94.567/RJ, Rel. Min. Teori Albino Zavascki, j. em 11/4/2006, *DJ* de 2/5/2006, p. 249). Confiram-se, a propósito, as notas aos arts. 128 e 166 do CTN.

**3. Substituição relativamente a operações antecedentes** – Trata-se da substituição tributária "clássica", ou "normal", quando o *substituído* está localizado em momento anterior da cadeia produtiva, em relação ao *substituto*. Dessa forma, quando surge para o substituto a obrigação de efetuar o recolhimento do imposto (que a rigor é devido pelo substituído), o fato gerador da respectiva obrigação já ocorreu, e já se conhece sua dimensão econômica (base de cálculo), não havendo dificuldades em sua cobrança nem margem para fixação arbitrária de bases imponíveis. É o que ocorre, por exemplo, em relação aos supermercados, quando recolhem por substituição o ICMS devido pelos produtores rurais que lhes fornecem produtos hortifrutigranjeiros.

**4. Substituição tributária e operações subsequentes** – Quando o substituto é obrigado ao pagamento de tributo relativo a operação subsequente à que está a praticar, vale dizer, operação que ainda não aconteceu, diz-se que há substituição tributária "para frente".

Autorizada pelo art. 150, § 7º, da CF/88, e de validade já reconhecida pela jurisprudência, o principal problema dessa sistemática reside na fixação da base de cálculo correspondente, eis que o fato gerador da respectiva obrigação ainda não ocorreu, não sendo possível, portanto, "transformá-lo em cifra" para que se encontre a base de cálculo.

**478** | CÓDIGO TRIBUTÁRIO NACIONAL – *Hugo de Brito Machado Segundo*                     **Art. 7º**

Recorrem-se, então, aos critérios previstos no art. 8º da LC nº 87/96, tendo a jurisprudência do STF pacificado seu entendimento no sentido de que o que vier a ser pago, por esse regime, não poderá ser restituído caso o fato gerador aconteça por valor inferior ao previsto na antecipação (ADIn 1.851/AL).

Confiram-se as notas ao art. 150, § 7º, da CF/88, e ao art. 8º e 10 da LC nº 87/96.


**Art. 7º** Para efeito de exigência do imposto por substituição tributária, inclui-se, também, como fato gerador do imposto, a entrada de mercadoria ou bem no estabelecimento do adquirente ou em outro por ele indicado.[1]


## Anotações

**1. Fato gerador. Entrada em estabelecimento indicado pelo adquirente** – Pode ocorrer de um estabelecimento adquirir determinada mercadoria, mas, antes de recebê-la, efetuar venda a terceiro, determinando ao fornecedor que já a entregue diretamente no estabelecimento para o qual a mesma foi revendida. Nesse caso, a entrada da mercadoria nesse outro estabelecimento, indicado pelo adquirente, poderá ser considerada como "fato gerador" do ICMS devido por substituição.


**Art. 8º** A base de cálculo, para fins de substituição tributária, será:

I – em relação às operações ou prestações antecedentes ou concomitantes, o valor da operação ou prestação praticado pelo contribuinte substituído;[1]

II – em relação às operações ou prestações subsequentes, obtida pelo somatório das parcelas seguintes:[2]

a) o valor da operação ou prestação própria realizada pelo substituto tributário ou pelo substituído intermediário;

b) o montante dos valores de seguro, de frete e de outros encargos[3] cobrados ou transferíveis aos adquirentes ou tomadores de serviço;

c) a margem de valor agregado, inclusive lucro, relativa às operações ou prestações subsequentes.

§ 1º Na hipótese de responsabilidade tributária em relação às operações ou prestações antecedentes, o imposto devido pelas referidas operações ou prestações será pago pelo responsável, quando:

I – da entrada ou recebimento da mercadoria, do bem ou do serviço; *(Redação dada pela LCP nº 114, de 16.12.2002)*

II – da saída subsequente por ele promovida, ainda que isenta ou não tributada;

III – ocorrer qualquer saída ou evento que impossibilite a ocorrência do fato determinante do pagamento do imposto.

# Art. 8º
LEI COMPLEMENTAR Nº 87, DE 13DE SETEMBRO DE 1996 | **479**

§ 2º Tratando-se de mercadoria ou serviço cujo preço final a consumidor, único ou máximo, seja fixado por órgão público competente, a base de cálculo do imposto, para fins de substituição tributária, é o referido preço por ele estabelecido.[4]

§ 3º Existindo preço final a consumidor sugerido pelo fabricante ou importador, poderá a lei estabelecer como base de cálculo este preço.[5]

§ 4º A margem a que se refere a alínea *c* do inciso II do *caput* será estabelecida com base em preços usualmente praticados no mercado considerado, obtidos por levantamento, ainda que por amostragem ou através de informações e outros elementos fornecidos por entidades representativas dos respectivos setores, adotando-se a média ponderada dos preços coletados, devendo os critérios para sua fixação ser previstos em lei.

§ 5º O imposto a ser pago por substituição tributária, na hipótese do inciso II do *caput*, corresponderá à diferença entre o valor resultante da aplicação da alíquota prevista para as operações ou prestações internas do Estado de destino sobre a respectiva base de cálculo e o valor do imposto devido pela operação ou prestação própria do substituto.

§ 6º Em substituição ao disposto no inciso II do *caput*, a base de cálculo em relação às operações ou prestações subsequentes poderá ser o preço a consumidor final usualmente praticado no mercado considerado, relativamente ao serviço, à mercadoria ou sua similar, em condições de livre concorrência, adotando-se para sua apuração as regras estabelecidas no § 4º deste artigo. *(Redação dada pela LCP nº 114, de 16.12.2002)*

## Anotações

**1. Base de cálculo e substituição "normal"** – Quando o substituto é compelido a pagar o tributo devido pelo substituído *depois* de a operação tributável haver acontecido, não há dificuldade na determinação da respectiva base de cálculo. Segue-se a regra geral, decorrente da própria lógica jurídica, segundo a qual a base de cálculo há de ser o aspecto dimensível da hipótese de incidência da obrigação, ou o seu fato gerador "transformado em cifra". Maiores dificuldades surgem quando se trata de determinar a base de cálculo de uma obrigação cujo fato gerador ainda não ocorreu, conforme será visto nas notas seguintes.

**2. Base de cálculo e substituição "para frente". Primeiro critério** – O primeiro critério para a determinação da base de cálculo do ICMS, nas hipóteses de substituição tributária "para frente" (ICMS-ST), é o somatório de todas as parcelas que häo de compor o "preço final": *(i)* o preço praticado pelo substituto (*v. g.*, o preço pelo qual uma cervejaria vende a cerveja para o distribuidor); *(ii)* o seguro, o frete e todos os demais encargos transferíveis ao adquirente da mercadoria ou ao tomador do serviço; *(iii)* uma "margem de valor agregado", também conhecida como MVA, a ser determinada com base em preços usualmente praticados no mercado considerado, obtidos por levantamento, ainda que por amostragem ou através de informações e outros elementos fornecidos por entidades representativas dos respectivos setores, adotando-se a média ponderada dos preços coletados. E, o que é mais importante, os critérios para sua fixação devem necessariamente ser previstos em lei.

# 480 | CÓDIGO TRIBUTÁRIO NACIONAL – *Hugo de Brito Machado Segundo*      **Art. 8º**

Esse, como dito, é o principal critério, que deve servir como "regra geral" na determinação da base de cálculo do ICMS-ST. Não é lícito ao Estado-membro ignorar o valor praticado pelo fabricante e adotar a sistemática de "pautas fiscais" para determiná-lo e sobre ele calcular o ICMS devido: "1. Segundo orientação pacificada neste Corte, é indevida a cobrança do ICMS com base em regime de pauta fiscal. Precedentes. 2. O art. 148 do CTN somente pode ser invocado para a determinação da base de cálculo do tributo quando, certa a ocorrência do fato imponível, o valor ou preço de bens, direitos, serviços ou atos jurídicos registrados pelo contribuinte não mereçam fé, ficando a Fazenda Pública, nesse caso, autorizada a proceder ao arbitramento mediante processo administrativo-fiscal regular, assegurados o contraditório e a ampla defesa. 3. Ao final do procedimento previsto no art. 148 do CTN, nada impede que a administração fazendária conclua pela veracidade dos documentos fiscais do contribuinte e adote os valores ali consignados como base de cálculo para a incidência do tributo. Do contrário, caso se entenda pela inidoneidade dos documentos, a autoridade fiscal irá arbitrar, com base em parâmetros fixados na legislação tributária, o valor a ser considerado para efeito de tributação. 3. O art. 8º da LC nº 87/96 estabelece o regime de valor agregado para a determinação da base de cálculo do ICMS no caso de substituição tributária progressiva. Na hipótese, como não há o valor real da mercadoria ou serviço, já que o fato gerador é antecipado e apenas presumido, o dispositivo em tela determina o procedimento a ser adotado, assim resumido: quando o produto possuir preço máximo de venda no varejo, fixado pela autoridade competente ou pelo fabricante, a base de cálculo do ICMS antecipado será esse preço, sem nenhum outro acréscimo (IPI, frete etc.); quando o produto não for tabelado ou não possuir preço máximo de venda no varejo, a base de cálculo do ICMS antecipado é determinada por meio de valor agregado. Sobre uma determinada base de partida, geralmente o valor da operação anterior, é aplicado um percentual de agregação, previsto na legislação tributária, para se encontrar a base de cálculo do ICMS antecipado. 4. Não há que se confundir a pauta fiscal com o arbitramento de valores previsto no art. 148 do CTN, que é modalidade de lançamento. Também não se pode confundi-la com o regime de valor agregado estabelecido no art. 8º da LC nº 87/96, que é técnica adotada para a fixação da base de cálculo do ICMS na sistemática de substituição tributária progressiva, levando em consideração dados concretos de cada caso. Já a pauta fiscal é valor fixado prévia e aleatoriamente para a apuração da base de cálculo do tributo. 5. Recurso ordinário conhecido e provido" (STJ, 2ª T., RMS 18.677/MT, Rel. Min. Castro Meira, j. em 19/4/2005, *DJ* de 20/6/2005, p. 175).

**3. IPI como "outros encargos"** – Em uma operação normal, o IPI não integra a base de cálculo do ICMS, como dispõe o art. 155, § 2º, XI, da CF/88, e repete o art. 13, § 2º, da LC nº 87/96. Entretanto, isso não significa que o ônus representado por esse imposto não possa ser computado na determinação da base de cálculo do ICMS devido por substituição tributária, nos termos do art. 8º da LC nº 87/96. É que, na substituição tributária "para frente", o fabricante paga o imposto devido por ele (em cuja base imponível o IPI não entra), mas também o imposto devido em face da venda a ser feita pelo substituído, em relação à qual o IPI pago pelo fabricante é um "encargo transferível" ao adquirente. Essa distinção foi muito bem compreendida no seguinte aresto: "1. É legítimo o procedimento previsto no art. 8º, § 4º da LC nº 87/96, tendente à verificação da margem de valor agregado a que se refere a alínea 'c' do inciso II do mesmo dispositivo em caso de autuação de infração fiscal, vez que é justamente aquele que se destina à obtenção do valor presumido do fato gerador praticado pelo substituído tributário. Procedimento legal que encontra respaldo também no inciso II da Cláusula Segunda do Convênio ICMS 37/94, assinado

**Art. 8º**  LEI COMPLEMENTAR Nº 87, DE 13DE SETEMBRO DE 1996 | **481**

pelo Estado do Rio Grande do Sul. Hipótese que não se confunde com a pauta fiscal prevista no art. 8º, § 2º da LC nº 87/96 e que, ademais, sequer encontra previsão no citado Convênio. 2. De um modo geral, da interpretação que a doutrina faz dos arts. 155, § 2º, XI, da CF/88 e 13, § 2º, da LC nº 87/96, surgem duas situações distintas: a) na primeira, que ocorre na saída da mercadoria do estabelecimento industrial para o do comerciante, o IPI não deve entrar na base de cálculo do ICMS, quando coincidirem os três pressupostos previstos na norma constitucional – operação realizada entre contribuintes, produto destinado a industrialização ou comercialização e fato gerador coincidente dos dois impostos; b) na segunda, operação realizada entre o comerciante e consumidor final, o IPI cobrado na operação anterior acaba integrando a base de cálculo do ICMS, se se tratar de produto não destinado à industrialização/comercialização ou se se tratar de operação realizada entre contribuinte e não contribuinte do ICMS (atacadista/varejista e consumidor final), hipótese dos autos. Na substituição tributária 'para frente' do ICMS, a sistemática para fixação da base de cálculo do ICMS em relação às operações subsequentes à de saída do estabelecimento industrial se faz pela somatória das hipóteses das três alíneas contidas no art. 8º, II, da LC nº 87/96, devendo o substituto tributário embutir, presumidamente e por estimativa, no valor da operação própria por ele realizada todos os encargos cobrados ou transferidos aos adquirentes, bem como a margem de valor agregado, inclusive lucro, das operações subsequentes. Conjugando-se essa sistemática com o entendimento quanto à incidência do IPI na base de cálculo do ICMS nas operações subsequentes, tem-se que deve o substituto tributário fazer incluir na somatória a que alude o citado dispositivo legal o montante do IPI relativo a essas operações, porque elemento integrante dos 'encargos' mencionados na letra 'b' desse dispositivo legal. 3. Recurso ordinário improvido" (STJ, 2ª T., RMS 19.064/RS, Rel. Min. Eliana Calmon, j. em 17/5/2005, *DJ* de 20/6/2005, p. 175).

**4. Base de cálculo e substituição "para frente". Critério alternativo** – Ainda de acordo com a *lei* de cada Estado, a base de cálculo do ICMS-ST pode ser determinada por um segundo critério, subsidiário em relação ao principal, apontado na nota anterior. Trata-se da hipótese em que o produto ou o serviço tributado for submetido a tabelamento de preços. Nesse caso, a base de cálculo será o preço fixado pelo órgão governamental competente.

Mas, para tanto, repita-se, é necessário que se trate de produto ou serviço com preço tabelado. Não se trata, aqui, de autorização para que o Poder Público fixe, em relação a produtos ou serviços submetidos ao regime do livre mercado, "pautas fiscais" como forma de estabelecer presunção legal absoluta de preços mínimos. Nessas hipóteses, deve-se recorrer ao primeiro critério de determinação da base de cálculo, observando-se o entendimento jurisprudencial a respeito da utilização de pautas fiscais no âmbito do mesmo, conforme apontado em nota anterior.

**5. Base de cálculo e substituição "para frente". Critério alternativo (II)** – É possível ainda que a base de cálculo do ICMS-ST seja o preço final sugerido pelo fabricante. Trata-se de outro critério alternativo à regra geral prevista no inciso II do art. 8º em comento. Entretanto, mais uma vez, para que se possa afastar a citada regra geral, é preciso que alguns requisitos se façam necessários. No caso, são: *(i)* expressa previsão em lei estadual; *(ii)* existência de preço sugerido pelo fabricante (é o que ocorre, *v. g.*, com os automóveis).

**482** | CÓDIGO TRIBUTÁRIO NACIONAL – *Hugo de Brito Machado Segundo* **Art. 9º**

**Art. 9º** A adoção do regime de substituição tributária em operações interestaduais dependerá de acordo específico celebrado pelos Estados interessados.[1]

§ 1º A responsabilidade a que se refere o art. 6º poderá ser atribuída:

I – ao contribuinte que realizar operação interestadual com petróleo, inclusive lubrificantes, combustíveis líquidos e gasosos dele derivados, em relação às operações subsequentes;

II – às empresas geradoras ou distribuidoras de energia elétrica, nas operações internas e interestaduais, na condição de contribuinte ou de substituto tributário, pelo pagamento do imposto, desde a produção ou importação até a última operação, sendo seu cálculo efetuado sobre o preço praticado na operação final, assegurado seu recolhimento ao Estado onde deva ocorrer essa operação.

§ 2º Nas operações interestaduais com as mercadorias de que tratam os incisos I e II do parágrafo anterior, que tenham como destinatário consumidor final, o imposto incidente na operação será devido ao Estado onde estiver localizado o adquirente e será pago pelo remetente.[2]

## ANOTAÇÕES

**1. Substituição tributária interestadual e convênio** – A rigor, a lei complementar deveria traçar todas as normas gerais necessárias ao disciplinamento da substituição tributária nas operações interestaduais. Essa é a razão de ser do disposto no art. 155, § 2º, XII, *b*, da CF/88. Confiram-se, a propósito, as notas ao citado artigo da Constituição, e ao art. 6º, *supra*, desta lei complementar.

De qualquer sorte, é importante que tais regras, porque aplicáveis a operações interestaduais, sejam disciplinadas também de forma interestadual, pois não dizem respeito aos interesses apenas de um Estado-membro. Disposições a respeito de como o valor arrecadado será partilhado entre os Estados, por exemplo, precisam ser detalhadamente tratadas.

**2. Tributação de operações interestaduais e imunidade** – Confira-se nota ao art. 2º, § 1º, III, da LC nº 87/96, *supra*.

**Art. 10.** É assegurado ao contribuinte substituído o direito à restituição do valor do imposto pago por força da substituição tributária, correspondente ao fato gerador presumido que não se realizar.[1]

§ 1º Formulado o pedido de restituição e não havendo deliberação no prazo de noventa dias,[2] o contribuinte substituído poderá se creditar, em sua escrita fiscal, do valor objeto do pedido, devidamente atualizado segundo os mesmos critérios aplicáveis ao tributo.

§ 2º Na hipótese do parágrafo anterior, sobrevindo decisão contrária irrecorrível, o contribuinte substituído, no prazo de quinze dias da respectiva notificação,

# Art. 10 LEI COMPLEMENTAR Nº 87, DE 13DE SETEMBRO DE 1996 | **483**

procederá ao estorno dos créditos lançados, também devidamente atualizados, com o pagamento dos acréscimos legais cabíveis.

## ANOTAÇÕES

**1. Substituição tributária "para frente" e restituição de valores antecipados a maior** – Foi bastante discutido, na jurisprudência, o direito do contribuinte substituído de obter a restituição dos valores retidos a maior, caso o preço final da operação tributada fosse inferior ao previsto na antecipação. O STJ possuía vários precedentes, de suas duas Turmas, reconhecendo a legitimidade ativa do substituído tributário e, no mérito, seu direito à restituição ou à compensação das diferenças retidas a maior. O STF, porém, no julgamento da ADIn 1.871/AL, afirmou expressamente a inexistência de direito à restituição, caso a operação ocorra por preço inferior ao previsto na antecipação, assegurando-o apenas quando o fato gerador presumido efetivamente não acontece. Confiram-se as notas ao art. 150, § 7º, da CF/88. Assim, pacificou-se no STJ, "a partir do julgamento pelo STF da ADIn 1.851-4/AL, Pleno, Min. Ilmar Galvão, *DJ* em 8/5/2002, a adoção da orientação traçada pelo STF, no sentido de ser devida a restituição do ICMS apenas nas hipóteses de não ocorrência do fato gerador; não, portanto, nos casos em que a comercialização se dá em valor inferior ao utilizado como base de cálculo do imposto" (STJ, 1ª T., REsp 773.213/SP, Rel. Min. Teori Albino Zavascki, j. em 4/4/2006, *DJ* de 17/4/2006, p. 181). **No mesmo sentido:** "– A partir do julgamento da ADIN 1851/AL, pelo Plenário do STF, ao interpretar o art. 150, § 7º, da CF/88, o Pretório Excelso adotou o entendimento de que o creditamento de valores do ICMS recolhidos a maior por ocasião da venda de veículos por preço inferior ao que serviu de base de cálculo à retenção (substituição tributária para a frente), hipótese em que ocorre o fato gerador presumido, não está abrangida pelo referido preceito constitucional. – Entendimento que se estende ao art. 10 da LC nº 87/96" (STJ, 2ª T., AgRg no Ag 654.058/MG, Rel. Min. Peçanha Martins, j. em 21/2/2006, *DJ* de 30/3/2006, p. 196).

Em outubro de 2016, o Supremo Tribunal voltou ao tema e retificou seu entendimento anterior, passando a entender que, no caso de preço final inferior ao previsto na antecipação, o contribuinte faz jus à correspondente restituição (RE 593.849). Com isso, a Corte aderiu ao posicionamento defendido por setor expressivo da literatura especializada, que apontava o equívoco de fazer definitiva a cobrança antecipada calcada em meras estimativas, porquanto contrária à própria regra de competência constitucional referente ao ICMS. Afinal, se o imposto incide sobre a circulação de mercadorias, sua base de cálculo não há de ser algo diverso do valor da operação correspondente. A antecipação é válida se vista como fundada em presunção relativa, a ser objeto de ajuste posterior.

**1.1. Posição peculiar do Estado de São Paulo** – O STF afirmou, em um primeiro momento, que não decorre diretamente do art. 150, § 7º, da CF/88, o direito à restituição de diferenças do imposto, caso o fato gerador ocorra por valor inferior ao presumido. Limitou-se a afirmar que esse artigo apenas assegura o direito à restituição caso o fato gerador não ocorra. Assim, em relação ao Estado de São Paulo, cuja lei previa, de modo expresso, o direito à restituição de diferenças, tanto o STJ como o STF afirmaram o direito do contribuinte a essa devolução, e a inaplicabilidade do precedente firmado na ADIn 1.851/AL: "3. Não sendo o Estado de São Paulo signatário do Convênio nº 13/97, não se aplica o entendimento

**484** | CÓDIGO TRIBUTÁRIO NACIONAL – *Hugo de Brito Machado Segundo*          **Art. 11**

firmado pelo Supremo Tribunal Federal no julgamento da ADIN 1.851/AL. 4. É legítima a incidência da correção monetária nos créditos de ICMS relativos às diferenças entre os valores que a substituta tributária recolheu a título da exação e aqueles efetivamente devidos. [...]" (STJ, 2ª T., REsp 250.884/SP, Rel. Min. João Otávio de Noronha, j. em 6/12/2005, *DJ* de 1º/2/2006, p. 469). **Nesse sentido:** STF, 1ª T., RE-AgR 385.268/SP, Rel. Min. Sepúlveda Pertence, j. em 21/2/2006, *DJ* de 24/3/2006, p. 31; STF, 2ª T., RE-AgR 357.428/SP, Rel. Min. Carlos Velloso, j. em 13/5/2003, *DJ* de 13/6/2003, p. 18.

Correta a decisão do STF, à época, pois o fato de a Constituição não determinar a restituição, no caso de preço final inferior ao previsto na antecipação, não significa que ela proíba o legislador estadual de fazê-lo. Seja como for, com a mudança de rumo verificada quando do julgamento do RE 593.849, a Corte, a fortiori, apreciou na mesma oportunidade as ADIs 2.675 e 2.777, asseverando serem válidas as leis de São Paulo e Pernambuco que reconhecem o direito à restituição em tais hipóteses. Longe de serem inconstitucionais, com o novo entendimento, elas podem ser vistas como explicitação de algo que já se acha determinado no próprio texto constitucional.

**2. Imediatamente. Definição legal. 90 dias** – É lamentável que o dispositivo constitucional que determina a *imediata* restituição tenha sido regulamentado de forma a que a autoridade possa levar até 90 (noventa) dias para deliberar a respeito do mesmo, e só depois desse prazo o contribuinte possa creditar-se da quantia correspondente, para fins de compensação.

**Art. 11.** O local da operação ou da prestação, para os efeitos da cobrança do imposto e definição do estabelecimento responsável, é:

I – tratando-se de mercadoria ou bem:

a) o do estabelecimento onde se encontre, no momento da ocorrência do fato gerador;[1]

b) onde se encontre, quando em situação irregular pela falta de documentação fiscal ou quando acompanhado de documentação inidônea, como dispuser a legislação tributária;

c) o do estabelecimento que transfira a propriedade, ou o título que a represente, de mercadoria por ele adquirida no País e que por ele não tenha transitado;

d) importado do exterior, o do estabelecimento onde ocorrer a entrada física;[2]

e) importado do exterior, o do domicílio do adquirente, quando não estabelecido;

f) aquele onde seja realizada a licitação, no caso de arrematação de mercadoria ou bem importados do exterior e apreendidos ou abandonados; *(Redação dada pela LCP nº 114, de 16.12.2002)*

g) o do Estado onde estiver localizado o adquirente, inclusive consumidor final, nas operações interestaduais com energia elétrica e petróleo, lubrificantes e combustíveis dele derivados, quando não destinados à industrialização ou à comercialização;

h) o do Estado de onde o ouro tenha sido extraído, quando não considerado como ativo financeiro ou instrumento cambial;

**Art. 11**  LEI COMPLEMENTAR Nº 87, DE 13DE SETEMBRO DE 1996  |  **485**

i) o de desembarque do produto, na hipótese de captura de peixes, crustáceos e moluscos;

II – tratando-se de prestação de serviço de transporte:

a) onde tenha início a prestação;

b) onde se encontre o transportador, quando em situação irregular pela falta de documentação fiscal ou quando acompanhada de documentação inidônea, como dispuser a legislação tributária;

c) o do estabelecimento destinatário do serviço, na hipótese do inciso XIII do art. 12 e para os efeitos do § 3º do art. 13;

III – tratando-se de prestação onerosa de serviço de comunicação:

a) o da prestação do serviço de radiodifusão sonora e de som e imagem, assim entendido o da geração, emissão, transmissão e retransmissão, repetição, ampliação e recepção;

b) o do estabelecimento da concessionária ou da permissionária que forneça ficha, cartão, ou assemelhados com que o serviço é pago;3

c) o do estabelecimento destinatário do serviço, na hipótese e para os efeitos do inciso XIII do art. 12;

c-1) o do estabelecimento ou domicílio do tomador do serviço, quando prestado por meio de satélite; *(Alínea incluída pela LCP nº 102, de 11.7.2000)*

d) onde seja cobrado o serviço, nos demais casos;

IV – tratando-se de serviços prestados ou iniciados no exterior, o do estabelecimento ou do domicílio do destinatário.

§ 1º O disposto na alínea *c* do inciso I não se aplica às mercadorias recebidas em regime de depósito de contribuinte de Estado que não o do depositário.

§ 2º Para os efeitos da alínea *h* do inciso I, o ouro, quando definido como ativo financeiro ou instrumento cambial, deve ter sua origem identificada.

§ 3º Para efeito desta Lei Complementar, estabelecimento é o local, privado ou público, edificado ou não, próprio ou de terceiro, onde pessoas físicas ou jurídicas exerçam suas atividades em caráter temporário ou permanente, bem como onde se encontrem armazenadas mercadorias, observado, ainda, o seguinte:

I – na impossibilidade de determinação do estabelecimento, considera-se como tal o local em que tenha sido efetuada a operação ou prestação, encontrada a mercadoria ou constatada a prestação;

II – é autônomo cada estabelecimento do mesmo titular;[4]

III – considera-se também estabelecimento autônomo o veículo usado no comércio ambulante e na captura de pescado;

IV – respondem pelo crédito tributário todos os estabelecimentos do mesmo titular.

§ 4º (VETADO)

**486** | CÓDIGO TRIBUTÁRIO NACIONAL – *Hugo de Brito Machado Segundo* **Art. 11**

§ 5º Quando a mercadoria for remetida para armazém geral ou para depósito fechado do próprio contribuinte, no mesmo Estado, a posterior saída considerar--se-á ocorrida no estabelecimento do depositante, salvo se para retornar ao estabelecimento remetente.

§ 6º Na hipótese do inciso III do *caput* deste artigo, tratando-se de serviços não medidos, que envolvam localidades situadas em diferentes unidades da Federação e cujo preço seja cobrado por períodos definidos, o imposto devido será recolhido em partes iguais para as unidades da Federação onde estiverem localizados o prestador e o tomador. *(Incluído pela LCP nº 102, de 11.7.2000)*

## Anotações

**1. Produção de energia elétrica. Local da ocorrência do fato gerador** – Na produção de energia elétrica por usina hidrelétrica, o ICMS é devido no local onde estiver estabelecida unidade produtora de energia, e não no local por onde eventualmente se espalhem as águas represadas por conta da construção da usina hidrelétrica. Com base nesse fundamento, o STJ negou a Município cujo território fora parcialmente inundado pelas águas da hidrelétrica o direito à participação na receita arrecadada com o ICMS. Entendeu que "'A utilização de água situada em município diverso daquele em que está a sede do estabelecimento onde ocorre a operação tributária não confere direito a participação no ICMS a outra unidade da federação. É inconfundível a geração de energia elétrica com a reserva de água, eis que esta represada não revela fato econômico na órbita tributária. A compensação aos municípios inundados, pela perda de seus territórios, é feita através de royalties. Precedentes' (REsp nº 401.998/MG, Rel. Min. LUIZ FUX, *DJ* de 24/03/2003). [...]" (STJ, 1ª T., AgRg nos EDcl no REsp 747.772/PR, Rel. Min. Francisco Falcão, j. em 4/4/2006, *DJ* de 4/5/2006, p. 141).

**2. Local da ocorrência do fato gerador. Importação** – "Por imposição legal do art. 11 da Lei Complementar nº 87/96, o recolhimento do ICMS na importação de mercadoria deverá ser feito em benefício do Estado onde o importador tenha domicílio. Não compromete essa regra o fato de a mercadoria circular fisicamente no Estado onde a aduana tenha sido efetivada" (STJ, 2ª T., REsp 376.918/RJ, Rel. Min. João Otávio de Noronha, j. em 14/3/2006, *DJ* de 25/4/2006, p. 104). Assim, ainda que o "momento da ocorrência" do fato gerador seja a data do desembaraço (que eventualmente pode ocorrer em outro Estado), o imposto será devido ao Estado no qual estiver estabelecido o importador. É o que tem igualmente decidido o STF: "O sujeito ativo da relação jurídico-tributária do ICMS é o Estado onde estiver situado o domicílio ou o estabelecimento do destinatário jurídico da mercadoria (alínea *a* do inciso IX do § 2º do art. 155 da Carta de Outubro); pouco importando se o desembaraço aduaneiro ocorreu por meio de ente federativo diverso" (STF, 1ª T., RE 299.079/RJ, Rel. Min. Carlos Britto, j. em 20/6/2004, *DJ* de 16/6/2006, p. 20).

**3. Local da ocorrência do fato gerador. Serviço de telefonia pago por meio de cartões ou fichas** – Em situação na qual cartões telefônicos são *revendidos* por estabelecimento situado em Estado-membro *diverso* daquele onde situada a sede da concessionária fornecedora dos cartões, o ICMS é devido a este último, e não ao primeiro, a teor do que dispõe o art. 11, III, "b", da LC 87/96. Conforme tem entendido o STJ, "[...] Cabe à lei complementar, nos termos do artigo 155, parágrafo segundo, inciso XII, da CF/88, dentre outras funções,

**Art. 11**  LEI COMPLEMENTAR Nº 87, DE 13DE SETEMBRO DE 1996 | **487**

fixar o critério espacial da obrigação tributária decorrente da incidência do ICMS, o que permitirá definir a que unidade federada deverá ser recolhido o imposto (sujeição ativa) e qual estabelecimento da empresa será responsável pelo seu pagamento (sujeição passiva). 4. O art. 11, III, "b" da LC 87/96 previu, para os serviços de comunicação prestados mediante o fornecimento de fichas, cartões ou assemelhados, que o ICMS será devido ao ente federativo onde se encontra o estabelecimento da empresa que forneça tais instrumentos. 5. A escolha desse elemento espacial – sede do estabelecimento da concessionária – tem por fundamento as próprias características da operação. Os cartões ou fichas telefônicas são títulos de legitimação, que conferem ao portador o direito à fruição do serviço telefônico dentro da franquia de minutos contratada, sendo possível utilizá-los em qualquer localidade do país, integral ou fracionadamente, desde que, é claro, esteja o local coberto pela concessionária de telefonia responsável pelo fornecimento. 6. O cartão telefônico poderá ser adquirido em um Estado e utilizado integralmente em outro. É possível, também, que um mesmo cartão seja utilizado em mais de um Estado. Nesses termos, quando do fornecimento dos cartões, fichas ou assemelhados, não é possível saber qual será o efetivo local da prestação do serviço de telecomunicação, razão porque o legislador complementar, ciente dessas dificuldades, fixou como elemento espacial da operação a sede do estabelecimento da concessionária que fornece os cartões, fichas ou assemelhados, afastando o critério do local da efetiva prestação. 7. Como as fichas e cartões são utilizados em terminais públicos, sendo regra a pulverização de usuários e locais de uso, a LC preferiu escolher um evento preciso ligado exclusivamente ao prestador, e não uma infinidade de pontos esparsos pelo território nacional. 8. Outro elemento desprezado pelo legislador complementar foi o do domicílio do usuário, até porque esse critério apresenta-se de pouca ou nenhuma valia, pois o tomador do serviço poderá – e é o que geralmente ocorre – utilizar o serviço distante de seu domicílio. 9. O fato de os cartões telefônicos serem revendidos por terceiros a usuário final não altera o critério espacial escolhido pela LC 87/96, qual seja, o da sede do estabelecimento da concessionária. A razão é muito simples: o contribuinte do ICMS pelo fornecimento de fichas e cartões telefônicos é a própria concessionária, que não tem qualquer controle sobre a venda posteriormente realizada por revendedores, até porque nada impede que essas empresas, ao invés de negociar diretamente com os usuários, revendam a terceiras empresas situadas em outra unidade da Federação. 10. Não há, portanto, qualquer critério seguro que permita à concessionária fixar com precisão o local onde será revendido o cartão telefônico a usuário final. Como o fato gerador ocorre no momento do fornecimento da ficha, cartão ou assemelhado, nos termos do art. 12, § 1º, da LC 87/96, e como nesse momento ainda não houve a revenda, estaria a concessionária impossibilitada de fazer o recolhimento do ICMS incidente sobre a operação, justamente por não ser possível definir o local da revenda e, consequentemente, o Estado titular da imposição tributária. 11. O Convênio ICMS 126/98 explicitou a regra do art. 11, III, 'b', da LC 87/96 para deixar claro que o imposto incide por ocasião do fornecimento da ficha, cartão ou assemelhado, ainda que a venda seja para terceiro intermediário e não para o usuário final. 12. Já o Convênio ICMS 55/05 adotou regra expressa determinado que o pagamento do imposto deve ser feito ao Estado onde se localiza a concessionária de telefonia que fornece o cartão telefônico, ainda que o fornecimento seja para terceiros intermediários situados em unidade federativa diversa. 13. Mesmo que a concessionária não entregue o cartão telefônico diretamente ao usuário, mas a revendedor terceirizado localizado em unidade federada diversa, o que é muito comum para facilitar e otimizar a distribuição, ainda assim, deverá o imposto ser recolhido ao Estado onde tem sede a empresa de telefonia. 14. A única

**488** | CÓDIGO TRIBUTÁRIO NACIONAL – *Hugo de Brito Machado Segundo* **Art. 12**

exceção a essa regra ocorreria na hipótese em que a empresa de telefonia distribui as fichas e cartões, não por revendedores terceirizados, mas por meio de filiais localizadas em outros Estados. Somente nesse caso, a concessionária, para efeito de definição do ente tributante a quem se deve recolher o imposto, será a filial, e não a matriz. 15. Como a hipótese é de venda por distribuidores independentes situados em outros Estados, não se aplica a exceção, mas a regra geral, devendo o imposto ser recolhido integralmente no Estado onde situada a concessionária que emite e fornece as fichas e cartões telefônicos. [...]" (STJ, 2ª T., REsp 1.119.517-MG, Rel. Min. Castro Meira, *DJe* de 24/2/2010).

**4. Princípio da autonomia dos estabelecimentos** – Assim como ocorre em relação ao IPI, os estabelecimentos de uma mesma pessoa jurídica são considerados, para fins de apuração do ICMS, contribuintes autônomos. Cada um deve manter controles das entradas, das saídas e de seu estoque, apurando o ICMS devido de forma independente de outros estabelecimentos que a mesma pessoa eventualmente possua. É uma maneira de facilitar o controle, relativamente à aplicação do princípio da não cumulatividade. Tal princípio, porém, sofre temperamentos, como se depreende, por exemplo, do disposto no art. 25 desta lei complementar, que autoriza a transferência de saldo credor de um estabelecimento para outro, desde que pertencentes ao mesmo contribuinte, e estejam situados dentro do território do mesmo Estado-membro.

**Art. 12.** Considera-se ocorrido o fato gerador do imposto no momento:

I – da saída de mercadoria de estabelecimento de contribuinte, ainda que para outro estabelecimento do mesmo titular;

II – do fornecimento de alimentação, bebidas e outras mercadorias por qualquer estabelecimento;

III – da transmissão a terceiro de mercadoria depositada em armazém geral ou em depósito fechado, no Estado do transmitente;

IV – da transmissão de propriedade de mercadoria, ou de título que a represente, quando a mercadoria não tiver transitado pelo estabelecimento transmitente;

V – do início da prestação de serviços de transporte interestadual e intermunicipal, de qualquer natureza;

VI – do ato final do transporte iniciado no exterior;

VII – das prestações onerosas de serviços de comunicação, feita por qualquer meio, inclusive a geração, a emissão, a recepção, a transmissão, a retransmissão, a repetição e a ampliação de comunicação de qualquer natureza;

VIII – do fornecimento de mercadoria com prestação de serviços:

a) não compreendidos na competência tributária dos Municípios;

b) compreendidos na competência tributária dos Municípios e com indicação expressa de incidência do imposto de competência estadual, como definido na lei complementar aplicável;

**Art. 12**  LEI COMPLEMENTAR Nº 87, DE 13DE SETEMBRO DE 1996 | **489**

IX – do desembaraço aduaneiro de mercadorias ou bens importados do exterior;[1] *(Redação dada[2] pela LCP nº 114, de 16.12.2002)*

X – do recebimento, pelo destinatário, de serviço prestado no exterior;

XI – da aquisição em licitação pública de mercadorias ou bens importados do exterior e apreendidos ou abandonados; *(Redação dada pela LCP nº 114, de 16.12.2002)*

XII – da entrada no território do Estado de lubrificantes e combustíveis líquidos e gasosos derivados de petróleo e energia elétrica oriundos de outro Estado, quando não destinados à comercialização ou à industrialização; *(Redação dada[3] pela LCP nº 102, de 11.7.2000)*

XIII – da utilização, por contribuinte, de serviço cuja prestação se tenha iniciado em outro Estado e não esteja vinculada a operação ou prestação subsequente.

§ 1º Na hipótese do inciso VII, quando o serviço for prestado mediante pagamento em ficha, cartão ou assemelhados, considera-se ocorrido o fato gerador do imposto quando do fornecimento desses instrumentos ao usuário.

§ 2º Na hipótese do inciso IX, após o desembaraço aduaneiro, a entrega, pelo depositário, de mercadoria ou bem importados do exterior deverá ser autorizada pelo órgão responsável pelo seu desembaraço, que somente se fará mediante a exibição do comprovante de pagamento do imposto incidente no ato do despacho aduaneiro, salvo disposição em contrário.

§ 3º Na hipótese de entrega de mercadoria ou bem importados do exterior antes do desembaraço aduaneiro, considera-se ocorrido o fato gerador neste momento, devendo a autoridade responsável, salvo disposição em contrário, exigir a comprovação do pagamento do imposto. *(Incluído pela LCP nº 114, de 16.12.2002)*

---

## ANOTAÇÕES

**1. ICMS na importação. Local da ocorrência e momento da ocorrência do fato gerador** – "A jurisprudência deste Superior Tribunal de Justiça consolidou-se no sentido de que 'o fator gerador do ICMS na importação de mercadorias ocorre no momento do desembaraço aduaneiro' (AgRg no REsp nº 180.416/SP, minha relatoria, *DJ* de 24.11.2003)" (STJ, 1ª S., EREsp 235.333/SP, Rel. Min. João Otávio de Noronha, j. em 23/2/2005, *DJ* de 4/4/2005, p. 160). **No mesmo sentido,** "o Plenário do STF, no julgamento do RE 193.817-RJ, em 23/10/96, por maioria de votos, firmou orientação segundo a qual, em se cuidando de mercadoria importada, o fato gerador do ICMS não ocorre com a entrada no estabelecimento do importador, mas, sim, quando do recebimento da mercadoria, ao ensejo do respectivo desembaraço aduaneiro" (STF, RE 224.277, Rel. Min. Néri da Silveira, *DJ* de 26/6/1998), orientação hoje cristalizada na Súmula nº 661 do STF: "Na entrada de mercadoria importada do exterior, é legítima a cobrança do ICMS por ocasião do desembaraço aduaneiro."

**490** | CÓDIGO TRIBUTÁRIO NACIONAL – *Hugo de Brito Machado Segundo*                    **Art. 13**

Mas isso não significa que o imposto seja devido ao Estado-membro no qual se localiza a aduana, sendo ele devido ao Estado no qual se localiza o estabelecimento importador: "Por imposição legal do art. 11 da Lei Complementar nº 87/96, o recolhimento do ICMS na importação de mercadoria deverá ser feito em benefício do Estado onde o importador tenha domicílio. Não compromete essa regra o fato de a mercadoria circular fisicamente no Estado onde a aduana tenha sido efetivada. [...]" (STJ, 2ª T., REsp 796.007/RJ, Rel. Min. João Otávio de Noronha, j. em 14/2/2006, *DJ* de 21/3/2006, p. 121). É o que tem igualmente decidido o STF: "O sujeito ativo da relação jurídico-tributária do ICMS é o Estado onde estiver situado o domicílio ou o estabelecimento do destinatário jurídico da mercadoria (alínea 'a' do inciso IX do § 2º do art. 155 da Carta de Outubro); pouco importando se o desembaraço aduaneiro ocorreu por meio de ente federativo diverso" (STF, 1ª T., RE 299.079/RJ, Rel. Min. Carlos Britto, j. em 20/6/2004, *DJ* de 16/6/2006, p. 20).

**2. Desembaraço de mercadorias *ou de bens* importados** – Sobre a incidência do ICMS na importação de quaisquer bens – e não apenas de mercadorias – confira-se nota ao art. 2º, § 1º, I, e ao art. 4º, parágrafo único, da LC nº 87/96, *supra*.

**3. Entrada de combustíveis como fato gerador do ICMS** – Ver nota ao art. 2º, § 1º, III, da LC nº 87/96, *supra*.

**Art. 13.** A base de cálculo do imposto é:

I – na saída de mercadoria prevista nos incisos I, III e IV do art. 12, o valor da operação;[1]

II – na hipótese do inciso II do art. 12, o valor da operação, compreendendo mercadoria e serviço;[2]

III – na prestação de serviço de transporte interestadual e intermunicipal e de comunicação, o preço do serviço;

IV – no fornecimento de que trata o inciso VIII do art. 12;

a) o valor da operação, na hipótese da alínea *a*;

b) o preço corrente da mercadoria fornecida ou empregada, na hipótese da alínea *b*;

V – na hipótese do inciso IX do art. 12, a soma das seguintes parcelas:

a) o valor da mercadoria ou bem constante dos documentos de importação, observado o disposto no art. 14;

b) imposto de importação;

c) imposto sobre produtos industrializados;

d) imposto sobre operações de câmbio;

e) quaisquer outros impostos, taxas, contribuições e despesas aduaneiras; *(Redação dada pela LCP nº 114, de 16.12.2002)*

**Art. 13** — LEI COMPLEMENTAR N° 87, DE 13DE SETEMBRO DE 1996 | **491**

VI – na hipótese do inciso X do art. 12, o valor da prestação do serviço, acrescido, se for o caso, de todos os encargos relacionados com a sua utilização;

VII – no caso do inciso XI do art. 12, o valor da operação acrescido do valor dos impostos de importação e sobre produtos industrializados e de todas as despesas cobradas ou debitadas ao adquirente;

VIII – na hipótese do inciso XII do art. 12, o valor da operação de que decorrer a entrada;

IX – na hipótese do inciso XIII do art. 12, o valor da prestação no Estado de origem.

§ 1° Integra a base de cálculo do imposto, inclusive na hipótese do inciso V do *caput* deste artigo: *(Redação dada pela LCP n° 114, de 16.12.2002)*

I – o montante do próprio imposto, constituindo o respectivo destaque mera indicação para fins de controle;

II – o valor correspondente a:

a) seguros, juros[3] e demais importâncias pagas, recebidas ou debitadas, bem como descontos concedidos sob condição;[4,5]

b) frete, caso o transporte seja efetuado pelo próprio remetente ou por sua conta e ordem e seja cobrado em separado.[6]

§ 2° Não integra a base de cálculo do imposto o montante do Imposto sobre Produtos Industrializados,[7] quando a operação, realizada entre contribuintes e relativa a produto destinado à industrialização ou à comercialização, configurar fato gerador de ambos os impostos.

§ 3° No caso do inciso IX, o imposto a pagar será o valor resultante da aplicação do percentual equivalente à diferença entre a alíquota interna e a interestadual, sobre o valor ali previsto.

§ 4° Na saída de mercadoria para estabelecimento localizado em outro Estado, pertencente ao mesmo titular, a base de cálculo do imposto é:

I – o valor correspondente à entrada mais recente da mercadoria;

II – o custo da mercadoria produzida, assim entendida a soma do custo da matéria-prima, material secundário, mão de obra e acondicionamento;

III – tratando-se de mercadorias não industrializadas, o seu preço corrente no mercado atacadista do estabelecimento remetente.

§ 5° Nas operações e prestações interestaduais entre estabelecimentos de contribuintes diferentes, caso haja reajuste do valor depois da remessa ou da prestação, a diferença fica sujeita ao imposto no estabelecimento do remetente ou do prestador.

492 | CÓDIGO TRIBUTÁRIO NACIONAL – *Hugo de Brito Machado Segundo*  **Art. 13**

## Anotações

**1. Base de cálculo como valor da operação** – Sob pena de se desnaturar o imposto, sua base de cálculo deverá ser, necessariamente, o seu fato gerador "transformado em cifra", ou, dito de outra forma, o aspecto dimensível de sua hipótese de incidência. Assim, sendo o ICMS imposto incidente sobre operação relativa à circulação de mercadorias, sua base de cálculo há de ser o valor dessa operação, e não outro. Por isso mesmo, o STJ tem considerado que "a cobrança do ICMS com base nos valores previstos em pauta fiscal fere os arts. 97, I, e 148 do Código Tributário Nacional e as demais regras do sistema tributário" (STJ, 2ª T., REsp 278.880/MG, Rel. Min. João Otávio de Noronha, j. em 13/12/2005, *DJ* de 20/2/2006, p. 255). No mesmo sentido: STJ, 1ª T., REsp 613.396/MG, Rel. Min. Denise Arruda, j. em 14/3/2006, *DJ* de 3/4/2006, p. 231).

**2. Fornecimento de alimentação e bebidas em bares e restaurantes. Base de cálculo** – Como o ICMS incide sobre o fornecimento de bebidas e alimentação em bares e restaurantes, sua base de cálculo é o valor cobrado do consumidor, abrangendo o *quantum* pago pelas mercadorias e pelo serviço. A base de cálculo, enfim, é o valor total da operação (Súmula nº 163/STJ). Isso porque, em operações que envolvem o fornecimento de mercadorias *e* a prestação de serviços, o critério escolhido pelo legislador complementar para resolver possíveis conflitos entre Estados-membros e Municípios foi o seguinte: *i)* se o serviço estiver previsto na lista anexa à lei complementar nacional, toda a operação é tributada apenas pelo ISS, salvo remissão expressa, nessa mesma lista, quanto à incidência do ICMS sobre a parte relativa às mercadorias; *ii)* se o serviço não está previsto na lista, como é o caso, sobre ele incide apenas o ICMS, sobre o valor total da operação.

**3. Base de cálculo do ICMS e juros. Venda a prazo × venda financiada** – A disposição da LC nº 87/96 segundo a qual os juros integram a base de cálculo do ICMS deve ser vista com reservas. Deve-se diferenciar a *venda a prazo,* na qual os juros eventualmente podem estar embutidos no preço pelo qual a mercadoria é vendida e sai do estabelecimento vendedor (preço este que é a base de cálculo do ICMS), e a venda financiada, na qual existem *dois contratos:* um de compra e venda, em função do qual a mercadoria circula, e outro de financiamento, em face do qual o comprador obtém emprestado o dinheiro necessário para comprá-la. Nesse segundo caso, os juros são a remuneração deste outro contrato, e não podem validamente integrar a base de cálculo do ICMS, como, aliás, entende a jurisprudência.

Inicialmente, o STJ esclareceu não integrar a base de cálculo do ICMS os encargos relativos ao financiamento com cartão de crédito (Súmula nº 237). Em seguida, estabeleceu-se que os encargos de financiamento não integram a base de cálculo do ICMS mesmo quando não decorrentes de operação com cartão de crédito (Cf., *v. g.*, EREsp nº 435.161/SP, Rel. Min. João Otávio de Noronha, *DJ* de 13/6/2005; AgRg no REsp nº 300.722/SP, Rel. Min. Francisco Falcão, *DJ* de 16/5/2005; e AgRg no AG nº 588.278/SP, Rel. Min. Castro Meira, *DJ* de 25/10/2004).

A incidência do ICMS sobre os "juros" eventualmente embutidos em uma venda a prazo (na qual não se concede o desconto inerente a uma venda a vista), e a distinção entre essa operação e uma venda financiada, são diferenciados pela jurisprudência do STJ nos seguintes termos: "Os encargos relativos ao financiamento, seja este decorrente ou não de operação com cartão de crédito, não integram a base de cálculo do ICMS. Interpretação analógica do enunciado sumular nº 237/STJ (Precedentes: EREsp nº 435.161/SP,

**Art. 13**  LEI COMPLEMENTAR Nº 87, DE 13 DE SETEMBRO DE 1996 | **493**

Rel. Min. João Otávio de Noronha, *DJ* de 13/6/2005; AgRg no REsp nº 300.722/SP, Rel. Min. Francisco Falcão, *DJ* de 16/5/2005; e AgRg no AG nº 588.278/SP, Rel. Min. Castro Meira, *DJ* de 25/10/2004). 3. Destarte, o ICMS não incide sobre os encargos da chamada 'venda financiada', que compreende, em verdade, dois negócios jurídicos distintos, o de compra e venda e o de financiamento. Todavia, em não se tratando de hipótese de 'venda financiada', mas de mera 'venda a prazo', integra a base de cálculo do ICMS o valor acrescido ao preço do produto. 4. A 'venda a prazo' revela-se modalidade de negócio jurídico único, o de compra e venda, no qual o vendedor oferece ao comprador o pagamento parcelado do produto, acrescendo-lhe o preço final, razão pela qual o valor desta operação constitui a base de cálculo do ICMS, na qual se incorpora, assim, o preço 'normal' da mercadoria (preço de venda a vista) e o acréscimo decorrente do parcelamento (Precedentes desta Corte e do Eg. STF: AgR no RE nº 228.242/SP, Rel. Min. Carlos Velloso, *DJ* de 22/10/2004; EREsp nº 550.382/SP, Rel. Min. Castro Meira, *DJ* de 1/8/2005; REsp nº 677.870/PR, Rel. Min. Teori Albino Zavascki, *DJ* de 28/02/05; e AgRg no REsp nº 195.812/SP, Rel. Min. Francisco Falcão, *DJ* de 21/10/2002). 5. *In casu*, a controvérsia diz respeito a acréscimos no preço de produtos decorrentes de venda a prazo, e não de financiamento, razão pela qual os referidos valores integram a base de cálculo do ICMS. 6. Embargos de divergência providos (STJ, 1ª S., EREsp 255.553/SP, Rel. Min. Luiz Fux, j. em 14/12/2005, *DJ* de 13/2/2006, p. 654).

O critério distintivo, como se vê, é semelhante ao utilizado no caso dos descontos. Se a operação acontece por valor "X", e o comprador pode eventualmente ter de pagar acréscimos *posteriores* (à ocorrência do fato gerador), por atraso no pagamento do preço, esses acréscimos não integram a base de cálculo do ICMS, que será simplesmente de "X", vale dizer, do valor da operação pelo qual a mercadoria saiu do estabelecimento vendedor. Nesse caso, "os valores referentes ao financiamento não se incluem na base de cálculo do ICMS, por não corresponderem ao montante da saída da mercadoria que se constitui no fato imponível" (STJ, 2ª T., AgRg no REsp 634.112/RS, Rel. Min. Castro Meira, j. em 6/12/2005, *DJ* de 2/5/2006, p. 285). **No mesmo sentido:** "'Sabendo-se que o ICMS incidirá sobre a saída de mercadorias de estabelecimento comercial, industrial ou produtor, e que a base de cálculo da citada exação é o valor de que decorrer a saída da mercadoria, óbvio fica a impossibilidade de que este imposto venha a incidir sobre o financiamento, até porque este é incerto quando da concretização do negócio comercial. Precedentes do STJ e do colendo STF' (Embargos de Divergência no Agravo nº 448.298/SP, Primeira Seção, Ministro José Delgado, *DJ* de 2/8/2004). [...]" (STJ, REsp 762.728/RS, Rel. Min. João Otávio de Noronha, j. em 12/10/2005, *DJ* de 20/2/2006, p. 311). **No Supremo Tribunal Federal:** "Embora o financiamento do preço da mercadoria, ou de parte dele, seja proporcionado pela própria empresa vendedora, o ICM há de incidir sobre o preço ajustado para a venda, pois esse é que há de ser considerado como valor da mercadoria e do qual decorre a sua saída do estabelecimento vendedor. O valor que o comprador irá pagar a maior, se não quitar o preço nos 30 dias seguintes, como faculta o contrato do cartão especial Mesbla, decorre de opção sua, e o acréscimo se dá em razão do financiamento, pelo custo do dinheiro, e não pelo valor da mercadoria" (STF, 2ª T., RE 101.103/RS, Rel. Min. Aldir Passarinho, j. em 18/11/1988, *DJ* de 10/3/1989, p. 3.016). Entretanto, se a operação já ocorre por valor "X+1", porque previamente se estabeleceu que o comprador teria prazo mais elástico para o pagamento, o valor da operação é "X+1", valor este pelo qual a mercadoria saiu do estabelecimento vendedor, e que por isso mesmo deve corresponder à base de cálculo do ICMS. A possibilidade de incidência do ICMS sobre os juros, quando cobrados pelo próprio vendedor como consequência da concessão de um prazo de pagamento maior, encontra-se consolidada na Sumula 399/STJ: "O ICMS incide sobre o valor da venda a prazo constante da nota fiscal." Esse enunciado, como se vê, complementa o de nº 237, anteriormente mencionado.

**4. Base de cálculo do ICMS e descontos** – Os descontos incondicionais não integram a base de cálculo do ICMS. Os descontos concedidos sob condição, porém, integram-na. "O valor referente aos descontos incondicionais deve ser excluído da base de cálculo do ICMS, sendo que os descontos condicionais a evento futuro não acarretam a redução da exação" (STJ, 1ª T., AgRg no REsp 792.251/RJ, Rel. Min. Francisco Falcão, j. em 14/3/2006, *DJ* de 27/3/2006, p. 226).

A esse respeito, tem decidido o STJ que "'os valores concernentes aos descontos ditos promocionais, assim como os descontos para pagamento à vista, ou de quaisquer outros descontos cuja efetivação não fique a depender de evento futuro e incerto, não integram a base de cálculo do ICMS, porque não fazem parte do valor da operação da qual decorre a saída da mercadoria' (Hugo de Brito, Direito Tributário – II, São Paulo, Editora RT, 1994, p. 237). 2. O valor dos descontos incondicionais oferecidos nas operações mercantis deve ser excluído da base de cálculo do ICMS, ao passo que os descontos concedidos de maneira condicionada não geram a redução do tributo. Precedentes. [...]" (STJ, 1ª S., Rel. Min. Castro Meira, EREsp 508.057/SP, j. em 18/10/2004, v. u., *DJ* de 16/11/2004, p. 181).

Literalmente, pode parecer que o ser "condicional" implica não ser concedido a todos, mas só a quem cumpra determinada condição (*v. g.*, compre a vista). Não é bem assim, porém, até porque, nesse sentido, tudo pode ser considerado condicional (em última análise, a concessão do desconto seria "condicionada" à efetivação da compra...). Na verdade, a distinção essencial entre descontos condicionais e incondicionais está no *momento* em que são efetivados: descontos concedidos sob condição são aqueles que ficam a depender da ocorrência de um fato futuro e incerto, a se realizar *depois da ocorrência do fato gerador do tributo*. É por isso que não influem na base de cálculo do ICMS. É o caso, por exemplo, do contribuinte que compra uma mercadoria por R$ 100,00, para efetuar o pagamento em 60 dias, mas que poderá (ou não) efetuar esse mesmo pagamento em 30 dias e obter desconto de 10%. Tal desconto será condicional, e não poderá ser considerado para fins de reduzir a base de cálculo do ICMS, que deverá incidir sobre os R$ 100,00. Já o desconto *incondicional* é aquele concedido à luz de fatores que ocorrem *antes* da consumação do fato gerador, como na hipótese de o comprador localizar pequeno defeito na mercadoria anunciada por R$ 100,00 (p. ex., uma mancha em uma camisa), antes de comprá-la, e obter, por conta do defeito, a concessão de um desconto de 10%. Quando a venda se consuma, seu valor já está previamente reduzido pelo desconto, devendo o ICMS incidir sobre os R$ 90,00 pelos quais a operação foi realizada.

A lição de Hugo de Brito Machado, a esse respeito, é precisa: "A rigor, o desconto incondicional não poderia mesmo integrar a base de cálculo, porque não faz parte do valor da operação, que não é o preço proposto, mas o preço efetivo, ou preço contratado. Quanto a mercadoria é posta à venda geralmente é fixado um preço, que é o preço proposto, ou preço da oferta. O desconto incondicional é aquele concedido no momento em que se faz a venda. No momento em que se efetiva o contrato. O desconto incondicional é concedido ao comprador, para que se efetive a venda. É a diferença entre o preço da oferta e o preço do contrato" (Hugo de Brito Machado, *Aspectos Fundamentais do ICMS*, 2. ed., São Paulo: Dialética, 1999, p. 78).

# Art. 13 LEI COMPLEMENTAR Nº 87, DE 13DE SETEMBRO DE 1996 | **495**

No STJ, a matéria se encontra atualmente sumulada: "Os descontos incondicionais nas operações mercantis não se incluem na base de cálculo do ICMS" (Súmula 457/STJ).

**5. Desconto incondicional e bonificação em mercadorias** – É indiferente que o desconto concedido pelo vendedor tenha sido de 20%, ou por meio de bonificação em mercadorias (compre 5 e leve 1 grátis). Nesse sentido: "3. Infere-se do texto constitucional que este, implicitamente, delimitou a base de cálculo possível do ICMS nas operações mercantis, como sendo o valor da operação mercantil efetivamente realizada ou, como consta do art. 13, inciso I, da LC nº 87/96, 'o valor de que decorrer a saída da mercadoria'. Neste sentido, a doutrina especializada: 'Realmente a base de cálculo do ICMS não é o preço anunciado ou constante de tabelas. É o valor da operação, e este se define no momento em que a operação se concretiza. Assim, os valores concernentes aos descontos ditos promocionais, assim como os descontos para pagamento à vista, ou de quaisquer outros descontos cuja efetivação não fique a depender de evento futuro e incerto, não integram a base de cálculo do ICMS, porque não fazem parte da do valor da operação da qual decorre a saída da mercadoria. [...]' (MACHADO, Hugo de Brito. 'Direito Tributário – II', São Paulo, Ed. Revista dos Tribunais, 1994, p. 237) 4. Consectariamente, tendo em vista que a Lei Complementar nº 87/96 indica, por delegação constitucional, a base de cálculo possível do ICMS, fica o legislador ordinário incumbido de explicitar-lhe o conteúdo, devendo, todavia, adstringir--se à definição fornecida pela Lei Complementar. 5. Desta sorte, afigura-se inconteste que o ICMS descaracteriza-se acaso integrarem sua base de cálculo elementos estranhos à operação mercantil realizada, como, por exemplo, o valor intrínseco dos bens entregues por fabricante à empresa atacadista, a título de bonificação, ou seja, sem a efetiva cobrança de um preço sobre os mesmos. 6. Deveras, revela *contraditio in terminis* ostentar a Lei Complementar que a base de cálculo do imposto é o valor da operação da qual decorre a saída da mercadoria e a um só tempo fazer integrar ao preço os descontos incondicionais ou bonificações (Precedentes: REsp nº 721.243/PR, Rel. Min. João Otávio de Noronha, *DJ* de 7/11/2005; REsp nº 725.983/PR, Rel. Min. José Delgado, *DJ* de 23/5/2005; REsp nº 477.525/GO, deste Relator, *DJ* de 23/6/2003; e REsp nº 63.838/BA, Rel. Min. Nancy Andrighi, *DJ* de 5/6/2000) 7. As assertivas ora expostas infirmam a pretensão do fisco de recolhimento do ICMS, incidente sobre as mercadorias dadas em bonificação, em regime de substituição tributária. Isto porque, a despeito dos propósitos de facilitação arrecadatória que fundam a substituição tributária, é evidente que a mesma não pode ensejar a alteração dos elementos estruturais do ICMS, especialmente no que atine a composição de sua base de cálculo. Esta é justamente a lição de Roque Antonio Carrazza: 'De qualquer forma, mesmo sem perdermos de vista os propósitos arrecadatórios da substituição tributária, é óbvio que ela não pode servir de instrumento para alterar os elementos estruturais do ICMS, sobretudo os que dizem respeito à composição de sua base de cálculo. Vai daí que, se – como estamos plenamente convencidos – as vendas bonificadas têm como única base de cálculo o preço efetivamente praticado, esta realidade, imposta pela própria Constituição (que, conforme vimos, traça todos os elementos da regra-matriz do ICMS), em nada é afetada pela circunstância de a operação mercantil desencadear o mecanismo da substituição tributária. Não temos dúvidas, pois, em afirmar que nos casos em que o contribuinte emite nota fiscal (seja de venda, seja de outras saídas) destinada a Estados onde se adota o mecanismo da substituição tributária de ICMS o valor a ser deduzido como forma de crédito há de ser o efetivamente praticado na operação de venda com bonificação, vale dizer, zero. Nossa convicção lastreia-se na circunstância de que a bonificação é realidade acessória da operação de compra e venda mercantil, estando, destarte, submetida à regra *acessorium* *sequitur suum principale*. Esta realidade acessória em nada é abalada pelo mecanismo da substituição tributária, que não tem, de per si, o condão de desnaturar os efeitos tributários da operação mercantil, tal como expostos neste estudo.' (in 'ICMS', 10. ed., São Paulo, Malheiros Editores, 2005, p. 117/118). 8. Outrossim, o fato gerador do imposto (a circulação) decorre da saída da mercadoria do estabelecimento do vendedor, pouco importando a legislação local do adquirente, aplicável aos produtos dessa origem. É que nessa Unidade, nas operações posteriores observar-se-á a transferência eventual das mercadorias fruto de bonificação à luz da não cumulatividade. 9. Recurso especial provido" (STJ, 1ª T., REsp 715.255/MG, Rel. Min. Luiz Fux, j. em 28/3/2006, *DJ* de 10/4/2006, p. 140).

**6. Base de cálculo do ICMS incidente sobre a venda de mercadorias e o valor do frete** – Sempre que o remetente arcar com as despesas de frete, estas deverão compor a base de cálculo do ICMS incidente sobre a operação relativa à circulação mercadoria correspondente. Caso o frete seja cobrado pelo remetente separadamente (destacado do valor das mercadorias), o seu valor deverá ser incluído na base de cálculo do ICMS. Caso não haja cobrança em separado, se presume que essa inclusão já houve, e que o preço da mercadoria já está remunerando inclusive o custo do transporte. Só na hipótese de o frete ser efetuado pelo próprio adquirente, ou por sua conta e ordem, é que não será devida a sua inclusão na base de cálculo do ICMS relativo à venda da mercadoria a ser transportada. Nesse sentido orientou-se a jurisprudência: "O STJ firmou o entendimento de que não é possível a exclusão do valor do frete da base de cálculo do ICMS, excepcionando, contudo, a hipótese em que o adquirente efetua o transporte da mercadoria" (STJ, 2ª T., REsp 115.472/ES, Rel. Ministro João Otávio de Noronha, j. em 21/10/2004, v. u., *DJ* de 14/2/2005, p. 147).

Registre-se que, quando se tratar de frete interestadual, ou intermunicipal, o ICMS também incidirá sobre o serviço de transporte, de modo que, caso o vendedor da mercadoria tenha contratado o transporte com um terceiro, pagando por ele, deverá incluí-lo no valor da base de cálculo do imposto incidente sobre a venda, mas terá direito ao crédito correspondente. A regra tem por finalidade evitar que, nos transportes *intramunicipais*, o remetente das mercadorias lhes atribua valor inferior ao real, e infle o valor do frete (que se submete ao ISS, de alíquota mais reduzida). O valor total do negócio continuaria o mesmo, mas a base de cálculo do ICMS seria reduzida. A medida legislativa, porém, é inadequada, pois termina viabilizando a invasão, pelos Estados-membros, do âmbito de incidência do ISS.

**7. IPI e base de cálculo do ICMS** – Em uma operação normal, o IPI não integra a base de cálculo do ICMS, como dispõe o art. 155, § 2º, XI, da CF/88, e repete o art. 13, § 2º, da LC nº 87/96. Entretanto, isso não significa que o ônus representado por esse imposto não possa ser computado na determinação da base de cálculo do ICMS devido por substituição tributária, nos termos do art. 8º da LC nº 87/96. Confira-se, a propósito, nota ao art. 8º, II, *b*, da LC nº 87/96.

**Art. 14.** O preço de importação expresso em moeda estrangeira será convertido em moeda nacional pela mesma taxa de câmbio utilizada no cálculo do imposto de importação, sem qualquer acréscimo ou devolução posterior se houver variação da taxa de câmbio até o pagamento efetivo do preço.

**Art. 17**        LEI COMPLEMENTAR Nº 87, DE 13DE SETEMBRO DE 1996  |  **497**

Parágrafo único. O valor fixado pela autoridade aduaneira para base de cálculo do imposto de importação, nos termos da lei aplicável, substituirá o preço declarado.

**Art. 15.** Na falta do valor a que se referem os incisos I e VIII do art. 13, a base de cálculo do imposto é:

I – o preço corrente da mercadoria, ou de seu similar, no mercado atacadista do local da operação ou, na sua falta, no mercado atacadista regional, caso o remetente seja produtor, extrator ou gerador, inclusive de energia;

II – o preço FOB estabelecimento industrial à vista, caso o remetente seja industrial;

III – o preço FOB estabelecimento comercial à vista, na venda a outros comerciantes ou industriais, caso o remetente seja comerciante.

§ 1º Para aplicação dos incisos II e III do *caput*, adotar-se-á sucessivamente:

I – o preço efetivamente cobrado pelo estabelecimento remetente na operação mais recente;

II – caso o remetente não tenha efetuado venda de mercadoria, o preço corrente da mercadoria ou de seu similar no mercado atacadista do local da operação ou, na falta deste, no mercado atacadista regional.

§ 2º Na hipótese do inciso III do *caput*, se o estabelecimento remetente não efetue vendas a outros comerciantes ou industriais ou, em qualquer caso, se não houver mercadoria similar, a base de cálculo será equivalente a setenta e cinco por cento do preço de venda corrente no varejo.

**Art. 16.** Nas prestações sem preço determinado, a base de cálculo do imposto é o valor corrente do serviço, no local da prestação.

**Art. 17.** Quando o valor do frete, cobrado por estabelecimento pertencente ao mesmo titular da mercadoria ou por outro estabelecimento de empresa que com aquele mantenha relação de interdependência, exceder os níveis normais de preços em vigor, no mercado local, para serviço semelhante, constantes de tabelas elaboradas pelos órgãos competentes, o valor excedente será havido como parte do preço da mercadoria.

Parágrafo único. Considerar-se-ão interdependentes duas empresas quando:

I – uma delas, por si, seus sócios ou acionistas, e respectivos cônjuges ou filhos menores, for titular de mais de cinquenta por cento do capital da outra;

II – uma mesma pessoa fizer parte de ambas, na qualidade de diretor, ou sócio com funções de gerência, ainda que exercidas sob outra denominação;

III – uma delas locar ou transferir a outra, a qualquer título, veículo destinado ao transporte de mercadorias.

**498** | CÓDIGO TRIBUTÁRIO NACIONAL – *Hugo de Brito Machado Segundo*          **Art. 18**

**Art. 18.** Quando o cálculo do tributo tenha por base, ou tome em consideração, o valor ou o preço de mercadorias, bens, serviços ou direitos, a autoridade lançadora, mediante processo regular, arbitrará aquele valor ou preço, sempre que sejam omissos ou não mereçam fé as declarações ou os esclarecimentos prestados, ou os documentos expedidos pelo sujeito passivo ou pelo terceiro legalmente obrigado, ressalvada, em caso de contestação, avaliação contraditória, administrativa ou judicial.[1, 2]

## Anotações

**1. Arbitramento e pautas fiscais** – O art. 18 da LC nº 87/96, uma repetição do art. 148 do CTN, permite à autoridade arbitrar os valores que representam ou integram a base de cálculo do ICMS, mas somente quando o sujeito passivo não fornecer a documentação na qual constem os referidos valores, ou quando esta documentação não merecer fé. Em tais hipóteses, a autoridade não poderia ficar impedida de lançar o imposto por omissão ou falta imputável ao sujeito passivo. Duas ressalvas, porém, devem ser feitas: *i)* mesmo esse arbitramento implica presunção relativa, podendo o sujeito passivo demonstrar, de forma contraditória, na via administrativa ou mesmo em juízo, que o valor correto não é aquele; e, *ii)* tal arbitramento somente pode ser feito em cada caso, à luz dos elementos já apontados, não sendo lícito o estabelecimento prévio, geral e abstrato, e com eficácia *erga omnes* (através de ato normativo), de "pautas de valores" que impliquem presunção absoluta de subfaturamento caso a operação aconteça por valor inferior. Isso porque, "na realidade, a base de cálculo desse tributo é o valor da operação de que decorrer a saída da mercadoria, somente sendo admissível a utilização dessas pautas nos casos previstos no art. 148 do CTN. [...]" (STJ, 1ª T., REsp 595.281/MT, Rel. Min. Denise Arruda, j. em 13/12/2005, *DJ* de 1º/2/2006, p. 436). **No mesmo sentido:** "1. A jurisprudência do Superior Tribunal de Justiça consolidou-se no sentido da ilegalidade de cobrança do ICMS com base em regime de pauta fiscal. 2. 'O art. 148 do CTN somente pode ser invocado para a determinação da base de cálculo do tributo quando, certa a ocorrência do fato imponível, o valor ou preço de bens, direitos, serviços ou atos jurídicos registrados pelo contribuinte não mereçam fé, ficando a Fazenda Pública, nesse caso, autorizada a proceder ao arbitramento mediante processo administrativo-fiscal regular, assegurados o contraditório e a ampla defesa' (RMS nº 18.677-MT, relator Ministro CASTRO MEIRA, *DJ* de 20/6/2005). 3. Recurso ordinário provido" (STJ, 2ª T., RMS 19.026/MT, Rel. Min. João Otávio de Noronha, j. em 15/12/2005, *DJ* de 6/3/2006, p. 265).

**2. Pauta fiscal e substituição tributária "para frente"** – Na sistemática da substituição tributária "para frente", como o tributo é cobrado *antes* que a operação que serve de fato gerador da respectiva obrigação aconteça, a sua base de cálculo é cobrada sobre valores presumidos. Daí porque muitos contribuintes impugnaram essa forma de cobrança do imposto, fundados nos precedentes que rechaçam o uso de pautas fiscais. A jurisprudência, porém, em um primeiro momento, admitiu a validade da substituição "para frente", afirmando inclusive a "definitividade" da tributação antecipada (sem permitir devoluções caso a operação final ocorra por preço inferior ao previsto na antecipação), considerando que tudo isso não se confunde com as chamadas "pautas fiscais". Isso porque devem ser observados os critérios previstos no art. 8º da LC nº 87/96, que são aplicados em face de operação concreta, e não de valores "pautados": "1. Segundo orientação pacificada neste Corte, é indevida a cobrança do ICMS com base em regime de pauta fiscal. Precedentes. 2. O art. 148 do CTN somente pode

**Art. 18**

LEI COMPLEMENTAR Nº 87, DE 13DE SETEMBRO DE 1996 | **499**

ser invocado para a determinação da base de cálculo do tributo quando, certa a ocorrência do fato imponível, o valor ou preço de bens, direitos, serviços ou atos jurídicos registrados pelo contribuinte não mereçam fé, ficando a Fazenda Pública, nesse caso, autorizada a proceder ao arbitramento mediante processo administrativo-fiscal regular, assegurados o contraditório e a ampla defesa. 3. Ao final do procedimento previsto no art. 148 do CTN, nada impede que a administração fazendária conclua pela veracidade dos documentos fiscais do contribuinte e adote os valores ali consignados como base de cálculo para a incidência do tributo. Do contrário, caso se entenda pela inidoneidade dos documentos, a autoridade fiscal irá arbitrar, com base em parâmetros fixados na legislação tributária, o valor a ser considerado para efeito de tributação. 3. O art. 8º da LC nº 87/96 estabelece o regime de valor agregado para a determinação da base de cálculo do ICMS no caso de substituição tributária progressiva. Na hipótese, como não há o valor real da mercadoria ou serviço, já que o fato gerador é antecipado e apenas presumido, o dispositivo em tela determina o procedimento a ser adotado, assim resumido: quando o produto possuir preço máximo de venda no varejo, fixado pela autoridade competente ou pelo fabricante, a base de cálculo do ICMS antecipado será esse preço, sem nenhum outro acréscimo (IPI, frete etc.); quando o produto não for tabelado ou não possuir preço máximo de venda no varejo, a base de cálculo do ICMS antecipado é determinada por meio de valor agregado. Sobre uma determinada base de partida, geralmente o valor da operação anterior, é aplicado um percentual de agregação, previsto na legislação tributária, para se encontrar a base de cálculo do ICMS antecipado. 4. Não há que se confundir a pauta fiscal com o arbitramento de valores previsto no art. 148 do CTN, que é modalidade de lançamento. Também não se pode confundi-la com o regime de valor agregado estabelecido no art. 8º da LC nº 87/96, que é técnica adotada para a fixação da base de cálculo do ICMS na sistemática de substituição tributária progressiva, levando em consideração dados concretos de cada caso. Já a pauta fiscal é valor fixado prévia e aleatoriamente para a apuração da base de cálculo do tributo. 5. Recurso ordinário conhecido e provido" (STJ, 2ª T., RMS 18.677/MT, Rel. Min. Castro Meira, j. em 19/4/2005, *DJ* de 20/6/2005, p. 175). **No mesmo sentido,** e pelos mesmos fundamentos, mas negando provimento ao recurso do contribuinte, por se estar diante de situação fática inversa: "I – A base de cálculo para fins de substituição tributária será obtida, em relação às operações ou prestações subsequentes, por meio do somatório, dentre outros, da margem do valor agregado, a qual 'será estabelecida com base em preços usualmente praticados no mercado considerado, obtidos por levantamento, ainda que por amostragem ou através de informações e outros elementos fornecidos por entidades representativas dos respectivos setores, adotando-se a média ponderada dos preços coletados, devendo os critérios para sua fixação ser previstos em lei' (art. 8º, inc. II, § 4º, LC nº 87/96). II – O ato originado da Secretaria Executiva do Conselho Nacional de Política Fazendária – CONFAZ e que vem sendo aplicado pela autoridade acoimada coatora é legal, tem apoio na Lei Estadual nº 7.098/98 e serve de arrimo na busca da margem de valor agregado, por meio da divulgação periódica do preço médio ponderado a consumidor final da gasolina C., diesel, gás liquefeito de petróleo (GLP), querosene de aviação (QAV) e álcool etílico hidratado combustível (AEHC), de diversas unidades federadas, dentre as quais se encontra o Estado de Mato Grosso, aderente dos Convênios nºs 139/01 e 100/02. III – Não cuida o processo vertente, em consequência, de ilegal pauta fiscal, cujo pressuposto de existência é a fixação ao alvedrio do Estado de Mato Grosso de valores sem qualquer correlação com a realidade. Diversamente, trata-se de estabelecimento da base de cálculo de ICMS por estimativa, o que indispensável ao regime da substituição tributária, em que se cobra o imposto antes da ocorrência do fato gerador, o que amparado normativamente, em especial, *in casu,* em que se está seguindo os pressupostos estabelecidos na LC n° 87/96. IV – Recurso ordinário desprovido" (STJ, 1ª T., RMS 19.080/MT, Rel. Min. Francisco Falcão, j. em 18/10/2005, *DJ* de 19/12/2005, p. 210) que o adquirente efetua o transporte da mercadoria" (STJ, 2ª T., REsp 115.472/ES, Rel. Ministro João Otávio de Noronha, j. em 21/10/2004, v. u., *DJ* de 14/02/2005, p. 147). Posteriormente, julgando o RE 593.849, o Supremo Tribunal Federal modificou esse entendimento, passando a considerar que o preço final inferior ao previsto na antecipação gera ao contribuinte substituído o direito à respectiva restituição. Com isso, ganha força a tese segundo a qual as pautas fiscais e os demais mecanismos de estimativa do valor da base de cálculo são inconstitucionais se vistos como geradores de presunções absolutas. Consistem, mesmo na substituição tributária "para frente", em presunções relativas, que devem ceder diante da comprovação de uma realidade diferente relativamente ao fato gerador e à sua dimensão econômica.

**Art. 19.** O imposto é não cumulativo, compensando-se o que for devido em cada operação relativa à circulação de mercadorias ou prestação de serviços de transporte interestadual e intermunicipal e de comunicação com o montante cobrado nas anteriores pelo mesmo ou por outro Estado.[1]

## Anotações

1. **Não cumulatividade do ICMS. Matéria constitucional** – Sobre o princípio da não cumulatividade, confiram-se as notas ao art. 155, § 2°, I, da CF/88. Nos artigos seguintes, constam anotações relativas à regulamentação, em lei complementar, dos aspectos instrumentais ligados à técnica da não cumulatividade.

**Art. 20.** Para a compensação a que se refere o artigo anterior, é assegurado ao sujeito passivo o direito de creditar-se[1] do imposto anteriormente cobrado em operações de que tenha resultado a entrada de mercadoria, real ou simbólica, no estabelecimento, inclusive a destinada ao seu uso ou consumo[2] ou ao ativo permanente, ou o recebimento de serviços de transporte interestadual e intermunicipal ou de comunicação.

§ 1° Não dão direito a crédito as entradas de mercadorias ou utilização de serviços resultantes de operações ou prestações isentas ou não tributadas, ou que se refiram a mercadorias ou serviços alheios à atividade do estabelecimento.

§ 2° Salvo prova em contrário, presumem-se alheios à atividade do estabelecimento os veículos de transporte pessoal.

§ 3° É vedado o crédito relativo a mercadoria entrada no estabelecimento ou a prestação de serviços a ele feita:

I – para integração ou consumo em processo de industrialização ou produção rural,[3] quando a saída do produto resultante não for tributada ou estiver isenta do imposto, exceto se tratar-se de saída para o exterior;

**Art. 20**

LEI COMPLEMENTAR Nº 87, DE 13DE SETEMBRO DE 1996 | **501**

II – para comercialização ou prestação de serviço, quando a saída ou a prestação subsequente não forem tributadas ou estiverem isentas do imposto, exceto as destinadas ao exterior.

§ 4º Deliberação dos Estados, na forma do art. 28, poderá dispor que não se aplique, no todo ou em parte, a vedação prevista no parágrafo anterior.

§ 5º Para efeito do disposto no *caput* deste artigo, relativamente aos créditos decorrentes de entrada de mercadorias no estabelecimento destinadas ao ativo permanente, deverá ser observado: *(Redação dada[4] pela LCP nº 102, de 11.7.2000)*

I – a apropriação será feita à razão de um quarenta e oito avos por mês,[5] devendo a primeira fração ser apropriada no mês em que ocorrer a entrada no estabelecimento; *(Inciso incluído pela LCP nº 102, de 11.7.2000)*

II – em cada período de apuração do imposto, não será admitido o creditamento de que trata o inciso I, em relação à proporção das operações de saídas ou prestações isentas ou não tributadas sobre o total das operações de saídas ou prestações efetuadas no mesmo período; *(Inciso incluído pela LCP nº 102, de 11.7.2000)*

III – para aplicação do disposto nos incisos I e II, o montante do crédito a ser apropriado será o obtido multiplicando-se o valor total do respectivo crédito pelo fator igual a (um quarenta e oito avos) da relação entre o valor das operações de saídas e prestações tributadas e o total das operações de saídas e prestações do período, equiparando-se às tributadas, para fins deste inciso, as saídas e prestações com destino ao exterior ou as saídas de papel destinado à impressão de livros, jornais e periódicos; *(Redação dada pela Lei Complementar nº 120, de 2005)*

IV – o quociente de um quarenta e oito avos será proporcionalmente aumentado ou diminuído, *pro rata die*, caso o período de apuração seja superior ou inferior a um mês; *(Inciso incluído pela LCP nº 102, de 11.7.2000)*

V – na hipótese de alienação dos bens do ativo permanente, antes de decorrido o prazo de quatro anos contado da data de sua aquisição, não será admitido, a partir da data da alienação, o creditamento de que trata este parágrafo em relação à fração que corresponderia ao restante do quadriênio; *(Inciso incluído pela LCP nº 102, de 11.7.2000)*

VI – serão objeto de outro lançamento, além do lançamento em conjunto com os demais créditos, para efeito da compensação prevista neste artigo e no art. 19, em livro próprio ou de outra forma que a legislação determinar, para aplicação do disposto nos incisos I a V deste parágrafo; e *(Inciso incluído pela LCP nº 102, de 11.7.2000)*

VII – ao final do quadragésimo oitavo mês contado da data da entrada do bem no estabelecimento, o saldo remanescente do crédito será cancelado.[6] *(Inciso incluído pela LCP nº 102, de 11.7.2000)*

# 502 | CÓDIGO TRIBUTÁRIO NACIONAL – *Hugo de Brito Machado Segundo* — Art. 20

§ 6º Operações tributadas, posteriores a saídas de que trata o § 3º, dão ao estabelecimento que as praticar direito a creditar-se do imposto cobrado nas operações anteriores às isentas ou não tributadas sempre que a saída isenta ou não tributada seja relativa a:

I – produtos agropecuários;

II – quando autorizado em lei estadual, outras mercadorias.

## Anotações

**1. Aproveitamento de créditos, no âmbito da não cumulatividade. Inaplicabilidade do art. 166 do CTN** – A jurisprudência do STJ estabelece distinção entre o pedido de restituição do indébito ou a compensação, institutos por meio dos quais o sujeito passivo é ressarcido de quantias pagas indevidamente, e o aproveitamento de créditos de ICMS, relativos à sistemática da não cumulatividade. No primeiro caso, porque se trata da devolução de valor pago indevidamente, incide o art. 166 do CTN. No segundo, não, pois cuida-se apenas de um critério para a determinação do *quantum* tributável. "Embora o ICMS seja tributo indireto, quando se trata de aproveitamento de créditos, afasta-se a aplicação do art. 166 do CTN, não se exigindo a prova negativa da repercussão. Contudo, em se tratando de devolução (restituição ou compensação), o contribuinte deve provar que assumiu o ônus ou está devidamente autorizado por quem o fez a pleitear o indébito. [...]" (STJ, 1ª T., AgRg no REsp 798.592/SP, Rel. Min. Francisco Falcão, j. em 4/4/2006, *DJ* de 2/5/2006, p. 265). **No mesmo sentido:** "A comprovação da ausência de repasse do encargo financeiro correspondente ao tributo, nos moldes do art. 166 do CTN e da Súmula 546/STF, somente é exigida nas hipóteses em que se pretende a compensação ou restituição de tributos. No caso concreto, não há cogitar de tal exigência, já que a pretensão da recorrida é a de obter a correção monetária de créditos escriturais de ICMS" (STJ, 1ª T., REsp 818.710/BA, Rel. Min. Teori Albino Zavascki, j. em 28/3/2006, *DJ* de 10/4/2006, p. 165).

Nesse entendimento há, pelo menos, coerência com a jurisprudência que nega ao sujeito passivo o direito de corrigir tais créditos, quando utilizados extemporaneamente, sob o argumento de que não têm "natureza patrimonial", sendo "meramente escriturais".

**2. Crédito decorrente da aquisição de bens de consumo** – Embora o art. 20, *caput*, da LC nº 87/96 se reporte ao creditamento oriundo das entradas de bens destinados ao uso ou ao consumo do estabelecimento, essa possibilidade vem sendo constantemente postergada pelo legislador complementar. Veja-se nota ao art. 33, I, da LC nº 87/96.

**3. Crédito de produto utilizado no processo de industrialização** – O que a LC nº 87/96 permite é o creditamento relativo a entradas de produtos a serem utilizados no processo de industrialização, desde que se integrem no produto final. Exemplificando, uma fábrica de tecidos tem direito de creditar-se das fibras, das tintas para tingimento, das linhas, etc., que forem utilizadas para fabricar o tecido final, nele se incorporando. Entendem os Estados-membros, contudo, que tal crédito não abrange as aquisições de produtos que sejam consumidos na industrialização, mas não se incorporem ao produto final (*v. g.*, lixas, correias e graxa para máquinas etc.). Esse é igualmente o entendimento da jurisprudência, pelo menos em relação à legislação anterior à LC nº 87/96: "Na vigência do Decreto-lei

# Art. 20

LEI COMPLEMENTAR Nº 87, DE 13DE SETEMBRO DE 1996 | **503**

nº 406/68 e do Convênio nº 66/88, a aquisição de produtos ou mercadorias que, apesar de integrarem o processo de industrialização, nele não eram completamente consumidos e nem integravam o produto final, não gerava direito ao creditamento do ICMS, posto que ocorre quanto a estes produtos apenas um desgaste, e a necessidade de sua substituição periódica é inerente à atividade industrial. [...]" (STJ, 2ª T., REsp 626.181/SC, Rel. Min. Eliana Calmon, j. em 4/4/2006, *DJ* de 16/5/2006, p. 202).

**4. Aproveitamento de crédito de bens do ativo e evolução legislativa** – A LC nº 87/96, em sua redação original, permitia o aproveitamento dos créditos decorrentes da aquisição de bens destinados ao ativo fixo, sem qualquer parcelamento ou postergação. A única limitação temporal estabelecida dizia respeito ao termo inicial, sendo a LC nº 87/96 (art. 33, III) expressa ao afirmar que apenas as aquisições havidas após o início de sua vigência seriam hábeis a gerar crédito (e não as anteriores, como pretenderam muitos doutrinadores). No período anterior, em que vigia o Convênio nº 66/88, tais aquisições não geravam direito de crédito de ICMS.

Pode-se dizer, assim, que a entrada de bem destinado ao ativo fixo: *(i)* anterior à vigência da LC nº 87/96, não gera crédito de ICMS; *(ii)* havida entre a vigência da LC nº 87/96 e da LC nº 102/2000, gera crédito de ICMS, que pode ser aproveitado de modo integral e imediato; *(iii)* ocorrida após a vigência da LC nº 102/2000, gera crédito de ICMS, que deve ser apropriado parceladamente, 1/48 avos a cada mês, nos termos da atual redação do art. 20, § 5º, da LC nº 87/96.

**5. Constitucionalidade das Limitações ao uso do crédito decorrente de aquisição de bens do ativo** – "A limitação temporal prevista na Lei Complementar nº 102, de 11 de julho de 2000, não ofendeu o princípio da não cumulatividade" (STF, 2ª T., RE 413.034/SP (AgR), Rel. Min. Gilmar Mendes, j. em 28/6/2005, *DJ* de 26/8/2005). "Aproveitamento integral do crédito decorrente das aquisições para o ativo permanente. Superveniência da Lei Complementar nº 102/2000. Limitação temporal para o aproveitamento ao longo do período de 48 meses. Restrição à possibilidade de o contribuinte recuperar o imposto pago, como contribuinte de fato, na aquisição de bens para o ativo fixo dentro do período de vida útil. Vulneração ao princípio da não cumulatividade. Inexistência. Precedente: ADI nº 2.325, Relator o Ministro Marco Aurélio, Sessão Plenária do dia 23.9.2004" (STF, 1ª T., RE 392.991/MG (AgR), Rel. Min. Eros Grau, j. em 29/3/2005, v. u., *DJ* de 29/4/2005, p. 27). **No mesmo sentido:** STF, 1ª T., AI 488.487/SP (AgR), Rel. Min. Eros Grau, j. em 31/5/2005, v. u., *DJ* de 5/8/2005, p. 42; STJ, 1ª T., AgRg no REsp 534.990/RJ, Rel. Min. Teori Albino Zavascki, j. em 9/5/2006, *DJ* de 18/5/2006, p. 182).

O STF parece haver acolhido, no julgamento de questões relativas à técnica da não cumulatividade, a doutrina de Hugo de Brito Machado (*Aspectos Fundamentais do ICMS,* 2. ed., São Paulo: Dialética, 1999, p. 137), segundo a qual compete à lei complementar dispor sobre o regime de compensação do imposto (crédito físico ou crédito financeiro), não havendo exigência constitucional de que se adote a técnica do crédito financeiro. Dessa forma, se a lei complementar adota a sistemática do crédito físico, ou adota uma técnica mista, de um crédito financeiro com algumas restrições, não incorre em inconstitucionalidade.

Tal argumento prevaleceu tanto para afirmar a natureza "não-retroativa" da norma da LC nº 87/96 que concedia o direito ao crédito decorrente da entrada de bens para o ativo (e também, *v. g.*, decorrente do consumo de energia), como também para afirmar

504 | CÓDIGO TRIBUTÁRIO NACIONAL – *Hugo de Brito Machado Segundo* **Art. 21**

a validade das limitações temporais trazidas pela LC nº 102/2000. É o que se depreende do seguinte aresto do STJ: "[...] A ação de segurança revela pretensão relativa ao creditamento do ICMS incidente na aquisição de bens destinados ao ativo fixo, a uso e consumo do estabelecimento e sobre as tarifas de telefonia, em período anterior à Lei Complementar nº 87/96 (Lei Kandir); 2. Até a entrada em vigor da Lei Kandir, as regras relativas à compensação de créditos referentes ao ICMS estavam dispostas no Convênio ICMS nº 66/88, que expressamente vedava o creditamento relativo a bens destinados ao ativo fixo e a uso e consumo do estabelecimento comercial; 3. A norma convenial é compatível com a exigência do art. 155, § 2º, XII, 'c', da Constituição da República, segundo o qual somente lei complementar pode dispor sobre o regime de compensação do imposto. O art. 34, § 8º, do Ato das Disposições Constitucionais Transitórias – ADCT prevê a celebração de convênios entre os Estados e o Distrito Federal para regular, temporariamente, a matéria relativa ao ICMS, enquanto não promulgada a norma complementar; 4. A impossibilidade de creditamento do ICMS somente foi alterada com a edição da LC nº 87/96, que autorizou a utilização dos créditos a partir de sua entrada em vigor, para os bens do ativo fixo, e a partir de 1º de janeiro de 1998 para os bens de uso e consumo (1º de janeiro de 2003 – LC nº 102/00 – e, posteriormente, 1º de janeiro de 2007 – LC nº 114/02); 5. A irretroatividade é regra no direito tributário, inclusive, de estatura constitucional. Por exceção, somente se admite a aplicação retroativa da lei tributária nos casos previstos no art. 116 do CTN, vale dizer, na hipótese de lei interpretativa ou nas situações em que exista supressão ou redução de penalidade fiscal; 6. A LC nº 87/96, embora regule com amplitude os elementos que compõem a moldura jurídica do ICMS, não apresenta feição interpretativa, nem extingue ou reduz penalidade. Não há que se falar, assim, em aplicação retro-operante, sob pena de lesão ao princípio constitucional da irretroatividade; 7. Recurso ordinário improvido" (STJ, 2ª T., RMS 18.957/CE, Rel. Min. Castro Meira, j. em 16/12/2004, *DJ* de 9/5/2005, p. 318).

**6. Cancelamento do crédito ao cabo de 48 meses** – Deve-se observar, no caso, que podem existir situações nas quais, ao cabo dos 48 meses contados da aquisição de determinado bem para o ativo fixo, o estabelecimento ainda não haver realizado saídas suficientes para a utilização do crédito. É por isso que consideramos que o citado dispositivo deve ser interpretado no sentido de que os 48 meses de decadência para a utilização do crédito sejam contados a partir de quanto começarem a ocorrer saídas com as quais tais créditos possam ser utilizados. Afinal, o prazo de decadência para o exercício de um direito não se pode iniciar antes que esse mesmo direito tenha surgido, e não existe direito a creditamento apenas em face da entrada, sendo indispensável que ocorra, também, a saída correspondente. Confira-se, a propósito, Hugo de Brito Machado e Hugo de Brito Machado Segundo, "ICMS. Crédito de bens destinados ao ativo fixo. Lei Complementar 102/2000. Aproveitamento em 48 meses. Efeitos", em *RDDT* 76/131.

**Art. 21.** O sujeito passivo deverá efetuar o estorno do imposto de que se tiver creditado sempre que o serviço tomado ou a mercadoria entrada no estabelecimento:

**Art. 21**  LEI COMPLEMENTAR Nº 87, DE 13DE SETEMBRO DE 1996 | **505**

I – for objeto de saída[1] ou prestação de serviço não tributada ou isenta, sendo esta circunstância imprevisível na data da entrada da mercadoria ou da utilização do serviço;

II – for integrada ou consumida em processo de industrialização, quando a saída do produto resultante não for tributada ou estiver isenta do imposto;

III – vier a ser utilizada em fim alheio à atividade do estabelecimento;

IV – vier a perecer, deteriorar-se ou extraviar-se.

§ 1º *(Revogado[2] pela LCP nº 102, de 11.7.2000)*

§ 2º Não se estornam créditos referentes a mercadorias e serviços que venham a ser objeto de operações ou prestações destinadas ao exterior[3] ou de operações com o papel destinado à impressão de livros, jornais e periódicos. *(Redação dada pela Lei Complementar nº 120, de 2005)*

§ 3º O não creditamento ou o estorno a que se referem o § 3º do art. 20 e o *caput* deste artigo, não impedem a utilização dos mesmos créditos em operações posteriores, sujeitas ao imposto, com a mesma mercadoria.

§ 4º *(Revogado pela LCP nº 102, de 11.7.2000)*

§ 5º *(Revogado pela LCP nº 102, de 11.7.2000)*

§ 6º *(Revogado pela LCP nº 102, de 11.7.2000)*

§ 7º *(Revogado pela LCP nº 102, de 11.7.2000)*

§ 8º *(Revogado pela LCP nº 102, de 11.7.2000)*

---

### ANOTAÇÕES

**1. Descabimento de estorno no caso de bens cedidos em comodato** – A "saída" a que alude o dispositivo é a mesma que daria ensejo à cobrança do imposto, não fosse a isenção ou à imunidade. Trata-se da saída da disponibilidade jurídica do estabelecimento, e não de mera saída física, como ocorre com o caminhão, integrante do ativo fixo do estabelecimento e por isso mesmo motivador do direito ao crédito quando de sua aquisição, quando simplesmente "sai" para realizar entregas, ainda que essa "saída", obviamente, não seja tributada. Com base nessas premissas, o STJ já esclareceu que bens pertencentes ao ativo fixo do contribuinte, quando saem a título de comodato, não devem ensejar o estorno do crédito apropriado quando de sua aquisição, pois, a rigor, juridicamente, tais bens não saem da disponibilidade do estabelecimento, estando apenas emprestados ao comodatário (REsp 791.491/MG).

**2. Alteração da regra de aproveitamento do crédito de bens do ativo** – Os parágrafos revogados deste art. 21 dispunham: "§ 1º Devem ser também estornados os créditos referentes a bens do ativo permanente alienados antes de decorrido o prazo de cinco anos contado da data da sua aquisição, hipótese em que o estorno será de vinte por cento por ano ou fração que faltar para completar o quinquênio; [...] § 4º Em qualquer período de

**506** | CÓDIGO TRIBUTÁRIO NACIONAL – *Hugo de Brito Machado Segundo*                    **Art. 22**

apuração do imposto, se bens do ativo permanente forem utilizados para produção de mercadorias cuja saída resulte de operações isentas ou não tributadas ou para prestação de serviços isentos ou não tributados, haverá estorno dos créditos escriturados conforme o § 5º do art. 20; § 5º Em cada período, o montante do estorno previsto no parágrafo anterior será o que se obtiver multiplicando-se o respectivo crédito pelo fator igual a um sessenta avos da relação entre a soma das saídas e prestações isentas e não tributadas e o total das saídas e prestações no mesmo período. Para este efeito, as saídas e prestações com destino ao exterior equiparam-se às tributadas; § 6º O quociente de um sessenta avos será proporcionalmente aumentado ou diminuído, *pro rata die*, caso o período de apuração for superior ou inferior a um mês; § 7º O montante que resultar da aplicação dos §§ 4º, 5º e 6º deste artigo será lançado no livro próprio como estorno de crédito; § 8º Ao fim do quinto ano contado da data do lançamento a que se refere o § 5º do art. 20, o saldo remanescente do crédito será cancelado de modo a não mais ocasionar estornos."

Tais dispositivos prestavam-se para regulamentar o tratamento a ser dado aos créditos decorrentes da aquisição de bens para o ativo fixo, no período anterior à LC nº 102/2000, no qual esse creditamento se dava de modo imediato, tão logo adquirido o bem. Tais regras se encontram hoje, com as adaptações decorrentes da divisão desse crédito em 48 parcelas, nos incisos do § 5º do art. 20 desta lei complementar.

**3. Exportação e manutenção dos créditos** – Saídas isentas ou não tributadas, em regra, implicam o estorno dos créditos correspondentes. A exportação, entretanto, é uma exceção a essa regra. Confira-se, a propósito, o art. 20, § 3º, I, da LC nº 87/96.

Art. 22. (VETADO)

Art. 23. O direito de crédito, para efeito de compensação com débito do imposto, reconhecido ao estabelecimento que tenha recebido as mercadorias ou para o qual tenham sido prestados os serviços, está condicionado à idoneidade da documentação[1] e, se for o caso, à escrituração nos prazos e condições estabelecidos na legislação.

Parágrafo único. O direito de utilizar o crédito extingue-se depois de decorridos cinco anos contados da data de emissão do documento.[2, 3, 4, 5]

ANOTAÇÕES ————————————————————————————————————

**1. Direito ao crédito e idoneidade da documentação** – O art. 23 da LC nº 87/96 condiciona o direito ao crédito do ICMS à idoneidade da documentação que acompanha a entrada da mercadoria correspondente. Assim, por exemplo, se o contribuinte adquire uma mercadoria para revenda, e esta já sofreu a tributação do ICMS, mas a nota fiscal que amparou a entrada dessa mercadoria em seu estabelecimento continha irregularidade, não lhe assistiria o direito ao crédito. Trata-se, porém, de evidente ofensa à norma constitucional da não cumulatividade. Afinal, o que importa é que a operação ocorreu. Por isso mesmo, o STJ tem entendido que "constatada a veracidade da operação comercial de compra e venda, não pode o adquirente

# Art. 23 — LEI COMPLEMENTAR Nº 87, DE 13DE SETEMBRO DE 1996 | 507

de boa-fé (que, no caso, é presumida) ser responsabilizado por eventuais irregularidades posteriormente verificadas nas notas fiscais emitidas pela empresa vendedora" (STJ, 2ª T., REsp 246.134/MG, Rel. Min. João Otávio de Noronha, j. em 6/12/2005, *DJ* de 13/3/2006. p. 233). **No mesmo sentido,** e destacando que, diante de inidoneidade da documentação, apenas inverte-se o ônus da prova quanto à efetiva ocorrência das operações que dão direito ao crédito: "I – Esta Corte já se manifestou no sentido de que cabe ao contribuinte provar a efetiva realização das operações de compra e venda de mercadorias, no caso da alegação de inidoneidade das notas fiscais pelo Fisco, a fim de obter o direito ao crédito do ICMS. Precedentes: REsp nº 556.850/MG, Rel. Min. ELIANA CALMON, *DJ* de 23/05/05 e REsp nº 182.161/RS, Rel. Min. ARI PARGENDLER, *DJ* de 6/9/99. III – Tendo a Corte de origem sufragado entendimento de que o contribuinte não efetuou a prova da existência de registros contábeis, os quais comprovariam a ocorrência da operação mercantil, não cabe a este Sodalício, com base no circunlóquio probatório dos autos, possibilitar o direito ao creditamento do tributo requerido pela recorrente, sob pena de infringência à Súmula no 07/STJ. [...]" (STJ, 1ª T., REsp 649.530/RS, Rel. Min. Francisco Falcão, j. em 21/2/2006, *DJ* de 13/3/2006, p. 197). A matéria, atualmente, encontra-se sumulada: "É lícito ao comerciante de boa-fé aproveitar os créditos de ICMS decorrentes de nota fiscal posteriormente declarada inidônea, quando demonstrada a veracidade da compra e venda" (Súmula 509/STJ).

**2. Prazo para o exercício do direito ao creditamento** – "'Aplica-se aos créditos escriturais o prazo decadencial de cinco anos, contados a partir da emissão do documento fiscal do qual decorre o débito do ICMS, conforme preceitua o art. 23, *caput* e parágrafo único da Lei Complementar 87/96.' (EDREsp 278.884/SP, Rel. Min. Eliana Calmon, *DJU* de 22/4/02). [...]" (STJ, 2ª T., REsp 717.627/MT, Rel. Min. Castro Meira, j. em 1º/3/2005, *DJ* de 27/6/2005, p. 343).

Ressalvamos que o direito ao creditamento, no caso, não surge quando da entrada da mercadoria. Não se trata de crédito de natureza patrimonial, mas, como afirma a jurisprudência, "meramente escritural". Assim, o direito de aproveitá-lo somente surge quando ocorrem saídas tributáveis, sendo a partir daí, a rigor, que deve contar o prazo decadencial de cinco anos a que alude o dispositivo em questão. Embora na maioria das vezes essa questão não tenha desdobramentos práticos, trata-se de aspecto importante em relação à fabricação e à montagem de grandes estabelecimentos produtores, nos quais os bens para o ativo são adquiridos com antecipação, mas que somente começam a efetivamente operar alguns anos depois.

**3. Ação visando à declaração do direito ao creditamento. Prescrição quinquenal** – Entende o STJ que o prazo de prescrição para a propositura de ação visando à declaração do direito à utilização de crédito de ICMS é de cinco anos, e não de dez (ou de 5+5), pois não se trata de restituição do indébito. "A jurisprudência do Superior Tribunal de Justiça possui precedentes em vastidão no sentido de que, nas ações declaratórias visando ao aproveitamento dos créditos de ICMS em face da aquisição de bens destinados ao uso, consumo ou ativo fixo, o prazo prescricional é quinquenal, e não decenal. [...] Precedentes das egrégias 1ª Seção e 1ª e 2ª Turmas desta Corte" (STJ, 1ª T., AgRg no REsp 645.920/RS, Rel. Min. José Delgado, j. em 16/11/2004, *DJ* de 1º/2/2005, p. 439). **No mesmo sentido:** "A 1ª e 2ª Turma integrantes da eg. 1ª Seção deste Tribunal firmaram entendimento no sentido de reconhecer a prescrição quinquenal (cinco anos), contado do ajuizamento da ação, nos casos em que não se trata de restituição, com aplicação da regra do Decreto nº 20.910/32, afastando a incidência do art. 168/CTN. – Se o objeto da ação não for a repetição do indébito, como na hipótese dos autos, dispensa-se a prova do não repasse do custo do imposto (CTN,

# 508 | CÓDIGO TRIBUTÁRIO NACIONAL – *Hugo de Brito Machado Segundo*

**Art. 23**

art. 166). – Não há que se falar em sucumbência recíproca desde que não existente a reconvenção [...]" (STJ, 2ª T., REsp 528.242/RS, Rel. Min. Peçanha Martins, j. em 6/12/2005, *DJ* de 13/3/2006, p. 255).

**4. Crédito extemporâneo. Correção. Impossibilidade** – Caso, diante de saída tributável, o contribuinte não utilize o crédito de ICMS a que faz jus, procurando fazê-lo posteriormente, diz-se que se trata de um crédito *extemporâneo*. A jurisprudência não admite a sua correção monetária, sob o argumento de que se trata de crédito não patrimonial, meramente escritural (STF, Pleno, RE-AgR-EDv-AgR 212.163/SP, Rel. Min. Mauricio Corrêa, j. em 18/2/2002, *DJ* de 26/4/2002, p. 66). **No mesmo sentido:** STF, 2ª T., RE 221.584/SP, Rel. p. o ac. Min. Celso de Mello, j. em 21/3/2000, *DJ* de 18/6/2001, p. 13.

**Admite-se a correção, porém:** *(i)* se houver autorização em lei local; ou *(ii)* se o crédito não houver sido aproveitado oportunamente por óbice oferecido pela Fazenda Pública. Isso porque, nesse segundo caso, "havendo oposição constante de ato estatal, administrativo ou normativo, impedindo a utilização dos créditos tributários oriundos da aplicação do princípio da não cumulatividade, esses créditos não podem ser classificados como escriturais, considerados aqueles oportunamente lançados pelo contribuinte em sua escrita contábil. Isto porque a vedação legal ao seu aproveitamento impele o contribuinte a socorrer-se do Judiciário, circunstância que acarreta demora no reconhecimento do direito pleiteado, dada a tramitação normal dos feitos judiciais. [...] A vedação legal ao aproveitamento desses créditos impele o contribuinte a socorrer-se do Judiciário, circunstância que acarreta demora no reconhecimento do direito pleiteado, dada a tramitação normal dos feitos judiciais. Dessarte, exsurge clara a necessidade de atualizar-se monetariamente esses créditos, sob pena de enriquecimento sem causa do Fisco. [...]" (STJ, 1ª T., AgRg no Ag 583.878/RS, Rel. Min. Luiz Fux, j. em 3/11/2005, *DJ* de 21/11/2005, p. 127).

No âmbito do Supremo Tribunal Federal, a distinção em relação aos casos em que o Fisco se opõe à utilização tempestiva do crédito também é feita, inclusive com a ressalva de que se trata de exceção à regra de que tais créditos não são passíveis de correção: "É assente a jurisprudência do Supremo Tribunal que, em se tratando de regular lançamento de crédito tributário em decorrência de recolhimento de ICMS, não haverá incidência de correção monetária no momento da compensação com o tributo devido na saída da mercadoria do estabelecimento. Precedentes. 2. O caso, contudo, é de crédito tributário – reconhecido pelo acórdão embargado e não contestado pelo embargante –, cuja escrituração não ocorrera por óbice imposto pelo Estado, hipótese em que é devida a correção monetária e não se aplica a jurisprudência citada, cujo pressuposto é a regularidade da escrituração. Precedente: RE 282.120, Maurício Corrêa, RTJ 184/332" (STF, Pleno, RE-ED-ED-EDv 200.379/SP, Rel. Min. Sepúlveda Pertence, j. em 15/2/2006, *DJ* de 5/5/2006, p. 4).

**5. Crédito extemporâneo. Art. 166 do CTN. Inaplicabilidade** – Não é aplicável o art. 166 do CTN aos casos em que o contribuinte pleiteia o reconhecimento do direito de utilizar crédito de ICMS, no âmbito da sistemática da não cumulatividade. Coerentemente, o STJ reconheceu que, como não se trata de restituição ou compensação de tributo pago indevidamente (razão pela qual a jurisprudência do STF nega o direito à correção desses créditos), não é necessário perquirir se houve ou não a "repercussão" do ônus financeiro do tributo (STJ, 2ª T., REsp 206.534/SP, Rel. Min. Peçanha Martins, j. em 15/5/2001, *DJ* de 25/6/2001, p. 157).

# Art. 25

LEI COMPLEMENTAR Nº 87, DE 13DE SETEMBRO DE 1996 | **509**

**Art. 24.** A legislação tributária[1] estadual disporá sobre o período de apuração do imposto. As obrigações consideram-se vencidas na data em que termina o período de apuração e são liquidadas por compensação ou mediante pagamento em dinheiro como disposto neste artigo:

I – as obrigações consideram-se liquidadas por compensação até o montante dos créditos escriturados no mesmo período mais o saldo credor de período ou períodos anteriores, se for o caso;

II – se o montante dos débitos do período superar o dos créditos, a diferença será liquidada dentro do prazo fixado pelo Estado;

III – se o montante dos créditos superar os dos débitos, a diferença será transportada para o período seguinte.

## ANOTAÇÕES

**1. Período de apuração do ICMS e reserva legal** – Seguindo entendimento já estabelecido em relação à fixação do prazo para recolhimento do tributo (ver notas ao art. 150, I, da CF/88 e aos arts. 96 e 160 do CTN), o art. 24 da LC nº 87/96 delegou à *legislação tributária* (não só à lei, mas aos decretos, regulamentos etc.) a atribuição de determinar o período de apuração do ICMS (mensal, quinzenal etc.), vale dizer, o período ao cabo do qual o imposto deverá ser quantificado e pago pelo sujeito passivo. Nesse contexto, tem entendido o STJ que "o prazo de apuração do tributo não constitui elemento submetido à estrita reserva legal, pelo que não há óbice à antecipação do período para apuração do ICMS por decreto estadual, conforme ocorrera no caso em apreço. [...]" (STJ, 2ª T., REsp 141.112/SP, Rel. Min. Franciulli Netto, j. em 17/5/2001, *DJ* de 13/8/2001, p. 85).

**Art. 25.** Para efeito de aplicação do disposto no art. 24, os débitos e créditos devem ser apurados em cada estabelecimento, compensando-se os saldos credores e devedores entre os estabelecimentos do mesmo sujeito passivo localizados no Estado. *(Redação dada[1] pela LCP nº 102, de 11.7.2000)*

§ 1º Saldos credores acumulados a partir da data de publicação desta Lei Complementar por estabelecimentos que realizem operações e prestações de que tratam o inciso II do art. 3º e seu parágrafo único podem ser, na proporção que estas saídas representem do total das saídas realizadas pelo estabelecimento:[2]

I – imputados pelo sujeito passivo a qualquer estabelecimento seu no Estado;

II – havendo saldo remanescente, transferidos pelo sujeito passivo a outros contribuintes do mesmo Estado, mediante a emissão pela autoridade competente de documento que reconheça o crédito.

§ 2º Lei estadual poderá,[3] nos demais casos de saldos credores acumulados a partir da vigência desta Lei Complementar, permitir que:

**510** | CÓDIGO TRIBUTÁRIO NACIONAL – *Hugo de Brito Machado Segundo* **Art. 25**

I – sejam imputados pelo sujeito passivo a qualquer estabelecimento seu no Estado;[4]

II – sejam transferidos, nas condições que definir, a outros contribuintes do mesmo Estado.

## Anotações

**1. Transferência de créditos no período anterior à LC nº 102/2000** – Em sua redação original, o dispositivo dispunha: "Art. 25. Para efeito de aplicação do art. 24, os débitos e créditos devem ser apurados em cada estabelecimento do sujeito passivo. Para este mesmo efeito, a lei estadual poderá determinar que se leve em conta o conjunto dos débitos e créditos de todos os estabelecimentos do sujeito passivo no Estado." Como se percebe, o princípio da autonomia dos estabelecimentos era considerado de modo mais abrangente pela LC nº 87/96, em sua redação original. Era *facultado* à lei estadual autorizar – ou não – a compensação entre saldos credores e devedores de estabelecimentos distintos. Após a alteração levada a efeito pela LC nº 102/2000, a possibilidade de compensação de saldos credores e devedores entre estabelecimentos de um mesmo contribuinte, dentro de um mesmo Estado, passou a decorrer da própria legislação complementar nacional, independendo de lei estadual que a autorize. Aliás, em face da LC nº 102/2000, pode-se dizer que, caso uma lei estadual *proíba* a compensação em tais casos, será inválida.

**2. Transferência de créditos e operações de exportação** – A possibilidade de transferência de créditos para terceiros, de que trata o § 1º do art. 25 da LC nº 87/96, independe de lei estadual. Trata-se de norma "autoaplicável", ou de "eficácia plena", que não exige regulamentação. Mas tais créditos são somente aqueles acumulados em razão de o contribuinte realizar saídas destinadas ao exterior (exportação), que, como se sabe, não são tributadas. Para que a transferência possa acontecer, basta que a autoridade competente reconheça a existência do crédito, o que envolve a verificação de aspectos *de fato*. Uma vez verificado que o crédito *existe*, a autoridade não poderá "decidir" se autoriza, ou não, a sua transferência (STJ, 2ª T., RMS 13.544/PA, Rel. Ministra Eliana Calmon, j. em 19/11/2002, v. u., *DJ* de 2/6/2003, p. 229). A "mera expedição pela autoridade fiscal de documento reconhecendo a existência do crédito não é providência que dependa da edição de lei, até porque os procedimentos e critérios para determinação do valor do crédito certamente já existem, necessários que são para o controle da movimentação dos saldos entre estabelecimentos da mesma pessoa jurídica" (STJ, 1ª T., RMS 13.969/PA, Rel. Min. Francisco Falcão, j. em 24/11/2004, m. v., ementa publicada no *DJ* de 4/4/2005, p. 167. A citação é de trecho do voto (que acompanhou o relator) do Min. Teori Albino Zavascki).

**3. Transferência de créditos não decorrentes de exportação e necessidade de lei local** – Diversamente da transferência de créditos de que cuida o § 1º do art. 25 da LC nº 87/96, a transferência prevista no § 2º, relativa a quaisquer outros saldos credores acumulados no estabelecimento, depende regulamentação em lei estadual, sem a qual não pode acontecer. Para que ocorra entre estabelecimentos de um mesmo contribuinte, a regulamentação não é necessária, à luz do *caput* do mesmo artigo. Para que sejam transferidos créditos a terceiros, porém, a regulamentação é necessária. É o que se depreende, *a contrario senso*, do entendimento firmado pelo STJ no julgamento do RMS 13.544/PA: "A LC nº 87/96 estabeleceu no art. 25 duas hipóteses de transferência de crédito acumulado do ICMS. No § 1º, os créditos oriundos

# Art. 26

LEI COMPLEMENTAR Nº 87, DE 13DE SETEMBRO DE 1996 | **511**

de operações de exportação de matéria-prima ou produtos industrializados, como previsto no art. 3º inciso II. No § 2º, delegou ao legislador estadual a escolha das hipóteses, quando pretendesse o contribuinte transferir o seu crédito a terceiro" (STJ, 2ª T., RMS 13.544/PA, Rel. Ministra Eliana Calmon, j. em 19/11/2002, *DJ* de 2/6/2003, p. 229). **No mesmo sentido:** STJ, 1ª T., RMS 13.969/PA, Rel. Min. Francisco Falcão, j. em 24/11/2004, m. v., *DJ* de 4/4/2005, p. 167.

No seguinte aresto, a distinção é posta em termos bastante claros: "I – Não é aplicável, na espécie, a jurisprudência desta colenda Corte segundo a qual os casos de transferência de créditos de ICMS a terceiros, submetidos à observância do § 1º do artigo 25 da LC nº 87/96, não supõem a regulamentação de índole estadual. É que não se enquadram os créditos de ICMS, reclamados pela recorrente, nas hipóteses do art. 3º, inc. II, da Lei Kandir, nem mesmo nas do parágrafo único. II – Cuida-se, diversamente, de transferência de créditos de ICMS a terceiros, decorrentes de operações com alíquotas diferenciadas. Assim sendo, a merecer observância o § 2º do artigo 25 da LC nº 87/96 que estabelece poder a lei estadual, nos demais casos de saldos credores acumulados a partir da vigência da própria Lei Complementar, permitir que: a um, 'sejam imputados pelo sujeito passivo a qualquer estabelecimento seu no Estado'; a dois, 'sejam transferidos, nas condições que definir, a outros contribuintes do mesmo Estado'. Assim é que plenamente aplicável a legislação local, *in casu*, relativamente à transferência requerida a qual não tem assento na própria norma complementar, mas no art. 13, inc. IV, do Regulamento do ICMS do Estado do Rio de Janeiro (Decreto nº 27427/2000). III – Com efeito, exigindo a norma estadual não esteja a empresa em débito com o Fisco estadual, para fins da autorização da transferência solicitada, deveria ter a recorrente feito prova de que regularizou o seu estado de inadimplência, sem o que carecedora de direito certo e líquido. [...]" (STJ, 1ª T., RMS 19.583/RJ, Rel. Min. Francisco Falcão, j. em 18/10/2005, *DJ* de 19/12/2005, p. 210).

Registre-se, apenas, que as condições para a transferência do crédito, nesse segundo caso, devem ser fixadas em lei, e de modo razoável. No caso acima referido, a exigência de regularidade fiscal, completamente inconstitucional em outras circunstâncias, mostra-se justificável, eis que não é razoável admitir que o contribuinte deixe de aproveitar para si um crédito, transferindo-o a terceiro, quando possuir débitos para com o Fisco.

**4. Imputação do crédito a estabelecimentos no mesmo Estado e desnecessidade de lei local** – Conquanto o § 2º reporte-se à lei estadual, referida regulamentação somente é necessária em se tratando de transferência do saldo credor para terceiros (inciso II). Isso porque, no caso de imputação a outros estabelecimentos, no mesmo Estado, do mesmo contribuinte (inciso I), o direito à transferência decorre do próprio *caput* do art. 25. Aliás, o direito à transferência, no caso, decorre da própria solidariedade existente entre os estabelecimentos: se um deles apresenta débito, e o outro tem saldo credor acumulado, o débito pode ser exigido daquele que tem o saldo credor, que pode abatê-lo com o débito... Confira-se, a propósito, Hugo de Brito Machado, *Aspectos Fundamentais do ICMS,* 2. ed., São Paulo: Dialética, 1999, p. 164 ss, que inclusive observa que "não se trata, neste caso, da compensação a que se refere o art. 170 do Código Tributário Nacional, a depender de lei que a estabeleça, mas de realização do princípio da não cumulatividade".

**Art. 26.** Em substituição ao regime de apuração mencionado nos arts. 24 e 25, a lei estadual poderá estabelecer:

512 | CÓDIGO TRIBUTÁRIO NACIONAL – *Hugo de Brito Machado Segundo*                    **Art. 27**

I – que o cotejo entre créditos e débitos se faça por mercadoria ou serviço dentro de determinado período;

II – que o cotejo entre créditos e débitos se faça por mercadoria ou serviço em cada operação;

III – que, em função do porte ou da atividade do estabelecimento, o imposto seja pago em parcelas periódicas e calculado por estimativa, para um determinado período, assegurado ao sujeito passivo o direito de impugná-la e instaurar processo contraditório.

§ 1º Na hipótese do inciso III, ao fim do período, será feito o ajuste com base na escrituração regular do contribuinte, que pagará a diferença apurada, se positiva; caso contrário, a diferença será compensada com o pagamento referente ao período ou períodos imediatamente seguintes.

§ 2º A inclusão de estabelecimento no regime de que trata o inciso III não dispensa o sujeito passivo do cumprimento de obrigações acessórias.

**Art. 27.** (VETADO)

**Art. 28.** (VETADO)

**Art. 29.** (VETADO)

**Art. 30.** (VETADO)

**Art. 31.** Nos exercícios financeiros de 2003 a 2006, a União entregará mensalmente recursos aos Estados e seus Municípios, obedecidos os montantes, os critérios, os prazos e as demais condições fixadas no Anexo desta Lei Complementar. *(Redação dada[1] pela LCP nº 115, de 26.12.2002)*

§ 1º Do montante de recursos que couber a cada Estado, a União entregará, diretamente: *(Redação dada pela LCP nº 115, de 26.12.2002)*

I – setenta e cinco por cento ao próprio Estado; e

II – vinte e cinco por cento aos respectivos Municípios, de acordo com os critérios previstos no parágrafo único do art. 158 da Constituição Federal.

§ 2º Para atender ao disposto no *caput*, os recursos do Tesouro Nacional serão provenientes: *(Redação dada pela LCP nº 115, de 26.12.2002)*

I – da emissão de títulos de sua responsabilidade, ficando autorizada, desde já, a inclusão nas leis orçamentárias anuais de estimativa de receita decorrente dessas emissões, bem como de dotação até os montantes anuais previstos no Anexo, não se aplicando neste caso, desde que atendidas as condições e os limites globais fixados pelo Senado Federal, quaisquer restrições ao acréscimo que acarretará no endividamento da União;

II – de outras fontes de recursos.

§ 3º A entrega dos recursos a cada unidade federada, na forma e condições detalhadas no Anexo, especialmente no seu item 3, será satisfeita, primeiro, para

**Art. 32** LEI COMPLEMENTAR Nº 87, DE 13DE SETEMBRO DE 1996 | **513**

efeito de pagamento ou compensação da dívida da respectiva unidade, inclusive de sua administração indireta, vencida e não paga junto à União, bem como para o ressarcimento à União de despesas decorrentes de eventuais garantias honradas de operações de crédito externas. O saldo remanescente, se houver, será creditado em moeda corrente. *(Redação dada pela LCP nº 115, de 26.12.2002)*

§ 4º A entrega dos recursos a cada unidade federada, na forma e condições detalhadas no Anexo, subordina-se à existência de disponibilidades orçamentárias consignadas a essa finalidade na respectiva Lei Orçamentária Anual da União, inclusive eventuais créditos adicionais. *(Redação dada pela LCP nº 115, de 26.12.2002)*

§ 4º – A *(Revogado pela LCP nº 115, de 26.12.2002)*

§ 5º Para efeito da apuração de que trata o art. 4º da Lei Complementar nº 65, de 15 de abril de 1991, será considerado o valor das respectivas exportações de produtos industrializados, inclusive de semi-elaborados, não submetidas à incidência do imposto sobre operações relativas à circulação de mercadorias e sobre prestações de serviços de transporte interestadual e intermunicipal e de comunicação, em 31 de julho de 1996. *(Redação dada pela LCP nº 102, de 11.7.2000)*

ANOTAÇÕES

**1. Entrega de recursos nos termos do anexo da LC nº 87/96** – A entrega de recursos federais aos Estados e aos Municípios, nos termos do anexo da LC nº 87/96, destina-se a "compensar" esses entes federativos pela perda na arrecadação do ICMS propiciada por essa lei complementar, notadamente pela exoneração das exportações. Considera-se que se trata de benefício de interesse nacional, e por isso mesmo a Constituição autorizou excepcionalmente a intervenção da União (embora seja um imposto estadual), que entretanto deverá recompensar o Estado-membro que deixou de arrecadar em face do inventivo. O lastimável é que a União nem sempre honra os compromissos a que é obrigada em face deste artigo, e do anexo da LC nº 87/96, e por conta disso os Estados nem sempre autorizam os exportadores a transferir seus créditos a terceiros, nos termos do art. 25, § 1º, II, desta lei complementar, prejudicando contribuintes exportadores que nada têm a ver com o problema.

**Art. 32.** A partir da data de publicação desta Lei Complementar:

I – o imposto não incidirá sobre operações que destinem ao exterior mercadorias, inclusive produtos primários e produtos industrializados semi-elaborados, bem como sobre prestações de serviços para o exterior;

II – darão direito de crédito, que não será objeto de estorno, as mercadorias entradas no estabelecimento para integração ou consumo em processo de produção de mercadorias industrializadas, inclusive semi-elaboradas, destinadas ao exterior;

III – entra em vigor o disposto no Anexo integrante desta Lei Complementar.

**Art. 33.** Na aplicação do art. 20 observar-se-á o seguinte:[1]

I – somente darão direito de crédito as mercadorias destinadas ao uso ou consumo do estabelecimento, nele entradas a partir de 1º de janeiro de 2020; *(Redação dada[2] pela LCP nº 138, de 29.12.2010)*

II – somente dará direito a crédito a entrada de energia elétrica no estabelecimento: *(Redação dada[3] pela LCP nº 102, de 11.7.2000)*

a) quando for objeto de operação de saída de energia elétrica; *(Alínea incluída pela LCP nº 102, de 11.7.2000)*

b) quando consumida no processo de industrialização; *(Alínea incluída pela LCP nº 102, de 11.7.2000)*

c) quando seu consumo resultar em operação de saída ou prestação para o exterior, na proporção destas sobre as saídas ou prestações totais; e *(Alínea incluída pela LCP nº 102, de 11.7.2000)*

d) a partir de 1º de janeiro de 2020, nas demais hipóteses; *(Redação dada pela LCP nº 138, de 29.12.2010)*

III – somente darão direito de crédito as mercadorias destinadas ao ativo permanente do estabelecimento, nele entradas a partir da data da entrada desta Lei Complementar em vigor.

IV – somente dará direito a crédito o recebimento de serviços de comunicação utilizados pelo estabelecimento: *(Inciso incluído pela LCP nº 102, de 11.7.2000)*

a) ao qual tenham sido prestados na execução de serviços da mesma natureza; *(Alínea incluída pela LCP nº 102, de 11.7.2000)*

b) quando sua utilização resultar em operação de saída ou prestação para o exterior, na proporção desta sobre as saídas ou prestações totais; e *(Alínea incluída pela LCP nº 102, de 11.7.2000)*

c) a partir de 1º de janeiro de 2020, nas demais hipóteses. *(Redação dada pela LCP nº 138, de 29.12.2010)*

## ANOTAÇÕES

**1. Crédito de bens para consumo ou para o ativo fixo. Limitações da LC nº 87/96. Validade** – A jurisprudência tem considerado que o direito ao crédito de ICMS decorrente da entrada de bens destinados ao ativo fixou ou ao consumo do estabelecimento não decorre diretamente da Constituição, e sim da lei complementar. Assim, as disposições desta última que reconhecem o direito a esse crédito não são meramente declaratórias, e por isso não têm eficácia retroativa. "Quanto aos bens que compõem o ativo imobilizado, bem como àqueles que se destinam a uso e consumo, o direito ao creditamento do ICMS somente foi reconhecido com a vigência da Lei Kandir (LC nº 87/96), vale dizer, a partir de 13 de julho de 1996, cujo art. 33 afastou, expressamente, a retroatividade de sua incidência. [...]" (STJ, 2ª T., REsp 710.318/SP, Rel. Min. Castro Meira, j. em 26/4/2005, *DJ* de 1º/7/2005, p. 489).

**Art. 36** LEI COMPLEMENTAR Nº 87, DE 13DE SETEMBRO DE 1996 | **515**

**2. Crédito de bens destinados a uso ou consumo. Prorrogações sucessivas** – Em sua redação original, a LC nº 87/96, de novembro de 1996, previa que o creditamento decorrente da aquisição de bens destinados a uso ou consumo do estabelecimento poderia ocorrer a partir de 1º de janeiro 1998. Em 23 de dezembro de 1997, porém, a LC nº 92/97 prorrogou esse prazo para 1º de janeiro de 2000. Em 20/12/1999, a LC nº 99/99 o postergou para 1º de janeiro de 2003. Em 16/12/2002, a LC nº 114/2002 o prorrogou para 1º de janeiro de 2007. Em 12/12/2006, a LC nº 122/2006 o prorrogou para 1º de janeiro de 2011, e, finalmente, em 29/12/2010 a LC nº 138/2010 o prorrogou para 1º de janeiro de 2020.

Sob o argumento de que será difícil o controle da fraude, caso tal tipo de crédito seja admitido (não haverá estoques para serem conferidos...), os Estados-membros e o Distrito Federal certamente conseguirão, antes do término do ano de 2019, nova prorrogação do prazo. Isso se não abolirem, de vez, a previsão para creditamento nesses casos, ou, por meio de reforma mais profunda no sistema tributário, não modificarem radicalmente a estrutura do imposto.

**3. Crédito decorrente do consumo de energia** – A partir da vigência da LC nº 87/96, a energia elétrica passou a dar direito a crédito de ICMS ao estabelecimento que a consumisse, pouco importando se era utilizada no processo industrial ou não. Era o que dispunha o inciso II do art. 33 em exame: "II – a energia elétrica usada ou consumida no estabelecimento dará direito de crédito a partir da data da entrada desta Lei Complementar em vigor;". A partir da vigência da LC nº 102/2000, porém, o crédito decorrente do consumo de energia passou a sofrer as limitações previstas no artigo. A teor da LC nº 102/2000, a utilização normal do crédito decorrente do consumo de energia voltaria a ocorrer a partir de 1º de janeiro de 2003, mas essa data foi postergada para 1º de janeiro de 2007 pela LC nº 114/2002, para 1º de janeiro de 2011 pela LC nº 122/2006, e, finalmente, para 1º de janeiro de 2020 pela LC 138/2010. O mesmo pode ser dito em relação aos serviços de comunicação.

**Art. 34.** (VETADO)

**Art. 35.** As referências feitas aos Estados nesta Lei Complementar entendem-se feitas também ao Distrito Federal.[1]

ANOTAÇÕES ————————————————————————————————————

**1. Referências ao Distrito Federal** – A explicitação feita no art. 35 da LC nº 97/96 é meramente didática, pois o Distrito Federal tem natureza híbrida, *sui generis,* reunindo a competência tributária dos Estados membros e dos Municípios (CF/88, art. 147 e 155). Assim, mesmo que todos os dispositivos da LC nº 87/96 se reportassem apenas aos Estados-membros, seriam aplicáveis também ao Distrito Federal, que, em relação ao ICMS, tem a mesma competência do Estado-membro, podendo ser a ele equiparado.

**Art. 36.** Esta Lei Complementar entra em vigor no primeiro dia do segundo mês seguinte ao da sua publicação, observado o disposto nos arts. 32 e 33 e no Anexo integrante desta Lei Complementar.

Brasília, 13 de setembro de 1996; 175º da Independência e 108º da República.

FERNANDO HENRIQUE CARDOSO

Pedro Malan

# Anexo

*(Redação dada pela LCP nº 115, de 26.12.2000)*

1. A entrega de recursos a que se refere o art. 31 da Lei Complementar no 87, de 13 de setembro de 1996, será realizada da seguinte forma:

1.1. a União entregará aos Estados e aos seus Municípios, no exercício financeiro de 2003, o valor de até R$ 3.900.000.000,00 (três bilhões e novecentos milhões de reais), desde que respeitada a dotação consignada da Lei Orçamentária Anual da União de 2003 e eventuais créditos adicionais;

1.2. nos exercícios financeiros de 2004 a 2006, a União entregará aos Estados e aos seus Municípios os montantes consignados a essa finalidade nas correspondentes Leis Orçamentárias Anuais da União;

1.3. a cada mês, o valor a ser entregue aos Estados e aos seus Municípios corresponderá ao montante do saldo orçamentário existente no dia 1º, dividido pelo número de meses remanescentes no ano;

1.3.1. nos meses de janeiro e fevereiro de 2003, o saldo orçamentário, para efeito do cálculo da parcela pertencente a cada Estado e a seus Municípios, segundo os coeficientes individuais de participação definidos no item 1.5 deste Anexo, corresponderá ao montante remanescente após a dedução dos valores de entrega mencionados no art. 3º desta Lei Complementar;

1.3.1.1. nesses meses, a parcela pertencente aos Estados que fizerem jus ao disposto no art. 3º desta Lei Complementar corresponderá ao somatório dos montantes derivados da aplicação do referido artigo e dos coeficientes individuais de participação definidos no item 1.5 deste Anexo;

1.3.2. no mês de dezembro, o valor de entrega corresponderá ao saldo orçamentário existente no dia 15.

1.4. Os recursos serão entregues aos Estados e aos seus respectivos Municípios no último dia útil de cada mês.

1.5. A parcela pertencente a cada Estado, incluídas as parcelas de seus Municípios, será proporcional aos seguintes coeficientes individuais de participação:

**Art. 36**  LEI COMPLEMENTAR Nº 87, DE 13DE SETEMBRO DE 1996 | **517**

| | | | |
|---|---|---|---|
| AC | 0,09104% | PB | 0,28750% |
| AL | 0,84022% | PR | 10,08256% |
| AP | 0,40648% | PE | 1,48565% |
| AM | 1,00788% | PI | 0,30165% |
| BA | 3,71666% | RJ | 5,86503% |
| CE | 1,62881% | RN | 0,36214% |
| DF | 0,80975% | RS | 10,04446% |
| ES | 4,26332% | RO | 0,24939% |
| GO | 1,33472% | RR | 0,03824% |
| MA | 1,67880% | SC | 3,59131% |
| MT | 1,94087% | SP | 31,14180% |
| MS | 1,23465% | SE | 0,25049% |
| MG | 12,90414% | TO | 0,07873% |
| PA | 4,36371% | TOTAL | 100,00000% |

2. Caberá ao Ministério da Fazenda apurar o montante mensal a ser entregue aos Estados e aos seus Municípios.

2.1. O Ministério da Fazenda publicará no Diário Oficial da União, até cinco dias úteis antes da data prevista para a efetiva entrega dos recursos, o resultado do cálculo do montante a ser entregue aos Estados e aos seus Municípios, o qual, juntamente com o detalhamento da memória de cálculo, será remetido, no mesmo prazo, ao Tribunal de Contas da União.

2.2. Do montante dos recursos que cabe a cada Estado, a União entregará, diretamente ao próprio Estado, setenta e cinco por cento, e aos seus Municípios, vinte e cinco por cento, distribuídos segundo os mesmos critérios de rateio aplicados às parcelas de receita que lhes cabem do ICMS.

2.3. Antes do início de cada exercício financeiro, o Estado comunicará ao Ministério da Fazenda os coeficientes de participação dos respectivos Municípios no rateio da parcela do ICMS a serem aplicados no correspondente exercício, observado o seguinte:

2.3.1. o atraso na comunicação dos coeficientes acarretará a suspensão da transferência dos recursos ao Estado e aos respectivos Municípios até que seja regularizada a entrega das informações;

2.3.1.1. os recursos em atraso e os do mês em que ocorrer o fornecimento das informações serão entregues no último dia útil do mês seguinte à regularização,

518 | CÓDIGO TRIBUTÁRIO NACIONAL – *Hugo de Brito Machado Segundo* Art. 36

se esta ocorrer após o décimo quinto dia; caso contrário, a entrega dos recursos ocorrerá no último dia útil do próprio mês da regularização.

3. A forma de entrega dos recursos a cada Estado e a cada Município observará o disposto neste item.

3.1. Para efeito de entrega dos recursos à unidade federada e por uma das duas formas previstas no subitem 3.3 serão obrigatoriamente considerados, pela ordem e até o montante total da entrega apurado no respectivo período, os valores das seguintes dívidas:

3.1.1. contraídas junto ao Tesouro Nacional pela unidade federada vencidas e não pagas, computadas primeiro as da administração direta e depois as da administração indireta;

3.1.2. contraídas pela unidade federada com garantia da União, inclusive dívida externa, vencidas e não pagas, sempre computadas inicialmente as da administração direta e posteriormente as da administração indireta;

3.1.3. contraídas pela unidade federada junto aos demais entes da administração federal, direta e indireta, vencidas e não pagas, sempre computadas inicialmente as da administração direta e posteriormente as da administração indireta.

3.2. Para efeito do disposto no subitem 3.1.3, ato do Poder Executivo Federal poderá autorizar:

3.2.1. a inclusão, como mais uma opção para efeito da entrega dos recursos, e na ordem que determinar, do valor correspondente a título da respectiva unidade federada na carteira da União, inclusive entes de sua administração indireta, primeiro relativamente aos valores vencidos e não pagos e, depois, aos vincendos no mês seguinte àquele em que serão entregues os recursos;

3.2.2. a suspensão temporária da dedução de dívida compreendida pelo subitem 3.1.3, quando não estiverem disponíveis, no prazo devido, as necessárias informações.

3.3. Os recursos a serem entregues mensalmente à unidade federada, equivalentes ao montante das dívidas apurado na forma do subitem 3.1, e do anterior, serão satisfeitos pela União por uma das seguintes formas:

3.3.1. entrega de obrigações do Tesouro Nacional, de série especial, inalienáveis, com vencimento não inferior a dez anos, remunerados por taxa igual ao custo médio das dívidas da respectiva unidade federada junto ao Tesouro Nacional, com poder liberatório para pagamento das referidas dívidas; ou

3.3.2. correspondente compensação.

3.4. Os recursos a serem entregues mensalmente à unidade federada equivalentes à diferença positiva entre o valor total que lhe cabe e o valor da dívida apurada nos termos dos subitens 3.1 e 3.2, e liquidada na forma do subitem anterior, serão satisfeitos por meio de crédito, em moeda corrente, à conta bancária do beneficiário.

4. As referências deste Anexo feitas aos Estados entendem-se também feitas ao Distrito Federal.

# Decreto-lei nº 195, de 24 de fevereiro de 1967

*Dispõe sobre a cobrança da Contribuição de Melhoria*[1]

**O PRESIDENTE DA REPÚBLICA**, usando das atribuições que lhe confere o § 2º do art. 9º do Ato Institucional nº 4, de 7 de dezembro de 1966,

RESOLVE BAIXAR O SEGUINTE DECRETO-LEI:

**Art. 1º** A Contribuição de Melhoria, prevista na Constituição Federal tem como fato gerador o acréscimo do valor do imóvel localizado nas áreas beneficiadas direta ou indiretamente por obras públicas.[2]

## ANOTAÇÕES

**1. Relação entre o Decreto-lei nº 195/67 e o CTN** – A contribuição de melhoria também tem algumas de suas normas gerais traçadas no CTN (arts. 81 e 82). Não houve, contudo, a completa *revogação* dos artigos do CTN pelo DL nº 195/67, que apenas *complementa* o regramento contido no Código. Só naquilo – que é muito pouco – em que as disposições do Decreto-lei forem diametralmente contrárias, inconciliáveis com as do CTN é que estas deverão ser tidas como revogadas. É o caso da parte do art. 82 do CTN, que exigia a publicação do edital previamente à realização da obra, publicação esta que, com o advento do DL nº 195/67, passou a ser exigida antes *da cobrança*, mas não antes *da realização obra.* Como tem decidido o STJ, esse ponto do art. 82 do CTN foi "revogado pelo art. 5º do Decreto-lei nº 195, de 1967, porque à época as normas gerais de direito tributário ainda não tinham o *status* ou a força de lei complementar (Emenda Constitucional 1/1969, art. 18, § 1º). No novo regime, o edital que antecede a cobrança da contribuição de melhoria pode ser publicado depois da realização da obra pública" (STJ, 2ª T., REsp 89.791/SP, Rel. Min. Ari Pargendler, j. em 2/6/1998, *DJ* de 29/6/1998, p. 139) A publicação do edital continua sendo importante, mas deve ocorrer de modo prévio à cobrança, e não necessariamente à realização da obra.

Em seus demais aspectos, não incompatíveis com este Decreto-lei, os arts. 81 e 82 do CTN continuam plenamente aplicáveis. Confira-se, a propósito, nota ao art. 6º deste Decreto-lei.

**520** | CÓDIGO TRIBUTÁRIO NACIONAL – *Hugo de Brito Machado Segundo* **Art. 2º**

**2. Relação entre fato gerador e base de cálculo** – É uma imposição de lógica jurídica que os critérios utilizados para se apurar o montante do tributo, em cada caso, correspondam ao seu fato gerador, ou ao aspecto econômico, dimensível ou mensurável desse fato gerador. Caso o tributo tenha um fato gerador, mas seja calculado com base em elementos inteiramente estranhos a ele, será em verdade uma deformação cujo verdadeiro fato gerador reside nos tais elementos inteiramente estranhos. É por isso que as taxas não podem ter base de cálculo própria de impostos, pois se o tivessem transformar-se-iam em impostos. (CF/88, art. 145, § 2º)

Assim, como o fato gerador da contribuição de melhoria é a valorização imobiliária decorrente de uma obra pública, seu valor deve ser encontrado, em cada caso, tomando-se como critério: *i)* a valorização; *ii)* o custo da obra respectiva.

**Art. 2º** Será devida a Contribuição de Melhoria, no caso de valorização1 de imóveis de propriedade privada, em virtude de qualquer das seguintes obras públicas:

I – abertura, alargamento, pavimentação, iluminação, arborização, esgotos pluviais e outros melhoramentos de praças e vias públicas;

II – construção e ampliação de parques, campos de desportos, pontes, túneis e viadutos;

III – construção ou ampliação de sistemas de trânsito rápido inclusive tôdas as obras e edificações necessárias ao funcionamento do sistema;

IV – serviços e obras de abastecimento de água potável, esgotos,[2] instalações de redes elétricas, telefônicas, transportes e comunicações em geral ou de suprimento de gás, funiculares, ascensores e instalações de comodidade pública;

V – proteção contra sêcas, inundações, erosão, ressacas, e de saneamento de drenagem em geral, diques, cais, desobstrução de barras, portos e canais, retificação e regularização de cursos d'água e irrigação;

VI – construção de estradas de ferro e construção, pavimentação e melhoramento de estradas de rodagem;

VII – construção de aeródromos e aeroportos e seus acessos;

VIII – aterros e realizações de embelezamento em geral, inclusive desapropriações em desenvolvimento de plano de aspecto paisagístico.

ANOTAÇÕES ─────────────────────────────────

**1. Realização da obra e ausência de valorização** – Como já explicado em nota ao artigo anterior, o fato gerador da contribuição é a valorização imobiliária decorrente de obra pública. Assim, se uma das obras indicadas nos incisos do artigo em comento for realizada, mas dela não advier qualquer valorização (às vezes há desvalorização), a contribuição

**Art. 4º**  DECRETO-LEI NO 195, DE 24 DEFEVEREIRO DE 1967 | **521**

evidentemente não poderá ser exigida. Se se demonstrar efetiva desvalorização, será o caso de se pleitear a respectiva indenização por parte da Administração Pública.

**2. Construção de rede de esgotos e contribuição de melhoria** – "O município está autorizado a promover a execução de obra de interesse público, como é o caso da destinada à coleta de esgotos, por meio da instituição da contribuição de melhoria, pois se cuida de uma das hipóteses de obra pública que está especificada no diploma legal de regência dessa espécie tributária" (STJ, 2ª T., REsp 49.668/SP, Rel. Min. Castro Meira, j. em 15/4/2004, *DJ* de 28/6/2004 p. 213).

**Art. 3º** A Contribuição de Melhoria a ser exigida pela União, Estado, Distrito Federal e Municípios para fazer face ao custo das obras públicas será cobrada pela Unidade Administrativa que as realizar, adotando-se como critério o benefício resultante da obra, calculado através de índices cadastrais das respectivas zonas de influência, a serem fixados em regulamentação dêste Decreto-lei.

§ 1º A apuração, dependendo da natureza das obras, far-se-á levando em conta a situação do imóvel na zona de influência, sua testada, área, finalidade de exploração econômica[1] e outros elementos a serem considerados, isolada ou conjuntamente.

§ 2º A determinação da Contribuição de Melhoria far-se-á rateando, proporcionalmente, o custo parcial ou total das obras, entre todos os imóveis incluídos nas respectivas zonas de influência.

§ 3º A Contribuição de Melhoria será cobrada dos proprietário de imóveis do domínio privado, situados nas áreas direta e indiretamente beneficiadas pela obra.

§ 4º Reputam-se feitas pela União as obras executadas pelos Territórios.

## ANOTAÇÕES

**1. Finalidade econômica como critério de valorização** – A finalidade para a qual o imóvel é utilizado deve ser considerada, para efeito de apuração da valorização, pois esta pode ser maior, menor, ou até inexistente, para imóveis de uma mesma localidade, a depender da utilização que lhes for dada e da relação desta utilização com a natureza da obra pública realizada. A construção de um hospital, por exemplo, pode valorizar estabelecimentos comerciais situados nas redondezas, mas desvalorizar residências que dele fiquem demasiadamente próximas.

**Art. 4º** A cobrança da Contribuição de Melhoria terá como limite o custo das obras,[1] computadas as despesas de estudos, projetos, fiscalização, desapropriações, administração, execução e financiamento, inclusive prêmios de reembolso

# 522 | CÓDIGO TRIBUTÁRIO NACIONAL – *Hugo de Brito Machado Segundo*                    Art. 5º

e outras de praxe em financiamento ou empréstimos e terá a sua expressão monetária atualizada na época do lançamento mediante aplicação de coeficientes de correção monetária.

§ 1º Serão incluídos nos orçamentos de custo das obras, todos investimentos necessários para que os benefícios delas decorrentes sejam integralmente alcançados pelos imóveis situados nas respectivas zonas de influência.

§ 2º A percentagem do custo real a ser cobrada mediante Contribuição de Melhoria será fixada tendo em vista a natureza da obra, os benefícios para os usuários, as atividades econômicas predominantes e o nível de desenvolvimento da região.

## ANOTAÇÕES

**1. Limites geral e individual** – O fato de o Decreto-lei nº 195/67 não se referir ao limite individual para a determinação do valor devido a título de contribuição de melhoria (valorização do imóvel do contribuinte) não significa que esse limite não mais deva ser observado. Primeiro, porque ele decorre da própria natureza dessa exação. Segundo, porque o DL nº 195/67 tampouco determina o contrário. Forte nessas premissas, e com inteiro acerto, o STJ tem entendido que "a contribuição de melhoria tem como limite geral o custo da obra, e como limite individual a valorização do imóvel beneficiado" e que "prevalece o entendimento no STF e no STJ de que não houve alteração do CTN pelo DL 195/67". Assim, "é ilegal a contribuição de melhoria instituída sem observância do limite individual de cada contribuinte" (STJ, 2ª T., REsp 362.788/RS, Rel. Min. Eliana Calmon, j. em 28/5/2002, *DJ* de 5/8/2002, p. 284).

**Art. 5º** Para cobrança da Contribuição de Melhoria, a Administração competente deverá publicar o Edital,[1] contendo, entre outros, os seguintes elementos:

I – Delimitação das áreas direta e indiretamente beneficiadas e a relação dos imóveis nelas compreendidos;

II – memorial descritivo do projeto;

III – orçamento total ou parcial do custo das obras;

IV – determinação da parcela do custo das obras a ser ressarcida pela contribuição, com o correspondente plano de rateio entre os imóveis beneficiados.

Parágrafo único. O disposto neste artigo aplica-se, também, aos casos de cobrança da Contribuição de Melhoria por obras públicas em execução, constantes de projetos ainda não concluídos.

## ANOTAÇÕES

**1. Necessidade de publicação do edital** – Sendo o edital, no qual se explicita o custo da obra, um dos requisitos para que se afira a correção do valor cobrado a título de

**Art. 8º** DECRETO-LEI NO 195, DE 24 DEFEVEREIRO DE 1967 | **523**

contribuição de melhoria, o Decreto-lei nº 195/67 exige sua publicação prévia à cobrança da exação, sendo esse requisito considerado essencial pelo STJ para a validada da cobrança do tributo (STJ, 2ª T., REsp 143.998/SP, Rel. Min. Castro Meira, j. em 8/3/2005, *DJ* de 13/6/2005, p. 217).

**Art. 6º** Os proprietários de imóveis situados nas zonas beneficiadas pelas obras públicas tem o prazo de 30 (trinta) dias, a começar da data da publicação do Edital referido no artigo 5º, para a impugnação de qualquer dos elementos dêle constantes,[1] cabendo ao impugnante o ônus da prova.

ANOTAÇÕES ────────────────────────────────────────────────

**1. Possibilidade de impugnação dos elementos do edital e pouca utilização da contribuição de melhoria** – Como o *custo da obra* é um dos limites a serem observados na determinação do montante da contribuição de melhoria a ser exigida de cada contribuinte, tem este o direito de impugnar os elementos integrantes desse custo. Pode questionar e demonstrar que o custo do concreto, da areia, do ferro, da mão de obra, do tijolo etc., está superior ao normalmente verificado no mercado. Talvez essa seja uma das causas pelas quais esse tributo não é muito utilizado, por não pretender o administrador dar a necessária transparência ao custo das obras que faz, provocando os cidadãos a conferi-lo e questioná-lo.

**Art. 7º** A impugnação deverá ser dirigida à Administração competente, através de petição, que servirá para o início do processo administrativo conforme venha a ser regulamentado por decreto federal.

**Art. 8º** Responde pelo pagamento da Contribuição de Melhoria o proprietário do imóvel ao tempo do seu lançamento, e esta responsabilidade se transmite aos adquirentes e sucessores, a qualquer título, do domínio do imóvel.[1]

§ 1º No caso de enfiteuse, responde pela Contribuição de Melhoria o enfiteuta.

§ 2º No imóvel locado é licito ao locador exigir aumento de aluguel correspondente a 10% (dez por cento) ao ano da Contribuição de Melhoria efetivamente paga.

§ 3º É nula a cláusula do contrato de locação que atribua ao locatário o pagamento, no todo ou em parte, da Contribuição de Melhoria lançada sôbre o imóvel.

§ 4º Os bens indivisos, serão considerados como pertencentes a um só proprietário e àquele que fôr lançado terá direito de exigir dos condôminos as parcelas que lhes couberem.

524 | CÓDIGO TRIBUTÁRIO NACIONAL – *Hugo de Brito Machado Segundo* **Art. 9º**

ANOTAÇÕES ————————————————————————————

**1. Obrigação tributária relativa ao imóvel. Natureza *propter rem*** – A obrigação relativa à contribuição de melhoria é *propter rem,* vale dizer, acompanha a coisa, a teor do que já dispunha o art. 130 do CTN.

**Art. 9º** Executada a obra de melhoramento na sua totalidade ou em parte suficiente para beneficiar determinados imóveis,[1] de modo a justificar o início da cobrança da Contribuição de Melhoria, proceder-se-á ao lançamento referente a êsses imóveis depois de publicado o respectivo demonstrativo de custos.

ANOTAÇÕES ————————————————————————————

**1. Obra inconclusa, valorização e cobrança** – O dispositivo em comento parece permitir a cobrança da contribuição de melhoria antes mesmo da conclusão da obra. Mas é preciso que seja visto com mais cautela, pois não é exatamente isso o que nele se autoriza. Na verdade, como o fato gerador da obrigação relativa ao tributo em comento é a *valorização* decorrente de *obra pública,* é indispensável que essa mesma obra esteja já concluída, a fim de que se possa aferir a ocorrência de valorização – e de seu montante – e assim se possa calcular o montante do tributo devido. Nesse sentido, aliás, é a jurisprudência do STJ, segundo a qual "o fato gerador de contribuição de melhoria se perfaz somente após a conclusão a obra que lhe deu origem e quando for possível aferir a valorização do bem imóvel beneficiado pelo empreendimento estatal" (STJ, 1ª T., REsp 647.134/SP, Rel. Min. Luiz Fux, j. em 10/10/2006, *DJ* de 1/2/2007, p. 397). Assim, quando o artigo se refere a execução de "parte suficiente" da obra, está evidentemente a se reportar a uma obra de largas proporções, que, não obstante inconclusa em sua parte final, já possa ser considerada terminada em relação à sua parte inicial, na qual estão os imóveis que já podem ter sua valorização aferida para fins de cobrança da contribuição. É o caso, por exemplo, de uma estrada federal que ligue Fortaleza/CE a Santa Maria/RS. Embora as obras ainda não tenham sequer chegado ao Rio Grande do Sul, estando ainda, suponha-se, no Estado da Bahia, já é possível considerá-la pronta para fins de cobrança da exação de uma Fazenda que fica no interior do Ceará.

**Art. 10.** O órgão encarregado do lançamento deverá escriturar, em registro próprio, o débito da Contribuição de Melhoria correspondente a cada imóvel, notificando o proprietário, diretamente ou por edital, do:

I – valor da Contribuição de Melhoria lançada;

II – prazo para o seu pagamento, suas prestações e vencimentos;

III – prazo para a impugnação;

IV – local do pagamento.

**Art. 12**    DECRETO-LEI NO 195, DE 24 DEFEVEREIRO DE 1967 | **525**

Parágrafo único. Dentro do prazo que lhe fôr concedido na notificação do lançamento, que não será inferior a 30 (trinta) dias, o contribuinte poderá reclamar, ao órgão lançador, contra:

I – o êrro na localização e dimensões do imóvel;

II – o cálculo dos índices atribuídos;

III – o valor da contribuição;

IV – o número de prestações.

**Art. 11.** Os requerimentos de impugnação de reclamação, como também quaisquer recursos administrativos, não suspendem o início ou prosseguimento das obras e nem terão efeito de obstar a administração a prática dos atos necessários ao lançamento e cobrança da contribuição de melhoria.

**Art. 12.** A Contribuição de Melhoria será paga pelo contribuinte da forma que a sua parcela anual não exceda a 3% (três por cento) do maior valor fiscal do seu imóvel, atualizado à época da cobrança.

§ 1º O ato da autoridade que determinar o lançamento poderá fixar descontos para o pagamento à vista, ou em prazos menores que o lançado.

§ 2º As prestações da Contribuição de Melhoria serão corrigidas monetariamente, de acôrdo com os coeficientes aplicáveis na correção dos débitos fiscais.

§ 3º O atraso no pagamento das prestações fixadas no lançamento sujeitará o contribuinte à multa de mora de 12% (doze por cento), ao ano.

§ 4º É lícito ao contribuinte, liquidar a Contribuição de Melhoria com títulos da dívida pública, emitidos especialmente para financiamento da obra pela qual foi lançado; neste caso, o pagamento será feito pelo valor nominal do título, se o preço do mercado fôr inferior.

§ 5º No caso do serviço público concedido, o poder concedente poderá lançar e arrecadar a contribuição.

§ 6º Mediante convênio, a União poderá legar aos Estados e Municípios, ou ao Distrito Federal, o lançamento e a arrecadação da Contribuição de Melhoria devida por obra pública federal, fixando a percentagem na receita, que caberá ao Estado ou Município que arrecadar a Contribuição.

§ 7º Nas obras federais, quando, por circunstâncias da área ser lançada ou da natureza da obra, o montante previsto na arrecadação da Contribuição de Melhoria não compensar o lançamento pela União, ou por seus órgãos, o lançamento poderá ser delegado aos municípios interessados e neste caso:

a) caberão aos Municípios o lançamento, arrecadação e as receitas apuradas; e

b) o órgão federal delegante se limitará a fixar os índices e critérios para o lançamento.

**Art. 13.** A cobrança da Contribuição de Melhorias, resultante de obras executadas pela União, situadas em áreas urbanas de um único Município, poderá ser efetuada pelo órgão arrecadador municipal, em convênio com o órgão federal que houver realizado as referidas obras.

**Art. 14.** A conservação, a operação e a manutenção das obras referidas no artigo anterior, depois de concluídas constituem encargos do Município em que estiverem situadas.

**Art. 15.** Os encargos de conservação, operação e manutenção das obras de drenagem e irrigação, não abrangidas pelo art. 13 e implantadas através da Contribuição de Melhorias, serão custeados pelos seus usuários.

**Art. 16.** Do produto de arrecadação de Contribuição de Melhorias, nas áreas prioritários para a Reforma Agrária, cobrado pela União e prevista como integrante do Fundo Nacional de Reforma Agrária (art. 28, I, da Lei nº 4.504, de 30-11-64), o Instituto Brasileiro de Reforma Agrária, destinará importância idêntica a recolhida, para ser aplicada em novas obras e projetos de Reforma Agrária pelo mesmo órgão que realizou as obras públicas do que decorreu a contribuição.

**Art. 17.** Para efeito do impôsto sôbre a renda, devido, sôbre a valorização imobiliária resultante de obra pública, deduzir-se-á a importância que o contribuinte houver pago, a título de Contribuição de Melhorias.

**Art. 18.** A dívida fiscal oriunda da Contribuição de Melhoria, terá preferência sôbre outras dívidas fiscais quanto ao imóvel beneficiado.

**Art. 19.** Fica revogada a Lei número 854, de 10 de outubro de 1949, e demais disposições legais em contrário.

**Art. 20.** Dentro de 90 (noventa) dias o Poder Executivo baixará decreto regulamentando o presente decreto-lei, que entra em vigor na data de sua publicação.

Brasília, 24 de fevereiro de 1967; 146º da Independência e 79º da República.

H. CASTELLO BRANCO

*Juarez Távora*

*Roberto de Oliveira Campos*

*Octávio Bulhões*

# Lei Complementar nº 116, de 31 de julho de 2003

*Dispõe sobre o Imposto Sobre Serviços de Qualquer Natureza, de competência dos Municípios e do Distrito Federal, e dá outras providências.*

**O PRESIDENTE DA REPÚBLICA** Faço saber que o Congresso Nacional decreta e eu sanciono a seguinte Lei Complementar:

**Art. 1º** O Imposto Sobre Serviços de Qualquer Natureza, de competência dos Municípios e do Distrito Federal, tem como fato gerador a prestação de serviços[1, 2, 3, 4] constantes da lista anexa,[5] ainda que esses não se constituam como atividade preponderante do prestador.[6, 7]

§ 1º O imposto incide também sobre o serviço proveniente do exterior do País ou cuja prestação se tenha iniciado no exterior do País.

§ 2º Ressalvadas as exceções expressas na lista anexa, os serviços nela mencionados não ficam sujeitos ao Imposto Sobre Operações Relativas à Circulação de Mercadorias e Prestações de Serviços de Transporte Interestadual e Intermunicipal e de Comunicação – ICMS, ainda que sua prestação envolva fornecimento de mercadorias.

§ 3º O imposto de que trata esta Lei Complementar incide ainda sobre os serviços prestados mediante a utilização de bens e serviços públicos explorados economicamente mediante autorização, permissão ou concessão, com o pagamento de tarifa, preço ou pedágio pelo usuário final do serviço.

§ 4º A incidência do imposto não depende da denominação dada ao serviço prestado.

## ANOTAÇÕES

**1. Âmbito de incidência e fato gerador do ISS** – Como se sabe, o fato gerador da obrigação tributária, no caso do ISS, é aquele previsto na lei do ente tributante, vale dizer, na lei do município correspondente. A Constituição e a Lei Complementar não estabelecem esse fato gerador; a primeira apenas delimita o âmbito de incidência dentro do qual pode atuar o legislador municipal, e a segunda estabelece normas gerais a respeito, explicitando esse âmbito e procurando dar alguma uniformidade à legislação dos milhares de Municípios que compõem a federação brasileira. Sobre o âmbito constitucional do ISS, confiram-se as notas ao art. 156, III, da CF/88.

# 528 | CÓDIGO TRIBUTÁRIO NACIONAL – Hugo de Brito Machado Segundo     Art. 1º

**2. Prestação como fato gerador e inadimplência do tomador** – O fato gerador do ISS é a prestação de serviço, e não o efetivo pagamento deste. Sob esse fundamento, há acórdão do STJ no qual se considera irrelevante, para determinar o nascimento da obrigação tributária, o fato de o prestador do serviço não haver recebido o preço, em face de inadimplência do tomador. "O fato gerador do ISS é a 'prestação do serviço', não importando para a incidência o surgimento de circunstâncias factuais dificultando ou impedindo o pagamento devido ao prestador dos serviços. Tais questões são estranhas à tributação dos serviços prestados. [...]" (STJ, 1ª T., REsp 189.227/SP, Rel. Min. Milton Luiz Pereira, j. em 2/5/2002, *DJ* de 24/6/2002, p. 189). Há julgado, no mesmo sentido, do Supremo Tribunal Federal: "A exigibilidade do ISS, uma vez ocorrido o fato gerador – que é a prestação do serviço –, não está condicionada ao adimplemento da obrigação de pagar-lhe o preço, assumida pelo tomador dele: a conformidade da legislação tributária com os princípios constitucionais da isonomia e da capacidade contributiva não pode depender do prazo de pagamento concedido pelo contribuinte a sua clientela" (STF, 1ª T., AI 228337 AgR/PR, Rel. Min. Sepúlveda Pertence, j. em 7/12/1999, *DJ* de 18/2/2000, p. 58).

Esse entendimento é incoerente, *data venia*, com os julgados nos quais se considera aplicável ao ISS o art. 166 do CTN (cf., *v. g.*, AgRg no Ag 692.583/RJ, Rel. Min. Denise Arruda, j. em 11/10/2005, *DJ* de 14/11/2005, p. 205, rep. *DJ* de 28/11/2005, p. 208).

**3. Momento da ocorrência do fato gerador e serviço de "diversões públicas"** – "O fato gerador do ISS reside na efetiva prestação de serviço, definido em lei complementar, constante da Lista de Serviços anexa ao Decreto-Lei nº 406/68. [...] 2. Em se tratando de ISS incidente sobre diversões públicas, o fato imponível se configura no momento da venda do ingresso ao consumidor, pelo que ilegítima a antecipação do recolhimento, quando da chancela prévia dos bilhetes pelo município" (STJ, 1ª T., REsp 159.861/SP, Rel. Min. Gomes de Barros, j. em 13/10/1998, *DJ* de 14/12/1998, p. 109). Com todo o respeito, se o fato gerador é a "efetiva prestação" do serviço, nem mesmo com a venda do ingresso a mesma está consumada, mas apenas quando da realização do espetáculo, ou do *show*.

**4. ISS e serviço de composição gráfica** – "A jurisprudência do STJ, em torno da Súmula 156, tem entendido que o ISS incide sobre os serviços de composição gráfica quando feitos por encomenda, sejam ou não personalizados. [...] Não se exigem, na aplicação da Súmula 156/STJ, as duas condições: serviço personalizado e sob encomenda. [...]" (STJ, 2ª T., REsp 486.020/RS, Rel. Min. Eliana Calmon, j. em 1º/4/2004, *DJ* de 20/9/2004, p. 237).

**5. Taxatividade da lista de serviços** – A lista de serviços anexa à LC nº 116/2003, assim como a lista anterior, anexa ao DL nº 406/68, é taxativa, embora comporte interpretação extensiva. Ver notas ao art. 156, III, da CF/88. Esse tem sido o entendimento do STJ, segundo o qual "não se admite a incidência do ISS sobre atividades que não estão incluídas na lista de serviços do Decreto-lei nº 406/68" (STJ, 2ª T., AgRg no Ag 524.772/MG, Rel. Min. Peçanha Martins, j. em 21/3/2006, *DJ* de 5/5/2006, p. 281). Calcado nessa premissa, e à luz da lista anterior, anexa ao DL nº 406/68, o STJ já decidira pela impossibilidade de cobrança do ISS sobre: *(i)* serviço de corretagem e intermediação de câmbio e manutenção de conta de inativos (STJ, 2ª T., REsp 259.721/RJ, Rel. Min. João Otávio de Noronha, j. em 2/12/2005, *DJ* de 6/3/2006, p. 270); *(ii)* intermediação financeira de recursos, a exemplo da aquisição de direitos creditórios (STJ, 2ª T., REsp 591.842/RS, Rel. Min. Eliana Calmon, j. em 13/12/2005, *DJ* de 6/3/2006, p. 300); *(iii)* contrato de franquia prestado por empresas que realizam atividades postais e telemáticas (STJ, 2a T., REsp 373.986/MG, Rel. Min. João Otávio de Noronha, j. em 7/3/2006, *DJ* de 6/4/2006, p. 255); *(iv)* serviço de reboque marítimo (STJ, 1ª T., REsp 766.365/PA, Rel. Min. Teori Albino Zavascki, j. em 8/11/2005, v. u. *DJ* de 21/11/2005, p. 160).

**Art. 2º**  LEI COMPLEMENTAR Nº 116, DE 31 DE JULHO DE 2003 | **529**

**6. Configuração de uma prestação de serviços × prestação de serviços como atividade preponderante** – A ressalva feita pelo art. 1º da LC nº 116/2003, segundo a qual a prestação de serviços é fato gerador do ISS ainda quando não seja a atividade preponderante do prestador, deve ser entendida em seus devidos termos. Com ela não se quer dizer que o critério da preponderância deixe de ser relevante para determinar se se está diante da prestação de um serviço. Diz-se apenas que, verificada a efetiva prestação de um serviço, esta deve ser tributada ainda que não seja a atividade preponderante do contribuinte.

Um exemplo torna a distinção mais clara. Imagine-se que um revendedor de automóveis, ao entregar um veículo novo para um cliente, fornece-lhe rápido treinamento sobre como utilizar os recursos do carro. O que *prepondera,* nessa operação, é a venda, sendo o treinamento algo circunstancial e acessório. Não há que se cogitar, portanto, da prestação de um serviço. Já a situação a que se refere a parte final do art. 1º da LC nº 116/2003 configura-se quando esse mesmo revendedor passa a prestar, também, serviços de manutenção e pintura de veículos. Ainda que essa não seja a sua atividade preponderante (que é o comércio varejista de automóveis), o ISS deverá ser pago em face dos serviços de manutenção de veículos que vierem a ser prestados.

Não nos parece, por tudo isso, que a parte final do art. 1º da LC nº 116/2003 tenha qualquer interferência no entendimento já consolidado no âmbito do STJ, que diferencia o âmbito de incidência do ISS, do IPI e do ICMS utilizando a *preponderância* do "fazer" sobre o "dar", conforme explicado na nota seguinte.

**7. Prestação de serviços × industrialização. Confecção de sacos de papel** – "A atividade de confecção de sacos para embalagens de mercadorias, prestada por empresa industrial, deve ser considerada, para efeitos fiscais, atividade de industrialização. A inserção, no produto assim confeccionado, de impressões gráficas, contendo a identificação da mercadoria a ser embalada e o nome do seu fornecedor, é um elemento eventual, cuja importância pode ser mais ou menos significativa, mas é invariavelmente secundária no conjunto da operação. [...] A súmula 156 do STJ, segundo a qual 'a prestação de serviço de composição gráfica, personalizada e sob encomenda, ainda que envolva fornecimento de mercadorias, esta sujeita, apenas, ao ISS', tem por pressuposto, conforme evidenciam os precedentes que a sustentam, que os serviços de impressão gráfica sejam preponderantes na operação considerada. Pode-se afirmar, portanto, sem contradizer à súmula, que a fabricação de produtos, ainda que envolva secundariamente serviços de impressão gráfica, não está sujeita ao ISS. [...]" (STJ, 1ª T., REsp 725.246/PE, Rel. Min. Teori Albino Zavascki, j. em 25/10/2005, *DJ* de 14/11/2005, p. 215).

Art. 2º O imposto não incide sobre:

I – as exportações de serviços para o exterior do País;[1,2]

II – a prestação de serviços em relação de emprego, dos trabalhadores avulsos, dos diretores e membros de conselho consultivo ou de conselho fiscal de sociedades e fundações, bem como dos sócios-gerentes e dos gerentes-delegados;

III – o valor intermediado no mercado de títulos e valores mobiliários, o valor dos depósitos bancários, o principal, juros e acréscimos moratórios relativos a operações de crédito realizadas por instituições financeiras.

**530** | CÓDIGO TRIBUTÁRIO NACIONAL – *Hugo de Brito Machado Segundo*                    **Art. 2º**

Parágrafo único. Não se enquadram no disposto no inciso I os serviços desenvolvidos no Brasil, cujo resultado aqui se verifique, ainda que o pagamento seja feito por residente no exterior.

## ANOTAÇÕES

**1. ISS e exportação de serviços** – Em atenção ao disposto no art. 156, § 3º, II, da CF/88, a LC nº 116/2003 excluiu da incidência do ISS os serviços "exportados para o exterior do País" (art. 2º, I). A LC nº 116/2003 não define o que se deva entender por serviços "exportados para o exterior", limitando-se a afirmar que não se enquadram nesse conceito "os serviços desenvolvidos no Brasil, cujo resultado aqui se verifique, ainda que o pagamento seja feito por residente no exterior" (LC nº 116/2003, art. 2º, parágrafo único). Pode-se dizer, então, que o serviço considera-se exportado quando desenvolvido no exterior, ou quando for desenvolvido no Brasil mas seu resultado se verificar apenas no exterior. Seria o caso, por exemplo, do deslocamento do prestador do serviço ao exterior, para lá executá-lo (*v. g.* médico brasileiro que viaja para operar doente no exterior). Ou da execução, no Brasil, de um serviço que só no exterior produzirá efeitos (engenheiro brasileiro que elabora e envia, pela internet, projeto de obra de construção civil a ser feita no exterior, cuja execução é também acompanhada, por ele, via internet). Para Marcelo Caron, a regra do art. 156, § 3º, II, da CF/88 é inócua, pois tais serviços já estavam mesmo fora do âmbito constitucional de incidência do ISS, não podendo ser tributados pelos Municípios em função do princípio da territorialidade (*ISS – do texto à norma,* São Paulo: Quartier Latin, 2005, p. 548 ss).

**2. Exportação de serviços e manutenção de turbinas** – Apreciando questão na qual um contribuinte prestava serviços de manutenção de turbinas em aviões de companhias aéreas estrangeiras, que vinham ao país apenas para serem consertados, a Primeira Turma do STJ considerou não haver "exportação" do serviço. Entendeu-se que o serviço teria sido realizado, integralmente, em território nacional (STJ, 1ª T., REsp 831.124-RJ, Rel. Min. José Delgado, j. em 15/8/2006).

Art. 3º O serviço considera-se prestado, e o imposto, devido, no local do estabelecimento prestador[1] ou, na falta do estabelecimento, no local do domicílio do prestador, exceto nas hipóteses previstas nos incisos I a XXV, quando o imposto será devido no local:

I – do estabelecimento do tomador ou intermediário do serviço ou, na falta de estabelecimento, onde ele estiver domiciliado, na hipótese do § 1º do art. 1º desta Lei Complementar;

II – da instalação dos andaimes, palcos, coberturas e outras estruturas, no caso dos serviços descritos no subitem 3.05 da lista anexa;

III – da execução da obra, no caso dos serviços descritos no subitem 7.02 e 7.19 da lista anexa;

IV – da demolição, no caso dos serviços descritos no subitem 7.04 da lista anexa;

**Art. 2º**  LEI COMPLEMENTAR Nº 116, DE 31 DEJULHO DE 2003 | **531**

V – das edificações em geral, estradas, pontes, portos e congêneres, no caso dos serviços descritos no subitem 7.05 da lista anexa;

VI – da execução da varrição, coleta, remoção, incineração, tratamento, reciclagem, separação e destinação final de lixo, rejeitos e outros resíduos quaisquer, no caso dos serviços descritos no subitem 7.09 da lista anexa;

VII – da execução da limpeza, manutenção e conservação de vias e logradouros públicos, imóveis, chaminés, piscinas, parques, jardins e congêneres, no caso dos serviços descritos no subitem 7.10 da lista anexa;

VIII – da execução da decoração e jardinagem, do corte e poda de árvores, no caso dos serviços descritos no subitem 7.11 da lista anexa;

IX – do controle e tratamento do efluente de qualquer natureza e de agentes físicos, químicos e biológicos, no caso dos serviços descritos no subitem 7.12 da lista anexa;

X – (VETADO)

XI – (VETADO)[2]

XII – do florestamento, reflorestamento, semeadura, adubação, reparação de solo, plantio, silagem, colheita, corte, descascamento de árvores, silvicultura, exploração florestal e serviços congêneres indissociáveis da formação, manutenção e colheita de florestas para quaisquer fins e por quaisquer meios;

XIII – da execução dos serviços de escoramento, contenção de encostas e congêneres, no caso dos serviços descritos no subitem 7.17 da lista anexa;

XIV – da limpeza e dragagem, no caso dos serviços descritos no subitem 7.18 da lista anexa;

XV – onde o bem estiver guardado ou estacionado, no caso dos serviços descritos no subitem 11.01 da lista anexa;

XVI – dos bens, dos semoventes ou do domicílio das pessoas vigiados, segurados ou monitorados, no caso dos serviços descritos no subitem 11.02 da lista anexa;[3]

XVII – do armazenamento, depósito, carga, descarga, arrumação e guarda do bem, no caso dos serviços descritos no subitem 11.04 da lista anexa;

XVIII – da execução dos serviços de diversão, lazer, entretenimento e congêneres, no caso dos serviços descritos nos subitens do item 12, exceto o 12.13, da lista anexa;

XIX – do Município onde está sendo executado o transporte, no caso dos serviços descritos pelo item 16 da lista anexa;

XX – do estabelecimento do tomador da mão de obra ou, na falta de estabelecimento, onde ele estiver domiciliado, no caso dos serviços descritos pelo subitem 17.05 da lista anexa;

532 | CÓDIGO TRIBUTÁRIO NACIONAL – *Hugo de Brito Machado Segundo*                    **Art. 2º**

XXI – da feira, exposição, congresso ou congênere a que se referir o planejamento, organização e administração, no caso dos serviços descritos pelo subitem 17.10 da lista anexa;

XXII – do porto, aeroporto, ferroporto, terminal rodoviário, ferroviário ou metroviário, no caso dos serviços descritos pelo item 20 da lista anexa.

XXIII – do domicílio do tomador dos serviços dos subitens 4.22, 4.23 e 5.09; (Partes mantidas);

XXIV – do domicílio do tomador do serviço no caso dos serviços prestados pelas administradoras de cartão de crédito ou débito e demais descritos no subitem 15.01;

XXV – do domicílio do tomador dos serviços dos subitens 10.04 e 15.09.

§ 1º No caso dos serviços a que se refere o subitem 3.04 da lista anexa, considera-se ocorrido o fato gerador e devido o imposto em cada Município em cujo território haja extensão de ferrovia, rodovia, postes, cabos, dutos e condutos de qualquer natureza, objetos de locação, sublocação, arrendamento, direito de passagem ou permissão de uso, compartilhado ou não.

§ 2º No caso dos serviços a que se refere o subitem 22.01 da lista anexa, considera-se ocorrido o fato gerador e devido o imposto em cada Município em cujo território haja extensão de rodovia explorada.

§ 3º Considera-se ocorrido o fato gerador do imposto no local do estabelecimento prestador nos serviços executados em águas marítimas, excetuados os serviços descritos no subitem 20.01.

§ 4º Na hipótese de descumprimento do disposto no **caput** ou no § 1º, ambos do art. 8º-A desta Lei Complementar, o imposto será devido no local do estabelecimento do tomador ou intermediário do serviço ou, na falta de estabelecimento, onde ele estiver domiciliado. (Partes mantidas)[5]

## Anotações

**1. Local da ocorrência do fato gerador** – Tendo em vista a natureza imaterial do "serviço", muitas vezes é difícil determinar *onde* efetivamente o mesmo é prestado. Afinal, em questão judicial que percorre todas as instâncias recursais, o serviço de advocacia foi prestado em qual município? E o serviço de pesquisa, contratado pelo candidato à Presidência da República, em cuja feitura são ouvidas pessoas nos mais diversos municípios? Para resolver o problema, em atenção ao art. 146, I, da CF/88, o legislador complementar optou por eleger o local do estabelecimento do prestador do serviço com critério para determinar qual Município é competente para exigir o tributo correspondente (cf. DL nº 406/68, art. 12). "Cuida-se de opção do legislador, que instituiu uma ficção jurídica. O local da prestação do serviço, assim, está definido por ficção jurídica. Não se admite prova em contrário. O imposto, portanto, é devido ao Município em que tem estabelecimento o prestador, ou se não é estabelecido, onde tem domicílio. Ficaram, desta forma, resolvidas inúmeras questões que certamente seriam

**Art. 2º**        LEI COMPLEMENTAR Nº 116, DE 31 DEJULHO DE 2003 | **533**

suscitadas, em casos como o de um advogado que tem escritório em São Paulo, mas, eventualmente, presta serviços em Brasília, junto ao STJ ou ao STF" (Hugo de Brito Machado, *Comentários ao Código Tributário Nacional*, Rio de Janeiro: Forense, 1997, p. 172).

Aproveitando-se dessa disposição, contribuintes se estabeleceram formalmente em distantes municípios do interior, nos quais não eram tributados, ou submetiam-se a uma tributação mais baixa, e não obstante mantinham estrutura na capital e efetivamente prestavam serviços na capital. Em vez de detectar a fraude, e considerar como *estabelecimento* o local onde efetivamente se mantinha uma estrutura necessária à prestação do serviço (e não aquele formalmente designado em contrato social), o STJ preferiu ignorar a regra estabelecida no art. 12 do DL nº 406/68, determinando fosse devido o imposto no local onde efetivamente prestado o serviço: "Embora a lei considere local da prestação de serviço, o do estabelecimento prestador (art. 12 do Decreto-lei nº 406/68), ela pretende que o ISS pertença ao Município em cujo território se realizou o fato gerador. É o local da prestação do serviço que indica o Município competente para a imposição do tributo (ISS), para que se não vulnere o princípio constitucional implícito que atribui àquele (município) o poder de tributar as prestações ocorridas em seu território. A lei municipal não pode ser dotada de extraterritorialidade, de modo a irradiar efeitos sobre um fato ocorrido no território de município onde não pode ter voga. [...]" (STJ, 1ª T., REsp 41.867-4/RS, Rel. Min. Demócrito Reinaldo, *DJ* de 25/4/1994). Restabeleceu, com isso, os conflitos que o legislador complementar tentou equacionar.

Merece transcrição, a propósito, a observação de Hugo de Brito Machado: "O Superior Tribunal de Justiça, a pretexto de evitar práticas fraudulentas, tem decidido que é competente para a cobrança do ISS o Município onde ocorre a prestação do serviço, sendo irrelevante o local em que se encontra o estabelecimento prestador. Melhor seria, porém, identificar a fraude, em cada caso. Generalizar o entendimento contrário à norma do art. 12 do Decreto-lei nº 406/68 implica afirmar sua inconstitucionalidade, o que não é correto, pois tal norma resolve, e muito bem, o conflito de competência entre os Municípios. A questão está em saber o que é *estabelecimento* prestador do serviço. O equívoco está em considerar como tal o local designado formalmente pelo contribuinte. Estabelecimento na verdade é o local em que se encontram os equipamentos e instrumentos indispensáveis à prestação do serviço, o local em que se pratica a administração dessa prestação. Adotado esse entendimento, as situações fraudulentas podem ser corrigidas, sem que se precise desconsiderar a regra do art. 12 do Decreto-lei nº 406/68" (*Curso de Direito Tributário*, 13. ed., São Paulo: Malheiros, p. 293).

O art. 3º da LC nº 116/2003, dispositivo no qual a questão está atualmente tratada, **reitera – contra a jurisprudência do STJ – que o critério para determinação do local da ocorrência do fato gerador é o local do estabelecimento prestador.** Essa lei complementar, contudo, faz duas alterações importantes. Primeiro, define o que se deve entender por estabelecimento (art. 4º), para fins de determinação do local no qual o ISS é devido. E, segundo, estabelece diversas exceções à regra de que o imposto é devido no local do estabelecimento. O DL nº 406/68 só previa como exceção a construção civil, enquanto a nova lei contempla as exceções dos 22 incisos de seu art. 3º, todos serviços em relação aos quais é possível se determinar *onde* foram prestados.

Na edição anterior deste livro, chamávamos a atenção para esse ponto, vale dizer, para o fato de que a jurisprudência do STJ sobre o "local da ocorrência do fato gerador do ISS" havia sido construída à luz do DL nº 406/68, *e não da LC nº 116/2003*. E tanto isso é verdade que, em momento subsequente, a Segunda Turma do Superior Tribunal de Justiça pronunciou-se nos seguintes termos: "[...] 1. Decisão agravada que, equivocadamente, decidiu à questão tão somente à luz do art. 12 do Decreto-lei nº 406/68, merecendo análise a questão a partir da LC nº 116/2003. 2. Interpretando o art. 12, 'a', do Decreto-lei nº 406/68, a jurisprudência desta Corte firmou entendimento de que a competência tributária para cobrança do ISS é do Município onde o serviço foi prestado. 3. Com o advento da Lei Complementar nº 116/2003, tem-se as seguintes regras: a) o ISS é devido no local do estabelecimento prestador (nele se compreendendo o local onde o contribuinte desenvolva a atividade de prestar serviços, de modo permanente ou temporário, e que configure unidade econômica ou profissional, sendo irrelevantes para caracterizá-lo as denominações de sede, filial, agência, posto de atendimento, sucursal, escritório de representação ou contato ou quaisquer outras que venham a ser utilizadas); e b) na falta de estabelecimento, no local do domicílio do prestador, exceto nas hipóteses previstas nos incisos I a XXII do art. 3º da LC nº 116/2003. 4. Hipótese dos autos em que não restou abstraído qual o serviço prestado ou se o contribuinte possui ou não estabelecimento no local da realização do serviço, de forma que a constatação de ofensa à lei federal esbarra no óbice da Súmula 7/STJ. 5. Agravo regimental não provido" (STJ, 2ª T., AgRg no Ag 903.224/MG, Rel. Min. Eliana Calmon, j. em 11/12/2007, *DJ* de 7/2/2008, p. 1). Como se vê, o STJ não chegou a conhecer do recurso por considerar que, em face das peculiaridades do caso (forma como a questão fora tratada no acórdão recorrido e no recurso especial), isso dependeria do reexame de fatos e provas, o que não pode ser feito no âmbito do Recurso Especial. Deixou claro, de qualquer sorte, que o entendimento a respeito do local da ocorrência do fato gerador do ISS, antes construído a partir do DL nº 406/68, há de ser, como apontávamos na primeira edição deste livro, diferente em razão do art. 3º da LC nº 116/2003. Resta saber como o STJ decidirá a questão, relativamente ao período posterior à LC nº 116/2003, no que diz respeito aos casos não situados nas 22 exceções estabelecidas no art. 3º dessa lei. Quando for o caso de aplicar o *caput* do citado artigo, *data venia*, a Corte não poderá continuar adotando o entendimento que sempre adotou, a menos que declare a inconstitucionalidade do dispositivo (e não parece que haja fundamento para isso).

É, aliás, o que parece estar ocorrendo. Uma vez pacificado, a nosso ver equivocadamente, o entendimento segundo o qual as operações de *leasing* configuram serviço e podem ser tributadas pelo ISS, o STJ entendeu, quanto ao local da ocorrência do fato gerador, o seguinte: "[...] 3. O art. 12 do DL 406/68, com eficácia reconhecida de lei complementar, posteriormente revogado pela LC 116/2003, estipulou que, à exceção dos casos de construção civil e de exploração de rodovias, o local da prestação do serviço é o do estabelecimento prestador. 4. A opção legislativa representa um potente duto de esvaziamento das finanças dos Municípios periféricos do sistema bancário, ou seja, através dessa modalidade contratual se instala um mecanismo altamente perverso de sua descapitalização em favor dos grandes centros financeiros do País. 5. A interpretação do mandamento legal leva a conclusão de ter sido privilegiada a segurança jurídica do sujeito passivo da obrigação tributária, para evitar dúvidas e cobranças de impostos em duplicata, sendo certo que eventuais fraudes (como a manutenção de sedes fictícias) devem ser combatidas por meio da fiscalização e não do afastamento da norma legal, o que traduziria verdadeira quebra do princípio da legalidade tributária. 6. Após a vigência da LC 116/2003 é que se pode afirmar que, existindo unidade econômica ou profissional do estabelecimento prestador no Município onde o serviço é perfectibilizado, ou seja, onde ocorrido o fato gerador tributário, ali deverá ser recolhido o tributo. 7. O contrato de *leasing* financeiro é um contrato complexo no qual predomina o aspecto financeiro, tal qual assentado pelo STF quando do julgamento do RE 592.905/SC. Assim, há de se concluir que, tanto na vigência do DL 406/68 quanto na vigência da LC 116//2003, o núcleo da operação de arrendamento mercantil, o

# Art. 2º

LEI COMPLEMENTAR Nº 116, DE 31 DEJULHO DE 2003 | **535**

serviço em si, que completa a relação jurídica, é a decisão sobre a concessão, a efetiva aprovação do financiamento. 8. As grandes empresas de crédito do País estão sediadas ordinariamente em grandes centros financeiros de notável dinamismo, onde centralizam os poderes decisórios e estipulam as cláusulas contratuais e operacionais para todas suas agências e dependências. Fazem a análise do crédito e elaboram o contrato, além de providenciarem a aprovação do financiamento e a consequente liberação do valor financeiro para a aquisição do objeto arrendado, núcleo da operação. Pode-se afirmar que é no local onde se toma essa decisão que se realiza, se completa, que se perfectibiliza o negócio. Após a vigência da LC 116/2003, assim, é neste local que ocorre a efetiva prestação do serviço para fins de delimitação do sujeito ativo apto a exigir ISS sobre operações de arrendamento mercantil. 9. O tomador do serviço ao dirigir-se à concessionária de veículos não vai comprar o carro, mas apenas indicar à arrendadora o bem a ser adquirido e posteriormente a ele disponibilizado. Assim, a entrega de documentos, a formalização da proposta e mesmo a entrega do bem são procedimentos acessórios, preliminares, auxiliares ou consectários do serviço cujo núcleo – fato gerador do tributo – é a decisão sobre a concessão, aprovação e liberação do financiamento. 10. Ficam prejudicadas as alegações de afronta ao art. 148 do CTN e ao art. 9º do Decreto-Lei 406/68, que fundamente a sua tese relativa à ilegalidade da base de cálculo do tributo. 11. No caso dos autos, o fato gerador originário da ação executiva refere-se a período em que vigente o DL 406/68. A própria sentença afirmou que a ora recorrente possui sede na cidade de Osasco/SP e não se discutiu a existência de qualquer fraude relacionada a esse estabelecimento; assim, o Município de Tubarão não é competente para a cobrança do ISS incidente sobre as operações realizadas pela empresa Potenza Leasing S.A. Arrendamento Mercantil, devendo ser dado provimento aos Embargos do Devedor, com a inversão dos ônus sucumbenciais. 12. Recurso Especial parcialmente provido para definir que: (a) incide ISSQN sobre operações de arrendamento mercantil financeiro; (b) o sujeito ativo da relação tributária, na vigência do DL 406/68, é o Município da sede do estabelecimento prestador (art. 12); (c) a partir da LC 116/03, é aquele onde o serviço é efetivamente prestado, onde a relação é perfectibilizada, assim entendido o local onde se comprove haver unidade econômica ou profissional da instituição financeira com poderes decisórios suficientes à concessão e aprovação do financiamento – núcleo da operação de *leasing* financeiro e fato gerador do tributo; (d) prejudicada a análise da alegada violação ao art. 148 do CTN; (e) no caso concreto, julgar procedentes os Embargos do Devedor, com a inversão dos ônus sucumbenciais, ante o reconhecimento da ilegitimidade ativa do Município de Tubarão/SC para a cobrança do ISS. Acórdão submetido ao procedimento do art. 543-C do CPC e da Resolução 8/STJ" (STJ, 1ª S., REsp 1.060.210/SC, Rel. Min. Napoleão Nunes Maia Filho, *DJe* de 5/3/2013).

Vale esclarecer, quanto ao argumento de que essa compreensão levaria a uma concentração da arrecadação nos grandes centros, que isso não necessariamente acontecerá. Pode até ser o caso em relação à atividade de *leasing*, mas o entendimento, a rigor, poderá levar ao resultado inverso, se prestadores de serviços efetivamente se estabelecerem em municípios do interior, com carga tributária geralmente menos excessiva, tendo garantido seu direito de serem tributados nestes e apenas nestes Municípios, afastando-se cobranças indevidas feitas por aqueles nos quais estejam ocasionalmente estabelecidos os tomadores dos serviços ou as fontes pagadoras correspondentes.

**2. Veto dos incisos X e XI e tributação de serviços públicos** – Os incisos X e XI do art. 3º da LC nº 116/2003 estavam assim redigidos: "X – da execução dos serviços de saneamento ambiental, purificação, tratamento, esgotamento sanitário e congêneres, no caso dos serviços descritos no subitem 7.14 da lista anexa; XI – do tratamento e purificação de água, no caso

**536** | CÓDIGO TRIBUTÁRIO NACIONAL – *Hugo de Brito Machado Segundo* **Art. 2º**

dos serviços descritos no subitem 7.15 da lista anexa;". As razões pelas quais foram vetados, juntamente com os itens 7.14 e 7.15 da lista, foram as seguintes: "A incidência do imposto sobre serviços de saneamento ambiental, inclusive purificação, tratamento, esgotamento sanitários e congêneres, bem como sobre serviços de tratamento e purificação de água, não atende ao interesse público. A tributação poderia comprometer o objetivo do Governo em universalizar o acesso a tais serviços básicos. O desincentivo que a tributação acarretaria ao setor teria como consequência de longo prazo aumento nas despesas no atendimento da população atingida pela falta de acesso a saneamento básico e água tratada. Ademais, o Projeto de Lei nº 161 – Complementar revogou expressamente o art. 11 do Decreto-lei nº 406, de 31 de dezembro de 1968, com redação dada pela Lei Complementar nº 22, de 9 de dezembro de 1974. Dessa forma, as obras hidráulicas e de construção civil contratadas pela União, Estados, Distrito Federal Municípios, autarquias e concessionárias, antes isentas do tributo, passariam ser taxadas, com reflexos nos gastos com investimentos do Poder Público.

Dessa forma, a incidência do imposto sobre os referidos serviços não atende o interesse público, recomendando-se o veto aos itens 7.14 e 7.15, constantes da Lista de Serviços do presente Projeto de lei Complementar. Em decorrência, por razões de técnica legislativa, também deverão ser vetados os inciso X e XI do art. 3º do Projeto de Lei."

As razões de veto nos parecem corretas, mas, se houvesse coerência, deveriam ter sido vetadas todas as remissões, na LC nº 116/2003, à tributação de serviços públicos. Afinal, a incidência de tributos reflete na fixação das tarifas, mesmo quando a prestação do serviço é delegada à iniciativa privada, o que encarece o serviço, dificulta o seu acesso à população e contraria o princípio da modicidade das tarifas, bem como a própria razão de se considerar "público" aquele serviço.

**3. Local da ocorrência do fato gerador. Exceções previstas nos incisos do art. 3º da LC nº 116/2003. Direito intertemporal** – Em face do art. 12 do DL nº 406, e da jurisprudência do STJ, que o aplicava às avessas (ver nota 1 a este mesmo artigo), muitos contribuintes eram – e ainda são – postos em difícil situação. O Município no qual se situa seu estabelecimento exige o ISS, fundado no DL nº 406/68, enquanto o Município no qual o serviço é prestado exige o ISS, fundado no entendimento do STJ.

Com o advento da LC nº 116/2003, a situação não se altera, em relação aos serviços enquadrados na regra geral prevista no *caput* de seu art. 3º, a menos que o STJ, considerando o que expressamente preconiza este artigo, e ainda o art. 4º da mesma lei complementar, retifique seu entendimento (ver nota 1, *supra*). Em relação aos serviços previstos nas 22 exceções contidas nos incisos do art. 3º, porém, porque se mostra viável determinar o efetivo local da prestação do serviço, a lei complementar adotou o mesmo critério adotado pela jurisprudência do STJ, ratificando-o.

Fundado nessa premissa, o STJ já decidiu: "As duas Turmas que compõem a Primeira Seção desta Corte, mesmo na vigência do art. 12 do Dec-lei nº 406/68, revogado pela Lei Complementar nº 116/2003, pacificaram entendimento no sentido de que a Municipalidade competente para realizar a cobrança do ISS é a do local da prestação dos serviços, onde efetivamente ocorre o fato gerador do imposto. Ademais, nos termos do art. 106 do CTN, em caso de situação não definitivamente julgada, a lei tributária aplica-se a ato ou fato pretérito quando deixe de defini-lo como infração. No particular, não mais subsiste qualquer das penalidades aplicadas nos autos de infração baixados pelo Município da sede da empresa, pois a Lei Complementar nº 116/2003 estabelece em seu art. 3º, inc. XVI, que para os serviços de vigilância

**Art. 4º**  LEI COMPLEMENTAR Nº 116, DE 31 DE JULHO DE 2003 | **537**

a competência para realizar a cobrança do ISS é do ente municipal do 'local dos bens ou do domicílio das pessoas vigiados'. [...]" (STJ, 2ª T., RMS 17.156/SE, Rel. Min. Castro Meira, j. em 10/8/2004, *DJ* de 20/9/2004, p. 215). No caso, tratava-se de contribuinte do ISS que recolhera o imposto – ou sofrera a correspondente retenção – no município em que prestado o serviço, e que por isso estava sendo punido pelo Município no qual situado o seu estabelecimento.

**4. Vetos aos incisos XXIII, XXIV e XXV e sua posterior "derrubada" pelo Congresso Nacional** – Os incisos XXIII, XXIV e XXV haviam sido inicialmente vetados pelo Presidente da República, e, como se vê, têm a finalidade de fazer o imposto devido, nos casos por eles mencionados (*v.g.*, planos de saúde, "serviços" prestados por empresas de cartão de crédito, de intermediação, e por estabelecimentos bancários), no local em que estabelecido o tomador do serviço. A finalidade anunciada, com isso, é a de combater a chamada "guerra fiscal", por meio da qual Municípios estabelecem alíquotas mais baixas para atrair certos prestadores de serviços. O Presidente da República os vetou, porém, por considerar que haveria perda de eficiência da arrecadação, além de "contrariar a lógica" inerente à cobrança do imposto, trazendo inúmeros problemas às Administrações Tributárias e principalmente aos contribuintes.

Com a derrubada do veto, o dispositivo passa a vigorar com a redação inicialmente pretendida pelo Congresso e traz os problemas receados pela Presidência e que motivaram o veto. Realmente, podem surgir inúmeras questões ligadas ao problema, incrementando os conflitos de competência em matéria de ISS. No caso de cartão de crédito, por exemplo, o imposto é devido no local onde o titular do cartão tem residência e recebe a correspondência respectiva (as faturas para pagamento etc.), ou no local onde o estabelecimento comercial que realiza vendas pagas por meio do cartão de crédito funciona? Se um cidadão residente em São Paulo usa seu cartão de crédito para pagar refeição realizada em restaurante em Jericoacoara, por exemplo, em qual município será devido o imposto? Há vários contratos, com várias incidências? Como se vê, a lei talvez tenha *criado* conflitos, em vez de tê-los resolvido, como prescreve o art. 146, I, da CF/88.

**5. Veto ao § 4º do art. 3º e sua posterior "derrubada" pelo Congresso Nacional** – O § 4º do art. 3º da LC 116/2003, com a redação dada pela LC 157/2016, foi inicialmente vetado pelo Presidente da República. A finalidade do dispositivo vetado, uma vez mais (tal como a dos incisos XXIII a XXV, acima comentados), é a de combater a guerra fiscal, mas desta vez punindo-se o tomador do serviço, visto que o art. 8º-A estabelece as alíquotas mínimas referentes ao ISS. Estava correta a posição do Presidente, de vetar as disposições referidas, pois o tomador do serviço não tem como saber a alíquota do imposto vigente no Município onde estabelecido o prestador do serviço. Aliás, dependendo do serviço, o tomador não tem como saber, ordinariamente, onde está estabelecido seu prestador. Além do mais, como acertadamente constou das razões de veto, a competência tributária deve ser claramente definida em lei complementar, não ficando a depender de eventos futuros e incertos (o cumprimento, ou não, do disposto no art. 8.º-A pelo Município onde estabelecido o prestador do serviço). Tivesse prevalecido o veto, evitar-se-iam graves e difíceis conflitos de competência que invariavelmente surgirão, e que terão nos cidadãos – prestadores e tomadores do serviço – seus maiores prejudicados.

**Art. 4º** Considera-se estabelecimento prestador o local onde o contribuinte desenvolva a atividade de prestar serviços, de modo permanente ou temporário, e que configure unidade econômica ou profissional, sendo irrelevantes para caracterizá-lo as denominações de sede, filial, agência, posto de atendimento, sucursal, escritório de representação ou contato ou quaisquer outras que venham a ser utilizadas.[1]

**538** | CÓDIGO TRIBUTÁRIO NACIONAL – *Hugo de Brito Machado Segundo*                    **Art. 5º**

## Anotações

**1. Conceito de estabelecimento prestador** – O art. 4º da LC nº 116/2003 positivou conceito de estabelecimento prestador, notadamente para fins de interpretação do disposto no *caput* do art. 3º dessa mesma lei. Deve-se utilizar esse conceito para afastar práticas fraudulentas de constituir pessoa jurídica prestadora de serviço com sede formal em Município do interior, mas com estabelecimento, "de fato", na capital, onde presta serviços. Como explicado em nota ao art. 3º desta lei, estabelecimento prestador já poderia ser assim entendido para fins de interpretação do art. 12 do DL nº 408/68. Misabel Abreu Machado Derzi, a propósito, antes da LC nº 116/2003 já oferecia exatamente esse conceito de estabelecimento, em termos bastantes semelhantes aos ora plasmados na lei: "Estabelecimento prestador do serviço é o complexo de coisas, como unidade econômica de empresa, que configure um núcleo habitual do exercício da atividade, supondo administração e gerência mínimas, aptas à execução do serviço. Tanto pode ser a sede, matriz, filial, sucursal ou agência, sendo irrelevante a denominação do estabelecimento e a centralização ou não da escrita da pessoa. O local onde se situa cada unidade econômica – assim entendido aquele de estabelecimento prestador do serviço – atrairá a incidência da norma municipal respectiva" (Misabel Abreu Machado Derzi, em notas de atualização ao *Direito Tributário Brasileiro*, de Aliomar Baleeiro, 11. ed., Rio de Janeiro: Forense, 1999, p. 509).

**Art. 5º** Contribuinte é o prestador do serviço.[1]

**Art. 6º** Os Municípios e o Distrito Federal, mediante lei, poderão atribuir de modo expresso a responsabilidade pelo crédito tributário a terceira pessoa, vinculada ao fato gerador da respectiva obrigação,[2] excluindo a responsabilidade do contribuinte ou atribuindo-a a este em caráter supletivo do cumprimento total ou parcial da referida obrigação, inclusive no que se refere à multa e aos acréscimos legais.

§ 1º Os responsáveis a que se refere este artigo estão obrigados ao recolhimento integral do imposto devido, multa e acréscimos legais, independentemente de ter sido efetuada sua retenção na fonte.

§ 2º Sem prejuízo do disposto no *caput* e no § 1º deste artigo, são responsáveis:

I – o tomador ou intermediário de serviço proveniente do exterior do País ou cuja prestação se tenha iniciado no exterior do País;

II – a pessoa jurídica, ainda que imune ou isenta, tomadora ou intermediária dos serviços descritos nos subitens 3.05, 7.02, 7.04, 7.05, 7.09, 7.10, 7.12, 7.14, 7.15, 7.16, 7.17, 7.19, 11.02, 17.05 e 17.10 da lista anexa.

III – a pessoa jurídica tomadora ou intermediária de serviços, ainda que imune ou isenta, na hipótese prevista no § 4º do art. 3º desta Lei Complementar. (Partes mantidas).

§ 3º No caso dos serviços descritos nos subitens 10.04 e 15.09, o valor do imposto é devido ao Município declarado como domicílio tributário da pessoa jurídica ou física tomadora do serviço, conforme informação prestada por este.

**Art. 7º** LEI COMPLEMENTAR Nº 116, DE 31 DEJULHO DE 2003 | **539**

§ 4º No caso dos serviços prestados pelas administradoras de cartão de crédito e débito, descritos no subitem 15.01, os terminais eletrônicos ou as máquinas das operações efetivadas deverão ser registrados no local do domicílio do tomador do serviço.[3] (NR)

## Anotações

**1. Contribuinte do ISS** – Se a norma instituidora do imposto tem por pressuposto de incidência um fato signo presuntivo de capacidade contributiva, o contribuinte desse imposto somente pode ser a pessoa que pratica esse fato, e, através dele, revela capacidade para contribuir. Por isso, o contribuinte deve ser necessariamente aquele com relação pessoal e direta com a situação que configura o fato gerador da obrigação (CTN, art. 121, I), posição que, no caso do ISS, é ocupada pelo prestador do serviço.

**2. Responsabilidade tributária e vinculação com o fato gerador** – Nos mesmos termos do art. 128 do CTN, e como decorrência do princípio da capacidade contributiva, também a atribuição de responsabilidade tributária a terceiro, no âmbito do ISS, depende da vinculação deste terceiro ao fato gerador da respectiva obrigação. Não é possível, por exemplo, atribuir responsabilidade ao dono de um apart-hotel pelo ISS devido pela administradora do mesmo em face de serviços prestados a terceiros, que ali se hospedam. Foi o que já decidiu a Primeira Turma do STJ: "A hipótese dos autos é de imóvel situado em apart-hotel que foi confiado a imobiliária, para que, em nome do proprietário, o cedesse em locação, entendendo o recorrente que sobre essa relação locatícia incide o ISS, porquanto aos locatários ocupantes são oferecidos serviços típicos de hospedagem em hotéis. [...] O proprietário do imóvel e a imobiliária que o representa não são responsáveis pelo ISS referente aos serviços prestados pela administradora das unidades de apart-hotel, porquanto aqueles encerram simples relação de locação com os ocupantes do imóvel, sendo imperiosa a anulação do auto de infração lavrado pelo recorrente. [...]" (STJ, 1ª T., REsp 457.499/DF, Rel. Min. Francisco Falcão, j. em 6/12/2005, *DJ* de 13/2/2006, p. 662).

**3. Veto ao inciso III do § 2º e aos §§ 3º e 4º** – Seguindo a mesma lógica de outros dispositivos da LC 157/2016 originalmente vetados, o inciso III do § 2º, bem como os §§ 3º e 4º, tem por finalidade fazer o imposto devido pelo tomador do serviço, na condição de responsável tributário, nas hipóteses em que o prestador estivesse estabelecido em Município concessivo de tratamento tributário diferenciado e mais benéfico. Isso trará, contudo, forte insegurança e graves conflitos de competência, cabendo à lei complementar traçar critérios claros e objetivos para que tais não ocorram, e não condicionar a competência a eventos futuros e incertos, de modo a incrementar as oportunidades de litígio. Vejam-se, a propósito, as notas ao art. 3º, inciso XXIII a XXV, da LC 116/2003, *supra*.

**Art. 7º** A base de cálculo do imposto é o preço do serviço.[1, 2, 3, 4, 5, 6, 7, 8, 9]

§ 1º Quando os serviços descritos pelo subitem 3.04 da lista anexa forem prestados no território de mais de um Município, a base de cálculo será proporcional, conforme o caso, à extensão da ferrovia, rodovia, dutos e condutos de qualquer natureza, cabos de qualquer natureza, ou ao número de postes, existentes em cada Município.

**540** | CÓDIGO TRIBUTÁRIO NACIONAL – *Hugo de Brito Machado Segundo*                    **Art. 7º**

§ 2º Não se incluem na base de cálculo do Imposto Sobre Serviços de Qualquer Natureza:[10]

I – o valor dos materiais fornecidos pelo prestador dos serviços previstos nos itens 7.02 e 7.05 da lista de serviços anexa a esta Lei Complementar;

II – (VETADO)[11]

§ 3º (VETADO)[12]

## ANOTAÇÕES

**1. Base de cálculo do ISS e tratamento diferenciado das sociedades de profissionais** – De acordo com o art. 9º, §§ 1º e 3º do DL nº 406/68, o ISS devido por profissionais autônomos e por sociedades de profissionais legalmente habilitadas deverá ser pago por critérios que não estejam atrelados à remuneração paga aos profissionais. É conferir: "Art. 9º A base de cálculo do imposto é o preço do serviço. § 1º Quando se tratar de prestação de serviços sob a forma de trabalho pessoal do próprio contribuinte, o imposto será calculado, por meio de alíquotas fixas ou variáveis, em função da natureza do serviço ou de outros fatores pertinentes, nestes não compreendida a quantia paga a título de remuneração do próprio trabalho. [...] § 3º Quando os serviços a que se referem os itens 1, 4, 8, 25, 52, 88, 89, 90, 91 e 92 da lista anexa forem prestados por sociedades, estas ficarão sujeitas ao imposto na forma do § 1º, calculado em relação a cada profissional habilitado, sócio, empregado ou não, que preste serviços em nome da sociedade, embora assumindo responsabilidade pessoal, nos termos da lei aplicável [...]".

**2. Tratamento diferenciado do autônomo e das sociedades de profissionais. Possível revogação pela LC nº 116/2003** – Com a edição da LC nº 116/2003, que nada dispõe a respeito da base de cálculo do ISS em relação ao profissional autônomo e às sociedades de profissionais, estabeleceu-se divergência em torno da subsistência do art. 9º, §§ 1º e 3º, do DL nº 406/68. Diversos Municípios passaram a sustentar que houve revogação tácita do DL nº 406/68 como um todo, pois a LC nº 116/2003 teria tratado de toda a matéria relativa às normas gerais do ISS. Além disso, o art. 9º do DL nº 406/68 teve sua redação alterada pelo DL nº 834/69, este revogado expressamente. Grande parte da doutrina, porém, defende a subsistência do tratamento diferenciado, pois: *(i)* malfere o princípio da capacidade contributiva tributar o autônomo (e a sociedade por ele integrada), de forma proporcional ao seu faturamento; *(ii)* a LC nº 116/2003 incorreu em "silêncio eloquente" ao manter em vigor o art. 9º, na medida em que revogou de modo expresso o 8º e o 10 do DL nº 406/68; *(iii)* a teor do art. 9º da LC nº 95/98, a cláusula de revogação deverá enumerar, expressamente, as disposições revogadas; *(iv)* o DL nº 834/69 exauriu seus efeitos, no caso, ao alterar a redação do DL nº 406/68, de forma que a posterior revogação do DL nº 834/69 não prejudica a subsistência da norma do DL nº 406/68 que por ele já havia sido alterada. Confiram-se, a respeito, os textos de: Alberto Xavier e Roberto Duque Estrada, "O ISS das Sociedades de Serviços Profissionais e a Lei Complementar nº 116/03", em *O ISS E A LC 116*, coord. Valdir de Oliveira Rocha, São Paulo: Dialética, 2003, p. 11; Eduardo Fortunato Bim, "A Subsistência do ISS Fixo para as Sociedades Uniprofissionais em face da Lei Complementar nº 116/03: a Plena Vigência do § 3º do artigo 9º do DL nº 406/68", em *O ISS E A LC 116*, coord. Valdir de Oliveira Rocha, São Paulo: Dialética, 2003, p. 97; José Roberto Pisani, "ISS – Serviços Profissionais – LC nº 116/2003", em *RDDT* 97/69. No âmbito da jurisprudência, prevaleceu o entendimento de que a tributação fixa continua em vigor, não tendo sido abolida pela LC

# Art. 7º
LEI COMPLEMENTAR Nº 116, DE 31 DEJULHO DE 2003 | **541**

116/2003. É conferir: "[...] 1. As sociedades de advogados, qualquer que seja o conteúdo de seus contratos sociais, gozam do tratamento tributário diferenciado previsto no art. 9º, §§ 1º e 3º, do Decreto-Lei nº 406/68 e não recolhem o ISS sobre o faturamento, mas em função de valor anual fixo, calculado com base no número de profissionais integrantes da sociedade. [...] (STJ, 2ª T., AgRg no Ag 923.122/RJ, j. em 6/11/2007, *DJ* 21/11/2007 p. 328). Em seu voto, o Min. Castro Meira esclarece que, no entendimento da Corte, "a Lei Complementar 116/03 não revogou os §§ 1º e 3º do art. 9º do Decreto-lei 406/68 no tocante ao regramento da tributação do ISS para as sociedades uniprofissionais".

**3. Tratamento dado pelo art. 9º do DL nº 406/68 às sociedades de profissionais foi re-cepcionado pela CF/88** – A forma diferenciada de cálculo do ISS devido por profissionais liberais (médicos, advogados, contadores, dentistas etc.) e pelas sociedades por eles constitu-ídas, veiculada pelo art. 9º, §§ 1º e 3º do Decreto-lei nº 406/68, foi recepcionada pela CF/88, visto que não se trata de "isenção heterônoma" (isenção concedida por pessoa política diversa daquela competente para instituir o tributo), não encontrando óbice, portanto, no art. 151, III, da CF/88 (STF, 2ª T., RE 301.508 AgR/MG, Rel. Min. Néri da Silveira, j. em 5/3/2002, v. u., *DJ* de 5/4/2002, p. 42). O mesmo foi decidido em relação à autorização, contida no art. 9º, § 2º, do mesmo DL nº 406/68, para que sejam deduzidas as "subempreitadas" da base de cálculo do ISS devido pelo prestador do serviço de construção civil. Entendeu o STF que tais dispositivos "cuidam da base de cálculo do ISS e não configuram isenção", razão pela qual não há "ofensa ao art. 151, III, art. 34, ADCT/88, art. 150, II e 145, § 1º, CF/88" (STF, 2ª T., RE 214.414 AgR./MG Rel. Min. Carlos Velloso, j. em 5/11/2002, *DJ* de 29/11/2002, p. 38). No mesmo sentido: RE 220.323/MG, *DJ* de 18/5/2001, e RE 236.604/PR, *DJ* de 6/8/1999, *RTJ* 170/1001. Para manifestação doutrinária em sentido diverso, confira-se: Marcelo Caron Batista, *ISS: Do texto à norma,* São Paulo: Quartier Latin, 2005, p. 639 ss.

**4. Tributação fixa da sociedade de profissional. Não aplicação em caso de entidade com caráter empresarial** – O STJ pacificou seu entendimento no sentido de que o tratamento de que cuida o art. 9º, §§ 1º e 3º do DL nº 406/68 não se aplica a entidades que prestem serviços em caráter empresarial, assim entendidas aquelas que não contam com a participação direta e pessoal de seus sócios, mas sim de empregados cuja mão de obra é explorada por pessoa jurídica formada por sócios que nem habilitação têm no respectivo mister. É o caso, por exemplo, dos serviços prestados por laboratórios de análises médicas (STJ, 1ª T., AgRg no Ag 704.239/AL, Rel. Min. Denise Arruda, j. em 6/12/2005, *DJ* de 1º/2/2006, p. 452).

**4.1. Aplicação, em caso de sociedade de advogados** – Quanto às sociedades de advogados, considera o STJ que não têm caráter empresarial, em face de sua própria natureza: "[...] 1. O art. 9º, §§ 1º e 3º, do Decreto-lei nº 406/68 estabelece alguns requisitos, sem os quais a sociedade estará obrigada a recolher o ISS com base na sistemática geral, vale dizer, sobre o valor do seu faturamento. São eles: (a) que a sociedade seja uniprofissional; (b) que os profissionais nela associados ou habilitados prestem serviços em nome da sociedade, embora sob responsabilidade pessoal. 2. O art. 16 da Lei nº 8.906/94 (Estatuto da Advocacia) permi-te concluir que as sociedades de advogados, qualquer que seja o respectivo contrato social, caracterizam-se como sociedades uniprofissionais. O dispositivo proíbe que essas entidades realizem 'atividades estranhas à advocacia' ou incluam em seus quadros 'sócio não inscrito como advogado ou totalmente proibido de advogar'. 3. Os profissionais que compõem os quadros de uma sociedade de advogados prestam serviços em nome da sociedade, embora sob responsabilidade pessoal. Essa conclusão é possível diante da leitura do art. 15, § 3º, da Lei nº 8.906/94, segundo o qual 'as procurações devem ser outorgadas individualmente aos advogados e indicar a sociedade de que façam parte'; do art. 17, que fixa a responsabilidade

**542** | CÓDIGO TRIBUTÁRIO NACIONAL – *Hugo de Brito Machado Segundo*                    **Art. 7º**

pessoal e ilimitada do sócio pelos danos causados aos clientes por ação ou omissão no exercício da advocacia; bem como do art. 18, do mesmo diploma legal, que estabelece que 'a relação de emprego, na qualidade de advogado, não retira a isenção técnica nem reduz a independência profissional inerentes à advocacia'. 4. O art. 16 da Lei nº 8.906/94 espanca qualquer dúvida acerca da natureza não empresarial das sociedades de advogados. Segundo a previsão normativa, não serão admitidas a registro, nem poderão funcionar, 'as sociedades de advogados que apresentem forma ou características mercantis'. 5. Tranquila a conclusão de que a sociedade civil de advocacia, qualquer que seja o conteúdo de seu contrato social, goza do tratamento tributário diferenciado previsto no art. 9º, §§ 1º e 3º, do Decreto-lei nº 406/68, já que são necessariamente uniprofissionais, não possuem natureza mercantil, sendo pessoal a responsabilidade dos profissionais nela associados ou habilitados. [...]" (STJ, 2ª T., REsp 649.094/RJ, Rel. Min. Castro Meira, j. em 23/11/2004, *DJ* de 7/3/2005, p. 228).

**5. Base de cálculo. Valor do serviço e valores repassados a terceiros** – "A base de cálculo do ISS é o preço do serviço, não sendo possível incluir nesse valor importâncias que não serão revertidas para o prestador, mas simplesmente repassadas a terceiros, mediante posterior reembolso. Precedentes: REsp nº 411.580/SP, Rel. Min. LUIZ FUX, *DJ* de 16/12/02 e REsp nº 224.813/SP, Rel. Min. José Delgado, *DJ* de 28/2/00. [...]" (STJ, 1ª T., REsp 618.772/RS, Rel. Min. Francisco Falcão, j. em 8/11/2005, *DJ* de 19/12/2005, p. 217). No caso, tratava-se de saber se despesas com viagens e alimentação, cujo valor fora cobrado à parte do tomador, e repassado a terceiro, poderiam fazer parte da base de cálculo do ISS devido pelo prestador de serviço de vistoria de sinistros, tendo o STJ entendido que não. **No mesmo sentido,** em relação à locadora de imóveis que cobra a parte o combustível: "1. A Autora, como locadora de automóveis, aluga seus veículos com o tanque de combustível cheio, sendo contratado que o locatário deve restituir o carro no prazo combinado igualmente com o tanque cheio. Quando isto não ocorre na devolução do veículo, a Autora providencia a reposição do combustível gasto e realiza a cobrança do locatário, à parte, destacando na Nota Fiscal que referida receita não é tributada pelo ISS, pois não integra o preço do serviço, que é a base de cálculo do imposto. 2. O mesmo procedimento é adotado pela Autora com relação a despesas com franquias de seguros. Quando o veículo locado sofre qualquer tipo de abalroamento, a empresa seguradora da Autora cobre as despesas e emite cobrança de uma franquia, a qual posteriormente é cobrada do Locatário responsável, como reembolso de despesas, conforme previsto no contrato de locação. Da mesma forma que ocorre com relação às demais despesas, a Autora não recolhe o ISS sobre esta quantia, visto que a mesma não integra o preço do serviço. 3. A base de cálculo de incidência, 'in specie', face à natureza da atividade da locadora, é a locação de veículos, pura e simplesmente, e não serviços correlatos, mas não afins, que não fazem parte da espécie de serviços prestados pela locadora. 4. Os reembolsos que se pretende façam parte dos serviços não podem vingar, simplesmente porque são serviços prestados por terceiros, sem qualquer relação direta com a atividade principal exercida pela locadora, que é a locação de veículos. 5. Os serviços referidos não são, propriamente, receita da locadora. Os que estão sujeitos à base tributária, 'in casu', são os locativos, tão apenas estes, os que, verdadeiramente, constituem a receita propriamente dita do locador. [...]" (STJ, 1ª T., REsp 224.813/SP, Rel. Min. José Delgado, j. em 7/12/1999, *DJ* de 28/2/2000, p. 57). Advirta-se, no caso, que embora a tese consagrada no acórdão esteja correta, em relação a uma prestação de serviços, a locação de bens móveis não configura serviço e, no caso, não deveria sofrer a incidência do ISS nem mesmo sobre o valor recebido pelo aluguel do veículo, como posteriormente reconheceu o Plenário do STF (cf. RE 116.121/SP, Rel. p. o acórdão Min.

# Art. 7º

LEI COMPLEMENTAR Nº 116, DE 31 DE JULHO DE 2003 | **543**

Marco Aurélio, j. em 11/10/2000, m. v., *DJ* de 25/5/2001, p. 17), inclusive com edição de Súmula Vinculante: "É inconstitucional a incidência do Imposto sobre Serviços de Qualquer Natureza – ISS sobre operações de locação de bens móveis" (Súmula Vinculante 31/STF).

**6. Base de cálculo do ISS e serviço de agenciamento de mão de obra** – Partindo da mesma premissa que orienta a conclusão dos julgados apontados na nota anterior, há decisões da Primeira Turma do STJ que asseveram ser a base de cálculo do ISS, em relação ao serviço de agenciamento de mão de obra, apenas a comissão detida pela administradora, não abrangendo os salários repassados aos empregados que representam a mão de obra agenciada: "'1. A empresa que agencia mão de obra temporária age como intermediária entre o contratante da mão de obra e o terceiro que é colocado no mercado de trabalho 2. A intermediação implica o preço do serviço que é a comissão, base de cálculo do fato gerador consistente nessas 'intermediações'. 3. O implemento do tributo em face da remuneração efetivamente percebida conspira em prol dos princípios da legalidade, justiça tributária e capacidade contributiva. 4. O ISS incide, apenas, sobre a taxa de agenciamento, que é o preço do serviço pago ao agenciador, sua comissão e sua receita, excluídas as importâncias voltadas para o pagamento dos salários e encargos sociais dos trabalhadores. Distinção de valores pertencentes a terceiros (os empregados) e despesas, que pressupõem o reembolso. Distinção necessária entre receita e entrada para fins financeiro-tributários. Precedentes do E STJ acerca da distinção. [...]' (REsp nº 411.580/SP, Rel. Min. LUIZ FUX, *DJ* de 16/12/2002) II – No mesmo sentido, o entendimento firmado no voto-vista por mim proferido no julgamento dos Embargos de Declaração no Recurso Especial nº 227.293/RJ. [...]" (STJ, 1ª T., REsp 712.914/PR, Rel. Min. Francisco Falcão, j. em 27/9/2005, *DJ* de 5/12/2005, p. 234). **No mesmo sentido:** STJ, 1ª T., REsp 787.353/MG, Rel. Min. Francisco Falcão, j. em 14/2/2006, *DJ* de 6/3/2006, p. 234.

**Contra:** "1. Segundo o art. 72 do CTN, a base cálculo do ISS é o preço do serviço, ressalvadas as exceções previstas no próprio artigo. 2. As deduções permitidas no valor do serviço objetivam evitar a cumulatividade, o que enseja a exclusão do valor das mercadorias já tributadas com o ICMS e o preço dos serviços prestados por terceiros, quando já tributados. 3. Na dedução, é preciso observar a atividade fim da empresa, de tal modo que não deve ser considerada mera intermediária aquela que se dedica a locar mão de obra para recolher o ISS pelo só valor da comissão recebida com a locação. 4. As agenciadoras de mão de obra pagam o ISS pelo valor de sua receita, independentemente do vínculo que tinham com aqueles que fornecem a mão de obra. [...]" (STJ, 2ª T., REsp 648.368/SP, Rel. Min. Eliana Calmon, j. em 7/3/2006, *DJ* de 4/5/2006, p. 160).

**7. Base de cálculo do ISS e contrato de seguro saúde** – Partindo ainda da premissa – correta – de que a base de cálculo deve ser o aspecto dimensível do fato gerador, vale dizer, o fato gerador "transformado em moeda", deve-se considerar que, "nas operações decorrentes de contrato de seguro-saúde, o ISS não deve ser tributado com base no valor bruto entregue à empresa que intermedeia a transação, mas sim pela comissão, ou seja, pela receita auferida sobre a diferença entre o valor recebido pelo contratante e o que é repassado para os terceiros, efetivamente prestadores dos serviços. [...]" (STJ, 1ª T., EEREsp 227.293/RJ, Rel. Min. Francisco Falcão, j. em 20/10/2005, *DJ* de 28/11/2005, p. 189). **No mesmo sentido:** STJ, 1ª T., REsp 642.810/MG, Rel. Min. Luiz Fux, j. em 22/3/2005, v. u., de *DJ* 25/4/2005, p. 238; 2ª T., AgRg no Ag 497.328/MG, Rel. Min. Franciulli Netto, j. em 1/6/2004, v. u., *DJ* de 13/9/2004, p. 204. *Data venia*, sem discutir as premissas do acórdão em relação às exclusões nele determinadas, parece-nos que o seguro saúde, a rigor, deve ser tributado pelo IOF, e não pelo ISS, pois não se trata de serviço, mas de contrato de seguro, submetido àquele imposto federal, e não a este municipal.

Em um dos precedentes citados, o Min. Luiz Fux, relator, conquanto se curve ao posicionamento da Turma, ressalva seu entendimento pessoal, fundado em precedente do STF, e na doutrina de Hugo de Brito Machado, segundo o qual o serviço de "seguro saúde" ou de "planos de saúde" é típico contrato de seguro, abrangido pelo âmbito constitucional do IOF (*Curso de Direito Tributário,* 25. ed., São Paulo: Malheiros, 2004, p. 120 e 121). O entendimento do STF, a propósito, é o seguinte: "ISS. Seguro Saúde. Decreto-lei nº 73/1996, arts. 129 e 130. Cobertura de gastos com assistência médica e hospitalar, nos limites contratuais, em período determinado, quando o associado os tiver de efetuar. Os valores recebidos do associado não se destinam à contraprestação imediata por qualquer serviço médico hospitalar prestado pela entidade. Quem presta os serviços de assistência é o medito ou o hospital credenciado, sob responsabilidade própria. Riscos futuros. Não caracterização da figura do agenciador de serviço" (STF, 1ª T., RE 115.308/RJ, Rel. Min. Néri da Silveira, j. em 17/5/1988, v. u., *DJ* de 1º/7/1988, p. 16910). Como a matéria é de ordem constitucional (conceito de serviço, e de seguro, usado na delimitação das competências tributárias pelos arts. 153, V, e 156, III, da CF/88), o pronunciamento final deverá ser do STF, como, aliás, observaram os próprios Ministros da Primeira Turma do STJ, quando do julgamento do EDcl no REsp 227.293/RJ, 1ª T., Rel. Min. José Delgado, Rel. p/ Acórdão Min. Francisco Falcão, j. em 9/8/2005, v. u., *DJ* de 19/9/2005, p. 184.

**8. ISS e serviços de assistência médica** – "O ISS incide sobre o valor dos serviços de assistência médica, incluindo-se neles as refeições, os medicamentos e as diárias hospitalares." (Súmula nº 274/STJ).

**9. ISS como tributo direto ou indireto, a depender de sua base de cálculo** – "1. O ISS é espécie tributária que pode funcionar como tributo direto ou indireto, a depender da avaliação do caso concreto. 2. Via de regra, a base de cálculo do ISS é o preço do serviço, nos termos do art. 7º da Lei Complementar nº 116/2003, hipótese em que a exação assume a característica de tributo indireto, permitindo o repasse do encargo financeiro ao tomador do serviço. 3. Necessidade, na hipótese dos autos, de prova da não repercussão do encargo financeiro do tributo, nos termos do art. 166 do CTN. [...]" (STJ, 1ª T., AgRg no Ag 692.583/RJ, Rel. Min. Denise Arruda, j. em 11/10/2005, *DJ* de 14/11/2005, p. 205, rep. *DJ* de 28/11/2005, p. 208). Exame do inteiro teor do acórdão revela que as situações nas quais o ISS seria "indireto" seriam aquelas nas quais sua base de cálculo é o preço do serviço, aplicando-se o art. 166 do CTN. Entretanto, nas hipóteses em que o ISS é cobrado em valores fixos, como ocorre com as sociedades de profissionais liberais (Decreto-lei nº 406, art. 9º, §§ 1º e 3º), sua natureza é "direta" e o art. 166 não se aplica, pois "inexiste vinculação entre os serviços prestados e a base de cálculo do imposto municipal, sendo impróprio cogitar-se de transferência do ônus tributário e, consequentemente, da aplicação do art. 166 do CTN" (STJ, 2ª T., REsp 724.684/RJ, Rel. Min. Castro Meira, j. em 3/5/2005, v. u., *DJ* de 1º/7/2005, p. 493).

**10. Base de cálculo do ISS e intermediação de serviços de terceiros** – "Não há incidência do ISS sobre a intermediação de serviços de terceiros (venda de publicidade em listas telefônicas), porquanto o referido tributo já foi exigido no momento em que o anunciante pagou pela inserção dos espaços publicitários na lista telefônica, caracterizando-se como bitributação a sua exigência quando da transferência, à empresa telefônica, de parte da renda obtida pela editora na comercialização da lista. [...]" (STJ, 1ª T., REsp 590.253/MG, Rel. Min. Francisco Falcão, j. em 2/5/2006, *DJ* de 25/5/2006, p. 155).

No acórdão citado, o STJ adota a tese de que o serviço é um só: a publicidade em lista telefônica. Se duas ou mais pessoas atuaram juntas no oferecimento desse serviço, ou uma

**Art. 7º**                    LEI COMPLEMENTAR Nº 116, DE 31 DEJULHO DE 2003 | **545**

intermediou o serviço prestado pela outra, não se há de exigir o ISS duas vezes por isso. Essa tese, inteiramente correta, estabelece premissa muito importante para a análise das chamadas "subempreitadas", notadamente em face do veto ao inciso II do § 2º do art. 7º, da qual cuidaremos em nota subsequente.

**11. Veto relativo às subempreitadas** – O art. 7º, § 2º, II, estava assim redigido: "II – o valor de subempreitadas sujeitas ao Imposto Sobre Serviços de Qualquer Natureza." Para o seu veto, foram alegadas as seguintes razões: "A norma contida no inciso II do § 2º do art. 7º do projeto de lei complementar ampliou a possibilidade de dedução das despesas com subempreitada da base de cálculo do tributo. Na legislação anterior, tal dedução somente era permitida para as subempreitadas de obras civis. Dessa forma, a sanção do dispositivo implicaria perda significativa de base tributável. Agregue-se a isso o fato de a redação dada ao dispositivo ser imperfeita. Na vigência do § 2º do art. 9º do Decreto-lei nº 406, de 31 de dezembro de 1968, somente se permitia a dedução de subempreitadas *já tributadas pelo imposto*. A redação do Projeto de Lei Complementar permitiria a dedução de subempreitadas *sujeitas* ao imposto. A nova regra não exige que haja pagamento efetivo do ISS por parte da subempreiteira, bastando para tanto que o referido serviço esteja sujeito ao imposto. Assim, por contrariedade ao interesse público, propõe-se o veto ao dispositivo."

A ideia de que a base de cálculo do ISS deve ser o valor do serviço prestado (e não o valor de um contrato), já acolhida pela jurisprudência do STJ relativa ao ISS incidente sobre o "serviço" de seguro-saúde, e de agenciamento de mão de obra, faz com que o veto, neste particular, seja inócuo. Com ou sem a norma, e com ou sem o efetivo pagamento do ISS pelo subempreiteiro, não seria possível exigir o imposto sobre todo o valor recebido, sem dedução das subempreitadas. Afinal, o serviço prestado pelo contribuinte refere-se à parte da obra por ele efetivamente construída, e não foi àquela objeto da subempreitada (que foi prestado por terceiro, devendo este terceiro ser tributado). Confira-se, a propósito, Hugo de Brito Machado, "A base de cálculo do ISS e as subempreitadas", em *RDDT* 108/67).

**12. Veto do § 3º do art. 7º Cooperativas de serviços médicos** – A redação do dispositivo vetado era a seguinte: "§ 3º Na prestação dos serviços a que se referem os subitens 4.22 e 4.23 da lista anexa, quando operados por cooperativas, deduzir-se-ão da base de cálculo os valores despendidos com terceiros pela prestação de serviços de hospitais, laboratórios, clínicas, medicamentos, médicos, odontólogos e demais profissionais de saúde." Para vetá-lo, o Presidente da República invocou os seguintes argumentos: "A sanção do dispositivo teria como consequência a introdução de grave distorção tributária no setor de planos de saúde. Ao conceder a dedução da base tributável de valores gastos com hospitais, laboratórios, clínicas, medicamentos, médicos, odontólogos e demais profissionais da saúde apenas aos planos operados por cooperativas, a incidência do imposto sobre serviços de qualquer natureza caracterizar-se-ia como elemento de concorrência desleal em relação aos demais planos de saúde. Junte-se a isso o fato de que a redação do dispositivo é imperfeita, pois não separa o ato cooperativo das demais operações mercantis não-cooperativas, tratando a unidade de negócio como um todo. Assim, a redação do dispositivo não atende a alínea 'c' do inciso III do art. 146 da Constituição, que reserva o adequado tratamento tributário apenas ao ato cooperativo."

À luz do entendimento já manifestado pelo STJ, ainda quando da vigência do DL nº 406/68, transcrito em nota anterior, pode-se dizer que mesmo com o veto a dedução deve ocorrer, sem qualquer "concorrência desleal", pois tanto em relação à cooperativa como em face das demais prestadoras de serviços médicos, sob a forma de "seguro saúde", "o ISS não deve ser tributado com base no valor bruto entregue à empresa que intermedeia

**546** | CÓDIGO TRIBUTÁRIO NACIONAL – *Hugo de Brito Machado Segundo*                **Art. 8º**

a transação, mas sim pela comissão, ou seja, pela receita auferida sobre a diferença entre o valor recebido pelo contratante e o que é repassado para os terceiros, efetivamente prestadores dos serviços. [...]" (STJ, 1ª T., EEREsp 227.293/RJ, Rel. Min. Francisco Falcão, j. em 20/10/2005, *DJ* de 28/11/2005, p. 189). Cumpre insistir na ressalva de que o contrato de seguro, a rigor, submete-se ao IOF, e não ao ISS.

**Art. 8º** As alíquotas máximas do Imposto Sobre Serviços de Qualquer Natureza são as seguintes:

I – (VETADO)[1]

II – demais serviços, 5% (cinco por cento).

## ANOTAÇÕES

**1. Diversões públicas e alíquota máxima de 10%** – O dispositivo vetado estava assim redigido: "– jogos e diversões públicas, exceto cinema, 10% (dez por cento);" e foi vetado pelo Presidente da República pelas seguintes razões: "Esta medida visa a preservar a viabilidade econômico-financeira dos empreendimentos turísticos que poderão ser afetados pela permissividade dada aos entes federados de disporem da alíquota máxima de até 10% sobre o segmento de diversões públicas nos quais se incluem Parques de Diversões, Centros de Lazer e congêneres, bem como Feiras, Exposições, Congressos e congêneres, elencados nos itens 12.05 e 12.08, respectivamente, da Lista de serviços anexa à lei proposta, uma vez que são estas atividades instrumentos vitais para a geração de emprego e renda como pólos de atração e de desenvolvimento do turismo de lazer e de negócios em suas regiões. Ademais, pela sua natureza, não têm capacidade econômica de absorver alíquota elevada, que pode chegar a 10%, sobre seu faturamento. Vale também ressaltar que investimentos intensivos em capital, estratégicos para o desenvolvimento regional através do turismo, têm um prazo de maturação longo e são extremamente sensíveis às oscilações tributárias. Impõe-se o veto, portanto, pela contrariedade ao interesse público."

É curioso que a União Federal não tenha tanta preocupação com o interesse público em relação à instituição e à quantificação de seus próprios tributos, preferindo fazer generosas reduções de carga tributária em tributo de competência de outro ente da federação.

**Art. 8º-A.** A alíquota mínima do Imposto sobre Serviços de Qualquer Natureza é de 2% (dois por cento).[1]

§ 1º O imposto não será objeto de concessão de isenções, incentivos ou benefícios tributários ou financeiros, inclusive de redução de base de cálculo ou de crédito presumido ou outorgado, ou sob qualquer outra forma que resulte, direta ou indiretamente, em carga tributária menor que a decorrente da aplicação da alíquota mínima estabelecida no *caput*, exceto para os serviços a que se referem os subitens 7.02, 7.05 e 16.01 da lista anexa a esta Lei Complementar.

§ 2º É nula a lei ou o ato do Município ou do Distrito Federal que não respeite as disposições relativas à alíquota mínima previstas neste artigo no caso de serviço

**Art. 10**

LEI COMPLEMENTAR Nº 116, DE 31 DEJULHO DE 2003 | **547**

prestado a tomador ou intermediário localizado em Município diverso daquele onde está localizado o prestador do serviço.

§ 3º A nulidade a que se refere o § 2º deste artigo gera, para o prestador do serviço, perante o Município ou o Distrito Federal que não respeitar as disposições deste artigo, o direito à restituição do valor efetivamente pago do Imposto sobre Serviços de Qualquer Natureza calculado sob a égide da lei nula.[2]

## ANOTAÇÕES

**1. Alíquota mínima e combate à guerra fiscal** – A alíquota mínima para o ISS nunca havia sido fixada pelo legislador complementar, aplicando-se disposição do ADCT que a estabelecia em 2%, mesmo percentual agora previsto na LC 116/2003, com a redação dada pela LC 157/2016. A novidade, na LC 157/2016, foi a previsão de mecanismos destinados a dar eficácia a essa disposição, o que é difícil diante da autonomia de que gozam os Municípios. A alternativa buscada foi a de tornar "nula" a lei do Município que violar o art. 8º-A, fazendo-o assim devolver tudo o que houver arrecadado dos contribuintes beneficiados pelo "incentivo". Essa nulidade estava atrelada a disposições que davam competência aos Municípios em que estabelecidos os tomadores do serviço para cobrar o imposto, os quais, todavia, foram vetados, dada a grande conflituosidade que geraria no âmbito do exercício das competências impositivas pelos Municípios. E como isso poderia não ser suficiente, estabeleceram-se sanções pessoais aos envolvidos na concessão de tais benefícios, conforme será explicado na nota seguinte.

**2. Combate à guerra fiscal e improbidade administrativa** – Com a finalidade de dar mais eficácia às disposições que visam a combater a guerra fiscal, a LC 157/2016, que inseriu na LC 116/2003 alguns dispositivos, dentre os quais este art. 8º-A, alterou também disposições referentes à Lei de Improbidade Administrativa (Lei nº 8.429, de 2 de junho de 1992), cujo art. 10-A passa a dispor que "constitui ato de improbidade administrativa qualquer ação ou omissão para conceder, aplicar ou manter benefício financeiro ou tributário contrário ao que dispõem o *caput* e o § 1º do art. 8º-A da Lei Complementar nº 116, de 31 de julho de 2003". Os responsáveis pela violação ao apontado art. 8º-A ficam sujeitos à perda da função pública, suspensão dos direitos políticos de 5 (cinco) a 8 (oito) anos e multa civil de até 3 (três) vezes o valor do benefício financeiro ou tributário concedido.

**Art. 9º** Esta Lei Complementar entra em vigor na data de sua publicação.

**Art. 10.** Ficam revogados os arts. 8º,[1] 10, 11 e 12 do Decreto-Lei nº 406, de 31 de dezembro de 1968; os incisos III, IV, V e VII do art. 3º do Decreto-lei nº 834, de 8 de setembro de 1969; a Lei Complementar nº 22, de 9 de dezembro de 1974; a Lei nº 7.192, de 5 de junho de 1984; a Lei Complementar nº 56, de 15 de dezembro de 1987; e a Lei Complementar nº 100, de 22 de dezembro de 1999.

Brasília, 31 de julho de 2003; 182º da Independência e 115º da República.

LUIZ INÁCIO LULA DA SILVA

*Antônio Palocci Filho*

# 548 | CÓDIGO TRIBUTÁRIO NACIONAL – *Hugo de Brito Machado Segundo* — Art. 10

## ANOTAÇÕES

**1. Não revogação do art. 9° do Decreto-lei n° 406/68. Tratamento diferenciado das sociedades de profissionais** – Como se depreende do art. 10 da Lei Complementar n° 116/2003, revogaram-se os arts. 8°, 10 e seguintes do DL n° 406/68, mas não o seu art. 9°, que, no que concerne aos serviços prestados por profissionais autônomos, e por sociedades de profissionais legalmente regulamentadas, dispõe: "Art. 9° A base de cálculo do imposto é o preço do serviço. § 1° Quando se tratar de prestação de serviços sob a forma de trabalho pessoal do próprio contribuinte, o imposto será calculado, por meio de alíquotas fixas ou variáveis, em função da natureza do serviço ou de outros fatores pertinentes, nestes não compreendida a quantia paga a título de remuneração do próprio trabalho. [...] § 3° Quando os serviços a que se referem os itens 1, 4, 8, 25, 52, 88, 89, 90, 91 e 92 da lista anexa forem prestados por sociedades, estas ficarão sujeitas ao imposto na forma do § 1°, calculado em relação a cada profissional habilitado, sócio, empregado ou não, que preste serviços em nome da sociedade, embora assumindo responsabilidade pessoal, nos termos da lei aplicável [...]."

Estabeleceu-se, então, divergência em torno da subsistência do dispositivo, e do tratamento diferenciado por ele conferido ao profissional autônomo e a sociedade de profissionais liberais. Diversos Municípios passaram a sustentar que houve revogação tácita do DL n° 406/68 como um todo, pois a LC n° 116/2003 teria tratado de toda a matéria relativa às normas gerais do ISS. Além disso, o art. 9° do DL n° 406/68 teve sua redação alterada pelo DL n° 834/69, este revogado expressamente. Grande parte da doutrina, porém, defende a subsistência do tratamento diferenciado, pois: *(i)* malfere o princípio da capacidade contributiva tributar o autônomo (e a sociedade por ele integrada), de forma proporcional ao seu faturamento; *(ii)* a LC n° 116/2003 incorreu em "silêncio eloquente" ao manter em vigor o art. 9°, na medida em que revogou de modo expresso o 8° e o 10 do DL n° 406/68; *(iii)* a teor do art. 9° da LC n° 95/98, a cláusula de revogação deverá enumerar, expressamente, as disposições revogadas; *(iv)* o DL n° 834/69 exauriu seus efeitos, no caso, ao alterar a redação do DL n° 406/68, de forma que a posterior revogação do DL n° 834/69 não prejudica a subsistência da norma do DL n° 406/68 que por ele já havia sido alterada. Confiram-se, a respeito, os textos de: Alberto Xavier e Roberto Duque Estrada, "O ISS das Sociedades de Serviços Profissionais e a Lei Complementar n° 116/03", em *O ISS E A LC n° 116*, coord. Valdir de Oliveira Rocha, São Paulo: Dialética, 2003, p. 11; Eduardo Fortunato Bim, "A Subsistência do ISS Fixo para as Sociedades Uniprofissionais em face da Lei Complementar n° 116/03: a Plena Vigência do § 3° do artigo 9° do DL n° 406/68", em *O ISS E A LC n° 116*, coord. Valdir de Oliveira Rocha, São Paulo: Dialética, 2003, p. 97; José Roberto Pisani, "ISS – Serviços Profissionais – LC n° 116/2003", em *RDDT 97/69*.

O Superior Tribunal de Justiça, apreciando a questão, decidiu pela subsistência da sistemática prevista no DL 406/68. É conferir: "[...] 1. Inexistência de incompatibilidade entre os §§ 1° e 3° do artigo 9° do Decreto-Lei n° 406/68 e o art. 7° da LC n° 116/03. 2. Sistemática de ISS fixo para as sociedades uniprofissionais que não foi modificada. 3. A LC 116, de 2003, não cuidou de regrar a tributação do ISS para as sociedades uniprofissionais. Não revogou o art. 9° do DL 406/68. 4. Precedentes: REsp 649.094/RJ, Rel. Min. João Otávio de Noronha, *DJ* 7/3/2005; REsp 724.684/RJ, Rel. Min. Castro Meira, *DJ* 1°/7/2005; entre outros. 5. Recurso especial provido" (STJ, 1ª T., REsp 1.016.688/RS, *DJe* de 5/6/2008).

# Lista de serviços anexa à Lei Complementar nº 116, de 31 de julho de 2003[1]

1 – Serviços de informática e congêneres.[2]

1.01 – Análise e desenvolvimento de sistemas.

1.02 – Programação.

1.03 – Processamento, armazenamento ou hospedagem de dados, textos, imagens, vídeos, páginas eletrônicas, aplicativos e sistemas de informação, entre outros formatos, e congêneres.[3]

1.04 – Elaboração de programas de computadores, inclusive de jogos eletrônicos, independentemente da arquitetura construtiva da máquina em que o programa será executado, incluindo tablets, smartphones e congêneres.[4]

1.05 – Licenciamento ou cessão de direito de uso de programas de computação.

1.06 – Assessoria e consultoria em informática.

1.07 – Suporte técnico em informática, inclusive instalação, configuração e manutenção de programas de computação e bancos de dados.

1.08 – Planejamento, confecção, manutenção e atualização de páginas eletrônicas.

1.09 – Disponibilização, sem cessão definitiva[5], de conteúdos de áudio, vídeo, imagem e texto por meio da internet, respeitada a imunidade de livros, jornais e periódicos[6] (exceto a distribuição de conteúdos pelas prestadoras de Serviço de Acesso Condicionado, de que trata a Lei nº 12.485, de 12 de setembro de 2011, sujeita ao ICMS).

2 – Serviços de pesquisas e desenvolvimento de qualquer natureza.

2.01 – Serviços de pesquisas e desenvolvimento de qualquer natureza.

3 – Serviços prestados mediante locação, cessão de direito de uso e congêneres.

3.01 – (VETADO)[7]

3.02 – Cessão de direito de uso de marcas e de sinais de propaganda.

3.03 – Exploração de salões de festas, centro de convenções, escritórios virtuais, *stands,* quadras esportivas, estádios, ginásios, auditórios, casas de espetáculos, parques de diversões, canchas e congêneres, para realização de eventos ou negócios de qualquer natureza.

3.04 – Locação, sublocação, arrendamento, direito de passagem ou permissão de uso, compartilhado ou não, de ferrovia, rodovia, postes, cabos, dutos e condutos de qualquer natureza.

3.05 – Cessão de andaimes, palcos, coberturas e outras estruturas de uso temporário.

4 – Serviços de saúde, assistência médica e congêneres.

4.01 – Medicina e biomedicina.

4.02 – Análises clínicas, patologia, eletricidade médica, radioterapia, quimioterapia, ultrassonografia, ressonância magnética, radiologia, tomografia e congêneres.

4.03 – Hospitais, clínicas, laboratórios, sanatórios, manicômios, casas de saúde, prontos-socorros, ambulatórios e congêneres.

4.04 – Instrumentação cirúrgica.

4.05 – Acupuntura.

4.06 – Enfermagem, inclusive serviços auxiliares.

4.07 – Serviços farmacêuticos.

4.08 – Terapia ocupacional, fisioterapia e fonoaudiologia.

4.09 – Terapias de qualquer espécie destinadas ao tratamento físico, orgânico e mental.

4.10 – Nutrição.

4.11 – Obstetrícia.

4.12 – Odontologia.

4.13 – Ortóptica.

4.14 – Próteses sob encomenda.

4.15 – Psicanálise.

4.16 – Psicologia.

4.17 – Casas de repouso e de recuperação, creches, asilos e congêneres.

4.18 – Inseminação artificial, fertilização *in vitro* e congêneres.

4.19 – Bancos de sangue, leite, pele, olhos, óvulos, sêmen e congêneres.

4.20 – Coleta de sangue, leite, tecidos, sêmen, órgãos e materiais biológicos de qualquer espécie.

4.21 – Unidade de atendimento, assistência ou tratamento móvel e congêneres.

4.22 – Planos de medicina de grupo ou individual e convênios para prestação de assistência médica, hospitalar, odontológica e congêneres.

4.23 – Outros planos de saúde que se cumpram através de serviços de terceiros contratados, credenciados, cooperados ou apenas pagos pelo operador do plano mediante indicação do beneficiário.[8]

# LISTA DE SERVIÇOS ANEXA À LEI COMPLEMENTAR Nº 116, DE 31 DE JULHO DE 2003 | **551**

5 – Serviços de medicina e assistência veterinária e congêneres.

5.01 – Medicina veterinária e zootecnia.

5.02 – Hospitais, clínicas, ambulatórios, prontos-socorros e congêneres, na área veterinária.

5.03 – Laboratórios de análise na área veterinária.

5.04 – Inseminação artificial, fertilização *in vitro* e congêneres.

5.05 – Bancos de sangue e de órgãos e congêneres.

5.06 – Coleta de sangue, leite, tecidos, sêmen, órgãos e materiais biológicos de qualquer espécie.

5.07 – Unidade de atendimento, assistência ou tratamento móvel e congêneres.

5.08 – Guarda, tratamento, amestramento, embelezamento, alojamento e congêneres.

5.09 – Planos de atendimento e assistência médico-veterinária.

6 – Serviços de cuidados pessoais, estética, atividades físicas e congêneres.

6.01 – Barbearia, cabeleireiros, manicuros, pedicuros e congêneres.

6.02 – Esteticistas, tratamento de pele, depilação e congêneres.

6.03 – Banhos, duchas, sauna, massagens e congêneres.

6.04 – Ginástica, dança, esportes, natação, artes marciais e demais atividades físicas.

6.05 – Centros de emagrecimento, *spa* e congêneres.

6.06 – Aplicação de tatuagens, piercings e congêneres.

7 – Serviços relativos a engenharia, arquitetura, geologia, urbanismo, construção civil, manutenção, limpeza, meio ambiente, saneamento e congêneres.

7.01 – Engenharia, agronomia, agrimensura, arquitetura, geologia, urbanismo, paisagismo e congêneres.

7.02 – Execução, por administração, empreitada ou subempreitada, de obras de construção civil, hidráulica ou elétrica e de outras obras semelhantes, inclusive sondagem, perfuração de poços, escavação, drenagem e irrigação, terraplanagem, pavimentação, concretagem e a instalação e montagem de produtos, peças e equipamentos (exceto o fornecimento de mercadorias produzidas pelo prestador de serviços fora do local da prestação dos serviços, que fica sujeito ao ICMS).[9]

7.03 – Elaboração de planos diretores, estudos de viabilidade, estudos organizacionais e outros, relacionados com obras e serviços de engenharia; elaboração de anteprojetos, projetos básicos e projetos executivos para trabalhos de engenharia.

7.04 – Demolição.

7.05 – Reparação, conservação e reforma de edifícios, estradas, pontes, portos e congêneres (exceto o fornecimento de mercadorias produzidas pelo prestador dos serviços, fora do local da prestação dos serviços, que fica sujeito ao ICMS).

7.06 – Colocação e instalação de tapetes, carpetes, assoalhos, cortinas, revestimentos de parede, vidros, divisórias, placas de gesso e congêneres, com material fornecido pelo tomador do serviço.

7.07 – Recuperação, raspagem, polimento e lustração de pisos e congêneres.

7.08 – Calafetação.

7.09 – Varrição, coleta, remoção, incineração, tratamento, reciclagem, separação e destinação final de lixo, rejeitos e outros resíduos quaisquer.

7.10 – Limpeza, manutenção e conservação de vias e logradouros públicos, imóveis, chaminés, piscinas, parques, jardins e congêneres.

7.11 – Decoração e jardinagem, inclusive corte e poda de árvores.

7.12 – Controle e tratamento de efluentes de qualquer natureza e de agentes físicos, químicos e biológicos.

7.13 – Dedetização, desinfecção, desinsetização, imunização, higienização, desratização, pulverização e congêneres.

7.14 – (VETADO)

7.15 – (VETADO)[10]

7.16 – Florestamento, reflorestamento, semeadura, adubação, reparação de solo, plantio, silagem, colheita, corte e descascamento de árvores, silvicultura, exploração florestal e dos serviços congêneres indissociáveis da formação, manutenção e colheita de florestas, para quaisquer fins e por quaisquer meios. (*Nova redação dada pela LC 157/2016*)

7.17 – Escoramento, contenção de encostas e serviços congêneres.

7.18 – Limpeza e dragagem de rios, portos, canais, baías, lagos, lagoas, represas, açudes e congêneres.

7.19 – Acompanhamento e fiscalização da execução de obras de engenharia, arquitetura e urbanismo.

7.20 – Aerofotogrametria (inclusive interpretação), cartografia, mapeamento, levantamentos topográficos, batimétricos, geográficos, geodésicos, geológicos, geofísicos e congêneres.

7.21 – Pesquisa, perfuração, cimentação, mergulho, perfilagem, concretação, testemunhagem, pescaria, estimulação e outros serviços relacionados com a exploração e explotação de petróleo, gás natural e de outros recursos minerais.

7.22 – Nucleação e bombardeamento de nuvens e congêneres.

8 – Serviços de educação, ensino, orientação pedagógica e educacional, instrução, treinamento e avaliação pessoal de qualquer grau ou natureza.

8.01 – Ensino regular pré-escolar, fundamental, médio e superior.

8.02 – Instrução, treinamento, orientação pedagógica e educacional, avaliação de conhecimentos de qualquer natureza.

9 – Serviços relativos a hospedagem, turismo, viagens e congêneres.

9.01 – Hospedagem de qualquer natureza em hotéis, *apart-service* condominiais, *flat*, apart-hotéis, hotéis residência, *residence-service*, *suite service*, hotelaria marítima, motéis, pensões e congêneres; ocupação por temporada com fornecimento de serviço (o valor da alimentação e gorjeta, quando incluído no preço da diária, fica sujeito ao Imposto Sobre Serviços).

9.02 – Agenciamento, organização, promoção, intermediação e execução de programas de turismo, passeios, viagens, excursões, hospedagens e congêneres.

9.03 – Guias de turismo.

10 – Serviços de intermediação e congêneres.

10.01 – Agenciamento, corretagem ou intermediação de câmbio, de seguros, de cartões de crédito, de planos de saúde e de planos de previdência privada.

10.02 – Agenciamento, corretagem ou intermediação de títulos em geral, valores mobiliários e contratos quaisquer.

10.03 – Agenciamento, corretagem ou intermediação de direitos de propriedade industrial, artística ou literária.

10.04 – Agenciamento, corretagem ou intermediação de contratos de arrendamento mercantil (*leasing*), de franquia (*franchising*) e de faturização (*factoring*).

10.05 – Agenciamento, corretagem ou intermediação de bens móveis ou imóveis, não abrangidos em outros itens ou subitens, inclusive aqueles realizados no âmbito de Bolsas de Mercadorias e Futuros, por quaisquer meios.

10.06 – Agenciamento marítimo.

10.07 – Agenciamento de notícias.

10.08 – Agenciamento de publicidade e propaganda, inclusive o agenciamento de veiculação por quaisquer meios.

10.09 – Representação de qualquer natureza, inclusive comercial.

10.10 – Distribuição de bens de terceiros.

11 – Serviços de guarda, estacionamento, armazenamento, vigilância e congêneres.

11.01 – Guarda e estacionamento de veículos terrestres automotores, de aeronaves e de embarcações.

11.02 – Vigilância, segurança ou monitoramento de bens, pessoas e semoventes. (*Nova redação dada pela LC 157/2016*)

11.03 – Escolta, inclusive de veículos e cargas.

554 | CÓDIGO TRIBUTÁRIO NACIONAL – *Hugo de Brito Machado Segundo*

11.04 – Armazenamento, depósito, carga, descarga, arrumação e guarda de bens de qualquer espécie.

12 – Serviços de diversões, lazer, entretenimento e congêneres.

12.01 – Espetáculos teatrais.

12.02 – Exibições cinematográficas.

12.03 – Espetáculos circenses.

12.04 – Programas de auditório.

12.05 – Parques de diversões, centros de lazer e congêneres.

12.06 – Boates, *taxi-dancing* e congêneres.

12.07 – *Shows, ballet*, danças, desfiles, bailes, óperas, concertos, recitais, festivais e congêneres.

12.08 – Feiras, exposições, congressos e congêneres.

12.09 – Bilhares, boliches e diversões eletrônicas ou não.

12.10 – Corridas e competições de animais.

12.11 – Competições esportivas ou de destreza física ou intelectual, com ou sem a participação do espectador.

12.12 – Execução de música.

12.13 – Produção, mediante ou sem encomenda prévia, de eventos, espetáculos, entrevistas, *shows, ballet*, danças, desfiles, bailes, teatros, óperas, concertos, recitais, festivais e congêneres.

12.14 – Fornecimento de música para ambientes fechados ou não, mediante transmissão por qualquer processo.

12.15 – Desfiles de blocos carnavalescos ou folclóricos, trios elétricos e congêneres.

12.16 – Exibição de filmes, entrevistas, musicais, espetáculos, *shows*, concertos, desfiles, óperas, competições esportivas, de destreza intelectual ou congêneres.

12.17 – Recreação e animação, inclusive em festas e eventos de qualquer natureza.

13 – Serviços relativos a fonografia, fotografia, cinematografia[11] e reprografia.

13.01 – (VETADO)

13.02 – Fonografia ou gravação de sons, inclusive trucagem, dublagem, mixagem e congêneres.

13.03 – Fotografia e cinematografia, inclusive revelação, ampliação, cópia, reprodução, trucagem e congêneres.

13.04 – Reprografia, microfilmagem e digitalização.

13.05 – Composição gráfica[12], inclusive confecção de impressos gráficos, fotocomposição, clicheria, zincografia, litografia e fotolitografia, exceto se destinados

LISTA DE SERVIÇOS ANEXA À LEI COMPLEMENTAR Nº 116, DE 31 DE JULHO DE 2003 | **555**

a posterior operação de comercialização ou industrialização, ainda que incorporados, de qualquer forma, a outra mercadoria que deva ser objeto de posterior circulação, tais como bulas, rótulos, etiquetas, caixas, cartuchos, embalagens e manuais técnicos e de instrução, quando ficarão sujeitos ao ICMS. (*Nova redação dada pela LC 157/2016*)

14 – Serviços relativos a bens de terceiros.

14.01 – Lubrificação, limpeza, lustração, revisão, carga e recarga, conserto, restauração, blindagem, manutenção e conservação de máquinas, veículos, aparelhos, equipamentos, motores, elevadores ou de qualquer objeto (exceto peças e partes empregadas, que ficam sujeitas ao ICMS).

14.02 – Assistência técnica.[13]

14.03 – Recondicionamento de motores (exceto peças e partes empregadas, que ficam sujeitas ao ICMS).

14.04 – Recauchutagem ou regeneração de pneus.

14.05 – Restauração, recondicionamento, acondicionamento, pintura, beneficiamento, lavagem, secagem, tingimento, galvanoplastia, anodização, corte, recorte, plastificação, costura, acabamento, polimento e congêneres de objetos quaisquer. (*Nova redação dada pela LC 157/2016*)

14.06 – Instalação e montagem de aparelhos, máquinas e equipamentos, inclusive montagem industrial, prestados ao usuário final, exclusivamente com material por ele fornecido.

14.07 – Colocação de molduras e congêneres.

14.08 – Encadernação, gravação e douração de livros, revistas e congêneres.

14.09 – Alfaiataria e costura, quando o material for fornecido pelo usuário final, exceto aviamento.

14.10 – Tinturaria e lavanderia.

14.11 – Tapeçaria e reforma de estofamentos em geral.

14.12 – Funilaria e lanternagem.

14.13 – Carpintaria e serralheria.

14.14 – Guincho intramunicipal, guindaste e içamento. (*Incluído pela LC 157/2016*)

15 – Serviços relacionados ao setor bancário ou financeiro,[14] inclusive aqueles prestados por instituições financeiras autorizadas a funcionar pela União ou por quem de direito.

15.01 – Administração de fundos quaisquer, de consórcio, de cartão de crédito ou débito e congêneres, de carteira de clientes, de cheques pré-datados e congêneres.

**15.02** – Abertura de contas em geral, inclusive conta-corrente, conta de investimentos e aplicação e caderneta de poupança, no País e no exterior, bem como a manutenção das referidas contas ativas e inativas.

**15.03** – Locação e manutenção de cofres particulares, de terminais eletrônicos, de terminais de atendimento e de bens e equipamentos em geral.

**15.04** – Fornecimento ou emissão de atestados em geral, inclusive atestado de idoneidade, atestado de capacidade financeira e congêneres.

**15.05** – Cadastro, elaboração de ficha cadastral, renovação cadastral e congêneres, inclusão ou exclusão no Cadastro de Emitentes de Cheques sem Fundos – CCF ou em quaisquer outros bancos cadastrais.

**15.06** – Emissão, reemissão e fornecimento de avisos, comprovantes e documentos em geral; abono de firmas; coleta e entrega de documentos, bens e valores; comunicação com outra agência ou com a administração central; licenciamento eletrônico de veículos; transferência de veículos; agenciamento fiduciário ou depositário; devolução de bens em custódia.

**15.07** – Acesso, movimentação, atendimento e consulta a contas em geral, por qualquer meio ou processo, inclusive por telefone, fac-símile, internet e telex, acesso a terminais de atendimento, inclusive vinte e quatro horas; acesso a outro banco e a rede compartilhada; fornecimento de saldo, extrato e demais informações relativas a contas em geral, por qualquer meio ou processo.

**15.08** – Emissão, reemissão, alteração, cessão, substituição, cancelamento e registro de contrato de crédito; estudo, análise e avaliação de operações de crédito; emissão, concessão, alteração ou contratação de aval, fiança, anuência e congêneres; serviços relativos a abertura de crédito, para quaisquer fins.

**15.09** – Arrendamento mercantil (*leasing*) de quaisquer bens, inclusive cessão de direitos e obrigações, substituição de garantia, alteração, cancelamento e registro de contrato, e demais serviços relacionados ao arrendamento mercantil (*leasing*).

**15.10** – Serviços relacionados a cobranças, recebimentos ou pagamentos em geral, de títulos quaisquer, de contas ou carnês, de câmbio, de tributos e por conta de terceiros, inclusive os efetuados por meio eletrônico, automático ou por máquinas de atendimento; fornecimento de posição de cobrança, recebimento ou pagamento; emissão de carnês, fichas de compensação, impressos e documentos em geral.

**15.11** – Devolução de títulos, protesto de títulos, sustação de protesto, manutenção de títulos, reapresentação de títulos, e demais serviços a eles relacionados.

**15.12** – Custódia em geral, inclusive de títulos e valores mobiliários.

**15.13** – Serviços relacionados a operações de câmbio em geral, edição, alteração, prorrogação, cancelamento e baixa de contrato de câmbio; emissão de registro de exportação ou de crédito; cobrança ou depósito no exterior; emissão,

LISTA DE SERVIÇOS ANEXA À LEI COMPLEMENTAR Nº 116, DE 31 DE JULHO DE 2003 | **557**

fornecimento e cancelamento de cheques de viagem; fornecimento, transferência, cancelamento e demais serviços relativos a carta de crédito de importação, exportação e garantias recebidas; envio e recebimento de mensagens em geral relacionadas a operações de câmbio.

15.14 – Fornecimento, emissão, reemissão, renovação e manutenção de cartão magnético, cartão de crédito, cartão de débito, cartão salário e congêneres.

15.15 – Compensação de cheques e títulos quaisquer; serviços relacionados a depósito, inclusive depósito identificado, a saque de contas quaisquer, por qualquer meio ou processo, inclusive em terminais eletrônicos e de atendimento.

15.16 – Emissão, reemissão, liquidação, alteração, cancelamento e baixa de ordens de pagamento, ordens de crédito e similares, por qualquer meio ou processo; serviços relacionados à transferência de valores, dados, fundos, pagamentos e similares, inclusive entre contas em geral.

15.17 – Emissão, fornecimento, devolução, sustação, cancelamento e oposição de cheques quaisquer, avulso ou por talão.

15.18 – Serviços relacionados a crédito imobiliário, avaliação e vistoria de imóvel ou obra, análise técnica e jurídica, emissão, reemissão, alteração, transferência e renegociação de contrato, emissão e reemissão do termo de quitação e demais serviços relacionados a crédito imobiliário.

16 – Serviços de transporte de natureza municipal.

16.01 – Serviços de transporte coletivo municipal rodoviário, metroviário, ferroviário e aquaviário de passageiros.[15, 16] (*Nova redação dada pela LC 157/2016*)

16.02 – Outros serviços de transporte de natureza municipal. (*Incluído pela LC 157/2016*)

17 – Serviços de apoio técnico, administrativo, jurídico, contábil, comercial e congêneres.

17.01 – Assessoria ou consultoria de qualquer natureza, não contida em outros itens desta lista; análise, exame, pesquisa, coleta, compilação e fornecimento de dados e informações de qualquer natureza, inclusive cadastro e similares.

17.02 – Datilografia, digitação, estenografia, expediente, secretaria em geral, resposta audível, redação, edição, interpretação, revisão, tradução, apoio e infra--estrutura administrativa e congêneres.

17.03 – Planejamento, coordenação, programação ou organização técnica, financeira ou administrativa.

17.04 – Recrutamento, agenciamento, seleção e colocação de mão de obra.

17.05 – Fornecimento de mão de obra, mesmo em caráter temporário, inclusive de empregados ou trabalhadores, avulsos ou temporários, contratados pelo prestador de serviço.

558 | CÓDIGO TRIBUTÁRIO NACIONAL – *Hugo de Brito Machado Segundo*

17.06 – Propaganda e publicidade, inclusive promoção de vendas, planejamento de campanhas ou sistemas de publicidade, elaboração de desenhos, textos e demais materiais publicitários.

17.07 – (VETADO)[17]

17.08 – Franquia (*franchising*).[18]

17.09 – Perícias, laudos, exames técnicos e análises técnicas.

17.10 – Planejamento, organização e administração de feiras, exposições, congressos e congêneres.

17.11 – Organização de festas e recepções; bufê (exceto o fornecimento de alimentação e bebidas, que fica sujeito ao ICMS).

17.12 – Administração em geral, inclusive de bens e negócios de terceiros.

17.13 – Leilão e congêneres.

17.14 – Advocacia.

17.15 – Arbitragem de qualquer espécie, inclusive jurídica.

17.16 – Auditoria.

17.17 – Análise de Organização e Métodos.

17.18 – Atuária e cálculos técnicos de qualquer natureza.

17.19 – Contabilidade, inclusive serviços técnicos e auxiliares.

17.20 – Consultoria e assessoria econômica ou financeira.

17.21 – Estatística.

17.22 – Cobrança em geral.

17.23 – Assessoria, análise, avaliação, atendimento, consulta, cadastro, seleção, gerenciamento de informações, administração de contas a receber ou a pagar e em geral, relacionados a operações de faturização (*factoring*).

17.24 – Apresentação de palestras, conferências, seminários e congêneres.

17.25 – Inserção de textos, desenhos e outros materiais de propaganda e publicidade, em qualquer meio (exceto em livros, jornais, periódicos e nas modalidades de serviços de radiodifusão sonora e de sons e imagens de recepção livre e gratuita). (*Acrescentado pela LC 157/2016*)

18 – Serviços de regulação de sinistros vinculados a contratos de seguros; inspeção e avaliação de riscos para cobertura de contratos de seguros; prevenção e gerência de riscos seguráveis e congêneres.

18.01 – Serviços de regulação de sinistros vinculados a contratos de seguros; inspeção e avaliação de riscos para cobertura de contratos de seguros; prevenção e gerência de riscos seguráveis e congêneres.

LISTA DE SERVIÇOS ANEXA À LEI COMPLEMENTAR Nº 116, DE 31 DE JULHO DE 2003 | **559**

19 – Serviços de distribuição e venda de bilhetes e demais produtos de loteria, bingos, cartões, pules ou cupons de apostas, sorteios, prêmios, inclusive os decorrentes de títulos de capitalização e congêneres.

19.01 – Serviços de distribuição e venda de bilhetes e demais produtos de loteria, bingos, cartões, pules ou cupons de apostas, sorteios, prêmios, inclusive os decorrentes de títulos de capitalização e congêneres.

20 – Serviços portuários, aeroportuários, ferroportuários, de terminais rodoviários, ferroviários e metroviários.

20.01 – Serviços portuários, ferroportuários, utilização de porto, movimentação de passageiros, reboque de embarcações,[19, 20] rebocador escoteiro, atracação, desatracação, serviços de praticagem, capatazia, armazenagem de qualquer natureza, serviços acessórios, movimentação de mercadorias, serviços de apoio marítimo, de movimentação ao largo, serviços de armadores, estiva, conferência, logística e congêneres.

20.02 – Serviços aeroportuários, utilização de aeroporto, movimentação de passageiros, armazenagem de qualquer natureza, capatazia, movimentação de aeronaves, serviços de apoio aeroportuários, serviços acessórios, movimentação de mercadorias, logística e congêneres.

20.03 – Serviços de terminais rodoviários, ferroviários, metroviários, movimentação de passageiros, mercadorias, inclusive suas operações, logística e congêneres.

21 – Serviços de registros públicos, cartorários e notariais.

21.01 – Serviços de registros públicos, cartorários e notariais.

22 – Serviços de exploração de rodovia.

22.01 – Serviços de exploração de rodovia mediante cobrança de preço ou pedágio dos usuários, envolvendo execução de serviços de conservação, manutenção, melhoramentos para adequação de capacidade e segurança de trânsito, operação, monitoração, assistência aos usuários e outros serviços definidos em contratos, atos de concessão ou de permissão ou em normas oficiais.

23 – Serviços de programação e comunicação visual, desenho industrial e congêneres.

23.01 – Serviços de programação e comunicação visual, desenho industrial e congêneres.

24 – Serviços de chaveiros, confecção de carimbos, placas, sinalização visual, *banners*, adesivos e congêneres.

24.01 – Serviços de chaveiros, confecção de carimbos, placas, sinalização visual, *banners*, adesivos e congêneres.

25 – Serviços funerários.

25.01 – Funerais, inclusive fornecimento de caixão, urna ou esquifes; aluguel de capela; transporte do corpo cadavérico; fornecimento de flores, coroas e outros paramentos; desembaraço de certidão de óbito; fornecimento de véu, essa e outros adornos; embalsamento, embelezamento, conservação ou restauração de cadáveres.

25.02 – Translado intramunicipal e cremação de corpos e partes de corpos cadavéricos. (*Acrescentado pela LC 157/2016*)

25.03 – Planos ou convênio funerários.

25.04 – Manutenção e conservação de jazigos e cemitérios.

25.05 – Cessão de uso de espaços em cemitérios para sepultamento. (*Acrescentado pela LC 157/2016*)

26 – Serviços de coleta, remessa ou entrega de correspondências, documentos, objetos, bens ou valores, inclusive pelos correios e suas agências franqueadas; *courrier* e congêneres.

26.01 – Serviços de coleta, remessa ou entrega de correspondências, documentos, objetos, bens ou valores, inclusive pelos correios e suas agências franqueadas; *courrier* e congêneres.

27 – Serviços de assistência social.

27.01 – Serviços de assistência social.

28 – Serviços de avaliação de bens e serviços de qualquer natureza.

28.01 – Serviços de avaliação de bens e serviços de qualquer natureza.

29 – Serviços de biblioteconomia.

29.01 – Serviços de biblioteconomia.

30 – Serviços de biologia, biotecnologia e química.

30.01 – Serviços de biologia, biotecnologia e química.

31 – Serviços técnicos em edificações, eletrônica, eletrotécnica, mecânica, telecomunicações e congêneres.

31.01 – Serviços técnicos em edificações, eletrônica, eletrotécnica, mecânica, telecomunicações e congêneres.

32 – Serviços de desenhos técnicos.

32.01 – Serviços de desenhos técnicos.

33 – Serviços de desembaraço aduaneiro, comissários, despachantes e congêneres.

33.01 – Serviços de desembaraço aduaneiro, comissários, despachantes e congêneres.

34 – Serviços de investigações particulares, detetives e congêneres.

34.01 – Serviços de investigações particulares, detetives e congêneres.

35 – Serviços de reportagem, assessoria de imprensa, jornalismo e relações públicas.

# LISTA DE SERVIÇOS ANEXA À LEI COMPLEMENTAR Nº 116, DE 31 DE JULHO DE 2003 | **561**

35.01 – Serviços de reportagem, assessoria de imprensa, jornalismo e relações públicas.

36 – Serviços de meteorologia.

36.01 – Serviços de meteorologia.

37 – Serviços de artistas, atletas, modelos e manequins.

37.01 – Serviços de artistas, atletas, modelos e manequins.

38 – Serviços de museologia.

38.01 – Serviços de museologia.

39 – Serviços de ourivesaria e lapidação.

39.01 – Serviços de ourivesaria e lapidação (quando o material for fornecido pelo tomador do serviço).

40 – Serviços relativos a obras de arte sob encomenda.

40.01 – Obras de arte sob encomenda.

## ANOTAÇÕES

**1. Taxatividade da lista** – Como destacado em nota ao art. 1º desta lei, a jurisprudência do STJ não admite "a incidência do ISS sobre atividades que não estão incluídas na lista de serviços do Decreto-lei nº 406/68" (STJ, 2ª T., AgRg no Ag 524.772/MG, Rel. Min. Peçanha Martins, j. em 21/3/2006, *DJ* de 5/5/2006, p. 281).

O principal argumento, na doutrina, a favor da taxatividade da lista funda-se no fato de que essa foi a maneira encontrada pelo legislador complementar para dirimir os conflitos de competência que eventualmente podem surgir entre Estados-membros e Municípios, em relação ao ICMS e ao ISS em face de operações mistas. Com efeito, em operações que consistem na prestação de serviços com o fornecimento de mercadorias, adotou-se o seguinte critério: *(i)* se não estiverem previstas na lista, devem ser tributadas integralmente pelo ICMS, cuja base de cálculo deve englobar o valor da mercadoria *e* do serviço; *(ii)* se estiverem previstas na lista, devem ser tributadas integralmente pelo ISS, cuja base de cálculo deve igualmente englobar o valor da mercadoria *e* do serviço, *a menos que a própria lista excepcione a incidência do ICMS em separado sobre as mercadorias fornecidas,* como ocorre em relação aos itens 7.02, 7.05, 14.01 e 14.03, 17.11 da lista. Esse critério, que se funda na prescrição contida no art. 146, I, da CF/88, não seria possível se a lista não fosse taxativa.

Por sua vez, a doutrina contrária à taxatividade funda-se, em suma, na autonomia do município como ente federativo. Em função dessa autonomia, não se admite que o ente tenha sua competência para tributar limitada e condicionada a uma lei que, em última análise, é editada pela União. Aduz-se que a expressão *serviços definidos em lei complementar*, contida no art. 156, III, da CF/88, não significa que a competência diga respeito apenas aos serviços que venham a ser *arrolados*, ou *relacionados*, mas apenas que a lei complementar deverá explicitar o que se deve entender por "serviço".

**2. Serviço de informática e provedores de acesso à Internet** – Não se incluiu, no item destinado aos serviços de informática, qualquer alusão ao serviço prestado pelo provedor de acesso à internet. Dessa forma, caso prevaleça o entendimento do STJ (1ª S., EREsp 456.650/PR, Rel. p. acórdão Min. Franciulli Netto, j. em 11/5/2005, m. v., *DJ* de 20/3/2006, p. 181) de que não se trata de serviço de comunicação, tributável pelo ICMS, mas de serviço de valor adicionado, submetido, em tese, ao ISS, ainda poderá ser suscitada a questão de saber se tais serviços poderão ser tributados pelo ISS, à míngua de previsão na lista, ou se será necessária a edição de lei incluindo novo subitem ao item 1. Ressalte-se que essa situação subsiste mesmo depois da publicação da LC 157/2016, que procedeu a diversas atualizações na lista em comento.

**3. Armazenamento de dados, textos, imagens etc. e a tecnologia de "nuvem"** – A atualização em comento, levada a efeito pela LC 157/2016, tem por finalidade explicitar e detalhar que o imposto é capaz de alcançar realidades que poderiam, talvez, já estar abrangidas no genérico conceito de "processamento de dados", mas que agora restam expressamente previstas, como é o caso das chamadas "nuvens" que armazenam dados, imagens, textos etc. Essa previsão, ressalte-se, afasta o problema ligado à taxatividade da lista, que é estritamente jurídico, mas não torna a questão de tributar tais realidades mais simples, pois há outros aspectos, jurídicos, e também técnicos, ligados à definição do local em que está estabelecido o prestador, ao controle da própria ocorrência do fato gerador etc.

**4. Elaboração de programas e multiplicidade de plataformas** – Em sua redação anterior, a lista fazia alusão à elaboração de programas de computador, inclusive jogos. Com o avanço da tecnologia, os computadores se tornaram muito pequenos, e foram fundidos a telefones, televisões e até relógios. Isso poderia abrir margem para questionamentos, por parte de quem prestasse o serviço de elaboração de programas (aplicativos) para telefones celulares ou para tablets, de que não seriam "programas de computador" e que, por isso, não estariam contemplados na lista. Daí a explicitação, a rigor desnecessária.

**5. Serviço de *streaming*** – A remissão a "sem cessão definitiva" visa a alcançar serviços de streaming, por meio dos quais o usuário não adquire de maneira definitiva o conteúdo, mas apenas tem acesso a ele enquanto está on-line ou enquanto durar a assinatura contratada pelo serviço. A ideia, naturalmente, é a de tributar atividades como as desempenhadas por plataformas como Netflix, Spotify, Apple Music, Deezer etc. Ressalte-se, a propósito, que a inclusão de tais atividades na lista resolve apenas um dos problemas que os Municípios enfrentarão ao pretender tributar tais atividades. Há outros, de cunho jurídico, ligados, por exemplo, ao próprio enquadramento dessa atividade como "serviço" — o que parece ser realmente o caso —, e também de cunho técnico— estes talvez mais difíceis de serem superados —, inerentes à determinação do local em que estabelecido o prestador, ao controle da ocorrência dos fatos geradores etc.

**6. Esclarecimento sobre a imunidade de livros eletrônicos** – Os serviços de streaming envolvem, eventualmente, também livros eletrônicos. Há, com efeito, plataformas como a Kindle Unlimited, da Amazon, por meio da qual o usuário paga uma quantia por mês para ter acesso a uma infinidade de livros em meio eletrônico. Não há transferência definitiva do conteúdo, do mesmo modo que acontece com músicas e filmes disponíveis em outras plataformas, pois só se tem acesso a ele enquanto permanecer a condição de assinante. A LC 157/2016, contudo, esclarece a necessidade de respeitar a imunidade tributária, no caso. Com isso, cumprindo o papel que lhe outorga o art. 146, II, da CF/88, o legislador

LISTA DE SERVIÇOS ANEXA À LEI COMPLEMENTAR Nº 116, DE 31 DE JULHO DE 2003 | **563**

complementar disciplinou uma importante limitação constitucional ao poder de tributar (a imunidade de livros, jornais, periódicos, e do papel destinado à sua impressão), superando impasse no qual se encontrava a jurisprudência do STF, que até a edição da LC 157/2016 não havia enfrentado o tema de maneira efetiva. Apenas algum tempo depois, apreciando o RE 330.817, com repercussão geral, o Supremo Tribunal Federal firmou a tese segundo a qual "a imunidade tributária constante do artigo 150, VI, 'd', da Constituição Federal, aplica-se ao livro eletrônico (*e-book*), inclusive aos suportes exclusivamente utilizados para fixá-lo".

**7. Veto dos itens 3.01 e 13.01** – Os itens da lista vetados correspondiam a "3.01 – Locação de bens móveis" e a "13.01 – Produção, gravação, edição, legendagem e distribuição de filmes, *video-tapes*, discos, fitas cassete, *compact disc, digital video disc* e congêneres", e foram vetados sob as seguintes razões: "Verifica-se que alguns itens da relação de serviços sujeitos à incidência do imposto merecem reparo, tendo em vista decisões recentes do Supremo Tribunal Federal. São eles: 'O STF concluiu julgamento de recurso extraordinário interposto por empresa de locação de guindastes, em que se discutia a constitucionalidade da cobrança do ISS sobre a locação de bens móveis, decidindo que a expressão 'locação de bens móveis' constante do item 79 da lista de serviços a que se refere o Decreto-lei nº 406, de 31 de dezembro de 1968, com a redação da Lei Complementar nº 56, de 15 de dezembro de 1987, é inconstitucional' (noticiado no Informativo do STF nº 207). O Recurso Extraordinário 116.121/SP, votado unanimemente pelo Tribunal Pleno, em 11 de outubro de 2000, contém linha interpretativa no mesmo sentido, pois a 'terminologia constitucional do imposto sobre serviços revela o objeto da tributação. Conflita com a Lei Maior dispositivo que imponha o tributo a contrato de locação de bem móvel. Em direito, os institutos, as expressões e os vocábulos têm sentido próprios, descabendo confundir a locação de serviços com a de móveis, práticas diversas regidas pelo Código Civil, cujas definições são de observância inafastável'. Em assim sendo, o item 3.01 da Lista de serviços anexa ao projeto de lei complementar ora analisado, fica prejudicado, pois veicula indevida (porque inconstitucional) incidência do imposto sob locação de bens móveis.

O item 13.01 da mesma Lista de serviços mencionada no item anterior coloca no campo de incidência do imposto gravação e distribuição de filmes. Ocorre que o STF, no julgamento dos RREE 179.560-SP, 194.705-SP e 196.856-SP, cujo relator foi o Ministro Ilmar Galvão, decidiu que é legítima a incidência do ICMS sobre comercialização de filmes para videocassete, porquanto, nessa hipótese, a operação se qualifica como de circulação de mercadoria. Como consequência dessa decisão foram reformados acórdãos do Tribunal de Justiça do Estado de São Paulo que consideraram a operação de gravação de videoteipes como sujeita tão somente ao ISS. Deve-se esclarecer que, na espécie, tratava-se de empresas que se dedicam à comercialização de fitas por elas próprias gravadas, com a finalidade de entrega ao comércio em geral, operação que se distingue da hipótese de prestação individualizada do serviço de gravação de filmes com o fornecimento de mercadorias, isto é, quando feita por solicitação de outrem ou por encomenda, prevalecendo, nesse caso a incidência do ISS (retirado do *Informativo do STF nº 144*).

Assim, pelas razões expostas, entendemos indevida a inclusão destes itens na Lista de serviços. Paradoxalmente, alguns anos depois, já nem existem mais fitas para locação, e mesmo os DVDs e discos de *blue ray* estão sendo substituídos pelos serviços de *streaming*, estes, agora, incluídos na lista pela LC 157/2016.

**8. Seguro saúde. Natureza e base de cálculo aplicável** – Conforme consta de nota ao art. 7º desta lei complementar, pode-se questionar a constitucionalidade da tributação

**564** | CÓDIGO TRIBUTÁRIO NACIONAL – *Hugo de Brito Machado Segundo*

desta modalidade de "serviço" pelo ISS. Isso porque há efetiva prestação de um serviço, no caso, pelos terceiros, médicos, hospitais, laboratórios etc., e não pela entidade que paga por tais serviços por haver firmado contrato de seguro com o usuário. Os serviços médicos, prestados pelos terceiros, são tributados pelo ISS, mas o seguro, a rigor, situa-se no âmbito de incidência do IOF.

De qualquer sorte, enquanto isso não é declarado pelo STF, o STJ pelo menos tem considerado que a *base de cálculo* do ISS, no caso dos serviços referidos neste item da lista, deve ser o valor da comissão recebida pela entidade seguradora, deduzido do valor repassado aos terceiros (médicos, hospitais etc.), que é tributado pelo ISS na pessoa destes, e não em face da entidade que oferece o "plano de saúde". Confira-se, ainda, nota ao art. 156, III, da CF/88.

**9. Fornecimento de mercadorias e serviço de concretagem** – Conquanto o item da lista se reporte à incidência do ICMS sobre os materiais produzidos pelo construtor fora do local da obra, e transportados para esta, a jurisprudência considera que "o fornecimento de concreto, por empreitada, para construção civil, preparado no trajeto até a obra em betoneiras acopladas a caminhões, é prestação de serviço, sujeitando-se apenas à incidência do ISS" (Súmula nº 167/STJ). Isso porque o concreto fornecido não é uma "mercadoria", eis que não pode ser posto no comércio, mas o produto da prestação de um serviço (de elaboração do concreto), que só serve para a obra a que se destina, eis que a mistura entre massa, areia, água etc. varia de acordo com o resultado pretendido em cada parte da obra, e deve ser supervisionada pelo profissional encarregado.

**10. Veto aos itens 7.14 e 7.15 da lista** – Para a redação dos itens vetados, e as correspondentes razões de veto, confira-se nota ao art. 3º, incisos X e XI, desta lei complementar.

**11. Serviço de cinematografia. ICMS × ISS e veto ao item 13.01 da lista** – Como explicado em nota anterior, o item 13.01 da lista, que dizia respeito a "Produção, gravação, edição, legendagem e distribuição de filmes, *video-tapes*, discos, fitas cassete, *compact disc, digital video disc* e congêneres", foi vetado sob a justificativa de que tais atividades, de acordo com a jurisprudência do STF, não necessariamente submetem-se ao ISS. Com efeito, para as fitas de vídeo prevalece o mesmo entendimento adotado para os programas de computador: se feitas em larga escala, para venda ("de prateleira"), submetem-se ao ICMS, sendo tributadas pelo ISS apenas quando digam respeito a filmagem e gravação feitas por encomenda. É nesses termos que se deve entender a parte remanescente do item 13 da lista. Confira-se, a propósito, o entendimento do STF sobre a questão: "Empresa dedicada à comercialização de fitas de videocassete por ela gravadas. Operação que se qualifica como de circulação de mercadorias, estando sujeita à incidência do ICMS (art. 155, II, da Constituição Federal). Não configuração de prestação de serviço envolvendo fornecimento de mercadoria, no caso, do respectivo suporte físico (filmes), prevista no art. 8º, § 1º do DL nº 406/68 c/c item nº 63 da lista a ele anexa, somente possível quando o serviço de gravação é feito por solicitação de outrem" (STJ, RE 179.560, Rel. Min. Ilmar Galvão, *DJ* de 28/5/1999).

**12. ISS e serviços de composição gráfica – ICMS ou ISS?** – "A jurisprudência do STJ, em torno da Súmula 156, tem entendido que o ISS incide sobre os serviços de composição gráfica quando feitos por encomenda, sejam ou não personalizados" (STJ, 2ª T., REsp 486.020/RS, Rel. Min. Eliana Calmon, j. em 1º/4/2004, *DJ* de 20/9/2004, p. 237).

**13. Assistência técnica de equipamento necessário à prestação de serviço de comunicação. Incidência do ISS** – À luz do item 21 da lista anexa ao DL nº 406/68, que também

LISTA DE SERVIÇOS ANEXA À LEI COMPLEMENTAR Nº 116, DE 31 DE JULHO DE 2003 | **565**

tratava do serviço de assistência técnica, genericamente, o STJ já decidiu que as cobranças feitas por empresas de TV a cabo, a título de "adesão", "habilitação" e "instalação de ponto extra", correspondem a serviços de assistência técnica, e devem ser tributados pelo ISS, e não pelo ICMS. É conferir: "1. Segundo a Lei nº 8.977/95 e o Decreto nº 2.206/97, o serviço de TV a Cabo é o serviço de telecomunicações que consiste na distribuição de sinais de vídeo e/ou áudio, a assinantes, mediante transporte por meios físicos. 2. Incluem-se nesses serviços os de 'interação necessária à escolha da programação e outros usos pertinentes ao serviço, que inclui a aquisição de programas pagos individualmente', a qual deve ser compreendida como sendo todo 'processo de troca de sinalização, informação ou comando entre o terminal do assinante e o cabeçal', o qual ocorre eletronicamente, por meio do sistema de envio de sinais de áudio e/ou vídeo, sem que haja a necessidade de intervenção direta ou pessoal de interlocutores contratados pela empresa prestadora, externa ao sistema. 3. A jurisprudência desta Corte pacificou entendimento no sentido de não incidir o ICMS sobre o serviço de habilitação do telefone móvel celular. 4. A uniformização deu-se a partir da interpretação do disposto no art. 2º, III, da LC nº 87/96, o qual só contempla o ICMS sobre os serviços de comunicação *stricto sensu*, não sendo possível, pela tipicidade fechada do direito tributário, estender-se aos serviços meramente acessórios ou preparatórios à comunicação. 5. Aplicação analógica da jurisprudência relativa ao serviço de habilitação do telefone móvel celular à hipótese dos autos, que também envolve a prestação de serviços acessórios ou preparatórios ao de comunicação via TV a Cabo. 6. Incidência do ISS sobre os serviços de assistência técnica, de adesão, de instalação de equipamentos e de ponto extra, mudança na seleção de canais e habilitação de decodificador, nos termos do Item 21 da Lista de Serviços anexa ao DL nº 406/68. 7. Recurso especial da FAZENDA MUNICIPAL parcialmente conhecido e, no mérito, provido. 8. Recurso especial da empresa conhecido e provido" (STJ, 2ª T., REsp 710.774/MG, Rel. Min. Eliana Calmon, j. em 7/2/2006, *DJ* de 6/3/2006, p. 332).

**14. ISS e atividades bancárias** – Súmula 424/STJ: "É legítima a incidência de ISS sobre os serviços bancários congêneres da lista anexa ao DL nº 406/1968 e à LC nº 56/1987." É preciso cautela, porém, para evitar-se uma dupla tributação entre o ISS e o IOF, sendo certo que as atividades-fins dessas instituições já são tributadas por esse último imposto, de competência federal.

**15. ISS e *Leasing*** – Conquanto referidas no item 15.09 da lista de serviços anexa à LC nº 116/2003, as operações de *leasing* parecem-nos situadas fora do âmbito constitucional de incidência do ISS, sendo inconstitucionais as referências a essa atividade contidas no item em comento. Julgando o RE 116.121/SP, o STF consignou ser inconstitucional o item 79 da lista anexa ao Decreto-lei nº 406/68, sob o fundamento de que o aluguel (locação de bens móveis) não envolve prestações de fazer, essenciais à configuração de um serviço, mas apenas prestações de dar. Com efeito, relativamente à locação de bens móveis, o STF consignou que "a terminologia constitucional do Imposto sobre Serviços revela o objeto da tributação. Conflita com a Lei Maior dispositivo que imponha o tributo considerado contrato de locação de bem móvel. Em Direito, os institutos, as expressões e os vocábulos têm sentido próprio, descabendo confundir a locação de serviços com a de móveis, práticas regidas pelo Código Civil, cujas definições são de observância inafastável – art. 110 do Código Tributário Nacional" (STF, Pleno, RE 116.121/SP, Rel. Min. Marco Aurélio, *DJ* 25/5/2001, p. 17), chegando mesmo a editar a Súmula Vinculante 31, que dispõe: "É inconstitucional a incidência do Imposto sobre Serviços de Qualquer Natureza – ISS sobre operações de locação de bens móveis." Tanto é assim que o STJ, que tinha entendimento sumulado afirmando a incidência

**566** | CÓDIGO TRIBUTÁRIO NACIONAL – *Hugo de Brito Machado Segundo*

do ISS sobre o arrendamento mercantil de coisas móveis (Súmula nº 138/STJ), alterou seu entendimento e passou a reconhecer a natureza constitucional da controvérsia. É conferir: "TRIBUTÁRIO. ISS. ARRENDAMENTO MERCANTIL DE BENS MÓVEIS (*LEASING*). ACÓRDÃO RECORRIDO. ANÁLISE CONSTITUCIONAL. RECURSO EXTRAORDINÁRIO. SÚMULA 126/STJ. 1. O acórdão recorrido afastou a aplicação da regra inserida pela Lei Complementar nº 56/87 no Decreto-lei nº 406/68 – item 79 da Lista Anexa de Serviços – por entender que haveria incompatibilidade entre ela e a norma constitucional (art. 156, inciso III, da Carta Magna) que reserva à competência do município a instituição do ISS apenas para os serviços de qualquer natureza, não compreendidos no art. 155, II, definidos em lei complementar, hipótese ausente no arrendamento mercantil. 2. Negou, pois, a pretensão da recorrente com supedâneo em matéria eminentemente constitucional, de competência do STF e, portanto, fora do âmbito de apreciação do recurso especial. 3. Contra a decisão de inadmissibilidade do recurso extraordinário não houve interposição de agravo de instrumento, o que impede o conhecimento do recurso especial, conforme preconizado pela Súmula nº 126/STJ. 4. Recurso especial não conhecido" (STJ, 2ª T., REsp 865.483/SC, Rel. Min. Castro Meira, j. em 17/10/2006, *DJ* de 26/10/2006, p. 294).

Apreciando a questão, o Supremo Tribunal Federal decidiu pela constitucionalidade da incidência do ISS sobre operações de *leasing*, tentando, em alguma medida, esclarecer não haver contradição com seus julgados anteriores, nos quais se afirmava a inconstitucionalidade da incidência desse imposto sobre a locação: "[...] O arrendamento mercantil compreende três modalidades, [i] o *leasing* operacional, [ii] o *leasing* financeiro e [iii] o chamado *lease-back*. No primeiro caso há locação, nos outros dois serviços. A lei complementar não define o que é serviço, apenas o declara, para os fins do inciso III do artigo 156 da Constituição. Não o inventa, simplesmente descobre o que é serviço para os efeitos do inciso III do artigo 156 da Constituição. No arrendamento mercantil (*leasing* financeiro), contrato autônomo que não é misto, o núcleo é o financiamento, não uma prestação de dar. E financiamento é serviço, sobre o qual o ISS pode incidir, resultando irrelevante a existência de uma compra nas hipóteses do *leasing* financeiro e do *lease-back*. [...]" (STF, Pleno, RE 592.905, Repercussão geral – Mérito, *DJe*-040, publicado em 5/3/2010).

Com todo o respeito, o julgado parece incorrer em dois equívocos. O primeiro é o de visualizar no *leasing* financeiro algo essencialmente diverso de uma obrigação de dar, passível de enquadrar-se no conceito de serviço. Mas esse ponto até não parece tão problemático, pois o conceito de serviço não se acha cristalizado na Constituição, comportando compreensões mais amplas ou mais restritas. O segundo e mais grave problema consiste em afirmar que financiamento é serviço, pois com isso se cria conflito de competência entre o ISS e o IOF, sendo certo que as competências tributárias impositivas no Brasil são excludentes umas das outras. Análise histórica das Constituições brasileiras, e cotejo dos arts. 154, I e 146, I da CF/88 o confirmam.

**16. Transporte interestadual e intermunicipal × transporte intramunicipal – ICMS × ISS** – Serviços que não transponham as fronteiras do Município (intramunicipais) são os únicos serviços de transportes tributáveis pelo ISS, eis que os intermunicipais, e interestaduais, nos quais há transposição das fronteiras do município, são tributados pelos Estados-membros, integrando o âmbito de incidência do ICMS (CF/88, art. 155, II).

**17. Transporte entre o litoral do Município e embarcações situadas no mar** – Os serviços de transporte realizados entre o litoral e pontos situados no mar territorial são, segundo

LISTA DE SERVIÇOS ANEXA À LEI COMPLEMENTAR Nº 116, DE 31 DE JULHO DE 2003 | **567**

a jurisprudência do STJ, considerados como tendo natureza intramunicipal, submetendo-se à incidência do ISS. "O serviço de transporte marítimo, *in casu* a condução da tripulação das embarcações fundeadas na Baía de Todos os Santos, nos sentidos mar-terra e terra-mar para os portos de Salvador a Aratu, enquadra-se na hipótese do item 97 da lista anexa ao Decreto-lei nº 406/68 [...] Trata-se de serviço estritamente municipal, sujeito, portanto, à incidência do ISS, aliás, como analogicamente se infere do outro serviço semelhante previsto no art. 87 da citada Lista. [...] Deveras, é cediço em doutrina que: 'Embora o mar territorial seja da União, o transporte aquaviário realizado no referido local terá a incidência do ISS, pois se trata de imposto da competência do Município, tributando os serviços de transporte municipal'" (STJ, 1ª T., REsp 649.027/BA, Rel. Min. Luiz Fux, j. em 22/3/2005, *DJ* de 25/4/2005, p. 240). A propósito, os itens 87 e 97 da lista de serviços anexa ao Decreto-lei nº 406/68 tinham, respectivamente, a seguinte redação: "87 – Serviços portuários e aeroportuários; utilização de porto ou aeroporto; atracação; capatazia; armazenagem interna, externa e especial; suprimento de água, serviços acessórios; movimentação de mercadoria fora do cais; 97 – Transporte de natureza estritamente municipal."

**18. Veto do item 17.07. Serviço de publicidade** – O item vetado dizia respeito à "17.07 – Veiculação e divulgação de textos, desenhos e outros materiais de propaganda e publicidade, por qualquer meio", e foi vetado pelo seguinte: "O dispositivo em causa, por sua generalidade, permite, no limite, a incidência do ISS sobre, por exemplo, mídia impressa, que goza de imunidade constitucional (cf. alínea 'd' do inciso VI do art. 150 da Constituição de 1988). Vale destacar que a legislação vigente excepciona – da incidência do ISS – a veiculação e divulgação de textos, desenhos e outros materiais de publicidade por meio de jornais, periódicos, rádio e televisão (cf. item 86 da Lista de Serviços anexa ao Decreto-lei nº 406, de 31 de dezembro de 1968, com a redação da Lei Complementar nº 56, de 15 de dezembro de 1987), o que sugere ser vontade do projeto permitir uma hipótese de incidência inconstitucional. Assim, ter-se-ia, *in casu*, hipótese de incidência tributária inconstitucional. Ademais, o ISS incidente sobre serviços de comunicação colhe serviços que, em geral, perpassam as fronteiras de um único município. Surge, então, competência tributária da União, a teor da jurisprudência do STF, RE nº 90.749-1/BA, Primeira Turma, Rel.: Min. Cunha Peixoto, *DJ* de 3/7/1979, ainda aplicável a teor do inciso II do art. 155 da Constituição de 1988, com a redação da Emenda Constitucional nº 3, de 17 de março de 1993."

Com a devida vênia, o veto não nos parece razoável, e o item poderia perfeitamente ser interpretado *conforme* a Constituição. O fato de os livros, as revistas e os periódicos serem imunes faz com que a venda de uma revista não seja tributada, mas evidentemente não impede que se tribute a venda, feita pela entidade responsável pela edição dessa revista, de páginas destinadas à publicidade.

**19. Taxatividade da lista e inclusão do serviço de franquia e previsão na lista** – O STJ "firmou entendimento no sentido de que não incide ISS sobre o contrato de franquia, por possuir delineamentos próprios que lhe conferem autonomia, não se confundindo com nenhum outro contrato previsto na Lista de Serviços anexa ao Decreto-lei nº 406/68" (STJ, 2ª T., REsp 703.763/RJ, Rel. Min. Eliana Calmon, j. em 6/10/2005, *DJ* de 28/11/2005, p. 255). Com o advento da LC nº 116/2003, e a previsão expressa no item 17.08, a tributação passa a ser plenamente possível, afastando-se a premissa da qual partiu o Tribunal. Mas é necessário, naturalmente, que se altere também a lei municipal, para que passa a prever expressamente a tributação desse tipo de serviço, pois só a partir da norma geral contida na lei nacional não é possível exigir o tributo.

**20. Taxatividade da lista e inclusão do serviço de reboque de navios** – O item 87 da lista de serviços anterior, anexa ao Decreto-lei nº 406/68, dispunha: "87 – Serviços portuários e aeroportuários; utilização de porto ou aeroporto; atracação; capatazia; armazenagem interna, externa e especial; suprimento de água, serviços acessórios; movimentação de mercadoria fora do cais." À luz desse item, o STJ já havia entendido que "os serviços de reboque de navios podem ser utilizados como serviços de apoio à navegação, para auxiliar tanto na atracação como na desatracação dos navios feitas pela administração portuária, conduzir as embarcações por pontos do porto ou trazê-las para dentro e levá-las para fora deste. A utilização de rebocadores para auxiliar a atracação do navio não significa, contudo, que os serviços de reboque de navios confundem-se com os de atracação, nem que integram esses serviços. Com efeito, não são sequer indispensáveis aos serviços de atracação, pois os navios podem ser atracados ou desatracados sem o auxílio dos rebocadores, que se pode restringir às manobras das embarcações. 'Os serviços de rebocagem marítima não se confundem com os serviços de atracação e desatracação dos navios, não incidindo ISS, por falta de previsão legal' (REsp nº 308.734/RJ, Rel. p/acórdão Min. Francisco Falcão, *DJ* de 1/7/2002)" (STJ, 2ª T., REsp 528.222/CE, Rel. Min. Franciulli Netto, j. em 19/8/2003, *DJ* de 28/10/2003, p. 279).

O item 20.01 da lista anexa à LC nº 116/2003 agora prevê, expressamente, o serviço de reboque de navios, com o que parece haver sido suprida a "falta de previsão legal" a que se referiu o STJ, desde que, naturalmente, os Municípios modifiquem sua legislação local, de sorte a abranger também esse serviço. Essa mesma lógica subjaz às inclusões e alterações de itens da lista feitas pela LC 157/2016, a exemplo da remissão à atividade de streming, à elaboração de aplicativos e jogos para celulares e tablets, ao traslado de cadáveres, à aplicação de piercing e tatuagens etc.